Lexikon der Baum- und Straucharten

Das Standardwerk der Forstbotanik

Morphologie, Pathologie, Ökologie und
Systematik wichtiger Baum- und Straucharten

Bearbeitet von
Dr. Gregor Aas, Dr. Ralph Baasch,
Dr. Helmut Blaschke, Dr. Maria Dobner,
Dr. Elke Krug, Dr. Josef Maier,
Dr. Harald Schill, Dr. Hans Joachim Schuck
Prof. Dr. Peter Schütt, Dr. Bernd Stimm

Herausgegeben von
P. Schütt • H.J. Schuck • B. Stimm

Nikol Verlagsgesellschaft mbH & Co. KG
Hamburg

Lexikon der Baum- und Straucharten
Herausgeber: Prof. Dr. P. Schütt, Dr. H. J. Schuck, Dr. B. Stimm
Lehrstuhl für Forstbotanik, Ludwig-Maximilians-Universität München
Verfasser: Dr. G. Aas, Dr. R. Baasch, Dr. H. Blaschke, Dr. M. Dobner, Dr. E. Krug, Dr. J. Maier, Dr. H. Schill, Dr. H. J. Schuck, Prof. Dr. P. Schütt, Dr. B. Stimm

Sonderausgabe 2002 für Nikol Verlagsgesellschaft mbH & Co. KG, Hamburg
Mit freundlicher Genehmigung des Originalverlages

Schutzumschlag- und Einbandgestaltung: Callena Creativ GmbH, 19412 Jülchendorf
Satz: mi verlagsservice gmbH, Landsberg/Lech

ISBN 3-933203-53-8

Vorwort

Kaum jemals zuvor stand der Wald so sehr im Mittelpunkt des öffentlichen Interesses wie heute. Dazu trug das wachsende Umweltbewußtsein der Bevölkerung als Reaktion auf den ungezügelten Raubbau an der Natur wesentlich bei. Auch die Wälder blieben von ernsten Krisen nicht verschont. Beispiele sind die flächenhafte Vernichtung des tropischen Regenwaldes, das in unseren Breiten auftretende Waldsterben und die verheerenden Waldbrände in den mediterranen Gebieten. Immer dann, wenn der Wald in Gefahr gerät, wird man sich auch seiner Bedeutung als Teil unserer Lebensgrundlage bewußt.

Steigendes Interesse ist aber stets mit dem Wunsch nach zusätzlichen Informationen verbunden. Die Vorgänge in Waldökosystemen sind von sehr komplexer Natur. Sie zu verstehen setzt die genaue Kenntnis jener Glieder voraus, die in einem solchen Ökosystem in einem ausgewogenen Reaktionsgefüge zusammenwirken. Bäume und Sträucher gehören zu den dominierenden Lebensgliedern des Waldes. Sie sind die eigentlichen Forschungsobjekte der Forstbotanik.

Das ist der Grund, weswegen die Baum- und Straucharten, vornehmlich der nördlich gemäßigten Zone, in den Mittelpunkt dieses Lexikons rücken. Sie werden u. a. morphologisch beschrieben und oft bildlich dargestellt. Behandelt werden auch ihre natürlichen Areale, ihre Standortansprüche, Wuchsleistungen und die Art ihrer wirtschaftlichen Nutzung. Gleiches gilt für die zugehörigen Gattungen, Familien, Ordnungen usw. – und dieses unter Anführung von Beispielen auch tropischer Baumarten.

Gleichrangig damit werden auch Baumkrankheiten, die durch abiotische Einflüsse, durch Viren, Bakterien, Pilze und andere pflanzliche Schaderreger verursacht werden, lexikalisch aufbereitet.

Die anderen, mehr allgemeingültigeren Wissensgebiete wie Anatomie, Physiologie, Genetik oder Vegetationskunde haben wir bewußt der Dendrologie und Pathologie untergeordnet und entsprechende Stichworte nur dann ausführlich behandelt, wenn sie für das Verständnis der Biologie von Holzgewächsen von Bedeutung sind.

Mit diesem Lexikon wollen wir all jenen, die in irgendeiner Weise für den Wald Verantwortung tragen, ein Nachschlagewerk in die Hand geben, das verläßlich Auskunft über die Baum- und Straucharten Europas, Nordamerikas und der gemäßigten Zonen Asiens gibt. Darüber hinaus soll es aber auch Fragen nach botanischen Grundlagen beantworten – dann nämlich, wenn sie zum Verständnis der Biologie der Holzpflanzen und des Waldökosystems unbedingt erforderlich sind.

Wir wenden uns mit diesem Lexikon an die Angehörigen der Forstberufe, an Landschaftsplaner und -architekten, an die Mitarbeiter in Umwelt- und Naturschutzbehörden, an Dendrologen, an Baumschulen und an im Gartenbau Tätige. Darüber hinaus wollen wir auch alle ansprechen, die am Ökosystem Wald und an der Botanik von Bäumen und Sträuchern persönlich oder beruflich interessiert sind. Und selbstverständlich freuen wir uns, wenn dieses Werk auch in Schulen, im wissenschaftlichen Lehrbetrieb und in Umweltschutzorganisationen weite Verbreitung findet.
Das Buch entstand in Gemeinschaftsarbeit von 10 Wissenschaftlern, allesamt Angehörige oder ehemalige Mitarbeiter des Lehrstuhls für Forstbotanik der Universität München. Wenn auch die Texte der einzelnen Autoren von den Herausgebern redigiert wurden, so ist doch jeder einzelne der Autoren für den Inhalt seiner Stichworte verantwortlich.
Ein Großteil der Originalzeichnungen wurde von Frau Ulla M. Lang gezeichnet, wofür wir ihr sehr danken.
Unser Dank gilt auch dem ecomed-Verlag, insbesondere dem Verlagsleiter Herrn H. Heim und den Lektoren Frau A. Deiß, Herrn Dr. H.-G. Zoch und Herrn Dr. P. Mack für Fairneß und Geduld bei der Entstehung dieses Werkes, sowie für die sehr angenehme Atmosphäre konstruktiver Zusammenarbeit.

München, im November 1991 — P. Schütt, H. J. Schuck, B. Stimm

Autoren-Verzeichnis

Dr. Gregor Aas:	Dendrologie (Laubhölzer)
Dr. Ralph Baasch:	Vegetationskunde
Dr. Helmut Blaschke:	Wurzelbiologie, Ernährungsphysiologie
Dr. Maria Dobner:	Physiologie, Phytochemie
Dr. Elke Krug:	Genetik, Vermehrungsbiologie
Dr. Josef Maier:	Dendrologie (Laubhölzer)
Dr. Harald Schill:	Morphologie
Dr. Hans Joachim Schuck:	Systematik, Blütenmorphologie, Anatomie, Phytochemie
Prof. Dr. Peter Schütt:	Dendrologie (Nadelhölzer), Pathologie, Anatomie
Dr. Bernd Stimm:	Forstpflanzenzüchtung, abiotischer Forstschutz

Benutzerhinweise

Die Stichworte stehen in alphabetischer Reihenfolge und sind mit **halbfetter** Schrift hervorgehoben. Umlaute wurden bei der Alphabetisierung gemäß Duden wie die entsprechenden Vokale behandelt; die in der chemischen Terminologie gebräuchlichen Abkürzungsbuchstaben, Zahlen und griechischen Buchstaben wurden nicht berücksichtigt.

Zusammengesetzte Stichworte (z.B. »hygroskopische Bewegungen« oder »einfache Blätter«) sind unter dem jeweiligen Oberbegriff (»Blätter, einfache« bez. »Bewegungen, hygroskopische«) eingeordnet. Handelt es sich aber um feststehende Begriffe wie »Hartig'sches Netz« oder »Indian Summer«, sind diese ohne Umstellung ins Alphabet aufgenommen. Im Zweifelsfalle empfiehlt es sich, unter beiden Begriffen nachzuschlagen.

Die lexikalische Bearbeitung von Arten, Gattungen, Ordnungen etc. findet sich in der Regel unter der lateinischen Bezeichnung (Ausnahme ist z. B. »Tannenarten, chinesische«). Bei Krankheiten wird auf den lateinischen Namen des Erregers verwiesen. Die binäre Nomenklatur der Arten wird wie ein zusammengesetztes Stichwort ohne Umstellung behandelt.

Alle Artnamen sind (soweit möglich) auch in der deutschen oder englischen Bezeichnung als Stichwort aufgenommen. Diese Namen wurden mit einem Querverweis auf die lateinische Bezeichnung versehen und unter dem Oberbegriff eingeordnet (z.B. »Geißklee, Regensburger« oder »Oak, Common«) sofern es sich nicht um feststehende Bezeichnungen wie »Arizona Tanne« oder »Digger Pine« handelt.

Autorenkürzel der lateinischen Nomenklatur sind mit KAPITÄLCHEN und Querverweise mit Pfeil und *Kursivschrift* kenntlich gemacht.

Aus Platzgründen wurden einige Wörter abgekürzt. Alle nicht sofort verständlichen oder nicht allgemein gebräuchlichen Abkürzungen sind im Abkürzungsverzeichnis zu finden. Nicht enthalten sind in diesem Verzeichnis die Autorenkürzel der lateinischen Nomenklatur, chemische Formeln und Abkürzungen von SI Einheiten sowie deren dezimale Vielfache und Teile. Treten Gattungsnamen oder das Stichwort im Text mehrfach auf, sind sie nur bei der ersten Erwähnung ausgeschrieben und anschließend abgekürzt.

Stichworte mit mehreren Bedeutungen (z. B. Krone, Ligula, Calyptra) sind im Text mit (1), (2)... untergliedert.

Die Farbfotos stammen von den Autoren, die Farbtafeln und Schwarzweiß-Zeichnungen fertigte Frau Ulla Lang (Hohenpeißenberg) an. Abbildungen, die anderen Quellen entnommen wurden, sind im Bildquellennachweis am Ende des Buches angegeben.

Abkürzungen

Ø	Durchmesser
A	Androeceum
allg.	allgemein(e)
BHD	Brusthöhendurchmesser
C	Corolla (Blütenkrone)
Chrom.	Chromosomensatz
Durchm.	Durchmesser
engl.	englisch
Ez.	Einzahl
FM	Festmeter
G	Gynoeceum
Ggs.	Gegensatz
i.a.	im allgemeinen
i.d.R.	in der Regel
i.e.S.	im engeren Sinne
i.w.S.	im weiteren Sinne
Jhdt.	Jahrhundert
K	Kalyx (Kelch)
K!	Kariogamie
lfd.m	laufender Meter
Mts.	Mountains
Mz.	Mehrzahl
nat. Gr.	natürliche Größe
P	Perigon
P!	Plasmogamie
R!	Reduktionsteilung
S!	Somatogamie
s.l.	sensu lato
s.s.	sensu stricto
sp.	Species
ssp.	Subspecies
syn.	synonym
trop.	tropisch
TS	Trockensubstanz
u.U.	unter Umständen
var.	Varietät
z.T.	zum Teil

Geographische Abkürzungen

N-	Nord-
O-	Ost-
S-	Süd-
W-	West-
n.B.	nördliche Breite
ö.L.	östliche Länge
s.B.	südliche Breite
w.L.	westliche Länge

AB	Alberta
Afr.	Afrika
AK	Alaska
AL	Alabama
AR	Arkansas
AZ	Arizona
B	Belgien
BC	Britisch Columbia
CA	California
Can	Canada
CO	Colorado
CT	Connecticut
DE	Delaware
DK	Dänemark
Eur.	Europa
FL	Florida
GA	Georgia
GB	Großbritannien
Griech.	Griechenland
Him.	Himalaya
IA	Iowa
ID	Idaho
IN	Indiana
IRL	Irland
Ital.	Italien
Jap.	Japan
Jugosl.	Jugoslavien
Kau.	Kaukasus
Kl.As.	Kleinasien
KS	Kansas
KY	Kentucky
LA	Louisiana
MA	Massachusetts
MB	Manitoba
MD	Maryland
ME	Maine
MI	Michigan
MN	Minnesota
MO	Missouri
MS	Mississippi
MT	Montana
N	Norwegen
NB	New Brunswick
NC	North Carolina
ND	North Dakota
NE	Nebraska
NF	Neufundland
NH	New Hampshire
NJ	New Jersey

NL	Niederlande
NM	New Mexiko
NS	Nova Scotia
NV	Nevada
NY	New York
OH	Ohio
OK	Oklahoma
ON	Ontario
OR	Oregon
Österr.	Österreich
PA	Pennsylvania
Pers.	Persien
QU	Quebec
RI	Rhode Island
S	Schweden
SC	South Carolina
SD	South Dakota
Sib.	Sibirien
SK	Saskatchewan
Spa.	Spanien
TN	Tennessee
TX	Texas
UT	Utah
VA	Virginia
VT	Vermont
WA	Washington
WI	Wisconsin
WV	West-Virginia
WY	Wyoming
YU	Yukon

Holzarten

Lh	Laubholz
Nh	Nadelholz
Ah	Ahorn
As	Aspe
BAh	Bergahorn
Bi	Birke
Bu	Buche
Dougl	Douglasie
Ei	Eiche
Er	Erle
Es	Esche
Fi	Fichte
Hbu	Hainbuche
Ki	Kiefer
Lä	Lärche
Li	Linde
Pa	Pappel
RKa	Roßkastanie
Rob	Robinie
Ta	Tanne
Ul	Ulme
Wei	Weide

A

Aapa-Moor → *Soligener* Moortyp der boreal-subarktischen Zone mit Niedermoor- und Hochmooranteilen.

abaxial: von der Achse abgewandt; unterseits.

Abbiß: Abgebissener Trieb. Besonders bei Ta und Fi beißen Eichhörnchen (Sciurius vulgaris L.) die äußersten Triebe ab, um die Knospen auszufressen. A. treten in strengen Wintern gehäuft auf, decken jedoch den Waldboden nicht flächig ab (→ *Abbruch*), sondern sind meist unter einzelnen Randbäumen vorzufinden. Die Abbißstelle ist ± glatt.

Eichhörnchenabbiß mit ausgenagten Knospen

Abbruch: Abgebrochener Trieb, verursacht durch abiotische (z.B. Stürme), wie biotische Faktoren (Insektenfraß an Ki, Fi, Lä: z.B. durch Monochamus galloprovincialis, Bäckerbock oder Blastophagus piniperda, Großer Waldgärtner). A. können nach starken Herbststürmen in großer Zahl und oft flächendeckend den Waldboden bedecken. Ausgefranste Abbruchstellen unterscheiden sie vom → *Abbiß* und → *Absprung*.

Abgase: A. treten in Folge natürlicher Prozesse (Vulkanausbrüche, Waldbrände usw.), bei der Verbrennung fossiler Energieträger, aber auch beim Betrieb von Anlagen für industrielle Produktionsprozesse auf. A. können für Organismen schädlich sein. Häufigste Vertreter: → *Schwefeldioxid*, → *Stickoxide*, → *Kohlenwasserstoffe*.

abholzig: Stamm, dessen Durchmesser zum Wipfel hin stark abnimmt (>1 cm/lfd.m)

Abies MILL. Tanne (engl.: Fir): Gattung der → *Pinaceae* mit ca. 40 forstl. wichtigen, immergrünen Arten, meist im humiden Klima der Nordhalbkugel. Gerade Stämme, keine Kurztriebe. Nadeln sitzen dem Zweig mit schildförmig verbreiterter Basis an, lassen sich leicht ablösen und hinterlassen eine rundliche Narbe. Zapfen aufrechtstehend, im 1. Jahr reif, Deckschuppen ragen bei einigen Arten über die Samenschuppe hinaus. Fallen nicht als Ganzes vom Baum, sondern Zapfenschuppen lösen sich ab und nur die Zapfenspindel bleibt zurück. Pollen mit Luftsäcken, Keimblätter 4 – 10; Chrom.: 2 n = 24 . Tannen stellen i.a. hohe Bodenansprüche und vertragen Schatten. Sie wurzeln tief und gelten daher als sturmfest. Einige Arten dringen im Gebirge bis zur Waldgrenze vor (u.a. A. balsamea, A. lasiocarpa, A. mariesii, A. spectabilis).

Abies alba MILL. (syn.: Abies pectinata (LAM.) DC) Weiß-Weißtanne: Leistungsfähige und ökologisch wertvolle Holzart des mitteleuropäischen Bergmischwaldes. Im Optimum max. 500 Jahre alt und 65 m hoch. Mit 120 Jahren wird eine Gesamtertragsleistung von max. 1 600 FM erreicht. Schattenfest, tiefwurzelnd, mehrstufiger Bestandesaufbau. Hohe Wildstände, schlagweiser Hochwald, Tannensterben, evtl. auch Klimaveränderungen führten zum Rückgang der Tanne (in Bayern: 1830 = 14,3%, 1960 ≈ 1%). Ta-Holz entspricht in Qualität und Verwendung dem Fi-Holz. Grenzen des nat. Areals: Karpaten und Teile des Balkans im SO, Apennin bis nach Calabrien im S, Vogesen im W sowie Beskiden im O. Im N verläuft die Grenze im Thür. Wald, im Erzgeb. und im Frankenwald. Isolierte Teilareale in den Pyrenäen und (umstritten) in der Normandie. Höhengrenze in den Bayr. Alpen ca. 1 500 m, im Engadin ca. 1 600 m, im Wallis fast 2 000 m.
Kennzeichen: Kerzengerade, walzenförmige Stämme mit breit-kegelförmiger Krone, die im Freistand bis 2/3 der Schaftlänge ausmachen kann. Äste im unteren und mittleren Kronenbereich waagrecht abstehend. Im Alter Abflachung der Krone, weil der Gipfeltrieb kürzer bleibt als die Seitentriebe (»Storchennest«). Rinde anfangs dunkelgrau mit Harzbeulen, im Alter silbergrau mit rechteckigen Schuppen. Triebe unbehaart mit ungleich langen, gescheitelten Schattennadeln oder rel. dicken, kurzen Sonnennadeln. Nadeln bleiben 8 – 12 Jahre am Baum. Pollen mit Luftsäcken. Zapfen bis 16 cm lang, zur Spitze hin verjüngt, bei Reife bräunlich. Deckschuppen ragen heraus und sind zurückgebogen. Sämlinge mit Pfahlwurzel, später kräftiges und tiefreichendes Herzwurzelsystem. Holz gelblich-weiß, ohne Harzkanäle, Markstrahlen schwer erkennbar.
A.alba gilt als eine anspruchsvolle, etwas heikle Holzart, stellt aber keine spezifischen Anforderungen an Boden und pH-Wert. Sie gedeiht auf Kalk wie Silikatgestein, schließt schwere Böden gut auf und liebt frische, nährstoffreiche humose Substrate. Vorteilhaft: >1 000 mm/a Niederschlag; nachteilig: trockene Sommer. Gefährdung durch Spätfröste, Dürre, HF- und SO_2-Immissionen. Höchst empfindlich gegen Verbiß. → *Tannensterben* seit mehr als 200 Jahren periodisch im nördl. Teil des Areals. Stammentwertung durch →*Melampsorella caryophyllacearum*. Umfassende Provenienzversuche fehlen. Dennoch gibt es Hinweise auf Rassenunterschiede: Calabrische Ta ist widerstands-

Abies alba: *a* blühender Zweig, *b* Samenschuppe mit 2 Samen (von oben), *c* Samenschuppe von unten, *d* Keimling, *e* Nadelansatz , *f* Zapfen

Natürliches Areal von **Abies alba**

fähiger gegen Lausbesatz und Tannensterben; Ta aus dem Wallis rel. dürrehart.

Abies amabilis DOUGL. EX FORBES Purpurtanne (engl.: Pacific Silver Fir): Eine max. 70 m hohe, 2,5 m starke und 500 Jahre alt werdende, rel. langsamwachsende Art des westl. N-Amerika, die kaum in Reinbeständen, sondern in Mischung mit Sitka-Fi, Dougl. und Tsuga heterophylla aufwächst. Optimale Bedingungen im Nebelgürtel des pazifischen NW, insbes. Olympic Pensinsula, Vancouver Island. Das natürl. Areal erstreckt sich von N Calif. bis SO Alaska (55°N). Gute Ergebnisse mit forstl. Versuchsanbauten in GB und Skand., Fehlschläge in M-Eur..
Kennzeichen: Die Purpurtanne bildet kerzengerade Schäfte mit spitzer Krone und gleichmäßig kurzer Beastung aus. Sie ist dicht benadelt. Einzelnadeln auf der Zweigoberseite nach vorn gekrümmt und auffallend kurz. Zerrieben riechen sie würzig. Nadel-Unterseite silbergrau. Auffallend sind die kleinen, runden, roten, stark verharzten Knospen. Rinde hell und dünn. Bei den ca. 10 – 14 cm langen, zur Reifezeit dunkelbraunen Zapfen treten die Deckschuppen nicht hervor. Samen lang geflügelt. A. amabilis fordert reichliche Niederschläge und hohe Luftfeuchte. Sie ist standorttolerant und gedeiht auch auf saurem Substrat (pH 4). Wegen des für Ta-Arten extrem flachen Wurzelsystems besteht ausgeprägte Windwurfgefahr, wegen der dünnen Borke Empfindlichkeit gegen Waldbrände. Besonderheit: Ihr deutscher Name bezieht sich auf die Zapfenfarbe in unreifem Zustand.

Abies arizonica → *Abies lasiocarpa var. arizonica*

Abies balsamea (L.) MILL. Balsamtanne (engl.: Balsam

Fir): Wichtiger und weit verbreiteter Waldbaum des borealen N-Amerika, dessen Areal von Neufundland im NO und AL im NW bis PA und W-VA im S reicht. Oft tritt die Art in Mischung mit Picea rubens, P.glauca, P.mariana, Larix laricina oder Betula papyrifera auf. Anbauversuche in Eur. schlugen i.a. fehl (Ausnahme: Baltikum). Höchstwerte: 200 Jahre, 25 m Höhe, 1,1 m Durchmesser. Wirtschaftl. Bedeutung als Papierholz.
Gerade, rel. abholzige Stämme. Im Freistand bis zum Boden beastet, Kronenform variiert sehr. Dünne, aschgraue Rinde mit vielen Harzbeulen. Knospen mit durchsichtiger Harzschicht. Nadeln knicken leicht. Sämlinge mit Pfahlwurzeln, später extrem flach wurzelnd, deswegen windwurfgefährdet. Die max. 10 cm langen und 2,5 cm breiten Zapfen harzen bei Reife und bilden fast viereckige Samenschuppen aus. Aussehen und Qualität des Holzes entsprechen etwa dem unserer Fi.
A.b. ist ein Baum kalter, feuchter Lagen. Er meidet Kalk und wächst im pH-Bereich von 4,0 bis 6,0 auf Podsol und Gley, auf kiesigen Sanden und sogar auf Mooren. Extremtemperaturen bis −45 °C werden ertragen. Im nat. Areal treten größere Schäden durch Windwurf, durch den spruce-budworm (Choristoneura fumiferana) sowie durch Stamm- und Stockfäule auf. Besonderheiten: Die Balsamtanne braucht zur Keimung und zur Sämlingsentwicklung Schatten, reagiert ab 8 Jahren jedoch positiv auf Freistellung. Aus den Harzbeulen der Rinde gewonnenes Harz wird zu Kanadabalsam, einem in der Anatomie bewährten Einbettungsmittel für mikroskopische Präparate, verarbeitet.

Abies balsamea am Camel's Hump, USA

Abies borisii-regis Mattfeld König Boris-Tanne, Bulgarische Tanne: Bis 30 m hoher Waldbaum in Südbulgarien und Griechenland (Thessalischer Olymp), der morphologisch zwischen A. alba und A. cephalonica steht. Wahrscheinlich keine reine Art.

Abies bornmuelleriana Mattf. Bornmüllers Tanne, Türkische Tanne: Der Nordmannstanne ähnlicher Waldbaum. Heimat: Südküste des Schwarzen Meeres. Dort von anderen Ta-Arten isoliertes Areal in mittl. Gebirgslagen (1 100 – 1 700 m). Optimum im nördl. Anatolien. Keine Anbauerfahrungen in M-Eur. Nicht von allen Autoren als separate Art betrachtet.
Kennzeichen: Nadeln wie A. nordmanniana, nur dichter stehend. Glatte, rötlich-schwarze Rinde.

Abies brachyphylla → *Abies homolepis*

Abies bracteata D.Don. ex Poiteau Grannen-Tanne (engl.: Bristlecone Fir, Santa Lucia Fir): Eine sehr seltene, auf ein winziges, in den küstennahen südkalifornischen Santa Lucia Mts., zwischen 600 und 1 500 m Höhe gelegenes Areal beschränkte Art ohne wirtschaftl. Bedeutung; max. Höhe 30 m. Morph. Besonderheiten sind die kompakten, bis 10 cm langen, rotbraunen Zapfen, deren Deckschuppen in rel. steife, bis 5 cm lange, grannenartige Fortsätze auslaufen sowie die sehr spitzen, rel. kurzen Nadeln. In geschützten Lagen M-Eur. winterhart.

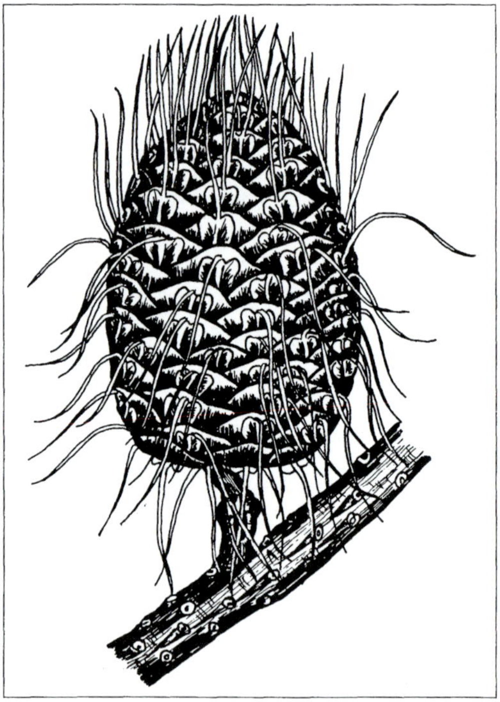

Abies bracteata: junger Zapfen

Abies cephalonica Loud. Griechische Tanne: Raschwüchsiger und leistungsfähiger Waldbaum der griechischen Mittelgebirge (700 – 1 500 m) in Mischung mit Bu, Schwarz-Ki und Castanea sativa. Max. 35 m hoch. In M-Eur. nur Parkbaum, im Alter breitkronig. Spätfrostgefährdet, aber rel. dürrehart und verbißfest. Geradstämmig, dichte Beastung. Junge Triebe kahl, gelbbraun. Knospen rötlich, stark harzig. Nadeln steif, bis 30 mm lang mit stechender Spitze. Die max. 16 cm langen Zapfen sind bei Reife dunkelbraun. Ihre deutlich hervorragenden Deckschuppen sind zurückgebogen. A.cephalonica liebt Kalk. Gelegentlich wird A. cephalonica, var. apollinis, eine Form mit dichter stehenden, abgerundeten Nadeln, von der reinen Art abgetrennt.

Abies chensiensis → *Tannenarten, chinesische*

Abies cilicica (Ant. et Kotschy) Carr. Cilicische Tanne: Ein wichtiger, bis 30 m hoher Waldbaum Kleinasiens mit zerklüftetem Areal. Zumeist in höheren Lagen des

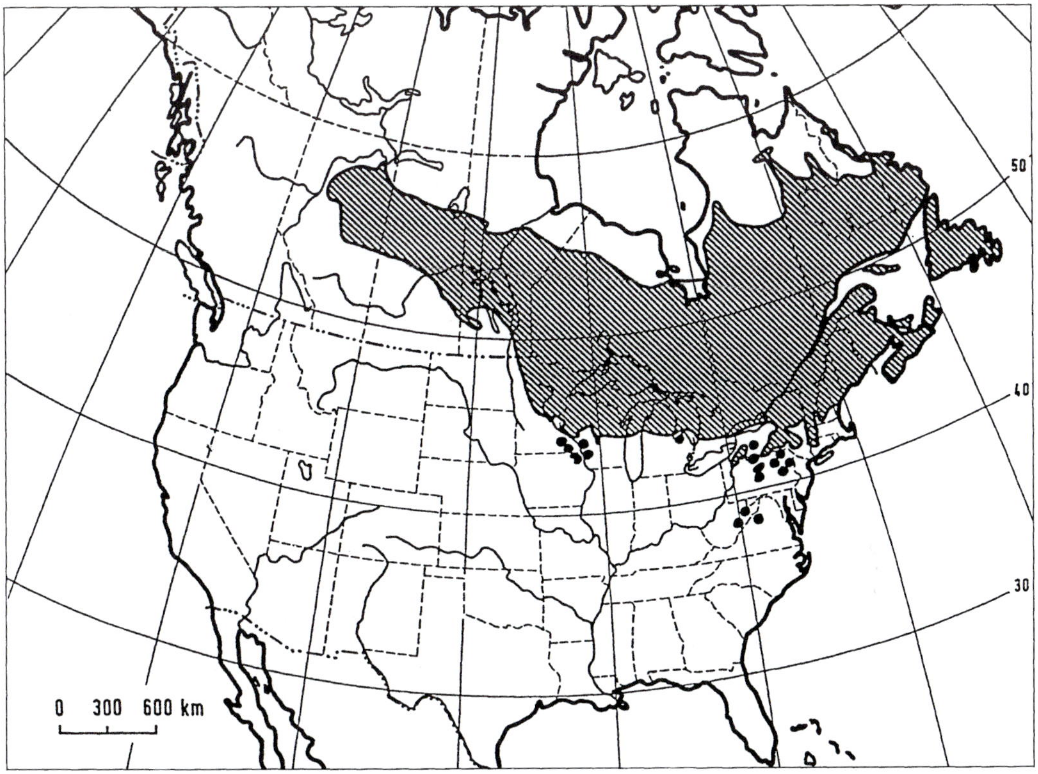

Natürliches Areal von **Abies balsamea** (nach FOWELLS, 1965)

Taurus, des Antitaurus und des Libanon. In M-Eur. winterharter, aber spätfrostempfindlicher Parkbaum. Kennzeichen: Biegsame, am Grunde gedrehte Nadeln. Knospenschuppen stehen ab. Zapfen bis 28 cm lang, rotbraun, Deckschuppen versteckt, Samenschuppen deutlich breiter als lang. A.c. verträgt Kalk und warme, rel. trockene Sommer.

Abies cilicica

Abies concolor (GORD. ET GLEND.) LINDL. HILDEBR. Kolorado-Tanne, Grautanne, (engl.: White Fir, Colorado White Fir): Waldbaum des westl. Nordamerika, der (als reine Art) in den südl. Rocky Mts. in Höhenlagen bis 3000 m vorkommt, rel. karge, felsige Standorte in Nordlage mit reichlichem Schneefall und langen Wintern besiedelt, aber wirtschaftl. ohne große Bedeutung ist. Das nat. Areal reicht von 43°N (OR) bis 31°N (NM) (Abb. S. 14). A.c. wächst sowohl in kleinen Reinbeständen wie in Mischung mit Dougl, Pinus ponderosa, Picea engelmannii und P.pungens. Sie wird knapp 300 Jahre alt, 42 m hoch und 1 m stark. In M-Eur. hat sie sich als dekorativer, klimaharter Parkbaum bewährt, der auch im Stadtklima gut gedeiht. Von der reinen Art zu trennen ist → *A.concolor var. lowiana,* eine hinsichtlich Wuchsleistung, Morphologie, Standorts- und Klimaansprüchen sowie wirtschaftl. Bedeutung deutlich abgehobene Klimarasse.
Kennzeichen: Gerader Stamm mit zunächst grauer, glatter, später mit brauner, rauher Rinde und waagrecht abstehenden Ästen. Nadeln graugrün, biegsam und lang (max. 8 cm), an der Kronenperipherie sichelförmig aufwärts gekrümmt. Zapfen bis 14 cm lang, Deckschuppen versteckt. Von anderen Ta-Arten unterscheidet sich A.c. durch Toleranz gegenüber Trockenheit und Winterkälte. Sie ist eine Halbschattholzart mit sehr langsamem Jugendwachstum (10 – 70 cm in 8 Jahren) und wird durch Spätfröste, Wildverbiß und Schneedruck gefährdet. Hauptnutzung: Papierholz (Abb. S. 14).

Abies concolor var. lowiana (GORD.) LEMM. (syn.: A. lowiana (LEMM.) A. MURR.) Sierra-Tanne: Sehr leistungsfähige Klimavarietät der Kolorado-Tanne. Nat. Vorkommen: CA und südl. OR (37°– 42°N). Optimum: Sierra Nevada. Dort max. Höhe 67 m, max. Stärke 1,8 m, max. Alter ca. 500 Jahre. In mittleren Höhenlagen gemeinsam mit Pinus lambertiana, Calocedrus decurrens, Sequoiadendron giganteum; oberhalb 2 000 m mit Abies magnifica. In M-Eur. winterhart und wüchsig, aber kaum systematische Anbauversuche. Kennzeichen: Rel. lichte Krone mit quirlständigen Ästen. Nadeln gescheitelt, unterseits heller. Stomata auf Ober- und Unterseite. Die Sierra-Tanne bevorzugt frische bis feuchte, schwach saure, nährstoffreiche Böden. Sie verträgt trockene Sommer, ist eine Schattholzart und liegt in vieler Hinsicht zwischen A.concolor und A.grandis.

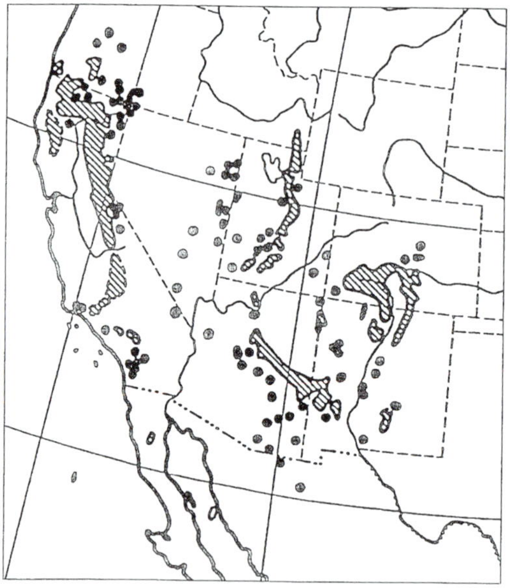

Natürliches Areal von **Abies concolor** (nach Fowells, 1965)

Abies delavay → *Tannenarten, chinesische*

Abies durangensis → *Tannenarten, mittelamerikanische*

Abies equi-trojani Aschers. et Sint: Waldbaum mit sehr kleinem Areal im Kaz-Dagh-Gebirge nahe Troja. Raschwüchsige Lichtholzart mit umstrittener taxonomischer Stellung. Aufgefaßt als: (a) echte Art, (b) Varietät von A.cephalonica, (c) Subspecies von A.nordmanniana, (d) Subspecies von A.alba, (e) nat. Bastard A. cephalonica x A.bornmuelleriana. Morphologisch steht A.equi-trojani zwischen A. cephalonica und A.nordmanniana.

Abies excelsior → *Abies grandis*

Abies fargesii → *Tannenarten, chinesische*

Abies firma Sieb. et Zucc. Momi-Tanne: Die wüchsigste (bis 50 m hoch und 2 m stark) und am weitesten verbreitete Tannenart Japans. Sie wächst in den wärmeren Landesteilen zwischen 30° und 39°n.Br. in Höhengen von 300 – 1 000 m. Oft in Mischung mit Cryp-

a

b

c

Abies concolor: *a* Zweig, *b* Zapfen, *c* Bestand im Yosemite-Park tomeria japonica, Tsuga sieboldii, Pinus parviflora, Chamaecyparis obtusa und Fagus crenata. In M-Eur. kaum erprobt, offenbar heikel; selbst in Arboreten selten. Kennzeichen: Große, herkunftsbedingte morphologische Variation. Junge Triebe gefurcht und in den Furchen braun behaart. Nadeln dick, steif, oft zweispitzig, in der Nadelmitte am breitesten. Zapfen kurzgestielt, bis 15 cm lang, Deckschuppen sichtbar. Das Holz gilt als minderwertig.

Abies fraseri (PURSH) POIR. Frasers Tanne (engl.: Fraser Fir): Die einzige Tannenart im SO der USA. Kleines, auf höhere Lagen der Appalachen (1 200 – 2 000 m) beschränktes Areal in NC, TN, SW-VA. Oft in Mischung mit Picea rubens. Reinbestände auf dem Mt. Mitchell vom Waldsterben bedroht. Max. Höhe 27 m, max. Durchm. 75 cm. Keine Anbauerfahrungen in M-Eur.. Kennzeichen: Dünne, weiche, mit Harzbeulen besetzte, später schuppige Rinde. Zapfen dunkel purpurn, bis 6 cm lang, mit weit hervorragenden, zurückgebogenen Deckschuppen. A.f. wird als Papierholz genutzt.

Abies grandis (DOUGL.) LINDL. (syn.: A. excelsior FRANCO) Große Küstentanne: Eine der wuchskräftigen Tannenarten des amerik. Nordwestens. Ihr nat. Areal reicht von 51° bis 39°N und von 125° bis 114°W, teilt sich allerdings in einen küstennahen und einen Inland-Bereich. Höchstleistungen werden an der Küste Washingtons (in Mischung mit Dougl, Abies procera, Picea sitchensis, Thuja plicata und Tsuga heterophylla) und in N-ID (Reinbestände) erzielt. Max.: 83 m Höhe, 1,6 m Durchm., Höchstalter: 280 Jahre. A. grandis hebt sich von vielen anderen Ta-Arten durch rasche Jugendentwicklung (bis zu 90 cm Höhenwuchsleistung pro Jahr), Standorttoleranz und geringe Niederschlagsansprüche ab. Sie ist eine der forstl. wichtigsten fremden Holzarten in M-Eur..
Kennzeichen: Kleine, mit Harz überzogene Knospen, junge Triebe olivgrün. Nadeln kammförmig gescheitelt und in 2 Ebenen angeordnet. Obere Reihe kürzer (16 – 30 mm) als untere (25 – 55 mm). Zapfen bis 11 cm lang, mit versteckten Deckschuppen. Sämlinge bilden rasch eine tiefe Pfahlwurzel aus. A.grandis hat ein weiches, wenig dauerhaftes Holz, das hauptsächlich zur Papierherstellung verwendet wird. Ungünstig ist ihre hohe Anfälligkeit gegen Hallimasch und andere wurzelpathogene Pilze.

Abies guatemalensis → *Tannenarten, mittelamerikanische*

Abies hickeli → *Tannenarten, mittelamerikanische*

Abies holophylla → *Tannenarten, chinesische*

Abies homolepis SIEB. ET ZUCC. Nikko-Tanne (syn.: A. brachyphylla MAXIM.): Wirtschaftl. unbedeutender Waldbaum mit sehr kleinem nat. Areal auf der Insel Hondo (800 – 1 300 m). Max. 40 m hoch und 1,5 m stark. In tieferen Lagen mit Abies firma, Picea jezoensis, P.polita, Larix kaempferi, Thuja standishii; in höheren Lagen mit Abies veitchii gemischt. In M-Eur. winterhart und wegen der attraktiven Benadelung ein beliebter Park- und Gartenbaum, gedeiht selbst im Stadtklima. Kennzeichen: Tief gefurchte 2- und 3j. Triebe. Die rel. breiten und dichtstehenden Nadeln sind oberseits glänzend dunkelgrün, unterseits kreideweiß. Zapfen <10 cm, rötlichbraun, Deckschuppen versteckt.

Abies kawakami → *Tannenarten, chinesische*

Abies koreana WILS. Koreatanne: Mittelgroßer, forstl. unbedeutender, aber dekorativer Baum mit sehr kleinem, zerstreutem Areal in Südkorea (Höhenlage 1 000 bis 1 850 m). Max.: 18 m hoch, 0,3 m stark. In Mitteleuropa winterhart und als anspruchsloser Gartenbaum beliebt. Kennzeichen: Dichte Benadelung. Nadeln auffallend kurz (< 20 mm), nahe der Spitze oft breiter als an der Basis; Oberseite glänzend grün, Unterseite weiß. Schon an jungen Bäumen viele vor der Reife blau-violette, max. 7 cm lange Zapfen mit spitzen, zurückgebogenen Deckschuppen.

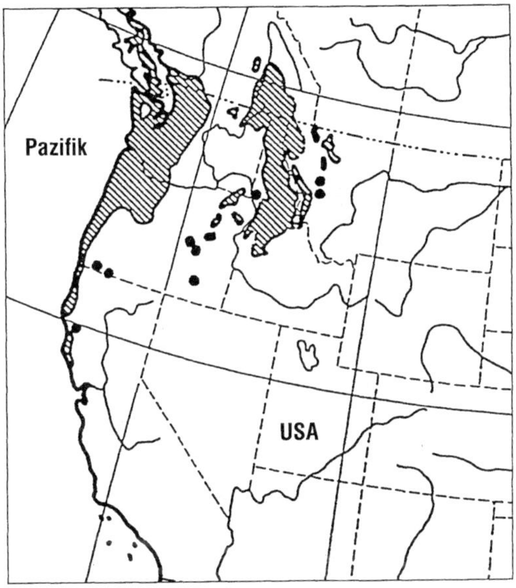

Natürliches Areal von **Abies grandis** (nach FOWELLS, 1965)

Abies lasiocarpa (HOOK.) NUTT. Felsengebirgstanne (engl.: Subalpine Fir): Nordamer. Waldbaum schwieriger Hochgebirgslagen. Heimat: Rocky Mts. und Cascaden von SO-AK (62°N) und YU (64°30'N) bis zum südl. OR und nördl. NM (36°N). Verträgt extreme Temp. und geringe Niederschl., arme Böden und tiefen Schatten; wird an der Waldgrenze zum Krummholz. Häufig mit Picea engelmannii und Pinus contorta vergesellschaftet, aber beide an Anspruchslosigkeit übertreffend. Max. Alter ca. 300 Jahre, max. Höhe 43 m. Wegen geringer Wuchsleistung und intensiver Beastung kaum von wirtschaftl. Bedeutung. Keine Anbauerfahrung in Europa.
Gerade, abholzige, tief beastete Stämme mit sehr spitzer Krone, aschgrauen Trieben und kurzen, blaugrünen Nadeln. Zapfen in der Jugend dunkel purpurrot, knapp 10 cm lang, stets zu mehreren beieinander. In der Jugend erträgt A.l. tiefen Schatten und wächst extrem langsam (30 Jahre = 1,5 – 2 m). Sie bildet rel. weiches Holz (Absatz als Grubenholz). An der Waldgrenze Vermehrung durch → *Ableger* und Aufbau eines Krumm-

holzgürtels. Wegen der dünnen Rinde und der tief herabreichenden Äste ist die Art stark waldbrandgefährdet. Besonderheit: Aufgrund morphologischer Verschiedenheiten und abweichender Klimaansprüche trennt man von der reinen Art die Varietät → *A.lasiocarpa var. arizonica* ab.

a b

Abies lasiocarpa: *a* Krummholz in 3 600 m (Colorado), *b* Normalform (Idaho/2 000 m)

Abies lasiocarpa (Hook.) Nutt. **var. arizonica** (Merriam) Lemm. (syn.: Abies arizonica Merriam) Arizona-Tanne, Kork-Tanne: In S-CO, N-NM und Zentral-AZ vorkommender kleiner Baum mit stark verkorkter, dikker, weicher Rinde und längeren, unterseits weißlichen Nadeln, der höhere Ansprüche an Wärme und Niederschläge stellt, in Mitteleuropa aber besser gedeiht als die reine Art. Forstl. ohne Bedeutung, als Parkbaum geschätzt.

Abies lowiana → *Abies concolor var. lowiana*

Abies magnifica A. Murr. (syn.: A. nobilis var. magnifica Kellogg) Prachttanne (engl.: Californian Red Fir): In M-Eur. nahezu unbekannter Waldbaum des pazifischen Westens der USA, dessen nat. Areal sich vom

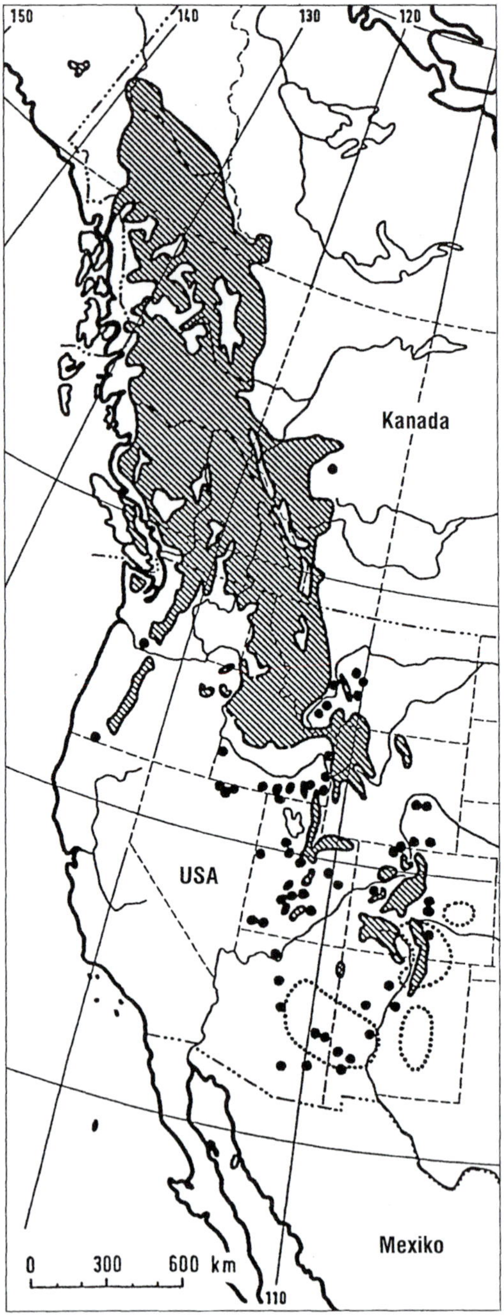

Natürliches Areal von **Abies lasiocarpa** (nach Fowells, 1965) var. lasiocarpa (• = Einzelvorkommen) und var. arizonica...)

südl. OR (43° 35') bis ins mittl. CA (35° 40') erstreckt. Besiedelt werden schneereiche Lagen zwischen 2 000 und 3 000 m in den Küstengebirgen und der Sierra

Nevada. Im S oft in Mischung mit Pinus lambertiana und Abies concolor, im N u.a. mit Pinus contorta und P.monticola. In der Jugend trägwüchsig, wird A.m. maximal 370 Jahre alt und knapp 60 m hoch. Oft wächst sie in dichten Reinbeständen.
Stamm gerade, im Extrem bis 30 m astfrei, Krone sehr schmal mit regelmäßiger, kurzer, waagrechter Beastung. Rinde der Triebe auffallend rötlich. Das Holz ist schwerer und dauerhafter als bei den meisten anderen Ta-Arten. Besonderheiten: A.m. verträgt weder milde Winter noch warme Sommer. Sie treibt spät aus und ist daher unempfindlich gegen Spätfröste. Ihre geringe Schattentoleranz (<Dougl.) macht sie fast zu einer Lichtholzart. Prachttannen gelten als windwurfgefährdet. Starke Ausfälle entstehen durch → *Zwergmisteln* (Arceuthobium campylopodium). Probeanbauten in Europa litten unter Lausbefall (Chermes-Arten).

Abies mariesii MAST. Maries' Tanne: Baum mittlerer Wüchsigkeit, beheimatet in subalpinen Regionen der Insel Hondo. An der Waldgrenze (ca. 2 800 m) als Krummholz. Max.: 30 m Höhe, 0,9 m Durchm. In Reinbeständen oder in Mischung mit Abies veitchii, Pinus pumila, Tsuga diversifolia, Betula ermanii. In M-Eur. selten, weil heikel. Kennzeichen: Junge Triebe dicht rostbraun behaart, später gänzlich von den Nadeln bedeckt. Zapfen tonnenförmig, sonst wie A.homolepis.

Abies nebrodensis (LOJAC.) MATTEI Nebrodentanne: Durch Übernutzung und Ziegenweide bis auf wenige Exemplare ausgerottete Art aus den Gebirgen des nördl. Sizilien (1400 – 1700 m Höhenlage). Morphologisch und nadelanatomisch von A.alba und anderen Tannen des Mittelmeerraumes trennbar. Ca. 15 m hoch, Verjüngung auf Freifläche.

Abies nephrolepis → *Tannenarten, chinesische*

Abies nobilis → *Abies procera*

Abies nobilis var. magnifica → *Abies magnifica*

Abies nordmanniana (STEV.) SPACH Nordmannstanne, Kaukasus-Tanne: Mächtiger, bis 60 m hoher und bis 2 m starker Waldbaum des westl. Kaukasus und der NW-Türkei. Dort in Höhenlagen zwischen 900 und 2 000 m in Mischung mit Picea orientalis oder Fagus orientalis. Max. Alter ca. 500 Jahre. Außerhalb des nat. Areals kaum forstl. angebaut, wohl aber als bewährter, bis ins hohe Alter ansehnlicher, max. 30 m hoher Parkbaum und als Christbaum.
Kennzeichen: Gerader, im Freistand tief beasteter Baum, im Alter mit rel. schmaler Krone. Knospen stets völlig harzfrei. An der Spitze kräftiger Seitentriebe 3 Lateralknospen, von denen eine nach unten weist. Die dichtstehenden, oberseits dunkelgrün glänzenden Nadeln bleiben bis zu 6 Jahren am Zweig. Zapfen bis 20 cm lang mit zurückgeschlagenen Deckschuppen. A. nordmanniana ähnelt in ihren ökologischen Ansprüchen, in der Holzqualität und im Aussehen der Weißtanne. Kalk wird toleriert. Strenge Winter werden ihr gefährlich, nicht aber Spätfröste (später Austrieb!) und Naßschnee. Sie leidet unter Wildverbiß und Tannen-Triebläusen.

Abies numidica DE LANNOY EX CARR. Numidische Tanne, Algier-Tanne: Waldbaum des östl. Algerien, wo er in einem sehr kleinen Areal auf flachgründigen Kalkböden in Höhenlagen bis 2 000 m gemeinsam mit Cedrus atlantica vorkommt. Max. Höhe = 20 m. In M-Eur. ist A.n. ein beliebter, langsam wachsender, rel. dürreharter Parkbaum. Kennzeichnend sind die in der Jugend sehr dicht stehenden, kurzen, rel. dicken, dunkelgrünen Nadeln sowie große, harzfreie Knospen und bis 20 cm lange, spitz zulaufende Zapfen mit zurückgebogenen Samen- und eingeschlossenen Deckschuppen.

Abies nordmanniana

Abies pindrow (LAMB.) ROYLE Pindrow-Tanne: Die am weitesten verbreitete und wirtschaftl. wichtigste Tannenart des Himalaya. Von N-Afghanistan bis Bhutan, auch in Tibet. Bevorzugt Höhenlagen zwischen 2 100 und 2 700 m. Dort in dichten Reinbeständen oder in Mischung mit Cedrus deodara, Picea smithiana, Magnolia campbellii. Wird 60 m hoch und 2,6 m stark. In M-Eur. fehlend, weil nicht winterhart.
Kennzeichen: Lange, schmale Krone. Nadeln biegsam, unterseits hellgrün (nicht weiß!), in der Länge stark schwankend (meist 2 – 6, max. 9 cm), Spitze gekerbt. A. pindrow besiedelt tiefgründige, nährstoffreiche Standorte mit hohen Jahresniederschlägen (> 2 500 mm) und Jahresmitteltemperaturen zwischen 10 und 12 °C. Gelegentlich wird sie als Varietät von Abies spectabilis aufgefaßt.

Abies pinsapo BOISS. Spanische Tanne: Begrenzt auf ein kleines, unzugängliches Areal in Südspanien (Sierra de las Nieves; 1 100 – 2 000 m) wird diese Art forstl. kaum genutzt. Max. Höhe 25 m. Junge Exemplare sind aber beliebte Parkbäume. In M-Eur. Schutz gegen trockene Winde und Winterkälte notwendig. Regelmäßig und dicht beastet. Die dunkelgrünen, dicht gestellten Nadeln stehen radial nach allen Seiten ab. Sie sind zwar starr und dick, aber nicht stachelspitzig. A.p. liebt warme Kalkböden.

Abies procera REHD. (syn.: Abies nobilis [DOUGL. EX D.DON] LINDL.) Edeltanne (engl.: Noble Fir): Eine der höchsten, schönsten und leistungsfähigsten Tannenarten. Beheimatet im humiden pazifischen Westen der USA (WA bis NW CA.), wo sie in Höhenlagen zwischen 1 000 und 2 000 m sowohl im Küstengebirge wie in den Cascaden Mischbestände mit Dougl, Abies amabilis, Tsuga heterophylla und Pinus monticola bildet. Maxima: 87 m Höhe, 2,7 m Durchm., ca. 700 Jahre. Keine planmäßigen forstl. Anbauten in M-Eur., jedoch wegen

der blaugrünen Nadeln und der großen Zapfen als Parkbaum beliebt.
Kennzeichen: Auffallend abholzige Stämme; im Freistand breitkronig und dicht bis zum Boden beastet. Triebe rötlichbraun, fein behaart. Gelegentlich entstehen rel. kurze Seitenzweige an der Unterseite von Zweigen 1. Ordn. Die blaugrünen, sehr dicht stehenden Nadeln liegen mit dem basalen Viertel dem Trieb an und krümmen sich dann auf. Sie bleiben bis zu 12 Jahren am Baum. Zapfen bis 25 cm mit hellbraunen, zurückgeschlagenen Deckschuppen.
A.procera braucht kühle Sommer und hohe Niederschläge (1 700 – 2 600 mm/Jahr). Sie meidet Kalk, stellt nur geringe Ansprüche an den Nährstoffgehalt des Bodens, bevorzugt aber frische und feuchte Standorte. Gegen Winterkälte, Spätfröste, Schneedruck und Wind ist sie widerstandsfähig. Deutliche Schäden richtet aber Melampsora caryophyllacearum, der Ta-Krebs, an. Besonderheit: An der meist als Pfropfling erhältlichen Gartenform »Glauca« treten Wuchsanomalien durch → *Topophysis* auf.

Abies procera: Zapfen und Spindel

Abies recurvata → *Tannenarten, chinesische*

Abies religiosa (H.B.K.) SCHLECHT. Heilige Tanne (engl.: Sacred Fir): Wichtiger, sehr wüchsiger Waldbaum der mexikanischen Gebirge. Max. 60 m hoch, 2 m stark. Optimum in Höhenlagen zwischen 2 100 und 3 100 m; an der Waldgrenze (4 100 m) krummholzartig. Oft in Mischung mit Pinus montezumae, P.hartwegii, Pseudotsuga mucronata und Alnus acuminata. In M-Eur. nicht winterhart. Kennzeichen: junge Triebe rötlich, Knospen harzreich, Zapfen bis 16 cm lang, fast eiförmig. A.religiosa wächst hauptsächlich auf vulkanischen Gesteinen. Ihr Name soll auf die weit verbreitete Nutzung von Schmuckreisig zur Dekoration von Kirchen zurückgehen.

Abies sachalinensis (FR. SCHMIDT) MAST. Sachalin-Tanne: Wichtiger Waldbaum auf Inseln des Ochotskischen Meeres. Die Art bildet mit Picea jezoensis ausgedehnte Wälder auf Sachalin und den südl. Kurilen und mit Picea glehnii in mittl. Höhenlagen auf Hokkaido. Dort erreicht sie Durchm. von 1 m und Höhen von 40 m. Sie wird als Bau- und Papierholz genutzt. In M-Eur. friert sie zurück. Kennzeichen: Glatter, heller Stamm; kleine, runde, bläuliche Knospen; Nadeln biegsam und lang (bis 45 mm), unterseits ohne deutliche Stomabänder. Zapfen <8 cm mit großen, zurückgeschlagenen Deckschuppen.

Abies sibirica LEDEB. Sibirische Tanne: Trotz des riesigen, vom Ural bis zur mandschurischen Grenze reichenden nat. Areals (ca. 60° – 130°ö.L.), eine in M-Eur. fast unbekannte Holzart. Optimum offenbar im Altai-Geb. (40 m Höhe); in Mischung mit Picea obovata im südl. Ural. Trotz langsamen Wachstums einer der wichtigsten Waldbäume Sibiriens. Wegen starker Spätfrostschäden infolge frühen Austreibens kann sie in Mittel- und Westeuropa i.a. nicht gedeihen. Kennzeichen: Hellgraue 1jährige Triebe; kleine, runde, hellbraune, harzige Knospen. Nadeln auffallend weich und schmal. Zapfen nur 8 cm lang, Deckschuppen bleiben verborgen.

Abies spectabilis (D.DON) SPACH Himalayatanne (syn.: A.webbiana, LINDL. Webbs Tanne): Gleichermaßen ansehnliche und wüchsige Art in Höhenlagen zwischen 1 600 – 4 270 m von N-Afghanistan über Kashmir, Nepal bis zum östl. Bhutan. Oft in Mischung mit Picea smithiana, Pinus griffithii und (an der Waldgrenze) mit Betula utilis. Max. Höhe 65 m; max. Durchm. 3 m. In M-Eur. sehr selten, weil extrem spätfrostgefährdet. Kennzeichen: Dicke, rotbraun behaarte Triebe, große, harzbedeckte Knospen. Nadeln rel. breit, unterseits silbrig weiß, in der Länge stark variierend (2,5 bis 6,0 cm), Spitze oft gekerbt.

Abies squamata → *Tannenarten, chinesische*

Abies veitchii LINDL. Veitchs Tanne: Ein dekorativer, japanischer Waldbaum mittlerer Wuchskraft. Heimat: Subalpine Lagen der Insel Hondo (1 300 – 2 500 m). Dort in Mischung mit Abies mariesii, Tsuga standishii, Larix kaempferi, Betula ermanii. Max.: 30 m hoch, 0,9 m stark. Nahe der Waldgrenze buschig, mit Pinus pumila gemischt. Forstl. Bedeutung gering. Beliebter Parkbaum. Kennzeichen: schmale Krone, Vertiefungen des Stammes unterhalb der Zweigansätze. Junge Triebe dicht bräunlich behaart. Nadeln weich, nicht spitz zulaufend, mit kreideweißer Unterseite. Zapfen bis 7 cm lang, Deckschuppen sichtbar. Samen mit auffallend breiten Flügeln. A.veitchii braucht in der Jugend Schatten, stellt hohe Standortansprüche, meidet Kalk, ist bei uns winterhart, leidet aber unter trockenen Sommern.

Abies vejari → *Tannenarten, mittelamerikanische*

Abies webbiana → *Abies spectabilis*

Abietinsäure → *Terpenoide*

Abietoideae: Unterfamilie der → *Pinaceae.* Immergrüne Bäume, deren Zapfen im 1. Jahr reifen. Nur Langtriebe vorhanden (Ausnahme Cathaya), an denen nadelförmige, mehrjährige Blätter stehen. Gattungen: → *Abies,* → *Cathaya,* → *Keteleeria,* → *Picea,* → *Pseudotsuga,* → *Tsuga.*

Ableger: (syn.: Absenker): Nach dauerhaftem Bodenkontakt und unter günstigen Bedingungen (z.B. Feuchtigkeit) sich bewurzelnde Sprosse, welche sich von der Ausgangspflanze durch zunehmende eigenständige Versorgung funktionell abgliedern. Die meisten Baumarten sind zur Vermehrung durch A. befähigt. Auf Grenzstandorten (z.B. Kampfzone des Waldes im Gebirge und in subpolaren Gebieten) überwiegt oft diese Form der vegetativen Vermehrung gegenüber der generativen (Fi- und Ta-Arten). Die Ablegerbildung ist seit langem bekannt und wird in verschiedenen Verfahren (→ *Ablegerverfahren*, → *Absenkerverfahren*, → *Luftablegerverfahren*) genutzt, um wertvolle, aber auf anderen Wegen schwierig zu vermehrende Baumarten erfolgreich zu vermehren.

Ablegerverfahren: Verfahren der → *autovegetativen Vermehrung*. Ausgangsmaterial sind bodennahe Zweige oder Triebe, die flach und dauerhaft an den Boden angedrückt und durch Substrat überdeckt werden. Die Zweig-/Triebspitze sollte von Substrat unbedeckt bleiben. Ausreichende Bewurzelung ist je nach Baumart nach etwa ein bis drei Jahren vorhanden. Danach können die → *Ableger* verschult werden.

Abschlußgewebe: Zum Schutz vor Austrocknung, mech. Schäden, Insekten und Mikroorganismen gebildete Zellverbände. Je nach Art ihrer Entstehung unterscheidet man: 1. primäre A.: → *Epidermis*, → *Rhizodermis*, → *Exodermis*; 2. sekundäres A.: → *Periderm*; 3. tertiäres A.: → *Borke*. Mitunter wird die → *Endodermis* als inneres A. bezeichnet, weil sie Gewebekomplexe unterschiedlicher Funktion trennt.

Abscisinsäure: (syn.: ABS, engl.: ABA, Dormin). → *Phytohormon* aus der Gruppe der Sesquiterpene mit überwiegend hemmender Wirkung auf Zellteilung und -streckung. Wirkt antagonistisch gegenüber Cytokininen, Auxinen und Gibberellinen. Streßbedingungen (v.a. Wassermangel) steigern die A.-Synthese (Streßhormon). A. fördert Seneszenz der Blätter, Blatt- und Fruchtfall und beeinflußt die Stomabewegung. Ob sie Knospenruhe induziert, ist fraglich.

Abscission: aktives Abstoßen nicht mehr funktionsfähiger Organe (Blätter, Blüten, Zweige, Wurzeln etc.) sowie von Samen, Früchten oder vegetativen Vermehrungseinheiten. Ein kompliziertes Ineinandergreifen von Pflanzenhormonen leitet die Ausbildung einer Trennschicht ein; die Synthese spezieller Enzyme führt dann zur Auflösung von Zellwänden oder ganzer Zellen im Trenngewebe und damit zur Ablösung der jeweiligen Teile (→ *Blattfall*, → *Fruchtfall*).

Absenker → *Ableger*

Absenkerverfahren: Zweige oder Triebe werden in einem Bogen von ihrer Basis in die Erde gesenkt, dort befestigt und mit dem Zweigende senkrecht aufgerichtet. Aus den Seitenknospen der Ruten (bei Aspe od. Graupappel bspw.) entwickeln sich Triebe, welche an ihrer Basis mit Substrat bedeckt werden, sobald sie eine Länge von ca. 20 cm erreichen. Nach vollzogener Bewurzelung (ca. 1 Jahr) können die Absenker zwischen den oberirdischen Aufwüchsen zerschnitten und später verschult werden.

Absonderungszellen: Zellen, in denen Abscheidungsprodukte wie Öle, Schleime, Gerbstoffe, Alkaloide oder Ca-Oxalate abgelagert werden. Bsp.: Ölzellen, → *Milchröhren*.

Absprung: Zweigabsprung. Durch Ausbildung eines Trenngewebes werden ein- bis mehrjährige Zweige und Zweigteile abgestoßen. A. treten in langen Trockenperioden und im Herbst gehäuft und meist bei Lh auf. Sie sind an ihrer glatten, oft konvex gewölbten Basis erkennbar.

Abstammungsgemeinschaft: Jede natürliche, d.h. phylogenetisch bestimmte Sippe.

Abteilung → *Taxon*

Abundanz: Begriff aus der Pflanzensoziologie, der unterschiedlich verwendet wird: (a) Anzahl von Individuen einer Art, bezogen auf eine Flächeneinheit (Individuendichte); (b) Anzahl von verschiedenen Arten pro Flächeneinheit (absolute Arten-A.); (c) selten: die relative Menge einer Art pro Flächeneinheit im Vergleich zu den übrigen Arten (relative Arten-A.). Bei Vegetationsaufnahmen wird die A. geschätzt. Es bedeutet: 1 = sehr spärlich vorhanden, 2 = spärlich vorhanden, 3 = wenig zahlreich vorhanden, 4 = zahlreich vorhanden, 5 = sehr zahlreich vorhanden.

Acacia Mill. Akazie, Mimose: Gattung der → *Mimosaceae* mit etwa 700 – 800 Arten in den Subtropen und Tropen Amerikas, Afrikas, Asiens und Austr. (hier ca. die Hälfte aller Arten). Zumeist immergrüne Bäume oder Sträucher (selten Kräuter), einige Arten windend oder kletternd. Blätter wechselständig, meist doppelt gefiedert mit vielen kleinen Blättchen. Fiederblätter oft nur in der Jugend ausgebildet. Im Alter findet als Anpassung an trockene Standorte eine Reduktion der Blattspreite zu → *Phyllodien* statt. Nebenblätter häufig zu Dornen umgewandelt.
Blüten klein, zu 20 – 30 in kugeligen bis zylindrischen Köpfchen, ein- oder zweigeschlechtig, gelb, selten weiß; 5 (4) mitunter fehlende Kelch- und Kronblätter und zahlreiche, weit aus der Hülle herausragende Staubblätter, Frucht: runde bis längliche Hülse.
Viele Arten liefern wertvolles Holz; daneben ist die Gewinnung von Gummisaft (das offizielle Gummiarabikum, z.B. bei A. senegal (L.) Willd., dem Gummiarabikum-Baum; Senegal bis Nigeria, Arab.), von Tannin sowie die Nutzung von Schnittblumen wirtschaftlich bedeutend. Weit verbreitet ist die Gattung in Trokkenwaldgebieten (austr. Buschland, Savanne Afr.). Sie wird hier zu Aufforstungen verwendet. In milden Gebieten der gem. Breiten sind nur wenige Arten winterfest, darunter A. melanoxylon R.Br. (Schwarzholzakazie, Australian Blackwood): bis 35 m hoch, stammt aus SO-Austr. und Tasm.; liefert sehr dekoratives, rotbraunes Holz, das in Austr. als das beste Möbelholz gilt. Forstl. Anbauten in Neuseeland, S-Amerika, Indien In N-Afr., SW-Eur. sowie SW-Engl. gelegentlich als Zierbaum kultiviert.
A. dealbata Link (Silberakazie): Häufigste der in milden nördl. Breiten angepflanzten Acacia-Arten, so auch in ganz S-Eur. (bis zu denS-Alpen) anzutreffen. Heimat: SO-Austr., Tasm.; hier bis 30 m hoch. Charakteristisch: silbergraue Rinde, Blätter doppelt gefiedert, ohne Phyllodien, Blättchen silbrig behaart; die intensiv duftenden, leuchtend gelben Blütenköpfchen zu Rispen vereinigt. In Südfrankreich zur Parfümherstellung und zur

Schnittblumengewinnung (»Mimose«) angebaut. Liefert Tannin sowie Ersatz für echtes Gummiarabikum. Besonderheit: Versch. Acacia-Arten (z.B. A.cornigera (L.) WILLD.; Mx. bis Costa Rica) gehen eine eigenartige Verbindung (Myrmekophilie) mit Ameisen ein. Diese leben in den ausgehöhlten Nebenblattdornen und werden von der Pflanze u.a. durch Nektar ernährt. Man vermutet, daß die Ameisen ihren Wirt vor Pflanzenfressern schützen.

Acacia cornigera → *Acacia*

Acacia dealbata → *Acacia*

Acacia melanoxylon → *Acacia*

Acacia senegal → *Acacia*

Acer L. Ahorn (engl.: Maple): Gattung der → *Aceraceae.* Etwa 120 – 150 Arten, z.T. forstwirtschaftl. sehr bedeutend, die meisten in der nördl. gemäßigten Zone Asiens, Europas und Amerikas; einige Arten dringen bis in tropische Gebirge Mittelamerikas und SO-Asiens vor (in Java und Sumatra bis in die Südhemisphäre). Sommergrüne, selten immergrüne Bäume oder Sträucher mit lang gestielten, meist einfachen, handförmig gelappten, seltener ungelappten oder gefiederten (→ *A.negundo)* Blättern. Blüten gelblich oder grünlich, in Rispen, Schirmrispen oder Trauben, meist 5- seltener 4-zählig; Griffel tief in 2 Narbenäste gespalten. Blüten häufig mit der Tendenz zur Eingeschlechtigkeit, die die einzelne Blüte, einzelne Blütenstände oder eine ganze Pflanze (Entwicklung zur Zweihäusigkeit) betreffen kann; teilweise Übergang zur Anemogamie. Spaltfrucht zerfällt bei der Reife in 2 einseitig lang geflügelte Nüßchen; Windverbreitung. Keimung epigäisch (bei → *A.saccharinum* hypogäisch!); Keimblätter meist länglich, mit 3 parallelen Nerven. Die meisten Arten liefern wertvolles, dekoratives Holz (zerstreutporig, hellfarbig, homogen strukturiert). Aus dem saccharosehaltigen Blutungssaft ist bei manchen Species Zuckergewinnung möglich (→ *A.saccharum).* Chromosomengrundzahl = 13.

Acer campestre L. Feldahorn, Maßholder: Mittelgroßer, max. 22 m hoher, bis 200 Jahre alter, trägwüchsiger Laubbaum. Verbreitet in weiten Teilen Europas, in N-Afrika und Kleinasien, im Kaukasus und N-Persien. Chrom.: 2n = 26.
Erkennungsmerkmale: Borke graubraun, durch Längs- und Querrisse annähernd rechteckig gefeldert. Zweige häufig mit Korkleisten. Blattstiel mit Milchsaft; Spreite mit 5 (3) stumpfen Lappen, die 3 vorderen oft wieder schwach gelappt; Herbstfärbung gelb oder rot. Blüten (IV, V; mit dem Laubaustrieb) in aufrechten bis überhängenden Rispen; Insektenbestäubung (Bienenweide). Spaltfrüchte (Reife: IX, X) mit 2 flachen Nüßchen, Flügel der beiden Teilfrüchte stehen annähernd waagrecht zueinander. Holz ähnlich → *A.pseudoplatanus,* jedoch dunkler (rötlichweiß oder hellbraun), schwerer (Rohdichte r_o = 0,69 g/cm^3), häufig mit Markflecken, Markstrahlen rel. schmal (meist nur 2 bis 3-reihig). Verwendung durch geringe Dimensionen eingeschränkt, gesucht für Drechsler- und Schnitzerarbeiten sowie für Werkzeugstiele, da sehr zäh und fest. Eingesprengt in Laubmischwäldern (Eichenmischwald

Acer campestre

gebiete: Hartholzaue, Eichen-Hainbuchen-, Zerreichen-, Flaumeichenwald) der Ebene und des Hügellandes; selten in die montane Stufe vordringend; N-Alpen bis ca. 800 m. Waldränder, Hecken (auch als Schnitthecke) und Gebüsche, etwas wärmeliebend, deshalb Hauptverbreitung im submed.-subatl. Klimabereich. Halbschattbaumart mit Herz-Senkerwurzelsystem; meist auf mäßig trockenen bis frischen, lehmigen Böden mittlerer bis besserer Nährstoff- und Basenversorgung, oft auf Kalk. Bodenbiologisch günstige Mischbaumart, geeignet zur Nebenbestandsbildung und für Nieder- und Mittelwaldbetrieb, da gutes Stockausschlagvermögen. Laub wird in vielen Gebieten als Viehfutter geschneitelt.

Acer cappadocicum GLED. (syn.: A.laetum C.A. MEYER) Kolchischer Ahorn: Mittelgroßer, bis 20 m hoher, in Kleinasien, im Kaukasus sowie in W-Asien bis zum Himalaya (hier zwischen 1 200 und 2 100 m Meereshöhe) und in W-China beheimateter Laubbaum. Triebe noch im zweiten Jahr glänzend grün oder rötlich; Blätter mit 5 – 7 langspitzigen, meist ganzrandigen Lappen, Blattstiel mit Milchsaft; Fruchtflügel stumpfwinklig bis waagrecht gespreizt. In M-Eur. gelegentlich in Parks. Eine der wenigen Ahornarten, die Wurzelbrut bilden (Abb. S. 22).

Blattformen und Früchte verschiedener **Acer**-Arten (1/2 nat. Gr.): *a* A.platanoides, *b* A.campestre, *c* A.monspessulanum, *d* A.opalus, *e* A.pseudoplatanus

Acer cappadocicum

Acer negundo

Acer ginnala

Acer macrophyllum

Acer dasycarpum → *Acer saccharinum*

Acer ginnala MAXIM. Amurahorn, Feuerahorn, Mongolischer Steppenahorn: Strauch oder kleiner (max. 6 m hoher) Baum; in M-Eur. häufig als Ziergehölz kultiviert. Heimat: China, Jap., Korea, Mandschurei, O-Sib., Mongolei. Blätter 3- (5-)lappig, Mittellappen mit lang ausgezogener Spitze, stets viel größer als die seitlichen; Herbstfärbung leuchtend rot.

Acer heldreichii ORPH. EX BOISS. Griechischer Ahorn, Griechischer Bergahorn: Kleiner, bis 15 m hoher Baum in den Bergwäldern (Tannenstufe) der Balkan-Halbinsel (Griechenland, Bulgarien, S-Serbien). Steht → *A.pseudoplatanus* nahe. Blätter jedoch tief, oft fast bis zum Grunde eingeschnitten 5-lappig; Blüten in lang gestielten, aufrechten Ähren. In M-Eur. winterhart.

Acer insigne → *Acer velutinum*

Acer italum → *Acer opalus*

Acer laetum → *Acer cappadocicum*

Acer macrophyllum PURSH Oregon-Ahorn, Großblättriger Ahorn (engl.: Bigleaf Maple): Einzige forstlich wichtige Ahornart des pazifischen N-Amerika. Verbreitet entlang der Küste von SO-AK bis S-CA (hier bis 2130 m Meereshöhe). Blätter auffallend groß (bis 30 cm breit), 5-lappig, Blattstiele mit Milchsaft; Nüßchen borstig behaart. Bis 33 m hohe, in der Jugend raschwüchsige, max. 300 Jahre alte Schattholzart, meist auf alluvialen Böden entlang Fließgewässern im Unterstand von Pseudotsuga menziesii, Sequoia sempervirens, Abies grandis, Chamaecyparis lawsoniana, Thuja plicata u.a.; mitunter auch in kleinen Reinbeständen. Holz zählt zu den wenigen wertvollen Laubhölzern der Westküste; rel. hart; zu Furnieren, Möbeln oder Fußbodenbelägen verarbeitet. Zuckergewinnung aus dem Blutungssaft.

Acer monspessulanum L. Französischer Ahorn, Burgenahorn: Strauch oder kleiner, max. 11 m hoher Baum ohne große forstliche Bedeutung. Verbreitung: Mittelmeergebiet bis Kl.As., N-Persien, Turkestan, NW-Afrika, westl. und südl. M-Eur.. Blätter klein, derb, mit 3 eiförmigen, ganzrandigen Lappen; Blattstiel ohne Milchsaft. Spaltfrüchte mit kugeligen Nüßchen, Fruchtflügel stehen spitzwinklig bis parallel zueinander, Chrom.: 2n = 26 (Abb. S. 21). Submediterrane Laubmischwälder, v.a. Eichenbuschwälder, sonnige Felsgebüsche. Trockene bis mäßig frische, nährstoff- und basenreiche, flach- bis mittelgründige, steinige Böden. Oft vergesellschaftet mit Quercus pubescens, Fraxinus ornus, Ostrya carpinifolia, Prunus mahaleb, P.spinosa, Sorbus aria, S. torminalis. In Deutschland nur isolierte Reliktvorkommen im Weinbauklima (Mittelrhein, Nahe-, Mosel-, Maintal). Holz ähnlich → *A.campestre.*

Acer negundo L. Eschenahorn (engl.: Boxelder): Mittelgroßer, max. 23 m hoher, meist mehrstämmiger Laubbaum N-Amerikas mit riesiger, transkontinentaler Verbreitung: in N von Neu-England bis S-ON, MN, S-MB und S-AB, südl. bis FL und TX, zerstreute Vorkommen in AZ, NV, CA sowie in Mex. und Guate-

mala. Graubraune, fein längsrissige Borke. Triebe beim Typ erbsengrün, bereift. Unpaarig gefiederte Blätter mit 3 bis 7 (meist 5) dünnen, unregelmäßig grob gesägten Blättchen, das Endblättchen oft tief gespalten 3-lappig. Blüten (III, IV, vor dem Laubaustrieb) zweihäusig verteilt, ♀ in hängenden Trauben, ♂ in Büscheln. Früchte (VII, VIII) blaßgelb; Fruchtflügel bilden spitzen Winkel und sind meist bogig gekrümmt. Chrom.: 2n = 26.
Von Natur aus in gewässernahen Laubholzmischbeständen (v.a. Auwälder) auf feuchten bis nassen, auch anmoorigen Böden. Als Kulturfolger auch auf anderen, nicht zu trockenen Standorten weit verbreitet. In der Jugend sehr raschwüchsig; max. 100 Jahre alt, rel. lichtbedürftig; im SW des Areals bis 2 400 m Meereshöhe. In der Prärie als Windschutz gepflanzt. Forstlich sonst kaum genutzt, da Stämme i.d.R. krumm und zwieselig und das gelbliche, leichte und wenig dauerhafte Holz von geringem technischen Wert. Blutungssaft wird gelegentlich zur Zuckergewinnung gewonnen. In Mitteleuropa häufiger Zierbaum (zahlreiche Sorten), z.T. auch verwildert; forstl. Versuchsanbauten in Deutschland fehlgeschlagen. Es werden 5 Varietäten unterschieden: var. arizonicum Sarg. (in AZ, NM), var. californicum Sarg. (in CA), var. interius Sarg. (im Westen, insbesondere Rocky Mts.), var. texanum Pax (im Südosten), var. violaceum J. & B. (im Norden).

Acer heldreichii

Acer nigrum Michx. F. Schwarzer Zuckerahorn (engl.: Black Maple): Bis 25 m hohe Ahornart, die → *A.saccharum* sehr ähnlich ist und annähernd das gleiche Areal besitzt. Oft als Varietät von A.saccharum (A.s. var. nigrum Brit.) angesehen. Areal: im N von SW-QU und W-Neu-England bis S-MN, im S bis N-AR, TN und N-NC, westl. bis IA und MO. Unterschiede zu A.saccharum: Blätter meist 3-, selten 5lappig, unterseits ebenso wie Blattstiel flaumig behaart; Borke schwärzlich, tiefer gefurcht. Bevorzugt feuchte bis nasse, kalkreiche Niederungsböden. Wirtsch. Bedeutung (incl. Zuckergewinnung) wie A.saccharum.

Acer obtusatum → *Acer opalus*

Acer opalus Mill. Schneeballblättriger Ahorn, Stumpfblättriger Ahorn, Italienischer Ahorn, Frühlingsahorn: Mittelgroßer, max. 20 m hoher Baum. Blätter meist mit 5, seltener 3 abgerundeten oder stumpf dreieckigen Lappen, die gekerbt oder wiederum schwach gelappt sind; Blattstiel ohne Milchsaft. Spaltfrüchte mit kugeligen Nüßchen, Fruchtflügel stehen spitzwinklig bis parallel zueinander. Allg. Verbreitung: Gebirge Südeuropas bis zur Krim, Kleinasien, Libanon. Nördl. bis S- und W-Alpen, Schweizer Jura. Wärmeliebende Art eichenreicher Laub- und Buschwälder der collinen und montanen Stufe. Forstl. ohne größere Bedeutung. Holz ähnlich → *A.pseudoplatanus*, wird v.a. zu versch. Kleingeräten (Werkzeuge) verarbeitet. Von manchen Autoren als Sammelart (A. opalus Mill. aggr.) mit mehreren Kleinarten bezeichnet. Davon gelegentlich in M-Eur.: A. opalus Mill. s. str. (syn.: A.opulifolium Chaix, A. italum Lauth.), SW-Europa (W-Alpen, Jura), nördl. bis SW-Deutschland. A. obtusatum Waldst. et Kit. ex Willd.: Balkan, M- und S-Italien, Korsika, N-Afrika. Andere Autoren bezeichnen diese Kleinarten als Subspecies (Abb. S. 21).

Acer opulifolium → *Acer opalus*

Acer palmatum Thunb. Fächerahorn: Strauch oder kleiner, breitkroniger, max. 15 m hoher Baum, der in seiner Heimat (China, Jap., Korea) forstlich unbedeutend ist, jedoch als formenreiches Ziergehölz sowohl in O-Asien wie in M-Eur. sehr beliebt ist. Blätter variabel, beim Typ mit 5 – 7 (9) lang zugespitzten, eilanzettlichen, fein gesägten Lappen und tiefen Buchten; Herbstfärbung gelb bis purpurrot. Bevorzugt nährstoffreiche, nicht zu feuchte Böden.

Acer palmatum

Acer platanoides L. Spitzahorn (engl.: Norway Maple): Bis 35 m hoher und 150 Jahre alter, max. 1 m starker Laubbaum. Verbreitet im größten Teil Europas, im Kaukasus und in Kl.As.; Arealschwerpunkt im mitteleuropäisch-gemäßigt kontinentalen Bereich. Chrom.: 2n = 26.
Erkennungsmerkmale: Rinde anfangs hellgrau, glatt; Borke dunkelgrau bis schwärzlich, dicht längsrissig, nicht abschuppend. Triebe mit großen, seitlich zusammenstoßenden Blattnarben, Knospen meist weinrot. Blattstiele mit Milchsaft; Blattspreite mit 5 – 7 fein langspitzig gezähnten Lappen und abgerundeten Buchten, beidseitig schwach glänzend; Herbstfärbung gelb bis rötlich. Blüten (IV, V; vor oder mit dem Laubaus-

bruch) in aufrechten Schirmrispen; Insektenbestäubung (Bienenweide). Spaltfrüchte (Reife: IX, X) mit 2 flachen Nüßchen, Flügel der beiden Teilfrüchte stehen stumpfwinklig bis waagrecht zueinander (Abb. S.21).
Holz: Eigenschaften und Verwendung ähnlich → *A. pseudoplatanus;* allg. aber weniger geschätzt, da nicht ganz so hellfarben (mehr gelblich- bis rötlichweiß), etwas grobfaseriger, härter und schwerer (Rohdichte r_o = 0,52...0,62...0,77 g/cm^3).
Vorkommen, Standort: Von der Ebene bis in mittlere Gebirgslagen (N-Alpen: bis 1 060 m); insgesamt eher seltene Laubmischwaldart (Eichen-Hainbuchenwälder, Eichen-Ulmenauwälder, Linden-Ahornwälder, Schluchtwälder); bevorzugt sommerwarme, kollin-submontane Standorte mäßiger Kontinentalität und frische bis feuchte Böden mittlerer bis besserer Nährstoff- und Basenversorgung; meidet sehr trockene, sehr saure und stark vergleyte Böden. Unempfindlicher gegen stagnierende Nässe als → *A.pseudoplatanus.* Gut abbaubare, bodenpflegliche Streu; intensives Herz-Senkerwurzelsystem. Weit verbreitet als Park- und Straßenbaum (viele Zierformen). In der Jugend raschwüchsig, frühe Zuwachskulmination. Gefährdungen: Wie A.pseudoplatanus; → *Spitzahornsterben.*

a

b

Acer platanoides: *a* Borke, *b* Blüten

Acer pseudoplatanus L. Bergahorn (engl.: Planetree Maple, Sycamore Maple): Max. 35 m hoher, 2 m starker und 500 Jahre alter Laubbaum mit subatl.-submed. Verbreitung: M-Eur., Gebirge S- und SO-Eur. (Pyrenäen, mittl. Apennin, Karpaten, Balkan, Kaukasus). Chrom.: 2n = 52.
Erkennungsmerkmale: Rinde anfangs graubraun, glatt; später Bildung einer graubraunen bis silbergrauen, rötlich gefleckten, platanenähnlichen Borke, von der sich flache Schuppen ablösen. Blattnarben stoßen an den Trieben seitlich nicht zusammen; Knospenschuppen grün mit dunklem Rand. Blätter ohne Milchsaft. Spreite mit 5 eiförmigen, spitzen Lappen; Buchten keilförmig spitz; Herbstfärbung goldgelb. Blüten in hängenden Rispen, erscheinen mit dem Laubaustrieb; Insektenbestäubung (Bienenweide). Spaltfrüchte (Reife: IX; X) mit 2 kugeligen Nüßchen, Flügel der beiden Teilfrüchte stehen im spitzen Winkel zueinander (Abb. S.21). Holz: Holzhandel unterscheidet selten zwischen Berg- und Spitzahorn, weil sich Holzeigenschaften weitgehend gleichen. Eines der wertvollsten einheimischen Edellaubhölzer. Gelblich weiß bis fast rein weiß, mit feiner, gleichmäßiger, mitunter geriegelter Textur; Jahrringe deutlich. Splint und Kern fast farbgleich (Splint-

a

b

Acer pseudoplatanus: *a* Rinde, *b* Solitärbaum

holzbaum); im hohen Alter gelegentlich bräunlicher Falschkern. Gefäße fein, zerstreutporig angeordnet; rel. breite, dicht gestellte Markstrahlen, die auf den Radialflächen als glänzende Spiegel erscheinen. Mittelschwer (Rohdichte r_o = 0,48...0,59...0,75 g/cm^3), zäh und elastisch. Festigkeit ähnlich Buche. Mäßige Schwindung und gutes Stehvermögen; hohe Abriebfestigkeit; leicht

Acer pseudoplatanus: *a* weibl. Einzelblüte, *b* männl. Einzelblüte, *c* beblätterter Zweig mit Blütenstand, jungen Spaltfrüchten (S) und Blütenrispe (B), *d* Spaltfrucht

zu bearbeiten. Geringe nat. Dauerhaftigkeit und große Farbempfindlichkeit, deswegen bei Rund- wie Schnittholz sorgfältige Behandlung notwendig (Winterfällung, rascher Einschnitt, vorsichtige Trocknung). Verwendet v.a. im Möbel- und Innenausbau als Vollholz oder als Furnier; geschätzt für Schnitzer- und Drechslerarbeiten, für Holzkleinartikel wie Spielzeug, Küchengeräte u.ä. und für Musikinstrumente.
Vorkommen, Standort: Häufig in montanen, buchenreichen Misch- und schattigen Schluchtwäldern; seltener im subalpinen Fichtenwald (Bay. Wald: bis 1 300 m; N-Alpen: bis 1 700 m; westl. Zentralalpen: bis 1 980 m); in subatl. getönten Gebirgen wie Vogesen oder Schweizer Jura bis an die Waldgrenze. Bevorzugt tiefgründige, frische bis feuchte, humus-, nährstoff- und basenreiche Böden in kühl luftfeuchten Lagen; meidet stark wechselfeuchte, sehr saure oder zeitweilig überflutete Standorte. Halbschatt- bis Schattbaumart; gut abbaubare, bodenpflegliche Streu; intensives Herz-Senkerwurzelsystem. Wertvolle Schutzwaldbaumart, da Pionier auf feucht humosen Kalkstein-Schutthalden und rel. unempfindlich gegen Steinschlag. Verjüngt sich leicht natürlich. In der Jugend raschwüchsig, frühe Zuwachskulmination, hohe Wertleistung. Weit verbreitet als Park- und Straßenbaum; zahlreiche Gartenformen. Gefährdungen: Ahornrunzelschorf (→ *Rhytisma acerinum);* Wildverbiß; Mäusefraß.

Acer rubrum L. Rotahorn (engl.: Red Maple): Max. 36 m hoher, wegen seiner roten Blüten, Früchte, Blattstiele und Herbstfärbung sehr dekorativer, aber auch forstl. wichtiger Laubbaum. Mit einem Areal, das von der Atlantikküste westl. bis zur Prärie und vom südl. Kanada (SO-MB, S-ON, S-QU, NB, NS) bis nach S-FL und O-TX reicht, der am weitesten verbreitete Baum des nordamerikanischen Ostens. Steht → *A.saccharinum* nahe und ist mit diesem kreuzbar. Dünne, graue, seicht gefurchte Borke. Blätter 3- bis 5-lappig, Mittellappen meist lang zugespitzt, Rand unregelmäßig, z.T. doppelt gesägt. Blüten in dichten Büscheln, leuchtend rot, häufig zweihäusig verteilt, erscheinen bereits im Spätwinter oder im zeitigen Frühjahr. Früchte oft schon vor dem Laubausbruch entwickelt, zur Reifezeit glänzend rot, Fruchtflügel stehen spitzwinklig bis fast parallel zueinander. Chrom.: 2n = 78.

Acer rubrum, Herbstverfärbung

Meist auf feuchten bis nassen Böden in Niederungen, entlang von Flüssen und in Sümpfen. Im Gebirge (max. bis ca. 1 800 m) auch auf trockenen Kuppen und Hängen. In der Jugend sehr raschwüchsige, aber rel. kurzlebige (bis 150 Jahre) Schattholzart. Holz ähnlich → *A.saccharinum.* Zuckergewinnung aus dem Blutungssaft möglich, aber wenig ergiebig. Aus Rindenextrakt wurden früher Farbstoffe gewonnen. In M-Eur. in vielen Parks und Gärten kultiviert.

Acer saccharinum L. (syn.: A.dasycarpum Ehrh.) Silberahorn (engl.: Silver Maple, Soft Maple): Im Osten N-Amerikas weit verbreiteter (von NB über S-QU, S-ON bis MN, südl. bis NW-FL und LA, westl. bis O-KS und O-OK), raschwüchsiger, aber forstl. wenig bedeutsamer Baum. Im Mittel bis 25 m (max. 36 m) hoch. Höchstalter ca. 125 Jahre. Meist mehrstämmig, Zweigspitzen überhängend. Hellgraue, eng gefurchte, abschuppende Borke. Blätter tief eingeschnitten 5-lappig; Lappen langspitzig, tief und doppelt gesägt bis gelappt; unterseits silbrig weiß. Blüten im zeitigen Frühjahr (II-IV), lange vor dem Laubausbruch, in getrenntgeschlechtigen Büscheln. Frucht (V, VI) mit länglichen Nüßchen, die Flügel beider Teilfrüchte säbelförmig gebogen, ± rechtwinklig spreizend. Chrom.: 2n = 26, 52.
Laubmischwälder der Tieflagen (kaum höher als 600 m); hauptsächlich in Auwäldern (Ulmen-Silberahornwald); auf nassen Böden an Gewässern, in Sümpfen, Mooren; Pionier auf Schwemmlandböden. Holz im Vergleich zu anderen Ahornarten minderwertig, da rel. leicht und weniger hart, in beschränktem Umfang zur Möbelherstellung verwendet. Zuckergewinnung aus Blutungssaft möglich, aber wenig ergiebig. In N-Amerika und in M-Eur. häufig als Zierbaum kultiviert, zahlreiche Gartenformen.

Acer saccharinum

Acer saccharum Marsh. Echter Zuckerahorn (engl.: Sugar Maple, Hard Maple): Einer der größten (max. 41 m hoch, 1,7 m BHD, 400 Jahre alt) und wirtschaftlich wichtigsten Laubbäume des östl. N-Amerika (Nordgrenze von NS über S-QU, S-ON bis SO-MB, südl. bis MO, TN, N-GA und NC, westl. bis O-KS, IA und MN). Optimum in den Seen-Staaten, in OH, PA, NY, in den Neu-England-Staaten sowie in den südl. Appalachen (hier bis knapp 1 700 m Höhe). Gefurchte, graue Borke. Blätter 5- (3-)lappig, Lappen zugespitzt mit wenigen großen Zähnen und abgerundeten Buchten; Blattstiel kahl, ohne Milchsaft (Unterschied zu → *A. platanoides);* sehr dekorative, gelborange bis rote Herbstfärbung. Blüten gebüschelt, an langen, schlaffen

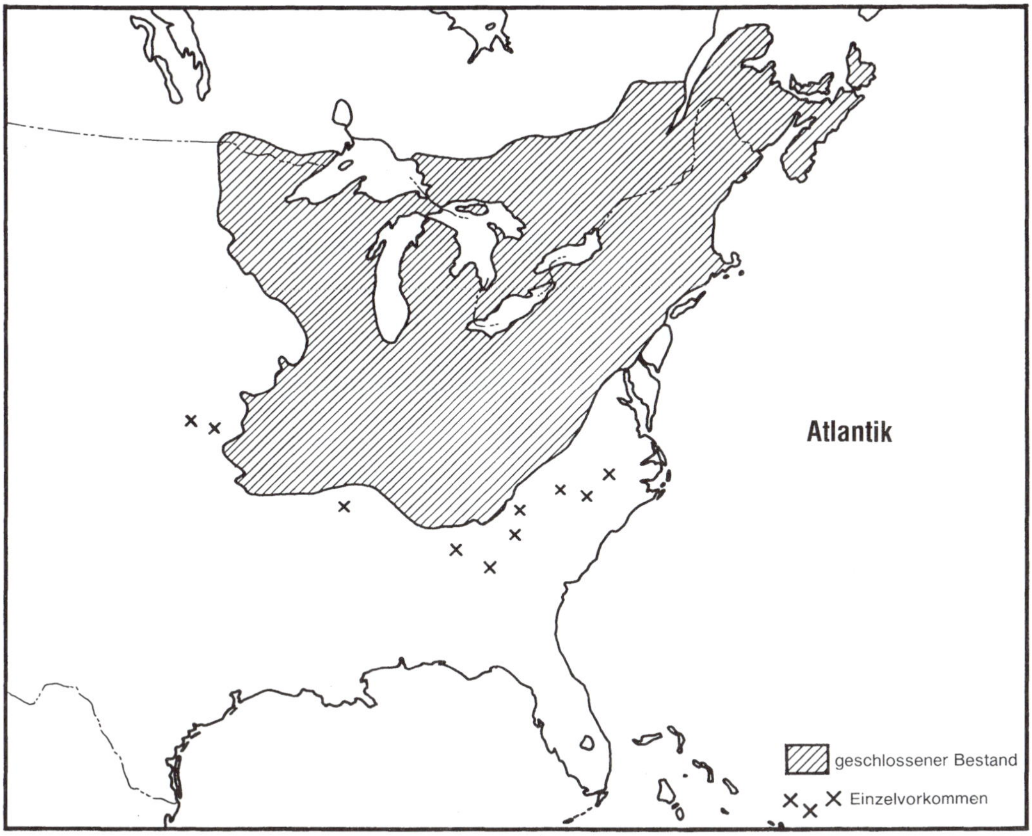

Natürliches Areal von **Acer saccharum**

Acer saccharum: *a* Blätter, *b* Bestand

Stielen. Fruchtflügel stehen spitzwinklig bis parallel zueinander. Chrom.: 2n = 26.

Weit verbreitet in Rein- oder Mischbeständen (u.a. vergesellschaftet mit Fagus grandifolia, Betula alleghaniensis, Ulmus americana, Tilia glabra, Fraxinus americana, Prunus serotina, Quercus rubra, Pinus strobus); beansprucht fruchtbare, feuchte, gut drainierte, schwach saure bis schwach alkalische, lehmige Böden; extreme Schattholzart; verjüngt sich leicht natürlich. Versuchsanbauten in Deutschland wenig erfolgreich; heute gelegentlich als Zierbaum kultiviert.

Wertvolles, schweres und hartes Holz, gesucht für Möbelherstellung. Wirtsch. ist ferner die Zuckergewinnung aus dem Blutungssaft wichtig (Zuckergehalt im Mittel etwa 5 – 6 %). Dazu werden im Frühjahr die Bäume angebohrt und der austretende Saft zu Sirup oder Zucker (maple syrup, maple sugar) eingekocht.

Acer saccharum var. nigrum → *Acer nigrum*

Acer tataricum L. Tatarischer Ahorn, Schwarzringahorn: Strauch oder kleiner, höchstens 8 m hoher Baum, der in lichten Laubwäldern SO-Europas (Ungarn, Krain), auf dem Balkan, im Kaukasus sowie von Kleinasien bis Armenien verbreitet ist und in M-Eur. als Ziergehölz gepflanzt wird. Blätter breit eiförmig, meist ungelappt oder mit undeutlichen Seitenlappen, selten wie beim nahestehenden → *A.ginnala* 3lappig; Herbstfärbung gelb bis rot.

Acer trautvetteri Medv. Kaukasus-Ahorn, Kolchischer Bergahorn: Im westl. Kaukasus zwischen 1 800 – 2 500 m (oberhalb A. pseudoplatanus; oft in Mischung mit Picea orientalis) verbreiteter, bis 16 m hoher Baum. Ähnelt → *A. pseudoplatanus,* → *A.heldreichii* sowie → *A. velutinum*.. Blätter tief eingeschnitten (bis etwa 2/3 zur Basis) 5lappig, Fruchtflügel stehen spitzwinklig bis parallel zueinander oder überlappen sich sogar, Blütenstände aufrecht.

Acer velutinum Boiss. (syn.: A. insigne Boiss. et Buhse) Persischer Bergahorn, Samtahorn: In Bergwäldern des östl. Kaukasus und N-Persiens (hier auch in den Niederungen am Kaspischen Meer) verbreiteter, bis 30 m hoher Laubbaum. Steht → *A.pseudoplatanus,* → *A. trautvetteri* sowie → *A. heldreichii* nahe. Blätter unterseits oft weich behaart, Blüten in aufrechten Ständen, Fruchtflügel recht- bis stumpfwinklig spreizend.

Aceraceae: Ahorngewächse. Familie der → *Sapindales* mit 2 Gattungen (→ *Acer,* Dipteronia) und ca. 150 in der Nordhermisphäre verbreiteten Arten. Meist Bäume mit gegenständigen, einfachen oder zusammengesetzten Blättern. Nebenblätter fehlen. Typ. Blütenformel: *K5 C5 A4:1°+4:1° G($\underline{2}$). Blüten mit extrastaminalem Discus. Neigen zur Eingeschlechtigkeit und Windblütigkeit. Gelegentlich auch diözische Formen. Samenanlagen mit 2 Integumenten, Samen ohne Endosperm. Geflügelte Spaltfrüchte.

Acervulus: Lager dicht und palisadenartig angeordneter Konidienträger parasitischer Pilze, das sich subepidermal oder subcuticular im Wirt bildet. Die Konidienträger stehen auf einem dichten Mycelpolster. Ähnlich → *Sporodochium.* Acervuli treten bei Melanconiales (Deuteromycetes) auf.

Acetyl-CoA: (Acetyl-Coenzym A): »aktive Essigsäure«; das bei der Glykolyse in den Mitochondrien entstehende Acetat wird an Coenzym A gebunden und im → *Citronensäurezyklus* zu H_2O und CO_2 veratmet. A. wird auch beim Abbau von Fett- und Aminosäuren, im Calvin-Zyklus und formal durch Aktivierung freier Essigsäure oder aus Acetylphosphat gebildet. Es verbindet somit zahlreiche verschiedene Stoffwechselwege.

Achäne: Einsamige Schließfrucht der Compositen (Asteraceae) aus unterständigem coenokarpem Gynözeum, bei der Frucht- und Samenschale miteinander verwachsen. Häufig mit zum → *Pappus* umgewandeltem Kelch.

achlamydäisch → *Perianth*

Achselknospe → *Seitenknospe*

Achselsproß → *Seitensproß*

Achsenkörper → *Sproßachse*

Acidität → *pH-Wert,* → *Bodenversauerung*

acidophile Arten: Bevorzugt auf sauren Substraten gedeihende Florenelemente, z.B. Torfmoose (→ *Sphagnidae)* mit geringer Toleranzbreite; im sauren wie im basischen Bereich vorkommende Arten sind acidophilbasitolerant (z.B. Calluna vulgaris).

Ackerrose → *Rosa arvensis*

Ackersterbe: Gruppenweises Absterben 20-40jähriger Fi und Ki nach Aufforstung von Acker- und Wiesenflächen und konzentrische Erweiterung der entstehenden Lücken. Keine Ausfälle in höherem Alter, auch die folgende Generation bleibt i.a. unberührt. Ursachen sind umstritten. Oft ist intensive Wurzelfäule durch → *Heterobasidion annosum* beteiligt. Verfestigung der Pflugsohle, verbunden mit zeitweiser Vernässung und O_2-Mangel im Wurzelraum könnte die Disposition für den Pilzbefall erhöhen. Praktische Konsequenzen: für Ackeraufforstungen werden anstelle von Ki und Fi tiefwurzelnde Lh wie Ei, Rob, Er oder As verwendet.

Acrasiomycetes: Zellige Schleimpilze. Klasse der → *Myxomycotina.* Charakteristisch sind → *Pseudoplasmodien.* An Fruchtkörpern umgeben sich amöboide Zellen des Plasmodiums mit Cellulosewänden und fungieren als Sporen. Sexuelle Vorgänge sind unbekannt. Begeißelte Stadien fehlen. Leben im Erdboden.

acropetal → *akropetal*

acroplast → *akroplast*

Acrotonie → *Akrotonie*

Acrovergenz: Scheitelwendigkeit junger Blätter. Führt zur Knospenbildung.

Actidione: Handelsbezeichnung für Cycloheximid. Fungizides Antibioticum, mit dem sehr gute Erfolge bei der Bekämpfung von → *Didymascella thujina* in GB und vorübergehende Erfolge bei der Blasenrostbekämpfung (→ *Cronartium ribicola)* in den USA erzielt wurden.

Actinomyceten: Artenreiche, zumeist im Boden lebende, hochentwickelte und vielgestaltige Ordnung der Bakterien (unbegeißelte, stäbchenförmige u. mycelartig wachsende), zu denen auch Knöllchen bildende Formen gehören, die zur → *Stickstoff-Fixierung* fähig sind, z.B.: Actinomyces alni, A. eleagni als Symbionten in der → *Actinorhiza* bei Er und Sanddorn. → *Symbiose.*

Actinorhiza: Form der Symbiose bei Er u. Sanddorn (sog. Alnus-Typ) bei der → *Actinomyceten* (Gattung Frankia) die Bildung von → *Wurzelknöllchen* induzieren, welche zur N_2-Fixierung befähigt sind: es entwikkeln sich infolge Infektion der Wurzel und Vergrößerung der Wirtszellen sog. → *Rhizothamnien* (= kleines Gebüsch); die Symbionten decken vollkommen den N-Bedarf der Pflanze; bei Er liegt der N-Gewinn bei 60 kg N/ha/Jahr; andere äußerlich recht verschiedene Arten von Actinomyceten-Wurzelknöllchen (z.B. Casuarina/Myrica-Typ) finden sich bei Nichtleguminosen in den Gattungen Arctostaphylos, Casuarina, Ceanothus, Elaeagnus, Dryas, Hippophae, Myrica.

Actinostele → *Stele*

Actinostrobus MIQ. Schuppenzypresse: Gattung der Cupressaceae mit 3 immergrünen, in W-Australien beheimateten, bei uns nicht winterharten Straucharten. Forstlich ohne Bedeutung. Morphologisch ähnlich Callitris, doch abweichende Zapfen.

Adansonia → *Bombacaceae*

adaxial: der Achse zugewandt; oberseits.

Additionsbastard: Durch Kreuzung zweier Arten AA x BB (→ *Amphidiploidie)* entstandene Hybride (AB), die durch Verdoppelung ihres Chromosomensatzes (AABB) fortpflanzungsfähig geworden sind.

$$\begin{matrix} AA \searrow & & \\ & AB \rightarrow & [(AB)(AB)] \\ BB \nearrow & & \end{matrix}$$

Adelopus gaeumannii → *Phaeocryptopus gaeumannii*

Adelphogamie: Pollenübertragung zwischen erbgleichen Individuen.

Adenin: heterocyklische Base, wie → *Guanin* ein Purinderivat (→ *Purine),* Baustein von → *DNA* (komplementär zu → *Thymin),* → RNA (komplementär zu → *Uracil)* und → *ATP.*

Adenosindiphosphat (ADP): Phosphorsäureester des Adenosins (→ *Nukleotide),* entsteht durch Phosphatübertragung auf Adenosinmonophosphat (AMP) und dient als Ausgangssubstanz bei der Bildung von → *Adenosintriphosphat* (ATP) während → *Glykolyse* und Atmung.

Adenosintriphosphat (ATP): Phosphorsäureester des Adenosins (→ *Nukleotide),* der wichtigste Energieüberträger in lebenden Organismen. ATP entsteht u.a. durch → *Atmungsketten-* → *Substratketten-* oder → *Photophosphorylierung.*

Aderung → *Blattnervatur*

Adkrusten: (= Akkrusten). Stoffe, die der → *Zellwand* aufgelagert werden. Meist hydrophobe Substanzen wie → *Cutin,* → *Suberin.* Erschweren oder verhindern den Wasserfluß durch die Zellwand. → *Inkrusten.*

adnat → *Lebensformen*

ADP → *Adenosindiphosphat*

Advektivfrost: Verursacht durch eindringende Kaltluft unter 0 °C. Dabei ist die Frostbelastung in den meisten Geländelagen gleich (Ggs. Strahlungsfrost, → *Frost).*

Adventivembryonie: Form der asexuellen Fortpflanzung. Direkte Embryobildung aus somatischen Zellen der Samenanlage (Nucellus, Integumente), also des Sporophyten. z.B. bei Citrus-Arten. Hier regelmäßig mehrere Nucellus-Embryonen, die zur → *Polyembryonie* führen, bei Bäumen außerdem bei Sorbus, Juglans sp., sowie einigen amerikanischen, polyploiden Crataegus-Arten.

Adventivpflanzen: Fremdländische, vom Menschen eingeschleppte Pflanzenarten. Man unterscheidet: → *Ephemerophyten,* → *Neophyten,* → *Archäophyten.* Ggs.: → *Apophyten.*

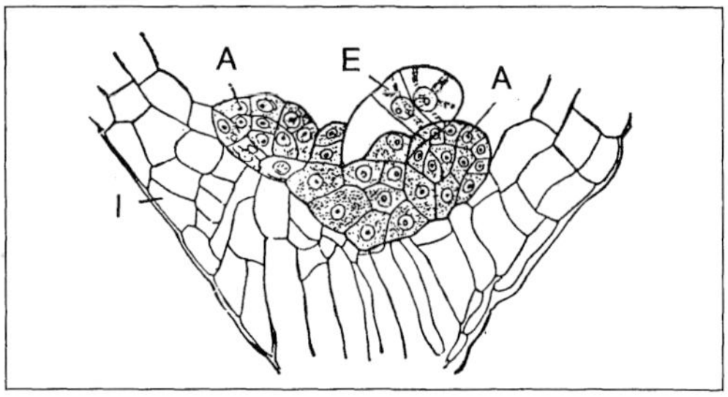

Adventivembryonie (A) aus Nucelluszellen. Die Zygote entwickelt sich normal zum Embryo (E). I = inneres Integument

Adventivtrieb: Zusatztrieb. Trieb, der i.d.R. nach Verwundung des Pfl.-körpers aus zusätzlich neu gebildeten Knospen (Adventivknospen) austreibt. Von forstlicher Bedeutung sind A. bei der Stecklingsvermehrung; auch → *Stockausschläge* gehen auf A. zurück.

Adventivwurzel: Meist durch Verletzung oder Hormonbehandlung ausgelöste, aus adventiven Knospen oder aus einem Kallus entstandene Wurzel an Blättern und Sproß, → *Stecklingsbewurzelung.*

Aecidiosporen: Dikaryotische Mitosporen der → *Uredinales.* Entstehen in Aecidien, infizieren den Dikaryontenwirt und sind somit für den Wirtswechsel der Uredinales verantwortlich. Der Haplontenwirt wird durch sie meist nicht infiziert.

Aecidium: Oft von einer → *Pseudoperidie* umgebenes, meist lebhaft orange gefärbtes Sporenlager der → *Uredinales.* Produziert kettenförmige Reihen von dikaryotischen Aecidiosporen (= Konidien), die meist nur den Dikaryontenwirt infizieren können. Aecidien ohne Pseudoperidie nennt man → *Caeomata.*

Ähnlichkeitskoeffizient: Maßzahl für den Verwandtschaftsgrad zwischen zwei Arten. Häufig aufgrund von Isoenzym-Muster-Vergleichen ermittelt.

Ährchen → *Poales*

Ähre: Razemöse → *Infloreszenz.* An einer Hauptachse sitzen seitlich ungestielte Blüten. Löst sich die Ähre als Ganzes von der Pflanze (nach der Reife), bezeichnet man die Ä. als Kätzchen. Dabei handelt es sich meist um hängende Blütenstände (z.B. Salicaceae). Kätzchen der Fagales sind anders aufgebaut (→ *Thyrsen).*

Ähreneibe → *Austrotaxus*

Äquationsteilung → *Mitose*

Äquatorialplatte: Gedachte Ebene durch die Zellmitte, entlang der sich die Zentromeren der Chromosomen während der Metaphase anordnen.

Äquidistanzregel: Regel in der Blattstellungslehre; sie besagt, daß die Winkel zwischen den Blättern eines Wirtels i.d.R. gleich sind; dadurch sind die Blätter gleichmäßig um den Sproß verteilt.

äquifacial → *Mesophyll*

Aerenchym: Durchlüftungsgewebe mit extrem großen → *Intercellularen* (Lakunen). Typisch für Sumpf- (Mangrove) und Wasserpflanzen.

Aerosol: Gemenge aus einem Gas bzw. Gasgemisch (z.B. Luft) und darin verteilten festen oder flüssigen Schwebstoffen von ca. 10^{-5} bis 10^{-2} mm Durchmesser. Aerosole mit flüssigen Teilchen werden als Nebel, mit festen Teilchen als Rauch oder Schwebstaub bezeichnet. Durch ihre bisweilen sehr geringe Teilchengröße können A. z.B. in → *Spaltöffnungen* eindringen und je nach ihrer chemischen Zusammensetzung ± schädliche Wirkungen auslösen. Bspw. verursachte eine experimentelle Nebelbehandlung (saure Nebel aus einem Gemisch von H_2SO_4 und HNO_3 (Verh. 2:1), pH-Wert 2,75 u.a. eine verstärkte Auswaschung von Mineralstoffen aus Nadeln junger Fichten.

Aesculus L. Roßkastanie (engl.: Buckeyes, Horsechestnut): Gattung der → *Hippocastanaceae* mit 13 sommergrünen Strauch- und Baumarten. Eine Art in SO-Europa, 5 in O-Asien und Indien, 7 in N-Amerika. Zahlreiche Arthybriden. Winterknospen groß, vielschuppig. Laubblätter lang gestielt, handförmig gefingert. Blüten (⚥ oder ♂) in großen, aufrechten, endständigen, rispigen Thyrsen; Blütenblätter glockenförmig oder röhrig verwachsen, oft schwach zygomorph. Frucht: dreiklappig aufspringende, grüne oder bräunliche Kapsel mit einem oder mehreren großen, glänzend braunen Samen. Holz hell, leicht, weich und wenig dauerhaft. Beliebte Ziergehölze.

Aesculus x **carnea** Hayne (syn.: Ae. x rubicunda Loisel.) Rotblühende Roßkastanie: Amphidiploider (2n = 80) Hybrid zwischen Ae. hippocastanum und Ae. pavia. Im Unterschied zu Ae. hippocastanum Blättchen meist kleiner, derber, oft kurz gestielt; Blüten rot; Früchte kleiner, Stacheln klein und weich oder fehlend. Häufiger Zierbaum, meist auf Ae. hippocastanum veredelt.

Aesculus flava → *Aesculus octandra*

Aesculus glabra Willd. Ohio Roßkastanie (engl.: Ohio Buckeye): Max. 25 m hoher, rel. seltener Laubbaum feuchter Standorte im O der USA. Zerriebene Triebe und Blätter riechen unangenehm; wenig ansehnliche, gelbgrüne Blüten. Neben → *Aesculus octandra* einzige forstl. genutzte Aesculus-Art Amerikas. Holz für Möbel, Fußböden, Kisten und Musikinstrumente.

Aesculus hippocastanum L. Gemeine Roßkastanie: In ganz M- und W-Europa sowie in weiten Teilen der USA eingebürgerter, forstlich weitgehend unbedeutender, max. 30 m hoher Zierbaum. Heimat: N-Griechenland, Albanien, Bulgarien. Schattige, feuchte Schluchtwälder der unteren Tannenstufe. Kennzeichen: Rinde graubraun, Borke dünnschuppig. Winterknospen sehr groß, glänzend rotbraun, klebrig. Blätter mit 5 – 7 sitzenden Blättchen; diese bis 25 cm groß. Herbstfärbung gelb. Blüten nach dem Laubaustrieb (V, VI), Kronblätter weiß mit gelben oder roten Flecken (Saftmal); Hummelblume. Früchte (VIII-X) mit grüner, dicker, derbstacheliger Schale und 1 – 3 großen Samen. Chrom.: 2n = 40. Bevorzugt nährstoffreiche, tiefgründige, frische Sand- und Lehmböden. Holz zerstreutporig, sehr gleichmäßig und fein strukturiert; hell gelblich, Splint- und Reifholz ohne Farbunterschied; Rohdichte r_o = 0,46...0,51...0,55 g/cm^3. Genutzt hauptsächlich als Blind-, Schnitzer- und Drechslerholz. Verwendung durch → *Drehwuchs* stark eingeschränkt. Samen stärke- und gerbstoffreich.

Aesculus hippocastanum

Aesculus octandra Marsh. (syn.: Ae. flava Ait.) Appalachen-Roßkastanie, Gelbe Pavie (engl.: Yellow Buckeye): Größte (max. 30 m hoch) und forstlich wichtigste der amerikanischen Roßkastanienarten. Verbreitet im O der USA (von SW-PA und S-IN, südl. bis N-GA und N-AL), meist auf nährstoffreichen, feuchten Böden zusammen mit Acer saccharum. Betula lenta, Fagus grandifolia, Fraxinus americana u.a.. Blättchen (5 – 7) deutlich gestielt. Blüten gelb; Samen enthalten das giftige → *Aesculin*. Holz für Möbel, Kisten und Werkzeuge genutzt.

Aesculus pavia L. (syn.: Pavia rubra Lam.) Echte Pavie (engl.: Red Buckeye): Strauch oder kleiner, bis 12 m hoher Baum im SO der USA. Meist im Unterstand von Mischwäldern auf feuchten Böden. Wegen der roten, seltener auch rotgelben bis gelben Blüten beliebtes

Blattformen verschiedener **Aesculus**-Arten (1/3 nat. Gr.): *a* A.octandra, *b* A.hippocastanum, *c* A.pavia, *d* A.glabra

Ziergehölz. Samen giftig, von den Indianern pulverisiert zum Betäuben von Fischen in kleinen, stehenden Gewässern benutzt.

Aesculus x **rubicunda** → *Aesculus x carnea*

Ästivation: Knospendeckung. Lage der Blätter bzw. Art des Übereinandergreifens der Blattränder eines Blattzyklus in der Knospe (→ *Vernation).* Man unterscheidet: apert (= offen): keine oder nur in einem sehr frühen Stadium vorhandene Bedeckung; kontort (= gedreht): einseitige Bedeckung der Blattränder (Bsp. Lonicera); imbrikat: dachziegelartiges Übereinandergreifen (Bsp. Syringa); valvat: gegenseitige Berührung der Blattränder ohne Überdeckung (Bsp. Clivia).

Aethalium → *Myxomycetes*

Ätherische Öle: Chemisch uneinheitliche, leicht flüchtige, aromatisch riechende Stoffgemische aus → *Terpenoiden* und anderen Stoffgruppen (z.B. Phenylpropanderivate). Wichtige Bestandteile sind Mono- und Sesquiterpene. Oft werden sie in Drüsenhaaren (bei Lamiaceae), in Epithelzellen der Harzkanäle (bei Pinaceae) oder in Ölzellen (Hypericaceae) gebildet. Auch die Rutaceae, Apiaceae und Lauraceae sind reich an ä. Ö. In den Balsamen stellen sie den flüchtigen Anteil; in ihm sind nichtflüchtige Substanzen gelöst. Koniferenharz (eigentlich zu den Balsamen zählend) besteht zu 25 % aus ä. Ö.
Ihre Funktion: 1. Anlockung von Insekten (Blütenduftstoffe). 2. Antibiotische Wirkung gegenüber Mikroorganismen (fäulnishemmend). 3. Allelopathische Wirkung.
Nadelwälder emittieren große Mengen an Monoterpenen, die an der Bildung von → *Photooxidantien* beteiligt sind und den »blauen Dunst« über Nadelwäldern verursachen.

Ätiologie: Lehre von den Krankheitsursachen.

Ätzmittel →Herbizide

Affenbrotbaum → *Bombacaceae*

Affentopfbäume → *Lecythidales*

Aflatoxin → *Prototunicatae*

Agameten → *Sporen*

Agamogenesis: Agamogonie. Asexuelle Fortpflanzung. → *Apomixis.*

Agamogonie → *Apomixis*

Agamont: Apomikt. Individuum, das sich ohne Befruchtung durch Agamogenese (→ *Apomixis)* fortpflanzt.

Agamospermie: Entstehung embryohaltiger Samen ohne Befruchtung. Obligate A.: Fortpflanzung ausschließlich durch A. ermöglicht hybridogenen oder polyploiden Formen mit gestörter sexueller Entwicklung die Vermehrung. Bei der fakultativen A. pflanzt sich nur ein Teil der Individuen durch agamosperme Vorgänge fort.

Agar-Agar → *Phycophyta*

Agaricales (i.w.S.): Ordnungsgruppe der → *Homobasidiomycetidae.* Meist kurzlebige Hutpilze mit lamellen- (Agaricales i.e.S.) oder röhrenartigem (Boletales, Röhrenpilze) Hymenophor. Charakteristisch sind hemiangiokarpe oder pseudoangiokarpe Fruchtkörper. Viele Speisepilze: Agaricus (Champignon), Boletus edulis (Steinpilz) und Giftpilze z.B. Amanita phalloides (grüner Knollenblätterpilz). Viele von ihnen sind Mykorrhizabildner.

Agaricus melleus → *Armillaria mellea*

Agathis: Gattung der Araucariaceae mit ca. 20 Baumarten, die zumeist in Polynesien, aber auch in Australien und Neuseeland heimisch sind und Höhen bis zu 60 m erreichen. Kennzeichnend sind der Harzreichtum sowie die rel. großen, elliptischen bis eiförmigen, immergrünen Blattorgane, die bis zu 20 Jahre am Baum bleiben. Forstl. wichtige Arten: Agathis australis, Kaurifichte, Australien; Agathis dammara, Malaysia; Agathis labillardieri, Neu Guinea; Agathis microstachys, Black Kauri, Queensland; Agathis robusta, Kauri, Queensland.

Agathis robusta: (1/2 nat. Gr.)

Agavaceae: Agavengewächse. Familie der → *Liliales.* Tropische bis subtropische Schopfbäume oder blattsukkulente Rosettenpflanzen mit hohen Blütenständen. Dreizählige Blüten mit unter- (Yucca, Dracaena) oder oberständigen Fruchtknoten (Agavae). Baumgattungen mit anomalem sekundärem Dickenwachstum: Dracaena (Drachenbäume) aus trop. Afrika und Asien. → *D. draco* ist ein ca. 20 m hoher Baum der Kanarischen Inseln mit rotem Harz. Cordyline (trop. Asien

Ailanthus altissima: Fiederblatt (1/3 nat. Gr.)

und Australien). → *Cordyline australis.* Yucca (Palmlilien) aus Trockengebieten S-USA und M-Amerika. → *Yucca brevifolia.* Neuerdings werden Dracaena und Cordyline als eigene Familie (Dracaenaceae) abgetrennt.

Agent Orange → *2,4,5-T*

Aggregationsplasmodium → *Plasmodium*

Aggregationsverbände: Zusammenlagern freier Einzelzellen (bei → *Chlorophyceae)* zu mehrzelligen thallösen Einheiten. Plasmodesmen werden nicht ausgebildet.

Agrobacterium → *Schizomycetes*

Ahlbeere → *Ribes nigrum*

Ahorn → *Acer*

Ahorn, Französischer → *Acer monspessulanum*

Ahorn, Griechischer → *Acer heldreichii*

Ahorn, Großblättriger → *Acer macrophyllum*

Ahorn, Italienischer → *Acer opalus*

Ahorn, Kolchischer →*Acer cappadocicum*

Ahorn, Schneeballblättriger → *Acer opalus*

Ahorn, Stumpfblättriger → *Acer opalus*

Ahorn, Tatarischer → *Acer tataricum*

Ahorngewächse → *Aceraceae*

Ahornrunzelschorf → *Rhytisma acerinum*

Aigeiros → *Populus*

Ailanthus DESF. Götterbaum: In O- und S-Asien sowie Australien mit 10 sommergrünen Baumarten verbreitete Gattung der → *Simaroubaceae.* Dazu gehört A. altissima (MILL.) SWINGLE (syn.: A. glandulosa DESF.), der Götterbaum: Aus China stammender, in weiten Teilen Asiens, Amerikas und Europas eingebürgerter und verwilderter, bis 30 m hoher Baum. Borke glatt, längsstreifig, mit typischen weißen Rissen. Triebe dick, markig. Große, bis zu 90 cm lange Fiederblätter mit zahlreichen, beim Zerreiben widerlich riechenden Blättchen, die im unteren Drittel wenige große, drüsentragende Zähne haben. Kleine zwittrige oder eingeschlechtige, grünweiße Blüten in großen, aufrechten Rispen. Früchte: zweiseitig geflügelte Nüßchen. Chrom.: 2n = 80. In S-Eur. weit verbreitet, zu Aufforstungen verwendet; leidet in M-Eur. unter strengen Winterfrösten. Rel. anspruchsloser, sehr raschwüchsiger Zier- und Pionierbaum, fruktifiziert stark und wird durch reichliche → *Wurzelbrut* in Parkanlagen und Gärten oft lästig. Holz ringporig, Jahrringe deutlich; Splint breit, weiß oder gelblich, Kern gelbgrau bis gelbbraun; mittelhart und schwer (r_0 = 0,60 g/cm^3).

Ailanthus altissima

Ailanthus altissima → *Ailanthus*

Ailanthus glandulosa → *Ailanthus*

Air-Layering → *Luftablegerverfahren*

Akaryobionta → *Prokaryota*

Akazie → *Acacia*

Akazie, Falsche → *Robinia*

Akkrusten → *Adkrusten*

Akotylie: Fehlen (zumindest makroskopisch) von Keimblättern am Embryo (Bsp. Orchideen).

akrokarp: gipfelfrüchtig. Terminale Entstehung des Sporophyten am Moosgametophyten, z.B. bei Polytrichales.

akropetal: acropetal. Von der Basis zur Spitze fortschreitend; meist auf die Bildung neuer Seitenknospen/-triebe bezogen.

akroplast: acroplast. Bezogen auf Blattanlagen: Längenwachstum durch ein an der Spitze gelegenes Meristem; Bsp. Farne; (Ggs. → *basiplast*).

Akrotonie: Acrotonie. Förderung der Knospengröße und damit der Seitentrieblänge an der Spitze von Jahrestrieben; tiefergelegene Seitenknospen und solche nahe der Jahrestriebbasis bleiben in der Größe zurück bzw. treiben häufig nicht mehr aus (→ *Knospe, schlafende*); A. führt zur verstärkten Trieb- und Blattbildung in den äußeren Kronenbereichen; die Verzweigungsintensität im lichtschwächeren Kroneninneren wird reduziert; kennz. für den stockwerkartigen Aufbau der meisten Nadelhölzer; deutl. auch bei Ah- und Es-Arten; (→ *Basitonie*).

Aktivatoren → *Effektoren*

Aktueller osmotischer Druck → *osmotische Zustandsgleichung*

Akzessorische Pigmente (Antennenpigmente): Absorbieren Licht und übertragen Energie auf das Photosynthesehauptpigment Chlorophyll a. Dies bewirkt eine erweiterte Lichtausnutzung für die Photosynthese. Sie sind jedoch selbst nicht in der Lage, Lichtenergie in chem. Energie umzuwandeln. Zu den A.P. zählen die Chlorophylle b, c, d, e, Carotinoide und Phycobiliproteide.

Alaska Cedar → *Chamaecyparis nootkatensis*

Alaska-Cedar Decline: Seit 75 Jahren bekannte, rätselhafte Krankheit im SO AK, die auf knapp 10 000 ha zu starken Ausfällen alter und junger → *Chamaecyparis nootkatensis* führt. Absterben erfolgt entweder plötzlich nach intensiver Bräunung oder allmählich nach Zuwachsrückgang und Vergilbung. Pilze und Insekten scheiden als Primärursache aus. Streß durch Umweltfaktoren wird als auslösende Belastung diskutiert.

Albizia Durazz. Seidenbaum: Mit → *Acacia* nahe verwandte Gattung der → *Mimosaceae* mit etwa 100 bis 150 Arten in Tropen und Subtropen Asiens, Afr., Indon. und Austr. Unbewehrte, in der Mehrzahl sommergrüne, max. 25 m hohe Bäume, teils auch Sträucher mit großen, doppelt gefiederten Blättern. Blüten ansehnlich, meist in kugeligen Köpfchen; rosa, gelblich oder weiß; zahlreiche, weit herausragende, fädige Staubblätter, die (im Unterschied zu Acacia) am Grunde zu einer Röhre verwachsen sind.
Einige raschwüchsige Arten werden als Schattenbäume in Tee- und Kaffeeplantagen (z.B. auf Ceylon) gepflanzt. Bei anderen Arten ist die Holz-, Latex- und Harznutzung von Bedeutung. Wichtigste in gemäßigten Gebieten winterharte Art ist A. julibrissin Durazz. (Schirmakazie). Verbreitet von Pers. bis Jap. und M-China, im gesamten Mittelmeergebiet und im SO der USA häufiger Zierbaum. Krone breit ausladend; kleine, etwa 1 cm lange Blättchen; Blüten hellrosa, in gestielten Köpfchen.

Albizia julibrissin → *Albizia*

Albizia julibrissin

Alder → *Alnus*

Alder, Black → *Alnus glutinosa*

Alder, European → *Alnus glutinosa*

Alder, Red → *Alnus rubra*

Alemannsche Hütte → *Forstsaatgut, Lagerung*

Aleppo-Kiefer → *Pinus halepensis*

Aleuriosporen → *Konidien*

Aleuronkörner: Reserveprotein, durch Erstarren von → *Vakuolen* bei Wasserentzug entstanden. Vorkommen in Speicherkotyledonen der Fabaceae, in Früchten und in der Kleberschicht des Getreidekorns.

Alfaroa → *Juglandales*

Algen: Einzellige oder thallöse, photoautotrophe Organismen unterschiedlicher systematischer Stellung: → *Cyanophyceae*, → *Prochlorophyta*, → *Phycophyta*.

Algenpilze → *Phycomycetes*

Algier-Tanne → *Abies numidica*

Algophytikum → *Eophytikum*

Alismatidae: Zu den → *Liliatae* gehörende Unterklasse. Meist krautige Sumpf- oder Wasserpflanzen mit primitiven Kennzeichen (z.B. Chorikarpie). Beispiele: Laichkräuter (Potamogeton), Wasserpest (Elodea), Froschlöffel (Alisma), Pfeilkraut (Sagittaria).

Alkaloide: Verschiedenartige, toxisch wirkende, organische N-Verbindungen mit basischer Reaktion. N = Stickstoff meist in heterozyklischer Bindung, nach der auch verschiedene Alkaloidgruppen unterschieden werden, die in der Chemotaxonomie Beachtung finden. Besonders häufig treten A. in Apocynaceae, Berberidaceae, Fabaceae, Liliaceae, Papaveraceae, Ranunculaceae und Solanaceae auf. Daneben auch in Taxus baccata (Taxin) und Liriodendron tulipifera (Glaucin). A. sind auch in einigen Pilzen (Mutterkorn), Bakterien, Lycopodiatae (Huperzia) und Equiseten (E.palustre) nachgewiesen worden.

Alkoholische Gärung: Das bei der → *Glykolyse* entstehende → *Pyruvat* wird, zumeist bei Hefepilzen in Ethanol umgebaut. Der Energiegewinn beträgt 2 Mol ATP pro Mol Glucose. A.G. findet auch im Holz unter anaeroben Bedingungen statt. → *Gärung*.

Allantoin: Chem. Harnstoffderivat. Es kommt im Phloem- und Xylemsaft von Acer-, Platanus- und Aesculus-Arten vor und dient als Stickstoffreserve. In dieser Form wird Stickstoff u.a. in der Pflanze transportiert.

Allel: Zustandsform eines Gens. Auch: Bezeichnung für allelomorphe Gene (→ *Gene, allelomorphe).*

Alleldrift: Gendrift. Veränderung der Allelzusammensetzung in isolierten kleinen Populationen, die sich dadurch von der Gesamtpopulation oder den Nachbarpopulationen unterscheiden.

Allelfrequenz: Häufigkeit, mit der bestimmte Allele in einer Population vertreten sind.

Allelie: Auf die Existenz von Allelen zurückzuführender genetischer Sachverhalt.

Allelie, Multiple: Liegt vor, wenn Gene in verschiedenen Zustandsformen vorkommen. Für ein Gen kann es bis zu 50 Allele geben, (z.B. für die Ausprägung der Blütenfarbe bei Anagallius arvensis sind 3 Genformen bekannt).

Allelo-Parasitismus: Wechselseitiger Parasitismus. Begriff aus dem Bereich der pflanzlichen → *Symbiosen.* Gemeint ist der gegenseitige Entzug von Nährstoffen durch beide Symbiose-Partner.

Allelogen → *Gen, allelomorphes*

Allelopathie: Gegenseitige Beeinflussung höherer Pflanzen mittels flüssiger oder gasförmiger Stoffwechselprodukte. Hemmung häufiger als Förderung. Freiwerden allelopathisch wirksamer Substanzen auch aus toten Pflanzenteilen (Laub- und Nadelstreu). Klassische Probleme der »Bodenmüdigkeit« und Fruchtfolge sind z.T. allelopathischen Ursprungs (Apfel, Lein).
Neben Äthylen sind Phenole allelopathisch aktiv. Auch für Waldbäume belegt; z.B. starke Hemmwirkung durch Juglone unter der Krone von Juglans-Arten. Kaltwasserextrakte einiger einheimischer Unkrautarten führen in vitro zu Wurzelschäden an 1j. Nh-Sämlingen. Volatile Exsudate von Salvia-Arten beeinflussen die Artenzusammensetzung arider Pflanzengesellschaften. Es ist problematisch, in vitro-Nachweise allelopathischer Wirkungen auf nat. Verhältnisse zu übertragen.

Allelzentrum → *Genzentrum*

Allerödzeit (mittlere Dryaszeit): Stufe des → *Holozän.*

Alligator Juniper → *Juniperus* (deppeana)

Allochorie: Fremdverbreitung. → *Fruchtverbreitung.*

allochton: Von außerhalb eines bestimmten → *Biotops* stammend, biotopfremd, Ggs. autochton.

Allomixis → *Amphimixis*

Allopatrie: Vorkommen von Populationen einer Art oder Unterart in verschiedenen geographischen Gebieten. Aus solchen voneinander isolierten Populationen können sich durch Auseinanderentwicklung des Genbestandes und daraus resultierender reproduktiver Isolation Rassen und neue Arten bilden (allopatrische Speziation). Ggs. → *Sympatrie.*

Alloploidie → *Polyploidie*

Allopolyploidie: Alloploidie, → *Polyploidie*

Allorhizie: Bewurzelungstypus bei Dicotylen und Gymnospermen, gekennzeichnet durch → *Haupt-* und → *Seitenwurzeln.*

Alluvium → *Holozän*

Almrausch → *Rhododendron hirsutum*

Alnetalia → *Bruchwald*

Alnion glutinosae → *Bruchwald*

Alno-Ulmion → *Hartholzaue*

Alnus MILL. Erle (engl.: Alder): Gattung der → *Betulaceae* mit etwa 30 sommergrünen Baum- oder Straucharten. Mit Ausnahme von A. jorullensis (Mexiko bis Argentinien.) alle in der nördl.-gem. Zone der Alten und Neuen Welt. ♂ und ♀ Blüten in Kätzchen. ♂ Kätzchen lang, zur Blütezeit hängend; Einzelblüten in 3blütigen Dichasien in der Achsel eines Tragblattes; Perigon meist vierspaltig, 4 Staubblätter. Pollen polar abgeflacht; ca. 20 – 30 µm groß, mit 4 – 6 äquatorial angeordneten Poren. ♀ Kätzchen kurz, zäpfchenartig; Einzelblüten paarweise in der Achsel eines Tragblattes, das durch Verwachsung mit den 4 Vorblättern zur verholzenden Fruchtschuppe wird; ohne Perigon, 2 fadenförmige Narben. Fruchtstand: holziges Zäpfchen mit geflügelten oder ungeflügelten, einsamigen Nüßchen, Chrom.: x = 14.

Alnus alnobetula → *Alnus viridis*

Alnus cordata (LOISEL.)DESF. Herzblättrige Erle, Italienische Erle: Forstwirtsch. unbedeutender, max. 20 m hoher Laubbaum. Heimat in den Bergen Korsikas und S-Ital. In M-Eur. winterhart, jedoch selten. Triebe kahl; Basis der 5 – 10 cm langen Blattspreite herzförmig (gelegentlich auch rund), vorne spitz (lindenähnlich), regelmäßig fein gesägt, Seitennerven zum Rand hin verzweigt; Fruchtzäpfchen aufrecht, groß (2 – 3 cm) (Abb. S.36).

Alnus glutinosa (L.) GAERTN. Schwarz-, Roterle (engl.: European Alder, Black Alder): 10 – 25 m (max. 35 m) hoher, max. 60 cm starker (BHD) und 150 Jahre alter Laubbaum. Beheimatet in fast ganz Europa (ohne mittl. und nördl. Skand., S-Spanien) bis zum Kauk. und W-Sib.; ferner in N-Afrika. Im östl. N-Amerika eingebürgert. Chrom.: 2n = 28.
Erkennungsmerkmale: Stamm gerade, infolge Stockausschlag oft mehrstämmig. Frühe Bildung einer dunkelgrauen bis schwarzbraunen, rissigen Schuppenborke. Triebe kahl; Knospen gestielt, rotbraun bis violett, mitunter klebrig. Spreite der Laubblätter rundlich bis verkehrt eiförmig, 4 – 10 cm lang, doppelt gesägt, an der Spitze rund, gestutzt oder eingebuchtet, 5 – 8 Paar Seitennerven, unterseits nur in den Nervenwinkeln behaart. ♂ und ♀ Blütenstände schon im Sommer vor der Blüte (III, IV) angelegt. Nüßchen schmal geflügelt; Fruchtzäpfchen gestielt, 1 – 2 cm groß, bleiben nach der Samenreife (IX, X) meist den Winter über noch am Baum. Keimling mit elliptischen, ganzrandigen, kurz gestielten Kotyledonen; Primärblätter grob gesägt, spitz.
Holz: Rötlich braun, ohne Farbkern; zahlreiche feine, zerstreutporig in radialer Richtung angeordnete Gefäße; Jahrringgrenzen undeutlich; Holzstrahlen makroskopisch kaum sichtbar, breite Scheinholzstrahlen. Leicht bis mittelschwer (Rohdichte r_o = 0,45...0,49 ...0,60 g/cm³); wenig witterungsbeständig, unter

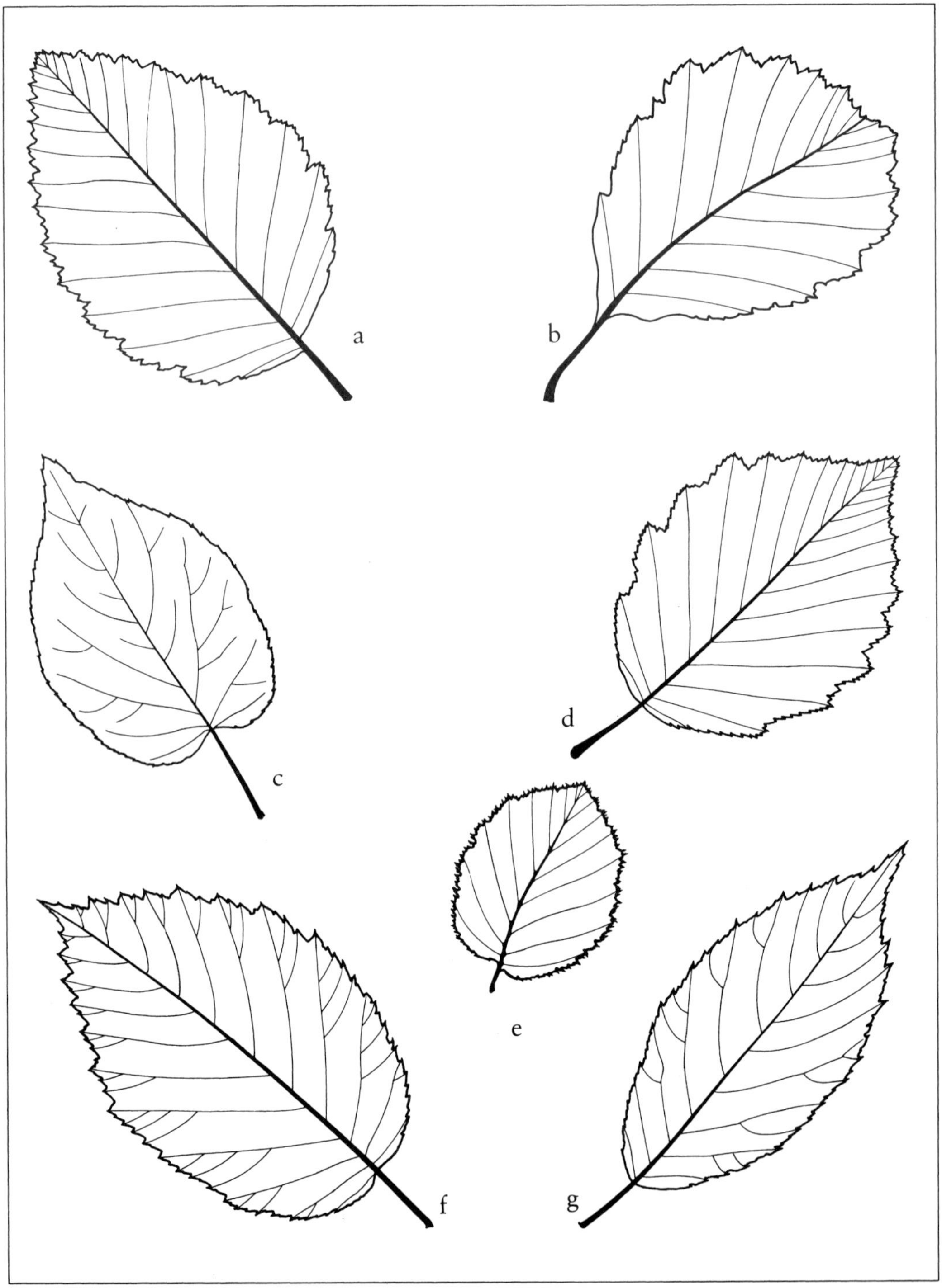

Blattformen verschiedener **Alnus**-Arten (2/3 nat. Gr.): *a* A. rubra, *b* A. glutinosa, *c* A. cordata, *d* A. incana, *e* A. viridis, *f* A. subcordata, *g* A. japonica

Wasser sehr dauerhaft. Vielseitig verwendbar als Blindholz (Möbelherstellung), Schnitz- und Drechslerholz, für Span- und Faserplatten, sowie im Modellbau und für Prothesen. Nach dem Fällen färben sich die Schnittflächen orangerot, später braunrot.
Vorkommen, Standort: Baumart der Ebene bis in mittl. Gebirgslagen (Nordalpen bis 1 150 m; Zentralalpen bis 1 800 m) an Bach- und Flußufern, in feuchten Laubwäldern, v.a. Au- und Erlenbruchwäldern auf staunassen (vergleyten), zeitweilig überfluteten, tiefgründigen, meist kalkarmen, nährstoff- und humusreichen Böden; Pionier im Verlandungsbereich von Gewässern, auf Naßwiesen und in Flachmooren. V.a. in Silikatgebieten; Grundwasserzeiger; Torfbildner; sehr tief und intensiv wurzelnde (Herzwurzelsystem), frostharte, dürregefährdete Licht- bis Halbschattholzart; Niederwaldart, da hohes Stockausschlagvermögen. Vorwaldart mit Fähigkeit zur Drainage vernässter Böden. Bodenverbessernd durch eine rasch abbaubare, stickstoffreiche Streu und durch Symbiose mit → *Actinomyceten* (→ *Wurzelknöllchen*).

Alnus incana (L.) Moench Grau-, Weißerle: 10 – 15 m (max. 25 m) hoher, max. 40 cm (BHD) starker, mitunter strauchig wachsender Laubbaum. Areal: M-, N- und O-Eur. (weiter nach O und N als → *A.glutinosa*), im S bis nördl. Apennin und Gebirge des Balkan, im O bis nach O-Sib. und zum Kauk. Chrom.: 2n = 28.
Erkennungsmerkmale: Stamm oft spannrückig; Rinde glatt, grau, kaum Borkenbildung. Triebe grau behaart, verkahlend. Knospen gestielt, fein behaart, nicht klebrig. Spreite der Laubblätter elliptisch, spitz, 4 – 10 cm lang, doppelt gesägt, 8 – 14 Paar Seitennerven, unterseits graugrün und ± bleibend behaart. ♂ und ♀ Blütenstände schon im Sommer vor der Blüte (II-IV) angelegt. Nüßchen schmal geflügelt; Fruchtzäpfchen sitzend oder kurz gestielt, etwas kleiner als bei → *A.glutinosa*. Keimling ähnlich A. glutinosa.
Holz: Ähnlich A.glutinosa, jedoch heller und etwas leichter.
Vorkommen, Standort: Hauptsächlich in der montanen Stufe (500 – 1 400 m; im O des Areals auch in Tieflagen) entlang von Gebirgsbächen und -flüssen, im Auwald- und Augebüschsaum, an Hangvernässungen und Hangrutschungen. Meist auf feuchten, tonigen Sand- oder Schotterböden (Rohaueböden); v.a. in Kalkgebieten. Toleriert nur kurzzeitige Überflutung und meidet Staunässe, rel. dürreresistent. Frostharte, intensiv und tief wurzelnde (Herzwurzelsystem), lichtbedürftige Pionierholzart; reiche Wurzelbrutbildung. Vorwaldbaumart; geeignet zur Hang-, Ufer- und Böschungssicherung, sowie zur Aufforstung von Ödland, Braunkohle- und Abraumhalden. Bodenverbessernd durch rasch zersetzliche, stickstoffreiche Streu und Symbiose mit → *Actinomyceten* (→ *Wurzelknöllchen*).

Alnus incana

Alnus glutinosa

Alnus incana

Alnus japonica (THUNB.) STEUD.Japanische Erle: In Jap., Formosa, Korea und der Mandschurei verbreiteter, max. 30 m hoher Laubbaum. Eine der Hauptholzarten auf der Insel Hokkaido (hier u.a. zusammen mit Betula maximowicziana, Aesculus turbinata, Quercus mongolica var. grosseserrata), in den Bergen Hondos mit Larix kaempferi vergesellschaftet. Blätter schmal elliptisch, 6 – 14 cm lang, Spitze lang ausgezogen. In M-Eur. winterhart (Abb. S. 36).

Alnus jorullensis → *Alnus*

Alnus oregona → *Alnus rubra*

Alnus rubra BONG. (syn.: A.oregona NUTT.) Oregonerle (engl.: Red Alder): Häufiger und wirtsch. wichtiger, sehr raschwüchsiger Laubbaum des amerik. Westens. Nat. Verbreitung: schmaler Küstenstreifen von SO-AK bis CA, disjunkte östl. Vorkommen in ID. Wird 20 – 30 (max. 40) m hoch und höchstens 100 Jahre alt. In Misch- und Reinbeständen auf untersch. Standorten, besonders in Flußtälern, aber auch an den unteren Hängen des Küstengebirges (bis 1 000 m ü. NN) und an steilen Meeresklippen. Das leichte, rotbraune Holz wird zu Möbeln und Furnieren verarbeitet. Bildet Wurzelbrut. Triebe kahl; Laubblätter eiförmig bis elliptisch, 7 – 15 cm lang, vorne spitz, Basis breit keilförmig, Rand doppelt gesägt, mitunter schwach gelappt; 10 – 15 Paar Seitennerven. In M-Eur. winterhart (Abb. S. 36).

Alnus rubra

Alnus subcordata C.A. MEY. Kaukasische Erle: Max. 20 m hoher, im Kauk. und in N-Per. (feuchte Niederungen am Kaspischen Meer) beheimateter Laubbaum. Triebe behaart; Laubblätter 7 – 16 cm lang, spitz eiförmig, an der Basis schwach herzförmig bis rund, unregelmäßig gesägt. In M-Eur. winterhart (Abb. S. 36).

Alnus viridis (CHAIX)DC. (syn.: A.alnobetula HARTIG, Betula viridis CHAIX) Grün-, Alpenerle, Laublatsche: In den Gebirgen M- und SO-Eur. (Alpen, Karpaten, Hochlagen der Mittelgebirge, Balkan) stark disjunkt verbreiteter, max. 6 m hoher Strauch. Chrom.: 2n = 28. Knospen nicht gestielt, meist klebrig. Laubblätter sehr variabel, ähnlich → *A.incana*, jedoch im Mittel etwas kleiner, anfangs klebrig, unterseits glänzend hellgrün und bis auf die Nervenwinkel kahl. ♂ Blütenkätzchen schon im Sommer vor der Blüte (IV, V) angelegt, ♀ überwintern in der Knospe und erscheinen mit den Blättern. Fruchtzäpfchen 10 – 15 mm groß.
Bestandesbildend im Grünerlenbuschwald (Knieholz) der hochmontanen bis subalpinen Stufe (1 500 – 2 200 m, in den Zentralalpen max. 2 800 m); vereinzelt auch tiefer an Wegböschungen und Bachufern, auf Weiden und in Lawinenzügen. Bevorzugt sickerfrische, nährstoff- und basenreiche, meist kalkarme, mäßig saure Lehmböden in kühl humiden Lagen (Schatthänge); Pionier auf Rohböden (Hangrutschungen, Lawinenstriche). Selten auf Kalk, meist in Silikatgebieten. Meidet Staunässe; rel. flaches Herzwurzelsystem. Die frostharte Lichtholzart eignet sich für Erosionsschutzmaßnahmen und als Vorwald bei Aufforstungen feuchter Böden (Abb. S. 36).

Alnus viridis (Untergurgl, Ötztal)

Alpenazalee → *Loiseleuria procumbens*

Alpen-Bärentraube → *Arctostaphylos alpinus*

Alpenerle → *Alnus viridis*

Alpen-Goldregen → *Laburnum alpinum*

Alpenheckenkirsche → *Lonicera alpigena*

Alpenheide → *Loiseleuria procumbens*

Alpen-Johannisbeere → *Ribes alpinum*

Alpen-Kreuzdorn → *Rhamnus alpinus*

Alpenlärche → *Larix decidua*

Alpenrose → *Rhododendron;* → *Rosa*

Alpenrose, Behaarte → *Rhododendron hirsutum*

Alpenrose, Rostblättrige → *Rhododendron ferrugineum*

Alpen-Seidelbast → *Daphne alpina*

Alpenwaldrebe → *Clematis alpina*

Alpen-Weide → *Salix alpina*

alpine Stufe: Höhenstufe der Vegetation. → *Vegetationsstufen.*

Alsophila → *Cyatheaceae*

Alternanz: Gegeneinander versetzte Stellung der Glieder zweier aufeinanderfolgender Blattkreise. Sie stehen auf Lücke zueinander. Unterbrechung der Alternanz durch Ausfall von einzelnen Kreisen möglich (→ *Obdiplostemonie).*

Altersphasen: Entwicklungsphase einer Zelle, eines Organs, einer Pflanze. Pflanzen durchlaufen während ihres Lebens versch. A. (→ *Ontogenese).* Die Jugendphase (Phase zw. der Embryonal- und Maturitätsphase) ist durch ausschließlich vegetatives Wachstum gekennzeichnet und dient der Durchdringung des Lebensraumes. Die junge Pflanze ist noch blühunwillig. Es schließt sich die Maturitätsphase an, in welcher die Pflanze zur generativen Vermehrung übergeht (Geschlechtsreife). Mit zunehmender Alterung kulminiert der Zuwachs und geht schließlich zurück, wodurch der Übergang zur Senilitätsphase angezeigt wird. Durch gezielte vegetative Vermehrung gelingt manchmal eine Rückführung aus der Senilitätsphase und Maturitätsphase in die Jugendphase (→ *Rejuvenation).* Die individuelle Veranlagung der Bäume und ihre wechselnde Stellung im Sozialgefüge des Bestandes bedingen bedeutende Abweichungen im Erreichen der versch. A., auch der Maturitätsphase. So werden die meisten Baumarten unter günstigen Bedingungen mit ca. 20 bis 40 Jahren mannbar und erreichen die Senilität mit etwa 80 bis 140 Jahren.

Alterungsvorgänge → *Seneszenz*

Altingia → *Hamamelidaceae*

Aluminium: (Al) Von Bäumen in unterschiedlicher Menge aufgenommenes entbehrliches, d.h. nicht lebensnotwendiges Element (→ *selektive Ionenaufnahme):* auf Mineralböden mit pH-Werten unter 5 besteht Gefahr der Al-Toxizität (→ *saurer Regen,* → *Waldsterben);* diese führt zur Behinderung des Wurzelwachstums u. der Zellteilung, sie beeinträchtigt ferner den Phosphatstoffwechsel (Symptome: verdickte Wurzelspitzen, kurze, wenig verzweigte Seitenwurzeln u. → *Nekrosen).* Pflanzen können Al mittels → *Mucigel* und → *Mykorrhiza* binden und große Al-Mengen in oberirdischen Pflanzenteilen ohne Schädigung anreichern. → *Blattspiegelwerte.*

Amaryllidaceae → *Liliales*

Amberbaum → *Liquidambar*

Amberbaum, Amerikanischer → *Liquidambar styraciflua*

Amberbaum, Orientalischer → *Liquidambar orientalis*

Amelanchier L. Felsenbirne (engl.: Serviceberry): Gattung der → *Rosaceae,* umfaßt etwa 25 meist sommergrüne Strauch- und Baumarten aus der nördlichen gemäßigten Zone mit Schwerpunkt N-Amerika. Blätter wechselständig, ganzrandig. Weiße, lange, schmale Kronblätter erscheinen vor vollständiger Entwicklung der Blätter. Apfelfrüchte. In Eur. nur → *A. ovalis* heimisch.

Amelanchier botryapium → *Amelanchier lamarckii*

Amelanchier canadensis → *Amelanchier lamarckii*

Amelanchier confusa → *Amelanchier lamarckii*

Amelanchier laevis → *Amelanchier lamarckii*

Amelanchier lamarckii F.G. SCHROEDER (syn.: A. botryapium (L.F.) DC., A. canadensis K. KOCH NON (L.) MEDIK., A. confusa AUCT. NON HYL., A. laevis AUCT. NON WIEG.) Kupfer-Felsenbirne (engl.: Juneberry): Bis 10 m hoher, aus N-Amerika eingeführter Strauch. In Eur. Zierpflanze, zuweilen verwildert. Blätter beim Austrieb rötlich überlaufen, im Herbst prächtig gelb bis rot. Früchte dunkel purpurrot, eßbar.

Amelanchier lamarckii

Amelanchier ovalis MEDIK. (syn.: A. vulgaris MOENCH, A. rotundifolia (LAM.) DUM.-COURS.) Felsenbirne: Bis 3 m hoher, wärmeliebender Strauch S- und M-Eur., N-Afr. und Vorderasiens. Blätter scharf gezähnt, unterseits gelblich wollfilzig, verkahlend. Blüten in 3-6blütigen behaarten Rispen. Frucht schwarz-blau bereift, eßbar. In der Ebene in lichten, sonnigen Ei- und Ki-Wäldern und Gebüschen, im Gebirge (bis 1 800 m) in Spalten wurzelnder Pionierstrauch, hauptsächlich auf Kalk. Selten in Kultur.

Amelanchier rotundifolia → *Amelanchier ovalis*

Amelanchier vulgaris → *Amelanchier ovalis*

Amenotaxus PILGER Kätzcheneibe: Gattung der → *Taxaceae* mit 4 in China beheimateten, in Eur. kaum bekannten, immergrünen Sträuchern oder kleinen Bäumen. Ähnlich → *Cephalotaxus,* aber ♂ Blüten in hängenden, ährenartigen Trauben. A. argotaenia (HANCE) PILG., bis 4 m hoher Strauch. A. cathayensis LI., bis 5 m hoher Baum. A. formosana LI., bis 9 m hoher Baum. A. yunnanensis LI., kleiner Baum.

Amentaceen: Frühere, heute nicht mehr gültige Bezeichnung für die Gruppe der Kätzchenblüher (→ *Betulaceae,* → *Fagaceae,* → *Juglandaceae,* → *Salicaceae,* Casuarinaceae (→ *Casuarinales).*

Amentiferae → *Hamamelididae*

Amine: Durch Decarboxylierung von → *Aminosäuren* entstehende stickstoffhaltige Verbindungen, dienen als Membranbestandteile (z.B. Ethanolamine), Bausteine von Coenzymen (z.B. Cysteamin) oder sekundären Pflanzenstoffen (z.B. Blütenduftstoffe).

Aminosäuren: Organische Verbindungen mit einer Amino-(NH_2) und Carboxylgruppe (COOH). Sind Bestandteile der Proteine. 20 proteinogene A. bekannt. Neben den proteinogenen (proteinaufbauenden) A. kommen auch nicht proteinogene A. vor, z.B. ß-Alanin.

Allg. Projektionsformel:

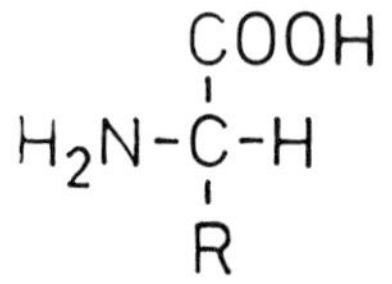

Beispiele:
1. Aliphatische A.: Glycin: R = H; L-Asparaginsäure: R = -CH_2-COOH; L-Cystein: R = -CH_2-SH, L-Lysin: R = -CH_2-CH_2-CH_2-CH_2-NH_2,

2. Aromatische A.: L-Phenylalanin: R= -CH_2 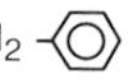

3. Heterozyklische A.: L-Histidin: R= -CH_2 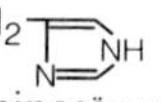

Aminosäuresequenz: Reihenfolge der Aminosäurebausteine in Peptiden und Proteinen. → *Proteinbiosynthese.*

Aminotriazol → *Amitrol*

Amitose: direkte Kernteilung.

Amitrol: Abk. für Aminotriazol. Auf Blattorgane appliziertes und in die Wurzeln geleitetes, systemisches Totalherbizid, das im Forst gegen Adlerfarn angewendet wurde. Heute meist in Mischung mit anderen Herbiziden. LD_{50} (Ratte) = 25 000.

Ammoniak: (NH_3) Rel. billiger, über die chem. Verwertung des Luftstickstoffs (Haber-Bosch Verfahren) hergestellter Dünger, Anwendung z.B. als Ammoniumsulfat bei Substraten mit pH> 5, → *Düngung,* → *Stickstoffkreislauf,* → *Stickstoffmineralisation.*

Ammonifikation → *Stickstoffmineralisation*

Ammonium: (NH_4^+) Von Pflanzen aufnehmbares Kation, entsteht z.B. beim Humusabbau aus Reaktion von Ammoniak mit Wasser.

Ammonium-Fixierung → *Stickstoffkreislauf*

Amorpha → *Fabaceae*

AMP → *Adenosinmonophosphat*

Ampelopsis hederacea → *Parthenocissus*

Ampelopsis quinquefolia → *Parthenocissus*

Amphidiploidie: Allopolyploidie. Genomkombination zweier Arten, entstanden durch interspezifische Kreuzung (AA x BB). Häufig findet anschließend eine Verdoppelung der strukturell verschiedenen Genome statt, so daß ein diploider Chromosomensatz vorliegt, der eine störungsfreie Meiose des sog. Additionsbastards (AB) (AB) garantiert.

Amphigastrien: Bauch- oder Unterblätter folioser Lebermoose. A. sitzen neben den größeren, zweizeilig angeordneten Flanken- oder Hauptblättern auf der dem Substrat zugewandten Ventralseite.

Amphigonie: Fortpflanzung durch Verschmelzung zweier getrenntgeschlechtlicher Gameten. → *Gamogonie.*

amphikarp: Fähigkeit von Pflanzen, ober- und unterirdisch Früchte zu entwickeln (z.B. Violaceae).

Amphimixis: Allomixis, Fremdbefruchtung, Verschmelzung zweier, getrenntgeschlechtlicher Gameten von verschiedenen Individuen.

amphipatisch → *amphipolar*

Amphiploidie → *Alloploidie*

amphipolar (amphipatisch): An einem Molekülende polare, hydrophile Gruppen, am anderen Ende nicht polare (apolare), hydrophobe Gruppen tragend. Beispiele: Phospholipide und Glycolipide (→ *Lipoide).*

Amphipolyploidie → *Polyploidie*

amphistomatisch → *Stomata*

Amphithecium: Peripher gelegene Zellschichten einer noch nicht ausdifferenzierten Sporenkapsel bei Musci, aus denen sich die mehrschichtige Sporangienwand bildet. Die zentral gelegenen Schichten, das Endothecium, bilden das → *Archespor* und die → *Columella.*

Amphitonie: Förderung der seitlich am Ast inserierten Knospen und damit der Trieblänge gegenüber der Astober- und -unterseite bilateraler Sprosse (→ *Hypotonie).*

Amur-Ahorn → *Acer ginnala*

Amur-Korkbaum →*Phellodendron*

Amygdalus communis → *Prunus dulcis*

Amygdalus persica → *Prunus persica*

Amygdalus pumila → *Prunus persica*

Amylasen: Enzyme der Hydrolasen-Gruppe, die Oligo- und Polysaccharide zu Maltose abbauen.

Amylopektin: Bestandteil (ca. 80 %) der → *Stärke.* Verzweigtes, wasserunlösliches Kettenmolekül aus α-D-Glucoseresten, die z.T. mit Phosphorsäure verestert sind. Violette Farbreaktion mit Jod-Jodkali.

Amyloplasten → *Leukoplasten*

Amylose: Bestandteil (ca. 20 %) der → *Stärke.* Schraubenförmig gewundene Kette aus 200 – 500 α-D-Glucoseresten. In heißem Wasser löslich. Wird von Jod-Jodkali tiefblau angefärbt.

Amylostereum areolatum (CHAILL. IN FR.) BOID. (syn.: Stereum areolatum FR.) Braunfilziger Schichtpilz (Stereaceae): Braunfäuleerreger an Fichte und Tanne. Ruft in liegenden Stämmen Rotstreifigkeit hervor. Dringt ferner durch Rücke- oder Schälwunden in den Splint lebender Fichten ein und verursacht, wie auch Heterobasidion annosum und Stereum sanguinolentum → *Rotfäule* der Fichte. Fruchtkörper bis 10 cm breit, ledrig, mehrjährig, dachziegelartig angeordnet. Oberseite filzig braun bis schwarz, Unterseite ockerfarben, bei Nässe bläulich. Meist in mittleren und oberen Lagen der Mittelgebirge.

Amylum → *Stärke*

Anacardiaceae: Sumach- oder Terebinthengewächse. Zu den → *Rutales,* gelegentlich auch zu den Sapindales gezählte Familie mit überwiegend trop. und subtrop. Gattungen und 600 Arten. Bäume, Sträucher und Kletterpflanzen mit meist 5-zähligen Blüten, wechsel-, selten gegenständiger Beblätterung, meist ohne Nebenblätter. Androeceum diplo- oder haplostemon, Gynoeceum unter- oder oberständig. Steinfrüchte. Wichtige Gattungen: → *Pistacia*, → *Rhus*, → *Cotinus*. Schinopsis quebracho-colorada ist ein wichtiger Waldbaum Paraguays und N-Argentiniens. Von wirtschaftlicher Bedeutung sind: Mangifera indica (Mangobaum) und Anacardium occidentale (Cashew-Nuß).

Anaerobe Atmung → *Gärung*

Anaerobe Dissimilation → *Gärung*

analog: funktionsgleich; Bsp.: die aus Umbildungen von Blättern entstandenen Blattdornen der Berberitze sind Kurztriebdornen von Schlehe oder Weißdorn analog; beide üben Schutzfunktion aus (→ *homolog*)

Anamorph → *Nebenfruchtform*

Ananasgallen der Fi → *Gallen*

Anaphase → *Meiose*, → *Mitose*

Anatomie: Botanisch: Lehre vom inneren Aufbau der Pflanze. Gliedert sich in die Cytologie (Zellenlehre) und Histologie (Gewebelehre).

anatrem: Pollen mit Keimstellen am distalen Pol (Großteil der Gymnospermen).

anatrop → *Samenanlage*

Anbauversuche: Langfristige Feldversuche zur Feststellung der Anbauwürdigkeit bestimmter Herkünfte, Rassen oder Arten unter vorgegebenen Klima- und Standortbedingungen. Hierher gehören u.a. → *Provenienzversuche* und Sortenprüfungen. Die Brauchbarkeit einer Herkunft, Rasse oder Art wird neben ihrer Anpassungsfähigkeit an Standort und Klima durch ihre Holzqualität, Holzmassenleistung sowie durch ihre Resistenzeigenschaften gegenüber Forstpathogenen bestimmt. (Bsp.: → *Larix europaea*, → *Pseudotsuga menziesii*, → *Abies grandis*).

Andreaeidae → *Musci*

Androdiözie → *Subdiözie*

Androeceum: Gesamtheit der Staubblätter in einer Blüte.

androezisch: Nur mit männlichen Blüten.

Androgynophor: Gestrecktes Internodium zwischen dem Kronblattkreis und dem Androeceum. Dadurch werden die fertilen Teile der Blüte aus der Blütenhülle herausgehoben. Bei Passifloraceae.

Andromeda L. Rosmarinheide (engl.: Rosemary): Gattung der → *Ericaceae*. Immergrüne, kleine, kriechende Sträucher. Nur 2 Arten in kühleren Gebieten der Nordhalbkugel. In Eur. nur: A. polifolia L. (Polei-Rosmarin, Lavendelheide, Gränke, engl.: Bog Rosemary). Weitkriechender, niedriger → *Halbstrauch* (bis 30 cm) mit zirkumpolarer Verbreitung, auch in den Alpen (bis 2 000 m) und Karpaten. Kennzeichen: Blätter wechselständig, lineal-lanzettlich, oben dunkel, unterseits hell bereift; Ränder stark eingerollt. Hellrosa Blüten nickend, in Trauben. Glazialrelikt. Auf nährstoff- und basenarmen, sauren Torfböden. Charakterart der Sphagnum-Moore. Pflanze in allen Teilen giftig (Hauptwirkstoff Andromedotoxin). Durch Zerstörung des Lebensraumes selten geworden.

Andromeda arborea → *Oxydendrum arboreum*

Andromeda calyculata → *Chamaedaphne calyculata*

Andromeda polifolia → *Andromeda*

Andromonözie: Androdiözie. → *Subdiözie.*

»Androscoggin« → *Populus maximowiczii*

Anemochorie: Windverbreitung. Verbreitung von Samen und Früchten durch den Wind. Das Flugorgan kann aus der Fruchtschale (Ul, Bi, Schwarzerle, Ah, Es), der Samenschale (Pa, Wei), den Vor- und Deckblättern (Hbu), Teilen des Blütenstandes (Li) oder der Samenschuppe (Pinaceae) gebildet werden. Als Flugeinrichtungen kommen Flughaare, (Haarflieger, z.B. Clematis, Epilobium angustifolium), Haarschirme (Schirmflieger) oder flügelartige Auswüchse (Flügelflieger) vor. Je nach Flugmechanik können Scheibenflieger (Ul), Segelflieger (Bi, Schwarzerle), Schraubenflieger (Ah), Schraubendrehflieger (Es) oder Schopfflieger (Pa, Wei) unterschieden werden.

Anemogamie: Anemophilie, Windbestäubung. Pollenübertragung durch den Wind. Bei Waldbäumen – im Gegensatz zur sonstigen Flora – überwiegend. Alle heimischen Gymnospermen und viele Angiospermen (Betulaceae, Fagus, Populus, Quercus) sind Windbestäuber. Anemogame Blüten haben weder Duftstoffe noch Schauapparat, sie blühen vor dem Blattaustrieb. ♂ Blüten sind i.d.R. im unteren, ♀ im oberen Kronenbereich inseriert, so daß der Pollen durch Thermik an die ♀ Blüten herangeführt wird. A. ist phylogenetisch älter als Entomogamie; von sekundärer A. spricht man, wenn entomogame Pflanzen zur A. zurückkehren (Es, teilweise Kirsche). Fakultative A.: außer anderen Bestäubungsformen kommt auch A. vor (Kirsche).

Anemophilie → *Anemogamie*

Aneuploide: Pflanzen, die einzelne überzählige Chromosomen besitzen oder denen Chromosomen fehlen. Entsteht, wenn bei der Gametenbildung non disjunction auftritt. Man unterscheidet: Nullisomie, Monosomie, Tri- oder Tetrasomie. → *Polyploidie.*

Anfälligkeit: Gegensatz von → *Resistenz*. Potentielle Befallsbereitschaft eines Wirtes gegenüber Schaderregern. Der individuelle Grad von A. ist genetisch fixiert, wird aber durch Umweltfaktoren modifiziert. → *Praedisposition.*

Anflug: a) Besiedelung von bisher nicht mit Wald bestockten Flächen durch Waldbäume aufgrund anfliegender Samen und erfolgreicher Ansamung. b) Jungpflanzen aus natürlicher Verjüngung windverbreiteter Waldbaumarten (z.B. Fi, Ki, Ta, Ah, Es, Ul).

Angara-Flora → *Paläophytikum*

angiokarp → *Basidiokarp*

Angiospermae → *Magnoliophytina*

Angiospermenzeit → *Känophytikum*

Angiospermophytina → *Magnoliophytina*

Angsttrieb → *Proventivtrieb*

Anionen: Negativ geladene Ionen, z.B. NO_3^- sowie die

Nährelemente P, S, Cl, B u. Mo werden in dieser Form von Pflanzen aufgenommen.

Anionenadsorption: Lockere Anlagerung von Anionen (PO_4^{3-}, SO_4^{2-}, NO_3^-) an positiv aufgeladene Oberflächen (Oxide, Huminstoffe) aufgrund elektrostatischer Anziehung; ermöglicht Speicherung von leicht austauschbaren, d.h. pflanzenverwertbaren Nährstoffen; mengenmäßig bedeutend für die Pflanzenernährung bei niedrigem pH.

Anisogameten → *Gameten*

Anisogamie → *Gameten*

anisohydrisch → *hydrolabil*

Anisokotylie: Ungleichblättrigkeit, bezogen auf Keimblattgröße bei einigen dikotylen Arten; nach neueren Untersuchungen scheint Einkeimblättrigkeit aus zunehmender A. hervorgegangen zu sein.

Anisophyllie: Ungleichblättrigkeit. Durch Schwerkraft (laterale oder induzierte A.) ausgelöste oder genetisch (habituelle A.) bedingte Unterschiede in der Blattgröße dorsiventraler Sprosse unmittelbar benachbarter Laubblätter bzw. sogar an einem Knoten (→ *Heterophyllie).*

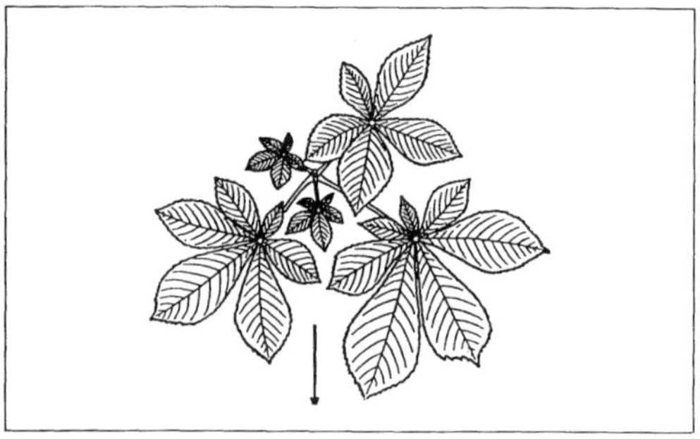

Induzierte **Anisophyllie.** Zweig von Aesculus hippocastanum (Pfeil: Richtung zum Erdmittelpunkt)

Anisotomie → *Verzweigung, dichotome*

anisotrop: Änderung der Wuchsrichtung von → *orthotrop* nach → *plagiotrop.*

Annamocarya → *Juglandales*

Annonaceae → *Magnoliales*

annuell (einjährig): ⊙, Bezeichnung für Pflanzen, deren Lebenszyklus sich innerhalb eines Jahres vollzieht. Annuelle Pflanzen werden Therophyten genannt. Sommerannuelle keimen im Frühjahr, blühen im Sommer und sterben im Herbst ab (viele Unkräuter), winterannuelle hingegen keimen im Herbst, überdauern den Winter, blühen im Frühjahr und sterben im Sommer ab (z.B. Wintergerste). Bei Pulviotherophyten ist der Lebenszyklus an die Regenzeit gebunden (viele Wüstenpflanzen). → *bienn,* → *perenn.*

Anorthopolyploidie → *Polyploidie*

Anpassung: Durch die Selektion gesteuerte phylogenetische Entwicklung, die Populationen das Überleben in einer bestimmten Umwelt ermöglicht. Infolge der langfristigen Veränderungen der Umweltfaktoren ist A. ein kontinuierlicher Prozeß.

Anpassungswert: Selektionswert. Maßzahl für die Überlebensfähigkeit eines Genotyps unter momentanen Umweltbedingungen. Definiert als die Relation der Überlebensrate eines Genotyps (λ aa) zur Überlebensrate des bestangepaßten Genotyps (λ AA). w = λaa/ λ AA. Beispiel: Ist die Überlebensrate von AA 0,8, von Aa 0,6 und von aa 0,4, so ist der Anpassungswert für AA 1, für Aa 0,75 und für aa 0,5.

Antagonismus: (1) Wachstums- oder Entwicklungshemmung einer Bakterien- oder Pilzart durch Konkurrenzdruck oder durch Einwirkung von Stoffwechselprodukten einer anderen Art. Von Bedeutung für die Artzusammensetzung der Mikroorganismen-Populationen im Boden, an Pflanzenoberflächen und in Wirtsgeweben.
(2) → *Ionenantagonismus.*

Antagonisten: Pilz- oder Bakterienarten, die sich gegenseitig durch Konkurrenzeffekte oder über Stoffwechselprodukte in ihrer Entwicklung hemmen. Wichtige Beispiele aus der Forstpathologie: Peniophora gigantea hemmt die Ausbreitung von Heterobasidion annosum auf Ki-Holz, Trichoderma viride wirkt antagonistisch gegen Umfall-Erreger der Gattungen Pythium, Fusarium und Rhizoctonia, und mehrere Mykorrhiza-Partner NO-amerikanischer Ki-Arten unterdrücken die Entwicklung von Phytophthora cinnamomi.

Antarktis: Artenärmstes → *Florenreich.* Bei gleichmäßig kühlen Temperaturen sowie viel Regen und Nebel dominieren im W der Spitze Südamerikas temperierte Regenwälder mit Nothofagus als wichtigster Gattung. Der Unterwuchs ist farn- und moosreich. Auf dem antarktischen Kontinent gibt es an Blütenpflanzen lediglich zwei Grasarten und ein Nelkengewächs.

antarktisch → *Florenzonen*

Anthere: Staubbeutel. Teil des → *Staubblattes,* in dem → *Pollen* gebildet wird. A. gliedert sich in 2 über ein Konnektiv (Zwischengewebe) verbundene Theken (Einz. Theka), die jeweils 2 Pollensäcke (Pollenfächer, Loculamente, Mikrosporangien) tragen. Filament meist seitlich an A. ansitzend. Introrse A. sind zur Blütenmitte, extrorse nach außen orientiert. Entsprechend öffnen sie sich zur Blütenmitte bzw. Blütenhülle hin. Pollensack mit vielschichtiger Wand. Die bei Magnoliophytina hypodermal gelegene Faserschicht (Endothecium), deren Zellen besondere Wandverdickungen aufweisen, bewirken das Öffnen der Pollensäcke (Kohäsionsmechanismus). Bei Coniferophytina ist die Epidermis als Faserschicht ausgebildet (Exothecium).

Antheridienstand: Zusammenstehende Gruppe von Antheridien (bei Bryophyta).

Antheridium: Allg. Bezeichnung für ♂ Gametangium der Sporenpflanzen. Es ist entweder einzellig (Ascomyceten, Phycophyta) oder mehrzellig mit sterilen Wandzellen (Bryophyta, Pteridophyta).

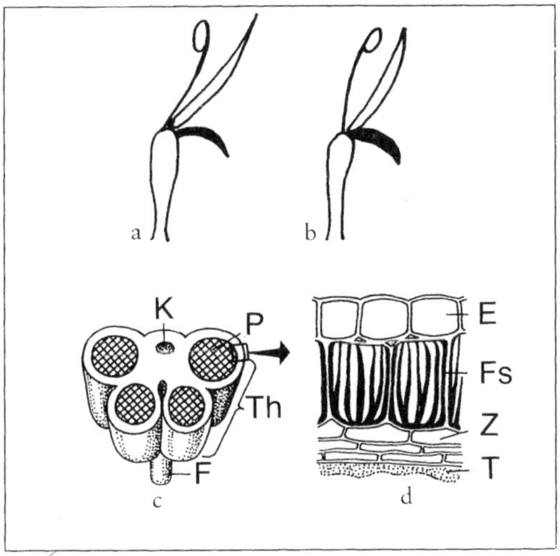

Anthere: *a* introrse Stellung, *b* extrorse Stellung, *c* Querschnitt, *d* Antherenwand. P = Pollensack, Th = Theken, K = Konnektiv, F = Filament, E = Epidermis, Fs = Faserschicht, Z = Zwischenschichten, T = Tapetum

Antheridiumzelle: Plasmareiche, wandständige, generative Zelle des Pollens mit großem Kern, die sich vor der Befruchtung in zwei Spermazellen teilt.

Anthium: Blume. Bestäubungsbiologische Einheit innerhalb der Blüte. Stellt die ganze Blüte ein A. dar, spricht man von Euanthium (häufigster Fall), treten mehrere Einheiten in einer Blüte auf (z.B. Iris) spricht man von Meranthien.

Anthocerotatae: Hornmoose. Thallöse Moose mit kaum differenziertem Gametophyt, aber mit Spaltöffnungen. Thalluszellen mit einem algentypischen, schüsselförmigen Chloroplasten. Sporophyt höher entwickelt als bei Lebermoosen (Kapsel mit Chloroplasten, Spaltöffnungen und Columella). Meist auf Äckern.

Anthocyane: Flavanderivate, meist Glycoside; wasserlösliche Farbstoffe, die im sauren Zellmilieu rote, im alkalischen blaue Farbtöne annehmen. Das oft farblose, zuckerfreie Spaltprodukt wird Anthocyanidin genannt. A. im Zellsaft von Epidermiszellen bewirken die Färbung vieler Blüten und die »Blutfarbe« roter Laubblätter (z.B. Blutbuche, Bluthasel). Die A.-Bildung ist der Wirkung von Phytochrom unterworfen. Sie wird durch tiefe Temperaturen und den Reichtum an Zuckern gefördert. Deshalb färbt sich das Herbstlaub mancher Baumarten bei reduzierter Assimilatableitung rot.

Anthocyanidin → *Anthocyane*

Anthophyta (= Blütenpflanzen) → *Spermatophyta*

Anthraknose: Brennfleckenkrankheit. Sammelbezeichnung für Blatt-, Sproß- und Fruchterkrankungen, deren Erreger (Deuteromycotina-Coelomycetes) auf den Läsionen Acervuli mit einzelligen Konidien bilden. Verbreitung an feuchtes Wetter gebunden. Überwinterung als Hauptfruchtform (meist Perithecien) oder als Mycel. Vertreter: Arten der Gattungen Gloeosporium, Glomerella, Gnomonia, Kabatiella. Oft an landw. Kulturpflanzen (z.B. Avokado, Citrus, Kaffee). Wichtige Vertreter an Waldbäumen: → *Apiognomonia veneta* an Platane, → *A.errabunda* an Bu, → *Kabatiella apocrypta* und → *Discula campestris* an Ah.

Anthropochorie: Verbreitung von Samen oder Früchten durch den Menschen, z.B. → *Castanea sativa.*

Antiaris → *Moraceae*

antiklin → *Zellteilung*

Antipoden: Drei der Chalaza zugewandte Zellen im → *Embryosack.*

antithetisch → *Generationswechsel*

Antitranspirans: Mittel zur Verminderung des Transpirationsverlustes bei Pflanzen. A. werden vorwiegend als Austrocknungsschutz bei der Lagerung und dem Transport von Forstpflanzen eingesetzt und halten die Wurzeln frisch. Dabei handelt es sich meist um Natriumalginate (z.B. Agricol®), nat. kolloidale Substanzen brauner Meeresalgen. Alginate sind Salze der Alginsäure, einer Polyuronsäure. A. zur Verminderung der Transpiration beblätterter Sprosse dagegen sind meist Plaste auf Polyethylen- oder Polyacrylatbasis, die vor oder nach der Pflanzung aufgebracht werden können.

Antrodia serialis (Fr.) Donk. (syn.: Trametes serialis) Reihige Tramete (Polyporaceae): Braunfäuleerreger an liegendem Nadelholz, insbes. an Fi. Bildet zahlreiche kleine, oft zu Reihen miteinander verbundene, fleischige, anfangs weißliche, später braune Fruchtkörper. An Stammlängsseiten oft flächig mit weißen, nach oben gerichteten Poren.

Anulus: 1. Besondere, bei → *Polypodiaceae* über dem Scheitel des Sporangiums liegende Zellreihe. Anuluszellen haben verdickte Radial- und Innenwände und sind bei Reife des Sporangiums mit Wasser gefüllt. Bei Wasserverlust werden die dünnen Außenwände ins Zellinnere gezogen. Dies führt zu einer → *Kohäsionsbewegung* des Anulus und zum Öffnen des Sporangiums am → *Stomium.* Werden die durch die Wandverstärkungen bedingten Widerstandskräfte größer als die Kohäsionskraft der Wassermoleküle, schnellt der Anulus ruckartig zurück und schleudert die anhaftenden Sporen aus. 2. Völlig anders gestaltete Anuluszellen sind für das Lösen des Kapseldeckels am Moos-Sporangium verantwortlich (→ *Musci).*

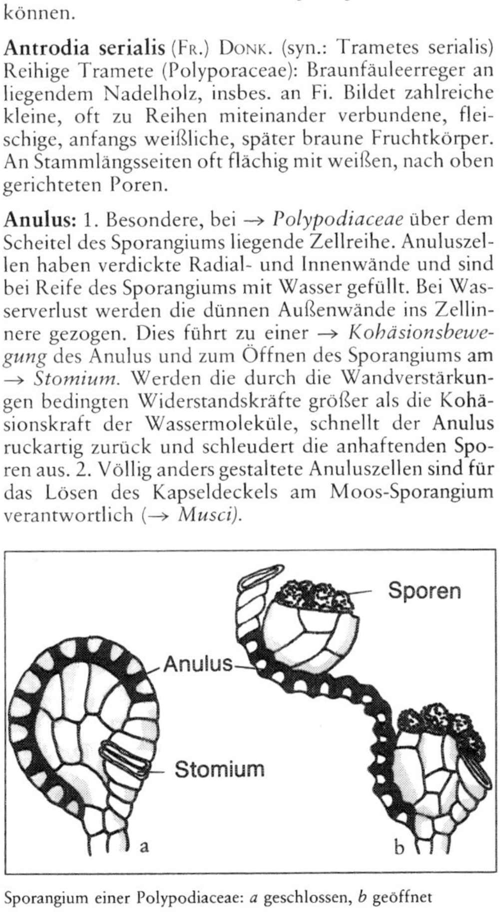

Sporangium einer Polypodiaceae: *a* geschlossen, *b* geöffnet

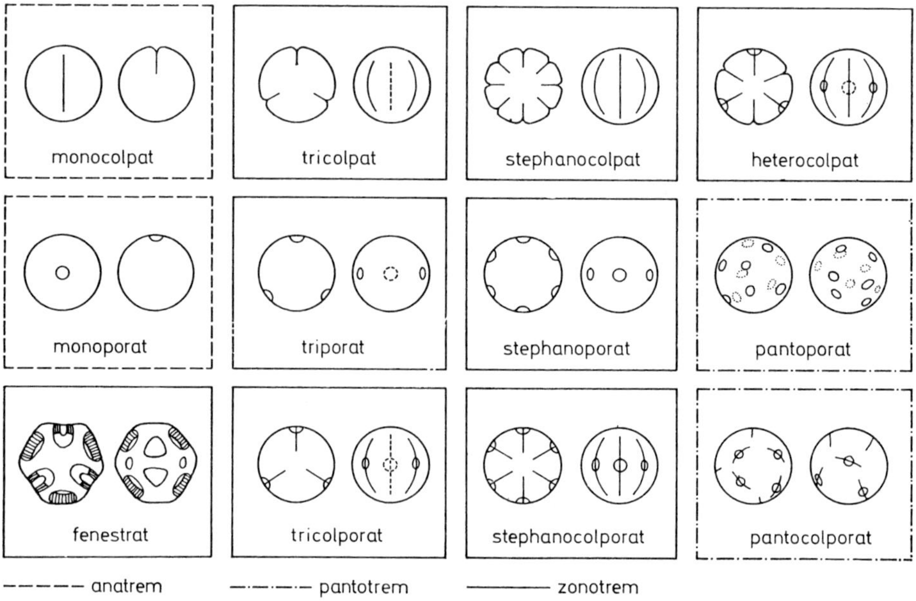

Einteilung der Pollen nach Art (porat, colpat,colporat) und Zahl der **Aperturen**

Apache Pine → *Pinus engelmannii*

Apennin-Sonnenröschen → *Helianthemum*

apert → *Ästivation*

Apertur: (1) Keimporen. Vorgebildete Einkerbungen der Exine, aus denen der Pollenschlauch auswächst. Lage, Form und Zahl der A. sind arttypische Pollenmerkmale. Nach Lage (→ *anatrem,* → *catatrem,* → *zonotrem* und → *pantotreme),* Art (→ *porat,* → *colpat,* → *colporat,*→ *fenestrat)* und Zahl werden Pollentypen klassifiziert. (→ *NPC-System).* Mit steigender evolutionärer Entwicklung steigt die Zahl der A.
(2) → *Tüpfel*

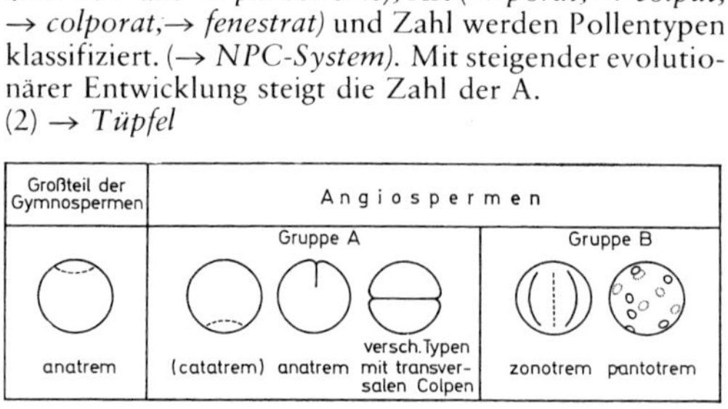

Lage der **Aperturen** am Pollen

aperturat: Mit → *Aperturen* versehen. Auf die Pollenwand bezogen.

Apetalae (= Monochlamydeae): Heute nicht mehr gültige Gruppierung innerhalb der Dicotylen. Typisch waren fehlende oder unscheinbare, meist einfache (einkreisige) Blütenhüllen. Hierzu zählten u.a. Fagaceae, Betulaceae, Urticaceae, Salicaceae.

Apfel, Chinesischer → *Malus spectabilis*

Apfel, Vielblütiger → *Malus floribunda*

Apfelbaum → *Malus*

Apfelfrucht: Sammelfrucht, bei der die Fruchtblätter mit der Blütenachse verwachsen. Man unterscheidet Kernäpfel (Apfel, Birne), bei denen die Fruchtblätter bei der Reife pergamentartig sind von Steinäpfeln (Mispel, Weißdorn), bei denen sich die Karpelle nußartig entwickeln und das Perikarp als dickwandiges, hartes Gehäuse den Samen umschließt.

Apfelrose → *Rosa*

Apfelsine → *Citrus*

Aphyllie: Blattlosigkeit. Fehlende Ausbildung von Laubblättern; Bsp. Kakteen.

Aphyllophorales: Ordnungsgruppe der → *Homobasidiomycetidae.* Charakteristisch sind gymnokarpe, hymeniale, bei einigen Arten (z.B. Fomes fomentarius) auch mehrjährige Fruchtkörper. Hymenophor glatt (Corticium, Stereum) oder porig (Fomes, Heterobasidion), seltener lamellenartig (Gloeophyllum, Lentinus). Fruchtkörper unterschiedlich gestaltet: krustenförmig bei Corticiaceae (Poriales), konsolenartig bei Piptoporus, Phellinus (Polyporales), gestielt-hutförmig bei Thelephora (Thelephorales), Cantharellus. Holzzerstörende Pilze gehören oft den Poriales und Polyporales an.

Apiaceae: Umbelliferae, Doldengewächse. Familie der → *Araliales* mit 300 Gattungen und ca. 3 000 Arten. Vorwiegend Kräuter. Blütenformel: * K 5 C 5 A 5 G (2). Meist Doppeldolden. Einheimische Waldpflanzen: Aegopodium podagraria (Giersch, an schattigen Waldrändern), Astrantia (Sterndolde, in Bergwäldern), Sanicula europaea (in nährstoffreichen Laubwäldern).

Apiales → *Araliales*

Apikalmeristem: Spitzen- oder Scheitelmeristem. Pri-

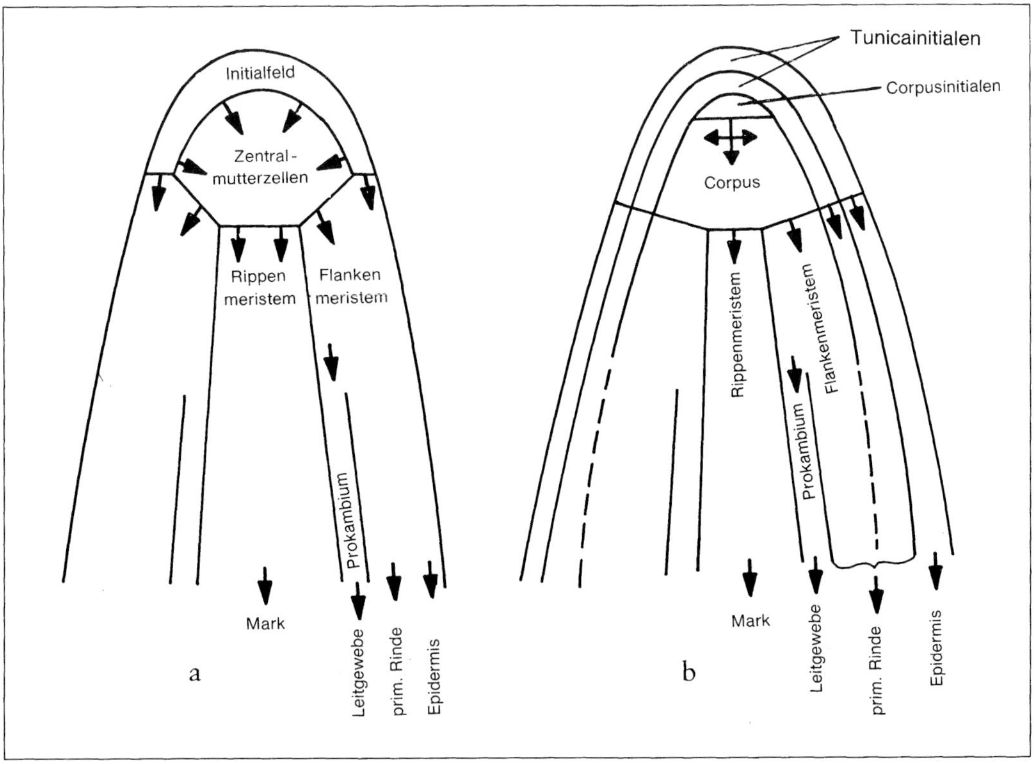

Sproßapikalmeristerme: *a* Gymnospermen, *b* Angiospermen

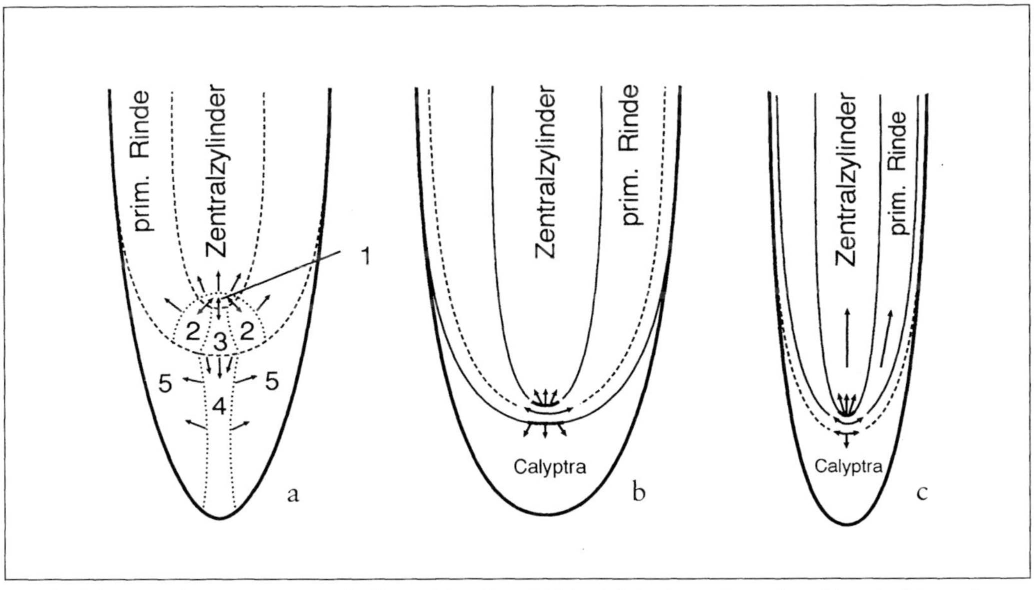

Wurzelapikalmeristeme bei *a* Gymnospermen, *b* Liliatae, *c* Magnoliatae. Initialen sind als schwarze Bögen eingezeichnet. 1 = Mutterzellenzone für Zentralzylinder, 2 = Mutterzellenzone für prim. Rinde 3 = Mutterzellenzone für Columella der Calyptra, 4 = Columella der Calyptra, 5 = Randbereiche der Calyptra

märes → *Meristem* am Vegetationspunkt von Sproß und Wurzel. Der Sproßscheitel der meisten Gymnospermen (auch der meisten Lycopodiaten) geht auf die Tätigkeit einer einzigen Gruppe von → *Initialen* zurück, deren Zellen sich anti- wie periklinal teilen. Bei Angiospermen hingegen finden sich stets mehrere Stockwerke von Initialgruppen (i.d.R. 2 Tunica-Initialgruppen, 1 Corpus-Initialgruppe), die das in → *Tunica* und → *Corpus* differenzierte A. aufbauen.
Im Wurzelscheitel sind die Verhältnisse komplizierter: Bei Gymnospermen findet man nur eine Initialgruppe, deren Abkömmlinge in verschiedene Mutterzellzonen abgegeben werden, die schließlich die verschiedenen Dauergewebe bilden. Bei Angiospermen stets mehrere Initialstockwerke: a. Initialen für den Zentralzylinder, b. Initialen für die primäre Rinde (bei Monokotylen auch für die Rhizodermis), c. Initialen für Calyptra (bei Dikotylen auch für die Rhizodermis). Bei der Mehrzahl der Farne findet sich im Sproß- wie im Wurzelscheitel anstelle der Initialgruppe/n noch eine einzige, mehrschneidige Scheitelzelle.

Apiognomonia errabunda (ROB.) HÖHN. (syn.: Gnomonia errabunda [ROB.] AUERSW.) Blattbräune der Buche (Diaporthaceae): Konidienform: Gloeosporium fagi (DERM. ET ROB.) WESTEND. Häufige Blatterkrankung der Bu; in feuchten Frühsommern verbreitet und intensiv. Typisch sind die unregelmäßig geformten, oft gezackten braunen Nekrosen mit dunklerem Rand entlang der Blattnerven. Bei starkem Befall: vorzeitiger Blattfall und Absterben von Triebspitzen. Auf der Unterseite der Flecken entstehen bräunliche Konidienpolster von Gloeosporium fagi. Die Verbreitung des Pilzes wird wahrscheinlich durch tierische Vektoren (Gallmücken und Baumläuse) gefördert. Weil selten 2 Befallsjahre aufeinander folgen, bleibt A.e. trotz des auffälligen Krankheitsbildes i.a. ohne wirtschaftl. Bedeutung.

Apiognomonia quercina (KLEB.) HÖHN. (syn.: Gnomonia quercina KLEB.) Blattbräune der Eiche, Eichen-Anthraknose (Diaporthaceae).: Konidienform: Gloeosporium quercinum WEST. In M-Eur. und N-Amerika gelegentlich auftretende Blattfleckenkrankheit an Ei-Arten. Kennzeichen: Kleine, dunkelbraune, rundliche Flecke mit hellerem Rand. Bei starkem Befall: Nekrosen an Blattspitzen und Wellung der Blattspreite. Übergreifen auf junge Triebe möglich. Rundliche, braune Konidienpolster auf beiden Seiten der Nekrosen. Wirtschaftl. Bedeutung gering.

Apiognomonia tiliae (REHM) HÖHN. Blattbräune der Linde, Linden-Anthraknose (Diaporthaceae): Konidienform: Gloeosporium tiliae OUDEN. Ruft auf der Blattspreite unregelmäßig geformte und ungleich verteilte bräunliche Nekrosen mit dunklem Rand hervor, die zum frühzeitigen Blattfall führen. Die Befallsintensität schwankt von Jahr zu Jahr.

Apiognomonia veneta SACC. ET SPEG.) HÖHN (syn.: Gnomonia veneta [SACC. ET SPEG.] KLEB. Gnomonia platani, KLEB.): Nebenfruchtform: Gloeosporium platani OUDAM; Blattbräune der Platanen (engl.: Anthracnose) (Diaporthaceae). Ein in W- und M-Eur. sowie in N-Amerika weit verbreiteter, in manchen Jahren sehr auffälliger Blattparasit an Platane, der auch Knospen, Rinde und junge Triebe befällt. P.occidentalis ist am meisten, P. x acerifolia weniger stark, P.orientalis kaum gefährdet. Symptome: 1. Nekrosen an der Knospenbasis ab Spätwinter, u.U. unterbleibt der Austrieb. 2. Ringelung der Rinde und Absterben der distalen Teile letztjähriger Triebe ab zeitigem Frühjahr. 3. Treibt die Knospe aus, so besiedelt A.v. evtl. den jungen Trieb, der sich braun verfärbt und abstirbt. 4. Kleine, krebsartige Nekrosen in der Rinde zweijähriger Triebe meist unterhalb eines abgestorbenen Maitriebes. 5. Besiedelung der jungen Blätter und Ausbildung charakteristischer, stark gezackter, brauner Nekrosen entlang der Blattadern. Dort entstehen dunkle Sporenlager der Nebenfruchtform mit farblosen Konidien.
Infektionen erfolgen (a) durch Ascosporen, die im Frühjahr aus Perithecien entlassen werden, welche sich in den am Boden liegenden vorjährigen Blättern entwikkelt hatten, (b) durch Konidiosporen, die an der Zweigrinde überwintern und im Frühjahr auskeimen und (c) durch Konidiosporen, die zu Beginn der Vegetationszeit an befallenen Blättern entstehen und andere Blätter infizieren. Die sehr auffällige, durch frühen intensiven Blattfall gekennzeichnete Krankheit wird durch feuchte Frühjahre gefördert. Betroffene Bäume sterben i.a. erst nach wiederholtem Befall ab.

Aplanobacterium populi → *Xanthomonas populi*

Aplanosporen → *Sporen*

apochlamydäisch → *Perianth*

Apocynaceae: Hundsgiftgewächse. Familie der → *Gentianales* mit 1 500 Arten. Tropische bis subtropische, oft lianenartige, alkaloidhaltige Holzpflanzen mit ungegliederten Milchröhren. Wenige Arten auch in gemäßigten Gebieten (→ *Vinca);* im Mittelmeergebiet → *Nerium oleander*. Leitbündel bikollateral. Blüten 5-zählig mit Diskus und meist apokarpem Gynoeceum. Staubblätter miteinander verklebt. Blätter gegen- oder quirlständig, meist ohne Nebenblätter. Erwähnenswert als Kautschuklieferant: Funtamia elastica (trop. Afrika); als Arzneipflanzen: Strophanthus, Rauvolfia; als Nutzhölzer: Aspidosperma quebracho-blanco (S-Amerika), immergrüner Baum mit hartem, schwerem Holz (weißer Quebrachobaum), geeignet für Drechslerarbeiten und Parkett.

Apoenzym → *Enzyme*

Apogamie: Form der asexuellen Fortpflanzung, bei der sich der Embryo aus den Synergiden oder Antipodenzellen des Embryosacks entwickelt; z.B. bei Alchemilla pastoralis beobachtet.

Apokarpie: Chorikarpie. Fruchtblätter einer Blüte sind nicht miteinander verwachsen. Gilt als primitives Blütenmerkmal. Bei Magnoliales, Ranunculales, Rosales. Gegensatz: → *Coenokarpie.*

Apomikt: Individuum, das sich unter Umgehung der Befruchtungsvorgänge fortpflanzt. → *Apomixis*

Apomixis: Agamogenese, Agamogonie, Apomixie. Entwicklung eines lebensfähigen Embryos ohne Befruchtungsvorgänge. Dabei wird die Meiosis umgangen. Die Embryonen sind daher mit der Mutterpflanze genetisch identisch. In manchen Fällen wird der Prozeß durch eine Bestäubung, der keine Befruchtung folgt (→ *Pseudogamie)* ausgelöst. Unterschieden wird zwi-

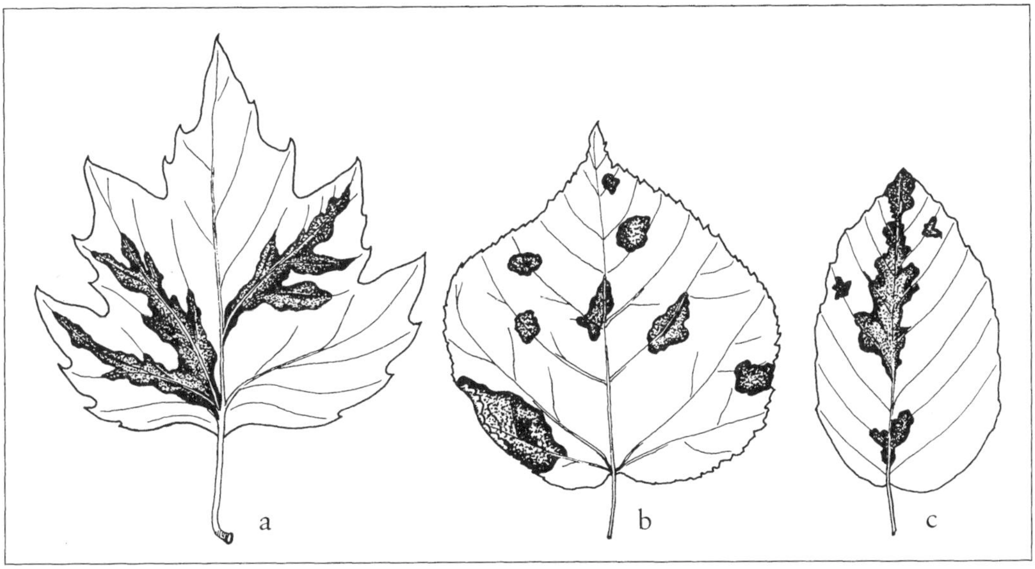

Apiognomonia: *a* A. veneta, *b* A. tiliae, *c* A. errabanda

schen → *Parthenogenese* (Embryo entwickelt sich aus der unbefruchteten Eizelle), → *Apogamie* (Embryo entwickelt sich aus irgendeiner Zelle des Embryosacks (Synergiden oder Antipoden) und der → *Adventivembryonie* (Embryo entwickelt sich aus somatischen Zellen der Samenanlage (des Nucellus oder der Integumente).

Apophyten: Ursprünglich in einem Gebiet heimische Pflanzenarten. Ggs.: → *Adventivpflanzen.*

Apoplast: Gesamtheit der → *Zellwände,* → *Intercellularen* und Lumina (der toten Zellen) in einer Pflanze. Stellt ein Kontinuum dar, das dem Wassertransport dient. → *Symplast.*

apoplastidisch: Frei von → *Chloroplasten,* wie z.B. Pilzzellen, Epidermiszellen, Holzparenchym und Wurzelzellen.

Aporogamie → *Chalazogamie*

Aposporie: 1. Entwicklung eines Gametopyhten unter Umgehung der Sporenbildung bei Pteridophyten, z.B. Dryopteris filix-mas. 2. Bei Phanerogamen: Entwicklung eines Embryos aus einer adventiv entstandenen diploiden Zelle unter Umgehung der Meiose. Die Bildung eines Embryosacks mit haploidem Chromosomensatz bleibt aus (bei zahlreichen Gramineen-Gattungen: Calamagrostis, Deschampsia, Poa, Nardus sowie Agrostis tenuis).

Apothecium: Schüsselförmiger Fruchtkörper (→ *Ascokarp)* der Ascomycetes mit ascohymenialer Entstehung. Öffnet sich bei Reife so weit, daß das → *Hymenium* offenliegt.

apotracheal → *Strangparenchym*

Appalachen-Roßkastanie → *Aesculus octandra*

Apparent Free Space (= AFS): Bezeichnung für den gesamten innerhalb der Zellwand befindlichen frei zugänglichen Raum (→ *Apoplast),* der mit Wasser gefüllt ist. Gelöste Stoffe vermögen darin zu diffundieren. Der Volumenanteil des AFS beträgt je nach Gewebeart 8 – 25 %.

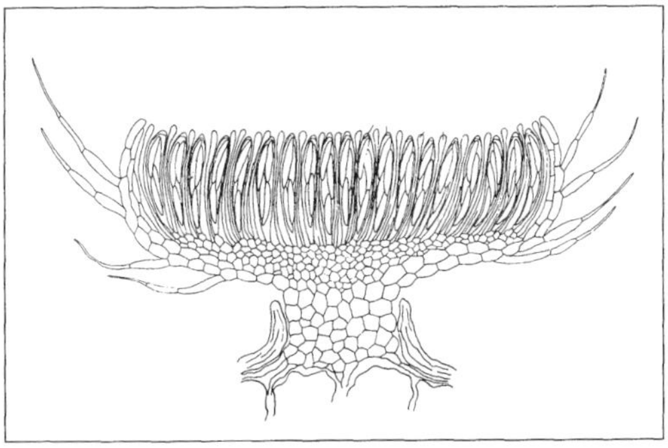

Längsschnitt durch ein **Apothecium** von Hyaloscypha spec.

Apple, Chess → *Sorbus aria*

Appositionswachstum: Dickenwachstum der → *Zellwand* durch Auflagerung neuer Zellwandschichten.

Appressorium: (Haftscheibe) Anschwellung der Hyphenspitze bei parasitären Pilzen, mit der eine feste Verankerung am Wirt erfolgt. Ausgangspunkt und »Widerlager« für → *Infektionshyphen* (Abb. S. 48).

Aprikose → *Prunus armeniaca*

Aquifoliaceae (syn.: Iliciaceae): Stechpalmengewächse. Zu den → *Celastrales* gehörende, meist immergrüne Bäume und Sträucher mit ledrigen, wechselständigen Blättern und hinfälligen Nebenblättern. Verbreitungsschwerpunkt in Tropen und Subtropen Asiens und Amerikas. Eingeschlechtige, oft diözisch verteilte Blüten mit Discus. Typ. Blütenformel: *K (4) C4 A4 G($\underline{4}$). Samenanlage unitegmisch. Steinfrüchte. Wichtigste Gattung: → *Ilex*. Die coffeinhaltigen Blätter von I. paraguensis (S-Amerika) werden als Matetee genutzt.

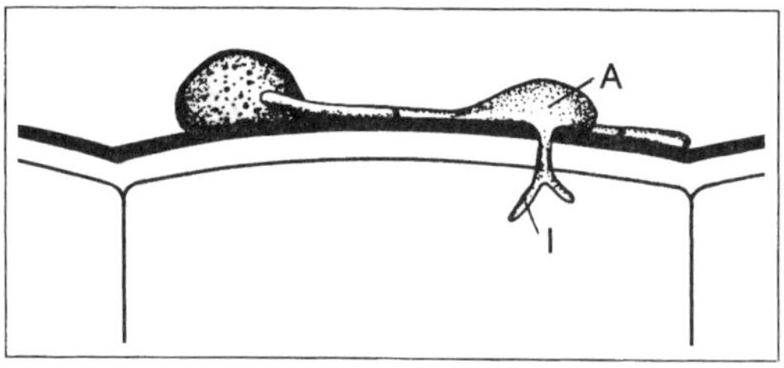

Appressorium (A) und Infektionshyphe (I)

Araceae → *Arales*

Arales: Aronstabartige. Ordnung der → *Arecidae*. Krautige Stauden mit fiedernervigen, stets ungeteilten Blättern. Von einer → *Spatha* umgebener, kolbenartiger Blütenstand mit extrem reduzierten, eingeschlechtigen Blüten. Familien:
Araceae (Aronstabgewächse): Rhizomgeophyten oder epiphytische Lianen mit Gleitfallenblüten. Beerenfrüchte. Arum maculatum in nährstoffreichen Laubwäldern. Viele Zierpflanzen: Monstera, Philodendron, Calla.
Lemnaceae (Wasserlinsengewächse): Schwimmpflanzen. Wolffia arrhiza ist die kleinste Blütenpflanze (1 mm).

Araliaceae: Efeugewächse. Ordnung der → *Araliales*. Bäume und Sträucher, oft Kletterpflanzen mit Haftwurzeln. In M-Europa nur → *Hedera*. Kennzeichen: wechselständige Blätter mit kleinen Nebenblättern. Häufige Blütenformel: * K 4-5 C 4-5 A 4-5 G ($\bar{5}$). Blüten mit Discus, gelegentlich eingeschlechtig. Steinfrüchte. Baumförmig sind: Kalopanax pictus (Baumaralie) aus O-Asien, bei uns winterhart, bis 30 m, Möbelholz. Tetrapanax papyrifer aus Formosa, 3 – 7 m hoch, palmenähnlich, liefert Reispapier, oft kultiviert.

Araliales: Apiales, Umbelliflorae. Ordnung der → *Rosidae*. Kräuter (→ *Apiaceae*) oder Holzpflanzen (→ *Araliaceae*) mit choripetalen, 4- bis 5-zähligen Blüten in doldigen Blütenständen.

Araucaria: Gattung der → *Araucariaceae* mit knapp 20 immergrünen, z.T. wirtschaftl. wichtigen, ausnahmslos in der Südhemisphäre heimischen Baumarten. In M-Eur. i.a. nicht winterhart. Streng akroton geförderte Verzweigung, starre, oft spitzige Blätter und große Zapfen sind gemeinsame Merkmale. Chrom.: 2n = 26. Wirtschaftl. wichtige Arten: A.angustifolia, brasilianische Araukarie, Höhe bis 35 m; Heimat Brasilien, Argentinien. A.araucana, chilenische Araukarie, Höhe bis 50 m. Heimat Chile. A.bidwillii, Bunyabunya, Höhe bis 50 m, Heimat S-Australien. A.columnaris, Höhe bis 50 m, Heimat Polynesien. A.cunninghami, Höhe bis 60 m, Heimat Neu Guinea, Australien. A.heterophylla, Norfolk-Tanne, Höhe bis 70 m, Heimat Norfolk Inseln.

Araucaria araucana (Molina) K.Koch (syn.: A.imbricata Pav.) Chilenische Araukarie (engl.: »Monkey Puzzle«): Waldbaum der Anden-Westseite Chiles und S-Argentiniens, in Klimarassen differenziert. Meist dioezisch. Dann ♀ Bäume oft deutlich höher (max. 50 m) als ♂ (max. 18 m). Große, fast runde Zapfen, Samen eßbar (Piñones). Blätter dunkelgrün, ledrig, mit breiter Basis ansitzend. stark stachelspitzig, bis 15 Jahre am Baum verbleibend. Die Art ist in GB und in milden Lagen M-Eur.s kultivierbar, braucht aber Winterschutz in der Jugend.

Araucaria excelsa → *Araucaria heterophylla*

Araucaria heterophylla (Salisb.) Franco (syn.: A. excelsa R. Br.) Zimmertanne, Norfolk-Tanne: Eine bei uns als Zimmerpflanze bekannte und nur unter Glas anzuziehende Art mit kurzen, anfangs weichen, pfriemlichen Blättern. Heimat: Norfolk Inseln, wo sie bis zu 70 m hoch werden kann. Beliebter Parkbaum im subtropischen Amerika.

Araucaria imbricata → *Araucaria araucana*

Araucariaceae: Gymnospermen-Familie der Südhalbkugel mit knapp 40 immergrünen Baumarten, die durch ansehnliche zapfenartige Blütenstände, sehr große, am Baum zerfallende Zapfen und oft durch lederartige Blätter auffallen. Nur 1 Samenanlage pro Samenschuppe. 2 Gattungen: → *Agathis* und → *Araucaria*

Araukarie, Chilenische → *Araucaria araucana*

Arbeitskern → *Nucleus*

Arborizid: Herbizid mit spezifischer Wirkung gegen holzige Pflanzen. Die Applikation erfolgt i.a. durch Bestreichen der Stammbasis. Im Rahmen der → *chemischen Läuterung* haben sich in Dieselöl gelöste → *Wuchsstoffherbizide* (2,4,5-T-Ester, MCPA) bewährt.

Arbuskel: Bäumchenförmige, dichotome Verzweigung von Hyphen in infizierten Wurzelzellen, die zunächst der Nährstoffaufnahme aus dem Wirtsplasma dienen und als Ernährungsorgane für das Bodenmycel fungieren. In einem späteren Stadium werden die A. aufgelöst und von den Wirtszellen verdaut. → *VA–Mykorrhiza*.

Arbutoideae → *Ericaceae*

Arbutus L. Erdbeerbaum: Gattung der → *Ericaceae* mit etwa 12 immergrünen Baum- oder Straucharten in W-Eur., im Mittelmeergebiet, Kl.-As., N- und M-Am. Rinde glatt, abblätternd, meist rötlich braun bis grau gescheckt. Blätter einfach, wechselständig, ledrig, gestielt, ganzrandig oder gesägt. Blüten in endständigen Rispen, krugförmig, meist 5zählig, weiß bis rot. Frucht: warzige, mehrsamige, mehlige Beere. In M-Eur. keine Art winterhart. Wichtigster europ. Vertreter: A.unedo L. Heimat: Mittelmeergebiet, entlang der Atlantikküste bis SW-Irl., Kl.-As. Max. 10 m hoch. Charakterart der mediterranen Hartlaubwälder; beliebte Zierpflanze, noch in S-Tirol und in der S-Schweiz winterhart. Blüten im Winter, oft gleichzeitig mit den eßbaren Früchten. Hohes Stockausschlagvermögen (Niederwaldart), Bildung von Wurzelsprossen. Wertvolles Brennholz.

Arbutus uva-ursi → *Arctostaphylos uva-ursi*

Araucaria araucana: *a* Einzelbäume im Bot. Garten Edinburgh, *b* Borke, *c* Trieb mit jungen Zapfen

Arceuthobium Zwergmisteln: Mehr als 30 der zu den Loranthaceae gehörenden Arten dieser Gattung leben als Vollparasiten an der Rinde mehrerer Nh. Im W Nordamerikas sind Zwergmisteln von großer, im O nur von geringer Bedeutung, in M-Eur. fehlen sie. Arccuthobium-Arten sind dioezisch. Ihre blattlosen, fahlgrünen, dünnen Sprosse entspringen der Rinde junger Triebe und dienen wohl ausschließlich der Blüten- und Fruchtbildung. Zahlreiche Absenker in Rinde und Holz entnehmen der Wirtspflanze Assimilate und Wasser. Die kleinen Beerenfrüchte enthalten nur einen, zur Reifezeit aktiv ausgeschleuderten, klebrigen Samen, der bald nach dem Haften auf der Wirtspflanze auskeimt, mit der Wurzel in die Rinde eindringt und viele Absenker bildet.

Der wirtschaftl. Schaden von Zwergmisteln besteht in einer erheblichen Schwächung, im Auslösen von Gewebehypertrophien (Stammschwellungen, Hexenbesen) und im vorzeitigen Absterben der Wirtsbäume. Lichte, mehrstufige Bestände sind besonders gefährdet.

Zu den wirtschaftl. wichtigsten Arten zählen: A. americanum: an Pinus contorta, P.banksiana; A. campylopodium: an Pinus ponderosa, P.jeffreyi; A. douglasii: an Pseudotsuga menziesii; A. laricis: an Larix occidentalis, Abies grandis. Mehrere in Nordamerika angebaute mitteleuropäische Waldbaumarten (u.a. Ki und Lä) erwiesen sich ebenfalls als anfällig (Abb. S. 50).

Arceuthobium auf Larix occidentalis

Archaebacteria → *Schizomycetes*

Archäophyten: In prähistorischer oder sehr früher historischer Zeit vom Menschen eingeschleppte Pflanzenarten, die inzwischen zum festen Bestandteil der heimischen Flora geworden sind (z.B. Papaver rhoeas, Agrostemma githago).

Archaeopteridatae → *Progymnospermae*

Archaeopteris → *Primofilicidae*

Archegoniatae: Ältere taxonomische Bezeichnung für die Gruppe der Bryophyta und Pteridophyta. Beide bilden → *Archegonien* als ♀ Gametangien aus.

Archegonienstand: Zusammenstehende Gruppe von

Zwergmistel an Kiefer

Archegonien. Bei Laubmoosen wird der A. oft von besonderen Hüllblättern (Perichaetium) umgeben. Oft sind neben den Archegonien noch sterile Safthaare (Paraphysen) enthalten.

Archegonium: ♀ Gametangium der Bryophyta und Pteridophyta. A. sind flaschenförmig und enthalten die von sterilen Wandzellen umgebene Eizelle. Im halsförmig verlängerten oberen Teil ist der Zugang zur Eizelle zunächst durch Hals- und Bauchkanalzellen versperrt. Diese verschleimen bei Reife der Eizelle und entwickeln auf Spermatozoide chemotaktisch wirkende Lockstoffe.

Archespor: Einzelzellen oder Gewebe im Innern eines Sporangiums, die sich zu Sporenmutterzellen differenzieren. Diese entwickeln sich nach Reduktionsteilung zu Meiosporen.

Arctostaphylos ADANS. Bärentraube (engl.: Bearberry): Gattung der → *Ericaceae.* Meist immergrüne Sträucher oder kleine Bäume mit derb-ledrigen, wechselständigen Blättern. 70 Arten, alle in Nord- und Mittelamerika, nur 2 davon auch auf der übrigen Nordhalbkugel.

Arctostaphylos alpinus (L.) SPRENG (syn.: Arctous alpina (L.) NIEDENZU) Alpen-Bärentraube (engl.: Alpine Bearberry): Sommergrüner, weitkriechender, teppichbildender Zwergstrauch (bis 10 cm hoch) mit zirkumpolarer Verbreitung, in Eur. südlich bis Pyrenäen, Apennin. Kennzeichen: Blätter oben sattgrün, unten graugrün, am Grund lang bewimpert. Blüten in endständigen 4 – 7 blütigen Trauben. Blauschwarze Beeren, genießbar. In Eur. zwischen 1 500 – 2 500 m. Oft in Zwergstrauchheiden, v.a. als Pionier über der Knieholzzone, auf kalkhaltigen bis schwach sauren Unterlagen. Beeindruckende rote Herbstfärbung.

Arctostaphylos uva-ursi (L.) SPRENG. (syn.: Arbutus uva-ursi L.) Arznei-Bärentraube, Immergrüne Bärentraube (engl.: Red Bearberry): Immergrüner, sparriger, weitkriechender Zwergstrauch (bis 40 cm) mit eurosibirisch-nordamerikanischem Areal. Kennzeichen: Blätter kahl, glänzend. Weiße, von Hummeln bestäubte

Blüten zu 3 – 12 in endständigen, meist nickenden Trauben. Scharlachrote Beeren, genießbar. In der Ebene v.a. in Kiefernwäldern, im Gebirge als Unterwuchs in lichten Bergwäldern, über der Waldgrenze in Zwergstrauchgesellschaften (bis 2 000 m). Wärmeliebende Pionierpflanze, von kalkhaltigen bis sauren, nicht auf nassen Böden. Heilpflanze (Blasentee). Blätter schwach giftig (Wirkstoffe: Arbutin, Ellagsäure).

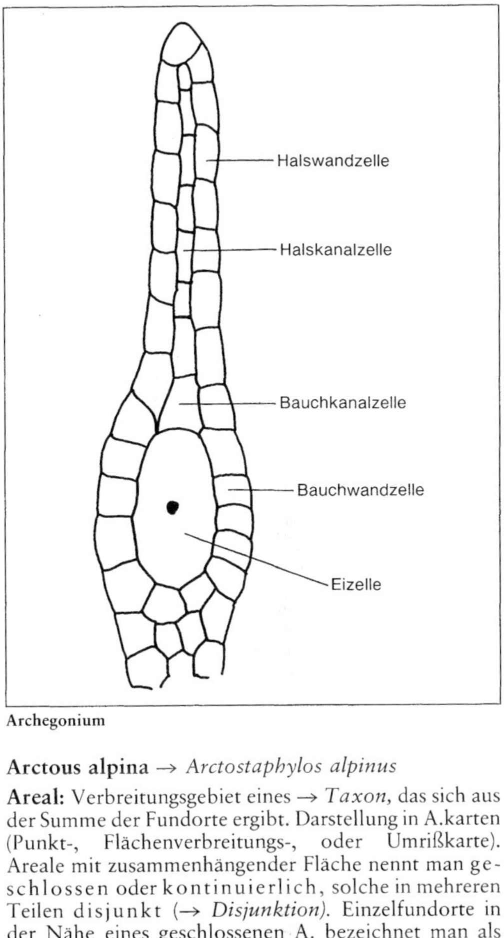

Archegonium

Arctous alpina → *Arctostaphylos alpinus*

Areal: Verbreitungsgebiet eines → *Taxon*, das sich aus der Summe der Fundorte ergibt. Darstellung in A.karten (Punkt-, Flächenverbreitungs-, oder Umrißkarte). Areale mit zusammenhängender Fläche nennt man geschlossen oder kontinuierlich, solche in mehreren Teilen disjunkt (→ *Disjunktion*). Einzelfundorte in der Nähe eines geschlossenen A. bezeichnet man als Außen- oder Vorposten, kleinere Teilareale als Exklaven. Verbreitungsgebiete können sich über Kontinente erstrecken, wie bei Kosmopoliten (z.B. Poa annua, Plantago major), oder sich auf ein kleineres Gebiet beschränken, wie bei Endemiten (→ *Endemismus*) (z.B. Pinus canariensis). Aus der A.-größe und -form lassen sich Rückschlüsse auf Sippenzentren, Ausbreitungstendenzen und Klimaansprüche der systematischen Einheit ziehen.

Arealdisjunktion → *Disjunktion*

Arealkunde (Chorologie): Teilgebiet der Pflanzengeographie, das sich mit der Erforschung von → *Arealen* und deren ökologischen, genetischen und historischen Ursachen beschäftigt.

Arecaceae → *Arecales*

Arecales: Palmartige. Ordnung der → *Arecidae* mit nur einer Familie: Arecaceae (= Palmae, Palmen). Meist tropische, unverzweigte Schopfbäume mit langstieligen, sich sekundär, fiedrig oder fächerartig aufteilenden Blättern. Ohne sekundäres Dickenwachstum. Blüten klein, in seitlichen oder endständigen Rispen oder Ähren. Blütenformel: * K3 C3 A3+3 $G(\underline{3})$ oder $\underline{3}$. Oft auch eingeschlechtige Blüten.
Viele wirtschaftlich bedeutende Arten (Ölgewinnung, Fasern, etc.):
Phoenix dactylifera (Dattelpalme): diözischer, bis 30 m hoher Baum aus N-Afrika und SW-Asien. Oft kultiviert. Beerenfrüchte mit hartem Samen (Reservecellulose). Apokarp (Abb. S. 52).
Cocos nucifera (Kokospalme): an tropischen Küsten. Bis 30 m hoch. Hartes, gemasertes Holz. Steinfrüchte.
Elaeis guineensis (Ölpalme): bis 30 m hohe Fiederpalme aus dem tropischen W-Afrika. Steinfrüchte.
Metroxylon sagu (Sagopalme): Stärkereiches Mark wird zu Sago verarbeitet. Heimat SO-Asien.
Calamus spec. (Rotangpalme): Wurzelkletterer aus S-Asien. Zur Herstellung von Rattanmöbeln (→ *Rattan*).
Einzige in Europa natürlich vorkommende Art: Chamaerops humilis (Zwergpalme), eine sw-mediterrane strauchige Fächerpalme. Als Zierpflanzen in S-Europa kultiviert: Trachycarpus fortunei (Hanfpalme), eine Fächerpalme aus O-Asien und Roystonea regia (Königspalme), eine Fiederpalme aus Florida bis N-Südamerika. In den USA ferner von Bedeutung: → *Washingtonia* und → *Sabal*. Ceroxylon alpinum (Wachspalme) mit wachsüberzogenen Stämmen, aus dem NO Südamerikas soll bis 60 m hoch werden (Fiederpalme) (Abb. S. 52).

Arecidae: Spadiciflorae. Unterklasse der → *Liliatae*. Holzpflanzen oder Kräuter mit gestielten Blättern, die sich bei einigen Sippen (z.B. → *Arecales*) auf Grund anatomischer Besonderheiten postgenital in Fiedern aufteilen. Blüten klein, in Rispen oder kolbenartigen Blütenständen, die von oft auffälligen Hochblättern (= Spathen) umgeben sind. Gynoeceum stets oberständig, apo- oder coenokarp. Beeren oder Steinfrüchte. Ordnungen: → *Arecales* (Palmen), → *Pandanales* (Schraubenpalmen), → *Arales* (Aronstabartige).

Argania → *Sapotaceae*

Arillus: Achsenwucherung, die den Samen entweder teilweise (Taxus-Arten), oder z.B. als lufthaltiger Schwimmsack (Nymphaea alba) völlig umgibt. Der A. kann auch zum → *Elaiosom* umgebildet sein. Ist dieses Samenanhängsel im Bereich des Funiculus inseriert, bezeichnet man es als Strophiole, an der Mikropyle als Caruncula.

Aristolochiales: Osterluzeiartige. Zu den → *Magnoliidae* zählende Ordnung von Kräutern, teilweise auch von lianenartigen Sträuchern aus trop. und gemäßigten Gebieten N- und S-Amerikas, Afrikas, Asiens und Europas. Beispiele: Asarum europaeum (Haselwurz) in Laubwäldern; Aristolochia clematis mit typ. Kesselfallenblüten, in Weinbaugebieten eingebürgert.

Phoenix dactylifera

Chamaerops humilis

Arizona-Tanne → *Abies lasiocarpa var. arizonica*

Arizona-Zypresse → *Cupressus arizonica*

arktisch → *Florenzonen*

arktotertiäre Flora: einheitl. Vegetation fast der gesamten → *Holarktis* während des Tertiär, bestehend aus sommergrünen Laub- und Nadelmischwäldern mit vielen unserer heutigen Waldbaumgattungen (Pinus, Picea, Sequoia, Taxodium, Corylus, Salix, Carpinus, Quercus, Juglans, Magnolia, Liquidambar, Acer, Tilia, Platanus).

Armeniaca communis → *Prunus armeniaca*

Armeniaca vulgaris → *Prunus armeniaca*

Armillaria mellea (VAHL EX. FR.) KUMM. (syn.: Armillariella mellea (VAHL EX FR.) KARST. , Agaricus melleus) Hallimasch, Honigschwamm (Agaricales: Tricholomataceae): Weltweit verbreiteter, wirtschaftl. wichtiger Wurzelparasit an zahlreichen Holzarten inner- und außerhalb des Waldes. Seltener an Stauden und Kräutern. Speisepilz. Fehlt in der Arktis und im trop. Regenwald. Heute als Sammelart aufgefaßt. Aufgrund von Interfertilitäts-Tests bestehen mindestens 5 »biologische Arten«, die sich u.a. hinsichtlich Morphologie und Wirtsspektrum unterscheiden:
A. borealis MARXM. ET KORH.: primär saprophytisch, in GB und SF parasitisch an Nh, in Südd. zerstreut an Nh und Lh; A. bulbosa (BARLA) KILE ET WATL.: in Südd. häufig, prim. saprophytisch an Lh; A. cepistipes VELEN: 2 morphol. getrennte Formen an Lh und Nh: f.cepistipes (selten); f. pseudobulbosa (in höheren Lagen Bayerns, häufig in Finnland); A.obscura (PERS. EX. SECR.) HERINK (syn.: A.ostoyae): häufiger Parasit, bes. an Nh; A. mellea (VAHL EX FR.) KUMM.: Parasit an Lh, in GB vereinzelt an Nh.
Zunächst saprophytische Lebensweise in totem Holz. Weißfäuleerreger. Verbreitung durch Basidiosporen aus honiggelben, oft büschelig an Wurzeln und Stubben auftretenden Fruchtkörpern sowie durch unterirdisch wachsende (bis 20 cm Tiefe), zur Wasserleitung befähigte, bis 3 mm dicke, erst rötliche dann schwarze, reich verzweigte Rhizomorphen (Rhizomorpha subterranea). Diese können Wurzeln direkt infizieren (kein Wundparasit!). Voraussetzung: Schwächung der Wirtspflanze u.a. durch Dürre, Grundwasserschwankungen, Herbizide oder Primärparasiten (Schwächeparasit!). Nach Infektion lebt der Pilz zwischen Phloem und Xylem in Form von Rhizomorpha subcorticalis, Fadenmycel oder Fächermycel (Mycellappen), tötet das Kambium, baut Holz ab und wächst von der Wurzel in den Stamm.
In Nh-Kulturen und -dickungen führen H.-Infektionen zu »Harzsticken«: Austretendes Harz verklebt Boden- und Streuteile mit der Rinde. Ringelung durch Fächermycel, Tod des Baumes nach Herabhängen der jungen Triebe. Leuchtend rotbraune Nadeln bei Fi, Dougl und Ki. Hier wie bei Befall alter Nh (weißes Fächermycel zwischen Rinde und Holz, oft mehrere Meter hoch) nur einzelne Abgänge. Eng anliegend an Grobwurzeln vom Tannensterben geschwächter Altbäume (Abies alba), dringen Rhizomorphen bis 1,8 m Tiefe vor. Ihre Penetrationsversuche durch die Wurzelrinde werden durch lokale Peridermbildung solange verhindert, wie die Abwehrkraft des Wirtes ausreicht. A.m. läßt sich nicht mit Erfolg bekämpfen. Als Prophylaxe gilt: Kein Nadel- nach Laubholz anbauen. Grund: In den parenchymreichen Lh-Stubben bildet der Pilz zahlreiche Rhizomorphen, die später empfindliche Nh-Arten wie Fi, Dougl, Ta oder Ki gefährden.

Armpalisaden: Besondere Formen des Palisadenparenchyms (→ *Mesophyll*). 1. Mit armartigen Auswüchsen, Zellen daher u-förmig (Holunder). 2. Mit ins Lumen vorspringenden Wandleisten, die durch lokale Wandverdickungen entstehen. Sie vergrößern die innere Oberfläche und dienen der Festigung (Pinus).

Aromadendron → *Magnoliaceae*

Aronstabgewächse → *Arales*

Art: Species. Systematische Grundeinheit. Artnamen gemäß → *binärer Nomenklatur.* Sippe, in der all jene Populationen zusammengefaßt werden, die durch hohe Merkmalsübereinstimmung auffallen, potentiell kreuzbar sind und dabei fertile Nachkommen hervorbringen. Sie sind gegenüber anderen Populationen genetisch (reproduktiv) isoliert (genetisch geschlossen). Abweichend davon werden 2 Sippen als 2 separate Arten eingestuft, obwohl sie miteinander kreuzbar sind und fertile Nachkommen hervorbringen, aber sich in erb-

Armillaria mellea: Fächermycel an, *a* Erle und *b* Alttanne, *c* befallene Jungfichte, *d* Rhizomorphen

lich konstanten Merkmalen deutlich voneinander unterscheiden (= Morphospecies). Beispiele: Quercus petraea x Qu. robur; Platanus occidentalis x Platanus orientalis (= P. x hispanica).

Arthrosporen → *Konidien*

Articulatae → *Equisetatae*

Artmächtigkeit: Zur Charakterisierung eines Pflanzenbestandes verwendeter Skalenwert nach Braun-Blanquet. Die A. ist eine Kombination von → *Abundanz.* (Individuendichte) und → *Deckungsgrad.* Es bedeuten: r = nur wenige Individuen mit sehr geringem Deckungswert, + = spärlich, mit geringem Deckungswert, 1 = reichlich, aber mit geringem Deckungswert, 2 = sehr zahlreich oder mindestens 1/20 – 1/4 der Bodenfläche deckend, 3 = Individuenzahl beliebig, 1/4 – 1/2 der Bodenfläche deckend, 4 = 1/2 – 3/4 der Bodenfläche deckend, 5 = >3/4 der Bodenfläche deckend.

Artocarpus → *Moraceae*

Arve → *Pinus cembra*

Arznei-Bärentraube → *Arctostaphylos uva-ursi*

Asche: Verbrennungsrückstand nach Erhitzung der Trockensubstanz auf 500 °C; A. enthält mineralische Nährelemente als Salze oder Oxide.

Aschegehalt: Gesamter nach Verbrennung von Pflanzenteilen verbleibender anorganischer Rückstand, bestehend aus Oxiden. Carbonaten, Silikaten u. Phosphaten verschiedener Elemente. Aschenreichste Teile sind die Blattorgane mit ca. 1,5 – 10 % Reinasche in der Trockensubstanz (TS). Abnahme des Aschegehaltes der Blätter durch Auswaschung infolge Regen und Tau (→ *Leaching)* in Größenordnungen von 10 – 30 % (bei Kalium über 50 %). Die Verluste werden durch Aufnahme über die Wurzel wieder ergänzt. Rinde (Stamm und Äste) enthält ca. 1 – 4 % Reinasche; der A. des Holzes schwankt recht erheblich: bei Ki 1,1 – 1,7 %; bei Fi 1,6 – 2,3 %; bei Ta 2,0 – 2,6 %; bei Ei 2,0 – 2,5 %; bei Bu 3,0 – 5,0 %; bei Rob. ca. 11 % der TS. Aschenanalysen eignen sich als Nachweis für das Vorkommen von bestimmten Elementen, z.B. Schwermetallen im Boden (→ *Indikatorpflanzen)* (Tab. S. 54).

Aschweide → *Salix cinerea*

Asclepiadaceae: Seidenpflanzengewächse. Familie der → *Gentianales.* Überwiegend tropische bis subtropische Holzpflanzen und Kräuter mit ungegliederten

Holz-art	Rein-asche	Mineralstoffe (in % der Reinasche)							
	(in % TS)	K_2O	P_2O_5	CaO	MgO	Fe_2O_3	SO_2	SiO_2	Na_2O
Fichte K	0,3	38	11	21	6	6	4	4	2
S	0,2	29	1	36	8	8	4	1	3
Tanne K	0,3	36	10	29	14	1	7	2	2
S	0,3	51	2	26	10	1	2	2	5
Kiefer K	0,2	29	7	28	11	1	5	2	5
S	0,2	15	1	41	16	1	5	3	3
Lärche K	0,2	24	6	31	15	5	6	5	4
S	0,1	24	1	32	16	7	4	2	5
Buche K	0,5	41	5	27	14	4	4	1	1
S	0,4	38	2	33	12	2	4	2	<1

Aschegehalt und -bestandteile von Kern (K)- und Splintholz (S); TS = Trockensubstanz

Milchsaftröhren, oft lianenartig oder kakteenähnlich. Blüten mit Aasgeruch, stets apokarp. Pollen zu → *Pollinien* verklebt. Besondere bestäubungsbiologische Einrichtungen (wie Orchidales): Antheren mit Narbenkopf zum Gynostegium verwachsen. Balgfrüchte. Erwähnenswert: Periploca graeca (Baumschlinge), windender, laubabwerfender Kletterstrauch des Mittelmeergebietes. Einheimisch ist Vincetoxicum hirundinaria (Schwalbenwurz, krautig).

Ascocalyx abietina → *Scleroderris lagerbergii*

Ascocalyx laricina (Ettlinger) Schläpfer-Bernhard (syn.: Crumenula laricina) (Helotiaceae): Erreger eines Triebsterbens, hauptsächlich an jungen europ. Lärchen (10 – 20j.) in der oberen subalpinen Stufe (1 600 – 2 000 m) Österreichs und der Schweiz. Größere Schäden an Hochlagenaufforstungen. Pathogenität des Pilzes wird neuerdings angezweifelt. Pyknidien und schwarze Apothecien an toten Triebabschnitten. Freigabe der Konidien im Winter, der Ascosporen ab Anfang August.

Ascochyta piniperda → *Sirococcus strobilinus*

Ascocoryne sarcoides (Jacq. ex S.F.Gray) Grov. Fleischroter Gallertbecher (Helotiaceae): Einer der häufigsten Rindenbewohner an Stöcken und liegendem Holz in Laubwäldern. Kein Holzzerstörer. Fruchtkörper (Apothecien) ca. 1 cm breit, in der Jugend kugelig, später scheibenförmig. Rötlich-violett, selten einzeln stehend.

Ascodichaena rugosa Butin. Erreger des schwarzen Rindenschorfs der Buche (Phacidiaceae): Nebenfruchtform: Polymorphum rugosum Hawksw. et Punith. Auffällige, aber harmlose Erkrankung von Buchen- und Eichenarten. Flächige oder streifenartige dunkle Verfärbung der Rinde im unteren Stammdrittel, hervorgerufen durch schwarze Pyknidien, die Jahr für Jahr aus einem krustenartigen Dauerstroma hervorgehen und Konidien entlassen, welche u.a. von Schnecken verbreitet werden. Der Pilz parasitiert in noch lebenden, jungen Phellemzellen der Rinde.

ascogene Hyphen: Dikaryotische Hyphen, die aus dem befruchteten → *Ascogon* der → *Ascomycetes* auswachsen und an denen sich nach Hakenbildung Asci (→ *Ascus)* entwickeln.

Ascogon: ♀ Gametangium der → *Ascomycetes.* Enthält zahlreiche freie ♀ Kerne. Bei Reife entwickelt sich am A. eine besondere Empfängnishyphe (Trichogyne) zur Aufnahme der ♂ Kerne aus dem Antheridium (Gametangiogamie).

ascohymenial → *Ascokarp*

Ascokarp: Fruchtkörper der → *Ascomycetes,* in denen die Asci (→ *Ascus)* enthalten sind. Nach der Entstehungsart unterscheidet man: 1. Ascoloculäres A.: Fruchtkörper entsteht unabhängig vom Sexualvorgang. Gametangiogamie findet in bereits gebildeten Fruchtkörpern statt. Beispiel: → *Pseudothecium.* 2. Ascohymeniales A.: Fruchtkörper entwickeln sich erst nach vollzogener Gametangiogamie. Beispiele: → *Cleistothecien,* → *Apothecien,* → *Perithecien.*

Ascolichenes → *Lichenes*

ascoloculär → *Ascokarp*

Ascoma → *Pseudothecium*

Ascodichaena rugosa an Buche

Ascomycetes: Schlauchpilze. Umfangreichste Klasse der → *Eumycotina.* Bisher ca. 30 000 Arten bekannt (unter Einschluß der → *Deuteromycetes* gehören 60 % aller Pilze hierher). Meist terrestrisch lebende Pflanzenparasiten oder Saprophyten. Vegetationskörper ist ein haploides, aus reichverzweigten, septierten Hyphen bestehendes Mycel (Euascomycetidae) oder ein Sproßmycel (Endomycetidae). Septen mit einfachem Zentralporus. Zellwände aus Chitin und Glucanen. Vermehrung durch Konidien oder Ascosporen. Letztere entstehen meist zu 8 im → *Ascus* in freier Zellbildung. Komplizierter Entwicklungszyklus: Aus haploider Ascospore entwickelt sich ein haploides Mycel, an dem Gametangien (bei homothallischen A.: ♀ und ♂; bei heterothallischen A.: entweder ♀ oder ♂) gebildet werden. Gametangiogamie: Kerne des ♂ Antheridiums wandern über eine Empfängnishyphe (Trichogyne) in das mehrkernige ♀ Gametangium (Ascogon), dabei nur Plasmogamie, keine Karyogamie. Aus haploiden Hyphen sich entwikkelnder Fruchtkörper umschließt das befruchtete Ascogon. Dieses treibt dikaryotische → *ascogene Hyphen* aus, an denen sich Asci (→ Ascus) entwickeln. Zwei Unterklassen werden unterschieden: → *Endomycetidae,* → *Euascomycetidae.*

Ascosporen → *Ascus,* → *Ascomycetes*

Ascostroma → *Pseudothecium*

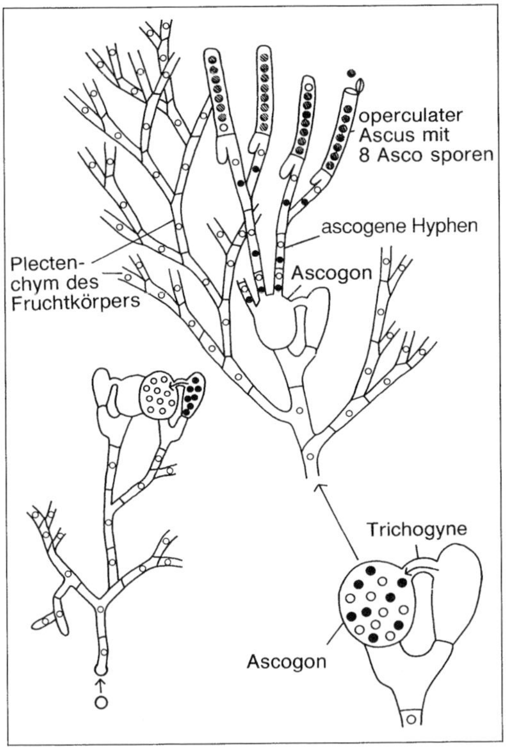

Entwicklungsgang eines homothallischen **Ascomyceten**

Ascus: Meiosporangium der → *Ascomycetes.* Asci entwickeln sich an → *ascogenen Hyphen* nach Hakenbildung. In ihnen findet Karyogamie des → *Dikaryons* statt (Ascus wird dann zur Zygote), unmittelbar danach Reduktionsteilung, gefolgt von Mitose. So entstehen in freier Zellbildung 8, nach weiteren Kernteilungen oft mehrfach septierte Ascosporen, die entweder bei Zerfall des A. frei werden oder aktiv ausgeschleudert werden. Je nach dem Aufbau der Ascuswand unterscheidet man: 1. prototunicater A.: mit zarter, nicht in verschiedene Schichten differenzierter, bei Reife verschleimender Wand. Sporenentlassung passiv (→ *Endomycetidae);* 2. eutunicater A.: mit dicker, entweder nicht differenzierter (unitunicat) oder zweischichtiger (bitunicat) Wand und speziellen Strukturen, die der Sporenausschleuderung dienen. Der unitunicate Typ öffnet sich entweder mit einem apikalen Deckel (operculat) oder mit einem präformierten Porus (inoperculat). Bitunicate Asci besitzen eine dünne äußere und eine dehnbare innere Wandschicht, die gegeneinander gleiten können. Bei Reife bricht der von der inneren Wand umgebene Ascus durch die aufgerissene äußere Wandhülle. Dabei werden Sporen herausgeschleudert.

Ash → *Fraxinus*

Ash, Black → *Fraxinus nigra*

Ash, Green → *Fraxinus pennsylvanica*

Ash, Mountain → *Sorbus aucuparia*

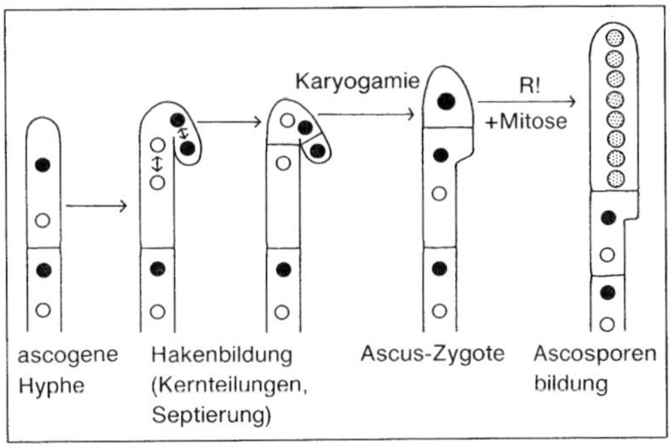

Ascus-Entwicklung

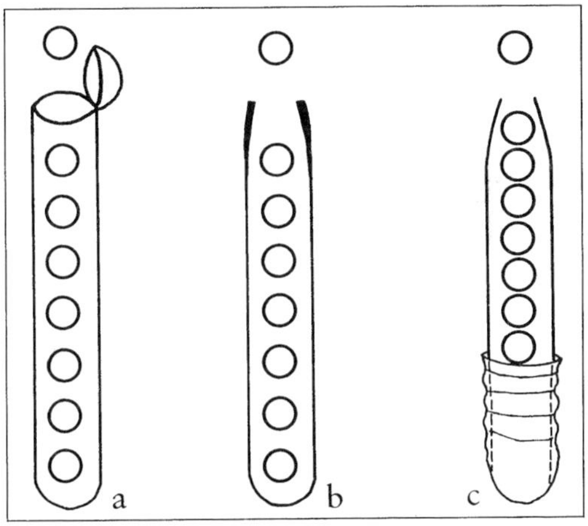

Ascus-Typen: *a* unitunicat-operculat, *b* unitunicat-inoperculat, *c* bitunicat

Ash, Oak-leaf Mountain → *Sorbus hybrida*

Ash, White → *Fraxinus americana*

Aspe → *Populus tremula*

Aspe, Amerikanische → *Populus tremuloides*

Aspen, Quaking → *Populus tremuloides*

Aspen-Feuerschwamm → *Phellinus tremulae*

Aspergillus → *Prototunicatae*

Aspidosperma → *Apocynaceae*

Assimilation: Aufbau lebensnotwendiger Substanzen wie DNA, Wandsubstanzen, Proteine, Kohlenhydrate (→ *Kohlenstoffassimilation).* Dazu müssen organische Austauschsubstanzen entweder mit der Nahrung zugeführt werden (→ *Heterotrophie)* oder aus anorganischen Substanzen synthetisiert werden (→ *Autotrophie).*

Assimilationsparenchym → *Parenchym*

Assimilattransport: (Assimilatstrom, Phloemtransport). Ferntransport organischer Moleküle im → *Phloem* vom Ort ihrer Produktion (source) zum Ort des

Verbrauches (sink). Die Transportrichtung wird von der Bedarfssituation bestimmt, wobei »sources« Orte der Photosynthese oder der Mobilisierung sind und »sinks« Orte des Wachstums oder der Speicherung. In benachbarten → *Siebröhren* kann der Transport in entgegengesetzter Richtung erfolgen. Siebröhrensaft enthält hauptsächlich Saccharose neben geringen Mengen an Oligosacchariden, Aminosäuren, Amiden, Nucleotiden, Nucleinsäuren und → *Phytohormonen*. Die Transportgeschwindigkeit beträgt 20 – 100 cm pro Stunde, der Massentransport für Saccharose 2,5 μmol · cm^{-2} · sec^{-1}. Nach der sog. Druckstromtheorie wird der Lösungsstrom durch hohe osmotische Potentialdifferenzen angetrieben. In Nähe der Zuckerproduktion bzw. -mobilisierung erhöht sich die Konzentration in der Siebröhre und hat den Wassereintritt durch → *Osmose* zur Folge. Die damit verbundene Turgorerhöhung treibt den Lösungsstrom zum Ort der Konzentrationserniedrigung durch Verbrauch oder durch Übergang in osmotisch unwirksame Speicherprodukte (Stärke). Die Beladung der Siebröhren (phloemloading) und ihre Entladung (phloem-unloading) erfolgt durch selektiven → *Membrantransport*.

Assoziation: Grundeinheit der floristischen → *Vegetationsgliederung*.

Ast: Seitenverzweigung 1. Ordnung des Stammes.

Asteraceae → *Asterales*

Asterales: Hochentwickelte Ordnung der → *Asteridae* mit nur einer, ca. 20 000 Arten umfassenden Familie: Asteraceae (= Compositae, Korbblütler). Meist Kräuter, selten Sträucher (z.B. einige Senecio-Arten Afrikas) oder kleine Bäume (z.B. Tarchonanthus camphoratus aus Afrika). Häufig mit wechselständigen Blättern, ohne Nebenblätter. Blüten in einem von einer Hochblatthülle (Involucrum) umgebenen → *Pseudanthium* (Köpfchen, Körbchen) vereinigt. Oft stehen im Blütenstand 2 verschiedene Blütentypen: 1. randständige Zungenblüten (Randblüten), die wie Blütenblätter aussehen; Blütenformel: ↓K reduziert [C(3) A(5)] G($\overline{2}$). 2. Zentral stehende Röhrenblüten (Scheibenblüten), die Staubblätter vortäuschen; Blütenformel: * K reduziert [C(5) A(5)] G($\overline{2}$). Im Androeceum sind die Antheren miteinander verbunden. Kelch zu Haaren (Pappus) oder Schuppen reduziert. Pappus verbleibt als Flugorgan an der Frucht (Achaene). Samen ohne Endosperm. Je nach Verteilung der Blütentypen unterscheidet man 2 Unterfamilien, die gelegentlich auch in den Rang von Familien erhoben werden:
1. Asteroideae (= Tubuliflorae): Körbchen stets mit Röhrenblüten, gelegentlich mit randständigen Zungenblüten. Schizogene Ölgänge. 2. Cichorioideae (= Liguliflorae): Körbchen nur mit Zungenblüten, diese allerdings mit 5 verwachsenen Petalen. Milchsaftröhren.
Waldpflanzen: Senecio nemorensis ssp. fuchsii (Fuchskreuzkraut), Aposeris foetida (Hainsalat), Prenanthes purpurea (Hasenlattich), verschiedene Hieracium-Arten.

Asteridae: Sympetalae. Unterklasse der → *Magnoliatae*. Überwiegend 5-zählige Blüten mit zahlreichen Verwachsungen der Blütenteile. Häufige Blütenformel: * oder ↓ K(5) [C(5)A 5-2] G($\underline{2}$) oder G($\overline{2}$). Fruchtknoten syn- oder parakarp mit unitegmischen Samenanlagen. Sekundäre Polyandrie fehlt. Neigung zur Bildung von → *Pseudanthien*. Ordnungen: → *Gentianales*, → *Oleales*, → *Polemoniales*, → *Scrophulariales*, → *Lamiales*, → *Plantaginales*, → *Dipsacales*, → *Campanulales*, → *Asterales*.

Asteroideae → *Asterales*

Asteromella aesculicola → *Guignardia aesculi*

Astkriecher → *Phellinus hartigii*

Astreinheit: Gütemerkmal von Holz. Man spricht von A., wenn der untere und wertvollste Stammteil eines hiebsreifen Baumes, dessen abgestorbene Äste überwallt sind, astfreie Holzschichten in genügender Länge und Dicke ausgebildet hat. A. hat einen bedeutenden Einfluß auf die Holzverwendung und -verwertung.

Atactostele → *Stele*

Atemknie → *Taxodium distichum*

Atemwurzeln → *Wurzelmetamorphosen*

Athelia epiphylla Pers. (Corticiaceae): Häufiger, auf der Rinde von Bu und Hbu (seltener auf Ah, Li, Pa) handtellergroße, weißliche Krusten bildender, epiphytischer Pilz, der auf Algen und Flechten parasitiert. Überwinterung mit 0,2 mm großen Sklerotien.

Athrotaxis D.Don Schuppenfichte: Gattung der → *Taxodiaceae* mit 3 in den Bergen Tasmaniens vorkommenden, langsam wachsenden, immergrünen Arten. Nur A. selaginoides, ein bis 35 m hoch werdender, in der Benadelung Cryptomeria japonica ähnelnder Baum, ist forstl. von Interesse. Nicht winterhart in M-Eur.. (Abb. S. 512)

Atlantikum (mittlere Wärmezeit): Stufe des → *Holozän*.

Atlaszeder → *Cedrus atlantica*

Atmung: (Respiration, aerobe → *Dissimilation*): Energiegewinn durch Abbau organischer Verbindungen, insbesondere Kohlenhydraten zu H_2O und CO_2. A. vollzieht sich in den → *Mitochondrien* und gliedert sich in 4 Teilabschnitte: 1. → *Glykolyse;* 2. oxydative Decarboxylierung; 3. → *Citronensäurezyklus;* 4. → *Atmungskette*. Da die A. überwiegend im Dunkeln stattfindet, nennt man sie auch Dunkelatmung. Die Lichtatmung (→ *Photorespiration*) ist i.e.S. keine Atmung, da sie keine Energie freisetzt. A. der Holzparenchymzellen heißt Holzatmung, die des Wurzelgewebes Wurzelatmung.

Atmungskette: (Endoxidation): 3. Teilprozeß der →*Atmung*. Kette von Redoxsystemen, die zusammen mit dem → *Citronensäurezyklus* in den Mitochondrien lokalisiert sind: Oxidation der Reduktionsäquivalente aus dem C. unter stufenweiser Freisetzung von Energie und Bildung energiereichen Phosphats (ATP).

ATP → *Adenosintriphosphat*

Atragene alpina → *Clematis alpina*

Atrazin: 2-Chlor-4-äthylamino-6-isopropylamino-1,3,5-triazin. Zu den → *Triazinen* gehörender herbizider Wirkstoff (Handelsbezeichnung Gesaprim®), vor allem in landw. Kulturen, haupts. Mais und Hirse weltweit eingesetzt. Folgekulturen, insbes. Getreide können wegen langer Persistenz des Mittels im Boden Schaden erleiden. Im Forst meist in Kombination mit anderen

Athrotaxis selaginoides: beblätterter Zweig mit weibl. Blüte (nat. Gr.)

Mitteln gegen Gräser und Kräuter eingesetzt. LD_{50} (Ratte) = 3080.

atrem: Pollen mit rückgebildeten Keimstellen.

atrop → *Samenanlage*

Aucoumea → *Burseraceae*

Aucuba → *Cornaceae*

Auenwald: Im Überschwemmungsbereich von Flüssen gelegener Wald mit feuchtigkeitsliebenden, nährstoffreichen Boden bevorzugenden und an den stark wechselnden Grundwasserspiegel angepaßten Pflanzenarten. Je nach Häufigkeit und Dauer der Überschwemmung bilden sich → *Weichholzauen* oder → *Hartholzauen*. → *Bruchwald*.

Auffrieren: syn.: Auswintern. Als Auswirkung des → *Barfrostes* kann es durch Volumenvergrößerung des Bodenwassers bei Eisbildung zum Ausheben junger Pflanzen kommen. Bei nachfolgendem Tauwetter sinkt der Boden zurück, nicht so die jungen Pflanzen. Diese fallen um und sterben ab. Dieser Vorgang wird als A. bezeichnet.

Auflagehumus: Humusauflagerung, z.B. als Rohhumus (saure → *Streu*) in unterschiedlichen, von Holzart und Standort bestimmten Mengen. Gehalt an organischen Stoffen >300 mg/g. A.-Menge nimmt zu den mineralisch reichen Standorten hin ab; in wüchsigen Fi-Beständen können Mengen von 14 – 63 t/ha angetroffen werden. → *Waldstreu*.

Auflaufkrankheiten → *Umfallkrankheit*

Aufschlag: Jungpflanzen aus natürlicher Verjüngung schwerfrüchtiger Waldbaumarten (z.B. Ei, Bu).

Auftausalze: Salze, meist Natriumchlorid (bei Temp. unter – 10 °C auch Calcium- oder Magnesiumchlorid), die bei Glatteis und Schneeglätte auf Fahrbahnen und Gehwegen gestreut werden. Durch Spritzwasser (Salzgischt, Spray) und Straßenabwässer kann es zu direkten und indirekten Schäden an oberirdischen Pflanzenteilen (→ *Nekrosen*, Blattrötungen und Blattfall), wie auch zu Schäden an unterirdischen Pflanzenteilen (versalzter Boden!) kommen (→ *Salzschäden*). Aufwandmengen: Für 1 m^2 sind ca. 300 g zum Schmelzen nötig. Verbrauch in der BRD: ca. 1-2 Mio. t/Jahr.

Aureobasidium apocryptum → *Kabatiella apocrypta*

Aureobasidium pullulans (DE BARY) ARN. (syn.: Pullularia pullulans [DE BARY] BERKH.) (Deuteromycetes): Weit verbreiteter, → *Rußtau* und → *Bläue* auslösender Pilz mit teils epiphytischer, teils endophytischer Lebensweise. Dunkelfärbung durch Melanisierung seiner Zellwände. Vermehrung durch Zellsprossung.

Aureomycin → *Tetracyclin*

Auriculariales → *Heterobasidiomycetidae*

Ausbreitungsresistenz → *Axenie*

Aushagerung → *Windschäden*

Ausläufer: Auf dem Boden kriechende (photophile) oder unterirdisch wachsende (geophile) Seitensprosse, gekennzeichnet durch stark verlängerte Internodien und chlorophyllose, schuppenförmige Niederblätter. Nach

Ausbildung von Achselknospen und sproßbürtigen Wurzeln, bevorzugt an den Nodien, entstehen losgelöst von der Mutterpflanze selbständige Pflanzen → *vegetative Vermehrung.*

Auslese: Selektion. 1.) Natürliche Auslese: Teil eines Prozesses, bei dem sich die Phänotypenverteilung einer Population ändert, indem die der Umwelt besser angepaßten Individuen vermehrt zur Fortpflanzung gelangen und dadurch andere Phänotypen verdrängen. Daraus entwickelte Darwin die Selektionstheorie.
2.) künstliche Auslese: Die gezielte Auswahl vermehrungswürdiger, d.h. mit gewünschten Merkmalen und Eigenschaften versehener Pflanzenindividuen (→ *Einzelbaumauslese),* Pflanzenpopulationen (→ *Massenauslese),* Pflanzenrassen und -arten. Besonders erstrebte Merkmale, sog. Auslesekriterien für die Forstpflanzenzüchtung sind u.a.: Hohe Massenleistung der Holzerträge. Spezielle Güteeigenschaften (z.B. hohe Astreinheit). → *Resistenz* gegen abiotische (z.B. → *Klimaauslese)* und gegen biotische Schadfaktoren (Pilz- und Insektenbefall). Werden Bäume mit mehreren erwünschten Eigenschaften zur Züchtung und Vermehrung ausgewählt, spricht man von Kombinationsauslese.

Auslesebäume: syn.: Zuchtbäume, Plusbäume. Bäume, die ihrem äußeren Erscheinungsbild nach in einer oder mehreren Eigenschaften dem gewünschten Zuchtziel besser entsprechen als andere Bestandesglieder.

Auslesedurchforstung: Art der forstlichen Bestandespflege zur gezielten Begünstigung der wuchskräftigen, qualitativ wertvollsten Bäume (Wertträger) eines Waldbestandes, d.h. der oberschichtigen Individuen mit gutem Schaft und guter Krone.

Auslesezüchtung → *Auslese,* → *Kombinationszüchtung.* Die A. orientiert sich an bestimmten und erwünschten Züchtungskriterien und -zielen (→ *Auslese).* Die ausgewählten Individuen werden im Hinblick auf das Zuchtziel generativ gelenkt sowie vegetativ weitervermehrt.

Ausschließungsvermögen: Fähigkeit der Pflanze, entbehrliche oder schädliche Ionen, z.B. Na^+ u. Al^{3+} teilweise auszuschließen. → *selektive Ionenaufnahme.*

außerkaryotisch → *Vererbung*

Austauschkapazität: Ausmaß u. Fähigkeit von Substraten, Nährstoffe sorptiv zu speichern. → *Nährstoffaufnahme* u. → *-translokation.*

Austern-Seitling → *Pleurotus ostreatus*

austral → *Florenzonen*

Australheidegewächse → *Epacridaceae*

Australis: Australien und Tasmanien umfassendes → *Florenreich,* vor allem mit den → *Formationen* → *Hartlaubwald* und -gebüsch (→ *scrub),* → *Trockenwald,* → *Savanne,* Steppe und Halbwüste. In einem schmalen Küstenstreifen im NO und SO und in Tasmanien gibt es (sub)tropische → *Regenwälder.* Typisch für die Flora der A. sind → *Myrtaceae* mit Eucalyptus (> 450 Arten) und Melaleuca, → *Proteales* mit Banksia, Hakea, Grevillea, → *Casuarinaceae,* → *Mimosaceae* mit Acacia und den → *Grasbäumen* der Gattung Xanthorrhoea. Trotz ausgedehnter Trockengebiete kommen in der A. fast keine → *Sukkulenten* vor. Endemitenanteil der A.: >80 %.

Austrian Pine → *Pinus nigra*

Austrieb: Streckung und Entwicklung des → *Embryonaltriebes;* setzt meist Mitte bis Ende April ein; Zeitpunkt ist artabhängig (Lä bis 4 Wochen früher als Fi). Anzeichen: Anschwellen der Knospe, Auflockerung der Knospenschuppen. Innerhalb einer Art ist der Austriebszeitpunkt von endogenen (Veranlagung: Früh-, Spättreiber; Alter) und exogenen Faktoren (Temperatur, Standort) abhängig.

Austrocedrus → *Libocedrus*

Austrocknung → *Dürreschäden*

austrosubtropisch → *Florenzonen*

Austrotaxus spicata Compt. Ähreneibe: Einzige Art der Taxaceen-Gattung Austrotaxus. Immergrüner Baum feuchter Wälder Neu-Kaledoniens. Im Habitus wie → *Podocarpus.*

Auswaschung → Aus- u. Abwaschung (=Leaching) von Nährstoffen u. anderer gelöster Zellinhaltsstoffe z.B. bei gealterten Blattorganen od. infolge einer Schädigung von →*Cuticula* und Biomembranen nach Einwirkung von saurem Nebel, Regen, Tau, in Kombination mit Ozon od. SO_2. → *Nährstoffverluste.*

Auswintern → *Barfrost,* → *Auffrieren*

Autochorie: Aktive Selbstausbreitung von Früchten und Samen. Beruht hauptsächlich auf Explosionsmechanismen, die durch Berührungsreize (Regen, Tiere, z.B. bei Impatiens) oder durch Quellungs- und Entquellungsmechanismen ausgelöst werden. Unterschiedliche Turgorwerte in der Fruchtwand gekoppelt mit unterschiedlichem Dehnungsvermögen der Zellen führt zum Herausschleudern der Samen bis zu 15 m (z.B. bei → *Arceuthobium).*

autochton: Im selben → *Biotop* entstanden, biotopeigen, bodenständig. Ggs. allochton.

Autökologie: Ökologie des Einzelorganismus, bei der die Beziehungen des Organismus zur Umwelt im Mittelpunkt stehen. Ggs. → *Synökologie.*

Autözie: 1. Entwicklungsgang ohne → *Wirtswechsel* (bei → *Uredinales).* Beispiele: → *Chrysomyxa abietis,* → *Endocronartium pini.* 2. → *Monözie.*

Autogamie, spontane: Pollenübertragung durch direkte Berührung der Blütenorgane (z.B. in kleistogamen Blüten, Viola-Arten).

Autoploidie → *Polyploidie*

Autopolyploidie → *Autoploidie*

Autoradiographie: Methode zur Darstellung von Aufnahme, Transport und Verteilung markierter Verbindungen (radioaktive Isotope) in der Pflanze in Form sog. Autoradiogramme (Fotografie): die Schwärzung der Foto-Emulsion wird als Maß für die Strahlungsstärke herangezogen.

Autosomen: Nicht geschlechtsbestimmende Chromosomen, die in ♂ u. ♀ Individuen übereinstimmen. → *Heterosomen.*

autosteril → *selbststeril*

Autotrophie: Zu Stoffwechselsynthesen erforderliche Energie wird durch Ausnutzung der Lichtenergie (→ *Photoautotrophie)* oder aus Oxidation anorganischen Materials (→ *Chemoautotrophie)* gewonnen. Ggs. → *Heterotrophie.*

Auxine: Chemisch uneinheitliche Gruppe von → Phytohormonen mit fördernder Wirkung auf Zellstrekkung, Zellteilung, Apikaldominanz, Adventivwurzelbildung, Knospenaustrieb; hemmen aber Frucht- und Blattfall. Bekanntestes A.: Indol-3-Essigsäure (IES, engl. IAA). Synthetische A. von wirtschaftlicher Bedeutung: Phenoxyessigsäurederivate (→ *2,4-D* und → *2,4,5-T)* als Herbizide; Indol-3-Buttersäure zur → *Stecklingsbewurzelung.*

Avens, Mountain → *Dryas*

Avicennia → *Verbenaceae*

Avocadobaum → *Lauraceae*

Axenie (Ungastlichkeit): Form der passiven Resistenz. Axenische Wirte haben bereits praeinfektionell biochemische oder histologische Barrieren errichtet, die entweder das Eindringen des Pathogens (Eindringungsresistenz) oder seine Ausbreitung im Wirtsgewebe (Ausbreitungsresistenz) verhindern. So entwickelt die Fi gegen → *Heterobasidion annosum* Eindringungsresistenz durch spezielle Polyphenole im Rindengewebe und Ausbreitungsresistenz durch eine bestimmte Zusammensetzung der Monoterpene im Holz. Eindringungs- und Ausbreitungsresistenz können generell auch durch aktive Vorgänge ausgelöst werden.

axial: in Achsenrichtung gelegen.

axilliar: blattachselständig.

Axilliarium → *Seitensproß*

Axilliarknospe → *Seitenknospe*

Azalea procumbens → *Loiseleuria procumbens*

Azalea, Alpine → *Loiseleuria procumbens*

azidophil: Sauer reagierende Böden bevorzugend oder unter natürlichen Bedingungen nur auf solchen Substraten existierend, z.B. Betula nana, Andromeda polifolia.

azidophob: Saure Substrate meidend, z.B. Pinus nigra, Alnus incana, Cornus mas.

Azidophyten: Pflanzen, die bevorzugt oder ausschließlich auf sauren Substraten vorkommen. → *Säurezeiger.*

azonal: Bezogen auf eine Vegetation, die auf extremen Böden stockt. Edaphische Faktoren beeinflussen die Zusammensetzung der Pflanzengesellschaften stärker als Klimafaktoren. Beispiel: Felsen, Sand-, Salz- oder Unterwasserböden.

Azotobacteraceae → *Schizomycetes*

azyklisch: Spiralige Stellung der Blütenglieder (→ *Polymerie).* Gilt als ursprüngliches Merkmal. Bei Magnolia stellata.

B

Bacillaceae → *Schizomycetes*

Bacillariophyceae → *Phycophyta*

Bacillen → *Schizomycetes*

Bacteria → *Schizomycetes*

Bacteriophagen: Große, bis 0,1 μm lange, kompliziert aufgebaute, Bakterien befallende → *Viren*. Sie bestehen aus einem Nucleinsäure enthaltenden Kopfteil und einem Schwanzteil, versehen mit besonderen Tentakeln, mit dem sich das Virus an einem Bakterium anheftet und die Nucleinsäure injiziert.

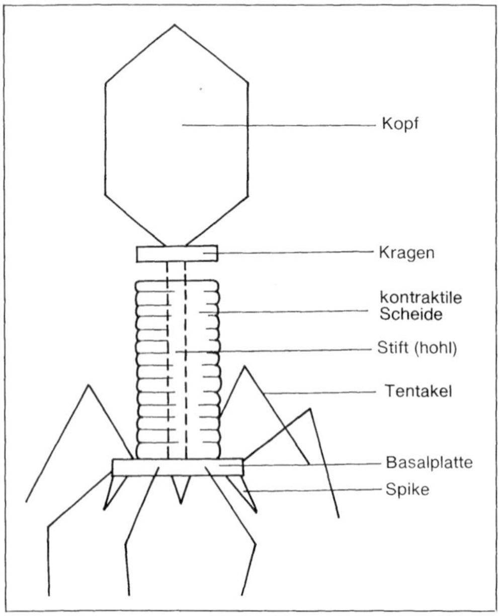

Bacteriophage (T_4-Typ)

Bacteriophyta → *Schizomycetes*

Bärentraube → *Arctostaphylos*

Bärentraube, Immergrüne → *Arctostaphylos uva-ursi*

Bärlappbäume → *Lepidodendrales*

Bärlappgewächse → *Lycopodiatae*

Bäumchen-Weide → *Salix waldsteiniana*

Bakterien → *Schizomycetes*

Bakterienkrebs der Esche → *Pseudomonas syringae var. savastanoi pv. fraxini*

Bakterienkrebs der Pappel → *Xanthomonas populi*

Bakterienkrebs der Weide → *Xanthomonas populi*

Bakteriosen: Durch Bakterien hervorgerufene Krankheiten. B. sind in mitteleuropäischen Wäldern von untergeordneter Bedeutung. Pa und Es stellen die wichtigsten Wirtsgattungen dar. Eine direkte Bekämpfung unterbleibt bislang.

bakteriostatisch: die Entwicklung von Bakterien hemmend.

Bakterizid: Wirkstoff, der Bakterien abtötet (z.B. Antibioticum).

Balanopaceae → *Fagales*

Balanophoraceae: Kolbenschmarotzer. Pantropisch in Hochlandwäldern verbreitete Vollparasiten mit pilzartigen Blütenständen. Leben auf Baumwurzeln.

Balata → *Terpenoide*

Baldcypress → *Taxodium distichum*

Balg: Aus nur einem Karpell entstandene Frucht, die sich bei Reife an der Bauchnaht (ventricid) öffnet (z.B. Magnolie).

Balkankiefer → *Pinus peuce*

Balsam Fir → *Abies balsamea*

Balsambaum → *Bombacaceae*

Balsame → *Harze*

Balsaminaceae → *Geraniales*

Balsampappel → *Populus balsamifera*

Balsampappel, Westliche → *Populus trichocarpa*

Balsampappeln → *Populus*

Balsamtanne → *Abies balsamea*

Bambus → *Poales*

Banane → *Zingiberales*

Bankskiefer → *Pinus banksiana*

Barberry → *Berberis vulgaris*

Barfrost: Durch den geringen Wasserdampfgehalt der Luft bei sehr tiefen Lufttemperaturen kann sich besonders im ausgehenden Winter ein bedeutsames Dampfdruckgefälle zwischen den von der Sonne erwärmten, ungeschützten Pflanzenteilen und der kalten Umgebungsluft aufbauen, so daß starke Transpiration einsetzt. Da der gefrorene Boden kein Wasser nachliefern kann, treten an Pflanzen Trockenschäden auf. Weil diese Vorgänge nur bei schneefreien Böden auftreten, spricht man von Barfrost.

Bartflechten: Ähnlich den Strauchflechten. Thallus

reichverzweigt, dünn und im Querschnitt drehrund. Leben epiphytisch auf Bäumen und hängen bartartig von den Ästen herab. Besonders empfindlich gegenüber Luftverunreinigungen. Bestände nehmen in letzter Zeit ab. Beispiele: Usnea- und Alectoria-Arten auf Bäumen, besonders in nebelreichen Gebirgswäldern. → *Lichenes.*

Bartflechten im montanen Fichtenwald

Bartha: Strauchheideformation in der Levante. (→ *Garigue).*

Bartnuß → *Corylus maxima*

basal: an der Basis liegend.

Basalkörper → *Centriol*

Basalplatte: Dickwandiger Teil des → *Proembryos,* der die Rosette gegenüber dem rudimentären Rest der Eizelle abgrenzt.

Basenzeiger: → *Zeigerpflanzen* für alkalische Substrate, z. B. Pinus nigra, Adonis flammea.

Basidie: Meiosporangium der → *Basidiomycetes.* Entsteht am Hyphenende des dikaryotischen → *Schnallenmycels* (bei → *Homobasidiomycetidae)* oder keimt aus einer → *Probasidie* (bei → *Heterobasidiomycetidae)* aus. Bei Homobasidiomycetidae findet in der unseptierten Basidie (Holobasidie) die Karyogamie mit anschließender Reduktionsteilung statt. Die resultierenden 4 haploiden Kerne werden auf 4 apikal entstehende Auswüchse (Sterigmen) verteilt. In der Sporangiole, der blasenartig aufgetriebenen Spitze der Sterigmen, entsteht scheinbar exogen, jeweils 1 Basidiospore. Die Sporangiolenwand verschmilzt mit der Sporenwand und bildet ein Perispor. Durch hohen Turgor in der Basidie wird an der Basis der Sporangiole eine Flüssigkeit ausgepreßt. Dabei löst sich die vom Perispor umhüllte Basidiospore und wird mit dem Flüssigkeitstropfen abgeschleudert. Bei Heterobasidiomycetidae findet die Karyogamie meist in der Probasidie statt. Diese keimt erst zur Basidie (hier Metabasidie genannt) aus, in der die Reduktionsteilung stattfindet, welche mit einer Septierung der Basidie (Phragmobasidie) verbunden ist.

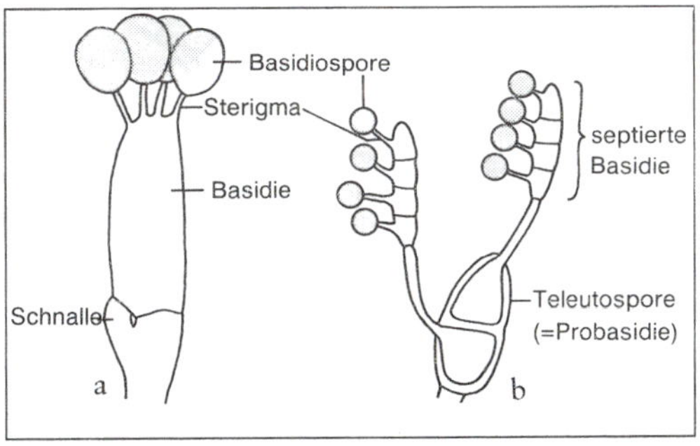

Basidientypen: *a* Holobasidie, *b* Phragmobasidie

Basidiokarp: Fruchtkörper der → *Basidiomycetes.* Hier vollzieht sich die Meiosporenentwicklung. Äußerst vielgestaltig (hut-, krusten-, konsolen-, kugelförmig), mitunter intensiv gefärbt. Hauptbestandteil: Flechtgewebe (= Trama) aus dikaryotischen Hyphen, das an sogenannten → *Hymenophoren* das → *Hymenium* aus Basidien und verschiedenen vegetativen Zellen entwickelt. Zwei Fruchtkörpertypen werden unterschieden:

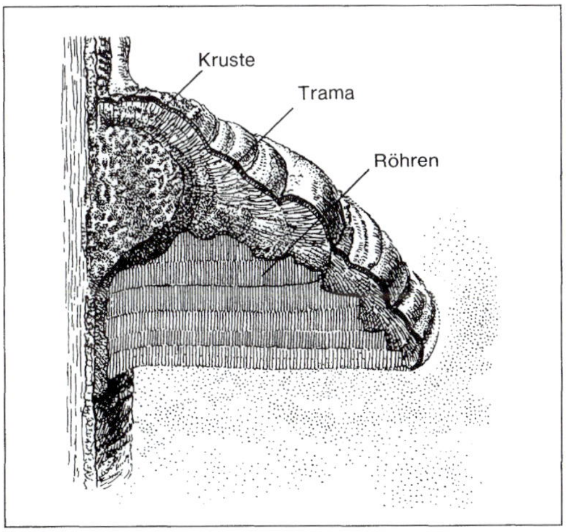

mehrjähriger, konsolenartiger Fruchtkörper von Fomes fomentarius

1. Hymenialer Fruchtkörper: im reifen Zustand mit frei exponiertem Hymenium. Sporen werden von der Basidie aktiv abgeschleudert. Dabei unterscheidet man folgende Entwicklungen: a. gymnokarp: Hymenium bildet sich von Anfang an offen am Fruchtkörper (z.B. Cantharellus); b. hemiangiokarp: Hymenium bildet sich im Inneren des Fruchtkörpers, der bei Reife aufreißt. Dadurch wird das Hymenium frei exponiert (z.B. Agaricales); c. pseudoangiokarp: gymnokarpe Anlage des Hymeniums. Hutrand des Fruchtkörpers verwächst danach mit dem Stiel; Hymenium dadurch eingeschlossen, Öffnung erst bei Reife (z.B. Boletus flavus).
2. Gastroider Fruchtkörper: Entweder wird kein Hy-

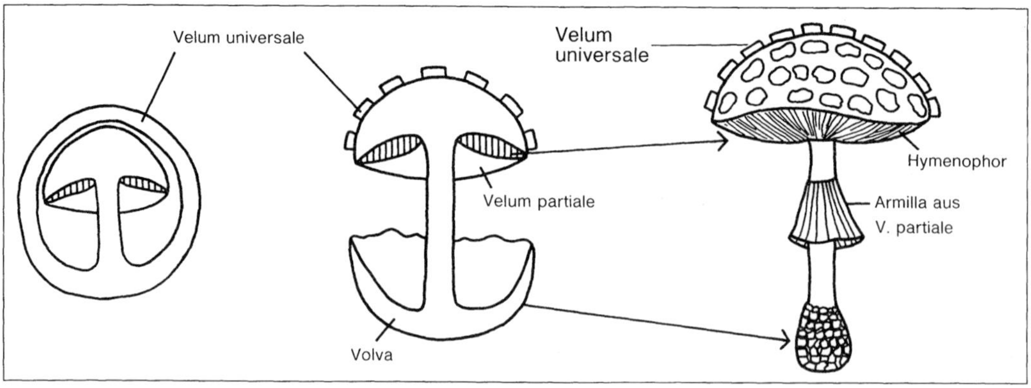

Entwicklung eines hemiangiokarpen Fruchtkörpers (**Basidiokarp**)

menium gebildet oder es zerfällt schon vor der Reife. Entstehen angiokarp, d.h. Hymenium bzw. Basidien bleiben von einer Fruchtkörperhülle (= Peridie) eingeschlossen (z.B. Gasteromycetales). Mehrjährige B. bei konsolenbildenden Holzzerstörern (z.B. Fomes fomentarius). B. fehlen bei den meisten → *Heterobasidiomycetidae.* Resupinate Fruchtkörper sind krustenförmig und tragen auf der Oberseite das Hymenium (z.B. Corticium).

Basidiolichenes → *Lichenes*

Basidiomycetes: Ständerpilze. Klasse der → *Eumycotina.* Terrestrisch lebende Parasiten oder Saprophyten mit septierten Hyphen und Zellwänden aus Chitin. Septen meist von kompliziertem → *Doliporus* durchbrochen. Hauptvegetationsform ist ein langlebiges, dikaryotisches Mycel (meist → *Schnallenmycel),* das nach Plasmogamie vegetativer, haploider Hyphenzellen unterschiedlichen Genotyps entsteht (→ *Somatogamie)* und über mehrere Jahre Fruchtkörper (→ *Basidiokarp)* bilden kann. Hier entstehen charakteristische Meiosporangien (→ *Basidie),* oft gemeinsam mit Paraphysen und Cystidien palisadenartig in einem → *Hymenium* angeordnet. Karyogamie findet entweder in der Basidie (Homobasidiomycetidae) oder der → *Probasidie* statt (Heterobasidiomycetidae). Nach Reduktionsteilung werden in den Sporangiolen der Basidie meist 4 Basidiosporen gebildet, die wieder zu einem haploiden Mycel auskeimen. Vegetative Vermehrung durch Konidien (besonders mannigfach bei → *Uredinales).* B. sind im Wald als Holzzerstörer, Parasiten oder als Mykorrhizapartner bedeutend. Nach Basidientyp und Keimverhalten der Basidiosporen unterscheidet man 2 Unterklassen: → *Heterobasidiomycetidae,* → *Homobasidiomycetidae.*

Basidiospore: In der → *Basidie* scheinbar exogen entstandene Meiospore der Basidiomycetes.

basipetal: Von der Spitze zur Basis fortschreitend; meist auf die Bildung neuer Seitenknospen/-triebe bezogen.

basiphil: Bezeichnung für Pflanzen, die basisch reagierende Böden bevorzugen oder unter natürlichen Bedingungen nur auf solchen Substraten existieren können, z.B. Pinus nigra, Alnus incana, Cornus mas.

basiphob: Bezeichnung für Pflanzen, die basische Substrate meiden, z.B. Betula nana, Andromeda polifolia.

Basiphyten: Pflanzen, die bevorzugt oder ausschließlich auf basischem Substrat vorkommen. → *Basenzeiger.*

basiplast: Bezogen auf Blattanlagen: Längenwachstum durch ein an der Basis gelegenes Meristem; das Spitzenmeristem (= → *akroplastes* M.) stellt früh seine Tätigkeit ein; verwirklicht bei den meisten höheren Pflanzen.

Basitonie: Förderung der Knospengröße und damit der Seitentrieblänge an der Basis von Jahrestrieben; kennzeichnend für Sträucher und ausdauernde Kräuter; (→ *Akrotonie).*

Basswood → *Tilia*

Basswood, American → *Tilia americana*

Basswood, White → *Tilia heterophylla*

Bast → *Phloem*

Bastard → *Hybrid*

Bastard-Alpenrose → *Rhododendron x intermedium*

Bastard-Eberesche → *Sorbus hybrida*

Bastard-Indigo → *Fabaceae*

Bastardsorte → *Sorte*

Bastardwüchsigkeit → *Heterosis*

Bastfasern → *Fasern*

Baststrahl → *Markstrahl*

Bauchblätter → *Amphigastrien*

Bauchkanalzelle → *Archegonium*

Bauchnaht: Verwachsungsstelle der beiden Blattränder eines Karpells bei Balg und Hülse.

Bauchpilze → *Gasteromycetes*

Baum: i.w.S. verholzte, aufrechte, ausdauernde Pflanze,die bei ungestörtem Wachstum eine Höhe von mindestens 6 m erreicht.

Baumaralie → *Araliaceae*

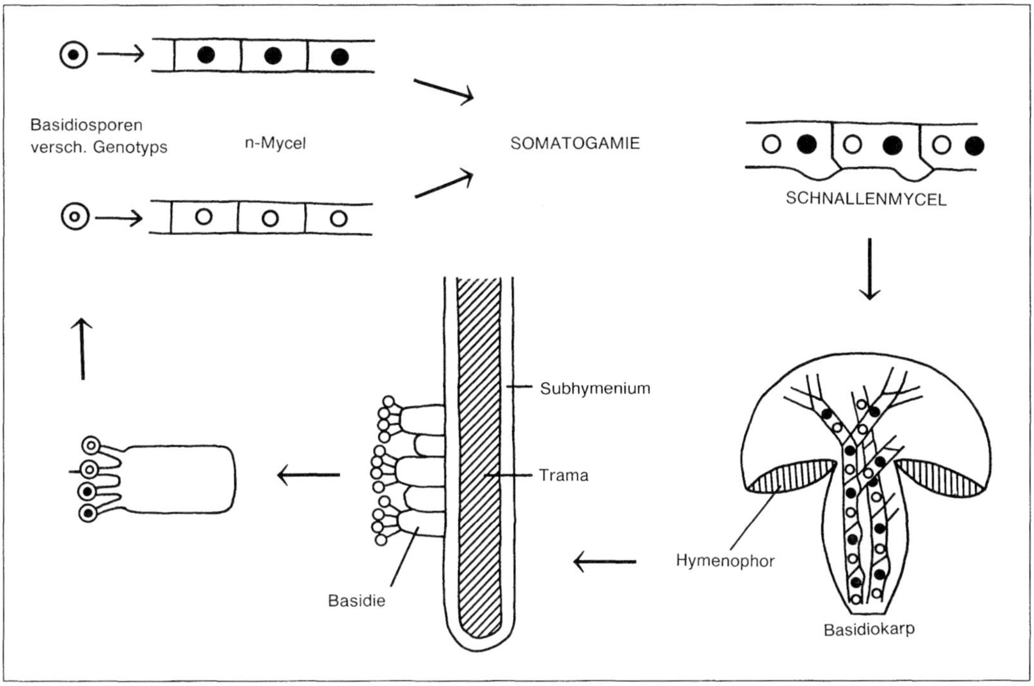

Entwicklungsgang eines **Homobasidiomyceten**

Baumfarne: Zu den Farnen zählende Schopfbäume folgender Sippen: → *Marattiales*, → *Dicksoniaceae*, → *Cyatheaceae*.

Baumgrenze: Klimabedingte Grenzlinie, bis zu der normaler Baumwuchs möglich ist. Die montane B. liegt in Tibet und Ostafrika bei ca. 4 500 m, in den Zentralalpen bei ca. 2 300 m, am Alpennordrand bei etwa 1 700 m, in den dt. Mittelgebirgen zwischen 1 500 m und 1 100 m und in Großbritannien bei ca. 600 m NN. Die polare B. verläuft in Sibirien bei etwa 72°40', auf den brit. Inseln bei 58°45' und auf Labrador bis 51°50' n. Br.. Je nach der vorherrschenden Ursache spricht man außerdem von lokalklimatischer B. (z.B. durch Schneeanhäufung, Wind, Kaltluftansammlung), edaphischer B. (z.B. durch mangelnde Feinerde, Staunässe [Moor]) und orographischer B. (z.B. durch Lawinenbahn, Felswand). Während im kontinental getönten, winterkalten Europa Nadelhölzer die B. bilden (am Alpennordrand Fi, in den Zentralalpen Lä und Arve), wird sie in wintermilden, aber schneereicheren Gebieten von Laubhölzern gebildet. Auf den vom Golfstrom erwärmten Randhöhen Skandinaviens ist es Bi, im submed. und med.-atl. Bereich Bu, in den Vogesen, im westl. Jura sowie stellenweise in den Westalpen und einigen anderen mitteleurop. Gebirgen Bergahorn und Bu. Da in den Alpen das Ausdünnen der Wälder zur B. hin vielfach auf Holzeinschlag oder Beweidung zurückzuführen ist, entspricht die B. hier eigentlich der → *Waldgrenze*.

Baumhasel → *Corylus colurna*

Baumheide → *Erica arborea*

Baumholz → *Oberholz*

Baumkrebs (engl.: perennial canker): Verbreitete, durch MLO, Bakterien und Pilze ausgelöste, meist auffällige und lange andauernde Rindenerkrankung an Stämmen und Ästen bei zahlreichen Holzarten. Ausgehend von lokalen Rindennekrosen, die von Pathogenen ausgelöst oder besiedelt werden. Wundkallus des Wirtes wird sogleich wieder besiedelt (infiziert), so daß es zu unregelmäßigen, z.T. gekröseartigen Auftreibungen und zu Kambiumschäden, nicht aber zum Wundverschluß kommt. Beispiele: → *Nectria ditissima* an Bu, → *Melampsorella caryophyllacearum* an Ta; Pseudomonas savastanoi an Es.

Baumliliengewächse → *Liliales*

Baumrasse: Baumpopulationen, die sich von anderen Populationen der gleichen Art durch ein oder mehrere erbliche Merkmale unterscheiden.

Baumrassenbildung: Im wesentlichen verantwortlich für die Ausbildung von Baumrassen sind genetische Drift, räumliche Isolation und Selektion. Für eine Anpassung an ökologische Gegebenheiten ist bes. bedeutungsvoll die gerichtete selektive Förderung bestimmter Erbanlagen, währenddessen im Rahmen der geographischen Rassenbildung oft eine zufällige Verteilung und Fixierung selektiv neutraler Anlagen infolge genetischer Drift Vorrang hat. Bei räumlicher Isolation hingegen wird der Genaustausch zwischen den Initialrassen reduziert und oft sogar unterbrochen, so daß eine Stabilisierung und eigenständige Entwicklung verstärkt gefördert wird.

Baumschlinge → *Asclepiadaceae*

Baumschule: Betrieb zur Anzucht und Vermehrung von Gehölzen; in der Forstwirtschaft auch als Kamp oder Pflanzgarten bezeichnet.

Baumschwamm, Rotrandiger → *Fomitopsis pinicola*

Baumwürger → *Celastraceae*

Bazzania trilobata → *Jungermaniales*

Bearberry → *Arctostaphylos*

Bearberry, Alpine → *Arctostaphylos alpinus*

Bearberry, Red → *Arctostaphylos uva-ursi*

Becherling, Grüner → *Chlorosplenium aeroginascens*

Becherlinge: Zu den → *Pezizales* zählende Pilze, deren nach oben offene Fruchtkörper (Apothecien) in der Jugend schüsselförmig gestaltet sind. Das Hymenium kleidet die Innenseite aus. Mit zunehmendem Alter wird der Becher flacher und der Becherrand reißt ein. Saprophyten, die oft auf der Rinde liegenden Holzes wachsen. Wichtige Gattungen: Peziza, Bulgaria, Ascocoryne.

Bedecktsamer → *Magnoliophytina*

Beech → *Fagus*

Beech, American → *Fagus grandifolia*

Beech, European → *Fagus sylvatica*

Beech, False → *Nothofagus*

Beere: Frucht mit fleischigem Perikarp aus meist coenokarpem Gynoeceum.

Beeren-Apfel → *Malus baccata*

Beerenzapfen: → *Zapfen* von Juniperus-Arten.

Befallsherd: Unspezifischer Ausdruck, in der Forstpathologie u.a. für die von → *Cronartium* ribicola hervorgerufenen, weder mit Rindenbrand noch mit Krebs zutreffend definierten Stamm-Anschwellungen verwendet.

Befruchtung: Vereinigung des Spermakerns mit der Eizelle. Von der Bestäubung getrennter Vorgang. Zwischen Bestäubung und Befruchtung liegen bei der Bu 3 Wochen, Bi 4 Wochen, Fi 1 – 6 Wochen; bei Corylus avellana 4 Monate, bei Ki mehr als 12 Monate. Bei → *Ginkgo biloba* erfolgt die Befruchtung erst nach dem Samenabfall. Nach der Bestäubung keimt der Pollen (teils nach einer Ruhephase von mehreren Wochen [Larix]) zum Pollenschlauch aus. Oft vollziehen sich dabei noch Kernteilungen. (→ *Mikrosporogenese*, → *Megasporogenese*, → *Embryosackentwicklung*). Bei Ei, Bu, Hasel ist zum Zeitpunkt der Bestäubung noch keine Samenanlage entwickelt. Bei den Gymnospermen durchwächst der Pollenschlauch den Archegonienhals und entleert seinen Inhalt in die Eizelle. Der größere Spermakern verschmilzt mit dem Eikern zum diploiden Zyogtenkern. Bei den Angiospermen wird der Spermakern niemals direkt in die Eizelle abgegeben. Die Synergiden bewirken die Öffnung des Pollenschlauchs und nehmen den Zellinhalt auf. Sie geben eine Spermazelle an die Eizelle weiter, der zweite verschmilzt mit dem diploiden Embryosackkern (→ *Befruchtung, Doppelte*).

Befruchtung, doppelte: Nur bei Angiospermen stattfindende Befruchtung durch den zweiten Spermakern, der mit dem diploiden Embryosackkern zum triploiden Endospermkern verschmilzt. Aus diesem entsteht das Endosperm, das häufigste Nährgewebe im → *Samen*. Als Ausnahmeerscheinung wurde bei einigen Gymnospermen (Abies balsamea. Pinus nigra) eine Verschmelzung der zweiten Spermazelle mit dem Bauchkanalkern beobachtet, die als Homologie zur doppelten B. angesehen werden kann.

Beiknospen: akzessorische Knospen. Bei einigen angiospermen Arten zusätzlich zur Seitenknospe angelegte, zumeist kleinere Knospen. Stehen sie in einer Linie parallel zur Sproßachse, heißen sie seriale B. (Serialknospen): aufsteigende Serialknospen, wie bei Lonicera xylosteum schließen sich achsenaufwärts an die Seitenknospe an; bei Rubus idaeus stehen sie zwischen der Seitenknospe und dem Tragblatt (absteigende Serialknospen). Eine einzelne Serialknospe über oder unter der Seitenknospe heißt oberständig (axoskop) bzw. unterständig (phylloskop). Sind B. in einer Linie senkrecht zur Sproßachse angeordnet, so handelt es sich um collaterale B. (Collateralknospen); (vorwiegend bei Monokotylen; z.B. Knoblauch).

Beizen: Physikalische oder chemische Behandlung von Saatgut zur Bekämpfung von Krankheitserregern. Naßbeizung des Forstsaatgutes mit Fungiziden wurde früher gegen Keimlingsfäule angewandt. In der Landwirtschaft ist B. von größerer Bedeutung. Neben Spezialverfahren findet Trockenbeizung mit pulverförmigen Mitteln sowie Feuchtbeizung mit Wirkstofflösungen Anwendung. Bekämpft werden u.a. Steinbrand, echter Mehltau, Auflaufkrankheiten. Seit 1982 Anwendungsverbot für Hg-haltige Präparate. Zugelassen sind nur noch organische Beizmittel.

Beizmittel → *Beizen*

Belastungsgebiet: Gebiet, in dem Luftverunreinigungen auftreten, welche aufgrund von Häufigkeit, Dauer und Konzentration in bes. Maße schädliche Einwirkungen auf die Umwelt hervorrufen können. B. werden gemäß des Bundesimmissionsschutzgesetzes durch Rechtsverordnung der zuständigen Landesregierung ausgewiesen. In einem B. werden Art und Umfang bestimmter Luftverunreingungen fortlaufend gemessen sowie Emissionskataster erstellt. Belastungsgebiete in der BRD sind beispielsweise: Berlin, Ruhrgebiet West-Mitte-Ost; Wetzlar; Kassel; Erlangen – Fürth – Nürnberg etc.

Belegzellen: Unregelmäßig plattenförmige, oft verholzte Holzparenchymzellen, die den Gefäßen unmittelbar anliegen. Funktion: Verhinderung von Luftembolien in den Tracheen sowie Thyllenbildung.

Bennettitatae: Klasse der → *Cycadophytina*. Ausgestorbene, palmähnliche Holzpflanzen mit schwachem sekundärem Dickenwachstum. Lebten von Trias bis Kreide. Besaßen zwittrige Blüten mit Perianth.

Bennußgewächse → *Moringaceae*

Benomyl (Butylcarbamoyl-benzimidazolmethyl-carbamat): Zu den Benzimidazolen gehörendes, systemisches Fungizid, angewandt gegen Keimlingsfäule, Mehltau und Botrytis. Bienenungefährlich.

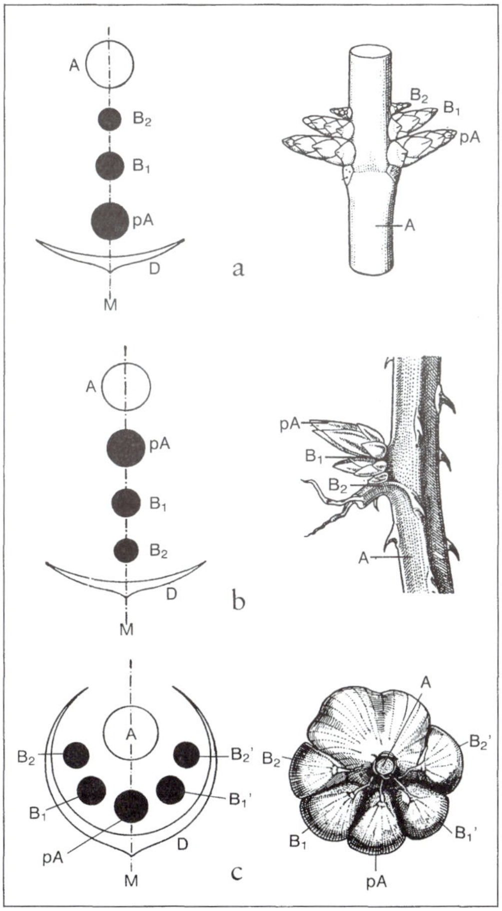

Akzessorische Knospen. **Serialknospen:** *a* aufsteigend (Heckenkirsche), *b* absteigend (Brombeere); **Collateralknospen:** *c* Knoblauch. A = Abstammungsachse, pA = primäre Achselknospe, B_1, B_2 = akzessiorische Knospen, M = Mediane, D = Deckblatt

Benthos ⟶ *Phycophyta*

Berberidaceae: Sauerdorngewächse. Zu den ⟶ *Ranunculales* gehörende Familie mit ca. 15 Gattungen und 600 Arten. Vorwiegend in der nördl. gemäßigten Zone und in den Anden verbreitet. Sträucher oder Stauden mit meist wechselständiger Beblätterung, ohne Nebenblätter. Oft immergrün (z.B. ⟶ *Mahonia).* Blätter gelegentlich zu Dornen umgewandelt (⟶ *Berberis).* Blüten in Trauben, Rispen oder einzeln. Typ. Blütenformel: * K 3+3 C 3+3 A 3+3 G $\underline{1}$ (auch zweizählige Formen treten auf). Frucht meist Beere, seltener Balg oder Nüßchen. Pflanzen enthalten Alkaloide, z.B. Berberin (gelber Farbstoff in Rinde und Holz).

Berberis L. Berberitze, Sauerdorn (engl.: Barberry): Gattung der ⟶ *Berberidaceae* mit 500 sommer- oder immergrünen Straucharten, seltener kleinen Bäumen. Verbreitungsschwerpunkt in Asien, auch in N- und S-Amerika, in Eur. nur 4 Arten. Blätter wechselständig, an Langtrieben zu 1- bis mehrteiligen Dornen umgewandelt. Blüten gelb bis orange, rote bis schwarze Beerenfrüchte. Rinde giftig.

Berberis aquifolium ⟶ *Mahonia*

Berberis thunbergii L. Thunbergs Berberitze: Sommergrüner, bis 1,5 m hoher, in M-Eur. häufiger Zierstrauch aus Japan. Blattdornen meist einfach, Frucht scharlachrot. Var. atropurpurea mit roten Blättern. Natürliche Bastarde mit ⟶ *B. vulgaris* kommen vor.

Berberis vulgaris L. Gewöhnliche Berberitze (engl.: Barberry): In ganz Eur. ohne nördl. Skandinavien und Teilen des Balkan und im Kaukasus beheimateter, sommergrüner, bis 3 m hoher Strauch. In mitteleurop. Flachland zerstreut, in den Alpen (bis 2 300 m) häufiger. Auf sonnigen, trockenen, steinigen Böden, an Waldrändern, Hängen, in lichten Wäldern und trockenen Auen. In Gärten mehrere Kulturformen, oft als Heckenpflanze, manchmal verwildert. Aus dem sehr harten, feinfaserigen Holz sowie aus Rinde und Wurzeln wird ein gelber Farbstoff gewonnen. Zwischenwirt des Getreiderostes. Kennzeichen: Blattdornen 1-7teilig. Blüten intensiv duftend, gelb. Beere länglich, scharlachrot, genießbar.

Berberis vulgaris

Berberitze ⟶ *Berberis*

Berberitze, Gewöhnliche ⟶ *Berberis vulgaris*

Berberitze, Thunbergs ⟶ *Berberis thunbergii*

Bereicherungszweig ⟶ *Syllepsis*

Berg-Hemlocktanne ⟶ *Tsuga mertensiana*

Berg-Mehlbeere ⟶ *Sorbus mougeottii*

Berg-Regenwald ⟶ *Regenwald*

Bergahorn ⟶ *Acer pseudoplatanus*

Bergahorn, Griechischer ⟶ *Acer heldreichii*

Bergahorn, Kolchischer ⟶ *Acer trautvetteri*

Bergahorn, Persischer ⟶ *Acer velutinum*

Bergkiefer ⟶ *Pinus mugo*

Berglorbeer, Kalifornischer ⟶ *Lauraceae*

Bergrose ⟶ *Rosa*

Bergrüster ⟶ *Ulmus glabra*

Bergulme ⟶ *Ulmus glabra*

Bergwaldstufe → *Vegetationsstufen*

Bernstein → *Harze*

Beryllium (Be): In geringer Konzentration auf Pflanzen toxisch wirkendes Element; normaler Gehalt in der Trockensubstanz unter 0,1 ppm.

Besenginster → *Cytisus scoparius*

Besenheide → *Calluna vulgaris*

Bestäubung: Ablagerung von Pollen auf Narben oder Samenanlagen. Je nach Pollenspender spricht man von Allogamie (Xenogamie, Fremdbestäubung), wenn Pollen und Samenanlage von erbungleichen Individuen stammen oder Idiogamie, wenn Pollen und Samenanlage von demselben Individuum oder erbgleichen Individuen gebildet wurden. Die Idiogamie teilt sich weiter in 1. Autogamie (Selbstbestäubung), wenn Pollen und Samenanlage aus der gleichen Blüte stammen, 2. Geitonogamie (Nachbarbestäubung), wenn diese aus verschiedenen Blüten der gleichen Pflanze stammen (z.B. Walnuß) und 3. Adelphogamie (Geschwisterblütenbestäubung), wenn die B. zwischen erbgleichen Pflanzen (z.B. innerhalb eines Klons oder Stockausschlägen) erfolgt.
Viele Arten haben Mechanismen zur Verhinderung der Autogamie ausgebildet. So z.B. durch Selbstinkompatibilität (→ *Inkompatibilität),* → *Dichogamie* (Protandrie oder Protogynie) oder → *Herkogamie* (Heterostylie). In Abhängigkeit vom Vektor der Pollenübertragung gliedert man die Bestäubungsformen in → *Zoogamie,* → *Anemogamie,* → *Hydrogamie* und spontane → *Autogamie.* Bestäubung ist zeitl. von der → *Befruchtung* getrennt.

Bestäubungsschutzbeutel: Hilfsmittel zur Durchführung von kontrollierten Kreuzungen. Triebe mit weiblichen Blüten werden bereits eingebeutelt, wenn eine Bestäubung noch ausgeschlossen ist. Bei einigen Baumarten ist es notwendig, die ♀ Blütenknospen in noch völlig geschlossenem Zustand zu isolieren (z.B. Fi, Dougl). Zur Bestäubung wird der Pollen mit Zerstäubern eingeblasen. Zur Vermeidung von Selbstbestäubung werden vor Beginn der Einbeutelung männliche Blütenstände entfernt.

Bestand, eiserner: aus der Forstentomologie stammender Begriff, der das unter normalen Bedingungen vorhandene, seine Überdauerung gewährleistende Infektionspotential eines Erregers umreißt.

Bestandesabfall → *Waldstreu*

Bestandesanerkennung: Zulassung von Waldbeständen zur Gewinnung von »Ausgewähltem Vermehrungsgut«, wie es im 2. FSaatG v. 26.7.79 geregelt ist. Für die Anerkennung maßgebend sind 1. eine normale, individuelle Variabilität hinsichtlich morphologischer Merkmale, 2. eine überdurchschnittliche Holzmassenleistung und Holzgüte. 3. Die auszuwählenden Bestände sollten einerseits mehrere Baumgruppen umfassen, zwischen denen eine ausreichende Befruchtungsmöglichkeit besteht, andererseits genügend isoliert sein gegen Pollenflug aus schlechten oder nicht autochthonen Beständen.

Betacyane → *Betalaine*

Betalaine: Stickstoffhaltige Vacuolenfarbstoffe (→ *Chymochrome),* glycosidierte Abkömmlinge der Betalaminsäure. Man unterscheidet die gelben Betaxanthine von den rot bis violetten Betacyanen, die für die → *Caryophyllales* charakteristisch sind und dort anstelle der → *Anthocyane* auftreten.

Betaxanthine → *Betalaine*

Betula L. Birke (engl.: Birch): Gattung der → *Betulaceae* mit etwa 40 sommergrünen, fast ausschließlich in der nördl. gemäßigten Zone verbreiteten, einhäusigen Baum- oder Straucharten. ♂ Blütenkätzchen nackt überwinternd, lang zylindrisch; ♂ Blüten in 3blütigen Dichasien, Perigon 4blättrig, Staubblätter 2 (3); Pollen kugelig, fast glatt, mit 3 äquatorial angeordneten Poren, 16 – 28 µm groß. ♀ Blütenkätzchen kleiner, ± aufrecht, erscheinen erst im Frühjahr; ♀ Blüten in 3(2)blütigen Dichasien, ohne Perigon, die 2 Vorblätter mit dem Tragblatt zu einer 3lappigen, zur Reifezeit abfallenden Deckschuppe verwachsen; Fruchtknoten 2fächerig, 2 rötliche Narben. Frucht eine kleine, einsamige, dünnhäutig zweiflügelige Nuß. Chrom.: x = 14.

Betula alba → *Betula pendula, Betula pubescens*

Betula albosinensis Burk. Rote China-Birke, Chinesische Birke: Dekorativer Laubbaum mit eiförmigen, lang zugespitzten Blättern und glatter, orangefarbener bis rotbrauner, fein abblätternder Rinde. Beheimatet in den Gebirgen Chinas, dort bis 30 m hoch. In M-Eur. ist meist die var. septentrionalis Schneid. kultiviert.

Betula alleghaniensis Britt. (syn.: B. lutea Michx.) Gelbbirke (engl.: Yellow Birch): Forstwirtschaftlich wichtigste Birkenart N-Amerikas, verbreitet im NO des Kontinents von NF über S-QU und S-ON bis MN, südl. bis N-IA, O-TN und N-GA. Hauptvorkommen im östl. Kanada, im nördl. NY, den Neu-England-Staaten und in MI. Erreicht Höhen bis 30 m und Höchstalter bis 300 Jahre. Im Unterschied zur ähnlichen → *B.lenta* mit glänzend silbergrauer bis gelblicher, abkräuselnder Rinde; Triebe behaart und nur langsam verkahlend, weniger aromatisch und von eher bitterem Geschmack. Einer der Charakterbäume des Laubwaldes im nordöstl. N-Amerika. Im N bis 760 m, im S bis 1 830 m Meereshöhe; reicht weiter nach N als B.lenta. Klimaxbaumart, oft vergesellschaftet mit Acer saccharum, Fagus grandifolia, Fraxinus americana, Ulmus americana, Quercus rubra, Picea rubens, Pinus strobus, Tsuga canadensis und Abies balsamea. Bestes Gedeihen auf gut drainierten, sandigen Lehmen. B.alleghaniensis liefert sehr wertvolles, vielseitig verwendbares Nutzholz (Möbel, Innenausbau, Imitationsholz für Mahagoni- oder Kirschholzfurniere) ähnlich B. lenta; Kern aber heller rötlich braun. Splint schmäler und fast rein weiß. Nach Anbohren der Stämme im zeitigen Frühjahr fließt reichlich zuckerhaltiger Blutungssaft.

Betula carpatica → *Betula pubescens*

Betula ermanii Cham. Ermans-Birke: In NO-Asien sowie den Gebirgen Japans und Koreas beheimateter, bis 25 m hoher Laubbaum. Triebe kahl und drüsig; Blätter dreieckig bis eiförmig; Rinde glatt, weißlich, gelblich oder rötlich, fein abblätternd. Attraktiver Zierbaum, in M-Eur. winterhart.

Betula humilis Schrank. Strauchbirke: 0,5 – 2 m hoher Strauch aus N-Eur. und Rußland (bis Altai). In den

Blattformen verschiedener **Betula**-Arten (2/3 nat. Gr.): *a* B. ermanii, *b* B. pubescens, *c* B. albo-sinensis, *d* B. pendula, *e* B. nigra, *f* B. maximowicziana, *g* B. papyrifera, *h* B. alleghaniensis, *i* B. lenta

Alpen einschl. nördl. Vorland rel. seltenes Glazialrelikt auf nährstoffarmen Torfböden in Birkenmooren. Blätter eiförmig bis rundlich, kerbig gesägt. Junge Zweige harzdrüsig, verkahlend. ♀ und ♂ Blütenkätzchen aufrecht. Fruchtflügel viel schmäler als die Frucht. Chrom.: 2n = 28.

Betula humilis

Betula lenta L. Zuckerbirke (engl.: Sweet Birch, Cherry Birch): Mittelgroßer, max. 25 m hoher Laubbaum im NO der USA (von ME über den äußersten S von QU und ON bis OH, südlich bis N-AL und N-GA). Forstlich neben der sehr ähnlichen → *B.alleghaniensis* die wichtigste Birke N-Amerikas. In M-Eur. beliebter Parkbaum. Rinde junger Stämme glatt, glänzend dunkelrotbraun bis schwärzlich, nicht abblätternd; rissige, fast schwarze Borke (wie → *Prunus serotina*). Triebe rasch verkahlend; Rinde riecht (Ankratzen!) und schmeckt (Zerkauen!) stark aromatisch-süß. Blätter spitz eiförmig, meist mit herzförmiger Basis. Fruchtzäpfchen aufrecht. Nie bestandsbildend, sondern einzeln in Laub- und Nadelmischwäldern eingesprengt. Hauptverbreitung in den Appalachen (bis 1 800 m). Liefert wie → *B.alleghaniensis* wertvolles Holz. Kernholz rotbraun, Splint gelblich bis hellbraun. Verwendung für Möbel und zum Innenausbau, ferner als Imitationsholz für Mahagoni und Kirschbaum. Das aus der Rinde und dem Holz junger Bäumchen gewonnene aromatische »birch oil« oder »oil of wintergreen« war früher zur Herstellung von Parfüm begehrt. Der Blutungssaft läßt sich zu »birch beer« vergären (Abb. S. 67).

Betula lutea → *Betula alleghaniensis*

Betula maximowicziana Regel Maximowiczs-Birke: Bis 30 m hoher, in seiner japanischen Heimat (Laub- und Nadelmischwälder Hondos und Hokkaidos) forstlich wenig bedeutsamer, aber sehr dekorativer und auch in M-Eur. winterharter Laubbaum. Unverwechselbar wegen der großen, 8 – 15 cm langen und bis 10 cm breiten, lindenähnlichen Blätter, deren Seitennerven am Rand in verlängerte Zähne münden; Herbstfärbung goldgelb. Grauweiße bis orangefarbene, fein abblätternde Rinde (Abb. S. 67).

Betula nana L. Zwergbirke: Bis 0,5 m hoher, niederliegender Strauch mit zirkumpolarer Verbreitung. Glazialrelikt in den Gebirgen M-Eur.. Selten auf Hoch- und Ki-Mooren. Blätter fast rund, tief gekerbt, oberseits dunkel-, unterseits hellgrün. ♀ und ♂ Kätzchen aufrecht. Fruchtflügel viel schmäler als die Frucht. Chrom.: 2n = 28.

Betula nigra L. Schwarz-, Flußbirke (engl.: River Birch, Black Birch): Max. 30 m hoher, meist mehrstämmiger Laubbaum der östl. USA. An Flüssen, Seen und in Sümpfen auf feuchten bis nassen Böden. Rotbraune, von jungen Stämmen und Ästen in großen, krausen Fetzen abblätternde Rinde; Borke schwärzlich. Blätter ei- bis rautenförmig. In den USA zum Erosionsschutz eingesetzt; in M-Eur. beliebter Parkbaum (Abb. S. 67).

Betula lenta

Betula nana

Betula papyracea → *Betula papyrifera*

Betula papyrifera Marsh. (syn.: B.papyracea Ait.) Papierbirke (engl.: Paper Birch): Im nördl. N-Amerika transkontinental verbreiteter, max. 40 m hoher Laubbaum. Areal: im W von AK südl. bis OG, im O von Labrador südl. bis New York. Rinde glatt, glänzend kreide- bis rahmweiß, gelegentlich orangefarben, blättert mit feinen Querstreifen ab; nur am Fuße alter Stämme dunkle, rissige Borke. Triebe warzig, anfangs ebenso wie der Blattstiel behaart; Blattspreite eiförmig, anfangs beidseitig behaart, bis auf die Nervenwinkel verkahlend. Chrom.: 2n = 70. Anpassungsfähige Baumart des kalten Klimas mit kurzen, kühlen Sommern und langen, kalten, schneereichen Wintern; reicht fast bis an die nördl. Baumgrenze. Gewöhnlich auf Podsol-Böden, aber ebenso auf Mooren oder flachgründigen Böden. Splintholzbaum (Abb. S. 67).
Verwendung: Bau-, Papier-, Brenn-, Drechslerholz. In M-Eur. häufig in Parks. Mindestens 6 Varietäten sind

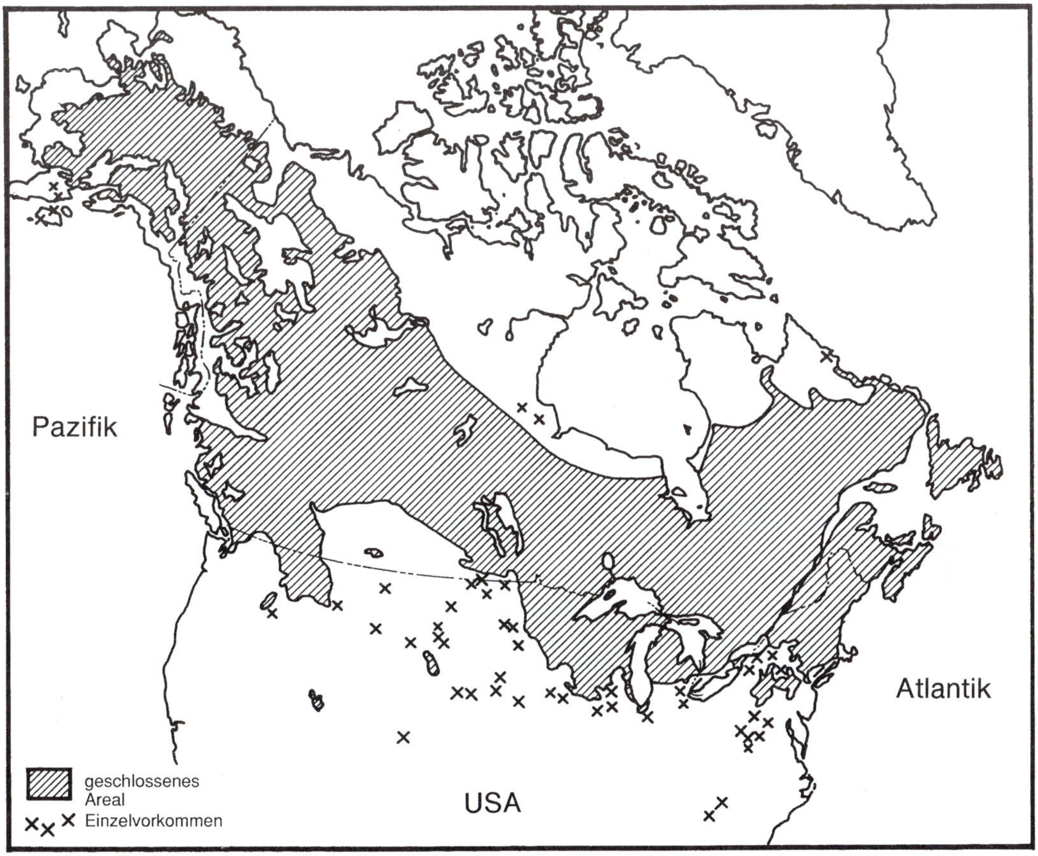

Natürliches Areal von **Betula papyrifera**

beschrieben, die u.a. durch abweichende Chromosomenzahlen (2n = 56-84) vom Typ abweichen. Artbastarde mit B.nigra, B. alleghaniensis, B.populifolia.

Betula papyrifera

Betula pendula ROTH (syn.: B. alba L. *sensu* Coste, B.verrucosa EHRH.) Hänge-, Sand-, Weiß-, Warzenbirke (engl.: Silver Birch): Max. 30 m hoher und 120 Jahre alter Laubbaum mit nordisch-eurasiatisch-subozeanischem Areal. Beheimatet in fast ganz Europa, Sibirien, Kleinasien, Kaukasus, Nordpersien. Chrom.: 2n = 28. Erkennungsmerkmale: Äste meist spitzwinklig ansteigend, Zweigspitzen ± stark überhängend. Rinde anfangs glänzend weiß, mit dunklen, quergestellten → *Lenticellen,* blättert mit feinen Querstreifen ab; frühe Bildung einer schwärzlichen, tieffurchigen, harten Borke. Triebe kahl, mit warzigen Drüsen, anfangs klebrig. Blätter kahl; Spreite dreieckig bis rautenförmig, lang zugespitzt; doppelt gesägt. Fruchtzäpfchen dickwalzig; jeder Flügel der Frucht 2 – 3 mal so breit wie das Nüßchen. Fruchtschuppen mit kleinem, spitzem Mittellappen und größeren, abstehenden und abgerundeten Seitenlappen. Blütezeit: III-V; Fruchtzeit: VII-IX. Holz: Gelblich-, rötlichweiß oder hellbraun mit schwachem seidigem Glanz. Splintholzbaum, im höheren Alter mitunter → *fakultativer Kern.* Gefäße zerstreutporig angeordnet, ebenso wie die Markstrahlen ohne Lupe kaum erkennbar; oft rötlichbraune Markflecken. Mittelschwer (Rohdichte r_0 = 0,46...0,61...0,80 g/cm^3), rel. weich (sog. → *Weichholz),* aber zäh und elastisch. Nat. Dauerhaftigkeit gering; Schnittholz neigt zum Werfen und Reißen. Leicht und gut bearbeitbar,

Betula pendula: *a* Zweig zur Blütezeit mit männl. Kätzchen (K) und weibl. Blütenstand (B), *b* Zweig im Sommer mit jungen männl. Blütenkätzchen, *c* Zweig im Winter, *d* Deckschuppe des Fruchtstandes, *e* Früchtchen

Betula pendula

Betula pubescens

jedoch schwer spaltbar. Verwendung v.a. im Möbel- und Innenausbau, für Sperrholz-, Span- und Faserplatten, für Zellstoff sowie für Drechslerarbeiten; hervorragendes Brennholz. Aus versch. Maserformen (Maserknollen-, Vogelaugen-, Eis-, Flammbirken) werden besonders wertvolle Furniere hergestellt.
Nebennutzungen: Reisig für Besen. Zuckerhaltiger → *Blutungssaft* (Gewinnung durch Anbohren der Stämme im Frühjahr) zur Herstellung von Haarwasser und Birkenwein. Aus der Rinde, die das Triterpenderivat Betulin (verursacht Weißfärbung) enthält, wird Birkenteer (Pix Betulina, offizinell gegen Hautkrankheiten) sowie Birkenöl (Juchtenöl zur Behandlung von Leder) gewonnen.
Vorkommen, Standort: Baum der Tieflagen, aber auch im Gebirge (Nordalpen: bis 1 800 m; Südalpen: bis 2 000 m). Hauptsächlich in lichten Laub- und Nadelwäldern, v.a. an Waldrändern, auf Brach- und Kahlflächen, auf Heiden und in Mooren. Anspruchsloser, standorttoleranter → *Ubiquist.* Hauptvorkommen in borealen Nadelmischwäldern Skandinaviens und Rußlands und in ausgedehnten Sandgebieten mit Ki und Ei. Durch Konkurrenzdruck meist auf feuchte oder trokkene, nährstoffarme, saure Böden abgedrängt. Frostharte Licht- und Pionierbaumart (Vorwaldart) mit mäßig rascher Streuzersetzung und nicht sehr tiefem, aber intensivem Herzwurzelsystem (Abb. S. 67).

Betula pubescens Ehrh. (syn.: B. alba L. sensu Roth) Moorbirke, Haarbirke: Mittelgroßer, in M-Eur. bis 20 m, im Baltikum bis 30 m hoher, max. 120 Jahre alter Laubbaum mit nordisch-subozeanischem Areal (M-, W- und N-Eur. Sib., Kauk. und Vorderasien). Chrom.: 2n = 56 (tetraploid).
Erkennungsmerkmale: Im Unterschied zur ähnlichen → *B.pendula* Äste starr spitzwinklig bis waagrecht abstehend, Zweigspitzen nicht oder kaum hängend. Triebe zur Spitze hin dicht samtig behaart, verkahlend; keine oder nur wenige Warzen. Blätter derber als bei B.pendula, Spreite ei- bis rautenförmig, Ecken abgerundet; Rand einfach bis doppelt gesägt; unterseits ebenso wie Blattstiel flaumig, oft bis auf die Nervenwinkel verkahlend. Flügel der Frucht meist nicht viel breiter als das Nüßchen. Mittellappen der Fruchtschuppe verlängert, Seitenlappen meist nach vorne gerichtet. Blütezeit: III-V; Fruchtzeit: VII-IX. Holz und Nebennutzungen: wie → *B.pendula* (Abb. S. 67).
Vorkommen, Standort: Ebene bis Gebirge (Alpen bis 2 200 m). Moor- und Bruchwälder, nahe der Waldgrenze auch im subalpinen Lärchen-Zirbenwald; bildet in Sibirien auf großen Flächen reine Bestände. Noch anspruchsloser als → *B.pendula,* besiedelt feuchte bis staunasse, nährstoff- und basenarme, sauer humose Sand- und Moorböden, meidet lufttrockene Lagen. Frostharte, ziemlich flach wurzelnde (Herzwurzelsystem) Licht und Pionierbaumart extremer Standorte. Von B. pubescens sind versch. Unterarten beschrieben. Erwähnt sei: ssp. carpatica (Willd.) Aschers. et Graebn. (syn.: B. carpatica W. et Kit.): meist strauchförmig, Rinde weißlich gelb bis rötlich braun; Triebe stärker verkahlend als beim Typ. Hauptsächlich im Osten des Areals; in den deutschen Mittelgebirgen auf Mooren.

Betula verrucosa → *Betula pendula*

Betula viridis → *Alnus viridis*

Betulaceae: Birkengewächse. Zu den → *Fagales* gehörende Familie mit 6 Gattungen und ca. 170 Arten. Laubabwerfende, windblütige Bäume und Sträucher mit überwiegend nordhemisphärischer Verbreitung (Alnus auch in den Anden). Kennzeichen: Monözie; Blüten mit unscheinbarem, oft verwachsenem, gelegentlich auch fehlendem Perigon; 2-12 meist tiefgespaltene Staubblätter; Gynözeum aus 2 Fruchtblättern verwachsen und unterständig. Ursprüngliche Blütenformel: ♂ P2+2 A2+2, ♀ P2+2 G $\overline{(2)}$. Unitegmische Samenanlage. Vorblätter verwachsen (z.T. auch mit dem Tragblatt des Dichasiums) und in ♀ Infloreszenz später verholzende Schuppen (Alnus, Betula), Fruchthüllen (Corylus) oder Flugorgane (Carpinus, Ostrya) bildend. Blütenstand: ein aus ursprünglich 3-, oft aber wenigerblü-

tigen Dichasien aufgebautes Kätzchen (Corylus: knospenartige Köpfchen).
B. gliedern sich in 2 Unterfamilien: Betuloideae: ♀ Blüten ohne, ♂ mit Perigon. Vorblätter mit dem Tragblatt im ♀ Dichasium verwachsen. → *Alnus*, → *Betula*. Coryloideae: ♀ Blüten mit, ♂ ohne Perigon. Nur Vorblätter im ♀ Dichasium verwachsen. → *Corylus*, → *Carpinus*, → *Ostrya*, Ostryopsis (China, Mongolei). Gelegentlich zu 2 eigenen Familien (Corylaceae, Carpinaceae) erhoben.

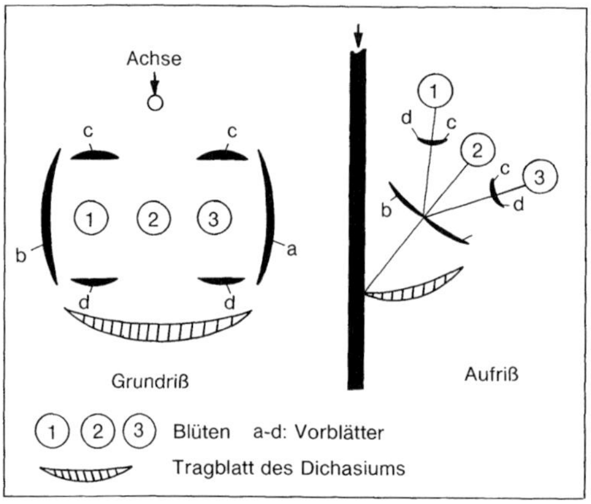

Aufbau des Dichasiums bei **Betulaceae**

Betulin → *Terpenoide*, → *Betula pendula*

Betulion pubescentis → *Bruchwald*

Betuloideae → *Betulaceae*

Bewegungen, hygroskopische: Mechanismus zur Erleichterung der Sporen- und Samenentlassung, meist ausgelöst durch Quellungsvorgänge in den Wänden toter Zellen. Wegen der senkrecht zur Mikrofibrillenorientierung erfolgenden Quellungsrichtung der Zellwand (Quellungsanisotropie) kommt es immer dann zu einer reversiblen Krümmungsbewegung, wenn Lagen mit unterschiedlicher Textur fest aneinanderhaften. Schräger Mikrofibrillenverlauf in einer der Wandschichten führt zu Torsionen. Unterschiede in der chemischen Zusammensetzung der Schichten verstärken die Quellungsanisotropie. Bsp.: Bewegungen der Hapteren an Sporen von → *Equisetum*, der Elateren in der Sporenmasse von Lebermoos-Sporangien oder des Peristoms an Laubmooskapseln; ebenso Bewegungen der Samenschuppen an reifen Koniferenzapfen sowie Öffnungs- und Schließbewegungen an Kapseln vieler Samenpflanzen (Linaria, Campanula, Saponaria).

Bewegungen, nyctonastische → *Nastien*

Bewegungsphysiologie: Teilbereich der → *Physiologie*, beschreibt die Mechanismen der Bewegung und ihre Steuerung durch Umweltreize. Neben der freien Ortsbewegung finden Beweg. auch durch Wachstum, Turgorveränderungen und Quellung statt.

Bewegungszentrum → *Zentromer*

BFI → *Blattflächenindex*

BHD → *Brusthöhen-Durchmesser*

Bibernellrose → *Rosa pimpinellifolia*

Bicornes → *Ericales*

Bienenrosigkeit: Eine meist bei Ki vorkommende Weißlochfäule, die sich ringförmig im Kernholz der Stammbasis ausbreitet; Erreger → *Onnia tomentosa*

bienn (zweijährig): ⊙ , Bezeichnung für Pflanzen, deren Lebenszyklus sich innerhalb von zwei Jahren vollzieht (viele Gemüsepflanzen). In der ersten Vegetationsperiode sammeln sie Nährstoffe, z.B. in Wurzelknollen und Rüben, im zweiten Jahr blühen sie bilden Samen aus und sterben danach ab. → *annuell*, → *perenn*.

bifacial → *Mesophyll*

Bignoniaceae: Trompetenbaumgewächse. Familie der → *Scrophulariales* mit ca. 650 Arten. Tropische bis subtropische Bäume, Sträucher und Lianen, selten krautig. Verbreitungsschwerpunkt in S-Amerika. Blätter gegenständig, ohne Nebenblätter, oft gefiedert und mit Ranken. Glocken- bis trichterförmige Blüten mit 5-zähliger Hülle, A 4 oder 2, G($\underline{2}$), Zygomorph. Bestäubung oft durch Vögel oder Fledermäuse. Kapselfrüchte (oft schotenartig) mit geflügelten, endospermlosen Samen. Wichtige Gattungen und Arten: → *Catalpa*. Tabebuia: neotropisch, wertvolles Hartholz (grünes Ebenholz). Jacaranda: S-Amerika, einige Arten liefern Palisanderholz. Spathodea campanulata (afrikanischer Tulpenbaum). Kigelia africana (Leberwurstbaum): walzenförmige, lang herabhängende Früchte; Fledermausbestäubung. Crescentia cujete (Kalebassenbaum): tropisches Amerika; cauliflor, oft kultiviert; Fledermausbestäubung. Campsis radicans (Trompetenblume): bis 10 m große Liane mit Haft- und Luftwurzeln aus SO-Nordamerika; Zierstrauch wegen der großen 10 cm langen orangeroten Blüten; bei uns in milden Lagen winterhart. Parmentiera cerifera ist in Panama waldbildend.

bikollateral → *Leitbündel*

bilateral → *Blütensymmetrie*, → *Symmetrie*

Bilberry → *Vaccinium*

Bilberry, Bog → *Vaccinium uliginosum*

Bildungsgewebe → *Meristeme*

Binäre Nomenklatur: Von → *Linné* 1753 festgelegte und heute gültige Namensgebung für eine Art. Besteht aus dem Namen der zugehörigen Gattung und einem artbestimmenden Namen (Epitheton). Dem binären Artnamen wird das Namenkürzel des Autors angefügt, der das Typusexemplar beschrieben hat. Beispiel: Pinus sylvestris L.

Binsenartige → *Juncales*

Binsenginster → *Spartium junceum*

Biochorion: Klein-Lebensraum, der sich innerhalb eines größeren → *Biotops* scharf hervorhebt, in der Artenzusammensetzung jedoch von diesem weitgehend abhängig ist. Bsp.: umgestürzte Stämme, Baumstümpfe.

Biogeosphäre → *Biosphäre*

Biogeozönose: Durch Stoffkreislauf und Energietransfer gebildetes Wirkungsgefüge von Lebensstätte (→ *Biotop)* und Lebensgemeinschaft (→ *Biozönose).* I.w.S. syn. mit → *Ökosystem,* i.e.S. wird B. auf terrestrische Ökosysteme beschränkt.

Biohydrosphäre →*Biosphäre*

Biohydrozönose: wenig gebräuchlicher Ausdruck für Gewässerökosystem.

Bioindikator: Lebewesen, das in sichtbarer Weise auf Umweltbelastungen reagiert, oder aufgrund von meßbaren Veränderungen Belastungssituationen anzeigt. Pflanzliche B. werden vorwiegend zur Überwachung der Luftverschmutzung benutzt. Einige Flechtenarten zeigen sich empfindlich gegen erhöhte Schwefeldioxidgehalte der Luft (z.B. Hypogymnia physodes); die Tabaksorte Bel W 3 ist sehr empfindlich gegenüber Ozon. Auch Waldbäume, z.B. einige Pappelklone, eignen sich als Anzeiger für Ozonbelastungen.

Biologische Aktivität: Bezogen auf den Boden: Ausdruck u. Maß für die Gesamtheit aller durch Bodenmikroorganismen (→ *Edaphon)* bewirkten Stoffumsetzungen, die im wesentlichen auf Vorgänge in der → *Rhizosphäre* zurückzuführen sind und mittels Enzymaktivitätsmessungen (z.B. Dehydrogenaseaktivität) bestimmt werden können.

Biologische Bekämpfung: Pflanzenschutz durch gezielten Einsatz natürlicher Feinde oder → *Antagonisten* des betr. Schädlings. Im Prinzip anwendbar gegen tierische Schädlinge, Pilze, Bakterien und Unkräuter. Beispiele aus der Forstpathologie: Polyeder-Viren gegen Lymantria monacha (Nonnenfalter) an Fichte; Bacillus thuringiensis gegen Tortrix viridana (Eichenwickler); → *Peniophora gigantea* gegen → *Heterobasidion annosum* an Kiefer.
Bei Waldkrankheiten sind Möglichkeiten zur umfassenden biol. Bekämpfung wegen der geringen Zahl verfügbarer und leicht zu vermehrender Antagonisten bzw. Feinde gering.

Biolumineszenz: Lichtemission bei verschiedenen Pilzen und Pflanzen. Verursacht durch biochemische Reaktionen. U.a. bei Hallimasch (→ *Armillaria),* verschiedenen Meeresalgen (»Meeresleuchten«) und Bakterien bekannt.

Biomasse: Gewicht aller zu einem bestimmten Zeitpunkt vorhandenen lebenden und toten Organismen und der von ihnen stammenden Substanz je Flächen- oder Volumeneinheit einer Lebensstätte. B. wird als Frisch- oder Trockengewicht angegeben. Man unterscheidet Phytomasse (aus Pflanzen) und Zoomasse (aus Tieren). Über 99 % der Weltb. ist Phytomasse.

Biomembran: Lipidfilm, bestehend aus 2 monomolekularen Schichten → *amphipolarer* Substanzen, die ihre apolaren Gruppen einander zuwenden. Dadurch entstehen 2 hydrophile Oberflächen und eine lipophile Mittelschicht. Solche bimolekularen Membranen heißen Elementarmembranen. Sie umgeben die verschiedenen Kompartimente in der Zelle und grenzen den → *Protoplasten* gegenüber der Zellwand (→ *Plasmalemma)* sowie die Vakuole gegenüber dem Cytoplasma (→ *Tonoplast)* ab.
Zwei Elementarmembranen können sich zu einer Doppelmembran zusammenlagern. Doppelmembranen umgeben Plastiden, Mitochondrien und Zellkerne. Funktion der B.: 1. Abgrenzung verschiedener Reaktionsräume in der Zelle. 2. Spezifischer Stoffaustausch (→ *Membrantransport).* 3. Vergrößerung der inneren Oberfläche einer Zelle.

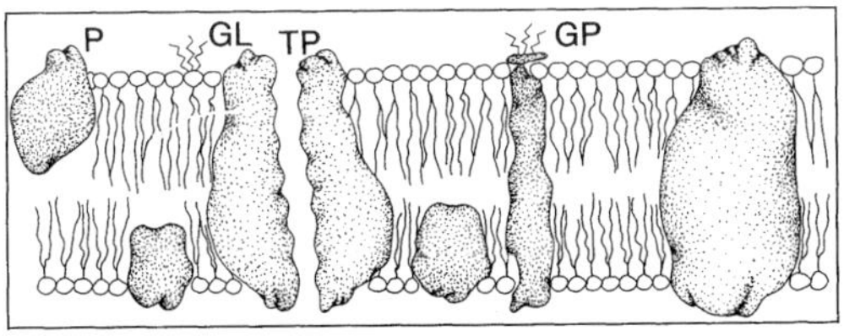

Aufbau der **Biomembran.** P = Protein, TP = Tunnelprotein, GL = Glycolipid, GP = Glycoprotein

Biosphäre: Gesamter von Organismen belebter Raum. Die B. umfaßt den unteren Teil der Atmosphäre (Luft), als Biogeosphäre den belebten und durchwurzelten Teil der Pedosphäre (Boden) und Lithosphäre (Gesteinsmantel) und als Biohydrosphäre die Hydrosphäre (Wasser).

Biota orientalis → *Thuja orientalis*

Biotechnische Verfahren: Maßnahmen zur Bekämpfung tierischer Schädlinge, zumeist auf der Grundlage des Abschreckens oder Anlockens (Mittel gegen Wildverbiß oder Schälen, Lockstoff-Fallen etc.).

Biotop: Eine Mindestgröße umfassender (→ *Biochorion),* einheitlicher und dadurch von seiner Umgebung abgrenzbarer Lebensraum (z.B. Bach, Hochmoor, Bergwald) mit einer darauf abgestimmten → *Biozönose.*

Biotopbindung, relative → *ökologische Regeln*

Biotrophie: Ernährung von lebender org. Substanz. Kennzeichnend für fakultative und obligate Parasiten.

Biotyp: Genetisch homogene Individuengruppe innerhalb einer Population, entstanden durch Autogamie oder vegetative Vermehrung. Bei pathogenen Pilzen gleichbedeutend mit physiologischer Rasse. Unterscheidet sich nicht morphologisch, sondern hinsichtlich Aggressivität oder Wirtsspektrum von den übrigen Gliedern der Art. Beispiele: Cronartium ribicola, Ceratocystis ulmi.

Biozide: Pflanzenschutzmittel. Sammelname für chemische Verbindungen, die zum Schutz von Kulturpflanzen vor pathogenen Pilzen (→ *Fungizide),* Bakterien (→ *Bakterizide),* Insekten (→ *Insektizide*), Milben (Akarizide), Nematoden (Nematizide) oder Unkräuter (→ *Herbizide)* eingesetzt werden. Man unterscheidet zwischen eradikativen Mitteln (z.B. Totalherbizide), protektiven Mitteln (z.B. prophylaktische Residual-Fungizide) und kurativen Mitteln (z.B. systemische, therapeutisch wirkende Fungizide).

Biozön → *Biozönose*

Biozönologie → *Synökologie*

Biozönose (Biozön): Organismengemeinschaft aus Pflanzen und Tieren, die sich infolge ähnlicher Umweltansprüche und einseitiger oder gegenseitiger Abhängigkeiten in einem bestimmten Lebensraum (Biotop) dauerhaft hält und vermehrt. Aufgrund der Abhängigkeiten ist sie zur Selbstregulation fähig. Die B. unterliegt bestimmten Gesetzmäßigkeiten. → *ökologische Regeln.*

Biozönotik → *Synökologie*

Birch → *Betula*

Birch, Black → *Betula nigra*

Birch, Cherry → *Betula lenta*

Birch, Paper → *Betula papyrifera*

Birch, River → *Betula nigra*

Birch, Silver → *Betula pendula*

Birch, Sweet → *Betula lenta*

Birch, Yellow → *Betula alleghaniensis*

Birke → *Betula*

Birke, Chinesische → *Betula albosinensis*

Birkenblättling → *Lenzites betulina*

Birkengewächse → *Betulaceae*

Birkenöl → *Betula pendula*

Birkenporling → *Piptoporus betulinus*

Birkenrost → *Melampsoridium betulinum*

Birkenteer → *Betula pendula*

Birnbaum, Afrikanischer → *Sapotaceae*

Birnbaum, Schweizer → *Sorbus torminalis,* → *Sorbus domestica*

Birne → *Pyrus*

Bishop Pine → *Pinus muricata*

Bispora monilioides CORDA (syn.: B. antennata) Erreger der Schwarzstreifigkeit des Buchenholzes, einer Lagerfäule (Helotiaceae): Häufiger Hyphomycet, dessen schwarze Konidienrasen charakteristische, radial verlaufende Bänder auf frischen Schnittflächen von Bu, seltener von Ei und Bi bilden. Die Hyphen richten sich auf und teilen sich in viele aneinandergereihte zweizellige Konidien. (Name!)

Bispora monilioides

bitegisch: Mit zwei Integumenten. → *Integument.*

Bittereschengewächse → *Simaroubaceae*

Bitterholzgewächse → *Simaroubaceae*

Bittermandel → *Prunus dulcis*

Bitternuß → *Carya cordiformis*

Bitterorange → *Poncirus trifoliata*

bitunicat → *Ascus*

Bitunicatae: Gruppe der Ascomycetes (Unterklasse → *Euascomycetidae).* Ascuswand zweischichtig (bitunicater Ascus); nur Innenschicht elastisch. Fruchtkörper sind → *ascoloculär* enstandene → *Pseudothecien.* Wichtige Gattungen: Capnodium (Rußtaupilze), Venturia (Apfelschorf), → *Herpotrichia.*

Bivalente: Gemini. Konjugierte Chromosomen. Durch → *Synapsis* entstandene Paare homologer Chromosomen. Analog Trivalente, wenn drei Chromosomen konjugieren.

Bjerkandera adusta (WILLD. EX FR.) KARST Rauchgrauer Porling (Polyporaceae): Häufiger Saprophyt an totem Laubholz, seltener an Fi und Ta. Ruft rasche Holzzersetzung durch Weißfäule hervor. Gelegentlich Wundparasit an Bu. Dünne, biegsame, bis 5 cm breite, halbkreisförmige Fruchtkörper, oft gehäuft oder in Reihen. Oberseits bräunlich gezont, unterseits graue Poren (Name!), nach Druck schwärzlich. Scharf abgesetzter weißer Wachstumsrand. Ganzjährig vorhanden.

Black Spruce → *Picea mariana*

Blackberry → *Rubus fruticosus*

Blackman-Reaktion: Sekundärvorgänge der → *Photosynthese.*

Blackthorn → *Prunus spinosa*

Blackwood, Australian → *Acacia*

Blätter, einfache: Durch eine zusammenhängende, ungeteilte, oft aber mehr oder weniger tief eingeschnittene Spreite gekennzeichnete Laubblätter (→ *Blätter, zusammengesetzte).*

Blätter, zusammengesetzte: Fiederblätter. Blätter, deren Blattfläche aus mehreren, unabhängigen Einzelblättchen (= Fiedern) besteht; je nach Ausbildungsform der → *Rhachis* unterscheidet man 3 Grundtypen von F.: pinnat (= federförmig): Rhachis voll entwickelt; Fiedern paarig; mit oder ohne Endfieder; akroton: oberste Fiedern am größten; mesaoton: mittlere Fiedern am größten; basiton: unterste Fiedern am größten; digitat (= handförmig): Rhachis extrem verkürzt; Fiedern von einem Punkt ausgehend; pedat (= fußförmig): Rhachis quer zum Blattstiel entwickelt; Fiedern nur einseitig.
Man unterscheidet folgende Formen zusammengesetzter Blätter; unpaarig gefiedert (1): mehrere Paare von Seitenfiedern und eine Endfieder; dreizählig gefiedert (2): nur ein Paar von Seitenfiedern und eine Endfieder (vgl. dreizählig gefingert); paarig gefiedert (3): Ausbildung der Endfieder unterbleibt oder ist nur als Stachelspitze erkennbar; doppelt gefiedert (4): Fiedern 1. Ordnung tragen Fiedern 2. Ordnung; mehrfach gefiedert: es treten Fiedern höherer als 2. Ordnung auf; unterbrochen gefiedert (5): zwischen großen Fiederpaaren stehen kleinere; schildförmig gefiedert (6): die Spreite eines Schildblattes ist aufgeteilt; die Basalfieder

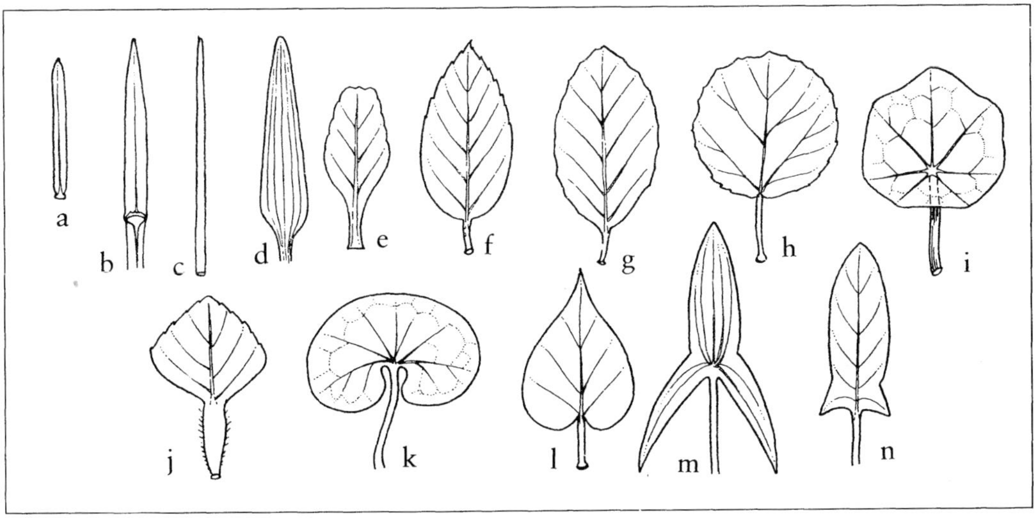

einfache Blätter: *a* nadelförmig, *b* lineal, *c* binsenförmig, *d* lanzettlich, *e* spatelförmig, *f* eiförmig, *g* elliptisch, *h* kreisrund, *i* schildförmig (= peltat), *j* rautenförmig, *k* nierenförmig, *l* herzförmig, *m* sfeilförmig, *n* spießförömig.

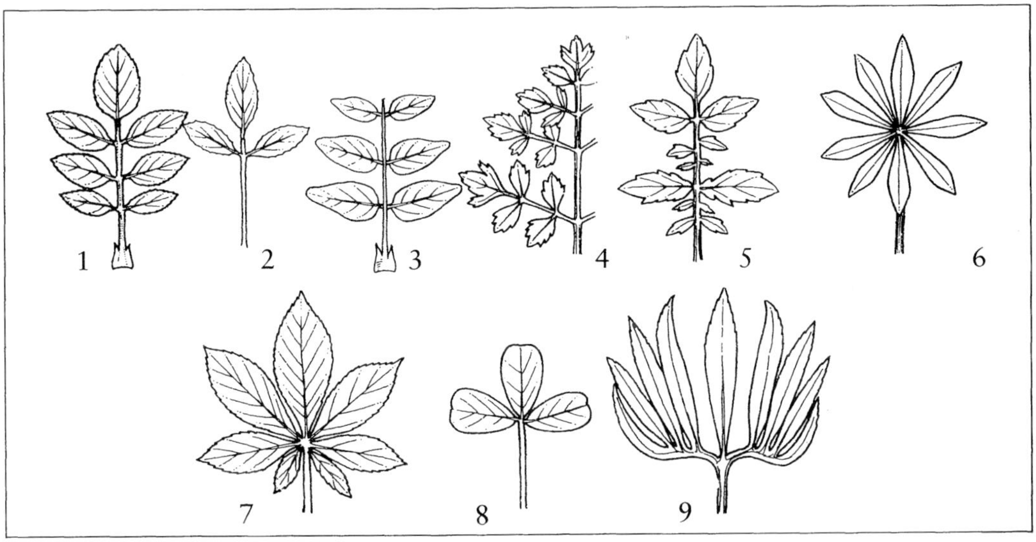

zusammengesetzte Blätter, Erläuterung im Text

steht quer über dem Blattstiel; fingerförmig gefiedert (7): = digitate Fiederung (s.o.); dreizählig (fünfzählig) gefingert (8): End- und Seitenfiedern sind nicht durch einen Rhachisabschnitt getrennt (vgl. dreizählig gefiedert); fußförmig gefiedert (9): = pedate Fiederung (s.o.).

Blätterpilze: Pilze, deren Fruchtkörper ein Lamellenhymenophor haben. Beispiel: → *Agaricales.*

Bläue: In der Praxis werden 3 verschiedene Formen einer von sog. → *Bläuepilzen* verursachten Blaufärbung des Holzes unterschieden. Stets handelt es sich um einen Schönheitsfehler, der die Verwendung des befallenen Holzes an Sichtflächen beeinträchtigt, aber weder mit Holzfäule noch mit Festigkeitsverlusten verbunden ist 1. Stammholzbläue: Primärverfärbung des liegenden, seltener des fast toten, stehenden Holzes ins Blaue oder Blauschwarze. 2. Schnittholzbläue: Sekundäre, meist bei unsachgemäßer oder zu feuchter Lagerung des aufgeschnittenen Holzes auftretende Blaufärbung. 3. Anstrichbläue oder »tertiäre Bläue« tritt an lackiertem oder an gestrichenem Holz auf (Gartenmöbel, Fenster, Türen), das sekundär Feuchtigkeit aufgenommen hat. Pilzinfektion und -besiedelung erfolgen erst nach dem Anstrich.
Für die 3 Formen von Bläue sind unterschiedliche Arten

von Bläuepilzen verantwortlich. Nh wird häufiger befallen als Lh; Ki-Splintholz ist am stärksten gefährdet. Vorbeugungsmaßnahmen: Einschlag im Winter, rasche Abfuhr, baldiger Einschnitt, luftige Lagerung. Notfalls Wasserlagerung oder Berieseln des berindeten Stammholzes (Absenken des Luftgehaltes).

Bläue an Kiefer

Bläuepilze: Etwa 100 Arten unterschiedlicher system. Stellung, die teils eine deutliche Blaufärbung des eingeschlagenen (waldfrischen) oder des lagernden (aufgeschnittenen), teils sogar des verarbeiteten (gestrichenen) Holzes auslösen. Sie besiedeln bevorzugt die Parenchymzellen in den Markstrahlen des Splintholzes und haben tiefblaue Hyphen, die das Holzgewebe blau erscheinen lassen. Die Blaufärbung des Mycels ist an ein Mindestmaß von Nährstoffen und Sauerstoff im Holz gebunden. 30 – 40 % Holzfeuchte (Darrgewichtsbasis) gilt als optimal, einige Stammholzbläue-Erreger vertragen höhere Wassergehalte. Infektionen erfolgen über die Schnittflächen, über Stammwunden oder Fraßgänge stammbewohnender Insekten.
Erreger der Stammholzbläue: Ceratocystis piceae (MÜNCH) BAKSHI und andere Arten der Gattung → *Ceratocystis* (C. minor; C.pilifera etc.): Häufige Besiedler von Koniferenholz und wirtschaftl. wichtige Bläuepilze an Ki, Fi (Ta). Bilden zahlreiche, mit bloßem Auge erkennbare, dunkle Perithecien mit langgezogenem Schnabel (C.piceae, C.pilifera) aus, deren Spitze bewimpert ist. Hier sammeln sich entlassene Ascosporen in einem Tropfen. Sie werden u.a. von Borkenkäfern verbreitet. Außerdem zahlreiche Konidien an auffälligen, langen Konidienträgern mit pinselartiger Verbreiterung (Graphium). Discula pinicola (NAUM.) PETR.: Nebenfruchtform von Potebniamyces coniferarum, hauptsächlich saprophytisch im Rindengewebe von Dougl, Ki, Lä. Häufiger Bläuepilz in Ki. Vermehrung über Konidien, die in kleinen, schwarzen Pyknidien entstehen.
Erreger der Schnittholzbläue: Strasseria geniculata (BERK ET BR.) HOEHN.: Erreger einer Triebspitzenkrankheit an Koniferen, Bläue an Kiefer. Außerdem mehrerer Cladosporium-Arten.
Erreger der Anstrichbläue: Aureobasidium pullulans (DE BARY) ARNAUD und Sclerophoma pityophila (CORDA) HOEHN. Zwei Schwächeparasiten in Nadeln und Trieben mehrerer Nh-Arten. Vermehrung auch durch Zellsprossung.

Blasenbaum → *Koelreuteria*

Blasenesche → *Koelreuteria*

Blasenrost → *Cronartium*

Blasenschote → *Colutea*

Blasenstrauch → *Colutea*

Blastokolin: Überholter Begriff für die (früher unbekannte) »keimhemmende Substanz« im Perikarp. Inzwischen ist bekannt, daß Keimhemmung durch eine Vielzahl von organischen Säuren und anderen Stoffen hervorgerufen wird. U.a. durch Terpentin in den Harzblasen der Testa des Tannensamens und durch Abscisinsäure.

Blastosporen → *Konidien*

Blatt: Meist grünes, flächig oder nadelförmig entwikkeltes Seitenorgan der Sproßachse, das i.a. der organischen Stoffproduktion der Pfl. dient; B. entstehen aus → *B.primordien*, die durch die → *Tunica*-Schichten am Sproßvegetationskegel angelegt werden; sie haben i.d.R. ein begrenztes Wachstum. Im typischen Fall ist das B. in → *Blattspreite* (Lamina), → *Blattstiel* (Petiolus) und → *Blattgrund* gegliedert; daneben treten Umbildungen mit z.T. extrem abgeänderter Grundform auf (Bsp. → *Hochblätter*, → *Niederblätter*, → *Blütenblätter*, → *Blattdornen*, → *Blattranken*). Blattform, -größe und -anatomie variieren stark innerhalb einer Pfl. und zwischen den Individuen einer Art; unterschiedliche Einstrahlung, Transpiration, Wasserversorgung etc. führen zur Ausbildung von Licht- und Schattenblättern, von hygro- und xeromorphen B..

Blatt, reitendes: Umbildung des → *Blattgrundes;* er ist scheidig entwickelt und sitzt der kriechende Sproßachse auf.

Blattachsel: Jene Stelle, an der die Oberseite des Blattes bzw. des Blattstieles in den Sproß übergeht.

Blattadern: (Blattnerven). Meist von einer parenchymatischen Bündelscheide umgebene Leitbündel im → *Mesophyll* von Laub- und Nadelblättern. Anordnung der B. auf der Blattspreite und Art der Einmündung in den Blattrand können charakteristisch für sein (z.B. Parallel-Nervatur bei Monokotylen, Gabelnervatur bei → *Ginkgo).*

Blattanalyse: Analyse der in den Laub- und Nadelblattorganen enthaltenen → *Makro-* und → *Mikronährstoffe* (→ *Blattspiegelwerte*) zur Ermittlung der Nährelementversorgung von Pflanzen und zur Aufdeckung von Gesetzmäßigkeiten des Mineralstoffwechsels. Die B. wird auch zum Nachweis von Belastungs- und Gefährdungssituationen infolge Schadstoffanreicherung eingesetzt. Bei Nh werden z.B. die Proben an den Zweigen des 7. Quirls jahrgangsweise entnommen, da diese in ihrem Mineralstoffhaushalt die standortspezifischen Gegebenheiten am besten widerspiegeln.

Blattbräune, Roßkastanie → *Guignardia aesculi*

Blattbräune, Buche → *Apiognomonia errabunda*

Blattbräune, Eiche → *Apiognomonia quercina*

Blattbräune, Linde → *Apiognomonia tiliae*

Blattbräune, Platane → *Apiognomonia veneta*

Blattdimorphismus: Häufig syn. für → *Hetero-* und

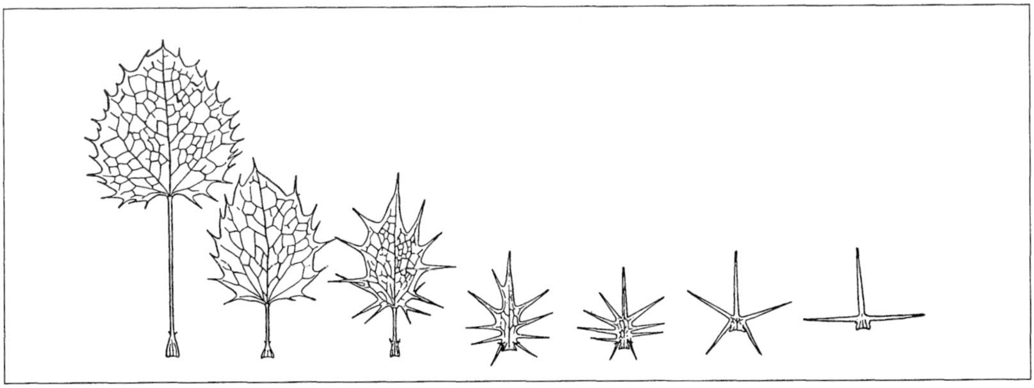

Berberis vulgaris: Übergang vom Laubblatt zu **Blattdornen**

→ *Anisophyllie* verwendet; B. i.e.S.: bei diözischen Arten besitzen männliche und weibliche Individuen verschieden gestaltete Blätter.

Blattdornen: Ein- bis mehrspitzige Umbildungen von Blättern oder Blatteilen; bei Robinia pseudoacacia entwickeln sich beide Nebenblätter zu B. (Stipulardornen); die meist dreistrahligen B. von Berberis vulgaris gehen auf die Umwandlung des Oberblattes zurück.

Blattdüngung: Künstliche Zufuhr von Nährelementen über die Blattorgane; in der Forstwirtschaft kaum von praktischer Bedeutung, aber von Interesse bei der Pflanzenanzucht, z.B. als Therapie gegen Fe-Mangelchlorose, auch können Spurennährelemente (→ *Mikronährstoffe*), deren Aufnahme über den Boden erschwert ist, mit relativ geringem Aufwand als → *Metallchelate* den Bäumen zugeführt werden; bei N-Blattdüngung wird bevorzugt → *Harnstoff* verwendet.

Blatteiben → *Phyllocladus*

Blattfall: Laubfall. Von der Pfl. gesteuerte Abtrennung und Abstoßung von Blattorganen. Die Lebensdauer der Blätter beträgt bei immergrünen Holzpflanzen i.a. mehrere Jahre (Ki – 3 Jahre, Fi – 7 Jahre), bei sommergrünen nur eine Vegetationsperiode (Herbstlaubfall). Histologische Grundlage des B. ist die hormonell gesteuerte Ausbildung eines Trenngewebes; je nach Pfl.art geschieht das bereits in den ersten Wochen nach dem Austrieb (Fi) oder erst kurz vor dem B. (Roßkastanie). Trenngewebe bestehen aus kleinen Parenchymzellen mit wenigen Interzellularen; der eigentliche B. wird durch Abbau des Chlorophylls, Zunahme von Anthocyanen, Abtransport von Proteinen und Mineralstoffen eingeleitet; später führt die Synthese von Enzymen (insb. Pektinase und Cellulase) im Zusammenwirken mit Schrumpfungsvorgängen zur Abtrennung des Blattes, wobei entweder die Mittellamelle, die Mittellamelle und die Primärwände oder ganze Zellen im Trenngewebe aufgelöst werden. Abweichend von den meisten sommergrünen Holzpflanzen erfolgt bei Ei und bei der Rhachis des Robinienblattes eine Verzögerung zwischen der Resorption von Stoffen und der Abtrennung; im Extrem bleiben die braunen Blätter bzw. Blatteile bis zum folgenden Frühjahr am Baum. Die durch B. entstandene → *Blattnarbe* wird durch ein verholzendes Cutisgewebe verschlossen.

Blattfarbstoffe: Blattpigmente. Man unterscheidet → *Chlorophylle* (grün) und → *Carotinoide* (rot-gelb).

Blattflächenindex (BFI; leaf area index, LAI): Maß für die Dichte der Belaubung eines Pflanzenbestandes. Der B. wird als Verhältnis der gesamten Blattfläche (einseitig) eines Bestandes zu der überdeckten Bodenfläche dargestellt. Er schwankt zwischen 0 und ca. 14. Ein Anstieg über 14 wird durch Lichtmangel verhindert. Die Lichtintensität in der untersten Blattschicht liegt bei Überschreiten eines B. von 14 dauernd unter dem Lichtkompensationspunkt, so daß die Bilanz der Stoffproduktion negativ wird. Die Blätter vergilben und werden abgeworfen. Begrenzung des B. auch durch mangelnde Feuchtigkeit. Hohe Blattflächenindices bedeuten hohe Produktion, aber auch große Transpirationsverluste. Bei schlechter Wasserversorgung des Bestandes bleibt der B. daher klein (Abb. S. 78).

Vegetationstyp	BFI [$m^2 \times m^{-2}$]
boreale Nadelwälder	12 – 14
trop. Regenwälder	8 – 12
mitteleurop. Wiese	ca. 11
subalpiner Fichtenwald	ca. 10
temperierte sommergrüne Laubwälder, subalpine Zwergstrauchheiden	ca. 5
Steppen	ca. 3,5
Schneetälchenvegetation	ca. 1,3
Kälte- bzw. Hitzewüste	≤0,5

Blattflächenindex verschiedener Vegetationstypen

Blattflechten → *Laubflechten*

Blattfleckung: Punkt- oder fleckenartige Verfärbungen des Blattes, die – je nach Ursache – hinsichtlich Form, Farbe und Abgrenzungsschärfe variieren. Hierzu gehören sowohl durch Gewebetod entstandene braune Flecken (sog. → *Nekrosen*) wie punktförmige, ± diffuse Auflichtungen des Blattgrüns (→ *mottling*), die u.a. durch die Einwirkung von Viren oder Photooxidantien ausgelöst werden.

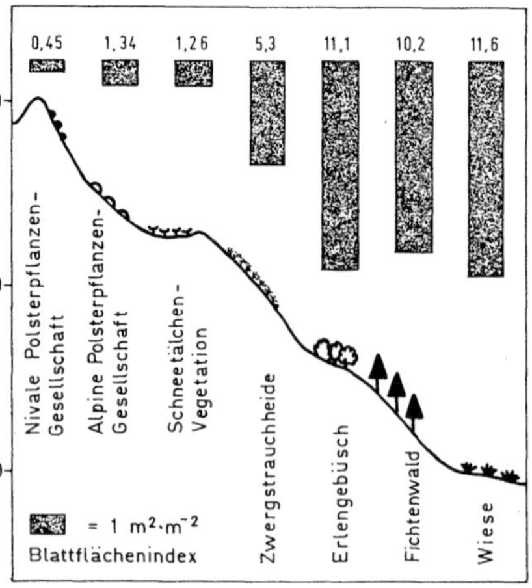

Blattflächenindex verschiedener Vegetationstypen entlang einer Höhenstufenfolge in den Alpen

Blattfolge: Ontogenetische Abfolge von Blättern bzw. Nadeln am Sproß, wobei sich Blätter verschiedener Entwicklungsstadien in Form und Größe deutlich voneinander unterscheiden können: auf die bereits am Embryo erkennbaren, einfach gestalteten und zumeist kurzlebigen Keimblätter (Kotyledonen) folgen nach Streckung des → *Epikotyls* Primärblätter; diese werden bei der weiteren Sproßentwicklung von bereits weitgehend nach Form und Größe ausdifferenzierten Folgeblättern abgelöst (bei krautigen Arten werden zwischen Keim- und Primärblättern häufig → *Niederblätter* ausgebildet); im Übergangsbereich zwischen Laubblättern und Blütenblättern können → *Hochblätter* auftreten. Sonderfall: B. bei der Keimlings- und Sämlingsentwicklung von Ki. Im 1. Jahr werden Keimblätter und einzeln stehende Primärnadeln gebildet; im Verlauf der 2. Vegetationsperiode verlieren diese Primärnadeln den Nadelcharakter und gehen in Schuppenblätter über; in deren Achseln entstehen Kurztriebe, die je zwei Folgenadeln tragen.

Blattform → *Blätter, einfache;* → *Blätter, zusammengesetzte.*

Blattgrün → *Chlorophyll*

Blattgrund: Teil des → *Unterblattes,* der bei vielen Dikotylen nur als leicht abgeflachte Erweiterung der Blattstielbasis in Erscheinung tritt; bei Gräsern ist der B. als lange, offene, den Halm umgebende Scheide ausgebildet; bei vielen Laucharten ist er fleischig verdickt und rundum geschlossen; → *Oberblatt.*

Blattherbizid → *Herbizide*

Blattlosigkeit → *Aphyllie*

Blattnarbe: Durch Blattfall entstandene Wundfläche am Sproß, bei der sich die äußeren Zellschichten in ein später verholzendes Cutisgewebe umwandeln; häufig sind an der B. die Blattbündelspuren noch deutlich erkennbar; B. bleiben über viele Jahre sichtbar.

Blattnekrosen: Meist eng begrenzte Läsionen des Blattgewebes, die auf Einwirkung von Pathogenen, von

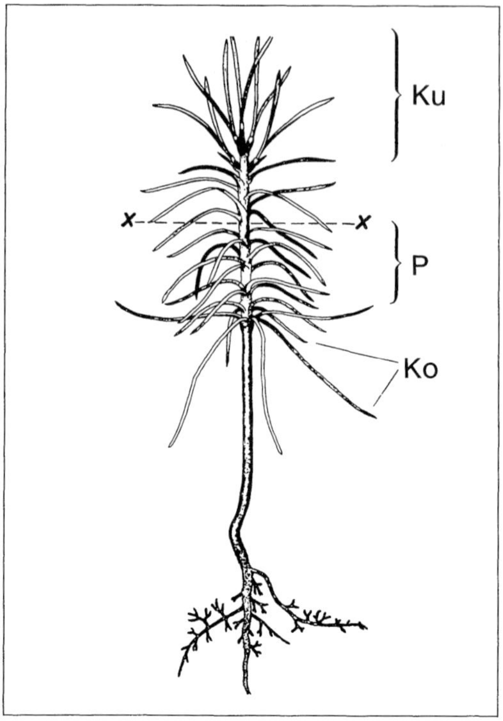

Blattfolge bei 2j. Kiefer. Ko = Kotyledonen, P = Primärnadeln, x = Jahrestriebegrenze, Ku = Kurztriebe mit Folgenadeln

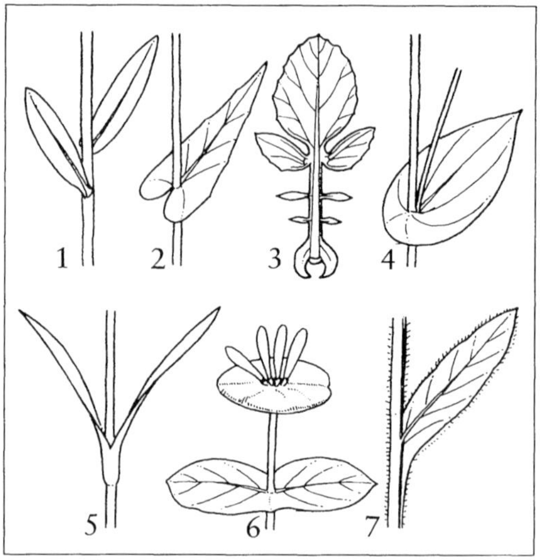

Verschiedene Formen des **Blattgrundes.** Erläuterung im Text

Schadinsekten oder abiotischen Ereignissen zurückgehen (→ *Nekrosen*). Wirtschaftl. Bedeutung haben vor allem die durch Schadgase (SO_2, O_3, HF etc.) und durch pathogene Pilze ausgelösten B. Letztere sind bei Lh um so gefährlicher, je früher im Jahr sie auftreten (Beispiele: Apiognomonia, Pollaccia, Marssonina, Cercospora). Auf Nh dauert ihre Entstehung u.U. mehrere Jahre (Lophodermium, Phaeocryptopus, Rhabdocline).

Blattnervatur: Nervatur, Aderung, Venation. Verlauf der Leitungsbahnen in der Blattspreite; für die Pfl.bestimmung wichtiges, systematisches Merkmal; man unterscheidet:
Parallel- (1) oder bogennervige (2) B.: kennzeichnend vorwiegend für Monokotyle; die parallel bzw. bogig angeordneten Längsnerven sind nur an der Blattspitze direkt miteinander verbunden; sonst stehen sie über leiterartige Bündel miteinander in Verbindung; Fieder- (3) bzw. netznervige (4) B.: kennzeichnend für die meisten Dikotylen und Farne; von einem zentral gelegenen Bündel (Mittelrippe) zweigen schwächere Seitennerven ab (fiedernervig), die sich weiter verästeln; es entsteht eine netzartige Struktur; bei einer geschlossenen B. sind die Nervenenden intensiv miteinander verbunden (i.d.R. bei Samenpflanzen). Bei offener B. laufen die gabelnervigen (5) Leitungsbahnen unabhängig voneinander auf den Blattrand zu (häufiger bei Farnen, Ginkgo); als einadrig werden die Nadelblätter der Koniferen bezeichnet.

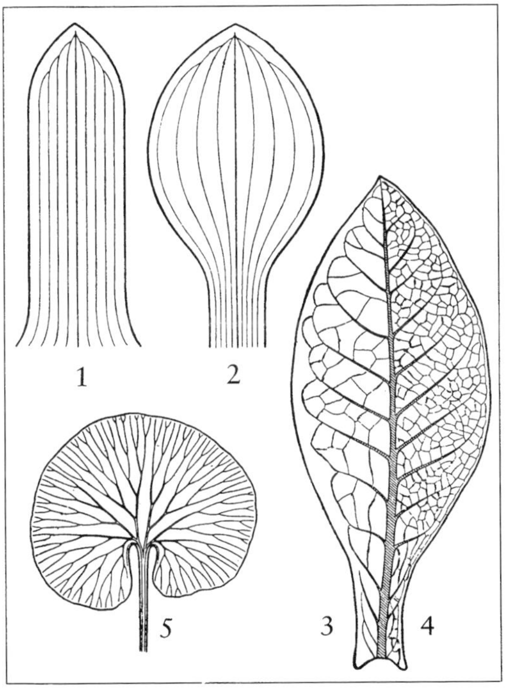

Verschiedene Formen der **Blattnervatur**. Erläuterung im Text

Blattnerven → *Blattadern*

Blattprimordium: Blattanlage. Seitlich am Sproßscheitel inserierte, durch periklinale Teilungen der → *Tunica* entstandener, mikroskopisch kleiner Höcker, der sich durch Wachstums- und Differenzierungsvorgänge zum Blatt entwickelt.

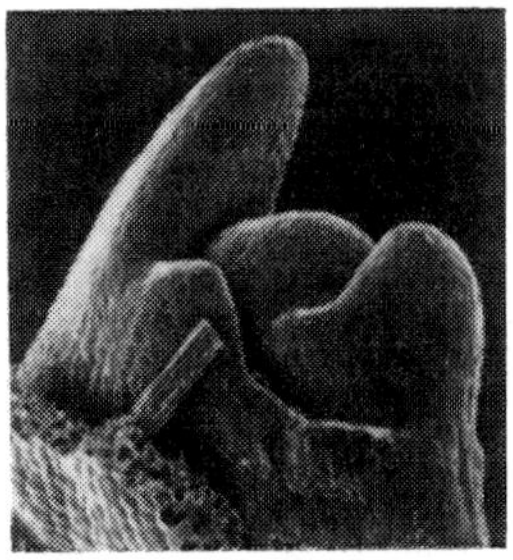
Vegetationskegel mit **Blattprimordien**

Blattrand: Wichtiges Bestimmungsmerkmal bei Pfl. Man unterscheidet folgende B.-Formen:
ganzrandig: gleichmäßig glatt, ohne Einschnitte (1); gesägt: mit spitzen Zähnen, die im spitzen Winkel zusammenstoßen (2); doppelt gesägt: große Zähne wechseln mit kleinen Zähnen ab (3); schrotsägeförmig: große, meist rückwärts gerichtete Zähne sind ihrerseits wieder fein gesägt (4); gezähnt: die Einschnitte zwischen den spitzen Zähnen sind abgerundet (5); gekerbt: die Vorsprünge des B. sind abgerundet und stoßen im spitzen Winkel zusammen (6); gebuchtet: sowohl die Vorsprünge als auch die Einschnitte sind abgerundet (7); fiederspaltig (leierförmig gefiedert): die abgerundeten Einschnitte laufen paarweise aufeinander zu (8); fiederteilig: die paarigen Einschnitte reichen fast bis zur Mittelrippe (9); handförmig geteilt: die mehr oder weniger tiefen Einschnitte laufen auf den Spreitengrund zu (10); gelappt: die gesamte Blattfläche ist durch spitze Einschnitte in breitere, meist stumpfe und abgerundete Lappen geteilt (11).

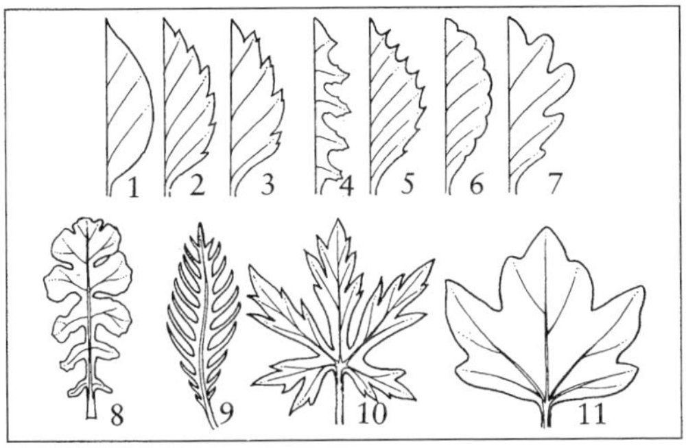

Blattrand. Erläuterung im Text

Blattrandnekrosen: Auf den Bereich des Blattrandes begrenzte, meist braune → *Nekrosen.* Sie stellen bei Ah, Li und RKa ein typisches Symptom von Streusalzschäden dar und führen oft zu vorzeitigem Blattfall.

Blattranke: Durch Reduzierung der Blattspreite entstandenes Kletterorgan, mit dessen Hilfe der Sproß z.B. an anderen Pfl. emporwachsen kann (Bsp. Lathyrus aphaca, Pisum sativum) (Abb. S. 80).

Blattrippe: Costa. Meist auf der Blattunterseite leistenartig hervortretende, die Leitbündel einschließende Blattader.

	N %	P %	K %	Ca %	Mg %	Fe ppm	Mn ppm	Al ppm
Birke	2,0-3,5	0,1-0,8	0,3-1,5	0,5-1,5	ca.0,2	ca.3800	ca.300	ca.1000
Buche	1,2-2,8	0,1-0,2	0,5-0,7	ca.0,5	ca.0,1	ca.105	ca.240	ca.120
Eiche	2,0-2,5	0,1-0,2	ca.1,2	0,3-0,7	0, 1-0,2	200-300	700-1500	100-150
Douglasie	0,9-2,5	0,1-0,4	0,3-0,9	0,3-0,5	ca.0,1	40-70	450-1150	175-750
Fichte	1,3-1,7	0,1-0,3	0,5-0,9	0,4-0,7	0,1-0,2	100-300	200-3000	130-300
Kiefer	1,6-1,8	0,1-0,2	0,4-0,6	0,2-0,4	ca.0,1	100-700	100-1800	300-500
Lärche	1,7-2,0	0,1-0,2	0,1- 1,5	0,4-0,8	ca.0,1	100-300	600-1000	ca.250
Tanne	1,1-1,6	0,1-0,4	0,6-1,1	0,6-1,2	0,1-0,4	30-120	130-5000	ca. 400

Blattspiegelwerte einiger wichtiger Waldbäume

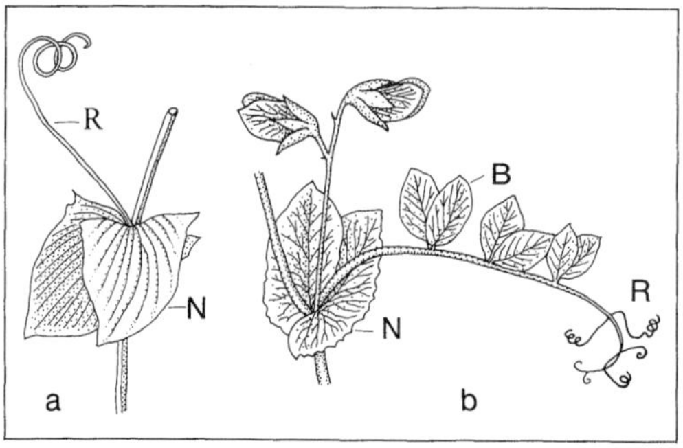

a **Blattranke** von Lathyrus aphaca (N: Nebenblätter, R: zur Ranke umgewandelte Rhachis), *b* Fiederblattranke von Pisum sativum (N: Nebenblätter, B: Blattfiedern, R: zur Ranke umgewandelte Blattfiedern)

Blattspiegelwerte: Werte für die Nährelementkonzentrationen in den Assimilationsorganen, die bestimmt werden von der aufgenommenen Nährelementmenge bezogen auf die Trockensubstanz; Hauptnährelemente werden in %, Spurennährelementgehalte in ppm (= mg/kg) ausgedrückt; sog. Verdünnungseffekte können durch ein Absinken der Nährelementkonzentration in den Blattorganen zur Zeit stärksten Wachstums auftreten, d.h. die Diskrepanz zwischen Wachstum und Nährelementaufnahme führt zu einem Rückgang der B., bedingt durch die relativ stärkere Produktion organischer Substanz.

Blattspindel → *Rhachis*

Blattspreite: Lamina. Zumeist flächig entwickelter Teil des → *Oberblattes,* von Leitbündeln (Blattnerven) durchzogen; B. kann ungeteilt sein oder aus mehreren, voneinander getrennten Blättchen bestehen (einfache bzw. zusammengesetzte Blätter).

Blattspur: Spur der Leitbündel, die aus der Sproßachse in ein Blatt einmünden. Kann je nach Zahl der darin vertretenen Bündel (Blattspurstränge) ein- oder mehrsträngig sein.

Blattspurstrang → *Blattspur*

Blattstellung: Gesetzmäßige Anordnung der Blattorgane an der Sproßachse. Man unterscheidet: zweizeilige oder distiche B. (→ *Distichie),* wechselständige oder dispergierte B. (→ *Dispersion),* wirtelige B. (→ *Wirtelung).* Im Laufe der Individualentwicklung ist häufig ein Wechsel in der B. zu beobachten: so weisen Keimblätter Wirtelstellung auf, die ersten Folgeblätter sind distich, die späteren dispergiert gestellt.

Blattstellungsdiagramm: Zeichnerische Darstellung der Anordnung von Blattorganen an der Sproßachse einer Pfl. Dabei werden die aufeinanderfolgenden Knoten durch konzentrische Kreise dargestellt; der größte Kreis entspricht dem ältesten, also bodennächsten, der kleinste dem jüngsten Knoten. Anschließend wird die genaue Position der einzelnen Blätter auf den versch. Kreisen eingetragen.

Blattstiel: Petiolus. Teil des → *Oberblattes,* bei dem im Gegensatz zur Blattspreite das Dickenwachstum überwiegt; Rand- und Flächenwachstum treten zurück. Je nach Ausbildung der Blattoberseite im Stielbereich sowie der Anordnung der Leitbündel im Querschnitt unterscheidet man bifaciale und unifaciale B.. Bei Monokotylen und den meisten Koniferen fehlt der B. oder ist kaum entwickelt; der Blattgrund geht dann unmittelbar in die Spreite über (sitzende Blätter). (1); Man unterscheidet weiter: stengelumfassend (2): die Basis der Blattspreite umschließt den Stengel fast oder ganz, geöhrt (3): beiderseits des Spreitengrundes sitzt je ein Anhängsel, durchwachsen (4): der geschlossene Spreitengrund scheint vom Stengel durchwachsen, verwachsen (5,6): der Spreitengrund von zwei sich an einem Nodium gegenüberstehenden Blättern ist, verwachsen herablaufend (7): der Spreitengrund zieht sich am Sproß herab.

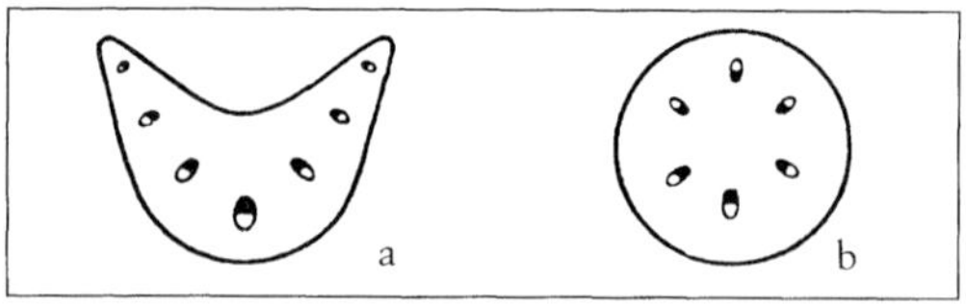

Querschnitt durch **Blattstiel:** *a* bifacial, *b* unifacial

Blattstielblatt → *Phyllodium*

Blattsukkulenten → *Sukkulenten*

Blattsymphysen: Verwachsung von benachbarten Blattorganen oder von Teilen eines Blattes. Congenitale

B.: Blätter/-teile sind von vornherein miteinander verbunden (vgl. → *Gamophyllie*). Postgenitale B.: Verwachsung ursprünglich freier Blätter/-teile findet erst nachträglich statt.

Blattverwachsung → *Blattsymphysen*

Blattwachstum: Man unterscheidet Längen-, Breiten- und Dickenwachstum: Längenwachstum setzt an den Primordien durch die Tätigkeit eines Spitzenmeristems ein, das zumeist frühzeitig von einem basalen oder einem bis mehreren interkalaren Meristem abgelöst wird (Übergang von akroplastem zu basiplastem B.); dieser Wechsel vom Spitzen- zum Basiswachstum findet bei Nadelhölzern statt, wenn die Blattanlagen ca. 0,3 mm, bei Laubhölzern ca. 15 mm erreicht haben. Das Breitenwachstum geht auf ein Randmeristem zurück, das i.d.R. aus subepidermalen (Ausn. Farne, Gräser) Randzellen besteht; die von diesem Meristem abgegliederten Zellen tragen im weiteren zum Flächenwachstum bei. Das Dickenwachstum bleibt zumeist auf den Blattstiel und z.T. auf die Blattadern beschränkt; es wird von einem oberseits gelegenen, subepidermalen Ventralmeristem übernommen.

Blaualgen → *Cyanophyceae*

Blaubeere → *Vaccinium myrtillus*

Blaufichte → *Picea pungens*

Blauglockenbaum → *Paulownia*

Blaugummibaum → *Eucalyptus*

Blauregen → *Wisteria*

Blauspiere → *Rosaceae*

Blauzeder → *Cedrus atlantica*

Blauzeder-Wacholder → *Juniperus squamata*

Blei (Pb): Beeinträchtigt den Stoffwechsel durch Verdrängung von Ca^{2+}, blockiert Enzyme, hemmt schon in geringen Konzentrationen die CO_2-Fixierung und die ATP-Bildung in Chloroplasten; Gehalt in Böden 5-100 ppm; wird von Wurzeln schlecht aufgenommen u. nur teilweise transportiert, da fest in der Zellwand gebunden; es besteht eine Korrelation zwischen dem Pb-Gehalt der Nadeln und der Verkehrsnähe, z.B. werden bei Fi in ländlichen Gebieten 2-10 ppm u. in Autobahnnähe 24-42 ppm auf den Nadeln abgelagert; bei Taxus stark erhöhte Pb-Gehalte in den Blättern (0,1-10 ppm) ohne sichtbare Schäden. → *Schwermetalle*

Bleistiftzeder → *Juniperus virginiana*

Bleiwurzgewächse → *Caryophyllidae*

Blendlinge: Veraltete Bezeichnung für → *Bastarde* und Hybriden.

Blitzempfindlichkeit → *Blitzschäden*

Blitzlöcher → *Blitzschäden*

Blitzrinne → *Blitzschäden*

Blitzschäden: Blitze können an Bäumen mechanische, aber auch physiologische Schäden erzeugen. Am häufigsten sind die sog. Blitzrinnen mit ± starker Rindenabsplitterung, welche von der Baumspitze bis zum Stammfuß herablaufen. Schmale Rinnen können überwallen. Oft zu beobachten ist auch ein durch Blitzschlag verursachtes Absterben ganzer Baumgruppen. Das Absterben geht meist von einem durch Blitzschlag sichtbar gekennzeichneten Einzelbaum aus und weitet sich bisweilen über Jahre auf Nachbarbäume aus. Diese sich konzentrisch erweiternden Blitzlöcher finden sich fast ausschließlich im Nadelwald (vorwiegend bei Fichte). Als Ursache werden Flächenblitze genannt, die mit zunehmender Entfernung vom Zentrum an Intensität abnehmen und über eine ausgedehnte Zellzerstörung in Schaft und Wurzeln das Absterben bewirken sollen. Die dabei auftretenden Vorgänge sind weitgehend ungeklärt.
Hochstämmige Bäume nachfolgender Arten sind besonders gefährdet: Nadelhölzer, Pa, Ei, Ul, Es, Wei, Rob. Wenig gefährdet sind Er, Ah, Rka, Bu, Hbu, Bi. Bäume mit glatter Borke leiten Elektrizität offenbar besser ab als Bäume mit rissiger Borke, und sind somit weniger gefährdet.

Blitzrinne an Fichte

Blue Spruce → *Picea pungens*

Blueberry → *Vaccinium myrtillus*

Blühbeginn: Genetisch festgelegt und durch Kälte- und Lichteinwirkung modifiziert, bzw. ausgelöst. → Die gleichen Parameter indizieren die Bildung von chemischen Stimuli (→ *Florigen*), die die Blütenbildung bewirken. *Vernalisation*, → *Photoperiodismus*.

Blüte: Der generativen Fortpflanzung dienendes »Organ« der Spermatophyta. Im Längenwachstum begrenzter, terminaler Sproßabschnitt mit gestauchten Internodien und ansitzenden, metamorphisierten Blattorganen, die direkt (fertile Staub- und Fruchtblätter) oder indirekt (sterile Kelch- und Kronblätter) der sexuellen Vermehrung dienen. In der B. vollzieht sich die Embryonalentwicklung der nachfolgenden Generation. Blüte ist einem Sporophyllstand homolog. Erste Anklänge schon bei den → *Selaginellales*.

Baumgattung bzw. -art	Zeit des Aufblühens								
	Feb.	März	April	Mai	Juni	Juli	Aug .	Sept.	Okt.
Gymnospermen									
Abies				x	x				
Cedrus atlantica								x	x
Juniperus communis					x				
Larix decidua		x	x	x					
Larix kaempferi		x	x	x					
Picea			x	x					
Pinus cembra				x	x				
Pinus mugo				x	x	x			
Pinus nigra				x	x				
Pinus strobus				x	x				
Pinus sylvestris				x	x				
Pseudotsuga menziesii			x	x					
Taxus baccata		x	x						
Angiospermen									
Alnus glutinosa		x							
Alnus incana	x	x	x						
Acer campestre			x	x					
Acer platanoides			x	x					
Acer pseudoplatanus				x					
Betula pendula			x						
Betula pubescens			x						
Carpinus betulus					x				
Fagus sylvatica			x	x					
Fraxinus excelsior			x	x					
Populus alba		x							
Populus nigra		x	x						
Populus tremula		x							
Prunus avium			x	x					
Quercus paetraea				x					
Quercus pubescens				x					
Quercus robur				x					
Quercus rubra				x					
Robinia pseudoacacia				x	x				
Tilia cordata					x	x			
Tilia platyphyllos (zwei Wochen vor T.cordata)					x	x			
Ulmus glabra		x	x						
Ulmus laevis		x	x						
Ulmus minor		x	x						

Blütezeit wichtiger Waldbaumarten in Mitteleuropa

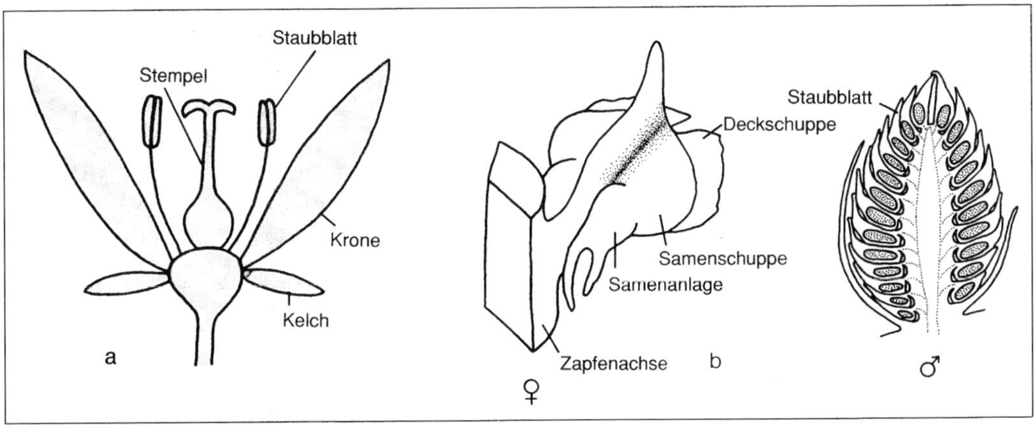

a Angiospermen-Blüte; *b* Gymnospermen-Blüte (Pinus sylvestris)

Blütenachse → *Receptaculum*

Blütenbildung: Übergang von der vegetativen zur generativen Phase. Anstelle der vegetativen Blätter werden Mikro- und Megasporophylle gebildet. Realisierung durch Aktivierung von Blühgenen, die die Synthese eines noch nicht analysierten Blühhormons (→ *Florigen)* induzieren.

Blütenblätter: Kronblätter. → *Krone.*

Blütenboden → *Receptaculum*

Blütendiagramm: Grundriß einer Blüte, in dem die Lage der einzelnen Blütenglieder zueinander, zur Abstammungsachse und zum Tragblatt der Blüte eingezeichnet werden. Die Ebene, welche Abstammungsachse, Stempel und Tragblatt verbindet, heißt Mediane. Die Transversale verläuft dazu senkrecht und durchschneidet die Vorblätter der Blüte.

Blütenformel: Kurzcharakteristik einer Blüte mit Angabe von Anzahl und Stellung der Blütenglieder, Verwachsungen zwischen den Blütenteilen und den Symmetrieverhältnissen der Blüte. Sie gibt keine Auskunft über Farbe und Gestalt der Blütenteile.

1. Blütensymmetrie:
   - ◎ asymmetrisch wegen schraubiger Stellung der Blütenglieder.
   - * radiärsymmetrisch
   - ↓ dorsiventral oder zygomorph
   - ↘ schräg zygomorph. Symmetrieebene liegt nicht in der Mediane der Blüte
   - ✢ bilateral oder disymmetrisch
2. Blütenglieder:
   - P Perigon
   - K Kalyx (Kelch)
   - C Corolla (Krone)
   - A Androeceum (Staubblätter)
   - G Gynoeceum (Fruchtblätter)

Zahlen hinter diesen Buchstaben geben die Anzahl der entsprechenden Glieder wieder. Werden 2 oder 3 durch ein +-Zeichen verbundene Zahlen angegeben (z.B.

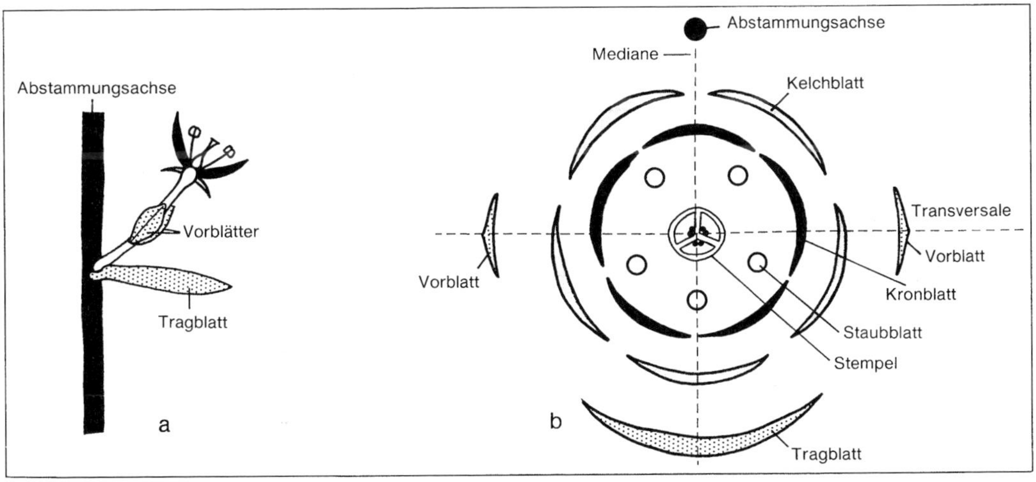

Blütendiagramm: *a* Seitenansicht, *b* Grundriß

A5+5, so sind die entsprechenden Blütenglieder 2- oder 3kreisig angeordnet. Im Androeceum bedeutet 1/2 ein gespaltenes Staubblatt. Fehlende Kreise werden mit 0 angegeben (z.B. → *Obdiplostemonie:* A 0+5+5). Fehlende Glieder innerhalb eines Blütenkreises werden mit dem Exponenten ° gekennzeichnet (z.B. A 4:1°, d.h. A war ursprünglich 5-zählig, durch Ausfall eines Staubblattes nun 4-zählig).
3. Verwachsungen:
( ) zwischen gleichartigen Gliedern. Z.B. A(5) oder A(5+5)
[ ] zwischen ungleichartigen Gliedern. Z.B. [C5A5]
4. Stellung des Gynoeceums :
G ($\underline{2}$) = oberständig; G ($\overline{2}$) = unterständig; G ($\underline{\overline{2}}$) = mittelständig.
Die Angabe ∞ bedeutet eine große und unbestimmte Anzahl von Blütenglieder.
Blütenformeln einiger Holzpflanzen:

Magnolia acuminata		* K3 C3+3 A∞ G$\underline{\infty}$
Berberis vulgaris		* K3+3 C3+3 A3+3 G$\underline{1}$
Rosa spec.		* K5 C5 A∞ G$\underline{\infty}$
Betulaceae (Grund-	♂	* P2+2 A2+2
formel)	♀	* P2+2 G ($\overline{2}$)
Ulmus spec.		* P5 A0+5 G($\underline{2}$)
Sambucus spec.		* K(5) [C(5) A5] G($\overline{3}$)
Robinia pseudacacia		↓ K(5) C5 A(10) G$\underline{1}$
Aesculus hippocastanum		↘K(5) C4oder5A3:2°+5 G($\underline{3}$)

Blütengrundriß → *Blütendiagramm*

Blütenhülle → *Perianth,* → *Perigon*

Blütenkreis: Wirtel (Quirl) zyklisch gestellter Blütenorgane. Tetrazyklische Blüten haben 4 Blütenkreise (Kelch, Krone, Staubblätter, Fruchtblätter), z.B. Caprifoliaceae. Pentazyklische Blüten tragen einen weiteren Staubblattkreis (z.B. Aceraceae). Bei hemizyklischen Blüten (viele Magnoliaceae) sind die Organe der Blütenhülle zyklisch, Staub- und Fruchtblätter aber spiralig gestellt. Liegt Isomerie vor, sind alle B. mit gleicher Anzahl von Gliedern besetzt (Gegensatz: Heteromerie).

Blütenpflanzen → *Spermatophyta*

Blütenstand → *Infloreszenz*

Blütenstaub → *Pollen*

Blütensymmetrie: Je nach Stellung der Blütenglieder kann eine zyklische Blüte in eine verschieden große Anzahl spiegelbildlich gleicher Teile unterteilt werden. Man unterscheidet:
Radiäre B.: mit zahlreichen Symmetrieebenen (Ulmaceae).
Zygomorphe B.: = dorsiventrale B. Nur eine Symmetrieebene, die deckungsgleich mit der Medianen ist (Fabaceae).
Schräg-Zygomorphe B.: nur eine Symmetrieebene, die wegen Ausfalls einzelner Blütenteile nicht mit der Medianen deckungsgleich ist (Aesculus).
Bilaterale B.: = disymmetrische B. Zwei Symmetrieebenen, von denen eine mit der Medianen, die andere mit der Transversalen zusammenfällt (Brassicaceae).

Blumen-Hartriegel → *Cornus florida*

Blumenesche → *Fraxinus ornus*

Blumenhasel → *Corylopsis*

Blut-Johannisbeere → *Ribes sanguineum*

Blutbuche → *Fagus sylvatica*

Bluten: Austreten von → *Blutungssaft* aus verletztem Xylem und Phloem an Stamm- und Astwunden. Bedingt durch Wurzel- und Stammdrucke von ca. 1 – 2 bar. Technische Verwendung: Gewinnung von Zucker aus dem Blutungssaft von Acer saccharum.

Bluthasel → *Corylus maxima*

Blutungssaft: Lösung aus Zucker, organischen Säuren, Enzymen, Vitaminen und anorganischen Substanzen. Entsteht im Frühjahr mit dem »In-Saft-geraten« der Bäume und tritt bei krankheitsbedingten oder künstlichen Verleztungen aus. (→ *Bluten).*

Blutvarietäten → *Parallelmutation*

Bocksdorn → *Lycium*

Bodenbearbeitung: Mechanische Bearbeitung land- und forstwirtschaftlich genutzter Böden. Ziele der B. in der Forstwirtschaft können sein 1. die Beseitigung von → *Bodenverdichtung,* 2. Verbesserung der Keim- und Anwuchsbedingungen bei natürlicher und künstlicher Verjüngung. Oberflächig wirkende B. kann ökologisch vorteilhaft sein, intensive und tiefgehende B. dagegen ist häufig von Nachteil (z.B. auf nährstoffarmen Böden durch Tiefenverlagerung von Humusschichten).

Bodendesinfektion → *Bodenentseuchung*

Bodenentseuchung: Bodendesinfektion. Maßnahme zur Bekämpfung im Boden lebender Schaderreger. Je nach Aufenthaltstiefe des Pathogens kann Oberflächen- oder Tiefenbegiftung angezeigt sein. So können Saatbeete durch Übersprühen mit geeigneten Fungiziden vor Keimlingskrankheiten (z.B. Pythium-Arten) geschützt werden.

Bodenfeuer → *Waldbrand*

Bodenfungistasis: Hemmung der Pilzentwicklung in natürlichen Böden. Zumeist ausgelöst durch (a) Stoffwechselprodukte konkurrierender Mikroorganismen (Antagonisten), (b) Nährstoffkonkurrenz, (c) Antibiotika-Bildung von Actinomyceten, (d) Wurzelexsudate höherer Pflanzen. B. ist reversibel bei Rückgang des Fungistatikums.

Bodenherbizid → *Herbizide*

Bodenmelioration: Maßnahmen zur Bodenverbesserung im Hinblick auf seine land- und forstwirtschaftliche Nutzung. Waldböden können hinsichtlich Bodenstruktur, Nährstoffversorgung, Wärme- und Wasserhaushalt Mängel aufweisen, so daß geeignete Verfahren zur Bodenverbesserung angezeigt sein können. Zu erreichen ist B. u.a. durch 1. → *Bodenbearbeitung* (Anregung der Bodenaktivität), 2. → *Drainage,* 3. Einbringung von Gründüngungspflanzen (→ *Gründüngung*) und tief wurzelnden Baumarten (Ei, Li, Hbu, Schwarzerle, Ta), 4. Meliorationsdüngung (z.B. → *Kalkung).*

Bodenverbesserung → *Bodenmelioration*

Bodenverdichtung: Dichteres Beisammenliegen von Bodenteilchen, als dies natürlicherweise der Fall wäre. B. bedeutet kleineres Porenvolumen mit gleichzeitig geringerem Luftgehalt und geringerer Luftdurchlässigkeit des Bodens sowie verminderter Wasserabzugsmöglichkeit. Durch Streunutzung wurde in früheren Jahrhunderten auch die wasseraufsaugende Bodenauflage entfernt, so daß ungehemmter Aufprall von Regen u.a. zur B. führte. Heute wird B. durch den Einsatz von Großgeräten bei Waldpflege und -ernte (Schlepper usw.) beschleunigt. Die Verdichtungszone wirkt als Stauhorizont nach Regenfällen und kann aufgrund von Sauerstoffmangel nicht von Bodenlebewesen (Ausnahme u.a. anaerobe Bakterien) besiedelt werden. B. bedeutet eine schlechtere Durchwurzelbarkeit für Pflanzen und kann Wurzelschäden zur Folge haben.

Bodenversauerung: Säurebelastung des Bodens, zurückzuführen 1. auf die saure Deposition (→ *saurer Regen)* anthropogenen Ursprungs, 2. ökosysteminterne Säureproduktion (klimatisch bedingte Versauerungsschübe); kann zu einer Abnahme des Basenvorrats, zu einer Zunahme der im Boden vorhandenen Proton- und Kationsäuren und zum Abbau der N-Vorräte führen. Ein durch Versauerungsschübe hervorgerufener pH-Abfall in der Bodenlösung (bei pH-Werten zwischen 3 u. 4) mobilisiert Al-Ionen in der → *Rhizosphäre.* Je nach Grad der B. neigen Waldökosysteme bei Auflichtung zur Verwilderung (→ *Stickstoffzeiger)* oder Vergrasung; ebenso führte die Streunutzung zu Versauerung und Nährstoffverarmung.
Die Wirkung hoher Säurekonzentrationen und Säure/Basenrelationen (Ca/Al-, Mg/Al-Verhältnisse) in der Bodenlösung auf Pflanzen äußert sich in Wurzelschädigungen, verringerter Wasserleitfähigkeit des Wurzelgewebes, akuten Ernährungsstörungen und in einer Verminderung der aufnahmefähigen Wurzelbiomasse.

Bodenvorbereitung → *Bodenbearbeitung,* → *Bodenmelioration*

Böllingzeit(-Schwankung): Stufe des → *Holozän.*

bogennervig → *Blattnervatur*

Bohnenbaum → *Catalpa*

Boletus: Zur Ordnung Boletales (→ *Basidiomycetes)* gehörende Röhrenpilze, zahlreiche Arten der Gattung sind obligate → *Mykorrhizapilze* bei Waldbäumen.

Bombacaceae: Wollbaumgewächse. Familie der → *Malvales.* Tropische, oft laubabwerfende Riesenbäume, vor allem in Regenwäldern S-Amerikas und Savannen Afrikas. Blätter oft gefingert, mit Nebenblättern. Blüten erscheinen nach dem Laubabwurf. Cauliflorie. Oft mit flaschen- oder faßförmig verdickten Stämmen (Wasserspeicher) und kleinen Kronen (Flaschenbäume). Erwähnenswert sind: Ceiba pentandra (Wollbaum), asiatischer Regenwaldbaum, bis 50 m hoch, mit Brettwurzeln. Kapoklieferant. Ceiba rivieris (Baumwürger), anfangs epiphytisch wachsend. Ochroma pyramidale (Balsabaum), trop. S-Amerika, mit sehr leichtem Holz (spez. Gew. 0,1 – 0,3). Adansonia digitata (afrik. Affenbrotbaum), typ. Flaschenbaum, bis 25 m hoch, Durchmesser bis 12 m, lockeres, schwammiges Holz, Bestäubung durch Fledermäuse. 2 weitere Adansonia-Arten in Australien.

Bonität → *Ertragsklasse*

Bor: (B) Spurennährelement, B-Gehalt in Fi-Nadeln liegt im Bereich von 15-40 ppm; begünstigt den Kohlenhydratstoffwechsel und wirkt über die Aktivierung von Wuchsstoffen (→ *Phytohormone)* auf die Feinstruktur der Zellwände und auf Gewebedifferenzierungen, beschleunigt u.a. das Wurzelwachstum. B-Mangel ruft u.a. Schäden im Meristem hervor, führt zu einem Überschuß an phenolischen Substanzen u. behindert den Kohlenhydrattransport, dadurch Anreicherung von Zucker u. Stärke in den Blättern.

Boraginaceae: Rauhblattgewächse. Familie der → *Polemoniales.* Überwiegend Kräuter, selten Lianen und kleine Bäume, mit meist wechselständigen, stark behaarten Blättern. Familie ist kosmopolitisch verbreitet, Verbreitungsschwerpunkt im Mittelmeergebiet. Blütenformel: * K(5) [C(5) A5] G(2). Gelegentlich schwache Zygomorphie. Kronröhre durch Schlundschuppen (= Einstülpungen der Krone) verengt. Einsamige Klausenfrüchte. Holzpflanzen: Cordia myxa (M- und S-Amerika), verwendet als Möbelholz und Patagonula spec. (S-Amerika), Bau- und Möbelholz, Waldpflanzen: Pulmonaria officinalis (Lungenkraut) und Symphytum tuberosum (Beinwell) in nährstoffreichen Laubmischwäldern, Myosotis silvatica (Vergißmeinnicht) in Laubmisch- und Auenwäldern.

Borax: Natriumtetraborat. Verwendung im Forstschutz 1. zur Prophylaxe gegen die Besiedelung frischer Stockoberflächen durch → *Heterobasidion annosum,* 2. zum Übersprühen von Forstpflanzen in Anzuchtbeeten als Vorbeugung gegen Frostschäden (0,5%ige wäßrige Lösung).

Bordelaiser Brühe (Bordeauxbrühe): → *Kupferkalkbrühe*

boreal → *Florenzonen*

boreosubtropisch → *Florenzonen*

Borke (Rhytidom): Tertiäres Abschlußgewebe, das bei anhaltendem sek. Dickenwachstum des Sprosses und der Wurzel das → *Periderm* (sek. Abschlußgewebe) ersetzt (Ausnahme → *Peridermbäume).* B. umfaßt Gewebekomplexe außerhalb der im sek. Phloem gebildeten Tiefenperiderme. Sie besteht somit aus primär (Reste der prim. Rinde), sekundär (z.B. Bast) und tertiär (ältere Tiefenperiderme) entstandenen Geweben. Vor Einsetzen der Borkebildung findet u.a. Entwicklung von Steinzellen (Liriodendron, Lä), Lignifizierung von Bastfasern, Vermehrung (Bi) und Vergrößerung (Ki, Lä) von Phloemparenchymzellen statt. B. wird in gleichem Maße durch neue, tiefer im nachwachsenden Bast liegende Periderme ergänzt wie sie sich außen durch Verwitterung und mechanische Belastung ablöst. Sie bietet Schutz vor mech. Verletzungen, Temperaturextremen, Wasserverlusten, pathogenen Pilzen, Bakterien und Insekten. Dickborkige Arten wie Pinus ponderosa, Tsuga heterophylla, Lä, Dougl sind widerstandsfähiger gegen Waldbrände. Man unterscheidet:
1. Schuppenborke: Uhrglasförmige Tiefenperiderme trennen rel. kleine Teile vom lebenden Bast ab. Borke unregelmäßig aufgerissen (Ki, Lä, Rob, Ei, Es).
2. Ringelborke: Tiefenperiderme verlaufen rings um den Stamm (Bi, Kirsche, Wacholder). Einzelne dünnwandige unter sonst stark verdickten Phellemzellen führen bei geringer Querspannung zum Aufreißen in dünne, hautartige Schuppen.
3. Streifenborke: Periderm der Ringelborke wird durch schmale Parenchymbänder unterbrochen, an

denen B. aufreißt und sich in Längsstreifen ablöst (Clematis, Lonicera).

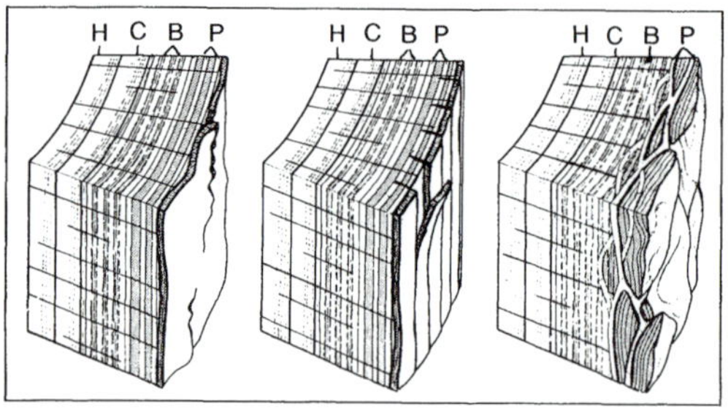

Verschiedene **Borkentypen:** *a* Ringelborke, *b* Streifenborke, *c* Schuppenborke. H = Holz, C = Kambium, B = Bast, P = Phellogene

Bornmüllers Tanne → *Abies bornmuelleriana*

Borstenfichte → *Picea* (asperata)

Borstenhaare → *Haare*

Borstenscheibling, Rotbrauner → *Hymenochaete rubiginosa*

Boten-RNA → *RNA*

Botrytis cinerea Fr.: Erreger der Grauschimmelfäule. Hauptfruchtform: Sclerotinia fuckeliana (de Bary) Fukkel (Sclerotiniaceae). Weit verbreiteter Schwächeparasit und Saprophyt an vielen landw.-gärtnerischen Kulturpflanzen (Weinrebe, Hopfen, Salat etc.). Der Pilz hat ein riesiges Wirtsspektrum und befällt fast alle Pflanzenteile. In jungem, turgeszentem Gewebe kann er Primärparasit sein.
Schäden an Waldbäumen treten im Keimlingsstadium sowie an jungen Trieben in Fi-, Dougl-, Lä- und Ta-Verjüngungen auf. Gefährdet sind Lagen hoher Luftfeuchte. Infektion junger Triebe durch Konidien im Frühjahr. Triebe hängen herab und werden braun (ähnlich Spätfrostschäden). Danach Stillstand. Nur bei Lä Vordringen in die Rinde des vorjährigen Langtriebes. Überwinterung mit kleinen, dunkelbraunen Sklerotien an befallenen Nadeln oder Trieben. Nachweis: Nach Inkubation wächst aus dem befallenen Gewebe ein üppiges, graues Luftmycel mit zahlreichen, büscheligen Konidienträgern heraus. Laubhölzer und Kiefern sind weniger anfällig, Sequoiadendron ist extrem empfindlich. Hauptfruchtform selten.

Bougainvillea → *Caryophyllales*

Bower, Virgin's → *Clematis*

Boxelder → *Acer negundo*

Brachsenkräuter → *Lycopodiatae*

Brakteen: Deckblätter. Tragblätter in → *Infloreszenzen,* in deren Achseln Blüten oder Infloreszenzäste stehen.

Brand → *Waldbrand*

Branddisposition → *Waldbrand*

Brandpilze: → *Ustilaginales* und Tilletiales. Charakteristisch sind die als Probasidien anzusprechenden, meist dunkelbraun gefärbten Brandsporen.

Brandsporen → *Ustilaginales,* → *Probasidie*

Brassicaceae: Cruciferae, Kreuzblütler. Familie der → *Capparales* mit 3 000 meist krautigen Arten. Blütenformel: ✱ K2+2 C 4 A2:2°+4 G($\underline{2}$). Schoten- oder Schötchenfrüchte. Nutzpflanzen: Brassica napus (Raps), B. oleracea (Kohl), Raphanus spec. (Rettich). Ackerunkräuter: Capsella (Hirtentäschelkraut), Thlaspi (Hellerkraut).

Braun-Weide → *Salix waldsteiniana*

Braunalgen → *Phycophyta*

Braunfäule (Destruktionsfäule): Hervorgerufen durch → *holzzerstörende Pilze,* die vorwiegend bei Nadelholz Cellulose und andere Polysaccharide abbauen. Kennzeichen: Holz durch Trockenrisse würfelartig zerfallend, intensiv braun, im Endstadium leicht zwischen den Fingern zu zerreiben. Lignin bleibt unberührt. Wichtige Erreger: → *Phaeolus schweinitzii* und → *Sparassis crispa* an lebendem Nadelholz, → *Daedalea quercina* an lebendem Laubholz; → *Serpula lacrymans* an verbautem Holz.

Braunfäule

Braunfleckengrind → *Cryptodiaporthe populea*

Braunfleckigkeit: Häufig auf Stammquerschnitten von Wei, Er u. Bi. Dabei handelt es sich um Kallusbildungen (→ *Kallus)* mit welchen sich die von Minierfliegenlarven in der kambialen Region gefressenen Gänge gefüllt haben. Die Braunfärbung wird u.a. durch den Kot der Larven verursacht.

Braunkohlenwälder: Sumpfwälder im Verlandungsbereich von Süßwasserkörpern während des Tertiär mit → *Taxodium,* → *Sequoia,* → *Nyssa* als Leitformen. Aus den organischen Ablagerungen dieser Wälder entstand Braunkohle.

Braut-Myrte → *Myrtus*

Brechnußbaum → *Loganiaceae*

Breiapfelgewächse → *Sapotaceae*

Breitenwachstum → *Wachstum*

Brennesselbaum → *Urticaceae*

Brennfleckenkrankheit → *Anthraknose*

Brennhaare → *Haare*

Brenztraubensäure: Wichtige Verbindung im Energiestoffwechsel der Pflanzen [CH_3-CO-COOH]. Ihr Anion (= Pyruvat) ist Endprodukt der → *Glykolyse.*

Bretterschnitt → *Fladerschnitt*

Brewer Spruce → *Picea breweriana*

Bringungsschäden → *Rückeschäden*

Bristlecone Pine → *Pinus aristata*

Bristlecone-Fir → *Abies bracteata*

Brombeere → *Rubus fruticosus*

Broom → *Cytisus, Genista*

Broom, Butcher's → *Ruscus*

Broom, Common → *Cytisus scoparius*

Brosimum → *Moraceae*

Brotfruchtbaum → *Moraceae*

Brotnußbaum → *Moraceae*

Broussonetia L'Her.: Gattung der → *Moraceae* mit 6 – 8 sommergrünen Baum- oder Straucharten in Ostasien und Polynesien. Blätter wechselständig, gestielt, einfach, oft gelappt, am Rande gesägt. Blüten zweihäusig verteilt. Eigenartig aussehende Fruchtstände, bei denen die von einer fleischigen Hülle umgebenen Nußfrüchte mit einem dicken, fleischigen Träger vom ebenfalls fleischig gewordenen Blütenboden abstehen. Broussonetia papyrifera (L.) Vent. (Papiermaulbeerbaum), ein in China und Japan beheimateter, dort bis 15 m hoher Laubbaum, dessen Rinde bei der Papierherstellung Verwendung findet. In Südeuropa häufiger, gelegentlich verwilderter, bis 6 m hoher Zierbaum oder -strauch; in Mitteleuropa nur in milden Lagen winterhart. Kennzeichen: Blätter bis 20 cm lang, eiförmig, zugespitzt, oft 2 – 3lappig, unterseits dicht grau behaart. Fruchtstände kugelig, bis 2 cm groß, orangefarben.

Bruchfrucht: (syn.: Gliederfrucht). Frucht, die bei der Reife durch Brechen der Karpellwände in einsamige Teilfrüchte zerfällt (z.B. Gliederhülse, Gliederschote).

Bruchwald: Wald, der im Ggs. zum → *Auenwald* nicht auf mineralischen Sedimenten, sondern auf org. Böden (mind. 10-20 cm Bruchwaldtorf [Fen]) stockt. Das Grundwasser steht dauernd nahe der Oberfläche und Schwankungen des Wasserspiegels betragen nur ausnahmsweise mehr als 1 m. B.-Böden werden gewöhnlich nur im zeitigen Frühjahr überschwemmt, bleiben dann aber für lange Zeit naß. Da Überschwemmungen in echten Bruchwäldern keinen Eintrag an org. Sedimenten bringen, sind ihre Böden i.a. nährstoffärmer als die von Auenwäldern. Zwischen Bruchwäldern und Auenwäldern gibt es alle denkbaren Übergänge. Die pflanzensoziologische Systematik faßt die mitteleurop. Bruchwälder auf basenreichen Böden in der Klasse Alnetea glutinosae, der Ordnung Alnetalia und dem Verband Alnion glutinosae zusammen. Charakterarten dieses Verbandes sind Alnus glutinosa, Carex elongata, C. laevigata, Osmunda regalis und Ribes nigrum. Auf basenarmen Böden tritt an die Stelle des Erlenbruchwaldes im NW ein Birkenb. (Betulion pubescentis) mit der Moorbirke als Charakterart oder nach O ein Kiefernb. (Ledo-Pinion) mit Chamaedaphne calyculata und Ledum palustre als Charakterarten. Im Gebirge und in NO-Europa kann die Fi hinzutreten und zur dominanten Art werden. Der Birkenb. wie der Kiefernb. werden aufgrund ihres → *azidophilen* Unterwuchses der Klasse der sauren Nadelwälder (→ *Vaccinio-Picetea)* zugeordnet.

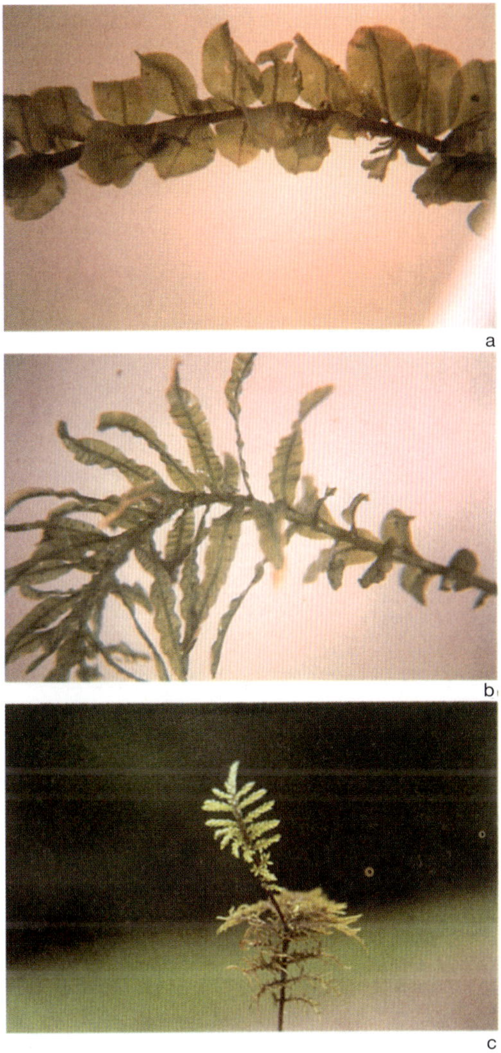

Bryidae: *a* Mnium affine, *b* Mnium undulatum, *c* Hylocomium splendens

Bruchweide → *Salix fragilis*

Bruguiera → *Rhizophoraceae*

Brunchorstia pinea → *Scleroderris lagerbergii*

Brunelliaceae → *Saxifragales*

Brunnenlebermoos → *Marchantiales*

Brusthöhen-Durchmesser: (BHD). Durchmesser des Stammes in 1,3 m Höhe.

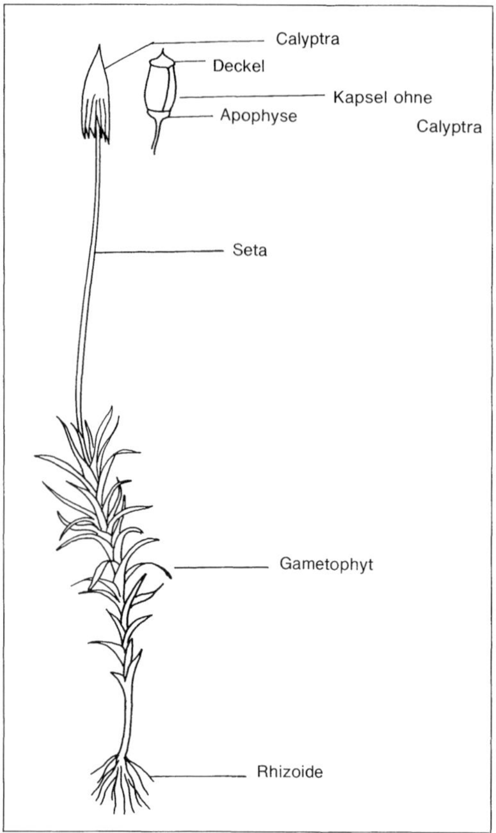

Bryophyta: Aufbau eines Laubmooses (Polytrichum)

Brutbecher → *Marchantiales*

Brutkörbchen → *Marchantiales*

Brutkörper → *Marchantiales*

Bruttophotosynthese: Gesamtphotosyntheseleistung der Pflanze. Nicht unmittelbar meßbar, weil ein Teil der Photosyntheseprodukte auch gleich wieder veratmet (→ *Atmung)* wird. Meßbare Nettophotosynthese + meßbare Atmung = Bruttophotosynthese.

Bruttoprimärproduktion → *Primärproduktion*

Bruyere-Holz → *Erica arborea*

Bryatae → *Musci*

Bryidae: Größte Unterklasse der → *Musci* mit sehr hoch entwickeltem Gametophyt. Sporophyt entweder terminal (akrokarpe Laubmoose) oder seitlich (pleurokarpe L.) am Gametophyt entstehend. Stets mit → *Peristom.* Akrokarpe L. wachsen orthotrop, sind oft unverzweigt und haben Blätter mit Mittelrippen; pleurokarpe L. wachsen meist plagiotrop (bis aufsteigend) und sind i.d.R. reich verzweigt. Mittelrippe fehlt oder ist sehr kurz. Hierher gehören sehr viele Waldmoose: → *Polytrichaceae,* → *Hypnum,* Mnium-Arten (Sternmoos, gute Humuszersetzung anzeigend), Thuidium tamariscinum (Thujamoos, typisch für Fichtenwälder), Hylocomium splendens (Etagenmoos, auf sauren Standorten), Pleurozium schreberi (Rotstengelmoos, säureliebend), Dicranum scoparium (Gabelzahnmoos, säureliebend), Eurhynchium striatum (Schönschnabel, in Edellaubwäldern), Rhytidiadelphus loreus (Kranzmoos, Charakterart des Fichtenwaldes), Fissidens taxifolius (eibenblättriger Spaltzahn, auf basischem Substrat) (Abb. S. 87).

Bryophyta: Moose. Autotrophe Landpflanzen mit noch wenig ausgeprägter histologischer Differenzierung (→ *Leptoide,* → *Hydroide,* unverholzte Stereide als festigende Elemente). Gametangien (♀ Archegonien, ♂ Antheridien) und Sporangien werden jeweils von einer vielzelligen Wand umgeben. Oogamie durch Spermatozoide nur in Gegenwart von Wasser. Antithetischer → *Generationswechsel* mit dominierendem Gametophyten (= grüne Moospflanze), der thallös (viele Hepaticae) oder folios (Jungermaniales, Musci), aberstets wurzellos ist. → *Rhizoide* befestigen ihn am Substrat.
In der Haplophase keimt die Spore zunächst zum fädigen → *Protonema* (= Jugendphase des Gametophyten) aus, an dem die eigentlichen Moospflanzen gebildet werden. Die Diplophase wird von einem einfach aufgebauten Sporogon (= Sporophyt) repräsentiert, der aus Fuß (Haustorium), Stiel (Seta) und Kapsel (Sporangium) besteht, auf dem Gametophyten wächst und von ihm ernährt wird. In der Kapsel, die bei Musci vor der Reife von einer → *Calyptra* umgeben ist, werden Isosporen gebildet. Nur bei der Gattung Macromitrium finden sich Anklänge von Heterosporie.
Moose sind i.d.R. an luftfeuchte, sehr schattige Standorte angepaßt, können extreme Temperaturen überstehen. Sie können schnell große Niederschlagsmengen kapillar aufnehmen, dienen als Wasserspeicher und verhindern Erosion. Einige dienen als Indikatoren für Bodenazidität und Humuszustand. Außerdem akkumulieren sie die in der Atmosphäre vorkommenden Schwermetalle. Viele Gattungen leben epiphytisch auf Baumrinden. B. werden in 3 Klassen untergliedert. Die wichtigsten Unterscheidungsmerkmale:

	Hornmoose	Lebermoose	Laubmoose
Vegetationskörper	thallös	thallös, folios	folios
Chloroplast	algentypisch	wie bei höheren Pflanzen	
Kapselöffnung	Klappen	Klappen	meist Deckel
Columella	+	N	+
Elateren	+	+	N
Peristom	–	–	+
Calyptra	–	–	+

+ vorhanden, – fehlt

Buberte: Samendarre. → *Darre.*

Buche → *Fagus*

Buche, Amerikanische → *Fagus grandifolia*

Buche, Japanische → *Fagus japonica*

Buchecker → *Fagus*

Bucheln: Umgangssprachlich für → *Buche ckern.*

Buchen-Rindennekrose: *a* Lausbesatz und Schleimfluß an stark befallener Altbuche, *b* Schleimflußflecken unterschiedlicher Größe, *c* typische Längsrisse in der Rinde erkrankter Altbuchen, *d* Weißfäule an Buchen-Stammholz, *e* Fruchtkörper von Fomes fomentarius, einem der häufigsten Weißfäule-Erreger

Buchen-Rindennekrose (Buchen-Schleimfluß; Buchen-Rindensterben): Eine gefährliche, seit etwa 100 Jahren bekannte und verbreitete → *Komplexkrankheit* der Bu, deren Entstehung an mehrere aufeinanderfolgende Schadensereignisse gebunden ist: 1. noch nicht erforschte praedisponierende Umweltereignisse (evtl. Klimaextreme); 2. starker Besatz durch die Bu-Wollschildlaus, Cryptococcus fagisuga; 3. Infektionen der Rinde durch Nectria coccinea; 4. Stamminfektionen durch Weißfäuleerreger als schadensverstärkender Faktor. Die Krankheit kommt vornehmlich in Bu-Altbeständen auf rel. frischen, nährstoffreichen Böden vor. Sie ist nördl. der Alpen – auch in GB – verbreitet, führt anfangs zu einzelnen Abgängen, später zum Auflichten der Bestände und – bei Beteiligung von Holzzerstörern – zu sehr raschem Holzabbau am stehenden Stamm. Wichtige Gegenmaßnahmen sind die rechtzeitige Entnahme deutlich befallener Stämme sowie die rasche Abfuhr liegenden Derbholzes.

Voraussetzung für das Auftreten der B. ist ein deutlicher Besatz der Stämme durch die Wollaus, die mit ihrem Saugrüssel das Rindenparenchym ansticht und den Zellinhalt aufnimmt. Die Einstiche in der Bu-Rinde dienen (a) → *Nectria coccinea* als Eingangspforten und führen (b) im Frühjahr zum Austritt von Phloemsaft, der sogleich von Mikroorganismen besiedelt wird, sich dunkel verfärbt und als »Schleimfluß« bezeichnet wird. Das von N.coccinea befallene Rindengewebe stirbt allmählich ab und löst sich vom Holz. Zunächst entstehen dabei charakteristische kleine Längsrisse, später größere tote Rindenpartien. Je nach der Größe der betroffenen Rindenflecke kann der Schaden ausheilen, zum allmählichen oder zum raschen Tod des Baumes führen. Stark beschleunigt wird die Krankheits-Entwicklung, wenn Sporen von Weißfäuleerregern, vor allem → *Fomes fomentarius* und → *Fomitopsis pinicola* durch die Rindenrisse eindringen. Eine ungemein schnelle Holzzersetzung und hohe wirtschaftl. Verluste sind die Folgen. Unter Beteiligung des gleichen Pilzes (N. coccinea), aber einer anderen Lausart kommt es im NO der USA zu heftigen Ausbrüchen der B. an → *Fagus grandifolia.*

Buchenartige → *Fagales*

Buchengewächse → *Fagaceae*

Buchenkeimlingskrankheit → *Phytophthora cactorum*

Buchenkrebs → *Nectria ditissima*

Buchenrotkern: Eher braun als rot gefärbter → *Falschkern* im Stammholz alter Buchen. Typisch ist die unregelmäßige, nicht an Jahrringgrenzen gebundene, oft mit wolkenartigen, dunkleren Zonen verbundene Form. Dort starke Verthyllung und rel. niedriger Wassergehalt (max. 60 %). Entstehung soll mit Lufteintritt nach Verwundung zusammenhängen (Astabbrüche, Rindenschäden). Tiefe Temperaturen fördern die Entwicklung (Frostkern). Rotkern-Holz läßt sich schwer imprägnieren. Bu-Rotkerne mit eher diffussternförmiger Gestalt werden mitunter als Spritzkerne bezeichnet.

Buchsbaum → *Buxus*

Buchsbaumgewächse → *Buxaceae*

Buckel-Tramete → *Trametes gibbosa*

Buckeye, Ohio → *Aesculus glabra*

Buckeye, Red → *Aesculus pavia*

Buckthorn, Alder → *Rhamnus frangula*

Buckthorn, Common → *Rhamnus catharticus*

Buckthorn, Glossy → *Rhamnus frangula*

Buckthorn, Hart's → *Rhamnus catharticus*

Buckthorn, Sea → *Hippophae*

Buddleja L. Buddleie, Sommerflieder, Schmetterlingsstrauch: Gattung der → *Loganiaceae* mit ca. 100 meist immergrünen Straucharten in den Tropen und Subtropen (O-Asien, S-Amerika). Wärmeliebender, in M- Eur. in härteren Wintern zurückfrierender Zierstrauch: B. davidii Franch. (syn.: B. variabilis Hemsl.): Bis 5 m hoher, ausladender Strauch. In Wärmegebieten oft verwildert. Lila, selten weiße Blüten in aufrechten oder nickenden Rispen. Lange Blütezeit, von zahlreichen Schmetterlingsarten besucht.

Büffelbeere → *Elaeagnaceae*

Bündelrohr (Leitbündelring): Ringförmig angeordnete Leitbündel im Sproßquerschnitt dikotyler Kräuter. Hervorgegangen aus den Prokambiumsträngen (→ *Leitgewebe*). Trennt das → *Mark* von der primären Rinde. Das parenchymatische Gewebe zwischen den Leitbündeln bezeichnet man als primäre → *Markstrahlen.*

Bündelscheide: Um die → *Leitbündel* verlaufende Schicht parenchymatischer oder sklerenchymatischer Zellen (Sklerenchymscheide). Mitunter mit Stärke angereichert (Stärkescheide). Bei offenen kollateralen Bündeln in Höhe des Bündelkambiums unterbrochen.

Bürstenfichte → *Picea abies*

Bürstentrieb: Ungewöhnlich dicht benadelter Trieb; i.d.R. auf Triebstauchung durch ungünstige Wachstumsbedingungen oder Schäden zurückgehend.

Bulgaria inquinans (Pers.) ex Fr. (syn.: Bulgaria polymorpha (Oed.) Wett.); schwarze Gallertscheibe, Schmutzbecherling (Helotiaceae): Häufiger, auf lagerndem Laubholz, insbes. Ei, vorkommender Pilz mit zahlreichen tiefschwarzen, gelatinösen, bis 3 cm breiten Fruchtkörpern, anfangs von runder, dann eiförmiger, später napfartiger Gestalt. Bewohnt nur die Rinde. Besonderheiten: Beim Berühren reifer Fruchtkörper färben sich die Finger schwarz (Name). Die 8 Sporen eines Ascus sind bimorph: 4 sind nierenförmig und schwarz, die anderen klein und farblos.

Bulgaria inquinans an Eibe

Bult → *Hochmoor*

Bundes-Immissionsschutzgesetz: (BImSchG vom 14. 5. 1990, BGBl. I S. 880). Das B. ist Rechtsgrundlage »zum Schutz vor schädlichen Umwelteinwirkungen durch Luftverunreinigungen, Geräusche, Erschütterungen und ähnliche Vorgänge«. Es enthält Anforderungen und Verfahrensvorschriften zu Genehmigung, Betrieb und Sanierung emittierender Anlagen, zur Umweltplanung (z.B. Luftreinhalteplan) sowie Ermächtigungen für Rechtsverordnungen und Verwaltungsvorschriften (z.B. → *TA-Luft*).

Burgenahorn → *Acer monspessulanum*

Burseraceae: Weihrauchgewächse. Zu den → *Rutales* zählende Familie trop. Bäume und Sträucher mit Harzgängen in der Rinde und gefiederten Blättern. Nebenblätter fehlen. 3- bis 5-zählige Blüten in Rispen. Steinfrüchte oder Kapseln. Hierher gehören Weihrauch (Boswellia-Arten) und Myrrhe (Commiphora-Arten). Wichtiger Holzlieferant: Aucoumea klaineana, bis 60 m hoher Baum aus den Savannen W-Afrikas mit rosabraunem Holz ohne Jahrringe. Wird als Okoumé (Gabun-Mahagoni) in Europa eingeführt.

Buschdünen: Vor allem auf Leeseiten von Weißdünen oder in Dünentälern entstehende Dünen mit einem Bewuchs aus sandanhäufenden Buschgesellschaften. Auf ost- und westfriesischen Inseln mit Hippophae rhamnoides und Salix repens, auf Sonnenhängen auch mit Rosa spinosissima bilden sie den Verband Salicion repentis. → *Prunetalia spinosae.*

Butternuß → *Juglans cinerea*

Butternut → *Juglans cinerea*

Buxaceae: Buchsbaumgewächse. Familie unsicherer Stellung, meist den → *Euphorbiales,* gelegentlich den → *Celastrales* zugeordnet. Immergrüne Stauden und Sträucher mit eingeschlechtigen (selten diözisch) Blüten ohne Kronblätter und ohne Discus. ♂ Blüten * P4 A 4-6; ♀ Blüten * P 5-6 G(3). Kapseln oder Steinfrüchte. Samen mit → *Caruncula.* Blätter ledrig, ohne Nebenblätter, wechsel- oder gegenständig. Holzparenchym mit Hoftüpfeln. Wichtige Gattung: → *Buxus.*

Buxus L. Buchsbaum: Gattung der → *Buxaceae.* Etwa 70 Arten in Eur., Asien, Afr., N- und M-Amerika. Immergrüne, sehr ästige Sträucher, seltener kleine Bäume. Blätter ledrig, Blüten eingeschlechtig. In M-Eur. nur: B. sempervirens L. (Buchsbaum): Strauch oder bis 8 m hoher Baum, mit gelb- bis graubrauner, runzeliger, flachrissiger Borke. Heimat: N-Spanien bis zur Balkanhalbinsel und Kauk., wo er bis 16 m hoch wird. Bevorzugt kalkhaltige, warme und trockene Standorte (Laubmischwälder, Schuttfluren, Trockenwiesen), wo er auch kleinere Bestände bildet.

Kennzeichen: Blätter glänzend dunkelgrün, Rand eingebogen. Blüten in blattachselständigen Knäueln, ♀ oberhalb der ♂. Samen werden von Ameisen verbreitet. Die Pflanze verströmt besonders zur Blütezeit einen unangenehmen Geruch. Im Gartenbau seit langem beliebt; in Barockgärten aufgrund seiner ausgezeichneten Beschneidbarkeit zu Einfassungen von Labyrinthen und Beeten verwendet. Früher frische Triebe als Abführmittel genutzt. Alle Teile giftig, alkaloidhaltig (z.B. Cyclobuxin). Das Holz ist außerordentlich dicht und feinfaserig, hornartig und sehr hart. Es ist schwerer als Wasser und wird zur Herstellung von Holzschnittstöcken, Blasinstrumenten, Figuren u.a. genutzt. Alter bis zu 600 Jahren.

Buxus sempervirens → *Buxus*

C

^{14}C-Methode → *Radiocarbonmethode*

C/N-Verhältnis: Verhältniszahl (Quotient aus Kohlenstoff u. Stickstoff) zur Kennzeichnung organischer Rückstände (→ *Streu,* Humusformen) u. deren mikrobiellen Zersetzbarkeit; je N-reicher die Substanzen, bezogen auf ihren verwertbaren C-Gehalt, um so schneller werden sie abgebaut; günstig für Bodenmikroorganismen (→ *Edaphon)* sind enge C/N-Verhältnisse von 10-20 (< 30), z.B. im Dauerhumus (5-15) oder bei Luzerne (15-25, → *Gründüngung),* weniger günstig sind sehr weite C/N-Verhältnisse, z.B. bei → *Torf* (>30-50), Laubstreu (ca. 50), Stroh (80-100) u. Sägemehl (ca. 500). → *Streuzersetzung.*

C_3-Pflanzen: Synthetisieren → *Glucose* im Calvin-Zyklus (→ *Photosynthese)* über die C_3-Körper 3-Phosphoglycerinsäure und Triose-3-Phosphat. Dieser Syntheseweg herrscht bei den meisten heimischen Pflanzen vor (Vgl. → *C_4-Pflanzen*).

C_4-Pflanzen: Pflanzen, die bei der Photosynthese das CO_2 an eine C_3-Verbindung fixieren, die damit zu einer C_4-Verbindung (z.B. Oxalacetat, Malat, Aspartat) wird (C_4-Photosynthese). Hierher gehören viele Caryophyllales, Poaceae und Euphorbiaceae.

Caatinga: → *Trockenwald* in NO-Brasilien. Wegen periodisch auftretender Trockenjahre kommen v.a. Arten mit großem Wasserspeichervermögen vor (z.B. Kakteen [Cereus und Opuntia spec.] und → *Flaschenbäume* [Ceiba pubiflora, Cavanillesia arborea]).

Cabbage Palm → *Sabal palmetto*

Cactaceae: Kakteengewächse. Familie der → *Caryophyllales.* Holzige Sukkulente, überwiegend aus N-, M- und S-Amerika. Fast oder vollständig blattlos, oft bedornt. Blüten mit vielblättriger, auffallend gefärbter Hülle und zahlreichen Stamina. G $(\overline{2-\infty})$. Viele Zierpflanzen.

Cadmium (Cd): Bereits in niedrigen Konzentrationen toxisch wirkendes Element; wird im Ggs. zu Pb von der Pflanze relativ gut aufgenommen u. in oberirdische Teile transportiert; dringt durch die Zellwand in das Cytoplasma u. inhibiert Enzyme mit SH-Gruppen; Gehalt in Böden 0,1-2 ppm; Akkumulation von Cd z.B. bei Arten der Gattung Agaricus u. in Bodenpilzen; unterschiedliche Cd-Empfindlichkeit von Mykorrhizapilzen: z.B. im Experiment stellt Cenococcum geophilum das Wachstum bei 2 mg Cd/kg Substrat ein, Thelephora terrestris toleriert hingegen bis zu 300 mg Cd/kg Substrat u. Laccaria laccata sogar die 10fache Menge. Cd-Gehalt in Pflanzen i.d.R. gering (etwa 0,05-1 ppm; in Gebieten mit Cd-Belastung >5 ppm). → *Schwermetalle.*

Caeoma: Flächiges Aecidiosporenlager ohne → *Pseudoperidie;* durchbricht die Epidermis des Wirtes (z.B. → *Melampsora pinitorqua).*

Caesalpiniaceae: Zu den → *Fabales* gehörende Familie trop. bis subtrop. Bäume und Sträucher mit meist zygomorphen Blüten. Staubblätter 10 oder weniger, meist frei. Wichtige Gattungen: → *Gleditsia,* → *Ceratonia,* → *Cercis* und → *Gymnocladus.* Dimorphandra gigantea (bis 50 m, Amazonasgebiet) und Koompassia excelsa (bis 88 m, trop. Asien) sind gigantische Urwaldbäume. Nach Europa werden folgende Hölzer der C. eingeführt: »Zingana« = Microberlinia brazzavillensis; »Bubinga« = Copaifera tessmannii; »Movingi« = Distemonanthus benthamianus; »Doussié« = Afzelia bipindensis.

Calamitaceae: Schachtelhalmbäume. Zu den → *Equisetatae* gehörende Familie. Lebten vom Unterkarbon bis Perm. Bis 30 m hohe und 1 m dicke Bäume mit mächtiger, zentraler Markhöhle (Röhrenbäume) und sekundärem Dickenwachstum. Gegliedertes Sproßsystem mit wirtelig gestellten Blättern. Hetero- oder isospor. Zwischen den Sporophyllen (= Sporangiophoren) standen brakteenähnliche Blätter. Sporen ohne → *Hapteren.* Calamitaceen waren wesentliche Bestandteile des Steinkohlenwaldes.

Calcium (Ca): Hauptnährelement, in Form von Ca-Pektat wesentlicher Bestandteil der Mittellamelle (bedeutend für deren Festigkeit; → *Ionenantagonismus);* findet sich als Ca-Carbonat inkrustiert im Kernholz der Lh (Fagus sylvatica, Ulmus campestris, Sorbus torminalis) sowie als Zellwandauflagerung (Adkrusten). Tritt als Ca-Oxalat im Zellsaft gelöst u. in Form von Kristallen auf (→ *Idioblasten),* deren Ablagerung erfolgt u.a. in weniger aktiven Geweben, z.B. in Rinden; ungenügende Ca-Versorgung beeinträchtigt das Wurzelwachstum und die Ausbildung junger Knospen; Ca-Mangel führt zur Hemmung der Nitrataufnahme u. der Proteinsynthese, Zell- u. Kernteilungen sind gestört, die Größe der gebildeten Zellen wird vermindert.

Calciumcarbonat ($CaCO_3$): Wird z.B. bei den Moraceae in den sog. Cystolithen, die aus Cellulose u. Kieselsäure bestehen, eingelagert: ebenso in C.-Zellen der Euphorbiaceen-Samen, sowie als Inkrustat der Zellwand u. bei der Verkernung (z.B. Bu).

Calciumoxalat: Ca-Salz der Oxalsäure. Weit verbreitetes, schwer lösliches Stoffwechselendprodukt, das in Zellwänden oder Vakuolen abgelagert wird. Meist monoklin kristallisierendes Monohydrat in Form von Solitärkristallen (Er, Hbu, Rob), feinkörnigem Kristallsand (Sambucus) oder als Kristallaggregate wie Drusen (Li) oder Raphidenbündel (gebündelte Kristallnadeln) bei Prunus, Gleditsia.

California Washingtonia → *Washingtonia filifera*

California Red Fir → *Abies magnifica*

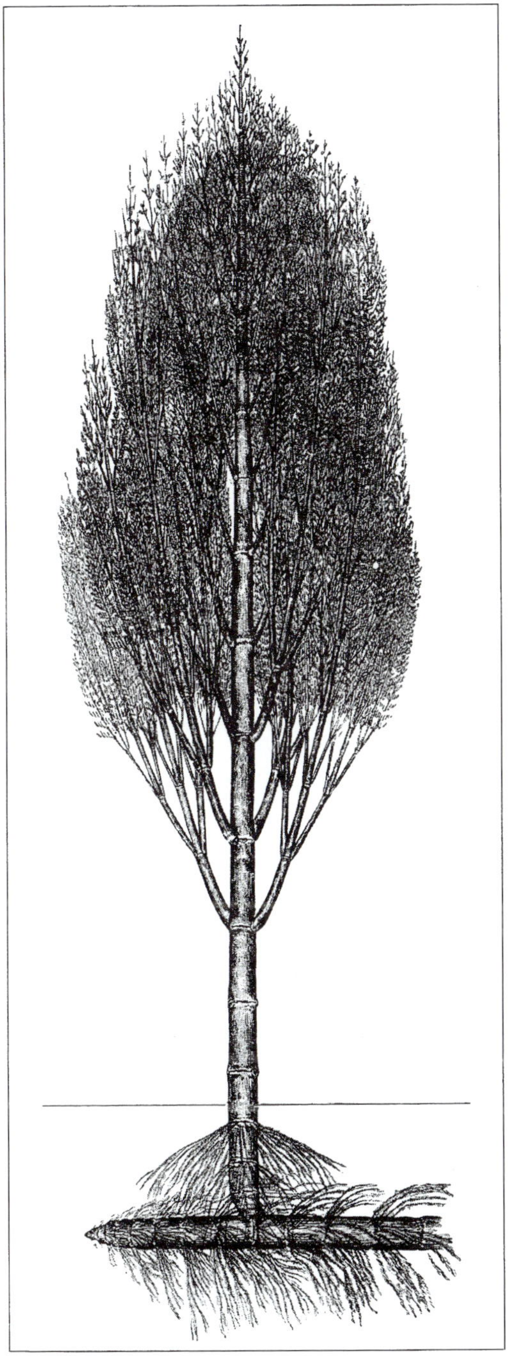

Calamites mit mächtigem Rhizom

Callitris VENT. Schmuckzypresse: Eine aus 16 immergrünen Baum- und Straucharten bestehende Gattung der Cupressaceae, die nur auf der Südhalbkugel vorkommt und in M-Eur. nicht winterhart ist. Kennzeichen: Triebe vielfach und fein verzweigt. Blätter schuppen- oder nadelförmig, sehr klein. Zapfen meist rund, mit 6 bis 8 Schuppen. Oft Bewohner trockener Standorte. Widerstandsfähig gegen Termiten. Forstlich von Bedeutung sind u.a.: C. columellaris F.J.MUELL., bis 25 m hoch, O-Australien; C. macleayana (MUELL.) MUELL., bis 50 m hoch, Australien; C. preissii MIQ. ssp. preissii. S-Australien.

Callitris endlicheri

Callose: Wasserunlösliches → *Polysaccharid* aus D-Glukoseeinheiten, die in ß-1,3-glycosidischer Bindung verknüpft sind. Durch Anlagerung von C. in den → *Siebröhren* werden die Siebporen ausgekleidet, beim Altern verengt und verstopft. Nach dem Laubfall wird durch massive Ablagerung die ganze → *Siebplatte* bedeckt. Auch die Tüpfelfelder zu den → *Geleitzellen* können mit C. überzogen werden. Bei Tilia und anderen Lh wird die C. im Frühjahr wieder gelöst, die Siebröhren sind dann erneut funktionstüchtig. Die Wände von Pollenmutterzellen haben eingelagerte Calloseschichten, ältere Teile wachsender Pollenschläuche werden durch Callosepfropfen abgedichtet, Wundreiz fördert die C.-Bildung.

Calluna vulgaris (L.) HULL Besenheide, Heidekraut (engl.: Common Heather): Gehört zu einer monotypischen Gattung der → *Ericaceae.* Immergrüner Zwergstrauch (0,2 – 1 m hoch) mit kriechenden, wurzelnden Sprossen und aufrechten Zweigen. Vorkommen in fast ganz Eur., Nordmarokko, Sibirien, in N-Amerika eingebürgert. In atlantischen Gebieten z.T. landschaftsprägend. Kennzeichen: Blätter gegenständig, vierzeilig, sehr klein (1 bis 3 mm), lineal-lanzettlich, im Sommer dunkelgrün, im Winter braunrot. Nickende, hellviolettrosa Blüten in beinahe einseitswendigen, dichtblütigen Trauben. Sehr standorttolerant, vom Sphagnum-Moor bis zum anstehenden Fels (bis 2 700 m), meidet aber reine Kalkböden. Extrem anspruchslos, hohe Fortpflanzungsraten. Bestände oft nach Abbau von Hochmooren oder Degeneration von Wald entstanden (Lüneburger Heide, Schottisches Hochland). Blüht als einzige der mitteleuropäischen Ericaceen im Herbst. Viele Gartenformen.

Calobryales → *Hepaticae*

Calocedrus KURZ Weihrauchzeder: Cupressaceen-Gattung (Tribus Libocedreae) mit 3 immergrünen Baumarten. 2 davon in Ostasien: C. formosana FLORIN: Bis 23 m hoher Waldbaum im nördl. und mittl. Taiwan. In M-Eur. nicht winterfest. C. macrolepis S.KURZ: Max. 30 m hoher Baum im westl. China; nicht winterhart in M-Eur. Gemeinsame Merkmale: Schuppenförmige, ledrige, in Kanten- und Flächenblätter differenzierte Blattorgane. Kleine, einjährige, ovale Zapfen mit 6 bedornten Schuppen. Chrom. 2n = 22.

Calocedrus decurrens (TORREY) FLORIN (syn.: Libocedrus decurrens TORR.) Kalifornische Weihrauchzeder; Kalif. Flußzeder. (engl.: Incense Cedar): Wichtiger und leistungsfähiger Waldbaum im pazifischen SW der USA (S-OR, 43°30') bis südl CA, einschl. Sierra Nevada [700 bis 2 300 m]. Keine Reinbestände, sondern gruppenweise Mischung u.a. mit Dougl., Abies concolor lowiana, A. magnifica, Pinus lambertiana, Sequoiadendron gig.. Meist auf feuchteren, nährstoffreichen Standorten. Maxima: Höhe 72 m, Durchm. 3,8 m; Alter 550 Jahre. In milden Lagen M-Eur.'s problemlos (bis zu 25 m in 70 Jahren).
Kennzeichen: Gerader, astreicher, aber schmalkroniger Baum mit stark verbreiterter Stammbasis und zimtbrauner, in langen Streifen abschülfernder Rinde. Kanten- und Flächenblätter etwa gleichlang und ohne Öldrüsen, Knospen fehlen. Geschätztes Holz mit dunkelbraunem Kern, weißlichem Splint und intensivem Geruch. C. decurrens ist eine in früher Jugend schattenertragende und langsam wachsende Holzart sommertrockener Gebiete. Sie ist bodenvag und pH-tolerant, hat aber die Nachteile schlechter Astreinigung und hoher Anfälligkeit gegen Rotfäule (→ *Heterobasidion annosum*).

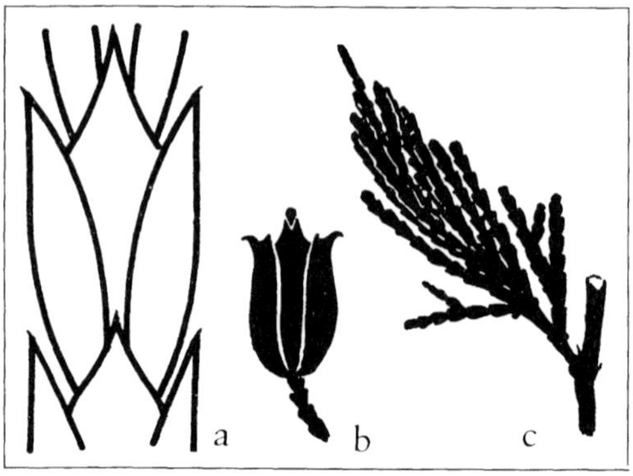

Calocedrus decurrens: *a* Flächen- und Kantenblätter (schematisch), *b* Zapfen (nat. Gr.), *c* Zweiglein (1/2 nat. Gr.)

Calvin-Zyklus: Teilprozeß der → *Photosynthese.*

Calycanthaceae → *Laurales*

Calyptra: (1) Junge Laubmoos-Sporogone werden von der Archegonienwand und dem Achsengewebe des Gametophyten umgeben. Diese Hülle zerreißt mit dem Streckungswachtum der Seta und der obere Teil wird mit der Kapsel hochgeschoben und stellt die Calyptra dar. Sie ist somit ein Teil des Gametophyten.
(2) → *Wurzelhaube.*

Calyptrogen: Histogen der →*Wurzelhaube.*

Calyx → *Kelch*

Campanulaceae: Glockenblumengewächse. Familie der → *Campanulales.* Meist Kräuter der gemäßigten und subtropischen Regionen mit gegliederten Milchsaftröhren. Blütenformel: *, seltener ↓, K(5) C(5) A5 G($\overline{5}$), ($\overline{3}$) oder ($\overline{2}$). Vielsamige Kapseln, seltener Beeren. Samen mit Endosperm. Einige Lobelia-Arten als Schopfbäume der afrikanischen Hochgebirge. Waldpflanzen: Campanula trachelium (nesselblättrige Glockenblume) Phyteuma spicatum (Teufelskralle).

Campanulales: Glockenblumenartige. Ordnung der → *Asteridae.* Meist Kräuter mit radiären oder zygomorphen, 5-zähligen Blüten, unterständigem Fruchtknoten und postgenital vereinigten Antheren. Neigung zur Pseudanthien-Bildung. Wichtigste Familie: → *Campanulaceae.* Ferner: Goodeniaceae (Sträucher und Kräuter Australiens mit einseitig aufgeschlitzten Blütenkronröhren).

Camphen → *Terpenoide*

Campos cerrados: Rel. artenreiche, savannenartige → *Formation* in Zentralbrasilien, mit bis 9 m hohem, lichtem, immergrünem, hartlaubigem Gehölz, das mit baumfreien Grasfluren wechselt und z.T. von → *Galeriewäldern* durchzogen wird. Dieser Vegetationstyp ist nicht wie andere Savannen auf Wassermangel, sondern auf die Nährstoffarmut des Bodens zurückzuführen. Die C. c. nehmen 25 % der Fläche Brasiliens ein.

Campsis → *Bignoniaceae*

Canadensis-Hybriden → *Populus nigra*

Canellaceae → *Magnoliales*

Cannabaceae (= Cannabinaceae): Hanfgewächse. Krautige Familie der → *Urticales* mit 2 Gattungen: Cannabis (C. sativa, Hanf): Faserlieferant, enthält Rauschgift (Haschisch, Marihuana); Humulus (H. lupulus, Hopfen): diözische Auwaldpflanze. Wegen der im Brauwesen verwendeten Bitterstoffe (aus Drüsen auf Deckblättern der ♀ Blüten) häufig kultiviert.

Cannabinaceae → *Cannabaceae*

Capensis: Die Südspitze Afrikas umfassendes → *Florenreich.* Aufgrund des im S herrschenden → *Etesienklimas* gekennzeichnet durch Hartlaubgebüsch (→ Fynbos), -heide mit vielen Geophyten und Einjährigen. Im arideren Norden liegt eine Halbwüste mit → *Sukkulenten* und Zwergsträuchern (Pentzia, Euryops). Größere Bäume fehlen diesen Bereichen weitgehend. Nur im O reicht temperierter Regenwald in die C. hinein. Enorme Artenvielfalt (>6 000 Blütenpflanzen) und große Zahl von Endemiten (→ *Endemismus).* Typisch sind Proteaceae, Mesembryanthemaceae, die Gattungen Erica (>500 Arten), Pelargonium, Oxalis, Crassula und Aloe mit jeweils >100 Arten. Koniferen sind nur mit jeweils 3 Arten aus den Gattungen Podocarpus und Widdringtonia vertreten.

Capillitium: (1) Aus Vakuoleninhalt und Plasmaresten des Sporangiums der → *Myxomycetes* hervorgegangenes Netzwerk aus hygroskopisch reagierenden Fäden, die der Sporenausschleuderung dienen (wichtiges Bestimmungsmerkmal).
(2) Glebafasern der Gastromycetales.

Capparaceae: Kaperngewächse. Familie der → *Capparales.* Kräuter, Bäume und Sträucher tropischer bis subtropischer Verbreitung, besonders in Trockengebieten, auch Mittelmeergebiet. Häufige Blütenformel: ↓ K(4) oder 4 C4 A4 - ∞ G($\underline{2}$). Blüten mit Androgynophor und Discus. Kapseln, Schoten (ohne Scheidewände), Beeren oder Nüsse. → *Capparis.*

Capparales: Kapernartige. Ordnung der → *Dilleniidae.* Kräuter oder Holzpflanzen mit wechselständigen Blättern und rudimentären oder fehlenden Nebenblättern. Blüten meist 4-zählig, oft mit Discus. Gynoeceum parakarp mit parietaler Placentation der Samenanlagen. Samen meist endospermlos. Pflanzen enthalten Senfölglykoside. Wichtige Familien: → *Brassicaceae,* → *Capparaceae,* → *Moringaceae.* Ferner: Resedaceae (Waugewächse), meist mediterrane Kräuter. Blütenformel: ↓ K6 C6 A ∞ G($\underline{3}$). Gynoeceum nicht ganz geschlossen (sekundäre Gymnospermie).

Capparis L. Kapernstrauch: Gattung der → *Capparaceae* mit etwa 250 sommer- oder immergrünen, oft kletternden Straucharten der Tropen und Subtropen (nicht N-Amerika). Wichtigster Vertreter: C. spinosa L. (Echter Kapernstrauch): Heimat im gesamten Mittelmeergebiet, östlich bis Turkestan. Auf trockenen, sonnigen Kalksubstraten. Bis 1,5 m hoher, formenreicher Strauch, meist mit Stipularstacheln. Blätter wechselständig, hellrosa oder weißliche Blüten langgestielt, einzeln stehend. Unreife Blütenknospen werden getrocknet, in Essig, Salz oder Öl gelegt und als Kapern in den Handel gebracht. Häufig werden sie mit jungen Knospen von → *Cytisus scoparius,* Caltha palustris und Ranunculus ficaria verfälscht. Ein Auszug der bitteren Rinde wurde im Altertum gegen Milzkrankheiten verwendet.

Caprifoliaceae: Geißblattgewächse. Familie der → *Dipsacales* mit 450 Arten. Meist Sträucher der Nordhemisphäre mit einfachen Blättern (Ausnahme: Sambucus) und stipelähnlichen Gebilden. Blüten in schirmartigen Thyrsen. Häufige Blütenformel: * oder ↓ K(5) [C(5) A5]G(5-3). Selten auch 4-zählige Blüten. Steinfrüchte (→ *Sambucus,* → *Viburnum),* Beeren (→ *Symphoricarpos,* → *Lonicera,* → *Linnaea),* Kapseln (→ *Weigela).* Steinfrüchtige Gattungen werden gelegentlich als eigene Familie (Sambucaceae) abgetrennt. Weitere Ziersträucher: Kolkwitzia (China) und Leycesteria (L. formosa aus O- und SO-Asien).

capsal → *Phycophyta*

Captafol: Fungizider Wirkstoff auf der Basis der Phthalimide. Im Forst u.a. gegen Phacidium infestans und Botrytis cinerea eingesetzt.

Captan: Zu den Phthalimiden gehörender fungizider Wirkstoff; Bestandteil mehrerer Blattfungizide. Auch in Gießmitteln für Pflanzenanzuchten.

Caragana Fabr. Erbsenstrauch: Gattung der → *Fabaceae* mit ca. 80 asiatischen Straucharten. Blätter paarig gefiedert, → *Rhachis* und → *Stipeln* oft verdornt. Blüten einzeln oder in langgestielten Dolden. In M-Eur. oft kultiviert und winterhart: C. arborescens Lam. (Gemeiner Erbsenstrauch): 5 – 7 m hoher Strauch oder kleiner Baum aus Sibirien und der Mandschurei. Blätter 8 – 10 zählig, nicht oder kaum bedornt. Blüten gelb. Früchte öffnen sich bei Reife mit knackendem Geräusch. Alle Pflanzenteile giftig.

Caragana arborescens

Caren → *Terpenoide*

Caribbian Pine → *Pinus caribaea*

Carica → *Violales*

Caricaceae → *Violales*

Carolina-Hemlocktanne → *Tsuga caroliniana*

Carotine → *Carotinoide*

Carotinoide: Terpenderivate, die als Blattfarbstoffe vorkommen. Man unterscheidet: 1. rot-orangefarbige Carotene (α-, β-Carotin), 2. gelbe Xanthophylle (Lutein, Viola-, Zea-, Neoxanthin). In höheren Pflanzen treten C. stets zusammen mit → *Chlorophyllen* auf. Sie schützen die Chlorophylle vor Photooxidation (Schutzpigmente), absorbieren Licht und übertragen Energie auf das Chlorophyll (akzessorische Pigmente).

Carpinaceae → *Betulaceae*

Carpinion betuli: Pflanzensoziologischer Verband der Ordnung → *Fagetalia sylvaticae,* in dem die Ei-Hbu-Wälder zusammengefaßt werden. C. b. ist v.a. in mitteleuropäischen Tieflagen auf nährstoffreichen, mäßig sauren, feuchten bis nassen, aber auch auf mäßig trokkenen Standorten, wo die Bu nicht konkurrenzkräftig genug ist, verbreitet. C. b. hat in O-Eur. Beimischungen von Tilia cordata und Acer platanoides sowie im N von Fi. Im subkontinentalen Teil des Buchenareals ist C. b. durch Sorbus torminalis, Ligustrum vulgare und Convallaria majalis charakterisiert. Im ozeanisch getönten Klima fehlen die Arten des subkontinentalen Bereiches. Hier ist C. b. nur durch die Verbandscharakterarten (z.B. Stellaria holostea, Melampyrum nemorosum) gekennzeichnet.

Carpinus L. Hainbuche, Weißbuche (engl.: Hornbeam): Gattung der → *Betulaceae* mit etwa 30 Baum- oder Straucharten in der nördl. gem. Zone von Europa bis zum Verbreitungsschwerpunkt Ostasien; eine Art (→ *C. caroliniana)* in Nordamerika. Blätter sommergrün, gesägt. Blüten in hängenden Kätzchen, die erst mit den Blättern erscheinen. ♂ Blüte ohne Perigon und Vorblatt, einzeln in der Achsel eines Tragblattes. ♀ Blüten paarweise in der Achsel eines Tragblattes, Perigon unscheinbar, 2 fadenförmige, rote Narben;

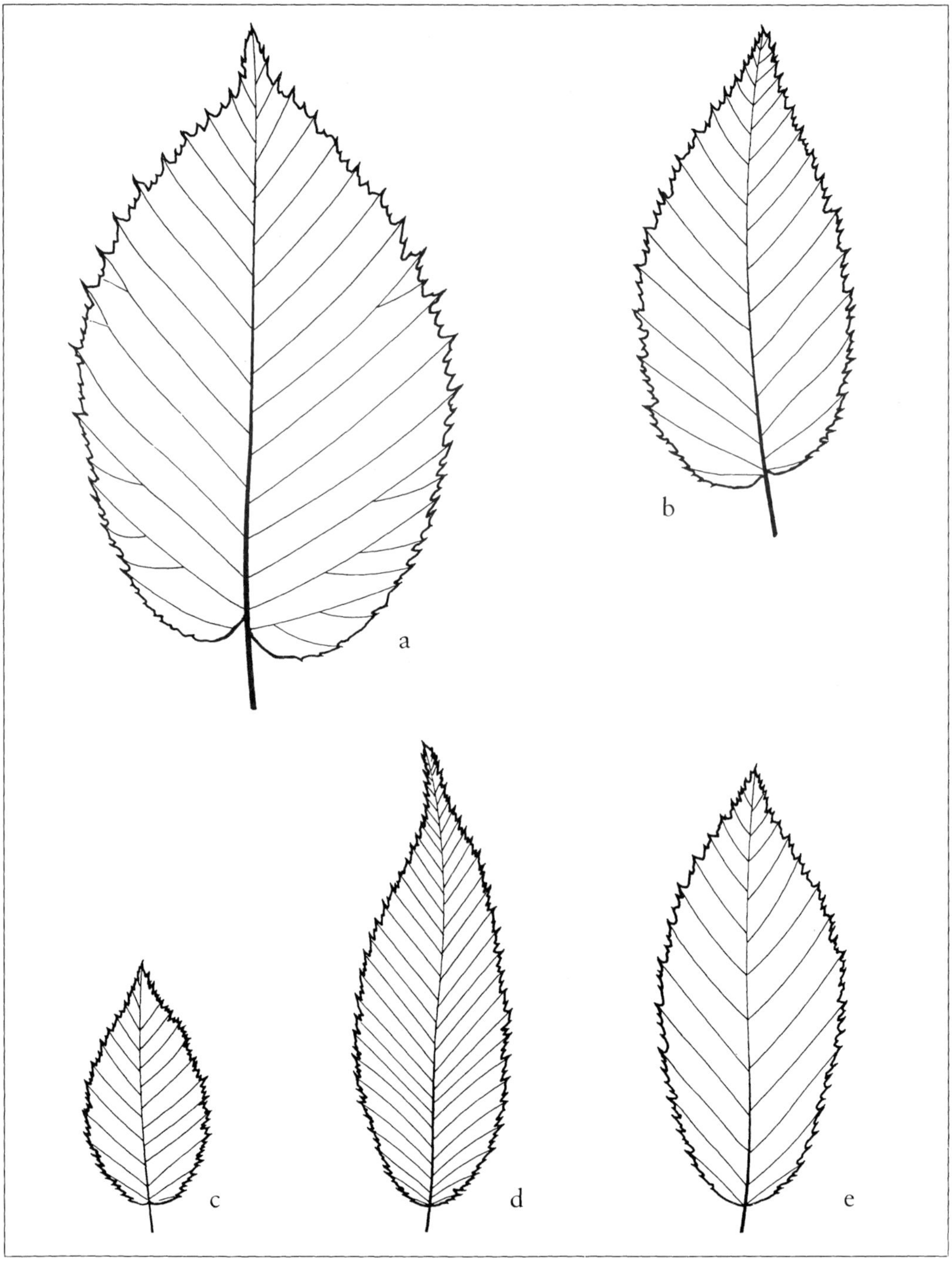

Blattformen verschiedener **Carpinus**-Arten (3/4 nat. Gr.): *a* C. cordata, *b* C. caroliniana, *c* C. orientalis, *d* C. japonica, *e* C. betulus

Carpinus betulus: *a* Trieb mit weibl. Blütenstand (oben) und männl. Blütenkätzchen (unten), *b* Zweig im Winterzustand, links Knospen mit männl. Blütenkätzchen, *c* Frucht mit Hülle, *d* Nüßchen, Seitenansicht, *e* Nüßchen, Vorderansicht, *f* Zweig mit Fruchtstand, *g* Keimling

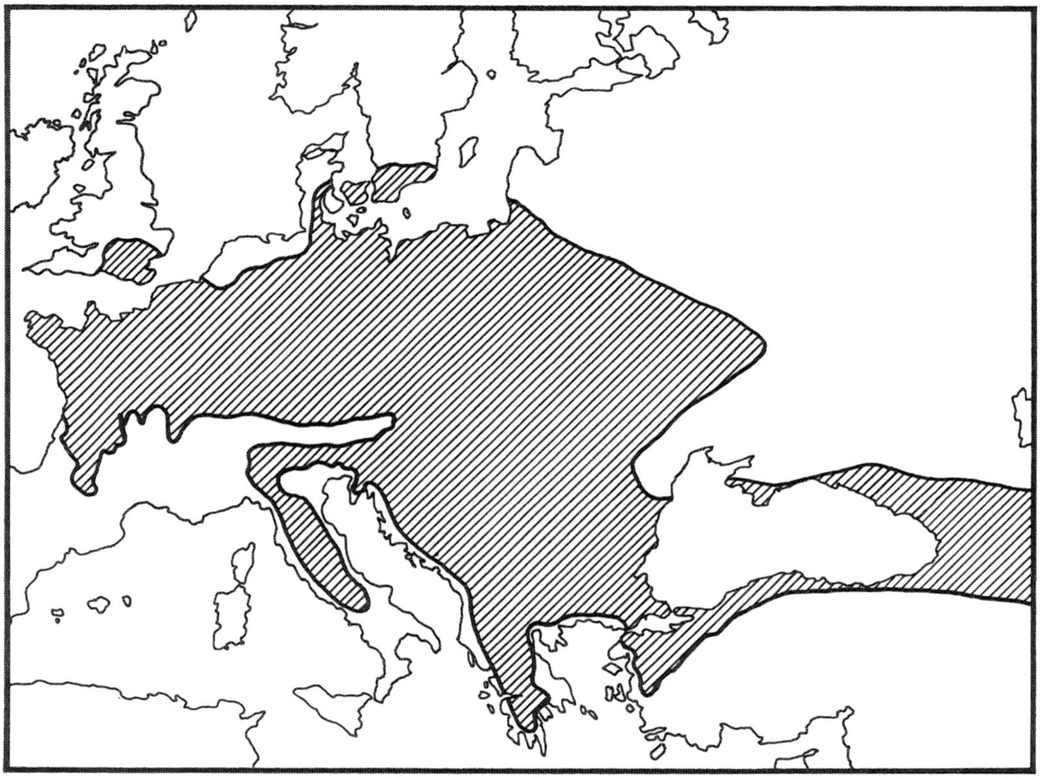

Natürliches Areal von **Carpinus betulus**

jede Blüte mit eiförmiger oder dreilappiger Hülle (Verwachsung aus Tragblatt und beiden Vorblättern), die später zur Fruchthülle auswächst. Frucht: einsamige, abgeflachte Nuß in hängenden Fruchtständen. Chrom.: x = 8.

Carpinus americana → *Carpinus caroliniana*

Carpinus betulus L. Hain-, Weiß-, Hagebuche: Max. 25 m hoher, 0,7 m (BHD) starker und 150 Jahre alter Laubbaum. Verbreitet in Europa (bis S-England, S-Schweden, W-Rußland, im Süden in Italien und auf der Balkanhalbinsel), Kleinasien, Kaukasus, Nordpersien; in den südlichen Arealteilen auf Gebirge beschränkt. Chrom.: 2n = 64.
Erkennungsmerkmale: Stamm spannrückig, mit glatter, grauer, rotbuchenähnlicher Rinde; später seicht rissig, kaum Borkenbildung. Knospen spitzkegelig, dem Zweig anliegend. Laubblätter zweizeilig angeordnet, 5 – 15 mm lang gestielt; Spreite faltig, eiförmig elliptisch, spitz, 5 – 11 cm lang, mit 10 - 15 Paar unterseits deutlich hervortretenden Seitennerven, Rand doppelt gesägt. Nüßchen am Grunde einer dreilappigen Fruchthülle, hart, längs gerippt, 5 – 10 mm groß. Keimling mit kurz gestielten, ganzrandigen, rundlichen, am Grunde pfeilförmigen Kotyledonen; Primärblätter einzeln, den Folgeblättern ähnlich (Abb. S. 96/97).
Holz: Kern- und Splintholz ohne Farbunterschied, gelblich weiß; Jahrringgrenzen unauffällig, grobwellig; Gefäße englumig, zerstreutporig angeordnet; Holzstrahlen fein, oft falsche → *Markstrahlen* Schwerstes Holz aller einheimischen Baumarten (r_o = 0,50...0,79...0,82 g/cm^3), sehr dicht, hart, zäh, elastisch; schwindet stark, große Neigung zum Werfen und Reißen. Unter nat. Bedingungen nur wenig dauerhaft; schwer spaltbar, sonst gut bearbeitbar. Verwendung im Werkzeug-, Geräte- und Maschinenbau.
Vorkommen, Standort: Subatl.-subkont. Laubmischwaldart der Ebene und mittl. Gebirgslagen im Bereich sommerwarmen Klimas (Bay. Wald bis 700 m, Nordalpen bis 1 100 m). Häufig in der Hartholzaue und im Eichen-Hainbuchenwald; daneben in Gebüschen und an Waldrändern. Bester Wuchs auf frischen bis feuchten, nährstoff- und basenreichen, tiefgründigen und feinerdereichen Böden. Hohes Stockausschlagvermögen, deswegen charakteristische Nieder- und Mittelwaldbaumart, sowie Bodenschutzgehölz an Steilhängen. Die tiefwurzelnde (Herzwurzel) Halbschatt- bis Schattholzart mit bodenbiologisch günstiger Streu eignet sich gut als Nebenbestand in Wertholzbeständen von Lichtholzarten (v.a. Eiche). Gerne als Schnitthecke gepflanzt.

Carpinus caroliniana WALT. (syn.: C. americana MICHX.) Amerikanische Hainbuche (engl.: American hornbeam): Kleiner, höchstens 10 – 15 m hoher Baum oder Strauch im östl. Nordamerika (MN, SO-ON bis SW-QU, ME; südl. bis FL und O-TX). Sehr ähnlich → *C. betulus*. Im Unterstand von Laubwäldern, oft entlang von Fließgewässern auf feuchten, nährstoffreichen Böden (bis 900 m). In M-Eur. winterhart (Abb. S. 96).

Carpinus cordata Bl. Herzblättrige Hainbuche: In Japan, Korea und der Mandschurei beheimatete Art (bis 16 m hoch) mit schuppiger Borke, ovalen, an der Basis deutlich herzförmigen Blättern mit 15 – 20 Paar Seitennerven. In M-Eur. so gut wie unbekannt, obgleich winterhart (Abb. S. 96).

a

b

Carpinus betulus *a* Rinde, *b* ♂Blütenstände

Carpinus duinensis → *Carpinus orientalis*

Carpinus japonica Bl. Japanische Hainbuche: Meist buschiger, gelegentlich 15 m hoher Laubbaum in den Bergen Japans (bis 1 500 m). Blätter länglich eiförmig, mit 14 – 24 Paar Seitennerven. Fruchthülle eiförmig. In M-Eur. winterhart (Abb. S. 96).

Carpinus orientalis Mill. (syn.: C. duinensis Scop.) Orientalische Hainbuche, Orient-Weißbuche: In SO-Eur. und in Kl.As. beheimateter, bis 5 m hoher, → *C. betulus* ähnlicher Strauch mit kleinen Blättern, max. 5 cm. Fruchthülle breit eiförmig, grob unregelmäßig gesägt, nicht oder kaum gelappt. Auf sonnigen, kalkreichen Hängen (Abb. S. 96).

Carrier → *Membrantransport*

Caruncula: An der Mikropyle inserierter, zum → *Elaiosom* umgebildeter → *Arillus*. (Bsp. Ricinus communis). → *Raphe*.

Carya Nutt. (syn.: Hicoria Raf.) Hickorynuß (engl.: Hickory): Gattung der → *Juglandaceae* mit etwa 15 bis 20 sommergrünen Baumarten. 2 (3) Arten in China, die restlichen im östl. N-Amerika und Mexiko, davon einige forstlich von Bedeutung. Ringporiges Holz mit dunklem Farbkern; hervorragendes Brenn- und Holzkohlenholz (klassisches Holz der Amerikaner zum Räuchern von Wurst und Fleisch), viele Arten auch für andere Verwendungszwecke. Triebe mit vollem, ungekammertem Mark. Blätter aromatisch, wechselständig, unpaarig gefiedert. Blüten einhäusig; ♂ in hängenden Kätzchen, diese meist zu dritt an einem Stiel; ♀ zu 2 – 10 in Ähren. Frucht: im Herbst reifende, einsamige, rundliche bis längliche Steinfrucht mit 4klappig aufspringendem Exokarp und ± glattem Steinkern. Samen der meisten Arten eßbar, sehr ölreich und deswegen mitunter kommerziell genutzt. Keimung hypogäisch. Unterschieden werden: 1. Pekannüsse (»Pecans«, »Pecan Hickories«; sect. Apocarya DC.): Winterknospen mit 4 bis 6 kreuzweise gegenständigen, klappenförmigen Schuppen. 2. Echte Hickories (»True Hickories«; sect. Eucarya DC.): Winterknospen mit mehr als 6 dachziegelig angeordneten Schuppen.

Carya alba → *Carya tomentosa*

Carya alba → *Carya ovata*

Carya amara → *Carya cordiformis*

Carya cordiformis (Wangenh.)K. Koch (sect. Apocarya; syn.: C. amara Nutt.) Bitternuß (engl.: Bitternut Hickory): Mutmaßlich häufigste und am gleichmäßigsten verbreitete Hickorynuß N-Amerikas (Im N von NH über S-QU bis MN, südl. bis O-TX und N-FL). Bis 30 m hoch, Borke grau bis hellbraun, eng gefurcht. Endknospen schwefelgelb, mit Drüsenschuppen. Blätter 15 – 25 cm lang, mit 7 – 9 lanzettlichen, gesägten Blättchen; Stiel an der Basis mit gelben Drüsen. Früchte annähernd rund; Exokarp dünn, bis zur Mitte aufspringend; Steinkern grau, ± glatt und dünnschalig, plötzlich zugespitzt; Samen bitter. Laubmischwaldart auf feuchten wie trockenen Standorten bis ≈ 600 m ü.NN; beste Bestände in den fruchtbaren Niederungen des Ohio und seiner Nebenflüsse. Holz nicht besonders wertvoll. Aus den Samen wurde früher ein Öl für Lampen gewonnen. In M-Eur. in Parks; forstl. Versuchsanbauten verliefen überwiegend negativ.

Carya glabra (Mill.) Sweet (sect. Eucarya; syn.: C. porcina Nutt.) Ferkelnuß (engl.: Pignut Hickory): Neben → *C. ovata* forstwirtsch. wichtigste amerik. Hikkoryart. Großes Areal im O des Kontinents: von S-Neu-England über S-ON, S-MI bis IL und MO, im S bis FL und O-TX. Häufigste Carya-Art in den südl. Appalachen und den Cumberland-Bergen, beste Bestände im unteren Ohio-Becken. Rel. schattentolerante Klimaxart in Eichen-Hickorywäldern trockener Bergkuppen und -hänge bis 1 460 m ü. NN, aber auch auf frischen bis feuchten, nährstoffreichen Böden; oft vergesellschaftet mit C. ovata, wobei diese eher in bodenfeuchten, C. glabra häufiger in bodentrockenen Gesellschaften auftritt. Max. 36 m hoch. Borke grau, eng gefurcht. Triebe kahl, mit rel. kleiner Endknospe. Fiederblätter (15 – 30 cm) mit 5 (7) lanzettlichen Blättchen, ± kahl. Frucht kugelig oder birnenförmig; Exokarp dünn, zur Reife dunkelbraun, bis etwa zur Mitte aufplatzend; Steinkern nicht kantig, dickschalig; Samen klein, süß oder bitter. Das elastische, harte und zähe Holz wird u.a. zur Herstellung von Möbeln, Werkzeugen, Radspeichen oder Sportgeräten verwendet. Früher waren die Früchte ein begehrtes Schweinefutter (»Ferkelnuß«). In M-Eur. winterhart.

Carya illinoensis (Wangenh.) K.Koch (sect. Apocarya; syn.: C. olivaeformis Nutt., C. pecan Engl. et. Graebn.) Pekannuß (engl.: Pecan): Größte (max. 55 m hoch) und v.a. wegen der Nüsse wirtsch. wichtige Carya-Art N-Amerikas. Heimat im Mississippi-Becken (von S-IN bis S-IA, im S bis S-TX, LA und W-MS; lokale, isolierte Vorkommen in den Bergen Mex.), meist auf feuchten, gut drainierten, alluvialen Lehmböden. Borke hellbraun oder grau, tief und unregelmäßig gefurcht. Triebe und Knospen behaart. Fiederblätter (20 – 50 cm) mit 11 bis 17 mitunter leicht sichelförmig gekrümmten, lang zugespitzten Blättchen. Frucht zu 2 – 10 in Ähren, länglich spitz; Exokarp dünn, zur Reife dunkelbraun und bis zur Basis aufplatzend; Steinkern glatt, hellbraun, dünnschalig; Samen süß. Wichtigster Nußbaum N-Amerikas; zahlreiche Kultursorten mit großen, bes. dünnschaligen Nüssen. Im großen Umfang plantagenmäßig angebaut; aber auch Beerntung wildwachsender Bäume. Lichtholzart. Holz wird u.a. zur Möbelherstellung, für Furniere, Bodenbeläge oder als Holzkohle genutzt. Nationalbaum von Texas. Das Wort »pecan« stammt von den Algonquin-Indianern, die bereits Pekannüsse kultivierten.

Carya illinoensis-Plantage

Carya laciniosa (Michx.f.)Loud. Königsnuß (sect. Eucarya; syn.: C.sulcata Nutt.; engl.: Shellbark Hickory): 20 – 30 m (max. 42 m) hohe, im mittleren Osten der USA weit verbreitete (im N von NY über S-MI bis S-IA, im S bis N-AR und N-GA, im W bis O-OK und O-KS), aber nirgends häufige Laubwaldart. Meist in Flußniederungen bis etwa 300 m ü. NN auf tiefgründigen, nährstoffreichen Alluvialböden in Gesellschaft von Eichen, Ulmen und Eschen; toleriert längere Überflutungen. Tritt oft zusammen mit der ähnlichen → *C.ovata* auf. Borke wie bei dieser in langen Streifen abblätternd; Triebe dick, orange; Fiederblätter 30 – 55 cm groß, meist 7 unterseits behaarte Blättchen; Früchte 4,5 – 6 cm groß, rundlich, Exokarp sehr dick und bei der Reife bis fast zur Basis aufplatzend; Steinkern schwach 4kantig, dickschalig; Samen süß. Holz und Nutzung wie → *C.ovata.*

Carya olivaeformis → *Carya illinoensis*

Carya ovata (Mill.)K. Koch (sect. Eucarya; syn.: C. alba Nutt.) Schindelborkige Hickorynuß (engl.: Shagbark hickory): Forstlich neben → *C. glabra* wichtigste amerik. Hickorynuß. Areal: S-ME über S-QU, S-ON bis SO-MN und IA, im S bis O-TX und GA; isolierte Vorkommen in NO-Mex. Max. 43 m hoch. Typisch ist die graue, zunächst glatte, später dann in schindelartigen Längsstreifen abblätternde Rinde (Name!). Fiederblätter 20 – 35 cm groß, mit 5 (7) elliptischen bis lanzettlichen, am Rande fein gesägten und dicht bewimperten Blättchen, von denen das unterste Paar deutlich kleiner ist als die oberen drei; prächtige, goldgelbe Herbstfärbung. Früchte annähernd rund; Exokarp dick, zur Reife dunkelbraun bis schwarz, bis zur Basis aufplatzend; Steinkern hellbraun, rundlich bis 4-kantig; Samen süß. Rel. schattentolerante Klimaxart in Laubwäldern (v.a. Eichen-Hickorywälder) untersch. Standorte; im N häufig an trockenen Hängen, im S vornehmlich in fruchtbaren, feuchten Niederungen; in den südl. Appalachen bis etwa 900 m ü.NN. Das elastische, harte und zähe Holz wird als Bauholz sowie zur Herstellung von Möbeln, Werkzeugen, Radspeichen oder Sportgeräten genutzt. Auch Fruchtgewinnung von wirtsch. Interesse. Zahlreiche forstl. Versuchsanbauten in M-Eur.; befriedigendes Wachstum danach nur auf besten Standorten milder Klimalagen. Attraktiver Zierbaum.

Carya pecan → *Carya illinoensis*

Carya porcina → *Carya glabra*

Carya sulcata → *Carya laciniosa*

Carya tomentosa (Poir.) Nutt. (sect. Eucarya; syn.: C. alba K. Koch non Nutt. Spottnuß (engl.: Mockernut Hickory): 15 – 25 m (max. 30 m) hoher Baum im östl. N-Amerika (Areal: von NH über S-ON bis SO-IA, südl. bis O-TX und N-FL). Einzige Hickorynuß, die – allerdings geringwüchsig – im südöstl. Kieferngürtel der USA vorkommt. Beste Entwicklung in Laubmischwäldern (v.a. mit Ei) auf fruchtbaren, feuchten Böden des Hügel- und Berglandes (bis ≈ 900 m ü.NN). Lichtholzart. Borke grau, unregelmäßig eng gefurcht. Triebe filzig, mit großer, behaarter Endknospe. Blätter bis 50 cm lang, mit 7 oder 9 lanzettlichen, unterseits (ebenso wie Rhachis und Stiel) drüsigen und filzigen, stark aromatischen Blättchen. Frucht kugelig bis birnförmig; Exokarp braun, dick, zur Reife bis weit über die Mitte aufplatzend; Steinkern ± abgeflacht, 4-kantig, dick und sehr hart: Samen klein, süß. Das wertvolle Holz mit breitem, weißem Splint und dunkelbraunem Kern wird u.a. zu Möbeln, Fußböden, Werkzeugen oder Sportgeräten verarbeitet.

Caryophyllaceae: Nelkengewächse. Familie der → *Caryophyllales.* Kräuter mit gegenständigen Blättern, meist ohne Nebenblätter. Blüten 4- bis 5-zählig, oft in Dichasien. Androeceum obdiplostemon, vielfach aber reduziert. G (2-5). Vielsamige Kapselfrüchte. Nur wenige Waldpflanzen: Moehringia trinervia (Nabelmiere, Laub- und Nadelmischwälder), Stellaria nemorum und St. holosteum (Sternmieren, Laubmischwälder), Cerastium silvaticum (Hornkraut, feuchte, humose Wälder).

Carya tomentosa

Caryophyllales: Centrospermae, Nelkenartige. Ordnung der → *Caryophyllidae.* Kennzeichen: Radiäre, 5-zählige Blüten mit einfacher oder doppelter Blütenhülle. Androeceum haplo- oder obdiplostemon, gelegentlich sekundär vermehrt. Samen mit Endosperm und Perisperm. Betalaine anstelle von Anthocyanen als Blütenfarbstoffe (nicht bei Caryophyllaceae). Krautig sind: → *Caryophyllaceae,* → *Chenopodiaceae.* Holzpflanzen bei: → *Cactaceae,* → *Phytolaccaceae* und den Nyctaginaceae (Bougainvillea: Kletterstrauch aus S-Amerika, mit gefärbten Hochblättern, Kultiviert im Mittelmeergebiet).

Caryophyllidae: Unterklasse der → *Magnoliatae.* Überwiegend krautige Pflanzen mit einfachen Blättern, oft ohne Nebenblätter. Blüten meist zwittrig, radiär und mit einfacher oder doppelter Blütenhülle. Zentrale Placentation der bitegmischen Samenanlagen. Pollen ist dreikernig. Wichtige Ordnungen: → *Caryophyllales,* → *Polygonales.* Ferner: Plumbaginales (Bleiwurzgewächse).

Casoron® → *Dichlobenil*

Caspary'scher Streifen: Ringförmiger Bereich in den Radialwänden der primären Endodermiszellen, der mit suberinähnlichen Substanzen imprägniert ist und den apoplastischen Wassertransport behindert.

Cassandra calyculata → *Chameadaphne calyculata*

Cassiope → *Ericaceae*

Castanea Mill. Kastanie, Edelkastanie (engl.: Chestnut, Chinkapin): Gattung der → *Fagaceae* mit etwa 12 einander sehr ähnlichen, in der nördl. gem. Zone verbreiteten Baum- oder Straucharten. Borke eichenähnlich, Endknospe fehlend, Blätter wechselständig, gezähnt. ♂ Blüten in köpfchenförmigen Teilblütenständen perlschnurartig an langen, aufrechten Kätzchen aufgereiht; ♀ einzeln oder zu 2 – 4 in separaten Ständen oder am Grunde der ♂ Kätzchen, umhüllt von einem grünen, schuppigen Fruchtbecher. Nußfrüchte (Kastanien) völlig in die dicht weichstachlige → *Cupula* eingeschlossen, Samen eßbar. Wirtsch. bedeutend wegen der Früchte und des wertvollen, vielseitig verwendbaren, ringporigen Kernholzes.

Castanea americana → *Castanea dentata*

Castanea crenata Sieb. et Zucc. (syn.: C. japonica Bl.) Japanische Kastanie: Rel. seltener Strauch oder bis 10 m hoher Baum Japans und Koreas (hier var. dulcis Nak.). Meist unterständig in sommergrünen Laubwäldern (u.a. mit Aesculus turbinata, Cercidiphyllum japonicum, Pterocarya rhoifolia, Quercus glandulifera, Q. mongolica). Meist auf Granit, meidet Kalk und Trockenheit. Wirtsch. bedeutend als Fruchtbaum. Weitgehend unempfindlich gegen das → *Kastaniensterben,* deswegen versuchsweise in Italien als Unterlage für die anfälligere → *C. sativa* herangezogen.

Castanea dentata (Marsh.)Borkh. (syn.: C. americana Raf.) Amerikanische Kastanie (engl.: American Chestnut): Wirtsch. wichtigste der vier nordamerikanischen Kastanien, verbreitet im atlantischen Teil des Kontinents von ME bis zum südl. ON, südl. bis GA und MS. Von Natur aus häufig in laubholzreichen Mischwäldern tieferer Lagen (bis 1 200 m), zusammen mit Quercus-Arten, Liriodendron tulipifera, Carya glabra, Fraxinus americana und Pinus-Arten. Wegen der wohlschmekkenden Früchte auch in großem Umfang kultiviert. Durch das seit der Jahrhundertwende grassierende → *Kastaniensterben* stark dezimiert. Max. 33 m hoch; im Unterschied zu → *C. sativa* Knospen und Blattunterseiten kahl. Holz ähnlich dem der europ. Kastanie; früher wichtigster Gerbstoff-Lieferant in den USA. In Mitteleuropa winterhart, gelegentlich in Gärten. Bevorzugt saure Böden.

Castanea henryi (Skan.) Rehd.: Mit Höhen bis 25 m die größte ostasiatische Castanea-Art. Großes Verbreitungsgebiet in Mittel- und Ostchina (Höhenlagen von 600 – 1 800 m). Blätter kahl, flachbuchtig gezähnt, Fruchtbecher mit nur einer kleinen Nuß. Als Fruchtbaum von geringer Bedeutung, aber Holz sehr wertvoll und begehrt. Die Art hatte sich in amerikanischen Infektionsversuchen als weitgehend resistent gegen das → *Kastaniensterben* erwiesen und fand deswegen Eingang in Resistenzzüchtungsprogramme als Kreuzungspartner von → *C. dentata.*

Castanea japonica → *Castanea crenata*

Castanea ozarkensis Ashe (engl.: Ozark Chinkapin, Ozark Chestnut): Bis 20 m hoher Baum mit kleinem, durch das Mississippi-Tal von → *C. dentata* getrenntem Areal in den südl. USA (S-MO, AR, O-OK), Vorkommen bis 850 m Höhe auf sauren, steinigen, trokkenen Böden. Fruchtbecher enthält nur eine Kastanie. Wird vom → *Kastaniensterben* befallen, ist aber weniger empfindlich als C. dentata.

Castanea pumila (L.) Mill. Chinquapin (engl.: Allegheny Chinkapin): Mit → *C. ozarkensis* nahe verwandter, häufig mit → *C. dentata* vergesellschafteter Strauch oder kleiner, bis 12 m hoher Baum im SO Nordamerikas. Vorkommen in Eichen- und Hickory-Laubwäldern in Höhenlagen bis 700 (max. 1 350) m. Blätter unterseits bleibend filzig; eine Kastanie pro Fruchtbecher. C. pumila gilt als unempfindlich gegen das → *Kastaniensterben.* Der Name Chinquapin geht auf das indianische

Wort „Checkinquamins“ als Bezeichnung für die als Nahrungsmittel geschätzten Kastanien zurück.

Castanea sativa MILL. (syn.: C. vesca GAERTN., C. vulgaris LAM.) Edelkastanie, Eßkastanie: Einzige europ. Castanea-Art, beheimatet in Südeuropa, Kleinasien und Teilen Nordafrikas. Seit der Römerzeit (zusammen mit dem Wein) in vielen wärmeren Gebieten Mittel- und Westeuropas eingebürgert. Kennzeichen: Max. 35 m hoch, Stamm oft drehwüchsig. Blätter derb, 10 – 25 cm lang, grannenspitzig gezähnt, unterseits zumindest anfangs behaart, verkahlend. Blüte (V-VII) nach dem Laubausbruch. Meist 2 – 3 glänzend braune Nüsse (Maroni) in einem zur Reifezeit (X) vierklappig aufspringenden Fruchtbecher; Samen wohlschmeckend. Submediterran-subatlantische Art in eichenreichen Laubwäldern des Flach- und Hügellandes, nur vereinzelt höher als

a

b

Castanea sativa *a* mit Fruchtständen, *b* Bestand im Vintschgau

1 000 m. Im gesamten Mittelmeergebiet als Fruchtbaum kultiviert. Bevorzugt mittel- bis tiefgründige, kalkarme, mineralkräftige Stein- und Lehmböden in sommerwarmen, wintermilden, luftfeuchten Lagen. Nördlich der Alpen frostgefährdet. Tiefwurzelnde Halbschattbaumart; zahlreiche Kultursorten. Die stärkereichen Samen werden geröstet, gekocht oder gedämpft verzehrt; früher auch zu Mehl vermahlen. Das Holz (Rohdichte r_0 = 0,56 g/cm^3) ähnelt dem der Eiche, hat aber sehr schmale Holzstrahlen. Kern fahl- bis dunkelbraun, unter Wasser äußerst dauerhaft, gut bearbeit- und spaltbar. Verwendet als Konstruktionsholz, für Faßdauben, Rebstöcke und zur Zellstoffgewinnung. Gerbstoffextraktion aus Holz und Rinde. Wegen des starken Stockausschlagvermögens werden Kastanienwälder meist als Niederwälder bewirtschaftet. Vielerorts ist der Bestand durch das → *Kastaniensterben* gefährdet.

Castanea vesca → *Castanea sativa*

Castanea vulgaris → *Castanea sativa*

Castaneoideae → *Fagaceae*

Castanopsis → *Fagaceae*

Castilla → *Moraceae*

Casuarinaceae → *Casuarinales*

Casuarinales (= Verticillatae): Ordnung der → *Hamamelididae* mit extrem xeromorphen Bäumen und Sträuchern. Einzige Familie: Casuarinaceae. Heimat: Australien, malaiischer Archipel. Kennzeichen: Grüne, rutenförmige Zweige mit quirlig angeordneten, kleinen Schuppenblättern (Schachtelhalm-ähnlich); Blüten stark reduziert [♂: P2 A1; ♀: P0 G(2)] zu kätzchenförmigen (♂) oder zapfenförmigen (♀) Blütenständen vereinigt; anemogam. Liefern ein wertvolles, rotbraun gefärbtes Holz. Casuarina montana ist waldbildend auf Java. Forstlich angebaut werden u.a. C. cunninghamiana und C. equisetidia.

Catalpa SCOP. Trompetenbaum, Bohnenbaum: Gattung der → *Bignoniaceae* mit etwa 11 sommergrünen, einander sehr ähnlichen Baumarten in N-Amerika und O-Asien. Blätter gegenständig oder zu 3 in Quirlen, langgestielt, groß, eiförmig, ganzrandig oder mit 1 – 2 kleinen, spitzen Lappen; unterseits häufig rötliche Drüsen in den Nervenwinkeln. Ansehnliche Blüten in aufrechten Rispen oder Trauben; Blütenkrone glockenförmig mit 5 ungleich großen Lappen; 5 Staubblätter, davon 3 steril. Bohnenförmige, bis 40 cm lange, etwa 1 cm dicke, im Querschnitt rundliche Kapsel mit zahlreichen flachen Samen; diese an beiden Enden mit Haarbüscheln. Früchte bleiben nach der Reife lange am Baum. Holz ringporig, rel. leicht und weich, dauerhaft; meist schmaler Splint, Kern bräunlich. Forstl. ohne große Bedeutung.

C. bignonioides WALT. (engl.: Southern Catalpa): In weiten Teilen des östl. N-Amerika als Zierbaum eingebürgert. Von Natur aus selten; urspr. Areal wahrscheinlich S-GA, N-FL, AL und MS (bis 150 m ü.NN). Max. 20 m hoch, raschwüchsig, Lichtholzart, bevorzugt auf feuchten, nährstoffreichen Böden. In M-Eur. weitgehend winterhart, aber spätfrostgefährdet, obwohl spät austreibend. Chrom.: 2n = 40.

C. speciosa (WARDER ex BARNEY) ENGELM. (engl.: Northern Catalpa): Im größten Teil der östl. USA eingebürgerter Zierbaum. Von Natur aus in Flußniederungen (bis 150 m ü.NN) von SW-IN bis NO-AR, selten. Max. 30 m hohe, raschwüchsige Lichtholzart feuchter, nährstoffreicher Böden. Frosthärter als C. bignonioi-

des. Holz für Zaunpfähle verwendet, da sehr dauerhaft. In M-Eur. gelegentlich in Parks.
C. ovata G.Don (syn.: C. kaempferi [DC.]Sieb. et Zucc.): W-China; in Jap. häufig kultiviert; max. 15 m hoch; in M-Eur. selten, leidet stärker unter Frost als obige Arten.

Catalpa **bignonioides**, fruchtend

Cataphylle → *Niederblätter*

catatrem: Bezogen auf Sporen oder Pollen mit Keimstellen am proximalen (ins Zentrum der → *Tetrade* weisenden) Pol. Ursprünglicher Typ. Ggs. anatrem.

Catechine: Phenolische Sekundärstoffe aus der Klasse der → *Flavonoide.* Sie bilden u.a. die Grundstruktur der Catechin Gerbstoffe und → *Phlobaphene.*

Catharinea undulata → *Polytrichales*

Cathaya Chun et Kuang: 1958 erstmals beschriebene Gattung der → *Pinaceae* (Abietoideae) mit nur einer, in China (Kwangsi, Setchuan) beheimateten, immergrünen, monoezischen Art C. argyrophylla Chung et Kuang.: Bis 20 m hoher, in Lang- und Kurztriebe gegliederter Nadelbaum mit eiförmigen, bis 5 cm langen, kastanienbraunen Zapfen, die nach der Reife jahrelang am Baum bleiben. Junge Nadeln deutlich bewimpert. Keine Anbauerfahrungen in Europa.

Cathaysia-Flora → *Paläophytikum*

Cauliflorie: Stammblütigkeit. Blüten entwickeln sich an Kurztrieben, die aus schlafenden Knospen an bereits verholzten Sproßteilen austreiben. Beispiele: → *Cercis siliquastrum,* Theobroma cacao (Kakaobaum).

Cauloid → *Phycophyta*

Caulonema: → *Protonema*

Cecidien → *Gallen*

Cecropia → *Moraceae*

Cedar Apple Rust → *Gymnosporangium*

Cedrela → *Meliaceae*

Cedrus Trew Zeder: Gattung der → *Pinaceae* (Unterfam. Laricoideae) mit 4 immergrünen, im Mittelmeerraum oder im westl. Himalaya natürlich vorkommenden, meist hohen Baumarten. Kennzeichen: Die rel. derben, bis zu 6 Jahren am Baum bleibenden, nadelförmigen Blätter stehen einzeln an Langtrieben und gebüschelt an Kurztrieben. Blütenverteilung monoezisch, Blütezeit: Herbst, ♀ aufrecht, purpurrot; ♂ rel. groß, am Ende von Kurztrieben. Zapfen tonnenförmig, aufrecht, im 2. oder 3. Jahr reif. Sie zerfallen nach Entlassung der geflügelten Samen, nur die Zapfenspindel bleibt zunächst zurück. Chrom.: 2n = 24, Keimlinge mit 9 – 10 Kotyledonen. Zedernholz war wegen seiner hervorragenden physikalischen Eigenschaften, seiner ansprechenden Farbe und seines angenehmen Geruchs zu allen Zeiten begehrt und wertvoll.

Cedrus atlantica (Endl.) Manetti ex Carr. (syn.: C. libani ssp. atlantica [Endl.] Franco. Atlaszeder: Mächtiger, in sommertrockenen, aber schneereichen Lagen des Atlasgebirges beheimateter Waldbaum (1 500 – 2 000 m). In tieferen Lagen teils mit Quercus ilex und Acer monspessulanum (Marokko), teils mit Eibe und Abies numidica (Algerien) gemischt. Max. 50 m hoch, bis 6 m stark und bis 900 Jahre alt, örtlich aber durch Waldweide und Übernutzung gefährdet. In M-Eur. nicht völlig winterhart und forstl. kaum erprobt, jedoch eindrucksvolle Wuchsleistungen von Einzelbäumen und Kleinbeständen im Rheintal und in Südtirol.
Kennzeichen: Aufwärts gerichtete, in spitzem Winkel ansetzende Beastung. Krone alter Bäume nicht ausgeprägt stockwerkartig. Junge Triebe gelblich, dicht mit kurzen Haaren besetzt. Im nat. Areal kommen Individuen mit blaugrünen und solche mit grünen Nadeln nebeneinander vor. Die rel. steifen und spitzigen Nadeln bleiben 2 – 3 Jahre am Baum. Zapfen mit eingedellter Spitze, meist im 3. Jahr reif (Abb. S. 104).
C. atlantica ist eine rel. raschwüchsige Lichtholzart mit geringen Standortansprüchen. Sie bevorzugt Kalk, ist unempfindlich gegen Sommerdürre, toleriert Stadtluft und benötigt viel Platz. Besonderheiten: Herkunftsunterschiede sind bisher nicht bekanntgeworden. Die als Blauzeder gehandelte, blaunadelige Form (C. atlantica »Glauca«) wird im Saatbeet aus normalen Absaaten ausgelesen. Wegen ihrer dekorativen Wirkung ist sie ein viel kultivierter, zudem rel. frostharter Garten- und Parkbaum.

Cedrus atlantica

Cedrus brevifolia (Hook.f.) Henry (syn.: C. libani var. brevifolia [Hook.f.] Meikle) Zypern-Zeder, Kurznadelige Zeder: Waldbaum aus sommerwarmen Gebirgslagen Cyperns (ca. 1 500 m). Im Mittel 12 m, max. 20 m hoch. In M-Eur. trägwüchsig, krumm, breitkronig, oft

Cedrus atlantica: *a* Zweig mit benadelten Kurztrieben und reifem (3-jährigem) Zapfen, *b* 2jähriger Trieb zwergig. Kennzeichnend sind die sehr kurzen (<12 mm), dicken, blaugrünen Nadeln und die mit einer nabelartigen Erhebung an der eingedellten Spitze versehenen, bis 7 cm langen Zapfen.

Cedrus brevifolia

Cedrus deodara (D.Don.) G.Don. Himalaya-Zeder: Hochwertige und leistungsfähige Holzart des westl. Himalaya, verbreitet vom inneren Afghanistan über Kashmir bis zum Quellgebiet des Ganges. In ihrem Optimum, den unzugänglichen Höhenlagen Kashmirs (2 000 – 2 500 m, strenge Winterkälte und Jahresniederschläge zwischen 900 und 1 250 mm) kaum forstl. genutzt, wird sie im semiariden Westen ihres Areals hemmungslos exploitiert. Maxima: 60 m Höhe, 3 m Ø. Begleitholzarten in höheren Lagen: Abies pindrow, A. spectabilis; in mittleren Lagen: Pinus wallichiana, Picea smithiana; in tieferen Lagen: Pinus roxburghii. In M-Eur. ist C. deodara frostgefährdet, möglicherweise wegen der Verwendung ungeeigneten Saatgutes aus monsunbeeinflußten Lagen des Punjab.
Kennzeichen: Baum mit stockwerkartigem Kronenaufbau, waagrecht ansetzenden Ästen, aber deutlich überhängenden, jungen Trieben. Nadeln rel. lang (3 – 5 cm), frischgrün, weich. Zapfen mit abgerundeter, nicht eingedellter Spitze. In geschützten Lagen dekorativer Solitärbaum.

Cedrus libani A. Richard (syn.: C. libanotica Link) Libanonzeder: Wirtschaftl. wichtiger Baum des Altertums, von dem im Libanon, einem seiner beiden Teilareale, infolge jahrhundertelanger Exploitation heute nur noch wenige Kleinbestände erhalten sind. Zweites Teilareal im SO der Türkei, wo die Art im Cilicischen Taurus und Antitaurus Höhenlagen zwischen 1 400 und 2 000 m besiedelt, aber keine Reinbestände bildet, sondern in Mischung mit Abies cilicica, Pinus nigra var. caramanica und Juniperus drupacea vorkommt. Im Optimum max. 900 Jahre alt, 40 m hoch. In M-Eur. forstl. nicht erprobt, jedoch attraktiver Parkbaum mit breiter, etagenartiger Krone, sofern mildes Klima. Kennzeichen: Anfangs Lä-ähnlich mit geradem Stamm und regelmäßig kegelförmiger Krone. Junge Langtriebe kahl oder schwach behaart. Kurztriebnadeln rel. steif und spitz, bis 35 mm lang, meist dunkelgrün. Zapfen bis 10 cm lang, an der Spitze abgeflacht oder etwas eingedellt.
C. l. wächst langsam, verträgt keine Beschattung, bevorzugt Kalkböden und sollte weder auf verdichteten noch auf anmoorigen Böden angebaut werden. Stadtklima schadet, nasser Schnee ist gefährlich. Evtl. ist die Frostempfindlichkeit auf Libanon-Herkünfte beschränkt. Taurische Zedern wurden bisher nicht erprobt. Besonderheiten: Wegen seiner hervorragenden Eignung für den Schiffbau wurde Zedernholz schon von den Phoeniziern (vor 3000 v.Chr.), später von Ägyptern, Assyrern und Römern genutzt. Noch gravierender war die Exploitation, um Holz für Tempelbauten zu gewinnen (Ägypten, Palästina, Israel, darunter die Tempelanlagen von David, Salomo, Herodes).

Cedrus deodora

Ceiba → *Bombacaceae*

Ceja: Die Waldgrenze bildende Buschwaldformation in den Anden mit hart- und kleinlaubigen Gehölzen (z.B. → *Ericaceae)* und zahlreichen Flechten.

Celastrus → *Celastraceae*

Celastraceae: Spindelbaumgewächse. Zu den → *Celastrales* gehörend. Weltweit verbreitete Bäume und Sträucher; besonders zahlreich in Tropen und Subtropen. Blätter gegen- oder wechselständig, mit oder ohne Nebenblätter. Blüten unscheinbar, oft eingeschlechtig, mit Discus. Bitegmische Samenanlagen. Samen mit Arillus. Beeren, Steinfrüchte, Kapseln. Einige Arten mit Milchsaft. In M-Europa nur → *Euonymus*. Celastrus-Arten (Baumwürger) sind dickstämmige Kletterpflanzen aus Asien und N-Amerika.

Celastrales: Spindelbaumartige. Zu den → *Rosidae* gehörende Ordnung von Holzgewächsen mit einfachen Blättern, radiären, 4- bis 5-zähligen, haplostemonen Blüten. Gynoeceum oft 3-blättrig, ober- oder mittelständig. Discus meist vorhanden. Wichtige Familien: → *Celastraceae*, → *Aquifoliaceae*.

Cellobiose → *Cellulose*

Cellulose: → *Polysaccharid*. Unverzweigte, lange Kettenmoleküle aus bis zu 7 000 Cellobiose-Einheiten (= Disaccharid aus 2 Molekülen ß-D-Glucose in β-1,4 glykosidischer Bindung). Wesentlicher Bestandteil der pflanzlichen → *Zellwand*. C. ist die mengenmäßig am stärksten vertretene organische Substanz auf Erden.

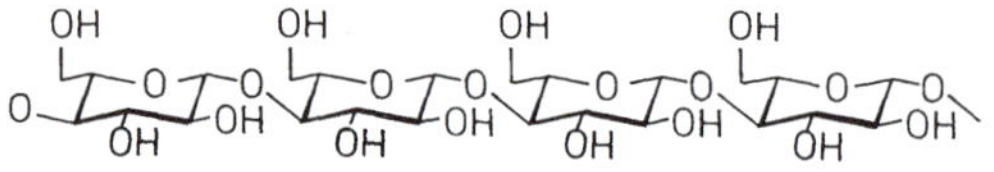

Cellulose

Celtis L. Zürgelbaum (engl.: Hackberry): Gattung der → *Ulmaceae* mit etwa 70 Baum- und Straucharten, teils in der nördl. gemäßigten Zone (sommergrüne Arten), teils in den Tropen (immergrüne Arten). Blätter wechselständig, gestielt, an der Basis dreinervig, Seitennerven vor dem Blattrand stets bogig zur Spitze verlaufend und verschmelzend. Blüten unscheinbar, einhäusig oder polygam; ♂ in Büscheln im unteren Teil, Zwitterblüten einzeln, blattachselständig, ± lang gestielt im oberen Teil diesjähriger Triebe. Steinfrucht ± kugelig, Fruchtfleisch bei einigen Arten eßbar. Chrom.: 2n = 20, 22, 28. Die Arten der Sektion Euceltis (etwa 30 Arten der nördl. gemäßigten Zone) sind schwer zu trennen und syst.-taxonomisch unzureichend bearbeitet.
Erwähnt seien: → *C. australis*. C. bungeana Bl.: bis 15 m hoch; Korea, Mittel-, Nordchina, Mandschurei. C. caucasica Willd.: steht → *C. australis* sehr nahe; Kaukasus, Kleinasien, Westhimalaya. C. jessoensis Koidz.: bis 23 m hoch; Japan, Korea. C. julianae Schneid.: bis 25 m hoch; Mittelchina. C. koraiensis Nakai.: bis 12 m hoch; Korea, Mandschurei, Nordchina. C. labilis Schneid.: bis 18 m hoch; Mittelchina. → *C. laevigata*. → *C. occidentalis*. C. sinensis Pers.: bis 20 m hoch; Japan, Korea, Ostchina. C. tournefortii Lam.: bis 6 m hoch, meist strauchförmig; Kleinasien, Südosteuropa.

Celtis australis L. Zürgelbaum, Südlicher Z.: In S-Eur. (nördliche Grenze: Südalpen, hier bis 1 100 m), Nordafrika und Westasien beheimateter, bis 25 m hoher Laubbaum. Kennzeichen: Rinde glatt, buchenähnlich, erst im Alter etwas aufreißend. Jungtriebe stark behaart. Blätter bis 1,8 cm lang gestielt, eiförmig bis lanzettlich, mit lang ausgezogener Spitze und asymmetrischer Basis, 5 – 16 cm lang, grob gesägt; oberseits rauh, unterseits meist bleibend weich behaart. Die etwa 1 cm großen, kugeligen Steinfrüchte einzeln in Blattachseln, lang gestielt, reif rötlich bis schwarzviolett;

Celtis australis

Fruchtfleisch wohlschmeckend. Standort: Submediterrane und mediterrane Laubwälder und Gebüsche; ohne besondere Bodenansprüche; toleriert leichte Überschattung. Im Mittelmeerraum häufiger Straßenbaum. Nördlich der Alpen nur in sehr milden Lagen winterhart. Das harte und sehr elastische Holz (»Triester Holz«) ist für technische Zwecke (z.B. Instrumentenbau) vielseitig verwendbar; aus Zweigen und dünnen Stämmchen werden gerne Peitschenstöcke hergestellt. Nutzung meist im Stockausschlagbetrieb. Chrom.: 2n = 20.

Celtis integrifolia → *Celtis laevigata*

Celtis laevigata Willd. (syn.: C. mississippiensis Spach, C. integrifolia Nutt.) (engl.: Sugarberry): Im Südosten Nordamerikas, hauptsächlich in Flußniederungen auf feuchten oder sumpfigen Böden vorkommender, bis 30 m hoher Laubbaum. Stamm borkig, dicht mit großen Korkwarzen besetzt. Blätter meist ganzrandig. In Eur. so gut wie unbekannt.

Celtis mississippiensis → *Celtis laevigata*

Celtis occidentalis L. Westlicher Zürgelbaum (engl.: Hackberry): Im Osten Nordamerikas weit verbreiteter, bis 30 m hoher Laubbaum. Im Unterschied zu → *C. australis* Rinde durch Kork-Ausstülpungen rauh, wulstig und gefurcht; Triebe und Blattunterseiten schwächer oder nicht behaart, Blattspitze meist weniger lang ausgezogen; Frucht im Mittel kleiner. Mischbaumart in Laubwäldern tieferer Lagen, oft in Gesellschaft mit Ulmus americana, Fraxinus pennsylvanica, Acer saccharinum, versch. Quercus-Arten. Beste Entwicklung auf Aueböden, auf Kalkhängen meist strauchförmig. C. occidentalis ist die forstlich wichtigste der 7 nordamerikanischen Celtis-Arten. In Mitteleuropa forstwirtschaftlich uninteressant, jedoch als Parkbaum beliebt, da winterhärter als → C. *australis*.

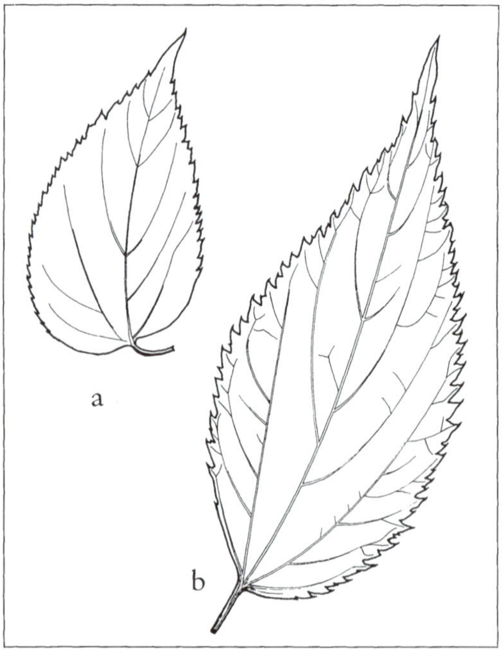

Celtis: *a* C. occidentalis, *b* C. australis

Cenangium abietes → *Cenangium ferruginosum*

Cenangium ferruginosum FR.ex.FR. (syn.: Cenangium abietis [PERS.] DUBY), Erreger eines Kiefern-Triebsterbens (Helotiaceae): Rindenbewohnender Schwächeparasit an älteren P. sylvestris (ab Dickungsalter), dem man früher epidemisches und bestandesbedrohendes Auftreten nachsagte. Der Pilz durchwächst die Rinde letztjähriger Triebe und bringt die Gipfelknospe zum Absterben. Die Nadeln werden fast gleichzeitig von der Basis her braun. Heute wird die Pathogenität von C. a. bezweifelt. Verwechslungen mit der im Schadbild und im Aufbau der schwarzbraunen, bis 2 mm großen Apothecien sehr ähnlichen → *Scleroderris lagerbergii* sind leicht möglich. Eventuell vollzieht sich die Infektion über Einstiche der Nadelscheidengallmücke Thecodiplosis brachyntera an Kurztrieben.

Centromer → *Zentromer*

Centrospermae → *Caryophyllales*

Cephalanthero-Fagion: Pflanzensoziologischer Unterverband im → *Fagion sylvaticae,* der die Orchideen-Buchenwälder umfaßt. Auch Seggen-Trockenhangbuchenwald genannt, da an rel. trockene, kalkreiche Hanglagen gebunden. Neben Bu kommen vor allem Acer campestre, Quercus petraea und Sorbus aria vor. Auffallend im Vergleich zu anderen Fagetalia-Gesellschaften ist die stark entwickelte Strauchschicht, insbes. mit Ligustrum vulgare, Viburnum lantana, Rosa arvensis und den Orchideen Cephalanthera rubra, C. damasonium und Neottia nidus-avis.

Cephalanthus → *Rubiaceae*

Cephalodien: Köpfchenartige Thallusauswüchse bei Flechten (→ *Lichenes),* in denen Luftstickstoff bindende Cyanophyceae (Nostoc) siedeln. In der Flechte selbst leben aber Chlorophyceae als Phycobionten.

Cephalotaxaceae (Kopfeibengewächse): Gymnospermenfamilie mit nur einer Gattung: Cephalotaxus. Diese besteht aus 8 wirtschaftlich bedeutungslosen, in Ostasien beheimateten, immergrünen Arten mit eibenähnlichen Blättern. Sie sind dioezisch und entwickeln rel. große, steinfruchtartige, im 2. Jahr reifende Samen. Chrom.: 2n = 24.

Cephalotaxus fortunei HOOK Chinesische Kopfeibe: Strauch oder (oft) mehrstämmiger, kleiner Baum aus den Bergwäldern M- und SW-Chinas mit zweizeilliger Benadelung. Blätter laufen allmählich in eine scharfe Spitze aus. In M-Eur. nur bedingt winterhart. Parkstrauch (Abb. S. 108).

Cephalotaxus harringtonia (FORBES) K.KOCH Harringtons Kopfeibe: Kleiner, in Japan, Korea und China heimischer Baum ohne forstl. Bedeutung, der in europ. Parks strauchförmig wächst und rel. winterhart ist. Nadeln enden unvermittelt mit einer scharfen Spitze.

Cerasus avium → *Prunus avium*

Cerasus fruticosa → *Prunus fruticosa*

Cerasus laurocerasus → *Prunus laurocerasus*

Cerasus mahaleb → *Prunus mahaleb*

Cerasus padus → *Prunus padus*

Cerasus vulgaris → *Prunus cerasus*

Ceratiola → *Empetraceae*

Ceratiomyxa fruticulosa → *Myxomycetes*

Ceratocystis (Ascomycetes, Ophiostonataceae): Pilzgattung mit mehreren forstpathologisch wichtigen Arten. Kennzeichen: Perithecien mit langem Schnabel, aus dessen bewimperter Mündung (Ostiolum) einzellige Ascosporen in Schleimtropfen austreten. Nebenfruchtform (sog. Graphium) bildet lange, schwarze Konidienträger mit pinselartigem, stark verzweigtem Kopf, in dem zahlreiche Konidien abgegliedert werden und der von einem Flüssigkeitstropfen umgeben ist.

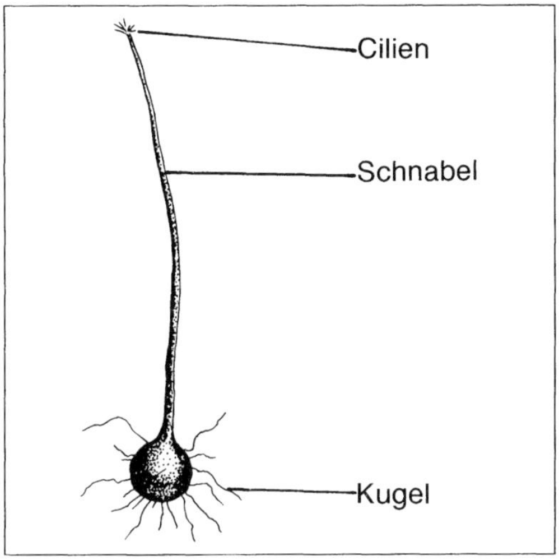

Perithecium von **Ceratocystis** spec.

Ceratocystis fagacearum (BRETZ) HUNT Eichenwelke: Konidienform: Chalara quercina HENRY. Eine im O der USA verbreitete → *Tracheomykose* von großer wirtschaftl. Bedeutung. Roteichen (Q. rubra, Q. coccinea) sind stark gefährdet und können innerhalb weniger Monate absterben. Weißeichen (Q. alba, Q. prinus) erkranken langsamer, weniger intensiv und können sich erholen. Infektionen durch Konidiosporen, die in Mycelmatten unter der Rinde entstehen, von Käfern aufgenommen und transportiert werden. Gelangen sie in frische Wunden, werden sie im äußeren Jahrring des Wirtsbaumes vom Transpirationsstrom erfaßt und verbreitet. Schädigung durch Auslösung von → *Thyllen,* Ausscheidung von Toxinen und Störung des Wassertransportes. Oft auch Verbreitung über → *Wurzelfusionen.*
Das Vorkommen der Krankheit ist auf N-Amerika begrenzt. Sie ist nicht identisch mit dem in O- und SO-Eur. grassierenden → *Eichensterben.* Um das Einschleppen nach Europa zu verhindern, wurden für den Import amerikanischen Eichen-Stammholzes spezielle EG-Richtlinien erlassen, die u.a. eine Behandlung mit → *Methylbromidgas* vorschreiben.

Ceratocystis fimbriata ELL. et HALST.; Erreger von Stamm- und Astkrebsen an Pappeln. In N-Amerika als »target canker« an Populus tremuloides von einiger Bedeutung. In Polen ruft er bis zu 50 cm lange, unre-

Cephalotaxus fortunei (nat. Gr.): *a* benadelter Zweig, *b* Scheinfrucht gelmäßig geformte Stammkrebse an Artbastarden zwischen Schwarz- und Balsampappeln hervor. Außerdem an Kaffee-, Mandel- und Pfirsichbäumen.

Ceratocystis fimbriata Ell. et Halst. **var. platani** Walter; Platanenwelke (engl.: »Black Stain«, »Canker-Stain«): Gefährlicher Wundparasit, der seit 1926 im NO der USA und seit etwa 1940 in S-Eur. zahlreiche Platanen an Straßenrändern und Parks befällt. Der Pilz gelangt oft über Astungswunden in die Rinde, tötet das Kambium, verursacht Rinden-Nekrosen und dringt ins Splintholz vor, das sich bläulich, später braun verfärbt. Das Mycel verstopft die Gefäße und scheidet Toxine aus, die zum Welken einzelner Kronenteile, später des ganzen Baumes führen. Sporen der Haupt- und Nebenfruchtform (Endokonidien vom Chalara-Typ) werden reichlich im frisch abgetöteten Holz gebildet.
Platanus acerifolia ist stärker betroffen als P. occidentalis. In der Rinde des Wirtsbaumes kann sich der Pilz bis zu 3 m pro Jahr ausbreiten. Fast immer führt der Befall zum Tode. In Südeuropa hat sich die Krankheit so schnell ausgebreitet, daß in einigen Städten Südfrankreichs und Italiens die Zahl der Platanen bereits stark

a

b

Ceratocystis fimbriata var. platani: *a* Schadbild an Platanus acerifolia, b Holzverfärbung unter der Rinde.

zurückgegangen ist. Bekämpfung ist allenfalls indirekt, durch Vermeiden von Stammwunden, möglich.

Ceratocystis minor → *Bläuepilze*

Ceratocystis piceae → *Bläuepilze*

Ceratocystis pilifera → *Bläuepilze*

Ceratocystis polonica (Siem.) C. Moreau: Bläuepilz in Fi-Stammholz, der gemeinsam mit dem Fi-Borkenkäfer (Ips typographus) auftritt und im Verdacht steht, pathogen zu sein.

Ceratocystis ulmi (Buisma) Mor. Erreger des Ulmensterbens (Holl. Ulmenkrankheit; engl.: Dutch Elm Disease): Konidienform Graphium ulmi. Der Pilz wurde im 1. Weltkrieg aus Ostasien nach Frankreich eingeschleppt, verbreitete sich binnen kurzem in NW- und M-Eur. und gelangte Ende der zwanziger Jahre nach Nordamerika. Er verursacht erhebliche Ausfälle an Wald-, Park- und Straßenbäumen von Ulmus minor, U. effusa, U. glabra, U. procera und U. americana. U. parvifolia gilt als rel. widerstandsfähig. In den Niederlanden gezüchtete, weitgehend resistente Sorten (z.B. »Bea Schwarz«) brachten keine Abhilfe, weil inzwischen ein neuer, weit virulenterer Stamm des Erregers entstand, der sich – aus Amerika kommend – rasch ausbreitete, bislang widerstandsfähige Bäume befiel, etwa seit 1972 auch in Süddeutschland auftritt und ernste, die Existenz der Ulme bedrohende Schäden anrichtet. Durch abweichendes Kulturverhalten kann man den aggressiven vom nicht-aggressiven Stamm unterscheiden (flockiges : glattes Mycel).
C. ulmi ruft eine → *Tracheomykose* hervor und wird durch den Ulmen-Splintkäfer (Scolytus scolytus, in Amerika: S. multistriatus) verbreitet. Der Pilz besiedelt die Fraßgänge der Käfer, so daß ausfliegende Jungkäfer Konidien mit sich führen. Propagation und Infektion erfolgen während des Reifefraßes an jungen Trieben der Kronenperipherie. Über das Xylem des Wirtsbaumes gelangt der Pilz in andere Ast- und Kronenteile. Schädlich wird er durch die Abgabe toxischer Substanzen. Diese führen zum Kollabieren benachbarter Parenchymzellen und lösen heftige Thyllenbildung aus. Das wiederum führt zur Unterbrechung des Transpirationsstromes. Welkeerscheinungen im Kronenbereich sind die Folge. Später kommt es zu Blattbräunung und Blattfall. Anfangs auf einzelne Äste beschränkt, dehnen sich die Symptome meist noch im selben Jahr auf andere Kronenteile aus. Die Krankheit kann sich auch über Wurzelverwachsungen verbreiten.
Diagnose: Schräg angeschnittene Zweige befallener Ulmen lassen im Frühholz des jüngsten Jahrringes die verthyllten Gefäße mit bloßem Auge als braune Punkte erkennen.
Bekämpfung: Indirekt über Fangbäume und Insektizide zur Vernichtung des Vektors (S. scolytus). Weiterhin wird die Injektion systemischer Fungizide empfohlen. Sie steigen mit dem Saftstrom in die Krone und treffen den Pilz vor Ort. Erfolgsaussichten bestehen für dieses aufwendige, allenfalls für Park- und Straßenbäume geeignete Verfahren nur in den ersten Stadien der Krankheitsentwicklung. C. ulmi hat besonders in den USA, in GB und NL zu erheblichen wirtschaftlichen Verlusten geführt. Derzeit bestehen nur

geringe Aussichten, die Krankheit unter Kontrolle zu bekommen.

Ceratonia siliqua L. Johannisbrotbaum: Einzige Art einer Gattung der → *Caesalpiniaceae.* Immergrüner, max. 6 m hoher Baum, oft mit knorrig verdickter Stammbasis. Heimat im östl. Mittelmeergebiet, seit langem im mediterranen Raum kultiviert. Standort: Hartlaubwälder trockener, steiniger Hänge, meist auf Kalk. Nördlich der Alpen nicht winterhart. Blätter wechselständig, derb ledrig, 2- bis 4-paarig gefiedert. Blüten ohne Krone, einhäusig verteilt, in aufrechten trauben- oder kätzchenförmigen Ständen. Reife Hülsenfrüchte schokoladenbraun, eßbar, süß, häufig als Viehfutter verwendet.

Ceratopetalum → *Saxifragales*

Cercidiphyllaceae: Katsuragewächse. Sehr isoliert stehende Familie der → *Hamamelidales,* gelegentlich zu den → *Magnoliales* gestellt. Umfaßt nur eine Gattung: → *Cercidiphyllum.*

Cercidiphyllum Sieb. et Zucc. Katsurabaum: Einzige Gattung der → *Cercidiphyllaceae.* Sommergrüne Bäume; Sproßsystem deutlich in Lang- und Kurztriebe gegliedert. Blätter einfach, an Langtrieben gegenständig, an Kurztrieben einzeln. Blüten (III-IV, vor dem Laubaustrieb) zweihäusig, klein, ohne Blütenhülle; in köpfchenförmigen Ständen. Balgfrüchte mit vielen kleinen, geflügelten Samen. Zwei sehr ähnliche Arten in O-Asien: C. magnificum Nakai: Jap., kleiner bis mittelgroßer Baum ohne forstl. Bedeutung. C. japonicum Sieb. et Zucc.: Bis 30 m hoher und 2 m starker (BHD), meist mehrstämmiger Baum mit dicker, graubrauner, tief gefurchter Borke. Kahle, ei- bis kreisförmige Blätter mit herzförmiger Basis und kerbig gesägtem Rand. Die Art zählt in Jap. zu den wirtsch. wichtigsten Laubhölzern. Mischbaumart des winterkahlen Laubwaldes auf frischen bis feuchten, tiefgründigen Böden (Standortansprüche ähnlich Es). Die meist einstämmige Var. sinense Rehd. et Wils. (Blätter unterseits auf den Nerven behaart) ist in den Gebirgen Mittel- und W-Chinas beheimatet und wächst bevorzugt in der Nähe von Fließgewässern.
Das wertvolle, leichte und weiche Holz von C. jap. mit hellbraunem Splint und rotbraunem, dauerhaftem Kern ist schön gemasert und leicht bearbeitbar. Verwendung: Möbel, Innenverkleidungen, Tischlerarbeiten, Schnitzereien. In M-Eur. beliebter, winterharter, aber spätfrostgefährdeter Zierbaum; Blätter sind beim Austrieb rosa, im Sommer blaugrün und im Herbst scharlachrot. Forstl. Versuchsanbauten in Deutschland haben sich rel. gut entwickelt.

Cercis L. Judasbaum: Gattung der → *Caesalpiniaceae* mit 7 sommergrünen Baum- oder Straucharten, vorwiegend in den Tropen und Subtropen verbreitet. Charakteristisch ist → *Cauliflorie.* Blüten ähnlich den → *Fabaceae.* Flache Hülsenfrüchte. Wichtigste Art: C. siliquastrum L. (Judasbaum, Wildes Johannisbrot): Bis 8 m hoher Strauch oder Baum, ursprünglich im östl. Mittelmeergebiet bis Persien, heute im gesamten mediterranen Raum kultiviert, nördlich bis zum Gardasee. Nur auf Kalk, bes. an felsigen, südexponierten Hängen. In M-Eur. nur in wärmeren Gebieten winterhart. Blätter wechselständig, kreisrund bis nierenförmig, Basis herzförmig. Die rosa-violetten Blüten erscheinen vor Laubaustrieb.

Cercospora microsora → *Mycosphaerella microsora*

Cercospora sequoiae E. et E. (Dematiaceae): Wichtiger Blattparasit an Cupressaceae, haupts. in N-Amerika. Verursacht Blattbräunung, Blattfall zuerst in Stammnähe, später Absterben der ges. Krone. Betroffen sind Cupressus arizonica, C. macrocarpa, C. sempervirens, Juniperus virginiana, Sequoia sempervirens, Sequoiadendron giganteum. C. sequoiae var. juniperi verursacht gleiche Symptome vornehmlich an Juniperus-Arten.

Ceroxylon → *Arecales*

Chaenomeles → *Choenomeles*

Chalara quercina → *Ceratocystis fagacearum*

Chalaza: Basale Region der → *Samenanlage.*

Chalazogamie: Bei Waldbäumen häufig vorkommende Befruchtungsform, bei der der Pollenschlauch über die → *Chalaza* durch das Nucellusgewebe zum Embryosack wächst. Z.B. bei Bi, Ul, Bu. Vgl. → *Porogamie.*

Chalkophyten (Schwermetallpflanzen): Pflanzen, die auf Böden mit hohem Schwermetallgehalt wachsen können, z.B. Viola calaminaria (auf Zink [Galmeiböden]), Asplenium cuneifolium (auf Serpteninfelsen), Lecanora vinetorum (auf Kupferböden). Schwermetallvegetation ist niederwüchsig, von geringer Produktivität und artenarm. Ch. können als → *Zeigerpflanzen* für Erzlagerstätten dienen.

Chamaecistus procumbens → *Loiseleuria procumbens*

Chamaecyparis Spach Scheinzypresse: Gattung der → *Cupressaceae* (Tribus Cupresseae) mit 7 immergrünen, monoezischen, in Nordamerika oder Ostasien beheimateten Baumarten. Kennzeichen: Überhängende Gipfeltriebe, dauerhaftes Holz. Zweiglein flach, oft mit unterschiedlich geformten Kanten- und Flächenblättern. Einige Arten bilden Jugendformen (→ *Retinospora-Formen*) mit nadelförmigen und Folgeformen mit schuppenförmigen Blättern aus. Die rel. kleinen, kugelrunden Zapfen bestehen meist aus 6-8 Schuppen und reifen im 1. Jahr (Ausnahme: C. nootkatensis). Chrom.: 2n=22. 2 Kotyledonen. Die große innerartliche, morphologische Varianz führte bei einigen Arten zur Auslese zahlreicher Gartenformen.

Chamaecyparis formosensis Matsum.: Wuchskräftige, in Mittelgebirgslagen Taiwans (1 000 – 2 800 m) heimische Art, die Ch. obtusa sehr ähnlich sieht, aber nahezu elliptische Zapfen trägt. Höhen von 65 m und Durchm. von 7 m (!) sollen vorkommen. Nicht winterhart in M-Eur..

Chamaecyparis funebris (Endl.) Franco (syn.: Cupressus funebris Endl.) Tränenzypresse: In China heimischer Waldbaum mittlerer Wüchsigkeit mit herabhängenden Ästen 2. Ordnung. Nicht winterhart in M-Eur..

Chamaecyparis lawsoniana (A. Murr.) Parl. Lawsons Scheinzypresse (engl.: Port Orford Cedar, Oregon Cedar, Lawson Cypress): Wichtiger Waldbaum mit hochwertigem Holz, beheimatet in einem 50 km breiten und

300 km langen Streifen entlang der Pacific-Küste in OR und N-CA. Angepaßt an nasse, milde Winter und niederschlagsarme, aber nebelreiche Sommer. Meist mit Dougl, Sitka-Fi, Abies grandis, Tsuga heterophylla und Thuja plicata. Max. 67 m hoch, 2 m stark, 600 Jahre alt. In M-Eur. winterhart, ist die Art auch von forstl. Interesse. Wirtschaftl. wichtig ist ihr Reichtum an gärtnerischen Zierformen (>200 beschriebene Formen).
Kennzeichen: Schmalkronig, auf trockenen Standorten aber buschig und zwieselig. Äste kurz, leicht überhängend. Kantenblätter größer als Flächenblätter. Unterseits weiße Zeichnung. ♂ Blüten rot, ♀ Blüten stahlblau. Zapfen mit 8 Schuppen. Keine Pfahlwurzel, sondern zahlreiche flachstreichende Seitenwurzeln. Besonderheiten: Schattholzart, gefährdet durch Windwurf und Hallimasch. Ansehnliches, rel. leichtes, aber dauerhaftes und wohlriechendes Kernholz ohne Harzkanäle, verwendet im Hoch- und Bootsbau, für Möbel und Masten.

Chamaecyparis nootkatensis (D. Don)Spach (syn.: C. nutkaensis Lindl. et Gord.) Nootka-Scheinzypresse (engl.: Alaska Cedar): Anspruchsloser Baum der Pacific-Küste von SO-AK (61°n.Br.) bis zum südl. OR. Strauchig an der Baumgrenze (ca. 2 500 m in WA); im Optimum bis 58 m hoch. Alter von 3 500 Jahren wird für möglich gehalten. Im N kleine Reinbestände sonst je nach Höhenlage Mischung mit Picea sitchensis und Tsuga heterophylla bzw. mit Abies lasiocarpa, A. amabilis und Tsuga mertensiana. Sehr langsames Wachstum und geringe Massenleistung. In M-Eur. winterhart, aber forstl. ohne Interesse und trotz attraktiver Beastung als Zierelement wenig gefragt.
Kennzeichen: Sehr abholziger Stamm, regelmäßig überhängende Zweige, flaches Wurzelsystem. Sehr dünne, längsrissige, sich später in Streifen ablösende, bräunliche Rinde. Blätter ohne weiße Zeichnung. Kantenblätter und Flächenblätter gleichgestaltet, riechen unangenehm beim Zerreiben. Zapfen bis 10 mm, reifen im N erst im 2. Jahr. Besonderheiten: Wuchsform variiert stark mit der Standortgüte. Dauerhaftes, gelbliches Kernholz, gut geeignet für Telegraphenmasten und im Bootsbau. Im südöstl. Alaska seit etwa 50 Jahren von einer rätselhaften Komplexkrankheit betroffen (→ *Alaska Cedar decline*).

Chamaecyparis nutkaensis → *Chamaecyparis nootkatensis*

Chamaecyparis obtusa (Sieb. et Zucc.) Endl. Hinoki-Scheinzypresse, Feuerzypresse: Wichtiger Waldbaum Japans. Hauptsächlich in feuchten Mittelgebirgslagen südl. 37°n.Br. Oft in Reinbeständen, sonst gemischt mit Ch. pisifera, Abies firma, Pinus parviflora, P. densiflora. Max. 50 m hoch, 2 m stark. Wertvolles Holz. In M-Eur. forstl. ohne Interesse, kultiviert werden jedoch einige Zierformen wie 'Nana Gracilis'. Kennzeichen: Blätter fleischig, festanliegend. Kantenblätter sichelförmig einwärts gebogen, deutlich größer als Flächenblätter. Blattunterseiten mit weißen Streifen. Zapfen kugelrund, 8 – 10 mm Ø, 8 – 10 Schuppen. Besonderheiten: C. obtusa leidet bei uns mehr unter Sommertrockenheit als unter Winterkälte. Sie stellt hohe Ansprüche an den Nährstoffgehalt und die Feuchtigkeit des Bodens. Als Var. formosana (Hayata) Rehd. bis 40 m hoher Waldbaum in den Mittelgebirgen Taiwans, zusammen mit → *Ch. formosensis.*

Chamaecyparis pisifera (Sieb. et Zucc.) Endl. Sawara-Scheinzypresse, Erbsenfrüchtige Scheinzypresse: Nicht sehr häufiger Waldbaum in sommerfeuchten und schneereichen Mittelgeb.-Lagen der jap. Insel Hondo. Meist in Mischung mit Chamaecyparis obtusa, Thujopsis dolabrata und Fagus sieboldii. Max. 400 Jahre alt, 50 m hoch, 1,6 m stark. In M-Eur. winterhart, aber forstl. ohne Interesse. Demgegenüber werden → *Retinospora*-Formen trotz Frostempfindlichkeit häufig kultiviert. Kennzeichen: Rinde rotbraun, früh in Längsstreifen abblätternd. Zweiglein in einer Ebene orientiert; alle Blätter mit abstehenden Spitzen, Flächenblätter unterseits weiß gezeichnet. Kleine, gestielte, 10- bis 12-schuppige Zapfen. Besonderheiten: Buschig in trokkenem Klima, gefährdet durch Hallimasch und Mäuse.

Chamaecyparis pisifera

Chamaecyparis sphaeroidea → *Chamaecyparis thyoides*

Chamaecyparis thyoides (L.) B.S.P. (syn.: C. sphaeroidea [Spreng.] Spach) Weiße Scheinzypresse (engl.: Swamp Cedar, Atlantic White Cedar): Meist trägwüchsiger Baum sumpfiger Standorte (pH 3,5-5,5) entlang der amerik. Ostküste von ME bis MS. Oft in dichten Reinbeständen, seltener in Mischung mit Acer rubrum, Nyssa aquatica und Taxodium distichum. Optimum in VA/NC. Dort bis 40 m hoch, 40 cm stark und bis 1 000 Jahre alt. In M-Eur. winterhart, aber kaum angebaut. Kennzeichen: Schmalkronig, Zweiglein wachsen in verschiedenen Ebenen. Winzige Schuppenblätter. Halbkugelige Harzdrüse auf Flächenblättern. Zahlreiche bis 6 mm große, kugelrunde, blaurot bereifte, unscheinbare Zapfen. Sehr flaches Wurzelsystem, daher stark windwurfgefährdet. Braunrotes, sehr dauerhaftes Kernholz (Abb. S. 112).

Chamaecytisus albus → *Cytisus albus*

Chamaecytisus hirsutus → *Cytisus hirsutus*

Chamaecytisus leucanthus → *Cytisus albus*

Chamaecytisus purpureus → *Cytisus purpureus*

Chamaecyparis thyoides: *a* beblätterter Trieb (nat. Gr.), *b* Zapfen (nat. Gr.), *c* Triebausschnitt mit Flächen- und Kantenblättern (4x nat. Gr.)

Chamaecytisus ratisbonensis → *Cytisus ratisbonensis*

Chamaecytisus supinus → *Cytisus supinus*

Chamaedaphne calyculata (L.) MOENCH (syn.: Andromeda calyculata L., Cassandra calyculata (L.) D. DON, Lyonia calyculata (L.) RCHB.) Torfgränke: Einzige Art der Ericaceen-Gattung Chamaedaphne. Immergrüner Strauch (bis 1 m hoch) der Hoch- und Übergangsmoore Skandinaviens, NO-Eur., N-Asiens und N-Amerikas (zirkumpolar). In Deutschland nur im nordöstlichen Teil, sehr selten. Blätter derb, ledrig, am Rand eingerollt, oben dunkelgrün, unten weiß. Weiße, glockige Blüten in einseitswendigen Trauben.

Chamaephyten: Pflanzen, deren Erneuerungsknospen sich während der ungünstigen Jahreszeit höchstens 25 cm über der Bodenoberfläche befinden. Zu dieser → *Lebensform* zählen Zwergsträucher, Polsterpflanzen und Moose.

Chamaerops → *Arecales*

Chamaespartium sagittale → *Genista sagittalis*

Chaparral (span. chaparro = Zwergsteineiche): Vorwiegend aus → *Hartlaubgewächsen* (z.B. Quercus turbinella, Arctostaphylos pungens) und Kakteen bestehende Strauchformation im SW-Nordamerika, ähnlich der → *Macchie*, jedoch → *zonal*.

Charakterart (Kennart): Pflanzensoziologischer Begriff für eine Art, die aufgrund ihrer → *Gesellschaftstreue* für bestimmte Einheiten der floristischen → *Vegetationsgliederung* charakteristisch ist. Subassoziationen und Varianten haben keine Ch., sondern werden durch → *Differentialarten* gekennzeichnet.

Charophyceae → *Phycophyta*

Chasmogamie: Bestäubung offener Blüten. (Ggs. → *Kleistogamie*).

Chemoautotrophie: Gesamter Energiebedarf für Stoffwechselvorgänge wird durch Oxidation anorganischen Materials (Chemosynthese) gewonnen. Chemoautotrophe Organismen finden sich ausschließlich bei farblosen Prokaryoten (z.B. Nitrit-, Nitrat-, Knallgas-, Schwefelbakterien, eisen- und manganoxidierende Bakterien).

Chemonastien → *Nastien*

Chemosynthese → *Chemoautotrophie*

Chemotaxis: Freie Ortsbewegung einzelliger Organismen in Abhängigkeit vom Konzentrationsgradienten einer Substanz. Männliche → *Gameten* werden oft durch spezifische Lockstoffe (Gamone) von der Eizelle angelockt. So reagieren Spermatozoide von Farnen positiv auf Apfelsäure.

Chemotaxonomie: Klassifizierung von Pflanzen aufgrund chemischer Merkmale (Farbstoffe, Speicherstoffe, Wandsubstanzen, Proteine und sekundäre Pflanzenstoffe). Bei Coniferophytina hat man besonders das Monoterpenspektrum ihrer Harze herangezogen. Damit gelang eine Differenzierung sogar unterhalb der Artebene (Lärchen- und Schwarzkiefernrassen).

Chemotropismus: Gerichtete Wachstumsbewegungen pflanzlicher Organe in Abhängigkeit von einem stofflichen Konzentrationsgradienten. Bsp.: Das Wachstum des Pollenschlauches wird oft durch Sekrete des Narbengewebes chemotropisch gelenkt; die Wachstumsrichtung von Wurzeln wird durch die Wasser- und Nährstoffverteilung im Boden bestimmt.

Chenopodiaceae: Gänsefußgewächse. Familie der → *Caryophyllales*. Überwiegend krautig mit unscheinbaren, oft eingeschlechtigen und anemogamen Blüten. * P5 A5 G($\underline{2}$). Viele Halophyten und Ruderalpflanzen. Wichtige Nutzpflanzen: Beta vulgaris (Zucker- und Runkelrübe), Spinacia oleraceae (Spinat).

Chequer Tree → *Sorbus torminalis*

Cherry leafroll virus →*Virosen*

Cherry, Bird → *Prunus padus*

Cherry, Black → *Prunus serotina*

Cherry, Sweet → *Prunus avium*

Chestnut → *Castanea*

Chestnut Blight → *Cryphonectria parasitica*

Chestnut, American → *Castanea dentata*

Chestnut, Ozark → *Castanea ozarkensis*

Chiasma: Plur.: Chiasmata. Überkreuzungsstelle der Chromatiden beim → *Crossing over.* Häufigkeit der Chiasmabildung läßt Rückschlüsse auf die Lage von Genen auf dem Chromosom zu und dient zur Erstellung von → *Genkarten.*

Chimäre: Organe oder ganze Pflanze, die sich aus Geweben unterschiedlichen Genotyps zusammensetzen. Ch. entstehen bei Pfropfungen, wenn aus dem Callus der Pfropfstelle Adventivsprosse entwachsen, die Gewebe von Reis und Unterlage in sich vereinigen (Pfropfchimären) oder durch Mutation (Sports) im Apicalmeristem (Mutationschimären). Findet eine solche Mutation an den Tunicainitialen statt, führt dies zur Entwicklung sog. Periclinalchimären, bei denen die Epidermis und eventuell auch wenige subepidermale Schichten genetisch anders strukturiert sind als die tieferliegenden Schichten. Bekannte Ch. bei Gehölzen: Laburnocytisus adamii (Poit.)Schneid aus Laburnum anagyroides und Cytisus purpurens; Crataegomespilus. Mutationschimären sind im Obstbau von Bedeutung.

Chimonanthus → *Laurales*

China-Birke, rote → *Betula albo-sinensis*

Chinarindenbaum → *Rubiaceae*

»Chinesenbart«: Dunkle, schräg nach unten verlaufende Streifen an spitzwinkligen Astansätzen von Bu, HBu, Roteiche, entstanden durch Stauchung des Rindengewebes infolge sek. Dickenwachstums.

Chinkapin → *Castanea*

Chinkapin, Allegheny → *Castanea pumila*

Chinkapin, Ozark → *Castanea ozarkensis*

Chinquapin → *Castanea pumila*

Chionanthus → *Oleales*

Chitin: Gerüstsubstanz der Zellwände höherer Pilze (→ *Mycophyta).* Aus vielen N-Acetylglucosamin-Einheiten aufgebautes Kettenmolekül.

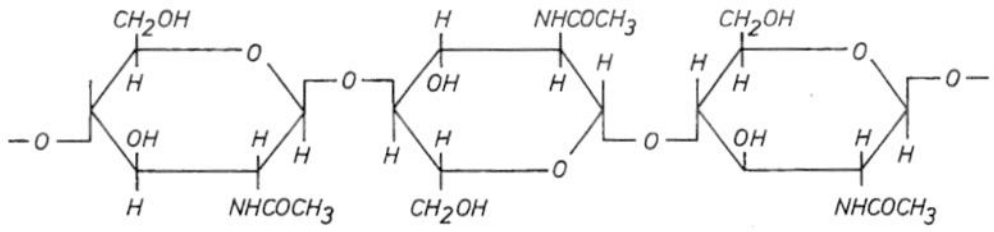

Chitin

Chlamydospermae → *Gnetatae*

Chlamydosporen → *Sporen*

Chlorid: Kann als Cl^- von der Pflanze aktiv aufgenommen u. in Cytoplasma u. Vakuole angereichert werden (Gehalt 2-20 mg Cl/g Trockensubstanz). Cl hat einen günstigen Einfluß auf den Wasserhaushalt der Pflanze; überhöhte Cl-Gehalte in Böden können jedoch toxisch wirken, so rufen z.B. Auftausalze → *Salzschäden* an Straßenbäumen hervor.

Chloridschäden → *Auftausalz,* → *Salzschäden*

Chloronema → *Protonema*

Chlorophora → *Moraceae*

Chlorophyceae → *Phycophyta*

Chlorophylldefekt: Deutlich erkennbare Veränderungen der Blattfärbung bei Pflanzen, basierend u.a. auf Störungen bei der Chlorophyllsynthese, oder auf vorzeitigen und krankhaften Chlorophyllabbau. Häufige Ursachen sind Störungen im pflanzlichen Mineralstoffhaushalt (z.B. Fe- u. Mg-Mangel, → *Chlorosen),* aber auch Virosen (z.B. Ringfleckung durch Pappelmosaikvirus). Ch. können als sog. Panaschüre auch genetisch bedingt sein und treten als gleichmäßige oder fleckige (Buntblättrigkeit) Verfärbungen aufgrund unterschiedlicher Chlorophylldichte auf.

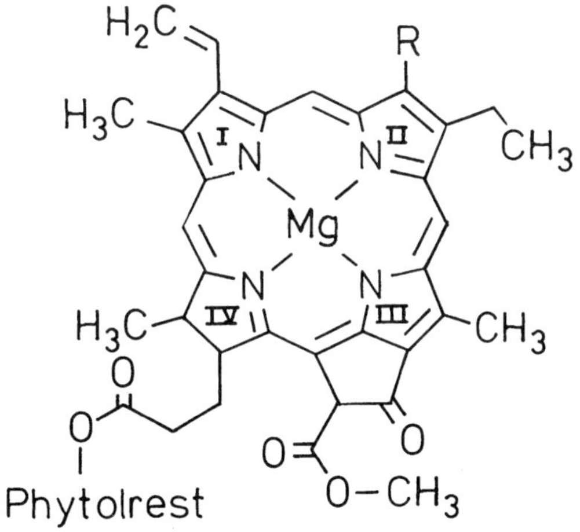

Chlorophyll

Chlorophylle: Grüne Photosynthesepigmente photoautotropher Pflanzen, lokalisiert in den Thylakoiden der Chloroplasten. Man unterscheidet: Chlorophyll a (bei allen Samenpfl., Farnen, Moosen und Algen), Chlorophyll b (Samenpfl., Farne, Moose und best. Algenfamilien), Chlorophylle c, d, e (bestimmte Algenfamilien). Chemischer Aufbau: Porphyrinring mit 4 Pyrrolringen und Mg-Atom im Zentrum. Am Pyrrolring IV hängt ein Phytolrest (Ausnahme: Chl. c). Die verschiedenen Chl. lassen sich durch unterschiedliche Seitenketten unterscheiden. Bei höheren Pflanzen ist Chl. a mengen- und funktionsmäßig von größerer Bedeutung als Chl. b. Chl. a, als Photosynthesehauptpigment, wandelt die Lichtenergie in chemische Energie um. Die übrigen Chlorophylltypen, sowie die Carotenoide und Phycobiliproteide haben lichtsammelnde Funktion (Antennenpigmente → *akzessorische Pigmente*). Chl. absorbieren im blauen und roten Spektralbereich: Die Lage der Absorptionsmaxima ist für jeden Chl.-Typ anders; sie liegen für Chl. a bei 700 nm (= P_{700}) und 680 nm (= P_{680}). Der Chlorophyllgehalt liegt bei ca. 0,5 bis 2 % der pflanzlichen Trockenmasse, abhängig von der Art, dem Entwicklungsstadium und äußeren Bedingungen (z.B. Lichteinstrahlung). Schattenblätter haben meist höhere Chlorophyllgehalte pro Einheit Blattfläche als Sonnenblätter.

Chlorophyta → *Phycophyta*

Chloroplasten: Grüne → *Plastiden,* die aktiv an der Photosynthese beteiligt sind. Gestalt: kugel-, stäbchen-, band-, kragen- oder sternförmig, bei höheren Pflanzen meist plankonvex bis linsenförmig, 5 – 10 µm Durchmesser. Bei energiereichem Licht entwickeln sie sich direkt aus → *Proplastiden,* bei schwachem Licht nach vorheriger Dunkelheit über → *Etioplasten,* oder sie entstehen durch Umdifferenzierung aus → *Chromo-* oder → *Leukoplasten.* Umgeben von doppelter Biomembran. Im Inneren befindet sich ein in plasmatische Grundsubstanz [Matrix, Stroma] eingebettetes Membransystem (Thylakoidsystem), entstanden aus Einstülpungen der inneren Hüllmembran. Bei granulären Chloroplasten sind scheibchenförmige Thylakoidausstülpungen geldrollenartig übereinandergestapelt. Ein Stapel bildet ein Granum. Die Grana-Thylakoide sind durch ebenfalls flächige, aber nicht gestapelte, pigmentärmere Stroma-Thylakoide miteinander verbunden.
Funktionselemente der Thylakoide sind Photosynthesepigmente sowie Enzyme der Elektronentransportkette und der Photophosphorylierung. Die Lichtreaktionen der Photosynthese finden in den Thylakoiden, die sog. Dunkelreaktionen im Stroma statt. → *Stärke* wird am Tag gebildet, in der Nacht wieder mobilisiert.
Im Stroma befinden sich DNS (→ *Plastom),* → *Ribosomen,* mit → *Carotinoiden* gefärbte Lipidtröpfchen (Plastoglobuli) und Kristalle aus Speicherproteinen.
Chloroplastenbewegungen in der Zelle werden entweder passiv durch Plasmaströmung bewirkt oder sind autonom und werden dann durch Licht oder chemische Substanzen ausgelöst. Bei Schwachlicht liegen die Chloroplasten den senkrecht zum Lichteinfall verlaufenden Zellwänden an, bei Starklicht wandern sie zu den dem Lichteinfall parallel liegenden Wänden, bei Dunkelheit sind sie gleichmäßig über die Zelle verteilt oder um den Zellkern angeordnet.

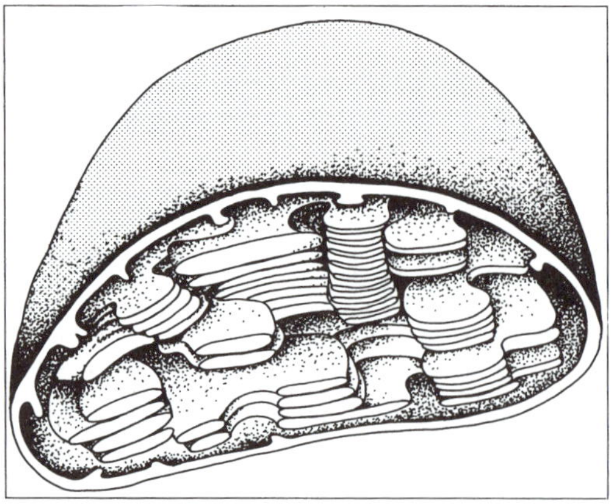

Chloroplast (Schnitt) mit Thylakoid-Stapeln

Chlorosen: Reversible gelbliche bis weiße Aufhellungen von Blättern, Nadeln u. Trieben; C. treten infolge Fe- u. Mn-Mangels zuerst an den oberen (jüngeren) Blättern auf, vor allem im Frühjahr; bekannt sind sog. Kalkchlorosen in Muschelkalkgebieten (Rendzinen) bei Dougl, Roteiche; C. sind typisch für Ki bei Fe-Mangel u. Fi bei Mn-Mangel. → *Mangelkrankheiten.*

Chlorosplenium aeroginascens (NYL.) KARST. Grüner Becherling, kleinsporiger Grünspanbecherling (Helotiaceae): Verbreiteter Saprophyt an verrottenden Laubholzästen. Die intensiv grünen Hyphen rufen blaugrüne Verfärbung des Holzes hervor (Grünfäule). Fruchtkörper schüsselförmig, <1 cm breit, blaugrün. Ähnlich in Aussehen und Lebensweise: Ch. aeruginosum (PERS. ex FR.) DE NOT.

Choenomeles LINDL. (syn.: Chaenomeles BARTL.) Zierquitte: Gattung der → *Rosaceae* mit 2 Arten sommergrüner, meist dorniger Sträucher aus O-Asien mit großen Nebenblättern. In M-Eur. als winterharte, frühblühende Ziersträucher. Ch. japonica (THUNB.) LINDL. ex SPACH (syn.: Pyrus japonica THUNB., P. maulei MAST., Cydonia japonica [THUNB.] PERS.): Niedrig-breitwüchsig (bis 1 m hoch), Blüten orange bis ziegelrot, Früchte gelb, eßbar, reifen nur in warmen Sommern. Ch. speciosa (SWEET) NAKAI (syn.: Cydonia japonica LOISEL. non (THUNB.) PERS.) Aufrecht, bis 2 m hoch, Blüten rosa bis dunkelrot, selten weiß. Frucht gelbgrün bis oliv bräunlich.

Choenomeles

Chondriosomen → *Mitochondrien*

Chondroplea populea → *Cryptodiaporthe populea*

Chondrostereum purpureum → *Stereum purpureum*

Chorikarpie → *Apokarpie*

Choripetalie → *Krone*

Chorologie → *Arealkunde*

Christusdorn → *Paliurus*

Chrom (Cr): Hemmt als 4-wertiges, mobiles Ion die → *Nitrifikation* und wirkt in Konzentrationen von >2 ppm toxisch auf grampositive Bodenbakterien; Cr dringt durch die Zellwand und behindert den Proteinstoffwechsel. → *Schwermetalle.*

Chromatid: Längshälfte eines Chromosoms.

Chromatin: Mit Haematoxylin oder Karmin färbbarer DNS-Histon-Komplex. Gerüstsubstanz der Chromosomen.

Chromatophoren → *Plastiden*

Chromocentren: Bereiche des Chromosoms mit starker Kondensation des DNA-Strangs. → *Heterochromatin.*

Chromomer: Leicht anfärbbare Zonen intensiver DNS-Verdichtung auf den Chromonemata.

Chromonema: In die Grundsubstanz des Chromosoms eingebettete, schraubig gewundene, langfädige Struktur mit knotigen DNS-reichen Verdickungen (Chromomeren).

Chromoplasten: Meist aus → *Chloroplasten* rückgebildete → *Plastiden,* die durch → *Carotinoide* gelb, orange oder rot sind. Gestalt: kugelig, langgestreckt, gelappt oder eckig. Während der Carotinoid-Synthese bildet sich das Chlorophyll zurück, so daß die Fähigkeit der C. zur → *Photosynthese* verlorengeht. Außerdem wird das innere Membransystem abgebaut – besonders bei den kräftig gefärbten C. (Gerontoplasten) des Herbstlaubes. In Blüten, Früchten und Wurzeln können C. aus → *Leukoplasten* entstehen, außerdem können sich C. in Chloroplasten umwandeln.

Chromosomen: Im Zellkern lokalisierte Träger der Erbanlagen. Feinbau: In einer Grundsubstanz (Matrix) sind zwei schraubig gewundene Längsfäden (→ *Chromonemata)* eingebettet. Eine Einprägung in der Matrix teilt das Chr. in zwei Längshälften, die → *Chromatiden.* Jedes Chromatid enthält nur einen Faden aus → *DNA* und Histonproteinen. Gestalt: Stäbchenförmig oder kugelig. Das Zentromer teilt das Chr. in zwei oft ungleich lange Schenkel. Weitere Einschnürungen gliedern Satelliten oder Trabanten ab.

Chromosomengarnitur → *Chromosomensatz*

Chromosomenindividualität: Spezifische Gestalt jedes einzelnen Chromosoms in einem Chromosomensatz. Dadurch lassen sie sich morphologisch unterscheiden. Homologe Chromosomen sind morphologisch gleich.

Chromosomenkarte → *Genkarte*

Chromosomenmutationen: Plötzliche Veränderung der Chromosomenstruktur durch Chromosomenbrüche und eventuell erneutes Anheften der Bruchstücke während der Synapsis. Führt zu Veränderungen der Gensequenz. Man unterscheidet: Deletion, ersatzlosen Verlust von Bruchstücken; Duplikation, Anfügen des Bruchstückes an ein homologes Chromosom; Translokation, Einbau in ein nicht homologes Chromosom; Inversion, Wiederanfügung des Bruchstükkes mit einer Drehung von 180°.

Chromosomensatz: Chromosomengarnitur. Arttypische Anzahl und Konfiguration von Chromosomen, die sich in jeder Zelle identisch wiederholt. Die Zahl der Chromosomen der einzelnen Arten schwankt in weitem Rahmen und läßt keine Rückschlüsse auf Pflanzengröße und Entwicklungsstufe zu. Somatische Zellen höherer Pflanzen besitzen einen zweifachen (2n = diploiden) C., d.h. jedes Chromosom hat ein homologes, morphologisch identisches, Partnerchromosom. Die Zahl der C. bestimmt die Ploidiestufe. Pflanzen mit polyploidem C. sind z.B. die triploide Gigas-Aspe und der hexaploide Kulturweizen Triticum aestivum (→ *Polyploidie).*

	Chromosomen-Grundzahl n
Abies	12
Acer	13
Alnus	14
Betula	12
Fagus	12
Fraxinus	23
Juniperus	11
Larix	12
Morus	14
Picea	12
Pinus	12
Pseudotsuga	13
Quercus	12
Tilia	41
Ulmus	14

Chromosomenzahlen wichtiger Gattungen

Chrysin → *Flavone*

Chrysobalanaceae: Goldpflaumengewächse. Zu den → *Rosales* zählende Bäume und Sträucher pantropischer Verbreitung mit ungeteilten Blättern und zygomorphen Blüten. Eßbare Steinfrüchte. Erwähnenswert: Parinaria macrophylla (hoher Baum W-Afrikas) und Chrysobalanus icaco (Icacopflaume, trop. Amerika).

Chrysomyxa Fichten-Nadelrost: Zu den Chrysomyxaceae gehörende Gattung der Rostpilze mit kettenartig angeordneten Uredosporen sowie Aecidien mit Pseudoperidie. Aecidien erscheinen an Nadeln mehrerer Fi-Arten, dadurch Nadelverfärbung und Nadelfall. Als Diplonten-Wirte dienen verschiedene krautige Arten. Die Gattung umfaßt mehrere wirtswechselnde Arten, deren Verbreitung an das Areal des Zwischenwirtes gebunden ist. Ausnahme: → C. *abietis,* eine an Picea abies vorkommende Art ohne Wirtswechsel.

Chrysomyxa abietis (Wallr.) Unger: Verbreiteter, in Süddeutschland häufiges autoezischer Nadelparasit an Fi. Aecidio- und Uredo-Generation fehlen. Verursacht Schäden durch gelbe Flecken und Bänder an einjährigen Nadeln und durch vorzeitigen Blattfall. Im Herbst braune Teleutolager an der Nadelunterseite. Basidiosporen infizieren im nächsten Frühjahr unmittelbar die jungen Nadeln.

Chrysomyxa arctostaphyli Diet.: Verursacht gelbnadelige Hexenbesen an mehreren nordamer. Fi-Arten (z.B. Picea engelmannii, P. glauca, P. pungens, P. rubens), bleibt aber i.a. ohne wirtschaftl. Bedeutung. Teleutolager an Blättern von Arctostaphylos uva-ursi.

Chrysomyxa empetri (PERS.) SCHROETER: Bildet rote Aecidien an Nadeln von Picea abies, P. engelmannii, P. glauca, P. rubens. Obligater Wirtswechsel auf Empetrum nigrum; deswegen nur im borealen Bereich vorkommend.

Chrysomyxa ledi (ALB. et SCHW.) DE BARY: Nur in nördlichen Regionen vorkommend. Gelbe Aecidien auf Fi-Nadeln (Picea abies, P. engelmannii, P. pungens; P. rubens, P. sitchensis). Diplophase auf Ledum palustre-Blättern. Die bezüglich Wirtskreis und Pathologie ähnliche C. ledicola bildet Uredo- und Teleutolager innerhalb des Mesophylls der Wirtsblätter aus.

Chrysomyxa ledicola → *Chrysomyxa ledi*

Chrysomyxa rhododendri (DC) DE BARY: Heteroeziche Art, deren orange-gelbe Aecidien auf Fi-Nadeln erscheinen. Erhebliche Blattverluste möglich. Zwischenwirte sind Alpenrosen (Rhododendron hirsutum, R. ferrugineum). Somit ist das Vorkommen des Pilzes an bestimmte Höhenlagen in den Alpen gebunden.

Chrysophyceae → *Phycophyta*

Chymochrome: Wasserlösliche Vacuolenfarbstoffe. Vom pH-Wert des Zellsaftes abhängige, rote bis blaue Farbtöne werden durch → *Antocyane* oder → *Betacyane* hervorgerufen, gelbe durch Anthoxanthine (→ *Flavone* und → *Flavonole)* oder Betaxanthine.

Ciboria: Rel. häufige, zumeist Blütenstände und Früchte bewohnende Gattung der Sclerotiniaceae. An eingetrockneten Blütenständen oder mumifizierten Früchten entwickeln sich gestielte, becherartige, ca. 10 bis 15 mm große Fruchtkörper (→ *Becherlinge)*. Wichtige: C. acerina an Blütenständen amerikanischer Acer-Arten; C. amantacea an Blütenkätzchen von Er und an Wei, C. betulae an Kätzchen von Birkenarten, C. rufofusca an abgefallenen Zapfenschuppen von Abies alba.

Ciboria batschiana (ZOPF) BUCHWALD (Sclerotiniaceae): Erreger der weit verbreiteten, wirtschaftl. wichtigen »schwarzen Eichelfäule«. Herbstl. Infektion am Boden liegender Eicheln durch Ascosporen. Schwärzl. Flecke auf der Fruchtschale, zugleich gelbliche Flecke mit dunklem Rand auf den Kotyledonen. Später bräunliche Verfärbung und völliger Abbau der Keimblätter. Auf den mumifizierten Eicheln erscheinen gestielte, schüssel- bis trichterförmige, bis 2 cm breite, zimtbraune Fruchtkörper mit mehreren Apothecien. Prophylaxe durch kontrollierte Lagerbedingungen oder durch Fungizide; Therapie durch Heißwasserbehandlung.

Cichorioideae → *Asterales*

Cinchona → *Rubiaceae*

Cinnamomum → *Lauraceae*

Cinquefoil → *Potentilla*

Circumnutation → *Nutationsbewegungen*

Cistaceae: Zistrosengewächse. Familie der → *Violales*. Sträucher oder Kräuter mit aromatischen Harzen. Blütenformel * K5 C5 A ∞ G (3-5). Gattung → *Cistus* (Cistrose) charakteristisch für mediterrane Macchie. In Deutschland heimisch: → *Helianthemum* (Sonnenröschen) und Fumana (Heideröschen).

Cistales → *Violales*

Cistron: Bestimmter Abschnitt auf einem DNA-Strang, der die Information für ein bestimmtes Protein gespeichert hat. Funktionelle Untereinheit eines → *Gens*.

Cistus L. Zistrose: Gattung der → *Cistaceae* mit 20 immergrünen, selten über 1 m hohen Straucharten des Mittelmeergebietes und der Kanaren, z.T. mit landschaftsdeckender Verbreitung. Blätter gegenständig, Blüten groß, auffallend, einzeln, end- oder seitenständig. Kapselfrüchte. Das balsamisch bittere Harz einiger Arten war früher als blutstillendes Mittel unter dem Namen Ladanumharz begehrt, heute wird es nur noch zur Parfümherstellung genutzt. Wichtigster Vertreter: C. salvifolius L. (Salbeiblättrige Zistrose): Mediterraner Strauch (bis 0,6 m hoch), nördlich bis zur S-Schweiz. Bildet alleine oder mit anderen Cistus-Arten die Cistusmacchie. Meist auf kalkarmen Böden.

Citrat-Zyklus → *Citronensäurezyklus*

Citronensäurezyklus: (= Citrat-, Krebs-Martius- oder Tricarbonsäurezyklus): Zweiter Teilprozeß der → *Atmung*. In den Mitochondrien stattfindender, restloser Abbau der aus der → *Glykolyse* und oxidativer Decarboxylierung stammenden C_2-Körper (Acetyl-CoA) unter stufenweiser Abspaltung von Wasserstoff und Kohlenstoff (in Form von CO_2). Der freiwerdende Wasserstoff wird von Akzeptoren aufgenommen (FAD, NAD). Die dabei entstehenden Reduktionsäquivalente ($FADH_2$, $NADH+H^+$) werden anschließend der → *Atmungskette* zugeführt. Zwischenprodukte des C. können abgezweigt und beispielsweise zur Synthese von Aminosäuren und Porphyrinen (→ *Chlorophyll)* genutzt werden.

Citrus L.: Gattung der → *Rutaceae* mit vielen Kulturformen, über deren Entstehung und systematische Stellung Unklarheit herrscht, ebenso über die Artenzahl (zwischen 4 und ca. 150). Immergrüne Sträucher oder kleine Bäume aus den Tropen und Subtropen Asiens. Vermehrung durch → *Adventivembryonie* und → *Parthenokarpie*. Blätter ledrig, Blattstiele geflügelt, Blüten wohlriechend, weiß. Saftreiche Beerenfrüchte mit farbigem, öldrüsen- und karotinreichem → *Exokarp* und farblosem, schwammigem → *Endokarp*. Wichtige Obstarten (Frischobst, Säfte und Marmelade). Blätter, Blüten und junge Früchte enthalten ätherische Öle (Parfümindustrie). Wichtigste Arten: C. limon (L.) BURM. (Zitrone): Blüht und fruchtet das ganze Jahr hindurch, einzige Citrusfrucht mit aufgesetzter Spitze. C. medica (L.) (Zitronatzitrone): Früchte bes. groß, extrem hoher Schalenanteil, bis 2,5 kg schwer. Genutzt als Zitronat. C. reticulata BLANCO (Mandarine): Früchte mit kleinen Kernen, flachrund, orange, Fruchtfleisch süß und aromatisch, Schale leicht ablösbar. C. maxima (BURM.) MERR. (Pampelmuse): Früchte dickschalig, hoher Vitamin C-Gehalt, bis 3 kg schwer. Nutzung v.a. wegen ätherischer Öle. C. paradisi MACFAD. (Grapefruit): Ähnlich C. maxima, aber Früchte kleiner, saftiger, hellgelb bis rötlich, bitter durch Glykosid Naringin. C. aurantium L. (Pomeranze): Rel. frosthart, im Mittelmeerraum als Straßen- und Parkbaum. Früchte zur Gewinnung ätherischer Öle, Orangen-Marmelade. C. sinensis (L.) PERS. (Apfelsine, Orange): Alte Kulturpflanze aus China. Frischobst, Säfte, ätherische Öle.

Cladothamnus → *Ericaceae*

Clematis alpina: *a* blühender Zweig, *b* Fruchtstand mit Winterknospen
Clematis vitalba: *c* Fruchtstände, *d* blühender Zweig

Clavicipitales → *Unitunicatae-Inoperculatae*

Cleistothecium: Kugelförmiger, ascohymenialer Fruchtkörper (→ *Ascocarp)* der Ascomycetes. Allseitig geschlossen, erst nach Zerfall der Fruchtkörperwand (Peridie) werden Ascosporen frei.

Clematis L. Waldrebe (engl.: Virgin's Bower): Gattung der → *Ranunculaceae* mit etwa 400 weltweit vertretenen Arten. Stauden oder kletternde Sträucher mit gegenständigen, 3-zählig oder unpaarig gefiederten, häufig mit Ranken versehenen Blättern. Blüten in Rispen, an den Staubblättern mit → *Nektarien.* Nußfrüchte; bei der Reife wächst der Griffel oft zu einem fedrig behaarten Flugorgan aus. Viele Arten besitzen wie die Lianen weitlumige Gefäße im Holz. Blätter und junge Zweige giftig. Ziersträucher.

Clematis alpina (L.) Mill. (syn.: Atragene alpina L.) Alpenwaldrebe: Bis 2 m langer Schlingstrauch, der in Eur. in 3 kleinen, getrennten Arealen – Alpen, Appennin, Siebenbürgen – vorkommt und ein großes Areal von NW-Rußland bis Ostsibirien (var. sibirica) einnimmt. In Eur. zerstreut, besonders auf Kalk, v.a. in der Krummholzregion und in Alpenrosengebüschen sowie im Bergwald. Blätter meist doppelt 3-zählig, Blüten nickend, groß (bis 6 cm), ansehnlich, violett bis hellblau, mit Honigblättern (Abb. S. 117).

Clematis vitalba L. Gemeine Waldrebe (engl.: Old Man's Beard): Sommergrüner, bis 30 m langer, rankender Strauch, dessen Borke sich in langen Streifen ablöst. Verbreitet in M- und S-Eur., von Ital. über den Balkan zum Kau.. Stickstoffanzeigende Halbschattholzart, oft auf Kalkböden in feuchten Wäldern, seltener an Geröll und Mauern. Kann Bäume durch Überwuchern zum Absterben bringen. Kennzeichen: Blätter mit 3 – 5 Fiederblättchen an rankenden Stielen. Blüten filzig, gelblichweiß, schwach wohlriechend, ohne Honigblätter. Früchte mit behaartem Griffel bleiben über den Winter am Strauch (Abb. S. 117).

Clematis vitalba, fruchtend

Clematis viticella L. Italienische Waldrebe: Bis 6 m langer, kletternder Strauch mit stark gerilltem Sproß. Aus SO-Eur., dem Orient und dem Kau.. In M-Eur. nur als Zierstrauch zur Laubenverkleidung kultiviert. Blätter einfach oder doppelt gefiedert, Blütenblätter flach ausgebreitet, purpurrosa bis weinrot.

Clethraceae: Scheinellergewächse. Familie der → *Ericales.* Einzige Gattung: Clethra (Zimterle). Erlen- (= Eller-)ähnliche, tropische bis subtropische Bäume oder große Sträucher aus Asien, N- oder S-Amerika. Blütenformel: * K5 C5 A 0+5+5 G(3). Clethra alnifolia (O-USA) und C. barbinervis (Japan, Korea) in geschützten Lagen Mitteleuropas winterhart; laubabwerfend. C. arborea (Madeira) ist immergrün.

Cneoraceae: Familie der → *Rutales.* Immergrüne Sträucher mit lederartigen Blättern, ohne Nebenblätter. Blüten gelb, meist 3-zählig, mit unterständigem Gynoeceum. Beispiel: Cneorum tricoccon, Zwergölbaum, verbreitet im westl. Mittelmeergebiet.

coccal → *Phycophyta*

Coccoloba → *Polygonales*

Cocos → *Arecales*

Code, genetischer: Für alle Organismen gültiges Zuordnungsschema zwischen → *Codon* und → *Aminosäure.* Jede Basenfolge (→ *Triplett)* auf dem Nukleotidstrang der → *DNA* führt zur Synthese einer bestimmten Aminosäure oder steuert als sog. → *Strukturgen* die Funktionen der Proteinsynthese. Beispielsweise bezeichnet die Basenfolge Adenin-Uracil-Guanin den Start der Proteinsynthese, die Folge Uracil-Adenin-Guanin beendet diese.

Codit (= Compartmentalization of Decay in Trees): Von A. L. Shigo geprägter Begriff für das von ihm erforschte Abwehrsystem lebender Bäume gegen holzbewohnende Mikroorganismen. Beruht u.a. auf der Fähigkeit des Markstrahl- und Holzparenchyms zur sekundären (induzierten) Bildung biochemischer und histologischer Barrieren (Kompartimentbildung).

Codon: Basentriplettsequenz der → *DNA* oder → *RNA,* die als Informationseinheit für die Synthese für eine von 20 in Pflanzenzellen gebildeten Aminosäuren fungiert. → *Code, genetischer.*

Coenobien: Die nach einer Zellteilung durch gemeinsame Gallerthüllen oder durch die Wand der Mutterzelle mechanisch zusammengehaltenen Tochterzellen. Tritt auf bei → *Schizomycetes.*

Coenokarpie: Fruchtblätter einer Blüte sind zu einem einzigen → *Stempel* verwachsen. Oft sind nur die Ovarien miteinander verwachsen, Griffel und Narben aber frei (bei Saxifragales). Man unterscheidet: Synkarpie: Ovar durch echte Scheidewände mehrfächrig (bei vielen Rosidae). Parakarpie: Fruchtblätter nur mit den Rändern verwachsen. Ovar deshalb nur einfächrig (häufig bei Dilleniidae).

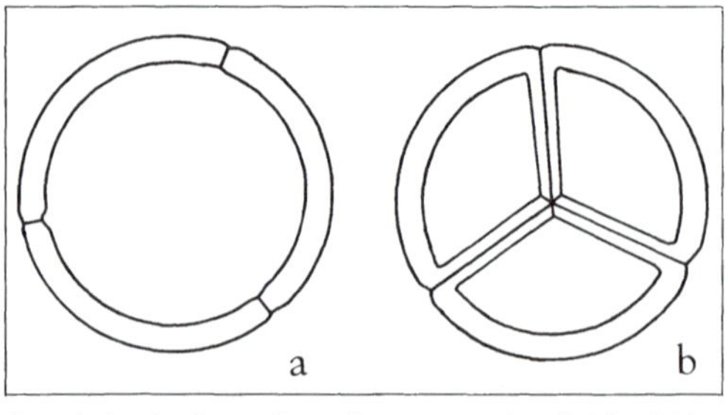

Querschnitte durch **coenokarpe** Gynoeceen aus jeweils 3 Fruchtblättern: *a* Parakarpie, *b* Synkarpie

Coenzyme → *Cofaktoren,* → *Enzyme*

Cofaktoren: Der Nichtproteinanteil (z.B. Metallionen) in einem als Enzym fungierenden Proteid. Sind C. organische Substanzen werden sie bei reversibler Bindung Coenzyme oder bei irreversibler Bindung an den Proteinteil prosthetische Gruppe genannt.

Coffea → *Rubiaceae*

Coffeetree, Kentucky → *Gymnocladus*

Colabaum → *Sterculiaceae*

Colchizin: Alkaloid der Herbstzeitlose, das die Ausbildung des Spindelmechanismus in der Mitose oder Meiose hemmt, so daß die verdoppelten Chromatiden nicht oder nicht gleichmäßig auf zwei Tochter-Zellen aufgeteilt werden, sondern Zellen mit verändertem Chromosomensatz entstehen. (→ *Polyploidie).*

Coleorhiza: Geschlossene Scheide bei Grasfrüchten (→ *Karyopse),* die den Wurzelvegetationspunkt umschließt u. von der → *Radicula* bei der Keimung durchbrochen wird.

Coleosporium: Kiefernnadelroste. Gattung der Coleosporiaceae mit zahlreichen wirtswechselnden Rostpilzen, deren Aecidien-Generation auf Nadeln zweinadliger Ki-Arten parasitiert. Die Diplo-Phase lebt auf versch. Kräutern. Im Frühjahr durchbrechen gelbliche, bis 3 mm lange, blasige Aecidien die Epidermis grüner Nadeln. Umgeben werden sie von einer häutigen, weißlichen → *Peridie,* die bei Reife aufreißt und gelbe Aecidiosporen freigibt. Schäden entstehen durch Nadelnekrosen, gelegentlich auch durch Nadelfall. Artunterscheidungen werden allein aufgrund des Zwischenwirtes vorgenommen. In M-Eur. sind rel. häufig vertreten: C. senecionis (PERS.) FR. (Zwischenwirt: Senecio-Arten), C. campanulae (PERS.) LEV. (Zwischenwirt: Campanula-Arten), C. melampyri (RAB.) TUL. (Zwischenwirt: Melampyrum-Arten).

Collateralknospen → *Beiknospen*

Collenchym: Festigungsgewebe in jungen, noch wachsenden Sprossen oder Blattstielen dikotyler Pflanzen aus meist langgestreckten, lebenden Zellen mit partiellen Wandverdickungen. Man unterscheidet Kanten-(= Ecken-)Collenchym mit verdickten Zellkanten und Platten-Collenchym mit verdickten tangentialen Wänden. Pektineinlagerungen bedingen starke Quellungsfähigkeit der verdickten Wandpartien.

Colleteren: Drüsen- oder Leimzotten. → *Emergenzen* auf Blattorganen, die klebrige Sekrete absondern (z.B. auf Knospenschuppen der Roßkastanie).

Colletotrichum gloeosporioides → *Glomerella miyabaena*

Colorado Spruce → *Picea pungens*

Colorado White Fir → *Abies concolor*

Colpen: Keimfalten. Länglich geformte → *Aperturen* in der Pollenwand.

Colpoma quercinum (PERS. ex ST.AM.) WALLR. (Hypodermataceae): Nebenfruchtform: Conostroma didymum (FAULTRY et ROUM) MOESZ.. Häufiger Rindenbewohner an Eichenästen, beteiligt an der nat. Astreinigung; dringt nur bei geschwächten Wirten in den Hauptstamm vor. Dunkle, ledrige, unter der Rinde entstehende, lippenartig aufspringende, 15 mm lange Apothecien.

Colpoma quercinum, Apothecien

colporat: Bezogen auf Pollen mit Keimfalten (Colpen) und Poren. → *Apertur.*

Columella: (1) Zentrales, säulenförmiges, steriles Gewebe in Sporangien und Früchten.
(2) Ins Sporangium von → *Mucorales* hineinreichende Traghyphe.
(3) →*Apikalmeristem*

Columelliaceae: Familie der → *Scrophulariales* mit nur einer Gattung (Columellia). Immergrüne Bäume und Sträucher aus den Anden mit gegenständiger Beblätterung, dorsiventralen Blüten mit 5-zähliger Hülle, 2 Staubblättern und 2-blättrigem, unterständigem Gynoeceum. Ohne wirtschaftliche Bedeutung.

Columniferae → *Malvales*

Colutea L. Blasenstrauch: Gattung der → *Fabaceae* mit etwa 20 sommergrünen Straucharten. Vorkommen in S-Eur., N-Afr., W- und M-Asien. Blätter wechselständig, unpaarig gefiedert. Blüten in langgestielten, wenigblütigen Trauben. Stark aufgeblasene Hülsenfrucht mit pergamentartiger Wand. In M-Eur. nur: C. arborescens L. (Gemeiner Blasenstrauch, Blasenschote): Bis 2m hoher Strauch. Verbreitung zirkummediterran, im Osten bis zur Ukraine, im Norden bis ins obere Rheintal. In M-Eur. wegen der auffälligen Früchte und der gelben Blüten häufiger Zierstrauch. Verwildert leicht. Mit Vorliebe auf Kalk, an trockenen Hängen und in lichten Wäldern. Früchte sowie die 7- bis 13-zählig gefiederten Blätter giftig. Holz für Drechslerarbeiten (Abb. S. 120).

Combretaceae: Strandmandelgewächse. Zu den → *Myrtales* zählende Familie überwiegend trop. verbreiteter Bäume und Sträucher. Einige Arten gehören zur Mangrovevegetation und sind vivipar: Lumnitzera (O-Afrika, Asien, Australien), Laguncularia (W-Afrika, trop. Amerika). Von Terminalia superba, 50 m hoher Baum aus den Regenwäldern W-Afrikas, stammt das Limba-Holz.

Commelinidae: Unterklasse der → *Liliatae.* Kräuter mit 3-zähligen Blüten und synkarpen, oft pseudomonomeren Fruchtknoten. Blütenhülle meist in Kelch und

Colutea arborescens, blühend und fruchtend

Krone differenziert oder reduziert. Habitus oft grasähnlich. Anemogamie häufig. Wichtige Ordnungen: → *Juncales*, → *Cyperales*, → *Poales*, → *Zingiberales*.

Compartmentalization → *Kompartimentbildung*, → *Codit*

Compositae → *Asterales*

congenital: Ursprünglich angelegt; z.B. congenitale Verwachsungen treten schon in der Embryogenese einer Pflanze auf, entstehen also nicht erst im Laufe der Ontogenese. Gegensatz: postgenital.

Conidien → *Konidien*

Coniferae → *Pinidae*

Coniferophytina: Gabel- und nadelblättrige Nacktsamer (→ *Gymnospermae*). Unterabteilung der → *Spermatophyta* mit ca. 600 Arten. Monopodial aufgebaute, anemogame Holzpflanzen. Xylem aus Hoftüpfeltracheiden und schmalen Markstrahlen. Megasporophylle werden nicht ausgebildet. Staubblätter meist mit einer Pollensackgruppe. Mit 2 Klassen: → *Ginkgoatae* und → *Pinatae*.

Coniophora cerebella → *Coniophora puteana*

Coniophora puteana (SCHUM. ex FR.) KARST. (syn.: C. cerebella [PERS.] DUBY) Brauner Kellerschwamm (Coniophoraceae): Häufiger und sehr intensiver Braunfäuleerreger an verarbeitetem Holz (meist Nh), insbes. in Neubauten. Deutscher Name irritiert, da der Pilz in allen feuchten Gebäudeteilen vorkommt. Feucht verarbeitetes Holz (50-60 %) ist bes. gefährdet. Er zerstört auch im Freien verbautes Holz (Maste, Zaunpfähle), vor allem, wenn Bodenkontakt besteht. Im Wald besiedelt er liegende Stämme, tote Äste und Stubben von Lh und Nh. In Gebäuden meist nur am Mycel erkennbar. Bis 60 cm lange Fruchtkörper mit krustenartigem, dünnem, von Sporenstaub bräunlich gefärbtem Hymenium mit hellem Rand. Oberfläche mit rundlichen, bis 5 mm großen Höckern. Wirksame Bekämpfung durch konsequente Trocknung der befallenen Bauteile.

Conostroma didymum → *Colpoma quercinum*

Containerpflanzen: Pflanzen, die zur späteren Verpflanzung in Containern (Töpfe, Torfgefäße, Folienbeutel, Styropor-Multisysteme) angezogen werden. Vorteile: geringere Ausfälle bei der Ausbringung ins Freiland. Zu lange Containerhaltung führt zu schwach verzweigten Wurzelsystemen.

Contortae → *Gentianales*

Convolvulaceae → *Polemoniales*

Cordaitidae: Unterklasse der → *Pinatae*. Im Perm bereits ausgestorbene, im Karbon waldbildende, bis 30 m hohe, reich verzweigte Bäume mit mächtig entwickeltem Mark und parallelnervigen Blättern (spatel- bis grasartig); Pollen mit Luftsäcken. Zoidiogamie wahrscheinlich. Blüten mit zahlreichen sterilen Schuppenblättern.

Cordyline → *Agavaceae*

Cordyline australis (G.FORSTER) HOOKER (syn.: Dracaena australis G. FORSTER) (Agavaceae): Dekorativer, aus Neuseeland stammender, in S-Eur., GB und IR winterharter, bis 13 m hoher Baum. Standorttolerant und widerstandsfähig gegen Salzwassergischt; deswegen gern in Küstennähe angebaut. Kennzeichen: Bis 1,2 m lange, endständige, cremeweiße, rispige Blütenstände sowie büschelig angeordnete, lanzettliche, scharf zugespitzte, bis 0,9 m lange Blätter. Dichasiale Verzweigung (→ *Dichasium*) , sek. Dickenwachstum durch ein peripheres Meristem. Die Art ist forstl. ohne Bedeutung.

Corema → *Empetraceae*

Corepressoren → *Effektoren*

Coriaria → *Sapindales*

Coris → *Primulaceae*

Cormobionta → *Cormophyta*

Cormophyta: Gruppe der Pflanzen, deren Vegetationskörper in Sproß, Blätter und Wurzel gegliedert ist und als Cormus bezeichnet wird. Hierher gehören → *Pteridophyta*, → *Spermatophyta*.

Cormus → *Cormophyta*

Cornaceae: Hartriegelgewächse. Zu den → *Cornales* gehörende Familie von Holzpflanzen (nur 1 Gatt. ist krautig) der nördlich gemäßigten Zone (nur wenige trop. Arten). Blätter gegen- oder wechselständig. Blüten: * K4-5 oder 0 C 4-5 A 4-5 G $(\overline{2\text{-}4})$. Pseudanthien mit z.T. auffallend gefärbten Hochblättern. Unitegmische Samenanlagen. Beeren oder Steinfrüchte. Wichtige Gattung: → *Cornus*. Ferner: Aucuba (Goldblatt), diözischer, immergrüner Strauch aus O-Asien. In wärmeren Gebieten M-Europas als Zierstrauch.

Cornales: Hartriegelartige. Zu den → *Rosidae* gehörende Ordnung. Sträucher und Bäume mit einfachen Blättern, meist ohne Nebenblätter. Blüten meist 4-, seltener 5-zählig; gelegentlich sekundär polyandrisch. Doldenartige Infloreszenzen. Wichtige Familien: → *Nyssaceae*, → *Cornaceae*. Ferner: Garryaceae (immergrüne Sträucher aus SW-, N- und M-Amerika); Alangiaceae (pantrop. Bäume und Sträucher ohne wirtschaftliche Bedeutung).

Cornel Tree → *Cornus mas*

Cornus L. Hartriegel, Hornstrauch (engl.: Dogwood): Gattung der → *Cornaceae* mit ca. 45 Arten, meist in der gemäßigten Zone der Nordhemisphäre, wenige Arten in den Subtropen. Bäume oder Sträucher, seltener Stauden, meist mit gegenständigen, ganzrandigen Blättern. Blüten in Rispen, Dolden oder Köpfchen. Steinfrüchte.

Cornus florida L. Blumen-Hartriegel (engl.: Flowering Dogwood): Strauch oder bis 9 m hoher Baum im Osten N-Amerikas (N-TX und N-FL bis südl. Kanada). Früh und leuchtend weiß blühendes Ziergehölz mit roten Früchten und scharlachroter Herbstfärbung. Gedeiht auf trockenen und feuchten Böden. Holz wird für Weberschiffchen verwendet.

Cornus mas L. Kornelkirsche, Herlitze, Dirlitze (engl.: Cornel Tree): Bis 6 m hoher, durch Wurzelsprosse bodenfestigender Strauch. Heimat: Eur. (nördlich bis zum Harz), Kl.As., Kau. Von der Ebene bis 1 500 m, v.a. auf sonnigen, trockenen Böden in Laubwäldern, Gebüschen, an Hängen und Felsen. Vielfach aus Kultur verwildert. Kennzeichen: Blüten gelb, in kugeligen Doldenrispen, erscheinen vor dem Laubaustrieb (Feb./März). Scharlachrote Früchte, bei Vollreife roh eßbar, süß-säuerlich; werden zu Marmelade, Saft und Wein verarbeitet. Dichtes, festes, zähes Drechslerholz.

Cornus sanguinea L. (syn.: Thelycrania sanguinea [L.] FOURR., Swida sanguinea [L.] OPIZ), Roter Hartriegel (engl.: Common Dogwood): Bis 4 m hoher, Wurzelausläufer bildender, ausschlagsfähiger Strauch. Natürliches Areal in ganz Eur. (außer südl. Iberische Halbinsel und größter Teil Skandinaviens) und in Kl.As. Vom Flachland bis in die montane Stufe in Laub- und Nadelmischwäldern, Auen, an Ufern und in Gebüschen. Als bodenfestigender Pionier- und als Zierstrauch häufig gepflanzt. Kennzeichen: Zweige sonnenseits gerötet, im Winter tiefrot. Weiße, unangenehm riechende Blüten, in schirmförmigen Rispen. Früchte kugelig, schwarzblau, hoher Gehalt an Vitamin C, roh ungenießbar, gekocht für Marmelade. Früher wurde aus Samen Öl gewonnen, Zweige dienten als Flechtwerk. Holz (hart, fest und zäh) für Drechslerei.

Cornus sanguinea

Corolla → *Krone*

Coronilla L. Kronwicke: Gattung der → *Fabaceae* mit ca. 20 Arten aus Eur. und N-Afr.. Kräuter oder Stauden mit wechselständigen, unpaarig gefiederten Blättern. Blüten in Dolden; Früchte: nicht eingeschnürte Gliederhülsen. In M-Eur. nur eine verholzende Art: C. emerus L. (Strauchwicke): Wurzelbrutbildender, bis 2 m hoher Strauch. Areal: S-Eur., Kl.As., in M-Eur. nördlich bis zur Donau und im Oberrheintal. In sonnigen Gebüschen, an kalkhaltigen Felshängen. Blätter 5- bis 9-zählig gefiedert, bitterstoffhaltig, Blüten leuchtend gelb.

Corpus: Zentraler, von der → *Tunica* mantelartig umhüllter Bereich des → *Apikalmeristems* von Angiospermen-Sprossen. C.-Zellen teilen sich anti- und periklinal. C. entsteht aus einer einzigen Initialgruppe (Corpus-Initialen), die zunächst eine Gruppe von Mutterzellen bildet, deren Abkömmlinge in ein peripheres Flankenmeristem und ein zentrales Rippenmeristem differenziert sind. Aus ersterem entstehen Teile der primären Rinde und das Prokambium; aus dem Rippenmeristem entsteht das Mark.

Cortex → *Rinde*

Corylaceae → *Betulaceae*

Coryloideae → *Betulaceae*

Corylopsis SIEB. et ZUCC. Scheinhasel, Blumenhasel: Gattung der → *Hamamelidaceae* mit etwa 20 meist schwer unterscheidbaren, sommergrünen Straucharten. Heimat: Himalaya und O-Asien. Sprosse mit Sternhaaren. Blätter einfach, mit großen hinfälligen Nebenblättern. Blüten gelb, meist in nickenden Ähren. Wichtigste Arten aus Japan: C. spicata SIEB. et ZUCC. Ähren-Scheinhasel, C. pauciflora SIEB et ZUCC. Armblütige Scheinhasel, C. glabrescens FRANCH. et SAV. Kahle Scheinhasel.

Corylus L. Hasel (engl.: Hazel): 12 Arten umfassende Gattung der → *Betulaceae,* in der nördlich gemäßigten Zone N-Amerikas, Eur. und Asiens vorkommend. Sommergrüne Sträucher, seltener Bäume mit zweizeiligen, meist doppelt gesägten Blättern. ♂ Blüten ohne → *Perigon,* mit 2 Vorblättern, einzeln in Achseln von Deckschuppen, in hängenden Kätzchen, vor Laubaustrieb erscheinend. ♀ Blüten zu zweit in Achseln hinfälliger Tragblätter, Perigon unscheinbar. 1 Vorblatt wird zu becherförmiger Fruchthülle. Früchte einsamige, hartschalige Nüsse.

Corylus avellana L. Haselnuß (engl.: Hazel, Cob Nut): Bis 6 m hoher Strauch oder kleiner Baum. Heimat: Fast ganz Eur., im Süden nur in Gebirgslagen, fehlt im engeren Mittelmeerraum. Nacheiszeitliche mittlere Wärmezeit von der Hasel beherrscht; war häufiger als heute, aber vom Eis zurückgedrängt. Ausschlagsfähige Pionierholzart fruchtbarer Standorte, meidet arme Sand- und Sumpfböden. Licht- bis Halbschattholzart. Im Unterholz lichter Laubmischwälder, in Auwäldern, Hekken und Gebüschen. Im Gebirge Dauergesellschaft auf Blockschutt, bildet in den Südalpen infolge Niederwaldbetrieb und Waldweide ausgedehnte Buschwälder (bis 1 800 m ü.NN). Kennzeichen: ♂ Kätzchen in geschlossenem Zustand überwinternd. ♀ Infloreszenz ähnlich Laubknospen, mit deutlicher, roter Narbe. Lappen der Fruchthülle geschlitzt, etwa so lang wie die Nuß. Wegen ölhaltiger Früchte lange in Kultur. Holz weich, gut spaltbar, wenig dauerhaft. Verwendung zur Schießpulverherstellung, für Zeichenkohle und als Brennholz.

Corylus colurna L. Baum-Hasel: Bis 25 m hoher Baum. Verbreitet von SO-Eur. bis zum Him., in M-Eur. frostharter Straßen- und Parkbaum. Blätter ähnlich → C.

avellana, aber größer, oberseits dunkler grün. Früchte wohlschmeckend, Fruchthülle bis über die Mitte in viele schmale, zurückgebogene Zipfel zerschlitzt. Im Gegensatz zu → *C avellana* mit Borkebildung. Holz für Möbel und Schnitzereien.

Corylus maxima MILL. (syn.: C. tubulosa WILLD.) Lamberts-Hasel, Bartnuß: Bis 5 m hoher Strauch. Areal von SO-Eur. bis zum Kau.. In M-Eur. seit langem, zumeist als Varietät atropurpurea mit dunkelroten, z.T. metallisch glänzenden Blättern (Bluthasel, Rote Lambertsnuß) kultiviert; in N-Deutschland nicht frosthart. Ähnlich → *C. avellana,* aber im Wuchs kräftiger. Fruchthülle oben stark verengt, tief zerschlitzt, viel länger als die Nuß. Haselnüsse des Handels sind meist Lambertsnüsse.

Corylus tubulosa → *Corylus maxima*

Coryneum cardinale → *Seiridium cardinale*

Costa → *Blattrippe*

Cotinus MILL. Perückenstrauch (engl.: Smoke Tree): Gattung der → *Anacardiaceae* mit einfachen Blättern, gelbem Holz, ohne Milchsaft (→ *Rhus)* 2 Arten: C. obovatus RAF. in N-Amerika und C. coggygria SCOP. (syn: Rhus cotinus L.), vom östlichen Mittelmeergebiet bis zum Him.; Nordwestgrenze des Areals Südtirol und im Tessin, auf dem Balkan bestandsbildend. Bevorzugt sonnige, trockene, steinige Hänge und lichte Gebüsche, von der Ebene bis in die montane Stufe. Sehr lichtbedürftig. Kennzeichen: Blüten in endständigen Rispen, viele unfruchtbar. Die purpurrot behaarten Blütenstiele der sterilen Blüten strecken sich im Herbst und verleihen dem Fruchtstand ein perückenartiges Aussehen. Beliebter, in M-Eur. winterharter Zierstrauch. Das Kernholz enthält den Farbstoff Fisetin und wird als sog. Fisetholz in der Seiden- und Wollfärberei verwendet. Blätter und Rinde mit Gerbstoffen.

Cotoneaster MEDIK. Zwergmispel: Gattung der → *Rosaceae* mit etwa 50 Arten. Sommer-, seltener immergrüne Sträucher oder kleine Bäume der Gebirge Eur., N-Afrikas und Asiens. Blätter wechselständig, ungeteilt. → *Apfelfrüchte* (Steinapfel). Anfällig gegenüber Feuerbrand (→ *Erwinia amylovora)*

Cotoneaster horizontalis DECNE. Fächer-Zwergmispel: Aus China eingeführtes, in M-Eur. häufiges Ziergehölz. Niederliegender, bis 0,5 m hoher, sommer- oder halbimmergrüner Strauch mit ± waagrecht ausgebreiteten Ästen. Blätter im Herbst orange oder rot. Früchte hellrot.

Cotoneaster integerrimus MEDIK. Gemeine Zwergmispel, Steinmispel (engl.: Common Cotoneaster): 1 – 2 m hoher Strauch, fast in ganz Eur. sowie in Kl.As., östlich bis zum Kau. verbreitet. Meist auf Kalk, an sonnigen, trockenen Standorten, an Felshängen, in Zwergstrauchheiden sowie Ei- und Ki-Wäldern. Pionier, in den Alpen bis 2 000 m. Blätter unterseits und am Rand dicht hellgrün-filzig. Im Gegensatz zu → *C. nebrodensis* Blüten zu 1 – 4 in traubenartigen Ständen. Frucht kahl, rot.

Cotoneaster nebrodensis (GUSS.) K.KOCH (syn.: C. tomentosus (AIT.) LINDL.) Filzige Zwergmispel: 1 – 2 m hoher Strauch aus dem südl. M- und aus S-Eur., in den Alpen bis 1 500 m. Kalkzeiger an sonnigen, trockenen Hängen und Felsen, in Ei- und Ki-Wäldern. Blätter unterseits und am Rand dicht graufilzig. Blüten zu 2 bis 15 in Doldentrauben. Frucht kugelig, schwach filzig, blutrot.

Cotoneaster nebrodensis

Cotoneaster pyracantha → *Pyracantha*

Cotoneaster tomentosus → *Cotoneaster nebrodensis*

Cotoneaster, Common → *Cotoneaster integerrimus*

Cottonwood → *Populus*

Cottonwood, Black → *Populus trichocarpa*

Cottonwood, Eastern → *Populus deltoides*

Cotyledonen → *Kotyledonen*

Crab, Wild → *Malus sylvestris*

Cranberry → *Vaccinium oxycoccus*

Cranberry, Mountain → *Vaccinium vitis-idaea*

crassinucellat: Mit stark entwickeltem Nucellus. → *Samenanlage*

Crassulae: Sanoische Balken. Quer zwischen benachbarten Hoftüpfeln stehende, leistenförmige Verdickungen auf den Radialwänden von Nadelholz-Tracheiden. Beruhen auf partiellen Verdickungen der Mittellamelle und der Primärwand. Besonders bei Larix laricina und Sequoia sempervirens. Bedeutung unbekannt.

Crataegus L. Weißdorn, Hagedorn (engl.: Hawthorn): Gattung der → *Rosaceae.* Etwa 300 sommergrüne, meist dornige Strauch- oder Baumarten in Eur., Asien und besonders in N-Amerika. Blätter wechselständig, ungeteilt, gelappt oder fiederteilig. Meist weiße Blüten in Doldenrispen, selten einzeln. Apfelfrüchte, stark von → *Sklereiden* durchsetzt (Steinäpfel), mehlig, gelb, rot oder schwarz. Anfällig gegenüber Feuerbrand (→ *Erwinia amylovora).*

Crataegus crus-galli L. Hahnendorn, Hahnensporn-Weißdorn (engl.: Cockspur Thorn): Häufiges Ziergehölz aus dem atlantischen N-Amerika, stellenweise verwildert. Strauch oder bis 10 m hoher Baum mit bis 6 cm langen Dornen

Crataegus laevigata (POIR.) DC (syn.: C. oxyacantha L.p.p. et auct.) Zweigriffeliger Weißdorn (engl.: May Whitethorn): Sehr veränderlicher, europäischer Strauch oder Baum (bis 12 m), nicht im nördlichen Skandinavien. Kennzeichen: Blätter nur in der vorderen Hälfte 3-, selten 5-lappig. Nebenblätter gesägt. Blütenstiel kahl, Blüten weiß, Fruchtknoten mit 2 – 3 Griffeln, rote Frucht mit 2-3 Steinkernen. Meidet stark kalkhaltige Böden. Hinsichtlich Temperaturgegensätze und Luftfeuchte engere ökologische Amplitude als → *C. monogyna*. Sonst Standorte, Eigenschaften und Verwendung wie dieser.

Crataegus laevigata

Crataegus x media BECHST.: Natürlich vorkommender, häufiger Bastard zwischen → *C. monogyna* und → *C. laevigata*, häufig Blätter ähnlich C. laevigata, Blütenstiel kahl, 1 – 2 Griffel.

Crataegus monogyna JACQ. emend. LINDM. Eingriffeliger Weißdorn (engl.: Whitethorn, Common Hawthorn): Sehr formenreicher Strauch oder Baum (bis 8 m). Verbreitet in ganz Eur., N-Afrika, östlich bis Sibirien. Kennzeichen: Blätter tief gebuchtet mit 3 – 5 spitzen Lappen. Nebenblätter ganzrandig. Blütenstiel behaart, Blüten weiß (rotblühend, mit gefüllten Blüten als Zierform). Fruchtknoten mit nur einem Griffel, rote Frucht mit nur einem Steinkern. Von der Ebene bis in die montane Stufe, verbreitet, in Laub- und Nadelmischwäldern, Gebüschen und an Wegrändern. Gedeiht auf allen Standorten, besonders gut auf Kalk. Seit Alters her in Kultur. Blätter, Blüten und Früchte mit offizineller Bedeutung (gegen Bluthochdruck, Schlafstörungen, Angst, Depressionen). Vorzügliche Heckenpflanze. Vogel- und Windschutzgehölz. Holz fleischrot, sehr fest und hart.

Crataegus monogyna

Crataegus oxyacantha → *Crataegus laevigata*

Creeper → *Parthenocissus*

Crescentia → *Bignoniaceae*

Cristulariella depraedans (COOKE) HÖHN. Erreger der Weißfleckigkeit des Ahorns (Deuteromycetes): Ruft zahlreiche kleine (< 10 mm), weißliche, annähernd runde Flecke auf Ahornblättern hervor, die zu vorzeitigem Blattfall führen können. Häufig in feucht-kühlen Sommern, bevorzugt an bodennahen Zweigen von A. pseudoplatanus. Wirtschaftl. Schaden gering. In N-Amerika auch an Acer saccharum und A. saccharinum. Blattunterseits entstehen Konidien an gestielten Sporenträger. Überwinterung mit schwarzen Sklerotien an abgeworfenen Blättern.

Cristulariella depraedans auf Acer pseudoplatanus

Cronartium: Blasenrost. Gattung der Cronartiaceae mit mehreren, meist wirtswechselnden, rindenbewohnenden Arten, die in der Haplophase auf Kiefernarten parasitieren und erhebliche wirtschaftl. Schäden anrichten können (→ *C. flaccidum;* → *C. fusiforme;* → *C. ribicola).* Kennzeichen: Aecidien mit mehrschichtiger, blasenartiger Pseudoperidie; Teleutolager in flachen, subepidermalen Krusten. In Nordamerika sind folgende Arten zumindest regional von forstl. Bedeutung:
C. comptoniae ARTH. Sweetfern rust; befällt vor allem P. banksiana und P. contorta in den Seenstaaten und in Canada. Zwischenwirt: Myrica-Arten. Anfällig ist auch Pinus nigra, P. rigida und P. sylvestris. C. comandrae PK. Comandra rust. Bedeutender Schädling an Kiefernarten (P. banksiana, P. contorta, P. ponderosa) in weiten Teilen Nordamerikas. Zwischenwirt: Comandra umbellata. C. fusiforme HEDG. et HUNT EX CUMM. Fusiform rust; Im SO der USA weit verbreiteter und wirtschaftl. bedeutender Parasit an mehreren Ki-Arten. Sämlinge von P. elliottii und P. taeda sind besonders gefährdet. Schadbild: Spindelförmige Anschwellungen von Stamm und Ästen. Uredo- und Teleutostadien an Quercus-, Castanopsis und Lithocarpus-Arten. C. quercuum (BERK.) MIY. ex SHIRAI; Eastern gall rust. Ruft erhebliche Ausfälle an Sämlingen, insbes. in Baumschulen hervor. Betroffen sind P. banksiana, P. echinata, P. sylvestris. Zwischenwirt: Quercus-, Castanea- und Lithocarpus-Arten.

Cronartium asclepiadeum → *Cronartium flaccidum*

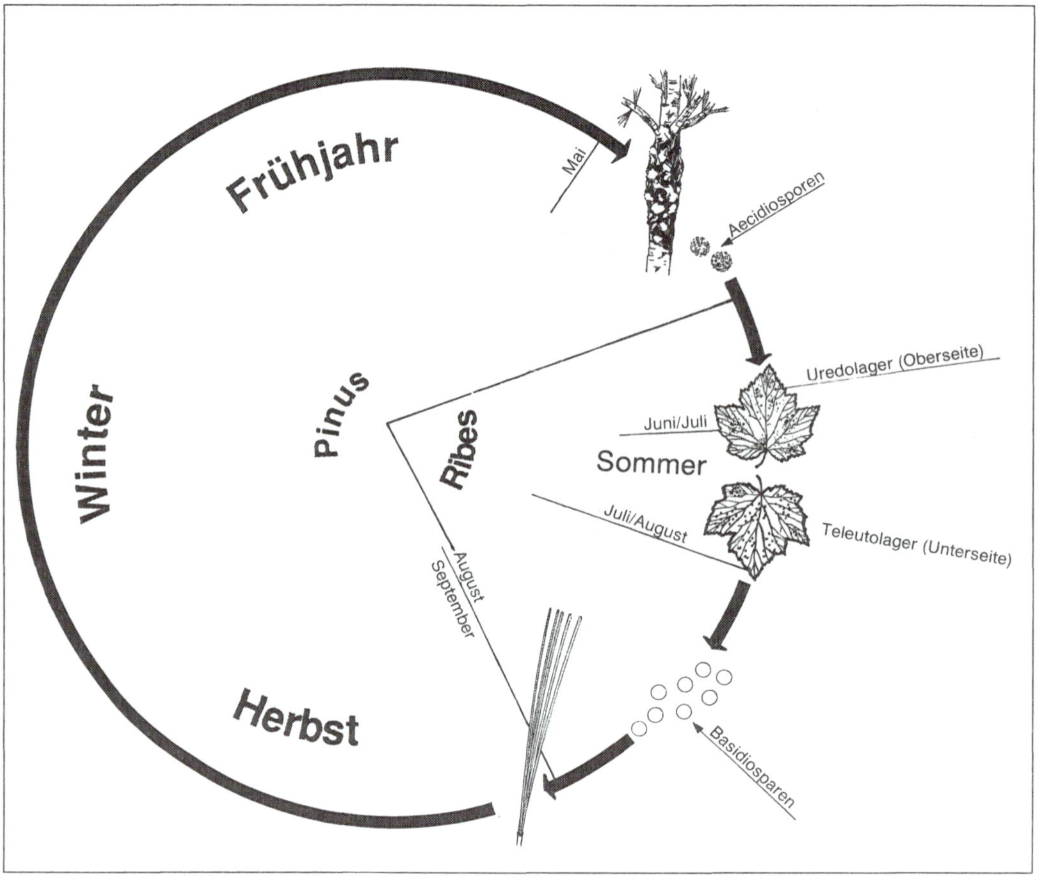

Cronartium ribicola: Entwicklungszyklus

Cronartium ribicola, Stammherd an junger Strobe

Cronartium ribicola, Aecidienlager an Pinus monticola nach künstlicher Infektion

Cronartium comandrae → *Cronartium*

Cronartium comptoniae → *Cronartium*

Cronartium flaccidum (Alb. et Schw.) Winter (syn.: C. asclepiadeum [Willd.]Fr.) Kiefernrinden-Blasenrost, Erreger des »Kienzopfes«: Wirtswechselnder Rostpilz, dessen Aecidiengeneration im Rindengewebe mehrerer zweinadeliger Ki-Arten parasitiert und bei Altbäumen durch Kronendürre wirtschaftl. Schäden anrichtet. Anfällig sind u.a. P. sylvestries, P. mugo, P. pinaster, P. pinea, zumeist vom Alter 15 aufwärts. Basidiosporen infizieren Ki-Nadeln im Frühjahr. Nadelbräunung – Einwachsen des Mycels in die Triebrinde – Verbreitung im Phloem – Vordringen in die Holzstrahlen. Auslösung intensiver Harzung – Verkienung der besiedelten Holz- und Rindenpartien, dadurch Unterbrechung der Wasserleitung – Vertrocknen darüberliegender Kronenteile. Bildung blasenförmiger Aecidien an spindelartig verdickten Zweigabschnitten. Im Sommer Wirtswechsel auf Blätter mehrerer krautiger Arten (Euphrasia, Gentiana, Impatiens, Paeonia, Tropaeolum, Verbena, Vincetoxicum u.a.). Dort Uredolager, Teleutolager, Überwinterung und Basidiosporenbildung. Der besonders in S-Europa häufige Pilz bildet in Mittel, N- und NW-Europa eine autoezische Form aus: Endocronartium pini (Pers.) Hiratsuka syn. Peridermium pini (Willd.) Kleb. Hier werden nur Aecidiosporen ausgebildet, welche den gleichen Wirt erneut infizieren können. Bekämpfung beider Formen nur prophylaktisch, d.h. durch rechtzeitige Entnahme befallener Stämme möglich.

Cronartium fusiforme → *Cronartium*

Cronartium quercuum → *Cronartium*

Cronartium ribicola J.C. Fischer Weymouthskiefern-Blasenrost, Strobenrost: Obligat wirtswechselnder, rindenbewohnender Rostpilz von großer wirtschaftl. Bedeutung. Haplophase schädigt fünfnadelige Kiefernarten, Diplophase die Blätter von Ribes-Arten. Ursprünglich in Eurasien beheimatet, wurde der Pilz um die Jahrhundertwende nach Amerika eingeschleppt. Dort richtet er gravierende Schäden an P. strobus und P. monticola an, bedroht die Existenz von P. albicaulis und P. flexilis und befällt P. lambertiana. In Europa verhindert er seit den dreißiger Jahren den planmäßigen Anbau von P. strobus.
Bereits im Herbst infizieren Basidiosporen Ki-Nadeln jeden Alters. Der Pilz wächst über den Kurztrieb im kambiumnahen Bereich der Astrinden stammwärts. Es kommt zu spindelförmigen, oft mit Harzfluß verbundenen Anschwellungen der Zweige. Aus diesen »Herden« brechen im Frühjahr orangefarbene, blasenförmige Aecidien, oft auch unscheinbare Pyknidien hervor. Die Aecidiosporen infizieren Ribes-Blätter (incl. Kultursorten von Johannis- und Stachelbeeren), auf deren Oberseite im Sommer bräunliche Uredolager erscheinen. Die gelblich-bräunlichen Teleutolager bilden sich blattunterseits. Der Pilz attackiert sämtliche Altersstadien. Er ruft Nadelfall und Nadelvergilbung, intensiven Harzfluß, Stammdeformierungen sowie das Absterben von Ästen, Kronenteilen und ganzen Bäumen hervor. Voraussetzung für den Befall ist das Vorkommen des Zwischenwirtes in einer Entfernung bis zu ca. 400 m. Oft findet die Infektion bereits in der Baumschule statt. Eurasische Wirtsarten sind widerstandsfähiger als amerikanische. (P. armandii > P. wallichiana > P. peuce, P. cembra > Pinus strobus > P. monticola).
Bekämpfung: Keines der bisher angewandten Verfahren führte zu befriedigenden Erfolgen: 1. Beseitigung des Zwischenwirtes: In den USA jahrzehntelang praktiziert (»Ribes eradication«), aber aufgegeben wegen zu großer Reproduktionskraft der Ribes-Arten im Wald. In Deutschland nicht überall realisierbar, aber wichtig für Baumschulen. 2. Applikation von Antibiotica (Actidione). In USA nur kurzfristig effektvoll. 3. Biol. Bekämpfung durch großraumigen Einsatz des → *Hyperparasiten* Tuberculina maxima: noch keine praxisnahen Verfahren entwickelt. 4. Resistenzzüchtung: Artbastardierungen (P. strobus x wallichiana z.B.) weniger aussichtsreich als Selektionszüchtung bei P. monticola. 5. Frühzeitige Astung, um das Einwachsen des Pilzes in den Stamm zu verhindern. Die Existenz physiol.Rassen mit unterschiedl. Virulenz und unterschiedl. Wirtsspektrum wurde für C.ribicola mehrfach nachgewiesen.

Crossing over: Cross over. Austausch von Chromatidenabschnitten zweier homologer Chromosomen, die sich während der → *Synapsis* überkreuzen, an einer einander entsprechenden Stelle brechen und ihre Segmente austauschen. Durch diesen Austausch von Erbgut entstehen neukombinierte Genotypen.

Growberry → *Empetrum*

Cruciferae → *Brassicaceae*

Crumenula laricina → *Ascocalyx laricina*

Crumenula sororia → *Crumenulopsis sororia*

Crumenulopsis sororia (Karst.) Groves (syn.: Crumenula sororia) Karst. (Discomycetes): Erreger eines Stammkrebses, vornehmlich an Pinus contorta, P. nigra, auch an P. sylvestris und P. cembra. Symptome: Harzaustritt, Ablösen kleinerer, später auch größerer Rindenpartien, erfolglose Überwallungen, Krebs, Absterben. Schwarzfärbung von Rinde und Holz bei P. nigra und P. sylvestris. Schwarze, ovale, bis 1,5 mm große Apothezien auf der Krebs-Oberfläche sowie bis 0,7 mm große, schwarze Pyknidien mit vielzelligen, fingerförmigen Konidien.

Cryphonectria parasitica (syn.: Endothia parasitica [Murr] And, et And.) Erreger des Kastaniensterbens, (engl.: Chestnut Blight) (Valsaceae): Aus O-Asien stammender Rindenparasit an Castanea- und Quercus-Arten, in N-Amerika und S-Eur. von großer wirtschaftl. Bedeutung. 1904 erstmals in New York festgestellt, hat er seitdem die Castanea dentata-Bestände des amerik. Nordostens weitgehend vernichtet; größere Schäden entstehen auch an Quercus stellata und Q. virginiana. 1938 nach Eur. eingeschleppt. Seitdem Bedrohung von C. sativa in Italien, Südfrankreich, Spanien und der Schweiz.
Infektion mit Asco- und Konidiosporen über Rindenwunden. Erste Symptome: Rel. scharf abgesetzte, gelblich-braune Flecke auf der Rinde junger Zweige. Danach Absterben, Einsinken und Rißbildung der Rinde. 2 Wege der Weiterentwicklung: (a) Pilz greift auf Kambium über, Stammverformung als Folge; (b) Pilz bleibt in der Rinde, dann Neubildung von Peridermien, Anschwellungen und Risse sowie die Bildung weniger anfälliger (?) → *Adventivtriebe*. Auf der befallenen Rinde entstehen ockerfarbene Pyknidien mit stäbchenförmigen Konidien sowie Gruppen von Perithecien. Sporenentlassung geschieht während der gesamten Veg.-Zeit.

Zwischen Rinde und Holz wachsen cremefarbene, fächerförmige Mycelstränge. Zum Krankheitsbild gehört das Absterben der befallenen Äste nach Blattwelke, hervorgerufen durch Welketoxine. Bekämpfungsmöglichkeiten derzeit gering. Aussichten bestehen über Resistenzzüchtung auf der Basis von Artkreuzungen sowie über den gezielten Einsatz hypovirulenter Erregerstämme. → *Hypovirulenz.*

Cryptodiaporthe populea (SACC.) BUTIN Erreger des Rindenbrandes der Pappel (Valsaceae): Nebenfruchtform: Dothichiza populea SACC. et BR. (syn.: Discosporium populeum [SACC.] SUTTON, Chondroplea populea): Wirtschaftl. wichtiger, in Eur., N-Amerika und Kl.-As. weitverbreiteter Erreger einer Rindennekrose an Schwarz-, gelegentlich an Weiß-, aber nicht an Balsampappeln. Pyramiden-Pa sind extrem anfällig. Konidien infizieren im Frühjahr über Knospenschuppennarben, im Herbst über Blattnarben und jederzeit über Lenticellen und Wunden. Rindennekrosen und Ringelung an jungen Trieben. I. a. Abriegelung durch Peridermbildung, wirkungslos bei durch Wassermangel geschwächten Wirten; dann entstehen krebsartige Überwallungen. Derselbe Pilz ruft vornehmlich an 8 – 25jährigen Pappeln den sog. Braunfleckengrind hervor.
Kennzeichen: Zahlreiche, bis handtellergroße, braune, nekrotische Rindenflecke; darunter Kambiumschäden und Braunfärbung des Holzes. Im Frühjahr: Saftaustritt. Bei weiterem Dickenwachstum reißt die Rinde an diesen Stellen auf (Grind). 1 mm große, vorgewölbte Pyknidien an toter Rinde entlassen bei feuchtem Wetter dunkle Sporenranken mit einzelligen, farblosen Konidien. Hauptfruchtform (Perithecien) rel. selten, an Wundrändern von Altpappeln. Überwinterung als Mycel oder in Form unreifer Pyknidien.
Wirksame Prophylaxe: Keine Altpappeln in der Nähe von Pa-Vermehrungsquartieren; Jungpflanzen vor Trockenheit schützen; Anbau resistenter Sorten (Robusta, Acuminata = sehr anfällig; Fremontii, Berolinensis = resistent).

Cryptodiaporthe salicella (FR.) PETR. (Valsaceae): Nebenfruchtform: Diplodina microsperma (JOHNSON) SUTTON. Wirtschaftl. unbedeutender Erreger einer Zweigdürre an europ. und nordamerik. Wei-Arten. Absterben der Zweige nach Ringelung durch das rindenbewohnende Mycel. Nachweis: Zahlreiche Pyknidien am Trieb.

Cryptomeria japonica D. DON Japanische Sicheltanne (engl.: Japanese Cedar) (Taxodiaceae): Wichtiger Waldbaum Japans mit kerzengeraden, bis 50 m hohen, weitgehend astreinen Stämmen, der im Dichtstand aufwächst und sehr massenreiche Bestände bildet. Alter max. 300 Jahre. In M-Eur. winterhart, aber wenig wüchsig; kaum angebaut. Das nat. Areal erstreckt sich über ganz Japan und die küstennahen Teile Südchinas. Die Rinde ist braunrot und blättert in Längsstreifen ab. Die zahlreichen, rel. dünnen Äste sind spiralig angeordnet und stehen waagrecht ab. Charakteristisch sind die pfriemlichen, ziemlich steifen, max. 12 mm langen, am Zweig herablaufenden Blätter. Sie stehen rel. dicht und sind sichelförmig nach innen gekrümmt. ♀ Zapfenblüten klein und grün, ♂ in Büscheln; Zapfen rund, max. 3 cm groß, Samenschuppen gezähnt; zur Reife hellbraun. Chrom.: 2n = 22. Gemäßigte Temp. und hohe Luftfeuchtigkeit sowie frische und nährstoffreiche Böden sind Voraussetzungen für das Gedeihen. Holz mit hellgelbem Splint und dunkelbraunem, sehr dauerhaftem Kern. Nutzung als Bau- und Möbelholz. Schäden entstehen durch → *Botrytis cinerea* und Cercospora cryptomeriae. Gefährlich ist Naßschnee. Blattbräunung nach strenger Winterkälte. Besonderheiten: Von C. j. sind 200 Zierformen bekannt, die z.T. gern in Eur. angebaut werden (z.B. C. j. »Elegans«) (Abb. S. 512).

Cryptophyta → *Phycophyta*

Cryptosporiopsis abietina → *Pezicula livida*

Cryptosporiopsis quercina → *Pezicula cinnamomea*

Cucumbertree → *Magnolia acuminata*

Cucurbitaria piceae → *Gemmamyces piceae*

Cultivar → *Sorte*

Cumarine: Sekundäre Pflanzenstoffe; Phenylpropanderivate. Häufig in Blütenpflanzen, meist glykosidisch gebunden. Typische Duftstoffe beim Waldmeister (Asperula odorata) (entwickelt sich erst nach Spaltung der Glykoside, z.B. bei Verletzungen). C. wirken als Wachstumshemmstoffe und werden verstärkt nach Verletzungen und Infektionen gebildet.

Cunninghamia R. BR. Spießtanne: Gattung der → *Taxodiaceae* mit 3 in Ostasien beheimateten, immergrünen Arten. Kennzeichen: Ledrige, scharf zugespitzte, lanzettliche Blätter. Zapfen zu dritt an Zweigspitzen, bis 4 cm lang, mit sperrig abstehenden, wenig verholzten Schuppen. Samen schmal geflügelt.

Cunninghamia lanceolata (LAMB.) HOOK. Chinesische Spießtanne: Ein bis 25 m hoher Waldbaum des mittl. und südl. China mit araukarienähnlichem Habitus, der in M-Eur. nur in milden Lagen überlebt und selbst dort meist buschig und mehrstämmig wird. Frostschädenregeneriert C. l. durch neue Triebe aus Stamm und Wurzel. Frische Böden und Halbschatten sind vorteilhaft (Abb. S. 128/512).

Cunoniaceae → *Saxifragales*

Cupressaceae: Zypressengewächse. Familie der Gymnospermen mit zahlreichen immergrünen Strauch- und Baumarten, die sich auf 19 teils auf der Süd-, teils auf der Nordhalbkugel heimische Gattungen verteilen. Bedeutung haben Arten folgender Gattungen: Widdringtonia (Afrika), Fitzroya (Chile), → *Libocedrus* (Neuseeland), → *Papuacedrus* (Neuguinea), → *Calocedrus* (Nordamerika), → *Cupressus* (Nordamerika, Ostasien, Mittelmeergeb.), → *Thuja* (Nordamerika, Ostasien), → *Chamaecyparis* (Nordamerika, Ostasien), → *Thujopsis* (Japan), → *Juniperus*, → *Tetraclinis* (Nordafrika). Gemeinsame Kennzeichen: Blattorgane als Nadel- oder Schuppenblätter. Bei einigen Arten folgen auf »Jugendblätter« anders gestaltete Folgeblätter. Oft werden die jungen Triebe (Zweiglein) völlig von den kreuzweise gegenständig oder wirtelig angeordneten, schuppenförmigen Blattorganen verdeckt. Man unterscheidet dann zwischen den an den Flanken der flachen Triebe inserierten Kantenblättern und den der Triebober- und Unterseite entspringenden Flächenblättern. Kanten- und Flächenblätter können sich in Größe

Cryptomeria japonica: *a* beblätterter Zweig mit männl. Blüten, *b* Zapfen (2x nat. Gr.)

Cunninghamia lanceolata: *a* Triebspitze mit männl. und weibl. Blütenständen (1/2 nat. Gr.), *b* Zapfen (nat. Gr.), *c* Nadelspitze (2x nat. Gr.)

und Form unterscheiden. In der Blüten-, Zapfen- und Samenmorphologie bestehen erhebliche Unterschiede zwischen den Gattungen der Cupressaceae.

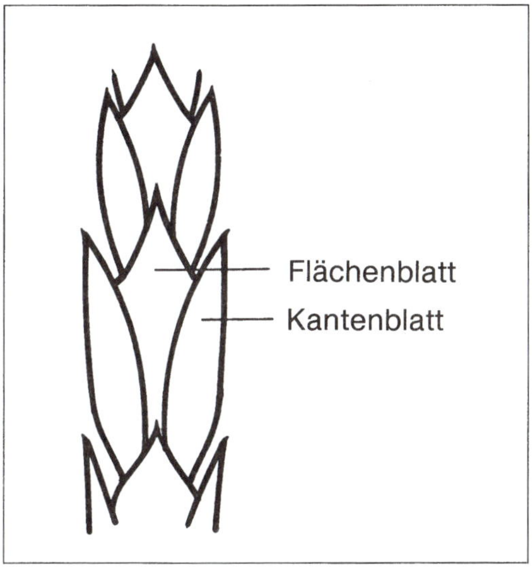

Cupressaceae: Trieb mit schuppenförmigen Blättern (schematisch)

Cupressocyparis leylandii (Jacks. et Dallim.) Dallim. Leyland-Zypresse: Fertiler Gattungsbastard zwischen Cupressus macrocarpa und Chamaecyparis nootkatensis, mehrfach in engl. Parks natürlich entstanden. Einige Klone (z.B. 'Haggerston Grey', 'Castlewellan Gold') haben sich in England als raschwüchsige Gartenformen bewährt. Beblätterung variabel, teils dem ♀, teils dem ♂ Elter ähnlich. Zweiglein i. a. lang und dünn. Besonderheiten: anfangs buschig, später schmalkronig. In GB mit 50 Jahren bis 31 m hoch. Forstl. noch nicht erprobt; in M-Eur. winterhart.

Cupressocyparis leylandii

Cupressus L. Zypresse: Gattung der Cupressaceae (Tribus Cupresseae) mit ca. 20 meist im südw. Nordamerika und in Ostasien beheimateten, immergrünen Baum- und Straucharten. Folgeblätter schuppenförmig, an kantigen oder abgeflachten Trieben (Zweiglein) in Kanten- und Flächenblätter differenziert. Zapfen kugelig mit genabelten Schuppen, im 2. Jahr reif. Mehrere Samenanlagen am Grunde der Samenschuppe. Samen geflügelt, Keimlinge mit 2 – 4 Kotyledonen. Von wirtschaftl. Bedeutung sind → *C. macrocarpa,* → *C. sempervirens,* → *C. arizonica.* Außerdem: C. lusitanica Mill.; Mexikanische Zypresse: Ein in Mittelamerika verbreiteter, bis 30 m hoher Baum, von dem mehrere Varietäten und Gartenformen beschrieben sind. Nicht winterhart in M-Eur.. C.torulosa D.Don.; Himalaya-Zypresse: >40 m hoher Baum mit breiter Krone und überhängenden Zweigspitzen. Heimat: W-Himalaya.

Cupressus arizonica Greene Arizona-Zypresse (engl.: Arizona Cypress): Eine Sammelart, die man heute in mindestens 5 Varietäten unterteilt, von denen wiederum verschiedene Gartenformen existieren. Das nat. Vorkommen erstreckt sich von TX über NM und AZ bis nach S-CA und ist auf rauhe, felsige Lagen begrenzt. C. arizonica var. arizonica, der Typ der Art, fällt durch scharf zugespitzte, meist graublaue Nadeln mit fein gezähntem Rand auf. Die grau- bis schwarzbraune Rinde alter Bäume ist deutlich rauh und gefurcht. C. arizonica var. glabra (Sudw.)Little (syn.: C. glabra Sudw.) die glattrindige Zypresse, hat demgegenüber eine sehr glatte, rotbraune Rinde, jedoch ganz ähnliche Nadeln. Beide Varietäten sind in M-Eur. nur in geschützten Lagen kultivierbar. Insbes. Var. glabra stellt aber südl. der Alpen und in GB ein häufiges, ganz unproblematisches, dekoratives Element in Garten und Park dar und hat sich auch als Heckenpflanze bewährt. Höhe bis 20 m. Forstl. ohne Bedeutung.

Cupressus arizonica, fruchtender Zweig vor Borke

Cupressus funebris → *Chamaecyparis funebris*

Cupressus glabra → *Cupressus arizonica*

Cupressus lusitanica → *Cupressus*

Cupressus macrocarpa Hartw. Monterey-Zypresse: In seiner Heimat, einem winzigen Bereich an der kalif. Küste (Halbinsel Monterey), ein bizarr geformter, breitkroniger Baum ohne wirtschaftl. Bedeutung. In IR,GB und der Bretagne als ungemein dekorativer Parkbaum und als Heckenpflanze bewährt, in S-Afr. und Neusee-

Cupressus sempervirens: *a* Trieb mit männl. Blüten, *b* männl. Blütenstand, *c* mehrjähriger Zweig mit Zapfen, *d* Keimling, *e* reifer Zapfen, geöffnet und geschlossen land für Aufforstungen genutzt, in M-Eur. jedoch nicht winterhart. Kennzeichen: Krone in der Jugend spitzkegelförmig; alte Bäume mit extrem starken, weit ausladenden Ästen. Kugelige, glänzend braune Zapfen bis 3,5 cm im Durchm., deren Schuppen in der Mitte einen kurzen, gekrümmten Dorn ausbilden.

Cupressus sempervirens L. Echte Zypresse, Mittelmeer-Zypresse: Aus Kl.As. stammender, immergrüner Charakterbaum des Mittelmeerraumes, unterteilt in die Varietäten C. sempervirens var. horizontalis (MILL.) GORD., breitkronige, im östl. Mittelmeergebiet forstl. genutzte Form mit raschem Jugendwachstum. Von Kreta bis Persien verbreitet. Vermutlich die »Wildform« von C. sempervirens var. sempervirens (syn.: var. stricta AIT.), von den Römern verbreitete, bis 30 m hohe Form mit schmaler, säulenförmiger Krone, vorwiegend als Solitär, in Gruppen oder an Alleen kultiviert. In M-Eur. sind beide Formen nur in den mildesten Lagen winterhart. Kennzeichen: Zerriebene Blätter ohne spezifischen Geruch. Die stumpf endenden Schuppenblätter liegen dem Sproß dicht an. Zapfen an kurzen Stielen. Zypressenholz hat einen Farbkern, ist dauerhaft und wohlriechend.

Cupressus torulosa → *Cupressus*

Cupula: Aus der Blütenstandsachse entstandener, verholzter, mit Schuppen oder Stacheln versehener Fruchtbecher der Fagaceae (Ei, Bu, Eßkastanie).

Cupuliferae → *Fagaceae*

Currant → *Ribes*

Cuscuta L. Teufelszwirn, Seide: Gattung der Cuscutaceae mit ca. 100 stark spezialisierten, an Gräsern, Kräutern und Holzpflanzen parasitierenden, weitgehend chlorophyllfreien Arten. Stengel fadenförmig und windend, Blätter und Wurzeln fehlen. Blüten klein, rötlich, oft in büschelartigen Ständen. An den Berührungsstellen des Sprosses mit der Wirtspflanze entstehen → *Haustorien.* Sie entziehen dem Wirtsgewebe Wasser, Nährsalze und Assimilate. Durch → *Nutationsbewegungen* der sich häufig verzweigenden Sprosse können mehrere Wirtspflanzen umschlungen und zu Boden gezogen werden (Seideherde). Cuscuta-Arten richten an einigen landw. Kulturpflanzen wie Flachs, Luzerne oder Klee beträchtliche Schäden an. C. lupuliformis parasitiert an Pa- und Wei-Arten. In Deutschland sind 4 C.-Arten beheimatet und 4 weitere eingebürgert.

Cuscutaceae → *Polemoniales*

Cuticula: Hydrophobe Schicht unterschiedlicher Mächtigkeit, welche die → *Epidermis* lückenlos überzieht; meist glatt, oft aber mit artspezifischem Strukturmuster. Bestandteile: → *Cutin* und → *Wachse,* deren Vorstufen im Cytoplasma der Epidermiszellen gebildet und nach außen ausgeschieden werden. Funktionen: 1. Transpirationswiderstand, wobei nicht die Dicke der C., sondern die chemische Zusammensetzung und der Gehalt an Wachsen entscheidend ist. Punktförmige Durchtrittsstellen für polare Stoffe erlauben die Aufnahme von Wasser und Nährstoffen (Blattdüngung). Voraussetzung dafür ist die Benetzbarkeit der C., die je nach Gehalt, Struktur und Anordnung der Wachse variiert. 2. Gasaustausch (CO_2/O_2) bei fehlenden oder geschlossenen Spaltöffnungen. 3. Hemmung der Ionenauswaschung (leaching). 4. Schutz vor Schäden durch Wind, Frost und UV-Strahlung. 5. Barriere gegen den Angriff von Insekten und Pathogenen.

Cuscuta an Urtica

Cuticularschicht: Definierte Schicht zwischen → *Cuticula* und äußerer Zellwand, mitunter von dieser durch eine Pektinschicht getrennt, meist aber eine von → *Cutin* und → *Wachsen* durchsetzte Wandregion mit fibrillären Strukturen, die in die eigentliche Cuticula hineinragen und aus Pektinpolysacchariden und wahrscheinlich → *Lignin* bestehen.

Cuticularwachse → *Wachse*

Cutin: Hauptbestandteil der → *Cuticula.* Hochpolymere Ester gesättigter und ungesättigter langkettiger Fett- und Oxyfettsäuren.

Cutinase: Von einigen pathogenen Pilzen (z.B. Puccinia graminis) während des Infektionsvorganges ausgeschiedenes Enzym, das → *Cutin* zu Hydroxyfettsäuren spaltet.

Cutisgewebe: Gewebe aus nachträglich verkorkten, aber lebenden, primären Dauerzellen, etwa der Epidermis oder des Parenchyms. Beispiel: → *Exodermis.*

Cyanophyceae: Blaualgen, Spaltalgen. Zu den → *Prokaryota* zählende, stets unbegeißelte, einzellige, zu Coenobien oder Zellfäden zusammengeschlossene, photoautotrophe Organismen. Bei ihrer Photosynthese wird Sauerstoff freigesetzt. Als Pigment tritt Chlorophyll a auf. C. sind etwa 5 bis 10 x größer als Bakterien und vermehren sich ausschließlich vegetativ. Bisher ca. 2 000 Arten bekannt. Sie leben in Gewässern, auf feuchter Erde, Felsen oder auf Baumrinden. Manche C. sind Symbiosepartner in Flechten, andere leben endophytisch im Interzellularraum (z.B. Wurzeln von Cycas). Einige fädige Formen können in besonders großen Zellen (Heterocysten) Luftstickstoff binden.

Cyatheaceae: Baumfarne. Familie der → *Leptosporangiatae.* Tropische bis subtropische Schopfbäume mit bis zu 20 m langen → *Wurzelstämmen* und bis 4 m langen, mehrfach gefiederten Wedeln. Sori flächenständig auf der Wedelunterseite. Beispiele: Alsophila tricolor (Silver Ferntree) aus Neuseeland; bis 12 m hoch. Cyathea aus dem tropischen Amerika und O-Asien. Ähnlich sind → *Dicksoniaceae*.

Cyatheaceae: Alsophila tricolor, Baumfarn

Cyathium: → *Pseudanthium* der Euphorbiaceae, bestehend aus einer ♀ Blüte, umgeben von 5 Gruppen ♂ Blüten. Von Hochblättern mit Nektarien perianthartig umhüllt.

Cycadatae: Palmfarne. Klasse der → *Cycadophytina*. Palmähnliche Schopfbäume mit meist kurzem (1 – 3 m) Stamm (Macrozamia hopei: 18 m), seit Trias auftretend, heute noch 65 Arten in 3 Familien (lebende → *Fossilien*). Starkes primäres Dickenwachstum (sek. D. gering). Diözisch. Makro- bzw. Mikrosporophylle in perianthlosen, endständigen, zapfenförmigen Blüten. Sympodiales Wachstum [Ausnahme Cycas: hier setzt der Sporophyllstand sein Längenwachstum fort (= monopodial)]. Makrosporophylle mit ursprünglich vielen randständigen Samenanlagen, können bis auf 2 reduziert sein. Staubblätter mit zahlreichen Pollensäcken auf der Unterseite. Mächtige Megaprothallien mit reduzierten Archegonien. Zoidiogamie. 2 Kotyledonen. Familien: Cycadaceae (Cycas aus Madagaskar bis N-Australien); Stangeriaceae (Stangeria aus Afrika); Zamiaceae (Lepidozamia, Macrozamia und Bowenia aus Australien; Ceratozamia, Zamia und Dioon aus Amerika).

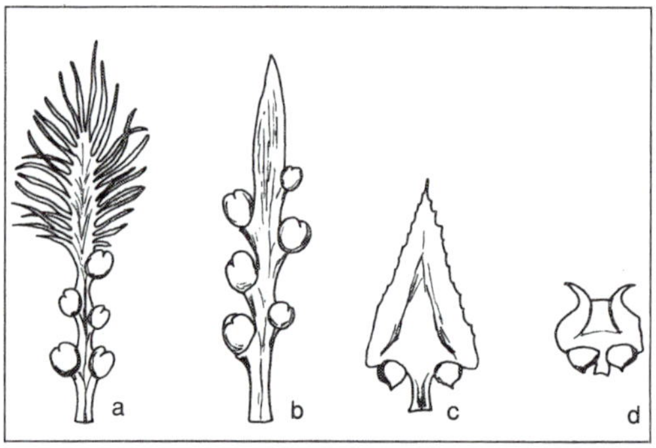

Makrosporophylle der **Cycadatae:** *a* Cycas revoluta, *b* C. circinalis, *c* Dioon sp., *d* Ceratozamia sp.

Cycas revoluta: Makrosporophyllstand

Cycadophytina: Unterabteilung der → *Spermatophyta*. Fiederblättrige Nacktsamer (→ *Gymnospermae*). Ab Oberdevon auftretend, heute noch ca. 200 Arten (lebende → *Fossilien*). Mono- oder sympodial wachsende Holzpflanzen. Staubblätter mit mehreren Pollensackgruppen. Megasporophylle ursprünglich mit mehreren Samenanlagen, meist 2 Integumente. Sporophylle wirtelig zu Ständen mit perianthartigen, sterilen Blattorganen (= Blüten) vereinigt. Im Megaprothallium werden bei manchen Arten keine Archegonien mehr ausgebildet. Hierher gehören: → *Lyginopteridatae*, → *Cycadatae*, → *Bennettitatae*, → *Gnetatae*.

Cyclaneusma minus (Butin) DiCosmo, Peredo et Minter (syn.: Naemacyclus minor Butin) (Rhytismataceae): Weitverbreiteter Blattparasit an Ki, Latsche und Pinus ponderosa. Auf der Südhalbkugel vor allem in P. radiata-Aufforstungen. Nadelvergilbung und -rötung im Sommer, später Nadelfall. Betroffen sind hauptsächlich jüngere Bäume. Jüngster Nadeljahrgang bleibt grün. Kennzeichen: Cremefarbene Apothecien, die bei Quellung die Epidermis sprengen und wie Fensterläden aufklappen. Wirtschaftl. Schäden an Ki geringer als durch Lophodermium seditiosum.

Cyclaneusma niveus (syn.: Naemacyclus niveus [Pers. ex Fr.] Fuckel) (Rhytismataceae): Wirtschaftl. unbedeutender, vermutl. saprophytischer Pilz in toten Nadeln von Pinus nigra. Durch abweichendes Kulturverhalten von → *C. minus* zu trennen.

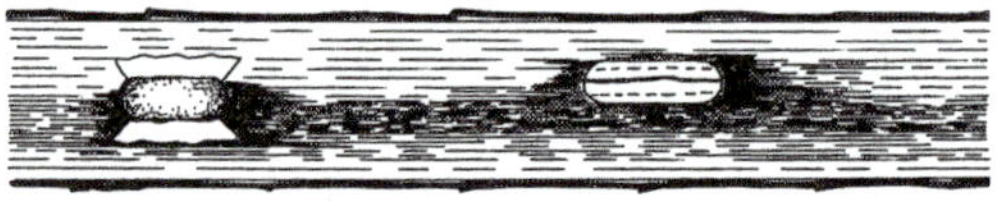

Apothecien von **Cyclaneusma minus** (links offen)

Cyclophysis: Physiologische Fixierung eines ontogenetischen Entwicklungsstadiums. Beispiele: Stecklinge bewurzeln sich um so leichter, je jünger der Mutterbaum ist. (vgl. → *Topophysis*). Bei Pfropfung nimmt Unverträglichkeit zwischen Reis und Unterlage mit steigendem Alter des Mutterbaumes zu.

Cycluron → *Harnstoff-Herbizide*

Cydonia japonica → *Choenomeles*

Cydonia oblonga Mill. (syn.: C. vulgaris Delarbre) Quitte: Neben C. sinensis (aus China) einzige Vertreterin der Rosaceen-Gattung Cydonia. Heimat des sommergrünen Strauches oder bis 8 m hohen Baumes ist Transkaukasien, Persien, Turkestan. In S- und M-Eur. kultiviert. Wärmeliebende und frostempfindliche Art, die gelegentlich auf Kalkgestein verwildert ist. Blüten einzeln, rosa bis weiß. Früchte duftend, apfel- oder birnenförmig, gelb, filzig behaart; roh nicht genießbar, wohl aber gekocht; zu Marmelade und Saft verarbeitet. Bei Griechen und Römern galt die Quitte als ein Symbol der Liebe und Fruchtbarkeit. Der Apfel der Venus war eine Quitte.

Cydonia

Cydonia sinensis → *Cydonia oblonga*

Cydonia vulgaris → *Cydonia oblonga*

Cylicodiscus → *Mimosaceae*

Cylindrocarpon (Tuberculariales): Imperfektes Stadium der Gattung → *Nectria*. In unauffälligen, cremefarbenen Sporodochien entstehen farblose, mehrzellige Makrokonidien oder elliptische Mikrokonidien.

Cylindrocarpon candidum → *Nectria coccinea*

Cylindrocarpon cylindroides → *Nectria fuckeliana*

Cylindrocarpon destructans (Zins.) Scholt. (syn.: C. radicicola Woll.): Bodenbewohnender, häufig aus abgestorbenen Wurzeln von Nh-Sämlingen isolierter Pilz mit geringer Pathogenität gegenüber Ki, Ta und Fi. Die Pathogenität wird in hohem Maße vom pH, der Temperatur, dem Licht sowie der Actinomyceten- und Pilzflora des jew. Standortes bestimmt.

Cylindrocarpon mali → *Nectria galligena*

Cylindrocarpon radicicola → *C.destructans*

Cylindrocarpon willkommii → *Nectria ditissima*

Cylindrosporella carpini (Lib.) Höhn: Unbedeutende, erst im Herbst ausbrechende Blatterkrankung der HBu. Etwa 1 cm große, undeutlich begrenzte, graubraune Flecke; punktförmige Sporenlager auf der Blattunterseite.

Cymen → *Infloreszenz*

Cynomoriaceae: Hundskolbengewächse. Krautige Wurzelparasiten auf Myrtus, Pistacia und einigen Halophyten. Mediterran, auch in Steppengebieten Eurasiens. (Ordnung → *Santalales*).

Cyperales: Ordnung der → *Commelinidae,* nur eine Familie: Cyperaceae (Sauergräser). Grasartige Pflanzen. Meist knotenloser Stengel und 3-zeilig gestellte Blätter mit geschlossener Scheide. Ohne Ligula. Blüten klein, in Ährchen. Blütenhülle stark reduziert oder fehlend. Größte Gattung: Carex (als Waldpflanze: Carex brizoides, Seegras). An feuchten Standorten: Eriophorum (Wollgras), Scirpus (Simse).

Cyphellen: Atemporen bei → *Lichenes.*

Cypressus lusitanica → *Cupressus*

Cyrillaceae → *Ericales*

Cysten → *Sporen*

Cystolith: In das Zellumen hineinragender, traubenförmiger Körper aus mineralischer Substanz (z.B. $CaCO_3$) in einem Cellulosegrundgerüst; von feinen, möglicherweise dem Transport der Inkrusten dienenden Kanälen durchzogen. Häufig in der Epidermis von Ficus-Arten und Humulus.

Cytinus → *Rafflesiales*

Cytisus L. Geißklee, Kleeginster (engl.: Broom): Gattung der → *Fabaceae* mit ca. 50 sommer- oder immergrünen, unbewehrten Straucharten. Verbreitungsschwerpunkt im mediteranen Raum, nördlich bis M-Eur., östlich bis W-Asien. Blätter meist 3-zählig, Blüten gelb oder weiß, selten rötlich. Abgeflachte, meist behaarte Hülsenfrucht mit Nabelwulst, 2- bis mehrsamig. Alle Pflanzenteile giftig.

Cytisus albus Hacq. (syn.: C. leucanthus Waldst. et Kit., Chamaecytisus albus (Hacq.) Rothm., Ch. leucanthus [Waldst. et Kit.] Link) Weißer Geißklee: Bis 0,5 m hoher Strauch mit niederliegenden bis aufsteigenden Zweigen, kurzfilzig oder langzottig behaart. Vom unteren Donaugebiet über die Ukraine zum Dnjepr, an felsigen Südhängen und auf Steppenwiesen. Blüten weiß oder blaßgelb, zu 2 – 8 in endständigen, kurzen Trauben. Fahnen außen dicht behaart. C. austiacus, Österr. Geißklee, mit ähnlichem Areal und Habitus, aber Blüten lebhaft gelb.

Cytisus alpinus → *Laburnum alpinum*

Cytisus austriacus → *Cytisus albus*

Cytisus biflorus → *Cytisus ratisbonensis*

Cytisus capitatus → *Cytisus supinus*

Cytisus hirsutus L. (syn.: Chamaecytisus hirsutus (L.) Link) Zottiger Geißklee, Behaarter Geißklee: Formenreicher, bis 1 m hoher Strauch, in der Jugend mit abstehend behaarten Zweigen. Areal: Von den Pyrenäen über die Südalpen, den Apennin und SO-Eur., östlich bis zum Altai. Blätter unterseits, Blattstiele und Frucht zottig behaart. Blüten gelb.

Cytisus laburnum → *Laburnum anagyroides*

Cytisus leucanthus → *Cytisus albus*

Cytisus nigricans L. (syn.: Lembotropis nigricans [L.] Griseb.) Schwarzer Geißklee: Bis 2 m hoher Strauch mit aufrechten, rutenförmigen, fein gerillten, dicht gelbhaarigen Zweigen, die sich beim Trocknen schwarz färben. Areal von den W-Alpen (bis 1 600 m), über den Balkan und O-Eur. zum Schwarzen Meer, in M-Eur. bis zum

Main. Bodenvager Rohbodenpionier, auch in trockenen Wäldern und Gebüschen. Blüten goldgelb, zu 20 bis 100 in langen, aufrechten Trauben.

Cytisus hirsutus

Cytisus purpureus Scop. (syn.: Chamaecytisus purpureus [Scop.] Link) Purpur-Geißklee: Bis 1 m hoher Strauch, durch purpurrote Blüten von anderen Zwergginstern zu unterscheiden. Hülse kahl. Heimat: SO-Eur. bis ital. S-Alpen, in M-Eur. wärmeliebender Zierstrauch.

Cytisus ratisbonensis Schaeff. (syn.: Chamaecytisus ratisbonensis [Schaeff.] Rothm., C. biflorus L'Herit.) Regensburger Geißklee: Bis 0,3 m hoher Strauch mit niederliegenden oder aufsteigenden, anfangs seidig behaarten Ästen. Verbreitung vom Donauraum (Regensburg) über Österreich und den Balkan zum Ural und Altai. Nur bis 800 m Höhe. Besonders auf mageren, flachgründigen Böden, bodenvag. In Wäldern und auf Schuttplätzen, häufig gemeinsam mit → *Genista tinctoria*. Blüten gelb, zu 1 – 3 an Kurztrieben.

Cytisus sagittalis → *Genista sagittalis*

Cytisus scoparius (L.) Wimm. (syn.: Sarothamnus scoparius [L.] Wimm. ex W.D.J. Koch, Genista scoparia [L.] Lam.) Besenginster (engl.: Common Broom): Pfahlwurzelnder Strauch (selten baumförmig bis 5 m hoch) mit rutenförmigen Zweigen. Areal: W- und M-Eur. (Alpen bis 1 100 m), nördlich bis S-Skandinavien, S- und O-Grenze unsicher. Optimum in subatlantischen Heiden, oft vergesellschaftet mit → *Calluna vulgaris* und → *Vaccinium myrtillus*. Genutzt zur Verbesserung stickstoffarmer Böden und zur natürlichen Befestigung von Dünen, Flußufern und Böschungen (Brandgefahr). In N-Deutschland forstliches Kulturhindernis. Alter meist nur bis 12 Jahre. Blüten zu 1 – 2 an Kurztrieben, zu langen Trauben vereint. Hülse an den Nähten weißgelblich behaart, zuletzt schwarz. Samen können lange im Boden ruhen, Lichtkeimer. Aus Trieben werden Fasern und Gerbstoffe gewonnen. Zweige, Blüten und Samen früher offizinell. Bienenweide. Holz fest, hornartig (Brennholz, Holzkohlebereitung). Als Zierstrauch unter dem Namen Edelginster.

Cytisus supinus L. (syn.: C. capitatus Scop., Chamaecytisus supinus [L.] Link.) Kopf-Ginster: Bis 0,6 m hoher Strauch mit zottig behaarten jungen Trieben. Verbreitung von Frankreich zum Schwarzen Meer. In lichten Wäldern, auf Heiden und Trockenrasen. Gelbe Blüten sowohl zu 1 – 3 an Kurztrieben und zu 3 – 6 in endständigen Trauben; Fahne mit rotbraunem Fleck.

Cytokinine: Phytokinine, Kinine. → *Phytohormone* aus der Gruppe der Purinderivate. Hauptsyntheseort ist das Wurzelspitzenmeristem. Fördern Zellteilung, Knospenaustrieb, Samenkeimung und allg. Stoffwechselprozesse. Verhindern Seneszenz von Blättern. Gemeinsam mit → *Auxinen* an der Steuerung von Differenzierungsprozessen beteiligt.

Cytisus scoparius

Cytologie → *Anatomie*

Cytoplasma: Flüssige Hauptmasse des → *Protoplasten*. Umfließt → *Nucleus*, → *Plastiden* und → *Mitochondrien*. Besteht i.d.R. zu 80 – 90 % aus Wasser. Gliedert sich in Grundplasma und in eine Vielzahl membranumgrenzter → *Kompartimente* (→ *Vakuole*, → *ER*, → *Dictyosomen*). C. ist Ort der → *Glykolyse* und der an die → *Ribosomen* gebundenen → *Proteinbiosynthese*. Oft in Fließbewegung (Plasmaströmung).

Cytorrhyse: Schrumpfen (Welken) des Protoplasten bei Wasserverlust der Zellen von Landpflanzen, ohne daß sich der Plasmaschlauch von der Zellwand löst.

Cytosin: Heterocyklische Base, wie → *Thymin* und → *Uracil* Pyrimidinderivat (→ *Pyrimidine*); Baustein von → *DNA* und → *RNA* (in beiden Nukleinsäuren komplementär zu → *Guanin*).

Cytosomen (microbodies): Von einer einfachen → *Biomembran* umgebene Organelle unterschiedlicher Größe (0,2 bis 2 µm), Struktur und Funktion. Entstehen durch Abschnürung vom → *endoplasmatischen Reticulum*. Je nach ihrer Enzymausstattung unterscheidet man: Lyosomen mit saurer Phosphatase als »Leitenzym« und anderen abbauenden Enzymen; Glyoxysomen, die Reservefette zu Kohlenhydraten umwandeln und vornehmlich in Samen auftreten; Peroxisomen mit → *Katalase*, → *Peroxidase* und Enzymen des Glycolatzyklus.

Cytospora abietis Sacc.: Weit verbreiteter Rindenparasit an Ta-, Fi-, Ki-, Lä-, Tsuga- und Thuja-Arten und Dougl in N-Amerika. Zweigdürre und Tod des Baumes, insbes. nach Trockenheit. Ähnliche Schäden durch C. kunzei Sacc. (Hauptfruchtform: Leucostoma kunzei; syn.: Valsa kunzei Fr., Diatrypaceae), insbes. an Picea pungens.

Cytospora chrysosperma (PERS.) FR.: Häufiger, wirtschaftl. unbedeutender, rindenbewohnender Saprophyt oder schwacher Parasit an toten bzw. schwer geschädigten Pappeln, auch Stecklingen. Infektion über Wunden. Farblose Konidien treten bei Nässe in orangefarbenen Sporenranken aus kleinen, dunklen Pyknidien hervor. Hauptfruchtform: Valsa sordida NITS. In Amerika auch an Wei, Ah, Es und Er.

Cytospora kunzei → *Cytospora abietis*

D

Daboecia → *Ericaceae*

Dacrydium Sol. ex Forster Harzeibe: Gattung der → *Podocarpaceae* mit 17 immergrünen Baum- und Straucharten, die ausschließlich auf der Südhalbkugel (Australien, Chile, Neuseeland, Ozeanien) vorkommen und in M-Eur. nicht winterhart sind. Kennzeichen: sehr kleine, oft schuppenförmige Blätter. Forstlich wichtig sind: Dacrydium cupressinum Sol. ex Lambert, bis 50 m hoch, Neuseeland und Dacrydium franklinii Hook bis 30 m hoch, Tasmanien.

Dacrymycetales → *Heterobasidiomycetidae*

Daedalea quercina (L.) ex Fr. Eichen-Wirrling (Polyporaceae): Braunfäuleerreger an lebenden (Wundfäule), liegenden, gelegentlich auch an verbauten Eichen; oft an Ei-Stöcken. Meist Saprophyt. Die sehr zähen, bis 30 cm großen, bräunlichen, schwach gezonten Fruchtkörper sind mehrjährig. Kennzeichen: unterseits meist unregelmäßige, tiefe Lamellen, am Hutrand manchmal runde Poren. Im Süden auch an Castanea sativa.

Daedalea quercina

Daedaleopsis confragosa (Bolt ex Fr.) J. Schroet. Rötende Tramete (Polyporaceae s.l.): In Form und Farbe der einjährigen, bis 15 cm großen Fruchtkörper stark variierender Weißfäuleerreger an Wei und Er. Das Hymenophor kann runde oder längliche Poren und sogar Lamellen ausbilden. Bei Druck verfärbt sich das Hymenophor junger Fruchtkörper rötlich (Name). Rel. häufig an Ufern, in Bruch- und Auwäldern.

Dalapon: Na-Salz der Dichlorpropionsäure. Systemisch wirkendes Herbizid, hauptsächlich gegen Gräser im Rahmen der Kulturvorbereitung eingesetzt. An Gewässern in Wasserschutzgebieten verboten. LD_{50} (Ratte): 9330.

Dalbergia → *Fabaceae*

Damping off → *Umfallkrankheit*

Daphne L. Seidelbast, Kellerhals (engl.: Daphne): Gattung der → *Thymelaeaceae* mit 70 sommer- oder immergrünen Straucharten in Eur., N-Afr. sowie im gemäßigten und subtropischen Asien. Blätter wechsel-, selten gegenständig, Blüten in kurzen Trauben oder Dolden, ohne → *Petalen*. Einsamige Steinfrucht. Alle Pflanzenteile giftig, einige Arten seit alters her offizinell.

Daphne alpina L. Alpen-Seidelbast: Sommergrüner, vielastiger, niederliegender (max. 0,5 m hoher) Zwergstrauch von den Pyrenäen bis zum Balkan (Nordgrenze Schweizer Jura und Südtirol), in Kl.As. und N-Afrika. Zerstreut an sonnigen Felsen und auf Geröll; nur auf Kalk. Blüten weiß, nach Vanille duftend. Frucht rot.

Daphne blagayana Freyer Königsblume: Immergrüner Zwergstrauch mit niederliegender Grundachse und wenigen aufsteigenden Zweigen, die nur an der Spitze beblättert sind. Verbreitung in Österreich und den Balkanländern. In der collinen und montanen Stufe auf steinigen Kalk- oder Dolomitböden. Blüten gelblichweiß, duftend, Früchte weißgelb.

Daphne cneorum L. Rosmarin-Seidelbast: Immergrüner, bis 0,4 m hoher Strauch mit niederliegender Grundachse und aufsteigenden Zweigen, der von Spanien bis zur Ukraine verbreitet ist, in M-Eur. v.a. in den Alpen (bis 2 000 m) und im schwäbischen Jura. Meist auf steinigen, kalkhaltigen, trockenen Böden lichter Wälder und Gebüsche, an sonnigen Hängen und Bergmatten. Die leuchtend rosa Blüten duften stark nach Nelken. Beere ledrig-trocken, zuerst gelbbraun, später rötlich braun. Vollkommen geschützt.

Daphne laureola L. Lorbeer-Seidelbast, Waldlorbeer (engl.: Spurge Laurel): Immergrüner, mäßig verzweigter, bis 1,2 m hoher Strauch, der in fast ganz W-Eur. (Nordgrenze in W- und SW-Deutschland, hier sehr selten) und in N-Afrika vorkommt. Zerstreut, vorwiegend in der collinen und montanen Stufe (bis 1 000 m) an sonnigen, trockenen, meist kalkhaltigen Stellen (Laubwälder, Gebüsche). Blüten in gelbgrünen, überhängenden Trauben, kaum duftend. Früchte blauschwarz.

Daphne mezereum L. Gemeiner Seidelbast, Kellerhals (engl.: Mezereon): Sommergrüner, schwach verzweigter, nur an den Zweigenden beblätterter, frühblühender (I – III), bis 1,2 m hoher Strauch, der in fast ganz Eur., Kl.As., dem Kauk. und in Sibirien vorkommt. Zerstreut und meist einzeln, oft auf feuchten Böden in Laub- und Nadelmischwäldern des Flachlandes bis in Hochstaudenfluren und Weiden über der Waldgrenze (Alpen bis 2 100 m). Kennzeichen: Blüten rosa-karminrot. Unangenehm riechende Pflanze (Ausnahme: Blüten), für Mensch und Tier giftig. Die Früchte enthalten Mezerein, die Rinde Daphnetoxin, beide Stoffe wirken bei Berührung stark hautreizend. Der Genuß weniger Samen ist für den Menschen tödlich. Vollkommen geschützt.

Daphne petraea Leybold. Felsen-Seidelbast: Immergrüner, rasenbildender Zwergstrauch (bis 15 cm) der montanen bis subalpinen Stufe. Nur in den Kalkalpen vom Nordende des Gardasees bis Brescia. Blüten rosa, Früchte grünbaun.

Daphne striata Tratt. Gestreifter Seidelbast, Steinröschen: Immergrüner, niederliegender bis bogig aufstrebender Zwergstrauch (bis 40 cm hoch), dessen Blätter an den Zweigenden rosettig gehäuft sind. Nur in den Alpen, vorwiegend auf Kalk im subalpinen Krummholzbereich. Blüten hellrot, intensiv nach Flieder duftend. Beere tief orangegelb. Vollkommen geschützt.

Darkera parca → *Tiarosporella parca*

Darre: Anlage zur Gewinnung von Samen bzw. Früchten aus Nadelholz- oder Erlenzapfen durch Erwärmung (darren). Oft in Kombination mit Entflügelungs- und Reinigungsmaschinen zur weiteren Saatgutaufbereitung.

Dasyscypha willkommii → *Lachnellula willkommii*

Datiscaceae → *Violales*

Dattelpalme → *Arecales*

Dattelpflaume → *Diospyros*

Dauergewebe: Gewebe aus ausdifferenzierten, nicht mehr teilungsaktiven → *Dauerzellen.* Beispiele: → *Abschlußgewebe,* → *Leitgewebe,* Grundgewebe (→ *Parenchym),* → *Festigungsgewebe.*

Dauerhaftigkeit des Holzes: Zeitspanne, während der verarbeitetes oder unverarbeitetes Holz ohne die Anwendung von Konservierungsmaßnahmen seinen ursprünglichen Gebrauchswert behält (= natürliche Dauerhaftigkeit). Sie wird u.a. bestimmt durch Raumdichte, Harzgehalt und Inhaltsstoffe und kann, je nach dem einwirkenden Agens differenziert werden in Dauerhaftigkeit gegenüber Chemikalien, Feuer, atmosphärischen Einflüssen, Pilzen, Bakterien, Termiten etc. Dauerhaftigkeit gegenüber Pilzen wird durch Abbauversuche an genormten Holzproben im Labor ermittelt. Dauerhaftigkeit unter praxisnahen Bedingungen im Wald (Lagerung von Rund- oder Schnittholz) bezeichnet man als »Lagerverhalten«

Dauermodifikation → *Modifikation*

Dauermycel → *Sklerotium*

Dauerspore: → *Spore,* die erst nach einer Ruhepause (z.B. nach Überwinterung) auskeimt. Beispiel: Teleutosporen der → *Uredinales.* Oft dickwandig und mit Reservestoffen angereichert.

Dauerzellen: Ausdifferenzierte, i.d.R. nicht mehr teilungsfähige Zellen. Entweder urmeristematischen (= primäre D., z.B. Epidermiszelle) oder kambialen Ursprungs (= sekundäre D., z.B. Phellemzelle, Bastzelle). Bilden das Dauergewebe.

Davidia Baill. Taubenbaum: Gattung der → *Nyssaceae.* Nur eine Art in W-China: D. involucrata Baill.: Sommergrüner, bis 20 m hoher Baum. Blätter lindenähnlich, 8 – 15 cm lang, breit eiförmig mit herzförmiger Basis und gesägt-gezähntem Rand, unterseits dicht seidig behaart. Lang gestielte, kopfige Blütenstände (Blütezeit: V, VI) bestehend aus einer zwittrigen und vielen ♂ Blüten ohne Blütenhülle, am Grund des Blütenstandes zwei große, rahmweiße Hochblätter. Ellipsoide, 2,5 – 3,5 cm große, grüne, später braune Steinfrüchte mit 3 bis 5samigem, gefurchtem Steinkern. In M-Eur. wird als Zierbaum meist die var. vilmoriniana (Dode) Wanger. (Blätter unterseits kahl) angebaut.

Dawn Redwood → *Metasequoia glyptostroboides*

Deckblatt → *Brakteen*

Deckelkapsel: Aus zwei oder mehr miteinander verwachsenen Karpellen entstandene Frucht, die sich bei Reife mit einem Deckel öffnet (Bilsenkraut).

Deckeltopfbäume → *Lecythidales*

Deckschuppe: Steriles Tragblatt am ♀ Blütenstand der Gymnospermen, in dessen Achsel eine fertile Samenschuppe (♀ Blüte) steht. Bei der Umwandlung des Blütenstandes zum Zapfen kann die Deckschuppe mehr oder minder stark heranwachsen. Bei Pinus verkümmert sie, bei Pseudotsuga tritt sie stets zwischen den Zapfenschuppen hervor, bei Abies ist sie je nach Wachstumsverhalten der Samenschuppe teils verborgen, teils zwischen den verholzten Zapfenschuppen sichtbar.

Deckspelze → *Poales*

Deckungsgrad: Pflanzensoziologischer Begriff. Die auf den Boden projezierte, von den Individuen einer Art bedeckte Fläche, bezogen auf eine Flächeneinheit. Bei Vegetationsaufnahmen verwendete Symbole: 1 = 1/20 der Bodenfläche deckend, 2 = 1/20 bis 1/4 der Bodenfläche deckend, 3 = 1/4 bis 1/2 der Bodenfläche deckend, 4 = 1/2 bis 3/4 der Bodenfläche deckend, 5 = >3/4 der Bodenfläche deckend.

Dédoublement: Vermehrung der Staubblattanlagen durch Vergrößerung des ursprünglich nur für ein Staubblatt ausreichenden Meristembereichs. Werden die neuen Staubblattanlagen zum Zentrum der Blüte hin vermehrt, liegt zentripetales D. vor (bei Rosidae), werden sie nach außen neugebildet, spricht man von zentrifugalem D. (bei Dilleniidae). → *Polyandrie.*

Degeneration: Rückbildung oder Verkümmern von Zellen, Geweben und Organismen, i.w.S. die durch regressive Entwicklung gekennzeichnete Abweichung von der artüblichen Ausprägung. Durch Inzucht bzw. Wegfall der stabilisierenden Selektion findet u.U. eine genetische Entartung statt, welche zum gehäuften Auftreten von Defekten führen kann.

Degeneriaceae → *Magnoliales*

Dekontamination → *Desinfektion*

Dekussation → *Wirtelung*

Deletion → *Chromosomenmutation*

Demökologie (Populationsökologie): Teilgebiet der Ökologie, das sich mit der Struktur und Dynamik von Populationen und den auf sie wirkenden Umwelteinflüssen befaßt. Demökologische Untersuchungen sind in der Botanik im Ggs. zur Zoologie von geringerer Bedeutung.

Dendrochronologie (Jahrringchronologie): Methode zur Datierung von lebendem und verbautem Holz. Grundlage sind sog. Jahrringkurven, in denen die Jahrringbreiten in Abfolge graphisch aufgetragen sind. Klimatische Extremjahre (sog. Weiserjahre) treten darin als extrem breite, bzw. schmale Jahrringe hervor und bilden Fixpunkte für die Datierung. Durch die Aneinanderreihung und Überlappung immer älterer Holzproben wurden Jahrringchronologien aufgestellt, die für Ei bis in die Frühgeschichte, für Ta bis ins frühe Mittelalter zurückreichen. Sie stellen Hilfsmittel für kulturgeschichtliche und archäologische Untersuchungen dar. Beispiele: Aufs Jahr genaue Datierung auf Holz gemalter Rembrandt-Gemälde; zeitliche Einordnung der frühgeschichtlichen Siedlungen von Haitabu.

Dendroklimatologie: Methode zur Erfassung von Klimaschwankungen mit Hilfe der → *Dendrochronologie,* wobei anstelle von Jahrringbreiten die Dichte des Spätholzes ermittelt wird.

Dendrologie (Gehölzkunde, Baumkunde): Gebiet der Angew. Botanik, das sich beschreibend und experimentell mit der Morphologie, der Biologie, Ökologie, Anzucht und Verbreitung von Holzarten beschäftigt.

Denitrifikation: Reduktion von NO_3^- zu gasförmigem N_2 und N_2O durch aerob lebende Bodenmikroorganismen (Bacillus, Pseudomonas), dadurch Verringerung des N-Gehalts im Boden.

Deplasmolyse → *Plasmolyse*

Deposition: Ablagerung von Stoffen, i.e.S. von Schadstoffen, auf Oberflächen. Nasse D.: Eintrag über Regen, Schnee, Hagel, Nebel. Trockene D.: Transport von Luftverunreinigungen auf Oberflächen. Derjenige Anteil der D. (naß oder trocken), der nicht durch die Schwerkraft deponiert wird, heißt → *Interzeptionsdeposition* → *Immission.*

Derbwurzeln → *Wurzelsystem*

Dermato-Calyptrogen: Histogen im Wurzelvegetationskegel vieler Magnoliatae. Bildet → *Rhizodermis* und →*Calyptra.*

Dermatogen: → *Histogen* des primären Abschlußgewebes, aus dem ausschließlich Epidermis bzw. Rhizodermis hervorgeht. Im Sproß der Angiospermen identisch mit der äußersten Tunicaschicht. Sie wird generell auch als Protoderm bezeichnet, unabhängig davon, ob daraus die Epidermis allein oder auch noch Rindengewebe entsteht.

Desinfektion (= Entseuchung, Dekontamination): Chemische oder physikalische Verfahren zur Abtötung oder Beseitigung von Krankheiterregern in totem oder an lebendem Material. → *Bodenentseuchung,* Desinfektion von Saatgut (→ *Beizen).*

Desoxyribonukleinsäure → *DNA*

Desoxyribose: Pentose (→ *Monosaccharid).* Neben Phosphorsäure und Pflanzenbasen wichtige Komponente der → *DNA.*

Destruenten (Reduzenten, Zersetzer): Organismen, die organische Substanz abbauen und zu anorganischem Material reduzieren (Bakterien, Pilze und i.w.S. auch saprophage Tiere).

Destruktionsfäule → *Braunfäule*

Deszendenztheorie: Theorie, nach der alle Lebewesen letztlich von gemeinsamen, primitiven Vorfahren abstammen (= Abstammungslehre) und sich im Laufe der → *Evolution* in unterschiedliche Richtungen entwikkelt haben. Nach Darwin (1809-1889) ist die genetische Variation der Organismen und die gerichtete Selektion die Voraussetzung für den Evolutionsprozeß (→ *Phylogenese).* Somit bestehen zwischen den Organismen Verwandtschaftsbeziehungen unterschiedlichen Grades.

Determination: Entwicklungsvorgänge, die die → *Differenzierung* einer Zelle festlegen. Die Ursachen liegen im Genmuster, in Gradienten der Lichtintensität, der Temperatur, des Wasserpotentials und des elektrischen und chemischen Potentials. Nachbarzellen können die Determination weiterleiten. So induzieren Zellen des fasciculären Kambiums die Bildung des Interfascicularkambiums und bei der → *Pfropfung* entstehen durch Induktion Phloem- und Xylembrücken.

Deuterogamie: Befruchtung des → *Ascogons* der → *Ascomycetes* durch vegetative Hyphenzellen oder Konidien (Spermatien). Antheridien werden nicht gebildet. Bei Sphaeriales (Ascomycetes).

Deuteromycetes: Fungi imperfecti. Künstliche Gruppe von Pilzen, deren sexuelle Stadien nicht mehr gebildet werden oder noch nicht bekannt sind. Umfaßt ca. 30 000 Arten. Wegen übereinstimmender Merkmale an Hyphen, Septen, Konidien etc. meist den Ascomycetes, nur wenige den Basidiomycetes zuzuordnen. Problematische Nomenklatur: Wird von einer Deuteromyceten-Art auch die Hauptfruchtform gefunden, so werden beide Fruchtformen mit verschiedenen Namen belegt. Abgesehen von den Mycelia sterilia, die auch keine vegetativen Sporen bilden, erfolgt die Unterteilung nach Art der Konidienbildung:

Gruppe (= Formtaxa)	Ort der Konidienbildung	Mycel	Beispiele
Sphaeropsidales	Pyknidien oder Höhlungen	Hyphenmycel	Septoria
Melanconiales	Acervuli	Hyphenmycel	Gloeosporium
Moniliales (= Hyphomycetales)	Konidiophoren	Hyphenmycel	Fusarium, Penicillium, Aspergillus (→ *Prototunicatae)*
Imperfekte Hefen		Sproßmycel	Candida

Deutzia Thunb. Deutzie: Gattung der → *Hydrangeaceae* mit ca. 50 sommergrünen, z.T. schwer trennbaren Straucharten in O-Asien, im Him. und in Mexiko. In M-Eur. winterharte Ziersträucher, darunter viele Hybriden. Blätter gegenständig, durch Sternhaare rauh. Blüten weiß oder rosa, achsel- oder endständig, meist in Trauben oder Rispen, selten einzeln. Wichtigste Arten: D. gracilis Sieb. et Zucc. (Zierliche Deutzie): Bis 1 m hoher Strauch mit weißen Blüten. D. scabra Thunb. (Rauhe Deutzie): Bis 3 m hoher Strauch mit beiderseits auffallend rauhen Blättern und weißen oder außen rosa überlaufenen Blüten.

Devon: System des Paläozoikums, → *Erdzeitalter,* → *Paläophytikum.*

Dewberry → *Rubus caesius*

Diageotropismus → *Geotropismus*

Diagnostik: Lehre vom Erkennen einer Krankheitsursache. Diagnosen erfolgen über die Ansprache von Krankheitssymptomen, ggf. auch über die Isolierung und Identifizierung des Erregers.

Diakinese → *Meiose*

Dialypetalae: Heterochlamydeae. Pflanzen mit freiblättriger, deutlich in Krone und Kelch gegliederter Blütenhülle. Hierher gehören die → *Rosidae* und → *Dilleniidae*.

Diapensiales: Ordnung der → *Dilleniidae*. Einzige Familie: Diapensiaceae. Kräuter oder immergrüne Zwergsträucher der gemäßigten und kälteren Regionen der Nordhemisphäre. Geeignet für Steingarten-Bepflanzung.

Diaphragma → *Halm*

Diaporthales → *Unitunicatae-Inoperculatae*

diarch: Bezeichnung für zweistrahlige Wurzelleitbündel (≈ Anzahl der Xylemstränge im → *Zentralzylinder*). → *Wurzelquerschnitt*.

Diasporen: Verbreitungseinheiten wie → *Samen*, → *Soredien*, → *Isidien*, → *Sporen*.

Diatomeae → *Phycophyta*

Dicaryon → *Dikaryon*

Dichasium: (1) Cymöse → *Infloreszenz*. Hauptachse wird von 2 Seitenachsen I. Ord. übergipfelt. Diese wiederum von einem Seitenastpaar nächstniederer Ordnung. Typisch für Caryophyllaceae. Die Teilinfloreszenzen in den Kätzchen der → *Fagales* sind ebenfalls Dichasien.
(2) → *Verzweigungssystem, sympodiales*.

Dichlobenil (2,6-Dichlor-benzonitril): Wenig selektives, zumeist über die Wurzeln aufgenommenes und systemisch verteiltes Herbizid gegen keimende Gräser und Kräuter, angewandt in Landw., Garten- und Obstbau. Im Forst vornehmlich als Granulat (Casoron®) zur Kulturpflege eingesetzt. Anwendungsverbot in Gewässern in Wasserschutzgebieten.. LD $_{50}$ (Ratte): 4500.

2,4-D: (2,4-Dichlorphenoxyessigsäure). Selektiv wirkendes Wuchsstoffherbizid, seit 1948 vornehmlich gegen dikotyle Ackerunkräuter eingesetzt. Als Ester gegen Kräuter, Sträucher und Zwergsträucher im Forst. Wegen hoher Rückstände in Waldbeeren und wegen Überlegenheit von → *2,4,5-T* inzwischen kaum noch in Anwendung. Im Staatswald mehrerer Bundesländer ist die flächenhafte Applikation verboten. LD_{50} (Ratte): 375.

Dichocladium → *Verzweigungssystem*

Dichogamie: Zeitlich verschobene Reife der männlichen und weiblichen Blüten, bzw. Blütenorgane desselben Individuums. Man unterscheidet Protogynie: weibliche Organe reifen zuerst (z. B. Roßkastanie, Grünerle) von Protandrie: (vorgezogene Reifung der männlichen Organe z. B. Fi, Ki).

Dichopodium → *Verzweigung, dichotome*

Dichotomie → *Verzweigung, dichotome*

Dickenwachstum: Wachstumsprozesse, welche die Verdickung von Sproßachsen und Wurzeln bei krautigen und verholzten Pflanzen auslösen. Man unterscheidet:
1. Primäres D.: Bei Dikotylen durch intensive Vermehrung des Markstrahlparenchyms (medulläre Form) und/oder der prim. Rinde (corticale Form). Bei Monokotylen durch Meristemmantel zwischen → *Tunica* und → *Corpus;* erst wenn der endgültige Stammdurchmesser erreicht ist, setzt das Längenwachstum ein. (Bsp.: Palmen, Bambus-Arten).
2. Sekundäres D.: Löst das primäre D. ab und geht auf die Teilungsaktivität des Kambiums zurück. Dieses tritt bei holzigen Dikotylen sowie bei allen Gymnospermen als geschlossener Meristemring (Tilia-Typ) auf, dessen Entstehung auf den Prokambiumring (→ *Prokambium*) zurückgeht. Bei dikotylen Kräutern und Lianen besteht der Kambiumring aus Fascikular- und Interfascikularkambium. Die Abschnitte der Interfascikularkambien gliedern entweder wie die Fascikularkambien nach außen Bast und nach innen Holz ab (Ricinus-Typ) oder verlängern die prim. Marktstrahlen (Aristolochia-Typ). Gelegentlich werden auch Zwischenbündel entwickelt (Helianthus-Typ). Monokotylen Arten fehlt das sek. D.. Ausnahmen: Baumförmige Agavaceae der Gattungen Dracaena, Cordyline und Yucca, bei denen die inneren Schichten der primären Rinde teilungsfähig werden und ein dipleurisches Kambium bilden, das nach innen sek. Leitbündel und sekundäres, später verholzendes Parenchym, nach außen Rindenelemente abgibt.
Sek. D. erfolgt außerhalb des trop. Regenwaldes meist periodisch (→ *Jahrring*). Es wird bis ins hohe Alter fortgesetzt und kann Stämme bis zu 12 m Durchm. aufbauen (→ *Sequoiadendron giganteum*). Demgegenüber tritt das D. der Rinde stark zurück.

Dicksoniaceae: Familie der → *Leptosporangiatae*. Den → *Cyatheaceae* sehr ähnliche Baumfarne mit randständigen Sori. Gattungen: Dicksonia (überwiegend Australien und Neuseeland), Cibotium (O-Asien, M- und S-Amerika, Hawaii), Culcita (C. macrocarpa von den Kanarischen Inseln, Azoren, Madeira).

Dicotyledoneae → *Magnoliatae*

Dicrano-Pinion: Pflanzensoziologischer Verband, mitteleuropäische Kiefernwälder auf saurem Untergrund umfassend (→ *Erico-Pinetea*), der zumeist auf trockenen, silikatarmen Talsanden und Flugsanddekken stockt. Bodensaure Kiefernwälder westlich der Elbe sind als Relikte anzusehen. Nur auf den armen Sanden z.B. in der Oberrheinischen Tiefebene konnten sie der Konkurrenz von Ei und Bu widerstehen. Ihre rel. große Ausdehnung erfolgte auf Kosten von Ei-Hbu-Wäldern und ist auf Waldweide und Aufforstung zurückzuführen. Solche Sekundärbestände wurden zu Erhaltungsstätten lichtbedürftiger, anspruchsloser Steppen- und Mediterranpflanzen. Ki tritt als waldbildende Baumart mit zunehmender Kontinentalität immer stärker in Erscheinung. Der Bi-Ei-Wald Westdeutschlands geht auf armen Sanden im niederschlagarmen Nordhavelland in einen natürlichen Ei-Ki-Wald über, in dem im mittleren und östlichen Polen Quercus robur nur noch als Begleiter auftritt. Im subkontinentalen Bereich auf etwas reicheren und feuchteren Standorten sind Fi-Ei-Ki-Wälder entstanden. Charakterarten des D.-P. sind Chimaphila umbellata, Diphasium complanatum, Goodyera repens, Viola rupestris und Viscum laxum. → *Nadelwald.*

Dicranum → *Bryidae*

Dictyosomen: (Golgi-Körper). Stapel von 3 – 15 abgeflachten, scheibenförmigen, von → *Biomembranen* umschlossenen Hohlräumen (Zisternen) von ca. 1 µm Durchmesser. Sie sind uhrglasförmig gekrümmt und schnüren an ihren Rändern kleine Bläschen (Golgi-Vesikel, Golgi-Vacuolen) ab, die an die Zellperipherie wandern. Je nach Synthese-Aktivität sind bis zu 100 Dictyosomen im → *Cytoplasma* einer Zelle; ihre Gesamtheit heißt Golgi-Apparat. Funktion: Synthese und Speicherung von Polysacchariden, → *Pektinen,* → *Hemicellulosen,* Glycoproteiden und Lipoproteiden, sowie deren Transport via Vesikel zum Bestimmungsort. Bei der → *Zellteilung* sammeln sich Golgi-Vesikel an der neuen Zellgrenze und verschmelzen. Der Vesikelinhalt bildet die → *Primordialwand,* die Vesikelmembranen das Plasmalemma.

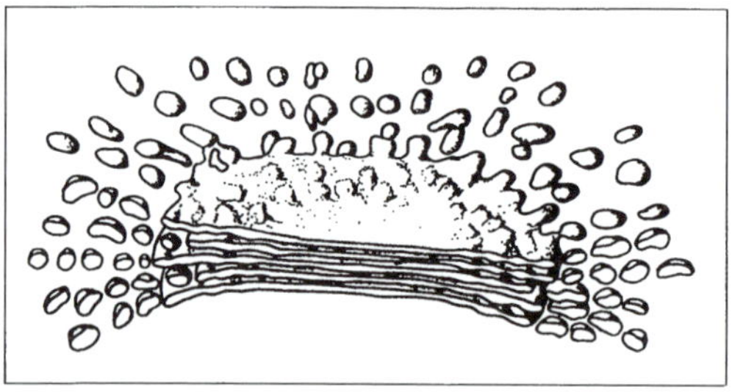

Dictyosom im Querschnitt; G = Golgi-Versikel

Dictyostele → *Stele*

Didymascella thujina (Dur.) Maire (syn.: Keithia thujina Durand) Thuja-Blattbräune (Phacidiaceae): Blattparasit an Thuja plicata, T.occidentalis und Chamaecyparis lawsoniana. Ascosporen infizieren einzelne Schuppenblätter, die zuerst gelb, dann braun werden. Dann Anschwellen der Schuppen durch subepidermal entstehende, tiefschwarze, runde, etwa 1 mm große Apothecien, die später herausfallen und kleine Höhlungen hinterlassen. Oberhalb der infizierten Schuppe stirbt der Trieb meist ab. Der Pilz gelangte um 1920 von N-Amerika nach Eur.. Nennenswerte Schäden durch intensive Blattbräunung bis 1,5 m Höhe in Baumschulen und an Hecken in DK, B, GB, NL und NW-Deutschland. Verbreiteter und gefährlicher Parasit an Th.plicata im NW N-Amerikas.

Differentialart (Trennart): Pflanzensoziologischer Begriff für eine Art, die aufgrund ihres ausschließlichen Vorkommens in einer Untereinheit (z.B. Subassoziation) diese von anderen Untereinheiten der betrachteten pflanzensoziologischen Einheit unterscheidbar macht.

Differenzierung: Entwicklungsvorgänge, die zu Zellen, Geweben oder Organen unterschiedlicher Funktion und Struktur führen. Stets verbunden mit einer Spezialisierung der Zellen, deren potentielle Entwicklungsmöglichkeiten nur zum Teil realisiert werden. Man unterscheidet: 1. Stabile D., bei der der erreichte Zustand nach Wegfall eines auslösenden Außenfaktors erhalten bleibt. 2. Modulation (instabile, reversible D.), bei der sich nach Wegfall des modifizierenden Faktors der ursprüngliche Zustand wieder einstellt. Die Differenzierungsrichtung einer Zelle ist determiniert (→ *Determination*). Auch ausdifferenzierte Zellen können ihre Omnipotenz beibehalten; gelegentlich werden sie wieder teilungsaktiv (Phellogenbildung, Interfascicularkambium).

Didymasacella thujina an Thuja plicata

Diffusion: Selbsttätige, gegenseitige Durchdringung zweier oder mehrerer Gase, Flüssigkeiten oder Lösungen. D. über Membranen: → *Osmose* → *Quellung).*

Digger Pine → *Pinus sabiniana*

digitat → *Blätter, zusammengesetzte*

Dikaryon: I.e.S. Kernpaar in Zellen der → *ascogenen Hyphen* bei Ascomycetes oder des → *Schnallenmycels* bei Basidiomycetes. I.w.S. auch für die Gesamtheit der dikaryotischen Hyphen verwendet (Paarkernstadium).

dikaryotisch: Zwei Zellkerne enthaltend. → *Dikaryon.*

diklin: Unisexuell, eingeschlechtig. → *Eingeschlechtigkeit.*

Dilatation: Anpassung peripherer Gewebe an die Umfangerweiterung des Sprosses durch Dickenwachstum. Geschieht durch antiklinale oder pseudotransversale Zellteilungen. Zu beobachten bei Epidermen von Früchten, Sproßkambien und sich keilförmig nach außen erweiternden prim. Markstrahlen im Bast von Holzpflanzen.

Dilleniales: Rosenapfelartige. Zu den → *Dilleniidae* zählende Ordnung überwiegend laubabwerfender Holzpflanzen. Krautig sind lediglich die Paeoniaceae (Pfingstrosengewächse). Auffallend große Einzelblüten mit sekundärer Polyandrie und oft noch chorikarpen Gynoeceen. Nutzholz bei einigen Dillenia-Arten.

Dilleniidae: Umfangreiche Unterklasse der → *Magnoliatae,* die sich von den → *Rosidae* nicht immer eindeutig abgrenzen läßt. Viele Ordnungen haben dialypetale, 4- bis 5-zählige Blüten mit meist freien Kronblättern. Androeceum diplo-, oft auch haplostemon; wenn sekundär vermehrt, dann zentrifugales → *Dédoublement.* Fruchtknoten meist parakarp mit parietaler Placentation der Samenanlagen. Neben den krautigen Cucurbitales (Kürbisgewächse) und Begoniales (Schiefblattgewächse) sind erwähnenswert: → *Dilleniales,* → *Theales,* → *Malvales,* → *Lecythidiales,* → *Violales,* → *Capparales,* → *Salicales,* → *Ebenales,* → *Ericales,* → *Primulales,* → *Diapensiales.*

Diluvium → *Pleistozän*

Dimorphandra → *Caesalpiniaceae*

Dinoflagellatae → *Phycophyta*

Dinophyta → *Phycophyta*

Diözie: Zweihäusigkeit. Eingeschlechtige ♀ und ♂ Blüten sind auf verschiedene Individuen verteilt (Wacholder, Eibe, Ginkgo, Pa, Wei). Phylogenetisch jünger als → *Monözie.*

Dioscoreaceae → *Liliales*

Diospyros L. Dattelpflaume, Kakipflaume: Gattung der → *Ebenaceae* mit etwa 400 vorwiegend immergrünen Baum- oder Straucharten in den Tropen und Subtropen. Nur wenige sommergrüne Arten in der nördl. gemäßigten Zone. Wirtsch. genutzt werden die Früchte, aber bei vielen Arten auch das schwere, harte, ringporige Holz mit meist dunklem, sehr dauerhaftem Kern. Blätter wechselständig, einfach. Blüten ein- oder zweihäusig, ♂ in Büscheln, ♀ einzeln. Frucht: saftige Beere mit bleibendem, meist deutlich vergrößertem Kelch an der Basis. In milden Teilen M-Eur. gelegentlich kultiviert:
D. kaki THUNB. (Kakipflaume): Kleiner, bis 12 m hoher, sommergrüner Baum. Blätter bis 20 cm lang. Frucht ei- oder tomatenförmig, 4 – 8 cm groß. Heimat: Jap., S-Korea, China. In O-Asien und im Mittelmeerraum als Fruchtbaum kultiviert, zahlreiche Sorten; sehr frostempfindlich.
D. lotus L. (Lotuspflaume): Sommergrüner, bis 15 m hoher Baum. Blätter bis 12 cm lang, unterseits blaugrün. Frucht kugelig, bis 4 cm groß, blau bereift, fad schmeckend. Heimat: O- und W-Asien bis NW-Him. Auf dem Balkan und im Mittelmeergebiet eingebürgert. Etwas frosthärter als vorige Art.
D. virginiana L. (Persimone): Sommergrüner, bis 21 m hoher Baum im O der USA. Blätter bis 12 cm lang; Frucht rundlich, 2 – 4 cm groß, süß schmeckend. Holz u.a. genutzt für Möbel, Billiardstöcke und Golfschläger.

dipleurisch → *Kambium*

Diplodia pinea (DESM.) KICKX. Erreger einer Triebspitzenkrankheit an Kiefern (syn.: Sphaeropsis sapinea (FR.) DYKO ET SUTTON) (Sphaeropsidaceae): Ein weltweit verbreiteter, an höhere Temperaturen gebundener Rindenparasit, der in neuseeländischen und südamerik. Pinus radiata-Aufforstungen große Schäden anrichtet. In M-Eur. schädigt er jüngere Ki und Schwarz-Ki, indem er frische Triebe zum Absterben bringt und so zur Verbuschung führt. Symptome: junge Triebe gestaucht, kurznadelig, braun, mit Harzfluß. Kleine, rundliche schwarze Pyknidien an der toten Rinde befallener Triebe und an braunen Nadeln. Wirtschaftl. Bedeutung bei uns gering. Chem. Bekämpfung allenfalls in Baumschulen.

Fruchtkörper von **Diplodia pinea**

Diplodina acerina (PASS.) SUTTON: Blattkrankheit, zumeist an BAh. Symptome: <1 cm große, ± runde, gelbliche Flecke mit dunklerem Rand. Oft in Verbindung mit Blattgallen. Wirtschaftl. ohne Bedeutung.

Diplodina microsperma → *Cryptodiaporthe salicella*

Diplohaplonten → *Kernphasenwechsel*

diploid: Mit doppeltem Chromosomensatz (2n). Jedes Chromosom hat ein homologes Pendant.

Diplonten → *Kernphasenwechsel*

Diplophase → *Generationswechsel,* → *Kernphasenwechsel*

Diplosporen → *Sporen*

Diplosporie: Diploider Embryosack infolge defekter Meiose der Embryosackmutterzelle.

Diplostemonie → *Stemonie*

Diplotän → *Meiose*

Diploxylon → *Pinus*

Dipsacales: Kardenartige. Ordnung der → *Asteridae.* Holzpflanzen oder Kräuter mit gegenständigen, meist stipellosen, oft gefiederten oder fiederteiligen Blättern. Blüten 4- bis 5-zählig, radiär, zygomorph oder asymmetrisch. Gynoeceum (5-2) oft mit reduzierter Samenanlagenzahl. Neigung zur Pseudanthienbildung. Holzpflanzen bei → *Caprifoliaceae.* Krautig sind Valerianaceae (Baldriangewächse) und Dipsacaceae (Kardengewächse).

Dipterocarpaceae: Flügelfruchtgewächse. Familie der → *Theales.* Immergrüne Bäume mit Brettwurzeln und langen, astfreien Schäften (20 – 30 m). Blätter wechselständig mit Nebenblättern. Große, traubig angeordnete Blüten. Typ. Blütenformel: * K 5 C 5 A 5-∞ G (3). Einsamige Nußfrüchte von flügelartigen Kelchblättern eingeschlossen (dtsch. Name!). Alle Pflanzenteile mit Harzkanälen. Verbreitung überwiegend in Indien und SO-Asien. Zwei Gattungen auch im trop. Afrika. In Monsunregenwäldern oft Reinbestände von Dipterocarpus tuberculatus oder Shorea robusta. Weitere Arten: Hopea odorata und Vaturia spec. Alle Arten sind wirtschaftlich bedeutende Nutzhölzer (Hartholz).

Dirlitze → *Cornus mas*

Disaccharide: Aus 2 Monosaccharidresten (Monomere) bestehende → *Kohlenhydrate.* Beispiele: → *Saccharose,* Maltose (→ *Stärke),* Cellobiose (→ *Cellulose).*

Disanthus → *Hamamelidaceae*

Discomycetidae: → *Ascomycetes* mit → *Apothecien*

als Fruchtkörper. Als systematische Gruppe nicht mehr gebräuchlich.

Discosporium populeum → *Cryptodiaporthe populea*

Discula campestris (PASS.) ARX: Erreger brauner, ungleichmäßig geformter Blattflecke an Ahornarten. Konidienlager auf der Blattunterseite. Außerdem wichtige biotische Komponente des → *Spitzahornsterbens.* Hierbei im Stamm, in Ästen und Blättern befallener Bäume nachgewiesen und am Entstehen der Blattwelke beteiligt.

Discula pinicola → *Bläuepilze*

Discus: Scheiben- oder wulstartiges Nektarpolster (Nektardrüse) auf dem Blütenboden, z.B. bei Acer, Rhamnus und Ilex.

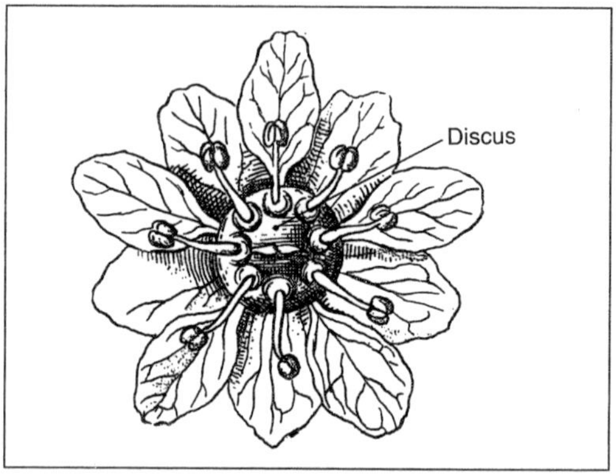

Discus in ♂ Blüte von Acer platanoides

Disjunktion: Trennung eines → *Areals* in voneinander unabhängige Teilareale. Liegen diese auf verschiedenen Kontinenten, spricht man von Großdisjunktionen. D.en sind meist historisch bedingt, Teilareale stellen Reste eines ursprünglich geschlossenen Areals dar. Bsp.: Gattung Fagus mit Teilarealen in Nordamerika, Europa und Ostasien.

Dislokatorzelle: Stielzelle. Bei der Pollenkeimung der Gymnospermen von der Antheridiumzelle abgeteilte Zelle → *Mikrosporenentwicklung.*

Dispersion: Wechselständige, zerstreute oder spiralige Blattstellung; Schraubenstellung. An jedem Knoten steht nur ein Blatt, das zum vorausgehenden jeweils um einen best. Winkel verschoben ist. Dadurch liegen die Blätter auf einer die Sproßachse umlaufenden Spirallinie; die → *Divergenz* ist stets kleiner 1/2 (= 180°) und beträgt bei vielen Pfl.arten 2/5 (= 144°) (Bsp.: Betula, Corylus, Rosa) oder 3/8 (= 135°) (Bsp.: Zapfen von Tsuga und Pseudotsuga); D. herrscht auch bei Scheinwirteln, die durch starke Stauchung der Internodien entstehen (Bsp.: bei vielen Lilienarten).

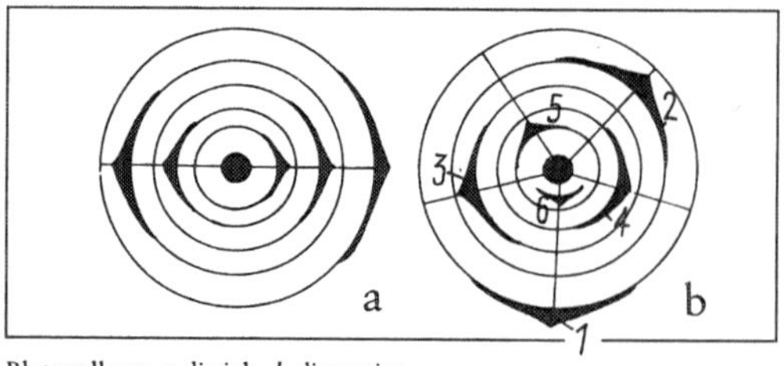

Blattstellung: *a* distich, *b* dispergiert

Disposition → *Praedisposition*

Dissimilation: Abbau organischer Substanz zur Gewinnung von Energie. D. vollzieht sich in den → *Mitochondrien.* Man unterscheidet: 1. anaerobe D. (→ *Gärung),* 2. aerobe D. (→ *Atmung).*

distal: i. w. s. fern von einem Bezugspunkt (Ggs. proximal).

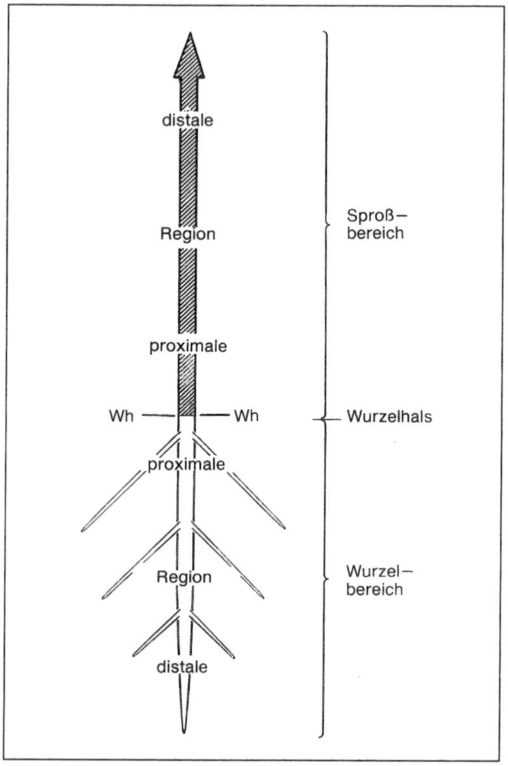

Lagebezeichnungen am Cormus

Distichie: zweizeilige Blattstellung. An jedem Knoten befindet sich nur ein Blatt und die Blätter zweier aufeinanderfolgender Knoten stehen sich im Winkel von 180° gegenüber (→ *Divergenz* = 1/2). Auf diese Weise sind alle Blätter entlang der Sproßachse in zwei Längszeilen (Orthostichen) angeordnet (Orthodistichie). Viele orthodistich beblätterte Pfl.arten tendieren zur schraubigen Blattstellung; die Blätter sind in diesen Fällen in zwei gleichsinnigen Schraubzeilen (Spirostichen) angeordnet. Diese als Spirodistichie bezeichnete Blattstellung leitet bei Verstärkung der Schraubentendenz zur → *Dispersion* über. D. ist kennz. für viele Poaceae und Fabaceae.

disymmetrisch → *Blütensymmetrie,* → *Symmetrie*

Diterpene → *Terpenoide*

Dithiocarbamate: Schwefelhaltige, organische Wirkstoffe mit fungiziden Eigenschaften. Dazu gehören: Maneb (Mangan-ethylen-bis-dithiocarbamat). Zineb (Zink-ethylen-bis-dithiocarbamat).
Beide sind prophylaktische Residualfungizide, eingesetzt gegen Kiefernschütte, Pappelblattrost und andere Blattparasiten.
Mancozeb: Kombinationspräparat Maneb/Zineb mit breiterem Anwendungsbereich und erhöhter Stabilität.

Divergenz: Winkel zwischen den → *Medianen* zweier am gleichen Sproß aufeinanderfolgender Blattorgane; i.d.R. wird D. nicht in Graden, sondern in Bruchteilen des Stengelumfanges ausgedrückt; so beträgt sie bei → *Distichie* 180°, wird aber mit 1/2 angegeben; dabei gibt der Zähler die Zahl der Umläufe an, die erforderlich sind, um auf das nächste Blatt zu stoßen, das genau über dem ersten steht; diese Blätter stehen dann in einer Geradzeile (Orthostiche), mit anderen aber in einer Schrägzeile (Parastiche); der Nenner gibt die Zahl der bei einem vollen Umlauf berührten Blätter an. Die Zapfenschuppen von Picea abies, Pinus sylvestris und Pinus nigra weisen eine D. von 8/21 (= 137°8') auf.

DNA (engl.: Desoxyribonucleinacid, syn.: DNS): → *Nukleinsäure* und Träger der Erbinformation (→ *Proteinbiosynthese).* DNA Nukleotide enthalten neben dem Phosphorsäurerest (P), Adenin (A), Guanin (G), Cytosin (C) oder Thymin (T), und Desoxyribose (D). Strukturell besteht die DNA aus zwei parallelen, unverzweigten, zu einer rechtsgewundenen Schraube (Doppel-Helix) geformten, einander komplementären Strängen, wobei jeweils Adenin und Thymin bzw. Guanin und Cytosin über Wasserstoffbrückenbindungen als komplementäre Basen gegenüberstehen. Vorkommen hauptsächlich in Chromosomen, auch in Plastiden und Mitochondrien.

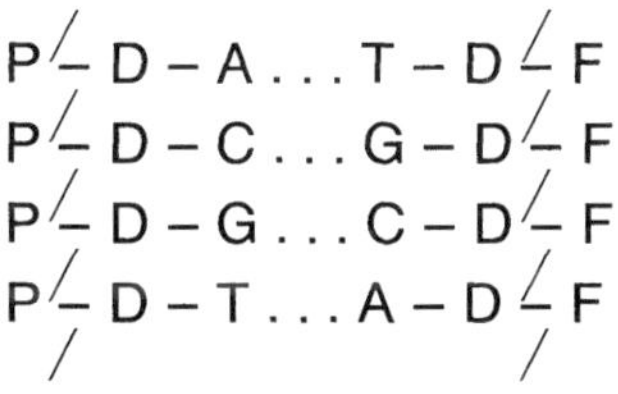

DNA. Erläuterungen im Text

Dodonaea → *Sapindaceae*

Dogwood → *Cornus*

Dogwood, Common → *Cornus sanguinea*

Dogwood, Flowering → *Cornus florida*

Dolde: Razemöse → *Infloreszenz.* Tellerartiger oder halbkugeliger Blütenstand, bei dem alle Blütenstiele an einer Stelle der Blütenstandsachse ansitzen (einfache Dolden der Primulaceae). Zusammengesetzte Dolden (Doppeldolden) bestehen aus mehreren Döldchen, die wiederum doldig zusammentreten (Apiaceae).

Doldengewächse → *Apiaceae*

Doldenrispe → *Rispe*

Doldentraube → *Traube*

Doliporus: Mit plasmatischen Kappen (= Parenthosom) versehene, röhrenartige Durchbrechungen der Septen im Mycel der Basidiomycetes. Nicht bei allen → *Heterobasidiomycetidae.* Parenthosom der → *Homobasidiomycetidae* ist siebartig perforiert.

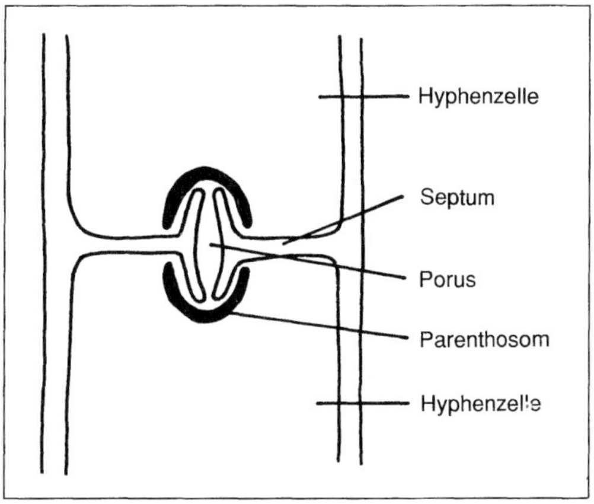

Doliporus der Basidiomycetes

Domatien: Haarbüschel zwischen den Nervenwinkeln auf der Blattunterseite, z.B. bei Li; häufig von Milben besiedelt.

dominant: Eigenschaft eines Gens, sich bei heterozygotem Vererbungsmodus in der Merkmalsbestimmung durchzusetzen. Ggs.: → rezessiv.

Dominanz: Pflanzensoziologischer Begriff. Bei einer Vegetationsaufnahme mit Hilfe des → *Deckungsgrades* bestimmter Herrschaftsgrad von Pflanzenarten.

Doppeldolde → *Dolde*

Doppelhelix: Bez. für den Doppelstrang der → *DNA.*

Doppelmembran → *Biomembran*

Dormin → *Abscisinsäure*

Dornbuschsavanne → *Savanne*

Dornen: Umbildungen von Blättern oder Blatteilen (→ *Blattdornen;* Bsp. Berberitze, Robinie), von Teilen der Sproßachse (→ *Sproßdornen;* Bsp. Weißdorn, Schlehe) oder seltener von Wurzeln (→ *Wurzeldornen)* mit spitzig-pfriemförmiger, meist unverzweigter Gestalt; D. stehen mit dem Leitsystem des Sprosses in Verbindung. Vgl. → *Stacheln.*

dorsicid: Rückenspaltig. Frucht, die entlang der Rükkennaht aufspringt (einige → *Kapseln).* Ggs. → *ventricid.*

dorsiventral → *Blütensymmetrie,* → *Symmetrie*

Dosis: Menge eines Düngemittels oder Biozids nach Volumen oder Gewicht, die einer Pflanze oder einem Bestand zugeführt wird. Als Kenngrößen verwendet werden u.a. die »dosis minima« (Menge eines Wirkstoffs pro kg Lebendgewicht, die ausreicht, um irreversible Schäden auszulösen), die »dosis letalis minima« (Mindestdosis, die zur Abtötung gerade ausreicht) und die → LD_{50} (mittlere letale Dosis).

Dothichiza populea → *Cryptodiaporthe populea*

Dothidea noxia → *Fusicoccum quercus*

Dothistroma pini Hulbary Erreger der »Red band Disease« an Koniferen (Melanconiaceae): Hauptfruchtform: Scirrhia pini Funk et Parker. Weit verbreiteter Blattparasit, vornehmlich an Ki-Arten, der in Nord- und Südamerika, in Zentral-Afrika und Neuseeland starke Blatt- und Zuwachsverluste an Pinus nigra, var. austriaca, P.radiata und P.ponderosa hervorruft. Weniger bedeutend in Eur. (GB, Ital., Yugosl., Spa., Österr.); erst unlängst in Deutschland festgestellt, dort auch sporadisch an P.sylvestris. Infektion im Frühjahr. Zunächst bleiche, im 2. Jahr rötliche Nadelflecke, danach Absterben der Nadelspitze. Typisch sind rote bis rotbraune, nur wenige mm breite, bandartige Nekrosen. Tote Nadeln bleiben lange am Baum. Auf den Flecken erscheinen kugelige, weißliche Pyknidien mit langgestreckten, meist 2-zelligen Konidien, später folgen die sehr ähnlichen Fruchtkörper der Hauptfruchtform.

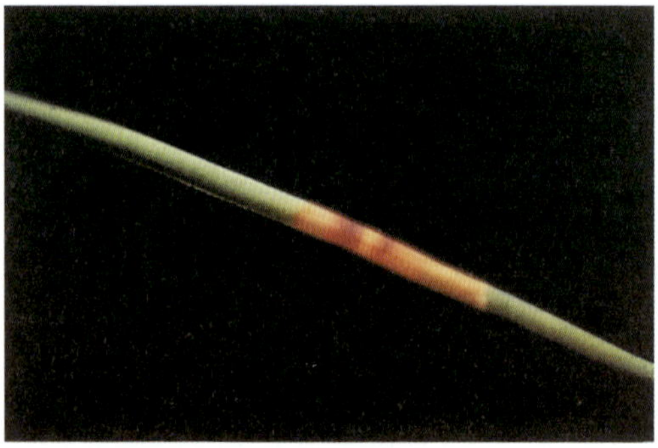

Dothistroma pini an Pinus radiata-Nadel

Dotterweide → *Salix alba*

Douglas Fir → *Pseudotsuga menziesii*

Douglasfichte → *Pseudotsuga menziesii*

Douglasie → *Pseudotsuga*

Douglasienschütte, Rostige → *Rhabdocline pseudotsugae*

Douglasienschütte, Rußige → *Phaeocryptopus gaeumannii*

Douglasienschütten: Blattkrankheiten auf → *Pseudotsuga menziesii,* ausgelöst von aus Nordamerika stammenden Pilzen der Gattungen → *Phaeocryptopus* und → *Rhabdocline,* die in ihrer Heimat keine Gefahr darstellen, in M-Eur. aber unter günstigen kleinklimatischen Bedingungen zu weitgehender Entnadelung der Dougl. führen können. In den zwanziger Jahren schien die Krankheit den Dougl-Anbau in Süddeutschland ernsthaft zu gefährden. Korrekturen in der Rassenwahl (Viridis anstelle von Glauca und Caesia), in der Standortwahl (Vermeidung feuchter Lagen) und im Standraum (weite Verbände) konnten den Befall entscheidend reduzieren. In letzter Zeit hat der Infektionsdruck – selbst bei var. Viridis – merklich zugenommen.

Dracaena australis → *Cordyline australis*

Dracaena draco L. Drachenbaum (Agavaceae): Eine der stattlichsten von ca. 80 tropischen und subtropischen Dracaena-Arten, beheimatet auf Madeira und den Kanarischen Inseln. A. von Humboldt sah 1799 ein 21 m hohes Exemplar auf Teneriffa, dessen Alter er auf >5000 Jahre schätzte. Wegen fehlender Jahrringe muß die Altersbestimmung u.a. über die Anzahl gabeliger Verzweigungen erfolgen, welche nach Erscheinen der Blütenstände, d.h. etwa alle 10 Jahre entstehen. Heute weiß man, daß Drachenbäume nicht älter werden als 400 Jahre. Morphologisch ähneln sie → *Cordyline,* haben aber kurze, dicke Stämme, breite, schirmförmige Kronen und rötliche Blattbasen. Aus frischen Stammwunden fließt ein rotes Gummiharz (»Drachenblut«), das früher u.a. als Lack im Geigenbau benutzt wurde.

Dracaenaceae → *Agavaceae*

Drachenbaum → *Dracaena draco*

Drahtung → *Strangulierung*

Drainage: Entwässerungsmaßnahmen im Rahmen einer Bodenverbesserung (→ *Bodenmelioration).*

Drehbruch: Bruch durch Torsion der Krone (bes. bei →*Sturmbruch).*

Drehkiefer → *Pinus contorta*

Drehwuchs: Schraubenförmige Abweichung vom normalen, lotrechten Faserverlauf. Einige Baumarten (z. B. Rk) sind obligat drehwüchsig, andere (z. B. Pa) wachsen überwiegend geradfaserig. Starker D. gilt als Strukturfehler, erschwert vielfach die Be- und Verarbeitung und kann die technische Eignung des Holzes herabsetzen.

Drepanopeziza populi-albae → *Marssonina castagnei*

Drepanopeziza populorum → *Marssonina populinigrae*

Drepanopeziza punctiformis → *Marssonina brunnea*

Drepanopeziza salicis (Tul.) Höhn (Dermateaceae): Nebenfruchtform; Monostichella salicis (Westend.) Arx. Erreger einer Blattkrankheit mehrerer Wei-Arten, insbes. von Salix alba, S.caprea, S.fragilis. Bis 2 mm große, ineinander übergehende, schwarze Flecke auf der Blattoberseite. Früher Blattfall. Verbreitung durch Konidien im Sommer.

Drepanopeziza sphaeroides → *Marssonina salicicola*

Drift, genetische: Zufälliger Verlust von Allelen bzw. zufällige Stimmulation von Allelen innerhalb einer Population, z.B. durch Katastrophen oder Inzucht durch → *Vicinismus.* Allg.: Verschiebung des Gleichgewichts in einer nicht-idealen Population.

Drimys → *Magnoliales*

Druckholz → *Reaktionsholz*

Druckpotential: Aktueller hydrostatischer Druck in

einem System. In lebenden Zellen deckungsgleich mit → *Turgor*. D. ist ein Faktor der → *osmotischen Zustandsgleichung*. Unterschiede im Druckpotential zwischen Siebröhren im Blatt und solchen in Stamm und Wurzel sind für den Phloemtransport verantwortlich (Münch'sche Druckstromtheorie). → *Quellung*.

Druckstromtheorie → *Assimilattransport*, → *Druckpotential*

Druckteller: Hemmzone im Kronentraufbereich eines Baumes durch interspezifische Konkurrenzwirkung. Beispiel: Flachstreichende Bi-Wurzeln entziehen dem Oberboden soviel Wasser, daß in diesem Bereich Wuchshemmungen bei der Bodenflora auftreten.

Drüsengewebe (-zellen): Zellen oder Gewebe, die spezifische Sekrete synthetisieren und aktiv an der Pflanzenoberfläche oder in Interzellularen ausscheiden. Bsp.: → *Nektarien* (zuckerhaltige Lösungen), Epithelien der → *Harzkanäle*, Drüsenhaare (ätherische Öle).

Drüsenhaare → *Haare*

Drüsenzotten → *Colleteren*

Drusen → *Calciumoxalat*

Dryas L. Silberwurz (engl.: Dryas): Zierkumpolar verbreitete Gattung der → *Rosaceae* mit 4 Arten. Immergrüne, kriechende Zwergsträucher mit gegenständigen, ledrigen Blättern und weißen, einzeln stehenden Blüten. Griffel zur Fruchtreife zottig behaart. In Eur. nur D. octopetala L. (Silberwurz; engl.: Mountain Avens, White Dryas): Reich verzweigt mit mattenförmigem Wuchs. Vorkommen: zirkumpolar außer Westgrönland und dem Osten N-Amerikas. In den Gebirgen Eur.s von den Pyrenäen über die Alpen bis zum Balkan. Blätter oberseits sattgrün, unten dicht weißfilzig. An Kalk gebundene Pionierpflanze, in den Alpen bis 3 100 m.

Dryas octopetala

Dryaszeit (Tundrenzeit): Stufe des → *Holozän*.

Duabanga → *Sonneratiaceae*

Ducampopinus → *Pinus*

Dünenrose → *Rosa pimpinellifolia*

Dünenwald: Wald auf zur Ruhe gekommenen Dünen. An der holländischen Nordseeküste vornehmlich mit Quercus robur, Betula pendula und Calluna vulgaris. In weiter östlich gelegenen Dünengebieten löst Pinus sylvestris die Ei ab. An der Ostseeküste besteht der D. aus Ki mit Empetrum nigrum und Erica tetralix im Unterwuchs, an feuchteren Stellen auch mit Vaccinium uliginosum und Myrica gale.

Düngung: Produktionsregelnder Eingriff, durch Zufuhr von Nährstoffen in mineralischer u. organischer Form, meist auf armen Standorten. Durch gezielte D., z.B. in Form von Kalkungen, kann eine Verbesserung der Ernährungslage wichtiger Wirtschaftsbaumarten erreicht werden. Je nach den edaphischen Verhältnissen u. den Nährstoffansprüchen der betr. Arten (→ *Nährelementbedarf*) sind Zuwachssteigerungen durch die Elemente N, P, K, Ca u. Mg zu erwarten, insbes. auf Mangelstandorten, bei Nährelementdefiziten od. bei großem Nährelementbedarf im Frühjahr u. in einem bestimmten Bestandesalter; D. findet regelmäßig Anwendung in Anzuchtstätten → *Samenplantagen* sowie bei Aufforstungen auf Ödland- u. Moorstandorten. → *Gründüngung*, → *Melioration*.

Dürreschäden: Akute Folgen von Wassermangel, starker Besonnung, Aushagerung durch Wind oder Ausbleiben von Niederschlägen, aber auch durch Grundwasserabsenkungen infolge von Baumaßnahmen, Trinkwassergewinnung usw.. Folgen der Dürre: Störungen in der Samenkeimung, Vertrocknen junger Pflanzen, Welken und vorzeitiges Abfallen der Blattorgane (Hitzelaubfall), verminderte Fruchtbildung, Wipfeldürre, Wuchsstörungen und -deformationen an Blättern und Trieben. Zuwachsverluste und Absterben des Baumes.
Durch Spannungen zwischen äußeren wasserarm gewordenen und inneren feuchten Splintbereichen entstehen in trockenen Sommern sog. Trockenrisse (»Hitzerisse«), die zur Holzentwertung führen. Langandauernde Dürreperioden verursachen längerfristige Wuchsstokkungen und verstärken Anfall an verdorrten Bäumen (Trocknis). Dürre erhöht die Disposition der Bäume für andere Krankheiten. Gefährdet sind vor allem noch nicht geschlossene Kulturen. Flachwurzelnde Baumarten leiden mehr als Tiefwurzler. Sehr empfindlich sind u.a. Fi, Jap.Lä, Strobe, Roterle, As, Bi. Empfindlich: Ta, Eur.Lä, Dougl., Bu, Es, HBu, Ei, Li. Wenig empfindlich: Ki, Schwarzkiefer, Ul, Spitzahorn, Roteiche, Traubenkirsche (P. serotina) und Robinie. Besonders trocknisanfällig sind flachgründige Böden, aber auch tiefgründige mit geringer Wasserspeicherfähigkeit. Als Schutzmaßnahmen werden empfohlen: – Schattierung im Pflanzgarten – Bestandesbegründung unter Schirm- und Seitenschutz – Bodenbearbeitung und Beseitigung der Unkrautkonkurrenz.

Duftblüte → *Oleales*

Duftbruch: Abbrechen von Zweigen und Ästen durch starke Rauhreifbildung (Duft).

Dunkelatmung: Abbau des in chlorophyllhaltigen Geweben gespeicherten Kohlenhydrates im Dunkeln, unter Energiegewinnung → *Atmung*.

Dunkeld-Lärche → *Larix x eurolepis*

Dunkelreaktionen der Photosynthese: Lichtunabhängige Assimilation des Kohlenstoffs im Calvin-Zyklus (→ *Photosynthese*).

Duplikation → *Chromosomenmutation*

Durchforstung: Maßnahmen der Waldpflege zur betriebszielgerechten Ausformung von Stangen- und Baumhölzern. Die Zielsetzungen der D. sind ähnlich denen der Läuterung in jüngeren Altersstufen, nämlich Sicherung der Bestandesstabilität und Mischungsregulierung. Hinzu kommt die Förderung des Wertzuwachses der Bestände bis hin zur Pflege der Bäume, die den Endbestand bilden sollen. Aufgrund der langen Produktionszeiträume nehmen die bei der D. erzielbaren Vornutzungen in Form von ausscheidenden Bestandesgliedern eine bedeutende Rolle ein. Beginn und Stärke der D. sind abhängig von der Holzart, der Dichte der Bestockung und der Bodengüte. Bei der sog. schwachen Niederdurchforstung werden meist nur tote und absterbende Bäume entnommen, bei der starken Hochdurchforstung auch herrschende und bedrängende Konkurrenten der auserlesenen Haubarkeitsstämme.

Durchlasszellen: Einzelne, unverkorkte, über den Xylemradien liegende Zellen in der → *Endodermis.*

Durchlüftungsgewebe → *Aerenchym*

Durchwurzelung: Artbedingte u. standortabhängige Wurzeldurchdringung des Bodens u. Ausbreitung des → *Wurzelsystems* zur Erschließung der verfügbaren Wasser- u. Nährstoffmengen. Man unterscheidet zwischen intensiver D., bei der ein kleines Bodenvolumen sehr dicht von → *Schwach- u. Feinwurzeln* durchwachsen ist (z.B. Es, As, Bi, Bu, Li, Ah) u. extensiver D. mit weniger dichten Wurzelverzweigungen, die in einem größeren Bodenvolumen verteilt sind (z.B. bei Ei, Ul, Lä, Dougl).

Laubhölzer	Tiefenbereich	Nadelhölzer	Tiefenbereich
Aspe	100-150	Douglasie	140-200
Bergahorn	110-140		120-170
Birke	140-150	Fichte	90-120
Esche	110-150	Kiefer	100-160
Hainbuche	120-150	Lärche	80-110
Roteiche	120-130	Strobe	130-180
Rotbuche	120-180	Tanne	
Schwarzerle	140-180		
Stieleiche	150-200		
Traubeneiche	90-100		
Winterlinde	90-130		

Durchwurzelungstiefen (in cm) bei Laub- u. Nadelbäumen (nach Köstler et al. 1968)

Dyade: Pollenzwillinge. Seltene Gruppierung von zwei Pollen als Verbreitungseinheit.

E

Eastern Hemlock → *Tsuga canadensis*

Eastern Redcedar → *Juniperus virginiana*

Eastern White Cedar → *Thuja occidentalis*

Eastern White Pine →*Pinus strobus*

Ebenaceae: Ebenholzgewächse. Familie der → *Ebenales* mit ca. 500 Arten. Überwiegend tropische bis subtropische Bäume und Sträucher mit schwarzbraunem, sehr widerstandsfähigem Kernholz. Ohne Milchsaft. Blätter meist wechselständig, ohne Nebenblätter. Blüten 3- bis 5-zählig, sympetal und -sepal, radiär. Meist diözisch, gelegentlich Cauliflorie. Androeceum diplostemon oder sekundär vermehrt. Gynöeceum verwachsen aus 2- ∞ Fruchtblättern, oberständig. Bitegmische Samenanlagen. Beerenfrüchte. Samen mit Endosperm. Wichtige Gattung: → *Diospyros* (Ebenhölzer).

Ebenales: Ebenholzartige. Ordnung der → *Dilleniidae*. Tropische bis subtropische, gelegentlich milchsaftführende Holzpflanzen mit wechselständigen, einfachen Blättern. Meist 4- bis 5-zählige, radiäre, diplo- oder tristemone Blüten. Sympetalie. Gynoeceum ober- oder unterständig mit zentralwinkelständiger Placentation der wenigen Samenanlagen (uni- oder bitegmisch). Familien: → *Sapotaceae*, → *Ebenaceae*, → *Styracaceae*.

Ebenenstufe → *Vegetationsstufen*

Ebenholzartige → *Ebenales*

Ebenholzgewächse → *Ebenaceae*

Eberesche → *Sorbus aucuparia*

Eckencollenchym → *Collenchym*

edaphisch: Zum Boden gehörend; wird in bezug auf die Organismen des Bodens und die abiotischen Bodenfaktoren gebraucht. → *Umweltfaktoren*.

Edaphon: Von Francé 1910 geprägter Begriff für die verschiedenen bodenbewohnenden Organismengemeinschaften (Bodenmikroflora u. -fauna), darunter finden sich überwiegend Reduzenten (→ *Bakterien*, → *Actinomyceten*, Pilze), die die organische Substanz wieder mineralisieren. → *Streuzersetzung*.

Edelginster → *Cytisus scoparius*

Edelkastanie → *Castanea*, → *Castanea sativa*

Edelreis → *Pfropfung*

Edeltanne → *Abies procera*

Efeu → *Hedera*

Efeugewächse → *Araliaceae*

Effektoren: a) Verbindungen, die die Enzymaktivität fördern (→ *Aktivatoren)* oder hemmen (→ *Inhibitoren)*. b) Niedermolekulare Substanzen, die die Enzymsynthese regulieren. Man unterscheidet: 1. Induktoren: lösen Enzymbildung aus. 2. Corepressoren: aktivieren → *Repressoren* und verhindern Enzymbildung.

Eiapparat: Zellgruppe an der mikropylaren Seite des → *Embryosacks*, bestehend aus 2 → *Synergiden* und der befruchtungsfähigen Eizelle.

Eibe, Gemeine → *Taxus baccata*

Eibe, Japanische → *Taxus cuspidata*

Eibe, Patagonische → *Saxegothaea conspicua*

Eibefruchtung → *Gameten*

Eibisch → *Hibiscus*

Eiche → *Quercus*

Eiche, Afrikanische → *Ochnaceae*

Eiche, Großfrüchtige → *Quercus macrocarpa*

Eiche, Immergrüne → *Quercus ilex*

Eiche, Kastanienblättrige → *Quercus castaneifolia*

Eiche, Klettenfrüchtige → *Quercus macrocarpa*

Eiche, Leierblättrige → *Quercus lyrata*

Eiche, Mongolische → *Quercus mongolica*

Eiche, Persische → *Quercus macranthera*

Eiche, Spanische → *Quercus pyrenaica*

Eiche, Ungarische → *Quercus frainetto*

Eiche, Zweifarbige → *Quercus bicolor*

Eichelfäule, Schwarze → *Ciboria batschiana*

Eichen-Feuerschwamm → *Phellinus robustus*

Eichen-Wirrling → *Daedalea quercina*

Eichenglucke → *Sparassis laminosa*

Eichenmehltau → *Microsphaera alphitoides*

Osteuropäisches **Eichensterben** im Weinviertel (Österr.)

Eichenmistel → *Loranthus europaeus*

Eichensterben: Unscharfe Bezeichnung für regional und zeitlich begrenzte, bestandesweise Absterbeerscheinungen an Quercus-Arten. Symptome, Ablauf und Ursachen nicht präzise erfaßbar. Oft sind Standorts- und Klimaeinflüsse beteiligt. Sekundär werden Insekten sowie pilzliche Blatt-, Rinden- und Wurzelparasiten aktiv. Derzeit bedroht ein aus der UdSSR nach W vordringendes E. die Eichenwirtschaft in Ungarn, Rumänien, Yugoslawien, Polen und Österreich. Es kann zu Abgängen von Altbäumen aller exponierten Quercus-Arten in 2 Jahren führen. Symptome uneinheitlich, Beteiligung mehrerer pilzlicher und tierischer Schädlinge wahrscheinlich (Abb. S. 147).

Eichenvergilbung: Neue, seit 1982 in Süddeutschland auftretende Krankheit an freistehenden oder randständigen Quercus robur. Intensive Blattvergilbung zunächst an einzelnen Ästen; Blattrollen sowie vorzeitige Bräunung und früher Blattfall im Herbst. Absterben der befallenen Äste im nächsten Jahr. Erreger noch unbekannt. Verdacht auf Virose.

Eichenvergilbung

Eichenwelke → *Ceratocystis fagacearum*

Eichenwurzeltöter → *Rosellinia quercina*

Ein-Faktor-Kreuzung: Kreuzung mit Individuen, die sich nur in einer Erbanlage unterscheiden → *Monohybride).*

einadrig → *Blattnervatur*

Einblattfrucht: Frucht, die sich aus einem einzelnen Karpell entwickelt hat.

Eindringungsresistenz → *Axenie*

Eingeschlechtigkeit: Die Blüte enthält entweder nur männliche oder nur weibliche Organe. Bei monözischen Arten kommen beide Geschlechter an einem Baum vor (z.B. Fi, Ki, Lä, Ta, Bi, Er, Bu, Ei, Hbu). Bei diözischen Arten tragen die Individuen entweder nur ♀ oder nur ♂ Blüten (Pa, Wei, Eibe, Wacholder).

Einhäusigkeit → *Monözie*

Einkeimblättrige → *Liliatae*

Einzelbaumauslese: Individualauslese. Die Auswahl erfolgt nach dem Erscheinungsbild (Phänotypauslese). Wertvolle einzelne Individuen mit überdurchschnittlichen Eigenschaften (Elitebäume) werden ausgewählt, generativ oder vegetativ vermehrt. Daneben wird ihr Erbwert in → *Nachkommenschaftsprüfungen* getestet.

Einzelbruch: Stammbruch einzelner Bäume durch Schnee, Eis oder Wind.

Einzelfrucht: Frucht, die sich aus einem coenokarpen Gynoeceum oder aus einem einzelnen Karpell entwikkelt.

Einzeller → *Protophyta*

Eisanhang: E. entsteht, wenn unterkühlter Regen auf Äste aufschlägt und dort einen Eismantel bildet. Er wird um so schwerer, je größer die Auffangfläche ist. (→ *Duftbruch,* → *Eisschäden)*

Eisbirken → *Betula pendula*

Eisen (Fe): Spurennährelement, tritt als Bestandteil der prosthetischen Gruppe von Enzymen wie Cytochrom, Katalase, Peroxidase auf, wirkt positiv auf die CO_2-Aufnahme und wird zur Synthese des Chlorophylls benötigt. Fe-Mangel äußerst sich daher in einer Chlorose insbesondere der jüngeren Blätter (→*Mangelkrankheiten,* → *Blattspiegelwerte);* Quotient Chlorophyll a/b von etwa 3 gilt als normal, bei Fe-Mangel liegt der Wert bei 5-6 (→ *Kalkchlorose* durch Festlegung von Fe auf carbonathaltigen Standorten), Behandlung mit Fe-Chelaten.

Eisenkrautgewächse → *Verbenaceae*

Eisenmangel → *Mangelkrankheiten* → *Chlorosen*

Eisschäden: a. Schäden durch Eisbildung auf Pflanzenoberflächen (→ *Eis-* bzw. *Duftanhang,* z.B. Duftbruch), bedingt durch eine erhöhte Gewichtsbelastung der Bäume (wintergrüne Nh leiden stärker als Lh). b. Schäden durch Eisbildung im Pflanzengewebe. Von Bedeutung, wenn Zellen, Gewebe oder Organe durch mechanische Wirkungen der Eiskristalle, Veränderungen der Biomembranen sowie Wasserentzug bei extrazellulärer Eisbildung absterben.

Eiszeit (Glazial): Zeitraum der Erdgeschichte mit langanhaltenden Vergletscherungen außerpolarer Gebiete.

Mit Eiszeiten im engeren Sinn werden die pleistozänen Vereisungen im → *Känophytikum* bezeichnet.

Eiweiße → *Proteine*

Eiweißzellen: Eiweißhaltige Zellen des Markstrahlparenchyms, welche den Siebzellen von Gymnospermen benachbart sind und evtl. Funktionen von Geleitzellen ausüben.

Eizelle → *Gameten*

Ektendomykorrhiza: Zwischenform der Mykorrhiza, bei der sowohl intra- wie interzelluläre Hyphen in den Wurzeln vorhanden sind. Die E. ist keineswegs etwas Statisches, sondern Ausschnitt aus einem dynamischen Geschehen, so treten E. ähnliche Infektionen in gealterten Wurzeln in Abhängigkeit von der jeweiligen Vitalität der Wirtspflanze bzw. des Pilzes auf. → *Mykorrhizatypen.*

Ektodesmen: Durch Sublimat-Fixierung darstellbare, streifenartige Strukturen in der Epidermisaußenwand, die in ihrer Erscheinung den → *Plasmodesmen* ähneln. Sind Artefakte, die dadurch zustande komme, daß die → *Cuticula* an punktförmigen Stellen eine erhöhte Durchlässigkeit für polare Stoffe aufweist.

Ektomykorrhiza: Mykorrhizatyp mit einem einheitlichen Organisationsprinzip. Kennzeichen: Ein die → *Saugwurzel* umhüllender, oft gattungs- bzw. arttypisch strukturierter plectenchymatischer oder pseudoparenchymatischer Hyphenmantel (= Mykochlaena) und interzelluläre, fingerförmig verzweigte Hyphen im Wurzelrindenparechym (→ *Hartig'sches Netz),* vielfach auch einzelne abziehende Hyphen oder -stränge (→ *Rhizomorphen)* vorhanden. Vorkommen: Meist obligat bei vielen Waldbäumen und oftmals mit wirtsspezifischen Formen. Bedeutung: Verbesserung der Wasser- u. Mineralstoffversorgung (hauptsächlich N- und P) durch Aufschluß von Humusstoffen durch die → *Mykorrhizapilze,* erhöhte Bildung von → *Phytohormonen* und protektive Wirkung gegenüber Wurzelerkrankungen durch Bildung fungistatischer bzw. bakterizider Stoffe (Abb. S. 150).

stark mycotroph		schwach mycotroph
Nadelhölzer	Laubhölzer	
Abies	Alnus	Carya
Larix	Betula	Crataegus
Picea	Carpinus	Fraxinus
Pinus	Castanea	Juglans
Pseudotsuga	Corylus	Malus
Tsuga	Eucalyptus-	Prunus
	Fagus	Pyrus
	Ostrya	Sorbus
	Populus	Tilia
	Quercus	
	Salix	

Ektomykorrhizen: Wichtige Gehölzgattungen mit Ektomykorrhizen

Ektoparasiten: Pathogene Pilze, die hauptsächlich auf der Oberfläche ihrer Wirtpflanzen wachsen, aber mit Hyphen oder → *Haustorien* in das Innere des Wirtsgewebes eindringen und sich dort vom Inhalt lebender Zellen ernähren. Beispiele: Herpotrichia nigra, Microsphaera alphitoides.

Elaeagnaceae: Ölweidengewächse. Familie unsicherer systematischer Stellung (hier zu den → *Proteales* gestellt) mit 3 Gattungen: S h e p h e r d i a, → *Elaeagnus* und → *Hippophaë.* Sträucher mit silbrig behaarten Blättern und 4-zähligen, kronblattlosen Blüten. Androeceum haplo- (Eleagnus und Hippophaë) oder diplostemon (Shepherdia). Aus einblättrigen Fruchtknoten entwickeln sich Nußfrüchte, die von der fleischig werdenden Kelchröhre umschlossen bleiben. Diözisch sind Hippophaë und Shepherdia (Büffelbeere aus N-Amerika).

Elaeagnus L. Ölweide: Gattung der → *Elaeagnaceae.* 45 sommer- oder immergrüne, oft bedornte Strauch- oder Baumarten, meist mit intensiv duftenden Blüten. Blätter wechselständig, Früchte mehrerer Arten eßbar. Verbreitung in Asien und N-Amerika. Zentrum in SO-Asien, in Eur. nur E. a n g u s t i f o l i a L. (Schmalblättrige Ölweide): Sommergrüner, formenreicher, meist dorniger Strauch oder bis 8 m hoher Baum aus dem Mittelmeergebiet, W- und Zentralasien; in M-Eur. seit langem in Kultur. Blätter lanzettlich, unterseits silberweiß, Blüten ⚥ oder nur ♂, ohne Kronblätter. Früchte reif angenehm süß, im Orient beliebt. Stamm oft drehwüchsig, Drechslerholz für Musikinstrumente.

Elaeis → *Arecales*

Elaiosomen: Anhängsel an myrmekochoren Samen, die Lock- und Nährstoffe enthalten, z.B. bei Chelidonium majus. → *Caruncula,* → *Strophiole.* → *Myrmekochorie.*

Elateren → *Hepaticae*

Elder → *Sambucus*

Elder, Common → *Sambucus nigra*

Elder, Water → *Viburnum opulus*

Eleioplasten → *Leukoplasten*

Elementarfibrillen: = Micellarstränge. Submikroskopische Zellwandstruktur aus → *Cellulose.* Aus mehreren → *Micellen* bestehender Strang. Durchmesser 60 bis 70 Å. Ca. 15 – 20 E. ordnen sich zu einer → *Mikrofibrille.* In den engen Kapillarräumen zwischen den E. (Intermicellarräume) befindet sich Wasser.

Elementarmembran → *Biomembran*

Elementarpartikel → *Mitochondrien*

Elemisäure → *Terpenoide*

Elicitoren → *Phytoalexine*

ELISA-Test: Abkürzung für »Enyzme-linked immunosorbent assay«. Ein rel. empfindliches serologisches Verfahren zum Nachweis von Viren in Gewebeschnitten und in Pflanzenextrakten. Antikörper werden mit Enzymen markiert (alkalische Phosphataseaktivität) und lagern sich an freie Determinanten des Virus-Antikörper-Komplexes an. Dieser Komplex färbt sich nach Zusatz eines spezifischen Enzymsubstrates (p-Nitrophenylphosphat) gelb. ELISA ist auch zum Nachweis von → *Spiroplasmen* geeignet.

Elitebäume → *Auslesebäume*

Elm, American → *Ulmus americana*

Elm, Common → *Ulmus procera*

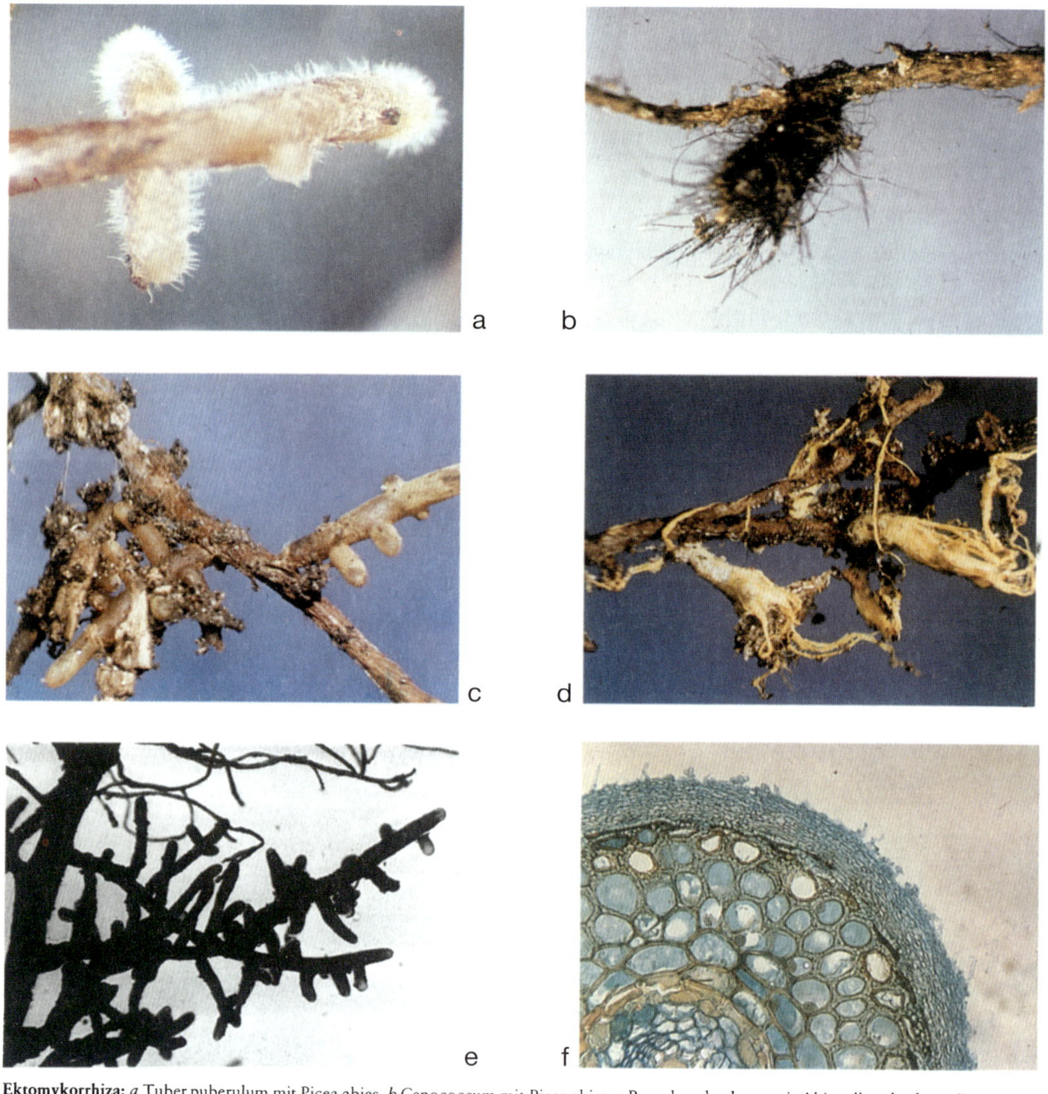

Ektomykorrhiza: *a* Tuber puberulum mit Picea abies, *b* Cenococcum mit Picea abies, *c* Russula ochroleuca mit Abies alba, *d* safrangelbe E. von Abies alba, *e* Habitus einer monopodial-pyramidal verzweigten E. an Picea abies, *f* Querschnitt durch eine nicht identifizierte E.; blau = Pilzhyphen

Elm, English → *Ulmus procera*

Elm Phloem Necrosis → *Ulmen-Phloemnekrose*

Elm, Red → *Ulmus rubra*

Elm, Rock → *Ulmus thomasii*

Elm, Slippery → *Ulmus rubra*

Elm, White → *Ulmus americana*

Elm Yellows → *Ulmen-Phloemnekrose*

Elsbeere → *Sorbus torminalis*

Elter: Bezeichnung für ein Individuum der Elterngeneration (Parentalgeneration P) bei Kreuzungsexperimenten.

Emaskulierung: Beseitigung männlicher Blütenstände oder Blüten bei eingeschlechtlichen Bäumen; bei zwittrigen Arten Kastration durch Beseitigung der Antheren.

Embryo: Durch Zellteilungen aus der Zygote entstandener Keim im Samen. Gliedert sich in Radicula (Keimwurzel), Hypokotyl (Sproßachse), Kotyledonen (Keimblätter) und Plumula (erste Blattanlagen). Die Kotyledonen können als Speicherorgane (Speicherkotyledonen) mit verdickten und vergrößerten Blattspreiten ausgebildet sein (Fagaceae, Juglandaceae) oder sie re-

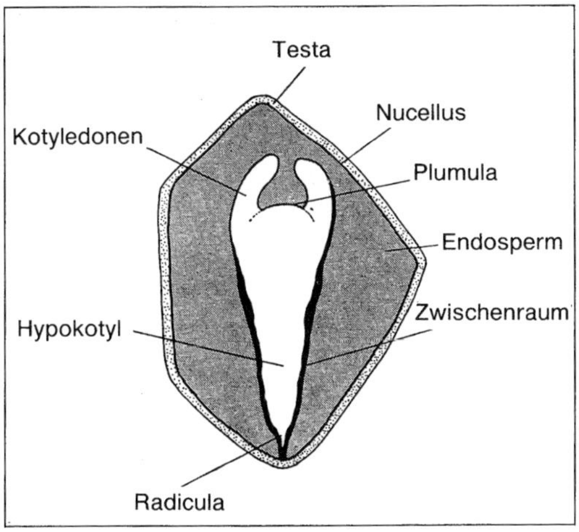

Längsschnitt durch einen Kiefernsamen

sorbieren die zur Ernährung nötigen Reservestoffe aus dem umliegenden Endosperm oder Perisperm.

Embryokultur: Anzucht aus Samen herauspräparierter Embryonen auf künstlichen Nährmedien. Gelegentlich bei Pinus praktiziert, wo durch E. erbgleiche Embryonen desselben Proembryos zu lebensfähigen Pflanzen angezogen werden.

Embryonaltrieb: Aus Apex und Blattprimordienkörper bestehender, gestauchter Trieb in der Knospe.

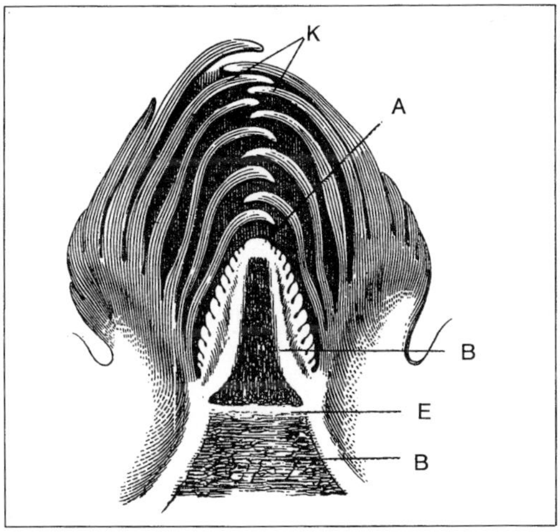

Längsschnitt durch Terminalknospe von Abies alba. K = Knospenschuppen, A = Apex, B = Blattprimordienkörper, E = Embryonaltrieb

Embryosack: Befruchtungsfähiger ♀ Gametophyt der Angiospermen, bestehend aus der Eizelle mit zwei Synergiden, die zusammen den Eiapparat bilden, zwei Polkernen und drei Antipoden gegenüber des Eiapparates. Bei Gymnospermen entspricht das vielzellige Prothallium dem E..

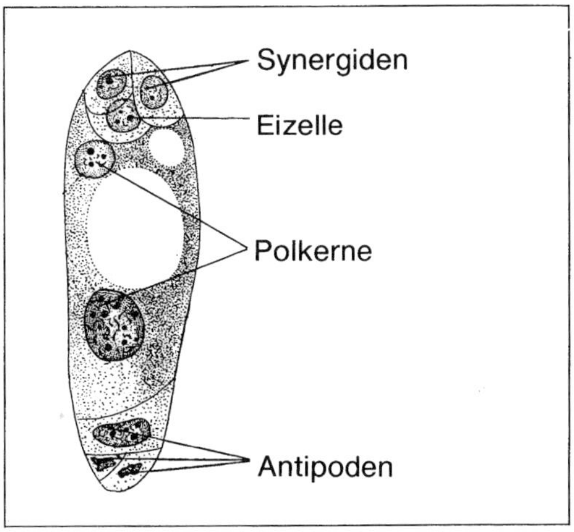

Embryosack

Embryosackentwicklung: Bei Angiospermen: Vollzieht sich in zwei Schritten; (a) R! der Embryosackmutterzelle zur haploiden Megaspore und (b) Entwicklung des Gameten durch wiederholte Teilungen des Embryosackkernes. Bei (b) unterscheidet man mehrere Entwicklungstypen (→ *Embyosacktypen*). Am häufigsten ist der Polygonum-Typ.

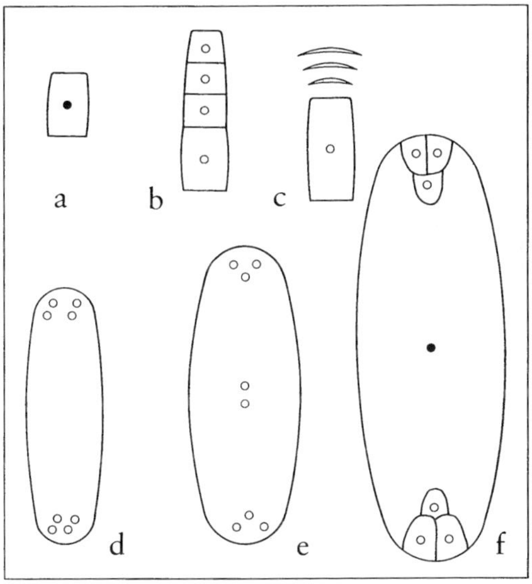

Embryosackentwicklung; Erläuterungen im Text

Embryosackkern: Durch Verschmelzung zweier haploider Polkerne entstandener sekundärer, diploider Zellkern im Embryosack der Angiospermen, der bei der doppelten Befruchtung zum triploiden Endospermkern verschmilzt.

Embryosackmutterzelle: Makrosporenmutterzelle. Große, diploide, plasmareiche Zelle des Nucellus, aus der durch Reduktionsteilung (= Megasporogenese) die Megasporen entstehen.

Embryosacktypen: Von der normalen Entwickung des Embrosacks mit 8 Kernen gibt es durch Ausfall von mitotischen Teilungsschritten in der Megagametogenese bzw. durch Kern- und Zellverschmelzungen verschiedene Abweichungen mit 4, 8 oder 16 Kernen. Je nach Kernzahl der Megaspore nach Abschluß der Megasporogenese unterscheidet man zwischen monosporischen, bisporischen und tetrasporischen Embryosäcken. Die überwiegende Zahl der Angiospermen entwickelt den achtkernigen, monosporischen Embryosack, dieser Polygonum-Typus ist der Normaltypus.

Embryosackzelle: Megaspore. Makrospore. Eine von vier haploiden Tetradenzellen nach der Reduktionsteilung der Embryosackmutterzelle, die sich durch weitere Teilungen zum befruchtungsfähigen Embryosack entwickelt.

Embryoträger → *Suspensor*

Emergenzen: Aus epidermalen und subepidermalen Schichten entstandene Auswüchse am Sproß (Bsp. → *Stacheln,* Sockel der Brennhaare von Brennessel).

Emerson-Effekt: Gleichzeitige Bestrahlung mit Wellenlängen $\lambda = 700$ nm und $\lambda = 650$ nm bewirkt bei Pflanzen eine höhere Photosyntheseleistung als die summierte Wirkung jeder einzelnen Wellenlänge.

Emission: Abgabe von Stoffen in Wasser, Luft und Boden. Gebräuchlich für den Ausstoß von Luftschadstoffen aus natürlichen (z.B. Vulkane, Terpenabgabe der Nadelwälder) und industriellen Quellen. E. werden, um Belastungsgebiete abzugrenzen, quantifiziert und in Emissionskatastern festgehalten.

Empetraceae: Krähenbeerengewächse. Familie der → *Ericales* mit 9 Arten. Immergrüne, heidekrautähnliche Zwergsträucher ohne Nebenblätter. Blüten radiär, oft eingeschlechtig und diözisch verteilt. Steinfrüchte. Blütenformel: * K 1-3 C 1-3 A 2-4 bzw. G $(\underline{2-9})$. Wichtige Gattungen: → *Empetrum,* Ceratiola (C. ericoides, atlantisches N-Amerika) und Corema (C. alba auf Iberischer Halbinsel und Azoren, C. conradii aus östl. N-Amerika).

Empetrum L. Krähenbeere, Rauschbeere: Gattung der → *Empetraceae* mit 2 Arten in arktisch-subarktischen Gebieten. Immergrüne, niederliegende Zwergsträucher mit heidekrautartigem Aussehen, nadelförmigen Blättern und unscheinbaren Blüten.
In Eur.: E. nigrum L. [syn.: E. hermaphroditum (LANGE) HAGERUP], Krähenbeere, Rauschbeere, engl.: Crowberry: Teppichbildender, mykotropher Zwergstrauch zirkumpolarer Verbreitung, in südlichen Gebieten auf höhere Gebirge beschränkt. Kennzeichen: Blattrand stark eingerollt. Blüten meist 2-häusig verteilt, mit verkümmertem Rest des anderen Geschlechts. Glänzend schwarze Beeren. Vom Dünensand der Küste bis zum Hochmoor in den Alpen; größte Ausdehnung in subarktischen Gebieten. Ganze Pflanze giftig (Wirkstoffe: Urolsäure, Rutin, Quercetin), aber gefrorene Beeren eßbar.

Empetrum hermaphroditum → *Empetrum*

Empetrum nigrum → *Empetrum*

Empfängnishyphe → *Ascogon*

Endemismus: Vorkommen eines → *Taxon* in einem natürlich begrenzten Areal. Man unterscheidet:
a) konservativer E. (Paläo-, Relikt-E.): beschränktes Vorkommen einer früher weit verbreiteten Sippe (z.B. → *Ginkgo biloba,* → *Sequoiadendron giganteum*);
b) progressiver E. (Neo-E): Vorkommen »junger« Arten, die sich nicht ausbreiten oder an der Ausbreitung durch Isolierung (Gebirge, Inseln) gehindert werden (z.B. Pinus canariensis). Auf Inseln sind endemische Arten um so zahlreicher, je früher die Verbindung mit Kontinenten verlorenging. Der Anteil der Endemiten an der Gesamtartenzahl beträgt auf den Balearen, auf Sardinien und Korsika ca. 5 – 8 %, auf Kreta 10 %, auf den Kanaren 36 %, auf Madagaskar 66 %, auf Neuseeland 72 % und auf St. Helena 85 %. → *Areal.*

Endergonische Prozesse: Reaktionen, die gegen das Energiegefälle ablaufen und denen Energie zugeführt werden muß.

Endknospe → *Terminalknospe*

Endocronartium pini → *Cronartium flaccidum*

Endodermin: Eine dem → *Suberin* ähnliche, hydrophobe Substanz, die die Zellen der Endodermis im sekundären Zustand auskleidet.

Endodermis: Einschichtige, meist lückenlos geschlossene, die Gefäßbündel umschließende Zellscheide in Nadeln (→ *Bündelscheide),* Rhizomen und Wurzeln, gekennzeichnet durch besonders differenzierte Zellwände mit spezifischen Entwicklungszuständen: a. Primäre E., ausgestattet mit elastischen Radialwänden und → *Caspary'scher Streifen,* bei Angiospermenwurzeln mit sekundärem Dickenwachstum; b. sekundäre E. mit allseitig aufgelagerten Suberinlamellen und einzelnen unverkorkten Durchlaßzellen, endgültiger Zustand bei Gymnospermen; c. tertiäre E. mit dicken, aufgelagerten Zellulosewänden, Wandschichten oft verholzend, Durchlaßzellen bleiben jedoch unverdickt, typischer Endzustand bei Monocotylen. Die E. der Wurzel behindert den apoplastischen H_2O-Transport, stellt eine histologische Barriere dar bei der Besiedlung durch Mykorrhizapilze, Actinomyceten und Rhizobium (→ *Schizomycetes)* und spielt eine Rolle bei pathologischen Vorgängen, z.B. Umfallerreger → *Umfallkrankheit,* → *Resistenz.*

Endokarp → *Frucht*

Endokonidien → *Konidien*

Endomitose: Mitoseanomalie, bei der die Auflösung der Kernmembran in der Prophase und die Bildung zweier Tochterkerne unterbleibt und somit der Chromosomensatz verdoppelt wird. Führt bei Wiederholung zu Endopolyploidie (→ *Polyploidie).* Beschränkt sich auf kleine, physiologisch aktive Gewebeteile, z.B. Tapetum, Drüsenzellen, Wurzelbereiche. Bei Wurzelzellen von Spinat wurden → *Chromosomensätze* von 8n, in einzelnen Zellen von Arum maculatum von 1756n beobachtet.

Endomycetidae: Hefen. Unterklasse der → *Ascomycetes.* Als Einzelzellen lebende oder ein Sproß-, seltener

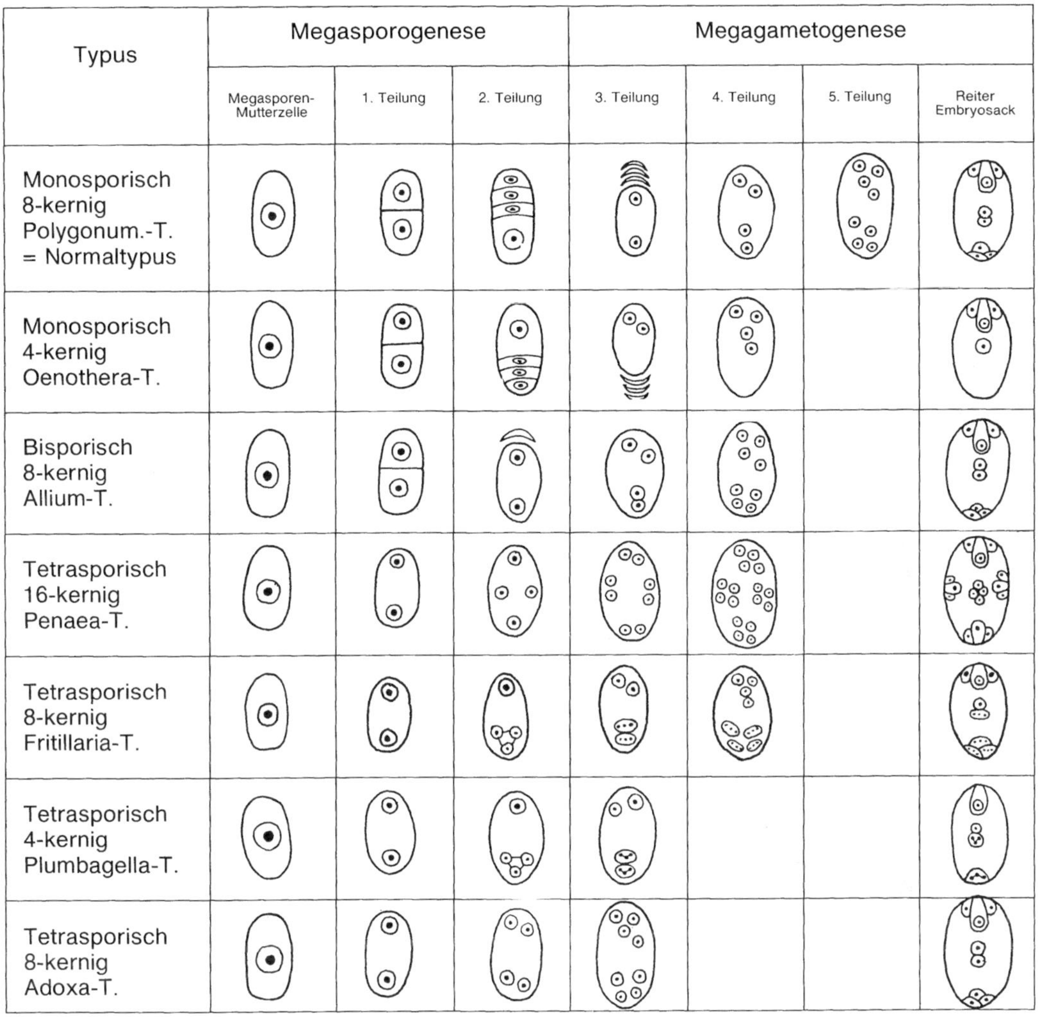

Übersicht über **Embryosacktypen**

ein septiertes Hyphenmycel bildende Pilze mit reduziertem Entwicklungsgang. Dikaryotische Phase und Fruchtkörper fehlen. Oft Somatogamie (bei manchen Arten vereinigen sich schon 2 Ascosporen im prototunicaten → *Ascus*). Hierher gehören u.a.: Endomycetales: Saprophyten oder Parasiten (Endomyces im Blutungssaft von Bäumen); Saccharomycetaceae (echte Hefen, bedeutend für die alkoholische Gärung) und die ausschließlich parasitisch lebenden Protomycetales.

Endomykorrhiza: Häufigster Mykorrhizatyp; Pilzsymbionten: Endogone spec., Glomus spec. (→ *Zygomycetales*) oder Pezizella spec. (→ *Ascomycetes*, bei Ericaceen), mit charakteristischen inter- und intrazellularen pilzlichen Strukturen: → *Vesikel*, → *Arbuskel* oder Hyphenknäuel im Wirtsgewebe, bzw. frei im Boden vorhandenes Mycelium im Bereich der → *Rhizosphäre*, das u.U. Sporen bilden kann: Tritt bei einer Vielzahl krautiger und verholzter Wirtspflanzen auf. → *VA-Mykorrhiza*.

Endoparasiten: Pathogene Pilze oder Bakterien, die (inter- oder intrazellulär) im Inneren der Wirtspflanze leben. Zu den E. gehört der weitaus größte Teil der pflanzenpathogenen Mikroorganismen.

Endophyten: Mikroorganismen, die im Innern gesunder Pflanzenorgane leben, ohne Krankheitssymptome auszulösen. Die bisher bekannten ca. 750 pilzlichen E. gehören meist zu den Ascomyceten. Unter den Wirten sind auch Fi (Nadel und Stamm), Wacholder (Nadeln), Buxus und Ilex (Blätter). Ältere Pflanzenteile werden eher besiedelt als junge. Auch pathogene Pilze können zunächst als E. leben, um sich später, bei Belastung der Wirtspflanze, stark auszubreiten. Beispiele: Pullularia pullulans, Epicoccum-Arten, → *Rhizosphaera kalkhoffii*, → *Lophodermium piceae*.

Endoplasmatisches Reticulum (ER): Reich verzweigtes, von → *Biomembranen* umgrenztes Zisternensystem, das das gesamte → *Cytoplasma* durchzieht und in Form von Röhren (Desmotubuli) über → *Plasmodesmen* in benachbarte Zellen übergeht. Ein Teil des ER bildet die Kernmembran (Perinuclearzisterne). Bei den abgeflachten, lamellenartigen Zisternen im inneren Zellbereich sind die Membranen mit fest verankerten → *Ribosomen* besetzt. Dieses »rauhe« oder »granuläre« ER (Ergastoplasma) ist der Ort der → *Proteinbiosynthese* und der Glycosylierung von Proteinen. An der Peripherie der Zelle haben die Zisternen die Form von Röhren (Tubuli), und ihre Membranen sind frei von Ribosomen (»glattes« ER). Hier findet die Lipidsynthese statt. Das Lumen der Zisternen ist von einer wäßrigen Flüssigkeit erfüllt, in der an den Membranen gebildete Substanzen transportiert, in sackförmigen Erweiterungen zeitweilig gespeichert oder durch Abgliederung von Bläschen (Vesikel) in das Cytoplasma abgegeben werden. → *Cytosomen* schnüren sich vom ER ab. ER-Membranen können nach Bedarf ab- und wieder aufgebaut werden.

Endopolyploidie → *Polyploidie*

Endosperm: Nährgewebe im Samen. Man unterscheidet primäres, haploides E. (Gymnospermen) und sekundäres, triploides E. (Angiospermen). Ersteres entsteht aus dem ♀ Prothallium, letzteres durch die Verschmelzung des sekundären Embryosackkerns mit einem Spermazellenkern (→ *Befruchtung, Doppelte).* Beide Formen dienen der Ernährung des Embryos. Bei den einheimischen Baumarten ohne Endosperm sind die Nährstoffe in den Kotyledonen gespeichert. Die Endospermbildung erfolgt häufig nucleär, d.h. zuerst bilden sich freie Zellkerne im wandständigen Plasmabelag der Embryosackzelle, bevor die Zellwände entstehen. Geht die Kernteilung von Anfang mit der Zellwandbildung einher (bei vielen Asteridae), spricht man von cellulärem Endosperm, anfänglich nucleär, dann cellulär gebildetes E. heißt helobiales Endosperm.

Endosporen → *Sporen*

Endothecium: (1) Faserschicht der → *Anthere.* (2) → *Amphithecium.*

endotherme Prozesse: Aufnahme von Wärme während physikalischer und chemischer Vorgänge in der lebenden Zelle.

Endothia parasitica → *Cryphonectria parasitica*

Endoxidation → *Atmungskette*

Endozoochorie → *Zoochorie*

Endtrieb → *Terminaltrieb*

Energieladung (engl.: energy charge): Kennzeichnet den Energiezustand einer Zelle. Liegt das gesamte Adenosinphosphatsystem in Form von → *ATP* vor, so ist E. = 1; bei → *ADP* oder einer äquimolaren Mischung von ATP und → *AMP* ist E. = 0,5; AMP alleine bedeutet E. = 0. In wachsenden Zellen mit aktivem Stoffwechsel liegt sie meist zwischen 0,7 und 0,9.

Energy charge → *Energieladung*

Engelhardia → *Juglandales*

Engelmann Spruce → *Picea engelmannii*

Engelmannfichte → *Picea engelmannii*

Englers-Buche → *Fagus engleriana*

Entandrophragma → *Meliaceae*

Entomogamie: Entogamie. Entomophilie. Insektenblütigkeit. Pollenübertragung durch Insekten. Häufigste Bestäubungsform in M-Eur., bei Waldbäumen jedoch die Ausnahme (Li, Ah, Sorbus, Castanea, Wei, Ro). Phylogenetisch jüngere Entwicklung.

Entomophilie → *Entomogamie*

Entseuchung → *Desinfektion*

Entwässerung → *Bewässerung* → *Bodenmelioration*

Entwicklungsgeschichte → *Ontogenese*

Entwicklungsphysiologie: Teilbereich der → *Physiologie,* beschreibt die Gesetzmäßigkeiten in der → *Ontogenie* von Organismen.

Enzianartige → *Gentianales*

Enziangewächse → *Gentianaceae*

Enzyme: Biokatalysatoren. Chemisch stellen sie → *Proteine* oder → *Proteide* dar. Den Proteinanteil der Proteide bezeichnet man als Apoenzym, den Nichtproteinanteil als Cofaktor (Coenzym oder prosthetische Gruppe). Apoenzym und Coenzym = Holoenzym.
E. erhöhen die Geschwindigkeit einer Reaktion durch Erniedrigung der Aktivierungsenergie. Die Gleichgewichtslage der Reaktion wird nicht verschoben (Enzymwirkung). In kleinsten Mengen bewirken sie große Umsätze, ohne dabei selbst eine dauernde Umwandlung zu erfahren. E. wirken einzeln oder in Multienzymkomplexen, weisen eine hohe Wirkungs- und Substratspezifität auf, die in der Regel vom Apoenzym bestimmt werden; die eigentliche Katalyse bestimmt das »Aktive Zentrum«, das entweder ein bestimmter Teil des Proteinmoleküls selbst ist oder ein proteingebundenes Coenzym. Katalytische Aktivität (Enzymaktivität) ist abhängig vom pH-Wert, bestimmten Aktivatoren (z.B. Metall-Ionen), Temperatur und Substratkonzentration. Die Enzymregulation erfolgt entweder bei der Synthese oder der Aktivität. Zahlreiche organische Substanzen und anorganische Ionen können E. hemmen. E. werden nach Funktionstypen eingeteilt (charakteristisch für die Enzymnomenklatur ist die Endung -ase):
Oxidoreduktasen katalysieren Oxidations- und Reduktionsreaktionen, dazu gehören auch wasserstoffspaltende und -übertragende Enzyme. Hydrolasen katalysieren hydrolytische Spaltungen. Dazu zählen Proteasen (eiweißspaltend), Lipasen (fettspaltend), Esterasen (Spaltung von Estern). Transferasen sind gruppenübertragende Enzyme, z.B. Transaminasen (übertragen NH_2-Gruppen), Transmethylasen (übertragen CH_3-Gruppen). Lyasen spalten vom Substrat Gruppen über einen nicht-hydrolytischen Mechanismus, unter Hinterlassung einer Doppelbindung ab oder katalysieren die Anlagerung einer Gruppe an eine Doppelbindung. Isomerasen katalysieren Isomerisierungsreaktionen, z.B. Verschiebung einer Phosphatgruppe innerhalb desselben Moleküls (→ *Glykolyse). Ligasen* katalysieren Bindungen bei gleichzeitiger ATP-Spaltung (oder eines anderen energiereichen Phosphates).

Enzymregulation → *Enzyme*

Enzymsynthese → *Proteinbiosynthese*

Eophytikum (Algophytikum, Fadenalgen- und Tangzeit, Florenfühzeit): Ältester Zeitabschnitt der → *Florengeschichte.* Das E. beginnt vor ca. 3,7 Milliarden Jahren und reicht bis zum Silur. Man vermutet ein wäßriges Milieu, zuerst ohne, dann mit steigendem Sauerstoffgehalt, mit H_2, N_2, CH_4, CO, CO_2 und vielen organischen Verbindungen. Entstehung pflanzl. Lebens (Bakterien, blaualgenähnl. Prokaryonten, später einzellige Algen und aquatische Pilze). Erstes Auftreten von Chlorophyll. Gegen Ende des E. allmähl. Übergang zu aerober Lebensweise und Besiedlung des Landes. → *Erdzeitalter.*

Eozän: Abteilung des Tertiär, → *Erdzeitalter,* → *Känophytikum.*

Epacridaceae: Australheidegewächse. Familie der → *Ericales.* Ericaähnliche Sträucher oder Bäume aus Australien oder Neuseeland (1 Art in S-Amerika) mit 4- bis 5-zähligen, zu Trauben vereinten Blüten. Kronblätter röhrig verwachsen.

Ephedra L.: Meerträubel. Einzige Gattung der Ephedraceae, einer rel. hochentwickelten Familie der Gymnospermen mit etwa 40 Arten in Trockengebieten Asiens, Europas, Amerikas und N-Afrikas. Ausschließlich xeromorphe Sträucher mit rutenartigen, assimilierenden Zweigen und zu Schuppen reduzierten Blättern. ♀ endständig mit schlauchförmiger Blütenhülle. E.major HOST. im Mittelmeergebiet, E. distachya L., ssp.helvetica (C.A.MEY) ASCHERS. ET GRAEBN. bis ins Wallis.

Ephedra spec. im Himalaya

Ephemerophyten: Eingeschleppte, fremdländische Pflanzenarten, die sich wegen ungünstiger Lebensbedingungen nur vorübergehend am Ort ihrer Einbürgerung halten können.

Epidemie: Seuche. Sehr intensives, zeitlich begrenztes (epidemisches) Auftreten einer Infektionskrankheit an einer großen Zahl von Wirtspflanzen.

Epidemiologie: Wissenschaft von den Gesetzmäßigkeiten bei der Entstehung, dem Verlauf und der Ausbreitung von Massenerkrankungen.

Epidermis: Primäres, meist einschichtiges Abschlußgewebe von Sproß und Blatt. Abgesehen von den Schließzellen sind ihre Zellen meist chloroplastenfrei (Ausnahme: Farne und extreme Schattenpflanzen), lückenlos miteinander verzahnt, gelegentlich Haare bildend. Außenwände oft verdickt (bei Pinus allseitig verdickt), cutinisiert und von einer Cuticula überzogen. → *Spaltöffnungen* in der E. gewährleisten den Gasaustausch. E. schützt die Pflanze vor Wasserverlusten und verhindert das Eindringen mancher Pathogene. Bei Nerium oleander und Ficus elastica ist die E. mehrschichtig und dient als Wasserspeicher. Gelegentlich wird → *Rhizodermis* als E. der Wurzel bezeichnet. Sie hat aber eine andere Funktion und unterscheidet sich in wesentlichen Strukturen.

epigäische Keimung → *Keimung*

Epigynie → *Fruchtknotenstellung*

Epikotyl: → *Internodium* zwischen Kotyledonarknoten und dem folgenden Nodium.

Epimatium → *Podocarpaceae,* → *Podocarpus*

Epinastie: Krümmungen von Sproßachsen nach unten durch stärkeres Wachstum auf der Oberseite.

epipetal → *Stemonie*

Epiphragma → *Peristom*

Epiphyll → *Oberblatt*

Epiphyten: Nichtparasitäre Pflanzen, die ohne eigene Verbindung zum Boden auf anderen Pflanzen oder sonstigen Unterlagen leben und ausschließlich auf die atmosphärische Zufuhr von Wasser und Mineralstoffen angewiesen sind. Epiphytische → *Thallophyta* nehmen dank ihrer → *poikilohydren* Organisationsform Wasser rasch aus der Atmosphäre auf; höhere Pflanzen haben spezielle Einrichtungen zur Aufnahme und Speicherung von Wasser und Mineralstoffen entwickelt (z.B. Velamen radicum in Luftwurzeln von Orchideen oder spezielle Saugschuppen bei Bromeliaceen). In trop. Regenwäldern sind E. besonders häufig.

Epipodium → *Internodium* an Seitentrieben zwischen dem zweiten → *Vorblatt* und dem folgenden Blattorgan (→ *Hypopodium,* → *Mesopodium).*

episepal: Vor den Kelchblättern (Sepalen) stehend. Durch die Alternanz der Blütenteile bedingt, stehen die Staubblätter i.d.R. vor den Kelchblättern (episepale Stellung).

epistomatisch → *Stomata*

Epithelzellen → *Harzkanäle*

Epitheton → *binäre Nomenklatur*

Epitonie: Förderung der Knospengröße und damit der Trieblänge auf der Astoberseite dorsiventraler Sprosse; → *Proventivtriebe* (syn. Not-, Ersatztriebe) von Fi, Ta, und Lä sind zumindest in den ersten Jahren ihrer Entwicklung deutl. epiton gefördert.

Epizoochorie → *Zoochorie*

Equisetaceae: Schachtelhalme. Einzige rezente Familie der → *Equisetatae* mit nur einer Gattung (Equisetum) und ca. 30 ausschließlich krautigen Arten. Sprosse in Nodien und Internodien gegliedert, hohl und mit bleichen, wirtelig angeordneten, scheidig verwachsenen Mikrophyllen. Sproß übernimmt Assimilation. Epidermis-Außenwände verkieselt. Fertile und sterile Sprosse des Sporophyten oft verschieden gestaltet (bei E. arvense). Rhizome ausdauernd, mit seitlichen Speicherknollen. Sporophylle peltat, unterseits mit mehreren, mehrschichtig bewandeten Sporangien. Zapfenähnliche, endständige Sporophyllstände (= »Blüten«). Isosporen mit Chloroplasten und → *Hapteren.* Gametophyt: grüner, gelappter Thallus, kurzlebig und eingeschlechtig (phänotypische Geschlechtsbestimmung). Equisetum giganteum (Riesenschachtelhalm), tropisches S-Amerika, erreicht eine Höhe von 12 m bei einem Ø von 2 cm. In M-Europa heimische Waldpflanzen: Equisetum sylvaticum (Waldschachtelhalm) in Au- und Fichtenwäldern, Equisetum hyemale in Auwäldern.

Sporophyllstand von **Equisetum arvense**

Equisetatae: Articulatae,Schachtelhalmgewächse.Klasse der → *Pteridophyta.* Seit dem Devon auftretend, besonders reiche Entfaltung im Karbon. Heute nur noch mit einer Familie und Gattung (Equisetum) vertreten. Mit Scheitelzelle wachsende Rhizompflanzen mit wirtelig gestellten Mikrophyllen. Sprosse in Nodien und Internodien gegliedert. Hetero- und Isosporie. Familien: → *Equisetaceae* (rezent), → *Calamitaceae* (fossil).

Equisetum → *Equisetaceae*

ER → *endoplasmatisches Reticulum*

Erbanlage → *Gen*

Erbfaktor → *Gen*

Erbgang: Modus der Vererbung. An Chromosomen gebundene Erbanlagen folgen i.d.R. den Mendelschen Regeln (mendelnder E.). Man unterscheidet dominant-rezessiven oder intermediären E. Je nach Anzahl der differierenden Merkmale ist der E. monohybrid, dihybrid oder polyhybrid. Sind die Erbanlagen nicht an den Kern gebunden (extrachromosomale Vererbung) ist der E. nicht-mendelnd.

Erbgut: Genetische Information eines Lebewesens, besteht aus Genom, Plastom (Plastidom), Plasmon und Chondrom. → *Idiotypus.*

Erblichkeit → *Heredität*

Erbsenstrauch → *Caragana*

Erdbeerbaum → *Arbutus*

Erdfeuer → *Waldbrand*

Erdfrüchtigkeit → *Geokarpie*

Erdglöckchen → *Linnaea borealis*

Erdmiete → *Forstsaatgut, Lagerung*

Erdrauchgewächse → *Papaverales*

Erdzeitalter (Ära): Zeitabschnitt der erdgeschichtl. Entwicklung. Der Ablauf der Erdgeschichte wird in mehrere Äran gegliedert, diese in Systeme (auch Perioden oder Formationen genannt), Abteilungen und Stufen. Die Einteilung der Äran erfolgt nach der Entwicklung des tierischen Lebens in Archäo-, Paläo-, Meso- und Känozoikum. Diesen entsprechen die Zeitalter der Pflanzenwelt, das → *Eo-*, → *Paläo-*, → *Meso-* und → *Känophytikum.* Sie sind mit den Zeitaltern der Tierwelt jedoch zeitl. nicht deckungsgleich.

Ära	System	Abteilung	Beginn vor Mill. Jahren	Zeitalter der Pflanzenwelt
Känozoikum (Neozoikum, Erdfrühzeit)	Quartär	Holozän Pleistozän	2	Känophytikum
	Tertiär	Pliozän Miozän Oligozän Eozän Paläozän	65	
Mesozoikum (Erdmittelalter)	Kreide	Oberkreide Unterkreide	135	
	Jura	Malm (Weißer Jura) Dogger (Brauner Jura) Lias (Schwarzer Jura)	200	Mesophytikum
	Trias	Obere Trias (Keuper) Mittle Trias (Muschelkalk) Untere Trias (Buntsandstein)	230	
Paläozoikum (Erdaltertum)	Perm	Oberperm (Zechstein) Unterperm (Rotliegendes)	290	
	Karbon	Oberkarbon Unterkarbon	330	
	Devon	Oberdevon Mitteldevon Unterdevon	410	Paläophytikum
	Silur	Obersilur Mittelsilur Untersilur	435	
	Ordovicium	Oberordovicium Mittelordovicium Unterordovicium	485	Eophytikum
	Kambrium	Oberkambrium Mittelkambrium Unterkambrium	560	
Archäozoikum (Erdfrühzeit)	bisher keine weltweit verwendbare Standardgliederung		3700	
Azoikum (Erdurzeit)			4500	

Erdgeschichtliche Zeittafel

Ergastoplasma → *endoplasmatisches Reticulum*

Erhaltungsdüngung → *Düngung*

Erhaltungsplantage: → *Plantagen,* die der Erhaltung des Erbgutes von Holzarten dienen und Vertreter wertvoller oder gefährdeter Herkünfte zusammenfassen. Aktuelles Beispiel: Evakuierung durch Tannensterben und Luftverunreinigungen gefährdeter Abies alba-Herkünfte in die spanischen Pyrenäen.

Erica L. Glockenheide (engl.: Heath, Heather): Nach → *Rhododendron* zweitgrößte Gattung der → *Ericaceae* mit 500 – 600 Arten. Ursprung und Hauptverbreitung im südlichen Afr.. Auch in atlantischen Gebieten Eur.s. Immergrüne Sträucher oder → *Halbsträucher* (Ausnahme: → *E. arborea).* Laubblätter meist quirlständig, sehr zahlreich, nadelförmig.

Erica arborea L., Baumheide: Strauch oder kleiner Baum des Mittelmeergebietes, auch in O-Afr. Auf den Kanaren erreicht er bis 20 m Höhe und 35 cm Ø. Leitpflanze der → *Macchie.* Das rotbraune, sehr schwere Maserholz des Wurzelstocks wird wegen der sehr schweren Brennbarkeit zur Pfeifenherstellung verwendet (Bruyere-Holz), ist aber auch in der Furnierindustrie begehrt.

Erica carnea → *Erica herbacea*

Erica cinerea L., Grauheide (engl.: Bell Heather): Stark verästelter Zwergstrauch (bis 60 cm hoch). Im atlantischen Eur. verbreitet, außerdem in mediterranen Gebirgen. Kennzeichen: Blätter quirlständig, meist zu dritt. Weiße oder blaßrosa Blüten in vielblütigen Quirlen oder Trauben. Kalkmeidend, auf trockenen Hängen und in lichten Wäldern (200 – 2 500 m). Besonders große Verbreitung auf sauren, nährstoffarmen Silikatböden.

Erica herbacea L. (syn.: E. carnea L., E. mediterranea L.), Schneeheide, Frühlingsheide: Niederliegender, kriechender Zwergstrauch (bis 25 cm hoch) des südlichen M-Eur. und der Alpen. Im Osten bis Österreich, zerstreut bis M-Ital. Kennzeichen: Blätter zu viert in Scheinwirteln, Ränder eingerollt. Blüten rosa, fleischfarben oder hellkarmin, in einseitswendigen, vielblütigen Trauben, schon im Winter erscheinend. Meist auf Kalk. Oft in lichten Ki-Wäldern, auch auf Geröll und Felsboden, Pionier (bis 2 600 m).

Erica herbacea

Erica mediterranea → *Erica herbacea*

Erica tetralix L. Glockenheide, Moorheide (engl.: Cross leaved Heath): Dünnastiger Strauch (bis 70 cm hoch) mit aufrechten Zweigen. Verbreitet im westl. und nördl. Eur. In Deutschland nur im atlantischen Nordwesten. Eingebürgert in Mittel- und Süddeutschland. Kennzeichen: Blätter lineal-lanzettlich, meist zu viert in Quirlen, Ränder eingerollt. Fleischrote Blüten in 5- bis 15-blütigen, endständigen Dolden. Auf Torfmooren und in anmoorigen Wäldern, meidet Kalk. Ausgedehnte Heiden im Podsolgebiet des westl. Eur..

Ericaceae: Heidekrautgewächse. Familie der → *Ericales* mit ca. 2 500 Arten. Meist Zwergsträucher der Tundren, Hochgebirge, Heiden, acidophilen Waldgesellschaften, auch tropische Epiphyten. Blätter wechsel-, gegen- oder quirlständig, meist ohne Nebenblätter, oft immergrün und xeromorph. Blüten zwittrig, radiär, 4- bis 5-zählig (incl. des Gynoeceums), obdiplostemon, meist sympetal. Zentralwinkelständige Placentation. Beeren, Steinfrüchte oder Kapseln. Samen mit Endosperm. Unterfamilien (nach ENGLER). 1. Rhododendroideae mit sym- oder choripetalen Blüten, oberständigem Gynoeceum und septiziden Kapseln. Wichtige Gattungen: → *Rhododendron,* → *Ledum,* → *Loiseleuria,* → *Rhodothamnus,* → *Kalmia.* Ferner: Cladothamnus (C. pyroliflorus, AK bis OR); Daboecia [D. cantabrica (Irische Heide), atl. Europa]. 2. Vaccinioideae mit sympetalen Blüten, unterständigem Gynoeceum, meist Beerenfrüchte. → *Vaccinium.* 3. Ericoideae mit sympetalen Blüten, oberständigem Gynoeceum und septiziden oder loculiziden Kapseln oder Nußfrüchten. Antheren mit hornartigen Fortsätzen (Bicornes!). → *Calluna,* → *Erica.* 4. Arbutoideae mit sympetalen Blüten, oberständigem Gynoeceum und loculiziden Kapseln, Beeren oder Steinfrüchten. Antheren oft mit hornartigen Fortsätzen. Wichtige Gattungen: → *Andromeda,* → *Chamaedaphne,* → *Arbutus,* → *Arctostaphylos,* → *Oxydendrum.* Ferner: Cassiope [C. hypnoides (Schuppenheide), arktisches Europa und N-Amerika]. Gaultheria [G. procumbens (Scheinbeere), atlant. N-Amerika. In M-Eur. als Bodendecker im Gartenbau verwendet.].

Ericales: Bicornes, Heidekrautartige. Ordnung der →*Dilleniidae.* Meist obligat mycotrophe Zwergsträucher mit 4- oder 5-zähligen, obdiplo- oder haplostemonen Blüten. Chori- oder sympetal. Gynöeceum unter- oder oberständig. Blätter meist wechselständig und nebenblattlos. Unitegmische Samenanlagen. Pollen oft in Tetraden. Wichtige Familien: → *Ericaceae,* → *Clethraceae,* → *Empetraceae,* → *Epacridaceae.* Ferner erwähnenswert: Grubbiaceae (ericaähnliche Sträucher S-Afrikas) und Cyrillaceae (Sträucher und Bäume der Neotropen). Krautig sind die Pyrolaceae (Wintergrüngewächse, häufig in Nadelwäldern) und Monotropaceae [chlorophyllos, auf saprophytischen Pilzen parasitierend (Mycoparasitismus), → *Monotropa hypopitys* (Fichtenspargel)].

Erico-Pinetea: Pflanzensoziologische Klasse, in der die mitteleuropäischen Kiefernwälder auf kalkhaltigem Untergrund und Serpentin zusammengefaßt werden. Hierzu zählen: 1. Bergkiefern-Wälder und -Gebüsche. In den Westalpen durch die Spirke, östl. vom Bodensee durch die Latsche bestimmt. Auf karbonathaltigem Gestein im Unterwuchs vor allem durch Daphne striata, Valeriana montana, Vaccinium myrtillus, Rhododendron hirsutum und Campanula cochleariifolia bestimmt. Da → *Pinus mugo* bodenvag ist, lassen sich Gesellschaften auf saurem Substrat auch in die → *Vaccinio-Picetea* einreihen. 2. Schneeheide-Ki-Wälder, charakteristisch für submontane und montane Trockenstandorte mit Erica herbaceae, Sesleria varia und Polygala chamaebuxus. Auch die sehr durchlässigen Schotterterrassen in manchen alpinen und präalpinen Flußauen gehören hierzu. Außerhalb der Alpen reichen Schneeheide-Ki-Wälder bis zur Oberrheinischen Tiefebene und bis Nordbayern. 3. Die auf Tonmergelhängen des Alpenvorlandes stockenden Pfeifengras-Ki-Wälder. Ihre Zuordnung zur Klasse der E.-P. ist schwierig, denn je nach den vorherrschenden Wasserverhältnissen des Bodens überwiegen Pflanzen der E.-P., der Wiesenordnung Molinetalia mit Wechselfeuchtezeigern oder Laubwaldpflanzen. 4. In den Ostalpen entwickelte sich im submontanen und kollinen Bereich auf südexponierten Trockenhängen ein Schwarzki-Wald mit Unterwuchs aus Cotoneaster tomentosus, Amelanchier ovalis, Sorbus aria u.a.m. → *Charakterarten* für die gesamte Klasse sind neben Erica herbacea und Polygala chamaebuxus Epipactis atrorubens, Gymnadenia odoratissima und Coronilla vaginalis.

Ericoideae → *Ericaceae*

Eriobotrya LINDL. Wollmispel: Gattung der → *Rosaceae* mit ca. 10 Baum- oder Straucharten in O-Asien. Blätter wechselständig, Blüten weiß, Apfelfrucht. Wichtigste Art: E. japonica (THUNB.) LINDL.: Immergrüner, 5 – 7 m hoher Strauch, in der Jugend mit weißwolligen Trieben. Gelbe, birnenförmige, säuerlich schmeckende Früchte. In M-Eur. winterhartes Ziergehölz, in Ital. Anbau der Früchte wegen.

Erle → *Alnus*

Erle, Herzblättrige → *Alnus cordata*

Erle, Italienische → *Alnus cordata*

Erle, Japanische → *Alnus japonica*

Erle, Kaukasische → *Alnus subcordata*

Erlen-Schillerporling → *Inonotus radiatus*

Erlenbruch → *Bruchwald*

Ermans-Birke → *Betula ermanii*

Ernteschäden: syn.: Fällschäden. Durch unsachgemäße Vorgehensweise bei der Fällung verursachte Schäden an Rinde und Stamm von Bäumen des verbleibenden Bestandes. Folgeschäden durch holzzerstörende Pilze.

Erntezeit: Forstsaatgut soll zwischen Samenreife und Samenfall geerntet werden. Zu früh geernteter Samen keimt schlechter und altert schneller. Einheitliche Erntetermine bestehen nicht. Bei Nh wird Erntezeitpunkt durch Wassergehaltsbestimmung der Zapfen ermittelt (Ki, Fi 40 %; Ta 60 %; Strobe 50 %). Es, Ro, Li, Hbu werden vor der Vollreife geerntet, sie reifen im Boden nach. Bei den übrigen Arten beurteilt man die Samenreife anhand von Farbe und Form (→ *Samenreife).*

errant → *Lebensformen*

Ersatztrieb → *Proventivtrieb*

Erstarkungswachstum: Während der Ontogenese spitzenwärts fortschreitende, im Bereich der Blüten aber wieder nachlassende Umfangerweiterung des Sprosses. Feststellbar bei Monokotylen. Bei Holzpflanzen wird dieser Vorgang durch das sekundäre Dickenwachstum ausgeglichen.

Ertragsklasse: syn.: Bonität. Leistungsklasse für Baumarten. Wuchsleistung und Ertrag von Waldbeständen sind einerseits durch Erbeigenschaften, andererseits durch die Ertragsfähigkeit des Standortes bedingt. Als Ergebnis waldwachstumskundlicher Untersuchungen entstehen sog. Ertragstafelwerke, welche u.a. als Maßstab für überregionale Vergleiche charakteristischer Wachstumsgänge unserer Baumarten dienen. Unterschiedliche Wuchsleistungen gleichaltriger Bestände werden verschiedenen Ertragsklassen (Bonitäten; z.B. I. Ertragsklasse = beste Bonität) zugeordnet.

Erwinia → *Schizomycetes*

Erwinia amylovora (BURRILL) WINSLOW: Erreger des Feuerbrandes (Enterobacteriaceae). Gram-negatives, peritrich begeißeltes, stäbchenförmiges Bakterium (0,5-1,0 x 1,0-3,0 µm), fakultativ anaerob. Erreger einer wirtschaftl. bedeutenden Bakteriose an Obstgehölzen (Maloideae) und anderen Rosaceae. Häufig an Crataegus, Cotoneaster, Pyracantha. Seit Ende des 19. Jahrh. in amerk. Obstplantagen, 1957 in GB, 1971 in N-Deutschland. Schädlich durch Triebsterben, Rindenbrand, Blatt- und Blütenfäule.
Im Frühjahr tropfenweises Austreten von Bakterienschleim aus Rindennekrosen. Verbreitung durch Insekten oder Regen während der Veg.-Periode. Infektion über Blüten (Narbe), Rinde (Lenticellen, Hagelwunden), Blätter (Stomata, Hydathoden). Symptome: Blattwelke, dann Schwarzfärbung der befallenen Blüten, Blätter und Früchte, diese bleiben lange am Baum. Junge Triebe hakenförmig abwärtsgekrümmt. Überwinterung in den Randbereichen von Rindenläsionen. Allmähliches Übergreifen auf ältere Äste und Stamm. In wenigen Tagen bis zu 30 cm Ausdehnung in der Rinde. Inkubationszeit ca. 3 Wochen. Höchste Vermehrungsrate bei 27 – 29 °C. Warme, feuchte Witterung fördert die Krankheit. Sorbus aucuparia ist widerstandsfähiger als S.aria; S.intermedia und Cotoneaster integerrimus gelten als resistent.

Erwinia salicis (DAY) CHARTER. [syn.: Pseudomonas saliciperda LINDEIJER engl.: Watermark Disease (Enterobacetriaceae)]: Erreger einer besonders in GB an Salix alba var. coerulea (Cricketschläger-Weide) und in NL außerdem an S.viminalis, S.purpurea, S. triandra und S. amygdalina auftretende Welkekrankheit. Intensive ringförmige Holzverfärbung. Lang peritrich begeißeltes, stäbchenförmiges Bakterium, auch im Holz symptomfreier Bäume vorkommend. Junge Pflanzen sind stark gefährdet. Übertragung durch Insekten (u.a. Weiden-Holzwespe). Verbreitung durch infizierte Steckhölzer.

Erysiphales: Echte Mehltaupilze. Meist ektoparasitisch lebende Ascomycetes (→ *Unitunicatae-Operculatae).* Bilden auf der Epidermis der Wirtspflanzen weißes, Konidien bildendes Mycel (Mehltau). Fruchtkörper: Cleistothecien. Manche Arten bilden keine ascogenen Hyphen. Forstlich bedeutend: → *Microsphaera.*

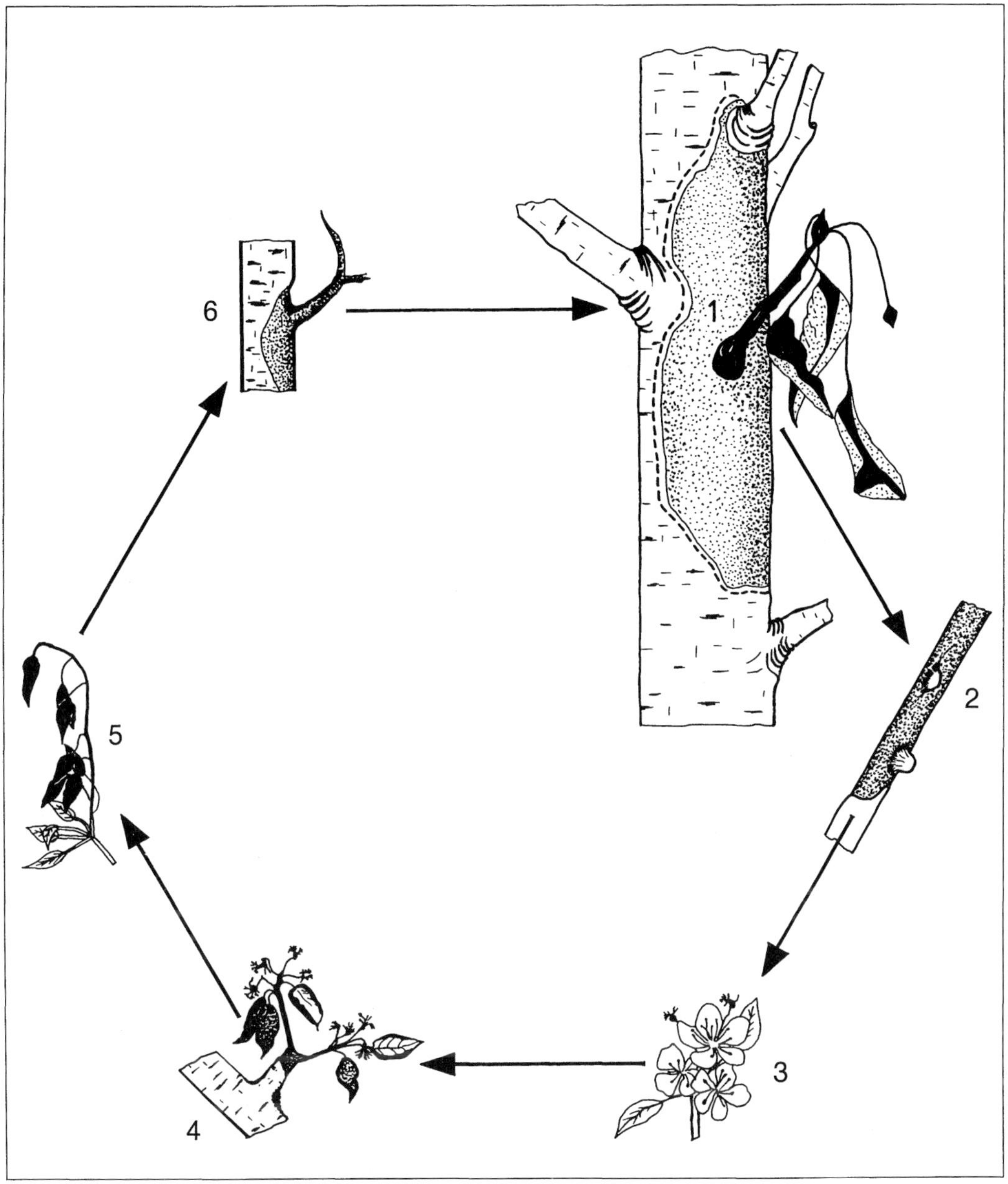

Krankheitsverlauf des Feuerbrandes (**Erwinia amylovora**): 1. Überwinterung in den Randpartien von Stammnekrosen; 2. Bakterienschleim in Tropfen. Verbreitung durch Insekten und Regen; 3. Infektion über Blüten; 4. Besiedelung des Kurztriebes; 5. Schwärzung befallener Langtriebe und Blätter; 6. Besiedelung der Ast- und Stammrinde

Erythrobalanus → *Quercus*

Erythroxylaceae → *Geraniales*

Escalloniaceae → *Saxifragaceae*

Esche → *Fraxinus*

Esche, Gemeine → *Fraxinus excelsior*

Esche, Mandschurische → *Fraxinus mandshurica*

Esche, Schmalblättrige → *Fraxinus angustifolia*

Eschenahorn → *Acer negundo*

Eschenbraunkern → *Falschkern* von unregelmäßiger Gestalt und dunkleren, wolkenartigen Ausbuchtungen an Es-Stammholz. Wassergehalt >55 %.

Eschenkrebs: Sammelbezeichnung für 2 verschiedene Krebserkrankungen an Fraxinus excelsior: 1. Nectria galligena ruft an alten Bäumen sehr regelmäßig aufgebaute, deutlich zonierte Stammkrebse hervor (Schießscheibenkrebs); 2. → *Pseudomonas syringae var savastanoi pr. fraxini* löst Bakterienkrebs aus, der durch sehr unregelmäßige, dunkle Gewebewucherungen an Stamm und Ästen auffällt. Auch an jungen Es.

Espe → *Populus tremula*

Essigbaum → *Rhus typhina*

Essigrose → *Rosa*

Essigsäuregärung: Das bei der → *Glykolyse* entstehende → *Pyruvat* wird von Bakterien (Acetobacter, Gluconobacter) zu Essigsäure oxidiert; daher keine Gärung im eigentlichen Sinn. Energiefreisetzung beträgt 755 kJ/mol.

Eßkastanie → *Castanea sativa*

Etagenmoos → *Bryidae*

Etesienklima: Charakterisiert durch trockene, heiße Sommer und Regenmaximum in den milden Wintern. E. herrscht im Mittelmeergebiet, SW-Kapland, Kalifornien, Mittelchile und SW-Australien.

Ethylen: Natürliches, gasförmiges → *Phytohormon* [$H_2C{=}CH_2$] mit besonders breitem Wirkungsspektrum. Beschleunigt die Fruchtreife und Seneszenz; fördert Blatt- und Fruchtfall. Hemmt das Längenwachstum von Landpflanzen. Reife Früchte produzieren und emittieren besonders viel E..

Etiolement → *Lichtschaden,* → *Vergeilung*

Etioplasten: Bei Lichtmangel aus → *Proplastiden* entstehende Hemmformen der → *Chloroplasten,* die sich bei Belichtung zu normalen Chloroplasten weiterentwickeln.

Euanthien-Theorie: Hypothese zur Phylogenie der Angiospermenblüte. Hiernach haben sich die Zwitterblüten rezenter Magnoliophytina entweder aus einem zwittrigen Sporophyllstand oder aus einem Sporophyllstand (Einzelblüte), der im Zuge der Phylogenese am apikalen Bereich auch Makrosporophylle bildete, entwickelt. → *Pseudanthien-Theorie.*

Euanthium → *Anthium*

Euascomycetidae: Unterklasse der → *Ascomycetes.* Bilden septiertes Hyphenmycel. Zwischen Plasmo- und Karyogamie werden dikaryotische, → *ascogene Hyphen* gebildet. Vermehrung und Entwicklungsgang: → *Ascomycetes.* Asci meist in Fruchtkörpern. Untergliederung der E. noch unsicher, derzeit nach dem Ascus-Typ in: → *Prototunicatae* (mit prototunicatem Ascus) und → *Eutunicatae* (mit eutunicatem Ascus).

Eubacteria → *Schizomycetes*

Eucalyptus L'HERIT. (engl.: Gum Tree): Gattung der → *Myrtaceae* mit etwa 500 Arten in Australien, in Neuguinea, im östl. Indonesien und auf Mindanao (Philippinen). Immergrüne, aromatische Bäume, seltener Sträucher. Einige zählen mit Höhen über 100 m zu den höchsten Bäumen der Welt (E. amygdalina angeblich bis 150 m). Blätter bei den meisten Arten wechselständig, ganzrandig, gestielt, derb ledrig; häufig ausgeprägte Heterophyllie, d.h. gegenständige, sitzende und in der Form ± deutlich von den Altersblättern abweichende Jugendblätter. Blüten zwittig, meist in achselständigen Dolden, seltener einzeln oder in Rispen, ohne Kelchblätter. Charakteristisch für die gesamte Gattung und wesentliches Kriterium für ihre Untergliederung ist eine durch Verwachsung der 4 Kronblätter entstandene »Haube« auf den Blütenknospen (= Operculum), die sich beim Öffnen der Blüte wie ein Deckel abhebt. Staubblätter zahlreich, meist auffallend weiß bis gelb oder rot gefärbt; Honigpflanze. Frucht: holzige, vielsamige Kapsel, die sich an der Spitze mit mehreren Klappen öffnet. E.-Arten variieren stark in den Standortansprüchen. Viele Arten sind wegen ihrer Raschwüchsigund Anspruchslosigkeit sowie wegen des wertvollen, meist harten und schweren, vielseitig nutzbaren Holzes von großer Bedeutung. Sie werden weit über ihre Heimat hinaus vornehmlich plantagenmäßig angebaut.

a

b

Eucalyptus globulus: *a* Kleinbestand in Kalifornien; *b* Heterophyllie: blaugrüne Jugendblätter und sichelförmige dunkelgrüne Altersblätter

Wichtige Anbaugebiete liegen in subtropischen bis tropischen Regionen in S- und im südl. N-Amerika (v.a. CA), im südl. und mittl. Afrika, in Indien, im Mittelmeergebiet sowie in Westeuropa (Portugal bis England und Irland). In M-Eur. ist keine Art winterhart. Wichtigste Nebennutzung ist die Gewinnung von ätherischen Ölen aus den Blättern (»Eucalyptusöl«) für offizinelle Zwecke. Die außerhalb des nat. Areals (z.B. im Mittelmeergebiet) am häufigsten kultivierte Art (auch als Zierbaum) ist E.globulus LABILL. (Blaugummibaum, Blue Gum): In der Heimat (SO-Australien, Tasmanien) bis 55 m hoher, geradestämmiger und sehr raschwüchsiger Baum mit glatter, sich in Streifen ablösender, graubrauner Rinde. Jugendblätter gegenständig, eiförmig, blaugrün, weiß bereift; Altersblätter wechselständig, lanzettlich bis sichelförmig, 10 – 30 cm lang, glänzend dunkelgrün. Blüten weiß bis schwach rötlich. Helles, gelblich braunes, rel. schweres und hartes, dauerhaftes Holz mit deutlichen Jahrringen; gutes Papier-, Konstruktions- und Brennholz.

Euchromatin: Während der → *Interphase* schwach bis nicht kondensierter Chromonemabereich.

Eucommiales → *Hamamelididae*

Eucryphiaceae → *Saxifragales*

Eucyte → *Zelle*

Euglenophyta → *Phycophyta*

Eukaryonta → *Eukaryota*

Eukaryota (= Karyobionta): Organismen, deren Zellen einen echten, gegenüber dem Cytoplasma mit einer Doppelmembran abgegrenzten Zellkern besitzen. Charakteristisch sind ferner: Mitotische Teilungen, Kernphasenwechsel, membranbegrenzte Zellorganellen (Chloroplasten, Mitochondrien, Dictyosomen, ER). Hierher gehören: → *Phycophyta,* → *Mycophyta,* → *Lichenes,* → *Pteridophyta,* → *Spermatophyta.*

eukontinental → *Ozeanität*

Eumycotina: Echte Pilze. Unterabteilung der → *Mycophyta.* Vegetationskörper meist aus vielen einzelnen, oft verzweigten Fäden (→ *Hyphen)* aufgebaut, die unseptiert (siphonal) oder septiert sein können. Gesamtheit der Hyphen heißt → *Mycel* (Myzel) und stellt den Thallus der E. dar. Selten wird ein → *Sproßmycel* oder → *Rhizoidmycel* (bei Chytridiomycetes) gebildet. Einige E. parasitieren als nackte Protoplasten (Olpidiaceae). Sporulation findet oft in besonderen, aus Plectenchym aufgebauten Fruchtkörpern statt. Zellwände aus Chitin, Cellulose oder Glucanen. Vermehrung durch eine Vielzahl verschiedener → *Sporen.* Fruchtkörper mit Meiosporen (z.B. Asco- oder Basidiosporen) bezeichnet man als → *Hauptfruchtform* (Perfektstadium), jene mit Mitosporen (Konidien) als → *Nebenfruchtform* (Imperfektstadium). Haupt- und Nebenfruchtform des selben Pilzes werden oft verschiedenen Gattungen zugeordnet. In Anlehnung an Müller und Löffler unterteilt man die E. in 8 Klassen, u.a. in → *Oomycetes,* → *Zygomycetes,* → *Ascomycetes,* → *Basidiomycetes* und → *Deuteromycetes.*

Euodia → *Rutaceae*

Euonymus L. (syn.: Evonymus L.), Spindelstrauch (engl.: Spindle-Tree): Etwa 175 Arten umfassende, auf allen Erdteilen beheimatete Gattung der → *Celastraceae.* Schwerpunkte: O-Asien und Him.. Sommer-, seltener immergrüne Sträucher oder Bäume mit gegenständigen, ungeteilten Blättern. Blüten meist in gestielten Trugdolden. Samen von fleischigem → *Arillus* umgeben, 4- bis 5-kantige Kapselfrüchte. Das Holz vieler Arten findet bei Drechslern und Schnitzern Verwendung. Blätter und Früchte stark giftig. Als Ziergehölze in M-Eur. v.a. ausländische Arten, z.B. E. japonica L. aus Japan und O-Asien, E. alata (THUNB.) SIEB. aus O-Asien, E. atropurpurea JACQ. aus N-Amerika.

Euonymus europaea L. Pfaffenhütchen, Gemeiner Spindelstrauch (engl.: Spindle Tree): Sommergrüner, bis 6 m hoher Strauch oder kleiner Baum mit vierkantigen, bisweilen geflügelten Zweigen. Heimat in fast ganz Eur., östlich bis zum Kau. und W-Sibirien. Kennzeichen: 1-jährige Triebe nur am Grund mit → *Lenticellen.* Blüten meist 2- bis 4-zählig. → *Arillus* umhüllt den Samen vollständig. Rosa bis rote Kapselfrucht, meist 4-kantig. 30 – 40 Früchte sollen für Erwachsene tödlich sein. Breites ökologisches Spektrum, von feuchten (Auwälder) bis ziemlich trockenen, steinigen Standorten (Hecken, Felsen, Gebüsche). Vom Flachland bis zur montanen Stufe (Alpen bis 1 200 m). Oft auf Kalk. Das feinfaserige, zähe und mittelschwere Holz wurde früher u.a. zu Spindeln verarbeitet. Die Holzkohle ist als Zeichenkohle geschätzt.

Euonymus latifolia (L.) MILL., Breitblättriger Spindelstrauch: Sommergrüner Strauch oder kleiner Baum (bis 5 m hoch) mit zusammengedrückten Zweigen, der in den süd- und südosteuropäischen Gebirgen, in N-Afr., Kl.As. und dem Kau. beheimatet ist. In Deutschland nur südlich der Donau, in den Alpen bis 1 500 m. Standorte, Holzeigenschaften und Verwertung wie bei → E. europaea. Kennzeichen: → *Lenticellen* erst an mehrjährigen Zweigen deutlich. Blüten meist 5-zählig. Samen von orangerotem → *Arillus* ganz eingehüllt. Kapsel 5-kantig, mitunter geflügelt.

Euonymus verrucosa SCOP., Warzen-Spindelstrauch: Sommergrüner, bis 2 m hoher Strauch mit runden, dicht mit dunklen → *Korkwarzen* besetzten Zweigen. Verbreitung vom östlichen M-Eur. über SO-Eur. bis zum Ural und Kau. Westgrenze von der Oder über Böhmen nach Salzburg. Meist auf kalkhaltigen, feuchten bis trockenen Böden in Laub- und Nadelmischwäldern. Kennzeichen: Blüten 4-zählig. Samen nur teilweise von scharlachrotem → *Arillus* umhüllt. Gelbrote, 4-kantige Kapsel.

euozeanisch → *Ozeanität*

Euphorbiaceae: Wolfsmilchgewächse. Große, zu den → *Euphorbiales* zählende Familie mit mehr als 5 000 Arten. Vorwiegend trop. Kräuter und Holzpflanzen. Blätter wechsel-, selten gegenständig; meist mit Nebenblättern. Blüten mit Perianth, Perigon oder völlig fehlender Blütenhülle. Gattung Euphorbia mit stark reduzierten, eingeschlechtigen Blüten: ♂ nur aus 1 Staubblatt, ♀ nur aus 3-blättrigem, oberständigem Fruchtknoten bestehend; zu → *Cyathien* vereinigt. Viele Arten enthalten kautschukführenden Milchsaft. Sukkulente Formen mit Nebenblattdornen in Afrika (Konvergenz zu amerikanischen Cactaceae). Wirtschaftlich bedeutend sind die brasilianischen Kautschukbäume: Hevea brasiliensis (Parakautschuk), bis 20 m hoch; Manihot glaziovii. Nutzhölzer sind: Ricinodendron-Arten, afrik. Mahagoni; Oldfieldia-Arten (afrik. Teak).

Euphorbia pulcherrima, ein hoher Strauch Mexicos, wird bei uns wegen der roten Hochblätter als Topfpflanze (Weihnachtsstern) gehandelt.

Euphorbiales: Tricoccae, Wolfsmilchartige. Ordnung der → *Rosidae.* Kräuter, Sträucher und Bäume mit unscheinbaren, stets eingeschlechtigen Blüten. Gynoeceum G (3). Wichtige Familien: → *Buxaceae,* → *Euphorbiaceae.* Ferner Pandaceae: trop. Bäume aus W-Afrika und SO-Asien ohne wirtschaftliche Bedeutung.

Euploidie → *Polyploidie*

Eupteleaceae: Zu den → *Hamamelidales* oder → *Magnoliales)* gehörende Familie mit einer Gattung (Euptelea) und 2 Arten. Bäume und Sträucher aus Japan und dem Himalaya. Blütenformel: P 0 A ∞ G 6–18. Wegen Herbstfärbung bei uns als Ziersträucher. Ulmenähnliche Früchte.

Euramericana-Bastarde → *Populus nigra*

Eurhynchium → *Bryidae*

Eurotiales → *Prototunicatae*

eurychor: Bezieht sich auf ein → *Taxon,* das ein großes → *Areal* besiedelt.

euryhydrisch: Bezogen auf Pflanzen, die in ihrem Gewebe größere Schwankungen des potentiellen osmotischen Druckes ertragen. Ggs. → *stenohydr.*

euryök: Bezogen auf Pflanzen, die eine große Schwankungsbreite der → *Umweltfaktoren* ertragen und daher in unterschiedlichsten Biotopen vorkommen können. Ggs. → *stenök.*

Eusideroxylon → *Lauraceae*

Eusporangiatae: Unterklasse der → *Filicatae.* Sporangium entsteht aus mehreren Epidermiszellen und ist mehrschichtig bewandet. Periplasmodium fehlt. Ordnungen: → *Ophioglossales,* → *Marattiales.*

Eusporangium → *Sporangien*

Eustele → *Stele*

eutroph: a) Nährstoffreich, bezogen auf Lebensräume (bes. Gewässer; → *Eutophierung);* b) bezogen auf Pflanzen, die einen hohen Nährsalzbedarf haben (z.B. Ulmus glabra). Ggs. → *oligotroph.*

Eutrophierung (Hypertrophierung): Erhöhung der Nährstoffkonzentration (vor allem an Nitraten und Phosphaten) im Boden (durch Düngung, und an Viehlagerplätzen) und speziell in Gewässern durch die Zufuhr nährstoffhaltiger Abwässer oder Sickerwässer aus überdüngten landwirtschaftlichen Flächen. E. des Bodens kann zu Veränderungen pflanzlicher Gewebe führen (N-Überdüngung), Vergiftungserscheinungen sind selten, da die Substanzen meist ausgewaschen werden. In Gewässern führt E. zur Produktionserhöhung verbunden mit verstärktem Sauerstoffverbrauch. Stagniert die Sauerstoffzufuhr, kann es zum Absterben der aeroben Organismen des Gewässers, zum sog. »Umkippen«, kommen.

Eutunicatae: → *Ascomycetes* mit eutunicatem → *Ascus* (derbwandig, mit Strukturen zur Sporenentlassung). Für die weitere systematische Untergliederung ist der Ascus-Aufbau bedeutend: → *Unitunicatae-Operculatae,* → *Unitunicatae-Inoperculatae,* → *Bitunicatae.*

Eutypella parasitica DAVIDS. et LORENZ (Diatrypaceae): Wirtschaftl. wichtiger Stammkrebserreger an Acer-Arten in N-Amerika, besonders an A.saccharum. Krebse bleiben jahrzehntelang aktiv, treten meist an den untersten 3 m des Stammes auf und weisen am Rande weißes Mycel auf.

Eutypella parasitica an Acer saccharum

Euxylophora → *Rutaceae*

Evaporation: Flächenbezogene, nicht regulierte Wasserabgabe von Oberflächen durch Verdunstung.

Evolution → *Phylogenese*

Evonymus → *Euonymus*

Exergonische Prozesse: Reaktionen, die einem Energiegefälle folgen und Energie freisetzen.

Exine: Äußerer, widerstandsfähiger Schichtkomplex der Pollenwand, im wesentlichen aus Sporopolleninen gebildet. Kann je nach Bestäubungsform verschieden ausgebildet und oberflächenstrukturiert sein. Bei den Angiospermen differenziert sie sich weiter in eine innere, kompakte, homogene Schicht, die Nexine, und eine äußere, stärker strukturierte, komplex zusammengesetzte Sexine. Die Sexine kann sehr verschiedenartig gestaltet [tectat, intectat (→ *Tectum),* verrucat, vesiculat etc., → *Pollenmorphologie]* sein und dient als arttypisches Merkmal, dessen sich auch die Pollenanalyse bedient.

Exkrete: Vom → *Protoplasma* ausgeschiedene Gift- oder Ballaststoffe, die für die Pflanze ohne weiteren Nutzen sind oder sogar schädlich werden (z.B. NaCl). Die Differenzierung in Exkrete und → *Sekrete* ist in der Praxis meist nicht möglich, da die Funktion vieler Substanzen noch unbekannt ist.

Exobasidiales → *Heterobasidiomycetidae*

Exodermis: Hypodermale, interzellularenfreie Schutzschicht (Cutisgewebe älterer Wurzeln), bestehend aus ein oder mehreren Lagen der äußersten Rindenparenchymzellen mit lebenden Protoplasten und ausgebildeter Suberinlamelle. Die E. entsteht meist sekundär, ersetzt die → *Rhizodermis* und bietet Schutz gegen Wasser- und Stoffverluste.

Exokarp → *Frucht*

Exon: Informative Zwischensequenzen eines → *Gens.*

Exosporen → *Sporen*

Exothecium → *Anthere*

Exotherme Prozesse: Abgabe von Wärme während physikalischer und chemischer Vorgänge in der lebenden Zelle.

extrazonal → *zonal*

extrors → *Anthere*

Exsudate: Stoffe, die von Pflanzen abgeschieden werden (→ *Sekrete,* → *Exkrete).* Beispiele: → *Harze,* Blutungssäfte. → *Blutung,* → *Wurzelexsudate.*

F

F_1: (1. Filialgeneration, Tochtergeneration). Kurzbezeichnung in der Genetik für die Nachkommen eines Kreuzungsexperiments.

F_2: Zweite Tochtergeneration. Die Nachkommen der F_1.

Fabaceae: Papilionaceae, Schmetterlingsblütler. Zu den → *Fabales* gehörende, weltweit verbreitete Familie krautiger und holziger Arten (Bäume überwiegend in trop. Regionen). Charakteristisch: oft in Trauben angeordnete → *Schmetterlingsblüten.* Blütenformel ↓ K(5) C5 A(10) oder (9)+1 G 1.
Viele Gattungen mit wichtigen Futterpflanzen (u.a. Saubohne, Klee, Luzerne) oder Pflanzen für die menschliche Ernährung (Erbse, Bohne, Sojabohne, Linse, Erdnuß). Holzpflanzen in den Gattungen → *Robinia,* → *Sophoora,* → *Laburnum,* → *Caragana,* → *Wisteria,* → *Colutea,* → *Genista,* → *Cytisus,* → *Ononis,* → *Spartium,* → *Ulex,* → *Coronilla.* Ferner: Pterocarpus santalinus (Sandelholz aus Indien und Ceylon), Dalbergia nigra (Rio-Palisander aus Brasilien), Dalbergia sissoo (Asiatischer Palisander, Heimat S-Himalaya), Amorpha fruticosa (Bastard-Indigo, 2 bis 3 m hoher Strauch aus O- und SO-USA. In S-Europa als Zierstrauch angebaut).

Fabales: Leguminosae, Hülsenfrüchtige. Zu den → *Rosidae* gehörende Ordnung mit ca. 700 Gattungen und 17 000 Arten. Holzpflanzen oder Kräuter mit wechselständigen, meist gefiederten Blättern; und Nebenblättern. Blüten radiär oder zygomorph. Einblättrige, oberständige Gynoeceen, aus denen sich meist Hülsen entwickeln. Samen meist endospermlos. Wurzeln leben in Symbiose mit Rhizobium-Arten (Wurzelknöllchen), die Luftstickstoff binden. Hierher gehören: → *Mimosaceae,* → *Caesalpiniaceae* und → *Fabaceae.*

FAD → *Flavinadenindinukleotid*

Fadenalgen- und Tangzeit → *Eophytikum*

Fadenflechten → *Haarflechten*

Fadenhaare → *Haare*

Fadenrhizoide → *Rhizoide*

Fächer-Zwergmispel → *Cotoneaster horizontalis*

Fächerahorn → *Acer palmatum*

Fällschäden → *Ernteschäden*

Färberginster → *Genista tinctoria*

Färbereiche → *Quercus velutina*

Fagaceae: Buchengewächse (= Cupuliferae). Zu den → *Fagales* zählende, seit der Kreidezeit bekannte Familie mit 8 Gattungen und ca. 1 000 Arten. Bäume und Sträucher vorwiegend der nördlich gemäßigten Zone, vereinzelt auch in den Tropen (Lithocarpus, Trigonobalanus, Castanopsis).
Kennzeichen: Monözie (Nothofagus aber diözisch); Blüten mit unscheinbarem, 4- bis 7-blättrigem Perigon [meist P (3+3)]; 3-blättriges, unterständiges Gynoeceum [Castanea G (6)], 8 – 40 (bis 90) Staubblätter; bitegmische Samenanlagen (Nothofagus: unitegmisch); meist anemogam, insektenblütige Arten gelten als ursprünglich. Teilinfloreszenzen von → *Cupula* umgeben.
F. werden in 3 Unterfamilien untergliedert: Fagoideae mit vielblütigen, büschelartigen Blütenständen und epigäischer Keimung. → *Fagus,* → *Nothofagus.* Castaneoideae mit aufrechten Ähren und hypogäischer Keimung. Lithocarpus (SO-China, CA), Castanopsis [vorw. SO-Asien; C.chrysophylla (Goldkastanie, CA bis OR)], → *Castanea.* Quercoideae mit Kätzchen und hypogäischer Keimung. → *Quercus,* Trigonobalanus (Borneo).

Fagales: Buchenartige. Ordnung der → *Hamamelididae* mit vielen forstlich bedeutenden Laubhölzern. Kennzeichnend sind: Wechselständige Beblätterung, hinfällige Nebenblätter, reduzierte Blütenhülle, Anemogamie und einsamige Nußfrüchte. Blüten in Dichasien angeordnet, die zu kätzchenartigen, ährigen oder büscheligen Blütenständen zusammengefaßt sind. Hierzu gehören: → *Fagaceae,* → *Betulaceae* und die in NO-Australien heimischen Balanopaceae mit einer Gattung (Balanops).

Fagetalia sylvaticae: Pflanzensoziologische Ordnung, die den größten Teil der mitteleuropäischen Laubwälder umfaßt. Auf nährstoffreichem Boden, der weder stark austrocknet noch längere Zeit unter Wasser steht. Mehrere Verbände mit unterschiedlicher ökologischer Amplitude: Buchen- und Buchenmischwälder (→ *Fagion sylvaticae),* Ahorn- und Lindenmischwälder (→ *Tilio-Acerion),* hainbuchenreichen Laubmischwälder (→ *Carpinion betuli)* und Erlen- und Edellaub-Auenwälder (Alno-Ulmion; → *Hartholzaue).*

Fagin → *Fagus*

Fagion sylvaticae: Pflanzensoziologischer Verband der Buchen- und Buchenmischwälder. Benötigt mehr als alle anderen Fagetalia-Gesellschaften ausgeglichene Boden-Feuchtigkeit und ist rel. frostempfindlich. Die Verbreitung des F.s. deckt sich in etwa mit der der Bu, die auch Charakterart ist. Man unterscheidet die Unterverbände Hainsimsen-Buchenwälder (→ *Luzulo-Fagion),* Waldmeister-Buchenwälder (→ *Galio odorati-Fagion),* Orchideen-Buchenwälder (→ *Cephalanthero-Fagion)* und Tannen-Buchenwälder (Galium rotundifolium-Abietion; → *Tannenwälder).*

Fagoideae → *Fagaceae*

Fagraea → *Loganiaceae*

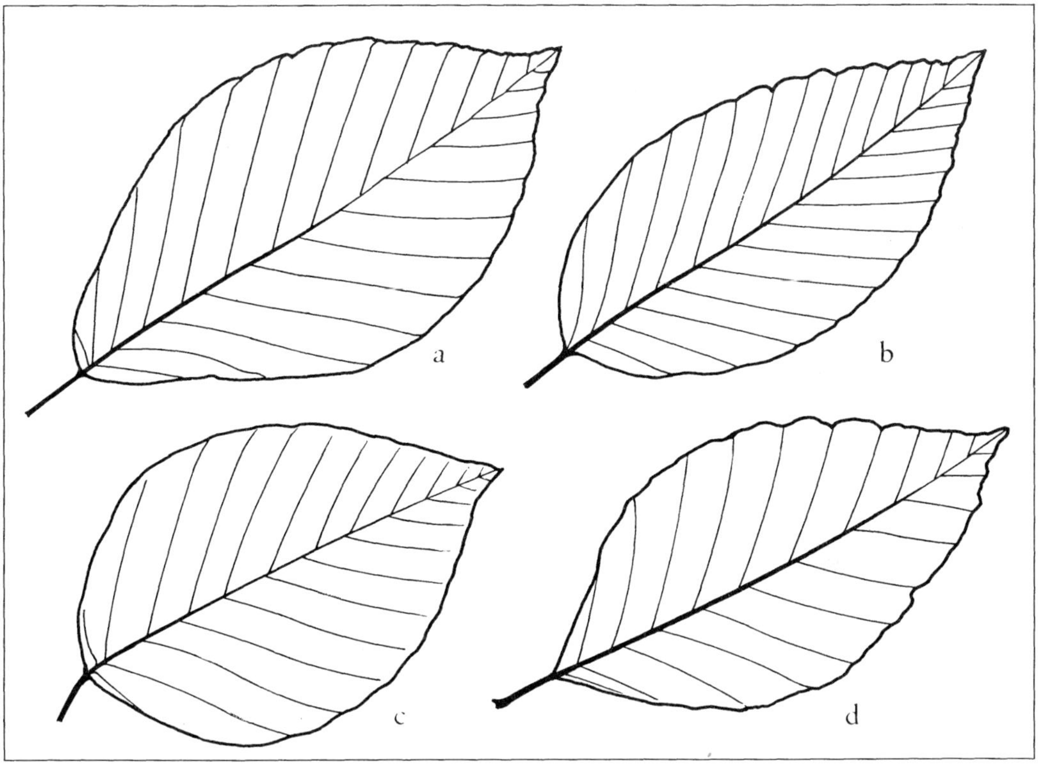

Blattformen verschiedener **Fagus**-Arten (3/4 nat. Gr.): *a* F.orientalis, *b* F.engleriana, *c* F.japonica, *d* F.crenata

Fagus L. Buche (engl.: Beech): Gattung der → *Fagaceae* mit 8 – 10 ähnlichen Arten in der nördl. gem. Zone Asiens, Europas und Nordamerikas. Sommergrüne Bäume mit grauer, glatter Rinde; nur selten im Alter schwache Borkenbildung (→ *Peridermbäume*). Blätter wechselständig, ganzrandig, gekerbt oder gezähnt; Nebenblätter schmal, hinfällig. ♂ Blüten mit 4 bis 15 Staubblättern, in hängenden, langgestielten, reichblütigen Knäueln. Pollen ± kugelig, etwa 30 – 45 µ groß, 3 von Pol zu Pol verlaufende Porenfalten. ♀ Blütenstand meist ein zweiblütiges Dichasium (Ausfall der Mittelblüte), aufrecht, gestielt; Einzelblüte mit 3 Narben. Blüten zugleich mit den Blättern erscheinend. Fruchtstand mit je 2 scharf dreikantigen, braunen Nüssen (Bucheckern), umgeben von einer beschuppten oder stachelborstigen, vierklappig aufspringenden → *Cupula*. Reife im Herbst. Keim- und Primärblätter stehen dekussiert. Chrom.: 2n = 24. Vielseitig verwendbares Holz. Geschälte Früchte enthalten (bezogen auf Trokkenmasse) etwa 45 – 50 % Öl. Chemisch sind aus 100 kg Früchten bis zu 30 kg Speiseöl extrahierbar. Der Verzehr größerer Mengen Bucheckern ist gefährlich, da sie Fagin, einen zu den Saponinen zählenden Giftstoff, enthalten; ausgepreßtes Öl ist frei davon.

Fagus americana → *Fagus grandifolia*

Fagus crenata Bl. (syn.: F. sieboldii Endl.) Kerbbuche: Bis 30 m hoher, in der gemäßigten Zone Japans (vorwiegend in höheren Lagen) weit verbreiteter Laubbaum. Blätter 5 – 10 cm lang, seicht gekerbt, 7 – 10 Paar Seitennerven, Cupula mit langen Stachelborsten. Von den beiden in Japan heimischen (mitunter gemeinsam vorkommenden) Buchenarten wird F. crenata wirtsch. höher bewertet als → *F. japonica,* wenngleich beide in der japanischen Forstwirtschaft nur von untergeordneter Bedeutung sind. In M-Eur. winterhart, aber nur sehr selten in Parks.

Fagus engleriana Seemen: Bis 20 m hoher, meist mehrstämmiger Laubbaum M-Chinas. Blätter dünn, 5 – 10 cm lang, seicht buchtig gekerbt bis ganzrandig, 10 – 14 Paar Seitennerven, unterseits weißlich grün.

Fagus ferruginea → *Fagus grandifolia*

Fagus grandifolia Ehrh. (syn.: F.ferruginea Ait.; F. americana Sw.) Amerikanische Buche (engl: American Beech): Einzige nordamerikanische Fagus-Art. Großes, das östl. Drittel Nordamerikas umfassendes Areal (S-ON, östl. bis Cape Breton Island, südl. bis N-FL), disjunkt in den Bergen NO-MX (neuerdings auch als eigene Art, F. mexicana, geführt).
Kennzeichen: 25 (max. 35) m hoch, Blätter 6 – 14 cm lang, mit ausgezogener Spitze und 9 – 14 (17) Paar Seitennerven; Rand meist deutlich gezähnt. Vorkommen in Rein- oder Mischbeständen (oft mit Acer saccharum, Betula alleghaniensis, Tilia americana, Magnolia grandiflora, Quercus sp., Carya sp., Pinus strobus, Picea rubens) auf feuchten, nährstoffreichen Böden. Im

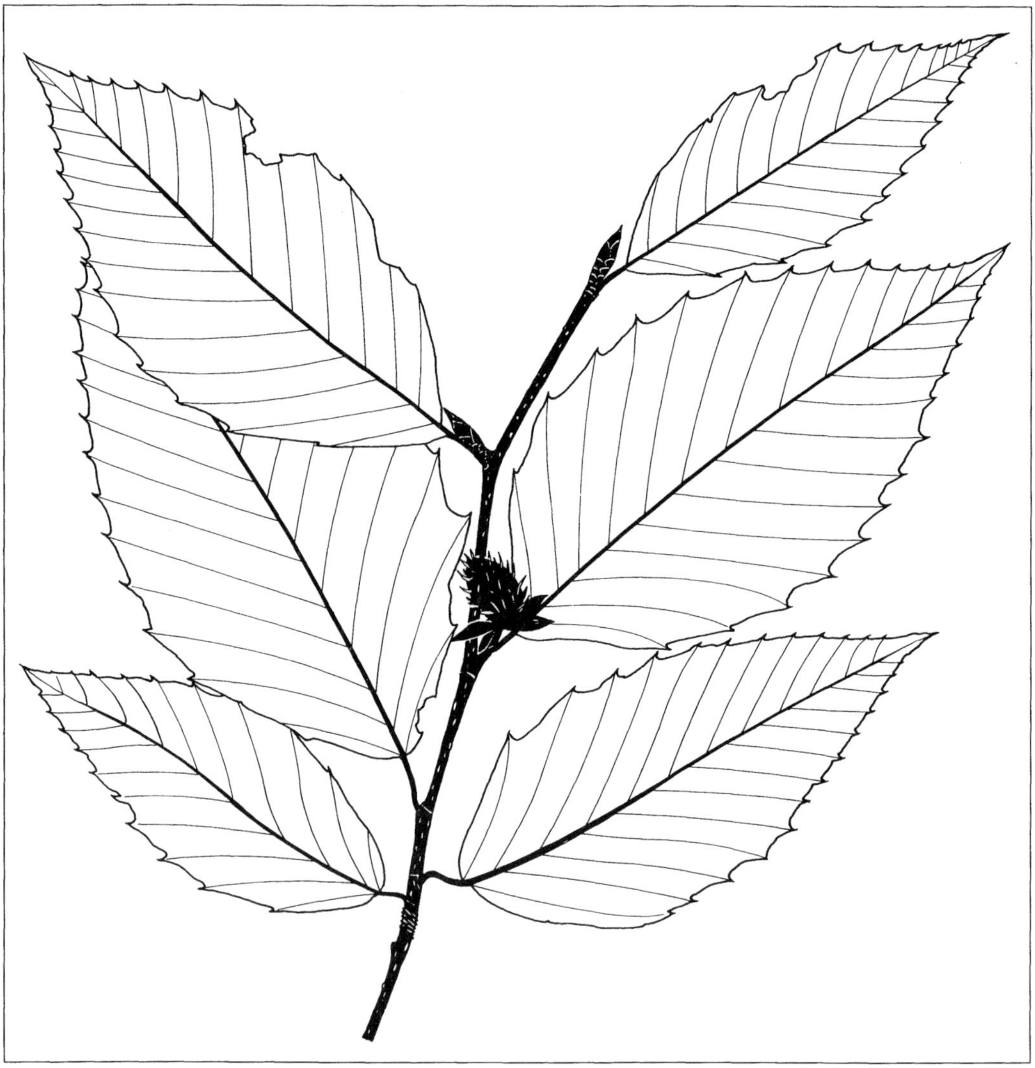

Beblätterter Trieb mit Fruchtstand von **Fagus grandifolia** (2/3 nat. Gr.)

Norden des Areals bis 900 m, in den südl. Appalachen bis 1 800 m. Vom Art-Typus wird die var. caroliniana (Carolina Beech) unterschieden. In Mitteleuropa gelegentlich in Parks. Besonderheit: Vermehrt sich reichlich durch Wurzelbrut.

Fagus japonica MAXIM. Japanische Buche: Bis 20 m hoher, meist vielstämmiger, vorwiegend in tieferen Lagen der gemäßigten Zone Japans weit verbreiteter Laubbaum. Blätter 5 – 9 cm lang, seicht buchtig gekerbt bis ganzrandig, 9 – 14 Paar Seitennerven. Einzige Fagus-Art mit Bucheckern, die etwa zu einem Drittel aus der mit dreieckigen Schuppen besetzten Cupula hervorragen. Wirtsch. weniger bedeutend als → *Fagus crenata* (Abb. S. 165).

Fagus longipetiolata SEEMEN: Bis 25 m hoher Laubbaum M- und W-Chinas. Blätter 7 – 12 cm lang, gesägt, 9 – 12 Paar in Zähnen mündende Seitennerven; unterseits weißlich grün, dicht behaart. Bildet von allen Fagus-Arten den längsten Fruchtstiel (longipetiolatus = langgestielt). Rein- oder Mischbestände (meist mit Ei- und Ah-Arten).

Fagus mexicana → *Fagus grandifolia*

Fagus orientalis LIPSKY Orientbuche: Bis 40 m hoher Laubbaum, der sich südöstlich an das Areal der ähnlichen → *F.sylvatica* anschließt. Gebirgsbaum in SO-Eur., im nördl. Kleinasien, N-Persien und im Kaukasus (hier bis 2 000 m), oft vergesellschaftet mit Abies bornmuelleriana, A. nordmanniana, Pinus sylvestris, P.nigra, Quercus castaneifolia u.a. Von → *F.sylvatica* verschieden durch: Blätter derber, 6 – 12 cm lang, länglich

Fagus sylvatica: *a* blühender Trieb, *b* Keimlinge im Saatkasten, *c* Altbestand, *d* Blätter von F. orientalis (links) und F. sylvatica im Vergleich

elliptisch, meist oberhalb der Mitte am breitesten, 7 – 12 (14) Paar Seitennerven; ♂ Blüten eher glockenförmig; Cupula im unteren Bereich mit spatelig verbreiterten Borstenschuppen. Viele Autoren stellen F.orientalis als Subspecies zu → *F.sylvatica;* im Überlappungsbereich der Areale treten als Hybriden gedeutete Übergangsformen auf. Die Art bedarf einer kritischen systematischen Revision. In Deutschland Parkbaum; selten auch (wohl über Saatgutimporte aus dem Kaukasus) als Waldbaum zu finden. Soll raschwüchsiger sein als die Rotbuche (Abb. S. 165).

Fagus sieboldii → *Fagus crenata*

Fagus sylvatica L. Rotbuche (engl.: Common Beech, European Beech): Von Natur aus in M-Eur. am weitesten verbreitete und konkurrenzstärkste Baumart. Arealschwerpunkt in W- und M-Eur.; in Südeuropa auf Gebirge beschränkt. Höhen bis 40 (45) m, Durchmesser (BHD) bis 1,5 (2) m, Alter bis 300 (500) Jahre.
Kennzeichen: Im Freistand tiefbeastet, breitkronig; im Bestand ± gerader, vollholziger Stamm und hochangesetzte Krone. Knospen spindelig, bis 2 cm lang, hellbraun, abstehend. Laubblätter 1 – 1,5 cm lang gestielt, Spreite eiförmig bis elliptisch, 5 – 10 (15) cm lang, 5 – 9 Paar Seitennerven; Rand schwach wellig, ganzrandig, mitunter stumpf gezähnelt, seidig behaart, später verkahlend. Kotyledonen groß, nierenförmig, oberseits glänzend grün; Primärblätter den Folgeblättern ähnlich.
Holz: Rötlichweiß. Gefäße klein, zerstreutporig angeordnet. Holzstrahlen breit. Splint- und Kernholz farblich gleich (→ *Reifholz);* ältere Buchen können durch fakultative Kernbildung einen rotbraunen, auf dem Querschnitt unregelmäßig geformten (wolkig, zackig) Kern (sog. → *Falschkern,* Rotkern) aufweisen. Hervorragende Festigkeitseigenschaften, schwer (Rohdichte r_o: 0,49...0,68...0,88 g/cm^3), hart, zäh, gut spaltbar, stark schwindend und wenig elastisch, nach Dämpfen gut biegbar. Ungeschützt wenig dauerhaft; nach Imprägnierung aber äußerst haltbar. Gut zu bearbeiten, schäl- und messerfähig. Vielseitig verwendet in der Bau- und Möbeltischlerei, als Bau-, Konstruktions- und Schwellenholz, zur Herstellung von Zellstoff, Sperrholz, Tischler-, Furnier- und Spanplatten, von Holzwerkzeugen und Spielwaren. Hervorragendes Brennholz.
Vorkommen, Standort: Subatlantische (submed.) Baumart; in M-Eur. deckt sich das Maximum und das Optimum des Vorkommens. Vorherrschend v.a. in der mittleren und unteren Bergstufe, häufig auch im Hügel- und Tiefland. In den N-Alpen bis 1 600 m, S-Alpen bis 1 800 m, Bay. Wald bis 1 200 m, Schwarzwald bis 1 450 m. In den S-Alpen und in SW-M-Eur. (z.B. Vogesen) an der Bildung der Waldgrenze beteiligt. Fehlt in inneralpinen Trockentälern. Benötigt ausreichend feuchtes, rel. wintermildes Klima (Minimum: 500 – 600 mm Jahresniederschläge). Weitgehend unabhängig von der geol. Unterlage, dem Säuregrad und dem Humuszustand des Bodens, doch liegt ein Verbreitungsschwerpunkt in Kalkgebieten (Jura, Nordalpen). Wuchsoptimum auf mittel- bis tiefgründigen, frischen, nährstoff- und basenreichen, lockeren Lehmböden (Braunerden). Empfindlich gegen Wechselfeuchte und Staunässe, Spät- und extreme Winterfröste sowie Dürre. Abgesehen von wenigen Extremstandorten (naß, trocken,

Fagus sylvatica: *a* beblätterter,fruchtender Zweig, *b* Trieb mit ♀ (oben) und ♂ (unten) Blütenständen, *c* Langtrieb im Winterzustand, *d* Cupula, *e* reife Früchte, *f* Sämling, *g* Kurztrieb mit Knospe im Winterzustand

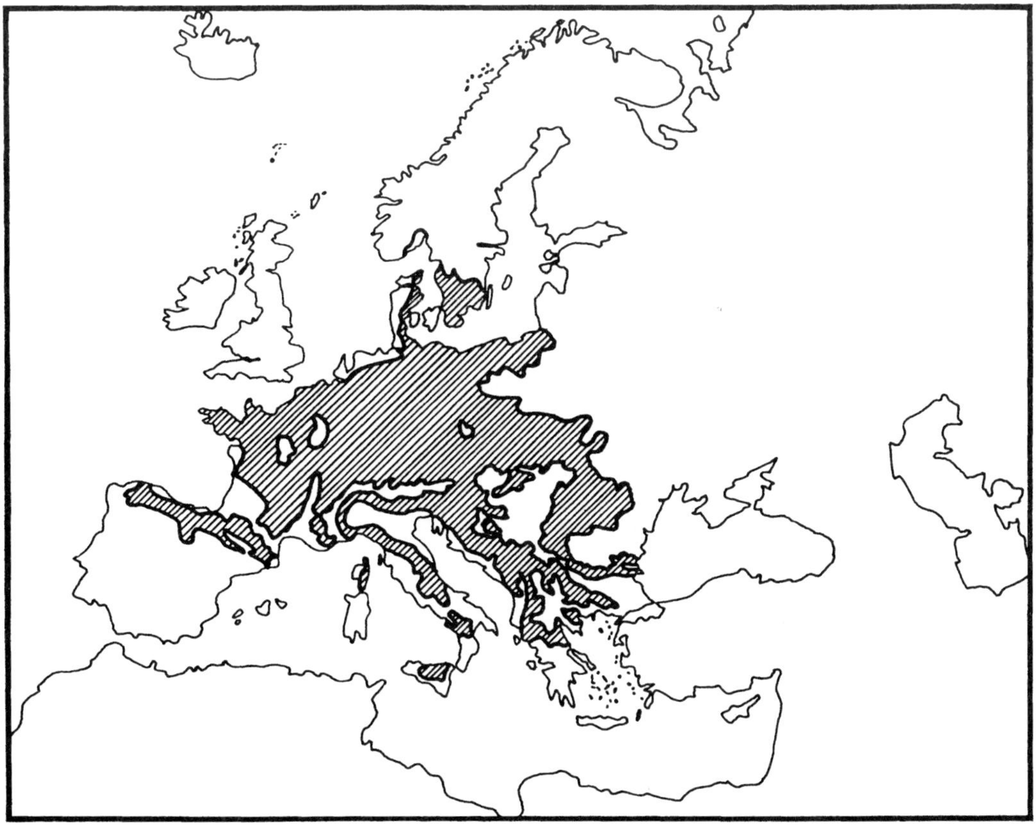

Natürliches Areal von **Fagus sylvatica**

kalt, übermäßig nährstoffreich), wäre unter natürlichen Bedingungen die Rotbuche als dominierende Holzart in M-Europa nahezu allgegenwärtig. Anthropogen bedingt ist ihr Anteil am heutigen Wald drastisch vermindert; in der BRD ist sie gegenwärtig auf etwa 20 % der Waldfläche die führende Baumart.
Ertragskundlich-waldbauliche Eigenschaften: Schattbaumart mit langsamer Jugendentwicklung, später Zuwachskulmination und sehr lang anhaltender Zuwachsleistung. Reagiert rasch und stark auf Durchforstungseingriffe; auch im hohen Alter noch Zuwachssteigerung durch Freistellung (Lichtungszuwachs). Erbringt unter den einheimischen Laubhölzern die höchste Gesamtwuchsleistung. Verjüngt sich gut natürlich. Herzwurzelsystem mit hoher Feinwurzelintensität. Stabilisierung (ökol., bestandesstrukturell) labiler Nadelholzreinbestände durch Einbringung von Buche. Hauptnachteil der Buchenwirtschaft ist ein sehr unsteter Buchenholzmarkt und die geringe Ausbeute an hochwertigen Holzsortimenten, bei hohem Anteil geringwertigen Holzes (Brennholz, Industrieholz, Stammholz der Güteklasse C).
Gefährdungen: Starker Schalenwildverbiß an Jungpflanzen; Schälschäden durch Rotwild. Mitunter epidemisches Auftreten der → *Buchen-Rindennerkose.*
Genetische Differenzierung: Herkunfts- und Rassenfrage nur unzureichend bearbeitet. Zahlreiche, z.T. auch spontan im Wald auftretende, gärtnerisch genutzte Zierformen. Besonders häufig: Blutbuche (»Purpurea«), Trauerbuche (»Pendula«). Von einigen Autoren wird → *Fagus orientalis* als Subspezies (F. sylv. ssp. orientalis (LIPSKY) GREUTER et BURDET) der Rotbuche aufgefaßt.

Falschkern: Fakulative Farbkernbildung im inneren Stammbereich meist älterer Bu und Es, weniger häufig bei Ah und Bi. Falschkernbildung, z.B. in Form des Rotkerns der Bu, geht u.a. auf Wasserentzug in physiologisch inaktiven Holzschichten zurück. Die Gefäße füllen sich mit Luft, verthyllen und zeigen einen durch Oxidation von Inhaltsstoffen verursachten Farbwechsel. F. werden zu Unrecht als schwerwiegende Holzfehler dargestellt. Sie sind nicht mit verminderten Festigkeitseigenschaften verbunden. → *Buchenrotkern,* → *Eschenbraunkern.*

Familie → *Taxon*

Fangpflanze: Veralteter Begriff für pflanzliche → *Bioindikatoren,* durch deren Reaktion der Nachweis einer Einwirkung schädlicher Umwelteinflüsse geführt werden kann.

Farbkern: Durch Einlagerung von Farbstoffen in die

Zellwände lebhaft gefärbtes Kernholz, oft von hohem wirtschaftl. Wert. Zahlreiche Beispiele unter Tropenhölzern: Cocobolo, Mahagoni, Palisander, Teak. Einheimische Arten mit F.: Ei, Ki, Lä, Eibe, Walnuß, Ul.

Farbkraut → *Genista tinctoria*

Farges-Tanne → *Tannenarten, chinesische*

Farnbäume → *Baumfarne*

Farne → *Filicatae*

Farnesol → *Terpenoide*

Farnpflanzen → *Pteridophyta*

Farnzeitalter → *Paläophytikum*

Fascikel → *Leitbündel*

Fascikularkambium → *Kambium*

Faserbündel → *Sklerenchym*

Faserlänge → *Fasern*

Fasern: (1) Langgestreckte Sklerenchymzellen (→ *Sklerenchym).* (a) Als wenig verholzte Phloem- oder Bastfasern in der prim. oder sek. Rinde von Baum- und Straucharten (nicht bei Bi, Bu, Er, Fi, Ta). (b) Als stark lignifizierte, meist kurzlebige Libriformfasern (Holzfasern) im Xylem von Laubbäumen. Anteil variiert bei einheimischen Arten zwischen 37 und 76 %, Länge zwischen 0,2 und 2,4 mm. Länger lebende Holzfasern können Speicherfunktionen übernehmen (Ah), auch Kammerung kommt vor (trop. Arten, Hedera helix, Ribes spp.) sowie Übergänge zu Tracheiden (→ *Fasertracheide).* (2) In der forstl. Praxis und der holzverarbeitenden Industrie schließt man die Tracheiden in den Begriff Fasern ein. So ist bei Nadelbäumen mit »Faserlänge« die Länge der Tracheiden gemeint. Die Ausdrücke »Faserholz« und »Faserplatten« haben mit dem holzanatomischen Begriff Faser nichts zu tun.

Fasertextur → *Textur*

Fasertracheide: Übergangsform zwischen Holzfaser und Tracheide, vorwiegend bei Lh vorkommend. Festigungs- und Leitfunktion. Besitzt Hoftüpfel mit schlitzförmigen Pori.

Fasziation (Verbänderung): Rel. seltene Verbreiterung von Trieben krautiger und holziger Pflanzen, hervorgerufen durch eine spontane, bilaterale Erweiterung des Sproß-Vegetationskegels. Verbänderte Sprosse verzweigen sich i.a. normal. Wiederholt beobachtet bei Ki, Es, Rob, Wei.

Faulbaum → *Rhamnus frangula*

Fazies: Einheit der floristischen → *Vegetationsgliederung.*

Federmistelgewächse → *Misodendraceae*

Feige → *Ficus*

Feigenbaum, Echter → *Ficus carica*

Feinwurzeln → *Wurzelsystem*

Feldahorn → *Acer campestre*

Feldresistenz: Unter natürlichen Bedingungen auftretende Krankheitsresistenz einer gegebenen Sippe, die i.a. auf lokale Umweltbedingungen und Erregerpopulationen abgestellt ist. Als Form der horizontalen → *Resistenz* zu verstehen. Gelegentlich auch im verfahrenstechnischen Sinne als Gegensatz zu Labor- und Gewächshausresistenz verstanden.

Feldrüster → *Ulmus minor*

Feldulme → *Ulmus minor*

Felsen-Johannisbeere → *Ribes petraeum*

Felsen-Kreuzdorn → *Rhamnus saxatilis*

Felsen-Seidelbast → *Daphne petraea*

Felsenbirne → *Amelanchier ovalis*

Felsengebirgstanne → *Abies lasiocarpa*

Felsenkirsche → *Prunus mahaleb*

Felsenulme → *Ulmus thomasii*

Femelschlag: Bewirtschaftungsform, bei der Altbäume trupp-, gruppen- oder horstweise entnommen werden. Auf den so entstehenden Lichtungen gesellen sich lichtliebende Kräuter (je nach Untergrund Calamagrostis epigeios, Epilobium angustifolium, Digitalis purpurea, Atropa bella-donna, Fragaria vesca oder Senecio fuchsii u.a.m.) zu dem aus der Naturverjüngung stammenden Jungwuchs. Dessen Wachstum bringt die lichtliebenden Kräuter durch zunehmende Beschattung allmählich wieder zum Verschwinden. Die Vegetationsverhältnisse in Wäldern mit dieser Bewirtschaftsweise entsprechen am ehesten den Regenerationsverhältnissen eines Naturwaldes.

Fenchelporling → *Gloeophyllum odoratum*

Fencheltramete → *Gloeophyllum odoratum*

fenestrat: bezogen auf Pollen, dessen Sporoderm fensterartig durchbrochen ist.

Ferkelnuß → *Carya glabra*

Fermentation → *Gärung*

Ferruginol → *Terpenoide*

Fertilität: Fruchtbarkeit. Fähigkeit zur Produktion keimfähiger Gameten, die zu teilungsfähigen Zygoten verschmelzen können. Bäume sind erst ab dem Mannbarkeitsalter (→ *Mannbarkeit)* fertil. Dieses Alter hängt ab von artspezifischen Faktoren und Umwelteinflüssen (Lichtgenuß, Ernährung).

Festigungsgewebe: Stützgewebe aus Zellen mit verdickten Wänden. Hierher gehören: → *Collenchym,* → *Sklerenchym.*

Fettabbau: Hydrolytische Spaltung von Fetten (Triglyceriden) in Glycerin und Fettsäuren. Weiterer Abbau von Glycerin erfolgt über Dihydroxyacetonphosphat in der → *Glykolyse;* von Fettsäuren über die → *ß-Oxidation.*

Fette: Gemische verschiedener Triglyceride (→ *Neutralfette)* und freier, meist gesättigter Fettsäuren. Als Speicherstoffe vorwiegend in Samen.

Fettsäureabbau → *ß-Oxidation,* → *Fettabbau*

Verbänderung (**Fasziation**) bei Kiefer. Verzweigung atypisch

Fettsäurebiosynthese: Erfolgt durch schrittweise Verbindung von C_2-Einheiten (Acetyl-CoA) in den Chloroplasten und im Cytoplasma. Eine Verlängerung von kürzerkettigen Fettsäuren kann zusätzlich durch Acetyl-CoA Einheiten in den Mitochondrien oder durch Malonyl-CoA-Einheiten im Cytoplasma v.a. höherer Pflanzen stattfinden.

Fettsäuren: Lange (14 bis 22 C-Atome) Kohlenwasserstoffketten mit endständiger Carboxylgruppe, überwiegend mit geraden C-Atom-Zahlen. Gesättigte F. enthalten im Gegensatz zu ungesättigten keine Doppelbindungen. Bedeutung haben sie als hochwertige Energiespeicher und u.a. als Bestandteile der Cuticularwachse. → *Neutralfette,* → *Fette,* → *Öle.*

Feuchtigkeitszeiger: Pflanzen, die hohe Feuchtigkeit ihres Substrates anzeigen. → *Zeigerpflanzen.*

Feuchtsavanne → *Savanne*

Feuer → *Waldbrand*

Feuerahorn → *Acer ginnala*

Feuerbrand → *Erwinia amylovora*

Feuerdorn → *Pyracantha*

Feuerriegel → *Waldbrand*

Feuerschwämme → *Phellinus*

Feuerschwamm, Grauer → *Phellinus igniarius*

Feuerzypresse → *Chamaecyparis obtusa*

Fichte, Gemeine → *Picea abies*

Fichte, Kanadische → *Picea glauca*

Fichte, Morgenländische → *Picea orientalis*

Fichte, Serbische → *Picea omorika*

Fichten-Nadelrost → *Chrysomyxa*

Fichten-Triebsterben → *Sirococcus strobilinus*

Fichtenrindenpilz → *Nectria fuckeliana*

Fichtenritzenschorf →*Lophodermium macrosporum*

Fichtenschütte → *Lophodermium macrosporum*

Fichtenspargel → *Monotropa hypopitys*

Fichtensterben: (1) Jahrelang andauernde Erkrankung von Fichten (Stangen- und Althölzer), Anfang der dreißiger Jahre in Ostpreußen. Nach Schwächung folgten Sekundärparasiten und -schädlinge (Armillaria, Heterobasidion bzw. Ipidien, kl. Fi-Blattwespe), Verlichten der Bestände, Absterben. Ursachen unklar. Wahrscheinlich Störung der Wasserversorgung durch Anbau auf ungeeigneten Standorten (Ton- und Lehmböden) und Veränderungen des Grundwasserspiegels.
(2) Teilaspekt des → *Waldsterbens.* Bezeichnung war Anfang der achtziger Jahre in Gebrauch als Schäden an Laubholz noch wenig verbreitet waren.

Fichtenwälder → *Piceion*

Fick'sches Diffusionsgesetz: Definiert die Diffusionsrate [dm/dt] eines homogenen Mediums:

$$[dm/dt]=-D \cdot q \cdot [dc/dx]$$

(dm = Substanzmenge; dt = Zeiteinheit; dc/dx = Konzentrationsgefälle; q = Austauschfläche; D = Diffusionskonstante). Das negative Vorzeichen gibt an, daß die Diffusion in Richtung abnehmender Konzentration verläuft.

Ficus L. Feige, (engl.: Fig Tree): Vielgestaltige, sehr artenreiche (etwa 1 000 Arten) Gattung der → *Moraceae.* Immergrüne, seltener sommergrüne, meist tropische Bäume, Sträucher oder Lianen. Neben der Nutzung des Holzes und der Früchte ist die Gewinnung von Kautschuk aus dem Milchsaft von wirtschaftl. Bedeutung, so bei F.elastica (Nepal, Nordostindien, Burma, Malaiische Halbinsel, Sumatra, Java), F.vogelii (trop. Afrika), F.schlechteri (Südasien, Neukaledonien), F.obliqua (Fidji-Inseln). F.elastica (»Gummibaum«) und F.benjamina (Indien, Indonesien, Nordaustralien) sind bei uns beliebte Zimmerpflanzen. Einziger in Europa heimischer Vertreter: → *F.carica.*

Ficus carica L. Echter Feigenbaum (engl.: Common Fig): Eine der ältesten Kulturpflanzen; als Lieferant der Feigen auch heute noch von großer wirtschaftl. Bedeutung. Hauptanbaugebiet ist der gesamte Mittelmeerraum (nördlich bis zu den Südalpen), Feigenkulturen in geringerem Umfang auch in Südafrika, Australien, Neuseeland, China, Chile, Mexico, Kalifornien. Weltjahresproduktion etwa 1,3 Mio t. Hauptproduzenten: Italien, Portugal, Türkei.
Kennzeichen: Sommergrüner, bis 10 m hoher Baum oder Strauch. Blätter wechselständig, langgestielt, Spreite meist tief handförmig gelappt. Die bei der Wildform einhäusig verteilten, winzig kleinen Blüten sitzen im Hohlraum der grünen, birnenförmigen, fleischigen Blütenstandsachse; die ♀ am Grunde des Hohlraums, die ♂ im oberen Teil nahe der kleinen Öffnung (Ostiolum). Fruchtstand (Feige) 5 – 8 cm lang, grün, braun oder violett bis schwarz; Fruchtfleisch grün oder rot, wohlschmeckend, enthält kleine Nüßchen. Getrocknete Feigen haben etwa 50 % Zuckergehalt und sind reich an Kalzium. Es bestehen unterschiedliche, zwischen Wildform und Kultursorten differierende Blütenstandsformen, sowie komplizierte Bestäubungsverhältnisse unter Mitwirkung der Feigengallwespe, Blastophaga psenes. F.carica ist bei geringen Bodenansprüchen auf warme Sommer und milde Winter angewiesen. Sie ist besonders empfindlich gegen Früh- und Spätfröste und gedeiht nördlich der Alpen nur in besonders milden und geschützten Lagen (Oberrheintal). Chrom.: 2n = 26.

Ficus carica am Gardasee

Fieder → *Blätter, zusammengesetzte*

Fiederblätter → *Blätter, zusammengesetzte*

Fiederblattranke → *Blattranke*

fiedernervig → *Blattnervatur*

fiederspaltig → *Blattrand*

Fiederspiere → *Sorbaria*

fiederteilig → *Blattrand*

Fig Tree → *Ficus*

Fig, Common → *Ficus carica*

Filament → *Staubblatt*

Filialgeneration → F_1

Filicatae: Farne. Klasse der → *Pteridophyta* mit ca. 10 000 Arten. Meist Rhizompflanzen unterschiedlicher Erscheinungsformen: moosähnlich (Hymenophyllaceae) bis baumförmig (Cyatheaceae); auch Wasserpflanzen (Hydropteridae). Große, gestielte, oft gefiederte Blätter (= Wedel; Megaphylle) mit offener Nervatur und ausgeprägtem Spitzenwachstum. Oft differenziert in → *Tropho-* und *Sporophylle.* Letztere mit unterseitigen oder randständigen Sporangien. Hetero- oder Isosporie. Keine Sporophyllstände. Prothallien meist grün, oberirdisch wachsend (≠ Ophioglossales). Unterklassen: → *Primofilicidae,* → *Eusporangiatae,* → *Leptosporangiatae,* → *Hydropteridae.*

Filifera-Form → *Retinospora-Formen*

Filzporling, Gestielter → *Onnia tomentosa*

Filzrose → *Rosa tomentosa*

Fingerkraut → *Potentilla*

Fingerstrauch→*Potentilla*

Fisetholz → *Cotinus*

Fissidens → *Bryidae*

Fitzroya cupressoides (MUL.)JOHNST. Patagonische Zypresse: Einzige Art der Cupressaceen-Gattung Fitzroya. Bis 35 m hoher und bis 5 m starker, immergrüner Waldbaum des südl. Chile. In M-Eur. nicht frosthart. Kleine (3 mm), in dreizähligen Wirteln stehende, lanzettliche Blätter. Zapfen <1 cm, mit breit pyramidal zugespitzten Schuppen.

Flachmoor (Nieder-, Niederungs-, Wiesenmoor): Durch Verlandung von Gewässern oder aus versumpftem Mineralboden entstandenes → *Moor* (topogen); vorzugsweise in tiefer gelegenen Geländeteilen. Infolge rel. guter Nährstoffversorgung, schwach sauren bis neutralen Torfes und leicht alkalischen Wassers zersetzen sich die abgestorbenen Pflanzenteile leicht. Der Torfzuwachs ist gering, das Moor bleibt flach. Die Vegetation besteht überwiegend aus Sauergräsern (Seggen), Binsen und Süßgräsern. Als abschließende Stufe der Verlandung kann über dem F. ein → *Bruchwald* entstehen. Ist der Nährstoffgehalt des Untergrundes gering und der pH-Wert niedrig, kann sich das F. zu einem → *Hochmoor* entwickeln.

Flacourtiaceae: Familie der → *Violales* mit 1 250 Arten. Trop. Holzpflanzen. Große Einzelblüten mit zahlreichen Stamina. Blütenhülle sehr formenreich, spiralig oder wirtelig gestellt. Holz von Gossypiospermum praecox für Drechslerarbeiten verwendet (westindisches Buchsholz).

Fladerschnitt: Bretterschnitt. Tangentialschnitt durch Stammachse. Jahrringgrenzen treten als spitz zulaufende Kegelmäntel (Fladern) hervor. Besonders deutlich bei Nadelhölzern mit starkem Frühholz/Spätholz-Kontrast.

Flächenblätter → *Cupressaceae*

Flächenwachstum → *Wachstum*

Flammbirken → *Betula pendula*

Flankenmeristem → *Meristeme,* → *Corpus*

Flaschenbäume → *Bombacaceae*

Flaschenpfropfung: Pfropfmethode, bei der das Reis bis zum Verwachsen künstlich mit Wasser versorgt wird. Hierbei wird der untere Teil des Reises in ein Gefäß mit Wasser gesteckt. Praktische Bedeutung bei der Kreuzungszüchtung mit Bi, Er und Kl.

Flatterrüster → *Ulmus laevis*

Flatterulme → *Ulmus laevis*

Flaumeiche → *Quercus pubescens*

Flavinadenindinukleotid (FAD): Wasserstoffübertragendes → *Coenzym* der Oxidoreduktasen (→ *Flavoproteide).* FAD ist vor allem am Wasserstofftransfer im → *Citronensäurezyklus* und in der → *Atmungskette* beteiligt.

Flavone: Flavanderivate mit oxidiertem Grundgerüst, aus → *Zimtsäurederivaten* entstanden und mit Acetateinheiten kondensiert. Durch Veresterung und Glycosidierung entstehen zahlreiche gelbe, wasserlösliche Farbstoffe (z.B. Chrysin in Pappelknospen).

Flavonoide: Stoffklasse mit Flavan als Grundgerüst. Hierher gehören viele sekundäre Pflanzenstoffe, u.a. → *Anthocyane.*

Flavonole: Flavanderivate, die durch Veresterung und Glycosidierung mit verschiedenen Zuckerresten eine große Gruppe gelber Farbstoffe liefern, die meist wasserlöslich sind und in der Vacuole vorliegen (z.B. Glycoside von Kaempferol in Blüten von Prunus und Robinia). Das meist lipophile Aglycon von F. wird in Kernholz und Rinde eingelagert, z.B. Robinetin im Holz von Robinien, Pinocembrin im Kernholz von Pinus cembra, Quercetin in Eichenrinde.

Flavoproteide: Oxidoreduktasen bestehend aus Proteinen und einem → *Flavinnukleotid* als → *prosthetischer Gruppe.*

Flechten → *Lichenes*

Flieder → *Syringa*

Flieder, Persischer → *Meliaceae*

Flieder, Spanischer → *Syringa*

Flora: Gesamtheit aller in einem best. Gebiet vorkommenden Pflanzenarten. → *Vegetation.*

Florenaltertum → *Paläophytikum*

Florenfrühzeit → *Eophytikum*

Florengeschichte: Beschreibung der stammesgeschichtl. pflanzl. Entwicklungsstadien und der Zusammensetzung der jeweiligen Vegetation in zeitl. und geographischer Hinsicht. Man unterscheidet 4 Hauptzeitabschnitte: Fadenalgen- und Tangzeit (→ *Eophytikum*), Pteridophytenzeit (→ *Paläophytikum*), Gymnospermenzeit (→ *Mesophytikum*), Angiospermenzeit (→ *Känophytikum*), in denen die namengebenden Pflanzengruppen jeweils ihre größte Entfaltung und Verbreitung hatten. Teilgebiet der → *historischen Geobotanik.*

Florenmittelalter → *Mesophytikum*

Florenneuzeit → *Känophytikum*

Florenregionen: Untereinheiten eines → *Florenreiches,* getrennt durch floristische Unterschiede.

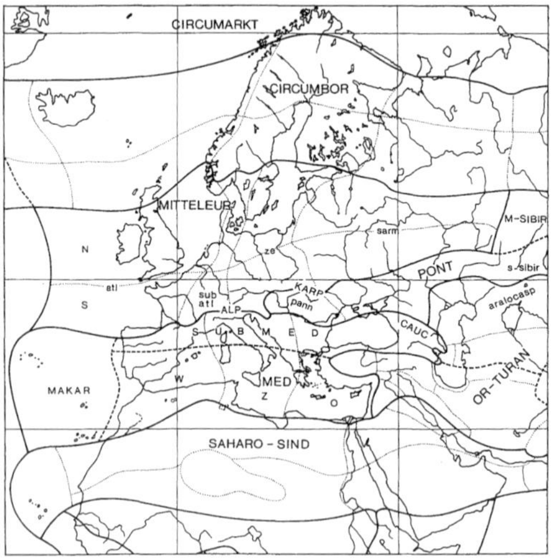

Florenregionen im westl. Eurasien und angrenzenden Nordafrika: circumarktisch, circumboreal, mitteleuropäisch, pontisch, mediterran, orientalisch-turanisch, saharo-sindisch

Florenreiche: Großräumige Bereiche der → *Biosphäre,* die sich durch eine eigenständige → *Flora* voneinander trennen lassen. Man unterscheidet: → *Holarktis,* → *Neotropis,* → *Paläotropis,* → *Capensis,* → *Australis,* → *Antarktis* und das ozeanische Florenreich der Weltmeere. Die F. werden weiter in → *Florenregionen,* Florenprovinzen, -bezirke und -distrikte untergliedert.

Florenzeitalter: Zeitabschnitte der florengeschichtl. Entwicklung. → *Eo-,* → *Paläo-,* → *Meso-,* → *Känophytikum.*

Florenzonen: Gürtelförmig um die Erde verlaufende Gebiete mit jeweils typischen → *Formationen.* Man unterscheidet die äquatoriale, tropische, nach Norden anschließend die boreosubtropische, meridionale, submeridionale, temperate, boreale und arktische und nach Süden hin die austrosubtropische, australe und antarktische Zone.

Florigen: Bisher nur physiologisch nachgewiesenes Phytohormon mit unbekannter chemischer Struktur. Vermutlich ein Stoffgemisch aus Wuchs- und Hemmstoffen, das in Laubblättern entsteht und die Blütenbildung auslöst.

Floristik: Floristische → *Geobotanik.*

Flügelginster → *Genista sagittalis*

Flügelflieger → *Anemochorie*

Flügelfruchtgewächse → *Dipterocarpaceae*

Flügelnuß → *Pterocarya*

Flügelnuß, Chinesische → *Pterocarya stenoptera*

Flügelnuß, Japanische → *Pterocarya rhoifolia*

Flügelnuß, Kaukasische → *Pterocarya fraxinifolia*

Fluor: Elementarer Bestandteil vieler mineralischer Stoffe. Fluorverbindungen werden in bedeutendem Umfang bei verschiedenen industriellen Verarbeitungsprozessen (z.B. Aluminiumverhüttung) emittiert. Fluorwasserstoff und Fluoride wirken in höheren Konzentrationen phytotoxisch. → *Immissionsschäden.*

Flußbirke → *Betula nigra*

Flußharz → *Harznutzung*

Flußzeder, Kalifornische → *Calocedrus decurrens*

Föhre → *Pinus sylvestris*

Fokienia HENRY et H.H. THOMAS: Gattung der Cupressaceae (Tribus Cupresseae) mit nur einer immergrünen, aus China stammenden, wirtschaftl. unbedeutenden Art: F. hodginsii HENRY et H.H.THOMAS. Bis 12 m hoher, an Chamaecyparis erinnernder Baum mit schuppenförmigen Blättern und birnenförmigen, bis 2 cm langen, gestielten Zapfen. Chrom.: 2n = 22. In M-Eur. nicht winterhart.

Folgeblätter: Sekundärblätter. Auf die → *Primärblätter* folgende, stärker differenzierte und meist größere Blätter bzw. Nadeln; stellen die Hauptmasse der Blattorgane (→ *Blattfolge*).

Folgemeristem → *Meristeme*

Folgeparasit → *Parasiten*

folios: beblättert

Fomes annosus → *Heterobasidion annosum*

Fomes fomentarius (L ex FR.) FR. Zunderschwamm (Polyporaceae): Einer der häufigsten und wirtschaftl. wichtigsten konsolenbildenden Holzzerstörer in den Laubwäldern der gemäßigten Zone. Ruft intensive Weißfäule in stehenden wie liegenden Stämmen hervor. Eindringen über Stammwunden oder Rindenrisse. Hauptsächlich an Altbuchen, gelegentlich an HBu, Pa, Bi. Bedeutende Schäden meist nur im Zusammenhang mit der → *Buchen-Rindennekrose,* wo der Pilz über Risse in abgestorbenen, aber noch am Stamm haftenden Rindenpartien auf rel. großer Fläche eindringt und bei geschwächten Bäumen binnen kurzem eine intensive Holzzersetzung bewirkt. Führt oft zu Stammbrüchen mit glatten Bruchflächen. Demgegenüber bleibt die Besiedlung einzelner überalterter Bu, sog. Spechtbäume, durch F.fomantarius i.a. belanglos. Jedoch erhöhte Gefahr von Ast- und Stammbrüchen. Deswegen Überwachung von Straßen- und Parkbäumen erforderlich.
Der Pilz bildet meist einzelnstehende, maximal 50 cm

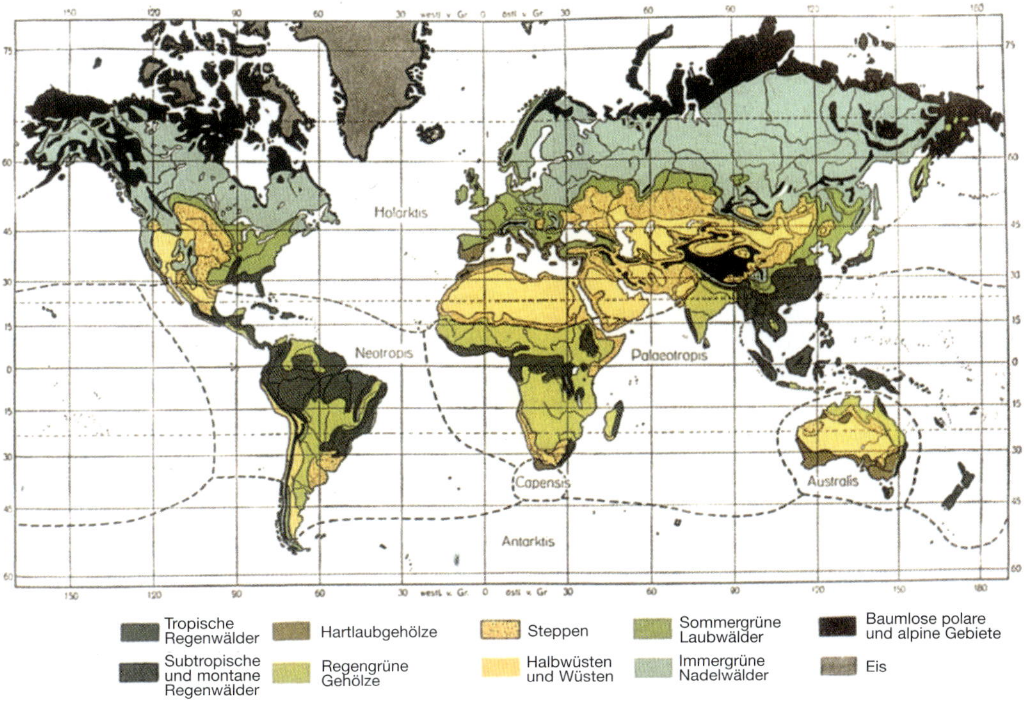

Florenreiche der Erde und eine Auswahl wichtiger Klimax-Formationen (stark vereinfacht)

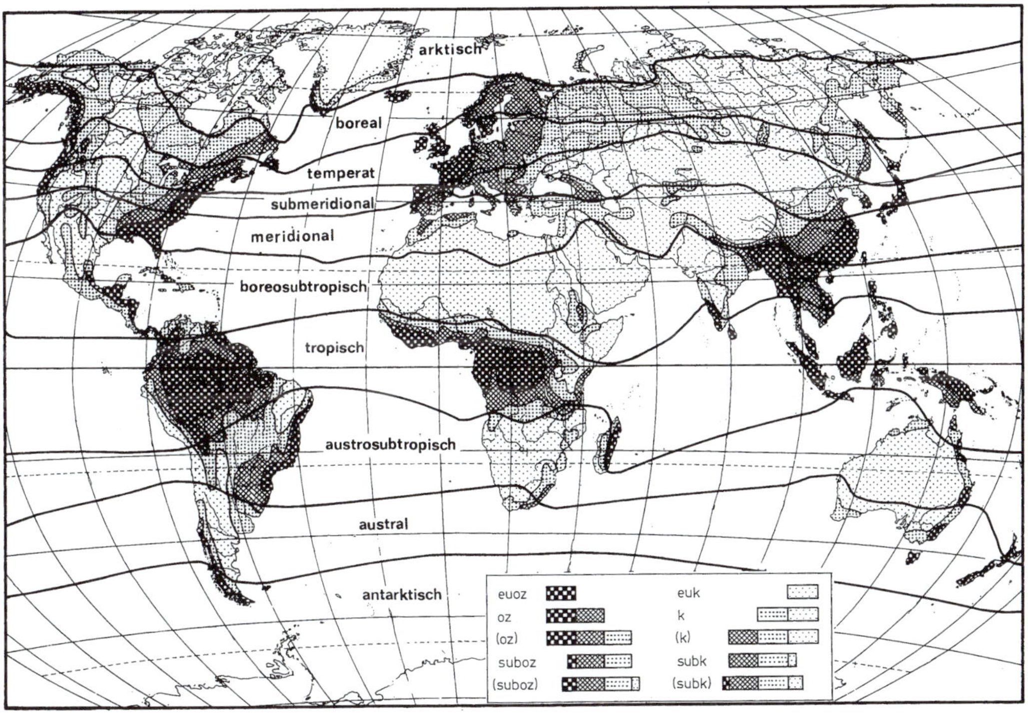

Florenzonen und Ozeanitätssektoren der Biosphäre

breite, graubraune bis schwärzliche, deutlich gezonte, mehrjährige Fruchtkörper aus, die an lebendem wie totem, an stehendem wie liegendem Holz erscheinen und im Frühjahr große Mengen farbloser Basidiosporen entlassen. Die Oberseite der Fruchtkörper ist stark verkrustet und gezont; die darunterliegende faserig-braune → *Trama* wurde früher als Zunder geschätzt. Unterseite glatt, graubraun, mit kleinen, dickwandigen Poren. Besonderheit: An stehenden Stämmen erschienene Fruchtkörper setzen nach dem Fällen aufgrund der veränderten Einwirkung des geotropischen Reizes ihr Wachstum in einem um 90° versetzten Winkel fort.

Fomes fomentarius: Fruchtkörper, der sein Wachstum am stehenden Stamm begann und am liegenden Stamm fortsetzte

Fomes igniarius → *Phellinus igniarius*

Fomes marginatus → *Fomitopsis pinicola*

Fomitopsis annosum → *Heterobasidion annosum*

Fomitopsis pinicola (Sow. ex Fr.) Karst. (syn.: Fomes marginatus [Pers.] Fr.) Rotrandiger Baumschwamm (Polyporaceae): Sehr häufiger Holzzerstörer an Lh und Nh. Auffällig: mehrjährige, farbenfrohe, bis 30 cm große, konsolenförmige Fruchtkörper. Intensiver Braunfäule-Erreger. Meist an liegendem Derbholz, aber auch als Wundparasit an geschwächten, stehenden

Fomitopsis pinicola

Stämmen. Örtlich bedeutsam als Folgeschädling der → *Buchen-Rindennekrose,* wo er gemeinsam mit → *Fomes fomentarius* in kurzer Zeit totale Holzzerstörung bewirkt. Fruchtkörper anfangs knollenförmig, grau, später mit hellem Wachstumsrand und leuchtender Farbzonierung von orangegelb bis rot. Unterseits gelbbräunliche Röhren mit rel. engen, rundlichen Poren.

Forche → *Pinus sylvestris*

Forest decline → *Waldsterben*

Form → *Taxon*

Forma specialis: Biotypen (Pathotypen) einer Pilz- oder Bakterienart, die sich von der reinen Art durch ein anderes Wirtsspektrum unterscheiden.

Formation: Selbständige, großräumige Vegetationseinheit mit einer vorherrschenden → *Lebensform,* die unter ähnlichen Standortbedingungen wiederkehrt.

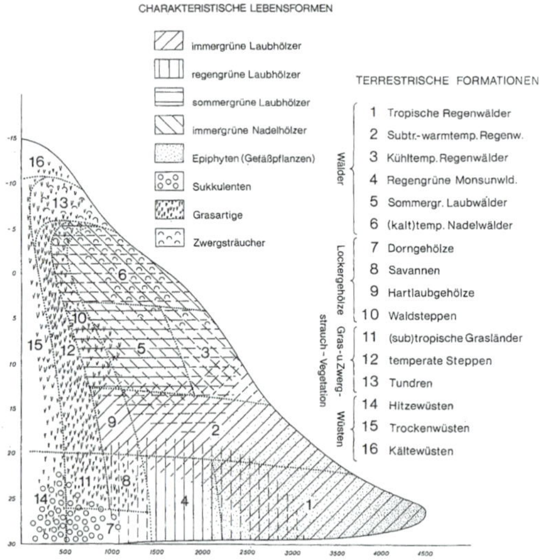

Formationen des Festlandes: Gliederung der Klimaxvegetation nach mittleren Jahrestemperaturen und Niederschlagsmengen

Formeigenschaften: Formkriterien, die die Qualität eines Baumes bestimmen. Positive F. sind Geradheit des Stammes, Astreinheit, glatte Stammoberfläche, Vollholzigkeit, Schmalkronigkeit, Kurz- und Feinastigkeit. Derart ausgeformte Bäume werden durch waldbauliche Maßnahmen (z.B. Durchforstung) gefördert, teilweise auch züchterisch bearbeitet.

Formosa-Tanne → *Tannenarten, chinesische*

Forskohlea → *Urticaceae*

Forstgeschichte: Im Gegensatz zur → *Waldgeschichte,* Darstellung der Waldentwicklung unter dem Einfluß des Menschen. Etwa seit Christi Geburt machten sich menschliche Eingriffe im Vegetationsbild bemerkbar. Großflächige Rodungen und Beweidung führten zu immer größeren Lücken in den geschlossenen Waldbeständen und damit zur Ausbreitung von Gräsern und anderen krautigen Pflanzen. Im verbleibenden Wald- wurden je nach Nutzung bestimmte Bäume bevorzugt,

Holzgwächse Nr.	1	2	3	4	5	6
Laubbäume:						
Fagus sylvatica	●	⊗	○		●	
Fraxinus excelsior	⊗	◉	◉	◉	○	
Acer pseudoplatanus	⊗	⊗	⊗	⊗	○	
Quercus robur	○	◐	◐	⊗		
Carpinus betulus		◉	◐	●		
Tilia cordata		⊗	⊗	◉		
Ulmus glabra	○	○	⊗	⊗		
Betula pendula	○	○	⊗	⊗		
Prunus avium			○			
Nadelbäume:						
Picea abies						●
Pinus sylvestris						○
Sträucher:						
Lonicerea xylosteum	⊗	○	○		○	
Sambucus racemosam	⊗		⊗		⊗	◉
Salix capream	⊗	○	◉	⊗	⊗	⊗
Corylus avellana	○	⊗	◐	◐		○
Cornus sanguinea		○	○	⊗		
Crataegus spec.		◐	⊗	⊗	○	○
Prunus spinosa		◉	○	⊗		
andere Laubsträucher		◉	⊗	⊗		⊗
Nadelstrauch:						
Juniperus communis						
Krautige Nr.	**1**	**2**	**3**	**4**	**5**	**6**
Waldpflanzen:						
Anemone nemorosa	◉	◉	◉	◉	◐	
Galium odoratum	◐	⊗	⊗	⊗	◐	○
Lamiastrum galeobdolon	◉	⊗	◉	⊗	⊗	⊗
Mercurialis perennis	◐	○	⊗	○	◉	○
Carex sylvatica	⊗	○	⊗	⊗	⊗	⊗
Hordelymus europaeus	⊗	⊗	⊗	○	⊗	⊗
Dryopteris filix-mas	○				○	⊗
Säurezeiger						⊗
Schattenmoose						◉
Halbschattenpflanzen:						
Vinca minor		○	⊗	○	○	
Stellaria holostea		⊗	◉	◉		
Aegopodium podagraria		⊗	⊗	⊗		
Dactylis glomerata	○	⊗	⊗	◉	○	○
Brachypodium pinnatum		○	○	⊗		○
Freilandpflanzen:						
Festuca ovina u.a. Gräser			○	⊗		
Cirsium acaule				○		
Euphorbia cyparissias				⊗		
Hieracium pilosella u.a.				○		
Lichtungspflanzen:						
Atropa belladonna	⊗		⊗		⊗	○
sonstige	◉	○	⊗	⊗	◉	◉

Einfluß der Bewirtschaftungsweise auf die Artenkombination im Kalkbuchenwald-Bereich (nach Ellenberg, 1963/1982)

● sehr häufig, ◐ häufig, ◉ mäßig häufig, ⊗ hier und dort, ○ selten, L auf Lichtungen

1 Urwald bzw. naturnaher Wald
2 Beweideter Wald
3 Mittelwald (mit Eichen-Überhältern)
4 Niederwald
5 Buchen-Hochwald } Forstwirtschaft
6 Fichten-Pflanzwald } Forstwirtschaft

was über die mittelalterliche → *Waldweide,* die starke Holznutzung der frühindustriellen Zeit im → *Nieder-* und → *Mittelwald* schließlich zu unserer heutigen Wirtschaftswaldform, dem → *Hochwald* führte. Die Veränderung der natürlichen Vegetation (z.B. Monokultur) führte zu neuen Problemen in der → *Pathologie* und im → *Forstschutz.*

Forstpflanzenzüchtung: Anwendung der Methoden der landwirtschaftlichen Züchtung auf Waldbäume. Schwerpunkte der F. sind Steigerung des Holzmassenertrages, Steigerung der Holzgüte, Steigerung der Widerstandskräfte gegen Gefährdungen aller Art. Diese klassischen Zuchtziele finden in der modernen F. eine bedeutsame Erweiterung in der Erhaltung seltener und gefährdeter Baumarten (Generhaltung). Hindernis in der F. sind die langen Generationszeiträume, so daß ein Züchtungserfolg oft erst nach Jahren überprüft werden kann. Zur Verkürzung dieser Zeiträume werden die aus der züchterischen Bearbeitung hervorgegangenen F1-Nachkommen nach Prüfung vegetativ vermehrt. Im Ggs. zur landwirtschaftlichen Züchtung wird F. erst seit wenigen Jahrzehnten (ab 1900) intensiv betrieben. Erste Anfänge gründen auf praktische waldbauliche Erfahrungen im Hinblick auf die Bedeutung von geographischen Herkünften (bei Ki seit ca. 150 Jahren durch Vilmorin) und Standortrassen (seit ca. 1900 durch Cieslar, Engler u.a.)

Forstsaatgut, Lagerung: Die Optimierung der Lagerbedingungen zielt darauf ab, den Stoffwechsel, insbesondere die Atmung des Samens, möglichst zu reduzieren, da dessen Keimfähigkeit einerseits unter der Akkumulation von z.T. toxischen Stoffwechselprodukten leidet, zum weitaus größeren Teil durch den Verbrauch der Reservestoffe durch die Atmung limitiert wird. Die Atmung schwankt mit der Lagerungstemperatur und dem Wassergehalt des Samens. Die i.a. artspezifische Kältetoleranz der Samen hängt ebenfalls vom Wassergehalt ab. Niedriger Samenwassergehalt ermöglicht eine tiefe Lagertemperatur ohne Gewebeschädigungen.
Eine Besonderheit stellt die Lagerung von Eicheln dar: Ihr natürlicher Wassergehalt von 40 – 60 % muß erhalten bleiben, um befriedigende Keimung zu erzielen. Geeignete Methoden, um die Früchte vor Austrocknung, Frost und Schädlingsbefall bei Freiluftlagerung zu schützen sind: 1. Erdmiete: Lagerung über der Bodenoberfläche; abwechselnd folgt auf eine Sandschicht eine 5 – 10 cm starke Eichelschicht. Abschluß durch Laub oder Erdabdeckung. 2. Sandgrubenlagerung: Wie 1., schichtweise Lagerung von Früchten zwischen 15 cm Sand, jedoch unter der Erdoberfläche. 3. Alemann'sche Hütte: Wie Erdmiete, ohne Erdabdeckung, dafür Schilf und Stroh abgedichteter Lattengiebel. Dazu empfiehlt sich eine Behandlung mit Fungiziden gegen Ciboria batschiana und die Absicherung mit mäusesicheren Drahtgittern. Bei Lagerung in Torf und Mull ist außerdem ein gelegentliches Überbrausen des Saatguts angebracht (Tabelle S. 178).

Forstsaatgut, Lebensdauer: Die Lebensdauer von Saatgut ist artspezifisch und außerdem von Gesundheits- und Reifezustand abhängig (→ *Samenreife,* → *Erntezeit).* Sie reicht von wenigen Tagen bis Wochen nach der Reife (Wei, Pa) bis zu 100 Jahren (z.B. hartschaligen Fabaceae, Goldregen). Grobe Einteilung in drei Kategorien: bis 3 Jahre Lebensdauer (mikrobiotisch), 3 – 15 Jahre Lebensdauer (mesobiotisch) und 15 Jahre (makrobiotisch). Konservierungsverfahren verlängern die Lebensdauer. → *Forstsaatgut, Lagerung.* Verlust der Lebensfähigkeit durch Erschöpfung der Reservestoffe, Degeneration der Enzyme, Denaturierung des Eiweißes, Anhäufung giftiger Stoffwechselprodukte oder Degeneration der Zellkerne im Embryo-Gewebe. Erschöpfung der Reservestoffe kannman durch Bedingungen entgegenwirken, die die Atmungsintensität herabsetzen (Tabelle S. 178).

Baumgattung bzw. -art	Temperatur in °C	Wassergehalt in % d. Frischgewichts	Besonderheiten
Abies alba	-15 -10 bis -15	12-13 % 7-9 %	bei kurzer Lagerzeit; bei längerer Lagerzeit nicht unter 7 % trocknen
Pinus sylvestris Picea abies Larix decidua Pseudotsuga menziesii	-4 bis -10 -4 bis -10 -4 bis -10 -4 bis -10	stärkste Trocknung möglich: 5-6 %	bei kurzer Lagerung Kellertemperatur ausreichend
Pinus strobus	-4 bis -10	nicht unter 3 %	
Acer*	-4 bis -10	unter 25 %	stratifizieren
Alnus*	-4 bis -10	unter 7 %	tolerieren stärkste Trocknung
Betula*	-4 bis -10	unter 4 %	
Carpinus betulus	-4 bis -10	lufttrocken	stratifizieren
Fagus sylvatica	-4 bis -5 -10 bis -15	20-25 % unter 11 %	bei kürzerer Lagerzeit bei längerer Lagerung (langsam trocknen)
Fraxinus excelsior	-10 bis -15	6 bis 8 %	stratifizieren
Populus*, Salix*	-4 bis -10	unter 8 %	vollreif ernten, Wolle entfernen
Quercus petraea, Q. robur	über Null	über 40 %	besondere Maßnahmen erforderlich, insbes. Luftaustausch
Robinia pseudoacacia	über Null	lufttrocken	hohe natürliche Lebensdauer
Sorbus aucuparia	über Null	lufttrocken	stratifizieren
Tilia*	über Null	lufttrocken	stratifizieren
Ulmus*	über Null	unter 10 %	vor Vollreife ernten

Lagerbedingungen für Forstsaatgut. *) Für die einheimischen Arten gelten die für die Gattung angegebenen Bedingungen

Baumgattung	volle Keimkraft (Monate)	Grenze der Lebensfähigkeit
Populus, Salix	1/4 – 1	1 – 2 Jahre
Abies, Fagus, Quercus	6	2 – 3 Jahre
Alnus, Betula, Ulmus	6 – 12	3 Jahre
Acer, Fraxinus, Tilia	18	3,5 Jahre
Larix, Picea, Pinus	48 – 60	10 – 12 Jahre
Robinia	240	60 Jahre

Lebensdauer von Forstsaatgut

Forstschutz: Lehrfach sowie Bereich der Waldwirtschaft und der Forschung, in dem prophylaktische und therapeutische Maßnahmen zur Abwehr von Waldkrankheiten behandelt werden. Je nach der Schadursache unterscheidet man zwischen abiotischem, botanischem und zoologischem Forstschutz. Unter den laufenden Forstschutzausgaben in der BRD stehen Zäunung, Verbiß- und Fegeschutz weit an der Spitze. Es folgen Insekten- vor Pilz- und Unkrautbekämpfung.

Forstunkräuter → *Unkraut*

Forsythia VAHL. Forsythie, Goldglöckchen: Gattung der → *Oleaceae* mit 6 – 7 Arten, alle ostasiatischer Herkunft, außer F. europaea aus Albanien. Sommergrüne Sträucher mit gegenständigen, meist ungeteilten Blättern und gelben, vor dem Laubausbruch erscheinenden Blüten. Triebe mit gekammertem Mark (Ausn.: → *F. suspensa)*

Forsythia europaea → *Forsythia*

Forsythia intermedia → *Forsythia suspensa*

Forsythia suspensa (THUNB.) VAHL Hängeforsythie: 1833 aus China nach Eur. eingeführter Strauch (1 – 3 m hoch), heute in vielen Gartenformen. Als einziger Vertreter der Gattung → *Forsythia* mit hohlem Mark. Blätter eiförmig, einfach oder 3-spaltig bis 3-zählig. 2 Varietäten: Var. sieboldii ZAB., Zweige von Anfang an überhängend. Var. fortunei (LINDL.) REHD., Zweige erst im Alter überhängend. Die Blattform der Hybridforsythie aus F. suspensa x F. viridissima (F. intermedia ZAB.), zeigt intermediäre Ausprägung zwischen den Ausgangsformen.

Forsythia viridissima LINDL. Grüne Forsythie: Strauch (1 – 3 m hoch), 1846 aus China nach Eur. eingeführt. Blätter elliptisch bis länglich-lanzettlich, selten 3-zählig. In Kultur seltener als → *F. suspensa.*

Forsythie, Grüne → *Forsythia viridissima*

Fortpflanzung: Erzeugung von Nachkommen. Man unterscheidet asexuelle und generative (sexuelle) Fortpflanzung. Bei der asexuellen F. gibt es die vegetative F., bei der erbgleiche Nachkommen durch Ablösung von vegetativen Zellen, Gewebeteilen oder Organen entstehen (Fragmentation) und die apomiktische F. (→ *Apomixis).* Die sexuelle F. erfordert die Verschmelzung zweier Zellkerne (Karyogamie), sie ist mit einem Kernphasenwechsel verbunden. Ihre Bedeutung liegt in der Erhöhung der genetischen Variation.

Fortpflanzungsgemeinschaft → *Population*

Fossil: Als Versteinerung oder anders erhaltene tierische oder pflanzliche Organismen vergangener Erdzeitalter.

Fossilien, lebende: Rezente Organismen, die weitgehend unverändert ihre Ära überlebt haben und uns als

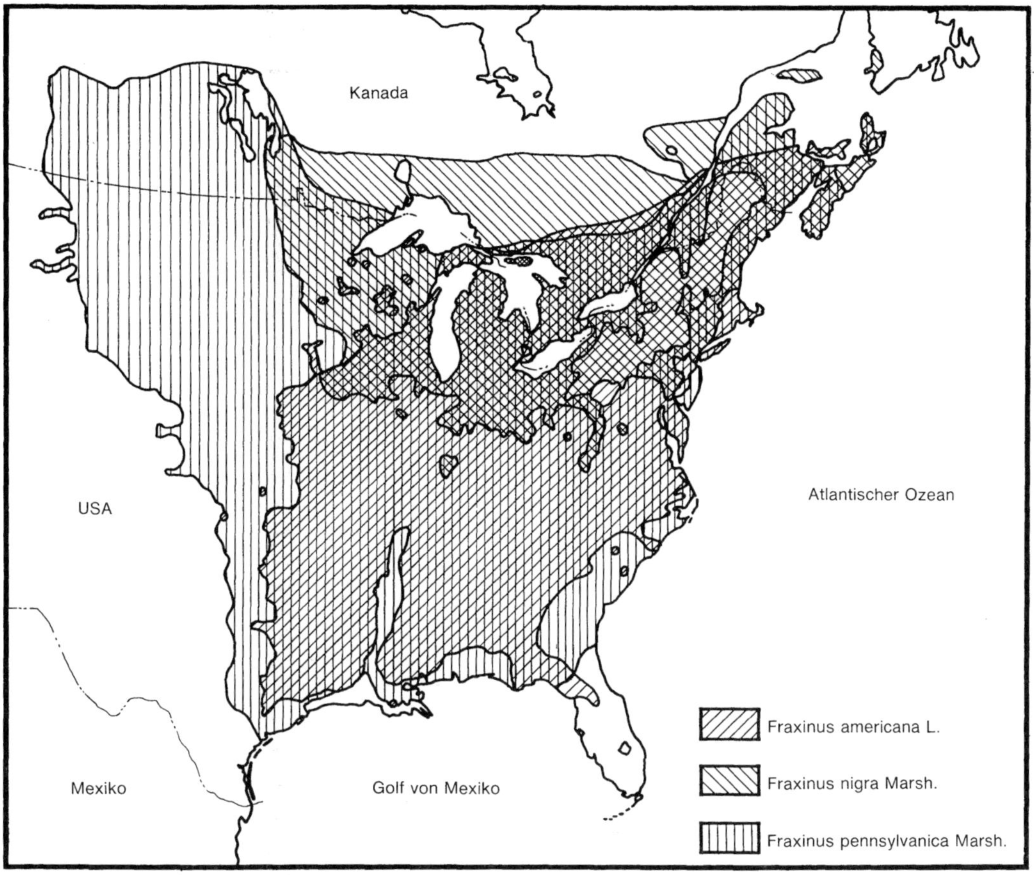

Natürliche Areale von **Fraxinus americana, F. nigra** und **F. pennsylvanica**

Fossilien vergangener Erdzeitalter bekannt sind. Kennzeichen sind ihre heutige reliktartige Verbreitung, altertümliche Merkmale und die isolierte systematische Stellung. Beispiele: → *Ginkgo biloba,* → *Nothofagus-,* → *Araucaria-* und → *Podocarpus*-Arten, → *Sciadopitys verticillata* und die auch in Mitteleuropa fossil nachgewiesenen → *Metasequoia glyptostroboides,* → *Glyptostrobus pensilis* und → *Sequoia sempervirens.*

Fothergilla → *Hamamelidaceae*

Fouquieriaceae → *Violales*

Foxtail Pine → *Pinus balfouriana,* → *Pinus aristata*

Fragmentation → *Vermehrung, vegetative*

Frangula alnus → *Rhamnus frangula*

Frankia alni: Symbiont von Alnus sp., verantwortlich für die N_2-Fixierung in den → *Wurzelknöllchen.* → *Actinomycetes,* → *Actinorhiza,* → *Rhizothamnien.*

Fraser Fir → *Abies fraseri*

Frasers Tanne → *Abies fraseri*

Frauenhaar, Goldenes → *Polytrichales*

Fraxinus L. Esche (engl.: Ash): Gattung der → *Oleaceae* mit etwa 65 sommergrünen Baum-, z.T. auch Straucharten haupts. in der nördl. gemäßigten Zone Asiens, Europas und Amerikas, südl. bis S-Asien und Java, N-Afrika sowie Mexiko und Cuba. Winterknospen stumpf mit 1 – 3 Paar gegenständiger Schuppen. Blätter gegenständig, unpaarig gefiedert (selten einfach). Blüten zwittrig oder eingeschlechtig; 2 Staubblätter; Kronblätter 4 (2, 6) oder fehlend. Frucht: einsamiges, einseitig geflügeltes Nüßchen. Keimung epigäisch. Holz ringporig. Viele forstl. wichtige Arten. Unterschieden werden: Sect. Ornus (Blumeneschen; → *F. ornus*): Blüten ansehnlich, nach dem Laubaustrieb; in endständigen, am Grunde beblätterten Rispen; meist mit Kronblättern; Insektenbestäubung. Sect. Fraxinus (alle übrigen hier beschriebenen Arten): Blüten oft zweihäusig, vor dem Laubaustrieb; in seitenständigen Rispen oder Trauben; meist ohne Kronblätter; Windbestäubung.

Fraxinus americana L. Weißesche (engl.: White Ash): Größte (im Mittel 21 – 24 m, max. bis 37 m hoch), häufigste und forstl. wichtigste Eschenart N-Amerikas, verbreitet in der Osthälfte des Kontinents (von NS über S-ON bis O-MN, im S bis O-TX und N-FL). Es werden 3 geographische Ökotypen (nördl., südl. und interme-

diärer Typ) unterschieden, die aber morph. nicht eindeutig trennbar sind. Chrom.: 2n = 46 (polyploide Formen mit 92 oder 138 Chrom.). Borke dunkelgrau, tiefgefurcht. Triebe kräftig, meist kahl, Endknospe braun. Blätter mit meist 7 (5-9) Blättchen; diese eiförmig bis elliptisch, schwach gesägt bis ganzrandig, deutlich gestielt; oberseits dunkelgrün, unterseits weißlich mit Papillen; treibt in M-Eur. meist später aus als → *F.excelsior*. Blüten in Rispen, zweihäusig, mit Kelch. Fruchtflügel umfaßt nur die Spitze des Nüßchens.
Hinsichtlich Bodenfeuchtigkeit und Nährstoffversorgung (v.a. N, Ca) anspruchsvolle Laubmischwaldart; vergesellschaftet mit Acer saccharum, Fagus grandifolia, Liriodendron tulipifera, Liquidambar styraciflua, Aesculus glabra, Quercus palustris, versch. Carya-Arten u.a.. Bevorzugt feuchte, gut drainierte Böden entlang von Flüssen und Bächen; erträgt zeitweilige Überflutung, meidet aber stagnierende Nässe; steigt im N des Areals bis etwa 600 m, im S bis etwa 1 500 m ü. NN. Raschwüchsige, in der Jugend rel. schattentolerante, mit steigendem Alter zunehmend lichtbedürftige Pionierholzart. Liefert wertvolles, hartes, schweres, zähes und elastisches Holz mit weißem Splint und braunem Kern, das v.a. zur Herstellung von Werkzeugstielen, Sport- und Spielgeräten sowie für Innenverkleidungen und Möbel verwendet wird.

Fraxinus angustifolia VAHL (syn.: F. tamariscifolia VAHL) Schmalblättrige Esche: 20 – 30 m hoher Baum. In Ökologie und Aussehen → *F.excelsior* ähnlich, jedoch Knospen dunkelbraun, Blättchen meist schmal lanzettlich, Blüten- und Fruchtstände traubig. 2 Unterarten: 1. ssp. angustifolia aus westl. Mittelmeergebiet, Portugal; 2. ssp. oxycarpa (WILLD.)FRANCO et ROCHA AFONSO (syn.: F.oxycarpa WILLD.) aus S-Eur., östl. M-Eur., Vorder- und Mittelasien, N-Afrika. Auwaldart; in M-Eur. winterhart.

Fraxinus excelsior L. Gemeine Esche: Großer, max. 35 – 40 m hoher, 2 m starker (BHD), bis etwa 200 Jahre alt werdender Baum; zählt zu den wichtigsten einheimischen Laubnutzhölzern. Verbreitet in fast ganz Europa (nördl. bis Schottland, S-Skand., östl. bis zur Wolga; südl. bis N-Spa., S-Ital., Griech.), im Kaukasus und in Kleinasien. Chrom.: 2n = 46.
Erkennungsmerkmale: Rinde anfangs glatt, hellgrau; Borke dicht längsrissig. Triebe graugrün, kahl; Winterknospen matt, schwarz. Fiederblätter bis 35 cm lang, mit 9 – 15 Blättchen; diese elliptisch bis lanzettlich, spitz, mit Ausnahme des Endblättchens ungestielt, am Rande fein gesägt; später Laubaustrieb. Blüten (IV, V) zwittrig- oder eingeschlechtig, ein- oder zweihäusig verteilt, ohne Kelch und Krone, in vielblütigen, aufrechten bis überhängenden Rispen aus seitenständigen Knospen vorjähriger Triebe; Staubblätter braunrot oder violett. Früchte (VIII-X) braun, zungenförmig geflügelt, in büschelig hängenden Ständen, reif noch längere Zeit am Baum bleibend; Windverbreitung.
Vorkommen, Standort: Anspruchsvolle Art in krautreichen Laubmischwäldern von der Ebene bis in mittlere Gebirgslagen (N-Alpen: bis ≈ 1 400 m; Zentralalpen: bis ≈ 1 600 m); mitunter auch kleine Reinbestände. Flußbegleitend in der feuchten Hartholzaue, entlang kleinerer Wasserläufe im Bach-Eschenwald, in Schluchtwäldern sowie in feuchten Buchen- und Ei-

a
b
c

Fraxinus excelsior: *a* Fruchtstände, *b* Fiederblätter von F.excelsior (links) und F.angustifolia (rechts), *c* Rinde

chen-Hainbuchenwäldern (sog. »Wassereschen«). Optimales Wachstum auf tiefgründigen, frischen bis feuchten, feinerde-, nährstoff- und basenreichen Lehm- und Tonböden humider Klimalagen; toleriert kurzzeitige Überflutung. Auch auf flachgründigen, trockenen Kalkstandorten (sog. »Kalkeschen»). Raschwüchsige, tiefwurzelnde, etwas wärmeliebende Pionierbaumart mit gutem Stockausschlagvermögen und rasch abbaubarer Laubstreu. Im Alter ausgeprägte Licht-, in der Jugend

Fraxinus excelsior: *a* Zweig mit Blütenständen, *b* beblätterter Zweig mit Früchten

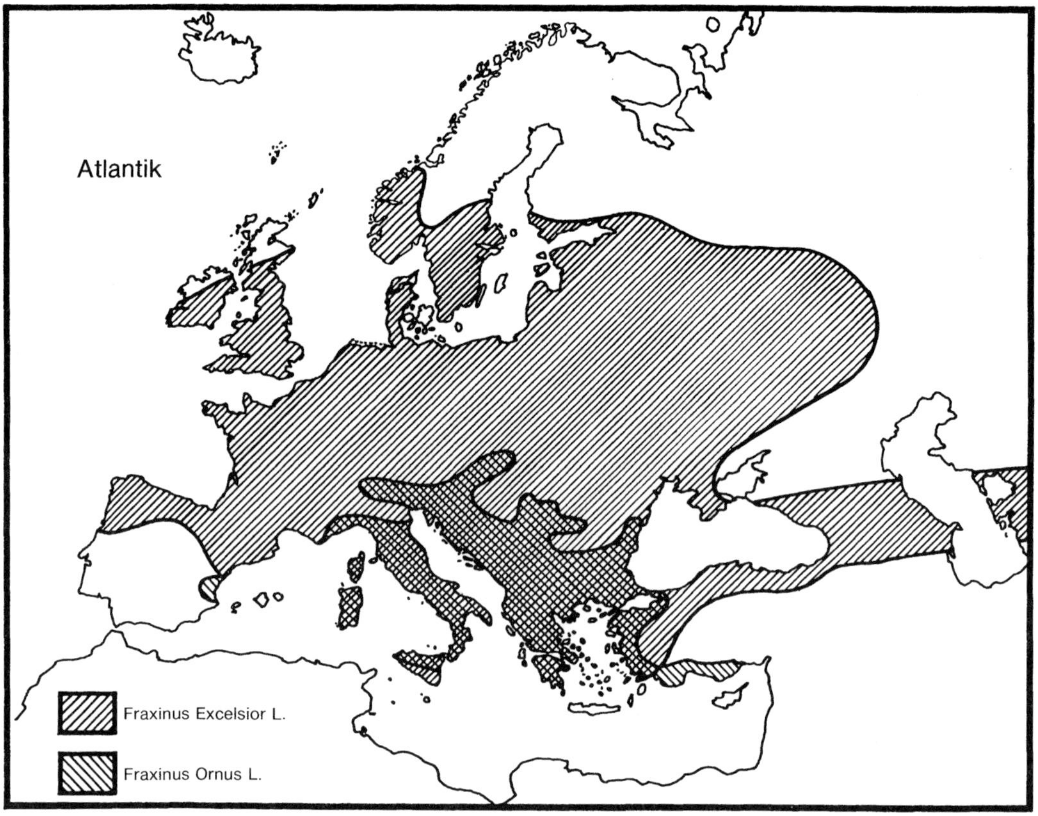

Natürliche Areale von **Fraxinus excelsior** und **F. ornus**

Halbschattenbaumart. Beliebter Park- und Straßenbaum.
Gefährdungen: Spätfrostempfindlich, in Extremjahren nicht voll winterhart. Starke Verbiß-, Schäl- und Fegeschäden durch Rot- und Rehwild. Rinden- und Stammschäden durch → *Eschenkrebs*. Holz: Ringporig, Jahrringgrenzen deutlich. Splint und Kern entweder gleichfarben oder Kern dunkler (Kernreifholzbaum). Splint breit, gelblich weiß. Das hellbraune, bisweilen olivfarbene (sog. »Oliveschen«) Kernholz entsteht erst ab Alter 60 – 70, schwer (Rohdichte r_0: 0,41...0,65...0,82 g/cm^3), hart, mäßig schwindend; gute Festigkeitseigenschaften, sehr elastisch, zähestes einheimisches Laubholz; rel. geringe nat. Dauerhaftigkeit. Verwendet als Vollholz und Furnier in Innenausbau und Möbelherstellung. Spezialholz für Werkzeugstiele, Sportgeräte oder in der Wagnerei. Zahlreiche Gartenformen; die Einblattesche ('Diversifolia', syn.: f. monophylla Desf.) mit einfachen oder 3-zählig gefiederten Blättern.

Fraxinus mandshurica Rupr. Asiatische Schwarzesche, Mandschurische Esche: In NO-Asien (Jap., Sachalin, Mandsch. Amur, N-China) weit verbreiteter, max. 30 m hoher Baum. Steht → *F. nigra* sehr nahe. Besiedelt feuchte bis nasse Böden entlang von Gewässern und am Rande von Sümpfen. In M-Eur. infolge frühen Austriebes sehr spätfrostgefährdet. Triebe kahl, stumpf 4-kantig; Knospen schwarzbraun. Mattgrüne, nicht riechende Fiederblätter mit 7 – 11 sitzenden bis kurz gestielten, scharf gesägten Blättchen; Blattspindel mitunter leicht geflügelt, an den Knoten filzig braun behaart. Blüten in Rispen, zweihäusig, ohne Kelch und Krone. Das wertvolle, schwere, harte und elastische Holz wird u.a. als Furnier, im Innenausbau, für Möbel und Sportgeräte verwendet.

Fraxinus nigra Marsh. Schwarzesche (engl.: Black Ash): In Laub- und Nadelwäldern des östl. N-Amerika verbreiteter, max. 25 m hoher, → *F.excelsior* und → *F.mandshurica* nahestehender Baum. Nördlichste amerik. Eschenart: von NF bis so-MB, südl. bis IA, IL, WV und DE. Standorte: Sümpfe, Moore, Auwälder auf nassen, schlecht drainierten Böden; oft vergesellschaftet mit Acer rubrum, Betula papyrifera, Ulmus americana, Thuja occidentalis, Abies balsamea u.a.. Bis ≈ 1 050 m Meereshöhe. In M-Eur. winterhart. Borke grau, schuppig abblätternd. Triebe rund, kahl; Knospen fast schwarz. Dunkelgrüne Fiederblätter mit 7 – 11 sitzenden, gesägten Blättchen; Blattspindel an den Knoten filzig braun behaart; riechen zerrieben nach Holunder. Blüten in Rispen, zweihäusig oder polygam, ohne Kelch und Krone. Holz mit dunkelbraunem Kern, weniger elastisch, weicher und leichter als das von

→ *F.americana* und → *F.pennsylvanica;* wirtsch. von geringerer Bedeutung als dieses. Dünne, schmale Holzstreifen werden zu Körben oder Stühlen verflochten oder zu Fässern verarbeitet (Abb. S. 179).

Fraxinus ornus L. Blumen-, Manna-, Schmuckesche: Bis 20 m hoher, meist mehrstämmiger, ansehnlich blühender Baum. Heimat im östl. und mittl. Mittelmeergebiet, im südl. M-Eur. (nördl. bis zu den S-Alpen, bis in die S-Slow. und nach NO-Rum.) sowie in Kleinasien. Nördl. der Alpen als Zierbaum kultiviert, jedoch nicht völlig winterhart. Rinde buchenähnlich, glatt. Knospen filzig graubraun. Fiederblätter mit meist 7 (5 – 9) kurz gestielten Blättchen. Blüten (IV–VI) in großen, aufrechten oder überhängenden Rispen, meist zwittrig, seltener rein ♀; 4 schmale, weiße Kronblätter; intensiv duftend. Wärmeliebende Lichtbaumart submediterraner Laubmisch- und Buschwälder (Flaumeichen-, Blumeneschen-Hopfenbuchenwälder); sonnige, basenreiche Lehm- und Steinböden; häufiger auf Kalk- als auf Silikatstandorten. In den Alpen bis etwa 1 000 m ü.NN. Gutes Stockausschlagvermögen; wird i.d.R. im Nieder- oder Mittelwaldbetrieb bewirtschaftet. Gutes Brennholz.
Besonderheit: Als »Manna« wird der an der Luft erstarrte, mannithaltige Blutungssaft bezeichnet. Er ist Rohstoff für Arzneimittel und wird v.a in S-Ital. durch Anritzen der Rinde im Juli/August gewonnen.

Fraxinus ornus

Fraxinus oxycarpa → *Fraxinus angustifolia*

Fraxinus pennsylvanica Marsh. Grün-, Rotesche (engl.: Green Ash): Am weitesten verbreitete, wenngleich nicht die häufigste Esche in N-Amerika. Areal: im N von NS bis SO-AB und MT, südl. bis TX und N-FL. In diesem klimat. heterogenen Verbreitungsgebiet existieren mind. 3 geographische Ökotypen (Rassen). Chrom.: 2n = 46. Meist nicht höher als 18 m (max. 32 m). Im Unterschied zur ähnlichen → F. americana Triebe rel. dünn, behaart oder kahl; Blättchen am Rand meist gesägt, unterseits hellgrün und ohne Papillen; Fruchtflügel mindestens bis zur Hälfte des Nüßchens herablaufend. Fast ausschließlich in Auwäldern auf feuchten Alluvialböden periodisch überschwemmter Flußniederungen (südl. Appalachen bis ≈ 900 m ü.NN), gelegentlich auch in Sümpfen. Toleriert rel. trockene Standorte; bewährt für Anpflanzungen in der Prärie (von Kanada bis TX) sowie für Rekultivierungsmaßnahmen im Bergbau; gedeiht noch auf schwach alkalischen Böden. In M-Eur. winterhart. Holz in Qualität und Verwendung wie F. americana; wird zusammen mit diesem gehandelt (Abb. S. 179).

Fraxinus tamariscifolia → *Fraxinus angustifolia*

freie Zellbildung: Entstehung von Tochterzellen innerhalb einer Mutterzelle. Beispiel: Bildung der Ascosporen im → *Ascus.*

Freilandpfropfung → *Pfropfung*

Fremdbefruchtung: Befruchtung durch ein erbungleiches Individuum

Fremdverbreitung: Allochorie. Verbreitung von Samen und Früchten.

Frost: Lufttemperaturen unter 0 °C. Entstehung durch eindringende Kaltluft unter 0 °C (→ *Advektivfrost)* oder durch Ausstrahlung (Strahlungsfrost). Je nach Ausdehnung unterscheidet man zwischen Lokal- und Landfrost, nach der Zeit des Frosteintritts zwischen (1) Herbst- oder Frühfrost, (2) Winterfrost und (3) Frühjahrs- oder Spätfrost. Pflanzliche Stoffwechselvorgänge werden durch Frostbelastung beeinträchtigt. So reagiert Ta mit einem Anstieg der Atmungsaktivität auf das 2 bis 5fache. Die Photosynthese wird herabgesetzt und bei max. – 10 °C eingestellt. Entsprechendes gilt bei tiefen Bodentemperaturen für die Wasseraufnahme. Darüber hinausgehende Frostschäden sind irreversibel: Kältetod tritt u.a. durch Vertrocknung infolge des mit Eisbildung verbundenen Wasserentzugs ein. Spätfrost tötet junge, sich entwickelnde Triebe und Blätter. Frühfrost (Herbst) schädigt noch nicht ausgereifte Pflanzenteile, z.B. Ei-Johannistriebe. Früh- und Spätfröste führen zu Biomasseverlusten und Wachstumsstörungen. Starke Fröste im Vorfrühling können bei Fi und Dougl die sog. Frostschütte auslösen. Ihr geht meist eine Rotfärbung der Nadeln voraus. Bei gefrorenem Boden und intensiver Sonneneinstrahlung unter Einbeziehung von Wind kommt es zu Frosttrocknis, weil das transpirierte Wasser wegen fehlender Wasserzufuhr nicht ersetzt wird. Mitentscheidend ist die Geländeausformung. So sind Lagen, in denen sich Kaltluft staut, vor allem Geländevertiefungen, besonders gefährdet (Muldenfrost, Frostlöcher). Betroffen sind junge Pflanzen, solange sie der örtlichen Frosthöhe nicht entwachsen sind. Bodenvegetation steigert die Frostgefahr, ein Schirm aus Altbäumen vermindert sie. Schäden durch strenge Winterfröste äußern sich auch in der Bildung von Frostrissen, Frostkernen und → *Frostplatten* sowie im → *Auffrieren.* Frostrisse entstehen aufgrund von Spannungsunterschieden (starke Schrumpfung der Rinde bei gleichbleibendem Volumen des Holzkörpers während des Gefrierens). Werden Frostrisse überwallt, bilden sich Frostleisten. Frostrisse kommen bes. bei Laubhölzern (Ei, Pa, Ul, Es, Ah) vor. Frostkerne entstehen durch Lufteintritt in den zentralen Kernbereich und durch Verstopfung der Lumina bei starken Winterfrösten. Frostschutzmaßnahmen: Anbau frostharter Baumarten in gefährdeten Lagen, Entwässerung, Beseitigung übermäßigen Graswuchses, Anlage von Frostriegeln (Wälle oder Hecken), Voranbau (Vorwald) von Bi, Weißerle, Roterle und Ki als Schirm- und Seitenschutz. In Pflanzgärten Frostberegnung (Nutzung der Gefrierwärme), Abdeckung, Räuchern und Nebeln (Temperaturgewinn 1 – 4 °C).

Frostberegnung → *Frost*

Frostkern → *Buchenrotkern,* → *Frost*

Frostleiste → *Frost*

Frostloch: Bestandeslücke, Senke oder Mulde, in der sich kalte Luft sammelt. F. gelten als Problemstandorte. Gefährdet sind vor allem Jungpflanzen, sofern sie die lokale Frosthöhe noch nicht überwunden haben.

Frostplatte: Durch Frosteinwirkung abgestorbene Rindenbezirke am Schaft dünnrindiger Holzarten. Sekundärschäden durch Pilzinfektionen. In seltenen Fällen »Frostkrebse«.

Frostresistenz: Fähigkeit von Pflanzen, Temperaturen unter 0 °C ohne Schädigung zu ertragen. Resistenzmechanismen bestehen u.a. in der Unterkühlungsfähigkeit, Gefrierverzögerung und Gefrierbeständigkeit (Gefriertoleranz) von Protoplasma und Geweben. Man unterscheidet i.a. zwischen gefrierempfindlichen, nicht abhärtbaren Pflanzen (u.a. verschiedene südamerikanische Solanum-Arten) und partiell bzw. vollständig gefriertoleranten Pflanzen. Bei letzteren wird Winterfrosthärte durch temporäre Widerstandsfähigkeit des Protoplasmas gegen extracelluläre Eisbildung erzielt. Immergrüne Holzarten wintermilder Gebiete, mediterrane Hartlaubarten u.a. zeigen nur beschränkte Gefriertoleranz, die meisten bei uns heimischen Baumarten (Koniferen und kalttemperate Laubhölzer) weisen fast vollständige jahreszeitliche Gefriertoleranz auf. Die Verbreitung der Baumarten ist abhängig von zonalen, aber auch altitudinalen (Seehöhenabhängigkeit der Gefriertoleranz; Zunahme bei Hochgebirgspflanzen) sowie standörtlichen Resistenzgradienten (Muldenlagen vs. Hanglagen). Frostresistenz ist aber auch als Reaktionsnorm genetisch fixiert. Sowohl zwischenartliche wie innerartliche Resistenzunterschiede sind bekannt. Beispiel : Während die Korkeiche (Q. suber) selbst im abgehärteten Zustand noch als gefrierempfindlich gilt, ist die amerik. Roteiche (→ *Q. rubra)* nahezu unbegrenzt gefriertolerant. Intraspezifische Resistenzgradienten bestehen zwischen den verschiedenen Douglasienrassen (Winterfrosthärte: P. menziesii var. viridis geringer als P. menziesii var. glauca), aber auch zwischen verschiedenen Ökotypen und Einzelbäumen derselben Rasse. Ursache für diese Vielfalt sind natürliche Selektion und Anpassungsfähigkeit. Innerhalb derselben Pflanze bestehen Unterschiede in der Resistenz verschiedener Organe und Gewebe. Ausgereifte Sproßachsen bei Holzpflanzen sind am widerstandsfähigsten. Die aktuelle Frostresistenz spiegelt den momentanen Abhärtungszustand wider. Dabei durchläuft die Frostresistenz heimischer Holzpflanzen einen charakteristischen Jahresgang (Abhärtung im Herbst – Maxima im Hochwinter – Enthärtung im Frühjahr). Diese Prozesse beruhen i.w. auf biochemischen und funktionellen Veränderungen, die über Wuchsstoffe und Klimafaktoren (Photo- und Thermoperiode) beeinflußt und gesteuert werden (Winterruhe, Dormanz). Im Rahmen der Forstpflanzenzüchtung wird versucht, Frostresistenz mit anderen forstlich wichtigen Eigenschaften zu kombinieren (→ *Kombinationszüchtung).* Dabei wird auch die Früh- und Spätfrostgefährdung der Baumarten bearbeitet. Gegenüber Spätfrösten sehr empfindlich sind: Es, Bu, Ei, Rob., Ta, Dougl; empfindlich: Ah, Roteiche, Li, Lä, Fi; wenig empfindlich: HBu, Er, Bi, Ul, As, Ki. Gegenüber Früh- und Winterfrösten sind i.a. sehr empfindlich: Walnuß, Eßkastanie und Robinie; empfindlich: Es, Bu, Ei, Ul, Ta, Dougl; wenig empfindlich: Ah, Pa, As, HBu, Bi, Er, Fi, Lä, Ki.

Verbreitungsgebiet Pflanzengruppe	Blätter	veg. Knospen	Blütenknospen	Sproßachsen	Wurzeln
Tropen					
Waldbäume	>0... –3	ab –5		ab –5	
Tropische Palmen	ab –5	ab –5			
Subtropen					
Immergrüne Bäume und Sträucher	–4... –6	–6... –12		–6...–15	
Trockenkahle Bäume		ab –15		–15... –20	
Subtropische Palmen	–5... –12	ab –15			–2... –6
Maritim-temperate Gebiete					
Coniferen	–10...–20	–10...–25	ab –20	–15...–30	– 10... –20
Immergrüne, breitlaubige Bäume und Sträucher	–7...–15	–10...–18	ab –17	–10...–20	–7... –9
Mediterrane Hartlaubarten	–5...–12	–8...–18	–10...–16	–8...–22	–3... –6
Laubabwerfende Bäume und Sträucher		–15...–30	–15...–30	–20...–40	ca. –10
Immergrüne Ericaceensträucher	–15...–30	–20...–30	–15...–25	–15...–35	–10... –20
Temperate Bambusarten	–15...–25	–15...–20		–20...–30	–5... –15
Winterkalte Gebiete					
Coniferen	–40... –70	–30... –70	–20... –30	–50... –196	–20... –35
Kühltemperate Laubbäume		–25... –35	–25... –30	–30...–50	–15... –25
Boreale Laubbäume		–30... –80		–30... –196	
Arktische und alpine Zwergsträucher	–30... –50	–20... –40		–30... –50	–10... –30

Potentielle Frostresistenz (Schädigungsbeginn bei °C) von Holzpflanzen unterschiedlicher geographischer Verbreitung. Nach Angaben verschiedener Autoren. Verändert nach LARCHER und BAUER (1981)

Pflanzenart	Herkunft	Blattorgane	Knospen	Zweigachse
Araucaria araucana	Chile	−10	−10	−10
A. angustifolia	S. Brasilien	−10...−12	−10...−12	−10...−12
A. cunninghamii	Australien	−5... − 7	−5... − 7	−5... − 7
Abies alba	Mitteleuropa	−35	−30	−50
A. balsamea	S. Kanada	−70	−40	−70
A. concolor	Rocky Mountains bis 2 500 m	−70	−35	−70
A. firma	S. Japan	−20...−25	−20...−25	−40
A. nordmanniana	Kaukasus	−30	−30	−50
A. sachalinensis	N. Japan	−35	−70	−70
A. spectabilis	Himalaya bis 3 800 m	−20...−25	−18...−23	−22...−30
A. veitchii	Japan bis 2 400 m	−35	−70	−70
Callitris oblonga	Australien	−10	−10	−10
Cedrus deodara	Himalaya bis 2 500 m	−15	−20	−25
Chamaecyparis lawsoniana	Nordamerika	−25		−25
C. nootkatensis	Nordamerika	−20		−25
C. obtusa	Japan	−35		−30
C. pisifera	Japan	−30		−25
Cryptomeria japonica	Japan	−20...−25	−20...−25	−20...−25
Cunninghamia lanceolata	China bis 2 000 m	−15	−15	−15
Cupressus arizonica	S. Nordamerika	−15	−15	−25
C. lusitanica	Mexiko	−12	−12	−15
C. macrocarpa	Kalifornien	−17	−17	−17
C. sempervirens	Mittelmeergebiet	−15	−15	−20
Ginkgo biloba	China		−35	−30
Juniperus chinensis	China, Japan	−25	−25	−25
J. communis	Europa, Nordamerika	−40...−60	−40...−60	−40...−50
J. conferta	Japan	−40	−40	−70
J. recurva	Himalaya bis 3 900 m	−30	−30	−30
J. virginiana	Nordamerika	−25	−25	−25
Keteleeria davidiana	SW. China bis 2 600 m	−15	−20	−20
Larix decidua	Europa bis 2 000 m		−60...−70	−70
L. laricina	N. Nordamerika		−70	−70
L. leptolepis	Japan bia 2 000 m		−30	−70
L. potaninii	Himalaya bis 3 300 m		−22...−25	−22
L. sibirica	Sibirien		−70	−70
Metasequoia glyptostroboides	China		−30	−30

Frostresistenz (in °C) von Gymnospermen im maximal abgehärteten Zustand. (Fortsetzung auf nächster Seite)

Pflanzenart	Herkunft	Blattorgane	Knospen	Zweigachse
Picea abies	Europa	-60...- 70	-30	-60...- 70
P. engelmannii	Nordamerika	-50	-40	-50
P. glauca	Alaska	-70	-70	-70
P. glehnii	N. Japan	-70	-40	-70
P. pungens	Nordamerika	-50	-40	-50
P. sitchensis	Alaska	-30	-20	-40
P. smithiana	Himalaya bis 3 300 m	-15	-20	-30
Pinus aristata	Nordamerika bis 3 300 m	-70	-70	-70
P. banksiana	Nordamerika	-70	-70	-70
P. bungeana	China	-30	-30	-30
P. canariensis	Kanaren	-22	-22	-20
P. densiflora	Japan	-25	-30	-40
P. mugo	Europa	-70	-70	-70
P. nigra	Europa	-40	-30	-30
P. palustris	S. Nordamerika	-15	-20	-15
P. patula	Mexiko	-15	-15	-15
P. pinaster	Mittelmeergebiet	-25	-25	-25
P. pinea	Mittelmeergebiet	-10	-12	-15
P. ponderosa	W. Nordamerika	-40	-35	-50
P. strobus	Nordamerika	-70	-70	-70
P. sylvestris	Europa	-70	-70	-80
P. thunbergii	Japan	-25	-25	-25
P. wallichiana	Himalaya bis 3 500 m	-25	-35	-30
Podocarpus ferrugineus	Neuseeland bis 600 m	-10	- 7	-10
P. hallii	Neuseeland bis 800 m	-13	-13	-13
P. macrophyllus	Japan	-13	-13	-15
P. nivalis	Neuseeland bis 1 500 m	-22	-20	-22
P. totara	Subtropen	- 7	- 7	- 7
Pseudolarix amabilis	S. China		-25	-20
Pseudotsuga menziesii	Washington, USA	-20	-20	-20
P. menziesii	Idaho, USA	-40	-30	-40
P. menziesii	Colorado, USA	-50	-40	-40
Sciadopitys verticillata	Japan	-35	-35	-35
Sequoia sempervirens	W. Nordamerika	-10	-15	-20
Sequoiadendron giganteum	W. Nordamerika	-20	-20	-20
Taiwania cryptomerioides	Taiwan	-13	-13	-15
Taxodium distichum	Nordamerika		-30	-30
T. mucronatum	Mexiko		-18	-18
Taxus baccata	Europa	-25	-25	-30
T. cuspidata	N. Japan	-40	-35	-35
Thuja occidentalis	NW. Nordamerika	-70	-70	-70
T. orientalis	Japan	-20	-20	-20
T. plicata	W. Nordamerika	-30...-50	-30...-50	-30...-50
Thujopsis dolabrata	Japan	-20	-20	-20

Frostresistenz (in °C) von Gymnospermen im maximal abgehärteten Zustand. (Fortsetzung auf nächster Seite)

Pflanzenart	Herkunft	Blattorgane	Knospen	Zweigachse
Tsuga canadensis	N. Nordamerika	−35	−70	−50
T. diversifolia	Japan bis 2 200 m	−35	−70	−70
T. dumosa	Himalaya bis 3 300 m	−18	−20	−20
T. heterophylla	W. Nordamerika	−20	−20	−20
T. heterophylla	Alaska	−35	−40	−35
T. sieboldii	Japan	−20	−25	−30

Frostresistenz (in °C) von Gymnospermen im maximal abgehärteten Zustand. Nach verschiedenen Autoren. Aus: Larcher (1981) nach Sakai und Malla (1981) und Sakai (1982)

Frostriegel → *Frost*

Frostriß → *Frost*

Frostriß und **Frostleiste** an Populus robusta

Frostschäden → *Frost*

Frostschütte → *Frost*

Frosttrocknis → *Frost*

Frucht: Fructus. Aus dem Fruchtknoten (und bei → abgeleiteten Früchten unter Beteiligung anderer Blütenteile) hervorgegangenes Organ. Besteht aus dem → *Samen* und der Fruchtwand (Perikarp), die sich meist aus den heranwachsenden Carpellen bildet und sich in eine äußere Schicht (Exokarp), Mittelschicht (Mesokarp) und eine innere Schicht (Endokarp) differenzieren kann. Sie variiert erheblich in Größe und Gestalt, kann verholzt (Haselnuß) bis fleischig (Prunus) ausgebildet sein. Je nach Öffnungsvermögen, Ausbildung der verschiedenen Perikarpzonen und der daran beteiligten Carpelle unterscheidet man verschiedene Fruchttypen. Ihr Aufbau steht in enger Beziehung zu dem in ihrem Lebensraum optimalen Ausbreitungsmodus, s.a. → *Fruchtverbreitung*.

Frucht, abgeleitete: Scheinfrucht. Halbfrucht. Früchte, die außer den Carpellen noch andere Teile der Blütenregion in ihren Aufbau miteinbeziehen. Einige Rosaceen (Malus, Pyrus) verwachsen mit der Blütenachse zur Sammelbalgfrucht. Morus bildet eine Scheinbeere, bei der die Perigonblätter einbezogen sind.

Fruchtbarkeit → *Fertilität*

Fruchtbecher → *Cupula*

Fruchtblatt: Karpell. ♀ Blattorgan in der Blüte, entspricht einem Makrosporophyll und trägt die Samenanlagen. Oft sind mehrere F. zum Stempel verwachsen. Aus Fruchtblatt oder -blättern entsteht das → *Perikarp* der Früchte.

Fruchtfall: Durch Pflanzenhormone (insb. Abscisinsäure und Ethylen) gesteuerte Abstoßung reifer Früchte mittels eines Trenngewebes am Fruchtstiel.

Frühes Stadium der **Frostschütte** bei Abies grandis

Fruchtknoten → *Stempel*

Fruchtknotenstellung: Position des Ovars im Verhältnis zu anderen Blütenteilen. Man unterscheidet: 1. Oberständiger Fruchtknoten: alle anderen Blütenteile sitzen unterhalb des Ovars an (Hypogynie). Bei Sapindales, Fabales. 2. Mittelständiger Fruchtknoten: Ovar eingesenkt in becherartig vertieften Blütenboden, mit dem Becherrand aber nicht verwachsen (Perigynie). Bei Prunoideae. 3. Unterständiger Fruchtknoten: Ovar ist in die Blütenachse eingewachsen. Alle anderen Blütenteile sitzen oberhalb des Ovars an (Epigynie). Bei Fagales, Juglandales (Abb. S. 188).

Fruchtkörper: Abgegrenzte, plectenchymatische Thallusbereiche von Pilzen, in denen → *Sporen* (Konidien oder Sporangiosporen) gebildet werden. Aufgebaut aus Hypen unterschiedlicher Struktur (Binde- und Skeletthyphen, sporen- oder sporangientragende Hyphen). Man unterscheidet: 1. Sexuelle Fruchtkörper, in denen Karyogamie und Reduktionsteilung stattfinden. Enthalten Meiosporen. Stellen → *Hauptfruchtform* dar. 2. Asexuelle Fruchtkörper, die in keiner Beziehung zum Sexualzyklus stehen und Mitosporen enthalten. Stellen → *Nebenfruchtform* dar.

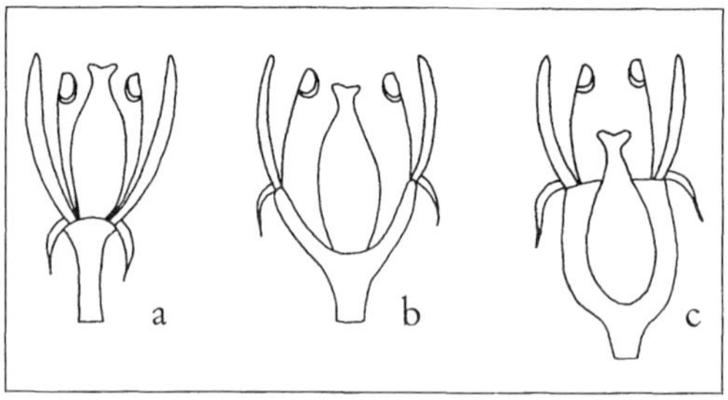

Fruchtknotenstellung: *a* oberständig, *b* mittelständig, *c* unterständig

Fruchtlager: Nicht sklerotisierte, sporenbildende Mycelbereiche (bei Pilzen). Beispiel: → *Koremium.*

Fruchtreife: Letzte Phase der Fruchtentwicklung mit beschleunigtem Stoffwechsel, Einlagerung von Anthocyanen und/oder Carotinoiden. Hormonell gesteuert, z.B. durch Ethylen.

Fruchtschuppe: Älterer Ausdruck für → *Samenschuppe.*

Fruchtstand: Aus einer oder mehreren Blüten hervorgegangene Gruppe von Früchten.

Fruchtträger → *Karpophor*

Fruchtverbreitung: Transport von Früchten über den Wuchsort der Mutterpflanze hinaus. Unterschieden wird zwischen → *Autochorie* (Selbstverbreitung) und Allochorie (Xenochorie, Fremdverbreitung). Letztere unterteilt man je nach Verbreitungsvektor in → *Anemochorie* (Wind), → *Hydrochorie* (Wasser) und → *Zoochorie* (Tier). Liegen verschiedene Verbreitungsmechanismen gekoppelt vor, spricht man von → *Polychorie;* werden die Früchte für unterschiedliche Ausbreitungsmodi morphologisch differenziert, von → *Heterokarpie.* Der Ausbreitungsmodus steht mit dem Lebensraum in engem Zusammenhang: In den heimischen Wäldern herrscht in der Baumschicht → *Anemochorie* vor, bei höheren Stauden Epizoochorie, in der Strauchschicht Endozoochorie (→ *Zoochorie)* und in der Krautschicht → *Myrmekochorie.*

Fruchtwand: Perikarp. → *Frucht.*

Fruchtzucker → *Fructose*

Fructane: Pflanzliche, aus Fructose aufgebaute Reservepolysaccharide. Sie kommen u.a. vor in Früchten, Rinde und Holz von Gehölzen, besonders aber in Compositen (z.B. Inulin) und Gräsern (Poaceen).

Fructose: Fruchtzucker. → *Monosaccharid* (Hexose), das besonders reichlich in manchen Früchten auftritt. In größeren Mengen auch im Xylemsaft von Ahorn und Birke.

Fructus → *Frucht*

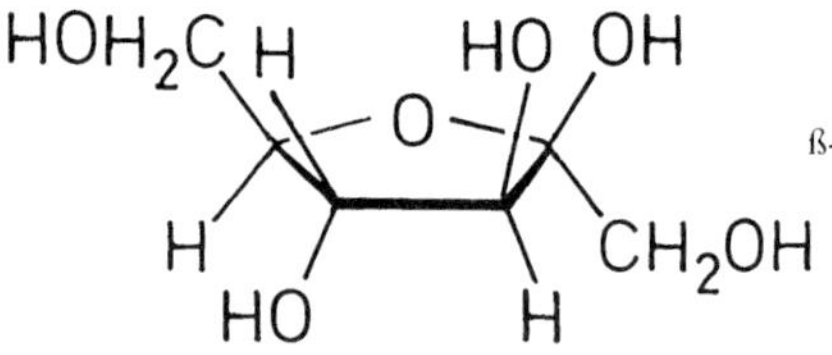

ß-D-Fructose

Frühblüher: (1) Bäume und Sträucher, die ihre Blütenanlagen im Herbst ausbilden und vor Laubausbruch blühen (Es, Wei). (2) Individuen die, im Vergleich zum artspezifischen Druchschnitt, extrem früh mannbar werden. (3) Waldbodenflora, die vor Laubausbruch der Bäume blüht (Anemone nemorosa, Hepatica nobilis).

Frühfrost → *Frost*

Frühholz: (Ggs.: → *Spätholz).* Zu Beginn der Vegetationsperiode gebildeter Teil des → *Jahrringes* mit weitlumigen, rel. dünnwandigen Leitelementen. Nadelhölzer: helle Frühholztracheiden mit großen Hoftüpfeln und runden Pori; Übergang von F. zu Spätholz meist kontinuierlich, bei Lä und Dougl abrupt. Bei ringporigen Lh liegen die weiten Gefäße (Ø 100 – 350 μm) ausschließlich im Frühholz (Spätholzgefäße: 30 bis 150 μm).

Frühholztracheiden → *Jahrring,* → *Frühholz*

Frühjahrsfrost → *Frost*

Frühlingsahorn → *Acer opalus*

Frühlingsheide → *Erica herbacea*

Fruktifikation: 1. Ausbildung von Früchten oder Samen bei Pflanzen. Die meisten Waldbäume fruktifizieren nur nach mehrjährigen Pausen reichlich während sog. Mastjahre (→ *Mast),* alle jedoch erst ab einem bestimmten Alter (Mannbarkeit, → *Fertilität).* Im allgemeinen fruktifizieren Bu und Ei alle 5 – 8 Jahre, Fi alle 3 Jahre, stets aber in Abhängigkeit von den Witterungsbedingungen, unter denen die Blütenknospen angelegt werden. Die F. verbraucht Reservestoffe und führt, besonders bei großfrüchtigen Baumarten, zu Zuwachseinbußen. Darauf ist auch die bessere Wuchsleistung der ♂ Pa und Es gegenüber ♀ zurückzuführen. 2. Ausbildung von Sprangien bei Moosen und Fruchtkörpern bei Pilzen.

Fruktifikationszeit: Artbedingte und von der Temperatur beeinflußte Zeitspanne zwischen der Infektion und dem Erscheinen der Vermehrungsorgane bei pathogenen Pilzen. Beispiele: → *Lophodermium seditiosum* 60 Tage; → *Phellinus pini* >10 Jahre.

Fuchsia → *Myrtales*

Fuchsschwanz-Kiefer → *Pinus balfouriana*

Fühltüpfel: Tüpfelartige Strukturen in den Außenwänden der Epidermiszellen von Ranken; werden mit Perception von Berührungsreizen in Zusammenhang gebracht.

Füllzellen → *Thyllen,* → *Lenticellen*

Fuligo septica → *Myxomycetes*

Fumariaceae → *Papaverales*

Fungi → *Mycophyta*

Fungi Imperfecti → *Deuteromycetes*

fungistatisch: Pilzhemmend. Zurückgehend auf natürliche Stoffe wie Antibiotica oder Wurzelexsudate (→ *Bodenfungistasis*), auf Fungizide in unterschwelliger Wirkung oder auf Nährstoffkonkurrenz (→ *Antagonismus*).

Fungizide: Chemische Mittel zur Bekämpfung von pilzlichen Schaderregern. Mitte des 19. Jahrh. erstmals im Obstbau, um 1890 erstmals im Wald eingesetzt (→ *Bordelaiser Brühe* gegen Ki-Schütte). Anfangs anorganische F. (S- und Cu-, später Hg-Verbindungen), abgelöst von weniger giftigen organischen Mitteln. Im Wald vor allem → *Thiocarbamate*, → *Phtalimide* und Stickstoffheterozyklen (z.B. → *Benomyl*). Wirkungsweise meist als prophylaktische Residualstoffe. Oberfläche der zu schützenden Pflanze wird lückenlos vom Fungizid bedeckt. Keimhyphen oder Folgemycel werden abgetötet. Systemische Fungizide wirken hingegen curativ; sie töten das eingedrungene Pathogen in situ. Anwendung bei → *Tracheomykosen*.

Funiculus: Stiel der → *Samenanlage*.

Funtamia → *Apocynaceae*

Fusarium: Weitverbreitete, artenreiche Gattung der Dematiaceae, deren Hauptfruchtform zumeist der Gattung → *Nectria* zugeordnet wird. Unterteilung in mehrere Sektionen mit unterschiedlichen Sporen- und Kulturmerkmalen. Es werden spindelförmige, mehrfach septierte Makro- und ein- oder zweizellige Mikrosporen sowie dickwandige Chlamydosporen gebildet. Fusarium-Arten haben als Erreger von Umfallkrankheiten und Wurzelfäulen, von Rinden- und Welkekrankheiten wirtschaftl. Bedeutung.

Fusarium lateritium Nees: Pilz mit zumeist saprophytischer Lebensweise. (1) Bei Schwächung des Wirtes: Erreger einer Rindennekrose und Zweigdürre an mehreren Lh (Ailanthus, Albizia, Fraxinus, Robinia, Sorbus americana, Pop.trichocarpa). (2) F.lateritium f.sp. pini Hepting (»pitch canker«) Krebserreger an Ästen, Gipfeltrieben und jungen Stämmen südostamerik. Ki-Arten (vor allem P.elliottii). Starker Harzfluß. (3) Begleitpilz des Bakterienkrebses der Esche (→ *Pseudomonas syringae*). Hauptfruchtform: Gibberella baccata.

Fusarium oxysporum Schlecht.: Erreger der → *Umfallkrankheit* an Nh-Keimlingen (Nachauflauf-Erkrankung) sowie einer Wurzelfäule an Dougl-Sämlingen (Triebstauchung, Chlorose, gestörte Seitenwurzelentwicklung). Wichtiger Welkeerreger an zahlreichen landw. Kulturpflanzen. Überdauerung im Boden mit Chlamydosporen.

Fusicoccum quercus Oudem. (syn.: Dothidea noxia Ruhl): Erreger des Rindenbrandes der Eiche (Dothideaceae): Aggressiver und verbreiteter Rindenparasit an Sämlingen, Heistern und an Triebspitzen älterer Bäume von mehreren Ei-Arten. Symptome: Bis 15 cm lange, elliptische Rindenverfärbungen, meist am Zweigansatz, später Nekrosen, Überwallungsversuche des Wirtes und unregelmäßige, u.U. zweigumfassende Erweiterung der Läsionen sowie Absterben des Triebes oder Sämlings. Verbreitung nur über große α- und kleine ß-Konidien, die im Sommer in Pyknidien vom Phomopsis-Typ, im September in Winterlagern vom Fusicoccum-Typ entstehen. Starke Verbreitung der Krankheit auf trockenen Standorten.

Fusiforminitiale → *Initiale*

Fusionskern: Durch Verschmelzung mehrerer Zellkerne entstandener Kern; z.B. sekundärer Embryosackkern.

Fynbos: Knie- bis mannshohe Strauch- und Heideformation der mediterranen Klimazone Südafrikas. Typisch sind → *Hartlaubgewächse* aus den Familien der Ericaceae, Proteaceae und Restionaceae; daneben viele Asteraceae und → *Kryptophyten* aus den Familien der Amaryllidaceae und Iridaceae.

G

Gabelblattgewächse → *Psilotatae*

gabelnervig → *Blattnervatur*

Gabelzahnmoos → *Bryidae*

Gänsefußgewächse → *Chenopodiaceae*

Gärung: Fermentation oder anaerobe Dissimilation oder anaerobe Atmung. Prozeß der anaeroben Energieerzeugung. Der aus der → *Glykolyse* stammende Wasserstoff wird nicht auf Sauerstoff übertragen, sondern auf organische Moleküle, wobei noch rel. energiereiche Endprodukte entstehen. Der Energiegewinn ist entsprechend geringer als bei der aeroben Atmung. Je nach den Endprodukten unterscheidet man u.a. → *alkoholische Gärung,* → *Milchsäure-Gärung,* → *Essigsäure-Gärung.* Zur G. befähigt sind vor allem niedere heterotrophe Organismen (Hefen u.a. Pilze, Bakterien); aber auch Mark- und Holzparenchym höherer Pflanzen.

Gagelstrauch → *Myrica*

Gagelstrauchartige → *Myricales*

Gale palustris → *Myrica*

Gale, Sweet → *Myrica*

Galeriewald: Meist nur wenige Meter breiter Waldgürtel entlang von Flußläufen oder Grundwasseradern in Steppen- und Savannengebieten.

Galio-odorati-Fagion: Pflanzensoziologischer Unterverband im → *Fagion sylvaticae.* Zu ihm gehören die leistungsfähigsten mitteleuropäischen Buchenwälder auf tiefgründigen Braun- oder Parabraunerden, deren Humus in Form von Mull vorliegt. Der Bu häufig beigemischt sind Berg- und SpitzAh, BergUl, Es, im südwestl. Mitteleuropa auch Fi, Ta, Ki und Lä. Unterwuchs: Daphne mezereum, Anemone nemorosa, Galium odoratum, Lamium galeobdolon, Mercurialis perennis u.v.a.m.

Galium → *Rubiaceae*

Gallen: Pflanzengallen, Cecidien. Durch artfremde Organismen ausgelöste Formveränderungen oder Mißbildungen, die auf spezifische, örtlich und zeitlich begrenzte Wachstumsreaktionen der Wirtspflanze zurückgehen. Bekannt sind ca. 15 000 Formen, die als Wurzel-, Sproß-, Blatt- oder Blütengallen auftreten und von Viren, Mykoplasmen, Bakterien, Pilzen, Insekten, Nematoden oder höheren Pflanzen ausgelöst werden. Wirtschaftl. Bedeutung haben nur wenige (z.B. Maisbeulenbrand, Kohlhernie, Kräuselkrankheit des Pfirsich). Im Wald treten Schäden durch Ananasgallen an Fi (Erreger: Sacchiphantes viridis, Adelges laricis: Fichtengallenläuse), durch Harzgallen an Ki (Petova resinella) sowie durch Triebanschwellungen an Ta, Wacholder (Rostpilze) und Ei (→ *Loranthus europaeus)* auf. Kryptogamen sind arm, einzelne Familien der Phanerogamen (Fagaceae; Salicaceae, Rosaceae, Fabaceae) sehr reich an Gallen.
Im Regelfall entläßt der eingedrungene Parasit Auxine, → *Cytokinine,* cellulolytische Enzyme und Aminosäuren, welche auf eng begrenztem Raum spezifische gallenbildende Wachstumsprozesse (Abwehrreaktionen) des Wirtsgewebes auslösen. Geschützt vom Gallengewebe durchläuft der Erreger bei optimalen Feuchte- und Ernährungsverhältnissen einen Teil seiner Entwicklung. Nur junge Pflanzenteile sind zur Gallbildung befähigt.

Gallertbecher, Blaßrötlicher → *Neobulgaria pura*

Gallertbecher, Fleischroter → *Ascocoryne sarcoides*

Gallertflechten: Homöomer aufgebaute Flechten, bei denen Cyanophyceae (Nostoc) mit Schleimhüllen als Phycobiont auftreten. Gestaltbestimmend ist die Alge. Mycobiont lebt in der Algengallerte. → *Lichenes.*

Gallertscheibe, Schwarze → *Bulgaria inquinans*

Gametangien: Organe oder Zellen, in denen Gameten produziert werden. ♂ Gametangium = → *Antheridium,* ♀ G. mit Eizelle wird als Oogonium bezeichnet, bei Archegoniaten heißt es → *Archegonium.*

Gametangienstand: Zusammenstehende Gruppe von → *Gametangien.* Häufig bei Laubmoosen.

Gametangiogamie: Befruchtungsvorgang zwischen 2 verschiedengeschlechtigen Gametangien, z.B. bei → *Ascomycetes,* → *Oomycetes.*

Gameten: Geschlechtszellen. Die miteinander verschmelzenden G. sind entweder von gleicher (Isogameten, Isogametie, Isogamie) oder von unterschiedlicher Größe (Anisogameten, Anisogametie, Anisogamie). Iso- und Anisogameten sind frei beweglich. Letztere sind geschlechtlich differenziert in die größeren ♀ Makrogameten (Megagameten) und in die kleineren ♂ Mikrogameten. Eine Eizelle ist ein auf der Pflanze festsitzender ♀ Makrogamet. Sie wird i.d.R. von freibeweglichen Mikrogameten (Spermatozoiden) befruchtet (Eibefruchtung = Oogamie). Bei den Spermatophyta werden die unbegeißelten ♂ G. (Spermazellen) über den Pollenschlauch zur Eizelle geführt (Schlauchbefruchtung = Siphonogamie). Meist entstehen die G. mitotisch (Mitogameten), seltener als unmittelbare Produkte der Meiose (Meiogameten).

Gametogamie: Zellverschmelzung (Plasmogamie) mit anschließender Kernverschmelzung (Karyogamie) Gameten.

Gametophyt → *Generationswechsel*

Gamogonie: Gametogonie. Fortpflanzung durch Bildung und paarweises Verschmelzen (Gametogamie) von Gameten (Ggs.: Agamogonie).

a

b

c

d

Gallen: *a* Ananasg. an Fichte (Fichten-Gallenlaus), *b* Gallenmilbe auf Acer, *c* Schlafapfel an Rose (Rosengallwespe), *d* Tapharina deformans an Pfirsich

Ganoderma applanatum

Gamophyllie: Verwachsung von Blättern am Blattgrund bei wirteliger Blattstellung. Die zu Schuppen reduzierten Blätter der Equisetum-Arten, wie auch die dekussiert gestellten Blätter der Nelken bilden dabei eine die Basis des folgenden → *Internodiums* umschließende Röhre.

Ganoderma adspersum (S.Schulz) Donk Wulstiger Lackporling (Ganodermataceae): Schwächeparasit und Saprophyt an älteren Laubbäumen, meist außerhalb des Waldes, auch an Straßenbäumen. Weißfäuleerreger. Rotbraune Fruchtkörper als rel. dicke Konsolen (Name!) an der Stammbasis. Wirtsch. Bedeutung gering.

Ganoderma applanatum (Pers. ex S.F.Gray) Pat. Flacher Lackporling (Ganodermataceae): Weit verbreiteter, saprophytischer Weißfäuleerreger, meist an liegendem Holz und Stubben von Lh, besonders Bu. Kennzeichen: Große (bis 50 cm), halbkreisförmige, auffallend flache, konsolenförmige Fruchtkörper mit höckeriger Oberfläche. Mehrjährig. Oberseite bräunlich gezont, oft mit einer Schicht kakaobrauner Sporen bedeckt. Randzone und Röhren weiß, Poren klein und rund.

Ganoderma lucidum (Curt. ex Fr.) Karst. Glänzender Lackporling (Ganodermataceae): Auffälliger, saprophytisch lebender Weißfäuleerreger an toten Stämmen und Stubben von Lh, vor allem an Ei und Bu. Ohne wirtschaftl. Bedeutung. Sehr ansehnliche, goldgelbe bis rote, lackartig glänzende, nierenförmige Fruchtkörper. Bis 20 cm breit, gestielt, einjährig. Einer der schönsten einheimischen Porlinge.

Gariden: Med. Strauchheideformationen. → *Garigue.*

Garigue (Garrigue): Eine durch häufiges Abholzen oder Beweidung aus der → *Macchie* entstandene, auf flachgründigen, trockenen Böden → *zonale,* bis 2 m hohe Strauchheideformation im Mittelmeergebiet. Typ. Vertreter: Quercus coccifera, Pistacia terebinthus, Rosmarinus officinalis und Arten der Gattungen Cistus, Ulex und Euphorbia. Ähnliche offene Gebüschformationen mit örtlich abweichender floristischer Zusammensetzung sind die Tomillares in Spanien, die Phrygana in Griechenland, die Trachiotis auf Zypern und die Bartha in der Levante. Alle diese Erscheinungsformen (G. ist ursprünglich auf Südfrankreich beschränkt) werden unter dem Namen Gariden zusammengefaßt.

Garten-Johannisbeere → *Ribes rubrum*

Gartenapfel → *Malus pumila*

Gartenbirne → *Pyrus communis*

Gartenmagnolie → *Magnolia x soulangiana*

Gartensalbei → *Salvia*

Gasembolie → *Transpirationsstrom*

Gaspeldorn → *Ulex*

Gasteromycetales: Bauchpilze mit gastroiden, angiokarpen Fruchtkörpern, die von einer → *Peridie* umgeben sind und eine pulverige Masse (= Gleba) aus Basidiosporen und Hyphenfragmenten enthalten. Basidien können hymenial (bei Lycoperdales) oder frei angeordnet sein (bei Sclerodermatales). Die Differenzierung der Peridie ist für die systematische Untergliederung wichtig. Sclerodermatales: Einschichtige Peridie zerfällt bei Reife (z.B. Kartoffelbovist). Lycoperdales: In Exo- und Endoperidie differenzierte Hülle. Endoperidie mit Öffnung (Stäublinge). Geastrales: Mit mehrschichtiger Peridie. Exoperidie öffnet sich sternförmig (Erdsterne). Bei den Phallales ist die Glebamasse in einzelne Glebakammern (Peridiolen) aufgeteilt, die jeweils von einer Gallertschicht umgeben sind. Bei Reife zerfließt die Gleba zu einer stinkenden Sporenmasse (Stinkmorchel).

gastroid → *Basidiokarp*

Gaswechsel: CO_2-Aufnahme und O_2-Abgabe sowie Wasserdampfabgabe, vornehmlich über die Blätter. Wird durch die → *Stomata* reguliert.

Gattung → *Taxon*

Gattungsbastard: Nachkommen von Eltern, die verschiedenen Gattungen angehören. Z.B. Gattungsbastarde zwischen Sorbus und Pyrus, Malus und Pyrus sowie Cupressus und Chamaecyparis (→ *Cupressocyparis).*

Gaultheria → *Ericaceae*

Geastrales → *Gasteromycetales*

gebuchtet → *Blattrand*

Gefäßdurchbrechungen → *Perforation*

Gefäße → *Tracheen*

Gefäßpflanzen → *Tracheophyta*

gefiedert → *Blätter, zusammengesetzte*

gefingert → *Blätter, zusammengesetzte*

Gegenfeuer → *Waldbrand*

Gehölzkunde → *Dendrologie*

Geißblatt → *Lonicera*

Geißblatt, Wohlriechendes → *Lonicera caprifolium*

Geißblattgewächse → *Caprifoliaceae*

Geißklee, Behaarter → *Cytisus hirsutus*

Geißklee, Österreichischer → *Cytisus albus*

Geißklee, Regensburger → *Cytisus ratisbonensis*

Geißklee, Schwarzer → *Cytisus nigricans*

Geißklee, Weißer → *Cytisus albus*

Geißklee, Zottiger → *Cytisus hirsutus*

Geitogamie → *Geitonogamie*

Geitonogamie: Nachbarbestäubung. Geitogamie. Pollenübertragung zwischen Blüten desselben Individuums. Form der → *Idiogamie.*

Geitonogenese: Parallelentwicklung.

gekerbt → *Blattrand*

Gel: Durch Wasserentzug verfestigte oder ausgefällte Kolloide.

gelappt → *Blattrand*

Gelbalgen → *Phycophyta*

Gelbbeeren → *Rhamnus*

Gelbbirke → *Betula alleghaniensis*

Gelbeiche → *Quercus muehlenbergii*

Gelbfleckigkeit: Krankhafte, fleckige Vergilbung von Nadeln und Blättern. Mögliche Ursachen: Immissionseinwirkungen (z.B. Ozon), pathogene Pilze (Chrysomyxa-Arten, Lophodermium seditiosum u.a.), Insektenbefall (Saugschäden durch Läuse), Virusinfektionen.

Gelbkiefer → *Pinus ponderosa*

Gelbspitzigkeit: Krankhafte Vergilbung der Spitzen von Koniferennadeln. Mehrere Ursachen möglich, z.B. erste Symptome für Immissionseinwirkungen (SO_2, HF) oder Nährstoffmangel (Mg- und K-Mangel).

Geleitzellen: Nur bei Angiospermen vorkommende, den → *Siebröhren* seitlich anliegende, prosenchymatische Zellen mit großem Kern, reich an Cytoplasma und Mitochondrien. Durch zahlreiche Tüpfel mit Siebröhre verbunden, für die sie offenbar Steuerungsfunktionen übernehmen.

Gemini → *Bivalente*

gemischterbig → *heterozygot*

Gemmamyces piceae (BORTHW.) CASSAGRANDE (syn.: Cucurbitaria piceae BORTHW.) (Pleosporaceae): Erreger einer Knospenkrankheit an Picea pungens. Deutlich verdickte Knospen treiben nicht aus. Folge: Verzweigungsstörungen, Absterben von Ästen. Ab Hochsommer krustenförmiges, schwarzes Stroma mit kugelrunden Fruchtkörpern der Nebenfruchtform Megaloseptoria mirabilis NAUMOV. Schäden in Baumschulen und Christbaumplantagen. Bekämpfung durch Ausschneiden und Fungizide.

Gemmen → *Sporen*

Gemsheide → *Loiseleuria procumbens*

Gen: Erbanlage, Erbfaktor, Cistron. Grundeinheit der auf Chromosomen lokalisierten Erbinformation. Begrenzter Abschnitt auf der DNA, der ein Protein kodiert, somit kleinste Funktionseinheit im Genom, das zusammen mit den Umwelteinflüssen die Merkmalsausprägung bestimmt. Jedes Gen nimmt auf der DNA einen fest bestimmten Ort ein, der als Genlocus bezeichnet wird. Gene auf einander entsprechenden Genloci homologer Chromosomen bilden ein Allel. Ist deren Nukleotidsequenz identisch, so ist das Allel homozygot.

Gendrift → *Alleldrift*

Gene, allelomorphe: Genpaar, Gegengene, Allelogene. Genpaar, das gemeinsam ein bestimmtes Merkmal steuert und in homologen Chromosomen an einander genau entsprechenden Genloci liegt. Bei identischer Nukleotidsequenz der Gene heißen sie homozygot und wirken gleichsinnig auf die Merkmalsausbildung. Ggs. → *heterozygot.*

Gene, gekoppelte: Auf einem gemeinsamen Chromosom lokalisierte Gene.

Generation: (1) In der Genetik: Phase zwischen zwei Fortpflanzungseinheiten, Eltern und Nachkommen.
(2) Allg. Botanik: Entsprechend dem Generationswechsel wird der Sporophyt und der Gametophyt als jeweils eigene G. verstanden.

Generationswechsel: Wechsel zwischen meist zwei (mehreren bei Rhodophyta) sich unterschiedlich fortpflanzenden Generationen im Entwicklungszyklus einer Pflanzenart. Meistens findet ein Wechsel zwischen einer geschlechtlichen, gametenbildenden (Gametophyt) und einer ungeschlechtlichen, sporenbildenden Generation (Sporophyt) statt. Oftmals sind Gameto- und Sporophyt völlig selbständige Pflanzen. Bei den Spermatophyta hingegen bildet sich der Gametophyt im Sporophyten und wird von ihm ernährt. Sind Gametophyt und Sporophyt gleichgestaltet (viele Algen), handelt es sich um einen isomorphen Generationswechsel, sind sie verschieden gestaltet, liegt ein heteromorpher G. vor (Bryophyta, Pteridophyta, Spermatophyta). G. ist i.d.R. mit einem → *Kernphasenwechsel* verbunden (heterophasischer oder antithetischer G.): Haploider Gametophyt repräsentiert die Haplophase, der diploide Sporophyt die Diplophase. Heteromorpher G. mit dominierender Diplophase gilt phylogenetisch als höher entwickelt. G. ohne Kernphasenwechsel (homophasischer G.) selten bei Moosen beobachtet (Abb. S. 194).

generative Zelle: Zelle, die der geschlechtlichen Fortpflanzung dient. Z.B. im Pollen. → *Pollenkeimung.*

Genetik: Vererbungslehre. Beschäftigt sich mit den Mechanismen der Weitergabe von Erbinformation. Als Begründer der G. gilt der Augustinermönch → *Gregor Mendel.*

Genista L. Ginster (engl.: Broom): Gattung der → *Fabaceae* mit ca. 100 Arten in Eur., im mediterranen Afr. und W-Asien. Bewehrte oder unbewehrte, kahle oder seidenhaarige Sträucher oder Halbsträucher mit grünen Zweigen. Blätter wechselständig, ungeteilt oder 3-zählig. Blüten meist goldgelb, Hülsenfrüchte 1- bis mehrsamig. Alle Pflanzenteile giftig. Viele Arten sind charakteristische Elemente der → *Macchie,* → *Garigue* und → *Phrygana* sowie der Heiden des atlantischen Eur. und bevorzugen magere Böden. Alle Arten mit endotropher → *Mykorrhiza;* Bienenweiden.

Genista anglica L. Englischer Ginster (engl.: Needle Furze): Bis 0,4 m hoher Strauch atlantischer Küstengebiete von Portugal über die Brit. Inseln bis S-Schweden. Kalkmeidende Charakterpflanze der Ginster-Heidekraut-Gesellschaften. Auf Weiden, an Böschungen und Wegen sowie in lichten Bi-, Ei- und Ki-Wäldern. Von feuchten, mäßig nährstoffreichen Substraten bis auf sauren Sand oder Torf. Triebe kahl. Kurztriebdornen. Kurze, dichte Blütentrauben.

Genista germanica L. Deutscher Ginster: Bis 0,6 m hoher, veränderlicher Strauch. Areal von M-Frankreich bis zum Balkan (Alpen bis 2 300 m), nördlich über Deutschland, Dänemark und Polen bis W-Rußland. Säurezeiger, fehlt in Kalkgebieten, häufig auf trokkenem Sand (in Wäldern, auf Magerwiesen, Heiden). Triebe gefurcht, weichbehaart, enthalten Gerbstoffe und einen gelben Farbstoff. Blätter am Rand rauhhaarig, Kurztriebdornen. Kurze, dichte Blütentrauben.

Genista pilosa L. Heide-Ginster, Behaarter Ginster (engl.: Green Weed): Niederliegender bis aufsteigender, 10 – 30 cm hoher Strauch. Heimat: Atlantisches und mediterranes Eur. Von Portugal bis S-Schweden und Polen im Norden, im Süden bis zum Balkan. Nicht in den W- und Zentralalpen. Vorwiegend auf kalkarmen, mageren Böden, auf sonnigen Heiden und in Ei- und Ki-Wäldern. Triebe und Blätter zumindest in der Jugend seidenhaarig. Blüten zu 1-3, blattachselständig.

Genista sagittalis L. (syn.: Genistella sagittalis [L.] GAMS, Chamaespartium sagittale [L.] P. GIBBS, Pterospartum sagittale [L.] WILLK., Cytisus sagittalis [L.] W.D.J. KOCH) Flügel-Ginster: Bis 25 cm hoher, rasenbildender Strauch, Triebe mit häutigen, grünen, an den Knoten unterbrochenen Flügeln. Hauptverbreitung in S-Eur. von Spanien bis Balkan, seltener in M-Eur. Blüten zu 3-16 in aufrechten Trauben, V.a. auf kalkarmen, trockenen mageren Böden, auf Heiden, in Ei- und Ki-Wäldern.

Genista scoparius → *Cytisus scoparius*

Genista tinctoria L. Färber-Ginster (engl.: Dryer's Greenweed): Bis 0,6 m hoher, pfahlwurzelnder Strauch, von Eur. (nicht Irland und Skandinavien) bis zum Ural, in den Alpen fast ganz fehlend. Auf trockenen Wiesen, in lichten Ei- und Ki-Wäldern. Grundfeuchtezeiger, gedeiht auf Kalk und Urgestein. Zweige tief gefurcht, kahl oder angedrückt behaart. Blüten in reichblütigen, langen Rispen. Zweige, Blätter und Blüten seit altersher wegen der gelben Farbstoffe Genistein und Luteolin zum Färben benutzt.

Genistella sagittalis → *Genista sagittalis*

Genkarte: (Chromosomenkarte) Graphische Darstellung, die die Lage der Gene auf dem Chromosom kennzeichnet. Wird durch die Trennungshäufigkeit von gekoppelten Genen durch → *Chiasmabildung* ermittelt. Je weiter zwei Gene eines Chromosoms voneinander entfernt liegen, desto größer ist die Wahrscheinlichkeit der Chiasmabildung und der entkoppelten Vererbung.

Genkopplung: Gemeinsames Vorliegen von Genen auf demselben Chromosom. Werden gemeinsam weitervererbt und folgen nicht der 3. → *Mendelschen Regel* (Unabhängigkeitsregel).

Genmutation: Veränderung der Nukleotidsequenz an einem Abschnitt der DNA. Meist schwer feststellbare Kleinmutation, häufig überdeckt durch polygene Steuerung von Merkmalen und rezessive Vererbung.

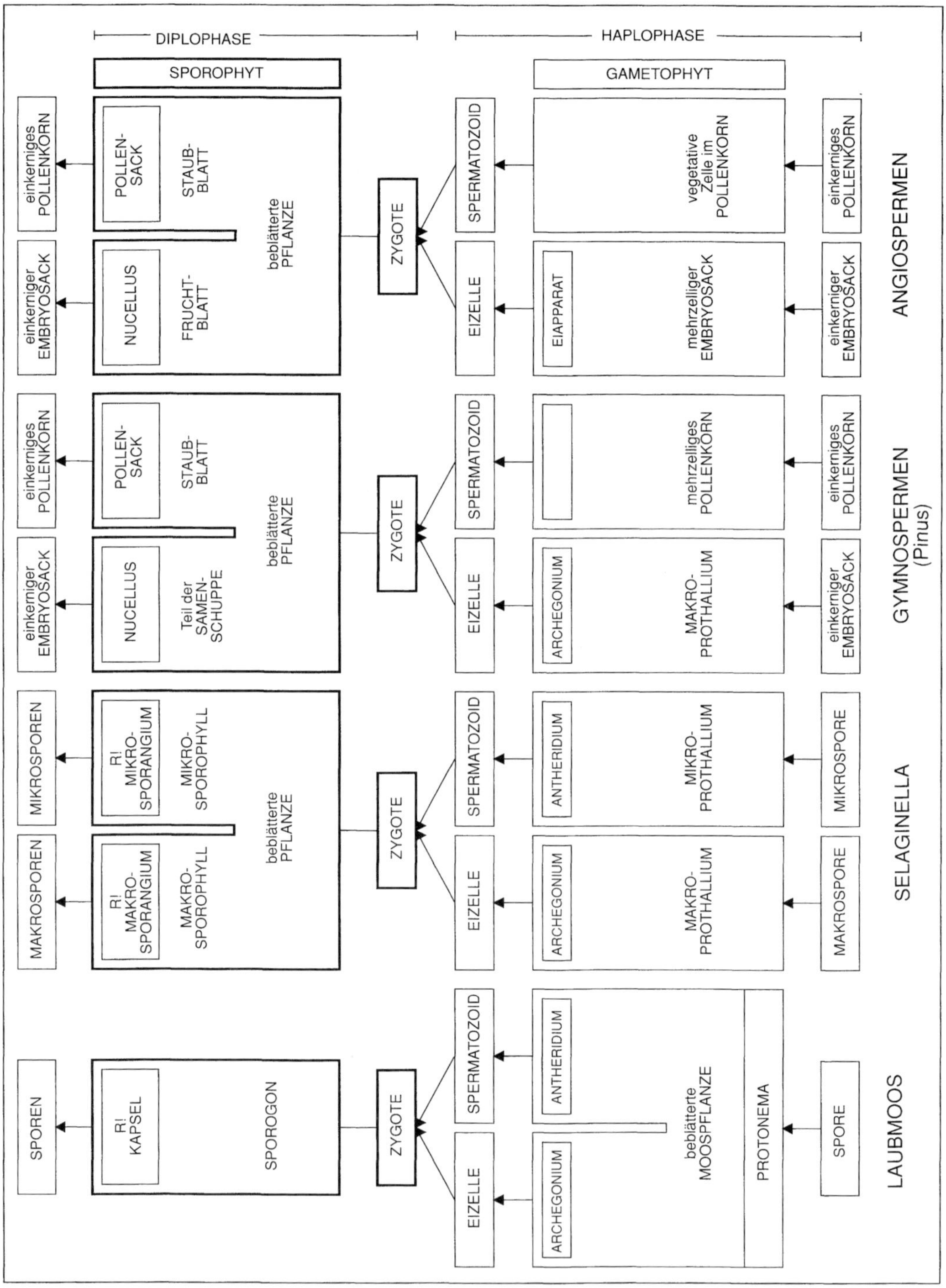

Vergleichende Darstellung des **Generationswechsels** bei Pflanzen unterschiedlicher systematischer Stellung

Genom: Gesamtheit der Gene eines Chromosomensatzes. Die chromosomenfixierte Erbinformation eines Organismus.

Genommutation: 1. Vervielfachung des kompletten Chromosomensatzes (Euploidie). Zumeist ausgelöst durch Störung der heterotypischen Reifeteilung. Dadurch entstehen diploide Gameten. Verschmelzen diese mit einem haploiden oder ebenfalls diploiden Gameten, entsteht eine triploide bzw. tetraploide Zygote. G. führt zu → *Polyploidie.* Forstlich interessant ist die autopolyploide Gigas-Aspe, ein 1936 in Schweden entdeckter, triploider Baum mit hoher Wuchsleistung, der nur vegetativ vermehrt werden kann. 2. I.w.S. versteht man darunter jede numerische Veränderung des Chromosomenbestandes. → *Aneuploidie.*

Genotyp: Genetisches Potential eines Individuums zur Merkmalsausprägung. Wird durch Umwelteinflüsse zum → *Phänotyp* modifiziert. Neuere Definition: Nur der im Zellkern lokalisierte, chromosomenfixierte Teil der Erbinformation als Teil des → *Idiotyps.*

Genpool: Gesamtheit aller Gene einer → *Population.*

Genredundanz → *Redundanz*

Gentechnik: Anwendung biologischer, chemischer und physikalischer Methoden für die Neukonstruktion des Erbgutes.

Gentianaceae: Enziangewächse. Familie der → *Gentianales.* Meist Kräuter mit 4- bis 5-zähligen Blüten, gegenständigen Blättern, ohne Nebenblätter. Fruchtknoten oberständig, coenokarp. Kapselfrüchte. Viele Alpenpflanzen (Gentiana).

Gentianales: Contortae, Einzianartige. Ordnung der → *Asteridae.* Überwiegend Holzpflanzen mit einfachen, meist gegenständigen Blättern und Nebenblättern. Enthalten Indolalkaloide (Giftpflanzen). Leitbündel oft bikollateral (Ausnahme: → *Rubiaceae).* Blütenformel: * K(4-5) C(4-5) A 4-5 G($\underline{2}$) oder G ($\overline{2}$). Fruchtknoten syn- oder parakarp, gelegentlich sekundär apokarp. Gedrehte Knospenlage der Petalen (Contortae!). Wichtige Familien: → *Loganiaceae,* → *Gentianaceae,* → *Apocynaceae,* → *Asclepiadaceae,* → *Rubiaceae.*

Genus → *Taxon*

Genwirkung: Realisierung der genetischen Information. Umfaßt → *Transkription,* → *Translation* und die Merkmalsausprägung.

Genzentrum: Allelzentrum. Mannigfaltigkeitszentrum. Regionen größten Formenreichtums. G. entstehen in Gebieten mit stark schwankenden Umweltbedingungen, die eine einseitige Selektion verhindern.

Geobotanik (Pflanzengeographie): Arbeitsrichtung der Botanik. Untersucht die Verbreitung von Pflanzensippen und -gesellschaften, ihre Abhängigkeiten untereinander und deren Ursachen. Man unterscheidet: a) floristische G. (→ *Arealkunde),* b) zönologische G. (→ *Vegetationskunde),* c) ökologische Geobotanik oder Standortlehre, d) → *historische G.*

Geokarpie: Erdfrüchtigkeit. Durch geotropes Längenwachstum des Blütenstiels wird das befruchtete Gynözeum unter die Erde gedrückt, so daß sich die reife Frucht im Boden befindet (bei Cyclamen, Erdnuß).

Geophyten → *Kryptophyten*

Geotropismus (Gravitropismus): Steuerung des Wachstums unter dem Einfluß der Schwerkraft. Man unterscheidet: 1. Orthogeotropismus (Orthotropismus): Die Sproßachse wächst gegen die Richtung der Erdbeschleunigung senkrecht vom Erdmittelpunkt weg (negativ geotrop), die Wurzel auf den Erdmittelpunkt zu (positiv geotrop). Die lotrechte Orientierung wird auch an Hanglagen aufrechterhalten, unabhängig von der Hangneigung. 2. Plagiogeotropismus (Plagiotropismus): Pflanzen oder deren Seitenorgane wachsen in einem bestimmten, von Fall zu Fall verschiedenen Winkel zur Wirkung der Erdschwerkraft. Ist dieser Winkel 90°, so spricht man von Diageotropismus (z.B. streng horizontal wachsende Seitenwurzeln oder Rhizoide). Zur geotropischen Umstimmung kommt es beim Aufrichten eines plagiotropen Seitensprosses nach Entfernen des Haupttriebes.

Geraniaceae → *Geraniales*

Geraniales: Storchschnabelartige. Zu den → *Rosidae* zählende Ordnung. Überwiegend Kräuter, selten kleine Bäume oder Sträucher. Blüten heterochlamydäisch, choripetal, radiär oder zygomorph, 5-zählig. Androeceum obdiplo-, diplo- oder haplostemon, oft am Grunde verwachsen. Gynoeceum oberständig, oft 5-blättrig. Besondere Mechanismen zur Ausschleuderung von Samen, sonst Spaltfrüchte. Hierher gehören u.a.: Balsaminaceae: K5 C5 A0+5 G($\underline{5}$). Beispiel: Impatiens noli-tangere (Waldspringkraut). Oxalidaceae: Sauerkleegewächse, *K5 C5 A0+5+5 G($\underline{5}$-$\underline{3}$). Beispiel: Oxalis acetosella (Waldsauerklee). Geraniaceae: Storchschnabelgewächse. *K5 C5 A0+5+5 oder 0+0+5 G($\underline{5}$). Beispiele: Geranium (Storchenschnabel), Erodium (Reiherschnabel). Linaceae: Leingewächse, *K5 C5 A0+5+5 oder 0+0+5 G($\underline{5}$). Wichtige Faserpflanzen. Holzig sind: Zygophyllaceae (Jochblattgewächse) mit Guajacum officinale [trop. Amerika; schweres, dauerhaftes Holz (Pockholz)] und Erythroxylaceae (Kokastrauchgewächse) mit Erythroxylum coca und E. novogranatensis, 2-3 m hohe Sträucher aus S-Amerika. Aus Blättern wird Kokain gewonnen.

Gerberlohe → *Gerbrinde*

Gerberstrauch → *Sapindales*

Gerbersumach → *Rhus coriaria*

Gerbrinde: Lohrinde. Rinde von Baumarten, die wegen ihres Gerbstoffgehaltes wirtschaftlich für die Lohgerberei genutzt wurde. Bevorzugte Verwendung fand die G. von Ei, Edelkastanie, Fi, Bi und Wei. Die gemahlene G. wird als »Lohe« oder »Gerberlohe« bezeichnet. Gegenwärtig ohne wirtschaftliche Bedeutung.

Gerbstoffe: Phenolische sekundäre Pflanzenstoffe mit antibiotischer Wirkung. Können Eiweiße ausfällen, ein wichtiger Vorgang beim Gerben von tierischen Häuten. Als Glycoside in der Vakuole vorkommend. Beim Zelltod infiltrieren sie die Zellwand und schützen diese vor Fäulnis. Bei der → *Verkernung* des Holzes oxidieren G. zu braungefärbten Phlobaphenen. Chemisch unterscheidet man: 1. Hydrolysierbare G.: Tannine (polymerisierte → *Phenolcarbonsäuren).* Gehalt in Eicheln 25 bis 30 %, in Eichenrinde 13 %. Auch in Blättern von Rhus typhina. 2. Nicht hydrolysierbare G.: = kondensierte G.. Catechingerbstoffe, die als Oxidationsprodukte Phlobaphene bilden. Hauptsächlich in Holz und Rinde (Eichenrinde 10 %, Fichtenrinde 10 – 18 %, Rinde der Roßkastanie 10 – 18 %).

Gerontoplasten → *Chromoplasten*

gesägt → *Blattrand*

Gesaprim® → *Atrazin*

Gesatop® → *Simazin*

Geschlechtsverteilung: Verteilung männlicher und weiblicher Blüten auf verschiedene Individuen (→ *Monözie,* → *Diözie,* → *Polyözie)* oder innerhalb einer monoklinen Pflanze. Bei anemogamen Arten sind die ♀ Blüten höher inseriert als die ♂. Der Pollen gelangt durch Thermik an die weiblichen Organe.

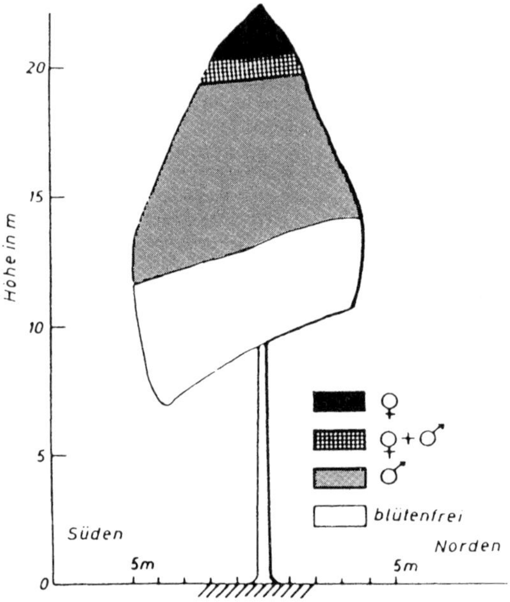

Verteilung der ♀ und ♂ Blüten bei Tanne

Geschlechtszellen → *Gameten*

Geschwisterbestäubung → *Adelphogamie*

Gesellschaftstreue: Bindung einer Art an eine bestimmte Pflanzengesellschaft. Braun-Blanquet unterscheidet 5 Treuegrade: 5 = treu: Art, die ausschließlich oder fast ausschließlich in derselben Einheit der floristischen → *Vegetationsgliederung* vorkommt; 4 = fest: Art, die eine deutliche Bindung an eine pflanzensoziologische Einheit zeigt, daneben aber auch spärlich in anderen Einheiten auftritt; 3 = hold: Art, die in mehreren Einheiten ± reichlich vorkommt, aber in einer ihr Optimum besitzt; 2 = vag: Art ohne besonderen Anschluß an eine bestimmte Einheit; 1 = fremd: Art, die selten oder mehr zufällig in der Einheit vorkommt. Die Definitionen der Treuegrade nach Szafer und Pawlowski sind komplizierter und basieren auf der → *Stetigkeit* und → *Artmächtigkeit.* Arten mit den Treuegraden 5-3 werden als → Charakterarten bezeichnet.

Gewebe: Verbände von Zellen, die stets über Tüpfel miteinander verbunden sind (echte Gewebe), und die entweder gleichartig differenziert sind (z.B. Palisadenparenchym) oder aus verschiedenen Zellen bestehen, aber eine Funktionseinheit bilden (Gewebesysteme wie → *Leitgewebe,* → *Periderm).* Plektenchyme (Scheingewebe) der Pilze bestehen aus vielen, eng miteinander verflochtenen und/oder miteinander verquollenen Hyphen. Bei den echten Geweben unterscheidet man → *Meristeme* (Bildungsgewebe) und → *Dauergewebe.*

Gewebekultur: Kultivierung und Anzucht von isolierten Geweben (Meristem-, Kambium-, Kalluskultur etc.) auf künstlichen Nährmedien. Im Gebrauch sind flüssige und gelartige Nährmedien mit anorganischen (Nährsalze) und organischen (z.B. Saccharose) Zusätzen und Wuchsstoffen. Aus kultivierten Geweben entwickeln sich – je nach Hormonangebot im Nährmedium – ganze Organe wie Wurzeln oder Sprosse, aber auch Embryoide, aus denen ganze Pflanzen entstehen. Varianten der Gewebekultur sind → *Zellkultur,* → *Protoplastenkultur* und → *Meristemkultur.* Zu dem gleichen Begriff werden mitunter auch → *Organ-* und → *Embryokulturen* gerechnet. Verschiedene Formen der G. werden im Rahmen der Forstpflanzenzüchtung für massierte Vermehrung erwünschter Individuen und zur Erhaltung genetischer Ressourcen herangezogen. Mit Kalluskulturen gut vermehrbar sind u.a. Betula pendula, Populus spec. und Prunus spec.. Lh sind i.a. leichter regenerierbar als Nh.

Gewebesystem → *Gewebe*

Geweihbaum → *Gymnocladus*

Gewürzstrauchgewächse → *Laurales*

gezähnt → *Blattrand*

Gezeitenwald (Mangrove): Ein im Gezeitenbereich tropischer Meeresküsten auftretender, immergrüner Wald, dessen Bäume sich durch Stelzwurzeln, Atemwurzeln, → *Viviparie,* schwimmfähige Früchte von langer Lebensdauer und Salzdrüsen auszeichnen. Charakteristisch sind Vertreter der Gattungen Rhizophora, Bruguiera, Avicennia und Sonneratia.

Giant Sequoia → *Sequoiadendron giganteum*

Gibberella baccata → *Fusarium lateritium*

Gibberelline: → *Phytohormone* aus der Gruppe der Diterpene mit tetracyclischem Grundgerüst (Gibban-Skelett). Von den über 50 verschiedenen G. ist die Gibberellinsäure (GA_3) am bekanntesten. Syntheseorte sind u.a. Sproß- und Wurzelspitzen, wachsende Blätter und Früchte. Fördern Zellteilung, Zellstreckung; induzieren Blütenbildung und brechen die Samenruhe (Applikation von G. ersetzt bei manchen Arten das Stratifizieren).

Gift-Sumach → *Rhus toxicodendron*

Giftabteilung: Einstufung der aktuen Toxizität von Pflanzenschutzmitteln für den Anwender in 3 Gruppen

(Giftabteilungen): 1 = sehr giftig; 2 = giftig (z.B. → *Paraquat);* 3 = wenig giftig. Anstelle der G. werden neuerdings EG-einheitliche Symbole verwendet.

Gigantopteris-Flora → *Paläophytikum*

Gigasaspe → *Populus tremula*

Gigasform → *Genommutation*

Gigaswuchs: Erblich bedingter Riesenwuchs durch Polyploidisierung, verbunden mit Zellvergrößerung oder Zellvermehrung. Auch bei Artbastarden kann es zu G. kommen (→ *Additionsbastarde,* → *Allodiploidie).* Bsp. triploide Gigasaspe.

Ginkgo biloba L. Ginkgobaum (engl.: Maidenhair Tree) (Ginkgoaceae): Zu den Gymnospermen zählender, bis 40 m hoher sommergrüner Laubbaum. Relikt einer vor 180 Mio. Jahren weit verbreiteten, artenreichen Gattung (»Lebendes Fossil«). Heimat: China (Tschekiang, Kweitschu). Vor mindestens 1500 Jahren in Japan, seit 1730 in Eur. angepflanzt. Heute beliebter, winterharter Parkbaum, widerstandsfähig gegen Krankheiten, Insekten und Immissionen. Forstl. nicht genutzt. Alte Bäume (max. ≈ 1000 Jahre) mit breiter, unregelmäßig beasteter Krone. Deutliche Gliederung in Lang- und Kurztriebe. Längsrissige, graue Borke. Blätter lang gestielt, fächerförmig, ohne Mittelrippe, fast parallele, gabelig verzweigte Blattnerven; leuchtend gelbe Herbstverfärbung. Blätter an Langtrieben schraubig inseriert, Spreite oft gespalten, oberer Blattrand unregelmäßig. An Kurztrieben büschelig (3-5), meist nicht gespalten und ganzrandig. Blüten zweihäusig verteilt. ♂ in kätzchenförmigen, überhängenden Ständen, ♀ zu 2 oder 3, lang gestielt, grün, mit je 2-3 Samenanlagen. Reife Samen gelblich, 2,5 cm, äußere Schicht der Samenschale fleischig, übelriechend, innere Schicht verholzt. Reife im Okt. des 1. Jahres, Chrom.: 2n = 16. Keimlinge mit 2 Kotyledonen. Holz hell, rel. hart; in Ostasien für Kunstschreinerei genutzt (Schachfiguren, Schreine). Besonderheiten: G.biloba stellt geringe Ansprüche an den Nährstoffgehalt des Bodens, verlangt aber frische Substrate. ♀ Bäume sind in Parks wegen des unangenehmen Geruchs der reifenden, fleischigen Samenschale unerwünscht. Sichere Trennung von ♀ und ♂ Exemplaren ist aber vor der Mannbarkeit (ca. 40 J.) schwierig; allenfalls durch den späteren Blattaustrieb der ♀ Bäume erkennbar. Wegen der noch von Spermatozoiden vollzogenen Befruchtung zählt Ginkgo zu den primitiven Gymnospermen (Abb. S. 198).

Ginkgoatae: Klasse der → *Coniferophytina,* die ihre Blütezeit vom Trias bis zur Kreidezeit hatte, heute nur noch mit einer einzigen Art, → *Ginkgo biloba* vertreten. Diözische Bäume mit in Lang- und Kurztrieben gegliedertem Sproßsystem und kleinem Mark. Blätter mit Gabelnervatur. Blüten mit langen Achsen, stets ohne sterile Blattorgane. ♂ Blüten mit zahlreichen Staubblättern, ♀ mit meist 2 Samenanlagen. Samen an der Basis von → *Cupula* umgeben. Pollensäcke mit → *Endothecium* (wie → *Magnoliophytina).* Zoidiogamie.

Ginster, Behaarter → *Genista pilosa*

Ginster, Deutscher → *Genista germanica*

Ginster, Englischer → *Ginster anglica*

Ginster, Spanischer → *Spartium junceum*

Gipfelknospe → *Terminalknospe*

Gipfeltrieb → *Terminaltrieb*

Gironniera → *Ulmaceae*

Gitterrost der Birne → *Gymnosporangium sabinae*

Glanzmispel → *Rosaceae*

Glanzweide → *Salix glabra*

Glazial → *Eiszeit*

Glazialrefugien: Gebiete, in denen Pflanzen ausdauerten, die durch Vergletscherungen während der Eiszeiten aus ihrem angestammten Verbreitungsgebiet verdrängt worden waren. Von den G. breiteten sie sich in den Zwischeneiszeiten und dem → *Holozän* wieder nach Norden aus. Solche Gebiete sind in Eur. z.B. die kaspische Senke und der Balkan; in Amerika der Südosten N-Amerikas und M-Amerika. G. sind für die Rassen- bzw. Artbildung von Bedeutung, da sich eine Art in verschiedenen G. durch längere Isolation unterschiedl. entwickeln konnte.

Glazialrelikte: Pflanzenarten der arktisch-alpinen und borealen Zone, die während der Eiszeiten nach Süden abgedrängt wurden und die sich dort außerhalb ihres jetzigen Hauptverbreitungsgebietes bis heute gehalten haben. Ihr → *Areal* weist oft → *Disjunktionen* auf, da während der Nacheiszeit konkurrenzstärkere Arten ihr geschlossenes Areal zerrissen (z.B. die Zwergbirke [Betula nana] im Harz, Bayr. Wald und Alpenvorland).

Gleba → *Gasteromycetales*

Gleditschie → *Gleditsia*

Gleditsia L. Gleditschie: Gattung der → *Caesalpiniaceae* mit etwa 11 sommergrünen Baumarten in Asien, N- und S-Amerika sowie im trop. Afrika. Stamm und Äste meist mit einfachen oder verzweigten Dornen; Blätter einfach bis doppelt gefiedert; Blüten in Trauben, unscheinbar, klein, ♂, ♀ und ⚥ am selben Baum (polygam), radiär, mit 3 – 5 Kelch- und Kronblättern; abgeflachte, oft spiralig gedrehte Fruchthülsen, die sich zur Reife nicht oder kaum öffnen. Wichtige Vertreter: G.aquatica MARSH.: SO der USA, Flußsümpfe des Mississippi-Gebietes und der Staaten am Golf von Mexiko; bis 20 m hoch; Hülsen meist nur mit 1 Samen. G.caspica DESF.: N-Persien (am Kaspischen Meer und an unteren Flußläufen des Talsich-Gebirges); bis 12 m hoch; G.japonica MIQ.: O-Asien (China, Mandschurei, Korea, Japan); bis 25 m hoch. G.macracantha DESF.: Zentralchina; bis 15 m hoch. G.sinensis LAM.: O-China, bis 15 m hoch. G.triacanthos L. (Amerikanische Gleditschie, engl.: Honeylocust): Max. 43 m hoher Baum. Stamm und Äste reich mit einfachen oder verzweigten, bis 20 cm langen, stechend spitzen Dornen bewehrt (aber f. inermis WILLD. dornenlos!); Blätter bis 30 cm groß. Blättchen 2 – 3,5 cm lang, im Herbst meist goldgelb; Hülsen 20 – 40 cm lang, rotbraun, Samen in süßlichen Fruchtbrei gebettet. Heimat: O der USA (von PA bis SD, im S von NW-FL bis O-TX). Laubmischwälder der Flußniederungen (meist nur bis 600 m ü.NN) auf feuchten, alluvialen, kalkreichen Böden; seltener auch auf trockenen Standorten; sekundär auf Ödländereien. Lichtholzart. In Mitteleuropa häufiger Parkbaum.

Ginkgo biloba: *a* beblätterter Kurztrieb, *b* beblätterter Kurztrieb mit männl. Blüten, *c* beblätterter Kurztrieb mit weibl. Blüten, *d* weibl. Blüte

Holz ringporig, schwer und hart, dauerhaft, mit rotbraunem Kern, wirtsch. Bedeutung gering. Früchte süß, beliebtes Viehfutter.

a

b

Gleditsia *a* mit Blütenständen, *b* Stammdornen

Gleditsia triacanthos → *Gleditsia*

Gleichblättrigkeit → *Isophyllie*

Gliederfrucht: Bruchfrucht, die bei der Reife durch Bruch der Karpellwände in einsamige Teilfrüchte (→ *Klausen)* zerfällt. Z.B. Gliederhülse (Ornithopus sativus), Gliederschote (Raphanus raphanistrum).

Gliederhülse → *Bruchfrucht*

Gliederschote → *Bruchfrucht*

Gliederzypresse → *Tetraclinis*

Globulärproteine → *Proteine*

Globularia L. Kugelblume: Gattung der → *Globulariaceae* mit 28 Arten. Häufig: G. cordifolia L. (Herzblättrige Kugelblume): Immergrüner Zwergstrauch mit kriechenden, holzigen Zweigen und aufrechten, bis 10 cm hohen Blütentrieben. Blätter rosettig, i.d.R. ausgerandet. Blüten in kugeligen Köpfchen, endständig. Areal vom franz. Jura über die Alpen bis zur Tatra. Rohbodenpionier der montanen und alpinen Stufe, meist auf Kalk.

Globulariaceae → *Scrophulariales*

Glockenblumenartige → *Campanulales*

Glockenblumengewächse → *Campanulaceae*

Glockenheide → *Erica tetralix*

Gloeophyllum abietinum (Bull. ex Fr.) Karst. Tannenblättling: Hinsichtlich Lebensweise, Vorkommen und Morphologie ähnlich G. sepiarium, aber Fruchtkörper schmaler (bis 3 cm), eher einfarbig und ohne Zonierung. Oft in langen Reihen, Lamellen in rel. weiten Abständen.

Gloeophyllum odoratum (Wulf. ex Fr.) Imaz. Fenchelporling, Fencheltramete. (Polyporaceae): Braunfäuleerreger an alten, mächtigen Fi-Stubben in schattiger, feuchter Lage. An der Schnittfläche auffällige, bis 30 cm breite Fruchtkörper mit schwarzbraunem, aufgewölbtem Zentrum und rostrotem, deutlich hellerem Rand. An senkrechten Flächen als dicke, korkig-feste Konsolen. Unterseits zimtbraune Röhren mit rundlichen Poren. Mehrjährig. Kennzeichen: Frische Pilze riechen nach Fenchel.

Gloeophyllum odoratum

Gloeophyllum sepiarium (Wulf. ex. Fr.) Karst. Zaunblättling (Polyporaceae): Intensiver Braunfäuleerreger an liegendem und verbautem Nadelholz. Große wirtschaftl. Bedeutung. Häufig an Fensterholz, Masten, Pfählen und Holz im Dachbereich. Liebt Feuchtigkeit, übersteht aber auch ausgedehnte Trockenperioden. Wirksamer Schutz nur durch Holzschutzmittel. Zersetzt zuerst die feuchten, inneren Bereiche und fruktifiziert spät. Deshalb an verbautem Holz Gefahr des (zu) späten Erkennens. Fruchtkörper variabel in Form und Farbe. Auf Stockoberflächen bis 5 cm breite, zähe, halbkreisförmige Hüte, rostbraun gezont. Kennzeichen: Trama rostbraun, Hymenophor mit dichtstehenden Lamellen. An verbautem Holz erscheinen Fruchtkörper meist in Reihen aus Trockenrissen.

Gloeosporium fagi → *Apiognomonia errabunda*

Gloeosporium platani → *Apiognomonia veneta*

Gloeosporium quercinum → *Apiognomonia quercina*

Gloeosporium tiliae → *Apiognomonia tiliae*

Glomerella miyabaena (Fuckel) Arx »Rutenbrenner«: Nebenfruchtform: Colletotrichum gloeosporioides Renz. (Polystigmataceae). Wirtschaftl. wichtige Blatt-, Rinden- und Triebkrankheit in Korbweidenkulturen. Bekämpfung mit Fungiziden. Anfangs kleine, schwarze Rindenflecke, später längliche Rindennekrosen von unregelmäßiger Form. Parallel dazu dunkelrote bis schwarze Blattflecke, die zu Blattverformung und Blattfall führen können. Weißliche Konidienlager auf den Nekrosen.

Glossopteris-Flora → *Gondwana-Flora*

Glucane → *Hemicellulosen*

Glucke, Breitblättrige → *Sparassis laminosa*

Glucke, Krause → *Sparassis crispa*

Glucose: Traubenzucker. → *Monosaccharid* (Hexose). Endprodukt der → *Photosynthese.* Wichtigste energieliefernde Substanz (→ *Dissimilation)* und als Monomere von → *Stärke* und → *Cellulose* auftretend.

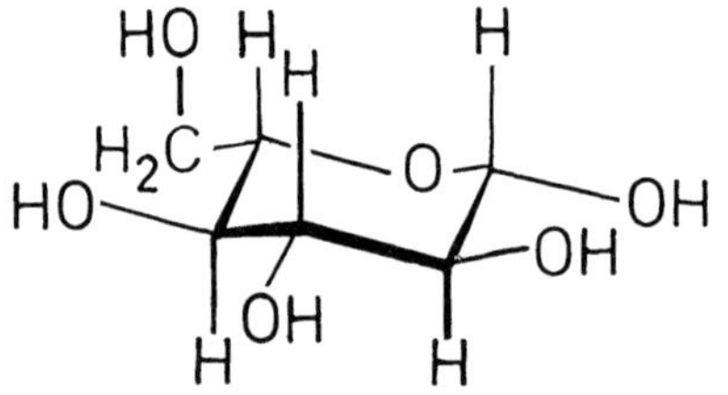

ß-D-Glucose

Glycolipide:→ *Lipoide*

Glykogen: → *Polysaccharid.* Reservestoff vieler Schizomyceten und Mycophyta. Stark verzweigte Kettenmoleküle aus -D-Glucoseresten.

Glykolyse: Im Cytoplasma stattfindender Teilprozeß der → *Atmung* bzw. → *Gärung.* Hier wird die Glucose in 2 C_3-Körper (Brenztraubensäure) gespalten. Die dabei freiwerdende Energie wird zur Synthese von → *ATP* genutzt. Außerdem entstehen → *Reduktionsäquivalente* im Form von NADH + H^+.

Glykophyten: Pflanzen, die nur auf salzarmen Standorten wachsen.

Glykoside: Zuckerverbindungen. Bindungspartner können ein weiterer Zucker sein oder sehr unterschiedliche organische Substanzen wie Alkohole (→ *Anthocyane)* oder N-Verbindungen (→ *Nukleoside).* Den Nichtzuckeranteil nennt man Aglykon. Zur Gruppe der G. zählen auch eine Vielzahl pflanzlicher → *Sekundärstoffe.*

Glyoxylsäurezyklus: Abbau der Neutralfette und Umbau der Fettsäuren in Kohlenhydrate. Vorgang findet bei Eukaryoten in den → *Glyoxysomen* statt.

Glyoxysomen → *Cytosomen*

Glyphosate (N-Phosphonomethylglycin): Organische Phosphorverbindung mit breiter herbizider Wirkung. Eingesetzt gegen Gräser, Kräuter, Holzgewächse und Adlerfarn. Aufnahme über die Blätter, Transport im Phloem. Gute Wirkung gegen Wurzelunkräuter (Quekke). Anwendung in Wasserschutzgebieten verboten. Handelsname: Roundup®. LD_{50} (Ratte): 4 320.

Glyptostrobus ENDL. Wasserfichte: Mit nur einer Art, G. pensilis (STOUNTON) K.KOCH, besetzte Taxodiaceen-Gattung aus SW China. Kleiner, rel. seltener Baum mit sehr heteromorpher Beblätterung. Am selben Baum teils nadelartig wie Taxodium, teils pfriemlich-sichelförmig wie Cryptomeria und teils schuppenförmig wie Cupressus. In M-Eur. nicht winterhart.

Glyzine → *Wisteria*

Gnetatae: Chlamydospermae. Klasse der → *Cycadophytina* mit 3 Gattungen in 3 Familien. Holzpflanzen mit hochdifferenziertem Xylem (Holzfasern, Tracheiden, Tracheen) und Phloem (Siebröhren mit Geleitzellen). Dekussierte Blattstellung. Extrem reduzierte (nur 1 Samenanlage bzw. ein Staubblatt), meist eingeschlechtige, oft diözisch verteilte Blüten mit Perianth. Staubblätter, denen der Magnoliophytina ähnlich. Makrosporophylle nicht ausgebildet: Samenanlagen sitzen direkt an Blütenachse. Erwähnenswert: Welwitschia aus SW-Afrika mit mächtigem, unterirdischem Stamm (Ø bis 1 m) und 2 permanent wachsenden Laubblättern. → *Ephedra:* Mediterrane Rutensträucher mit Schuppenblättern; auch in Trockengebieten Asiens und Amerikas. Gnetum: Bäume, Sträucher oder Lianen in tropischen Regenwäldern. Gnetatae gelten nicht als Vorfahren der Magnoliophytina, sondern sind eine Parallelentwicklung.

Gnetum → *Gnetatae*

Gnomonia errabunda → *Apiognomonia errabunda*

Gnomonia platani → *Apiognomonia veneta*

Gnomonia quercina → *Apiognomonia quercina*

Gnomonia veneta → *Apiognomonia veneta*

Götterbaum → *Ailanthus*

Goldjohannisbeere → *Ribes aureum*

Goldfleckenkrankheit der Pappel → *Taphrina populina*

Goldglöckchen → *Forsythia*

Goldkastanie → *Fagaceae*

Goldlärche → *Pseudolarix amabilis*

Goldpflaumengewächse → *Chrysobalanaceae*

Goldregen → *Laburnum*

Goldregen, Gemeiner → *Laburnum anagyroides*

Goldröschen → *Kerria japonica*

Golgiapparat → *Dictyosomen*

Gondwana-Flora (Glossopteris-Flora): Vegetation des Südkontinents (Gondwana-Land). Vom → *Karbon* bis ins Trias auftretend mit → *Pteridospermae* (Glossopteris), → *Pteridophyta* und Vorläufern der → *Gymnospermae.*

Gonen → *Sporen*

Gonidien: Algenzellen im Flechtenthallus. Oft in einer separaten Schicht (Gonidien- oder Algenschicht) angeordnet. → *Lichenes.*

Goodeniaceae → *Campanulaceae*

Gooseberry, Common → *Ribes uva-crispa*

Gorse → *Ulex*

Gränke → *Andromeda*

Grätenblattgewächse → *Ochnaceae*

Glyptostrobus pensilis: Beblätterter Sproß mit Zapfen

Gram-Färbung: Wichtige Färbemethode zur Diagnose von → *Schizomycetes* (benannt nach dem Bakteriologen Gram). Hitzefixierte Bakterienausstriche werden mit wäßr. Phenol-Gentianaviolett-Lösung gefärbt und mit Lugolscher Lösung gebeizt. Bei gram-negativen Bakterien läßt sich der Farbstoff mit Alkohol wieder auswaschen, bei gram-positiven hingegen nicht mehr. Dieser Unterschied beruht auf Verschiedenartigkeiten in der Zellwandzusammensetzung.

gram-negativ → *Gram-Färbung*

gram-positiv → *Gram-Färbung*

Gramineae → *Poales*

Gramoxone® → *Paraquat*

Grana-Thylakoide → *Chloroplasten*

Granatapfel → *Punica*

Grannentanne → *Abies bracteata*

Grannenkiefer → *Pinus aristata*

Granulat: Körniger Stoff rel. einheitlicher Teilchengröße (> 100 µm), aber unregelmäßiger Gestalt, der im wesentlichen aus Trägersubstanz besteht und Wirkstoffe von Bioziden enthält. Bodenherbizide werden oft als G. ausgebracht. Applikation mit Granulatstreuern.

Granum → *Chloroplasten*

Grapefruit → *Citrus*

Grasbäume → *Liliales*

Grass Stage → *Pinus palustris*

Grauerle → *Alnus incana*

Grauheide → *Erica cinerea*

Graupappel → *Populus canescens*

Grauschimmelfäule → *Botrytis cinerea*

Grautanne → *Abies concolor*

Grauweide → *Salix cinerea*

Gravitropismus → *Geotropismus*

Greenweed, Dryer's → *Genista tinctoria*

Gremmeniella abietina → *Scleroderris lagerbergii*

Grenzplasmolyse → *Plasmolyse*

Grenzwerte: (1) Zahlenbereiche, bezogen auf Nährstoffgehalte in Böden oder Pflanzen, unterhalb derer die Wuchsleistung abfällt. G. sind nicht allgemeingültig, sondern standort- u. baumartengebunden.

Element	Versorgung			
	mangelhaft		ausreichend	
	Fichte	Kiefer	Fichte	Kiefer
N	<1,31	<1,31	>1,50	>1,60
P	<0,12	<0,12	>0,13	>0,13
K	<0,34	<0,43	>0,42	>0,50
Ca	<0,11	<0,06	>0,36	<0,29
Mg	<0,08	–	>0,11	>0,06

Grenzwerte für Nährstoffgehalte (% der Trockensubstanz) in Nadeln von Kiefer und Fichte (nach GUSSONE 1964)

(2) z.T. per Gesetz festgelegte Höchstmengen schädlicher Stoffe, Mikroorganismen oder Krankheitserreger, die in bestimmten Medien (Wasser, Luft etc.) enthalten sein dürfen. Grenzwerte sind als Richtwerte Entscheidungshilfen beim Vollzug des Umweltschutzes. Ihre Einhaltung garantiert nicht immer das Ausbleiben schädlicher Einwirkungen auf Mensch und Umwelt. Gelegentlich werden G. aus ökonomischen Gründen drastisch heraufgesetzt, so z.B. für Rückstände von Pflanzenschutzmitteln in Gemüsen und Pilzen. Emissions- und Immissionsgrenzwerte sind u.a. in der Großfeuerungsanlagenverordnung (BGBl. I, S. 719) v. 22. Juli 83 und der Ersten Allgemeinen Verwaltungsvorschrift zum Bundes-Immissionsschutzgesetz (Technische Anleitung zur Reinhaltung der Luft – TA Luft) v. 27. Febr. 1986 (GMBl. S. 95) verankert. Immissionswerte zum Schutz vor Gesundheitsgefahren (aus TA-Luft):

Schadstoff	IW 1	IW 2	
Schwebstaub (ohne Berücksichtigung der Staubinhaltsstoffe)	0,15	0,30	mg/m³

Schadstoff	IW 1	IW 2	
Blei und anorganische Bleiverbindungen als Bestandteile des Schwebstaubs – angegeben als Pb –	2,0	–	µg/m³
Cadmium und anorganische Cadmiumverbindungen als Bestandteile des Schwebstaubs – angegeben als Cd –	0,04	–	µg/m³
Chlor	0,10	0,30	mg/m³
Chlorwasserstoff – angegeben als Cl –	0,10	0,20*)	mg/m³
Kohlenmonoxid	10	30	mg/m³
Schwefeldioxid	0,14	0,40	mg/m³
Stickstoffdioxid	0,08	0,20	mg/m³

*) Solange Chlorwasserstoff nicht einwandfrei getrennt von Chloriden gemessen werden kann, gilt für IW2 0,30 mg/m³. IW 1 = Langzeitwert, IW2 = Kurzzeitwert

Grevillea → *Proteales*

Griffel → *Stempel*

Grobwurzeln → *Wurzelsystem*

Großblattpappel → *Populus lasiocarpa,* → *Populus*

Großmutation: Veränderung des Erbgutes, die sich deutlich in der phänotypischen Ausprägung niederschlägt; z.B. Schlitzblättrigkeit bei Bu und Hbu, Pyramidenwuchs, Zwergwuchs etc.

Grossularia uva-crispa → *Ribes uva-crispa*

Grossulariaceae → *Saxifragaceae*

Grubbiaceae → *Ericales*

Grünalgen → *Phycophyta*

Gründüngung: Anbau von sog. Hilfspflanzen mit eiweißreicher Streu zur Verbesserung des biologischen Bodenzustandes, z.B. Unterbau mit Lupine, Klee, Er, Rob, Besenginster, dadurch Zunahme von N-Umsatz, N-Vorrat und N-Versorgung der Standorte. → *Stickstoff-Fixierung.*

Grüneiche → *Quercus ilex*

Grünerle → *Alnus viridis*

Grünesche → *Fraxinus pennsylvanica*

Grünfäule → *Chlorosplenium aeroginascens*

Grundgewebe → *Parenchym*

Grundspirale: Genetische Spirale. Im → *Blattstellungsdiagramm* aller schraubigen Blattstellungen (→ *Dispersion)* kann durch die Mitte der aufeinanderfolgenden Blattansätze eine Spirallinie gezogen werden, deren Richtung ist meist zufällig; so sind z.B. 50 % der Fi- und Ki-Zapfen linksläufig, 50 % sind rechtsläufig.

Guajacum → *Geraniales*

Guanin: Heterocyklische Base, wie → *Adenin* ein Purinderivat (→ *Purine);* Baustein von → *DNA,* → *RNA* (in beiden Nukleinsäuren komplementär zu → *Cytosin)* und → *GTP.*

Guignardia aesculi (PECK) STEW. Erreger einer Blattbräune der Roßkastanie: 2 Konidienformen: Asteromella aesculicola (SACC.) PETR. mit stäbchenförmigen Sporen; Phyllostictina sphaeropsoidea (ELLIS et EV.) PETR. mit eiförmigen, rel. großen Sporen (Dothideaceae). Eine häufige und auffällige, nur an Roßkastanie auftretende Blattkrankheit, die sich seit Beginn der fünfziger Jahre stark ausbreitet. Symptome: Ab Mitte Juli erscheinen mehrere Zentimeter große, unregelmäßig geformte, dunkelbraune Blattflecke, stets umgeben von einer helleren, gelblichen Randzone. Einrollen der Blätter nach oben, vorzeitiger Blattfall. Kennzeichnend sind die Pyknidien (Nebenfruchtform), die mit bloßem Auge als schwarze Punkte auf den Nekrosen zu erkennen sind. Neuinfektion im Frühjahr durch Ascosporen, die sich in abgefallenen Blättern entwickeln. Zu verwechseln mit Streusalzschäden (Blattrand-Nekrosen), bei denen aber die Pyknidien fehlen.

Guignardia aesculi

Gum tree → *Eucalyptus*

Gummen: Klebrige, an der Luft sich erhärtende Substanzen, die bei Auflösung von Zellwänden (= Gummosis) in Samen, Früchten, in Holz und Rinde durch Abbau der → *Hemicelullosen* und Pektinstoffe entstehen.

Gummi arabicum → *Acacia*

Gummifluß → *Gummosis*

Gummosis (Gummifluß): Zumeist tropfenförmiger Ausfluß gummiartiger Substanzen aus der Stamm- oder Astrinde von Steinobst- und Citrusarten nach Virus-, Bakterien-, Pilz- oder Insektenbefall. Die austretenden Stoffe entstehen durch Verquellung von Gefäßbestandteilen und jungen Holz- und Bastfasern. → *Gummen.*

Gurkenmagnolie → *Magnolia acuminata*

Guttapercha: Aus ca. 100 Isoprenresten aufgebautes Polyterpen von kautschukähnlicher Konsistenz, das bei Kälte hart wird. Genutzt für Kabel-Isolierungen und medizinische Zwecke. Gewonnen aus baumförmigen Palaquium-Arten und aus der Wurzelrinde von Euonymus europaea. und E. verrucosa. → *Terpenoide.*

Guttaperchabaum, Chinesischer → *Hamamelididae*

Guttation: Abgabe flüssigen Wassers durch besondere Wasserspalten (→ *Hydathoden*), die das Wasser teils passiv, teils aktiv ausscheiden. Vorkommen an Blattspitzen bei Monokotyledonen und an Blatträndern bei Dikotyledonen.

Guttiferales → *Theales*

Gymnocladus dioicus

Gymnocladus Lam. Geweihbaum: Gattung der → *Caesalpiniaceae.* Unbewehrte, sommergrüne Bäume mit kräftigen Zweigen und sehr großen, stets doppelt gefiederten Blättern; Blüten unscheinbar, in endständigen traubigen Ständen, i.d.R. 5-zählig, radiär, gewöhnlich zweihäusig verteilt, seltener auch zwittrig; Fruchthülsen abgeflacht, enthalten Saponin, fallen ungeöffnet vom Baum, Samen in süßlichen Fruchtbrei gebettet. Nur 2 Arten: G. chinensis Baill.: China; seltener, kleiner (bis 13 m) Baum; Früchte zur Seifenherstellung genutzt. G. dioicus (L.) K. Koch (syn.: G.canadensis Lam.; engl.: Kentucky Coffeetree): Bis 33 m hoher Baum im mittl. O der USA (NY bis S-ON und S-MN, im S bis OK und AL). Von Natur aus sehr seltene, raschwüchsige Laubmischwaldart feuchter Niederungsböden. Beliebter Zierbaum, auch in mitteleurop. Parks gelegentlich anzutreffen. Holz ringporig mit hellbraunem bis rötlichem Kern, hart und schwer; ohne Bedeutung auf dem Holzmarkt, da zu selten. Die gerösteten Samen dienten früher als Kaffeersatz; daher der Name »coffeetree«.

gymnokarp → *Basidiokarp*

Gymnospermae: Nacktsamer. Stammesgeschichtlich alte (seit Paläozoikum), zu den → *Spermatophyta* zählende Pflanzengruppe. Samenanlagen nicht in einem Fruchtknoten eingeschlossen, sondern frei zugänglich. Holzpflanzen mit sekundärem Dickenwachstum. Xylem aus Tracheiden mit großen Hoftüpfeln (nicht bei → *Gnetatae*). Siebzellen nicht röhrenartig vereinigt. Geleitzellen fehlen. Blüten eingeschlechtig, ohne deutlich differenziertes Perianth. Unitegmische Samenanlagen mit Makroprothallium (prim. Endosperm) und reduzierten Archegonien. Oft zapfenartige Blütenstände. 800 Arten bekannt. Hierher gehören: → *Coniferophytina* und → *Cycadophytina.*

Gymnospermenzeit → *Mesophytikum*

Gymnosporangium: Gattung der Pucciniaceae (→ *Uredinales*). Kennzeichen: Langgestielte, zweizellige Teleutosporen mit stark gelatinöser Wand. Wichtige Vertreter sind: G. clavariaeforme (Jaquin)DC. Weißdorn-Gitterrost. Ruft weltweit Blattflecken und -verformungen an Crataegus, Pyrus, Malus, Sorbus (Haplophase) sowie spindelförmige Zweiganschwellungen an Juniperus-Arten (Diplophase) hervor, aus denen im Frühjahr orangefarbene, lappige Teleutolager hervorbrechen. G. juniperi-virginianae, Nordamerik. Apfelrost (Cedar Apple Rust) verursacht Blattflecken, Hypertrophien, Fruchtschäden an Malus (Haplophase) Gallen und Zweiganschwellungen an Juniperus (Diplophase), G. confusum Plowr., Blattschäden an Crataegus, Cotoneaster, Cydonia, Mespilus, Pyrus, Sorbus (Haplophase), Zweiganschwellungen und lappige bräunliche Teleutolager (Diplophase) an Juniperus-Arten. G. cornutum Kern.: Aecidienwirt ist Sorbus aucuparia, Teleutowirt Juniperus communis. Schäden analog zu anderen G-Arten. → *G.sabinae* (Dicks.)Winter, Gitterrost der Birne. In M-Eur. häufiger Schädling in Garten und Wald.

Gymnosporangium sabinae: Teleutolager auf Juniperus

Gymnosporangium sabinae (Dicks.) Winter Erreger des Gitterrostes der Birne, Wacholderrost: Zwischen Rosaceae (hauptsächlich Pyrus) und Juniperus-Arten obligat wechselnder Rostpilz, der an J.communis und

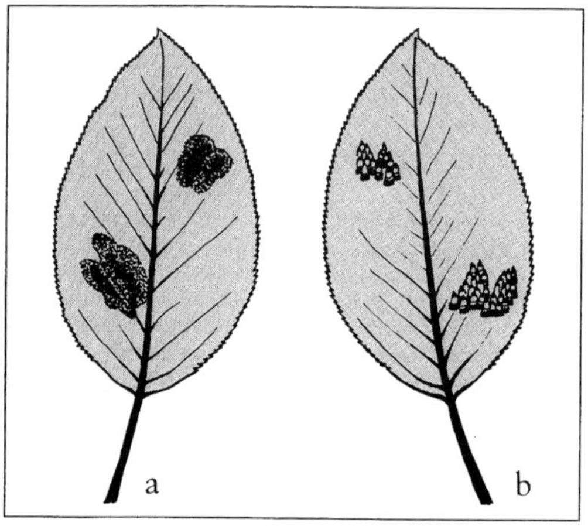

Gymnosporangium sabinae: Schadbild an Birnenblättern: *a* Flecken auf der Oberseite, *b* Aecidien auf der Unterseite

J. sabina spindelförmige Anschwellungen an Ästen und Stämmen auslöst, im Wald aber ohne wirtschaftl. Bedeutung bleibt. Auffallend sind die bräunlichen, bei Nässe stark anschwellenden, gallertartigen Teleutolager. Die Uredoform wird nicht ausgebildet. Empfindliche Schäden jedoch an Pyrus communis (Haplophase): Flecke und Wucherungen an Blättern und Trieben.

Gynaeceum → *Gynoeceum*

Gynandrae → *Orchidales*

Gynodiözie → *Subdiözie*

Gynoeceum: Gynaeceum. Gesamtheit der Fruchtblätter in einer Blüte. Sie sind entweder frei, d.h. nicht miteinander verwachsen (→ *Apokarpie)* oder zum → *Stempel* verwachsen (→ Coenokarpie). G. ist der ♀ Teil der Blüte.

gynözisch: Nur mit weiblichen Blüten.

Gynomonözie: Gynodiözie. → *Subdiözie.*

Gynophor: Gestrecktes Internodium zwischen Androeceum und Gynoeceum. Bei Capparales.

Gynostegium → *Asclepiadaceae*

Gynostemium → *Orchidaceae*

H

Haarbirke → *Betula pubescens*

Haare: Trichome. Ein- oder mehrzellige Gebilde des primären Abschlußgewebes (→ *Epidermis* oder → *Rhizodermis)* von sehr mannigfaltiger Gestalt. Man unterscheide:
– Einzellige Haare: – Papillen: kurze, kegelförmige Ausstülpungen (1) (Bsp. Knospenschuppen von Picea oder Tsuga); – Schlauchhaare: lange, schlauchförmige Gebilde (2) (Bsp. Wurzelhaare, Samenhaare von Baumwolle); – Borstenhaare: zugespitzte, starre Gebilde mit verkalkter oder verkieselter Membran (3) (Bsp. Boretsch); – Brennhaare: ähnlich Borstenh.; erweiterter Haarfuß wird von becherförmigem Sockel aus epidermalen und subepidermalen Zellen (→ *Emergenz)* eingeschlossen; die eigentliche, nach oben stark verjüngte Haarzelle endet in schräg aufgesetztem Köpfchen, das bei Berührung an praeformierter Stelle abbricht (4) (Bsp. Brennessel); – Sternhaare, einzellig: verzweigte Haarzelle mit stielartiger Basis (5) (Bsp. Blattunterseite von Grauerle, Silberpappel).
– Mehrzellige Haare: – Fadenhaare: schlauchförmig, teilw. mit verlängerter Endzelle (6) (Bsp. Edelweiß); – Sternhaare, mehrzellig: stark verzweigt, bilden wolligen Überzug (7) (Bsp. Königskerze); – Schuppenhaare: syn. Schildhaare; zumeist gestielt, oben einschichtig, scheibenartig verbreitert (8) (Bsp. Sanddorn); – Drüsenhaare: gestielt oder flach anliegend (= Drüsenschuppen), i.d.R. mehrzellig mit köpfchenartig verdickter Endzelle; die synthetisierten Exkrete (ätherische Öle, Schleimstoffe) lagern sich zwischen Cuticula und Wand ab (9) (Bsp. Minze, Thymian, Knospenschuppen von Roßkastanie, Schwarzpappel);
H. dienen der Aufnahme von Wasser und darin gelöster Substanzen (Wurzelh.), der Befestigung windender oder rankender Pfl. (Klimmh.), der Verbreitung von Samen (Schlauchh.), dem Schutz vor Fraß (Borsten-, Brennh.); tote H., durch das Eindringen von Luft weiß erscheinend, reduzieren die Transpiration.

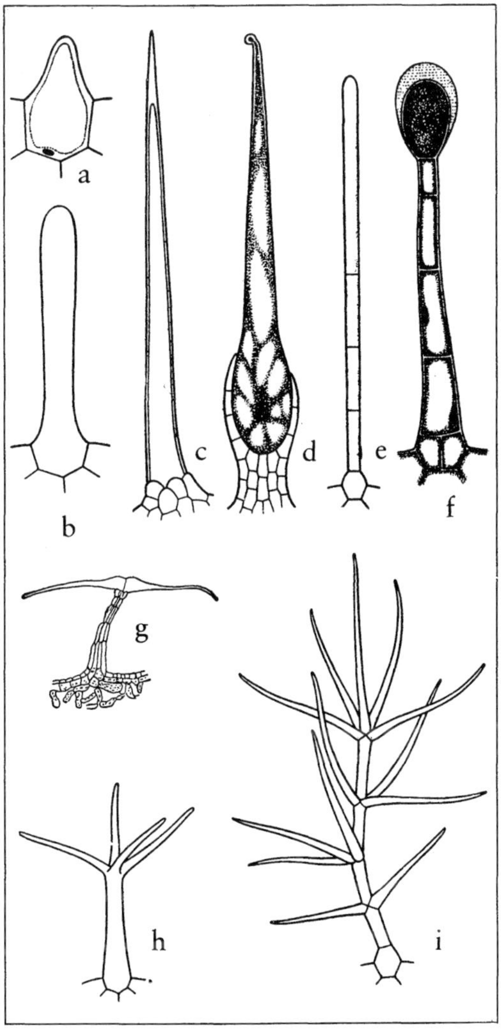

Verschiedene Formen von **Haaren:** *a* Papille, *b* Schlauchhaar, *c* Borstenhaar, *d* Brennhaar, *e* Fadenhaar, *f* Drüsenhaar, *g* Schuppenhaar, *h* Sternhaar, einzellig, *i* Sternhaar, mehrzellig

Haarflechten: Fadenflechten. Kleine, einfach gebaute Flechten. Einzelne Algenfäden (Chloro- oder Cyanophyceae) werden von Pilzhyphen umsponnen. Auf Gestein lebend. → *Lichenes.*

Haarflieger → *Anemochorie*

Hackberry → *Celtis*

Hadrom: Ältere Bezeichnung für das leitende u. speichernde Gewebe des Xylems ohne Einbeziehung der Xylemfasern.

hadrozentrisch → *Leitbündel*

Hängebirke → *Betula pendula*

Hängeformen: Trauerformen. Erblich bedingte, durch hängende Äste und Zweige gekennzeichnete Bauform insbes. bei Wei, auch bei Es, Bu, Ul.

Hängeforsythie → *Forsythia suspensa*

Hängeweide, Chinesische → *Salix babylonica*

Haffdorn → *Hippophae*

Haftmittel: Zusatz zu Fungiziden oder Insektiziden, um deren Haftfähigkeit auf Pflanzenoberflächen zu erhöhen und damit ihr vorzeitiges Abwaschen durch

Niederschläge zu verhindern. Teils den käufl. Präparaten zugesetzt, teils separat erhältlich.

Haftscheibe → *Appressorium*

Hagebuche → *Carpinus betulus*

Hagedorn → *Crataegus*

Hagedorn, Kleinblütiger → *Rosa*

Hagelschäden: Hagelkörner verursachen mechanische Schäden an jungen Trieben, Stamm- und Astrinde und Blattorganen von Waldbäumen. Die Folgen sind Blatt- und Nadelverluste, Triebkrümmungen und -sterben, Zuwachsminderungen und Kronenschäden. Hagelwunden bilden Eintrittspforten für parasitäre Pilze, z.B. Phomopsis pseudotsugae, Phellinus pini. Nh (insbes. Fi, Ki und Strobe) sind stärker gefährdet als Lh (bes. Ei, Er, Rob.). Abwehrmaßnahmen fehlen. Prophylaxe: Kein Anbau gefährdeter Baumarten in hagelgefährdeten Gebieten.

Hagelschäden an Fichte 1984 (Autobahn München-Haar)

Hahnendorn → *Crataegus crus-galli*

Hahnenfußartige → *Ranunculales*

Hahnenfußgewächse → *Ranunculaceae*

Hahnensporn-Weißdorn → *Crataegus crus-galli*

Hainbuche, Amerikanische → *Carpinus caroliniana*

Hainbuche, Herzblättrige → *Carpinus cordata*

Hainbuche, Japanische → *Carpinus japonica*

Hainbuche, Orientalische → *Carpinus orientalis*

Hakenkiefer → *Pinus mugo*

Halbfrucht → *Frucht, abgeleitete*

Halbmast → *Mast*

Halbparasiten → *Parasiten*

Halbstrauch: Ausdauernde, sich dicht über dem Erdboden verzweigende Pflanze, bei der nur die Sproßbasis verholzt ist. Der obere, krautige Teil stirbt alljährlich ab und wird im folgenden Frühjahr wiederum durch krautige Triebe ersetzt (z.B. Salvia officinalis).

Halesia → *Styracaceae*

Hallimasch → *Armillaria mellea*

Halm: Hohle, durch Querwände (Diaphragmen) deutlich gegliederte Sproßachse bei Gräsern.

Halophyten (Salzpflanzen): Pflanzen, die bei hohem Salzgehalt des Bodens oder Wassers gedeihen. Außer im Meer wachsen H. im Brackwasser und an Meeresküsten, im Binnenland an Salzquellen und in Trockengebieten mit hohen Verdunstungswerten. Der Salzgehalt dieser Standorte wird meist durch Natriumchlorid, seltener durch Karbonate oder Sulfate bedingt. Verschiedene Anpassungen wurden entwickelt: a) Hohe Salzkonzentration im Zellsaft wird ertragen (z.B. bei Triglochin, Juncus gerardi). b) Sukkulenz (hohe Salzkonzentrationen werden durch hohen Wassergehalt ausgeglichen (Salicornia). c) Einschränkung der Salzaufnahme durch Ultrafilterung in den Wurzeln. d) Eleminierung von überschüssigem Salz durch Blattabwurf (z.B. bei Mangrovepflanzen) oder über Salzdrüsen (z.B. bei Spartina, Limonium). Um aus einer Salzlösung mit niedrigem osmotischem Potential Wasser aufnehmen zu können, muß das osmotische Potential des Vakuolensaftes noch niedriger liegen. Osmotische Potentiale von minus 50 und darunter sind deshalb für H. typisch.

Halskanalzellen: Sterile Zellen im apikalen Teil des → *Archegoniums.*

Hamamelidaceae: Zaubernußgewächse. Zur Ord. der → *Hamamelidales* gehörende Bäume und Sträucher mit sehr disjunkter Verbreitung in gemäßigten und subtropischen Zonen der Nord- und Südhemisphäre. Umfaßt 23 Gattungen mit ca. 100 Arten. Kennzeichen: Blüten heterochlamydäisch, 4- bis 5-zählig (Krone oder Perianth gelegentlich fehlend), meist zwittrig, aber auch monözisch (seltener diözisch) und zu ährigen oder köpfchenartigen Blütenständen vereinigt. Andrözeum 4- bis 5 (bis 14)zählig. Gynözeum ober-, mittel- oder unterständig, zweiblättrig, verwachsen. Bitegmische Samenanlagen. Kapselfrüchte mit 1 Samen pro Fach. Wechselständige Beblätterung, meist mit Nebenblättern. Hierher gehören folgende Gattungen: → *Hamamelis,* → *Liquidambar,* → *Corylopsis,* → *Parottia.* Ferner: Altingia (A. excelsa, Rasamalabaum: bis 60 m hoher, bestandsbildender Charakterbaum in Gebirgswäldern des Himalaya [bis Java]; wertvolles Bauholz); Disanthus (D. cercidifolius, Doppelblüte, Japan); Fothergilla (Federbuschstrauch aus dem atl. N-Amerika, mit auffallend gefärbten Staubblättern und unscheinbarer Blütenhülle); Rhodoleia (ornithogam, mehrere Blüten bilden ein Pseudoanthium); Sinowilsonia (windblütig, China); Trichocladus (Afrika).

Hamamelidales: Zaubernußartige. Zu den → *Hamamelididae* gehörende Ordnung von Bäumen mit disjunkten Arealen. Kennzeichen: Zwittrige oder monözische, kleine Blüten, zu Blütenständen vereinigt. Blütenhülle in Kelch und Krone differenziert oder fehlend. Tracheen weisen leiterförmige Durchbrechungen auf. Hierher gehören: → *Hamamelidaceae,* → *Platana-*

ceae, → *Cercidiphyllaceae,* → *Eupteleaceae* und die diözischen Myrothamnaceae, bestandsbildende Rutensträucher aus den Trockengebieten Mittel- und Südafrikas.

Hamamelididae (= Amentiferae): Überwiegend Kätzchenblüher mit stark vereinfachten, meist monözischen, wenigzähligen und anemogamen Blüten. Aus einem i.d.R. coenokarpen Gynözeum entwickeln sich Nußfrüchte. Holzpflanzen dominieren. Hierzu gehören: → *Trochodendrales,* → *Hamamelidales,* → *Fagales,* → *Casuarinales,* → *Urticales,* → *Myricales,* → *Juglandales,* die monotypischen Leitneriales [Leitneria floridana, ein Strauch aus den Sumpfgebieten SO-USA mit einem sehr leichten Holz (Korkbaum von Missouri)] und die monotypischen Eucommiales (Eucommia ulmoides, chin. Guttaperchabaum).

Hamamelis L. Zaubernuß (engl.: Witch Hazel): Gattung der → *Hamamelidaceae* mit 6 Arten. Sommergrüne Sträucher oder kleine Bäume in O-Asien und im atlantischen N-Amerika. Blätter ähnlich → *Alnus* und → *Corylus,* Sprosse mit Sternhaaren. Blüten mit linealischen Kronblättern, in achselständigen Köpfchen, erscheinen nach Laubfall oder vor Austrieb. 2-samige Kapselfrüchte.

Hamamelis japonica Sieb. et Zucc. Japanische Zaubernuß: Bis 2,5 m hoher Strauch aus den Bergwäldern Japans. Frühblühendes Ziergehölz (I – III) mit gelben Blüten. In Eur. in Kultur.

Hamamelis virginiana L. Virginia Zaubernuß (engl.: Witch Hazel): Strauch, in der Heimat bis 10 m hoher Baum, von SO-Kanada bis FL, 1736 als Zierpflanze nach Eur. Herbstblüher (IX – X). Haselnußähnliche Früchte reifen im nächsten Sommer. Durch Gewebespannung werden die Samen bis 9 m fortgeschleudert. Getrocknete Blätter und Rinde offizinell (gegen Hämorrhoiden, Krampfadern, Venenentzündungen) und für kosmetische Präparate (Gesichtswasser), Zweige in N-Amerika als Wünschelruten benutzt.

Hanfgewächse → *Cannabaceae*

Hanfpalme → *Arecales*

Hanfweide → *Salix viminalis*

hapaxanth: Bezogen auf Pflanzen, die nach einmaliger Blüte und Fruchtreife absterben. Dazu zählen neben → *annuellen* und → *biënnen* auch einige → *perenne* Pflanzen, z.B. verschiedene Palmen und die Agaven. Ggs. → *pollakanth.*

haplochlamydäisch → *Perianth*

haploid: Mit einfachem Chromosomensatz. Jedes Chromosom liegt nur einmal vor; z.B. Zellen des Gametopyhten.

Haplonten → *Kernphasenwechsel*

Haplophase → *Generationswechsel,* → *Kernphasenwechsel*

Haplosporen → *Sporen*

Haplostemonie → *Stemonie*

Haploxylon → *Pinus*

Hapteren: Hygroskopisch bewegliche Bänder, die bei Feuchtigkeit um die Sporen von → *Equisetaceae* gerollt sind, sich bei Trockenheit aber entrollen und dabei die Sporenmasse auflockern. Sie verhaken die Sporen miteinander, sorgen so für gemeinsame Verbreitung von Sporengruppen. Entstehen aus dem Perispor.

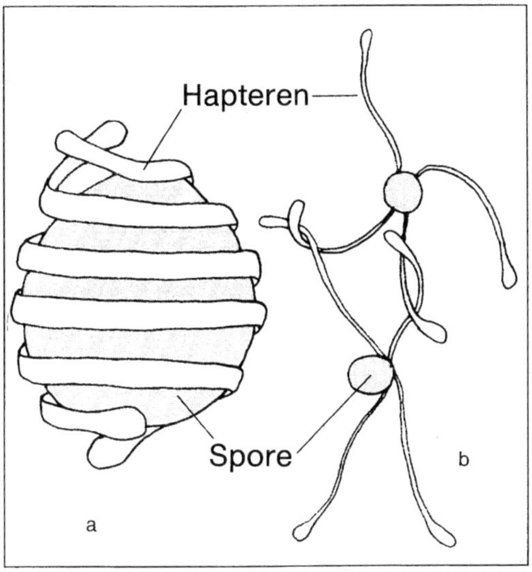

Sporen mit **Hapteren** von Equisetum: *a* bei Feuchtigkeit, *b* bei Trockenheit

Haptophyta → *Phycophyta*

Haptotropismus → *Thigmotropismus*

Hardy-Weinberg-Gesetz: 1908 entwickelte Formel, die besagt, daß in einer »idealen Population« das ursprüngliche Verhältnis von dominanten zu rezessiven Allelen erhalten bleibt. Die ideale Population ist unendlich groß, jede Partnerkombination hat die gleiche Paarungswahrscheinlichkeit (→ *Panmixie),* Mutationen fehlen. Die Wahrscheinlichkeit des Auftretens für das dominante Allel sei p. für das rezessive Allel die Restwahrscheinlichkeit $1 - p = q$. Die Häufigkeit des Auftretens der Genotypen AA : Aa : aa verhält sich dann konstant im Verhältnis $p^2 : 2pq : q^2$.

Harnstoff ($CO[NH_2]_2$): Gut wasserlösliches Düngemittel zur Rohhumusmelioration, Anwendung in der forstlichen Praxis nicht unproblematisch, da z.B. in podsolierten Waldböden ca. 25 % Verluste durch Auswaschung entstehen.

Harnstoff-Herbizide: Derivate des Harnstoffs mit herbizider Wirkung, z.T. extrem selektiv. Aufnahme über Blatt und Wurzel, Transport durchs Xylem, Wirkung durch Photosynthese-Hemmung. Linuron und Monolinuron sind in Landw., Garten-, Wein- und Zierpflanzenbau verbreitet. Methabenzthiazuron (Handelsname: Tribunil®) sowie Cycluron werden im Forst für die Vorauflaufbehandlung in Verschulbeeten verwandt.

Harringtons Kopfeibe → *Cephalotaxis harringtonei*

Hartbast → *Phloem*

Hartheugewächse → *Hypericaceae*

Hartholz: Ursprünglich zolltechnischer Begriff für Hölzer mit Rohdichte > 0,55 g/cm^3 (u.a. Ah, Es, Ei, Ul, Walnuß). Ggs. → *Weichholz.*

Hartholzaue: Im Spitzenhochwasserbereich des Mittel- und Unterlaufs von Flüssen gelegener Teil des → *Auenwaldes,* der nur selten und dann kurzzeitig überflutet wird. H.n gleichen Edellaubwäldern und werden deshalb in der pflanzensoziologischen Systematik im Verband der Erlen- und Edellaub-Auenwälder (Alno-Ulmion) zusammengefaßt. Typ. Vertreter der H. sind Fraxinus excelsior, Prunus padus, Ulmus laevis und U. minor, Quercus robur, die Kletterpflanzen Vitis vinifera, Humulus lupulus und Clematis vitalba, Nährstoffzeiger wie Sambucus nigra und Urtica dioica sowie → *Kryptophyten* wie Ranunculus ficaria, Anemone ranunculoides, Galanthus nivalis und Arum maculatum.

Hartig'sches Netz: Netzartiger Hyphenverband, charakteristisch für die → *Ektomykorrhiza,* bestehend aus interzellulär, fingerförmig verzweigten und labyrinthisch angeordneten Hyphen von Mykorrhizapilzen, die nur im Bereich der aufgelösten Mittellamellen des Wurzelrindenparenchyms zu finden sind.

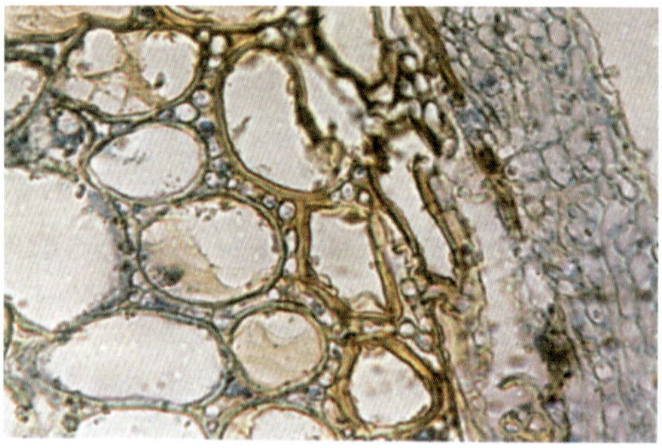

Hartig'sches Netz

Hartlaubgebüsch: Trockenstrauchformation, überwiegend in Gebieten mit → *Etesienklima* (Mittelmeergebiet, → *Macchie;* SW-Kapland, → *Fynbos;* Australien, → *Scrub;* Kalifornien, → *Chaparral;* Chile, → *Campos cerrados).*

Hartlaubgewächse: Meist verholzte, immergrüne, → *xeromorphe,* → *sklerophylle* Pflanzen vor allem in Gebieten mit → *Etesienklima:* z. B. Mittelmeergebiet (Laurus nobilis, Quercus ilex); SW-Kapland (Proteaceae); SW-Nordamerika (Quercus turbinella, Adenostoma).

Hartlaubwald: Wald aus → *Hartlaubgewächsen* in Gebieten mit → *Etesienklima,* Charakterarten des med. H.es: Steineiche (→ *Quercus ilex), Korkeiche (→ Quercus suber),* Erdbeerbaum (→ *Arbutus unedo), Ölbaum (→ Olea europaea),* Johannisbrotbaum (→ *Ceratonia siliqua),* Pinie (→ *Pinus pinea)* sowie → *Pinus halepensis* und → *Pinus pinaster).* Kleine Restvorkommen (z. B. im Massif des Maures, Südfrankr.), sonst ist H. im Mittelmeergebiet aufgrund intensiver Nutzung zum Hartlaubgebüsch (→ *Macchie)* degradiert. Auf flachgründigen Böden oder nach weiterer Degradition entwickelt sich die → *Garigue.*

Hartriegel → *Cornus*

Hartriegel, Roter → *Cornus sanguinea*

Hartriegelartige → *Cornales*

Hartriegelgewächse → *Cornaceae*

Hartschaligkeit: Besonders stark ausgebildetes Palisadengewebe der Testa. Dadurch werden der zur Keimung notwendige Luftaustausch und die Wasseraufnahme erschwert oder verhindert (Ro, Hbu). Der Anteil hartschaliger Samen schwankt von Probe zu Probe und bestimmt maßgeblich das Keimprozent.

Harze: Zähfließende oder feste, klebrige Substanzmischungen. Hauptbestandteile sind die zu den Diterpenen zählenden Harzsäuren und ihre Derivate (z.B. Abietiensäure) (→ *Terpenoide).* Meist in ätherischen Ölen gelöst. Sie werden dann als Balsame bezeichnet. H. treten u.a. in folgenden Familien auf: Pinaceae, Burseraceae, Dipterocarpaceae, Anacardiaceae. Bernstein ist ein fossiles Harz verschiedener Koniferenarten.
Harze treten bei Verletzungen aus und verschließen die Wunde. Durch ihre antibiotische Wirkung können sie das Eindringen pathogener Organismen verhindern. Verletzungen des Stammes und der Rinde von Pinaceae induzieren die Bildung zusätzlicher → *Harzkanäle,* verbunden mit einer gesteigerten Harzproduktion. Technisch genutzt werden die H. von Pinus sylvestris, Pinus nigra und anderen Pinus-Arten aus SO-USA. Zur Harzgewinnung werden V-förmige Kerben (Lachten) in die Rinde geschnitten, aus denen das H. austritt. Das Destillat der Kiefernharze bezeichnet man als Terpentinöl; es enthält u.a. die ätherischen Öle. Als Rückstand verbleibt Kolophonium.

Harzeibe → *Dacrydium*

Harzfluß → *Resinosis*

Harzgallen: Von Harz erfüllte, beulenartige Erweiterungen der Rinde bei Nadelholzarten (z.B. Fi-, Ta-Arten), entstanden nach örtlicher Kambiumverletzung, Kallusbildung und Ummantelung durch reguläres Xylem.

Harzkanäle: Harzgänge. Schizogen entstandene, mit dünnwandigen, großkernigen Epithelzellen ausgekleidete Sekretgänge (→ *Intercellularen)* im Holz-, Rinden- und Blattgewebe mehrerer Coniferen-Gattungen und der → *Dipterocarpaceae.* Epithelzellen sezernieren Harze, die in einem vernetzten System von H. zu Wunden transportiert werden, dort austreten und zum Wundverschluß beitragen. Bei Nadelhölzern sind vertikal verlaufende H. hauptsächlich im Spätholz angeordnet. Mechanische Reizung des Rindengewebes löst die Bildung sek., sog. traumatischer H. durch das Kambium aus. Sie sind zu vielen nebeneinander im Jahrring angeordnet (Stammquerschnitt) und erstrecken sich über zwei Meter in Längsrichtung des Stammes. Im Holz von Abies-, Cedrus-, Juniperus-, Sequoia- und Taxusarten findet man keine primären, wohl aber traumatische H. Für Artdiagnosen sind Lage und Zahl der H. im Nadelquerschnitt von Abies und Pinus nicht geeignet.

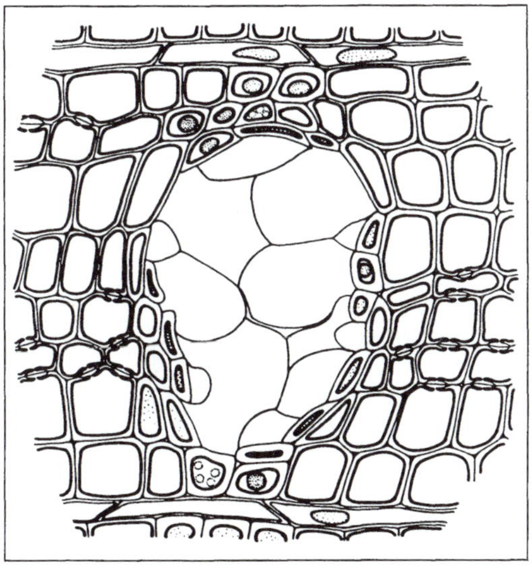

Harzkanal im Fichtenholz mit dünnwandigen Epithelzellen

Harznutzung: Gewinnung des aus künstl. Stammwunden austretenden Harzes von Nh-Arten. Besonders ergiebig sind: Ki-, Fi-, Lä-Arten, Dougl. Die Menge des austretenden Harzes (Rohbalsam) ist mit der Zahl und dem Durchmesser der Harzgänge korreliert. Harzgewinnung durch sog. Pecher hat lange Tradition. Abkratzen des an Wundstellen austretenden Harzes (Scharrharzgewinnung), anschließend Versieden. Bei der Flußharzgewinnung wird austretender Rohbalsam in flüssiger, möglichst reiner Form aufgefangen. Je nach Baumart und Klima schwankt die Erntemenge (max. bei Pinus nigra var. austriaca 2,5 kg je Stamm und Jahr). Durch chem. Extraktion des Harzes mit organischen Lösungsmitteln (z.B. Benzol), werden aus dem Kernholz harzreicher Kiefern im SO der USA große Mengen an Harzderivaten fabrikmäßig gewonnen (Aus 1 Tonne Stockholz ca. 20 l Terpentinöl und 150 l Kolophonium).
Hauptbestandteile des Harzes sind Terpentin und Kolophonium. Terpentinöl dient als Ausgangsmaterial zur Arzneimittelherstellung, zur Lösung von Ölen und Fetten und zur Herstellung von Lacken und Farben. Kolophonium wird zur Veredelung von Papieren und Pappen, und zur Zubereitung von Lacken und Farben benötigt. Der Bedarf in der BRD wird i.w. durch Importe gedeckt. Chem. Zusammensetzung des Rohharzes: Harzsäuren (z.B. Abietin-, Neoabietin-, Palustrin-, Isopimärsäure), Monoterpen-Kohlenwasserstoffe (z.B. Camphen, Limonen, a- und ß-Pinien), Di- und Sesquiterpene, Carbonyl(z.B. Pimaral, Abietal)- und Hydroxyl (z.B. Isopimarol, Abietol)-Verbindungen u.a..

Harzsticken → *Armillaria mellea*

Hasel → *Corylus*

Haselnuß → *Corylus avellana*

Hauhechel → *Ononis*

Hauptachse → *Primärsproß*

Hauptfruchtform: Perfektstadium, Teleomorph. Organe der sexuellen Fruktifikation bei → *Eumycotina*. Es sind Fruchtkörper, die Meiosporen enthalten. Beispiele: → *Cleistothecium*, → *Perithecium*, → *Apothecium*.

Harznutzung: Lachte an Pinus nigra

Hauptsproß → *Primärsproß*

Hauptwurzel → *Allorhizie*, → *Wurzelsystem*

Hauptwurzelanlage → *Radicula*

Hausschwamm, Echter → *Serpula lacrimans*

Hausschwamm, Wilder → *Serpula himantioides*

haustorial: Sich wie ein → *Haustorium* verhaltend. Bsp.: Ernährung des Embryos durch Aufnahme von Nährstoffen aus dem ihn umgebenden Endosperm.

Haustorium: Saugorgan von Parasiten zur Aufnahme von Wasser und Nährstoffen aus dem Wirtsgewebe. Beispiele: Saughyphen parasitischer oder symbiontischer Pilze, schlauchförmige Absorbtionszellen bei → *Cuscuta*, Senker bei → *Viscum*. Auch das zum Scutellum umgewandelte Keimblatt der Poaceae ist ein H.

Hawthorn → *Crataegus*

Hazel → *Corylus avellana*

Hazel, Witch *Hamamelis virginiana*

Heath → *Erica*

Heather → *Erica*

Heather, Bell → *Erica cinerea*

Heather, Common → *Calluna vulgaris*

Hebe → *Scrophulariaceae*

Hecke: Anthropogener, streifenförmiger Bestand von Sträuchern und kleinen Bäumen in offener Landschaft, meist aus dicht wachsenden, sehr lichtbedürftigen Holzpflanzen bestehend. Krautiger Unterwuchs fehlt fast ganz, da durch den dichten Bewuchs nur wenig Licht zum Boden gelangt. Wegen ihrer geringen Höhe und wegen des Lichtbedarfs der Einzelpflanzen sind Hecken kaum geschichtet, sondern mosaikartig zusammengesetzt. Sie wurden früher wie → *Niederwälder* genutzt und alle 5 – 15 Jahre abgeschlagen. H.n sind für die biologische Schädlingsbekämpfung von großer Bedeutung, da sie z.B. parasitoiden Insekten, räuberischen Arthropoden und Vögeln Lebensraum bieten. → *Wallhecke*, → *Prunetalia spinosae.*

Heckenkirsche, Blaue → *Lonicera caerulea*

Heckenkirsche, Rote → *Lonicera xylosteum*

Heckenkirsche, Schwarze → *Lonicera nigra*

Heckenrose → *Rosa*

Hedera L. Efeu (engl.: Ivy): Immergrüne, mit Luftwurzeln kletternde Sträucher (→ *Araliaceae*). Blätter wechselständig, ungeteilt bis gelappt. Blüten grünlich-gelb, in Doldentauben. Schwarze oder gelbe, 3- bis 5- samige Beere. 5 Arten in Eur., N-Afr. und Asien. In M-Eur. nur H. helix L. (Efeu): Mit Haftwurzeln am Boden kriechender oder an einer Stütze kletternder Strauch. Natürliches Areal in Eur. (nicht nördl. Skandinavien) bis Kau., bis 1 800 m in den Alpen. Frostempfindliche Schatt- und Halbschattholzart, in Au- und Laubmischwäldern, an Felsen, Mauern und in Parkanlagen. Buchenbegleiter, blüht im Herbst, aber nur in milden, ozeanisch getönten Lagen. Kennzeichen: Sproßdimorphismus und → *Heterophyllie.* Jugendsprosse → *plagiotrop*, → *dorsiventral*, mit Haftwurzeln und 3- bis 5-lappigen (Schatten)-Blättern. Adulte Blütensprosse rundlich, aufrecht, stets wurzellos, mit ungeteilten (Sonnen)-Blättern. Beide Blattformen oberseits oft mit weißer Nervatur: Früchte kugelig, erst bei Reife im nächsten Jahr blauschwarz. Alle Pflanzenteile giftig, Hauptwirkstoffe Saponine. Viele Kulturformen. Alter bis 450 Jahre.

Hefen → *Endomycetidae*

Hefen, Imperfekte → *Deuteromycetes*

Heideginster → *Genista pilosa*

Heidekraut → *Calluna vulgaris*

Heidekrautartige → *Ericales*

Heidekrautgewächse → *Ericaceae*

Heidelbeer-Weide → *Salix myrtilloides*

Heidelbeere → *Vaccinium*

Heidemoorkrankheit → *Urbarmachungskrankheit*, → *Kupfer*

Heiden: Zwergstrauchgesellschaften unterschiedlicher Ausprägung. Natürliche H.en sind in M-Eur. selten. Sie kommen z.B. auf nassen Sandböden im küstennahen Flachland (mit Erica tetralix), auf Dünen (mit Empetrum nigrum) und im Hochgebirge oberhalb der Waldgrenze (mit Rhododendron ferrugineum und Vaccinium uliginosum auf saurem und Erica carnea, Sorbus chamaemespilus, Daphne striata auf basischem Untergrund) vor. Die großen subatlantischen und subatlantisch-montanen Heiden hingegen entstanden durch extensive Weide- und Holzwirtschaft und die mit dem Ackerbau verbundene Streunutzung. → *Charakterarten* der subatlantischen H.en sind z.B. Calluna vulgaris und Genista div. spec., der subatlantisch-montanen H.en Sarothamnus scoparius.

a

b

Hedera: *a* fruchtend, mit Sonnenblättern, *b* verschieden alte Sprosse, Schattenblätter

Helianthemum MILL. Sonnenröschen (engl.: Sun Rose): Gattung der → *Cistaceae* mit ca. 100 Arten. Immergrüne oder halbimmergrüne, meist stark behaarte Zwergsträucher oder Kräuter im Mittelmeerraum und in W-Asien. Blätter gegenständig oder die oberen wechselständig, mit und ohne Stipeln. Blüten in traubenartigen Wickeln. 3-klappige Kapselfrucht. Alle aufgeführten Arten thermophil und kalkhold. H. apenninum (L.) MILL. (Apennin-Sonnenröschen): Lockerrasiger Zwergstrauch (10 – 30 cm hoch) in W- und S-Eur. bis Kl.-Asien, in Deutschland sehr selten. Blüten weiß, am Grund gelb. H. nummularium (L.) MILL. (syn.: H. chamaecistus MILL., H. vulgare GAERTN., Gemeines Sonnenröschen): Sehr formenreich, 10 – 50 cm hoch, aus fast ganz Eur.. Blüten gelb. H. canum (L.) BAUMG. (Graues Sonnenröschen): Sehr veränderlich, 5 – 30 cm hoch, in S- und M-Eur.. Blüten dunkelgelb. H. italicum (L.) PERS. (Italienisches Sonnenröschen): Vielgestaltige Art aus S- und M-Eur.. Blüten gelb.

Helicobasidium purpureum (TUL.) PAT.: Nebenfruchtform: Rhizoctonia violacea DC. Gelegenheitsparasit an Wurzeln und bodennaher Rinde von Nh, meist auf frisch aufgeforsteten landw. Flächen in feuchter Lage. Betroffen sind Sämlinge von Fi, Sitka-Fi, Dougl und Pinus contorta. Purpurrote Hymenien am Wurzelhals befallener Pflanzen, rötliches Mycel auf dem Boden.

helobial → *Endosperm*

Heliophyten: Lichtpflanzen, Pflanzen, die eine hohe Lichtintensität benötigen oder ertragen. → *Lichtgenuß.*

Helophyten (Sumpfpflanzen): Pflanzen, die mit ihrem basalen Teil im Wasser stehen (z.B. → *Taxodium distichum).* Bisweilen bilden H. sog. Atemwurzeln (Pneumatophoren) aus. Diese ragen aus dem Wasser, sind reich an → *Aerenchym* und vermögen über feine Öffnungen (Pneumatoden) Luft aufzunehmen. → *Gezeitenwald.*

Helotiales → *Unitunicatae-Inoperculatae*

hemianatrop: Hemienitrop. → *Samenanlage.*

hemiangiokarp → *Basidiokarp*

Hemicellulosen: Wasserunlösliche → *Polysaccharide.* Verzweigte Moleküle aus 50 – 100 oft verschiedenen Zuckereinheiten. Nach dem hauptsächlich vorkommenden Zucker differenziert man in: Pentosane (z.B. Xylane, vornehmlich aus Xylose-Einheiten), Hexosane (z.B. Glucane und Mannane, aus Glucose bzw. Mannose-Einheiten). Stellen gemeinsam mit den → *Pektinstoffen* die amorphe Grundsubstanz der → *Zellwand* (Matrix) dar, in die die → *Mikrofibrillen* aus Cellulose eingebettet sind. Koniferenholz enthält 7 – 12 %, Laubholz 20 – 25 % Xylane. Gelegentlich auch als Reservestoffe (Reservecellulose) in Samen eingelagert (bei Datteln).

hemienitrop: Hemianatrop. → *Samenanlage.*

Hemikryptophyten: Nach RAUNKIAER Pflanzen, deren Erneuerungsknospen sich während der ungünstigen Jahreszeit unmittelbar über dem Boden befinden und deren oberirdische Teile weitgehend absterben. Zu dieser → *Lebensform* gehören Horstpflanzen (z.B. viele Gräser), Rosettenpflanzen (z.B. Taraxacum, Plantago), die ohne Blattrosette überwinternden Schaftpflanzen (z.B. Artemisia, Urtica) und Stauden mit oberirdischen Ausläufern (z.B. Fragaria vesca, Potentilla reptans).

Hemiphanerophyt → *Halbstrauch*

hemizyklische Blüten → *Blütenkreis*

Hemlocktanne, Kanadische → *Tsuga canadensis*

Hemlocktanne, Nordjapanische → *Tsuga diversifolia*

Hemlocktanne, Südjapanische → *Tsuga sieboldii*

Hemlocktanne, Westliche → *Tsuga heterophylla*

Hemmstoffe: In kleinsten Mengen hemmend wirkende Stoffe (z.B. phenolische Verbindungen, organ. Säuren), werden aus Pflanzenrückständen (→ *Streu,* → *Allelopathie)* ausgewaschen (→ *Leaching)* od. von Mikroorganismen gebildet; H. beeinflussen z.B. die Keimung u. das Wurzelwachstum. → *Phytohormone,* → *Auxine.*

Hendersonia (Sphaeropsidales): Arten- und formenreiche, mehrfach revidierte Gattung blattbewohnender Pilze meist geringer Pathogenität. Schwarze, rundliche, zunächst im Rinden- oder Blattgewebe eingesenkte, später hervorbrechende Pyknidien; längliche, meist braune, vielzellige Konidien. → *H. acicola* an Ki in Europa; Blattflecke an Eucalyptus-Arten durch H. eucalypticola; Sekundärbefall an Thuja plicata-Zweiglein durch H. thyoides.

Hendersonia acicola MÜNCH et TUB.: Sekundärparasit an Ki-Nadeln. Besiedelt von → *Lophodermella sulcigena* befallenes Gewebe (P. nigra), verhindert das Fruchten dieses Pilzes und verursacht vorzeitigen Nadelfall. Ursprünglich wurde H.a. als Nebenfruchtform von L.sulcigena angesehen.

Hennastrauch → *Lythraceae*

Hepaticae (= Marchantiatae): Lebermoose. Stets dorsiventral aufgebaute Pflanzen, die entweder thallös (Sphaerocarpales und → *Marchantiales)* oder bereits in Stämmchen und rippenlose Blättchen gegliedert sind (foliose Lebermoose: Calobryales und → *Jungermaniales).* Kennzeichnend sind die deckellosen Sporenkapseln, das Fehlen einer → *Calyptra,* einzellige → *Rhizoide.* In den Sporenkapseln werden neben den Sporen besondere Schleuderzellen (Elateren) mit schraubenartiger Wandstruktur gebildet, die hygroskopisch beweglich sind und die Sporenmasse auflockern. Bei den foliosen H. sind die Hauptblätter stets zweizeilig angeordnet. Gelegentlich tritt noch eine weitere Reihe kleinerer, ventral ansitzender → *Amphigastrien* auf. I.d.R. sind H. feuchtigkeitsbedürftiger als Laubmoose.

Herbizide: Chemische Unkrautbekämpfungsmittel. Sie dienen der Vernichtung oder Unterdrückung unerwünschten, zumeist mit Kulturpflanzen konkurrierenden Pflanzenwuchses. Im Zuckerrüben-, Wein- und Getreidebau (Mais) ist der Herbizideinsatz besonders intensiv, im Kartoffelbau und im Forst gering.
Man unterscheidet zwischen Totalherbiziden (nichtselektive H.), die jeglichen Pflanzenwuchs vernichten (z.B. → *Mecoprop,* → *Paraquat)* und oft an Wegen, Bahndämmen und Gräben eingesetzt werden sowie selektiven H., die nur bestimmte Pflanzengruppen angreifen (→ *Asulam* gegen Adlerfarn, → *Dalapon* gegen Gräser). Hinsichtlich der Wirkungsweise trennt man Kontaktherbizide von systemischen (translokalen) H. Erstere zerstören die Pflanzengewebe dort, wo sie auftreffen (Ätzmittel, z.B. → *Paraquat),* systemische H. werden hingegen über Wurzel oder Blatt aufgenommen, im Leitsystem transportiert und stören Stoffwechsel oder Wachstum (→ *Wuchsstoffherbizide,* → *Glyphosate).* Je nach dem Bereich der Aufnahme und dem Ort der Applikation spricht man von Blatt-, Boden- oder Blattbodenherbiziden, je nach dem Zeitpunkt der Applikation von Vorauflauf- und Nachauflaufherbiziden (→ *Simazin* bzw. → *Paraquat).*
Wegen der Rückstände in Böden und Früchten, wegen unerwünschter Folgefloren und krankheitsfördernder Wirkungen, aber auch aus ökonomischen und toxikologischen Gründen war es Mitte der siebziger Jahre in der BRD zu kritischen Debatten über Herbizide im Wald, insbesondere über die Zulassung von → *2,4,5-T* gekommen. Der Herbizideinsatz ging daraufhin zurück.

Herbstfärbung → *Indian summer*

Herbstfrost → *Frost*

Heredität: Erblichkeit. Genetisch bedingter Anteil an der Variabilität.

Herkogamie: Räumliche Trennung von Stamen und Narbe zur Verhinderung der Selbstbestäubung und Förderung der Allogamie; z.B. → *Heterostylie* (lang- und kurzgriffelige Individuen) bei Primula.

Herkunft: Syn.: Provenienz. Population (autochthon oder nicht autochthon) von Bäumen, die an einem bestimmten Ort wächst. Sie wird mit dem Namen des Ortes belegt.

Herkunftsgebiet: Gebiet oder die Gesamtheit von Gebieten mit annähernd gleichen ökologischen Bedingungen, in dem → *Herkünfte* einer bestimmten Art, Unterart oder Rasse mit ähnlichen Reaktionsweisen zusammengefaßt werden. Das in Samenplantagen erzeugte Vermehrungsgut ist dem Herkunftsgebiet des bei der Anlage der Plantage verwendeten Ausgangsmaterials zuzuordnen.

Herkunftswahl: Festlegung von geeigneten Forstsaatgutherkünften für die künstliche Walderneuerung auf gegebenen Standorten. In der BRD ist die H. festgelegt durch die Bestimmungen des Gesetzes über forstliches Saat- und Pflanzgut (Neufassung v. 26.7.1979 – FSaatG – BGBl. I S. 1242), durch Durchführungsverordnungen zum FSaatG (z.B. die Verordnung über Herkunftsgebiete für forstliches Vermehrungsgut – »Forstsaat-Herkunftsgebietsverordnung« v. 31.7.1972, BGBl. I S: 1561 und v. 13.8.1982, BGBl. I S. 1329) und durch Verwaltungsvorschriften zum FSaatG (z.B. Allgem. Verwaltungsvorschrift über die Zulassung von Ausgangsmaterial für forstliches Vermehrungsgut – Forstsaat-Zulassungs-VwV v. 5. Nov. 1985). Die meisten einheimischen Hauptbaumarten (wie Ta, Fi, Ki, Lä, BAh, Roterle, Bu, Es, Pa, Ei und Li), aber auch einige fremdländische, eingebürgerte Holzarten (wie Dougl., Strobe, Japanlärche, Gr. Küstentanne und Roteiche) unterliegen den genannten Bestimmungen. Falsche Herkunftswahl kann zur Gefährdung der Vitalität, Stabilität und Leistung der Wälder durch abiotische wie biotische Schadursachen führen. Beispiele: Rel. hohe Krebsresistenz (→ *Lärchenkrebs)* der Sudetenlärche gegenüber anderen Lä-Rassen. Spätfrostgefährdung frühtreibender Hochlagenherkünfte der Fichte beim Anbau in Tieflagen. Allgemein läßt sich feststellen, daß unter schwierigen standörtlichen Verhältnissen autochthone, bodenständige Herkünfte meist bessere Eignung, Leistung und Vitalität zeigen als nicht bodenständige.

Herlitze → *Cornus mas*

hermaphroditisch: Zwittrig.

Herpotrichia coulteri (PECK) (Sphaeriaceae): Blattparasit mit ähnlicher Verbreitung und gleichem Schadbild wie → *Herpotrichia juniperi.* Unterschied: Ascosporen sind stets zweizellig; Wirtsspektrum möglicherweise auf Pinus mugo beschränkt.

Herpotrichia juniperi (DUBY) PETR. (syn. Herpotrichia nigra HARTIG) Schwarzer Schneeschimmel (Sphaeriaceae): An winterliche Schneelagen gebundener, im Hochgebirge weit verbreiteter Blattparasit an Nh.. Wirtschaftl. Schäden in Hochlagenaufforstungen und an Naturverjüngung von Fi, Ta, Ki. Häufig an Latsche. Verbreitet auch an Abies- und Picea-Arten des amerikanischen NW, an Dougl., Tsuga heterophylla und Thuja plicata. Ascosporen werden im Herbst entlassen. Mycel entwickelt sich unter der Schneedecke, überwächst die Nadeln zunächst epiphytisch, wird dann durch Bildung von → *Haustorien* ektoparasitisch und dringt schließlich ins Nadelinnere ein. Nach der Schneeschmelze sind Nadelbündel oder ganze Zweige durch ein tief dunkelbraunes Mycel verklebt. Die Nadeln sterben ab. → *Perithecien* bilden sich im 2. Jahr. Bekämpfungsmöglichkeit mit rel. hoch konzentrierten, kurz vor dem Einschneien applizierten Fungiziden.

Herpotrichia juniperi

Herpotrichia nigra → *Herpotrichia juniperi*

Herpotrichia parasitica (HART.) ROSTR. (syn.: Trichosphaeria parasitica HARTIG) Tannennadelbräune (Sphaeriaceae): Blattparasit an Abies alba und anderen Ta-Arten, gelegentlich auch an Picea sitchensis. Schwächt unterdrückte Jungwüchse und stammzahlreiche Dikkungen durch allm. Entnadelung. Infektion durch Asco- oder Konidiosporen und durch Überwachsen des ektoparasitischen Mycels, das unter Knospenschuppen überwintert, während der Veg.-Periode auf den jüngsten Trieb übergreift und mit → *Haustorien* in die

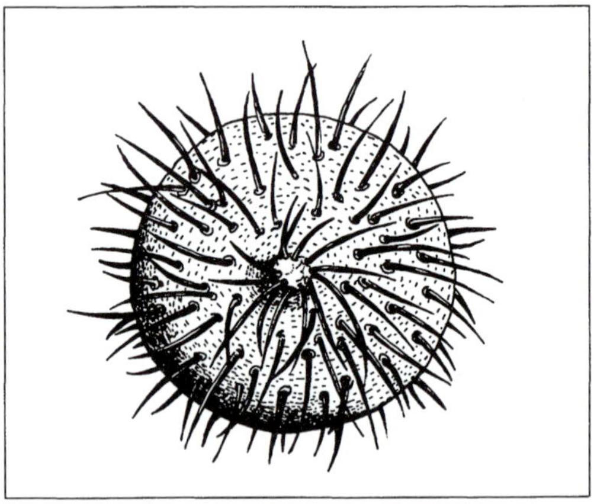

Herpotrichia parasitica: Pyknidium

Epidermis eindringt. Perithecien und Pyknidien ähnlich und von vielen Borsten bedeckt, mancherorts ganz fehlend. Symptome: Nadelbräunung in allen Jahrgängen. Einige tote Nadeln hängen an Mycelfäden von den Zweigen herab.

Herzwurzel → *Wurzelsystem*

Heterobasidiomycetidae: Unterklasse der → *Basidiomycetes.* Meist parasitische Pilze mit → *Phragmobasidien,* seltener → *Holobasidien.* Vor der Basidienentwicklung findet oft in der → *Probasidie* Karyogamie, teilweise schon Reduktionsteilung statt. → *Schnallenmycelien* nicht generell vorhanden. Septenporen meist einfach; → *Doliporus* mit nicht perforierten Porenkappen bei Auriculariales, Tremellales und einigen Ustilaginales. Basidiosporen keimen entweder zum haploiden Mycel aus oder bilden → *Sekundärsporen* oder → *Konidien,* die erst zum Hyphen- oder Sproßmycel auswachsen. Untergliederung:

Ordnung	Phragmobasidie (P) Holobasidie (H)	parasitisch (p) saprophytisch (s)	Fruchtkörper	Keimung der Basidiosporen	Bemerkungen
Ustilaginales	P	p	–	Sporidien	Brandkrankh.
Tilletiales	H	p	–	Sporidien	Brandkrankh.
Uredinales	P	p	Pyknidie	Hyphen	Rostkrankh.
Auriculariales	P	p + s	– oder +	Konidien	
Tremellales	P	meist s	– oder +	Sekundärsporen	Weißfäule
Septobasidiales	P	p	+		
Exobasidiales	H	p	–	Sproßmycel	Hypertrophie
Dacrymycetales	H	s	+	Konidien	Holzbewohner

+ = vorhanden, – = fehlend

Heterobasidion annosum (Fr.) Bref. (syn.: Fomes annosus [Fr.] Cooke) Wurzelschwamm: Der wirtschaftlich wichtigste pathogene Pilz in den Nadelwäldern der Nordhalbkugel. Allein in Westdeutschland ruft er Schäden von ca. 10 Mio DM pro Jahr hervor. Er wird auf verschiedene Weise schädlich: 1. Durch Abtöten von Grobwurzeln kommt es zu erheblichen Abgängen in jüngeren und mittelalten Nadelholzbeständen nach Wiesen- und Ackeraufforstungen (→ *Ackersterbe*). In O-Eur. treten derartige Schäden an Kiefern auch auf alten Waldböden auf. 2. Durch Auslösen der sog. Rotfäule, einer intensiven Weißfäule, entsteht vor allem im Reifholz älterer (>16 j.) Fichten erhebliche Holzentwertung (Abb. S. 214).

Infektionen erfolgen hauptsächlich über Wurzeln. Offen ist jedoch, ob auch Feinwurzeln Eingangspforten darstellen und ob Verletzungen erforderlich sind. Sporenkeimung auf frischen Stockoberflächen, gefolgt vom raschen Einwachsen des Pilzes in das Wurzelsystem des gefällten Baumes und vom Überwachsen in Wurzeln lebender, noch gesunder Fichten (→ *Wurzelfusionen*) wird ebenfalls als häufiger Infektionsweg angesehen. Demgegenüber dringt H. annosum nur selten über Rükke- und Schälwunden in das Stammholz ein. Lebendes Splintholz vermag er nicht zu besiedeln.

Als wichtigste Verbreitungseinheiten dienen in Fruchtkörpern gebildete Basidiosporen, die während des ganzen Jahres entlassen werden, durch Niederschläge in Streu und Boden gelangen und noch in 25 cm Bodentiefe in großer Zahl vorkommen. Wegen starker mikrobiologischer Konkurrenz kann sich das Mycel des Wurzelschwammes nicht lange im Boden halten. Deswegen sind für Infektionsprozesse vornehmlich die direkt auf Wurzeln oder auf frischen Stockoberflächen keimenden Sporen von Belang. So gelangt der Pilz unmittelbar beziehungsweise über den Umweg von Wurzelfusionen in das Wurzelsystem des Wirtsbaumes, bringt dieses zum Absterben (Ackersterbe) oder dringt in das Reifholz des Stammes vor. Zwischen Rinde und Holz rotfauler Stämme können außerdem Konidienrasen entstehen. Die leicht keimfähigen und infektionstüchtigen Konidiosporen entwickeln sich an birnenartig verdickten Konidiophoren, deren charakteristische Form zur Artdiagnose beiträgt. Ihre Bedeutung als Infektionsquelle wird als gering eingeschätzt.

Verbreitung im Wirt: Weil der Pilz zumeist von einer Seitenwurzel her in den Stamm eindringt und sich vorwiegend vertikal ausbreitet, verläuft die Fäulezone im Stammquerschnitt oft exzentrisch. Pro Jahr kann der Fäulefortschritt in der Höhe 30 cm betragen. Unter extrem günstigen Bedingungen für den Pilz werden 100-jähr. Fichtenbestände zu >95 % befallen und weisen eine mittlere Fäulnishöhe von 10 m auf.

Nachweis: Rotfaule Fichten lassen von außen weder Symptome noch Vitalitätsverluste erkennen. Deswegen ist die gezielte Entnahme rotfauler Stämme auf dem Durchforstungswege unmöglich. Flaschenförmige Stammaufbauchungen oder Harzfluß sind keine sicheren Befallskriterien, Bohrungen mit dem Zuwachsbohrer zu aufwendig und wegen der exzentrischen Verteilung der Fäule unsicher. Methoden der Röntgentomographie geben befriedigende Resultate, scheiden aber wegen Umständlichkeit aus.

Wirtsspektrum: H. annosum hat als Erreger der Ackersterbe ein sehr breites Wirtsspektrum. In GB ruft er auf großen Aufforstungsflächen Ausfälle bei praktisch allen Wirtschaftsholzarten, vorwiegend aber bei Nh hervor. Als Rotfäule-Erreger bevorzugt er Fi, erscheint an Dougl und an anderen Fi-Arten, meidet aber Ki, Lä, Ta und alle Laubhölzer.

Fruchtkörper: Die mehrjährigen, konsolenartigen, in Größe und Form stark variierenden Fruchtkörper erscheinen in Bodennähe an befallenen Wurzeln oder Stammbasen. Ihre oft von Nadelstreu bedeckte Oberseite ist runzelig, bräunlich-grau und ledrig-hart, die Unterseite zart-cremefarben, mit vielen kleinen Poren besetzt. Wurzelschwamm-Fruchtkörper sind schwer zu finden; sie erscheinen auch keineswegs an jedem befallenen Baum.

Befallsbedingungen: H. annosum tritt auf alkalischen und neutralen Böden wesentlich stärker auf als auf sauren. Fichtenanbau auf Kalk kann deswegen unwirtschaftlich werden, zumal sich auch die Windwurf- und die Bruchgefahr erhöhen. Wechselfeuchte Standorte fördern ebenfalls den Befall, im Hochgebirge geht

Heterobasidion annosum: *a* Windbruch an rotfauler Fichte, *b* typische Rotfäule im Reifholz einer Altfichte, *c* Fruchtkörper von H. annosum, *d* Keulenförmige Konidiophoren mit Konidiosporen

der Befall durch H. annosum mit steigender Meereshöhe zurück. Individuelle Resistenzunterschiede können auf Differenzen im Polyphenol-Spektrum der Wurzelrinde (Eindringungsresistenz) oder auf Unterschieden in der Zusammensetzung der Monoterpen-Fraktion der Harze im Reifholz (Ausbreitungsresistenz) beruhen. Bekämpfung: Unmittelbare Bekämpfungsmaßnahmen stehen nicht zur Verfügung. In GB hat sich für Ki die Behandlung frischer Stockoberflächen mit Sporensuspensionen von → *Peniophora gigantea*, einem natürlichen Antagonisten von H. annosum bewährt. In einigen Regionen behandelt man frische Stockoberflächen der Fi mit Borax oder Na-Nitrit, um das Keimen der Sporen zu verhindern. Andere prophylaktische Maßnahmen bestehen im rechtzeitigen Entfernen rotfauler Stammabschnitte aus dem Wald. Damit wird die Entstehung zusätzlicher Fruchtkörper und die Erhöhung des Infektionspotentials vermieden. Schließlich läßt sich durch pflegliche Rückemaßnahmen die Entstehung mechanischer Wurzelschäden und damit das Infektionsrisiko vermindern. Ansätze einer erfolgreichen Resistenzzüchtung sind noch nicht erkennbar. Physiologische Differenzierungen des Pathogens, Schwierigkeiten bei der Entwicklung reproduzierbarer Inokulationsmethoden und die Phasendisposition der Wirtsart Fichte sind die wichtigsten Hindernisse.

heteroblastisch: Form der ontogenetischen Pfl.entwicklung, bei der ein deutlicher Gestaltwechsel zwischen Jugend- und Folgeform auftritt. Bsp. → *Protonema* und Moospfl.; → *homoblastisch.*

heterochlamydäisch → *Perianth*

Heterochlamydeae → *Dialypetalae*

Heterochromatin: Bereich des Chromonemas mit stark kondensiertem DNA-Faden. Verhindert die → *Transkription.*

Heterocysten → *Cyanophyceae*

Heterözie: Entwicklungsgang mit obliglatem → *Wirtswechsel* (bei → *Uredinales).* Beispiele: → *Cronartium ribicola,* → *Melampsorella caryophyllacearum,* → *Pucciniastrum epilobii.*

Heterokarpie: Ausbildung von Fruchttypen mit unterschiedlichem Ausbreitungsmodus am selben Individuum. Erhöht die Plastizität der Verbreitung. Bei Asteraceae unterscheiden sich gelegentlich Randfrüchte u. Früchte aus der mittleren Region des Köpfchens.

Heterokontophyta → *Phycophyta*

Heterokotylie: Vermutlich durch den Verlust eines Keimblattes infolge verstärkter → *Anisokotylie* entstandene Einkeimblättrigkeit.

heteromer → *Lichenes*

Heteromerie → *Blütenkreis*

heteromorph → *Generationswechsel*

heterophasisch → *Generationswechsel*

Heterophyllie: Verschiedenblättrigkeit. Durch die zeitliche Änderung von endogenen und/oder exogenen Faktoren innerhalb der Blattfolge (modifikatorische oder induzierte H.) ausgelöste oder genetisch (habituelle H.) bedingte gestaltliche Verschiedenheit bei Laubblättern (→ *Anisophyllie);* bei Berberis vulgaris z.B. tragen i.d.R. nur die Kurztriebe Laubblätter; die Blätter der Langtriebe sind zu Blattdornen umgestaltet.

Heteroploidie → *Polyploidie*

Heterosis: In der F1-Generation auftretende Leistungssteigerung (Luxurieren) der Bastarde bestimmter Rassen und Arten (z.B. bei der Hybridaspe, einer Kreuzung von Populus tremula x P. tremuloides). Als H. bezeichnete Leistungssteigerungen treten auch bei der Kreuzung von Inzuchtlinien auf (→ *Inzucht-Heterosis-Züchtung).* → *Hybridisierung.*

Heterosomen: Geschlechtsbestimmende Chromosomen. Y-Chromosomen = ♂, X-Chromosom = ♀. Die Kombination XX ist typisch für ♀♀, XY für ♂♂ Organismen. Bei Pflanzen seltener auftretend, da Geschlechtsbestimmung meist phänotypisch.

Heterospermie: Form der Polychorie, bei der an einem Individuum verschiedene Samentypen mit unterschiedlichem Verbreitungsmodus gebildet werden. → *Heterokarpie.*

Heterosporen → *Sporen*

Heterostylie: Auftreten von lang- und kurzgriffeligen Blüten in einer Population. Langgriffelige Formen haben darüber hinaus tiefsitzende, kurzgrifflige dagegen hochansitzende Stamina. Stellt eine Einrichtung zur Verhinderung von Selbstbestäubung dar. (Bei Primulaceae, Forsythia)

Heterotrophie: Zu Stoffwechselsynthesen erforderliche Energie wird ausschließlich durch den Ab- oder Umbau von außen aufgenommener, organischer Substanz gewonnen. Heterotroph sind Mensch, Tier, Pilze, die meisten Bakterien und vollparasitische höhere Pflanzen (z.B. → *Lathraea squamaria,* Orobanche). Ggs. → *Autotrophie.*

heterotypische Reifeteilung → *Meiose*

heterozygot (mischerbig): Eigenschaft eines → *Allels,* dessen → *Gene* mit unterschiedlicher Erbinformation auf die Merkmalsausbildung wirken. Kurzschreibweise Aa oder aA. Überprüfung der Homo- bzw. Heterozygotie eines Genpaars erfolgt durch → *Rückkreuzung* mit dem → *rezessiv,* → *homozygoten* → *Elter.* Zeigen alle Nachkommen das → *dominante* Merkmal, war das Allel der überprüften Nachkommen homozygot. Lag Heterozygotie vor, gleichen 50 % dem dominanten, 50 % dem rezessivem Elter. → *Erbgang.* Waldbäume weisen einen hohen Heterozygotiegrad auf. Dieser ist Voraussetzung für hohe Anpassungsfähigkeit an veränderte Umweltbedingungen.

Hevea → *Euphorbiaceae*

Hexenbesen: Regellose, oft krankhafte Verzweigungshypertrophie durch Austrieb vieler Knospen an stark gestauchten Sproßabschnitten. Betroffen sind Nh und Lh. Zumeist an Seitenästen entstehen mehrjährige, orthotrope, meist abgerundete, bis 1,5 m hohe »Bäumchen« mit kleineren Blattorganen. Ausgelöst werden H. durch Pilze (→ *Taphrina* an Bi, HBu, → *Melampsorella* an Ta), durch Viren und Mykoplasmen, durch Insekten oder durch Mutationen (insbes. Fi und Ki).

Hexenbesen an Birke → *Taphrina betulina*

Hexenbesen an Hainbuche → *Taphrina carpini*

Hexenbesen an Kirsche → *Taphrina*

Hexenringe: Kreisförmige Anordnung von Fruchtkörpern einiger bodenbewohnender Pilze (0,5 – 20 m ∅). Die Bodenvegetation im Innern der H. kann gefördert oder gehemmt werden oder unverändert bleiben. Unter den mehr als 120 H. bildenden Pilzarten befinden sich auch → *Rhizina undulata.* (Wurzel-Lorchel) und Cantharellus cibarius (Pfifferling).

Hexosane → *Hemicellulosen*

Hiba-Lebensbaum → *Thujopsis dolabrata*

Hibiscus L. Eibisch: Gattung der → *Malvaceae* mit ca. 300 in den Tropen und Subtropen verbreiteten Arten. Kräuter, Sträucher oder kleine Bäume mit ansehnlichen Blüten und mit Kapselfrüchten. H. syriacus L. (Strauch-Eibisch): Bis 3 m hoher, sommergrüner Strauch aus China oder Indien mit auffälligen, breit glockigen, violetten Blüten. Durch Kultur weltweit verbreitet (viele Gartenformen), südlich der Alpen häufig verwildert.

Hickory, Bitternut → *Carya cordiformis*

Hickory, Mockernut → *Carya tomentosa*

Hickory, Pignut → *Carya glabra*

Hickory, Shagbark → *Carya ovata*

Hickory, Shellbark → *Carya laciniosa*

Hickorynuß, Schindelborkige → *Carya ovata*

Hicoria → *Carya*

Hill-Reaktion → *Photosynthese*

Hilum: Samennabel. Abbruchstelle des → *Funiculus* am ausgebildeten Samen.

Himalaya-Fichte → *Picea smithiana*

Himalaya-Kiefer → *Pinus wallichiana*

Himalaya-Zeder → *Cedrus deodara*

Himalaya-Tanne → *Abies spectabilis*

Himantandraceae → *Magnoliales*

Himbeere → *Rubus idaeus*

Hinoki-Scheinzypresse → *Chamaecyparis obtusa*

Hippocastanaceae: Roßkastaniengewächse. Zu den → *Sapindales* gehörende Familie mit nur 2 Baumgattungen: → *Aesculus* (laubabwerfend, gemäßigte Zone der Nordhemisphäre), Billia (immergrün, trop. Amerika). Kennzeichen: Blätter gegenständig, handförmig geteilt, ohne Nebenblätter. Typ. Blütenformel: ↘K(5) C4-5 A3:2°+5 G($\underline{3}$). Samenanlage bitegmisch; Samen ohne Endosperm; Kapselfrüchte. Blüten in → *Thyrsen* (Aesculus) oder Rispen (Billia).

Hippophaë L. Sanddorn (engl.: Sea Buckthorn): Gattung der → *Elaeagnaceae* mit 3 Arten, 2 nur in Innerasien. Sommergrüne Sträucher oder Bäume mit wechselständigen Blättern und eingeschlechtigen, zweihäusig verteilten Blüten. Kurztriebe enden in Dornen. Beerenfrüchte. In Eur. nur H. rhamnoides L. (Sanddorn, Seedorn, Haffdorn): Strauch oder bis 6 m hoher Baum mit weitreichenden Wurzeln. Heimat: Eurasien bis Japan. In Eur. in 2 Arealen auf die Gebirgszüge (ssp. fluviatilis: wenig dornig, Blütenstände locker) und das Küstengebiet (ssp. rhamnoides: stark dornig, Blütenstände dicht) beschränkt. Bodenfestigendes, tiefwurzelndes Pioniergehölz, im Küstengebiet oft auf Sand, im Binnenland in meist kalkreichen Flußschotterauen, an Ufern, in lichten Ki-Wäldern. In den Alpen bis 1 900 m, in Asien bis 5 000 m. Oftmals als Zier- oder Bodenschutzgehölz gepflanzt. Bildung von Wurzelknöllchen durch Symbiose mit stickstoffbindenden → *Strahlenpilzen*. *Kennzeichen:* Blätter lineal-lanzettlich, dicht weiß mit Sternhaaren besetzt, oberseits verkahlend. Frucht orangerot, sauer, schwach aromatisch, außergewöhnlich Vitamin-C-reich (5 g/kg), zur Gewinnung von Säften und Marmelade verwendet.

Hippophaë rhamnoides → *Hippophaë*

Hirschholunder → *Sambucus racemosa*

Hirschioporus abietinus (Dicks. ex Fr.) Donk [syn.: Trichaptum abietinum (Dicks. ex Fr.) Ryv., Polyporus abietinus (Dicks. ex Fr.)], gemeiner Violettporling, Tannen-Tramete (Polyporaceae): Sehr häufiger Erstbesiedler liegenden Nadelholzes. Weißfäulerreger mit hohem Feuchtigkeitsbedarf. Ruft u.a. → *Rotstreifigkeit* an Ki hervor. Fruchtkörper flächig anliegend oder in zahlreichen, meist schmalen Hüten vom Holz abstehend. Hüte klein, dünn und weich., grau-weißlich, mehrjährig. Charakteristisch: Violette Poren, bei alten Exemplaren nur noch am Hutrand. Ausnahmsweise auch an Lh.

Hirschioporus abietinus

Hirschioporus fusco-violaceum (Fr.) Ryv. (Polyporaceae): Häufige, vornehmlich lagerndes Ki-Holz besiedelnde Art mit gleicher Lebensweise wie → *H.abietinus*. Unterschied: Anstelle von Poren bilden die Fruchtkörper ein mit zahnartigen Fortsätzen versehenes Hymenophor aus, das am Hutrand in Lamellen übergeht.

Hirschkolbensumach → *Rhus typhina*

Hirschtrüffel: Elaphomyces cervinus (syn.: E. granulatus), hypogäisch (wie die Tuberales → *Trüffeln)* lebender Pilz (→ *Ascomycetes)*, assoziiert mit Ki u. Fi, → *Mykorrhizapilze;* Sporenverbreitung durch Kleinsäuger u. Schalenwild.

Hirschioporus fusco-violaceum an Kiefer

Histogene: Teile des Apikalmeristems von Sproß und Wurzel, die für die Bildung primärer Dauergewebe verantwortlich sind. Beispiele: → *Dermatogen,* → *Calyptrogen,* → *Dermato-Calyptrogen.*

Histologie → *Anatomie*

Histone: Basische → *Proteine,* die an die → *DNA* gebunden sind und die Bildung sog. Elementarfibrillen (Schraubenbildung 2. Ordnung) des DNA-Strangs ermöglichen. Eine weitere Bedeutung der H. liegt in der Kontrolle der → *Transkription.*

historische Geobotanik: Arbeitsgebiet der Geobotanik, das sich mit der Untersuchung der → *Floren-* und → *Vegetationsgeschichte* befaßt. Dazu werden Methoden der → *Paläobotanik,* der → *Palynologie,* der Geologie, der Evolutionswissenschaften und der → *Arealkunde* herangezogen.

Hitzelaubfall → *Dürreschäden*

Hitzerisse → *Dürreschäden*

Hitzeschäden: Krankheitserscheinungen an Bäumen, hervorgerufen durch Temperaturen über 45 °C oder starke Temperaturschwankungen. Jungpflanzen von Nh und Lh sterben durch Überhitzung der Bodenoberfläche; Sämlinge auf dunklen Böden sind besonders gefährdet. Prophylaxe durch Schattierung mit Gittern, Netzen oder Rohrmatten → *(Rinderbrand).*

Hochblätter: Hypsophylle. Einfach gestaltete, oft schuppenförmige Blattorgane Vaginale H. entstehen durch Reduktion des Ober- bei gleichzeitiger Förderung des Unterblattes; bei laminaren H. ist das Gesamtorgan reduziert. H. sind mit den Laubblättern durch Übergangsformen verbunden. Sie entstehen oberhalb der Laubblattregion, sind häufig an der Bildung der Blütenhülle beteiligt und dienen oft als Tragblätter (Brakteen) für Blüten und Teilinfloreszenzen. Beim Weihnachtsstern oder bei Wachtelweizenarten sind die H. gefärbt und übernehmen Blütenblattfunktion.

hochmontan → *Vegetationsstufen*

Hochmoor (Moosmoor): Typ eines → *Moores, der*

sich unter der Voraussetzung nährstoffarmen Untergrundes, sauren Grundwassers, gemäßigt humiden Klimas und gleichmäßiger Luftfeuchtigkeit aus einem → *Flachmoor* heraus entwickeln kann. Unter diesen Bedingungen können die äußerst genügsamen Torfmoose (Sphagnum-Arten) fast konkurrenzlos gedeihen. Ihre älteren Teile sterben aus Licht- und Luftmangel ab, werden jedoch kaum zersetzt, weil die Tätigkeit der → *Destruenten* bei der im nassen Sphagnum-Rasen herrschenden Sauerstoff- und Basenarmut gehemmt ist. Es kommt zu vermehrter Torfbildung, das Moor »wächst« in die Höhe, nicht selten bis 12 m. Allmählich bildet sich ein eigener, vom Grundwasser unabhängiger, Wasserspiegel aus. Die Wasserzufuhr erfolgt nur noch über Niederschläge (ombrogen), die Nährstoffzufuhr ebenfalls nur aus aus der Luft (ombrotroph). Das Wachstum der Moosdecke ist in der Mitte stärker als am Rand. Das führt zu einer uhrglasförmigen Wölbung. Die Oberfläche eines H.es ist durch kleine, trokkenere Erhebungen und Kuppen (Bulte) und nasse Vertiefungen (Schlenken) gekennzeichnet. Im Zentrum können sich Moorseen (Kolke) bilden. Auf den trockeneren Rändern stocken häufig → *Bruchwälder*, die in einen Randsumpf (Lagg) auslaufen. Neben Torfmoosen und Sauergräsern besteht die H.vegetation Eur. u.a. aus Zwergsträuchern aus der Familie der Ericaceae (Andromeda polifolia, Vaccinium-Arten, Ledum palustre, Erica tetralix) und Drosera-Arten. In Gebieten mit länger anhaltenden Trockenperioden können sich an Stelle von baumfreien oder nur mit vereinzelten Bäume (Pinus sylvestris, Betula pubescens, Pinus mugo, Picea abies) bestandenen H.en → *Waldhochmoore* entwickeln.

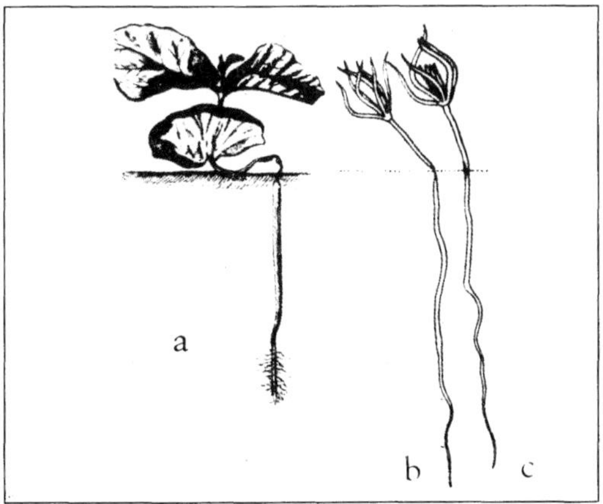

Durch Überhitzung der Bodenoberfläche geschädigte Keimlinge von Buche (a) und Fichte (b und c)

Hochstaudenflur: Pflanzensoziologischer Begriff. Vegetation in Mulden und Runsen der subalpinen und unteren alpinen Stufe mit saftiggrünen, großblättrigen Stauden. H.en sind oberhalb der Waldgrenze selten. Sie entwickeln sich nur wo ganzjährig genügend Feuchtigkeit zur Verfügung steht und wo oberflächlich zusammenrinnendes Niederschlagswasser immer wieder Nährstoffe zuführt. → *Charakterarten* der einzigen → *Ordnung* in Mitteleuropa (Adenostyletalia) sind z.B. Adenostyles alliariae, Geranium sylvaticum, Ranunculus platanifolius.

Hochwald: Durch Anpflanzen oder Naturverjüngung entstandener, hochstämmiger Wirtschaftswald mit mehr oder weniger geschlossenem Kronendach. Die Umtriebszeiten liegen meist zwischen 80 – 120 Jahren. Als Laubwald bzw. in montanen Lagen als Laubmischwald ist er für Mitteleuropa als naturnah einzustufen. Die Artenzusammensetzung der Kraut- und Strauchschicht eines H.es wird maßgeblich durch die Nutzungsweise bestimmt (→ *Plenterwald*, → *Femelschlag*, → *Kahlschlag*). → *Forstgeschichte*

Hochwasserschäden: Schäden an Waldbäumen im Zuge von Überflutung und Überschwemmung. Neben mechanischen Schäden u.a. als Folge von Wildbachverheerungen (Entwurzelung, Schäden durch Schutt- und Geröllfrachten etc.) treten H. überwiegend als Folge von Sauerstoffmangel im Boden nach längerfristiger Vernässung und Überflutung während der Vegetationsperiode auf. Das Schadensausmaß ist abhängig von Baumart, Überflutungsdauer und -stärke sowie den physikalischen wie chemischen Bodengegebenheiten. Symptome sind u.a. und Chlorosen, Absterben von Wurzeln und Zweigen, Tod des Baumes. Relativ tolerant gegenüber periodisch auftretenden Hochwässern sind u.a. Populus canadensis und P. nigra, Salix alba und S. x rubens. Weniger tolerant sind Alnus glutinosa, Fraxinus excelsior, Quercus robur und Picea abies. Sehr empfindlich sind z.B. Fagus sylvatica und Abies alba.

Hochzuchtplantage: → *Samenplantage* mit überdurchschnittlich leistungsfähigen Klonen. Ziel: Gewinnung züchterisch verbesserten Saatgutes im Hinblick auf Ertragsfähigkeit, Güte- und Resistenzeigenschaften.

Höhentrieb → *Terminaltrieb*

Hofmeister'sche Ionenreihe → *Lyotrope Reihe*

Hoftüpfel → *Tüpfel*

Hohlkörner: Samen oder Früchte, die nur aus Testa bzw. Perikarp bestehen. Endosperm und Embryo fehlen. Bei einigen Baumarten entstehen aus unbestäubten Blüten regelmäßig (Wei, Pa, Bi, Er, Fi, Ki, Lä) oder teilweise (Ul, Hbu, Bu,Ah) Hohlkörnern.

Holarktis: → *Florenreich*, das die gemäßigten und kalten Gebiete der Nordhalbkugel umfaßt. Für das Gesamtgebiet typisch sind u.a. Arten der Gattungen Betula, Quercus, Acer, Picea, Abies. Erwähnenswert sind: a) Die ostasiatischen subtropischen Regenwälder mit Lauraceae, Magnoliaceae und Theaceae. b) Die sommergrünen Wälder Ostasiens mit vielen bei uns als Parkbäumen bekannten Arten der Gattungen Morus, Gleditsia, Sophora, Ailanthus, Paulownia, Catalpa und Unterwuchs von Deutzia, Hydrangea, Rhododendron, Syringa u.a.. c) → *Hartlaubwälder*, → *Macchie*, → *Garigue* des mediterranen Florengebietes. d) Das artenarme eurosibirische Gebiet mit ausgedehnten Nadelwäldern, oft nur aus einer Art der Gattungen Pinus, Picea, Larix und Abies aufgebaut. e) Die europäischen Laubwälder, die sich durch das Vorhandensein von Fagus sylvatica, Carpinus betulus und Quercus von den sibirischen Laubwäldern mit hauptsächlich Salix-, Alnus- und Betula-Arten trennen lassen. f) Das nordamerikanische Gebiet ist das vielgestaltigste und enthält eurasische, mediterrane und ostasiatische Elemente. Auch hier wird der Norden von einem Nadelwaldgürtel bestimmt (vor allem Picea glauca). In den pazifischen Küstengebieten sind die Wälder viel artenreicher (z.B. Picea sitchensis, Pseudotsuga menziesii, Thuja plicata, Chamaecyparis lawsoniana, Tsuga heterophylla). Das gleiche gilt für die Laubwälder des amerikanischen Ostens (Acer-, Quercus-, Prunus-Arten u.a.).

hold → *Gesellschaftstreue*

Holder, Wilder → *Sambucus racemosa*

Holländische Ulmenkrankheit → *Ceratocystis ulmi*

Holler → *Sambucus nigra*

Holly → *Ilex*

Holobasidie → *Basidie*

Holobasidiomycetidae: →*Basidiomycetes* mit septierten Basidien (=Holobasidien). Hierher gehören alle → *Homobasidiomycetidae*, aber auch einige → *Heterobasidiomycetidae* (Exobasidiales, Dacrymycetales, Tilletiales).

Holocladium → *Verzweigungssystem*

Hologenie: Ununterbrochene Entwicklungskette (Fortpflanzungskette) von den ersten bis zu den heute existierenden Lebewesen, zusammengefügt aus einer Folge einzelner Ontogenien.

Holozän (Alluvium): Abteilung des Quartär. Das H. begann vor ca. 13 000 Jahren und umfaßt die Späteiszeit (Spätglazial, subarktische Zeit) und die Nacheiszeit (Postglazial). Es ist gekennzeichnet durch eine langsame Klimaverbesserung und ein damit verbundenes Zurückweichen der Vereisungen nach Norden oder in die Gebirge. Die wieder eisfreien Gebiete wurden von den zuvor verdrängten Pflanzen gemäß ihrer Ökologie schrittweise von ihren → *Glazialrefugien* aus zurückerobert. Mit Hilfe der → *Pollenanalyse* kann dieses Vordringen nachvollzogen werden. Man unterscheidet dabei für große Teile des temperaten Europa gültige Pollenzonen (PZ). Nach dem Rückzug des Eises entwikkelte sich in Mitteleuropa eine tundrenartige, anfangs baumlose Vegetation (älteste und ältere Dryas- oder Tundrenzeit; PZ I + II) mit Gräsern und Seggen als dominierenden Pflanzengruppen; weiterhin mit → *Dryas octopetala*, Selaginella selaginoides, Helianthemum, Artemisia, Empetrum, Thalictrum, Chenopodiaceen, der Zwergbirke (→ *Betula nana)*, verschiedenen Kriechweiden (→ *Salix reticulata*, → *S. herbacea* u.a.) und dem Sanddorn (→ *Hippophaë rhamnoides)*. Dieses Vegetationsbild blieb bis ca. 10 000 v.Chr. praktisch gleich und wurde nur aufgrund einer kurzzeitigen Klimaverbesserung (Bölling-Zeit oder -Schwankung) in eine lichte Parktundra mit Bi abgewandelt. Eine tiefergreifende Änderung brachte die mittlere Dryaszeit (Allerödzeit; PZ III). Durch steigende Temperaturen konnten sich lichte Wälder entwickeln mit vorherrschend Bi in Nordwest- und Ki in O- und S-Europa. Ein Temperaturabfall in der jüngeren Dryaszeit (PZ IV) führte zum Verschwinden der Wälder. Eine tundrenartige Vegetation mit eingesprengten Bi breitete sich wieder aus. Eine merkl. Klimaverbesserung kennzeichnete die Wende zur Nacheiszeit und den Beginn der Vorwärmezeit (Praeboreal; PZ V). Wälder breiteten sich nun endgültig aus. Vorreiter waren Bi und Ki, die in dieser Zeit fast alleine das Vegetationsbild bestimmten. Die Tundrenarten verschwanden bis auf wenige → *Relikte*. In der frühen Wärmezeit (Boreal, PZ VI + VII) mischten sich Ul und Ei unter die Bi und Ki. Es kam zu einer sehr raschen Ausbreitung der Ha, die im späten Boreal (PZ VII) ihr Maximum erreichte. Die Vegetation der mittleren Wärmezeit (Atlantikum; PZ VIII) wurde durch einen Eichenmischwald bestimmt. Vorherrschend waren weiterhin Ei und Ul, hinzu kamen Li, Es, Ah und in den versumpfenden Flußniederungen die Er. Ki und Bi blieben auf trockene Sandböden beschränkt. In den Mittelgebirgen fand sich die Fi ein. In das Atlantikum fiel ein Klimaoptimum mit 2,5-4 °C höheren Jahresmitteltemperaturen als heute. In dieser Zeit drangen wärmeliebende submediterrane Arten (z.B. → *Quercus pubescens*, → *Cornus mas*, → *Buxus sempervirens)* nach Norden vor. Solche Arten, die heute als → *Relikte* angesehen werden, konnten sich nur an klimatisch besonders begünstigten Stellen halten. Gegen Ende des Atlantikums traten Ul und Li zurück, die Ei dominierte. Auch die Hasel hatte wieder eine stärkere Verbreitung, Bu, Hbu und Ta tauchten im Waldbild auf. In die späte Wärmezeit (Subboreal, PZ IX + X) fiel der Rückgang der Eichenmischwälder zugunsten der Bu. Er und Ha waren ebenfalls stark verbreitet. Die Bu entwickelte sich in Mitteleuropa in der Nachwärmezeit (Subatlantikum; PZ XI + XII) zur dominierenden Baumart. Daneben breiteten sich Hbu und in den Gebirgswäldern Ta und Fi stark aus. Ei und Ha traten zurück. In der→ *Waldgeschichte* wird der menschliche Einfluß auf die Waldzusammensetzung von größerer Bedeutung als das Klima.

Holunder → *Sambucus*

Holz: Sekundäres → *Xylem*. Vom → *Kambium* nach innen abgegebenes Gewebe; i.d.R. mit kürzeren Leitelementen als im primären Xylem. Bei Gymnospermen aus streng serial angeordneten → *Tracheiden* und meist wenig Parenchym bestehend, oft aber mit → *Harzkanälen*. Bei Angiospermen reich differenziert in Tracheiden, → *Tracheen* (vorwiegend Tüpfelgefäße), → *Libriformfasern* und Parenchym. Holz umfaßt auch die → *Holzstrahlen*. Bei Holzarten der gemäßigten Breiten stets in → *Jahrringe* gegliedert, bei Bäumen in → *Splint* und → *Kernholz* differenziert.

Holzabbau → *holzzerstörende Pilze*

Holzapfel → *Malus sylvestris*

Holzbirne → *Pyrus pyraster*

Holzfasern → *Fasern*, → *Sklerenchym*

Holzparenchym → *Parenchym*

Holzpflanzen: Pfl., deren Sproßachsen in allen Teilen verholzen und über mehrere Jahre in ihrer Gesamtheit erhalten bleiben (= → *Bäume* und → *Sträucher)*.

Holzstrahl → *Markstrahl*

holzzerstörende Pilze: Den Abbau des Holzes übernehmen vorwiegend Pilze. Mit Hilfe spezifischer Enzyme verwandeln sie die Gerüstsubstanzen des Holzes in für sie verfügbare organische Verbindungen, meist

Zeit (ca.)	PZ	Vegetationsperiode	Stufe		Klima	Vorgeschichte des Menschen
+1000	XII	Kulturforste	Nachwärmezeit (Subatlantikum)	Nacheiszeit	gemäßigt humid (ozeanisch)	Geschichtliche Zeit
0	XI	Buchen				
-500						Eisenzeit
-1700	X	Buchen, Eichen	Späte Wärmezeit (Subboreal)		warme, einzelne trockene Perioden (kontinental)	Bronzezeit
-3100	IX	Eichenmischwald (Eichen, Ulmen, Linden, Eschen)				Jungsteinzeit
-5800	VIII		Mittlere Wärmezeit (Atlantikum)		warm, feucht (ozeanisch)	
-6800	VII	Hasel, Ulmen, Eichen	Frühe Wärmezeit (Boreal)		warm, trocken (kontinental)	Mittelsteinzeit
-7700	VI	Hasel, Birken, Kiefern				
-8300	V	Birken, Kiefern	Vorwärmezeit (Praeboreal)		kühl (kontinental)	
-9000	IV	baumarme Tundra	Jüngere Dryaszeit	Späteiszeit	kalt	Altsteinzeit
-10000	III	Birken, Kiefern	Mittlere (Alleröd) Dryaszeit		wärmer	
-10600	II	baumarme Tundra	Ältere Dryaszeit		kalt	
		Birke	Böllingzeit		geringe Erwärmung	
-13000	I	baumlose Tundra	Älteste Dryaszeit		kalt (arktisch)	

Gliederung des **Holozän**. Pollenzonen (PZ) nach Overbeck.

niedermolekulare Kohlenhydrate. Das führt zwangsläufig zur Auflösung der Holzstruktur. Die Abbaumuster differieren jedoch. Wird vorwiegend Cellulose abgebaut, entsteht → *Braunfäule* (Destruktionsfäule). Ihr Kennzeichen: Befallenes Holz wird rissig, würfelig, mürbe und braun. → *Weißfäule* (Korrosionsfäule) ist hingegen die Folge selektiven Lignin-Abbaus, dem sich oft die Zersetzung von Cellulose anschließt. Kennzeichen: Streifige oder einheitliche Aufhellung des Holzes, Struktur bleibt rel. lange erhalten. Verläuft der Ligninabbau unregelmäßig und hinterläßt linsenförmige Hohlräume, spricht man von → *Weißlochfäule.* Andere Pilzarten, meist Ascomyceten, rufen an nassem Holz → *Moderfäule* hervor.

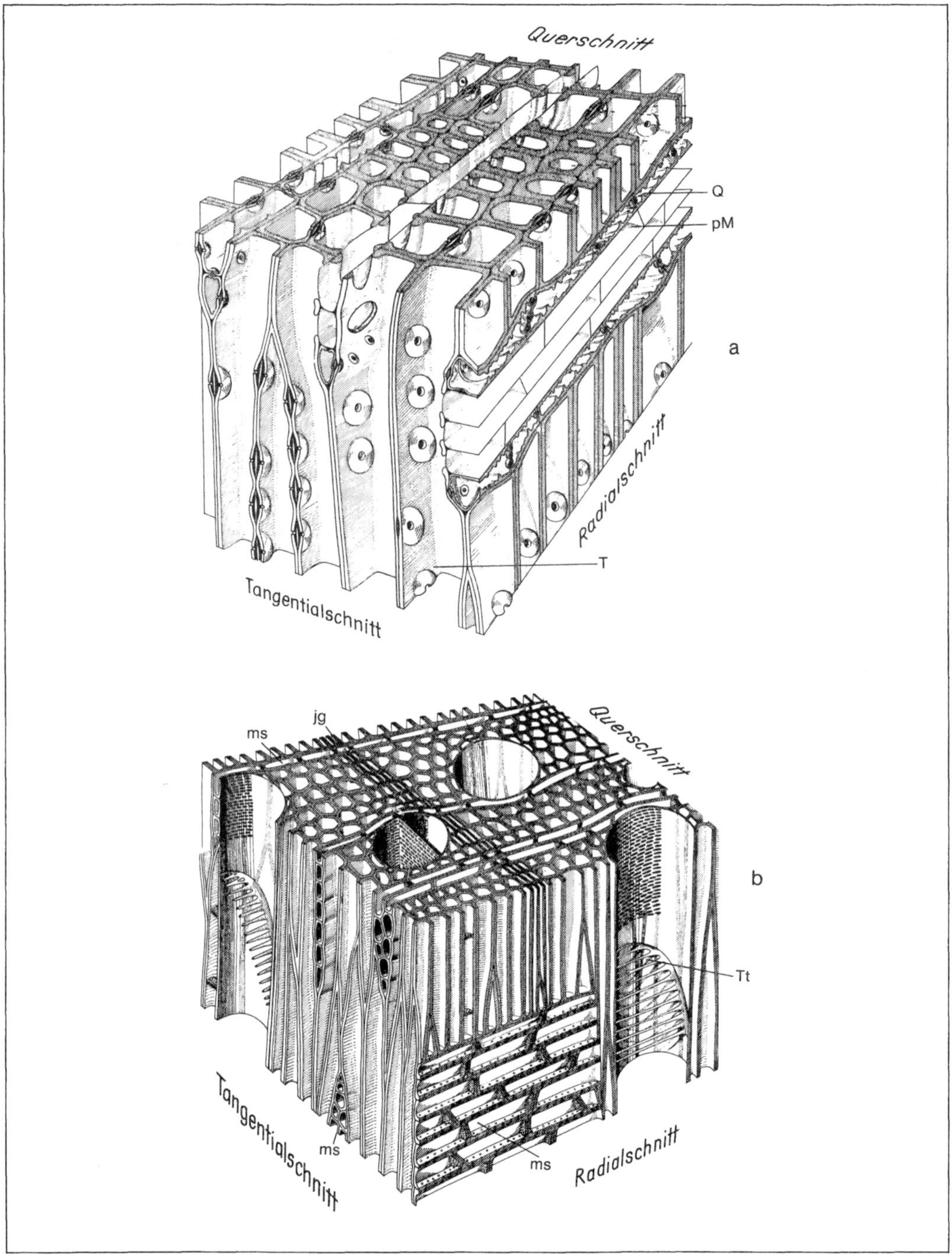

Anatomie des **Holzes:** *a* Nadelholz (Pinus sylvestris), *b* Laubholz (Betula alba); pM = parenchymatische Markstrahlzellen, T = Tracheide mit Hoftüpfeln, Tt = Trachee mit leiterartiger Durchbrechung, Q = Quertracheide, ms = Markstrahl, jg = Jahrringgrenze

Die Mehrzahl der holzzerstörenden Pilze zählt zu den → *Polyporaceen.* Sie greifen entweder verbautes Holz oder das Kernholz lebender Bäume an. Im letzteren Fall spricht man von → *Wundfäule,* wenn sie über Wunden eindringen, von → *Stockfäule,* wenn sich der Abbau auf die Stammbasis beschränkt, und von → *Stammfäule,* wenn sie sich auf größere Strecken des Stammes ausdehnt. Ist hingegen liegendes, also eingeschlagenes Holz betroffen, handelt es sich um → *Lagerfäule.*
Oft wird der Holzabbau von mehreren gleichzeitig oder nacheinander einwirkenden Pilzarten hervorgerufen (→ *Pilzsukzession).* Blaufärbung des eingeschlagenen oder verbauten Nadelholzes hat mit Holzzerstörung nichts zu tun (→ *Bläue).* Im Walde kommt der Holzzerstörung am stehenden Stamm große wirtschaftliche Bedeutung zu. Allein für die Fi in Niedersachsen errechnen sich Mindererlöse von 5,3 Mio DM pro Jahr. Hinzu kommen trotz bewährter Verfahren des Holzschutzes Schäden in Millionenhöhe an verbautem Holz.

Holzzuchtplantage: Künstlich begründeter Bestand, in dem Holz als Rohstoff mit Verfahren erzeugt wird, die landwirtschaftlichen Anbausystemen ähnlich sind. Der sog. Plantagenwaldbau orientiert sich vorwiegend nach ökonomischen Gesichtspunkten. Anlage und Betrieb einer H. sind hochintensiv; der Boden wird vorbereitet, meist mehrfach gepflügt, Bestände begründet, geastet, stark durchforstet und nach rel. kurzen Umtriebszeiten (max. 40 Jahre) geerntet. Die Nährstoffvorräte des Bodens werden durch Düngung erhalten. Trotz großflächiger Schädlingsbekämpfung ist die Gefahr biotischer wie abiotischer Schäden größer als in naturnahen Wäldern. Großflächige H. wurden vor allem in den Tropen und Subtropen mit Arten der Gattungen Eucalyptus und Pinus begründet. Allein in den Tropen (27°N–27°S) werden ca. 275 000 km^2 plantagenmäßig genutzt (1985). In M-Eur. findet seit Mitte der 80er Jahre eine Intensivierung dieses Bewirtschaftungssystems statt. Es wird erwogen, einen Teil der stillgelegten Agrarflächen für Energie- und Industrieholzplantagen zu nutzen. Als geeignete Holzarten kommen Baumweiden und Pappeln in Betracht.

Homobasidiomycetidae: Unterklasse der → *Basidiomycetes,* ausnahmslos mit → *Holobasidien,* die meist auf einem Hymenophor gebildet werden. Basidiosporen keimen zu einem Hyphenmycel mit doliporen Septen und perforiertem Parenthosom aus. Ausdauerndes Schnallenmycel bildet alljährlich Fruchtkörper, die mehrjährig sein können. Systematik der H. ist noch in Diskussion und nicht endgültig. Drei Ordnungsgruppen werden unterschieden: → *Aphyllophorales,* → *Agaricales* i.w.S. und → *Gasteromycetes.*

homoblastisch: Form der ontogenetischen Pfl.entwicklung, bei der Jugend- und Folgeform kontinuierlich ineinander übergehen (Bsp. allmählicher Gestaltwandel von den → *Primär-* zu den → *Folgeblättern)* (→ *heteroblastisch).*

homöomer → *Lichenes*

Homöostasis: Fähigkeit eines biologischen Systems (Zellen, Organismen, Populationen, Ökosysteme), durch Pufferungsmechanismen für ein stabiles Gleichgewicht zu sorgen.

Homogamie: Gleichzeitige Reifung der männlichen und weiblichen Blüten, bzw. Blütenorgane desselben Individuums (Rob., Vogelkirsche).

homoiochlamydäisch → *Perianth*

homoiohydrisch: Bezieht sich auf Pflanzen, die den Dampfdruck in ihrem Inneren durch Verdunstungsschutz auch bei sinkendem Wasserdampfdruck der Umgebung aufrechterhalten und nicht austrocknen. Diese Fähigkeit ermöglicht höheren Pflanzen, das Land zu besiedeln und in extremen Trockengebieten zumindest zeitweise ein aktives Leben zu führen. Ggs. → *poikilohydrisch.*

homolog: Ursprungsgleich; Bsp.: Blattranken und Blattdornen sind Blättern homolog. Sie stellen eine Umwandlung von Blättern zu Stütz- bzw. Schutzorganen dar (→ *analog).*

homologe Chromosomen: Sich im Genbestand einer diploiden Zelle entsprechende Chromosomen, die sich in der Meiose paaren. H. C. sind in ihrer Gestalt und der Sequenz ihrer Chromomeren gleich. Je nach Ploidiestufe liegen h. Chr. doppelt (2n) oder mehrfach vor.

Homonyme: Gleiche wissenschaftliche Namensbezeichnung für verschiedene Organismen. Nach den Nomenklaturregeln ist nur der zuerst veröffentlichte Name gültig.

homoötypische Reifeteilung → *Meiose*

homophasisch → *Generationswechsel*

Homorrhizie: Durch eine große Zahl etwa gleich starker, sproßbürtiger Wurzeln gekennzeichnete Art der Bewurzelung; H. tritt bei Monokotyledonen auf, ferner in Form sog. Stelz- u. Stützwurzeln bei Mangrove-Gehölzen u. Ficus-Arten (= sekundäre Homorrhizie). → *Wurzelmetamorphosen.*

homozygot: Reinerbig. Eigenschaft eines → *Allels,* dessen → *Gene* mit gleicher Erbinformation auf die Merkmalsausbildung wirken. Kurzschreibweise AA für → *dominante* Merkmalsausprägung oder aa für → *rezessive.*

Honeylocust → *Gleditsia*

Honeysuckle → *Lonicera*

Honigblätter → *Nektarien*

Honigschwamm → *Armillaria mellea*

Honigtau: Flüssige, stark zuckerhaltige Exkremente von phloemsaugenden Blatt- oder Schildläusen, die gern von Ameisen und Bienen aufgenommen werden (Tannenhonig). Bei starkem Auftreten kann eine klebrige, sogleich von Mikroorganismen besiedelte, später schwarz gefärbte Schicht entstehen (→ *Rußtau).*

Hop Tree → *Ptelea*

Hopfen → *Cannabaceae*

Hopfenbuche → *Ostrya*

Hopfenstrauch → *Ptelea*

Hophornbeam, Eastern → *Ostrya*

Horizontalwurzelsystem → *Wurzelsystem*

Hormone → *Phytohormone*

Hornbeam → *Carpinus*

Hornbeam, American → *Carpinus caroliniana*

Hornmoose → *Anthocerotatae*

Hornstrauch → *Cornus*

Horse-Chestnut → *Aesculus*

Hortensie → *Hydrangea*

Hovenia → *Rhamnaceae*

Hügellandstufe → *Vegetationsstufen*

Hüllspelze → *Poales*

Hülse: Aus nur einem Karpell entstandene Frucht, die sich bei Reife an der Bauch- und Rückennaht öffnet (Fabaceae: Robinie., Goldregen).

Hülsenfrüchtige → *Fabales*

Hulebaum → *Moraceae*

Humulus → *Cannabaceae*

Humus: Sammelbegriff für verschiedene Formen umgewandelter organischer Stoffe, (→ *Humusstoffe),* die im Zuge der → *Streuzersetzung* gebildet werden, z.B. → *Mull,* → *Moder,* → *Rohhumus,* → *Auflagehumus,* → *Waldstreu.*

Humusstoffe: Tote organische Stoffe eines Bodens, bestehend aus einem Gemisch aus pflanzlichen Rückständen, abgestorbenen Bodenlebewesen, relativ leicht zersetzbaren Stoffwechselprodukten und hochpolymeren Huminstoffen (Fulvosäuren, Huminsäuren, Humine).

Hundsgiftgewächse → *Apocynaceae*

Hundskolbengewächse → *Cynomoriaceae*

Hundsrose → *Rosa canina*

Hybrid: Kreuzungsprodukt von Eltern mit unterschiedlicher genetischer Struktur und Merkmalsausbildung.

Hybridforsythie → *Forsythia suspensa*

Hybridisierung: Bastardierung. Kreuzungsvorgänge zwischen Individuen mit unterschiedlicher genetischer Struktur. Kann zu sog. luxurierenden Bastarden führen, die ihre Eltern in Wüchsigkeit, Produktivität oder anderen Merkmalen übertreffen. Diese, als → *Heterosis* bezeichnete Erscheinung, beruht auf additiv wirkenden Genen. (→ *Polymerie).*

Hybridlärche → *Larix x eurolepis*

Hydathoden: Wasserspalten. Nicht regulierbare, der → *Guttation* dienende Öffnungen in der Blattepidermis einiger krautiger Arten (z.B. Alchemilla, Primula).

Hydrangea L. Hortensie: Gattung der → *Saxifragaceae* mit 20 – 45 Arten, z.T. schwer unterscheidbar. Sommergrüne, seltener immergrüne Sträucher oder Klettersträucher aus gemäßigten Zonen O-Asiens und N-Amerikas. Blätter gegenständig, Zweige oft mit abblättender Streifen- oder Ringelborke. Meist mit fertilen, kleinen und sterilen, auffällig großen Blüten (Schauorgane), weiß, rosa oder blau. Wichtigste Art: H. macrophylla (THUNB.)SER. (syn.: H. hortensia [(SIEB. et ZUCC.] Gartenhortensie: In vielen Formen vorkommender, 1 – 3 m hoher Strauch aus O-Asien, in M-Eur. winterharter Zierstrauch. Fruchtbare Blüten weiß, die unfruchtbaren weiß oder blau. Bevorzugt halbschattige, wintermilde und sommerfeuchte Lagen.

Hydrangeaceae → *Saxifragaceae*

Hydratation: Bildung von Hydrathüllen um Ionen und hydrophile Moleküle mittels Dipol- oder Wasserstoffbrückenbindungen. Die Größe der Hydrathülle hängt von der Anzahl der Ladungen und vom Radius der anziehenden Teilchen (→ *lyotrope Reihe)* ab.

Hydrochorie: Samenverbreitung durch Wasser. Beispiel: Erle.

Hydrogamie: Hydrophilie. In M-Eur. seltene Form der Pollenübertragung vom ♂ auf das ♀ Organ durch Wasser.

Hydroiden: Primitive, wenig differenzierte Wasserleitelemente bei Laubmoosen. H. sind → *prosenchymatisch* und haben verdickte Zellwände.

Hydrokultur: Kulturmethode, bei der unter Verwendung von inertem Material (Quarzsand, Blähton u.a.) Pflanzen lediglich mit verdünnter, wäßriger Nährlösung versorgt werden.

hydrolabil: Bezogen auf Pflanzen, deren Wassergehalt im Rhytmus der Trocken- und Feuchtperioden schwankt. Dazu zählen → *poikilohydrisch* Pflanzen und viele krautige → *Helophyten.* → *Xerophyten.*

Hydronastien → *Nastien*

Hydrophilie → *Hydrogamie*

Hydrophyten: Alle nicht zum Plankton zählenden, ausdauernden Wasserpflanzen, deren Überdauerungsorgane während der ungünstigen Jahreszeit im Wasser untergetaucht sind. Kennzeichen: Stark reduziertes oder fehlendes Wurzelsystem; großes Interzellularsystem (Luftspeicher). Man unterscheidet: Schwimmpflanzen, untergetauchte (submerse) und amphibische Pflanzen.

Hydropteridae: Wasserfarne. Unterklasse der → *Filicatae.* Im Wasser oder Sumpf lebende, heterospore Farne mit einschichtig bewandeten Sporangien. Sori (→ *Sorus)* werden von besonderen Sporangienbehältern eingeschlossen, die bei den Marsileales aus Blattteilen (Sporokarpium), bei Salviniales aus dem → *Indusium* gebildet werden. Mit Mikro- und Makrosori.

hydrostabil: Bezogen auf Pflanzen, deren Wassergehalt wenig schwankt, da sie durch Stomataschluß die Transpiration um so mehr einschränken, je schwieriger die Wasseraufnahme aus dem Boden wird. → *Xerophyten.*

Hydrotaxis: In ihrer Richtung durch ein Reizfeld bestimmte Ortsbewegungen, die es frei beweglichen Organismen ermöglichen, auf Feuchtigkeitsdifferenzen zu reagieren.

Hydrotropismus: Wachstumsbewegungen aufgrund von Feuchtigkeitsdifferenzen. Positiver H.: Wurzeln wachsen in Richtung auf höheren Wasserdampfpartialdruck; hydrotropisch empfindlich reagieren auch Pollenschläuche u. → *Rhizoide.*

Hygrochasie: Durch Befeuchtung ausgelöster Öffnungsmechanismus. Beruht auf anisotroper Quellung von Gewebeteilen oder dem Kohäsionszug von Wasser. Dient auch der Verbreitung von Diasporen.

Hygrophyten: Landpflanzen, die an feuchte Standorte angepaßt sind (z.B. Impatiens noli-tangere). Zur Transpirationserhöhung haben sie meist große, dünne Blattspreiten mit zahlreichen, oft hervorgehobe-nen Spaltöffnungen. Viele sind zur → *Guttation* befähigt.

Hyläa: Ursprünglich Bezeichnung für den trop. Regenwald des Amazonasgebietes. Als Bezeichnung eines Biomtyps auch für tropische Regenwaldgebiete anderer Erdteile verwandt.

Hylocomium → *Bryidae*

hymenial → *Basidiokarp*

Hymenium: In Fruchtkörpern der → *Ascomycetes* und → *Basidiomycetes* befindliche Schicht von Asci (hier oft begleitet von Paraphysen; → *Ascus*) bzw. → *Basidien.*

Hymenochaete rubiginosa (Dicks. ex Fr.) Lev. Rotbrauner Borstenscheibling (Hymenochaetaceae): Häufiger Weißfäuleerreger an liegendem oder bearbeitetem Kernholz von Ei und Edelkastanie. Fruchtkörper mehrjährig, dünn, steif und korkig, bis 5 cm breit. Meist zu vielen und dann zu Reihen miteinander verwachsen. Farbe: dunkelbraun bis schwärzlich, wachsende Ränder rotbraun. Konzentrisch gezont.

Hymenochaete rubiginosa

Hymenomyceten → *Homobasidiomycetidae,* deren Fruchtkörper im reifen Zustand ein → *Hymenium* aufweisen (hymenialer Fruchtkörper). Hierher gehören → *Apyhllophorales* und Agaricales. Als systematische Gruppe nicht mehr gebräuchlich.

Hymenophor: Hymenienträger. Vom Trama des → *Basidiokarps* gebildete, lamellen- und röhrenartige oder anders gestaltete Strukturen, die auf ihrer Oberfläche das → *Hymenium* mit den → *Basidien* tragen. Dadurch wird die sporenbildende Oberfläche des Fruchtkörpers erheblich vergrößert.

Hypanthium → *Myrtales*

Hypericaceae: Hartheugewächse. Familie der → *Theales.* Meist in den Tropen verbreitete Bäume, Sträucher und Kräuter mit einfachen Blättern, ohne Nebenblätter und mit schizogenen Ölbehältern. Einheimisch sind krautige Hypericum-Arten (Johanniskräuter). Holzpflanzen mit dauerhaftem Hartholz: Calophyllum brasiliense (nördliches S-Amerika, M-Amerika), Harungana madagascariensis (trop. Afrika), Platonia esculenta (trop. Brasilien), Cratoxylon polyanthum (trop. Asien), Mesua ferrea (Nagesbaum, trop. Asien)

Hyperparasitismus: Definition → *Parasiten.* In der Forstpathologie gibt es nur wenige konkret belegte Fälle von H.. (1) Tuberculina maxima parasitiert auf dem Erreger des Strobenrostes, Cronartium ribicola, (2) Uredosporen des Pappelrostes Melampsora larici-populina werden durch Konidiosporen einer Cladosporium-Art in ihrer Infektionsfähigkeit gehemmt und (3) Trichoderma viride befällt Mycelien von Umfall-Erregern der Gattungen Pythium und Rhizoctonia.

Hyperplasie → *Hypertrophie*

Hypersensibilität → *Hypersensitivität*

Hypersensitivität (Hypersensibilität): Überempfindlichkeitsreaktion pflanzlicher Gewebe gegenüber eingedrungenen Pathogenen. Wirksamer Resistenzmechanismus höherer Pflanzen gegen path. Pilze, weil bei plötzlich eintretendem Zelltod auch der Erreger abstirbt. An diesen Abläufen sind offenbar noch weitere Prozesse (z.B. Phytoalexinbildung) beteiligt.

hypertonisch: Bezogen auf 2 im Vergleich stehende, wäßrige Lösungen: mit höherem osmotischen Wert.

Hypertrophie: I. w. S. Wucherung, d.h. gesteigertes Teilungswachstum einzelner Organe oder Gewebeteile. Beispiele: Hexenbesen, Gallen, Tumore. Mitunter wird unterschieden zwischen Hypertrophie (extreme Zellvergrößerung) und Hyperplasie (extreme Zellvermehrung).

Hypertrophierung: Wenig gebräuchlicher Ausdruck für → *Eutrophierung.*

Hyphen: Septierte oder unseptierte (= siphonale) Zellfäden, die den Vegetationskörper der (höheren Pilze Eumycotina) aufbauen. Die Gesamtheit der H. nennt man → *Mycel.*

Hyphomycetales → *Deuteromycetes*

Hypnum cupressiforme L. Zypressenschlafmoos: Häufig auf Stubben und Wurzelanläufen in Fichtenwäldern. Morphologisch sehr variabel und ohne besondere Standortsansprüche.

Hypodermella laricis Tubeuf (Rhytismataceae): Blattparasit an Lä-Arten (L. decidua, L.occidentalis, L.laricina). Befällt hauptsächlich Kurztriebnadeln. Längliche Apothecien an toten, am Baum überwinternden Nadeln.

Hypodermella nervisequia (DC) Lagerberg (syn.: Lophodermium nervisequium DC) Erreger der Tannenschütte (Tannen-Ritzenschorf), (Hypodermataceae): Blattparasit, der bei Abies alba Bräunung und vorzeitigen Abfall älterer Nadeln hervorruft. Merklich betroffen sind nur unterdrückte oder vorgeschädigte Jungwüchse. Infektion im Frühjahr. Pyknidien in Form zweier unregelmäßig gewellter Längswülste auf der Nadeloberseite. Apothecien unterseits, schwarz, langgestreckt. Nicht selten, aber ohne wirtschaftl. Bedeutung (Abb. S. 224).

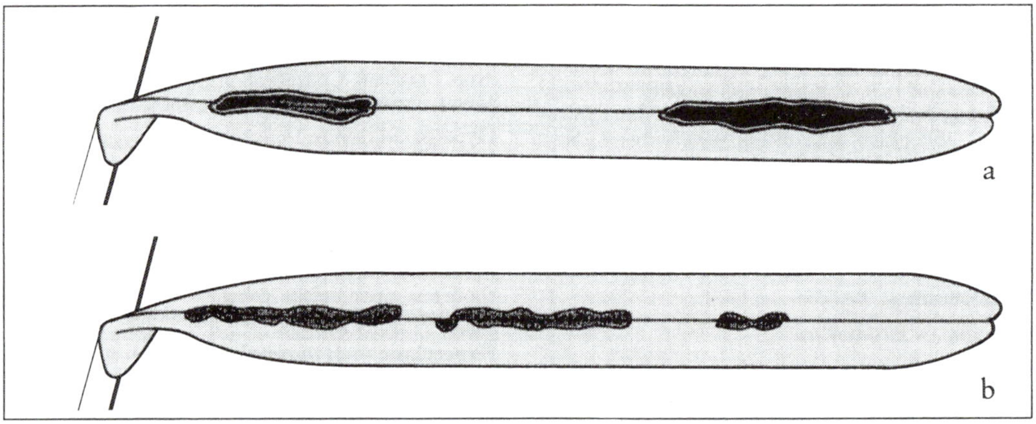

Hypodermella nervisequia: *a* offene Apothecien, *b* offene Pyknidien

Hypodermella sulcigena → *Lophodermella sulcigena*

Hypodermis: Zum Abschlußgewebe gehörende, ein- oder mehrschichtig ausgebildete, subepidermale Zelllagen. Bei Coniferen-Nadeln besteht die H. aus Sklerenchymfasern. H. erhöht Festigkeit und Verdunstungsschutz.

hypogäische Keimung → *Keimung*

Hypogynie → *Fruchtknotenstellung*

Hypokotyl: Unterstes → *Internodium* zwischen Wurzelhals und Kotyledonarknoten (vgl. → *Keimung*).

Hyponastie: Krümmungen von Sproßachsen nach oben durch stärkeres Wachstum auf der Unterseite.

Hypophyll → *Unterblatt*

Hypopodium → *Internodium* an Seitentrieben zwischen der Triebbasis und dem ersten → *Vorblatt* (→ *Mesopodium*, → *Epipodium*).

hypostomatisch → *Stomata*

Hypotonie: Förderung der Knospengröße und damit der Trieblänge auf der Astunterseite dorsiventraler Sprosse; bei Holzarten mit aktrotoner Förderung wird die Längenentwicklung von Verzweigungen 2. und höherer Ordnung zumeist von H. und → *Amphitonie* überlagert.

hypotonisch: Bezogen auf 2 im Vergleich stehende, wäßrige Lösungen: mit niedrigerem osmotischen Wert.

Hypovirulenz (geringe → *Virulenz*): Hypovirulente Stämme eines Pathogens besitzen ein erheblich geringeres Infektions- und Schädigungsvermögen als normale. Entwickeln sie außerdem hohe Konkurrenzkraft gegenüber virulenten Stämmen oder ist die H. auf normale (gesunde) Stämme übertragbar, kann diese Eigenart zur → *biologischen Bekämpfung* genutzt werden. Beispiel: → *Cryphonectria parasitica*. Um 1950 traten in Italien, später in Michigan, USA, in extrem stark befallenen Castanea-Beständen fast gesunde Einzelbäume auf. Aus ihnen wurden hypovirulente Stämme isoliert, die sich inzwischen stark ausbreiteten oder künstl. eingebracht wurden. Das führte teils zur Erholung erkrankter Bäume, teils zum Stillstand der Krankheit. Ursache der H. scheint hier ein Virus zu sein, dessen Übertragung auf virulente Stämme des Pilzes mehrfach gelang. Bei C. parasitica ist H. stets an die Präsenz von Doppelstrang-RNS, dem genetischen Material vieler pilzpathogener Viren, gebunden.

Hypoxylon fragiforme (PERS. ex FR.) KICKS. Kohlebeere (Xylariaceae): Sehr häufiger Erstbesiedler liegenden Ast- und Stammholzes der Buche; löst peripher Weißfäule aus. Die an schattigen Orten in großen Kolonien auftretenden kleinen, runden Sammelfruchtkörper (knapp 1 cm Ø) sind außen rotbraun und innen schwarz. Perithecien in das Stroma eingebettet. Ostioli münden in kleinen Höckern auf der Oberfläche der Fruchtkörper. Sie entlassen große Mengen schwarzer Ascosporen.

Hypoxylon fragiforme

Hypoxylon mammatum (WAHL.) MILL. (syn.: H. pruinatum [KL.]CKE) (Xylariaceae): In N-Amerika wirtschaftlich bedeutender Ast- und Stammkrebserreger an Populus tremuloides, weniger an P. grandidentata und P. trichocarpa. In Frankreich auf Salix, Crataegus und Aspe.

Hypsophylle → *Hochblätter*

Hyptis → *Lamiaceae*

Hyssopus officinalis L. Ysop: Monotypische Gattung der → *Lamiaceae.* Bis 0,6 m hoher, sehr variabler Zwergstrauch, der von S-Eur. bis M-Asien vorkommt und vorzugsweise auf kalkhaltigen, warmen Fels- und Schuttböden gedeiht. Seit dem 16. Jh. als Heil- und Gewürzpflanze in M-Eur. kultiviert. Bienenfutterpflanze mit violetten Blüten.

I

Idioblast: Durch abweichende Gestalt (und Funktion) auffallende Einzelzelle in einem Gewebeverband (z.B. Ölzellen, Schließzellen).

Idiogamie: Selbstbestäubung, → *Bestäubung*

Idiotypus: Erbbild. Die Gesamtheit der Erbinformationen eines Organismus. Gliedert sich in Genom, Plasmon, Plastidom und Chondriom. → *Vererbung, außerkaryotische.*

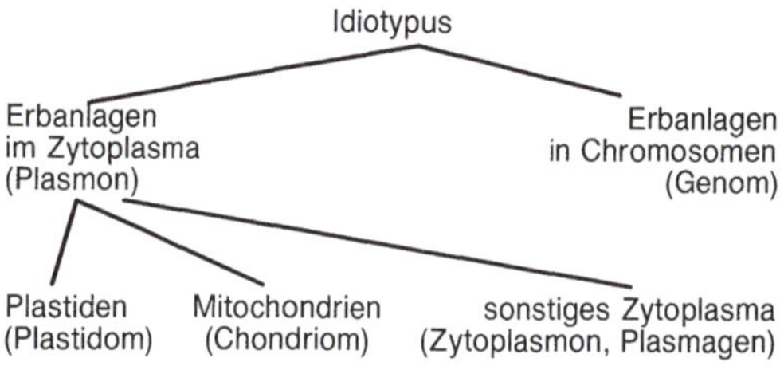

Igapo: Artenarmer Sumpfwald in Überschwemmungsauen des Amazonasgebietes. Igapo-Wälder stehen oft monatelang unter Wasser, wobei das Hochwasser bis 15 m erreichen kann. Vorherrschende Art: Eugenia inundata (Myrtaceae).

Ilex L. Stechpalme (engl.: Holly): Gattung der → *Aquifoliaceae* mit rund 400 Arten, v.a. in den Tropen und Subtropen beider Erdhälften, einige Arten auch in der nördlichen gemäßigten Zone. Immer- oder sommergrüne Sträucher oder kleine Bäume mit meist auffällig gefärbten Steinfrüchten. Wirtschaftliche Bedeutung haben 15 – 20 südamerikanische Arten, deren Blätter Mate-Tee liefern. In Eur. nur I. aquifolium L. (Stechpalme): Immergrüner, ausschlagfähiger Strauch oder max. 15 m hoher Baum. Heimat im atlantischen Eur. und vom Mittelmeergebiet zum Balkan. Auch in N-Afr., im Kau, in N-Persien und Zentralchina. In Eur. meist als Unterholz in Laubmischwäldern (Buchenbegleiter), im Norden eher im Tiefland, im Süden in der montanen Stufe (Alpen bis 1 600 m). Kennzeichen: Blätter ledrig, oberseits glänzend dunkelgrün, am Rand i.d.R. gewellt und stachelspitzig, aber auch eben ausgebreitete und stachellose Blätter (v.a. an alten Bäumen) an ein und derselben Pflanze, daneben alle Übergangsformen. 1- bis 3-blütige Trugdolden in Blattachseln. Pflanze 2-häusig, Geschlechtswechsel kommt vor. Glänzend rote, runde Steinfrüchte, giftig, ebenso wie die Blätter (Hauptwirkstoffe: Rutin, Ursolsäure). 20 bis 30 Früchte gelten für Erwachsene als tödlich. Langsam wachsende Schattholzart, max. Alter 300 Jahre. Das gelblichgrüne, sehr harte und feinfaserige Holz wird für Drechslerarbeiten und Furniere verwendet. Beliebte Gartenpflanze mit mehreren Formen; var. citrocarpa mit gelben Früchten. Vollkommen geschützt.

Ilex aquifolium → *Ilex*

Ilex aquifolium

Iliciaceae → *Aquifoliaceae*

Illiciales → *Magnoliidae*

imbrikat → *Ästivation*

Immergrün → *Vinca*

Immission: Die Einwirkung von Stoffen, Geräuschen, Erschütterungen, Licht, Wärme und Strahlen auf Menschen, Tiere, Pflanzen sowie Sachgüter. I.e.S.: Einwirkung emittierter Schadstoffe auf die Umwelt. Das Schadensausmaß wird von der Schadstoffkonzentration und der Dauer der Einwirkung bestimmt. Sog. Immissionswerte geben die Schadstoffmengen pro Menge Wasser, Boden oder Luft an. Immissionswerte lassen keinen unmittelbaren Schluß auf die Wirkung bestimmter Schadstoffe auf bestimmte Objekte zu. Zur Vermeidung von Schadwirkungen wurden Immissionsgrenzwerte festgelegt. → *Grenzwerte*

Immissionsschäden: → *Immissionen,* i.e.S. Luftverunreinigungen; wirken gasförmig, flüssig und als Aerosole auf die Vegetation ein. Je nach Konzentration und Wirkdauer kann es zu akuten, chronischen und latenten Schädigungen an Bäumen kommen, die an ober- und unterirdischen Pflanzenteilen auftreten. (a) Akute Schädigungen sind Folge hoher Schadstoffkonzentrationen. Sie äußern sich häufig im Auftreten von Blatt- und Nadelnekrosen. Schadensintensität und Ausdehnung der Nekrosen entscheiden über die Lebensfähigkeit und das Absterben der Blattorgane, letztlich auch des Baumes. Akute I. treten meist in Emittentennähe auf. (b) Chronische Schäden entstehen nach lang andauernden Einwirkungen relativ niedriger Schadstoffkonzentrationen. Es kommt u.a. zu Schadstoffanreicherungen in Pflanzenteilen (z.B. Blattorganen). Diese führen häufig zu Chlorosen, seltener zu Nekrosen. Folgen: Dahinkümmern, verminderte Wuchsleistung, Absterben älterer Nadeljahrgänge, Ertragseinbußen. Chronische I. tre-

a

b

c

d

Immissionsschäden: *a* Schäden durch Photoxidantien an Tabak (Sorte Bel 61-11). *b* Fluorschäden an Fichten-Zweigen (Nadelspitzen-Nekrosen). *c* Schäden an getopfter Kiefer infolge Fluoreinwirkung. *d* Sterbender Laubwald in der Nähe der Zeche Recklinghausen II (1957).

ten in allen Immissionsgebieten auf. (c) Latente Schädigungen sind makroskopisch zunächst nicht erkennbar. Sie beeinträchtigen dennoch pflanzliche Lebensvorgänge (z.B. Störungen der Photosynthese, Transpiration und Atmung) und wirken somit negativ auf die Vitalität und Widerstandsfähigkeit der Bäume. Beispiele für einige Immissionshauptkomponenten und deren Wirkungsweisen. (1) Schwefeldioxid (SO_2): Chlorosen, Bräunungen und Nekrosen der Blattorgane; Änderungen des Spaltöffnungsverhaltens; Chlorophyllbleichung; Beeinflussung der Enzymregulation; Veränderungen in der Photosynthese. (2) Stickoxide (NO_x): Chlorosen, teilweise Nekrosen der Blattorgane; Beeinflussung des Lipidstoffwechsels. (3) Ozon (O_3): Fleckige Chlorosen; Änderungen des Spaltöffnungsverhaltens; Beeinflussung von Lipidsystemen, Proteinstoffwechsel, Chloroplasten und Photosynthese. (4) Peroxyacetylnitrat (PAN): Chlorosen, Bräunung der Blattorgane; Schädigung des Schwammparenchyms; Beeinflussung des Enzym- und Lipidstoffwechsels. (5) Ammoniak (NH_3): Schmutzig grau-braune bis schwarze Verfärbungen der Blattorgane; Nekrosen. (6) Fluorwasserstoff (HF): Blattspitzen- und -randchlorosen; Störungen des Kationen- und Phosphathaushalts, der Sauerstoffaufnahme und Stärkesynthese.
Generell zeigen viele Schadstoffe ähnliche Hauptangriffspunkte im pflanzlichen Stoffwechsel. Zudem können zwischen unterschiedlichen Schadstoffkomponenten Wechsel- und Kombinationswirkungen sowie synergistische Effekte auftreten. Dadurch wird die Symptomausprägung beeinflußt und zweifelsfreie Rückschlüsse auf die verursachende Schadkomponente erschwert. Für Waldbau und Forstpflanzenzüchtung von Bedeutung: Baumarten und -rassen aber auch Individuen weisen gegenüber einigen Immissionskomponenten (z.B. SO_2, HF, O_3) unterschiedliche Widerstandsfähigkeit auf. Immissionstolerantere Arten und Pflanzen werden bevorzugt in entsprechenden Belastungsgebieten angebaut.

Immissionsschutz: Maßnahmen, die dem Schutz von Pflanzen, Tieren, Menschen und Sachen vor schädlichen Immissionen dienen. I. gegen Luftverunreinigungen regelt das → *Bundes-Immissionsschutzgesetz* (BImSchG vom 14. Mai 1990; (BGBl. I S. 880), zuletzt geändert am 10. Dezember 1990 (BGBl. I S. 2634), worin unterstellt wird, daß Schäden für den Menschen ausbleiben, wenn die in der → *TA-Luft* verankerten Immissionsgrenzwerte nicht überschritten werden. Synergistische und kombinatorische Wirkungen von Schadstoffen wurden nicht berücksichtigt. Schäden an der Vegetation (→ *Waldsterben)* treten auch in Gebieten auf, deren Schadstoffwerte deutlich unterhalb der Grenzwerte liegen.

Immissionsschutz-Tabelle: Immissionswerte zum Schutz vor erheblichen Nachteilen und Belästigungen (aus TA-Luft vom 27. Februar 1986):

Schadstoff	IW 1	IW 2	
Staubniederschlag (nicht gefährdende Stäube)	0,35	0,65	g/(m² d)
Blei und anorganische Bleiverbindungen als Bestandteile des Staubniederschlags – angegeben als Pb –	0,25	–	mg/(m² d)
Cadmium und anorganische Cadmiumverbindungen als Bestandteile des Staubniederschlags – angegeben als Cd –	5	–	µg/(m²d)
Thallium und anorganische Thalliumverbindungen als Bestandteile des Staubniederschlags – angegeben als Tl –	10	–	µg/(m²d)
Fluorwasserstoff und anorganische, gasförmige Fluorverbindungen – angegeben als F –	1,0	3,0	µg/m³

IW 1 = Langzeitwert, IW 2 = Kurzzeitwert

Immissionswerte → *Immission*

Immunität: (1) Begriff aus Human- und Tiermedizin für erworbene Resistenz. Nach Primärinfektion wird der Organismus eines Warmblüters durch spezifische Antikörperbildung unempfindlich gegen weitere Infektionen des gleichen Erregers.
(2) im Forstschutz mitunter im Sinne von »Völlige Widerstandsfähigkeit« verwendet.

Imperfektstadium → *Nebenfruchtform*

inaperturat: → *analept* atrem. Ohne oder mit nur schwach angedeuteten Keimstellen (→ *Leptoma),* bezogen auf Pollen. Für Gymnospermen typisch.

Incense Cedar → *Calocedrus decurrens*

Incipient Drying: Austrocknen der Zellwände durch Entquellung ihrer Kolloide.

Indian summer: Ursprünglich von englischen Siedlern im Osten N-Amerikas geprägter Begriff für eine Periode schöner, warmer Tage im Herbst, die die Indianer nutzten, um ihre Wintervorräte aufzustocken; die Engländer mußten mit Zwischenfällen rechnen. Heute meint der Begriff die prachtvolle Herbstverfärbung verschiedener Laubbäume im nordöstlichen N-Amerika, allen voran Ah- und Ei-Arten (z.B. → *Acer rubrum,* → *A. saccharum,* → *A. saccharinum,* → *Quercus rubra,* → *Q. coccinea,* → *Q. velutina* u.a.). Synonym wird auch der Begriff foliage gebraucht. Wegen der großen Artenvielfalt ergibt sich eine breite Farbenpalette, vom intensiven Gelb bis zum Purpurrot, wobei v.a. der hohe Anteil an Rottönen beeindruckt. Fördernd wirken warme Tage und kühle Nächte. Der am Tag durch → *Assimilation* gebildete Zucker kann in kalten Nächten nicht mehr zur Speicherung in den Stamm abtransportiert werden. Er wird im Blatt zu → *Anthocyan* umgebaut. Je idealer das Wetter – eine Periode von warmen Tagen und klaren, kalten Nächten – desto ausgeprägter das Rot. Die übrigen Farben entstehen durch Chlorophyllabbau vor dem Blattfall. Übrig bleiben die Blattfarbstoffe → *Carotin* und → *Xanthophyll* in verschiedenen Zusammensetzungen, die für rotorange über gelbe bis zur braunen Färbung verantwortlich sind.

Indian summer

Indikatorpflanzen → *Zeigerpflanzen*

Individualauslese → *Einzelbaumauslese*

Indol-3-Essigsäure → *Auxine*

Induktoren → *Effektoren*

Indusium: Hautartiger Auswuchs des Sporophylls, der einen → *Sorus* abdeckt und schützt und erst bei Reife der Sporangien eintrocknet. Wichtiges Bestimmungsmerkmal bei → *Polypodiaceae.* Bei Pteridium (Adlerfarn) werden die randständigen Sori vom umgeschlagenen Blattrand (= falsches Indusium) geschützt.

Infektionsdichte (Infektionsdruck): Anzahl der Infektionen, die pro Zeit- und Flächeneinheit auf einer Wirtspflanze stattfinden.

Infektionsdruck → *Infektionsdichte*

Infektionshyphen: Meist von → *Appressorien* ausgehende Hyphen parasitärer Pilze, die enzymatisch (Cutinasen) und/oder unter erheblichem Druck (7 atm) die Cuticula mechanisch durchdringen und so die Infektion einleiten.

Infektionskrankheit: Ansteckende, d.h. übertragbare Erkrankung von Mensch, Tier und Pflanze, ausgelöst durch Infektionsvorgänge pathogener Viroide, Viren, Bakterien oder Pilze.

Infektionsschwelle, numerische: Mindestzahl von Infektionsvorgängen, die unter optimalen Bedingungen für einen Infektionserfolg erforderlich ist. Sie schwankt zwischen Wirtsarten und Pathogenen in weitem Rahmen (von 1 bei Rost- und echten Mehltaupilzen über 40 – 50 pro Nadel bei Lophodermium seditiosum bis zu >10 000 bei Steinbrand).

Infektionszeit: Zeitspanne zwischen dem Eindringen des Erregers in den Wirt und dem »Haften der Infektion«, d.h. dem Eintreten eines stabilen parasitären Verhältnisses.

Razemöse Infloreszenzen: *a* Ähre, *b* Traube, *c* Rispe, *d* Dolde, *e* Doppeldolde, *f* Körbchen, *g* Köpfchen; **Cymöse Infloreszenzen:** *h* Dichasium, *i* Pleiochasium, *j* Monochasium. *k* Thyrsus (Kätzchen) der Betulaceae

Infloreszenz: Blütenstand. Von den vegetativen Bereichen abgesetzter Teil des Sproßsystems, an dem Blüten regelmäßig angeordnet sind. Beblätterung der I. ist spärlich. Man unterscheidet 3 Grundformen: Razemöse oder monopodiale I. mit dominierender Hauptachse und untergeordneten Seitenachsen. Beispiele: → *Ähre,* → *Traube,* → *Rispe,* → *Dolde,* → *Köpfchen,* → *Körbchen.* Cymöse oder sympodiale I.: Hauptachse wird von Seitenachsen übergipfelt. Beispiele: → *Monochasium,* → *Dichasium,* → *Pleiochasium.* Werden auch als Cymen bezeichnet. Thyrsen: Zusammengesetzte I., bei der viele Cymen entweder traubig (z.B. Aesculus) oder ährig (z.B. Kätzchen der Fagales) zusammengefaßt sind.

Inga → *Mimosaceae*

Inhibitoren → *Effektoren*

Initialen: Permanent teilungsfähige Zellen in meristematischen Geweben. Im Apikalmeristem der meisten Farne und Schachtelhalme als einzelne → *Scheitelzelle,* bei Spermatophyta und Lycopodiatae stets Gruppe meist isodiametrischer Initialzellen. Sie sind bei Angiospermen und einigen hochentwickelten Gymnospermen in verschiedenen Stockwerken angeordnet und bilden → *Tunica* und → *Corpus.* I. im kambialen Bereich sind axial gestreckt (spindelförmige Fusiforminitialen).

Ink Disease (Castanea) → *Phytophthora cambivora*

Inkompatibilität: Unverträglichkeit. Kann sich auf Gewebe (Pfropfung), Kreuzbarkeit, Befruchtung u.a. beziehen. Bei Gametenunverträglichkeiten, die den Befruchtungsvorgang verhindern, wird unterschieden zwischen: 1. Selbstinkompatibilität. Gameten, desselben Individuums können keine Zygote bilden. Dies geschieht häufig durch Unterdrückung der Pollenkeimung auf der Narbe oder Samenanlage von sogenannten selbststerilen Arten z.B. bei Quercus-Arten, Ki, Castanea sativa. 2. Kreuzungsinkompatibilität. Hier unterscheidet man weiter interspezifische (zwischen zwei Arten) und intraspezifische (innerhalb einer Art). I. Bei der interspezifischen I. verhindern meist chemische Bastardierungsbarrieren die Befruchtung. Die Mechanismen, die die Zygotenbildung verhindern, beruhen zum größten Teil auf einer Hemmung der Pollenkeimung oder , seltener kommt es nach der Gametenverschmelzung zur Abortion der befruchteten Eizelle.

Inkrusten: In die interfibrillären Räume der → *Zellwand* eingelagerte Substanzen wie → *Lignin,* Farbstoffe, Kieselsäure, $CaCO_3$, → *Gerbstoffe.* → *Adkrusten.*

Inkubation: (1) Phytopath.: Erste, symptomfreie Phase des Krankheitsgeschehens zwischen Infektion und dem Sichtbarwerden von Krankheitssymptomen.
(2) Techn.: Bebrüten. Aufbewahren von infizierten Pflanzen unter optimalen Bedingungen (Licht, Feuchte, Temp.), um den Krankheitsverlauf oder die Fruchtkörperbildung zu fördern.

Inkubationszeit: Zeitspanne zwischen dem Eindringen des Erregers in den Wirt und dem Auftreten der ersten, makroskopisch erkennbaren Krankheitssymptome. Die Länge der I. ist artbedingt. Sie schwankt aber auch in Abhängigkeit von der Virulenz des Erregers und von der Praedisposition des Wirtes. Beispiele: Microsphaera alphitoides: einige Tage, → *Lophodermium seditiosum:* ca. 6 Wochen, → *Lachnellula willkommii:* >6 Monate.

Inokulation: Künstliches Einbringen (Impfen) eines Pathogens in einen Wirtsorganismus.

Inokulum: Bekannte Menge eines Mikroorganismus, mit dem ein Nährsubstrat oder das Gewebe eines Wirtes beimpft wird.

Inonotus dryadeus (Pers. ex Fr.) Murrill. Tropfender Schillerporling (Hymenochaetaceae): Rel. seltener, intensiver Weißfäuleerreger an lebenden alten Ei, wo er am Stammfuß bis 50 cm große, einzeln oder dachziegelartig übereinanderstehende, rötlich-braune, einjährige Konsolen bildet, deren hellere Ränder während des Wachstums mit zahlreichen Tropfen bedeckt sind, die nach dem Eintrocknen dunkle Flecke hinterlassen. Röhren erst hell-, dann dunkelbraun. Ohne wirtschaftl. Bedeutung. Einer der größten einheimischen Porlinge.

Inonotus hispidus (Bull. ex Fr.) Karst. (syn.: Polyporus hispidus) Zottiger Schillerporling, Pelzporling (Hymenochaetaceae): Erreger einer intensiven Weißfäule des Kernholzes lebender Es, Pla und Apfelbäume. Eher an Park- und Straßenbäumen als im Wald. Wundparasit. Die einjährigen, bis 35 cm große, konsolenförmigen Fruchtkörper erscheinen am Stamm. Sie fallen durch die filzig behaarte, anfangs orangefarbene, später braune Oberfläche auf. Unterseits lange, bräunliche Röhren.

Inonotus obliquus

Inonotus obliquus (Pers. ex Fr.) Pil. Schiefer Schillerporling (Hymenochaetaceae): Wundparasit an Bi, seltener an Er. Kennzeichen: Tiefschwarze, harte, unregelmäßig geformte, knollenartige Rindendurchbrüche. Bis 40 cm lang und 20 cm breit. Im Innern dunkelbraun mit sterilen, borstenartigen Gebilden (Setae). Erst nach dem Tod des Baumes werden rotbraune, krustenförmige Hymenien mit schräg orientierten Röhren gebildet. Ohne wirtsch. Bedeutung.

Inonotus radiatus (Sow. ex Fr.) Karst. Erlen-Schillerporling (Hymenochaetaceae): Saprophyt und Weißfäuleerreger, aber auch Schwächeparasit an Er, seltener an Bi und Ha. Die einjährigen, anfangs lebhaft gelben bis rotbraunen, später dunkelbraunen Fruchtkörper haben unterseits etwas glänzende, weißliche Röhren. Sie wachsen meist an Stubben und gehen oft in effuse Rasen und resupinate Formen über.

inoperculat → *Ascus*

Insektenblütigkeit → *Entomogamie*

intectat: Bezogen auf Pollen, bei dem die Sexine in Form von unverbundenen, z.B. säulchenförmigen Einzelelementen (Keulen, Kegeln, Warzen) auf der Nexine aufsitzt.

Integrierter Pflanzenschutz: Begriff des landwirtschaftlichen und gärtnerischen Pflanzenschutzes, der das wohlabgestimmte Zusammenwirken pflanzenbaulicher, biologisch-ökologischer und chemischer Maßnahmen beinhaltet, um Schadorganismen ohne Störung der Umwelt unterhalb der Schadensschwelle zu halten.

Integument: Hülle, die den Nucellus der → *Samenanlage* umgibt. Die Anzahl der Integumente dient als systematisches Kennzeichen. Gymnospermen haben nur ein I. (unitegmisch). Angiospermen i.d.R. zwei (bitegmisch). Hier kommt es im Zuge der Phylogenese auch zur Ausbildung unitegnischer Samenanlagen infolge Fusionen der I. oder Reduktion eines I.. Bei Viscum alba fehlen I. bereits vollständig.

Intercellularen: Räume zwischen Zellen des Grundgewebes. Meist mit Luft gefüllt, dienen sie dem Gastransport in der Pflanze und stehen in Verbindung mit Stomata und Lenticellen (Gasaustausch). I. können auch Öle (Ölgänge) oder Harze (→ *Harzkanäle)* enthalten. Besonders stark ausgebildetes Netz von I. im Aerenchym von Wasserpflanzen. Entstehung der Intercellularen: 1. Schizogen durch Auflösung der Mittellamelle und Auseinanderweichen der Zellwände (z.B. Mesophyll, Lenticellenphellem, Harzkanäle der Pinaceae). 2. Lysigen durch Auflösen ganzer Zellen (z.B. Ölgänge in Citrusschalen). 3. Rhexigen durch Zerreißen von Zellen (z.B. Markhöhlen vieler Halme).

Interfascikularkambium → *Kambium*

Interferenz → *Konkurrenz*

Interferenz, chromosomale: Gegenseitige Beeinflussung der Chromosomen beim Crossover, die die Wahrscheinlichkeit für ein benachbartes Crossover entweder vermindert (negative I.) oder erhöht (positive I.).

Interfibrilläre Räume → *Mikrofibrille,* → *Lignin*

Interglazial: Zwischeneiszeit; → *Känophytikum.*

interkalar → *Meristeme*

Interkinese: Phase zwischen heterotypischer und homöotypischer Reifeteilung. → *Meiose.*

Interkostalfelder: Zwischen den Blattnerven gelegene Spreitenbereiche.

intermediär: Dazwischenliegend. Genetisch: Merkmalsausprägung zwischen den Merkmalen der Eltern liegend.

Intermicellarraum → *Elementarfibrillen*

Internodium: Blattfreier Abschnitt der Sproßachse zwischen zwei aufeinanderfolgenden → *Nodien;* Blattrosetten (Bsp. Löwenzahn) und Zwiebeln (Bsp. Lauchgewächse) gehen auf eine starke Stauchung der I. zurück.

Interphasenkern → *Nucleus*

Interzeptionsdeposition: Ausfilterung von Luftverunreinigungen – z.B. Gase, Aerosole und Nebeltropfen, die nicht durch die Schwerkraft deponiert werden – an der Oberfläche von Bäumen durch Adsorption. Die Menge der ausgefilterten Stoffe ist u.a. abhängig von den Oberflächeneigenschaften des betroffenen Objekts, zum anderen von seinem Standort. Immergrüne Nadelhölzer kämmen aufgrund größerer Oberfläche mehr Luftverunreinigungen aus als Laubhölzer (v.a. im Winter). Besonders stark belastet sind nebelreiche Lagen und Bestandesränder in Mittelgebirgen mit hoher SO_2-Belastung. In solchen Gebieten werden bisweilen abgestorbene Bäume nicht gefällt, um die Interzeptionswirkung zu erhalten.

Interzeptionswachstum der Wurzel: Wachstumsbewegung der Wurzel in Richtung auf verfügbare Nährstoffe.

Intine: Zwei- bis dreischichtige Innenwand des Sporoderms des Pollenkorns, die zum Pollenschlauch auskeimt. Besteht vorwiegend aus Cellulose, ist chemisch labiler als die aus Sporopollenin gebildete → *Exine.*

Intrabilität: Passierbarkeit des Plasmalemmas für osmotisch wirksame Substanzen, die ins Plasma aufgenommen werden sollen.

Introgression, hybridogene: Zwischenartlicher Genfluß. Übertragung von Genen aus einer Art in eine andere durch Bastardierungsvorgänge, z.B. zwischen Betula pubescens und Betula pendula, Picea glauca und Picea sitchensis, Pinus contorta und Pinus banksiana.

Intron: Nicht-informative Zwischensequenzen eines → *Gens.*

introrś → *Anthere*

Intussuszeptionswachstum: Flächenwachstum der → *Zellwand* durch Einbau neuer Wandmaterialien in das Mikrofibrillen-Netz. Findet in der → *Primärwand* statt.

Inulin: Polysaccharid, aufgebaut aus Fructose und endständiger Glucose. Charakteristischer Reservestoff der Asteraceae.

Inversion → *Chromosomenmutation*

Invertase: Fructosidase, Saccharase, Sucrase Enzym der Hydrolasen-Gruppe, das die Spaltung der ß-2,1-Bindung der Saccharose katalysiert.

involutiv → *Vernation*

Inzucht: Paarung von nahverwandten Individuen. Der Inzuchtgrad entspricht dem Verwandschaftsgrad der zu kreuzenden Partner (→ *Inzuchtkoeffizient).* Selbstbefruchtung realisiert den höchsten Inzuchtgrad. I. kann Wachstums- und Fertilitätsdepressionen verursachen.

Inzucht-Heterosis-Züchtung: Verwendung von Inzuchtlinien mit hohem Homozygotiegrad als Kreuzungspartner. Nach wiederholten Kreuzungen zwischen verwandten Eltern entstehen weitgehend homozygote Linien mit Vitalitäts- und Fertilitätsrückgang (Inzuchtdepression). Kombination zwischen diesen Linien hebt die Inzuchtdepression auf (sprunghafte Erhöhung des Heterozygotie-Grades) und führt zu erheblicher Steigerung von Wüchsigkeit und Leistung gegenüber der elterlichen Ausgangspopulation (Heterosis oder luxurierendes Wachstum). Angewendet z.B. in der Maiszüchtung, bei Waldbäumen meist fehlgeschlagen.

Inzuchtdepression → *Inzucht-Heterosis-Züchtung*

Inzuchtkoeffizient: Maß für den Inzuchtgrad von Individuen oder Populationen. Der Inzuchtkoeffizient F (A) eines Individuums bezeichnet die Wahrscheinlichkeit, mit der beide Allele eines bestimmten Genlocus abstammungsidentisch sind.

Ionenaufnahme → *Selektive Ionenaufnahme*

Ionenpumpe: Transporteinrichtung, welche die aktive und → *selektive Ionenaufnahme* vollzieht und die gesamten Ionenverhältnisse innerhalb und außerhalb der Zelle bestimmt. Mittels sog., in pflanzlichen Zellmembranen lokalisierter Ionophore können z.B. K^+, Chlorid, Nitrat und Phosphat aktiv transportiert werden. → *Protonenpumpe.*

Ionentranslokation → *Nährstofftransport*

Ionophore: Komplizierte organische Moleküle, die mit Alkali- u. Erdalkaliionen lipidlösliche Komplexe bilden; spezifische I. (Valinomycin, Enniatin B u. Nonactin) sind wichtig für die Bindung u. den Transport von K durch → *Biomembranen.* → *Ionenaufnahme.*

Iridaceae → *Liliales*

Ironwood → *Ostrya*

Pseudovernia furfuracea mit **Isidien**

Isidien: Stift- oder korallenartige Auswüchse des Flechtenthallus (→ *Lichenes),* die leicht abbrechen und vom Wind verbreitet werden. Vegetative Vermehrungsform bei Flechten.

isodiametrisch: Mit ähnlichem Durchmesser in allen Richtungen (z.B. Parenchymzellen).

Isoenzyme: Verschiedene Formen desselben Enzyms mit gleicher Funktion aber Unterschieden in der Struktur, insbesondere in der Ladung der Seitenketten. Identifiziert werden Isoenzyme mit Hilfe der Elektrophorese. Als primäre Genprodukte sind sie weitgehend umweltunabhängig und haben Bedeutung für Systematik und Genetik, wo man quantitative und qualitative Isoenzymunterschiede zur Abgrenzung von Pflanzensippen und zum besseren Verständnis evolutionärer Prozesse nutzt. Wichtiges Anwendungsgebiet ist die Provenienzforschung bei Koniferen. So kann anhand von Isoenzymmarkern Fichtensaatgut von Hoch- und Tieflagenherkünften unterschieden werden.

Isoetales → *Lycopodiatae*

Isoflavane: Sekundäre Pflanzenstoffe, von Flavanen durch die Position des B-Ringes am Flavangerüst unterschieden. Hiervon abgeleitet zahlreiche Farbstoffe tropischer Hölzer.

Isoflavone: Sekundäre Pflanzenstoffe. Von → *Flavonen* durch die Position des B-Ringes am Flavongerüst unterschieden (z.B. Prunetin aus der Rinde von Prunus-Arten).

Isogameten → *Gameten*

Isogamie → *Gameten*

isohydrisch → *hydrostabil*

Isolation, genetische: Umstände und Mechanismen, die einen Genaustausch verhindern. Diese sind meist geographisch: Trennung durch Gebirge, Wüsten, Meere etc., sie können aber auch ökologisch (Fichten in Tallagen blühen früher als in Hochlagen), fortpflanzungsbiologisch (früh- und spätblühende Individuen) oder biochemisch (Unterdrückung der Pollenkeimung auf der Narbe durch → *Inkompatibilität)* bedingt sein.

Isomerie → *Blütenkreis*

isomorph → *Generationswechsel*

Isophyllie: Gleichmäßige Gestalt und Größe von Laubblättern an einem Knoten → *orthotrop* orientierter radiärer Sprosse (→ *Anisophyllie).*

Isopren: Olefin (2-Methyl-1,2-butadien) mit der Summenformel C_5H_8. Struktureinheit vieler Naturstoffe (→ *Terpenoide).*

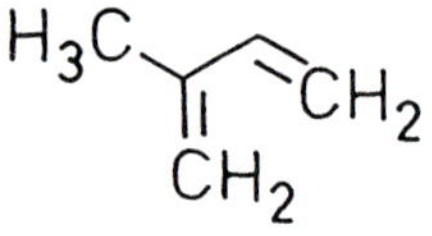

Isosporen → *Sporen*

Isotomie → *Verzweigung, dichotome*

isotonisch: Bezogen auf 2 im Vergleich stehende, wäßrige Lösungen: mit demselben osmotischen Wert.

Ivy → *Hedera*

J

Jacaranda → *Bignoniaceae*

Jack Pine → *Pinus banksiana*

Jahrestrieb: Innerhalb einer Vegetationsperiode gebildeter Sproßabschnitt; bei den meisten heimischen Laubgehölzen sind Grenzen aufeinanderfolgender J. an den Narben der abgefallenen Knospenschuppen zu erkennen.

Jahrring: Auf Stamm- und Wurzelquerschnitten als Ringe erkennbare jährliche Holzzuwächse, hervorgerufen durch die periodische Aktivität des Kambiums. Insbes. bei Gehölzen der gemäßigten und kalten Zone; gelegentlich auch bei trop. und subtrop. Pflanzen. Jeder J. besteht aus Frühholz, das durch weitlumige und dünnwandige Tracheiden gekennzeichnet ist, zu Beginn der Vegetationsperiode gebildet wird und vornehmlich der Wasserversorgung dient sowie aus dem nach außen anschließenden, später gebildeten, meist dunkler gefärbten und der Festigung dienenden Spätholz mit englumigen und dickwandigen Tracheiden. Übergang von Früh- zu Spätholz ist fließend, jener vom Spätholz des älteren J. zum Frühholz des jüngeren J. abrupt und als markante Trennlinie ausgeprägt (Jahrringgrenze). → *Tracheen* bei ringporigen Lh (Ei, Es, Rob, Ul) ausschließlich im Frühholz, bei zerstreutporigen (Ah, Er, Bu, Li, Pa, Wei) auch im Spätholz.
Anzahl der Jahrringe entspricht i.d.R. dem aktuellen Alter des betr. Baumes, Stammteils oder Astes. Insektenfraß oder besondere klimatische Ereignisse können im selben Jahr zur Bildung eines zweiten (»falschen«) Jahrrings oder zu J.-Ausfällen in verschiedenen Stammbereichen führen. In der Jugend werden meist breitere J. angelegt (»Jugendholz«). Bei Spannrückigkeit (z.B. Hbu) und im Wurzelholz ist die Breite eines J. nicht überall gleich groß. Jahrringbreite hängt ab von der Standortgüte, der Konkurrenzsituation, der Dauer der betr. Vegetationsperiode und den jahresspezifischen klimatischen Bedingungen. Aus der Abfolge unterschiedlich breiter J. läßt sich Holz, oft auf das Jahr genau, datieren (→ *Dendrochronologie).* Die Wasserleitung findet bei ringporigen Lh i.a. in den äußersten ein oder zwei, bei Gymnospermen und zerstreutporigen Lh in den jüngsten fünf bis zwanzig Jahrringen statt.
J. treten auch im Bastbereich vieler Holzarten auf, sind jedoch schwer zu erkennen. Sie beruhen auf der Bildung weiter Siebröhren bzw. Siebzellen im Frühjahr, aber enger Siebelemente im Herbst. Bei Lh fehlen im Frühbast die Parenchymzellen. Die Schichtung in Hart- und Weichbast (bei Li) ist nicht mit der Jahrringbildung identisch.

Jahrringchronologie → *Dendrochronologie*

Jahrringkurven → *Dendrochronologie*

Jaminsche Ketten: Ketten kleiner Luftblasen, die bei Verletzung in die Gefäße eindringen.

Japanese Cedar → *Cryptomeria japonica*

Japanlärche → *Larix kaempferi*

Jarowisation → *Vernalisation*

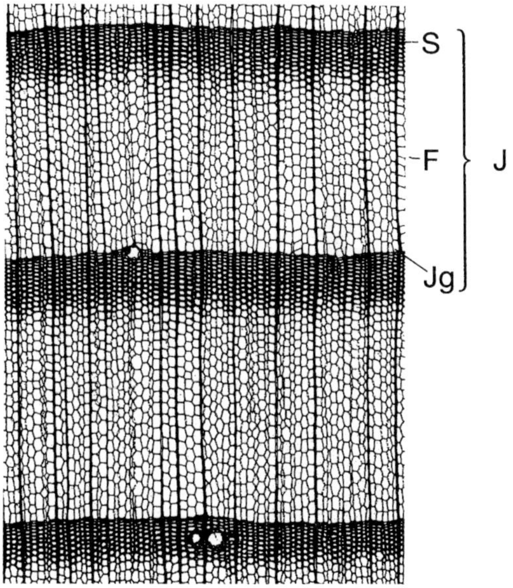

2 **Jahrringe** (Ausschnitt) aus dem Holzquerschnitt von Larix decidua. J=Jahrring, Jg=Jahrringgrenze, F=Frühholz, S=Spätholz

Jarrah Decline → *Phytophthora cinnamomi*

Jasmin, Falscher → *Philadelphus*

Jasmin, Wild → *Philadelphus*

Jasminum L. Jasmin (engl.: Jasmine): Gattung der → *Oleaceae.* Sommer- oder immergrüne Sträucher, aufrecht, kletternd oder windend. Etwa 300 Arten im tropischen und subtropischen Asien, Afr., Australien und S-Amerika. Blätter gegen- oder wechselständig, meist unpaarig gefiedert. Bedeutung der Gattung durch die meist wohlriechenden, gelben oder weißen, seltener rosa Blüten, die zur Parfümherstellung verwendet werden.

Jasminum fruticans L. Strauch-Jasmin: Immergrüner Strauch bis 3 m hoch, aus S-Eur. und N-Afr. mit aufrechten Zweigen. Blätter wechselständig, 3-zählig, Blüten gelb. In M-Eur. Zierstrauch.

Jasminum nudiflorum Lindl. Winter-Jasmin: Sommergrüner Strauch (bis 5 m hoch) aus N-China mit hängenden Zweigen. Blätter gegenständig, 3-zählig, Blüten sattgelb. Winterblüher, als Spalierstrauch beliebt.

Jeffrey Pine → *Pinus jeffreyi*

Jelängerjelieber → *Lonicera caprifolium*

Joch: gemeinsame Ansatzstelle von Fiederblättchen an der → *Rhachis.*

Jochblattgewächse → *Geraniales*

Jochpilze → *Zygomycetales*

Johannisbeere, Ährige → *Ribes spicatum*

Johannisbeere, Rote → *Ribes rubrum*

Johannisbeere, Schwarze → *Ribes nigrum*

Johannisbeere, Wilde rote → *Ribes spicatum*

Johannisbrot, Wildes → *Cercis*

Johannisbrotbaum → *Ceratonia siliqua*

Johannistrieb: Nach dem Johannistag (24. Juni) benanntes, vorzeitiges Austreiben der für das nächste Jahr angelegten Knospen in den Monaten Juni bis August (→ *Prolepsis).*

Judasbaum → *Cercis*

Judendorn → *Ziziphus*

Jugendblätter → *Primärblätter*

Jugendholz → *Jahrring*

Juglandaceae → *Juglandales*

Juglandales: Nußbaumartige. Ordnung der → *Hamamelididae.* Einzige Familie: Juglandaceae mit 8 Gattungen und 58 Arten. J. sind laubabwerfende Bäume (seltener Sträucher) mit meist wechselständigen, unpaarig gefiederten Blättern, ohne Nebenblätter. Blüten sind monözisch verteilt, anemogam und zu Kätzchen (♂, ♀) oder wenigblütigen, aufrechten Ähren (♀) vereinigt. Typ. Blütenformel: ♂ P 0-5 A ∞-2; ♀ P 4 G(2). Unitegmische Samenanlagen, Chalazogamie, Stein- oder Nußfrüchte. J. sind in den nördlich gemäßigten Zonen und in den Subtropen verbreitet, dringen sogar bis nach Argentinien, Java und Neuguinea vor. Man unterscheidet 2 Unterfamilien: 1. Juglandoideae mit Steinfrüchten: → *Juglans,* → *Carya,* Annamocarya (China). 2. Oreomunneoideae mit Flügelnüssen: → *Pterocarya,* Engelhardia (Asien), Oreomunnia (Mittelamerika), Platycarya (O-Asien), Alfaroa mit gegenständigen Blättern (M-Amerika).

Juglandoideae → *Juglandales*

Juglans L. Walnuß (engl.: Walnut): Gattung der → *Juglandaceae* mit etwa 15 sommergrünen Baumarten, verbreitet von S-Europa bis O-Asien, in N- und Mittelamerika und den Anden. Triebe mit gekammertem Mark. Blätter aromatisch, groß, wechselständig, unpaarig gefiedert. Blüten einhäusig, ♂ in seitenständigen, hängenden Kätzchen; ♀ in endständigen, armblütigen Ähren. Große, ungeflügelte Steinfrüchte mit fleischigem Exokarp und runzligem, unvollkommen 2-4 fächrigem Steinkern. Keimung hypogäisch. Wirtsch. bedeutend sind die eßbaren, ölhaltigen Samen und das sehr wertvolle, dekorative, harte Holz mit dunklem Kern.

Juglans ailantifolia Carr. (syn.: J.sieboldiana Maxim.) Siebolds-Walnuß: Wegen der wohlschmeckenden Samen und des wertvollen, vielseitig verwendbaren Holzes geschätzter, bis 20 m hoher Baum Japans. Triebe drüsig-klebrig; bis 60 cm lange Fiederblätter mit 9 – 21 unterseits dicht behaarten Blättchen, Stiel und Rhachis drüsig behaart; Früchte zu mehreren in hängenden Trauben, kugelig bis eiförmig, Außenschale klebrig. Verbreitet in Mischwäldern (oft mit Cryptomeria und Thujopsis dolabrata). Holz mit dunkel- bis rotbraunem Kern, mittelhart. Rinde und Fruchtschalen dienen der Farbstoffgewinnung. In M-Eur. winterhart und wüchsig. Var. cordiformis (Maxim.) Rehd. (syn.: J.cordiformis Maxim., Herzfrüchtige Walnuß) mit herz- bis eiförmigem, zusammengedrücktem, annähernd glattem Steinkern.

Juglans cinerea L. Butternuß (engl.: butternut): Max. 33 m hohe, raschwüchsige Walnußart im atl. N-Amerika, deren Areal (im N von S-QU bis O-MN, südl. bis N-GA, N-MS und N-AR, im W bis IA und MO) sich mit dem von → *J.nigra* überschneidet, sich aber weiter nach NO und weniger weit nach S erstreckt. Triebe anfangs drüsig behaart, im zweiten Jahr rotbraun. Blätter bis 60 cm lang, mit 11 – 19 lanzettlichen, fein gesägten, unterseits weich behaarten Blättchen; Stiel drüsig-klebrig. Frucht länglich eiförmig, dicht klebrig behaart; Steinkern scharfspitzig, dickwandig, unregelmäßig tief und scharf gefurcht. Chrom.: 2n = 32. Rel. selten in Laubmischwäldern feuchter, gut drainierter Niederungsböden (bis 1 460 m ü.NN); mitunter auch auf trockenen, steinigen Böden. Lichtholzart. In M-Eur. Parkbaum. Holz rel. leicht und weich, Kern hellbraun; geringere wirtsch. Bedeutung als J.nigra. Samen werden nach der Reife schnell ranzig. Indianer nutzten sie zur Ölgewinnung.

Juglans cordiformis → *Juglans ailantifolia*

Juglans intermedia → *Juglans nigra*

Juglans mandshurica Maxim. Mandschurische Walnuß: Bis 25 m hoher, mit → *J.ailantifolia* nah verwandter Baum. Heimat: Mandschurei bis ins Amur- und Ussurigebiet. Dort auf frischen, nährstoffreichen, tiefgründigen Böden; rel. schattentolerant. Wertvolles Holz; Speiseölgewinnung aus den Samen. In M-Eur. selten kultiviert. Fiederblätter bis 90 cm groß (an Stockausschlägen auch größer); Triebe, Blattstiel und -spindel sowie Fruchtschale drüsig behaart; Früchte zu 6 – 12 traubig an einem Stiel.

Juglans nigra L. Schwarznuß (engl.: Black Walnut): Im Mittel 21 – 27 (max. 45) m hoher Baum mit großem Verbreitungsgebiet im östl. Teil der USA: im N von S-MN bis VT, südl. bis NW-FL und LA, im W bis O-TX, OK und SD. Dunkelbraune bis schwärzliche, tief gefurchte Borke. Triebe flaumig behaart. Blätter bis 60 cm groß, mit 11 – 23 breit langzettlichen, fein gesägten, 5 – 13 cm langen Blättchen; Endblättchen kleiner als die mittleren. Früchte einzeln oder paarweise, kugelig, mit dicker, rauher, gelblich grüner oder brauner Schale, die zur Reife nicht aufplatzt. Schwarzer, dickschaliger, knochenharter, grob längs gefurchter Steinkern; Samen

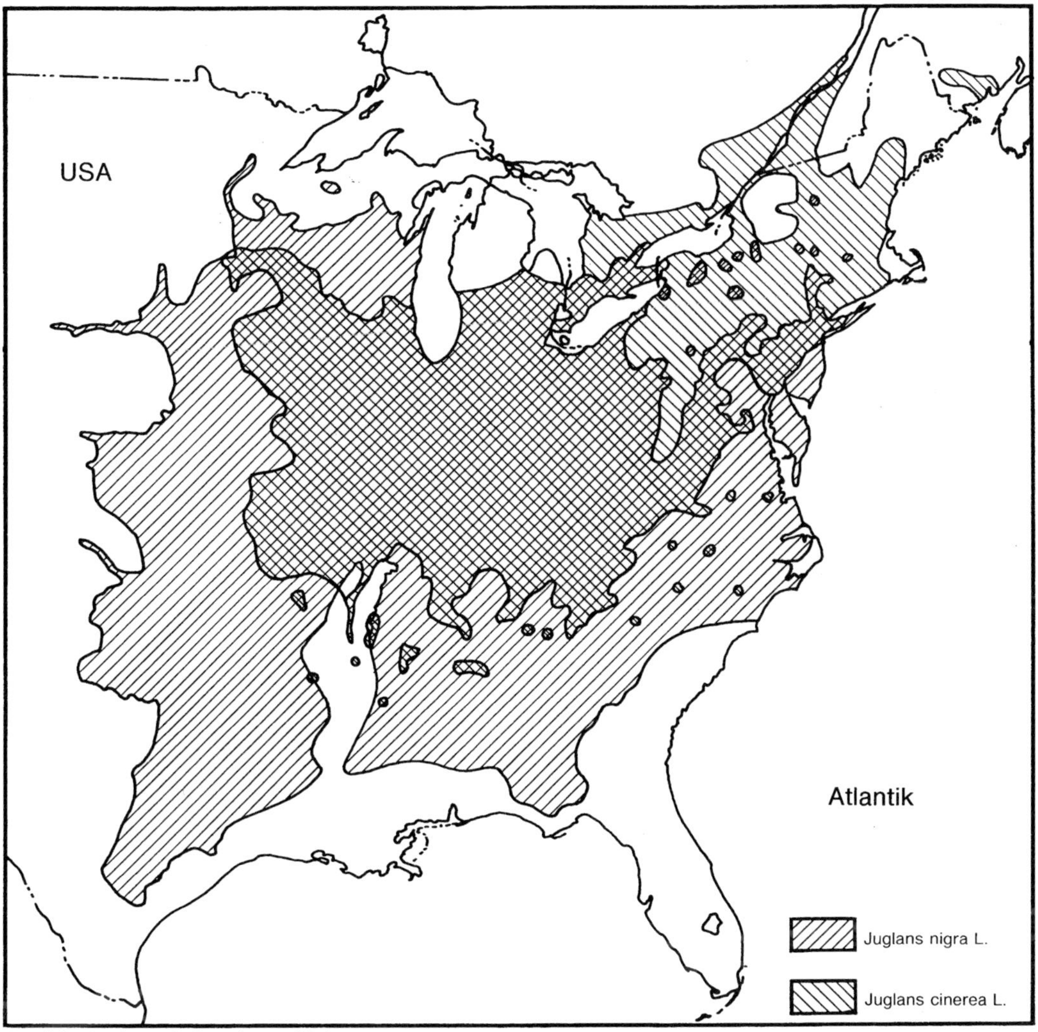

Natürliche Areale von **Juglans nigra** und **J.cinera**

wohlschmeckend. Chrom.: 2n = 32. Eingesprengte-Mischbaumart in Laubwäldern (oft vergesellschaftet mit Fraxinus americana und Liriodendron tulipifera) fruchtbarer Niederungen (Optimum im Flußgebiet des Ohio und in den Mississippi-Niederungen; bis etwa 1 200 m ü.NN), selten in Reinbeständen. Benötigt tiefgründige, gut drainierte, feuchte, nährstoffreiche Lehmböden um pH 7, oft auf Kalk. Toleriert kurzfristige Überflutung. Tiefwurzelnde Lichtbaumart. Empfindlich gegen Früh- und Spätfröste. Das äußerst wertvolle, schwere und harte Holz zählt zu den begehrtesten Hölzern N-Amerikas und findet vornehmlich in der Furnier- und Möbelherstellung Verwendung. Im Unterschied zu → *J.regia* Kern meist einheitlich dunkel- bis schwarzbraun, Gefäße gröber und fast ringporig angeordnet, Holzstrahlen schmäler. In M-Eur. als Park-, gelegentlich auch als Waldbaum. Ausgedehnte forstl. Versuchsanbauten; auf guten Eschenstandorten milder Klimalage bessere Wuchs- und Wertleistung als Eiche. Der Bastard mit → *J.regia* (= J.intermedia Dipp.) erscheint forstl. interessant, da wüchsiger als die Elternarten (Abb. S. 236).

Juglans regia L. Echte Walnuß (engl.: Persian Walnut): Mittelgroßer, bei uns 10 – 20 m (max. 30 m) hoher, bis 2 m starker Baum, freistehend mit breiter, weit ausladender Krone. Heimat: östl. Mittelmeergebiet, Balkanhalbinsel, SW- und Mittelasien. Arealabgrenzung schwer, da seit der Jungsteinzeit kultiviert. Außerdem existieren im O Sippen, deren taxonomischer Status (Zugehörigkeit zu J. regia oder eigene Arten) strittig ist. Von den Römern in weiten Teilen S-, W- und Mitteleuropas eingebürgert, auch in N-Amerika als Fruchtbaum eingeführt. Chrom.: 2n = 32.
E r k e n n u n g s m e r k m a l e: Rinde glatt, aschgrau, im Alter tiefrissige, dunkel- bis schwarzgraue Borke. Triebe

meist kahl, sehr kräftig, mit auffällig großen Blattnarben und rundlichen Winterknospen. Blätter mit 5 – 9 (meist 7) elliptischen, ganzrandigen, kahlen, 6 – 15 cm großen Blättchen; Endblättchen deutlich größer als die seitlichen; später Laubaustrieb. Blüten (V) erscheinen mit den Blättern, die ♀ mit je 2 großen, gekrümmten, roten oder weißlichen Narben. Die einsamigen Früchte (IX, X) mit glatter, anfangs grüner, später brauner, aufplatzender Schale und hellbraunem, seicht gefurchtem, kurz zugespitztem Steinkern; Verbreitung durch Tiere.

Juglans nigra

Vorkommen, Standort: Autochthon v.a. in feuchten Schluchtwäldern der Gebirge (Himalaya bis 3300 m). In M-Eur. als Einzelbaum in der Feldflur, in Gärten oder auf Bauernhöfen kultiviert, gelegentlich verwildert in edellaubbaumreichen Misch-, v.a. Auwäldern (Rhein, Donau). Selten über 800 m Meereshöhe, Höhengrenze in den Alpen bei etwa 1 200 m. Bevorzugt tiefgründige, frische, nährstoff- und kalkreiche Lehm- und Tonböden wintermilder, sommerwarmer, nicht zu niederschlagsarmer Lagen (Weinbaugebiete). Gegen Winterkälte und Spätfröste empfindliche, tief wurzelnde (Pfahl-Herzwurzelsystem) Lichtholzart. Höchstalter: ≈ 200 Jahre. In Auwäldern der oberösterreichischen Flüsse Traun, Alm und Enns kommen kleinfrüchtige, rel. frostharte Wildformen der Walnuß vor (sog. Spitz-, Schnabel- oder Steinnuß). Ob es sich dabei um eine autochthone mitteleuropäische Rasse handelt, ist nicht geklärt.

Holz: Zählt zu den Edellaubhölzern und gilt als wertvollste bei uns vorkommende Holzart. Kernholzbaum mit hellem Splint und je nach Alter und Standort hellgrauem oder wolkig gezeichnetem Kern. Gefäße grob, i.d.R. halbringporig angeordnet, oft verthyllt. Holzstrahlen fein. Rel. schwer (Rohdichte r_o = 0,45... 0,64...0,75 g/cm^3) und hart, feinfaserig, zäh, aber wenig elastisch; Festigkeitseigenschaften ähnlich Ei, gutes Stehvermögen, mäßig witterungsbetändig, gut bearbeitbar. Verwendung als Vollholz wie als Furnier für hochwertige Produkte, vorrangig für Möbel und im gehobenen Innenausbau; gesucht von Drechslern und Schnitzern, für Gewehrschäfte, im Instrumenten- v.a Klavierbau; hervorragendes Brennholz. Neben dem Holz sind Früchte von großer wirtsch. Bedeutung. Großkronige Bäume liefern bis 150 kg Nüsse/Jahr. Verwendung für direkten Verzehr oder zur Herstellung von Nußöl. Weltjahresproduktion (1978): ≈ 780 000 t. Hauptproduzenten: USA, UdSSR, China, Türkei, Italien. Die gerbstoffreichen Blätter sind offizinell nutzbar, die grünen Fruchtschalen reich an Vitamin C; beide sind Ausgangsstoffe der sog. Nußbeize. Forstl. wird J. regia in M-Eur. wenig beachtet. Somit fällt das gefragte und sehr hochbezahlte Holz meist nur als Nebenprodukt beim Anbau als Fruchtbaum an. Über Rassen und Provenienzdifferenzierung ist wenig bekannt.

a

b

Juglans regia: *a* weibl. Blütenstand, *b* Rinde und Fiederblatt

Juglans sieboldiana → *Juglans ailantifolia*

Juglon: Sekundärer Pflanzenstoff der Juglandaceen mit fungitoxischer und gegen Angiospermen allelopathischer Wirkung (→ *Allelopathie).*

Jujube → *Ziziphus*

Juncales: Binsenartige Ordnung der → *Commelinidae.* Grasartige Pflanzen mit unscheinbaren, oft in Spirren angeordneten Blüten. Blütenformel wie → *Liliaceae.* Kapselfrüchte. Bedeutendste Familie: Juncaceae, u.a. mit den Gattungen Juncus (Binse) und Luzula (Hainsimse). Waldpflanze: Luzula luzuloides, in lichten, trokkenen Wäldern.

Juneberry → *Amelanchier lamarckii*

Jungermaniales: Foliose Gruppe der Lebermoose. Gametophyt gegliedert in dorsiventral aufgebautes Stämmchen und einschichtige, rippenlose, zweizeilig stehende Blätter. Gelegentlich mit → *Amphigastrien.* Typische Waldmoose: Bazzania trilobata (Peitschenmoos), Charakterart des Fichtenwaldes, Weiser für schlechten Bodenzustand; Plagiochila asplenioides (Muschelmoos) an feuchten, schattigen, oft vergrasten Waldstellen; Lepidozia reptans (Schuppenzweigmoos), Humusbewohner feuchter Fichtenwälder, kalkmeidend.

Jungfernrebe → *Parthenocissus*

Juniperus L. Wacholder: Cupressaceen-Gattung (Tribus Junipereae) mit etwa 60 über die Nordhalbkugel verbreiteten, immergrünen Strauch- und Baumarten, teils ein-, teils zweihäusig. Kennzeichnend sind die durch das Verwachsen fleischig werdender Schuppenblätter entstehenden → *Beerenzapfen.* Sie werden je nach Art im 1. oder 2. Jahr reif und enthalten 1 – 10 (meist 5) hartschalige, kantige Samen. Chrom.: 2n = 22 (Ausnahme: J. chinensis). 2, seltener 4 – 6 Kotyledonen. Blätter junger Pflanzen nadelförmig, später schuppen- und/ oder nadelförmig. Das Holz von Wacholderarten ist oft durch aromatischen Geruch, einen hellen Splint und einen rötlich-braunen Kern charakterisiert.

Plagiochila asplenioides

Die Gattung Juniperus gliedert man in die Subgenera Caryocedrus: nur Nadelblätter, Samen im Steinkern; Oxycedrus: nur Nadelblätter, ohne Steinkern; Sabina: Jugendblätter nadelförmig, später Schuppen- oder Nadelblätter. Knospen unvollständig.
Die folgenden in M-Eur. i.a. nicht winterharten Arten haben in ihrer Heimat eine gewisse forstliche Bedeutung:
Afrika: → *J.cedrus,* →*J.procera;*
Kleinasien und Mittelmeerraum: → *J.drupacea,* → *J.excelsa,* → *J.foetidissima,* → *J.macrocarpa,* → *J.oxycedrus,* → *J.phoenicia,* → *J.thurifera;*
Nord und Mittelamerika: → *J.barbadensis,* → *J.bermudiana,* → *J.californica,* → *J.deppeana,* → *J.flaccida,* → *J.monosperma,* → *J.occidentalis,* → *J.osteosperma,* → *J.scopulorum,* → *J.virginiana;*
Ostasien, incl. Himalaya: → *J.formosana,* → *J.potaninii,* → *J.rigida,* → *J.saltuaria,* → *J.tibetica,* → *J.wallichiana.*

Juniperus alpina → *Juniperus communis*

Juniperus barbadensis (syn.: J.virginiana var. barbadensis Endl.): Bis 15m hoher Baum der westindischen Inseln (Barbados, Haiti, Jamaika, Kuba). Besonderheit: Beerenzapfen abgeflacht bis nierenförmig.

Juniperus bermudiana L.: Bis 15m hoher Baum mit roter Rinde. In der Jugend pfriemliche, im Alter schuppenförmige Blätter.

Juniperus californica Carr. (engl.: California Juniper): Dürreharte, bis 12 m hohe, meist baumförmige Art in tieferen Gebirgslagen (bis 1 500 m) Californiens, S.Nevadas und W-Arizonas. Gemeinsam mit → *Yucca brevifolia* und Pinyon-Kiefern in Halbwüsten. Drehwüchsiger Stamm, Schuppenblätter mit Öldrüse; Beerenzapfen eiförmig, rotbraun, bis 2 cm lang, mit 2 rel. großen Samen. Eßbar.

Juniperus cedrus Wilb. et Berthelot: Selten gewordene baumförmige Art mit dickem Stamm und herabhängenden Trieben, angeblich bis 30m hoch. Kanarische Inseln.

Juniperus chinensis L. Chinesischer Wacholder: Bis zu 20 m hoher, in Ostasien beheimateter, diözischer Baum (China, Korea, Japan, Mandschurei). In M-Eur. winterhart, aber nur buschförmig. Die reine Art wird selten angebaut, wohl aber zahlreiche, in Wuchsform, Farbe und Beblätterung stark variierende Gartenformen (z.B. Pfitzeriana oder Hetzii). Jugendblätter nadelförmig, zugespitzt; Altersblätter ± schuppenförmig. Bräunliche, blau bereifte, im 2. Jahr reife Beerenzapfen mit 2 – 3 Samen. Klima- und standorttolerant.

Juniperus communis L. Gemeiner Wacholder, Machandel, Kranewit: In weiten Teilen der Nordhalbkugel beheimateter Strauch oder bis 12 m hoher säulenförmiger Baum ohne größere wirtschaftl. Bedeutung (N-Afrika, N-Amerika, Eur., Vorder- und Zentralasien). Klimatolerant, geringe Standortansprüche und sehr langsames Wachstum. Die Säulenform (J.communis ssp. communis) tritt vornehmlich im Flachland auf, kann bis 2 000 Jahre alt werden und liefert ein sehr dauerhaftes, elastisches, für Schnitz- und Drechslerarbeiten gut geeignetes, rotbraunes Kernholz mit hellgelbem Splint. »Wacholderbeeren« werden seit altersher als Heilmittel genutzt (Antiseptica gegen Pest). Sie enthalten ca. 30 % Zucker und dienen als Ausgangsprodukt für Spirituosen (z.B. Gin). Verbreitung durch Sing- und Wacholderdrossel, Birkhuhn und Alpenkrähe. Im Gartenbau werden zahlreiche Zierformen von J.communis gehandelt. Kennzeichen: Junge Triebe dreikantig; Blätter nur nadelförmig, zugespitzt, stets zu dritt an einem Wirtel. Blüten meist zweihäusig verteilt. Beerenzapfen dunkelblau und bereift, erst im 2. oder 3. Jahr reif.
Abweichende Wuchsform zeigt die Art in Gebirgslagen und in nördlichen Regionen. Man gliedert deswegen ab: J.communis ssp. alpina (Neilr.) Cl. (syn.: J.communis ssp. nana (Willd.) Syme; J.nana Willd.; J.alpina (Neilr.), Zwergwacholder. Niederliegender, bodendeckender Strauch von unregelmäßigem Wuchs an und oberhalb der Waldgrenze. Höhe selten über 1 m. Oft auf steinigen, stark besonnten Silikatgesteinshängen. Im Monte Rosa-Massiv in 3 570 m Höhe vorkommend. Auch in osteurop. Mittelgebirgen und weiter über Sibirien, Himalaya bis Japan, sowie im westl. N-Amerika. Typisch sind die weichen, nicht ste-

Juniperus communis: *a* Nadeloberseite, *b* Nadelunterseite, *c* mehrjähriger benadelter Zweig mit Beerenzapfen, *d* reifer Beerenzapfen

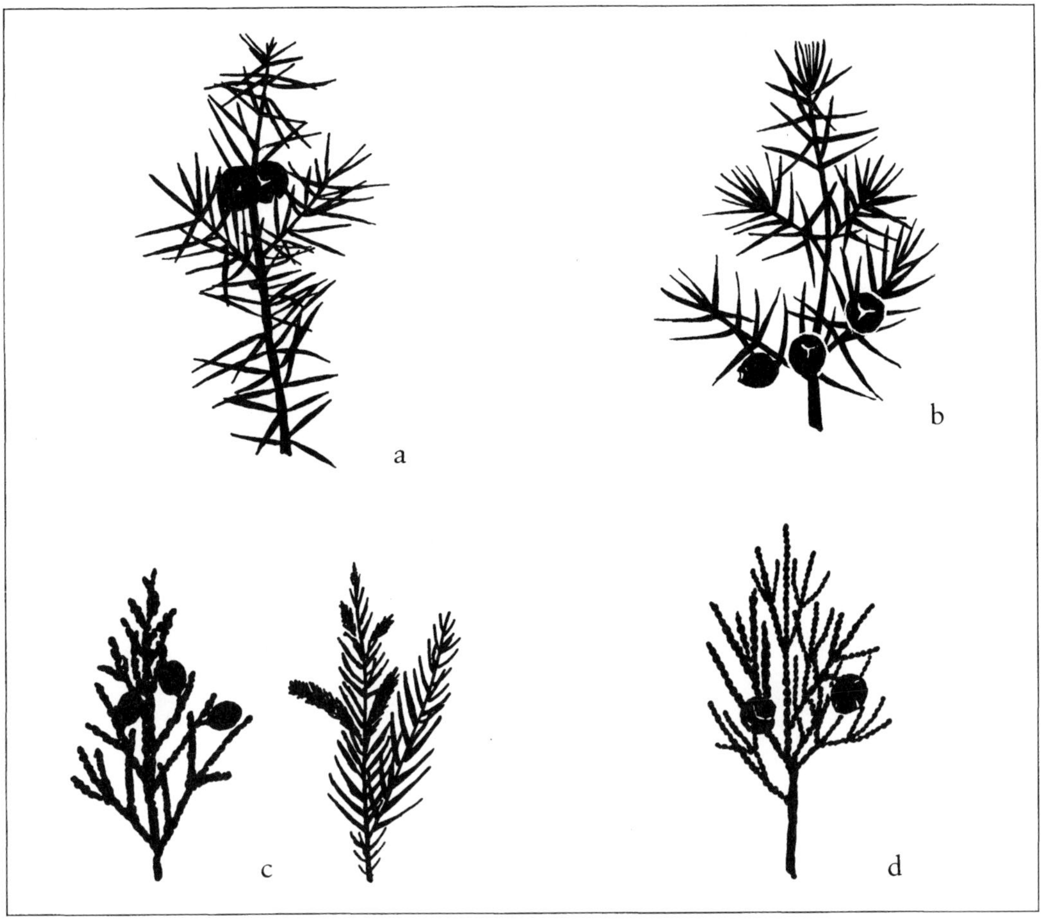

Juniperus, beblätterte Triebe *a* J. communis, *b* J. oxycedrus, *c* J. virginiana, *d* J.sabina

chenden, dem Zweig anliegenden, nadelförmigen Blattorgane.

Juniperus deppeana Steud. (engl.: Alligator Juniper): Zweihäusiger Baum mit kurzem, dickem Stamm (Höhe bis 15m) und weißlich blauen, schuppenförmigen Blättern mit Drüse. Jugendblätter nadelförmig. Beerenzapfen im 2. Jahr reif, dann rotbraun und mit 3- bis 5-kantigen Samen. Heimat: TX, AZ, Mexiko. Kennzeichen: Schwarzgraue, rissige Borke. Alte Bäume wirken bizarr wegen vieler, am Stamm verbleibender toter Äste.

Juniperus drupacea Labill.: Bis 12 m hoher, rel. breitkroniger Baum aus Griechenland und Kleinasien mit auffallend breiten (bis 4 mm) und langen (bis 25 mm), scharf zugespitzten, nadelförmigen Blättern. Kleine, eßbare, im 2. Jahr reife, bläuliche Beerenzapfen mit 3 Samen ohne Steinkern. In geschützten Lagen winterhart.

Juniperus excelsa Bieb.:Bis 20m hoher, einhäusiger Baum mit schuppenförmigen Blättern und dünnen Trieben. Heimat: SW-Eur., Kl.As. bis Pers.

Juniperus flaccida Schlecht. Mexikanischer Wacholder (engl.: Drooping Juniper): In mexikanischen Gebirgslagen (1 400 – 2 100m) häufige, bis 12m hohe, baumförmige Art. Einhäusig. Zweiglein herabhängend. Blätter nadel- und schuppenförmig.

Juniperus foetidissima Willd. Stinkwacholder: Trägwüchsiger, bis 15m hoher, geradstämmiger und schmalkroniger Baum in Höhenlagen des Balkan und in Kl.As.. Erreicht hohes Alter. Blätter als scharfgekielte, stachelspitzige Nadeln oder als konvexe, drüsenlose Schuppen. Beerenzapfen rotbraun bis schwarz mit 1–2 Samen. Oft auf felsigen Standorten.

Juniperus formosana Hayata: Bis 15m hoher, oft mehrstämmiger, schmalkroniger Baum aus Gebirgslagen Chinas und Taiwans. Blätter nur nadelförmig. Beerenzapfen orange bis rotbraun.

Juniperus horizontalis Moench (syn.: J. prostrata Pers.) Kriechwacholder: Winterharte, ganz flach wachsende, gärtnerisch genutzte Art aus N-Amerika (Seenstaaten, Felsengeb.). Zur Bodendeckung und Böschungsbefestigung herangezogen. Zweige bleiben kurz und sind dicht beblättert.

Juniperus macrocarpa SIBTH. et SM.: Im Mittelmeerraum weit verbreitete, strauchförmige Art mit stachelspitzigen Nadeln. Die zur Reife rot- bis schwarzbraunen, kugeligen bis eiförmigen Beerenzapfen sind bis 15mm dick.

Juniperus monosperma (ENGELM.) SARG. (engl. Oneseed Juniper): Baumförmige (bis 10m) oder strauchige Art in den südl. USA. Häufig auf trockenen, felsigen Standorten New Mexicos (Reinbestände). Dunkelblaue, ca. 5mm dicke, meist einsamige Beerenzapfen.

Juniperus nana → *Juniperus communis*

Juniperus occidentalis HOOK (engl.: Western Juniper): Geradstämmiger, bis 10m hoher Baum mit breiter Krone oder großer Strauch aus Gebirgslagen des westl. Nordamerika bis 3 000m, insbes. in der Sierra Nevada. Geschätztes Alter bis 2 000 Jahre. Meist nur schuppenförmige Blätter mit deutlicher Öldrüse; blauschwarze Beerenzapfen mit 2-3 Samen.

Juniperus osteosperma (TORR.) LITTLE Utah Juniper: Einhäusiger kleiner Baum (bis 12m) mit offener, unregelmäßiger Krone. Häufig auf Fels, bis 2 400m, von WY bis CA und NM. Blätter nur schuppenförmig. Eßbare, rel. große, rotbraune Beerenzapfen mit 1–2 Samen

Juniperus osteosperma

Juniperus oxycedrus L. Stechwacholder: Häufig vorkommender, dioezischer Strauch oder kleiner Baum (max. 12 m hoch) in küstennahen Bereichen des Mittelmeerraumes und in Kleinasien. Geringe Standortansprüche. Häufig in der → *Macchie* und der → *Garigue*. Wirtschaftl. Bedeutung für Dünenaufforstungen. Nur nadelförmige Blätter mit stechender Spitze. Beerenzapfen bis 15 mm dick, im 2. Jahr reif, dann rotbraun. In milden Lagen SW-Deutschlands winterhart (Abb. S. 239)

Juniperus phoenicia L.: Halb Strauch, halb Baum auf küstennahen, felsigen Standorten des Mittelmeergebietes. Blätter erst nadel-, an alten Pflanzen schuppenförmig. Die bis 12mm dicken, gelblichen bis bräunlichen, faserigen Beerenzapfen sind im 2. Jahr reif.

Juniperus potaninii KOMAR In China (Setchuan) beheimateter, ca. 15m hoher Baum mit blauschwarzen Beerenzapfen.

Juniperus procera HOCHST. Afrikanischer Wacholder: Häufiger, bis 30m hoher, forstlich genutzter Waldbaum Ostafrikas (Kenia bis Äthiopien).

Juniperus prostrata *Juniperus horizontalis*

Juniperus rigida SIEB. et ZUCC.: Bis 10m hoher, kleiner Baum mit attraktiv herabhängenden Zweigen. Pfriemliche, stachelspitzige Blätter. Beerenzapfen im 2. Jahr reif, schwarzbraun mit 3-kantigen Samen. Heimat: Korea, Mandschurei.

Juniperus rigida

Juniperus sabina L. Sadebaum, Stinkwacholder: Kaum höher als 2 m werdende, meist strauchförmige Art aus höheren Lagen der Alpen (bis 3 000 m), der Pyrenäen, des Apennin, des Schweizer Jura und des nördl. Balkan bis hin zum Kaukasus und Altai-Geb.; ohne wirtschaftl. Bedeutung. J. sabina ist in allen Teilen giftig und war im Mittelalter als Abortivum weit verbreitet. Kennzeichen: Nadel- und Schuppenblätter auch an älteren Zweigen, letztere mit Öldrüse. Blüten monoezisch oder dioezisch verteilt. Die bis 7 mm großen, schwarzblauen Beerenzapfen sind endständig, hängen über und enthalten 2 bis 3 Samen. Zerriebene Blattorgane riechen unangenehm (Abb. S. 239).

Juniperus saltuaria RHED. et WILS.: Waldbildender, bis 15m hoher, einhäusiger Baum aus China (Setchuan) mit schmaler Krone, schuppenförmigen Blättern und eiförmigen, glänzend schwarzen Beerenzapfen mit nur einem Samen.

Juniperus scopulorum SARG. (engl.: Rocky Mountain Juniper): Häufiger, kleiner Baum (bis 15 m hoch) auf Fels, incl. Kalkstein und Lava, und an trockenen Hängen von BC bis ND, TX und NM. Von Seehöhe bis 2 700 m. Kennzeichen: Zweihäusig, breite Krone, oft mehrstämmig; Blätter schuppenförmig. Dunkelblaue, süßliche, im 2. Jahr reife Beerenzapfen mit 2 Samen. Winterhart in M-Eur.. Zahlreiche Gartenformen auf dem amerikanischen Markt.

Juniperus squamata BUCH.-HAM. EX LAMB. Schuppenwacholder: Winterharter, aus Ostasien stammender Strauch oder kleiner Baum, in Mitteleuropa mit zahl-

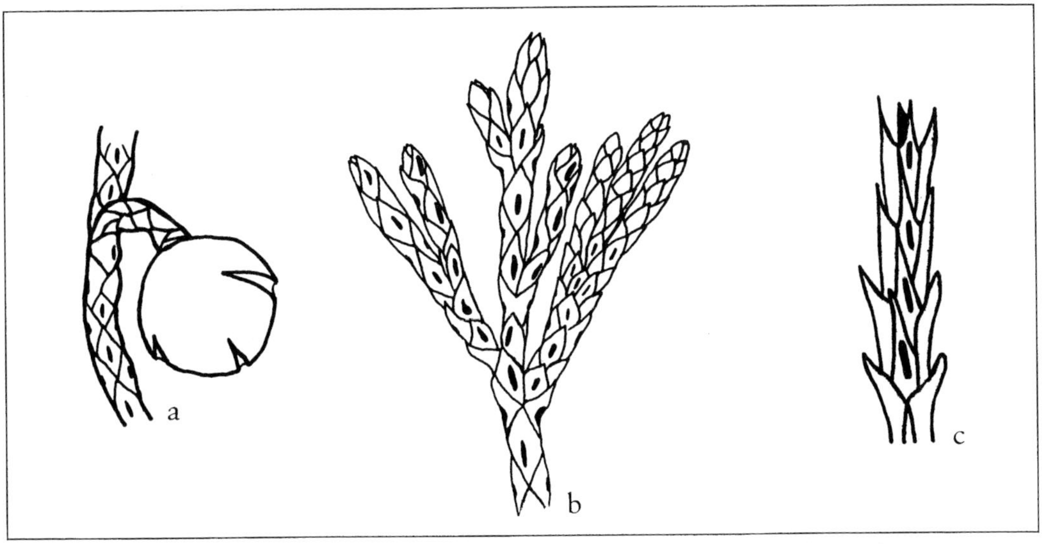

Juniperus sabina: *a* Zweig mit Beerenzapfen, *b* Schuppenblätter an jungen Trieben, *c* Schuppenblätter am Haupttrieb

reichen Zierformen vertreten (var. 'Meyeri' = Blauzeder-Wacholder). Junge Triebe hängen über, Blätter nur nadelförmig, stachelspitzig, deutlich gefurcht. Beerenzapfen zweijährig, rotbraun bis schwarz, mit nur einem Samen.

Juniperus thurifera L. Weihrauch-Wacholder: Breitkronige, bis 15 m hohe Bäume, beheimatet in S-Frankreich, Spanien und N-Afrika (Atlas Geb.). Zweihäusig, Blätter nadel- und schuppenförmig, auch im Alter. Beerenzapfen bis 8 mm dick, dunkelblau, mit 2-4 Samen.

Juniperus tibetica KOMAR: Aus hohen Gebirgslagen Tibets und Chinas stammender bis 30 m hoher Waldbaum mit gelbgrünen Beerenzapfen. Samen vierkantig.

Juniperus virginiana L. Virginischer Wacholder, Bleistiftzeder (engl.: Eastern Redcedar): Klima- und standorttoleranter Waldbaum des östlichen N-Amerika (südl. QU bis FL) mit langsamem Wachstum. Normalerweise 13 – 17 m hoch, im Optimum (Tennessee) 40 m Höhe, 1,2 m Durchm. und 300 Jahre Höchstalter erreichend. Hier auch in Reinbeständen. Von wirtschaftl. Bedeutung ist das dauerhafte, leicht zu bearbeitende, gut schnitzbare, wohlriechende, rotbraune Kernholz. Es stellt das ideale Bleistiftholz dar. J.virginiana ist in M-Eur. winterhart, gilt aber trotz einiger Anbauerfolge (Weinheim, Nürnberg) als wenig wüchsig und forstl. uninteressant.

Kennzeichen: Junge Triebe dünn, anfangs schwach vierkantig. Vorwiegend Schuppenblätter mit abstehender Spitze. Nadelförmige Blätter an jungen Bäumen zu dritt in Quirlen, an alten zu zweit. Blattbasis läuft am Trieb herab. Blüten meist monoezisch verteilt. Beerenzapfen einjährig, dunkelblau. Sämlinge sind wegen des rasch und intensiv ausgebildeten Pfahlwurzelsystems durch Dürre wenig gefährdet. Zahlreiche Zierformen im Handel (Abb. S. 239).

Juniperus wallichiana HOOK: Bis 15 m hoher, zweihäusiger Waldbaum aus dem Himalaya. Nadel- und schuppenförmige Blätter. Eiförmige, blaue Beerenzapfen.

Jura: System des Mesozoikums. → *Erdzeitalter*, → *Mesophytikum*.

K

Kabatiella apocrypta (ELLIS et EVERH.)ARX (syn.: Aureobasidium apocryptum (ELLIS et EVERH.) HERMANIDES-NIJHOF): Erreger einer zu den → *Anthraknosen* gehörenden Blatterkrankung von Ah-Arten (u.a. Spitz- und Berg-Ah). Scharf abgegrenzte, unregelmäßig geformte, meist rotbraune Blattflecke. In nassen Frühsommern häufig, intensiv und zu vorzeitigem Blattfall führend. Kennzeichen: Gruppen von 4 – 8 einzelligen, farblosen Konidien an der Spitze kurzer, breiter Konidiophoren.

Kabatina thujae SCHNEIDER et ARX (Melanconiales): Erreger einer Zweigdürre an Thuja-, Chamaecyparis- und Cupressus-Arten, hauptsächlich auf Ch. lawsoniana, Th. occidentalis. Vergilbung, dann Bräunung der Triebspitzen. Schwarzbraune Acervuli entstehen an der Basis abgestorbener Zweige; in ihnen entwickeln sich infektionstüchtige, elliptische, hyaline Konidien. Abgetrennt wird eine nur auf Juniperus vorkommende Varietät K.thujae var. juniperae, die im Frühjahr über Wunden eindringt und einjährige Zweige abtötet. Sie unterscheidet sich durch ihr Kulturverhalten von der reinen Art.

Kälteschäden → *Frost*

Kaempferol → *Flavonole*

Känophytikum (Neophytikum, Angiospermenzeit, Florenneuzeit): Zeitabschnitt der → *Florengeschichte.* Das K. schließt an das → *Mesophytikum* an und reicht von der Unterkreide bis in die Gegenwart. Erstes Auftreten von → *Angiospermae,* die sich später zur vorherrschenden Pflanzengruppe der Erde entwickelten. Die Vegetation im Paläozän und Eozän hatte in M-Europa und N-Amerika anfangs subtropischen, später tropischen Charakter (→*Lauraceae,* → *Moraceae,* → *Palmae).* Die pflanzengeographische Gliederung war gering. Vom Oligozän an trat auf der Nordhalbkugel eine Abkühlung ein, worauf die zuvor im äußersten Norden vorherrschende → *arktotertiäre Flora* nach Süden wanderte und die tropischen Formen verdrängte, die ihrerseits ebenfalls nach Süden und Südosten auswichen. Vom Eozän bis Miozän entstanden aus den Ablagerungen der sog. → *Braunkohlenwälder* ausgedehnte Braunkohlelager. Das Verschwinden auch subtropischer Arten bei zunehmender Abkühlung charakterisiert den Übergang ins Quartär. Das Pleistozän ist gekennzeichnet durch mehrfache Eiszeiten mit Vergletscherungen großer Landmassen, zwischen denen z.T. lange Zwischeneiszeiten (Interglaziale) wärmeren Klimas bestanden.
Den stärksten Einfluß übten die Eiszeiten in Europa aus. Sie führten hier zum Aussterben vieler tertiärer Pflanzengattungen (→ *Ginkgo,* → *Magnolia,* → *Sequoia,* → *Taxodium,* → *Tsuga),* denen der Rückzug in wärmere Gebiete über die Pyrenäen, die Alpen bzw. das Mittelmeer nicht gelang. Geringer waren die Auswirkungen in N-Amerika, da dort durch das Fehlen von in Ost-West-Richtung verlaufender Barrieren die Vegetation ungehindert nach Süden ausweichen und in den Interglazialen und dem Postglazial auch ungehindert wieder zurückwandern konnte. In Ostasien führten die Eiszeiten zu den geringsten Veränderungen. Nach dem letzten Rückzug des Eises in M-Europa (18 000 – 15 000 v.Chr.) setzte eine zu den heutigen Verhältnissen führende Vegetationsentwicklung ein, → *Holozän,* → *Erdzeitalter.*

Kätzchen → *Ähre*

Kätzcheneibe → *Amenotaxus*

Kaffeebaum → *Rubiaceae*

Kahlschlag: Das Fällen von Bäumen auf großen zusammenhängenden Flächen. K. führt zu einer völligen Veränderung der Begleitflora und -fauna. Durch verstärkte Stickstoffmineralisation und Verletzung der Bodendecke breiten sich nach dem K. lichtbedürftige, annuelle Pflanzen aus, gefolgt von Gräsern, mehrjährigen Kräutern und Halbsträuchern (z.B. Himbeere, Brombeere). An Gehölzen treten Pionierarten auf (Hol, Bi, Esp, Wei, Er). Da der K. die Lawinen- und Erosionsgefahr erhöht, ist er im Hochgebirge verboten.

Kaisereiche, Japanische → *Quercus dentata*

Kakaogewächse → *Sterculiaceae*

Kakipflaume → *Diospyros*

Kakteengewächse → *Cactaceae*

Kalamität: Das massenhafte Vorkommen eines tierischen oder pflanzlichen Schaderregers mit ernsten wirtschaftlichen Folgen. K. kann sich im Forstschutz auch auf abiotische Ereignisse (Hagel, Naßschnee etc.) beziehen.

Kalebassenbaum → *Bignoniaceae*

Kalidüngung: Zufuhr wasserlöslicher, kalihaltiger Düngemittel auf Chloridbasis oder sulfathaltiger Kalidüngemittel (Kalisulfat) bei chloridempfindlichen Pflanzen (z.B. Obstbäume). Schwerlösliche Kalisilikate u. Kaliphosphate werden nur im Gartenbau verwendet; Kalinitrat hat Bedeutung für die Blattdüngung. → *Kalium.*

Kalimangel → *Kalium,* → *Mangelkrankheiten*

Kalium (K): Hauptnährelement (→ *Blattspiegelwerte),* wirkt vorwiegend als monovalentes Kation, ist Gegenspieler von Ca-Ionen (→ *Ionenantagonismus),* erhöht den Quellungszustand hydrophiler Kolloide u. beeinflußt dadurch den Wasserhaushalt der Pflanze; K erhöht die Welke- u. Frostresistenz durch Steuerung der Wasserabgabe über die Stomata; K-Anreicherung an Orten hoher Stoffwechselaktivität, z.B. in Wurzelspitzen und an allen im Wachstum begriffenen Organen. Unzureichende K-Ernährung (→ *Mangelkrankheiten)* erhöht die Aktivität abbauender Enzyme u. die Atmung ohne Nutzung der dabei freiwerdenden Energie für den Stoffaufbau.

Kalk-Kiefernwälder → *Erico-Pinetea*

Kalkammonsalpeter: Bestehend zu 74 % aus NH_4NO_3 und 26 % aus $CaCO_3$. Düngemittel mit ertrags-u. zuwachssteigender Wirkung; Düngung mit K. ist der Harnstoffgabe überlegen u. sowohl für Koniferen auf schwach sauren Standorten, als auch für weniger säureliebende Lh geeignet.

Kalkchlorose: Mangelerscheinung auf Kalkstandorten; tritt nach Festlegung von Fe durch Carbonat oder Bicarbonat auf; äußert sich z.B. bei Fi und Ki in einer weißgelblichen Verfärbung der jungen Nadeln (Fe-Gehalt <15-17ppm). → *Chlorosen,* → *Mangelkrankheiten.*

Kalkdüngung: Zuführung von Ca-Ionen in Form basischer Düngekalke (Ca- oder Mg-Carbonate); nur ein geringer Teil dient zur Deckung des Ca-Bedarfs der Pflanzen; in erster Linie werden die Ca-Konzentration u. der pH-Wert im Boden erhöht (→ *Melioration);* K. fördert u.a. die Rohhumusumwandlung u. begünstigt die Entwicklung von Lh- u. Nh-Kulturen. Gleichzeitig wirkt sie im humiden Klimabereich einer Ca-Verarmung u. einer Versauerung des Bodens entgegen. → *Kompensationskalkung.*

Kalkesche → *Fraxinus excelsior*

Kalkflieher: kalzifuge Pflanzen

kalkhold → *kalzikol*

Kalkmangel → *Mangelkrankheiten,* → *Kompensationsdüngung*

Kalkpflanzen → *kalzikol*

Kalkstickstoff: Calciumcyanamid (CaNCN). Anfang des Jahrhunderts entdecktes, anorganisches Totalherbizid mit geringer Wirkungsdauer. Im Forst zur Bekämpfung von Heidekraut und Heidelbeere eingesetzt (LD_{50} Ratte: 1400).

Kalkung → *Kompensationsdüngung,* →*Kalkdüngung*

Kallus (Wundgewebe): Nach Verwundung entstehende, undifferenzierte, parenchymatische Zellkomplexe mit ungerichtetem Wachstum. Bei Holzgewächsen überwiegend aus dem Kambium, bei krautigen Pflanzen aus dem Parenchym entstehend. Wichtig für Wundheilungsprozesse. Kalli entstehen an Wundrändern, indem die unverletzten Randzellen hypertrophes Wachstum zeigen. Anschließend intensive Zellteilung; Kallusgewebe verschließt Wunden (Wundkallus). Praktische Bedeutung bei Stecklingsbewurzelung, → *Pfropfung* und → *Gewebekultur.* An der Pfropfstelle wachsen die Kalli von Reis und Unterlage ineinander; im entstehenden Mischkallus wird ein Kambium gebildet, das sich später an die Kambien von Reis und Unterlage anschließt.

Kalluskultur → *Gewebekultur*

Kalmia angustifolia L. Lorbeerrose (engl.: Lambkill Kalmia): Immergrüner, aus N-Amerika eingebürgerter, bis 1 m hoher Strauch mit lanzettlichen Blättern und ansehnlichen rötlichen Blüten in Scheinquirlen. Sehr selten, in Hochmoorgesellschaften, auf sauren, nassen Torfböden. Zahlreiche Kulturformen.

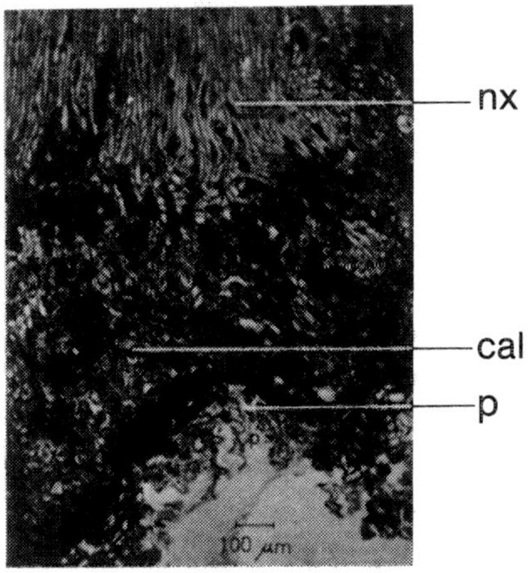

Wundkallus an der Schnittstelle eines Fichten-Stecklings: nx = neues Xylem, cal = **Kallus** und p = Periderm

Kalopanax → *Araliaceae*

Kalyx → *Kelch*

kalzifug: Bezogen auf Pflanzen, die kalkhaltige Substrate meiden, z. B. Betula nana, Andromeda polifolia.

kalzikol: Bezogen auf Pflanzen, die kalkhaltige Böden bevorzugen oder unter natürlichen Bedingungen nur auf solchen Substraten existieren können, z.B. Pinus nigra, Ligustrum vulgare, Viburnum lantana. Dabei ist meist nicht so sehr der Kalziumgehalt von Bedeutung, sondern die basische Reaktion des Bodens oder die warmen und trockenen Bedingungen, die Kalkböden in feuchtkühlen Klimazonen bieten.

kalziphil (kalkliebend): → *kalzikol*

kalziphob (kalkmeidend): → *kalzifug*

Kambium: Seitenmeristem (→ *Meristeme)* in Sproß und Wurzel. 1. Primäres K. leitet sich unmittelbar vom → *Apikalmeristem* ab. Beispiele: Kambiumring zwischen Bast und Holz bei Lh und Nh (verantwortlich für sek. → *Dickenwachstum),* Fascicularkambium in Sproßbündeln dikotyler Kräuter und Lianen. 2. Sekundäres K. entsteht aus bereits ausdifferenziertem Grundgewebe. Beispiele: (a) Phellogen (→ *Periderm);* (b) Interfascikularkambium, entsteht in Lianen und einigen dikotylen Kräutern beim Einsetzen des sek. Dickenwachstums aus Markstrahlparenchym und verbindet die Fascikularkambien zu einem Ring; (c) Kambiumring in Wurzeln, entstanden aus dem Parenchym des Bündels unter Einbeziehung des → *Perizykels.*
Kambien geben entweder nach zwei Seiten (dipleurisches K.; z.B. Sproßkambium bei Holzpflanzen) oder nur nach einer Seite (monopleurisches K., häufig bei Phellogenen) Zellen ab. Abkömmlinge der K. meist in radialen Reihen angeordnet (Phellemzellen, Tracheiden im Nh), sofern sie sich nicht zu unterschiedlichen Zell-

typen entwickeln und dadurch die Ordnung sekundär zerstören (Holz der Lh).

Kambiumkultur → *Gewebekultur*

Kambrium: System des Paläozoikums. → *Erdzeitalter* .

Kammfichte → *Picea abies*

Kampferbaum → *Lauraceae*

Kampfwaldstufe → *Vegetationsstufen*

kamptotrop: kampylotrop. → *Samenanlage.*

kampylotrop → *Samenanlage*

Kanadabalsam → *Abies balsamea*

Kanadapappeln → *Populus nigra*

Kanarenkiefer → *Pinus canariensis*

Kandelia → *Rhizophoraceae*

Kantenblätter → *Cupressaceae*

Kantencollenchym → *Collenchym*

Kapernartige → *Capparales*

Kaperngewächse → *Capparaceae*

Kapernstrauch → *Capparis*

Kapsel: Trockene Streufrucht aus zwei oder mehr miteinander verwachsenen Karpellen. Je nach Öffnungsmechanismus unterscheidet man → *Spaltkapsel,* → *Deckelkapsel,* → *Porenkapsel.*

Karbon: (Steinkohlenformation): System des Paläozoikums, → *Erdzeitalter,* → *Paläophytikum*

Kardenartige → *Dipsacales*

Karpatenlärche → *Larix decidua*

Karpell → *Fruchtblatt*

Kartoffelrose → *Rosa rugosa*

Karyobionta → *Eukaryota*

Karyogamie: Verschmelzen zweier, oftmals verschiedengeschlechtiger Zellkerne. Teil der sexuellen Fortpflanzung.

Karyokinese → *Mitose*

Karyolymphe → *Nucleus*

Karyon → *Nucleus*

Karyopse: Aus oberständigem Gynözeum hervorgegangene, einsamige Schließfrucht der Gräser, bei der die häutige Testa mit dem dünnwandigen Perikarp verwachsen ist und so einen Samen vortäuscht.

Kastanie → *Castanea*

Kastanie, Amerikanische → *Castanea dentata*

Kastanie, Japanische → *Castanea crenata*

Kastanieneiche → *Quercus prinus*

Kastanieneiche, Japanische → *Quercus acutissima*

Kastaniensterben → *Cryphonectria parasitica*

Katalase: Enzym, das die Zerlegung des giftigen Wasserstoffperoxids (H_2O_2) katalysiert. Sie kommt in allen Pflanzen vor.

Katalyse: Erhöhung der Geschwindigkeit chemischer Reaktionen durch → *Enzyme* oder andere Katalysatoren.

Katharinenmoos → *Polytrichales*

Kationen: Positiv geladene Ionen, z.B. NH_4^+, Ca^{2+}, K^+, Mg^{2+}, u. die Spurenelemente Fe, Mn, Zn, Cu werden in dieser Form als Nährstoffe von Pflanzen aufgenommen.

Katsurabaum → *Cercidiphyllum*

Katsuragewächse → *Cercidiphyllaceae*

Kaukasus-Ahorn → *Acer trautvetteri*

Kaukasus-Fichte → *Picea orientalis*

Kaukasus-Tanne → *Abies nordmanniana*

Kaurinsäure → *Terpenoide*

Kautschuk → *Milchröhren,* → *Terpenoide*

Kautschukbäume → *Euphorbiaceae*

Keaki → *Zelkova serrata*

Keimblätter → *Kotyledonen*

Keimfähigkeitsprüfung: Bestandteil der Saatgutprüfung nach den Vorschriften der International Seed Testing Association. Zur K. verwendet man 4 x 100 Körner nur der reinen Samen, die auf wassergetränkter Cellulose so ausgelegt werden, daß sie sich gegenseitig nicht berühren. Bei Er, Bi, Wei, Pa ermittelt man das Keimprozent pro Gramm ungereinigtes Saatgut, man verwendet 0,25 g Bi, Wei oder Pa Samen bzw. 1,0 g Er. Die Keimungsbedingungen werden mit Hilfe von Keimgeräten (Jacobsenkeimgerät, Rodewaldkeimgerät, Brutschrank) standardisiert und stellen nicht zwingend optimale Bedingungen dar. Das Wasser wird mit Hilfe von saugfähigen Materialien (Filterpapier, Baumwolldocht) zugeleitet. Als Unterlage wird für kleinsamiges Saatgut Cellulosepapier verwendet, für großsamiges wie Ei auch steriler Quarzsand. Die Temperatur beträgt bei Hbu, Ei, Ah 20 °C, sonst zwischen 20 und 30 °C. Bu wird ca. 6 Wochen bei 3 ° – 5 °C vorgekeimt, bevor die K. bei 20 °C beginnt. Licht ist für die Keimung von Forstsaatgut nicht erforderlich, wirkt aber fördernd bei Fi, Ki, Ta, Lä, Dougl, Bi, Er, Pa, Wei. Das Keimprozent wird alle 7 Tage ermittelt, dabei werden die Samen umgebettet, d.h. sie kommen auf eine neue Unterlage, um der Verpilzung vorzubeugen. Die erste Auszählung am 7. Tag (bei Es am 14. Tag, Bi am 3. Tag, Hbu am 28. Tag) gibt Hinweise auf die Keimschnelligkeit. Der Keimversuch bei Nadelhölzern und Bi ist am 21. Tag abgeschlossen (Ta am 28. Tag), bei Laubhölzern am 28. Tag, außer Es: 56. Tag und Hbu: 70. Tag.

Keimfalten → *Colpen*

Keimhemmung: Ausbleibende Keimung trotz optimaler Keimungsbedingungen. Ursachen: 1. Hartschaligkeit (Rob, Hbu, Li); 2. unvollständig entwickelter Embryo (Zirbelkiefer, Es) (→ *Nachreife);* 3. keimhemmende Stoffe in Frucht- oder Samenschale, z.B. Terpentin bei Ta, Abscisinsäure (Es). 4. org. Säuren bei Früchten mit fleischigem Perikarp (Sorbusarten, Prunus avium) oder

5. keimhemmende Stoffe im Endosperm, z.B. bei Bu. Überwindung der Keimhemmung kann erfolgen durch: 1. Entfernung der Fruchtschicht (Prunus avium etc.), 2. Früherernte oder Grünernte bei Es, Hbu, WLi; 3. Ritzen der Samenschale (Ro); 4. → *Stratifikation* (Pinus cembra, Bu).

Keimling → *Keimpflanze*

Keimlingsfäule: Sammelbezeichnung für Wurzelerkrankungen von Nh- und Lh-Keimlingen, ausgelöst durch bodenbürtige Pilze. Umfallkrankheiten sind eingeschlossen. Erreger an älteren Entwicklungsstadien: → *Cylindrocarpon destructans*, → *Botrytis cinerea*, → *Trichoderma viride*, → *Phytophthora cactorum* u.a.. Im Saatbeet Bekämpfung mit Fungiziden.

Keimpflanze: Keimling. Junge Pfl., kurz nach der Keimung, die ihren Energie- und Stoffbedarf noch aus den in Kotyledonen oder Nährgewebe gespeicherten Reservestoffen bezieht; am Ende dieses Stadiums geht die K. zur autotrophen Lebensweise über.

Keimpore → *Apertur*

Keimprozent: Prozentsatz der gekeimten, reinen Samen. Hängt ab von Species, Alter und Reife der Samen und den Keimbedingungen. Das durchschnittliche K. der wichtigsten einheimischen Baumarten ist in nachstehender Tabelle aufgelistet.

Baumgattung bzw. -art	Keimprozent
Abies alba, A. grandis	28
Larix decidua, L. kaempferi[1]	48
Picea abies	88
Pinus cembra, P. nigra, P. strobus	40
Pinus sylvestris	93
Acer[1]	50
Alnus glutinosa	41
Alnus incana	28
Betula[1]	25
Carpinus betulus	45
Fagus sylvatica	45
Fraxinus excelisor	58
Quercus	60 – 70 [2]
Robinia pseudoacacia	50 [3]
Ulmus[1]	80
Tilia[1]	50

Mittlere **Keimprozente** von forstlichem Saatgut. [1] Keine wesentlichen Unterschiede zwischen den bei uns heimischen Hauptbaumarten dieser Gattung; [2] Sehr große individuelle Schwankungen in Abhängigkeit vom Erntejahr. [3] Ohne spezielle Behandlung: Keimhemmung

Keimung: Nach Quellung und Enzym-Aktivierung im Samen ausgelöste Wiederaufnahme der Embryo-Entwicklung, die mit dem Übergang von der heterotrophen zur autotrophen Ernährung beendet ist; Dauer und Intensität der Keimphasen sind arttypisch; Licht und Temperatur können den Ablauf der K. entscheidend beeinflussen (Bsp.: Licht verzögert/verhindert bei verschiedenen Allium-Arten die weitere K., fördert sie jedoch bei Ki, Fi, Lä); I.a. gilt: Erstes äußeres Anzeichen der K. ist das Sprengen der Samenschale sowie das Erscheinen der Keimwurzel (Radicula); verbleiben die → *Kotyledonen* von der Samenschale umschlossen in der Erde, spricht man von hypogäischer K. (Bsp.: Ei, Hasel), werden sie mit dem sich streckenden → *Hypokotyl* über die Erdoberfläche herausgeschoben und ergrünen, spricht man von epigäischer K. (Bsp. Bi, Es, Li, Bu, Ah, Koniferen).

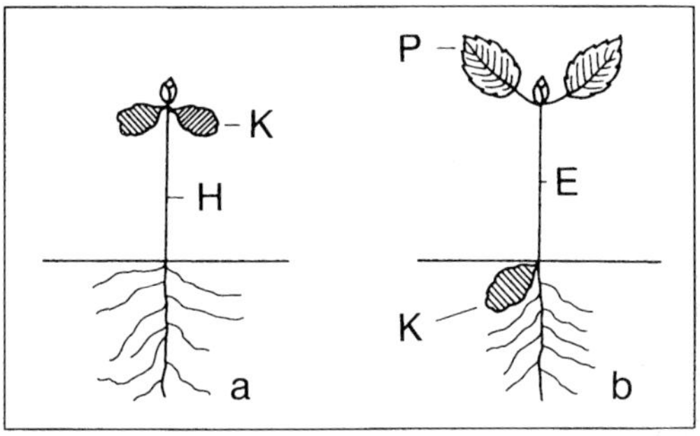

Keimung: *a* epigäische und *b* hypogäische

Keimwurzel → *Radicula*

Keithia thujina → *Didymascella thujina*

Kelch: Kalyx, Calyx. Äußerer Kreis der Blütenhülle (→ *Perianth*). I.d.R. aus unauffälligen, im Knospenzustand dem Schutz der fertilen Blütenteile dienenden Blattorganen (Sepalen oder Kelchblätter) bestehend. Sind die Kelchblätter untereinander verwachsen, liegt Synsepalie vor (z.B. Fabaceae).

Kellerhals → *Daphne mezereum*

Kellerschwamm, Brauner → *Coniophora puteana*

Kennart → *Charakterart*

Kerbbuche → *Fagus crenata*

Kermesbeerengewächse → *Phytolaccaceae*

Kermeseiche → *Quercus coccifera*

Kern, fakultativer → *Falschkern*

Kernäquivalent → *Nucleoid*

Kernapfel → *Apfelfrucht*

Kernholz: Durch → *Verkernung* älterer Splintbereiche entstandene, physiologisch inaktive, nur noch der Festigung dienende, zentrale Partien verholzter Sproßachsen. Oft verbunden mit sek. Einlagerung von anorg. Salzen und Phlobaphenen. Dadurch höheres Gewicht und höhere Dauerhaftigkeit, aber geringerer Wassergehalt als → *Splint*. Einlagerung von Farbstoffen in die Zellwände führt zum → *Farbkern*.

Kernholzbäume: Holzarten, bei denen obligatorisch ein → *Farbkern* gebildet wird. Bsp.: Dougl, Lä, Ki, Ei,

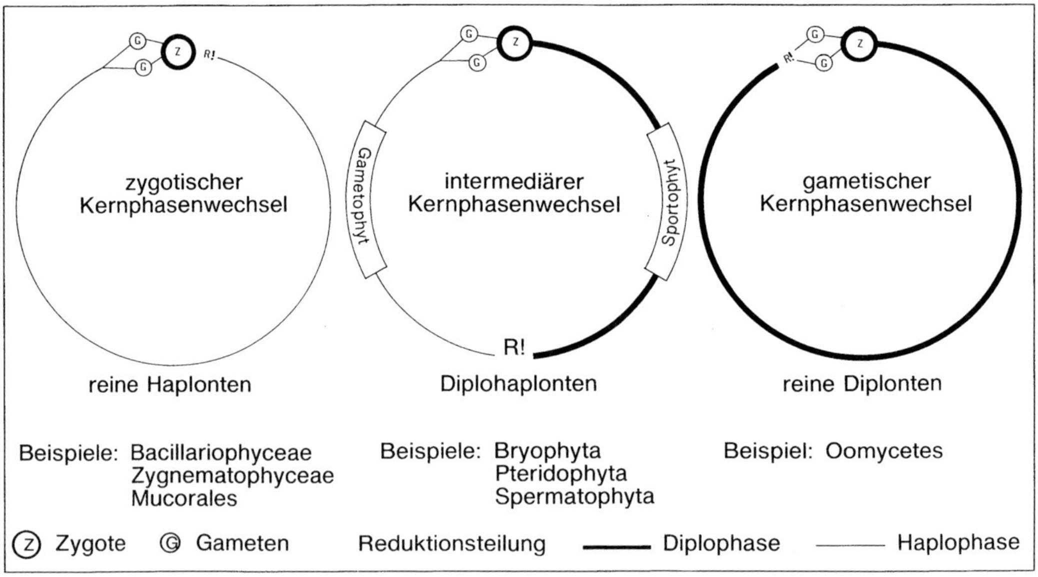

Vergleichende Darstellung verschiedener **Kernphasenwechsel**

Rob, Kirsche, Juglans-Arten. Ul und Es bilden zwischen Farbkern und Splint eine schmale Zone hellen Holzes mit geringem Wassergehalt aus: Kern-Reifholzbäume.

Kernkörperchen → *Nucleolus*

Kernmembran → *Nucleus*

Kernphasenwechsel: Gameten weisen stets den haploiden Chromosomensatz auf. Damit wird verhindert, daß sich die Chromosomenzahl von einer Generation zur nächsten verdoppelt. Der damit verbundene Wechsel zwischen der haploiden und der diploiden Phase wird als K. bezeichnet. Man unterscheidet 3 Formen: Gametischer K: Haplophase nur auf die Gameten begrenzt. Diplophase dominiert. Pflanzen sind reine Diplonten. Zygotischer K.: Diplophase nur auf die Zygote begrenzt. Haplophase dominiert. Pflanzen sind reine Haplonten. Intermediäre K.: In beiden Phasen wird ein Vegetationskörper ausgebildet (→ *Generationswechsel).* Pflanzen sind Diplohaplonten.

Kernschäle: Abbau des Kernholzes durch → *Phellinus pini,* insbes. bei Ki und Lä.

Kernspindel → *Spindelapparat*

Kernteilung → *Mitose,* → *Meiose*

Kernwuchs: Aus einem Samen oder Steckling entstandener Einzelstamm.

Kerria japonica (L.) DC Kerrie, Goldröschen: Monotypische Gattung der → *Rosaceae.* Häufiges, gelegentlich verwildertes Ziergehölz aus Zentral- und W-China, das in M-Eur. in kalten Wintern zurückfriert. Sommergrüner, bis 2 m hoher Strauch. Zweige bleiben bis ins 2. Jahr und länger grün. Blätter wechselständig, frischgrün, Blüten endständig, orangegelb, einzeln oder zu wenigen. Schwarzbraune Nußfrucht, die in M-Eur. selten zur Reife kommt.

Kerrie → *Kerria japonica*

Keteleeria CARRIERE Stechtanne: Gattung der → *Pinaceae* (Abietoideae) mit 6 – 8 zumeist in China heimischen, immergrünen, tannenähnlichen Baumarten geringer bis mittlerer Wuchskraft, angepaßt an trockene Klimabedingungen. Nadelförmige, steife, meist gescheitelt und locker stehende Blätter mit deutlicher Mittelrippe. Zapfen bis 20 cm lang, ähnlich Abies, aber deutlich gestielt und am Ende des 1. Jahres als Ganzes abfallend. 2 Kotyledonen; Chrom.: 2n = 24. Forstl. von Bedeutung: K.esquirolii LEV., bis 30 m hoch, Kwangsi, China; K.fortunei (MURR.)CARR., bis 30 m hoch, Chekiang, China; K.roulletii (CHEV.) FLOUS, bis 25 m hoch, Vietnam.

Kettenkrankheit: I.a. auf langlebige Wirtspflanzen beschränkte Abfolge verschiedener Einzelkrankheiten nach Praedisposition oder Auslösung durch klimatische oder biotische Schadensereignisse. Beispiele: → *Tannensterben,* → *Bu-Rindennekrose.* Rückblickend ist das auslösende Ereignis einer K. oft nicht mehr erkennbar.

Khaya → *Meliaceae*

Kiefer, Gemeine → *Pinus sylvestris*

Kiefer, Kalabrische → *Pinus nigra*

Kiefer, Korsische → *Pinus nigra*

Kiefer, Rumelische → *Pinus peuce*

Kiefern-Baumschwamm → *Phellinus pini*

Kiefernfeuerschwamm → *Phellinus pini*

Kiefernritzenschorf → *Lophodermium seditiosum*

Kieferntriebsterben → *Cenangium ferruginosum*

Kiefernartige → *Pinales*

Kiefernbraunporling → *Phaeolus schweinitzii*

Keteleeria fortunei: *a* benadelter Trieb, *b* reifer Zapfen (3/4 nat. Gr.)

Kieferndrehrost → *Melampsora pinitorqua*

Kiefernmistel → *Viscum album*

Kiefernnadelroste → *Coleosporium*

Kiefernnadelschütte → *Lophodermium seditiosum*

Kiefernrinden-Blasenrost → *Cronartium flaccidum*

Kiefernschütte → *Lophodermium seditiosum*

Kiefernschütte, Schwedische → *Lophodermella sulcigena*

Kiefernsterben: Unpräzise Bezeichnung für eine noch ungeklärte, aber wirtschaftl. bedeutende, haupts. in den fünfziger Jahren in N-Deutschland, der DDR und Polen aufgetretene Erkrankung von Altkiefern. Symptome: Allm. Verlust der ältesten Nadeljahrg. (z.T. nach Bräunung), Kleinnadeligkeit, Triebstauchung, Zuwachsverluste, gehemmte Feinwurzelerneuerung, Absterben. Sek. Befall durch → *Armillaria* und durch Matsucoccus pini (Kiefernrinden-Schildlaus). Mögliche Ursache: Mehrere niederschlagsreiche Jahre führten auf schweren Böden zu Staunässe. Dadurch Wurzelschäden und Armillaria-Befall, während folgender Trockenjahre kritische Wasserversorgung, Schwächung und Disposition für sek. Schädlinge und Immissionsschäden.

Kiefernsterben

Kiefernwälder: Wälder mit Ki als vorherrschender Baumart. Man unterscheidet saure K. (→ *Dicrano-Pinion)* und Kalk-K. (→ *Erico-Pinetea).*

Kienholz: Mit Harz angereichertes Holz der Kiefernkrone, ausgelöst durch Befall von → *Cronartium flaccidum;* früher gern zum Holzanzünden verwendet (Kienspäne).

Kienzopf → *Cronartium flaccidum*

Kieselalgen → *Phycophyta*

Kieselsäure: Silicium (Si) in amorpher Form (Bio-Opal) in den Zellwänden von → *Equisetaceae* und Gräsern. K. findet sich reichlich in Nadeln der Fi (0,1-0,3 % Si) – nicht so in Ta- u. Ki-Nadeln (<0,1%) – ferner als Si-Inkrustationen in der Rinde von Lh: Bu, BAh, Hbu, Ul, Maulbeerbaum, Ei, Wei, Pa, Rob, Bi.
K. hat eine wachstumsfördernde Wirkung, erhöht die Resistenz gegenüber Pilzbefall u. kann toxischen Anreicherungen von Mn entgegenwirken.

Kigelia → *Bignoniaceae*

Kinetochor → *Zentromer*

Kinetozentrum → *Spindelapparat*

Kinine → *Cytokinine*

Kinomer → *Zentromer*

Kirkia → *Simaroubaceae*

Kirschapfel → *Malus baccata*

Kirschlorbeer → *Prunus laurocerasus*

Kirschpflaume → *Prunus cerasifera*

Klaffmoose → *Musci*

Klasse → *Taxon,* → *Vegetationsgliederung*

Klausen: Teilfrüchte, zu denen die Gliederschote der Lamiaceae, Verbenaceae, Boraginaceae und einiger Brassicaceae zerfällt.

Klebast: Aus einem → *Wasserreis* herangewachsener, dickerer Ast; kennzeichnend ist der dünner rindige Astanlauf.

Kleb'sche Regel: Sagt aus, daß die Blütenbildung vom Verhältnis Kohlenhydrat zu Mineralsalz abhängt. D.h. die Frucht- und Blütenbildung wird durch alle Umstände gefördert, die einen Überschuß von Assimilaten gegenüber den aufgenommenen Mineralnährstoffe erzeugen. Dazu gehören: Verringerung der Wasseraufnahme, mineralstoffarme Böden, starke Belichtung. Durch Strangulieren, Ringeln etc. kann man das Verhältnis künstlich verschieben. Die K. gilt nicht uneingeschränkt, da die Fruchtbildung auch durch N-, P-, K-Düngung angeregt werden kann.

Kleeblatt-Lederstrauch → *Ptelea*

Kleeginster → *Cytisus*

Kleeulme → *Ptelea*

Kleinmutation: Punktmutation. Schwer feststellbare Genmutation mit geringem, zum Teil durch rezessive Vererbungsgänge und polygene Steuerung der Merkmalsausprägung überdecktem Effekt.

Kleistogamie: Autogame Bestäubung bei geschlossener Blüte, z.B. Oxalis acetosella, Viola-Arten. (Ggs. → *Chasmogamie).*

Kleistothecium → *Cleistothecium*

Klengen: Künstliches Öffnen von Ki-, Lä- oder Fi-Zapfen zur Samengewinnung durch Trocknen (Darren).

Kletterwein → *Parthenocissus*

Klettfrüchte: Kletten. Mit Widerhaken versehene Früchte, die sich durch Anheften an Tiere epizoochor verbreiten. (Arctium, Agrimonia eupatoria).

Klimaauslese: Auslese von Pflanzen, die in der Lage sind, Klimaextremen Widerstand zu leisten. Dabei kann es sich um echte Resistenz oder um Scheinresistenz handeln (indem sich der Baum dem Angriff des entscheidenden Faktors entzieht). Beispiel: Spätaustreibende Bäume sind i.d.R. gegen Spätfröste gesichert (Scheinresistenz). Erhöhung der »Klima«-Resistenz durch Steigerung des Trockensubstanzgehaltes der Nadeln bei Ki mit Annäherung an die nordische Baumgrenze (»echte« Resistenz). Bei Fi existieren Standortrassen und -populationen mit relativ geringen Wasseransprüchen, die u.U. auch in niederschlagsarmen Gebieten auf trockeneren Standorten überlebensfähig sein können.

Klimaxgesellschaft: Nach CLEMENTS (1916) stabiles, für ein bestimmtes Gebiet charakteristisches Endstadium einer primären → *Sukzession.* In dieser Definition heute nicht mehr gültig. Statt dessen sollte der Begriff → *zonale* Vegetation verwandt werden.

Klon: Gruppe erbgleicher Individuen. Alle vegetativ vermehrten Individuen einer Mutterpflanze.

Klonalterung: Degenerationserscheinungen bei Pflanzen, die über Jahrhunderte hinweg ausschließlich vegetativ vermehrt wurden. Altersbedingte Veränderungen innerhalb einer Klonreihe, wie engeres Aderngeflecht bei älteren Pappelklonen sind nachgewiesen.

Klonprüfung: → *Nachkommenschaftsprüfung* mit vegetativ vermehrten Individuen. Ziel ist die Prüfung der genetischen Verankerung von Eigenschaften und Merkmalen. Praktiziert bei Ki, Lä und versch. Lh hinsichtlich Länge, Stärke und Stellung der Äste, Neigung zur Wipfelschäftigkeit, Austriebszeitpunkt, Frosthärte sowie Resistenz gegen pflanzliche und tierische Schädlinge.

Kmeria → *Magnoliaceae*

Knackmandel → *Prunus dulcis*

Knackweide → *Salix fragilis*

Knick: Norddt. für → *Wallhecke.*

Knobcone Pine → *Pinus attenuata*

Knöllchenbakterien → *Wurzelknöllchen*

Knöterichartige → *Polygonales*

Knollen: Aus dem Hypokotyl oder der Sproßachse hervorgegangene, knollenförmige Speicherorgane (orthotrope Sproßknollen od. plagiotrope Ausläuferknollen). Diese werden i.d.R. bei der Blütenbildung ausgesogen, sind aber bei sog. Knollengeophyten mehrere Jahre lebensfähig. → *Wurzelknollen.*

Knopfbusch → *Rubiaceae*

Knoppern → *Quercus macrolepis*

Knospe: Während der Vegetationsperiode entstandener, gestauchter, embryonaler Trieb, der sich aus Apikalmeristem und Blattanlagen (Laubknospen), aus Blütenanlagen (Blütenknospe) oder aus beiden zusammensetzt (gemischte Knospen). Zumeist von → *Knospenschuppen* umgeben. Hüllen diese die K. fest und lückenlos ein, spricht man von geschlossenen (Ei, Bu, Ah), klaffen die K.schuppen an der Spitze ± auseinander, von offenen oder halboffenen K. (Sambucus nigra); bei nackten K. fehlen die K.schuppen (Viburnum lantana). Harze (Roßkastanie), Wachsüberzüge (Bi) oder Behaarung (Vogelbeere) dienen dem Schutz vor Austrocknung. Die K.größe variiert von Art zu Art (Roßkastanie bis 20 mm, Weißdorn ca. 2 mm). Deutliche Unterschiede auch innerhalb einer Pfl.: K. aus der Lichtkrone sind i.d.R. größer als K. aus der Schattenkrone; bei Bäumen nimmt die K.größe zur Spitze des Jahrestriebes hin zu (→ *Akrotonie)*, bei Sträuchern zumeist ab (→ *Basitonie)*.

Knospe, adventive: Im Rindenbereich zusätzlich und neu angelegte Knospe; oft durch Verletzung ausgelöst. Steht nicht mit dem Mark des Sprosses in Verbindung.

Knospe, proventive: Bereits am Sproßvegetationskegel angelegte, im Verlauf des Streckungswachstums ausdifferenzierte Seitenknospe; steht immer mit dem Mark des Sprosses in Verbindung.

Knospe, ruhende → *Knospe, schlafende*

Knospe, schlafende: Ruhende Knospe, schlafendes Auge, Kryptoblast. Seitenknospe zumeist nahe der Triebbasis, die häufig über viele Jahre im Ruhestadium verbleibt; s. K. bilden eine Organreserve und treiben häufig erst nach Verletzungen, Blattverlusten oder Lichstellung aus.

Knospen, akzessorische → *Beiknospen*

Knospenaustrieb → *Austrieb*

Knospendeckung → *Ästivation*

Knospenlage: = Knospendeckung. → *Ästivation*

Knospenmutationen → *Chimären*

Knospenschuppen: Tegmente. Zumeist braune, lederartige Blattorgane zum Schutz des → *Embryonaltriebes* während der winterlichen Ruheperiode; häufig mit Drüsenhaaren/-schuppen besetzt (Es), mit Harz (Roßkastanie) oder Wachs (Bi) überzogen; die Zahl der K. variiert von Art zu Art (Weide 1; Bu, Ei bis 50). Ihrem Ursprung nach sind K. → *Niederblätter* (Ah, Roßkastanie) oder sie sind aus → *Nebenblättern* hervorgegangen (Li, Ei, Bu, HBu). K. werden nach dem Austrieb abgestoßen; ihre Ansatzstellen (Knospenspur) bleiben häufig über mehrere Jahre erkennbar.

Knospenspur → *Knospenschuppen*

Knoten → *Nodium*

Kobushi-Magnolie → *Magnolia kobus*

Koch'sche Postulate: 1876 von Robert Koch formulierte Voraussetzungen für den Nachweis eines krankheitsauslösenden Agens. K.P. bilden die Grundlage zur Identifizierung von pflanzlichen und tierischen Krankheitsursachen. Sie lauten:

1. Zwischen den Krankheitssymptomen und der Gegenwart des vermuteten Erregers müssen enge Zusammenhänge bestehen.
2. Der vermutete Erreger muß sich aus dem erkrankten Wirt isolieren und in Reinkultur anziehen lassen.
3. Inokuliert man gesunde Wirte unter kontrollierten Bedingungen mit dem vermuteten Erreger, so müssen die unter Freilandbedingungen beobachteten Symptome auftreten.
4. Der vermutete Erreger muß sich aus dem infizierten Wirt reisolieren lassen und gleiches Kulturverhalten zeigen wie in (2).

Koelreuteria LAXM. Blasenbaum: Gattung der → *Sapindaceae* mit 8 sommergrünen Baum- oder Straucharten in China, Taiwan und auf den Fiji-Inseln. Blätter wechselständig, Blüten gelb in endständigen, großen Rispen. Dünnwandige, blasige Kapselfrucht. Wichtigste Art: K. paniculata LAXM. (Blasenesche): 5 – 8 m hoher Baum mit bis 35 cm langen, unpaarig gefiederten Blättern (Varietät apiculata doppelt gefiedert). In China in trockenen Flußtälern, kein Waldbaum. In M-Eur. in geschützten Lagen winterhartes Park- und Ziergehölz. Im Herbst durch lampionartig aufgeblasene, braunrote Früchte und gelbe Laubverfärbung dekorativ.

König Boris-Tanne → *Abies borisii-regis*

Königsblume → *Daphne blagayana*

Königsnuß → *Carya laciniosa*

Königspalme → *Arecales*

Köpfchen: Rundlich gestaltete, razemöse → *Infloreszenz* mit kopfig gehäuften Einzelblüten (Abb. S. 229). Beispiel: Platanus, Liquidambar.

Körbchen: Razemöse → *Infloreszenz,* deren dichtstehende Einzelblüten auf verbreiteter Blütenstandsachse angeordnet sind und in der Gesamtheit eine Einzelblüte (→ *Pseudanthium)* vortäuschen. Im Körbchen kann oft zwischen sterilen, auffälligen Randblüten und fertilen, unauffälligen, zentral stehenden Scheibenblüten unterschieden werden (Abb. S. 229). Beispiel: Asteraceae.

Kohäsionsbewegungen: Öffnungsbewegungen von Samenkapseln, Antheren und von Farn-Sporangien, beruhend auf der Kohäsionskraft des Füllwassers asymmetrisch verdickter Zellschichten. Während das Wasser aus der dünnen Außenwand dieser Zellen rasch verdunstet, bleibt es in den u-förmig verdickten Innenwänden haften, so daß die Kohäsionskräfte der Wassermoleküle einen tangential zur Oberfläche wirkenden Zug auslösen, der die Zellschicht an einer präformierten Stelle aufreißt. → *Polypodiaceae,* →*Anulus.*

Kohäsionsspannung → *Transpirationsstrom*

Kohlebeere → *Hypoxylon fragiforme*

Kohlendioxid (CO_2): Für Pflanzen wichtigstes, in der Luft zu 0,03 % enthaltenes Gas (Photosynthese), das u.a. bei vollständiger Verbrennung kohlenstoffhaltiger Brennstoffe, bei der Atmung tierischer und pflanzlicher Organismen und bei der alkoholischen Gärung entsteht. K. ist mit mehreren hundert Mio t pro Jahr in D das mengenmäßig am meisten emittierte Gas. Durch Verbrennung, Abholzung tropischer Regenwälder und Ausbreitung der Wüste wird das globale Gleichgewicht zwischen CO_2-Bildung und -Verbrauch gestört. Der K.-Gehalt der Luft ist in den letzten 100 Jahren um 15 % angestiegen. Steigende K.-Konzentration führt durch Verstärkung des Treibhauseffektes langfristig zur Erwärmung der Erdoberfläche. Gegenmaßnahmen: Verringerung des Energieverbrauchs aus fossilen Quellen; Abholzungs- u. Exploitationsstop für alle größeren Waldgebiete.

Kohlenhydrate: Verbindungen mit der Grundformel $C_n(H_2O)_n$. Bedeutende Energie- (z.B. → *Glucose*), Reserve- (z.B. → *Stärke)* und Gerüstsubstanzen (z.B. Cellulose). Einfachste K. sind → *Monosaccharide.* Sie kondensieren zu → *Di-*, → *Oligo-* und → *Polysacchariden.* Lösliche Mono- und Disaccharide sind in der Pflanzenzelle wichtige osmotisch wirksame Substanzen.

Kohlenmonoxid (CO): Gasförmige, für Pflanzen ungiftige Immission, die bei unvollständiger Verbrennung von fossilen Brennstoffen entsteht. 1982 wurden rund 8,2 Mio t CO emittiert (64 % Verkehr, 21,5 % Kleinverbraucher, 14,5 % Industrie). In der Luft sofortige Umwandlung zu → *Kohlendioxid* (CO_2). Durch Blockade der Sauerstoffaufnahme des Blutes für Menschen gefährlich.

Kohlenstoffassimilation: Einbau körperfremden Kohlenstoffs in körpereigene Kohlenstoffverbindungen. Bei autotrophen Pflanzen (→ *Autotrophie)* CO_2 der Luft, bei heterotrophen Pflanzen organische Nährstoffe als Kohlenstoff-Quelle.

Kohlenwasserstoffe (KWS): Sammelbegriff für organische Verbindungen, die aus Kohlenstoff und Wasserstoff bestehen. U.a. enthalten in Erdöl, Erdgas und anderen fossilen Brennstoffen. Chlorierte Kohlenwasserstoffe werden nicht abgebaut und reichern sich im tierischen Organismus an (z.B. DDT oder PCB = polychlorierte Biphenyle). Viele KWS wirken in niedrigen Konzentrationen toxisch oder cancerogen (Benzol). Kraftfahrzeuge emittieren in der BRD pro Jahr rund 700 000 t KWS. Natürliche Emissionen betragen weltweit ein Vielfaches davon. KWS sind bspw. wichtiger Bestandteil von Harzen und kutikulären Wachsen (Freiwerden aus Wäldern). Als → *Immissionen* haben KWS dennoch nur begrenzte toxikologische Bedeutung. Relevant ist jedoch ihre Beteiligung bei der Entstehung von → *Ozon* und → *Smog*, sodaß sie zumindest als Vorläufersubstanzen in Bezug auf das Waldsterben ein deutliches Gefährdungspotential bilden.

Kokastrauchgewächse → *Geraniales*

Kokken → *Schizomycetes*

Kokospalme → *Arecales*

Kolk → *Hochmoor*

Kolkwitzia amabilis Graebn. Kolkwitzie: Monotypische Gattung der → *Caprifoliaceae.* Sommergrüner, bis 2 m hoher Strauch aus W-China, in M-Eur. winterharter Zierstrauch. Blätter gegenständig, rosa Blüten glokkenförmig, 5-zipfelig. Fruchtknoten eines Blütenpaares miteinander verwachsen.

kollateral → *Leitbündel*

Kollerbusch: Kussel. Meist durch wiederholten Verbiß, aber auch durch Insektenfraß, Wind oder Frost in ihrer normalen Höhenentwicklung gestörte und dadurch verbuschte junge Bäume (häufig bei Ta, Bu, Fi; bei Ki zumeist genetisch bedingt).

kolline Stufe: Höhenstufe der Vegetation. → *Vegetationsstufen.*

Kolloide: In einer Flüssigkeit fein verteilte (dispergierte) Teilchen von einem Durchmesser zwischen 10^{-7} bis 10^{-4} cm. Stehen die Kolloidteilchen untereinander nicht in Verbindung, spricht man von flüssigem Sol, sind sie netz- oder wabenförmig in der flüssigen Phase angeordnet, von festem → *Gel.*

Kolophonium → *Harze*, → *Harznutzung*

Kolorado-Tanne → *Abies concolor*

Kombinationsauslese → *Auslese*

Kombinationszüchtung: Anreicherung (Kombination) gewünschter Eigenschaften in F_1- und F_2-Generation durch gezielte intra- und interspezifische Kreuzung geeigneter Elternindividuen. Grundlage: → *Mendel'sche Regeln.* In der Waldbaumzüchtung versucht man u.a. Wüchsigkeit mit guter Holzqualität und Krankheitsresistenz zu kombinieren. Selbst bei frühfruktifizierenden Arten wie As, Bi und Lä vergehen wenigstens 10 Jahre zwischen F_1 und F_2, bei Ki, Fi oder Bu ca. 30 – 50 Jahre, so daß K. bis zur Konstanz der erwünschten Kombination aus zeitlichen Gründen kaum in Frage kommt. Die forstl. Züchtung arbeitet daher gern mit vegetativ vermehrten Kombinationen, die bereits in der F_1 auftreten (sog. Nutz-F_1). Beispiele: Kreuzung japanischer Lärche mit europäischer Lärche mit der Absicht u.a. die Krebsresistenz der Japanlärche und die bessere Stammform der Europ. Lärche zu kombinieren; Kreuzung von nordischen mit mitteleurop. Fichten (Ziel: Kombination der Winterfrosthärte mit hoher Wuchsleistung).

Kommensalismus: Enges räumliches Zusammenleben zweier Organismen, wovon der eine Nutzen zieht, ohne den anderen zu beeinflussen (z.B. endophytische Pilze in Blattorganen).

Kompartiment: (1) I.w.S. identisch mit → *Organell.* (2) I.e.S. membranumgrenzte Reaktionsräume, in denen homogene Bedingungen herrschen und spezifische Reaktionen ablaufen. Beispiele: → *Thylakoide* der Chloroplasten, Zisternen von → *ER* und → *Dictyosomen.* (3) Aktiv abgegrenzte Bereiche im Stammholz der Bäume um Verletzungen und Infektionsstellen. → *CODIT.*

Kompartimentbildung: Compartmentalization nach Shigo. Abwehrreaktion lebender Xylemelemente führen nach Verwundung und Pilzbefall zur Bildung von Kompartimenten durch histologische und biochemische Barrieren in tangentialen, radialen und quer verlaufenden Wänden. Dadurch Abriegelung geschädigter Gewebe (→ *CODIT).*

Kompensationsdüngung: Zum Ausgleich (Kompensation) von Nährstoffdefiziten; appliziert in mineralischer oder organischer Form. So soll z.B. durch großflächige Kompensationskalkungen mit Mg-haltigem Kalkmergel u. Konverterkalk in Altbeständen ein ausreichender

Ca-Sättigungsgrad und eine Erhöhung des pH-Wertes im Boden zum Schutz des Waldes (→ *Waldsterben*) erreicht werden. Eine umstrittene Maßnahme.

Kompensationskalkung: Ausbringung mild wirkender Naturkalke zur Abpufferung und Verlangsamung der Bodenversauerung, zur Verringerung von → *Säureschäden* und zur Revitalisierung von geschädigten Waldbeständen und Förderung der Lh-Naturverjüngung. → *Kalkdüngung*.

Komplementierung, genetische: Mehrere, sich ergänzende Gene steuern ein bestimmtes Merkmal, z.B. Zuwachs von Bäumen. Das Luxurieren von Bastarden entsteht alleine durch die Neukombination von zuwachssteuernden Genen, die sich entsprechend genetisch komplementieren. → *Polygenie*.

Komplexkrankheit: Unspezifische Erkrankung meist langlebiger Wirtspflanzen nach gleichzeitigem oder aufeinanderfolgendem Einwirken verschiedener biotischer, klimatischer oder anthropogener Schadfaktoren, wobei primäre von sekundären Ursachen schwer zu trennen sind. Beispiele: → *Waldsterben*, → *Eichensterben*, → *‚subtop-dying'*.

konduplikativ → *Vernation*

Konidien: Mitosporen bei Mycophytina. Je nach ihrer Entstehung unterscheidet man: 1. Arthrosporen (Oidien), entstehen durch Septierung und anschließenden Zerfall von Hyphen. Werden sie innerhalb von Hyphen gebildet, die danach zerfallen, spricht man von Endokonidien. 2. Aleuriosporen, einzeln oder in Ketten am Mycel durch Umwandlung (vor allem Vergrößerung) einzelner Hyphenzellen entstehend. 3. Blastosporen entstehen durch Sprossung 4. Phialosporen entstehen an besonderen flaschenförmigen Hyphenzellen (Phialiden) 5. Pyknosporen entstehen in einem → *Pyknidium* und haben oftmals die Funktions ♂ Geschlechtszellen. Werden von einem Pilz unterschiedlich große K. gebildet, unterscheidet man zwischen Mikro- und Makrokonidien. Erstere dienen oft als → *Spermatien*.

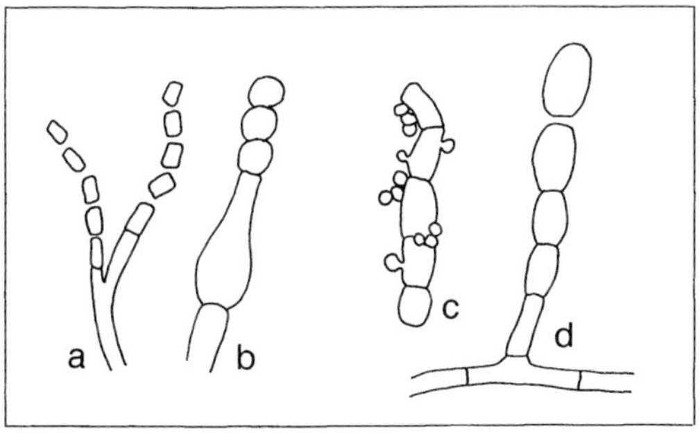

Konidien: *a* Arthrosporen, *b* Phialosporen, *c* Blastosporen, *d* Aleuriosporen

Konidiophoren: Konidienträger. Besondere Hyphen, an denen Konidien entstehen. → *Prototunicatae*.

Konjugation: Parasexueller Vorgang, bei dem zwei aneinanderliegende Bakterienzellen DNS von der einen zur anderen Zelle übertragen (kein wechselseitiger Austausch). Es besteht kein Zusammenhang mit Fortpflanzung.

Konkurrenz: Wettbewerb um nur beschränkt vorhandene, lebensnotwendige Umweltfaktoren (Licht, Nahrung, Wasser). Intraspezifische K. findet zwischen Individuen derselben Art, interspezifische K. zwischen zwei oder mehreren Arten statt. Unter natürlichen Verhältnissen wird intraspezifischer K. i.d.R. von der interspezifischen K. überlagert, d.h. die Populationsdichte der unterlegenen Art ist bei Anwesenheit des überlegenen Konkurrenten niedriger als bei Fehlen dieses Konkurrenten. Der Konkurrenzstärkere kann dem Schwächeren den Zugang zur Ressource erschweren (Interferenz) oder ihn an der gemeinsamen Ausnutzung hindern. Im Wirtschaftswald wird K. durch Läuterung oder Durchforstung im Sinne des Wirtschaftszieles gesteuert (Abb. S. 252). → *Allelopathie*.

Konnektiv → *Anthere*

Konsumenten: Organismen, die von → *Produzenten* erzeugte organische Substanz verbrauchen.

Konsumption (Konsumation): Aufnahme von org. Substanz als Nahrung durch heterotrophe Organismen (→ *Heterotrophie*).

Kontaktherbizid → *Herbizide*

kontinental → *Ozeanität*

Kontinentalverschiebungstheorie: Die von A. Wegener und F.B. Taylor unabhängig voneinander entwickelte Darstellung einer Horizontaldrift der Kontinente. Ausgehend von einem Urkontinent (Pangäa) aus rel. leichtem Material (SIAL, wegen der Hauptelemente Silizium und Aluminium) postulierte Wegener ein Auseinanderdriften einzelner Kontinentalschollen auf einem schweren plastischen Untergrund (SIMA, wegen der Hauptelemente Silizium und Magnesium) aufgrund einer Polfluchtkraft. Neuere geologische und geophysikalische Untersuchungen führten zur Abwandlung der K. durch die Theorie der Plattentektonik, nach der die Lithosphäre aus mehreren Platten besteht, die durch Ausweitung des Ozeanbodens, durch intensiven Vulkanismus in den mittelozeanischen Rücken gegeneinander verschoben werden. Die K. ist für die → *Vegetationsgeschichte* von Bedeutung, da sie u.a. wegen der angenommenen Polverlagerung das tropische Klima auf der Nordhalbkugel während des → *Karbon* sowie Vereisungsspuren in Afrika und Indien erklären hilft. Erklärbar werden auch die Verteilungsmuster der Pflanzensippen, deren → *Areale* → *Disjunktionen* aufweisen.

kontort → *Ästivation*

Kontrollgen → *Strukturgen*

Konvergenz: Entwicklung morphologisch oder funktionell ähnlicher Merkmale bei phylogenetisch nicht verwandten Sippen als Ausdruck einer gleichsinnigen, aber unabhängig voneinander entwickelten Anpassung an analoge Lebensbedingungen. Beispiele: Stammsukkulenz bei Euphorbiaceae und Cactaceae, kätzchenartige Blütenstände bei Salicales und Fagales.

konvolutiv → *Vernation*

Konzentration: Anteil einer Komponente an der Masse oder am Volumen eines Gemenges. Die K. kann

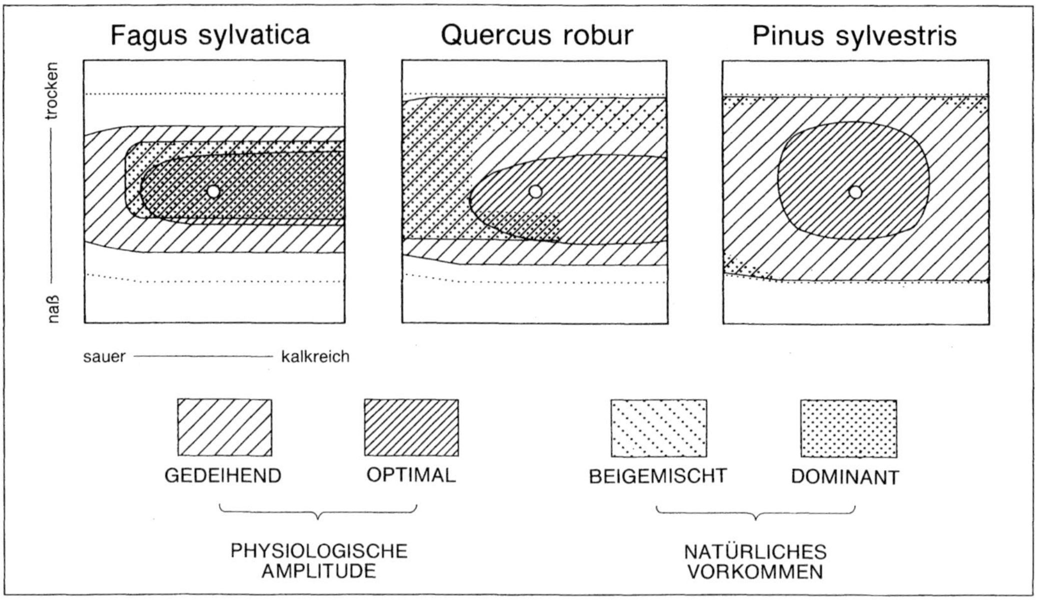

Wachstumsbereich in Reinkultur (physiologische Amplitude) und unter natürlichen Konkurrenzbedingungen. Bu, Ei und Ki im Hinblick auf Bodensäure und Bodenfeuchtigkeit

in verschiedener Weise angegeben werden, z.B. bei Gasgemischen in Volumenprozent (Vol.-%, z.B. cm^3 in 100 cm^3 Mischung). Gebräuchliche Konzentrationsangaben für Lösungen sind neben Volumenprozent, Massenprozent (Gramm gelöster Stoff in 100 g Lösung) auch die Angabe in Molarität (Mol gelöster Stoff in einem Liter Lösung; mol/l) und Molalität (Mol gelöster Stoff in einem kg Lösungsmittel; mol/kg). Häufig verwendete Maße für Schadstoffkonzentrationen sind ppm (parts per million: 1 Teil in 1 Million Teile) und ppb (parts per billion), aber auch die Angabe in $\mu g/m^3$ (ein Millionstel Gramm pro Kubikmeter Luft).

Koompassia → *Caesalpiniaceae*

Kopfeibe, Chinesische → *Cephalotaxus fortunei*

Kopfeibengewächse → *Cephalotaxaceae*

Kopfginster → *Cytisus supinus*

Kopfweide → *Salix viminalis*

Korallenapfel → *Malus floribunda*

Korbblütler → *Asterales*

Korbeiche → *Quercus michauxii*

Korbweide → *Salix viminalis*

Korbwuchs: Störung des normalen Längenwachstums der Lärche nach Frost. Nach Schädigung des Gipfeltriebes übernimmt nicht ein Seitentrieb die Führung, sondern es richten sich mehrere Triebe bogenförmig auf.

Koreafichte → *Picea* (koraiensis)

Koreakiefer → *Pinus koraiensis*

Koreatanne → *Abies koreana*

Koremium: → *Fruchtlager.* Gruppe von aufrecht aus dem Mycelrasen heraustretenden, gebündelten Sporenträgern (Sporophoren), z.B. bei Deuteromycetes. Dienen einer optimalen Sporenverbreitung durch den Wind.

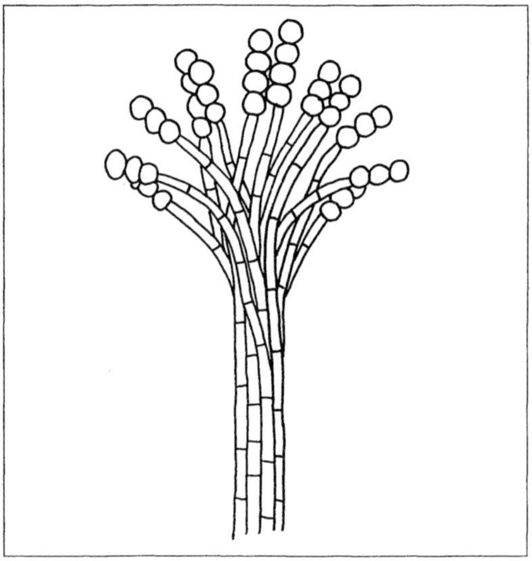

Koremium

Korktanne → *Abies lasiocarpa var. arizonica*

Korkbaum → *Phellodendron*

Korkeiche → *Quercus suber*

Korkgewebe → *Periderm*

Korkkambium → *Periderm*

Korkwarzen → *Lenticellen*

Kornelkirsche → *Cornus mas*

Korrelationen: Wechselwirkungen zwischen einzelnen Zellen, zwischen Zellen und Geweben oder zwischen Organen oder Trieben, denen Gradienten im Wasser-, Nährstoff- und Wuchsstoffgehalt zugrundeliegen. Wichtig für die Steuerung von Zellfunktionen und Entwicklungsprozessen. Korrelative Hemmungen bestimmen die Wuchsform der Pflanze. → *Apikaldominanz.*

Korrosionsfäule → *Weißfäule*

korrugativ → *Vernation*

Kosmopoliten → *Areal*

Kotyledonen: Keimblätter. Erste, einfach gestaltete Blätter am Embryo (vgl. → *Mono-* bzw. → *Dikotyledoneae),* wichtig für die Ernährung und den Phytohormonhaushalt der Keimpflanze; K. dienen je nach Pfl.art als Speicherorgan, als Haustorium und/oder übernehmen als erste oberirdische Blattorgane Assimilationsfunktion; bei Lh liegt die Zahl der K. i.a. bei 2, bei Nh ist sie i.d.R. höher, streut aber von Keimling zu Keimling (Ki 3-18, Lä 3-8, Fi 2-15, Ta 2-10).

Krähenbeere → *Empetrum*

Krähenbeerengewächse → *Empetraceae*

Kräuselkrankheit der Erle → *Taphrina tosquinetti*

Kräuselmyrte → *Lythraceae*

Kräuter: Hapaxanthe Pfl., deren Sprosse in allen Teilen krautig sind, nur einmal blühen und Samen tragen; man unterscheidet:
- Einjährige (annuelle) K.: Keimung, Blüte, Samenreife und Absterben vollziehen sich in einem Jahr; sommerannuelle Pfl.: Keimung im Frühjahr, Blüte und Samenentwicklung im Herbst; winterannuelle Pfl.: Keimung im Herbst, Blüte und Samenentwicklung im folgenden Frühjahr.
- Zweijährige (bienne) K.: Keimung im ersten Jahr (vegetative Phase). Blüte und Samenentwicklung im zweiten Jahr (generative Phase).
- Mehrjährige K.: Blüte und Samenentwicklung erst im letzten Lebensjahr; davor mehrere Jahre rein vegetativ.

Krambeere → *Vaccinium vitis-idaea*

Kranewit → *Juniperus communis*

Krankheit: Schwer zu definierender, physiologischer Begriff, der das Abweichen vom Normalzustand bezeichnet, sofern es den betroffenen Organismus in seiner Entwicklung oder Existenz gefährdet. Krankheiten sind demnach nicht an Infektionen gebunden. Sie können auf abiotische (Gifte, Klimaextreme, Nährstoffmangel) und biotische Ursachen (Tiere, Mikroorganismen, Viren, höhere Pflanzen) zurückgehen. Akute Krankheiten verlaufen kurz und heftig, chronische K. lange andauernd und stetig. Latente K. kommen nicht deutlich zum Ausbruch, bilden also keine Symptome aus.

Krankheitsbereitschaft → *Praedisposition*

Krankheitsresistenz → *Resistenz*

Krankheitssymptome → *Symptome*

Kranzmoos → *Bryidae*

Kratzbeere → *Rubus caesius*

Kratzrose → *Rosa*

Kraut-Weide → *Salix herbacea*

Krebs: Pflanzenkrebs. Unregelmäßige Anschwellungen an Ästen und Stämmen, ausgelöst von rindenbewohnenden Pilzen oder Bakterien. Kennzeichen: Überwallung abgetöteter Rindenpartien durch den Wirt mißlingt, weil auch das Kallusgewebe vom Pathogen besiedelt wird. Bsp.: Bakterienkrebse an Es, Pa, Wei, (→ *Xanthomonas* sp.); Buchen- oder Obstbaumkrebse durch → *Nectria*-Arten. Wirtschaftl. Schäden durch Abgänge und Wertverluste. Zu unterscheiden vom → *Rindenbrand,* bei dem das Pathogen die Überwallung nicht verhindern kann.

Krebs-Martius-Zyklus → *Citronensäurezyklus*

Kreide: System des Mesozoikums, → *Erdzeitalter,* → *Mesophytikum.*

Krenite (Ammonium-ethyl-carbamoyl-phosphonat): Selektives Kontaktherbizid gegen Holzpflanzen. Nh werden nicht geschädigt. Bei Applikation im Herbst intensive Wirkung gegen Brombeere, Bi, Er, Es, HBu im folgenden Jahr. LD_{50} (Ratte) = 11 000 mg/kg.

Kreuzblütler → *Brassicaceae*

Kreuzblume → *Polygala*

Kreuzblumenartige → *Polygalales*

Kreuzblumengewächse → *Polygalaceae*

Kreuzdorn → *Rhamnus*

Kreuzdorn, Immergrüner → *Rhamnus*

Kreuzdornartige → *Rhamnales*

Kreuzdorngewächse → *Rhamnaceae*

Kreuzungsfeld: Berührungszone zwischen Längstracheide und Parenchymzelle des Holzstrahls, im Radialschnitt durch das sek. Xylem erkennbar. Anzahl und Gestalt der im K. auftretenden, meist einseitig behöften → *Tüpfel* erleichtern die Artdiagnose von Nh. U.a. kommen vor: 1. Fenstertüpfel: Groß, rechteckig bis quadratisch, das K. weitgehend ausfüllend (z.B. Ki, Strobe, Zirbe). 2. Pinoide Tüpfel: Form und Größe variabel, rundliche Pori, schwache Randwülste (Frühholz vieler fremder Ki-Arten). 3. Piceoide Tüpfel: Schlitzförmige, über die Grenzen des Hofs hinausreichende Pori (Frühholz von Fi). 4. Cupressoide Tüpfel: Linsenförmige, auf den Hof begrenzte Pori (Frühholz von Juniperus und Taxus). 5. Taxodioide Tüpfel: Große, rundliche Tüpfel innerhalb des Hofbereichs (Frühholz von Ta).

Kreuzungszüchtung: Veralteter Sammelbegriff für gezielte züchterische Maßnahmen mit Hilfe gelenkter und kontrollierter Kreuzungen. → *Kombinationszüchtung.*

Kriechwacholder → *Juniperus horizontalis*

Krimkiefer →*Pinus nigra*

Krimlinde → *Tilia x euchlora*

Kristallsand → *Calciumoxalat*

Kronblätter → *Krone*

Krone: (1) Blütenkrone, Corolla. Teil des Perianths, aus meist auffallend gefärbten, der Anlockung von Insekten dienenden Blattorganen (Kronblätter oder Petalen) bestehend, die entweder frei (Choripetalie, bei Rosaceae) oder miteinander verwachsen sein können (Sympetalie, bei Ericaceae, Caprifoliaceae).
(2) Mit lebenden Ästen besetzter, oberer Teil des → *Stammes* (→ *Schaft*). Kronenform und -länge werden insbes. durch Lichtverhältnisse beeinflußt; Bäume im Bestand weisen kürzere und schmalere K. auf als vergleichbare Bäume im Freistand.

Kronenfeuer → *Waldbrand*

Kronenschnitt: Regelmäßiger K. in Samenplantagen begrenzt das Höhenwachstum, damit Beerntung vom Boden oder von Leitern durchgeführt werden kann. Analog zum Obstbau soll damit die Blütenbildung gefördert werden. Gipfeltriebe werden eingekürzt und die Kronen durch Entnahme dickerer Äste ausgelichtet. Bester Zeitpunkt: Februar und März.

Kronenschnitt in einer Eschen-Pfropfplantage wie Apfelbäume auf Endknospe geschnitten, noch keine Früchte

Kronentrauf → *Trauf*

Kronsbeere → *Vaccinium vitis-idaea*

Kronwicke → *Coronilla*

Krugiodendron → *Rhamnaceae*

Krummholzstufe → *Vegetationsstufen*

Krustenflechten: Flächig auf Fels oder Baumrinde wachsende, gelegentlich in sie eindringende Flechten (endolithisch bzw. endophloeisch), mit dem Substrat fest verbunden. Morphologisch wenig differenziert. Werden sehr alt und wachsen sehr langsam. → *Lichenes.* Beispiele: Rhizocarpon geographicum (Landkartenflechte), auf nacktem Gestein; Graphis scripta (Schriftflechte), Rindenbewohner auf Buchen; Lecanora-Arten.

Krustenflechte (Rhizocarpon geographicum)

Kryptoblast → *Knospe, schlafende*

Kryptogamen: Pflanzen, deren sexuelle Phasen den klassischen Botanikern (→ *Linné*) verborgen blieben. Hierher gehören alle durch Sporen vermehrte Pflanzen (Phycophyta, Mycophyta, Bryophyta, Pteridophyta). Als systematische Einheit nicht mehr gebräuchlich.

Kryptomerie: Form der → *Polygenie.* Mehrere Gene steuern komplementär die Ausprägung eines Merkmals. Ggs. → *Polymerie.*

Kryptophyten (Geophyten): Nach Raunkiaer Pflanzen, deren Erneuerungsknospen sich während der ungünstigen Jahreszeit unter der Erdoberfläche oder im Wasser befinden. Zu dieser → *Lebensform* gehören Pflanzen, die als Rhizome, Knollen oder Zwiebeln überdauern.

Kudzu → *Pueraria lobata*

Kümmerwuchs → *Nanismus*

Küstensequoie → *Sequoia sempervirens*

Küstentanne, Große → *Abies grandis*

Kugelblume → *Globularia*

Kugelknospe: Säumauge, Sphäroblast. Erbsengroße, aus einer schlafenden Knospe hervorgegangene Aufwölbung in der Rinde, vorwiegend bei Bu; steht mit dem inneren Holzkörper in Verbindung und bildet jährlich neue Holzschichten aus.

Kulturapfel → *Malus pumila*

Kulturbirne → *Pyrus communis*

Kulturformen: Aus Wildformen durch Züchtung entstandene Nutz- oder Zierformen.

Kulturrebe → *Vitis*

Kupfer (Cu): Spurennährelement, dient u.a. als Katalysator für biologische Oxidationsprozesse (Bestandteil verschiedener Enzyme wie z.B. Cytochromoxidase, Laccase, Phenolase) steigert die Atmungsaktivität u. greift in den Kohlenhydrat- u. Proteinstoffwechsel ein; Cu-Mangel äußert sich in Formveränderungen u. Nekrosen (Absterben der Terminalknospen), tritt besonders in der 2. Waldgeneration auf sauren Heidemoorböden auf (sog. Urbarmachungskrankheit in Heideaufforstungen des Nordseeküstengebietes); Cu wird hauptsächlich durch Chelatbindung in der organischen Substanz des Bodens oder in der Wurzel festgelegt, der

Cu-Gehalt ist im allgemeinen in Gehölzen gering (in Nadeln ca. 0,5-6,0 ppm; in Laubblätter ca. 5-16 ppm); Cu-Bedarf von Lä und Dou höher als beispielsweise der von Fi u. Ki; → *Schwermetalle* .

Kupfer-Felsenbirne → *Amelanchier lamarckii*

Kupferkalkbrühe: Bewährtes, seit altersher angewandtes Fungizid gegen Kiefernschütte und gegen falschen Mehltau des Weins. 1 kg $CuSO_4 \cdot 5H_2O$ in 50 l Wasser (1). Parallel dazu 4 – 500 g Löschkalk in 50 l Wasser lösen (2); dann Lösung (1) in Lösung (2) gießen.

Kupfermangel → *Mangelkrankheiten*

Kurilenlärche → *Larix gmelinii*

Kurztagpflanzen: Kommen nur ab einer bestimmten Dauer der Dunkelperiode zum Blühen (qualitative K., z.B. Zea mays, Oryza sativa). Blütenbildung quantitativer K. wird durch Verkürzung der Beleuchtungsdauer gefördert (Cannabis sativa), → *Photoperiodismus.*

Kurztrieb: Stauchling. Seitentriebe von Holzgewächsen mit stark verkürzten → *Internodien;* oft von beschränkter Lebensdauer und meist unverzweigt. Bei Pinus und Berberis befindet sich die gesamte Beblätterung (Ausn.: Keim- und Primärblätter) an K.. K. der Pinus-Arten entstehen in Achseln hinfälliger Deckblätter; als erste Blattorgane werden zwei häutige Vorblätter, später mehrere Hüllblätter (= Nadelscheide) gebildet; sie fallen zumeist ab, ehe die paarigen Sekundärnadeln ausgewachsen sind. Bei Berberis vulgaris sind die → *Langtriebe* ausschließlich mit Blattdornen besetzt; Laubblätter finden sich nur an K. Bei Larix entstehen dagegen aus den obersten Seitenknospen des letztjährigen Triebes spiralig benadelte Langtriebe; zur Triebbasis hin schließen sich K. an; das Verhältnis Kurz- : Langtriebe hängt von den Wuchsbedingungen ab; insbes. schlechter Ernährungszustand führt zu vermehrter K.bildung je Jahrestrieb. Bei Bu und Sorbus-Arten kann sich ein Sproß aus K. und Langtrieben zusammensetzen; werden dabei über mehrere Jahre ausschließlich K. gebildet, spricht man von Kurztriebketten. K. der Obstgehölze übernehmen i.d.R. die Blütenbildung. → *Phyllocladien* und Kurztriebdornen (→ *Sproßdornen)* sind K. mit Assimilations- bzw. Schutzfunktion.

Kurztriebdornen → *Sproßdornen*

Kurztriebkette → *Kurztrieb*

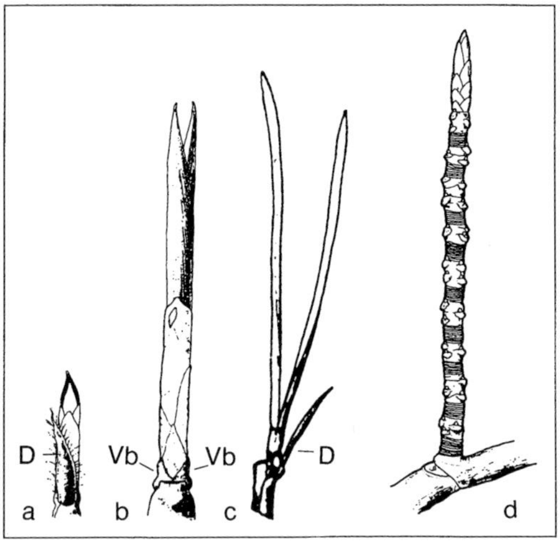

a-c **Kurztriebbildung** bei Kiefer (D = Deckblatt, Vb = Vorblatt) und *d* **Kurztriebkette** bei Buche

Kurzwurzeln: Unverholzte, nur wenige mm lange, i.d.R. mykorrhizierte Seitenwurzeln (Durchmesser <1mm) von begrenztem Wuchs mit abgerundeter Wurzelspitze; K. treten bei Waldbäumen mit → *Ektomykorrhiza* auf; → *Wurzelsystem.*

Kussel → *Kollerbusch*

L

Labiatae → *Lamiaceae*

Laburnum MED. Goldregen: Gattung der → *Fabaceae* mit 3 Arten aus S-Eur. und W-Asien. Große Sträucher oder kleine Bäume mit 3-zähligen, gefingerten, langgestielten Blättern und stattlichen, gelben Blüten in hängenden Trauben. Mehrsamige Hülsenfrüchte. Pflanzen stark giftig durch Alkaloid Cytisin. 2 Samen können bei Kindern schon starke Vergiftungserscheinungen (Lähmung des Zentralnervensystems) hervorrufen. Sehr hartes, politurfähiges Holz (Instrumentenbau, Drechslerei), aus dem früher Armbrustbögen hergestellt wurden.

Laburnum alpinum (MILL.) BERCHT. et J.S. PRESL (syn.: Cytisus alpinus MILL.) Alpen-Goldregen: Strauch oder kleiner, bis 5 m hoher Baum. Vorkommen von Frankreich bis zum Balkan (über S-Jura, S-Alpen, N-Apennin). An warmen, aber feuchten Hängen; Hauptverbreitung in südalpiner Buchenstufe. Verlangt mehr Feuchte und erträgt stärkere Beschattung als → *L. anagyroides*. Zweige, Blattunterseite und junge Früchte spärlich behaart oder kahl.

Laburnum alpinum

Laburnum anagyroides MED. (syn.: L. vulgare BERCHT. et J.S. PRESL, Cytisus laburnum L.) Gemeiner Goldregen: Strauch oder bis 9 m hoher Baum. Areal von SO-Frankreich über die Südalpen (bis 2 000 m hoch) bis zum Balkan, in M-Eur. gelegentlich verwildertes Ziergehölz mit mehreren Formen. An warmen, sonnigen Hängen, in lichten Laubwäldern, meist auf kalkhaltigen, nährstoffreichen Böden. Blätter wechselständig, an Kurztrieben auch gebüschelt. Frucht anfangs seidig behaart.

Laburnum vulgare → *Laburnum anagyroides*

Labyrinthulomycetes → *Myxomycotina*

Lachnellula calyciformis (WILLD.) REHM (Hyaloscyphaceae): Saprophyt an toten Ästen mehrerer Nh-Arten, früher als Form von L. willkommii betrachtet.

Lachnellula subtilissima (COOKE) DENNIS (Hyaloscyphaceae): Saprophyt auf der Rinde toter Fi-, Ki- und Ta-Äste. Fruchtkörper von gleicher Farbe, aber kleiner (Ø 1 – 2,5 mm) als bei L. willkommii.

Lachnellula willkommii (HARTIG) DENNIS. (syn.: Trichoscyphella willkommii [HARTIG] NANNF., Dasyscypha willkommii HARTIG) Erreger des Lärchenkrebses (Hyaloscyphaceae): Ein in M-Eur. häufiger, rindenbewohnender Pilz an europ. Lä. Verbreitung durch Ascosporen. Infektion zumeist durch Blattnarben an Kurztrieben, in geringerem Maße über Frostwunden an Langtrieben. Mycel wächst im Rindengewebe stammwärts und löst Krebswucherungen aus (→ *Baumkrebs*). Distale Partien junger Zweige sterben dadurch ab. Dringt das Mycel in den Stamm vor, kommt es zu Wertverlusten durch mehrjährige Stammkrebse, seltener zum Tod des Baumes. Die lange vertretene Ansicht, L.w. sei ein → *Perthophyt*, dessen Stoffwechselprodukte eine erhöhte Frostempfindlichkeit des Rindengewebes bewirke, ließ sich nicht aufrechterhalten.
Nachweis: Am Rande der Krebswunde treten lebhaft orangefarbene, kleine Apothecien (Ø 1 – 4 mm) mit weißem Rand auf.
Nicht alle Lä-Arten sind krebsanfällig. So wird die Japanlärche zwar in ihrer Heimat leicht befallen, in Europa bleibt sie aber weitgehend widerstandsfähig. Gleiches gilt für die Bastard-F_1 L. x eurolepis und L. x lepteuropaea. Von praktischer Bedeutung sind Unterschiede in der Krebsempfindlichkeit zwischen den Rassen der europ. Lä: Stark anfällig = Alpenlärche; weniger empfindlich = Sudeten-, Polen- und Tatralärche. Direkte Bekämpfungsmöglichkeiten bestehen nicht. Durch konsequentes Vermeiden des Anbaues von Alpen-Herkünften im Flachland wären manche Verluste zu verhindern, was in geringerem Maße auch für den Lä-Anbau in Spätfrostlagen gilt.

Lachten → *Harze*

Lackporling, Flacher → *Ganoderma applanatum*

Lackporling, Glänzender → *Ganoderma lucidum*

Lackporling, Wulstiger → *Ganoderma adspersum*

Lactarius: Milchlinge u. Reizker. Artenreiche Gattung (Russulaceae, → *Basidiomycetes*) mit einigen streng an bestimmte Baumarten gebundenen Arten (Mykorrhizabildner); → *Mykorrhizapilze*.

Lactobacillaceae → *Schizomycetes*

Ladanumharz → *Cistus*

Längenwachstum → *Wachstum*

Längstracheide → *Tracheide*

Lärche → *Larix*

Lärche, Dahurische →*Larix gmelinii*

Lärche, Europäische → *Larix decidua*

a

b

Lachnellula willkommii: *a* Apothecien, *b* Querschnitt durch Stammkrebs

Lärche, Ostamerikanische → *Larix laricina*

Lärche, Sibirische → *Larix sibirica*

Lärche, Westamerikanische → *Larix occidentalis*

Lärchenkrebs → *Lachnellula willkommii*

Lärchenrätsel (= Lärchensterben): Von MÜNCH geprägter Begriff für ungeklärte, bestandesweise auftretende Wuchsdepressionen und Absterbeerscheinungen der europ. Lä (ab 20 J.) haupts. im atlantischen M-Eur.. Als Ursachen wurden u.a. falsche Herkunft, Lä-Krebs, Lä-Gallwickler und Spätfröste diskutiert.

Lärchenschwamm → *Laricifomes officinalis*

Lärchensterben → *Lärchenrätsel*

Laetiporus sulphureus (BULL. ex FR.) MURRILL (syn.: Polyporus sulphureus) Schwefelporling (Polyporaceae): Häufiger und weit verbreiteter Braunfäuleerreger an Lh mit Farbkern (Ei, Rob, Obstb.), im Gebirge auch an Lä. Wundparasit, der nur Kernholz zersetzt. Schädlich durch Holzentwertung und erhöhte Windbruchgefahr. Charakteristisch sind die bis 40 cm großen, lebhaft gelb gefärbten, meist am Stammfuß, aber auch in größeren Höhen dachziegelartig übereinanderstehenden konsolenförmigen Fruchtkörper, die selbst an verbautem Holz auftreten. Oberseite leuchtend gelb bis rötlich, unterseits schwefelgelbe Poren, welliger Rand. Junge Fruchtkörper sind eßbar.

Läuterung, chemische: Durchforstungsmaßnahmen im Jungwuchs mit Hilfe von → *Arboriziden*.

Laetiporus sulphureus

Lävopimarsäure → *Terpenoide*

Lagerfäule: Holzfäule an gefälltem, im Wald lagerndem Laub- und Nadelholz durch holzzerstörende Pilze. Gefördert durch unsachgemäße Lagerung oder zu langes Verbleiben im Wald (Feuchtigkeit und Bodenkontakt). Wichtige Erreger: Stereum-Arten (→ *Rotstreifigkeit*), → *Trametes versicolor*, → *Schizophyllum commune*, → *Hirschioporus abietinus*. L. tritt auch an feuchtem, verbautem Holz, besonders an Schwellen, Pfosten und Masten in Bodennähe auf (→ *Lenzites*-Arten). Die früher übliche Unterteilung in → *Naßfäule* und → *Trockenfäule* wurde aufgegeben.

Lagerpflanze → *Thallophyta*

Lagerstroemia → *Lythraceae*

Lagerverhalten → *Dauerhaftigkeit des Holzes*

Lagg: Flachmoorartiger Randsumpf eines → *Hochmoores*.

Lakune → *Aerenchym*

Lambertshasel → *Corylus maxima*

Lambertsnuß, Rote → *Corylus maxima*

Lamettasyndrom: Symptom des → *Waldsterbens* an Fi. Die herabhängenden Seitenäste 2. Ordnung von → *Kammfichten* erinnern bei fortgeschrittener Entnadelung an Lametta; Nadel-Verluste werden besonders deutlich. Das Herabhängen der Seitenzweige selbst gehört nicht zum Schadbild.

Lamiaceae: Labiatae, Lippenblütler. Familie der → *Laminales* mit ca. 3 000 meist krautigen Arten mit 4-kantigem Stengel und dekussiert-gegenständigen Blättern. Einzige Baumgattung: Hyptis aus dem tropischen Amerika (einige Arten werden bis 12 m hoch).
Stark zygomorphe, meist in Ober- und Unterlippe gegliederte Blütenkrone. Blütenformel: ↓ K(5) [C(5) A4:1° oder 2:3°] G($\underline{2}$). Klausenfrüchte. Viele Arten enthalten ätherische Öle in Drüsenhaaren [Mentha (Minze), Salvia (Salbei), Thymus (Thymian), Lavendula (Lavendel)]. Viele Halbsträucher. Waldpflanzen: Stachys silvaticus (Waldziest) in Auen- und Laubmischwäldern; Lamium geleobdolon (Goldnessel) in nährstoffreichen Laubmischwäldern.

Lamiales: Lippenblütige. Ordnung der → *Asteridae*. Überwiegend krautige Pflanzen mit meist gegenständigen Blättern. Nebenblätter fehlen. Blütenhülle 5-zählig; Androeceum auf 4 oder 2 Staubblätter reduziert. Gynoeceum zerfällt bei Reife oft in Teilfrüchte (Klausen). Wichtige Familien: → *Verbenaceae,* → *Lamiaceae.*

Lamina → *Blattspreite*

laminarer Grenzwiderstand → *Transpiration*

Landfrost → *Frost*

Langtagpflanzen: Treten nur bei Überschreiten einer bestimmten, artspezifischen Beleuchtungsdauer in die generative Phase ein (z.B. Digitalis purpurea, Avena sativa). Die wirksame Beleuchtungs-Intensität liegt zwischen 0,1 – 1,0 Lux. Man unterscheidet absolute (qualitative) und quantitative L., bei letzteren wird die Blütenbildung durch Verlängerung der Belichtungsdauer stark gefördert, sie blühen jedoch bei allen Photoperioden (→ *Photoperiodismus).*

Langtrieb: Gestreckter Sproß mit ungestauchten Internodien; L. übernehmen den Höhenzuwachs und die Auffächerung der Krone. Sie können bei Lä und Ki auch durch das Durchtreiben von → *Kurztrieben* entstehen.

Langtriebdornen → *Sproßdornen*

Langwurzeln: Seitenwurzeln (= sog. Saugwurzeln erster u. höherer Ordnung), die im Ggs. zu → *Kurzwurzeln* Wurzelhaare aufweisen. L. dienen u.a. der Wasser- u. Nährstoffaufnahme u. sind bevorzugte Syntheseorte für Phytohormone (→ *Cytokinine);* → *Wurzelsystem.*

Laportea → *Urticaceae*

Laricifomes officinalis (Vill ex Fr.) Kotl. et Pouz. Lärchenschwamm: Ein selten gewordener Holzzerstörer an alten Lä des Hochgebirges. Die unscheinbaren, in Form und Farbe dem Zunderschwamm ähnlichen Fruchtkörper erreichen zwar ein hohes Alter, werden aber wegen ihrer Heilwirkung (Agaricinsäure) konsequent genutzt. Schwacher Braunfäuleerreger (Polyporaceae).

Lariciresinol → *Lignane*

Laricoideae: Unterfamilie der → *Pinaceae.* Kennzeichen: Ausbildung von Lang- und Kurztrieben. Letztere mehrjährig und höckerartig, mit Büscheln von nadelartigen Blättern. Gattungen: → *Larix,* → *Cedrus,* → *Pseudolarix.*

Larix Mill. Lärche: Gattung der → *Pinaceae* (Unterfam. Laricoideae) mit 10 sommergrünen, in kälteren Gebieten der Nordhalbkugel vorkommenden Baumarten.
Kennzeichen: Weiche, nadelförmige Blätter büschelig an höckerartigen Kurztrieben stehend oder einzeln und spiralig an Langtrieben. Blüten monoezisch verteilt. ♂ an blattlosen Kurztrieben; ♀ eiförmig an der Spitze basal beblätterter Kurztriebe. Die meist kleinen, holzigen Zapfen sind einjährig und bleiben nach der Reife noch lange am Baum. Deckschuppen oft sichtbar. Geflügelte Samen, Pollen ohne Luftsäcke. Chrom.: 2n = 24. Keimlinge mit 5 – 7 Kotyledonen. Lärchenholz hat eine rel. hohe Rohdichte. Ein meist schmaler, hellgelber Splint ist von einem rötlichbraunen Kern abgesetzt.
Neben den wirtschaftl. bedeutenden, z.T. auch außerhalb ihres nat. Areal angebauten → *L. decidua,* → *L. kaempferi,* → *L. gmelinii,* → *L. laricina* →*L.occidentalis* und → *L. sibirica* sind folgende Arten von regionaler Bedeutung. L. griffithiana (Lindl. et Gord.) Carr. Sikkim-Lärche. Rel. seltene, in Höhenlagen des östl. Himalaya beheimatete, bis 20 m (40 m?) hohe Art mit großen, bis 11 cm langen Zapfen. In M-Eur. nicht winterhart. L. lyallii Parl. Trägwüchsiger, sehr widerstandsfähiger Baum der Waldgrenze im nordwestl. N-Amerika (Rocky Mts. und Cascaden in BC, Wash., Idaho, Montana), max. 15 m hoch und 50 cm stark. Nadelquerschnitt viereckig. Deckschuppen der bis 5 cm langen Zapfen tannenartig verlängert. Sehr geringe Samenproduktion. In M-Eur. selten in Kultur. L. potaninii Batal. syn. L. chinensis Beissn. Rel. häufige Art in sommerfeuchten Lagen Tibets, Schensis und Yünnans mit wertvollem Holz; winterhart; keine Erfahrungen in M-Eur.. L. mastersiana Rehd. et Wils. Wenig bekannte Art aus unzugänglichen Höhenlagen (2 600 bis 3 300 m) des westl. China, der L. griffithiana nahestehend. Keine Anbauerfahrungen in Europa.

Larix americana → *Larix laricina*

Larix chinensis → *Larix* (potaninii)

Larix x Czekanowskii → *Larix sibirica*

Larix dahurica → *Larix gmelinii*

Larix decidua Mill. (syn.: L. europaea DC) Europäische Lärche: Wirtschaftl. wichtige Holzart M-Eur.'s mit kontinentalen Klimaansprüchen und hohem Lichtbedarf. Das nat. Verbreitungsgebiet gliedert sich in 4 Teilareale, denen vier Klimarassen mit z.T. distinkten physiologischen oder morphologischen Verschiedenheiten entsprechen: 1. Alpenlärche. Rel. großes Teilareal im gesamten Alpengebiet. Hochgebirgsbaum in den W-Alpen (bis 2 400 m), besiedelt sie in den O-Alpen auch flache Lagen. Im Bayer. Alpengebiet weniger häufig (Baumgrenze bei 1 950 m), aber stark verbreitet südl. des Inn; dort oft mit Zirbe und Fi in Mischung, aber auch Reinbestände. Ob die bis 350 m herabreichende Wienerwaldlärche als echte Alpenlärche gelten kann, ist umstritten. 2. Tatralärche (Karpatenlärche). Größere Bestände vornehmlich in Höhenlagen der Hohen Tatra (1100 – 1300 m), an Nordhängen der Niederen Tatra und in der Zipser Magura. 3. Sudetenlärche. Winziges Teilareal auf der Ostseite der Sudeten. Hauptgebiet (ca. 2 500 ha) im Raum Jägerndorf-Freudental. 4. Polenlärche, mitunter als separate Art (Larix polonica Racib.) betrachtet. Rel. kleines Areal in den Beskiden. Nördl. davon verzeichnete Kleinvorkommen sind nicht autochthon.
L. d. wird unter optimalen Bedingungen ca. 500 Jahre alt, 50 m hoch und 1 m stark. Außerhalb ihres nat. Areals hängt der Anbauerfolg stark von der Standort- und Herkunftswahl ab. Eine sichere morphologische Trennung aller 4 Klimarassen ist bisher nicht gelungen. Kennzeichen der Art: Sehr gleichmäßig aufgebaute Krone mit rel. dünnen Ästen und leicht herabhängenden Zweigenden. Alpenlärche im Alter knorrig und sperrig, besonders in Höhenlagen. Rinde junger Triebe auffallend gelblich. Tiefrissige, rotbraune Schuppenborke im Alter. Nadeln zart, hellgrün; intensive gelbe

Larix decidua: *a* Samenschuppe eines reifen Zapfens von unten, *b* Samenschuppe eines reifen Zapfens von oben, *c* Samenschuppe, unreif von unten, *d* Samenschuppe, unreif von oben, *e* reifer, geflügelter Samen, *f* Samenschuppe, unreif, Seitenansicht, *g* benadelter, mehrjähriger Trieb mit weibl. Blütenstand, 2 männl. Blüten und altem Zapfen, *h* an Kurz- und Langtrieben benadelter Zweig, *i* Keimling, *j* alter, am Zweig verbliebener Zapfen

Lärchenzapfen: *a* Larix occidentalis, *b* L. gmelinii, *c* L. laricina, *d* L. hyallii, *e* L. kaempferi, *f* L. decidua. Deckschuppen schwarz

bis goldgelbe Herbstverfärbung. Zapfen <4 cm, Schuppen nicht zurückgerollt, Deckschuppen versteckt. LeereZapfen bleiben noch jahrelang am Baum. Intensives Herzwurzelsystem, das in lockerem Substrat bis 2,5 m Tiefe reicht. Holz mit deutlichen Jahrringgrenzen und schroffem Übergang von Früh- zu Spätholz. Hart und sehr dauerhaft, auch unter Wasser. Als Bauholz (Fenster, Türen, Treppen) und als Wand- und Deckenverkleidung genutzt. L. d. fordert frische, tiefgründige Böden mit hoher wasserhaltender Kraft. Sie versagt auf nährstoffarmen Sanden, flachgründigen Hanglagen und staunassen Standorten. Ausgangsgestein und Säuregrad des Bodens sind ohne Belang. Rasches Jugendwachstum und große Empfindlichkeit gegen Lichtentzug sind hervorzuheben.
Schäden treten durch Wild, Spätfröste und den Lärchenkrebs, → *Lachnellula willkommii* (hauptsächlich bei Alpenherkünften) auf. Hochlagenaufforstungen in den Alpen werden durch → *Ascocalyx laricina* gefährdet. An Steilhängen neigt die Alpenlärche zu → *Säbelwuchs,* ausgelöst durch wiederholte Boden- und Schneebewegungen hangabwärts.
Wichtige tierische Schädlinge sind die Lä-Miniermotte Coleophora laricella und der Lä-Blasenfuß Taeniothrips laricivorus. Beide rufen erhebliche Nadelverluste hervor. Besonderheiten: Artbastarde mit L. kaempferi werden wirtschaftl. genutzt (→ *Larix x eurolepis).* In der Anfälligkeit gegen Lachnel-

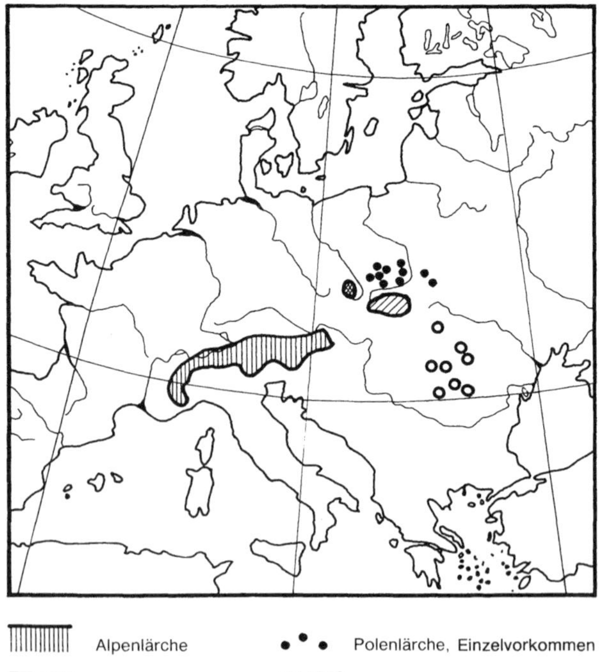

Natürliches Areal von **Larix deciua**

a

b

Larix decidua: *a* Altbestand in Kärnten, *b* im Verschulbeet (rechts daneben L. kaempferi), *c* Altlärche an der Waldgrenze

lula willkommii bestehen deutliche Rassenunterschiede (Alpen->Tatra->Polen- und Sudentenlärche). Gleiches gilt für die Stärke der Beastung (Alpen->Polen- und Sudetenlärche).

Larix x eurokurilensis Rohm. et Dimpflmeier: 1952 in Grafrath bei München natürlich entstandener, raschwüchsiger Artbastard zwischen Larix decidua und L. gmelinii var. japonica.

Larix x eurolepis Henry Hybridlärche: Artbastard zwischen Larix decidua und L. kaempferi. Die reziproke, von Dengler als L. x lepteuropaea bezeichnete Form (L.kaempferi x L.decidua) entstand um die Jahrhundertwende als natürlicher Bastard im Park von Dunkeld, Schottland. Sie war beiden Elternarten an Wuchskraft überlegen und gab Anlaß zu systematischen Kreuzungsexperimenten. Bei guter Kombinationseignung und hoher individueller Leistungsfähigkeit der jeweiligen Kreuzungseltern zeigen Hybridlärchen deutliche Bastardwüchsigkeit. Das im Handel befindliche Hybridlärchen-Pflanzgut muß der F_1 entstammen, wenn es die erwartete Mehrleistung erbringen soll.

Larix europaea → *Larix decidua*

Larix gmelinii (Rupr.) Kuzeneva (syn.: L.dahurica [Loud.] Turcz.) Dahurische Lärche: Wirtschaftl. wichtiger Waldbaum Ostsibiriens (Amur-Gebiet), dessen nat. Areal Kamtschatka, Sachalin und Teile der Mandschurei einschließt. Als Strauchform bildet sie im mandschurischen Hochgebirge bei 1 900 m die alpine und auf Permafrostböden der sibirischen Tundra die polare Waldgrenze. In ihrem Optimum erreicht sie 55 m Höhe und ein Alter von >400 Jahren. Das rel. schwere, sehr dauerhafte Kernholz wird hoch geschätzt. Keine Anbauerfahrungen in M-Eur..
Kennzeichen: Rel. kurze, an Langtrieben etwas sichelförmige Nadeln, unterseits mit 2 Stomastreifen. Junge Triebe braun bis rotbraun. Zapfen deutlich kleiner als bei L. sibirica (>2,5cm). Samenschuppen klaffen bei Reife weit auseinander. L.gmelinii ist eine standorttolerante, extrem lichtbedürftige, flachwurzelnde Holzart, die selbst auf moorigen Standorten bestandsweise vorkommt. Ihre taxonomisch/systematische Situation wird unterschiedlich beurteilt (vgl. → *Larix sibirica).* Besonders bekannte Varietäten sind: – L.gmelinii var. japonica (Maxim. et Reg.) Pilger, die Kurilenlärche, Rinde junger Triebe rötlich bis violett; kurze, sichelförmig gekrümmte Nadeln. Heimat: Sachalin und Kurilen. – L.gmelinii var. olgensis A. Henry aus Ostsibirien (Olga-Bay) mit zottig rotbraun behaarten, jungen Trieben. –L.gmelinii var. principis-rupprechtii (Mayr) Pilger: Prinz Rupprecht-Lärche aus N-China und Korea mit bis 4 cm langen, sichelförmigen Nadeln und langgestielten Zapfen.

Larix griffithiana → *Larix*

Larix kaempferi (Lamb.) Carr. (syn.: L.leptolepis [Sieb. et Zucc.] Gord.) Japanlärche: Wirtschaftl. wichtiger Waldbaum aus niederschlagsreichen, höheren Lagen der vulkanischen Gebirge auf der Insel Hondo (1 100 bis 2 700 m), oberhalb 2 300 m strauchig. Je nach Höhenlage in Mischung mit Pinus densiflora, mit Abies homolepis und Betula japonica oder mit Abies veitchii, Tsuga diversifolia und Betula ermanii. Max. Höhe ca.

35 m. In küstennahen Lagen M-Eur.s und in GB als wüchsige, rel. anspruchslose Holzart eingeführt. Völlig winterhart, aber dürregefährdet.
Kennzeichen: Gerader, breitkroniger Baum mit kräftigen, waagrecht abstehenden, nicht überhängenden Ästen. Rinde der jungen Triebe deutlich rotbraun. Nadeln bläulich grün, unterseits mit 2 Stomabändern. Zapfen bis 35 mm lang, Schuppen reifer Zapfen zurückgebogen. Die Art bildet ein Herzwurzelsystem aus; von weitstreichenden Seitenwurzeln dringen intensiv verzweigte Senkerwurzeln tief in den Unterboden vor. Zahlreiche Wurzelwunden in skelettreichen Böden. Holz sehr dauerhaft, ähnlich L.decidua. Verwendung für Masten, Schwellen, Furniere, Treppen, Türen und Außenverkleidungen.
Die Japanlärche ist eine Lichtholzart mit raschem Jugendwachstum. Sie neigt zur Grobastigkeit, stellt hohe Ansprüche an die Wasserversorgung und verträgt im Gegensatz zu L. decidua seitliche Beschattung. In küstenfernen Lagen befriedigt sie nur auf tiefgründigen, nährstoffreichen, frischen Böden. Empfindlichkeit gegen Früh- und Spätfröste sowie gegen Schneedruck wird durch hohe Regenerationsfähigkeit ausgeglichen. Dürre wirkt anbaubegrenzend. Gravierende Schäden entstehen durch die Lä-Miniermotte Coleophora laricella. Gegen → *Hallimasch*, → *Phomopsis pseudotsugae* und gegen das Fegen des Rehbocks ist die Art anfällig, gegen Lä-Krebs und Lä-Blasenfuß (Taeniothrips laricivorus) hingegen widerstandsfähig. Herkunftsversuche lassen eine rel. geringe genetische Differenzierung in Abhängigkeit von der Höhenlage erkennen. Artbastarde mit L. decidua werden wirtschaftl. genutzt (→ *Larix x eurolepis*).

Larix kaempferi

Larix laricina (Du Roi) K.Koch (syn.: L. americana Michx.) Ostamerikanische Lärche (engl. Tamarack): Anspruchsloser Waldbaum des borealen Nordamerika. Nat. Areal von den großen Seen (ca. 40°N) bis ca. 67°N und von NF bis zum YU. Erträgt Niederschlags- und Temperaturextreme (– 60° bis + 43 °C) und gedeiht auf anmoorigen (nicht aber auf staunassen), auf sauren und flachgründigen Standorten. Selten Reinbestände; meist Mischung mit Abies balsamea, Picea glauca, P. mariana. Optimum auf lehmig-sandigen Alluvialböden. Dort 17 bis 25 m (max. 38 m) hoch und 150 – 180 (max. 330) Jahre alt. Völlig winterhart, aber kaum Anbauerfahrungen in M-Eur..
Kennzeichen: Im Bestand schmalkronig, gerade und feinastig. Kurze, waagrecht abstehende Äste. Borke dünn, kleinschuppig, rotbraun. Triebe auffallend dünn. Hellgrüne Nadeln an stark gestauchten, schwarzen Kurztrieben. Zapfen <15mm, mit verborgenen Deckschuppen, kastanienbraun. Besonderheiten: L.laricina ist eine flach und extensiv wurzelnde, an vernäßte, kalte Standorte angepaßte Pionierholzart, die außerhalb der engeren Kampfzone wirtschaftl. genutzt wird. Die Art ist windwurfgefährdet und leidet unter mehreren nadelfressenden Insekten. Das dauerhafte Holz wird für Schwellen und Masten genutzt. Klimarassen wurden bisher nicht beschrieben, wohl aber eine in der Zapfenschuppenbreite abweichende Form aus NW-Canada (L. laricina var. alaskensis [Wight] Raup.) sowie ein in Kultur entstandener Artbastard mit L. decidua (L. x pendula) (Abb. S. 260).

Larix x lepteuropaea → *Larix x eurolepis*

Larix leptolepis → *Larix kaempferi*

Larix lyallii → *Larix*

Larix mastersiana → *Larix*

Larix occidentalis Nutt. Westamerikanische Lärche (engl.: Western Larch): Sehr leistungsfähige und langlebige Holzart in sommertrockenen Lagen des amerikanischen Nordwestens. Nat. Areal von SO-BC über O-WA bis NO-OR. Ostgrenze im westl. MT. Sie besiedelt Höhenlagen zwischen 700 und 1 800 m im N und bis 2 300 m im S ihres Vorkommens. Selten in Reinbeständen, meist in Mischung mit Dougl, Pinus monticola, Abies grandis, Thuja plicata und Tsuga heterophylla. Optimum auf tiefgründigen, nährstoffreichen, lockeren Böden im pH-Bereich 5,5 – 6,4 (Nordhänge). Dort rasches Jugendwachstum, max. Höhe 60 m, max. Durchm. 2,2 m, Höchstalter ca. 900 Jahre. In M-Eur. winterhart, bisherige Probeanbauten jedoch nicht überzeugend.
Kennzeichen: Schmale, rel. spärlich benadelte Krone auf langem, weitgehend astfreiem Schaft. Im Alter bis 15 cm dicke, tief gefurchte, dunkel rotbraune Plattenborke. Junge Langtriebe orangebraun, rel. dick. Nadeln zugespitzt. Zapfen langgestreckt auf behaartem Stiel. Lange, lanzettliche Deckschuppen. Das dauerhafte, rel. schwere Holz mit dunkelrotbraunem Farbkern und gelblichem Splint findet als Bauholz, für Schwellen und Masten Verwendung. Es schwindet intensiv beim Trocknen. L. occidentalis entwickelt ein tiefgehendes und weitstreichendes Wurzelsystem. Als Sämling verträgt sie Halbschatten, im Alter fordert sie volles Sonnenlicht. Frische Brandflächen besiedelt sie umgehend, vor direkten Brandschäden schützt sie die dicke Borke. Widerstandsfähigkeit gegen Sommerdürre und Windwurf stehen Anfälligkeit gegen Lä-Krebs (→ *Lachnellula willkommii*) und gegen die Lä-Miniermotte gegenüber (Abb. S. 260).

Larix olgensis → *Larix sibirica*

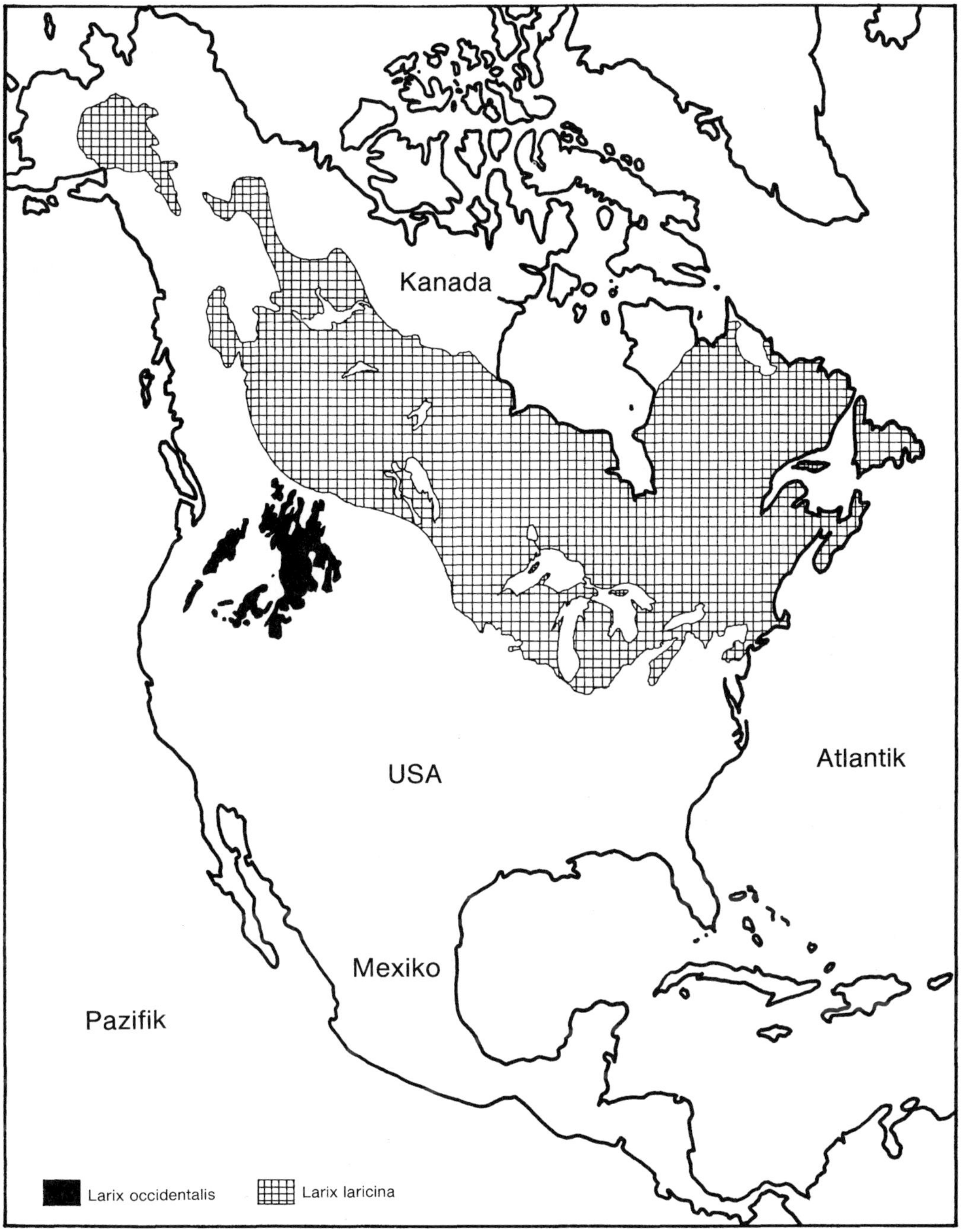

Natürliche Areale von **Larix laricina** und **L.occidentalis**

Larix x pendula → *Larix laricina*

Larix polonica → *Larix decidua*

Larix potaninii → *Larix*

Larix russica → *Larix sibirica*

Larix sibirica (MUENCHH.) LEDEB. (syn.: L. russica [ENDL.] SABINE) Sibirische Lärche: Waldbildende Art im NO des europ. Teils der UdSSR und im westl. Sibirien, meist an Flußniederungen gebunden. Arealgrenzen unsicher; insbesondere gen Osten, wo sie am Unterlauf des Jenessei von L. gmelinii abgelöst wird. Wegen geringer Wüchsigkeit, Spätfrostempfindlichkeit und Krebsanfälligkeit ist die Art für den Anbau in M-Eur. ungeeignet. Kennzeichen: Geradschäftiger, bis 30 m hoher Baum mit schmaler Krone. Weiche, bis 4 cm lange Nadeln, junge Triebe hellbraun, ♀ Blüten gelbgrün, Ränder der oberen Zapfenschuppen nach innen gebogen. Besonderheiten: Die taxonomische Situation der L. sibirica ist unklar, ihre sichere Trennung von westl. Herkünften der L. gmelinii unsicher. Möglicherweise sind beide Arten als Ausschnitt aus einer kontinuierlichen transeurasischen Variation der Gattung Larix zu verstehen. In Rußland wird die sibirische Lä in mehrere Sippen unterteilt, z.B. in: L. x Czekanowskii SZAFER. Artbastard zwischen L. sibirica und L. gmelinii, häufig im Grenzbereich beider Areale; L. sibirica var. rossica SABINE. Form mit abweichend angeordneten Deckschuppen aus dem eur. Teil der UdSSR.

Larix sibirica

Latex → *Milchröhren*

Lathraea squamaria L. Schuppenwurz (Scrophulariaceae): Rel. häufige, völlig chlorophyllfreie, parasitäre Blütenpflanze, die den Wurzeln ihrer Wirtspflanzen (Er, Bu, HBu, Hasel und andere Lh) Wasser, Nährsalze und Assimilate entzieht. Die von kräftigen Rhizomen ausgehenden Seitenwurzeln umspinnen die Wirtswurzeln und bilden → *Haustorien* (Saugwurzeln) aus, die durch die Rinde bis in das Xylem des Wirtes vordringen. Im Frühjahr erscheinen dicht mit bleichen Schuppen besetzte, 10 – 25 cm hohe Sprosse mit vielen traubig angeordneten, rötlichen, zygomorphen Blüten. L. sq. bevorzugt frische Standorte und wird >10 Jahre alt. Sie richtet keinen meßbaren Schaden an.

Latsche → *Pinus mugo*

Laubblätter: Gesamtheit aller Primär- und Folgeblätter bzw. -nadeln, die der Stoffproduktion der Pfl. dienen; nicht einbezogen sind Keim- und Niederblätter; (→ *Blattfolge*).

Lathraea squamaria

Laubfall → *Blattfall*

Laubflechten: Blattflechten. Schnellwüchsige Flechten mit flächigen, blattartigen und gelappten Thalli. Mit → *Rhizinen* dem Substrat flächig angeheftet. → *Lichenes*. Beispiele: Parmelia- und Hypogymnia-Arten.

Laubflechte (Parmeliopsis spec.)

Laubhölzer Sammelbegriff (als Abgrenzung zu → *Nadelhölzer)* für angiosperme Gehölzpflanzen (Bäume, Sträucher, Zwergsträucher).

Laubholzmistel → *Viscum album*

Laublatsche → *Alnus viridis*

Laubmoose → *Musci*

Laubwald: Pflanzengesellschaft, die von Lh bestimmt wird. Vorkommen in unterschiedlichen Klimaregionen und Ausprägungen. Man unterscheidet: → *Regenwald*, → *Monsunwald* und sommergrüner L.. Unter mitteleuropäischen Klimabedingungen herrscht sommergrüner L. vor, der in kontinentaleren Bereichen, in größeren Höhen und auf Sonderstandorten von → *Nadelwald* abgelöst wird. Typisch für L. ist der hohe Anteil an → *Kryptophyten* im Unterwuchs. Sie können die Lichtphase bis zum Laubaustrieb der Bäume durch frühzeitiges Austreiben nützen. Moose und andere niedrige, langsam wachsende Pflanzen sind im sommergrünen L. selten; sie werden von der Streu der Lh innerhalb weniger Wochen zugedeckt und ersticken. Pflanzensozio-

logisch unterscheidet man folgende Klassen: 1. Weiden-Auengehölze (Salicetea purpureae; → *Weichholzaue),*
2. Erlenbrücher und Moorweidengebüsche (Alnetea glutinosae; → *Bruchwald),* 3. saure Eichenwälder (→ *Quercetea roburi-petraeae)* und 4. reichere Laubwälder und Gebüsche → *Querco-Fagetea).*

Lauffeuer → *Waldbrand*

Lauraceae: Lorbeergewächse. Zu den → *Laurales* zählende Familie meist immergrüner Sträucher und Bäume hauptsächlich trop. und subtrop. Verbreitung. Umfaßt etwa 32 Gattungen mit rund 2 500 Arten. Enthalten ätherische Öle, weswegen einige als Gewürzpflanzen genutzt werden (Cinnamomum verum, Zimtbaum aus Ceylon; C. camphora, Kampferbaum aus O-Asien; → *Laurus nobilis* aus dem Mittelmeergebiet).
Allg. Kennzeichen: Blüten meist eingeschlechtig, unscheinbar, mit becher- oder tellerartigen Blütenböden. Beeren-, seltener Steinfrüchte, oft von Blütenachse umwachsen (= Cupula). Typ. Blütenformel: * P 3+3 A 3+3+3+3 bzw. G(3). (Ausnahme: Laurus nobilis mit zweizähligen Blüten). Neben den Arten der Gattung Laurus sind noch erwähnenswert: Persea americana (Avocadobaum aus M-Amerika); Umbellularia californica [kalifornischer Berglorbeer (engl. Oregon Myrtlewood)]; → *Sassafras albidum.* Die Gattungen Ocotea (NO-Südamerika), Eusideroxylon (Borneo, Sumatra) und Litsea (trop. Asien, Australien) liefern wertvolles Nutzholz.

Laurales: Lorbeeartige. Zu den → *Magnoliidae* zählende Ordnung überwiegend holziger Pflanzen. Umfaßt etwa 10, z.T. sehr kleine Familien, u.a. Calycanthaceae [Gewürzstrauchgewächse, aus SO- und SW-Nordamerika (Calycanthus), aus O-Asien (Chimonanthus, Winterrinde] und → *Lauraceae.*

Laurocerasus officinalis → *Prunus laurocerasus*

Laurus L. Lorbeer: Gattung der → *Lauraceae* mit 2 immergrünen, aromatischen Strauch- oder Baumarten in S-Eur., Kl.As. und auf den Kanaren (L. azorica (SEUBERT) FRANCO, syn.: L. canariensis WEBB ET BERTH. NON WILLD.). L. nobilis L. (Echter Lorbeer): Wurzelsproßbildender Strauch oder bis 12 m hoher Baum, wahrscheinlich aus Kl.As. und dem Balkan, heute im ganzen Mittelmeerraum kultiviert. Nördlich bis Südtirol (Meran), in M-Eur. nicht winterhart. Wichtige Pflanze der → *Macchie,* bildet zuweilen kleine Wälder. Von den Griechen als Baum der Götter verehrt. Als Symbol des Ruhmes und der Weisheit wurde siegreichen Feldherrn, Dichtern und Sängern ein Lorbeerkranz verliehen. Blätter als Gewürz geschätzt, getrocknet verlieren sie den bitteren Geschmack. Begehrtes Drechslerholz. Aus den schwarzen Beeren wird ein Pulver bereitet, das v.a. in der Tierheilkunde verwendet wird. Lorbeeröl wird Likören und Seifen zugesetzt.

Laurus azorica → *Laurus*

Laurus canariensis → *Laurus*

Laurus nobilis → *Laurus*

Lavandula L. Lavendel: Gattung der → *Lamiaceae* mit ca. 20 Arten, von den Kanaren über den Mittelmeerraum bis nach Indien. Stauden oder Sträucher mit meist dicht behaarten, aromatischen Blättern. In M-Eur. häufig kultiviert: L. angustifolia MILL. (syn.: L. spica L.), Echter Lavendel: Bis 0,6 m hoher Halbstrauch mit linealischen, am Rand eingerollten Blättern und blaulila Blüten. Kommt im Mittelmeerraum (nördlich bis Südtirol) auf trockenen, warmen Hängen vor. Lavendelöl wird durch Destillation der Blätter, v.a. der Blüten gewonnen.

Lavandula angustifolia → *Lavandula*

Lavandula spica → *Lavandula*

Lavendel → *Lavandula*

Lavendelheide → *Andromeda*

Lavendelweide → *Salix eleagnos*

Lawson Cypress → *Chamaecyparis lawsoniana*

Lawsonia → *Lythraceae*

Lawsons Scheinzypresse → *Chamaecyparis lawsoniana*

LD_{50} (Dosis letalis): Maß für akute Toxizität. Angegeben wird die Menge eines Stoffes (mg/kg Körpergewicht), bei dessen einmaliger Aufnahme 50 % der Versuchstiere (meist Ratten) innerhalb eines bestimmten Zeitraumes sterben. Je toxischer das Mittel, um so niedriger die LD_{50}. Beispiele (F = Fungizid; H = Herbizid; I = Insektizid):

Atrazin	3 100 (H)	Paraquat	150 (H)
Benomyl	9 590 (F)	Parathion	6 (I)
2,4-D	375 (H)	Simazin	5 000 (H)
Dichlobenil	4 500 (H)	2,4,5-T	500 (H)
Lindan	125 (I)	Zineb	5 000 (F)

Leaching → *Auswaschung*

Leaf area index → *Blattflächenindex*

Lebachia → *Voltziales*

Lebensbaum → *Thuja*

Lebensbaum, Abendländischer → *Thuja occidentalis*

Lebensbaum, Japanischer → *Thuja standishii*

Lebensbaum, Koreanischer → *Thuja koraiensis*

Lebensbaum, Morgenländischer → *Thuja orientalis*

Lebensformen: Organisationstypen von Organismen, die an bestimmte Bedingungen ihrer Umgebung durch gleiche Struktur, Entwicklungs- oder Lebensweise angepaßt sind. Das von RAUNKIAER vorgeschlagene System gliedert die L. nach der Art, wie Pflanzen die ungünstige Jahreszeit überdauern.
Man unterscheidet: 1. Radikante (wurzelnde) Pflanzen; → *Phanerophyten,* → *Chamaephyten,* → *Hemikryptophyten,* → *Kryptophyten,* Therophyten (→ *annuell).* 2. Adnate (haftende) Pflanzen: → *Epiphyten.* 3. Errante (bewegliche) Pflanzen; sich aktiv oder passiv in verschiedenen Medien bewegende (ungebundene) Pflanzen, z.B. Luftalgen, Phytoplankton.
Je nach Anpassung an den Wassergehalt der Umgebung unterscheidet man → *Hydrophyten,* → *Helophyten,* → *Hygrophyten,* → *Xerophyten* und → *Tropophyten;* an

den Lichtfaktor → *Heliophyten* und → *Skiophyten;* an Bodenfaktoren Kalkpflanzen (→ *kalzikol),* → *Chalkophyten* und → *Halophyten.* Andere L. haben sich durch besondere Ernährungsweisen herausgebildet, wie → *Parasiten,* → *Saprophyten* und tierfangende Pflanzen. Die wichtigsten, auf L. begründeten Vegetationseinheiten sind die → *Formation* und die → *Synusie.*

Lebermoose → *Hepaticae*

Leberwurstbaum → *Bignoniaceae*

Lecythidales: Deckel- (Affen-)topfbäume. Zu den → *Dilleniidae* gehörende tropische Bäume mit großen Blüten und sehr vielen Staubblättern. Hauptvorkommen in Regenwäldern S-Amerikas. Häufig Cauliflorie. Dtsch. Name wegen der großen holzigen Deckelkapseln. Wirtschaftlich bedeutend: Bertholletia excelsa wegen der Samen (Paranüsse) und des Holzes (Brasil-Nußbaum).

Lederrose → *Rosa*

Ledo-Pinion → *Bruchwald*

Ledum L. PORST: Gattung der → *Ericaceae* mit 4 hochmoorbewohnenden, immergrünen Straucharten zirkumpolarer Verbreitung. Blätter und junge Triebe enthalten narkotische Stoffe. In M-Eur. nur L. palustre L. (Sumpfporst): Bis 1,5 m hoher Strauch der Hochmoore N- und M-Eur. (südlich bis zum Voralpenland) und N-Asiens. Blätter derb ledrig, im Winter fast senkrecht herabhängend. Blüten weiß in Dolden. Kapselfrüchte. Intensiv riechend durch ätherisches Öl, das bes. in den Blättern enthalten ist. Früher Blätter und Jungtriebe offizinell. Mittel gegen Motten und Wanzen.

Ledum palustre

Legföhre → *Pinus mugo*

Leguminosae → *Fabales*

leierförmig gefiedert → *Blattrand*

Leimzotten → *Colleteren*

Leingewächse → *Geraniales*

Leitbündel: Fascikel. Im Parenchym eingebettete Stränge des → *Leitgewebes.* → *Xylem* und → *Phloem* kann bei verschiedenen Pflanzengruppen unterschiedlich angeordnet sein. L. bilden ein vom Blatt (Blattnerven) bis in die Wurzeln reichendes, reich verzweigtes System. Im Sproßquerschnitt dikotyler Kräuter und Lianen sind sie ringförmig, bei Monokotylen zerstreut angeordnet. Man unterscheidet: 1. Kollaterale L.: Phloem und Xylem liegen nebeneinander. a) Offen kollaterale L.: Zwischen Phloem und Xylem liegt ein Bündelkambium. Bündelscheiden seitlich unterbrochen. Im Sproß dikotyler Kräuter und in Koniferennadeln. b) Geschlossen kollaterale L.: Phloem und Xylem grenzen unmittelbar aneinander. Bündelscheide nicht unterbrochen. In Blättern der Angiospermen und im Sproß der Monokotylen. c) Bikollaterale L.: Offenes kollaterales L. mit einem weiteren, durch ein zweites (kaum tätiges) Kambium getrennten, innenliegenden Phloemteil im Sproß vieler Solanaceae, Cucurbitaceae und der Gentianales. 2. Konzentrische L.: Entweder Xylem vom Phloem (hadrozentrisches L.; bei Farnpflanzen) oder Phloem vom Xylem ringförmig umgeben [leptozentrisches L.; bei baumförmigen → *Agavaceae* (→ *Yucca),* → *Dracaenaceae* und in Rhizomen mancher Monokotylen (z.B. Convallaria)]. 3. Radiales L.: Sternförmige Anordnung von Xylem und Phloem im Zentralzylinder der Wurzeln von Gymno- und Angiospermen.
Verholzte Sproßachsen von Sträuchern und Bäumen entwickeln sich nach dem Tilia-Typ des sek. Dickenwachstums und enthalten daher keine L. In Blättern weist das Xylem zur adaxialen Seite, in den Sprossen höherer Pflanzen stets zum Organzentrum hin.

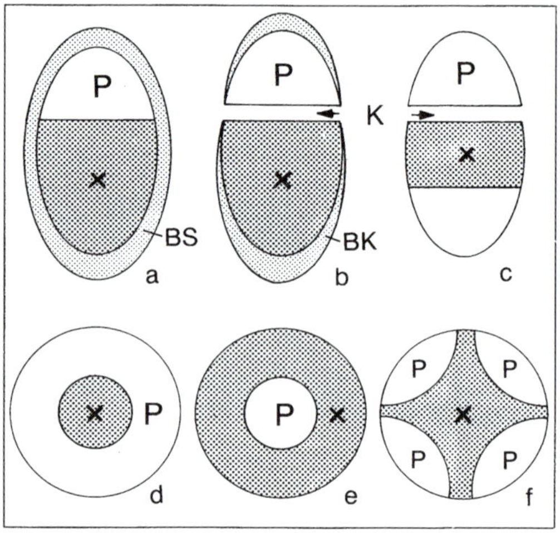

Leitbündelformen (schematisch): *a* geschlossen kollateral, *b* offen kollateral, *c* bikollateral, *d* konzentrisch (hadrozentrisch), *e* konzentrisch (leptozentrisch), *f* radial. P = Phloem, K = Kambium, X = Xylem, BS = Bündelscheide, Bk = Bündelkappe.

Leitbündelring → *Bündelrohr*

Leitergefäß → *Treppentracheide*

Leitgewebe: Dem Wasser- und Assimilattransport dienendes Gewebe. Gliedert sich in → *Phloem* und → *Xylem.*

Leitneriales → *Hamamelididae*

Leitungsgeschwindigkeit → *Transpirationsstrom*

Lembotropis nigricans → *Cytisus nigricans*

Lentibulariaceae → *Scrophulariales*

Lenticellen: Dem Gasaustausch dienende, rundliche oder elliptische Korkwarzen auf der Rinde junger Sproßachsen (seltener auf Wurzeln) von Laubgehölzen und einigen Gymnospermen. Besonders deutlich bei Alnus, Prunus, Cornus, Sambucus. Entstehung aus Lenticellenphellogen, das nach außen interzellularenreiches, lokkeres, meist unverkorktes Phellem (Füllzellen) abgibt. Es besteht Anschluß an das Interzellularsystem des Rindenparenchyms. L. stellen mitunter Infektionspforten für pathogene Pilze dar (z.B. → *Rosellinia quercina).*

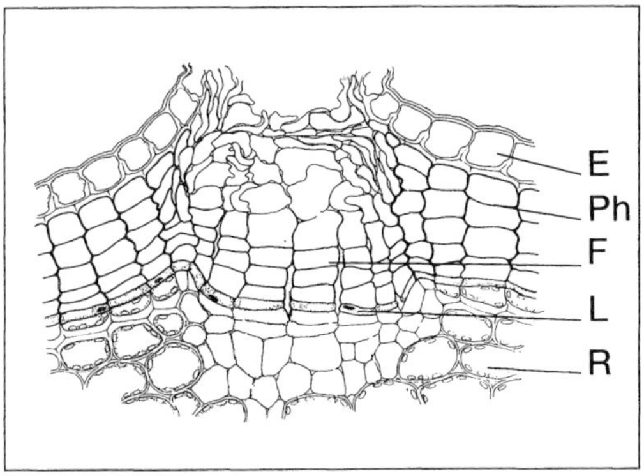

Querschnitt durch eine **Lenticelle** von Sambucus nigra. E = Epidermis, Ph = Phellem des Periderms, F = Füllzellen, L = Lenticellen-Phellogen, R = Rindenparenchym

Lentinus lepideus (Fr.) ex Fr. Schuppiger Sägeblättling (Polyporaceae s. stricto): Erreger einer intensiven Braunfäule an im Freien verbautem Nadelholz, insbes. an Ki. Wirtschaftl. Bedeutung als Holzzerstörer an imprägnierten Schwellen und Masten. Im Wald gelegentlich an Stöcken. Lamellenpilz mit 5 – 12 cm breitem, weißlichem Hut, der mit bräunlichen Schuppen besetzt ist. Lamellen an den Kanten sägeblattartig gezähnt. Stiel zäh, im Alter mit schwärzlicher Basis.

Lenzites betulina (L. ex Fr.) Fr. Birkenblättling (Polyporaceae): Holzzersetzer (Weißfäuleerreger) an Stubben und liegendem Holz von Bi, Bu, Ei und anderen Lh. Bildet halbkreis- oder tellerförmige, maximal 10 cm breite, korkige Fruchtkörper, bräunlich gezont mit dunkelbraunem Rand. Charakteristisch: Oberseite wollig behaart, Trama weiß. Die sehr ähnliche Trametes hirsuta hat unterseits weißlich-graue Poren, keine Lamellen.

Leocarpus fragilis → *Myxomycetes*

Lepidobalanus → *Quercus*

Lepidoceras → *Viscaceae*

Lepidodendraceae → *Lepidodendrales*

Lepidodendrales: Ordnung der → *Lycopodiatae.* Heterospore, bis 40 m hohe und dickstämmige (Ø bis 5 m), fossile Bärlappbäume mit zapfenähnlichen Sporophyllständen. Lebten im Karbon und waren wesentliche Elemente des Steinkohlenwaldes. Typische Rindenbäume: Stamm mit kleinem hadrozentrischem Leitgewebe, aber mächtig entwickelter Rinde, die von einem Korkkambium nach innen gebildet wurde. Sekundäres Dickenwachstum nur schwach entwickelt. Holz ohne Jahrringe. Tracheiden ohne Hoftüpfel. Blätter spiralig gestellt, mit → *Ligula.* Hinterließen typische Blattnarben, die trotz Dickenzunahme des Stammes lange an der Rinde erhalten blieben. Bäume waren mit gabelig verzweigten, sekundäres Dickenwachstum aufweisenden → *Rhizophoren* im Boden verankert. An ihnen bildeten sich schwache Wurzeln. Wesentlichen Anteil an der Wasseraufnahme hatten die Ligulen, die sich lange am Stamm erhalten konnten. Bei einigen Vertretern (Lepidospermae) waren die Makrosporangien vom Sporophyll umhüllt und entwickelten sich gemeinsam zu einem samenähnlichen Gebilde. Familien: S i g i l l a r i a c e a e (Siegelbäume) mit sechseckigen, in Längsreihen angeordneten Blattnarben. Wenig verzweigte Schopfbäume mit 1 m langen Blättern. L e p i d o d e n-

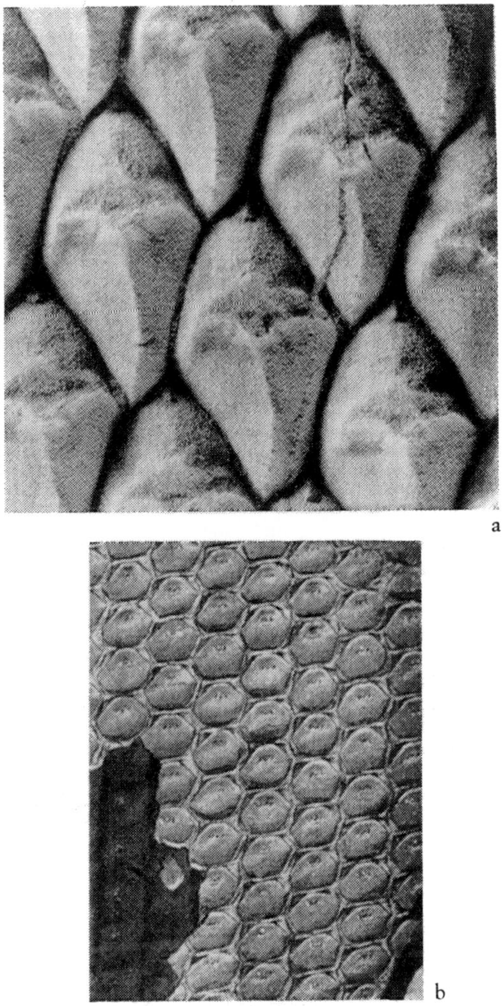

Blattnarben von *a* Lepidodendron dichotomum und *b* Sigillaria fossorum

Lepidodendrales: Sigillaria (links) und Lepidodendron (rechts)

draceae (Schuppenbäume) mit rhombischen, spiralig angeordneten Blattnarben. Reichlich dichotom verzweigte Äste mit oft endständigen Sporophyllzapfen.

Lepidospermae → *Lepidodendrales*

Lepidozia reptans → *Jungermaniales*

Leptoiden: → Primitive, wenig differenzierte, dünnwandige Leitelemente für Assimilate bei Laubmoosen.

Leptom: Ältere Bezeichnung für das leitende und speichernde Gewebe des Phloems ohne Einbeziehung der Festigungselemente.

Leptoma: Zart angedeutete Keimstelle im Pollenkorn ohne Einkerbung der → *Exine.*

Leptosphaeria → *Seiridium cardinale*

Leptosporangiatae: Unterklasse der → *Filicatae* mit ca. 9 000 Arten. Schattenliebende Farne mit einschichtig bewandeten Sporangien, die sich aus nur einer Epidermiszelle entwickeln. Meist krautig (baumförmig: → *Cyatheaceae,* → *Dicksoniaceae)* mit kurzem Erdsproß (z.B. Dryopteris) oder ausgedehntem Rhizomsystem (z.B. Pteridium) und homorhizer Bewurzelung. Sprosse wachsen mit 3-schneidiger Scheitelzelle; sekundäres Dickenwachstum fehlt. Hadrozentrisches Leitgewebe. → *Raumwedel* werden nicht mehr gebildet. Tropho- und Sporophylle meist gleichgestaltet (Ausnahmen: Blechnum, Matteuccia). Sporangien rand- oder flächenständig. Bis auf Platyzoma (Australien) alle isospor. Polyciliate Spermatozoide. Nur eine Ordnung (Filicales). Wichtigste Familie: → *Polypodiaceae.*

Leptotän → *Meiose*

leptozentrisch → *Leitbündel*

Letalfaktoren: Erbanlagen, die den Tod eines Individuums vor Erreichen der Fortpflanzungsfähigkeit bewirken.

Leucadendron → *Proteales*

Leuce → *Populus*

Leucoanthocyane: Flavanderivate, zu denen → *Gerbstoffe* und Holzfarbstoffe gehören, z.B. Melacacidin im Kernholz der Acacia melanoxylon und Leucodelphinidin im Mahagoniholz.

Leucodelphinidin → *Leucoanthocyane*

Leucoides → *Populus*

Leucostoma kunzei → *Cytospora abietis*

Leukoplasten: Farblose, kugel-, ei- oder spindelförmige → *Plastiden* in Speicherorganen (Knollen, Rhizomen, Wurzeln) und -geweben (Mark, Endosperm, Markstrahlen, Holzparenchym) sowie in der Epidermis und in chlorophyllfreien Teilen panaschierter Blätter. L. können u.U. im Licht ergrünen. Stärkebildende Leukoplasten heißen Amyloplasten, Öle oder Fette speichernde L. Elaioplasten.

Leyland-Zypresse → *Cupressocyparis leylandii*

Libanoneiche → *Quercus libani*

Libanonzeder → *Cedrus libani*

Libocedrus ENDL. Schuppenzeder: Cupressaceen-Gattung (Tribus Libocedreae) mit 5 immergrünen, in Neuseeland und Neukaledonien beheimateten Baumarten. Nicht winterhart in M-Eur.. Schuppenförmige Blätter, in Kanten- und Flächenblätter differenziert, Chrom.: 2n = 22. Forstl. bedeutend ist allenfalls L. plumosa (D.DON) SARG., ein bis 25 m hoher Waldbaum auf der Nordinsel Neuseelands. Früher umfaßte die Gattung Libocedrus auch die inzwischen abgetrennten Gattungen → *Calocedrus,* Austrocedrus, Papuacedrus und → *Pilgerodendron.*

Libocedrus decurrens → *Calocedrus decurrens*

Libocedrus uvifera → *Pilgerodendron*

Libriformfasern → *Sklerenchym*

Lichenes: Lichenophyta, Flechten. Doppelorganismen, deren Thallus als morphologische Einheit nur durch die enge Symbiose einzelliger oder trichaler Algen (Cyanophyceae oder Chlorophyceae) mit Pilzen (überwiegend Ascomycetes, sehr selten Basidiomycetes) entsteht. Nur in dieser Symbiose können besondere Stoffwechselleistungen (Synthese spezifischer Flechtensäuren und -farbstoffe) vollbracht und Extremstandorte (z.B. Gesteine, Baumrinden)besiedelt werden, auf denen die Symbiosepartner allein nicht lebensfähig wären. Alge versorgt den Pilz mit Assimilaten; Pilz schützt die Algen vor Trockenheit, intensiver Sonneneinstrahlung und hohen Temperaturen, hemmt aber ihre Teilungsfähigkeit. Pilzpartner (= Mycobiont) kommt in Natur nie frei vor; Alge (= Phycobiont, Gonidie) an geeigneten Standorten auch freilebend. Pilz dringt entweder mit Haustorien in die Algenzelle ein ohne sie abzutöten oder bewirkt lediglich eine erhöhte Durchlässigkeit der Algenwände für Assimilate. Unter für beide Symbionten ungünstigen Bedingungen des Standortes stellt sich zwischen ihnen ein labiles, symbiontisches Gleichgewicht ein (Hungersymbiose). Gestaltbestimmend ist meist der Mycobiont (bei → *Krusten-,* → *Laub-,* → *Strauch-,* → *Bartflechten),* in seltenen Fällen (bei → *Gallert-* und → *Haarflechten)* die Alge.
Flechtenthalli meist heteromer aus mehreren Schichten aufgebaut: 1. Obere Rindenschicht aus verfestigten und verklebten Pilzhyphen. 2. Algenschicht (= Gonidienschicht) aus Algen und Pilz. 3. Markschicht aus lockerem Hyphenmycel. 4. Untere Rindenschicht mit besonderen Hyphensträngen (= Rhizinen) zum Anheften am Substrat. Porenartige Rindendurchbrechungen (Atemporen, Cyphellen) dienen einigen Arten zum Gasaustausch. Homöomere Thalli, in denen Pilz und Alge homogen verteilt sind, kommen bei → *Gallertflechten* vor. Einige Grünalgen-führende Flechten halten in besonderen → *Cephalodien* noch stickstoffbindende Cyanophyceae (Nostoc). Vermehrung der Flechten nur vegetativ durch → *Isidien,* → *Soredien* oder Thallusbruchstücke. Mycobiont kann zu seiner eigenen Vermehrung Fruchtkörper (meist Apo- oder Perithecien) bilden, die auf besonderen Thalluserhebungen (→ *Podetien)* stehen können. Generative Vermehrung der Algen fehlt.
Flechten sind meist landbewohnend, langsamwachsend, langlebig und genügsam. Sie ertragen Austrocknung sowie hohe und tiefe Extremtemperaturen. Besonders häufig leben sie in luftfeuchten Gebieten (Bergnebelwälder, Gebiete ozeanischen Klimas). Im Hochgebirge und in der arktischen Tundra sind sie dominierend, weil

sie noch unter 0 °C eine positive Photosynthesebilanz aufweisen. Flechten akkumulieren Schadstoffe, viele reagieren äußerst empfindlich auf Luftverunreinigungen, besonders SO_2: z.B. Usnea filipendula und U. articulata, Lobaria pulmonaria und L. scrobiculata. Sie eignen sich als Bioindikatoren. Toleranter sind Hypogymnia physodes (häufig auf Fichtenrinde), Pseudovernia furfuracea und Lecanora conizaeoides.
Wegen ihrer Doppelnatur ist die Einordnung der Flechten in das Pflanzensystem problematisch. Früher als eigene Abteilung geführt, werden sie heute zunehmend den Pilzen zugeordnet, weil der Mycobiont in dieser Symbiose dominiert. Bekannt sind ca. 20 000 Arten, die nach der systematischen Zugehörigkeit des Pilzpartners in 2 Gruppen unterteilt werden: 1. Ascolichenes: Mycobiont gehört zu den Ascomycetes (häufigster Fall); 2. Basidiolichenes: Mycobiont gehört zu den Basidiomycetes (selten).

Lichenophyta → *Lichenes*

Lichtatmung → *Photorespiration*

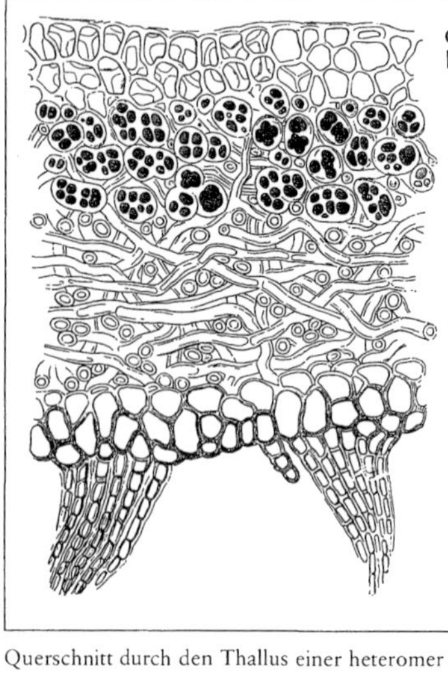

Querschnitt durch den Thallus einer heteromer aufgebauten Flechte

Lichtblätter → *Sonnen- und Schattenblätter*

Lichtgenuß, relativer: Beleuchtungsstärke innerhalb einer Baumkrone oder eines Baumbestandes in Relation (%) zur Freilandhelligkeit. Durchschnittlicher r.L. an der Belaubungsgrenze im Kroneninneren = minimaler Lichtgenuß. Je geringer der Lichtbedarf von Schattenblättern, desto geschlossener können Kronen sein (Ki 10 %, Zypresse 0,5 %). Je geringer der Lichtbedarf der Art, desto stärkere Beschattung kann ertragen werden. Baumarten mit hohem Lichtanspruch bzw. hoher Lichttoleranz bezeichnet man als Lichtholzarten (z.B. Lä, Bi, As), Arten mit geringem Lichtanspruch als Schattholzarten (Bu, Eibe, Ta). Der Lichtbedarf einer Art hängt neben endogenen Faktoren vom Standort ab und kann sich mit zunehmendem Alter ändern. R.L. von 1–2 % gilt als Existenzgrenze für Sproßpflanzen, von 0,5 – 0,1 % für Thallophyten.

Lichtholzarten → *Lichtgenuß, relativer*

Lichtreaktionen I + II der Photosynthese → *Photosynthese*

Lichtschäden: Krankheitserscheinungen infolge von Überfluß oder Mangel an Licht sind unter natürlichen Verhältnissen im Wald selten. Ungewöhnlicher Lichtmangel führt aber zum Etiolieren der Pflanzen (Etiolment), d.h. zur Hypertrophie der Sproßachse bei kümmerlicher Blattentwicklung und gleichzeitiger Bleichung grüner Pflanzenteile. Vorwiegend bei der Aufzucht junger Lichtholzpflanzen unter starker Beschattung auftretend (z.B. bei Ki und Lä).

Lignane: Dimere Stufen der Bausteine des → *Lignins.* Sie kommen im Harz vor und gehören wegen ihrer p-Hydroxyle zu den Harz-Alkoholen. Verknüpfungsweise und Art der Monomeren sind für Baumarten spezifisch: Pinoresinol (Pinus), Lariciresinol (Larix), Isotaxiresinol (Taxus).

Lignin: Wesentlicher Bestandteil verholzter → *Zellwände;* besonders bei Zellen, die der Festigung und/ oder der Wasserleitung dienen. Hochpolymere, dreidimensional verästelte Substanz, deren Monomere → *Zimtsäurederivate,* vor allem p-Cumaryl-, Coniferyl- und Sinapylalkohol, zu unterschiedlichen Anteilen am Ligninaufbau beteiligt sind: Nadelholz enthält sehr viel Coniferylalkohol, beide anderen Monomere sind nur in geringer Menge vertreten. Laubholz enthält Sinapyl- und Coniferylalkohol zu gleichen Teilen, p-Cumarylalkohol ist nur in Spuren vorhanden. L. wird bei der Verholzung der Zellwand in die → *interfibrillären Räume* inkrustiert (→ *Inkrusten).*
Der Ligningehalt des Holzes liegt bei 20 – 30 % der Holzstrockenmasse. Er variiert zwischen Ast- und Stammholz und ist auch vom Standort abhängig. Oft ist er an der Stammbasis höher als in den oberen Stammbereichen. Dennoch bestehen auch artspezifische Unterschiede: Buche 39 %, Eiche 34 %, Fichte 28 %, Pappel 28 %. Verholzte Wände sind weniger quellfähig als unverholzte. Sie gewährleisten hohe Druckfestigkeit, was für wasserleitende Zellen von großer Bedeutung ist. Bei der Papier- und Zellstoffherstellung wird L. mit Laugen oder Calciumbisulfit-Lösungen aus dem Holz herausgelöst. Verholzte Zellwände treten nur bei den → *Tracheophyten* auf.

Lignituber: Von einer Wirtszelle als Reaktion auf eindringende Hyphen gebildete, zapfenartige Wandverstärkungen an der Infektionsstelle.

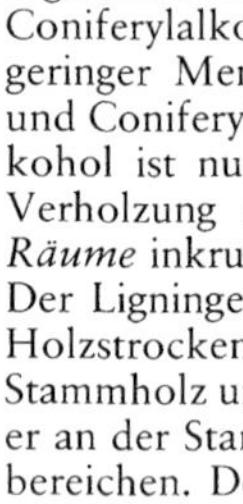

Grasblatt mit **Ligula** (L);
U = Blattgrund, Spr = Blattspreite

Ligula: (1) Blatthäutchen am Übergang zwischen Blattspreite und Blattgrund bei → *Poaceae.*
(2) Schuppenförmige, chlorophyllfreie Bildung auf der Oberseite von Blattorganen der → *Lycopodiatae,* die

an der Basis mit dem Leitgewebe des Blattes in Verbindung steht und Wasser (Regen, Tau) aufnimmt. Bei Selaginellales, Isoeteales, Lepidodendrales, fehlt den Lycopodiales.

Ligustrum L. Liguster: Gattung der → *Oleaceae* mit ca. 50 immer- oder sommergrünen Strauch- oder Baumarten mit gegenständigen, ungeteilten Laubblättern. Blüten weiß, meist in endständigen Rispen, Beerenfrüchte. Verbreitet v.a. in O-Asien, nach Westen zu immer artenärmer werdend, in Eur. nur noch eine Art: L. vulgare L., Gewöhnlicher Liguster, Rainweide: Sommergrüner Strauch (bis 5 m), seltener kleiner Baum mit ausläufertreibendem Wurzelstock. Verbreitung in fast ganz Eur., N-Afr., W-Asien. Kennzeichen: Die lanzettlichen, oberseits dunkelgrünen, unten helleren Blätter verfärben sich im Herbst violett, fallen aber in milderen Lagen erst im Frühjahr ab. Beeren glänzend schwarz und giftig, ebenso Blätter und Rinde (Inhaltsstoffe Ligustron und Syringin). Von der Ebene bis ins Gebirge (bis 1400 m), gesellig auf mäßig trockenen Böden in Gebüschen, lichten Laubwäldern und an Wegrändern. Pionier und Bodenfestiger. Oft in Anlagen gepflanzt (Heckenpflanze), viele Sorten. Holz sehr hart, schwer spaltbar.

Ligustrum vulgare → *Ligustrum*

Liliaceae: Liliengewächse. Familie der → *Liliales* mit 3 500 Arten. Meist krautige Geophyten (Zwiebeln, Knollen, Rhizome oder Speicherwurzeln). Blütenformel: * P3+3 oder (3+3) A3+3 $G(\underline{3})$. A und P können miteinander verwachsen. Kapseln oder Beeren. Unterteilung in zahlreiche Unterfamilien, die neuerdings auch als eigene Familien, teilweise sogar als eigene Ordnungen geführt werden. Erwähnenswert: Ruscus (mediterraner Halbstrauch mit → *Phyllocladien)* und Colchicum (enthält Spindelgift → *Colchizin,* mit dem sich Polyploide erzeugen lassen). Wirtschaftlich bedeutend: Allium (A. cepa, Küchenzwiebel) und Asparagus (Spargel). Waldpflanzen: Convallaria (Maiglöchchen), Maianthemum (Schattenblume), Polygonatum (Weißwurz), Paris (Einbeere), Gagea (Gelbstern).

Liliales: Lilienartige. Ordnung der → *Liliatae.* Blüten-Grundformel: * oder ↓ P3+3 A3+3 $G(\underline{3})$ oder $(\overline{3})$. Endosperm enthält Öle oder Reservecellulose. Untergliederung in Familien nicht einheitlich. Wichtige Familien: → *Liliaceae und* → *Agavaceae.* Ferner: Amaryllidaceae (Amaryllisgewächse): Blüten oft mit Nebenkronen, * P3+3 A3+3 $G(\overline{3})$. Beispiel Galanthus (Schneeglöckchen). Iridaceae (Schwertliliengewächse): * oder ↓ P3+3 A3+0 $G(\overline{3})$. Beispiel Iris (Schwertlilie) mit kronenblattartigen Narben. Dioscoreaceae mit vielen Dicotylen-Merkmalen (Netznervatur, gestielte Blätter, Heterocotylie). Beispiel Tamus (Schmerwurz). Xanthorrhoeaceae (Grasbäume): Xerophytische Bäume mit bis zu 8 m hohen Stämmen und grasartigen Schöpfen. Heimat: Australien und Neuseeland. Sekundäres Dickenwachstum. Velloziaceae (Baumliliengewächse): Xerophytische, bis 2 m hohe Sträucher aus tropischem S-Amerika und Afrika.

Liliatae: Monocotyledoneae, einkeimblättrige Bedecktsamer. Zu den → *Magnoliophytina* gehörende Klasse mit 4 Unterklassen: → *Alismatidae,* → *Commelinidae,* → *Liliidae,* → *Arecidae.* Kennzeichen: Keimpflanzen mit einem Keimblatt. Parallelnervatur der Blätter. Blüten aus 3-zähligen Wirteln. Achselsprosse mit einem Vorblatt. Homorhizes Wurzelsystem. Pollen mit einer Apertur. Sukzedane Pollenbildung. Zerstreute Anordnung der geschlossenen Leitbündel. Rhizodermis und Kalyptra aus jeweils eigenen Initialgruppen hervorgehend.

Lilienartige → *Liliales*

Liliengewächse → *Liliaceae*

Liliidae: Unterklasse der → *Liliatae.* Meist Kräuter mit 3-zähligen, ursprünglich diplostemonen Blüten. Äußerer Blütenhüllkreis petaloid. Spaltöffnungen ohne Nebenzellen. Endosperm meist ohne Stärke. Gynoeceum coenokarp. Samenanlagen meist bitegmisch. Gelegentlich Holzpflanzen mit anomalem sekundärem Dickenwachstum (→ *Agavaceae).* Systematische Untergliederung uneinheitlich. Ordnungen: → *Liliales,* → *Orchidales.*

Limber Pine → *Pinus flexilis*

Limonen → *Terpenoide*

Linaceae → *Geraniales*

Linde → *Tilia*

Linde, Amerikanische → *Tilia americana*

Linde, Großblättrige → *Tilia platyphyllos*

Linde, Holländische → *Tilia x vulgaris*

Linde, Japanische → *Tilia japonica*

Linde, Mandschurische → *Tilia mandshurica*

Linde, Verschiedenblättrige → *Tilia heterophylla*

Lindengewächse → *Tiliaceae*

Linnaea borealis L. Moosglöckchen, Erdglöckchen (engl.: Twinflower): Monotypische Gattung der → *Caprifoliaceae.* Immergrüner, zarter, bis 20 cm hoher, weitkriechender Zwergstrauch. Verbreitung circumpolar. Kennzeichen: Blätter gegenständig, rundlich bis breit eiförmig. Blüten glockig, paarweise endständig an langem Stiel. In Nadelwäldern zwischen Moosen auf nährstoff- und basenarmem Rohhumus.

Linné, Carl von: Carolus Linnaeus. Schwedischer Naturforscher 1707–1778. Führte die → *binäre Nomenklatur* ein. Er ordnete die Pflanzen nach Zahl und Verteilung der Geschlechtsorgane in ein System (Sexualsystem) ein. Hauptwerk: Species plantarum (1753).

Lipasen: Enzyme der Hydrolasen-Gruppe; katalysieren hauptsächlich die Spaltung von Neutralfetten.

Lipid-Filter-Theorie → *Membrantransport*

Lipide: Oberbegriff für viele wasserunlösliche, organische Stoffwechselverbindungen. Man unterscheidet neutrale Lipide (Fette, Öle), die als Speicherlipide vorkommen, und polare Lipide (→ *Lipoide),* die als Strukturlipide die → *Wachse* und die → *Membranlipide* bilden.

Lipochrome: Fettlösliche Farbstoffe, die an Strukturen der Pflanzenzelle gebunden sind (z.B. → *Chlorophyll* an → *Chloroplasten,* → *Carotinoide* an Chloroplasten und → *Chromoplasten).*

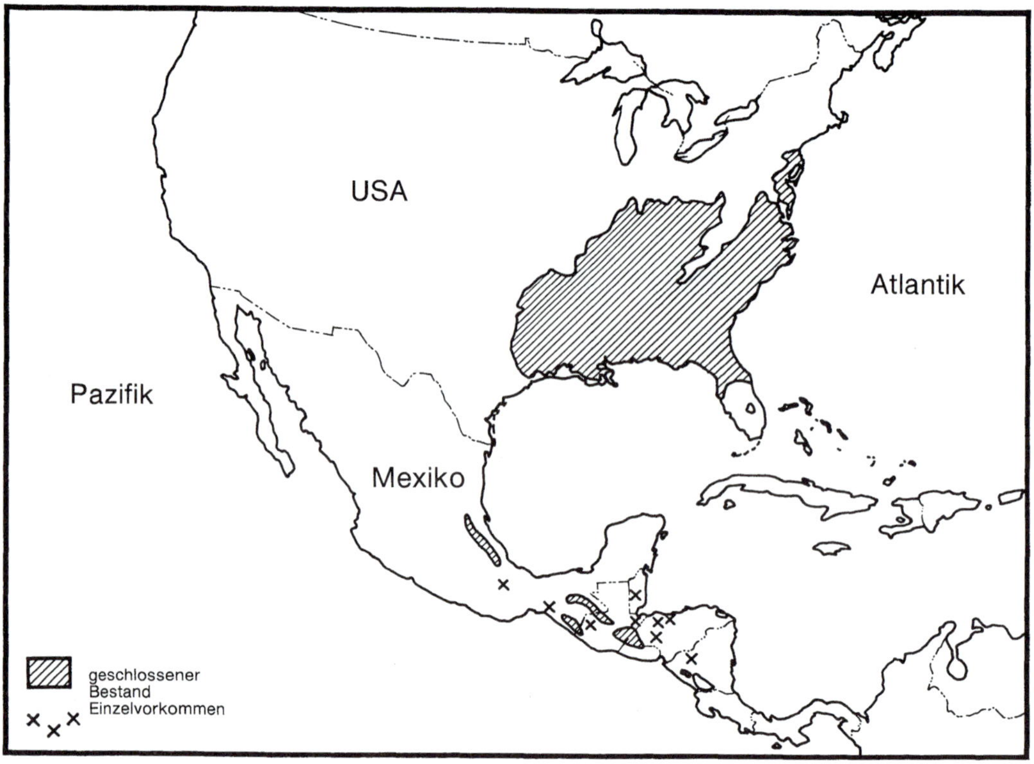

Natürliches Areal von **Liquidambar styraciflua**

Lipoide: Fettähnliche Substanzen, die im Gegensatz zu den Fetten polare Reste enthalten; wichtigste Bestandteile der → *Biomembranen.* Phospholipide (Phospholipoide, Phosphatide): Ester der Phosphorsäure mit Glycerin. Glycolipide: Mit einem glycosidisch an Glycerin gebundenen Zucker. In beiden Fällen sind die beiden übrigen C-Atome des Glycerins mit langkettigen Fettsäuren verestert.

Lippenblütige → *Lamiales*

Lippenblütler → *Lamiaceae*

Liquidambar L. Amberbaum: Gattung der → *Hamamelidaceae* mit 4 (bis 6) sommergrünen Baumarten in N-Amerika, Klein- und O-Asien. Blätter wechselständig, lang gestielt, handförmig gelappt; Blüten eingeschlechtig, einhäusig, in Köpfchen; ♂ Köpfchen in endständigen Ähren, ♀ Köpfchen einzeln, lang gestielt; verholzte, durch die bleibenden Griffel geschnäbelte Fruchtkapseln; geflügelte Samen.

Liquidambar orientalis MILL. Orientalischer Amberbaum: In Kleinasien beheimateter, forstl. unbedeutender, max. 15 m hoher Baum. Im Unterschied zum ähnlichen → *L. styraciflua* Triebe kahl, ohne Korkleisten, Blattlappen kurz zugespitzt und ihrerseits wieder gelappt oder zumindest grob gezähnt. Frostempfindlicher als L. styraciflua, deswegen in M-Eur. nicht, wohl aber in Italien und Frankreich kultiviert. Liefert das sog. Storax (Styrax liquidus), eine dickflüssige, harzähnliche, aromatische Substanz, die offizinell sowie zur Herstellung von Parfümen und Räuchermitteln verwendet wird.

Liquidambar styraciflua L. Amerikanischer Amberbaum, Amerikanischer Storaxbaum (engl.: Sweetgum, Redgum): Großer, max. 50 m hoher und forstlich sehr bedeutender Laubbaum im SO der USA. Disjunkte Teilareale in Mexiko und Mittelamerika. Dicke, tief

Liquidambar styraciflua

gefurchte, graubraune Borke. Triebe oft mit unregelmäßigen Korkleisten. Blätter ahornähnlich, mit 5 (7) lang zugespitzten, fein gesägten Lappen, zerrieben mit

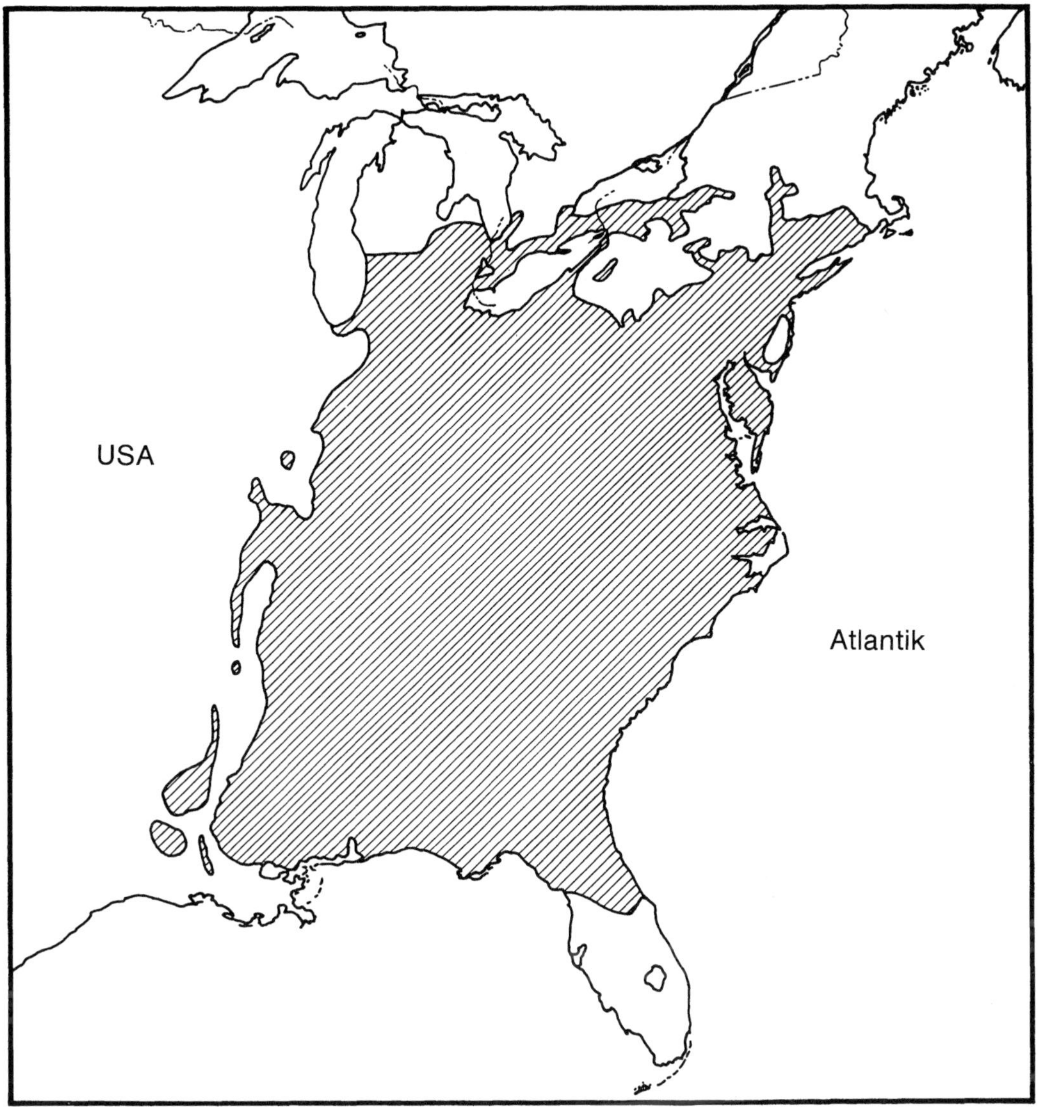

Natürliches Areal von **Liriodendron tulipifera**

aromatischem Geruch. Rel. standorttolerant; bestes Wachstum in Laubmischwäldern der Flußniederungen auf nährstoffreichen, feuchten, alluvialen Lehm- und Tonböden zusammen mit Quercus phellos, Q. lyrata, Q. palustris, Nyssa sylvatica, Liriodendron tulipifera, Acer rubrum, Fraxinus americana, Ulmus americana, Carya ovata, Juglans nigra, Platanus occidentalis u.a.. In den Appalachen bis 900 m Höhe. Lichtholzart; Pionier auf Kahlflächen und aufgelassenen Feldern; bildet Wurzelbrut und Stockausschläge; Pfahlwurzel auf durchlässigen Böden, auf morastigen Standorten sehr flach wurzelnd. Holz bis zur Jahrhundertwende kaum gefragt; nach Erschöpfung der Liriodendron-Vorräte stetig zunehmende Nutzung. Heute steht Liquidambar im Volumenaufkommen nordamerikanischer Laubhölzer hinter den Eichen an zweiter Stelle.

Holz zerstreutporig mit breitem Splint und dunkel rotbraunem, mitunter gebändertem Kern; rel. hart und schwer; für die Möbelherstellung eines der führenden Hölzer; ferner Bau-, Sperr-, Papier- und Faßholz. Enthält Zimtsäure. Aus der Rinde wird (wie bei → *L. orientalis)* eine zähe, harzige Flüssigkeit, das Styrax (»sweet gum«, »red gum«) gewonnen, das offizinell und als Zusatz zu Kaugummi verwendet wird. In M-Eur. verbreitet als Parkbaum, jedoch nicht immer ganz winterhart.

Liriodendreae → *Magnoliaceae*

Liriodendron L., Tulpenbaum: Gattung der → *Magnoliaceae.* Sommergrüne Bäume mit wechselständigen, gelappten (Unterschied zu → *Magnolia)* Blättern und endständigen, großen Blüten. Triebe (wie bei Magnolia) am oberen Rand jeder Blattnarbe mit einem deutlichen Ring. Nur 2 Arten, eine in China (*L. chinense* Sarg., bis 16 m hoch, rel. selten), eine in N-Amerika (→ *L. tulipifera).*

Liriodendron tulipifera L. Tulpenbaum (engl.: Yellow-poplar, Tuliptree): Einer der mächtigsten, forstlich wichtigsten und schönsten Laubbäume N-Amerikas. Im Mittel bis 35 m, max. bis 60 m hoch und 3,5 m stark. Nur im O des Kontinents: N-grenze von S-MI über S-ON bis RI, südl. bis FL und LA. Besonders leistungsfähige Bestände im unteren Ohio-Tal und an Berghängen in NC, TN, KY und WV. Meist geradstämmig mit dunkelgrauer, dicker, tief gefurchter Borke. Blätter lang gestielt, i.d.R. mit einem großen, V-förmig zweispitzigen Mittellappen und 2 Seitenlappen; Herbstfärbung goldgelb. Auffallende, tulpenähnliche Blüten (V-VII) mit 3 grünlichen, rasch abfallenden Kelchblättern und 6 gelbgrünen oder schwefelgelben, am Grunde orange gefleckten Blütenblättern. Aufrechte, 6 – 8 cm große, braune, zapfenähnliche Sammelfrucht mit vielen zungenförmig geflügelten Nüßchen.
Raschwüchsige, anspruchsvolle Lichtholzart in Laubmischwäldern, mitunter auch in Reinbeständen auf tiefgründigen, lockeren, gut drainierten, frischen bis feuchten und nährstoffreichen Böden. Häufig in Niederungen entlang von Flüssen, in den südl. Appalachen bis 1 370 m Meereshöhe. In M-Eur. als Zierbaum weit verbreitet sowie versuchsweise forstlich angebaut. Holz mit breitem, hellem Splint und unterschiedlich gefärbtem, oft gelb- bis olivbraunem Kern; zerstreutporig, rel. leicht (Rohdichte r_o = 0,43 g/cm^3) und weich; sehr gefragt, leicht bearbeit- und vielseitig verwendbar (v.a. im Innenausbau, für Möbel, Sperrholz, Zellstoff, Musikinstrumente, Holzwerkzeuge) (Abb. S. 273).

Lithocarpus → *Fagaceae*

Litsea → *Lauraceae*

Littleleaf Disease → *Phytophthora cinnamomi*

Liège → *Quercus suber*

Loblolly Pine → *Pinus taeda*

Lochfäule → *Weißlochfäule*

Loculament → *Anthere*

loculicid: Fachspaltig. → *Spaltkapsel,* → *Kapsel.* Ggs. → *septicid.*

Locus: Genort. Position eines Gens auf einem Chromosom.

Locust → *Robinia*

Lodgepole Pine → *Pinus contorta*

Loganiaceae: Familie der → *Gentianales* mit 600 Arten. Tropische bis subtropische, alkaloidreiche Bäume, Sträucher oder Lianen, besonders der trockenen Standorte. Erwähnenswert: → *Buddleja* (Sommerflieder), oft einer eigenen Familie (Buddlejaceae) zugeordnet. Strychnos nux-vomica (Brechnußbaum): Indien bis Australien, Gewinnung von Strychnin; andere S-Arten liefern Pfeilgifte (Curare). Fagraea-Arten: Bis 20 m hohe Bäume SO-Asiens (bis Australien), mit sehr großen Blüten (Ø 30 cm); Nutzholz.

Lohblüte → *Myxomycetes*

Lohrinde → *Gerbrinde*

Loiseleuria procumbens (L.) Desv. (syn.: Azalea procumbens L., Chamaecistus procumbens [L.] O. Kuntze) Alpenazalee, Alpenheide, Gemsheide (engl.: Alpine Azalea): Monotpyische Gattung der → *Ericaceae.* Niederliegender, dichte Teppiche bildender, immergrüner Zwergstrauch zirkumpolarer Verbreitung, südlich nur in den Gebirgen. Kennzeichen: Blätter gegenständig, derb-ledrig, länglich, stark nach unten eingerollt. Rosa Blüten in Doldentrauben. Kalkmeidende Pionierholzart auf sauren, meist flachgründigen Steinböden (Geröll), nicht selten in Reinbeständen. In alpinen Zwergstrauchgesellschaften zwischen 1 600 und 3 000 m.

Lokalfrost → *Frost*

London-Smog → *Smog*

Longleaf Pine → *Pinus palustris*

Lonicera L. Heckenkirsche, Geißblatt (engl.: Honeysuckle): Gattung der → *Caprifoliaceae,* nach dem Arzt, Botaniker und Mathematiker Adam Lonitzer (1528–1586) benannt. Aufrechte (Heckenkirschen) oder windende (Geißblätter), meist sommergrüne Sträucher. 180 – 200 Arten in der gemäßigten Zone der Nordhalbkugel. Blätter gegenständig, ungeteilt, nicht selten verwachsen. Häufig → *seriale Beiknospen.* Blütenblätter lang trichterförmig verwachsen, Bestäubung durch langrüsselige Insekten. Früchte oft durch giftige Inhaltsstoffe (Glycoside, Flavonoide) ungenießbar. Sehr festes Holz. Als Ziersträucher beliebt, diese aber meist Bastarde.

Lonicera alpigena L. Alpenheckenkirsche: Sommergrüner, aufrechter, 1 – 3 m hoher Strauch der Gebirge M- und S-Eur. Kennzeichen: Blätter zugespitzt, elliptisch bis verkehrt eiförmig. Blüten paarweise auf langem Stiel, Fruchtknoten miteinander verwachsen, deshalb Frucht eine Doppelbeere, kirschartig. Junge Triebe mit zwei Längsleisten. Früchte giftverdächtig, Gifte aber unbekannt. Zerstreut auf kalkreichen Böden in krautreichen Bergmischwäldern, in den Zentralalpen bis 2 200 m.

Lonicera caerulea L. Blaue Heckenkirsche (engl.: Blue Honeysuckle): Sommergrüner, stark verzweigter Strauch 0,6 – 1,5 m hoch). Von allen Lonicera Arten am weitesten verbreitet: Eur., N-Rußland bis Jap., N-Amerika. Kennzeichen: Blätter elliptisch-eiförmig. Blüten gelblichweiß, je zwei an einem Stiel. Zwei Fruchtknoten miteinander verwachsen, eine blauschwarze Doppelbeere bildend. Früchte eßbar. Bevorzugt saure, kalkfreie Böden, in den Kalkalpen nur auf isolierender Humusdecke. In den Alpen bis 2 600 m.

Lonicera caprifolium L. Wohlriechendes Geißblatt, Jelängerjelieber: Sommergrüner, rechtswindender, 5 bis 10 m langer Strauch mit Verbreitung in SO-Eur. bis zur Krim und zum Kauk. Kennzeichen: Blätter am Grund miteinander verbunden, die obersten zu einem elliptisch runden, durchwachsenen Doppelblatt. Blüten endständig in Quirlen, wohlriechend. Rote Beeren, gif-

Lonicera alpigena in Blüte (oben), mit Beeren (unten)

Lonicera nigra

Lonicera periclymenum

tig. Wirkstoffe wie bei → *L. xylosteum*. Früchte früher als Fiebermittel verwendet. Im Garten als Laubenpflanze beliebt, häufig verwildert in Hecken und Auenwäldern.

Lonicera nigra L. Schwarze Heckenkirsche: Sommergrüner, bis 2 m hoher Strauch mit Vorkommen in den Gebirgen M- und S-Eur., angeblich auch in Korea zu Hause. Kennzeichen: Blätter eiförmig bis elliptisch. Blüten hellrosa, paarweise an gemeinsamem Stiel. Blauschwarze, doppelkugelige, nur am Grund miteinander verwachsene Beere, giftig. Inhaltsstoffe wie bei → *L. xylosteum*. In krautreichen Bergmischwäldern, oft auf kalkarmen Boden, bis in die Krummholzregion. In den Zentralalpen bis 2 200 m.

Lonicera periclymenum L. Waldgeißblatt: Sommergrüner, rechtswindender, üppig verzweigter Schlingstrauch (bis 5 m hoch). Verbreitung in M- und W-Eur., nach Osten und Süden zu abnehmend; atlantisch getöntes Areal. Kennzeichen: Blätter schmal elliptisch-eiförmig. Blüten gelblichweiß, endständig in Köpfchen, sich am Abend öffnend, wohlriechend (Nachtfalterblume). Beeren dunkelrot, giftig, Wirkstoffe wie bei → *L. xylosteum*. In Hecken, Gebüschen und Waldrändern, besonders auf kalkarmen Böden. Umschlingt andere Bäume, was typische korkenzieherförmige Einschnürungen verursacht. Kann zum Absterben des Baumes führen.

Lonicera tatarica L. Tatarenheckenkirsche: In Gärten und Parkanlagen häufiger, sommergrüner, bis 3,5 m hoher Zierstrauch mit herz-eiförmigen Blättern und weißen oder roten Blüten, gelben oder roten Früchten. Stellenweise verwildert. Aus dem südöstl. Rußland und Sibirien.

Lonicera xylosteum L. Rote Heckenkirsche (engl.: Fly Honeysuckle): Sommergrüner, stark verzweigter, aufrechter (bis 3 m hoher), flachwurzelnder Strauch. In fast ganz Eur. vorkommend. Kennzeichen: Blätter flaumig, eiförmig bis breit-elliptisch. Die gelblich-weißen Blüten und später die rot glänzenden Beeren paarweise auf gemeinsamen Stiel. Junge Zweige kurz weichhaarig. Früchte ungenießbar, Brechreiz und Leibschmerzen hervorrufend. Wirkstoffe Xylostein und Saponine. Vielerorts in Hecken und Gebüschen, vorzugsweise auf kalkhaltigen Böden (Abb. S. 276).

Lophira → *Ochnaceae*

Lophodermella: Gattung der Rhytismataceae mit derzeit 8 Arten, die alle auf Pinus-Arten parasitieren und vorzeitigen Nadelfall auslösen. Ascokarpien einzeln an Nadeln; gehen aus einem subhypodermalen Stroma hervor. Langgestreckte, mit Gallerthülle umgebene Ascosporen.

Lophodermella sulcigena (ROSTR.) HÖHN. (syn.: Hypodermella sulcigena ROSTR. v. TUB.) Schwedische Kiefernschütte (Rhytismataceae): Eine meist in Skandinavien vorkommende Blatterkrankung von Ki und Latsche, vor allem an 10 – 30j. Bäumen. Folgen: Nadelverfärbung, früher Nadelfall, Zuwachsverluste. Infektion im Sommer, 4 Wochen danach erste Nadelflecke. Bräu-

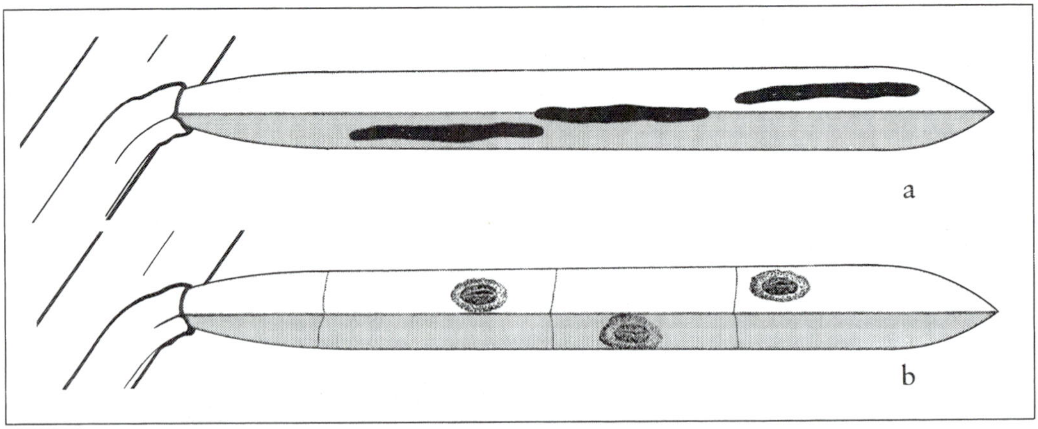

Apothecien von *a* **Lophodermium macrosporum** und *b* **Lophodermium piceae**

nung bis Violettfärbung beginnt an der Nadelspitze und ist scharf von der grün bleibenden Nadelbasis abgesetzt. Schütten im Spätsommer des nächsten Jahres. Im Frühjahr entstehen an 1j. Nadeln langgestreckte, bräunlich-violette Apothecien entlang der Stomata-Reihen. Oft im Gefolge von → *Lophodermium seditiosum.* Wirtschaftl. Bedeutung begrenzt. Bei Ki bestehen herkunftsbedingte Anfälligkeitsunterschiede.

Lonicera xylosteum in Blüte (oben), mit Beeren (unten).

Lophodermium: Zu den Rhytismataceae (Rhytismatales) gehörende Ascomycetengattung mit mehreren, zumeist Nadelbräunung und Nadelfall an Pinus- oder Picea-Arten hervorrufenden pathogenen Arten. Typisch sind längliche, sich mit einem Längsspalt öffnende Apothecien und langgestreckte Ascosporen.

Lophodermium conigenum (BRUNAUD) HILITZ: Saprophyt in toten, noch am Baum befindlichen Kiefernnadeln. Große Ähnlichkeit mit → *L. pinastri,* jedoch Unterschiede im Kulturverhalten und in der Fruchtkörper-Morphologie.

Lophodermium juniperinum (FR.) DE NOT.: Häufiger, zumeist saprophytischer Besiedler alter, geschädigter oder toter Nadeln von Juniperus-Arten. Die schwarzen, elliptischen, bis 1 mm langen Apothecien entwikkeln sich unter der Epidermis und erscheinen meist auf der Nadeloberseite.

Lophodermium macrosporum (HARTIG) REHM, Erreger der Fichtenschütte (Fichtenritzenschorf): Schwächeparasit an älteren Nadeln 10 – 40jähriger, unterständiger Fi. Befall führt zu vorzeitigem, von innen nach außen fortschreitendem Nadelfall. Hohe Luftfeuchte und Lichtmangel wirken förderlich. Kennzeichen: Flekkung und Bräunung älterer Nadeln. Auf deren Oberseite entstehen Pyknidien: unregelmäßig langgestreckte, schwärzliche Polster. Sie enthalten nicht-infektionsfähige, stäbchenförmige Mikrokonidien (→ *Konidien).* Auf der Nadelunterseite werden im 2. Jahr tiefschwarze, ebenfalls langgestreckte, unregelmäßig gewellte Apothecien gebildet. Keine Querbänder zwischen den Fruchtkörpern. Ohne wirtschaftl. Bedeutung.

Lophodermium nervisequium → *Hypodermella nervisequia*

Lophodermium piceae (FUCKEL) HÖHN: Unbedeutender Schwächeparasit an älteren Fi-Nadeln, der im Verlaufe des Waldsterbens allerdings örtlich zum vorzeitigen Nadelfall beitragen kann. Kleine, schwarze, ovale Apothezien und dunkle Querstreifen auf der Oberseite befallener Nadeln. Auch → *Endophyt* in symptomfreien, jüngeren Fi-Nadeln.

Lophodermium pinastri (SCHRAD. ex FR.) CHEV.: Saprophytischer Bewohner toter Kiefernnadeln in der Bo-

Lophodermium seditiosum: *a* starker Befall Anfang Mai, *b* normaler Befall, *c* anfällige und resistente Kiefernherkünfte, *d* schütte-resistente Einzelkiefer

denstreu. Im Aufbau des Apotheciums große Ähnlichkeit mit L. seditiosum und L. conigenum, jedoch rötliche Farbe der Wände (Lippen) des Längsspaltes. Außerdem anderes Kulturverhalten und zahlreiche schwarze Stroma-Linien zwischen den Fruchtkörpern. Vor 1978 als hoch pathogener Erreger der Kiefernschütte angesehen (wegen Verwechselung mit → *L. seditiosum).*

Lophodermium seditiosum Minter, Staley et Millar; Erreger der Kiefernschütte (Kiefernnadelschütte, Kiefern-Ritzenschorf): Blattparasit an Kiefernarten (P. sylvestris, P. nigra, P. mugo, P. resinosa), der vor allem an Sämlingen und jungen Bäumen zu Nadelbräunung und Nadelfall, bei jährlich wiederkehrenden Infektionen auch zum Absterben führt und periodisch erhebliche Schäden anrichtet. Die 90 – 130 µm langen, fadenförmigen Ascosporen werden bei feuchter Witterung von Ende Juli bis Anfang Oktober aus Apothecien entlassen, die während des Sommers an abgefallenen Nadeln entstanden. Sie infizieren Ki-Nadeln jeden Alters über die Stomata. Ab September werden winzige gelbliche, nicht klar abgegrenzte Infektionsflecken erkennbar, die sich während des Winters zu größeren Nekrosen entwickeln. Abnehmende Turgeszenz der Nadeln im Frühjahr fördert die Ausbreitung des Pilzes im Mesophyll, führt zu flächiger Bräunung und zum aktiven Abstoßen der befallenen Nadeln (»Schütten«). Feuchte Sommer ermöglichen die Entstehung und Entwicklung der 1 – 1,5 mm langen, kaffeebohnenförmigen Apothecien an abgefallenen Nadeln. Arttypisches Merkmal: Grünliche Farbe der Wände des bei Reife aufklaffenden Längsspaltes.
Schüttebefall ist unter normalen Bedingungen auf die unteren Astquirle in jüngeren Kulturen beschränkt. Nach mehreren niederschlagreichen Sommern in Folge kann es zu Epidemien kommen, die sogar Ki-Althölzer erfassen und den großflächigen Einsatz von Fungiziden erfordern. Hier hat sich u.a. die Applikation von → *Dithiocarbamaten* bewährt (u.U. mehrfach von Ende Juli bis Anfang Sept.). Bei P. sylvestris treten neben individuellen auch herkunftsbedingte Unterschiede in der Anfälligkeit gegen L. seditiosum auf. Kiefern aus Norwegen und Finnland sind i.a. widerstandsfähiger als jene aus der Rhein-Main-Ebene, aus Südfrankreich und den Kalkalpen. Bis 1978 sah man L. pinastri (Schrad. ex Fr.) Chev. als den Erreger der Kiefernschütte an. Heute unterscheidet man aufgrund morphologischer und physiologischer Differenzen 3 separate Lophodermium-Arten an Kiefer: L. seditiosum, höchst pathogen; → *L. conigenum,* saprophytisch. und → *L. pinastri,* saprophytisch.

Loranthaceae: Zu den → *Santalales* gehörende Halbparasiten. Meist epiphytisch lebende Sträucher mit dichasialer Verzweigung und immergrünen, gegenständigen Blättern. Nebenblätter fehlen. Vorblätter der Blüte zum Außenkelch verwachsen. Blüten zwittrig, radiär. Perigon 2-kreisig (P 2+2 oder P 3+3), verwachsen mit ebenso vielen, epipetal stehenden Stamina. Gynoeceum unterständig. Keine Samenanlagen: Embryosäcke im Ovarboden eingesenkt. Oft ornithogam. Blütenboden becherartig. In Europa heimisch: → *Loranthus*. Baumförmig ist Nuytsia floribunda (Flammenbaum aus SW-Australien, bis 12 m hoch). Eng verwandt mit → *Viscaceae.*

Loranthus europaeus Jacquin Eichenmistel, Riemenblume (Loranthaceae): Sommergrüner, bis 0,5 m hoher strauchartiger Halbparasit, der im pontisch-pannonischen Bereich S- und SO-Eur. beheimatet ist und dort an Eichenarten (Q. pubescens, Q. cerris, Q. robur, Q. petraea), gelegentlich auch an Castanea sativa schädlich wird. Vereinzelt dringt die Art bis nach Sachsen (Pirna), Nordböhmen (Teplitz) und Mähren vor. Erhebliche wirtschaftl. Bedeutung hat sie neuerdings in Niederösterreich gewonnen, wo sie die Existenz natürlicher Q. pubescens-Bestände bedroht.
Arttypische Kennzeichen: 1. endständige Blütenstände, 2. gelbe Scheinbeeren, 3. gestielte, dunkelgrüne Blätter und 4. braune, zerbrechliche Zweige. Die Absenker der Eichenmistel verbreitern sich im Kambium und im jüngsten Xylem, nicht aber im Phloem. Möglicherweise sind darauf die charakteristischen, z.T. extremen Anschwellungen des Wirtsgewebes zurückzuführen, welche befallene Eichenkronen stark deformieren und die Vitalität der Wirtsbäume herabsetzen.

Loranthus europaeus-Befall

Lorbeer → *Laurus*

Lorbeerartige → *Laurales*

Lorbeergewächse → *Lauraceae*

Lorbeerkirsche → *Prunus laurocerasus*

Lorbeerrose → *Kalmia angustifolia*

Lorbeerseidelbast → *Daphne laureola*

Lorbeerweide → *Salix pentandra*

Los-Angeles-Smog → *Smog*

Loxophyllie: Schiefblättigkeit. Ausbildung asymmetrischer Blätter durch Förderung einer Blatthälfte. Beispiel Ulmus.

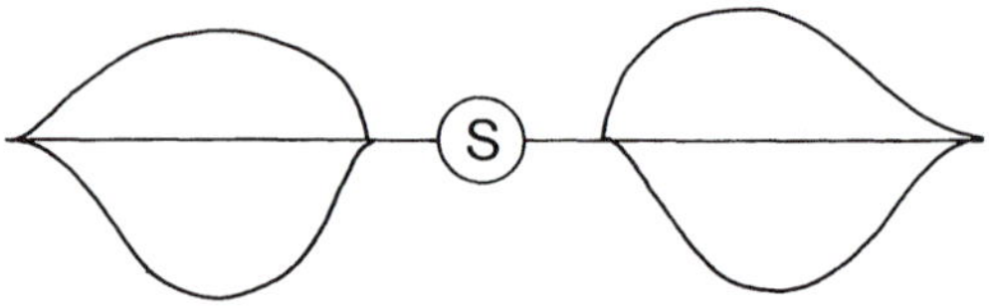

Loxophyllie bei Ulme (S = Sproßachse).

Luftablegerverfahren engl.: Air-Layering; Die zu vermehrenden Triebe eines Baumes werden stranguliert, eingeschnitten oder geringelt. Dadurch wird der Assimilat-, nicht jedoch der Transpirationsstrom unterbrochen, so daß oberhalb der Unterbrechungsstelle eine Anreicherung von Assimilaten erfolgt. Dieser Bereich wird, u.U. nach Auftragen von Wuchsstoffen, mit frischem Torfmoos umgeben und mit Polyäthylenfolie abgedichtet. Zur Vermeidung von Überhitzung kann mit Aluminiumfolie ummantelt werden. Nach einigen Monaten ist der Moosballen durchwurzelt, der Luftableger kann abgetrennt und verschult werden. Der Bewurzelungserfolg ist i.a. abhängig von Baumart und Baumalter, sowie von der Art der mechanischen und chemischen Behandlung. Gute Bewurzelungserfolge besonders bei Lh, wie z.B. Bi, Bu, Ah, Ul und Pa.

Luftsack: Pollensack. Vesiculum. Durch Abheben der Exine entstandener Hohlraum bei Pollen einiger Nh-Arten als Anpassung an die Anemogamie (alle Pinus-, Abies-, Cedrus- und Picea-Arten, fehlend bei Larix und Pseudotsuga).

Luftableger bei Buche

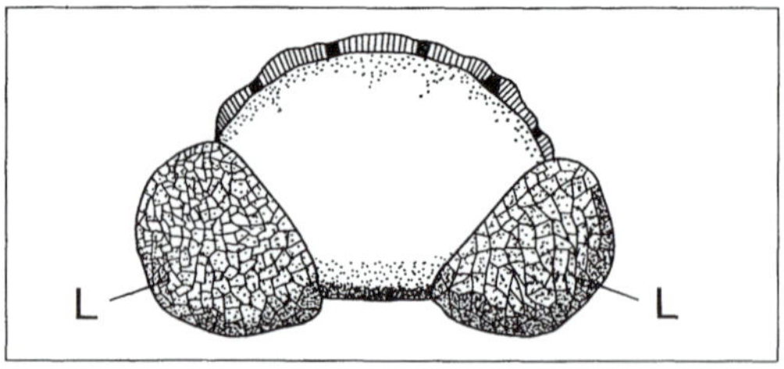

Luftsäcke (L) bei Picea abies

Luftstickstoffbindung → *Stickstoffkreislauf*, → *Stickstoff-Fixierung*

Luftverunreinigungen → *Immission*

Lutein → *Carotinoide*

Luxurieren: Wenn die F_1-Nachkommenschaft vom züchterischen Standpunkt aus erwünschte Merkmale der Elterngeneration wie Produktivität, Wüchsigkeit u.a. besser ausprägt als die P-Generation. → *Hybridisierung.*

Luzulo-Fagion: Unterverband im → *Fagion sylvaticae.* Umfaßt Buchenwälder auf stark sauren Böden mit einer Auflage aus saurem, modrigem Humus. Der Unterwuchs dieses sehr artenarmen Bu-Waldes besteht im wesentlichen aus Luzula luzuloides, Avenella flexuosa und Oxalis acetosella.

Lycium L., Bocksdorn: Gattung der → *Solanaceae* mit 100 vorwiegend strauchigen Arten in der gemäßigten Zone, bes. häufig in S-Amerika. Einzige verholzende, europäische Art: L. barbarum L. (syn.: L. halimifolium MILL., L. vulgare DUN.) Gemeiner Bocksdorn, Teufelszwirn: Bis 3 m hoher Strauch, der in S-, M-Eur. und in W-Asien vorkommt. An Mauern, Wegen und trokkenen Hängen; häufig als Hecke gepflanzt. Blüten lila bis purpurn oder bräunlich, Beerenfrüchte orange.

Lycoperdales → *Gasteromycetales*

Lycopodiales: Bärlappe. Ordnung der → *Lycopodiatae* mit ca. 400 Arten. Schon im Devon auftretende isospore Sippe. Immergrüne, gabelig (oft anisotom) verzweigte Kräuter mit dicht spiralig gestellten Mikrophyllen ohne Ligula. Sekundäres Dickenwachstum fehlt. Sporophyllstände meist terminal und mit abgeschlossenem Längenwachstum. Sporophylle oberseits mit einem nierenförmigen, mehrschichtig bewandeten Sporangium, das sich an präformierter Stelle öffnet. Sporen keimen erst nach mehreren Jahren zu einem wenigzelligen Vorkeim, der sich, vergesellschaftet mit symbiontischen Pilzen, zu einem bleichen, saprophytisch und unterirdisch lebenden Prothallium entwickelt, das erst nach 6 – 8 Jahren geschlechtsreif wird. Häufige Waldpflanzen: Lycopodium annotinum (Waldbärlapp), Huperzia selago (Tannenbärlapp, ohne endständige Sporophyllstände). Lycopodium-Arten sollen hohe Aluminium-Konzentrationen im Zellsaft akkumulieren.

Lycopodium annotinum

Lycopodiatae: Bärlappgewächse. Klasse der → *Pteridophyta.* Alte, ab Devon auftretende Gruppe mit besonders reicher Entfaltung im Karbon (Bäume und Kräuter); heute nur als Kräuter vorkommend. Sprosse meist gabelig verzweigt; manchmal mit sekundärem Dickenwachstum. Erstmals Auftreten von Wurzeln. Blätter klein (Mikrophylle), spiralig gestellt, oft mit → *Ligula* (nicht bei Lycopodiales). Sporangien einzeln auf der Oberseite von → *Sporophyllen* oder in deren Achseln. Oft endständige Sporophyllstände. Iso- oder Heterosporie. Ordnungen: → *Lycopodiales,* → *Selaginellales,* → *Lepidodendrales.* Ferner: Isoetales (Brachsenkräuter): Heterospore, in oligotrophen Gewässern lebende Kräuter mit stark reduzierten, sich in der Spore entwickelnden Gametophyten.

Lyginopteridatae: Pteridospermae, Samenfarne. Klasse der → *Cycadophytina.* Im Oberdevon bis Kreide lebende, heute ausgestorbene Holzpflanzen mit farnwedelartiger Beblätterung. Ohne Blütenbildung, aber mit Samenanlagen an den Wedeln. Ausbildung eines 2. Integuments aus cupulaähnlichen Gebilden.

Lyonia calyculata → *Chamaedaphne calyculata*

Lyosomen → *Cytosomen*

Lyotrope Reihe (syn.: Hofmeister'sche Ionenreihe, Quellungsreihe): Eine nach ihrer Quellung geordnete Ionenfolge. Entscheidend für das Ausmaß der quellungsfördernden oder entquellenden Wirkung gegenüber neutralen Kolloiden und gelösten organischen Stoffen sind vor allem Ladungsdichte und Durchmesser der Ionen. Ionen mit kleinem Kristallgitterradius (z.B. Li^+) sind stark hydratisiert, sie wirken quellungsfördernd, Ionen mit großem (z.B. Cs^+) besitzen geringe Wasserhüllen, sie wirken entquellend. Ionen nach steigender Entquellung geordnet: Kationen: Ca^{++}, Li^+, Na^+, K^+, Rb^+, Cs^+; Anionen: SO_4^{--}, CH_3COO^-, Cl^-, Br^-, J^-. Bei Pflanzen spielt der Antagonismus zwischen Ca^{++} und K^+ bei der Regulation der Plasmaquellung eine wichtige Rolle: K^+ wirkt stärker entquellend als Ca^{++}.

lysigen → *Intercellularen*

Lythraceae: Weiderichgewächse. Familie der → *Myrtales.* Überwiegend Kräuter mit mittelständigen Gynoeceen. Erwähnenswerte Holzpflanzen: Lagerstroemia indica (Kräuselmyrte) aus O-Asien und NO-Australien, wegen der rosaroten Blüten in S-Europa als Zierbaum angepflanzt, frostempfindlich. Physocalymma scaberrima (brasil. Rosenholz). Lafoensia (hartes Bauholz). Der Hennastrauch (Lawsonia inermis) in O- und N-Afrika bis Indien verbreitet, liefert ein Haarfärbemittel und wird deswegen vielerorts kultiviert.

M

m-RNA → *RNA*

Macchie: Trockenstrauchformation im Mittelmeergebiet aus immergrünen, → *xeromorphen* Sträuchern und niederen Bäumen (Laurus nobilis, Erica arborea, Arbutus unedo, Cistus-Arten), Dornsträuchern (Ruscus aculeatus), Lianen (Smilax aspera) und wenigen Stauden. Die M. wird als Degradationsstufe des med. → *Hartlaubwaldes* angesehen. Ähnliche Hartlaubgebüsche existieren in anderen Gebieten mit → *Etesienklima* (SW- Kapland, → *Fynbos;* Süd-Australien, → *Scrub;* Chile, → *Campos cerrados;* Kalifornien, → *Chaparral).* → *Garigue.*

Machandel → *Juniperus communis*

Maclura → *Moraceae*

Macrocysten → *Myxomycetes*

Mädchenkiefer → *Pinus parviflora*

Mäusedorn → *Ruscus*

Magerkeitszeiger: → *Zeigerpflanzen* für stickstoffarme Substrate, z.B. Rubus chamaemorus, Betula nana.

Magnesium (Mg): Hauptnährelement, wichtiger Bestandteil der Chlorophylle u. des Protopectins, Co-Faktor vieler Enzymreaktionen, an denen → *ATP* beteiligt ist. Unzureichende Mg-Versorgung (→ *Mangelkrankheiten)* führt u.a. zu Gelbspitzigkeit von Nadeln (→ *Waldsterben* bei Fichte); der Mg-Gehalt in Gehölzen ist niedriger als ihr Ca-Gehalt; Lh unterscheiden sich hinsichtlich ihrer Mg-Ansprüche nicht wesentlich von Nh.

Magnesiummangel → *Mangelkrankheiten*

Magnolia L. Magnolie: Gattung der → *Magnoliaceae* mit etwa 75 sommer- oder immergrünen Baum- und Straucharten im östl. N- und Mittelamerika, in O-Asien und im Him.. Triebe an der Ansatzstelle der Blattstiele mit deutlichem Ring. Blätter wechselständig, einfach, ganzrandig. Große, endständige Blüten mit 3 Kelch- und 6 (bis 15) freien Kronblättern. Zapfenähnliche Sammelfrucht mit zahlreichen, 1- bis 2-samigen, sich an der Rückennaht öffnenden Balgkapseln; Samen von einem → *Arillus* umgeben, oft an einem Faden aus der Frucht hängend. Wegen der ansehnlichen Blüten weit verbreitete Ziergehölze, einige Arten auch forstlich von Bedeutung. Holz leicht und weich, zerstreutporig, hellfarben, Kernholz meist gelblich braun.

Magnolia acuminata L. Gurkenmagnolie (engl.: Cucumbertree): Geradstämmiger, max. 30 m hoher, sommergrüner Laubbaum des östl. N-Amerikas (im N von W-NY und SO-ON bis MO und OK, südl. bis GA, AL und LA). Blätter elliptisch bis eiförmig, 10 – 25 cm groß, kurz zugespitzt, Basis abgerundet bis schwach herzförmig, unterseits hellgrün und meist behaart. Unauffällige, grünlich-gelbe Blüten (V-VII). Sammelfrucht 5 – 7 cm groß, im Sommer gurkenähnlich, grün; bei der Reife dunkelrot; Samen rot. Mischholzart in Laubwäldern. Vergesellschaftet mit Fagus grandifolia, Acer saccharum, Betula alleghaniensis, B.lenta, Quercus palustris, Q.velutina, Fraxinus americana u.a. Auf feuchten oder nassen Böden, im Gebirge bis etwa 1 200 m Meereshöhe. Neben → *M.grandiflora* forstl. wichtigste Magnolienart Amerikas. Holz ähnlich → *Liriodendron tulipifera,* aber etwas schwerer. Winterhärtester Vertreter der Gattung. In M-Eur. in vielen Parks. Die gelbblütige, meist strauchartige Var. cordata Sarg. (syn.: M.cordata Michx.) ist eine geographische Rasse (verbreitet von NC bis GA).

Magnolia cordata → *Magnolia acuminata*

Magnolia foetida → *Magnolia grandiflora*

Magnolia grandiflora L. (syn.: M.foetida) Immergrüne Magnolie (engl.: Southern Magnolia): 20 – 25 m (max. 38 m) hoher, immergrüner Laubbaum. Heimat: warmtemperierte bis subtropische Küsten- und Flußniederungen (bis 120 m Meereshöhe) im SO der USA (O-NC bis FL und O-TX). Neben → *M. acuminata* die forstlich wichtigste Magnolienart Amerikas. Weltweit als Zierbaum angepflanzt. Häufig im Mittelmeergebiet; in M-Eur. nur in besonders warmen und geschützten Lagen. Leicht erkennbar an den gummibaumähnlichen, bis 20 cm großen, derb ledrigen, elliptischen, oberseits stark glänzenden, unterseits dicht filzig rostbraunen Blättern. Große, angenehm duftende, rein weiße Blüten (V-VIII). Eiförmige, filzig behaarte Sammelfrucht. Von Natur aus in Laubmischwäldern auf feuchten, aber gut drainierten Niederungsböden entlang von Flüssen und in der Nähe von Sümpfen. Holz v.a. für Möbel, Kisten, Drechsler- und Tischlerwaren.

Magnolia hypoleuca Sieb. et Zucc. (syn.: M.obovata Thunb.) Weißrückige Magnolie: Max. 30 m hoher und 1 m starker, sommergrüner Waldbaum Japans. Glatte, hellgraue, buchenähnliche Rinde. Blätter an den Triebenden gehäuft, bis 45 cm lang, verkehrt eiförmig, unterseits behaart und bläulich weiß. Blüten weiß, erscheinen nach dem Laubaustrieb; Staubfäden rot. Früchtchen zur Reifezeit scharlachrot, Samen rot. Mischbaumart in kühl-temperierten Gebirgswäldern. Wertvolles, leicht bearbeitbares Holz mit gelblichem Splint und graugelbem Kern. In M-Eur. Zierbaum. Forstl. Versuchsanbauten in Deutschland mit gutem Erfolg auf frischen, lehmigen Böden, leidet aber unter Sommertrockenheit.

Magnolia kobus DC. Kobushi-Magnolie: In Laubwaldungen Japans beheimateter, sommergrüner, bis 18 m hoher Baum oder Strauch. Blätter verkehrt eiförmig, größte Breite oberhalb der Mitte, vorne kurz zugespitzt; Blüten (vor dem Laubausbruch) mit 6 (bis 9) ± ausgebreiteten, weißen, mitunter an der Basis auch rötlichen Kronblättern und 3 kleinen, rasch abfallenden Kelchblättern; Sammelfrucht bis 10 cm groß, länglich, oft gekrümmt; Samen kräftig rot. Forstliche Bedeutung gering, aber als Zierbaum weit verbreitet, in M-Eur. winterhart. Im nördl. Jap. dominiert die wüchsigere (max. 25 m hoch) Var. *borealis* SARG.

Magnolia obovata → *Magnolia hypoleuca*

Magnolia tripetala L. (syn.: M. umbrella DESR.) Schirmmagnolie (engl.: Umbrella Magnolia): Bis 15 m hoher, sommergrüner Laubbaum mit riesigen, bis 60 cm langen, elliptischen Blättern (ähnlich → *M.hypoleuca),* die an den Triebspitzen schirmförmig (Name!) ausgebreitet sind. Große, weiße und unangenehm riechende Blüten (VI-VII). Sammelfrucht rosarot. Heimat: östl. USA (im N von S-PA bis S-IN, AR und SO-OK, südl. bis GA und SO-MS). In Laubmischwäldern auf feuchten, nährstoffreichen Niederungsböden. Forstl. weitgehend unbedeutend. In M-Eur. Zierbaum.

Magnolia umbrella → *Magnolia tripetala*

Magnolia x soulangiana SOUL.-BOD. Tulpenmagnolie, Gartenmagnolie: Wegen seiner prachtvollen Blüte sehr weit verbreiteter, sortenreicher Zierbaum, 1820 in der Nähe von Paris durch Kreuzung der chinesischen Arten M.denudata DESR. und M.liliiflora DESR. entstanden. Strauch oder bis 6 m hoher, sommergrüner Baum mit verkehrt eiförmigen, kurz zugespitzten Blättern. Aufrechte, tulpenähnliche Blüten (vor, z.T. auch nach dem Laubaustrieb), die 3 Kelch- und 6 Kronblätter gleichartig, innen weiß, außen ± rötlich. Sammelfrucht länglich, oft gekrümmt; Samen rot. Blüht schon in jungen Jahren.

Magnolia, Southern → *Magnolia grandiflora*

Magnoliaceae: Magnoliengewächse. Ursprünglichste Familie der → *Magnoliophytina.* Zur Ordnung → *Magnoliales* gehörend. Bäume und Sträucher mit disjunkter Verbreitung in gemäßigten bis tropischen Gebieten SO-Asiens (bis Japan) und in SO-Nordamerika (bis Brasilien). Kennzeichen: Blüten groß, meist einzeln, zwittrig, homo- oder unvollkommen heterochlamydäisch. Blütenblätter meist lebhaft gefärbt, oft in drei Wirteln. A und G meist zahlreich, spiralig an verlängerter Blütenachse. Balg- oder Nußfrüchte (gelegentlich schwach verwachsen). Äußere Schicht der Samenschale (Sarcotesta) fleischig (nicht bei → *Liriodendron),* innere (Sclerotesta) holzig. Pollen monocolpat. Ölhaltiges Endosperm. Blätter wechselständig mit Nebenblättern. Tracheen mit leiterartiger Perforation.
M. werden in 2 Tribus unterteilt: Magnolieae: ungelappte Blätter; introrse Antheren; mit Sarcotesta. Hierher gehören u.a.: → *Magnolia,* Aromadendron (Sumatra, Borneo), Kmeria (SO-Asien), Manglietia (Himalaya bis O-Asien), Michelia (Indien bis O-Asien), Talauma (Asien, Amerika). Liriodendreae: gelappte Blätter, extrorse Antheren. Hier nur 1 Gattung: → *Liriodendron.* Die Gattungen Magnolia und Liriodendron sind fürs Tertiär auf der gesamten Nordhalbkugel fossil nachgewiesen.

Magnoliales: Magnolienartige. Zu den → *Magnoliidae* zählende Ordnung tropischer und subtropischer Holzgewächse mit ursprünglichen, aber auch fortentwickelten Merkmalen. Deshalb große Mannigfaltigkeit im Blütenbau: Blüten azyklisch bis zyklisch mit Perigon oder Perianth. Blütenachse häufig gestreckt. Andrözeum meist zahlreich mit flächig ausgebildeten Staubblättern. Gynözeum ∞ bis 1, gelegentlich unecht verwachsen. Laubblätter meist stipellos (Ausnahme: Magnoliaceae), enthalten Ölzellen. Systematische Untergliederung der M. uneinheitlich. Forstlich bedeutend sind nur die → *Magnoliaceae.* Ferner gehören hierher: Annonaceae: Schuppenapfelgewächse; pantropisch verbreitet. Degeneriaceae: Monotypisch auf den Fidschi-Inseln. Fruchtknoten im jungen Zustand noch nicht geschlossen. Myristicaceae: Muskatgewächse. Die Gattung Virola gehört zu den Hauptholzarten des Amazonas-Urwalds, geringe Holzqualität. Myristica fragans liefert Gewürze (Muskatnuß, Macis). Winteraceae: In Bergregenwälder der Tropen und der kaltgemäßigten Zone der Südhalbkugel. Holz ist noch tracheenlos (gymnospermenähnlich). Drimys winteri (Winterrindenbaum) aus S-Chile und Argentinien, in M-Europa nicht frosthart. Sowie die Himantandraceae (NO-Australien) und Canellaceae (trop. Afrika und S-Amerika).

Magnoliatae: Dicotyledoneae, zweikeimblättrige Bedecktsamer. Zu den → *Magnoliophytina* gehörende Klasse mit 6 Unterklassen: → *Magnoliidae,* → *Hamamelididae,* → *Rosidae,* → *Dilleniidae,* → *Caryophyllidae* und → *Asteridae.* Kennzeichnend sind: Keimpflanzen mit 2 Keimblättern, Sproß mit offen kollateralen Leitbündeln, fiedernervige Blätter, allorhizes Wurzelsystem, Blüten mit 2-, 4- oder 5-zähligen Wirteln, Achselsprosse mit 2 Vorblättern, Pollen mit 3 Keimporen oder -falten, simultane Pollenbildung, Calyptra und Rhizodermis gehen aus einer Initialgruppe am Wurzelvegetationspunkt hervor (Dermocalyptrogen).

Magnolie → *Magnolia*

Magnolie, Immergrüne → *Magnolia grandiflora*

Magnolie, Weißrückige → *Magnolia hypoleuca*

Magnolieae → *Magnoliaceae*

Magnolienartige → *Magnoliales*

Magnoliengewächse → *Magnoliaceae*

Magnoliidae: Polycarpicae. Unterklasse der → *Magnoliatae* (Dicotyledoneae). Zeichnen sich durch große Mannigfaltigkeit der Merkmale aus. Neben vielen ursprünglichen Strukturen (polymere Blüten, Chorikarpie, primäre Polyandrie, gestreckte Blütenachse mit spiralig gestellten Blütengliedern, ungegliederte Stamina, Tracheen mit leiterartigen Gefäßdurchbrechungen, crassinucellate und bitegmische Samenanlagen) treten auch progressive Entwicklungen auf: Oligomerisation bei gleichzeitiger Wirtelstellung der Blütenteile führt zu 2- bis 3-zähligen Blüten.
Die seit der unteren Kreidezeit bekannten M. bilden die Basis der Magnoliophytina (Angiospermen). Viele Gattungen (vor allem bei den Nymphaeales) weisen auf Grund übereinstimmender Merkmale auf verwandtschaftliche Beziehungen zu den Liliatae (Monocotyledoneae) hin. M. umfassen 8 Ordnungen: → *Magnoliales,* → *Aristolochiales,* → *Laurales,* → *Ranunculales,* → *Piperales,* → *Nymphaeales,* → *Papaverales* und die in SO-Nordamerika und SO-Asien beheimateten Illiciales (Sternanisartige, Sträucher und Lianen).

Magnoliophytina: Angiospermae, Angiospermophytina, Bedecktsamer. Zu den → *Spermatophyta* gehörende Unterabteilung mit 2 Klassen: → *Magnoliatae* (= Dicotyledoneae) und → *Liliatae* (= Monocotyledoneae). Blütenpflanzen, deren Samenanlagen in einem Fruchtknoten eingeschlossen und damit nicht frei zugänglich sind. Weitere Kennzeichen: hochdifferenzierte Blattorgane mit Netz- oder Parallelnervatur, formenreiche Blütenhüllen, Xylem mit Tracheen und Tracheiden, Phloem mit Geleitzellen, Gametophyt auf wenige Zellen reduziert, sekundäres Endosperm.

Mahagoniebäume → *Meliaceae*

Mahonia NUTT. Mahonie (engl.: Mahonia): Gattung der → *Berberidaceae* mit etwa 100 Arten immergrüner, unbedornter Sträucher (→ *Berberis*), seltener kleine Bäume aus O-Asien, N- und M-Amerika. Blätter wechselständig, unpaarig gefiedert, Blüten gelb, Beerenfrüchte. In M-Eur. häufig: M. aquifolium (PURSH.) NUTT. (syn.: Berberis aquifolium PURSH.), Gewöhnliche Mahonie: Bis 1 m hoher Strauch aus dem pazifischen N-Amerika mit ledrigen, stachelspitzigen Blättern mit roter Winterverfärbung. Beeren kugelig, blau bereift. Gelegentlich verwilderter, frostempfindlicher Zierstrauch

Mahonia aquifolium → *Mahonia*

Maidenhair Tree → *Ginkgo biloba*

Makrofibrille → *Mikrofibrille*

Makrogametangium: Makrogameten produzierendes Geschlechtsorgan (→ *Gametangium).*

Makrogameten → *Gameten*

Makrokonidien → *Konidien*

Makronährstoffe: Zu den M. zählen die Elemente N, P, S, K, Ca, Mg und Fe; diese werden von Pflanzen in relativ großen Mengen benötigt.

Makrophanerophyten → *Phanerophyten*

Makroprothallium → *Prothallium*

Makrosorus → *Sorus*

Makrosporangium → *Sporangien*

Makrospore → *Sporen*

Makrosporenmutterzelle → *Embryosackmutterzelle*

Makrosporophyll → *Sporophyll*

Malaceae → *Rosaceae*

malakophyll: Weichblättrig, bezogen auf → *Xerophyten.*

Malaleuca → *Myrtaceae*

Maloideae → *Rosaceae*

Maltase (α-Glucosidase, Glucoinvertase): Enzym der Hydrolasen-Gruppe. Katalysiert die Spaltung der α-1,4- und α-1,2-glycosidischen Bindungen von Maltose und Saccharose.

Maltose → *Stärke*

Malus MILL. Apfelbaum: Gattung der → *Rosaceae* mit meist sommergrünen, manchmal bedornten, kleinen Bäumen oder großen Sträuchern. 25 – 35 Arten in der nördlichen gemäßigten Zone, in Eur. nur eine Art heimisch. Blätter wechselständig, Rand meist gesägt. Blüten in Dolden oder Trauben, weiß bis rosa oder rot. → *Apfelfrüchte,* meist ohne → *Steinzellen.* Bei Zieräpfeln ist die genaue Bestimmung oft schwierig.

Malus baccata (L.) MOENCH (syn.: Pyrus baccata L.) Kirschapfel, Beeren-Apfel: Bis 10 m hoher Baum oder Strauch aus O-Sibirien und N-China mit lanzettlichen Blättern, weißen Blüten und kirschgroßen, roten oder gelben, bis 1 cm großen Früchten, die bis zum Frühjahr am Baum bleiben. In M-Eur. Zierpflanze.

Malus communis → *Malus sylvestris*

Malus domestica → *Malus pumila*

Malus floribunda SIEB. ex VAN HOUTTE Vielblütiger Apfel, Korallenapfel: Strauch oder bis 10 m hoher Baum. Aus Japan eingeführtes Ziergehölz mit unbekanntem Ursprung. Reichblütig, Blütenblätter außen rötlich, innen nahezu weiß. Früchte erbsengroß, gelblich-grün, ungenießbar.

Malus floribunda

Malus pumila MILL. (syn.: M. sylvestris ssp. mitis (WALLR.) MANSF., M. domestica BORKH.) Gartenapfel, Kulturapfel: Bis 10 m hoher Baum oder Strauch. Im Unterschied zum Holzapfel Zweige dornenlos, Blätter stärker behaart, Blütenstiele filzig, Früchte größer und süßer. Seit der mittleren Steinzeit in Kultur. Äpfel an erster Stelle der Weltjahresobstproduktion.

Malus spectabilis (AIT.) BORKH. (syn.: Pyrus spectabilis AIT.) Pracht-Apfel, Chinesischer Apfel: In M-Eur. spätfrostgefährdeter Zierstrauch oder -baum aus China und Japan, mit rosaroten, oft gefüllten Blüten. Früchte schwefelgelb, bis 2,5 cm groß, sauer schmeckend.

Malus sylvestris MILL. (syn.: Pyrus malus L., P. sylvestris S.F. GRAY non MOENCH, M. communis POIR.) Holzapfel (engl.: Wild Crab): In fast ganz Eur. und in W-Asien verbreiteter, bis 10 m hoher Baum, oft mit Kurztriebdornen. Flach wurzelnde Licht- bis Halbschattbaumart, die von Tieflagen bis in die montane Stufe (Alpen bis 1100 m) in Auwäldern, an Waldrändern, in Hecken, oft auf kalkfreien, tiefgründigen Standorten gedeiht. Blüten in wenigblütigen Doldentrauben, Kronblätter innen weiß, außen rötlich. Früchte 2 – 3 cm groß, gelbgrün, oft rotwangig, herbsauer schmeckend. Holz im Splint rötlichweiß, im Kern rotbraun, feinfaserig, hart, wenig

Mangelsymptome an Laubgehölzen: *a* Rotbuche mit Mg-Mangel, *b* Rotbuche mit K-Mangel, *c* Eiche mit Mg-Mangel, *d* Eiche mit N-, P-, K-Mangel, *e, f* Bergahorn mit N-, P-, K-Mangel, *g* Schwarzerle mit N-, P-, K-Mangel, *h* Sandbirke mit N-, P-, K-Mangel

Mangelsymptome an Nadelgehölzen: *a* Fichten mit N-, P-, K-Mangel, Kontrolle rechts, *b* Fichte mit Mg-Mangel (»Gelb- oder Goldspitzigkeit«), *c* Fichte mit Mg- u. K-Mangel (in Kombination), *d* Kiefer (Sämlinge) mit P- und K-Mangel, Kontrolle rechts, *e* Bergkiefer mit Kalkmangel, *f* Europäische Lärche mit N-, P-, K-Mangel, Kontrolle rechts, *g* Weißtanne mit N-, P-, K-Mangel (obere Reihe, Kontrolle unten), *h* Tanne mit Mg-Mangel elastisch und wenig dauerhaft. Eine der Ausgangsarten für den Gartenapfel → *M. pumila.*

Malus sylvestris ssp. mitis → *Malus pumila*

Malvaceae: Malvengewächse. Familie der → *Malvales* mit 80 Gattungen. Überwiegend krautig, nebenblattlos, oft mit Außenkelch. Filamente der zahlreichen Staubblätter röhrig verwachsen. Gynöceum mit zentralwinkelständiger Placentation. Spaltfrüchte oder Kapseln. Wirtschaftlich bedeutendste Gattung: Gossypium (Baumwolle). Holzig sind einige → *Hibiscus*-Arten, z.B. H. tiliaceus (Baum trop. Mangrovenwälder).

Malvales: Columniferae, Malvenartige. Ordnung der → *Dilleniidae* mit überwiegend holzigen Pflanzen. Blätter oft wechselständig, meist mit Nebenblättern. Äußerer Staubblattkreis ausgefallen, innerer zentrifugal vermehrt. Filamente oft verwachsen. Samenanlage bitegmisch. Typ. Blütenformel: * K5 C5 A (0 + ∞) G (5-∞). Pflanzen oft mit Schleimzellen. Wichtige Familien: → *Malvaceae,* → *Tiliaceae,* → *Bombacaceae,* → *Sterculiaceae.* Weitere Nutzhölzer in den Familien Elaeocarpaceae (Elaeocarpus in Australien, Sloanea in der Karibik) und Sarcolaenaceae (Leptolaena, Bauholz aus den Regenwäldern Madagaskars).

Malvenartige → *Malvales*

Malvengewächse → *Malvaceae*

Mammutbaum → *Sequoiadendron giganteum*

Mancozeb → *Dithiocarbamate*

Mandarine → *Citrus*

Mandel, Süße → *Prunus dulcis*

Mandelweide → *Salix triandra*

Mandelbaum → *Prunus dulcis*

Maneb → *Dithiocarbamate*

Mangan (Mn): Spurennährelement, wichtig als Co-Faktor vieler Enzyme (→ *Citrat-Zyklus).* Mn-Gehalt liegt bei Fi-Nadeln zwischen 250 und 5 000 ppm; maximale Mn-Aufnahme u. Einlagerung in die Nadeln bei Boden- pH-Werten von 2,6-3,0; Mn-Mangel (→ *Mangelkrankheiten)* kann zu → *Chlorose* führen, Mn-Gehalte in Nadeln unter 10 ppm rufen bei Fi weißlichgelbe Verfärbung junger Triebe hervor.

Manganmangel → *Mangelkrankheiten,* → *Chlorosen*

Mangelkrankheiten: Krankheitszustände, die aufgrund unzureichender Versorgung mit lebensnotwendigen Stoffen (→ *Nährelemente)* und insbesondere durch das Fehlen von Spurennährelementen entstehen. M. äußern sich z.T. in typischen Mangelsymptomen z.B. durch gelbliche Verfärbungen der Blattorgane (→ *Chlorosen)* oder → *Nekrosen* als Folge gestörter Stoffwechselprozesse (→ *Blattspiegelwerte).* Für Forstgehölze sind folgende Symptome typisch: 1. N-Mangel: Gelblich grüne Färbung der Blätter, Nadeln sind oft kleiner als normal, Entwicklung von Wipfel- und Seitentrieben ungenügend, späte Knospenentfaltung, frühzeitiger Laubfall. 2. P-Mangel: Graugrüne bis braune Nadelspitzen, Nadeln extrem klein, braungefärbte Blätter, Wuchsstockungen häufig verbunden mit geringer Wurzelausbildung, geringer Blüten- und Fruchtansatz. 3. K-Mangel: Fahlgelbe Nadelspitzen, junge Blattorgane bleiben klein, schrumpfen und bleiben noch lange am Baum hängen, Braunfärbung der Blattränder im Frühherbst und Blattnekrosen, ungenügende Verholzung von Trieben, dadurch erhöhte Frostempfindlichkeit, Absterben der Äste von unten nach oben. 4. Mg-Mangel: Scharf abgegrenzte, gelbe Nadelspitzen (»Goldspitzigkeit«), gelbe Blattflecken, vom Blattinnern ausgehende Nekrosen mit unregelmäßiger Form, verstärkter Abfall vertrockneter Nadeln, leichtes Abstoßen der Blätter. 5. Ca-Mangel: Aufrollen der Blattränder, rotbraune Blattflecken; schlechtes Wurzelwachstum. 6. Cu-Mangel: Dunkle Blattverfärbungen, Absterben von Zweigspitzen. 7. Mn-Mangel: Nadelvergilbungen in der Krone von unten nach oben fortschreitend, Verkürzung der Höhentriebe u. Kümmerwuchs. 8. Fe-Mangel: Gelblich-weiße Triebspitzen, gelbliche Blätter mit grünem Adernetz (Abb. S. 283/284).

Mangelsymptome → *Mangelkrankheiten*

Manglietia → *Magnoliaceae*

Mangrove → *Gezeitenwald*

Mangrovengewächse → *Rhizophoraceae*

Manilkara → *Sapotaceae*

Manna → *Fraxinus ornus*

Mannaesche → *Fraxinus ornus*

Mannbarkeit: Fähigkeit zur Fruktifikation. Sehr variabler, von artspezifischen und ökologischen Faktoren abhängiger Zeitpunkt, zu dem ein Baum in die generative Phase eintritt. Nach Erreichen der Mannbarkeit fruktifizieren großfrüchtige Bäume mit mehrjährigen Pausen in sog. Samen- oder → *Mastjahren.*

Baumart	im Bestand	im Freistand
Abies alba	60 – 80	50 – 60
Larix decidua	30 – 50	15 – 30
Picea abies	50 – 60	15 – 30
Pinus sylvestris	30 – 50	15 – 30
Pseudotsuga menziesii	30 – 50	20 – 25
Acer platanoides	20 – 30	15 – 40
Alnus glutinosa, incana	20 – 30	10 – 15
Betula pendula, pubscens	20 – 30	10 – 15
Carpinus betulus	20 – 25	30 – 50
Fagus sylvatica	50 – 80	40 – 50
Fraxinus excelsior	30 – 50	20 – 25
Populus alba, tremula	ca. 10	unter 10
Quercus robur, petraea	50 – 80	40 – 50
Robinia pseudoacacia	ca. 10	6 – 10
Tilia cordata, platyphyllos	30 – 50	20 – 25
Ulmus glabra, laevis, minor	50 – 60	30 – 40

Durchschnittliches Mannbarkeitsalter in Jahren

Mannigfaltigkeitszentrum → *Genzentrum*

Mantelsporen → *Sporen*

Maple, Bigleaf → *Acer macrophyllum*

Maple, Black → *Acer nigrum*

Maple, Hard → *Acer saccharum*

Maple, Norway → *Acer platanoides*

Maple, Red → *Acer rubrum*

Maple, Silver → *Acer saccharinum*

Maple, Soft → *Acer saccharinum*

Maple, Sugar → *Acer saccharum*

Maple syrup → *Acer saccharum*

Marattiales: Ordnung der → *Eusporangiatae.* Isospore, tropische Farne mit kurzen Stämmen und bis 6 m langen, mehrfach gefiederten Wedeln, unterseits mit zu → *Synangien* verwachsenen Sporangien. Im Karbon waren die M. artenreich vertreten und bildeten z.T. Bäume mit 10 m langen Stämmen, die mit Luftwurzeln ummantelt waren.

Marchantia polymorpha → *Marchantiales*

Marchantia polymorpha mit ♀ Gametangienständen

Marchantiales: Ordnung der → *Hepaticae* mit hochdifferenziertem, geschichtetem Thallus. Ventralseits liegt ein Parenchym mit speichernden und festigenden Zellen; dorsal ist der Thallus in einzelne Luftkammern unterteilt, in denen sich chloroplastenreiche Zellen (Assimilatoren) befinden. Jede Luftkammer verfügt über eine kaum regulierbare Atempore. Besondere Brutkörper, die in Brutkörbchen auf der Thallusoberseite stehen, dienen der Vegetativvermehrung. ♀ und ♂ Gametangienstände werden auf verschiedenen orthotropen, schirmartigen Gametangienträgern gebildet. Thalli diözisch. Hierzu gehört das weitverbreitete Brunnenlebermoos (Marchantia polymorpha).

Marchantiatae → *Hepaticae*

Margo → *Tüpfel*

Maries' Tanne → *Abies mariesii*

Marille → *Prunus armeniaca*

Mark: Aus dem Apikalmeristem des Sprosses entstehendes, zentral die Sproßachse durchziehendes Parenchym. Dient der Stoffspeicherung. Oftmals mit rhexigen oder schizogen entstandener großer Interzellulare (Markhöhle). Über primäre Markstrahlen besteht Verbindung zur primären Rinde.

Markhöhle → *Mark*

Markstrahlen: Radial verlaufende, der Stoffleitung und Speicherung (Stärke) dienende Zellreihen in Sproß und Wurzel. Primäre M. verbinden das Mark mit der primären Rinde. Sie verlaufen entweder zwischen den Leitbündeln (im Sproß dikotyler Kräuter und Lianen) oder durchziehen den Zentralzylinder (bei Holzpflanzen). In der Wurzel setzen sie unmittelbar vor den primären Xylemradien ein. Im Zuge des sek. Dickenwachstums dilatieren die prim. M. im Bastbereich (→ *Dilatation)* und vom Kambium werden zusätzliche, sog. sekundäre M. gebildet, die aber blind im Holz und im Bast enden.
M. bauen sich aus mehreren Zellstockwerken auf; sie sind entweder nur eine Zellage breit (uniseriat; bei allen Gymnospermen, Pa, Wei, Edelkastanie) oder breiter (multiseriat; besonders breit bei Ei, Bu, Platane). M. der Magnoliatae bestehen ausschließlich aus parenchymatischen Zellen, deren Form im obersten und untersten Zellstockwerk gelegentlich von den Zentralzellen abweicht (viele Rosaceae). M. der Gymnospermen sind entweder auch rein parenchymatisch (z.B. Ta) oder aus toten, der radialen Wasserleitung dienenden, tracheidalen Randzellen (Quertracheiden) mit unregelmäßigen Wandverstärkungen und Hoftüpfeln und aus parenchymatischen Zentralzellen zusammengesetzt (Holz von Dougl, Fi, Ki, Lä). Im Holz verlaufende M.-Abschnitte bezeichnet man als Holzstrahlen. Sie setzen sich als Baststrahlen im Phloembereich fort. Zusammengesetzte (»falsche«) M. bauen sich aus mehreren eng benachbarten, einen einheitlichen Markstrahl vortäuschenden und nur durch wenige vertikal verlaufende Holzfasern getrennten Einzelmarkstrahlen auf (bei Hbu, Er und im Wurzelholz der Ei).

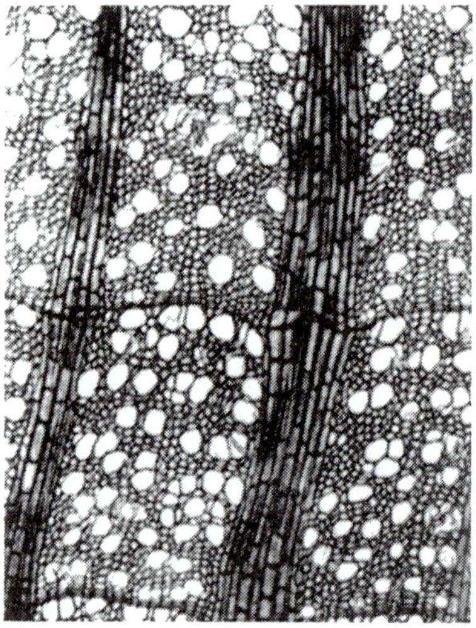

Markstrahlen im Holzquerschnitt (Platane)

Marssonina: Gattung der Melanconiaceae, Konidienform mehrerer Ascomyceten. Zweizellige Konidien in subcuticulären, flachen Acervuli. Erreger von Blattkrankheiten an Pa und Wei; intensiver Befall und früher Blattfall nach feuchten Frühsommern. Mehrjähriger Befall disponiert für Schwächeparasiten. Infektion durch Konidien aus Acervuli an überwinterten Blättern oder durch Ascosporen gleich nach Blattaustrieb. Inkubationszeit ca. 2 Wochen. Neue Acervuli auf Primärläsionen. Ständige Infektionen bei Regenwetter. Mikrokonidien an denselben Läsionen. Blattbräunung und Blattfall ab Ende Juli.

Marssonina brunnea (ELLIS et EVERH.) MAGN.: Konidienform von Drepanopeziza punctiformis GREMMEN (Dermateaceae). Erreger einer wirtschaftl. bedeutenden Blattkrankh. an Populus nigra und mehreren Euramericana-Hybriden in Europa, N-Amerika und Japan. Im Sommer zahlreiche kleine, bräunl. schwarze Blattflecke. Darauf Acervuli mit hellem Zentrum (abgehobene Epidermis) und 2zelligen Makrokonidien; im Herbst Mikrokonidien. Apothecien der Hauptfruchtform im Frühjahr an überwinterten Blättern. Sorten Robusta, Serotina, Drömling, Fritzi Pauley (P.trichocarpa) rel. resistent. Bekämpfung mit Fungiziden.

Marssonina castagnei (DESM. et MONT.)MAGN.: Ähnlich → *M.brunnea.* Wirtsspektrum auf Leuce-Pappeln beschränkt. Hauptfruchtform Drepanopeziza populialbae (KLEB.)HOEHN.

Marssonina populi-nigrae KLEB.: Ähnlich → *M.brunnea.* Wirtsspektrum: Schwarz- und Balsampappeln, insbes. P.nigra var. italica. Braune Blattflecke mit unregelmäßigem Rand und schwarze Flecke an jungen Trieben. Hauptfruchtform: Drepanopeziza populorum (DESM.) HOEHNEL.

Marssonina salicicola (BRES.) MAGN.: Erreger einer Blatt- und Triebkrankheit an Weidenarten in Europa. Bes. anfällig: S. alba, incl. Trauerform. Mycel überwintert in der Rinde. Rundliche, braune Blattflecke, Blattbräunung, Blattfall. Bei starkem Befall längliche Läsionen auf der grünen Rinde, Triebspitzendürre, Verbuschung. Im Sommer schwarze, stromatische Sporenlager mit farblosen, im unteren Drittel septierten Konidien, Hauptfruchtform: Drepanopeziza sphaeroides (FR.) NANNF.

Maserbirken → *Maserknollen*

Maserknollen: Unregelmäßige, z.T. beulenförmige Anschwellungen an Stämmen und Ästen mit sehr unregelmäßigem Verlauf der Holzelemente. Insbesondere bei Es, Bi, Bu, Ul. Ursache: lokale Störung des Kambiums mit vermehrter Xylembildung. Entweder genetisch bedingt (Bi, Ah), auf die mikrobielle Besiedelung von Wunden oder die Kombination Bakterien/Viren zurückgehend. Gesuchte Fourniere für die Möbelherstellung: Maserbirken aus Skandinavien, Vogelaugenahorn (Acer saccharum) aus Canada.

Maserknollenbirken → *Betula pendula*

Massenauslese: Auswahl, Förderung bzw. Vermehrung der dem Zuchtziel entsprechenden Individuen in großer Anzahl. Man unterscheidet zwischen positiver und negativer M.. Positive M.: Auswahl der wünschenswerten Bäume. In der Praxis geschieht dies über eine Auswahl besonders leistungsstarker Bestände (z.B. zum Zweck der Saatgutanerkennung), über eine → *Auslesedurchforstung* oder über eine gezielte Auswahl überlegener Phänotypen zur Gewinnung von Pfropfreisern oder zur kontrollierten Bestäubung. Negative M.: Im Rahmen von Durchforstungsmaßnahmen werden z.B. kranke, geringwüchsige Bäume oft minderer Qualität entfernt, um erwünschte Bestandesglieder zu fördern. Zuweilen ist es notwendig, standortfremde bzw. untaugliche Bestände gänzlich einzuschlagen, um die Verbreitung ungeeigneten Erbgutes zu unterbinden.

Maserknolle bei Birke

Massenfluß: Passiver, zur Wurzel hin verlaufender → *Nährstofftransport* in Bodenlösungen, wichtiger Transportmechanismus für N, S u. Mo.

Massenströmung: Gemeinsamer Transport von Wasser und gelösten Substanzen durch das Zusammenwirken von → *Wasserpotential-* und Konzentrationsgefälle. Durch osmotische Wasseraufnahme der Zellen werden Konzentrationsunterschiede zwischen Zellwand und Vacuole erzeugt, denen die gelösten Substanzen durch Permeation folgen.

Maßholder → *Acer campestre*

Mast: Fruchtansatz von Bu und Ei, früher zur Schweinemast verwendet (Name!). Jahre mit reichlichem Fruchtansatz (sog. Mastjahre) werden zur Saatgutgewinnung genutzt. Ei und Bu fruktifizieren alle 9 – 10 Jahre sehr ausgiebig (Vollmast), Halbmast erreicht ca. 50 – 66 % der Vollmasternte und tritt alle 5 – 6 Jahre ein. Bei Sprengmast zeigen nur einzelne vorherrschende Individuen eines Bestandes reichlichen Fruchtansatz. Die Begriffe Voll-, Halb- und Sprengmast sind subjektiven Maßstäben unterworfen. Zur Einschätzung der Erntemöglichkeiten werden die genauer definierten Begriffe → *Vollernte* und Mittelernte verwendet.

Mastix-Strauch → *Pistacia*

Mastjahr → *Mast*

Mate-Tee → *Ilex*

Matorral: Sammelbezeichnung für alle Degradationsstufen des med. Steineichenwaldes. → *Macchie.*

Matrix → *Zellwand,* → *Hemicellulosen*

Matrixpotential (ψ_τ): Teilkomponente des Wasserpotentials. Abhängig von der Anzahl der polaren Gruppen der Matrixbausteine des Quellkörpers (Quellung) und deren Wirkung auf die Quellbarkeit.

Matten-Weide → *Salix breviserrata*

Maulbeerbaum, Roter → *Morus rubra*

Maulbeerbaum, Schwarzer → *Morus nigra*

Maulbeerbaum, Weißer → *Morus alba*

Maulbeergewächse → *Moraceae*

Maximowiczs-Balsampappel → *Populus maximowiczii*

Maximowiczs-Birke → *Betula maximowicziana*

Mazeration → *Mittellamelle*

MCPA: (2-Methyl-4-chlorphenoxyessigsäure). Systemisch wirkendes, hauptsächlich im Getreidebau angewandtes → *Wuchsstoffherbizid,* im Forst gelegentlich zur → *chem. Läuterung* eingesetzt. LD_{50} (Ratte) = 700.

MCPP → *Mecoprop*

Mecoprop (MCPP oder CMPP): 2-(4 Chlor-2-methylphenoxy)-propionsäure. Systemisches, im Boden rel. persistentes → *Wuchsstoffherbizid,* hauptsächlich gegen Mischverunkrautung im Getreide, gegen Ampferarten im Grasland und – in Kombination mit 2,4,5-T – gegen verholzte Pflanzen im Forst eingesetzt. LD_{50} (Ratte) = 1060.

medial: In der Mitte liegend.

Mediane: Medianebene. Symmetrieebene, die durch die Sproßachse und die Mittellinie eines Blattes bestimmt ist (→ *Blütendiagramm).*

mediterran: Bezogen auf eine → *Florenregion.*

Medusandraceae: Monotypische Familie (Ordnung → *Santalales)* aus den Regenwäldern Kameruns. Medusandra richardsiana mit rötlichem Kernholz und weißem Splint, Höhe bis 18 m, Blüten mit lang heraushängenden, weißen Staminodien.

Meerträubel → *Ephedra*

Megagameten → *Gameten*

Megagametogenese: Mitotische Teilungen des ♀ Gametophyten im Anschluß an die → *Megasporogenese* zur Entwicklung der befruchtungsfähigen Eizelle. Bei den Angiospermen → Embryosackentwicklung. Bei den Gymnospermen werden bei phylogenetisch älteren Sippen noch mehrere Archegonien ausgebildet. Im Laufe der phylogenetischen Entwicklung wurde die M. immer stärker reduziert. Bei den Coniferophytina umgibt sich die Megaspore mit einer Sporenwand und ruht einige Wochen, bevor sie mit einer Reihe freier (nucleärer) Kernteilungen beginnt. Die Kerne liegen im wandständigen Plasma bis durch den Aufbau von Zellwänden das Megaprothallium entsteht. Am mikropylaren Ende des Megaprothalliums entsteht eine plasmareiche Archegonieninitiale, die sich in die primäre Halswandzelle und die Zentralzelle teilt. Aus der primären Halswandzelle gehen i.d.R. acht sekundäre Halswandzellen hervor, die in zwei Schichten zu je vier übereinanderliegen. Die Zentralzelle wächst stark heran und gliedert schließlich eine kleine, meist degenerierende Bauchkanalzelle ab, wird zur reifen, befruchtungsfähigen Eizelle.

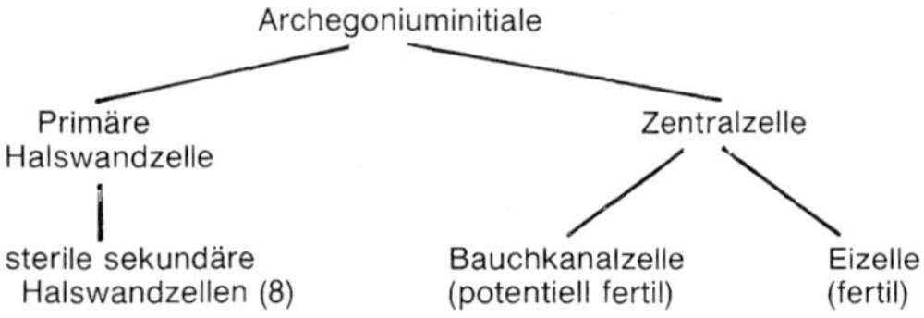

Schematischer Ablauf der **Megagametogenese** bei Coniferophytina

Megaloseptoria mirabilis → *Gemmamyces piceae*

Megaphanerophyten → *Phanerophyten*

Megaprothallium → *Prothallium*

Megasporangium → *Sporangien*

Megaspore → *Sporen*

Megasporogenese: Entwicklung der Megaspore. In der sehr jungen Samenanlage liegt subepidermal die primäre Archesporzelle (*a*). Sie entwickelt sich entweder direkt zur Megasporenmutterzelle oder gliedert zuvor noch eine Deckzelle ab (b), aus der sich das Tapetum entwickelt (c). Die Megasporenmutterzelle durchläuft eine Reduktionsteilung (*d* - *f*). Von den vier haploiden Zellen überlebt nur eine (= Megaspore), die weitere mitotische Teilungsschritte durchläuft (Megagametogenese).

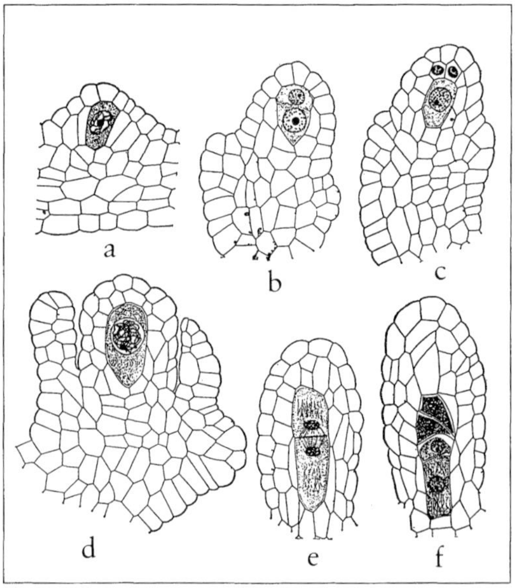

Megasporogenese

Megasporophyll → *Sporophyll*

Mehlbeere, → *Sorbus aria*

Mehlbeere, Breitblättrige → *Sorbus latifolia*

Mehlbeere, Mougeot's → *Sorbus mougeotii*

Mehlbeere, Schwedische → *Sorbus intermedia*

Mehltau: Durch ektoparasitäre Pilze hervorgerufene, circumpolar verbreitete Blatterkrankungen, gekennzeichnet durch weiße, wie mit Mehl bestäubte Blattoberflächen. Als Erreger kommen annähernd 100 Arten aus 20 Gattungen der → *Erysiphales* infrage, die auf ca. 7 000 Wirtsarten parasitieren. Koniferen werden nicht befallen. Folgende Arten treten an Waldbäumen auf: → *Microsphaera alphitoides* (wichtig an Ei-Arten in Europa); M. hypophylla, an Ei in Europa; M. penicillata, vornehmlich an Er; Uncinula aceris an Ahornarten in Europa; U.salicis, gelegentlich an Wei, Bi, Pa; Phyllactinia corylea an Hasel, Esche, Bi, seltener an Bu und Ei.

Meiogameten → *Gameten*

Meiose (Reduktionsteilung, erbungleiche Teilung): Kernteilungsprozeß, bei dem die Chromosomenzahl (2n) des Ausgangskerns halbiert wird (n). Unterteilt sich in heterotypische und homöotypische Reifeteilung mit Interkinese als Zwischenstadium. Der gesamte Teilungsvorgang wird in fiktive Phasen eingeteilt:
Heterotypische Reifeteilung: 1. Prophase: Ständige Chromosomenverkürzungen durch Spiralisierung des → *Chromatins* und Entquellung der Matrix. Unterteilt sich weiter in Leptotän, in dem noch keine Doppelstruktur erkennbar ist, Zygotän, während dem die → *Synapsis* (= Chromosomenkonjugation) stattfindet, Pachytän, in dem vier homologe Chromatiden einzeln erkennbar sind und mit ihren beiden, einander entsprechenden Zentromeren aneinanderliegen, Diplotän, in dem sich die konjugierten Chromosomen zu trennen beginnen (hier → *Crossing over* möglich) und der Diakinese, mit maximaler Verkürzung der Chromosomen. Zellmembran und Nucleoli zerfallen, nachdem die RNS-Synthese eingestellt ist. 2. Metaphase: Die → *Bivalente* ordnen sich mit dem Zentromer beidseitig der Äquatorialplatte an. Die → *Kernspindel* wird gebildet. 3. Anaphase: Je ein homologes Chromosom wandert zu einer Polkappe. Die Verteilung der homologen Chromosomen auf die Tochterkerne erfolgt zufällig. 4. Telophase: Unvollständige Entschraubung der Chromosomen und angedeutete Zellmembranbildung. Interkinese: Zwischenphase.
Homöotyp. Reifeteilung: Analog den Phasen der Mitose: Erneute Verkürzung und Anordnung der Chromosomen in der Äquatorialplatte (Metaphase). Die Chromatiden streben zu den Polen (Anaphase). Während die Zellstrukturen verschwinden, bildet sich eine neue Zellmembran. Die Meiose dauert zwischen 30 Min. und mehreren Wochen und findet nur in bestimmten Zellen statt. Als Endprodukte entstehen vier Gameten oder vier Sporen je Ausgangszelle.

Meiosporangien → *Sporangien*

Meiosporen → *Sporen*

Melacacidin → *Leucoanthocyane*

Melampsora: Zu den Melampsoraceae gehörende Gattung der Rostpilze mit zahlreichen, u.a. auf Waldbäumen parasitierenden, autoezischen und heteroezischen Arten. Wirtschaftl. Schäden teils auf dem Aecidien-, teils auf dem Uredo-Wirt. Kennzeichen: Goldgelbe Aecidienlager ohne Hülle (Caeoma-Typ), Uredosporen gestielt, einzellig, in offenen Lagern. Teleutosporen einzellig, in ein- oder mehrschichtigen Krusten. Forstl. bedeutend sind in M-Eur.: → *M.pinitorqua,* der Kieferndrehrost; → *M.larici-populina,* auf Schwarz- und Balsampappeln; → *M.allii-populina,* auf Schwarz- und Balsampappeln. Weitere M-Arten werden in der Diplophase schädlich an Blättern von Pa- und Wei-Arten (Pappel- und Weidenroste): M.populea (PERS.) KARST. an Aspe; M.larici-tremulae an Aspe und Silberpappel; M.amygdalinae KLEB. autoezisch an Salix triandra; M.salicis-albae Kleb. an Salix alba var. vitellina; M.epitea THÜM. mit verschiedenen Rassen an Ribes bzw. Euonymus, Larix als Zwischenwirt. Schäden an mehreren Wei-Arten; M.rostrupii WAGNER an Leuce-Pappeln. Zwischenwirt ist Mercurialis perennis.

Melampsora allii-populina KLEB. (Melampsoraceae): Ein »Blattrost an Pappeln« hervorrufender heteroezischer Rostpilz. Aecidienwirte: Allium- und Arum-Arten. Die orangefarbenen Uredolager (Ø≈ 1 mm) erscheinen ebenso wie die dunkelbraunen Teleutolager an der Blattunterseite von Schwarz- und Balsampappeln und können zu vorzeitigem Blattfall führen. Resistenzunterschiede zwischen Pappelsorten bieten einen Ansatz für vorbeugende Bekämpfung. Die wirtschaftl. Bedeutung von M.a.-p. ist gering.

Melampsora amygdalinae → *Melampsora*

Melampsora epitea → *Melampsora*

Melampsora larici-populina, Uredo-Lager

Melampsora larici-populina KLEB. (Melampsoraceae): Erreger des wirtschaftl. wichtigsten, einheimischen Blattrostes an Schwarzpappeln und Schwarzpappel-Hybriden. Im Normalfall Wirtswechsel zwischen Lä, an deren Nadeln im Frühjahr die Aecidiengeneration entsteht (kaum Schaden) und Schwarz- sowie Balsampappeln, welche durch das Auftreten zahlreicher Uredo- (Blattunterseite) und Teleutolager (Blattoberseite) vorzeitigen Blattfall erleiden. Überwinterung des Pilzes und Entstehung der Basidiosporen an abgefallenen Blättern. Nach milden Wintern kann es unter Ausschaltung des Aecidienwirtes zu Neuinfektionen der Pappelblätter durch überwinterte Uredosporen kommen. Wirtschaftl. Schäden ruft der Pilz hauptsächlich

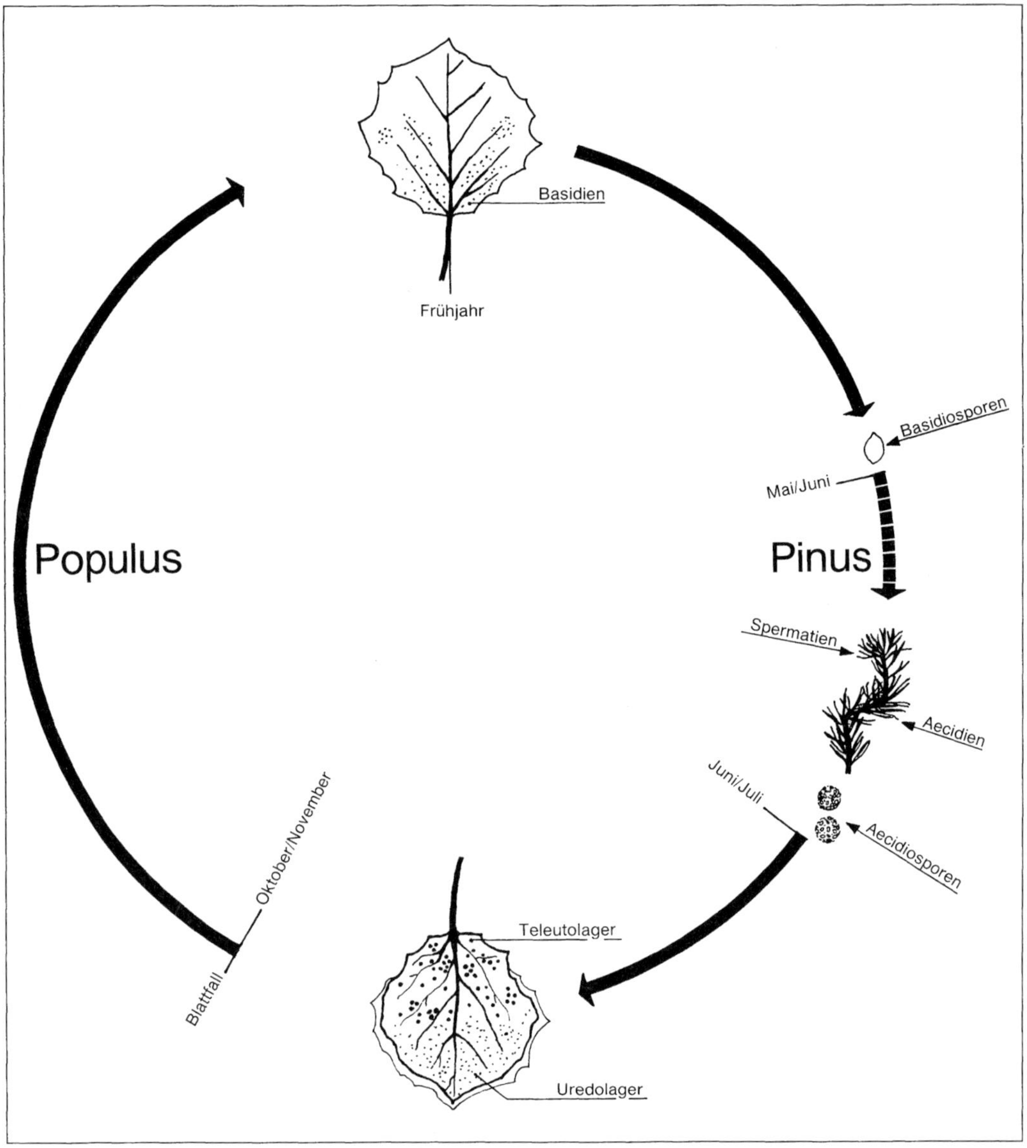

Entwicklungszyklus des Kieferndrehrostes (**Melampsora pinitorqua**)

an Jungpappeln in Vermehrungsquartieren hervor. Der Anbau resistenter Sorten (z.B. Flachslanden, Dorskamp, I 154) dient der Vorbeugung. Als besonders anfällig gelten Serotina, Robusta, Rochester.

Melampsora larici-tremulae → *Melampsora*

Melampsora pinitorqua ROSTR. Erreger des Kieferndrehrostes (Melampsoraceae): Weitverbreiteter, wirtswechselnder Rostpilz, dessen Pykno- und Aecidiengeneration an einigen zweinadeligen Ki-Arten (insbes. P. sylvestris, P. pinaster, P.mugo) Triebschäden hervorruft. Uredo-, Teleuto- und Basidiosporen an Blättern von Leuce-Pappeln. Infektion frischer Kieferntriebe im Mai/Juni. Unmittelbar danach hellgelbe Nekrosen und bis 3 cm lange, orangefarbene Aecidienlager (Caeomata) am Trieb, seltener an der Nadelbasis. Treten die Nekrosen allseitig auf, stirbt der Trieb ab, bleiben sie auf eine Seite beschränkt, kommt es zum Abwärtskrümmen und später durch negativen Geotropismus wieder zum bogigen Aufrichten des Triebes (Posthorn-Bildung). Überwinterung i.d.R. in abgefallenen Pa-Blättern.
Wirtschaftl. Schaden durch Verbuschung junger Ki und durch Verminderung des Wertholzanteils. Häufige

Krankheit im nordostdeutschen Tiefland, in O-Eur. und in Skandinavien. Seit langem wird die konsequente und frühzeitige Entnahme der Aspe (Zwischenwirt) als wirksame prophylaktische Bekämpfungsmaßnahme praktiziert.

Melampsora pinitorqua, Schadbild

Melampsora populea → *Melampsora*

Melampsora rostrupii → *Melampsora*

Melampsora salicis-albae → *Melampsora*

Melampsorella caryophyllacearum (LINK) SCHROETER. Erreger des Tannenkrebses (Pucciniastraceae): Auf der Nordhalbkugel weit verbreiteter, wirtswechselnder Rostpilz, der an mehreren Ta-Arten (A.alba, A.balsamea, A.cephalonica, A. concolor, A.grandis, A.procera etc.) krebsartige Schwellungen an Stamm und Ästen sowie → *Hexenbesen* hervorruft. Wirtschaftl. Schäden nur lokal von Belang. Infektion junger Triebe im Frühjahr; Mycel verbreitet sich im Rindengewebe; Anschwellung befallener Zweigabschnitte. Dort Austreiben fahlgrüner Sprosse, an deren Nadeln sich Aecidienlager entwickeln. Obligater Wirtswechsel auf Caryophyllaceae (Cerastium, Moehringia, Stellaria etc.) durch Aecidiosporen. Dort Uredo- und Teleutolager.
Die den Befallsherden entspringenden Äste unterliegen intensiven Verzweigungshypertrophien und entwickeln sich zu mehrjährigen Hexenbesen (max. 25 Jahre und 1,5 m hoch), in deren Nadeln alljährlich Aecidien entstehen. »Stammkrebse« verursachen Holzentwertung; wenn sie rings um den Stamm reichen, spricht man von »Rädertannen«. Keine direkte Bekämpfung möglich. Prophylaxe durch Aushieb stark befallener Bäume.

Melampsoridium betulinum (FR.) KLEB. Birkenrost (Pucciniastraceae): Weitverbreitete, zu vorzeitigem Blattfall führende Erkrankung eurasischer und nordamerik. Bi-Arten. Ohne wirtschaftl. Bedeutung, weil Schäden i.a. erst am Ende des Sommers auftreten. Aecidiengeneration an Lä. Uredolager erscheinen als ca. 0,5 mm breite, gelbe Pusteln auf der Blattunterseite und sind als blaßgelbe Flecke auf der Oberseite erkennbar. Teleutolager ebenfalls unterseits, aber gelbbraun. Überwinterung in abgefallenen Blättern, u.U. auch unter den Knospenschuppen.

Melanconiales → *Deuteromycetes*

Melanine: Dunkelbraune oder schwarze Pigmente, die häufig bei Pilzen vorkommen und vermutlich vor Austrocknung, evtl. auch vor ionisierender Strahlung schützen. M. stellen keine einheitliche chem. Verbindung dar, sind in den meisten Lösungsmitteln unlöslich und werden durch H_2O_2 entfärbt. → *Phenoloxidasen.*

a

b

Melampsorella caryophyllacearum: *a* Rädertanne, *b* Aecidienlager an Nadeln des Hexenbesens

Melasmia acerina → *Rhytisma acerinum*

Melia → *Meliaceae*

Meliaceae: Zedrachgewächse. Familie der → *Rutales* mit 50 Gattungen und 550 Arten. Trop. und subtrop. Bäume und Sträucher mit gefiederten Blättern, ohne Nebenblätter. Blüten klein, meist 5-zählig, diplo- oder haplostemon, in Rispen, Dolden oder Trauben angeordnet. Staubblätter röhrig verwachsen. Gelegentlich → *Cauliflorie.* Kapselfrüchte mit geflügelten Samen, Beeren oder Steinfrüchte. Hierher gehören hochwertige Mahagonihölzer: Entandrophragma cylindricum aus W-Afrika, 60 m hoch, braunrotes Holz mit Goldglanz (ähnlich E. utile, 40 m hoch bei BHD von 2 m); Swietenia-Arten, echte Mahagoniebäume, aus dem trop. Amerika; Toona ciliata, Surenbaum aus Indien;. Khaya senegalensis aus W- und M-Afrika, Cedrela-Arten aus trop. Amerika liefern »spanisches Cedernholz«. Ferner: Melia azedarach (persischer Flieder) aus Himalaya und

W-China, Baum mit doppelt gefiederten Blättern, violetten Blüten in aufrecht stehenden Rispen, im Mittelmeergebiet als Zierbaum, in SO-USA eingebürgert; Xylocarpus-Arten sind 20 – 30 m hohe Mangrovebäume aus O-Afrika, Asien und N-Australien, typisch sind ihre schlangenartigen Bandwurzeln; z.T. mit Atemwurzeln.

Melioration → *Bodenmelioration*

Melonenbaum → *Violales*

Membranfluß (Membrantransfer): Abschnürung von Vesikeln an → *Biomembranen* und deren Wanderung im → *Cytoplasma,* sowie ihre Eingliederung in andere Membranabschnitte (Fusion). Funktion: Vergrößerung von Membranoberflächen und Transport des Vesikelinhaltes.

Membranlipide: Zu den Phospholipiden und Glycolipiden (→ *Lipoide)* gehörende Substanzen, die sich aufgrund ihres → *amphipolaren* Charakters zu bimolekularen Doppelfilmen ordnen und Strukturelemente der → *Biomembranen* sind.

Membrantransport: Durchtritt von Molekülen oder Ionen durch → *Biomembranen.* Man unterscheidet:
1. Passiver M.: Eine vom Konzentrationsgefälle abhängige Diffusion von Substanzen durch veränderliche Membranporen (Lipid-Filter-Theorie).
2. Aktiver M.: Transport von Substanzen entgegen einem Konzentrationsgefälle unter Energieverbrauch. Dabei dienen oft Trägerproteine (Carrier) als Translokatoren, die sich mit spezifischen Substanzen verbinden und diese durch die Membran transportieren.

Mendel, Gregor: (1822 – 1884) Augustinermönch, der erste systematische Vererbungsexperimente durchführte. Die daraus abgeleiteten Gesetzmäßigkeiten sind als → *Mendelsche Regeln* bekannt. Seine 1866 veröffentlichte Arbeit blieb zunächst unbeachtet.

Mendelsche Regeln: Von Gregor Mendel entdeckte Gesetzmäßigkeiten der Vererbung. Wiederentdeckung durch Correns, de Vries, Tschermak (1900).
1. Uniformitätsregel: Die Nachkommen (→ F_1) von → *homozygoten* Eltern, die sich in einem → *Allel* (AA und aa) unterscheiden, sind → *phänotypisch* in diesem Merkmal uniform. Im dominanten → *Erbgang* gleichen alle Nachkommen dem dominanten Elter, im intermediären Erbgang liegt die Merkmalsausprägung zwischen den Elternmerkmalen.
2. Spaltungsregel: Die → F_2 dieses Erbgangs (mit dem → *heterozygoten* Allel Aa) spaltet phänotypisch wie folgt auf: → *intermediärer* Erbgang: 1 : 2 : 1 = AA : Aa,aA : aa; → *dominanter* Erbgang: 3 : 1 = (AA, Aa, aA) : (aa)
3. Unabhängigkeitsregel: Unterscheiden sich die Eltern in mehr als einem Merkmal, so werden diese unabhängig voneinander vererbt. Entstehung neuer Genotypen durch normale Kombinationsvorgänge. Ausnahme: Gene, die auf demselben Chromosom liegen (→ *Genkoppelung).*

Meranthium → *Anthium*

Meria laricis Vuill. Erreger der Meria-Lärchenschütte (Deuteromycetes): Nadelerkrankung junger Lä; vornehmlich an L.decidua, weniger stark an L.occidentalis und L.sibirica. Im Frühjahr Infektion über Stomata; im Sommer Bräunung von der Nadelspitze bis zur Infektionsstelle, z.T. auch Nadelfall. Überwinterung des Pilzes zumeist in toten, am Baum verbliebenen Nadeln. Dort erscheinen im Frühjahr zahlreiche Sporenträger mit einzelligen Konidien. Wirtschaftl. Bedeutung in Baumschulen, Schäden auch in luftfeuchten Lagen junger Kulturen. Bekämpfung mit Fungiziden.

meridional → *Florenzonen*

Merikarp: Teilfrucht. Teil einer bei Reife zerfallenden Spaltfrucht. → *Schizokarp* (z.B. Acer).

Meripilus giganteus (Pers.) Karst. (syn.: Polyporus giganteus) Riesenporling (Polyporaceae): Weißfäuleerreger und Schwächeparasit an Bu, Ei, seltener an anderen Lh und Ta. Dringt über Wurzelwunden ein, zerstört die Wurzeln, gelangt auch bisweilen in die Stammbasis. Meist außerhalb des Waldes an Park- und Straßenbäumen. Fruchtkörper einjährig, stets zu mehreren an einer knolligen Verdickung auf Stubben, an Wurzeln oder am Stammfuß. Einzelhüte bis 30 cm breit, aber flach (1 bis 2 cm), fächerförmig mit welligem Rand. Oberseits hell- bis rotbraun, schwach gezont, unterseits blaßgelbe, rundliche Poren, die sich nach Druck dunkel verfärben. Alle aus einer gemeinsamen Verdickung erwachsenen Fruchtkörper werden zusammen bis 1 m breit und angeblich bis 70 kg schwer. Geringe forstl. Bedeutung.

Meristeme: Bildungsgewebe aus teilungsaktiven, plasmareichen, dünnwandigen Zellen. Nach ihrer Entstehung unterscheidet man: 1. Primäre M. (Ur- oder Promeristeme). Unmittelbar vom embryonalen Gewebe abzuleiten, für den primären Aufbau der Organe verantwortlich. Beispiele: Apikalmeristem, Restmeristem. 2. Sekundäre M. (Folgemeristeme). Entwickeln sich aus bereits ausdifferenziertem Gewebe durch Wiederaufnahme der Teilungsstätigkeit. Beispiele: Phellogen, Interfascikularkambium.
Nach der Lage im Pflanzenkörper werden unterschieden: 1. Apikalmeristeme (Spitzen- oder Scheitelmeristeme): Urmeristeme am Vegetationspunkt von Sproß und Wurzel (primäre M.). 2. Seiten- oder Flankenmeristeme. In Sproß und Wurzel parallel zur Organoberfläche ausgebildet. Beispiele: Phellogen (sek. M.), Interfascikularkambium (sek. M.), Intrafascikularkambium (prim. M.). 3. Interkalare Meristeme. Restmeristeme, die in ausdifferenzierten Geweben meristematisch geblieben sind und sich unmittelbar vom Apikalmeristem ableiten lassen. Beispiele: Meristeme (a) an der Internodienbasis von Grashalmen, (b) zur Blattstielentwicklung, (c) zur nachträglichen Verlängerung der Mistel-Senker.

Meristemkultur: Anzucht isolierter Spitzenmeristeme auf künstlichen Nährböden. Genützt zur Massenvermehrung (Verklonung) wertvoller Sorten und Individuen. Allein durch M. können bestimmte Obstsorten virusfrei vermehrt werden (z.B. Prunus spec.). → *Gewebekultur.*

Meristemoide: Teilungsaktive Einzelzellen oder kleine Zellgruppen, inselartig im Dauergewebe eingebettet. Bsp.: Bildungszellen des Spaltöffnungsapparates.

Merkmal: Zuverlässig wiedererkennbare Eigenschaft.

Merulius lacrimans → *Serpula lacrimans*

Merulius silvester → *Serpula himantioides*

Mesokarp → *Frucht*

Mesophanerophyten → *Phanerophyten*

Mesophyll: Grundgewebe des Blattes höherer Pflanzen; reich an Chloroplasten und Interzellularen. Bei normal bifacialen Laub- (z.B. Bu, Ah, Es) oder Nadelblättern (z.B. Ta, Dougl., Tsuga) Differenzierung in ein adaxiales (oberseitiges) Palisandenparenchym mit rel. gleichförmigen, langgestreckten, ca. 80 % der Chloroplasten enthaltenden und in ein abaxiales (unterseitiges) Schwammparenchym mit sehr unregelmäßig gestalteten, von großen Interzellularen umgebenen Zellen. Die Nadeln einiger Pinaceen-Arten sind äquifacial aufgebaut. Hier umschließt das Palisadenparenchm (z.B. Picea abies) beziehungsweise das Armpalisadenparenchym (z.B. Pinus sylvestris, → *Armpalisaden)* allseitig den → *Zentralzylinder*. Die Schuppenblätter von Thuja kehren ihre abaxiale Seite dem Licht zu (inverse Bifacialität).

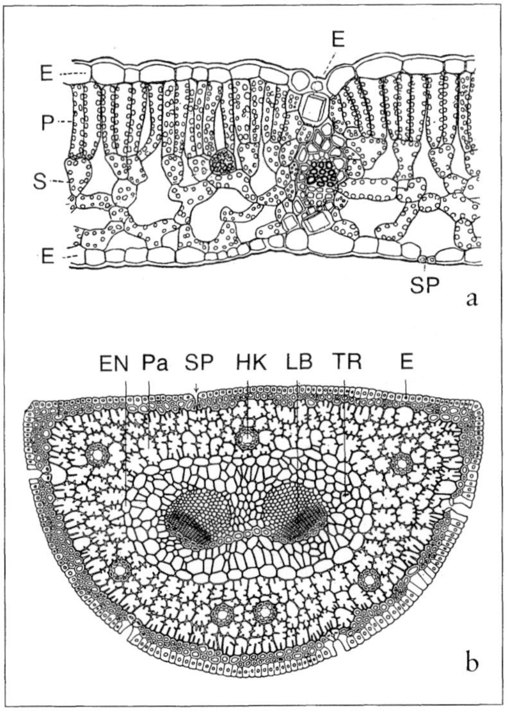

Mesophyll: Blattquerschnitt von *a* Fagus sylvatica und *b* Pinus nigra. E = Epidermis, P = Palisadenparenchym, S = Schwammparenchym, SP = Spaltöffnung, LB = Leitbündel, H = Hypodermis, EN = Endodermis, Pa = Armpalisadenparenchym, HK = Harzkanal, TR = Transfusionsgewebe

Mesophyt: Pflanze ohne spezielle Anpassungen an die Feuchtigkeit ihrer Umgebung, zwischen → *Hygro-* und → *Xerophyten* stehend (z.B. Acer campestre).

Mesophytikum (Gymnospermenzeit, Florenmittelalter): Zeitabschnitt der → *Florengeschichte*. Der Übergang vom → *Paläophytikum* zum M. im Perm war durch einen Klimawechsel auf der Nordhalbkugel gekennzeichnet. Eine Trockenperiode führte zum Verschwinden der karbonischen Flora und einer reichen Entfaltung der → *Gymnospermae*. Auf der Südhalbkugel änderte sich die → *Gondwana-Flora* nicht, bis sie gegen Ende des Trias von der nordhemisphärischen abgelöst wurde. Im Jura war die Vegetationsdecke wieder einheitl., wobei die Gymnospermae den größten Formenreichtum entwickelt hatten (→ *Ginkgoatae*, → *Bennettitatae*, → *Cycadatae)*. Das Klima war gleichmäßig warm-feucht. Mit dem Verschwinden eines großen Teils der Gymnospermae in der Kreide ging das M. zu Ende und leitete mit dem ersten Auftreten von → *Angiospermae* zum → *Känophytikum* über (→ *Erdzeitalter)*.

Mesopodium: → *Internodium* an Seitentrieben zwischen den beiden → *Vorblättern* (→ *Hypopodium*, → *Epipodium)*.

Mesosomen → *Protocyte*

Mesotonie: Förderung der Knospengröße und damit der Seitentrieblänge in der Mitte der Jahrestriebe (→ *Akrotonie*, → *Basitonie)*.

mesotroph: Mit mittlerem Nährstoffangebot, z.B. Lebensräume (bes. Gewässer).

Mespilus germanica L. Echte Mispel: Einzige Vertreterin der Rosaceen-Gattung Mespilus. Strauch oder kleiner Baum mit verdornten Kurztrieben. Heimat SO-Eur. bis Persien, in M-Eur. früher kultiviert, heute verwildert in Gebüschen. Meist auf kalkarmen Böden. Kennzeichnend sind weiße Einzelblüten und Apfelfrüchte (die stark von → *Sklereiden* durchsetzt sind = Steinapfel), die erst nach Frost genießbar werden und säuerlich schmecken sowie ein zähes, sehr festes, gelblichbraunes Holz (Drechslerholz). Die Mispel wurde weitgehend von anderen Obstarten verdrängt, Bedeutung nur noch als Ziergehölz.

Messenger-RNA → *RNA*

Metabasidie → *Basidie*

Metallchelate: Ringbildungen von organischen Molekülen, die zangenartig stoffwechselaktive Metalle binden, so z.B. Mg im Chlorophyll; viele organische Verbindungen, insbesondere die von Wurzeln ausgeschiedenen Chelatoren wie Aminosäuren, Carbonsäuren u. die Huminsäuren können M. bilden, dadurch werden Fe, Mn oder Ca (aus schwerlöslichen Phosphaten, Silikaten, Oxiden) pflanzenverfügbar.

Metamorphose: Allg.: Verwandlung, Umgestaltung; bei Pfl.: Veränderung der ursprünglichen Gestalt von Blättern, Wurzeln oder Sprossen in homologe Organe mit veränderter Funktion (Bsp.: Blattdornen, Sproßdornen, Wurzeldornen).

Metaphase → *Meiose*, → *Mitose*

Metaphloem → *Phloem*

Metasequoia glyptostroboides Hu et Cheng. Metasequoie, Urweltmammutbaum (engl.: Dawn Redwood) (Taxodiaceae): Ein erst 1941 in China entdeckter, sommergrüner Baum, der zuvor als Fossil aus Jura-Ablagerungen bekannt war. Mühelos durch Stecklingsbewurzelung zu vermehren, hat er sich nach dem Krieg in Europa schnell als Parkbaum durchgesetzt. Das rel. uniforme Erscheinungsbild geht darauf zurück, daß anfangs nur wenige Klone zur Verfügung standen. Der gerade, intensiv beastete Stamm fällt durch eine intensiv rotbraune, in Längsstreifen abblätternde Rinde auf. Die Äste wachsen sehr unregelmäßig. Die weichen, hellgrünen Nadeln sitzen zweizeilig gegenständig an Kurztrieben. Im Herbst verfärben sie sich rötlich und fallen mit den Kurztrieben ab. M.g. blüht in M-Eur. selten. Die bis 3 cm großen, runden Zapfen sind einjährig und enthalten ringsum geflügelte Samen. Die Metasequoie ist eine Lichtholzart. Sie stellt geringe Ansprüche an den Boden, bevorzugt jedoch frische bis feuchte Standorte. Spätfrostschäden sind häufig, heilen aber gut aus. Heimat: kleines Areal im NW der Provinz Hupeh.

Metasequoia glyptostroboides

Metaxylem: Während oder nach dem Streckungswachstum aus dem → *Prokambium* entstehendes primäres → *Xylem.* Löst → *Protoxylem* ab. Neben Schrauben- und Netztracheiden und/oder -tracheen auch Tüpfelgefäße oder Tüpfeltracheiden, bei Angiospermen auch Fasern vorkommend. Leitelemente weitlumiger als im Protoxylem. Mit dem M. endet bei Pflanzen ohne sek. Dickenwachstum die Xylembildung, bei Holzpflanzen wird es durch das sek. Xylem (→ *Holz)* ersetzt.

Methabenzthiazuron → *Harnstoff-Herbizide*

Methylbromid: (CH_3Br). Gasförmige Verbindung mit fungizider, insektizider, nematizider und herbizider Wirkung. Vor allem als Begasungsmittel gegen Vorratsschädlinge (Kornkäfer, Mehlmotten) und als Bodenentseuchungsmittel (u.a. in Baumschulen) eingesetzt. Hohe Toxizität gegen Warmblüter.

Metroxylon → *Arecales*

Mexican Washingtonia → *Washingtonia robusta*

Mexican White Pine → *Pinus ayacahuite*

Mezereon → *Daphne mezereum*

Micelle: Submikroskopisch kleine Struktureinheit der → *Zellwand.* Stellen Bündel aus etwa 100 Celulosemolekülen dar. Mehrere M. gruppieren sich zu einer → *Elementarfibrille.*

Michelia → *Magnoliaceae*

Microascales → *Prototunicatae*

Microbodies → *Cytosomen*

Microspermae → *Orchidales*

Microsphaera → *Mehltau*

Microsphaera alphitoides GRIF. et MAUBL. Erreger des Eichenmehltaus (Erysiphaceae): Häufiger, in Europa weitverbreiteter → *Ektoparasit,* der insbesondere Ei-Arten, gelegentlich auch Bu und Castanea sativa befällt. Der Pilz besiedelt Blattoberflächen, seltener junge Triebe und sendet zur Nahrungsaufnahme → *Haustorien* in das lebende → *Mesophyll.* Symptome: Weißer Belag, hervorgerufen durch Mycel und Konidienträger, Verformungen sowie zimtbraune Verfärbungen der Blätter. Die Hauptfruchtform – mit auffälligen Anhängseln versehene Perithecien – ist rel. selten. Verbreitung durch immense Zahlen tonnenförmiger Konidien. Überwinterung als Mycel unter Knospenschuppen. Starke Turgeszenz der Blätter und hohe Luftfeuchtigkeit fördern den Befall, der aber selbst bei großer Intensität und wiederholtem Auftreten nur junge Pflanzen gefährdet. Qu. robur ist anfälliger als Qu.petraea, wobei Herkunftsunterschiede existieren. Auch Qu.pubescens, Qu.cerris, Qu.ilex und Qu.suber werden befallen. Roteichen sind weitgehend widerstandsfähig. Mehrfach wiederholte Applikation von schwefelhaltigen Fungiziden stellt eine erfolgversprechende, aber aufwendige Bekämpfungsmöglichkeit dar. Andere Holzarten werden durch weitere → *Mehltau* verursachende Pilze geschädigt.

Microsphaera alphitoides

Microsphaera penicillata (WALLR. ex FR.) LEV.: Sammelname für mehrere Mehltau-Erreger an Bäumen und Sträuchern. Dazu gehören: M. aceris an Ahorn; M.caryae an Hickory; M.ravenellii an Gleditsia; M. ornata an Birke. M. penicillata i.e.S. parasitiert an mehreren Alnus-Arten.

MIK-Werte: Von der VDI-Kommission »Reinhaltung der Luft« erarbeitete Maximale Immissions-Konzentrationen, die nach den derzeitigen Erfahrungen i.a. für Mensch, Tier, Pflanze bei bestimmter Dauer und Häufigkeit als unbedenklich gelten (→ *Immission,* → *Grenzwerte).* Beispiele (nach VDI-Richtlinie 2310, Sept. 1974):

	1/2-h-Wert mg/m³	24-h-Wert mg/m³	Jahreswert mg/m³
SO_2	1,0	0,3	0,1
CO	50,0	10,0	10,0
NO	1,0	0,5	–
NO_2	0,2	0,1	–
O_3	0,120	–	–

Mikrofibrille: Elektronenoptisch nachweisbare Zellwandstruktur aus → *Cellulose.* Durchmesser 200 – 300 A. Bündel aus 15 – 20 → *Elementarfibrillen.* Können sich wiederum zu höheren Einheiten zusammenlagern (z.B. Makrofibrille). In den Räumen zwischen den M. (interfibrilläre Räume) kann → *Lignin* inkrustiert werden. Dies führt zur Verholzung der Zellwand. Je nach Orientierung der M. in der → *Zellwand* unterscheidet man verschiedene → *Texturen.*

Mikrogametangium: Mikrogameten produzierendes Geschlechtsorgan (→ *Gametangium).*

Mikrogameten → *Gameten*

Mikrokonidien → *Konidien*

Mikronährstoffe: Werden von Pflanzen in kleineren Mengen benötigt und sind an katalytischen Reaktionen beteiligt. Aufnahme und Transport erfolgt in Form von Ionen oder meist als Metallchelat. Man unterscheidet zwischen Nichtmetallen (Cl, B) und Schwermetallen (Mo, Fe, Mn, Zn, Cu). Spurenelementmangel kann schwere Schäden hervorrufen (→ *Mangelsymptome).*

Mikrophanerophyten → *Phanerophyten*

Mikroprothallium → *Prothallium*

Mikropyle: Von Integumenten unbedeckter Bereich der → *Samenanlage.*

Mikrosomen: Kleine Vesikel (∅ ca. 100 nm), die durch mechanische Zerstörung beim Homogenisieren von Geweben entstehen. Es sind überwiegend Membranfragmente des → *endoplasmatischen Reticulums* mit anhaftenden Ribosomen.

Mikrosorus → *Sorus*

Mikrosporangium → *Sporangien*

Mikrospore → *Sporen*

Mikrosporogenese: Entwicklung von Mikrosporen. Diese beginnt in den Mikrosporophyllen (Staubblättern) mit dem Heranwachsen subepidermaler, plasmareicher, primärer Archesporzellen, die primäre Wandzellen abgliedern und selbst zu Mikrosporenmutterzellen (Pollenmutterzellen, PMZ) werden. Jede PMZ durchläuft eine Reduktionsteilung und bildet eine Tetrade aus vier Mikrosporen. Weitere Entwicklung der Mikrosporen: Bei Gymnospermen gliedert die Mikrosporenzelle (= vegetative Zelle) 1-40 Prothalliumzellen ab. Bis auf eine (= antheridiale Zelle) gehen alle zugrunde. Die antheridiale Zelle gliedert noch eine Dislokatorzelle ab und wird selbst zur spermatogenen Zelle, die sich nach Austreiben des Pollenschlauches, gesteuert vom vegetativen Kern, in 2 Spermazellen teilt. Bei Angiospermen teilt sich die Mikrosporenzelle zunächst in eine vegetative und generative Zelle. Oft wird der Pollen in diesem Zustand entlassen. Im Pollenschlauch teilt sich dann die generative Zelle in 2 Spermazellen. Bei höheren Angiospermen erfolgt die Teilung der generativen Zelle noch in der Mikrospore, sodaß hier bereits der dreizellige Pollen entlassen wird. → *Befruchtung, doppelte.*

Mikrosporophyll → *Sporophyll*

Mikrotubuli: Röhrenförmige, elastische Strukturen des Cytoplasmas, aus Tubulin-Einheiten aufgebaut (Quartärstruktur), u.a. Bauelemente von Geißeln. Bei der Zellteilung formieren sich M. zum Spindelapparat.

Milchröhren: In das Grundgewebe eingebettete, langgestreckte, schlauchförmige Zellen, welche Milchsaft (Latex) enthalten. Gegliederte M. entstehen durch Fusion mehrerer Einzelzellen (z.B. bei Papaveraceae, Cichorioideae, Hevea), ungegliederte M. durch extremes Spitzenwachstum einer Zelle (bei Euphorbia, Nerium, Cannabis, Ficus). Das Latex von Hevea brasiliensis und von Taraxacum-Arten wird zur Kautschukgewinnung genutzt. Es enthält ein Gemisch von Proteinen, Gerbstoffen, Glykosiden, Alkaloiden, Polyterpenen, Harzen, Zuckern und Stärke. Bedeutung der M. ist unbekannt.

Milchsäuregärung: Das bei der → *Glykolyse* entstehende → *Pyruvat* wird in Lactat (Salz der Milchsäure) umgebaut. Energiegewinn ist 2 Mol ATP pro Mol Glucose. Anaerobe Energieerzeugung zahlreicher Bakterien (z.B. Streptococcus lactus, Lactobacillus), der menschlichen und tierischen Muskulatur, einiger Pilze, Grünalgen und höherer Pflanzen. → *Gärung.*

Milchsaft → *Milchröhren*

Milkwort → *Polygala*

Mimosaceae: Mimosengewächse. Zu den → *Fabales* gehörende Familie trop. und subtrop. Holzpflanzen und Kräuter. Kennzeichnend sind kleine, zu kugeligen oder ährigen Infloreszenzen zusammentretende, meist 4-zählige, radiäre Blüten mit reduzierter Hülle. Androeceum oft sekundär vermehrt, mit langen, auffallend gefärbten Filamenten. Wichtige Gattungen: → *Acacia,* → *Albizia.* Ferner: Xylia xylocarpa, Nutzholz aus Indien und SO-Asien; Inga-Arten, Schattenbäume in Kakao- und Kaffeeplantagen S-Amerikas; Piptadeniastrum africanum und Cylicodiscus gabuensis, beide mächtige, über 50 m hohe Bäume des trop. Regenwaldes W-Afrikas.

Mimose → *Acacia*

Mimosengewächse → *Mimosaceae*

Mimusops → *Sapotaceae*

Min-Tanne → *Tannenarten, chinesische*

Mineralisation: Abbau der organ. Substanz (→ *Streu* u. Humuszerfallsprodukte) bis zu den anorganischen Bestandteilen durch die aerobe Bodenmikroflora. Die M. geht einher mit O_2-Verbrauch und CO_2-Freisetzung; Endprodukte der M. sind CO_2, H_2O, Ammonium, Sulfat und weitere Kationen und Anionen; Mikroorganismen produzieren in der Biosphäre im Zuge der M. pro

Jahr ca. 60 x 10^9t CO_2; in zwergstrauchreichen Koniferenbeständen werden z.B. 10 – 50 kg/ha/a Ammonium gebildet. → *Stickstoffmineralisation.*

Minimum-Gesetz → *Minimumfaktor*

Minimumfaktor: In ungenügender Menge vorhandener und deshalb wachstumsbegrenzender Faktor (z.B. Wasser od. Nährstoffe), um so stärker negativ ertragswirksam, je mehr die anderen Faktoren im Optimum.

Miombo-Wald: 10 – 20 m hoher → *Trockenwald* im tropisch-wechselfeuchten Afrika südl. des Äquators. Kronenschluß zwischen 50 – 100 %. Die Hauptbaumarten Julbernardia globiflora, Brachystegia spiciformis und B. boehmii können knapp über 100 Jahre alt werden.

Miozän: Abteilung des Tertiär, → *Erdzeitalter,* → *Känophytikum.*

mischerbig → *heterozygot*

Mischwald: Aus mehreren Baumarten zusammengesetzter Wald. Im Gegensatz zu Reinbeständen ist der M. häufig widerstandsfähiger gegen Schädlinge oder andere Streßfaktoren (Wind, Feuer).

Misodendraceae: Federmistelgewächse. Familie der → *Santalales.* Mistelähnliche Holzpflanzen (Halbparasiten). Epiphytisch auf Nothofagus in den südlichen Anden. Kennzeichen: Achlamydäische, zweihäusig verteilte Blüten. Samenanlagen ohne Integumente. Ährige Infloreszenzen.

Mispel, Echte → *Mespilus germanica*

Mispel, Japanische → *Rosaceae*

Mistel → *Viscum album*

Mistel, Amerikanische → *Phoradendron*

Mistelgewächse → *Viscaceae*

Mistletoe, Eastern → *Phoradendron*

Mitochondrien: Chondriosomen. 1 – 5 µm große, kugel-, stäbchen- oder fadenförmige, der Zellatmung dienende Organellen, die von einer doppelten Hüllmembran umgrenzt sind. Einstülpungen der inneren Hüllmembran in Form von Falten (Cristae), Säckchen (Sacculae) oder Röhrchen (Tubuli) ragen in die Matrix und enthalten Enzymkomplexe. Auf ihrer Innenseite tragen sie Elementarpartikel (Oxysomen), an denen die Produktion von ATP stattfindet, und die dem Protonentransport bei der Atmungskette dienen. Mitochondrien werden von der Eizelle übertragen. Sie vermehren sich durch Teilung.

Mitogameten → *Gameten*

Mitose: Mitosis, Äquationsteilung, Karyokinese. Teilung des Zellkerns in zwei genetisch identische Tochterkerne. Unterteilt in mehrere kontinuierlich ineinander übergehende Abschnitte. Während der Prophase spiralisieren sich die Chromosomen und verkürzen sich dadurch. Die Längsspaltung in Chromatiden wird sichtbar. Die Kernmembran löst sich auf, im Cytoplasma bilden sich Polkappen. In der Metaphase ordnen sich die Chromosomen auf der Äquatorialplatte. Zwischen Polkappen und Zentromeren werden Spindelfasern gebildet. Anaphase: Die jetzt getrennten Chromatiden werden mit dem Zentromer voran zu den Polkappen transportiert. Telophase: Chromatiden entschrauben sich, werden dadurch unsichtbar. Kernmembran und Nucleoli werden neu gebildet. Die Verdoppelung der Chromatiden findet im Interphasenkern statt.

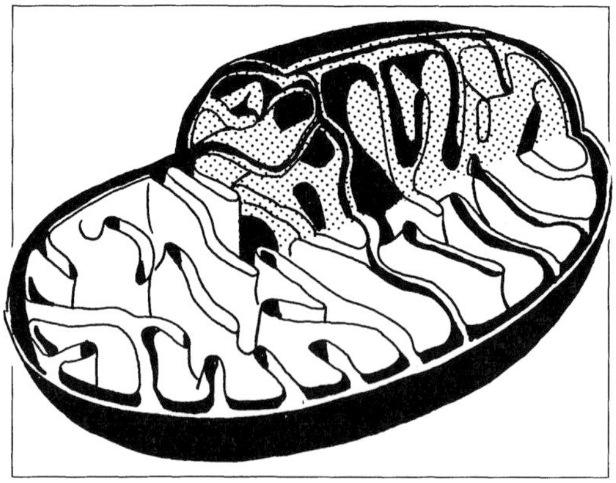

Mitochondrium (Crista-Typ)

Mitosporangien → *Sporangien*

Mitosporen → *Sporen*

Mitrastemon → *Rafflesiales*

Mittelernte: Begriff zur Einschätzung der erwarteten Forstsaatgutmenge und Ernterentabilität. 40 – 60 % der → *Vollernte.* Nur Randbäume und Bäume der Kraftschen Baumklasse 1 tragen Zapfen bzw. Früchte und zwar Fi ca. 375 Zapfen, Ta 150 Zapfen, Ki 1000 Zapfen und Lä 1500.

Mittellamelle: Aus der → *Zellplatte* während der → *Zellteilung* hervorgehende, amorphe Kittschicht zwischen den Wänden benachbarter Zellen. Gewährleistet den Zusammenhalt der Zellen in einem Gewebe. Besteht vornehmlich aus → *Protopektinen.* Wird in reifen Früchten enzymatisch abgebaut (Weichwerden des Fruchtfleisches). In der Mikroskopie wird zur Trennung der Zellen aus einem Gewebeverband die M. durch ein Gemisch aus HNO_3 und Kaliumchlorat aufgelöst. Dieser Vorgang heißt Mazeration.

Mittelmeer-Zypresse → *Cupressus sempervirens*

Mittelrippe → *Blattnervatur*

Mittelwald: Form des Wirtschaftswaldes, die systematisch zwischen → *Niederwald* und → *Hochwald* steht. Er ist eine Verbindung beider Betriebsarten auf der gleichen Fläche. Der M. dient der Gewinnung von Brennholz und Nutzholz. Er ist an mildes Klima und nährstoffreiche, tiefgründige Böden gebunden. Nur hier bestehen günstige Wachstumsbedingungen für das → *Oberholz,* und das → *Unterholz* ist hier fähig, dessen Schatten zu ertragen. Der M. ist aufgrund der Nutzungsweise und Standortverhältnisse ein Laubwald, der zu den artenreichsten Pflanzengemeinschaften M-Eur.'s zählt. → *Forstgeschichte* .

MLO (= Mycoplasmalike Organism): In Siebröhren lebende Erreger von Pflanzenkrankheiten. Rufen Vergilbungen, Zwergwuchs, Hypertrophien hervor. Beispiel → *Phloemnekrose* der Ulme. Nicht auf zellfreien Nährböden kultivierbar (Gegensatz zu Mycoplasma). Bekämpfung mit Tetracyclinen möglich.

Mnium → *Bryidae*

Moder: Humusform in Waldböden mit mäßiger biologischer Aktivität bei → *C/N-Verhältnissen* von 18 – 26, Produkt der Abbautätigkeit von Mikroorganismen in → *Biozönosen*, denen Primärzersetzer fehlen. → *Streuzersetzung.*

Moderfäule: Durch Ascomyceten oder Fungi imperfecti hervorgerufene Zersetzung lagernden oder verbauten, feuchten Holzes. »Verwitterung« des Holzes. Makroskopisch schwer erkennbar. Erreger dringen in die Sekundärwand ein und bauen das Holz kavernenartig ab. Festigkeit wird stark verringert; bei Belastung: kurzfaseriger Bruch. Gefährdet sind Masten, Pfähle, Schwellen, Grubenholz, Kühltürme, Hafenbauten. Moderfäule erfaßt auch Kernholz (Eiche, Teak, Quebracho). Häufige Erreger: Chaetomium globosum, Spormia leporina, Phaeostoma spec..

Modifikation: Nicht vererbbare, durch Umweltfaktoren gesteuerte, phänotypische Merkmalsausprägung eines Organismus. Erlaubt momentane Anpassung an lokale Umweltbedingungen. Ohne Bedeutung für die Evolution. Bsp. Krüppelwuchs von Fi und Lä an windexponierten Stellen.

Modulation → *Differenzierung*

Mohngewächse → *Papaverales*

Molybdän (Mo): Mikronährstoff, Mo ist Bestandteil von Enzymen, die in den N-Stoffwechsel eingreifen (Nitratreduktase), wird in der → *Actinorhiza* akkumuliert, fördert u.a. die Photosynthese und die Ascorbinsäuresynthese; Bäume haben bei Nitraternährung einen höheren Mo-Bedarf als bei Ernährung mit NH_4-Stickstoff; bei Mo-Mangel (Gehalt $<$ 5ppm) läßt das N_2-Bindungsvermögen vorhandener Knöllchen stark nach; Mo tritt in der Bodenlösung als Anion MoO_4^{2-} auf. Aufnahme durch die Wurzel wird von SO_4^{2-} behindert. Geringer werdende Pflanzenverfügbarkeit bei abnehmendem pH durch Festlegung an Fe-, Al-, Mn-Oxide, -Hydroxide u. Huminstoffe.

Momi-Tanne → *Abies firma*

monadal → *Phycophyta*

Monade: Einzelnes Pollenkorn als Verbreitungseinheit. Häufigster Fall, seltener → *Tetraden,* → *Dyaden,* → *Polyaden.*

Mondring: Ring- oder halbringförmige, hellere, splintähnliche Zonen im Kernbereich. Durch Frostschädigung an lebenden Splintholzzellen entstanden. An Ei, seltener an Lä.

Moniliales → *Deuteromycetes*

Monkey Puzzle → *Araucaria araucana*

Monochasium: (1) Cymöse → *Infloreszenz,* bei der die mit einer Blüte abschließende Hauptachse nur von einer Seitenachse 1. Ordn. übergipfelt wird. Diese wiederum von einer Seitenachse nächsthöherer Ordnung. Teilinfloreszenz bei Aesculus hippocastanum. Typ. Infloreszenz der Boraginaceae.
(2) → *Verzweigungssystem, sympodiales*

monochlamydäisch → *Perianth*

Monochlamydeae → *Apetalae*

monocolpat: Mit nur einer Keimfalte versehen. Bezogen auf Pollenmorphologie. Bei einem Großteil der Liliidae vorkommend.

Monocotyledoneae → *Liliatae*

Monözie: Synözie, Autözie, Einhäusigkeit. Männliche und weibliche Blüten kommen auf dem gleichen Individuum vor. Die Blüten können → *zwittrig* (Rob.) oder → *eingeschlechtig* (Fi, Ki, Bu, Ei) sein. Phylogenetisch älter als → *Diözie.*

Monözie, sekundäre: Aus der Diözie zurückentwikkelter Zustand der → *Monözie.*

monogen: Eigenschaft eines Merkmals, das nur von einem Gen gesteuert wird. Ggs. polygen → *Polygenie.*

Monohybrid: Individuum, das sich von einem anderen in nur einem Merkmal (bzw. Allel) unterscheidet. Eine Kreuzung unter M.en nennt man → *Einfaktorkreuzung.*

monoklin → *gemischtgeschlechtlich,* → *Monözie.*

Mononukleotide → *Nukleinsäuren*

monophag → *Parasiten*

monopleurisch → *Kambium*

Monopodium → *Verzweigungssystem, monopodiales*

monoporat: Mit nur einer Keimpore versehen. Bezogen auf Pollen. Bei Monokotyledonen.

Monosaccharide (Einfachzucker): → *Kohlenhydrate* mit 3 bis max. 9 C-Atomen. Entsprechend der C-Atomzahl unterscheidet man: Triosen (3), Tetrosen (4), Pentosen (5), Hexosen (6) usw.. M. mit einer Aldehydgruppe [–C–OH] heißen Aldosen (z.B. Glucose), solche mit einer Ketogruppe [C=O] Ketosen (z.B. Fructose). Meist liegen M. als heterozyklische Ringverbindungen vor. Dabei treten stets zwei stereoisomere Typen auf, die sich durch die Position des glykosidischen OH-Gruppe am C-Atom 1 unterscheiden und als α- und β-Form bezeichnet werden. An dieser OH-Gruppe können andere Substanzen gebunden werden (Glykosidbindung). Bei Pflanzen sind u.a. wichtig: → *Glucose,* → *Fructose,* → *Ribose,* → *Desoxyribose.*

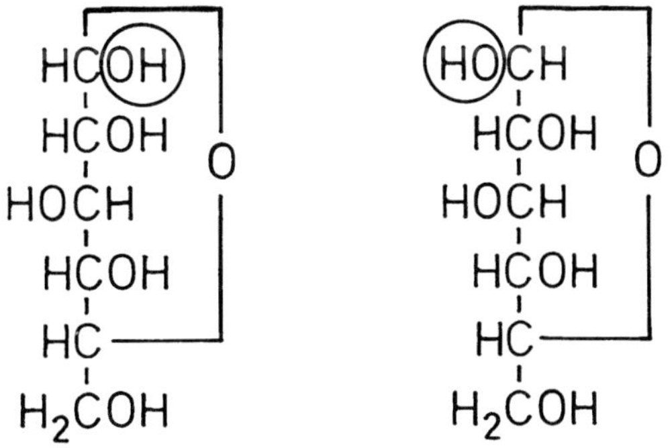

α-D-Glucose β-D-Glucose

(OH), (HO) = glykosidische Gruppe

Monosomen → *Ribosomen*

Monosomie → *Polyploidie*

Monostichella robergei → *Sphaerognomonia carpinea*

Monostichella salicis →*Drepanopeziza salicis*

Monosymmetrie → *Symmetrie(-lehre)*

Monoterpene → *Terpenoide*

Monotropa hypopitys L. Fichtenspargel (Pyrolaceae): Chlorophyllfreie, mit Nadelbaumwurzeln (bei der selteneren Unterart ssp. hypophegea mit Bu- und Ei-Wurzeln) vergesellschaftete parasitische Blütenpflanze. Aufrecht, ca. 20 cm hoch, gelbliche Schuppenblätter, Blüten weiß. Bezieht Kohlenhydrate über gemeinsame Mykorrhizapartner aus den Waldbäumen. In Fi-Wäldern verbreitet. Verursacht keine nennenswerten Schäden.

Monotropa hypopithys

Monotropaceae → *Ericales*

Monsunwald: Regengrüner Wald v.a. in indomalaischen Monsungebieten. In den Trockenzeiten wirft die oberste Baumschicht (20 – 35 m hoch) das Laub ab, während die Krautschicht (u.a. Bambusarten) und teilweise die untere Baumschicht immergrün sind. Häufig bestandsbildend sind der Teakholzbaum (Tectona grandis) und der Sal (Shorea robusta). Der M. ist reich an Lianen und → *Epiphyten.*

montane Stufe: Höhenstufe der Vegetation. → *Vegetationsstufen.*

Monterey Pine → *Pinus radiata*

Monterey-Zypresse → *Cupressus macrocarpa*

Moor: Feuchtes bis nasses Gelände mit charakteristischen, artenarmen Pflanzengesellschaften auf einer mehr oder minder großen Torfdecke. Voraussetzung für Moorbildung: Hoher Wasserüberschuß, dadurch anaerobe Verhältnisse im Boden, die den mikrobiellen Abbau der abgestorbenen Pflanzenreste hemmen. Dies führt zur Torfbildung. Je nach Entwicklungsstand und Art der Wasserzufuhr unterscheidet man: → *Flachmoor,* → *Übergangsmoor* und → *Hochmoor.* Häufung von M.en im nordatl. Küstengebiet, im russ.-sibir. Tiefland und in Amerika nördl. des 45. Breitengrades.

Moorweide → *Salix myrtilloides*

Moorbeere → *Vaccinium uliginosum*

Moorbirke → *Betula pubescens*

Moorheide → *Erica tetralix*

Moorkiefer → *Pinus mugo*

Moosbeere → *Vaccinium oxycoccus*

Moose → *Bryophyta*

Moosfarne → *Selaginellales*

Moosglöckchen → *Linnaea borealis*

Moosmoor → *Hochmoor*

Mopane-Wald: → *Trockenwald* im nördl. Simbabwe mit der Charakterart Mopane (Colophospermum mopane).

Moraceae: Maulbeergewächse. Familie der → *Urticales* mit ca. 70 Gattungen und 1 500 Arten, meist Bäume und Sträucher der Tropen und Subtropen. Kennzeichen: Milchsaftführend; Blüten unscheinbar, getrenntgeschlechtig, mono- oder diözisch verteilt, meist in reichblütigen Blütenständen, die bisweilen als Ganzes eßbar sind. Die fleischigen Teile sind häufig aus dem Achsengewebe der Infloreszenz (z.B. Ficus) bzw. aus Perigonblättern (z.B. Morus) entstanden. Häufigste Blütenformel: ♂ P2+2 A2+2; ♀ P2+2 G($\underline{2}$); P gelegentlich auch verwachsen oder fehlend, G auch unterständig. G enthält nur eine Samenanlage. Blätter wechsel- oder gegenständig, mit Nebenblättern.
Wichtige Gattungen sind: → *Morus,* → *Ficus* und → *Broussonetia.* Ferner: Antiaris toxicaria (Upasbaum aus SO-Asien, Nutzholzlieferant); Artocarpus altilis (Brotfruchtbaum aus dem trop. Asien, wegen der kohlenhydratreichen Fruchtstände wichtiges Nahrungsmittel in Asien). Ähnlich ist A. heterophyllus, Jackfruchtbaum aus Indien, wird in den gesamten Tropen angebaut. Brosimum alicastrum, Brotnußbaum, aus M-Amerika. Castilla elastica, Hulebaum, großer Baum aus M-Amerika, liefert Panamakautschuk. Cecropia (Ameisenbaum), ein raschwüchsiger Baum M-Amerikas. Chlorophora excelsa, ein über 50 m hoher Urwaldbaum aus dem westl. Afrika, liefert das als Kambala bezeichnete Nutzholz. Maclura pomifera (Osagedorn), ein bis 20 m hoher Baum aus N-Amerika (Arkansas bis Texas); in M-Europa gedeiht er nur in mildesten Lagen. Musanga smithii, (Schirmbaum) aus trop. W-Afrika. Treculia africana (Okwabaum), hoher Waldbaum aus dem trop. Afrika.

Moringaceae: Bennußgewächse. Familie der → *Capparales* mit 1 Gattung (Moringa). Schnellwüchsige, laubabwerfende Bäume mit 2- bis 3-fach gefiederten Blättern. Enthalten Gummi in lysigenen Gängen. Blüten 5-zählig. M.oleifera (Pferderettichbaum) aus Indien, kultiviert als Gummilieferant.

Morphaktine: Wachstumsregulierende Substanzen, die aktiv in die Morphogenese der Pflanzen eingreifen. Aufgenommen über Blätter oder Wurzeln und verteilt über Xylem und Phloem, stören sie Zellteilung und Zellstreckung und führen schließlich zu Sproßdeformationen und Verzwergung. Einsatz als Herbizid-Mischpräparat im Getreidebau (z.B. Flurenil; LD_{50}, Ratte $>$10 000).

Morphogenese: (Gestaltbildung) Entwicklungsprozesse, durch die die spezifische Form und Organisation eines Organismus oder seiner Teile (Blätter, Blüten, Früchte) entsteht. Die Steuerung erfolgt endogen wie exogen (durch Umweltfaktoren). Außenbedingungen wirken als Signale, welche die Bildung morphogenetischer Substanzen (Morphoregulatoren, hauptsächlich Phytochrom) auslösen. Besonders groß ist die morphogenetische Wirkung des Lichtes (Photomorphogenese). Sie wird vom Spektralbereich bestimmt und läuft unter der Mitwirkung von Pigmenten ab (Flavine, → *Carotinoide).* Bei der Morphogenese lassen sich zwei Teilabschnitte trennen, die Induktionsperiode, während der spezifische Enzyme gebildet werden, und die Realisationsperiode, während der sie aktiviert werden.
Die während der Morphogenese geprägte Gestalt nennt man Morphose. Meist wird sie durch mehrere Faktoren induziert, so lösen Licht und Feuchtigkeit die Bildung von Sonnen- und Schattenblättern aus. Je nach dem bestimmenden Faktor unterscheidet man Photomorphosen, durch Licht induziert (z.B. Blattform); photoperiodisch induzierte Morphosen (Lang- und Kurztagspflanzen); Thermomorphosen, durch Temperatur induziert (gelegentlich bei Blütenfarben); Hygromorphosen, durch Luftfeuchtigkeit induziert (hohe Feuchtigkeit verursacht lange Internodien und Blattstiele, große und dünne Blattspreiten); Hydromorphosen, durch fließendes Wasser ausgelöst (lange, zerschlitzte Blätter, → *Heterophyllie);* Xeromorphosen durch Trockenheit (→ *Xerophyten);* Trophomorphosen durch das Nährstoffangebot (kleine Blätter und Zwergwuchs bei Stickstoffmangel); Geomorphosen (Gravimorphosen), durch Schwerkraftwirkung induziert (Dorsiventralität mancher Blüten, z.B. Epilobium; Förderung schlafender Knospen auf der Oberseite bei Horizontallage eines Stammes); Radiomorphosen durch ionisierende Strahlung; Thigmomorphosen durch Berührungsreize (Haftscheiben mancher Ranken); Mechanomorphosen (z.B. durch Windschur); Chemomorphosen durch native oder künstliche Morphoregulatoren (z.B. Morphaktine und Herbizide); pathologische Morphosen (z.B. → *Gallen* und → *Hexenbesen).*

Morphologie: Lehre von der Gestalt und dem Bau von Pflanzen und Tieren.

Morphoregulatoren → *Morphogenese*

Morphose → *Morphogenese*

Morphospecies → *Art*

Morus L. Maulbeerbaum (engl.: Mulberry): Gattung der → *Moraceae* mit etwa 12 sommergrünen, in der nördl. gemäßigten bis subtropischen Zone beheimateten Sträuchern und Bäumen. Blätter wechselständig, einfach, oft gelappt, gesägt. Blüten ein- oder zweihäusig verteilt, ♂ in gestielten Kätzchen, ♀ in kopfigen Ähren. Früchte: kleine, von den fleischig gewordenen Perigonblättern umschlossene Nüßchen, die eine brombeerähnliche Sammelfrucht (»Maulbeere«) bilden.

Morus alba L. Weißer Maulbeerbaum: Bis 15 m hoher Baum, seit Jahrtausenden in Kultur, da die Blätter die Nahrungsgrundlage für Seidenraupen sind. Heimat China, in vielen Gebieten Asiens, Europas und Amerikas eingebürgert. Kennzeichen: Blätter zart, 1,5 – 2,5 cm lang gestielt, Spreite eiförmig oder unterschiedlich 3- bis 5-lappig, Basis quer abgeschnitten oder schwach herzförmig; unterseits nur entlang der Nerven weißlich behaart, Fruchtstand deutlich gestielt, weiß oder rot bis schwarzrot, fadsüß schmeckend. Holz ringporig mit gelbbraunem bis braunem, nachdunkelndem Kern (Kernholzbaum), ziemlich hart, mittelschwer (Rohdichte r_0: 0,6 g/cm^3). Schattholzart, gutes Stockausschlagvermögen. Chrom.: n = 28. Weit verbreitet im Gebiet des submediterranen Flaumeichenwaldes. Auch in M-Eur. früher zur Seidenraupenanzucht gepflanzt, doch sind Anbauversuche größeren Stils fehlgeschlagen. Heute gelegentlich als Park- und Straßenbaum anzutreffen; frostgefährdet.

a

b

Morus alba *a* Zweig mit Früchten, *b* Straßenbaum im Burgenland

Morus nigra L. Schwarzer Maulbeerbaum: In Vorderasien (Persien, Transkaukasien) beheimateter, im gesamten Mittelmeergebiet und dem südöstlichen Nordamerika eingebürgerter Laubbaum. Von der ähnlichen → *M.alba* unterschieden durch kürzergestielte, derbere, oberseits rauhe, unterseits behaarte Blätter mit deutlich herzförmiger Basis und geringerer Neigung zur Lappenbildung. Fruchtstände sitzend oder kurzgestielt. In Kultur hauptsächlich wegen der rötlichen oder glänzend schwarzen, wohlschmeckend säuerlich-süßen

Früchte, die sowohl roh wie gekocht eßbar sind oder zu Gelee, Marmelade, Sirup (Syrupus mororum) oder Wein (vinum moratum) verarbeitet werden. Blätter wegen der derberen Beschaffenheit als Seidenraupen-Futter weniger gut geeignet. In M-Eur. gelegentlich in Weinbaugebieten (Pfalz) kultiviert.

Morus nigra

Morus rubra L. Roter Maulbeerbaum (engl.: Red Mulberry): Im östl. N-Amerika beheimateter, bis 22 m hoher, forstwirtschaftl. unbedeutender Laubbaum. → *M.nigra* sehr ähnlich, Blätter jedoch an der Basis quer abgeschnitten oder nur seicht herzförmig. Von Natur aus vereinzelt in Laubwäldern (zusammen mit Fraxinus americana, Fagus grandifolia, versch. Quercus-, Carya- und Ulmus-Arten) auf besten Böden entlang von Flüssen. Wegen der aromatischen Früchte verbreitet kultiviert. In M-Eur. sehr selten als Zierbaum, weitgehend winterhart.

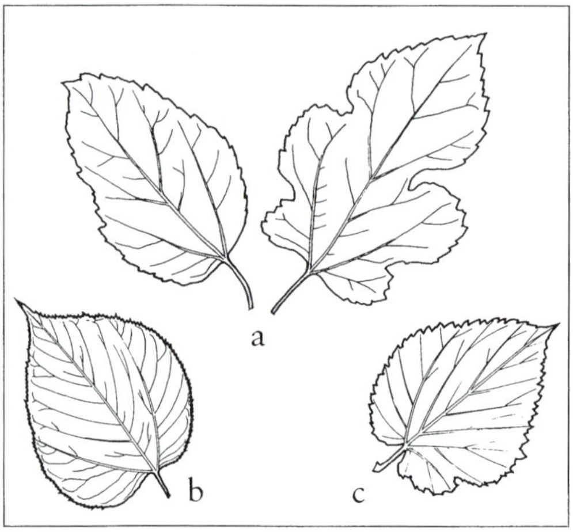

Blattformen von **Morus** (**1/2 nat. Gr.**): *a* M. alba, *b* M. rubra, *c* M. nigra

Mosaik-Schichtpilz → *Xylobolus frustulatus*

Mosaikfleckung (= Scheckung): Kleinflächige Farbunterschiede auf Blattspreiten, meist hellgrüne oder gelbliche Flecke. Oft Symptome von → *Virosen* (z.B. Pappelmosaik, Tabakmosaik).

Mountain Spruce → *Picea engelmannii*

Mucigel → *Rhizosphäre*

Mucilage: Ausscheidung im Bereich der Wurzelspitze bestehend aus Polysacchariden u. Polyuronsäuren; die M. dient der Wurzel u.a. als Schutz vor toxischen Ionen (z.B. Al-Ionen in sauren Böden); zusammen mit abgestorbenen Wurzelhaaren u. niedermolekularen → *Wurzelexsudaten* stellt die M. eine Ernährungsquelle für die Mikroorganismen in der → *Rhizosphäre* dar; etwa 30 % der Photosyntheseprodukte, die in die Wurzel gelangen, werden in Form organischer Substanz abgegeben.

Mucorales → *Zygomycetales*

Münch'sche Druckstromtheorie → *Druckpotential*

a

b

c

Mosaikfleckung: *a* Tobamo Virus an Eiche, *b* Pappelmosaikvirus, *c* Mosaikfleckung an Buche

Mulberry → *Morus*

Mulberry, Red → *Morus rubra*

Muldenfrost → *Frost*

Mull: Humusform in Waldböden mit hoher biologischer Aktivität, bei → *C/N-Verhältnissen* von 10–20, Produkt der Abbautätigkeit von Organismen in artenreichen → *Biozönosen.* → *Streuzersetzung.*

Multilateralität → *Symmetrie*

Multiple Serie: Abfolge von Arten unterschiedlicher Ploidiestufen innerhalb einer Gattung. Beispielsweise bildet die Gattung Betula neben den diploiden 28chromosomigen Formen auch Arten mit 56 (Betula cordifolia, 4n), 70 (B. kenaica, 5n) und 84 (B. occidentalis, 6n) Chromosomen. Auch bei Salix findet sich eine polyploide Reihe bis 12 n = 228 (Dodekaploidie).

Multivalente: Bei polyploiden Organismen während der Synapsis auftretender Paarungsverband aus drei bismehreren homologen Chromosomen (drei = Trivalente, vier = Quadrivalente).

Murein: Mucopeptid aus Aminozuckern (N-Acetylglukosamin, N-Acetylmuraminsäure). Gerüstsubstanz der Zellwand von → *Prokaryota.*

Murraykiefer → *Pinus contorta*

Musaceae → *Zingiberales*

Musanga → *Moraceae*

Muschelmoos → *Jungermaniales*

Musci: Bryatae, Laubmoose. Klasse der → *Bryophyta.* Radiär aufgebaute, stets in Sproß und Blätter gegliederte Moose mit hochentwickeltem Sporangium (Kapsel), das oft ein Assimilationsgewebe und Spaltöffnungen besitzt, sich mit einem Deckel an einer präformierten Stelle (Anulus) öffnet (nicht bei Andreaeidae) und meist mit einem → *Peristom* ausgestattet ist. Im Zentrum der Kapsel steht eine sterile Mittelsäule (Columella), Elateren werden nicht gebildet. Kapselstiel meist vom Sporogon gebildet (= Seta) oder als Pseudopodium aus dem archegonientragenden Sproß gebildet. Blätter sind einfach und ungestielt, meist einschichtig, aber oft mit mehrschichtiger Mittelrippe. M. werden in die 3 Unterklassen Andreaeidae, → *Sphagnidae* und → *Bryidae* gegliedert. Andreaeidae sind Felsmoose der Hochgebirge, der Arktis und Antarktis.

	Andreaeidae	Sphagnidae	Bryidae
deutscher Name	Klaffmoose	Torfmoose	Laubmosse i.e.S.
Protonema	bandförmig	bandförmig	fädig
Peristom	fehlt	fehlt	vorhanden
Kapselstiel	Pseudopodium	Pseudopodium	Seta
Kapselöffnung	4 Klappen	Deckel	Deckel
Kalyptra	vorhanden	fehlt	vorhanden
Sporensack	über die Columella gewölbt		seitlich der Columella

Muskatgewächse → *Magnoliales*

Mutagenzien: Mutagene. Medien, die verstärkt Mutationen auslösen. Können chem. oder physikal. Natur sein, dazu gehören Röntgenstrahlen, ionisierende Strahlen, UV-Licht, Temperaturschocks sowie stark reaktiv wirkende, organische Verbindungen wie Senfgasderivate.

Mutante: Individuum, bei dem eine → *Mutation* stattgefunden hat.

Mutation: Spontane, ungerichtete Änderung des Erbgutes. Oft mit fertilitätsmindernder oder indifferenter Wirkung. Kann durch mutagene Substanzen (→ *Mutagenzien)* ausgelöst werden. Eine gezielte Auslösung von M. ist allerdings nicht möglich. Unterschieden werden: 1. Änderungen des Chromosomensatzes (→ *Genommutationen),* hierbei entstehen auto- und alloploide Formen. 2. Veränderungen der Chromosomenstruktur (→ *Chromosomenmutationen)* und 3. Änderung der Nukleoidsequenz (→ *Genmutationen).*

Mutation, somatische: Mutation einer somatische Zelle. Beisp.: Knospenmutation (Spots); genetische Veränderung einer oder mehrerer Initialzellen des Vegetationskegels. Führt oft zu deutlichen morphologischen Veränderungen ganzer Zweige (→ *Fasziation).* Auch die → *Endopolyploidie* von Zellen in sekretorischen Geweben gehört hierher.
Mutation einer somatischen Zelle der Initialgruppe des Vegetationskegels, die daraufhin vom Ursprungsgewebe abweichende Zellkomplexe bildet. Geht häufig mit einer Erhöhung des Ploidie-Grades einher: Bei Kapuzinerkresse kann sich z.B. der Chromosomensatz im Integument der Samenanlage auf 1024n erhöhen. → *Endopolyploidie.* Auch Drüsenzellen sind häufig endopolyploid.

Mutationsrate: Maßzahl für die Häufigkeit des Auftretens einer Mutation. Individuell verschieden, temperaturabhängig, durch Zellalterung und mutagene Substanzen (z.B. ionisierende Strahlung, Temperaturschocks) erhöht. Je nach M. unterscheidet man labile (0,05 %) und stabile (0,0005 %) Gene.

Mutationszüchtung: Züchterische Bearbeitung natürlich entstandener Mutanten einschl. künstl. Mutationsauslösung zur Vergrößerung der Formenmannigfaltigkeit. M. bei Waldbäumen konzentriert sich auf die Herstellung polyploider Formen durch Colchizinierung. Darüber hinaus werden zur künstlichen Auslösung von Chromosomen- und Genmutationen sog. *Mutagenzien* (z.B. ionisierende Strahlen, Chemikalien) verwendet.

Mutualismus: Mutualist. Symbiose. Wechselseitige, zwischenartliche Beziehung zum beiderseitigen Nutzen, bei der die Partner i. Ggs. zur → *Symbiose* getrennt voneinander leben (z.B. Bestäubung von Blütenpflanzen durch nektarsammelnde Insekten).

Mycel: Thallus der → *Eumycotina* und → *Actinomycetales,* aus → *Hyphen* aufgebaut.

Mycelia sterilia: Pilze, von denen keinerlei Sporen bekannt sind. Sie werden den → *Deuteromycetes* zugeordnet.

Mycetes → *Mycophyta*

Mycobiont: Pilzpartner einer → *Mykorrhiza.* → *Symbiose.*

Mycobionta → *Mycophyta*

Mycophyta: Mycota, Mycetes, Fungi, Mycobionta, Pilze. Polyphyletisch aus mehreren Algengruppen entstandene, eukaryotische, land- und wasserbewohnende Thallophyten. Stets chlorophyllfrei und ohne Plastiden. Sie ernähren sich heterotroph als Saprophyten, Parasiten oder Symbionten. Als Vegetationskörper werden → *Plasmodien* (→ *Myxomycotina)* oder ein → *Mycel* (→ *Eumycotina)* ausgebildet; seltener ist er einzellig (→ *Saccharomycetales*). Als Reservesubstanzen dienen Glykogen und Lipide, niemals Stärke. Auffallend ist die große Variation in Sporogenese und Sporenform. Vielgestaltig auch die Art der sexuellen Fortpflanzung (→ *Isogamie,* → *Anisogamie,* → *Oogamie,* → *Gametangiogamie,* → *Somatogamie).*
M. sind eine sehr heterogene Abteilung des Pflanzenreichs aus nicht näher miteinander verwandten Unterabteilungen. Gelegentlich werden die Pilze auch einem eigenen Reich neben dem Pflanzen- und Tierreich zugeordnet. Ihre Systematik wird in der Literatur recht uneinheitlich behandelt. Sie ist gewiß noch nicht endgültig. Man rechnet mit 250 000 – 300 000 Pilzarten, davon sind bisher ca. 100 000 bekannt.
M. erfüllen gemeinsam mit bodenbewohnenden Bakterien wichtige Funktionen beim Abbau toter organischer Materie und sind ein wichtiges Glied im C-Kreislauf der Natur. Nach Müller u. Löffler untergliedert man die M. in 2 Unterabteilungen: 1. → *Myxomycotina,* 2. → *Eumycotina.*

Mycoplasmen → *Schizomycetes*

Mycosphaerella laricina (Hartig) Neger: Erreger einer Nadelschütte (Dothideaceae) hauptsächlich in Kulturen und Jungbeständen der europ. Lärche. Befall durch Ascosporen und Konidien von April bis Okt. Nadelvergilbung (Juni), Nekrosen und Nadelfall in Bodennähe am stärksten. Ab Juli/Aug. erscheinen schwarze Perithecien auf nekrotischen Nadelteilen. Feuchte Standorte sind stärker gefährdet. Seit kurzem grassiert M. l. in den amerikanischen Seenstaaten. Larix occidentalis, L. laricina und L. sibirica sind ebenfalls anfällig, L. kaempferi gilt als resistent.

Mycosphaerella microsora Syd. (Dothideaceae): Nebenfruchtform: Cercospora microsora Sacc. Erreger einer in feuchten Sommern weit verbreiteten Blattkrankheit an Li-Arten; bei starkem Befall vorzeitiger Blattfall. Symptome: Runde, bis 4 mm große graue Flecken mit schwarzem Rand, gleichmäßig über die Blattspreite verteilt, auch am Blattstiel. Braune Sporenlager (Nebenfruchtform) auf der Blattunterseite. Hauptfruchtform selten. Ggf. Bekämpfung mit → *Bordelaiser Brühe.*

Mycosphaerella populi → *Septoria populi*

Mycota → *Mycophyta*

Mykoplasmosen: Durch → *Mykoplasmen* ausgelöste Krankheiten. Zuerst 1889 an Rindern festgestellt (kombinierte Lungen- und Rippenfellentzündung). Später wurden M. in der Humanmedizin bekannt. Seit 1967 auch bei Pflanzen nachgewiesen, wo sie oft mit Vergilbungen und Wuchsanomalien verbunden sind (→ *Hexenbesen,* Stolbur-Krankheit der Kartoffel). Wichtigste M. an Waldbäumen: Ulmen-Phloemnekrose im östl. Nordamerika, Sandal-Spike Disease in Indien. Erreger leben meist in Siebröhren und werden oft durch pflanzensaugende Insekten (Zikaden, Blattflöhe) übertragen. Häufung von M. in tropischen und subtropischen Regionen. Bekämpfung mit Tetracyclinen (Aureomycin, Terramycin) möglich.

Mykorrhiza (= Pilzwurzel): Von Frank 1885 geprägter Begriff für die Symbiose zwischen Wurzeln od. wurzelähnlichen Organen (zumeist) höherer Pflanzen und dem Mycel bodenbewohnender Pilze (→ *Mykorrhizapilze).* Das Pilzmycel ersetzt hierbei funktionell die Wurzelhaare, hilft der Pflanze u.a. bei der Erschließung von Bodenwasser und Phosphat und wird von der Pflanze mit organischem Material (hauptsächlich Kohlenhydraten und Aminosäuren) versorgt. Die M. erhöht die Lebensdauer der Wurzel und fördert die Verzweigung der Seitenwurzeln. Man unterscheidet verschiedene → *Mykorrhizatypen* aufgrund des Organisationsprinzips. Bei Forstgehölzen dominiert die → *Ektomykorrhiza;* bei den krautigen Pflanzen ist es die → *VA-Mykorrhiza* (→ *Endomykorrhiza).* Mehr als 90 % aller Landpflanzen sind (mit Ausnahme einiger Vertreter der Brassicaceae, Cyperaceae u. Centrospermen) mykorrhiziert, d.h. sie leben in mutualistischer Symbiose mit einer Vielzahl von verschiedenen Mykorrhizapilzarten.

Mykorrhizapilze: Wurzelsymbionten (→ *Mykorrhiza)* der → *Cormophyta;* 1. meist Pilze mit septierten Hyphen. Vertreter fast aller Gruppen der → *Basidiomyceten,* davon sind über 500 Pilzarten als Symbionten bei ca. 250 Gehölzarten bekannt, schätzungsweise jedoch in Europa tatsächlich etwa 1 300 Arten aus 58 Gattungen (hauptsächlich → *Boletus,* → *Russula,* → *Lactarius,* Cantharellus, Tricholoma, Inocybe, Hebeloma, Cortinarius, Amanita) vorhanden, manche streng spezifisch an bestimmte Wirtsbäume gebunden (Begleitpilze), wie z.B. bei der Zirbe die M. Suillus placidus, S. plorans, S. sibiricus oder → *Rhizopogon* spec. bei Dougl.. Daneben andere mit breitem Wirtsspektrum bei Lh und Nh wie z.B. Amanita rubescens, Cantharellus cibarius, Paxillus involutus, Russula ochroleuca, Xerocomus badius. 2. Viele hypogäische → *Ascomycetes* (ca. 10 Gattungen → *Gasteromycetales)* und andere mit großen Fruchtkörpern; Wirtspflanzen sind gewöhnlich Bäume, Sträucher oder Zwergsträucher. → *Ektomykorrhiza.* 3. Pilze aus der Gruppe der → *Zygomycetales,* z.B. Endogone spec., Glomus spec. (Endogonaceae) → *Endomykorrhiza.*

Mykorrhizatypen: Verschiedene Erscheinungsformen der → *Mykorrhiza* bei bestimmten Wirtspflanzenfamilien; der Ericaceen-Typ, der Orchidaceen-Typ (→ *Endomykorrhiza),* der Arbutus-Typ und Monotropaceen-Typ (→ *Ektendomykorrhiza),* die → *VA-Mykorrhiza,* die bei den landwirtschaftlichen Kulturpflanzen eine Rolle spielt und die → *Ektomykorrhiza,* die teilweise obligat bei vielen Waldbäumen (z.B. Ei, Fi, Ki, Lä) in der Nordhemissphäre vorkommt (Abb. S. 308).

Mykosen: Durch Pilze hervorgerufene Krankheiten. M. spielen im mitteleuropäischen Wald eine etwa gleich große wirtschaftl. Rolle wie Schadinsekten. Oft treten sie nur sekundär an geschwächten Wirtspflanzen in Erscheinung, rufen eher Vitalitäts- und Zuwachsverluste als Totalschäden hervor und sind – besonders in älteren, mehrstufigen Beständen – einer direkten Be-

Mykorrhizapilze: *a* Cantharellus cibarius, *b* Pisolithus tinctorius, *c* Hebeloma crustuliniforme, *d* Lactarius deterrimus

Mykorrhizapilze: *a* Suillus plorans, *b* Suillus tridentinus, *c* Suillus placidus

Mykorrhizapilze: *a* Suillus flavus, *b* Amanita citrina, *c* Russula ochroleuca.

	Wirtspflanze	Ektomykorrhiza-Pilze
Lh	Alnus sp.	Lactarius obscuratus, Gyrodon lividus
	Betula pendula	Lactarius torminosus, Amantia citrina, A. muscaria, Inocybe dulcamara, Tricholoma flavobrunneum
	Castanea sativa	Boletus aureus
	Eucalyptus marginatus	Cortinarius globuliformis, C. ochraceus, Hysterangium inflatum
	Eucalyptus diversicolor	Cortinarius globuliformis, C. ochraceus, Hysterangium inflatum
	Fagus sylvatica	Lactarius pallidus, L. vellereus, L. subdulcis, Russula fellea, Xerocomus chrysenteron
	Populus tremula	Leccinum aurantiacum, L. duriusculum
	Populus canadensis	Tricholoma populinum, Lactarius controversus
	Salix caprea	Russula olivaceo-violascens, Tricholoma cingulatum
	Quercus sp.	Leccinum quercinum, Amanita phalloides, Suillus luteus
Nh	Abies alba	Cantharellus cibarius, Tricholoma flavovirens, Hygrophorus pustullatus, Lactarius deliciosus
	Larix decidua	Suillus flavus, S. laricinus, S. tridentinus, S. bresadolae, Hygrophorus lucorum, Boletinus cavipes, Lactarius porninsis
	Picea abies	Lactarius deterrimus, L. picinus, Tricholoma sulphureum, T. vaccinum, Russula ochroleuca, R. xerampilina, Dermocybe cinnamomea, D. sanguinea
	Pinus cembra	Suillus plorans, S. placidus, S. sibiricus, Gomphidius helveticus
	Pinus contorta	Martellia medlocki
	Pinus halepensis	Tuber melanosporum, Tuber brumale var. moschatum
	Pinus mugo	Dermocybe pallustris
	Pinus nigra	Tuber melanosporum, Tuber brumale var. moschatum
	Pinus peuce	Chroogomphus helveticus, Suillus sibiricus
	Pinus strobus	Suillus pictus
	Pinus sylvestris	Tylopilus felleus, Cantharellus cibarius, Suillus granulatus, S. variegatus, Lactarius rufus, Tricholoma aurantium, Dermocybe crocea
	Pinus taeda	Amanita muscaria var. persicina
	Pinus virginiana	Amanita muscaria var. persicina
	Pseudotsuga menziesii	Rhizopogon vinicolor, Inocybe lacera, Lactarius sanguifluus, Russula cascadensis
	Tsuga heterophylla	Martellia medlocki

Mykorrhizapilze (Begleitpilze) verschiedener Baumarten

kämpfung nur schwer zugänglich. Erreger sind meist Ascomyceten; Basidiomyceten haben aber ein größeres wirtschaftl. Gewicht.

Mykotrophie: Ernährungsweise höherer Pflanzen unter Mitwirkung einer Mykorrhiza; man unterscheidet bei Gehölzen zwischen obligat u. fakultativ mykotrophen Arten. → *Mykorrhiza.*

Myoporaceae: Familie der → *Scrophulariales.* Meist kleine Bäume und Sträucher, überwiegend aus Australien, mit wechselständigen Blättern, 5-zähligen Blüten [A 4, G(2)] und Steinfrüchten. Nutzholz liefern: Myoporum sandwicense und Eremophila mitchelli.

Myrcen → *Terpenoide*

Myrica L. Gagelstrauch (engl.: Wax Myrtle): Gattung der → *Myricaceae* mit etwa 35 Arten. Sommer- oder immergrüne, aromatisch riechende Sträucher der gemäßigten und subtropischen Zone beiderseits des Äquators. Blätter wechselständig, unscheinbare Blüten. Einzige in M-Eur. einheimische Art ist M. gale L. [syn.: Gale palustris (LAM.) CHEV.] Echter Gagelstrauch, Brabanter Myrte, engl.: Sweet Gale: Sommergrüner, meist einhäusiger Strauch (0,5 – 2 m hoch). Verbreitung im küstennahen N- und W-Eur., in Nordasien und N-Amerika. Kennzeichen: Blätter anfangs weich, später ledrig, mit goldgelben, ölführenden Drüsen. Blüten in Kätzchen, Hülle fehlend, erscheinen vor Laubaustrieb. 1-samige, trockene Steinfrucht. Besiedler mooriger Böden. Blätter wurden früher offizinell verwendet, die Blüten dienten als Färbemittel. In Symbiose mit stickstoffbindenden, in → *Wurzelknöllchen* lebenden → *Strahlenpilzen.*

Myricaceae → *Myricales*

Myricales: Gagelstrauchartige. Einzige Fam.: Myricaceae, weltweit verbreitet. Kleine Bäume und Sträucher mit aromatischen, einfachen oder fiederspaltigen, wechselständigen Blättern; Nebenblätter oft fehlend. Blüten monözisch in seitlichen, kätzchenartigen Ähren, perianthlos, von Vorblättern umgeben, mit Diskus. Staubblätter meist 4 (2-20); Gynözeum 2-blättrig, verwachsen. Steinfrüchte. Hierher gehört u.a. die Gattung → *Myrica.*

Myricaria DESV. Rispelstrauch: Gattung der → *Tamaricaceae* mit 10 sommergrünen, niedrigen Straucharten in der nördlichen gemäßigten Zone Eurasiens. Blätter wechselständig, schuppenförmig, Blüten in endständigen, einfachen oder doppelten Trauben. Einzige Art in Eur.: M. germanica (L.) DESV. (Deutscher Rispelstrauch): 0,5 – 2 m hoher, aufrechter, rutenförmig beasteter Strauch der montanen und subalpinen Stufe europäischer Gebirge, Samen von Flüssen in die Ebene geschwemmt. In M-Eur. nördlich bis zur Oberrheinischen Tiefebene, im Osten von Kl.As bis Afghanistan. Zerstreut auftretender Erstbesiedler von Kiesbänken, auch in Ruderalfluren (Kiesgruben, Bahndämme). Samen keimen wie bei den Weiden sehr schnell (100 % nach 24 Stunden). Blätter sehr klein (2 bis 5 mm). Blütenstände v.a. an den Hauptästen.

Myristicaceae → *Magnoliales*

	Mycorrhizatyp						
	Endo (VAM)	Ecto	Ectendo	Arbutus	Mono-tropa	Ericaceen	Orchida-ceen
Hyphen septiert	–	+	+	+	+	+	+
Hyphen nicht septiert	+	(+)	–	–	–	–	–
Hyphen in den Wirtszellen	+	–	+	+	+	+	+
Pilzmantel vorhanden	–	+	+ oder –	+	+	–	–
Hartig'sches Netz gebildet	–	+	+	+	–	–	–
Hyphenknäuel in den Wirtszellen	+	–	+	+	–	+	+
Haustorien dichotom	+	–	–	–	–	–	–
Haustorien nicht dichotom	–	–	–	–	+	–	+ oder –
Vesikel in Wirtszelle oder -gewebe	+ oder –	–	–	–	–	–	–
Wirtspflanze chlorophyllfrei	– oder +	–	–	+ oder –	+	–	+
Pilztaxon	Phyco-mycetes	Basidio-, Asco-mycetes	Basidio-, Asco-mycetes	Basidiomy-cetes	Basidio-mycetes	Asco-(Ba-sidio)-my-cetes	Basidio-mycetes
Wirtstaxon	Bryophyta, *)Pterido-phyta, Gymno- und Angio-spermae	Gymno- und Angio-spermae	Gmyno- und Angio-spermae	Ericales	Mono-tropaceae	Ericales	Orchida-ceae

*) besitzen Endomycothalli

Kennzeichen der wichtigsten **Mykorrhizatypen** (nach Harley u. Smith 1983); + = vorhanden, - = fehlt

Myrmekochorie: Verbreitung von Samen durch Ameisen. (Violaceae, Anemone nemorosa, Chelidonium majus). Zur Anlockung von Ameisen tragen die Samen → *Elaiosomen.*

Myrmekophilie → *Acacia*

Myrothamnaceae → *Hamamelidales*

Myrtaceae: Myrtengewächse. Zu den → *Myrtales* gehörende Familie immergrüner Bäume und Sträucher trop. bis subtrop. Verbreitung. Blätter meist gegenständig, einfach und ohne Nebenblätter, enthalten ätherische Öle in lysigenen Ölbehältern. Blüten radiär, 4- bis 5-zählig, in cymösen Blütenständen. Androeceum oft sekundär vermehrt. Filamente oft auffallend gefärbt. Gynoeceum meist aus 2–3 Fruchtblättern, unterständig. Kapsel-, Beeren- oder Steinfrüchte. Wichtigste Gattung: → *Eucalyptus.* Einzige in Europa heimische Gattung: → *Myrtus.* Malaleuca leucadendron ist in Australien waldbildend.

Myrtales: Myrtenartige. Umfangreiche Ordnung der → *Rosidae.* Überwiegend Holzpflanzen mit einfachen, meist gegenständigen Blättern. Nebenblätter rudimentär oder fehlend. Blüten radiär, oft 4-zählig. Androeceum oft sek. vermehrt. Gynoeceum coenokarp, meist unterständig. Blütenboden röhrig ausgehöhlt, oft weit über das Ovar hinausragend und intensiv gefärbt (Hypanthium). Leitbündel oft bikollateral. Hierher gehören u.a.: → *Myrtaceae,* → *Thymelaeaceae,* → *Rhizophoraceae,* → *Sonneratiaceae,* → *Lythraceae* und → *Combretaceae.* Ferner: Punicaceae: mit → *Punica granatum.* Onagraceae: Nachtkerzengewächse, überwiegend krautig. Beispiele: Epilobium angustifolium (Waldweidenröschen, typ. Kahlschlagpflanze unserer Wälder) und Circaea (Hexenkraut, in schattigen Buchenwäldern). Holzig ist die aus S- und M-Amerika stammende, bei uns als Zierpflanzen bekannte Gattung Fuchsia.

Myrte → *Myrtus*

Myrte, Brabanter → *Myrica*

Myrtenartige → *Myrtales*

Myrtengewächse → *Myrtaceae*

Myrtle → *Myrtus*

Myrtle, Wax → *Myrica*

Myrtus L. Myrte (engl.: Myrtle): Etwa 100 Arten umfassende Gattung der → *Myrtaceae,* die meisten aus S-Amerika, einige in Australien und Neuseeland. Immergrüne Sträucher oder Bäume mit gegenständigen, ledrigen, durchscheinend punktierten Blättern. Blüten einzeln oder in Trauben, Beerenfrüchte. Einzige europäische Art: M. communis L. (Echte Myrte, Braut-Myrte): Würzig duftender Strauch oder bis 5 m hoher Baum aus dem Mittelmeergebiet und Vorderasien. Charakteristische, teilweise bestandsbildende Art der → *Macchie.* Gilt seit dem Altertum als Symbol der Liebe, Schönheit und des Friedens. Früchte erbsengroß, schwarzblau, würzig süß, wohlschmeckend. Holz elastisch, dicht und fest, wird in der Möbelindustrie und für Spazierstöcke verwendet. Viele Kulturformen.

Myrtus communis → *Myrtus*

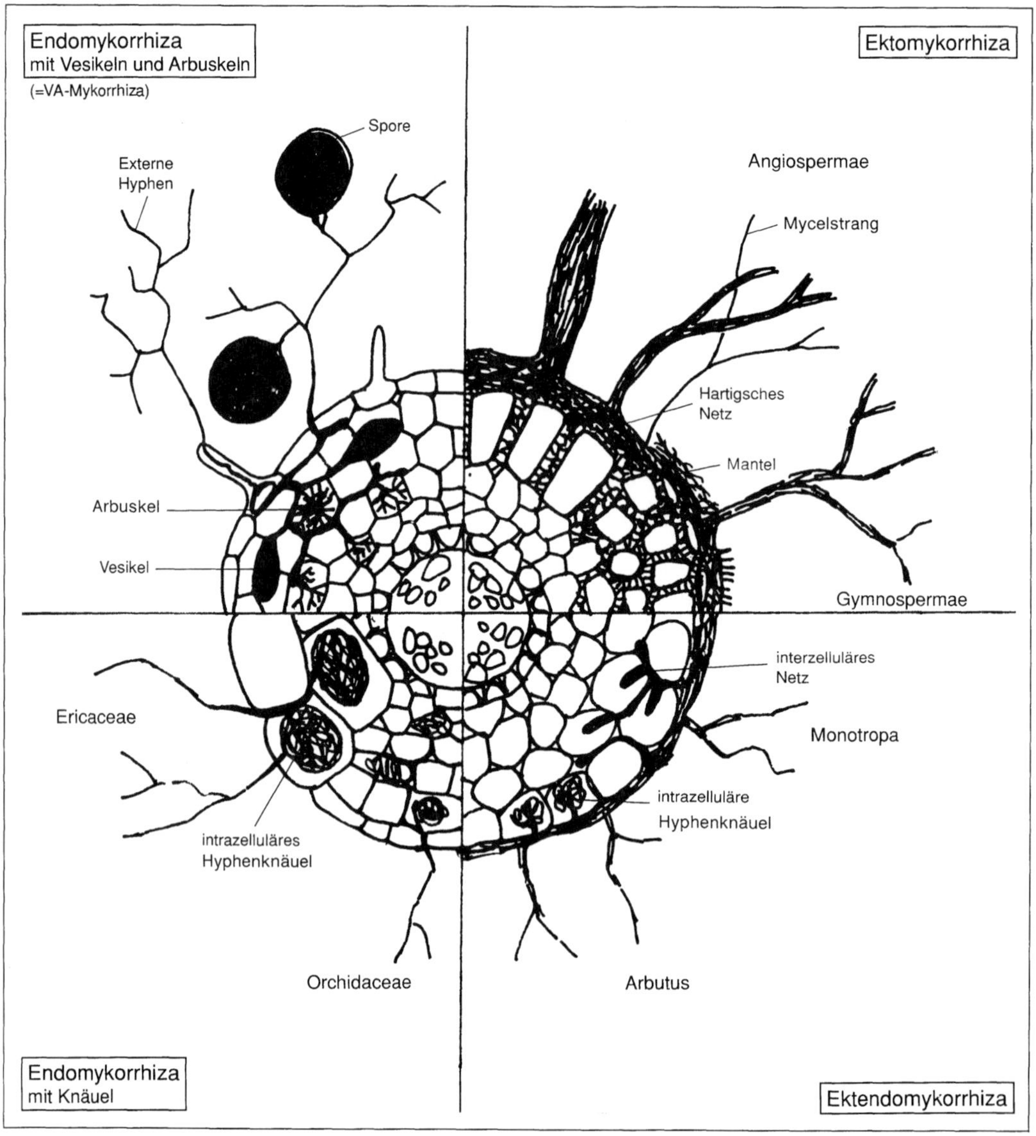

Erscheinungsformen der **Mykorrhiza**

Myxamöben → *Myxomycetes*

Myxoflagellaten → *Myxomycetes*

Myxomycetes: Echte Schleimpilze. Klasse der → *Myxomycotina.* Charakteristisch sind Fusionsplasmodien mit vielen diploiden Kernen, die nach Verschmelzung von begeißelten (Myxoflagellaten) oder unbegeißelten, nackten, haploiden Zellen (Myxamöben) entstehen. Auf dem Plasmodium entwickeln sich gestielte, von einer mit Kalk inkrustierten Cellulosewand (Peridie) umgebene Sporangien, die Sporen mit Cellulosewänden und das → *Capillitium* enthalten. Werden mehrere Sporangien von einer gemeinsamen Peridie umgeben, spricht man von einem Aethalium. Unter ungünstigen Bedingungen wandeln sich die Plasmodien in aus bewandeten Zellen bestehende → *Sklerotien* (Macrocysten) um. M. leben auf Erde, Streu und morschem Holz. Sie sind in Wäldern zahlreich vertreten. Manche Arten sind lebhaft gefärbt.

Myxomycophytina → *Myxomycotina*

Myxomycotina: Myxomycophytina. Schleimpilze. Unterabteilung der → *Mycophyta.* Heterotrophe Organismen, die sich phagotroph von Einzellern ernähren. Verwandtschaftliche Beziehungen bestehen zu Protozoen, weniger zu den anderen Pilzen. In der vegetativen

Phase werden amöboid bewegliche → *Plasmodien* gebildet. Sporenbildung in besonderen Fruchtkörpern (= Sporangien). Die etwa 600 Arten werden in 4 Klassen zusammengefaßt: → *Myxomycetes,* → *Acrasiomycetes,* die parasitisch lebenden Labyrinthulomycetes (Netzschleimpilze) und die endosymbiontischen Schleimpilze (Plasmodiophoromycetes), zu denen der Erreger der Kohlhernie gehört.

Myzel → *Mycel*

Myxomycetes: *a* Ceratiomyxa fruticulosa auf morschem Holz, *b* Aethalium von Reticularia lycoperdon auf totem Laubholz, besonders Erle, *c* gelbes Plasmodium von Fuligo septica (Lohblüte) und rosa Aethalien von Lycogala epidendrum, *d* Leocarpus fragilis, lebt auf Laub, Moosen und morschem Holz

N

N-Assimilation → *Stickstoff-Bindung*

Nabelstrang → *Funiculus*, → *Samenanlage*

Nachbarbestäubung → *Geitonogamie*

Nacheiszeit (Postglazial): → *Holozän*

Nachkommenschaftsprüfung: Wichtiger Bestandteil von Züchtungsprogrammen, um die genetische Verankerung von Merkmalen und die Reaktionsnorm ausgewählter Individuen zu prüfen. Man unterscheidet zwischen vegetativen (→ *Klonprüfung)* und aus Samen entstandenen Nachkommenschaften (Prüfung von Populationen [Bestandesabsaaten] und Einzelbaumnachkommen).

Nachreife: Entwicklung des Samens bis zur Keimfähigkeit nach dem Ablösen von der Mutterpflanze. Während dieser Zeit vollzieht sich 1. der Abbau von Keimhemmstoffen (Es, Bu, Ta), 2. die Überwindung der Hartschaligkeit oder 3. die Reifung des Embryos. Bei Pinus cembra und Es verdoppelt sich die Embryogröße vom Samenfall (Herbst) bis zum Frühjahr. N. wird künstlich durch Lagerung in feuchtem Sand bei 15 bis 20 °C oder durch → *Stratifizieren* beschleunigt.

nachstäubend: ♂Blüten oder ♂Blütenteile eines Individuums werden nach den ♀Anlagen reif. → *Proterogymie*, → *Dichogamie.*

Nachtschattengewächse → *Solanaceae*

Nachwärmezeit (Subatlantikum): Stufe des → *Holozän.*

Nacktfarne (Urfarne) → *Psilophytatae*

Nacktsamer → *Gymnospermae*

NAD → *Nicotinamidadenindinukleotid*

Nadel-Tanne → *Tannenarten, chinesische*

Nadelanalyse → *Blattanalyse*

Nadelhölzer → *Pinidae*

Nadelröte: Unspezifische, in der forstl. Pathologie nicht gebräuchliche Bezeichnung für rötlich-braune Verfärbungen älterer Fichtennadeln. Der Ausdruck wird in der Diskussion um die Ursachen des Waldsterbens verwendet.

Nadelscheide → *Kurztrieb*

Nadelwald: Pflanzengesellschaft, die von Koniferen bestimmt wird. Hauptsächlich in der kalt-temperierten Zone der Nordhalbkugel (→ *Taiga).* In Mitteleuropa setzen sich Nh nur durch, wo Klima oder Boden die Konkurrenzkraft der Lh reduzieren. Für das natürliche Vorkommen von N. ist die Kombination folgender Faktoren ausschlaggebend: (a) kontinentales Klima (scharfe Winterfröste, geringe Bewölkung, starke Einstrahlung, zeitweilig größere Trockenheit), (b) kurze Vegetationsperioden, (c) Basenarmut des Bodens. Auf stark sauren Hochmooren wachsen Fi und Ki selbst im stark ozeanisch getönten nordwestdeutschen Flachland fast konkurrenzlos. Die ausgedehnten Nadelwälder der collinen und submontanen Stufe Mitteleuropas wurden vom Menschen aus wirtschaftlichen Gründen aufgeforstet. Eine pflanzensoziologische Gliederung der Nadelwälder ist schwierig. ELLENBERG (1982) unterscheidet die Klassen → *Erico-Pinetea*, die Kalk-Kiefernwälder und → *Vaccinio-Picetea*, die sauren Nadelwälder und verwandte Gesellschaften.

NADP → *Nicotinamidadenindinukleotidphosphat*

Nährelementbedarf: Ansprüche der Baumarten an die Mineralstoffversorgung; bei Er, Lä, Pa großer Phosphatbedarf; bei Bu und Hbu große Vorliebe für Kalium, ähnlich anspruchsvoll in der K-Versorgung sind Ki, Lä, Fi, Er, Ei, Es, Li und BAh.

	N	P_2O_5	K_2O	CaO
a) Kulturen:				
Tanne	50-65	20-30	50-65	20-40
Fichte	50	25	50	60
Lärche	50-60	25	20-30	20-40
Kiefer	60-80	30-40	40-50	10-20
Eiche	50-60	80	80-100	40-50
Buche	50-60	40	80	30-60
b) Stangenhölzer	50-60	40-50	40-50	50-60
c) Altholz (Lh; Nh)	40-50	40-50	40-50	50-60

Jährlicher **Nährstoffbedarf** von Bäumen in kg/ha (nach GUSSONE 1964)

sehr hoch	hoch	mittel	gering	anspruchslos
Bergahorn Bergulme Esche Kirsche	Feldahorn Sommerlinde Feldulme Flatterulme	Hainbuche Stieleiche Winterlinde	Edelkastanie Traubeneiche Lä, Fi, Ta, Bu	Waldkiefer Aspe Birke

Nährstoffansprüche verschiedener Baumarten (grobe Gliederung)

Nährelemente: Die für das Gedeihen von Pflanzen lebensnotwendigen nichtmineralischen (C, O, H), mineralischen Makro- (N, P, S, K, Ca, Mg) und Mikronährstoffe (→ *Spurennährelemente* Cl, B, Mo, Fe, Mn, Zn, Cu), die in Form von Molekülen oder Ionen (Anionen, Kationen) aufgenommen werden. → *Makronährstoffe.*

Nährelementtransport → *Nährstofftranslokation*

Nährgewebe: Mit Reservestoffen (Stärke, Öle, Eiweiß, Inulin) angereicherte Gewebe in Samen. → *Endosperm*, → *Perisperm.*

Nährstoffaneignungsvermögen → *Austauschkapazität*

Nährstoffangebot: Menge an Hauptnährelementen und Spurenelementen im Nährstoffvorrat des Bodens, die als Bestandteil organischer Substanzen und verschiedenartiger Minerale durch Prozesse der Verwitterung und Mineralisierung in eine pflanzenverfügbare Form übergeführt und von Pflanzen aufgenommen werden können.

Nährstoffaufnahme: Prozeß, bei dem Pflanzen Substanzen in gelöster Form aus gasförmiger und flüssiger Phase über die Blätter (z.B. Kohlendioxid, Sauerstoff) oder die Wurzelorgane (z.B. Wasser, mineralische und organische Stoffe) sowohl passiv wie aktiv mittels unterschiedlicher Mechanismen aufnehmen. (→ *Wasseraufnahme*, → *selektive Ionenaufnahme*, → *Mykorrhiza*). Bei der Aufnahme der im Boden vorhandenen Mineralsalze unterscheidet man zwischen aktiver und passiver Ionenaufnahme; die Pflanze bewirkt durch Erzeugung eines elektrochemischen Gradienten eine Ansäuerung der → *Rhizosphäre*, um Nährstoffe pflanzenverfügbar zu machen; → *Protonenpumpen* und sog. Träger für Ionen bewerkstelligen die N. und den Nährstofftransport durch die Zellmembranen; → *Ionophore.*

Nährstoffe → *Nährelemente*, → *Blattspiegelwerte*

Nährstoffeintrag: Zufuhr von Nährstoffen z.B. aus Luftverunreinigungen in das → *Ökosystem*. → *Stickstoffdüngung*.

Nährstoffmangel → *Mangelkrankheiten*

Nährstofftranslokation: Spezifischer Vorgang, bei dem Nährstoffe intrazellulär im Phloem oder in Pilzhyphen geleitet werden (symplastischer Transport); daran beteiligte Prozesse sind → *Diffusion*, → *Plasmaströmung* u. → *Massenfluß*; die intrazelluläre N. in Pilzhyphen ist von erheblicher Bedeutung für mykotrophe Pflanzen (→ *Mykorrhiza*).

Nährstoffverluste: Verminderung der Nährstoffmenge a) in Blättern durch Nährstoffauswaschung mit den Niederschlägen (→ *Auswaschung*), b) im Bestand durch Nährstoffentzüge bei der Holzentnahme (Vor- und Endnutzungen), c) durch Streunutzung. → *Streu.*

Naemacyclus minor → *Cyclaneusma minus*

Naemacyclus niveus → *Cyclaneusma niveus*

Nässezeiger: → *Zeigerpflanzen* für nasse Standorte, z. B. Salix cinerea, Andromeda polifolia.

Nanismus: Verzwergung, Kümmerwuchs, durch wachstumshemmende Umweltfaktoren, insb. Trockenheit, ausgelöst.

Nanophanerophyten → *Phanerophyten*

Narbe → *Stempel*

Narrentaschen → *Taphrina*

Naßfäule: Sammelbegriff für Zerstörung verbauten Holzes durch Pilze, die für ihr Wachstum hohe Feuchtigkeit des Substrats oder ständige Wasserdampfentwicklung benötigen. Beispiel: → *Coniophora puteana*, der braune Kellerschwamm.

Naßkern (engl.: Wetwood): Dunkel gefärbte Zone hohen Wassergehaltes im Kern und inneren Splintbereich stehender Stämme; insbes. bei Pa, Ta, seltener bei Tsuga, Pinus, Picea. Von Bakterien besiedelt, die (a) über Totäste eindringen und bei Ta stammabwärts fortschreitenden »normalen« N. auslösen oder (b) durch Wurzelverletzungen in die Stammbasis vordringen und im Zuge des → *Tannensterbens* »pathologischen« N. bilden. Er ist unregelm. geformt, riecht übel, kann bis zum Kambium vordringen und Wasserleitung behindern. Naßkernholz ist physikalisch unverändert; Schwierigkeiten entstehen bei der künstl. Trocknung.

Naßschneeschäden → *Schneebruch*

Nastien: Durch Außenfaktoren ausgelöste Bewegungen pflanzlicher Organe oder einzelner Zellen. Im Gegensatz zu den → *Tropismen* werden sie nicht durch die Richtung des auslösenden Reizes bestimmt. Realisiert durch Wachstumsunterschiede oder durch reversible Änderungen des Turgors (→ *Turgorbewegungen*). Je nach Art des auslösenden Faktors unterscheidet man Photonastien, ausgelöst durch Änderung der Lichtintensität, z.B. Schließbewegungen der Spaltöffnungen; Seismonastien, sehr rasche Turgorbewegungen, ausgelöst durch Berührungsreize (Bsp.: Laubblätter von Mimosa, Staubblätter von Berberis, Narbenlappen von Catalpa während der Insektenbestäubung). Thigmonastien, bei Ranken nach Berührung. Thermonastien, Öffnungs- und Schließbewegungen von Blüten unter Temperatureinfluß. Hydronastien, Chemonastien, ausgelöst durch die Wirkung bestimmter Stoffe. Nyctinastische Bewegungen sind einem diurnalen Rhythmus unterworfen.

Natrium: In Form von Na^+ stark quellend wirkendes Ion; für die meisten Pflanzenarten kein essentieller Nährstoff.

Natternzungenfarne → *Ophioglossales*

Nebeln: Applikation von Bioziden als Flüssigkeitsteilchen von 1 – 50 µm Durchm. mit Spezialgeräten. Man unterscheidet zwischen Grobnebel (<50µm), Feinnebel (< 10 µm) und Aerosolen (<1µm). Den Vorteilen größerer Reichweite, geringerer Wirtstoffmengen und hoher Effizienz steht die Gefahr leichten Abdriftens gegenüber. Deswegen im Wald nur selten eingesetzt.

Nebelwald: Hauptsächlich an den Luvhängen aller trop. Gebirge, die quer zur vorherrschenden Windrichtung stehen, auftretende Waldformation. Am Hang aufwärts steigende Luftmassen kühlen sich so weit ab, daß es zur Kondensation des Wasserdampfes und damit in Höhen zwischen, 2 000 und 3 000 m, in den Anden bis 4 000 m, zur Nebelbildung kommt. Baumkronen kämmen den Nebel aus, wodurch dem Boden große Wassermengen zugeführt werden, ohne daß Regen fällt. Nebelwälder sind reich an Baumfarnen und → *Epiphyten*.

Nebenblätter: Stipeln, Stipulae. Teil(e) des → *Unterblattes;* zumeist klein, bei vielen Pfl.arten fehlend. Abhängig vom Bau des Blattstieles unterscheidet man; – Lateralstipeln: bei bifacialem Blattstiel; stets paarig, seitlich am Blattgrund angelegt; – Median- (Axilliar-) stipeln: bei unifacialem Blattstiel; nur in Einzahl vorhanden, in der → Mediane des Blattes liegend; häufig von kapuzenartiger Form.

Nebenfruchtform: Imperfektstadium, Anamorph. Organe der asexuellen Fruktifikation bei → *Eumycotina*. Sie enthalten Mitosporen. Beispiele: → *Acervulus*, → *Sporodochium*, → *Pycnidium*. Gelegentlich werden auch → *Koremien* dazugezählt.

Nebenkrone: An den Kronblättern anhängende, oft auffällig gefärbte Anhängsel, die – kreisförmig angeordnet – einen 2. Kronblattkreis vortäuschen; z.B. bei Caryophyllaceae.

Nebenzellen → *Stomata*

Nebrodentanne → *Abies nebrodensis*

Nectria (Pustelpilze): Früher zu den Hypocreaceae gestellte, neuerdings in einer eigenen Familie (Nectriaceae) untergebrachte Großgattung der Ascomyceten, teils mit streng monophagen (z.B. N. punicea an Faulbaum, N. coryli an Hasel), teils mit polyphagen Arten (→ *N. cinnabarina*, → *N. galligena*). Forstl. wichtig sind Rindenbewohner, die oft Stammkrebse oder Rindenbrand an Lh auslösen. Kennzeichen: Leuchtend rote oder orangefarbene Peritheciengruppen, die meist in einem gemeinsamen Stroma entstehen. An gleicher Stelle oder getrennt kommt die Nebenfruchtform in Gestalt zahlreicher kleiner, meist blaßroter Pusteln vor, die zahlreiche farblose Konidien enthalten.

Nectria cinnabarina (Tode ex Fr.) Fr.: Konidienform: Tubercularia vulgaris. Sehr häufiger und auffallender, vorwiegend saprophytisch an absterbenden oder toten Lh-Ästen lebender Pilz, der an geschwächten Jungpflanzen oder Kronenteilen auch als Wundparasit schädlich wird (Welkeeffekte, Absterben von Ästen). Hauptwirte: Ah, Li, Ul, HBu, Apfel. Im Winter erscheinen zahlreiche wachsartige, hellrote, stecknadelkopfgroße Konidienlager auf der Rinde, denen im Frühjahr etwa gleichgroße, leuchtend kirschrote Perithecien folgen (Rotpustelkrankheit). Befallene Jungpflanzen und Äste mit Fruchtkörpern sollten sogleich entfernt werden.

Nectria coccinea (Pers.) Fr. Krebserreger an Lh, Pustelpilz (Nectriaceae): Nebenfruchtform: Cylindrocarpon candidum. Wundparasit und Rindenbewohner an mehreren Lh, hauptsächlich an Bu, Ah, Pa. Ruft zunächst lokale Rindenverfärbungen, dann Nekrosen, später Anschwellungen im benachbarten Gewebe hervor, die er ebenfalls besiedelt. Je nach Widerstandskraft des Wirtes entstehen geschlossene oder offene Ast- oder Stammkrebse, die in Größe und Form jenen gleichen, die von N. ditissima und N. galligena ausgelöst werden. Große forstl. Bedeutung hat die Art als mykologische Komponente der → *Buchen-Rindennekrose*.

Nectria cucurbitula → *Nectria fuckeliana*

Nectria ditissima Tul. Erreger des Buchenkrebses (Nectriaceae): Nebenfruchtform: Cylindrocarpon willkommii. Wundparasit und Rindenbewohner von Bu-Ästen. Er tötet anfangs kleinere Rindenpartien ab, die der Wirt aber nur selten überwallen kann. So entstehen teils geschlossene, teils offene Astkrebse. Sie führen zu Störungen der Stoffleitung, nicht selten auch zum Absterben distaler Zweigpartien. Gegendweise führt intensiver N.d.-Befall zur Mißgestaltung von Bu-Jungwüchsen. In derartigen Fällen lassen sich die Schäden nicht auf dem Durchforstungsweg beseitigen. Direkte Bekämpfungsmaßnahmen fehlen. Leuchtend rote, in Gruppen zusammenstehende, kleine (ca. 0,5 mm) runde Perithecien erscheinen zu Ende des Winters auf der befallenen Rinde. Die Nebenfruchtform in Gestalt kleiner weißlicher Sporenkissen (1 – 2 mm) wird i.a. während des ganzen Jahres gebildet.

a

b

Nectria cinnabarina: *a* Perithecien, *b* Befall nach Schnitt

Nectria fuckeliana Booth (syn.: N.cucurbitula [Tode] Fr.) Fichtenrindenpilz, Erreger eines Zweigsterbens an Tanne: Konidienform: Cylindrocarpon cylindroides Wollenw. Rindenbewohnender Wundparasit, der zu Ast- und Stammkrebsen, Rindennekrosen und Triebsterben führen kann. U. a. auch in alten Schälwunden (Fi), nach Astung (Sitka-Fi) und in jungen Trieben (Ta) auftretend. Rinden- und Triebschäden an Abies concolor und ihren Artbastarden werden durch N. f. var. tenuis ausgelöst. Sie sind mit Harzaustritt, eingesunkenen Rindenpartien und Zweiganschwellungen verbunden. Leuchtend rote, eiförmige Perithecien auf der toten Rinde.

Nectria galligena Bres. Erreger des Obstbaumkrebses, des Eschen- und des Pappelkrebses, gallischer Pustelpilz

(Nectriaceae): Konidienform: Cylindrocarpon mali (ALLESCH) WR.. Wundparasit in der Rinde mehrerer Lh. Ruft Baumkrebse hervor, die an älteren Es- oder Pa-Stämmen oft sehr regelmäßig aufgebaut sind und älter als 10 Jahre werden können. Die Zahl der Überwallungswülste entspricht i.a. dem Alter des Krebses. (Schießscheibenkrebs). An Ästen entstehen unregelmäßige Anschwellungen, die später aufreißen und sich krebsartig vergrößern. Wird der gesamte Umfang erfaßt, sterben die oberen Astteile ab. In den Rissen der Krebse erscheinen kleine, rote Perithecien sowie weißliche Pusteln der Nebenfruchtform (Rasen mit mehrzelligen Makrokonidien). Wirtsarten: Es, Pa, Wei, Ah, RKa, Bu, Birne. Der forstl. Schaden besteht i.a. nur in einer Wertminderung des Stammholzes. Der Schaden in Obstplantagen (insbes. Apfel) ist wesentlich größer.

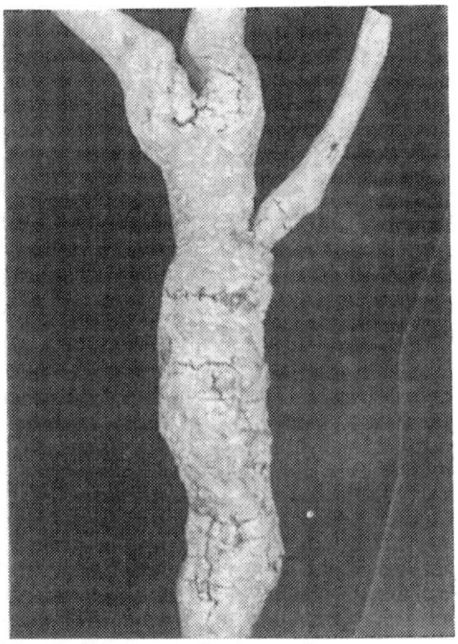

Nectria ditissima an Buchenzweig

Nekromasse → *Biomasse*

Nekrosen: Örtlich eng begrenztes Absterben von Gewebe, meist als braune, etwas eingesunkene Flecke erkennbar. Oft mit der Anreicherung von Phenolen verbunden. N. werden verursacht durch Infektionen, durch Einwirkung toxischer Substanzen (z.B. SO_2, HF, NH_3) oder durch mechanische Verletzungen. Je nach dem Ort des Geschehens spricht man von → *Blattnekrosen,* Rindennekrosen, Phloemnekrosen etc..

Nekrotrophie: Ernährung von toter org. Substanz. Der entspr. Organismus hat das betr. Gewebe nicht selbst abgetötet (vgl. → *Perthotrophie).*

Nektarine → *Prunus persica*

Nektarium: Zuckerhaltiges Sekret ausscheidendes Drüsengewebe, entweder in den Blüten (florales N., z.B. → *Discus,* → *Staminodien)* oder an Laubblättern inseriert (extraflorale N.). Viele Prunus-Arten tragen N. an den Blattstielen, bei Catalpa liegen sie zwischen den Blattrippen.

Nelkenartige → *Caryophyllales*

Nelkengewächse → *Caryophyllaceae*

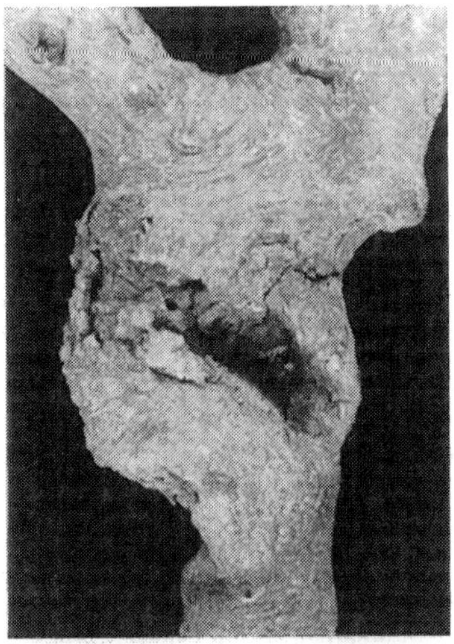

a

b

Nectria galligena: *a* Krebs an Buche, *b* Schießscheibenkrebs an Esche

Neobulgaria pura (FR.) PETRAK, blaßrötlicher Gallertbecher (Helotiaceae): Rindenbewohnender, bis 5 cm breiter Becherling, hauptsächlich auf toten Buchenästen. Die gelatinösen Fruchtkörper sind anfangs blaß, später dunkel fleischfarben bis bräunlich. Oft in Gruppen wachsend.

Neoendemismus → *Endemismus*

Neophyten: Pflanzenarten, die in historischer Zeit in ein Gebiet eingeführt wurden und Bestandteil der dortigen Flora geworden sind. In M-Eur. z.B. Heracleum Montegazzianum seit etwa 1850. → *Adventiv-Pflanzen.*

Neophytikum → *Känophytikum*

Neotenie: Geschlechtsreife in wenig differenziertem Entwicklungsstadium. Phylogenetisch progressives

Merkmal. Ermöglicht durch verkürzte Ontogenese raschere Fortpflanzung und Vordringen in Lebensbereiche mit ungünstigeren Bedingungen. Z.B. ist bei den Angiospermen sowohl der ♀ als auch der ♂ Gametophyt gegenüber der Entwicklung bei den Gymnospermen rückgebildet.

Neotropis → *Florenreich,* das die tropischen, subtropischen Bereiche und die australe Zone Amerikas umfaßt. Je nach Menge der Niederschläge treten immergrüner → *Regenwald,* → *Saisonwald,* → *Trockenwald,* Hartlaubgebüsch (→ *Chaparral),* → *Savanne,* Halbwüste oder Wüste auf. Für die N. typische Familien sind Bromeliaceae, Cactaceae, Tropaeolaceae und Cannaceae.

Nerium L. Oleander: Gattung der → *Apocynaceae* mit 3 Arten vom Mittelmeerraum bis SO-Asien. In M-Eur. als Kübelpflanze kultiviert (nicht winterhart): N. oleander L. (Gemeiner Oleander): 2 – 4 m hoher Strauch mit quirlig angeordneten, seltener gegenständigen Blättern und duftlosen, weißen oder roten Blüten, endständig in Doldentrauben. Zottig behaarte Balgfrucht. Heimat in Auenlandschaften des Mittelmeerraumes. In Blättern und Sprossen giftiger Milchsaft mit herzlähmender Wirkung.

Nervatur → *Blattnervatur*

Nesselartige → *Urticales*

Nesselgewächse → *Urticaceae*

Nettoprimärproduktion → *Primärproduktion*

Netz-Weide → *Salix reticulata*

Netzgefäße → *Tracheen*

Netzmittel: Zusatz in Bioziden, der durch Herabsetzung der Grenzflächenspannung die Benetzbarkeit erhöht und damit die Verteilung des Wirkstoffes auf der Pflanzenoberfläche fördert. (Basis = Seifen, Kasein, Saponine, Leim).

netznervig → *Blattnervatur*

Netzschleimpilze → *Myxomycotina*

Netzschwefel: Fein gemahlener elementarer Schwefel (Teilchengröße 1 – 10 µm), dem zur Stabilisierung oberflächenaktive Stoffe zugesetzt werden und der dann als Spritzmittel Verwendung findet. Anwendung: gegen Mehltau im Wein- und Obstbau und gegen Eichenmehltau im Forst. Bei höheren Temperaturen während oder nach der Applikation kann SO_2 mit entspr. Folgeschäden entstehen.

Netztracheide →*Tracheide*

neuartige Waldschäden → *Waldsterben*

Neukombination: Entstehung neuer → *Genotypen* durch zufällige Verteilung der homologen Chromosomen während der heterotyp. Reifeteilung und anschließender Gametenverschmelzung.

Neutralfette (Triglyceride): Stoffe aus drei mit Glycerin veresterten Fettsäuren. Sie sind wasserunlöslich und kommen als Reservestoffe in Samen, Früchten und Stämmen vieler Bäume vor.

Nevada-Zirbelkiefer → *Pinus flexilis*

Nexine → *Exine*

nicht-mendelnd → *Vererbung*

Nickel (Ni): Ist in seiner physiologischen Wirksamkeit mit Cobalt verwandt, kann Chelatverbindungen eingehen u. andere Schwermetalle verdrängen, wirkt in höheren Konzentrationen toxisch auf Pflanzen (normaler Gehalt in der Trockensubstanz 0,1-5 ppm). → *Schwermetalle.*

Nicotinamidadenindinukleotid (NAD): Wasserstoffübertragendes → *Coenzym* vieler Dehydrogenasen: $NAD^+ + 2\,H \rightleftharpoons NADH + H^+$. Wichtiger Wasserstoffakzeptor bei der → *Dissimilation.*

Nicotinamidadenindinukleotidphosphat (NADP): Wasserstoffübertragendes → *Coenzym* verschiedener Dehydrogenasen bzw. Reduktasen: $NADP^+ + 2\,H \rightleftharpoons NADPH + H^+$. Wichtiger Wasserstoffakzeptor u.a. bei den Lichtreaktionen der → *Photosynthese* und im → *Pentosephosphatzyklus.*

Niederblätter: Cataphylle. Einfach gestaltete, oft schuppenförmige, dreispitzige Blattorgane mit rudimentärem Oberblatt (Mittelspitze). Die seitlichen Spitzen werden von Nebenblättern bzw. Nebenblattrudimenten gebildet. N. befinden sich an der Sproßbasis und folgen den Keimblättern; Knospenschuppen sind N. homolog; unterirdische Sproßachsen wie Ausläufer, Rhizome und Knollen sind i.d.R. nur mit N. besetzt.

Niedermoor → *Flachmoor*

Niederungsmoor → *Flachmoor*

Niederwald (Stühbusch, Kratt): Form des Wirtschaftswaldes seit dem frühen Mittelalter. Die Bäume werden nach Umtriebszeiten von 10 – 40 Jahren gefällt. Der N. regeneriert sich aus → *Stockausschlägen* und hat daher ein mehr buschartiges Aussehen. Für den N.-betrieb eignen sich regenerationsfreudige Arten wie Hbu, Es, Ei, Li, Ah, Ha, auf nassen Standorten Er und Wei. Ungeeignet sind Nh. Der N. dient vor allem der Brennholzgewinnung, als Eichenschälwald der Erzeugung von Gerbrinde und als Kastanien- und Robinien-N. der Produktion von Rebstecken. Heute ist der N. größtenteils in den ertragreicheren → *Mittel-* oder → *Hochwald* überführt. → *Forstgeschichte* .

Nikko-Tanne → *Abies homolepis*

Nitrat (NO_3^-): Anion der Salpetersäure; wichtige N-Verbindung in Böden, wird leicht von der Pflanze aufgenommen; NO_3^- hat Hauptanteil an der N-Ernährung der Pflanzen und findet sich z.T. im Zellsaft, wird z.T. in der Wurzel reduziert:
$NO_3^- \rightarrow NO_2^- \rightarrow NH_2OH \rightarrow NH_3$ (Nitratreduktion).

Nitratatmung: Dissimilatorische Nitratreduktion in Bakterienzellen. Bildung von Nitrit.

Nitrifikation: Oxidation von NH_3 zu Nitrit und Nitrat durch Nitrosomonas-Arten in Böden bei pH-Werten >4; auf sauren Standorten deshalb Anreicherung von NH_3.

Nitrobacter → *Schizomycetes*

nitrophil: Bezogen auf Pflanzen, die stickstoffreiche Böden bevorzugen oder unter natürlichen Bedingungen nur auf solchen Substraten existieren können, z.B. Rubus caesius, Sambucus nigra.

nitrophob: Bezogen auf Pflanzen, die stickstoffreiche Standorte meiden, z.B. Pinus nigra, Prunus mahaleb, Rhododendron ferrugineum.

Nitrosomonas → *Schizomycetes*

nivale Stufe → *Vegetationsstufen*

Noble Fir → *Abies procera*

Nodium: Knoten. Stelle der Sproßachse, an der die Blätter ansetzen.

Nootka-Scheinzypresse → *Chamaecyparis nootkatensis*

Nordmannstanne → *Abies nordmanniana*

Norfolk-Tanne → *Araucaria heterophylla*

Norway Spruce → *Picea abies*

Nothofagus Bl. Scheinbuche, Südbuche (engl.: False Beech): Gattung der → *Fagaceae* mit ca. 40 immer- oder sommergrünen Baum-, seltener Straucharten. Verbreitet in der gemäßigten Zone der südl. Hemisphäre (Neuseeland, Australien, Südamerika) und in den Tropen (Neuguinea, Neukaledonien). Blätter kurzgestielt, klein; ♂ Blüten einzeln oder bis zu 3; Frucht bucheckerähnlich, aber kleiner, von schuppiger → *Cupula* umschlossen. In mitteleurop. Parks gelegentlich anzutreffen: N. antarctica (G. Forst.) Oerst. (Chile; bis 35 m); N. obliqua (Mirb.) Oerst. (Chile, S-Arg.; bis 30 m).

Nottrieb → *Proventivtrieb*

NPC-System: System zur Klassifizierung von Pollenkorntypen, das auf Anzahl (**N**umerus), Lage (**P**ositio) und Art (**C**haracter) der Aperturen beruht.

Nucellus: Diploides, vielzelliges Grundgewebe der → *Samenanlage*, in dem der weibliche Gametophyt eingebettet ist.

nucleär: Bildung von freien Zellkernen, bevor Zellwände entstehen (z.B. bei Endospermbildung oder → *Megasporogenese)*.

Nucleoid: Nicht mit einer Plasmamembran abgegrenzter Bereich der → *Protocyte*, in dem die Erbsubstanz lokalisiert ist (= Kernäquivalent).

Nucleolus (Kernkörper): Kugelförmiger, besonders dichter Bezirk des → *Zellkerns*. In Pflanzenzellen kommen meist zwei bis mehrere Nucleoli pro Kern vor. Sie werden während der → *Kernteilung* aufgelöst und danach an den → *SAT-Chromosomen* neu gebildet. Funktion: Bildung und vorübergehende Speicherung von Vorstufen der → *Ribosomen*.

Nucleosom: Verdickung auf dem Chromatinfaden. Besteht aus zwei Histon-Tetrameren, um die sich die DNA windet.

Nucleus: Zellkern, Karyon. Meist rundes oder spindelförmiges, im Durchmesser zwischen 5 und 20 nm großes Zellorganell der → *Eukaryota*. Besonders kleine Kerne bei Pilzen; größere (bis 0,6 mm) in Eizellen der Gymnospermen. Funktionen: Genetisches Informationszentrum und Steuerung der Stoffwechselvorgänge in der Zelle. Meist ein Kern pro Zelle. Zellen mit mehreren Kernen sind polyenergid. Kernlos sind Zellen der → *Prokaryoten* und die Siebröhrenglieder im Phloem höherer Pflanzen.
Der Kern grenzt sich zum Cytoplasma mit einer Doppelmembran (Kernmembran) ab. Sie ist Teil des → *endoplasmatischen Reticulums* und mit Poren durchsetzt. Kerngrundsubstanz (Karyoplasma) besteht aus Karyolymphe und → *Chromatin*, eingebettet sind Nucleoli (→ *Nucleolus)*. Bei Kernteilungen (→ *Mitose*, → *Meiose)* verdichtet sich das Chromatin zu Chromosomen; Kernmembran und Nucleoli lösen sich auf. Im Chromatin ist die Kern-DNA als genetischer Informationsträger lokalisiert. Im Zellkern findet die Replikation der DNA und die Synthese der informationsübertragenden messenger-RNA (→ *Transkription)* statt, welche durch Kernporen ins Cytoplasma gelangt und als Bauplan für die → *Proteinbiosynthese* dient. Teilungsaktive Kerne heißen Interphasenkerne, teilungsinaktive Kerne in ausdifferenzierten Zellen heißen Arbeitskerne.

Nüßchen: (1) Kleine, einsamige, trockene Schließfrucht, z.T. mit fedrigen (→ *Anemochorie*, z.B. → *Clematis)* oder widerhakigen Griffeln (Epizoochorie).
(2) Teil der Sammelnußfrucht, der sich aus dem einzelnen Karpell entwickelt. → *Nuß*.

Nukleinsäuren: Makromolekulare Verbindungen, deren Monomere (Mono)-Nukleotide heißen, die sich aus einer heterocyclischen, N-haltigen Base (Purin- oder Pyrimidinderivate), einem Zucker (Pentose) und dem Phosphorsäurerest zusammensetzen. Base und Zucker bilden die Nukleoside. Zwei Typen von N.: → *DNA* und → *RNA*. N. finden sich hauptsächlich im Kern (Eukaryoten) oder frei im Cytoplasma (Prokaryota). Zu einem geringeren Teil auch in den Plastiden und Mitochondrien.

Nukleoproteide: Nukleinsäuren enthaltende Eiweißverbindungen.

Nukleosid: Teil der → *DNA*, bestehend aus Pentose und Base. → *Nukleotid*, → *Nukleinsäure*.

Nukleotid: Teil der → *DNA*, bestehend aus Phosphorsäure, Pentosezucker und einer der vier Basen (Adenin, Guanin, Thymin oder Cytosin). → *Nukleinsäure*.

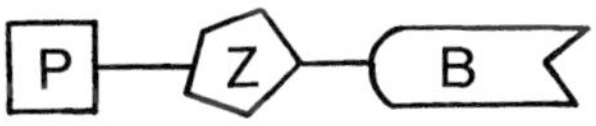

Nukleotid, schematische Darstellung. P = Phosphorsäure, Z = Zucker, B = Base

Nullosomie → *Polyploidie*

Nunatak (Mrz. Nunatak[k]er): Fels, der aus Inlandeismassen herausragt. Während der Eiszeiten besonders in Norwegen, den Pyrenäen und den Alpen. Heute durch das Vorkommen arktisch-alpiner Arten gekennzeichnet (z.B. Umbilicaria virginis, verschiedene Taraxacum-Arten).

Nuß: Einsamige, trockene Schließfrucht, die sich aus chorikarpem und coenokarpem Gynoeceum entwickelt. Bei Waldbäumen häufig: Bi, Ul, Es, HBu, Haselnuß. Sonderformen der Nußfrüchte sind → *Achäne*,

→ *Karyopse* und die Merikarpien der Bruchfrüchte und Schizokarpien. → *Nüßchen.*

Nußbaumartige → *Juglandales*

Nußeibe → *Torreya*

Nußeibe, Japanische → *Torreya nucifera*

Nußeibe, Kalifornische → *Torreya californica*

Nut, Cob → *Corylus avellana*

Nutationsbewegungen: Autonome, meist kreisende Bewegungen (Circumnutation) von Keimpflanzen, Windepflanzen und → *Ranken,* die nicht spezifisch von Umweltfaktoren, sondern endogen gesteuert werden.

Nutz-F1 → *Kombinationszüchtung*

Nuytsia → *Loranthaceae*

Nyctaginaceae → *Caryophyllales*

Nymphaeales: Seerosenartige. Weltweit verbreitete, zu den → *Magnoliidae* zählende, im Süßwasser lebende Kräuter mit peltaten Schwimm- und Luftblättern und großen auffälligen Blüten. Wichtige Gattungen: Nuphar (Teichrose), Nymphaea (Seerose).

Nyssa L. Tupelo: Gattung der → *Nyssaceae* mit 6 sommergrünen Baumarten, 4 davon in N-Amerika, 2 in O-Asien. Rauhe, gefurchte Borke; Blätter elliptisch oder eiförmig, ganzrandig oder entfernt gezähnt; Blüten mit dem Laubaustrieb, unscheinbar, klein, polygam oder zweihäusig, 5-zählig; Frucht: elliptische, i.d.R. 1-samige Steinfrucht mit geripptem bis geflügeltem Steinkern. Der Name »Tupelo« geht auf die Creek-Indianer zurück und bedeutet »Sumpf-Baum«. Forstlich wichtig:
N. aquatica L. (syn.: N. uniflora WANGENH.) Wasser-Tupelo (Water Tupelo): Heimat: SO der USA (SO-VA bis N-FL und SO-TX, im Mississippi-Tal nördl. bis S-IL). In Sümpfen und periodisch überschwemmten Flußniederungen (bis 150 m Meereshöhe) weit verbreiteter, bis 33 m hoher Baum mit geradem, an der Basis verdicktem Stamm und waagrecht abstehenden Ästen. In Rein- oder Mischbeständen mit Taxodium distichum, Pinus palustris, Salix nigra, Populus heterophylla, Quercus lyrata, Q. nigra, Betula nigra u.a.. Blätter 10 bis 16 cm lang, eiförmig bis länglich, ganzrandig oder mit wenigen, kräftigen Zähnen; unterseits weichhaarig. ♀ Blüten einzeln.
N. sylvatica MARSH. (syn.: N. multiflora WANGENH.) Wald-Tupelo (Black Tupelo): Max. 36 m hoher Baum des östl. N-Amerika (im N von MI über S-ON bis SW-ME, südl. bis FL und O-TX; kleine, disjunkte Vorkommen in Mex.). Ähnlich N. aquatica, aber Blätter 6 bis 13 cm lang, verkehrt eiförmig bis elliptisch, ganzrandig, unterseits nur auf den Nerven behaart; ♀ Blüten zu 2 – 8. Leuchtend hellrote Herbstfärbung. Es werden 2 Varietäten unterschieden: Var. sylvatica: weit verbreitete, aber nirgends sehr häufige Mischbaumart in feuchten Flußniederungen. Im Gebirge auch auf trockeneren Böden in Laubmisch- und Kiefernwäldern (bis etwa 1200 m Meereshöhe, in den Appalachen stelleneweise auch darüber). Var. biflora (Walt.) Sarg. (Swamp Tupelo): beschränkt auf die Sümpfe und Überschwemmungsgebiete der Küstenebene; oft in gleichaltrigen Reinbeständen. Holz beider Tupelo-Arten hellfarbig, zerstreutporig, Jahrringe und Markstrahlen schwer erkennbar, ziemlich schwer und hart. Verwendet für Möbel, Kisten u.a.. Das extrem leichte Wurzelholz der im Sumpf wachsenden Tupelos nutzten die Fischer als Korkersatz für die Schwimmer ihrer Netze. In Mitteleuropa ist nur N. sylvatica winterhart, N. aquatica dagegen sehr frostgefährdet.

Nyssa sylvatica, Blätter z.T. mit Herbstverfärbung

Nyssaceae: Tupelobaumgewächse. Zu den → *Cornales* zählende Familie mit 3 Gattungen: → *Nyssa* (O-USA, O-China), → *Davidia* (chin. Taubenbaum) und Camptotheca (China, Tibet). Blätter wechselständig, ohne Nebenblätter. Häufige Blütenformel: *K5 oder 0 C5 A 5+5 G(1-2). Gelegentlich eingeschlechtig. Steinfrüchte. Wegen intensiver Herbstfärbung vornehmlich als Ziergehölze verwendet.

O

Oak → *Quercus*

Oak, Black → *Quercus velutina*

Oak, Blackjack → *Quercus marilandica*

Oak, Bur → *Quercus macrocarpa*

Oak, Cherrybark → *Quercus falcata*

Oak, Chestnut → *Quercus prinus*

Oak, Chinkapin → *Quercus muehlenbergii*

Oak, Common → *Quercus robur*

Oak, Durmast → *Quercus petraea*

Oak, Northern Red → *Quercus rubra*

Oak, Nuttall → *Quercus nuttallii*

Oak, Oregon White → *Quercus garryana*

Oak, Overcup → *Quercus lyrata*

Oak, Pedunculate → *Quercus robur*

Oak, Pin → *Quercus palustris*

Oak, Post → *Quercus stellata*

Oak, Scarlet → *Quercus coccinea*

Oak, Sessile → *Quercus petraea*

Oak, Shumard → *Quercus shumardii*

Oak, Southern Red → *Quercus falcata*

Oak, Swamp Chestnut → *Quercus michauxii*

Oak, Swamp White → *Quercus bicolor*

Oak, Texas → *Quercus shumardii*

Oak, Water → *Quercus nigra*

Oak, White → *Quercus alba*

Oak, Willow → *Quercus phellos*

Obdiplostemonie → *Stemonie*

Oberblatt: Epiphyll. Terminaler Abschnitt des Blattes, der sich aus der → *Blattspreite* und dem → *Blattstiel* zusammensetzt.

Oberholz (Baumholz): Im Gegensatz zum → *Unterholz* aus → *Kernwüchsen* entstandene Baumschicht im → *Mittelwald,* meist → *Lichtholzarten.*

Obstbaumkrebs → *Nectria galligena*

Ochnaceae: Grätenblattgewächse. Familie der → *Theales.* Immergrüne oder laubabwerfende, pantropisch verbreitete Bäume und Sträucher mit sekundär vermehrtem Androeceum. Charakteristisch sind 2 an der Frucht verbleibende, flügelartig verlängerte Kelchblätter. Wertvolles Nutzholz liefert: Lophira alata (afrikanische Eiche), Charakterbaum trop. Regenwälder W-Afrikas, 60 – 70 m hoch.

Ochrea: Umbildung des → *Unterblattes* zu einer Röhre, die die Basis des folgenden Stengelgliedes umschließt (Bsp. Knöterichgewächse).

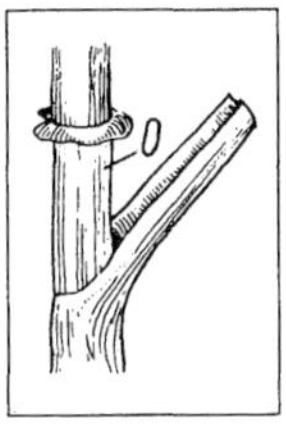

Ochrea (o) der Knöterichgewächse

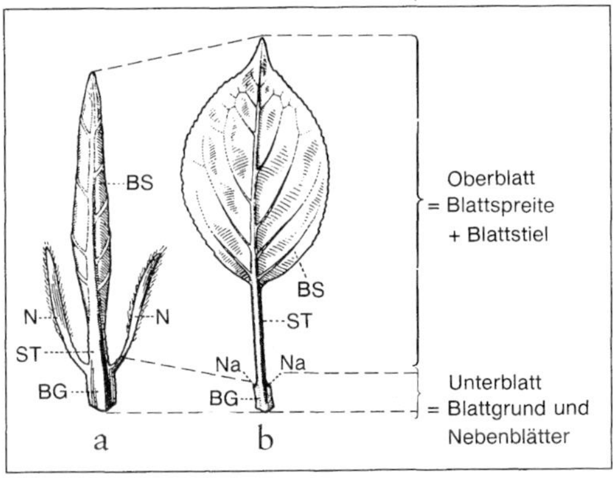

Teile des Blattes *a* vor, *b* nach der Entfaltung. BS = Blattspreite, N = Nebenblatt; ST = Stiel, BG = Blattgrund, Na = Narben der abgefallenen Nebenblätter

Ochroma → *Bombacaceae*

Ocotea → *Lauraceae*

Öffnungsfrucht: (syn.: Streufrucht, Springfrucht). Frucht, die sich bei der Reife öffnet und die Samen ausstreut (Bsp. Hülse, Balg, Kapsel). Ggs.: Schließfrucht.

Ökogramm: Graphische Darstellung der physiologischen Amplitude, des physiologischen Optimalbereiches oder des tatsächlichen Vorkommens einer Pflanze in Abhängigkeit von den → *Umweltfaktoren* (Abb. S. 318).

Ökokline: Entlang eines sich allmählich verändernden Umweltgradienten kontinuierlich voneinander abweichende Typen einer Art (Ökotypen-Reihe). → *Ökotypen.*

Ökologie: Von E. Haeckel 1866 geprägte Bezeichnung für die Lehre von den Beziehungen der Organismen untereinander und zur sie umgebenden, unbelebten

Umwelt (Klima, Boden usw.) Teilgebiete der Ö. sind → *Autökologie,* → *Synökologie,* → *Demökologie* und die Humanökologie.

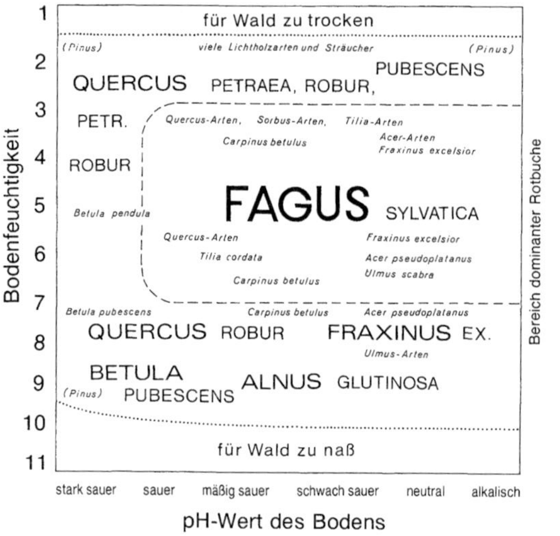

Ökogramm für die waldbildenden Baumarten der submontanen Höhenstufe Mitteleuropas in Abhängigkeit von der Feuchte und vom pH-Wert des Bodens. Die Größe der Schrift drückt den Grad der konkurrenzbedingten Beteiligung an der Baumschicht aus. (Nach Ellenberg, 1982). 1 = sehr trocken, 2 = trocken, 3 = mäßig trocken, 4 = mäßig frisch, 5 = frisch, 6 = mäßig feucht, 7 = feucht, 8 = mäßig naß, 9 = naß, 10 = sehr naß, 11 = Wasser

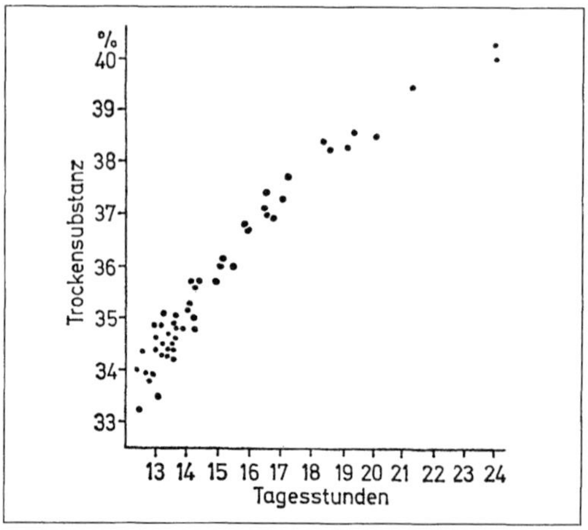

Klinale Variation bei der Kiefer (Pinus sylvestris): Bei gleichartigen Kulturbedingungen zeigen 52 europäische Herkünfte eine enge Korrelation der Nadel-Trockensubstanz (Maß der Kälteresistenz) mit der Zahl der Tagesstunden am 21. März an ihrem natürlichen Standort

ökologische Nische: Durch spezifische Bedürfnisse und interspezifische → *Konkurrenz* bedingtes natürliches Vorkommen einer Sippe.

ökologische Regeln: Aufgrund von Beobachtungen aufgestellte Gesetzmäßigkeiten im Bereich der Ökologie. Man unterscheidet: 1. Erstes biozönotisches Grundprinzip. Je variabler die Lebensbedingungen eines → *Biotops* sind, um so größer ist die Artenzahl in der betreffenden → *Biozönose.* Die Individuenzahl pro Art ist hingegen rel. gering. 2. Zweites biozönotisches Grundprinzip. Je stärker sich die Lebensbedingungen in einem Biotop Extremwerten nähern, um so artenärmer, aber individudenreicher ist i.a. die Biozönose. Je spezialisierter ein Biotop ist, um so charakteristischer seine Biozönose. 3. Drittes biozönotisches Grundprinzip. Je öfter und nachhaltiger ein Standort kulturellen Umwandlungen unterworfen war, desto artenärmer und instabiler ist seine Biozönose. 4. Minimumgesetz (Wirkungsgesetz der Umweltfaktoren). Autökologisch betrachtet: Die Entfaltung einer Art im Biotop wird durch den am weitesten von den Bedürfnissen abweichenden → *Umweltfaktor,* den Minimumfaktor, bestimmt. Synökologisch betrachtet: Die Zusammensetzung einer Biozönose nach Art und Zahl wird durch denjenigen Umweltfaktor bestimmt, der sich am meisten dem Pessimum nähert. 5. Prinzip der Gleichwertigkeit verschiedener Umweltwirkungen. Für einen Organismus ist es belanglos, durch welche Faktoren seine Lebensbedingungen erfüllt werden. So gedeihen Pflanzen auch außerhalb ihres nat. Areals, wenn die klimatischen Bedingungen der Art entsprechen und Konkurrenz durch andere Pflanzen verhindert wird. 6. Abundanzregel. In vielseitigen Lebensräumen erreichen Arten mit großer Reaktionsbreite, in einseitig gelagerten Biotopen dagegen Arten mit geringer, aber oft spezifischer Reaktionsbreite die größere → *Abundanz.* 7. Prinzip der relativen Biotopbindung oder der relativen Standortkonstanz. Die Bindung an ein bestimmtes Biotop ist oft nur regional gültig. Ändert sich in Richtung Verbreitungsgrenze einer Art das Klima, tritt ein Biotopwechsel ein, durch den die Klimaänderung kompensiert wird, so daß die Standortbedingungen mehr oder weniger konstant bleiben. So treten in verschiedenen mediterranen Biotopen verbreitete Arten in Mitteleuropa nur lokal und auf wärmebegünstigten Kalkböden oder an Südhängen auf (z.B. Quercus pubescens).

Ökosystem: Wirkungsgefüge zwischen Lebewesen untereinander und zwischen Lebewesen und ihrer unbelebten Umwelt. Ökosysteme sind offene Systeme, in denen ein ständiger Stoffaustausch stattfindet. Aufgrund der Abhängigkeiten innerhalb des Systems sind sie eingeschränkt zur Selbstregulation fähig, die Arten- und Individuenzahl bleibt innerhalb einer gewissen Schwankungsbreite konstant. Ökosysteme unterliegen bestimmten Gesetzmäßigkeiten (→ *ökologische Regeln).* I.w.S. ist der Begriff Ö. synonym mit → *Biogeozönose.*

Ökotyp: Population eines eng begrenzten Standorts, die sich durch selektive, von den ökologischen Verhältnissen des Standorts bestimmte Vorgänge genetisch den Standortsbedingungen angepaßt haben.

Ölbaum → *Olea*

Ölbaumgewächse → *Oleales*

Öle: Gemische verschiedener Triglyceride (→ *Neutralfette)* und freier, meist ungesättigter Fettsäuren. Speichersubstanzen vorwiegend in Früchten und Samen.

Ölkörper → *Elaiosom*

Ölpalme → *Arecales*

Ölweide → *Elaeagnus*

Ölweidengewächse → *Elaeagnaceae*

Ohio-Roßkastanie → *Aesculus glabra*

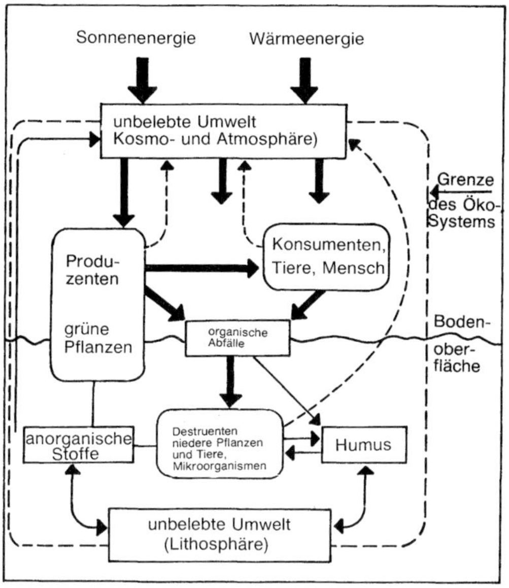

Schematische Darstellung des Stoffaustausches im **Ökosystem**

Ohrweide → *Salix aurita*

Oidien → *Konidien*

Okinawa Pine → *Pinus luchuensis*

Okulieren: Veredelungsverfahren, bei dem ein gut ausgebildetes »Auge« (Knospe) aus dem Edelreis geschnitten und in einem T-Schnitt an der Unterlage eingeführt wird. Danach festes Umwickeln mit geeigneten Verbandstoffen (z.B. Bast- oder Gummibänder), so daß nur das »Auge« mit dem Blattstielrest sichtbar ist. Bewährt u.a. bei Eschenahorn, Roß- und Eßkastanie und Esche.

Okwabaum → *Moraceae*

Olacaceae: Olaxgewächse. Ursprüngliche Familie der → *Santalales.* Pantropisch verbreitete Bäume, Sträucher und Lianen. Einige Arten sind Wurzelparasiten. Hartes Holz mit großer Festigkeit liefern: Octoknema, Coula, Heisteria. Gelbes Sandelholz stammt von Ximia, einem Halbparasiten auf Wurzeln von Holzpflanzen.

Olaxgewächse → *Olacaceae*

Old Man's Beard → *Clematis vitalba*

Olea L. Ölbaum: Gattung der → *Oleaceae.* Immergrüne, z.T. dornenbewehrte Bäume oder Sträucher mit gegenständigen, ledrigen Blättern. Blüten in Rispen. Etwa 20 Arten in Afrika, Asien und Ozeanien. In Eur. nur: Olea europaea L. (Ölbaum, Olivenbaum): Kleiner, langsam wachsender Baum (selten über 20 m) oder Strauch des Mittelmeergebietes. Kennzeichen: Blätter schmal elliptisch mit leicht eingebogenem Rand, oberseits dunkel- bis graugrün, unterseits silbrig behaart. Blüten weiß. O. europaea ssp. sylvestris: Wildform, meist strauchförmig. Charakterart der → *Macchie.* O. europaea ssp. europaea: Kulturform, wirtschaftliche Bedeutung aufgrund der Früchte, die entweder als Oliven direkt als Nahrungsmittel verwendet oder zu Olivenöl, einem sehr wertvollen Speiseöl ausgepreßt werden. Wertvolles, sehr festes und hartes, feinfaseriges, gut polierfähiges Holz. Zahlreiche Sorten, auf der ganzen Welt verbreitet.

Olea europaea → *Olea*

Oleaceae: Ölbaumgewächse. Einzige Familie der → *Oleales.* Familie kosmopolitisch verbreitet mit Schwerpunkt in SO-Asien; ca. 600 Arten. Laubabwerfende oder immergrüne Bäume und Sträucher mit gegenständigen, nebenblattlosen, oft gefiederten Blättern. Typische Blütenformel: * K4 [C(4) A2] G(2). Blütenhülle kann auch fehlen (Fraxinus excelsior). Kapselfrüchte, Beeren, Steinfrüchte oder Flügelnüsse. Wichtige Gattungen: → *Fraxinus,* → *Olea,* → *Ligustrum,* → *Syringa,* → *Jasminum,* → *Forsythia,* → *Phillyrea.* Ferner: Osmanthus heterophyllus (Duftblüte): Immergrüner Strauch mit stacheligen Blättern aus Japan und Taiwan. In milden Lagen M-Europas winterhart. Chionanthus virginicus (Schneeflockenstrauch): Bis 9 m hoher, reichblütiger Strauch aus O-USA. Blüten weiß, mit langen schmalen Kronzipfeln.

Oleales: Ordnung der → *Asteridae* mit nur einer Familie: → *Oleaceae.*

Oleander → *Nerium*

Oleosomen: Membranfreie Lipidkörnchen, besonders in fettreichen Geweben von Samen.

Oligomerie: Wenige Blütenglieder (2 – 6 pro Blütenkreis) stehen in wirteliger Stellung an der Blütenachse. (Gegensatz: → *Polymerie).*

Oligomerisation: Reduzierung der Zahl der Blütenglieder. Wichtiger Vorgang in der Phylogenese von Blütenpflanzen (= progressives Merkmal).

oligophag → *Parasiten*

Oligosaccharide: Aus 3 bis 10 Monosaccharidresten (Monomere) bestehende → *Kohlenhydrate.* Beispiel: Raffinose (aus 3 Monomeren).

oligotroph: a) Nährstoffarm, z.B. Lebensräume (bes. Gewässer); b) bezogen auf Pflanzen, die mit geringen Mengen an Nährsalzen auskommen (z.B. Pinus sylvestris). Ggs. → *eutroph.*

Oligozän: Abteilung des Tertiärs. → *Erdzeitalter,* → *Känophytikum.*

Olivenbaum → *Olea europaea*

Olivesche → *Fraxinus excelsior*

ombrogen: Bezieht sich auf Moore, deren Hauptwasserzufuhr vom Regenwasser stammt. → *Hochmoor.*

ombrotroph → *Hochmoor*

Omnipotenz → *Potenz*

omnivor (= allesfressend): Form der heterotrophen Lebensweise. In der Pathologie: Ein Erreger befällt mehrere Teile oder verschiedene Gewebe einer Wirtspflanze (z.B. Botrytis cinerea: Wurzeln, Sprosse, Blätter, Früchte).

Omorika-Fichte → *Picea omorika*

Omorika-Sterben: Meist in städtischen Anlagen und Gärten auftretende Nadelvergilbung und -bräunung auch älterer → *Picea omorika,* insbes. an Triebspitzen. Als Ursachen gelten Cl-haltige Düngemittel oder flach anstehender Bauschutt. Abhilfe: Düngung mit $MgSO_4$ (Bittersalz).

Onagraceae → *Myrtales*

Onnia tomentosa (FR.) KARST. (syn.: Polyporus circinatus FR.) Gestielter Filzporling (Hymenochaetaceae): Erreger einer Weißlochfäule an Nh in S-Deutschland. Dringt über Wurzeln in das Kernholz der Stämme ein, wo es zu ringförmigem, fleckenweisem Holzabbau kommt → *Ringschäle.* Fruchtkörper bis 15 cm breit, zu vielen am Boden, gern in Reihen. Hüte (und Stiel) braunfilzig, oft miteinander verwachsen oder mit aufgesetzten, kleinen Hüten. Als sog. → *Bienenrosigkeit* der Kiefer örtlich von wirtschaftl. Bedeutung.

Ononis L. Hauhechel: Gattung der → *Fabaceae* mit ca. 75 vorwiegend im Mittelmeerraum beheimateten Arten. Meist Kräuter, seltener Sträucher mit dreizählig gefiederten, wechselständigen Blättern und roten, rosa oder gelben Blüten. Wichtigste Art: O. spinosa L. (Dornige Hauhechel): Sehr formenreicher, 0,2 – 0,6 m hoher, dorniger Halbstrauch aus fast ganz Eur. (ohne nördlichste Gebiete), aus N-Afr. und W-Asien mit rötlichen, selten weißen Blüten. Meist auf Kalk, häufig in Magerrasen und Weiden.

Ontariopappel → *Populus balsamifera*

Ontogenese: Ontogenie. Individualentwicklung mit der Zygote beginnend und mit dem Tod des Individuums endend. In der O. werden verschiedene Entwicklungsphasen unterschieden: u.a. Keimphase, Jugendphase, Blühphase, Altersphase.

Oogamie → *Gameten*

Oogenese: Bildung von weiblichen Gameten. (Eizellen). → *Spermatogenese*

Oogonium → *Gametangien*

Oomycetes: Zu den → *Eumycotina* gehörende Klasse von Pilzen mit ca. 850 Arten. Meist im Süßwasser saprophytisch lebende (Saprolegniales) oder stärker ans Landleben angepaßte, meist auf höheren Pflanzen parasitierende Organismen (→ *Peronosporales).* Kennzeichen: Verzweigtes, siphonales Mycel. Zellwände aus Cellulose und Glucanen. Gametischer Kernphasenwechsel. Keine Fruchtkörper. Vegetative Vermehrung durch Zoosporen oder Konidien. Sexuelle Vermehrung durch Gametangiogamie: ♂ Gametangien mit freien ♂ Kernen wachsen mit Befruchtungsschläuchen zu den Oogonien, in denen sich mehrere nackte Eizellen (→ *Oosphären)* befinden. Befruchtete Oosphären umgeben sich mit derber Wand und werden als Oosporen verbreitet.

Oosphäre: Zellwandlose Eizellen in den Oogonien der → *Oomycetes.*

Oospore → *Oomycetes*

Open top chamber: Offenes, nicht klimagesteuertes System zur kontrollierten Exposition von Pflanzen gegenüber Luftschadstoffen. Das Fehlen einer Abdekkung (open top) ermöglicht Gasaustausch unter annähernd natürlichen Bedingungen. Häufig angewendet, um die Wirkung von Stickoxiden und Photooxidantien auf landw. Kulturpflanzen und Waldbäume zu testen.

Begasungsanlage mit **Open top chambers**

operculat → *Ascus*

Operculatae: Ascomycetes, deren Asci sich mit Deckel öffnen. → *Unitunicatae-Operculatae.*

Operon: Bezeichnung für Funktionseinheit aus Struktur-, Promoter- und Operatorgenen. Liegen unmittelbar benachbart auf dem DNA-Strang.

Ophioglossales: Natternzungenfarne. Ordnung der → *Eusporangiatae.* Mykotrophe Farne mit randständigen Sporangien. → *Raumwedel* in tropho- und sporophyllen Teil gegliedert. Chrom.: bis n = 630. Einige Arten mit schwachem sekundärem Dickenwachstum. Heimisch sind: Ophioglossum vulgatum (Natternzunge), Botrychium lunaria (Mondraute).

Ophiognomonia pseudoplatani (TUB.) BARRETT et PEARCE: Erreger einer Blattkrankheit an BAh, die in feuchten Sommern verbreitet zu vorzeitigem Blattfall führt. Typisch sind rel. große, oberseits dunkelbraune Nekrosen, die von der Blattbasis ausgehen und sich rasch ausdehnen. Befallene Blattadern sind schwarz. Perithecien im März auf abgefallenen Blättern.

Ophiognomonia pseudoplatani

Orange → *Citrus*

Orchidaceae: Orchideen. Familie der → *Orchidales* mit ca. 20 000 Arten, darunter viele tropische Epiphyten. Kräuter mit farbenprächtigen, oft gespornten Blüten. Blütenformeln: ↓ P3+3 [A 1:2° + 0 G($\overline{3}$)]: Orchidoideae (= Monandrae); ↓ P3+3 [A 0 + 2:1° G($\overline{3}$)]: Cypripedioideae (= Diandrae); ↓ P3+3 [A 1:2° + 2:1° G($\overline{3}$)]: Apostasioideae.
Unterschiedlich stark reduziertes Androeceum ist mit Griffel und Narbe zum Gynostemium verwachsen. Einige ausgefallene Staubblätter als Staminodien. Medianes Perigonblatt (= Labellum) auffallend gestaltet. Durch Torsion des Blütenstiels oder Fruchtknotens wird die Blüte um 180° gedreht (= Resupination); Labellum dadurch als Anflugorgan in abaxialer Stellung. Die meisten Orchideen gehören zu den Orchidoideae. Hier werden die Pollen eines Pollenfachs als → *Pollinium* entlassen und übertragen. Durch einen einzigen Bestäubungsvorgang werden dabei die zahlreichen Samenanlagen befruchtet. Wichtige Gattungen der Waldflora: Cephalanthera (Waldvöglein), Epipactis (Sumpfwurz), Listera (Zweiblatt), Neottia (Nestwurz), Platanthera (Waldhyazinthe).

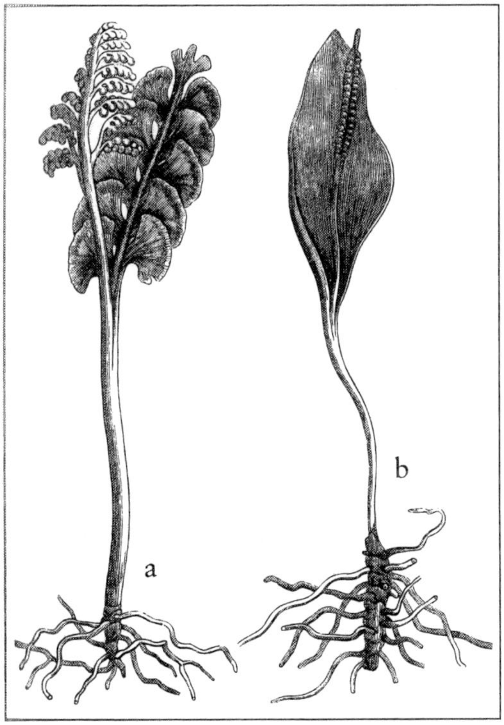

Ophioglossales: *a* Botrychium lunaria, *b* Ophioglossum vulgatum

Orchidales: Gynandrae, Microspermae, Orchideenartige. Ordnung der → *Liliidae.* Mykotrophe Kräuter, gelegentlich Epiphyten oder Saprophyten, mit unterständigem Fruchtknoten. Typisch ist die außergewöhnlich große Zahl der (meist bitegmischen) Samenanlagen im Ovar, die sich zu kleinen, endospermlosen Samen entwickeln. Blütenformen sehr verschieden aufgrund blütenbiologischer Spezialisierung auf spezifische Bestäuberinsekten. Kapselfrüchte. Familien: Burmanniaceae (Blüten: *) und → *Orchidaceae* (Blüten: ↓).

Orchideen → *Orchidaceae*

Orchideenartige → *Orchidales*

Ordnung → *Taxon,* → *Vegetationsgliederung*

Ordovicium: System des Paläozoikums, → *Erdzeitalter.*

oreal → *Vegetationsstufen*

Oregon Cedar → *Chamaecypris lawsoniana*

Oregon Myrtlewood → *Lauraceae*

Oregon Pine → *Pseudotsuga menziesii*

Oregon-Ahorn → *Acer macrophyllum*

Oregon-Eiche → *Quercus garryana*

Oregon-Erle → *Alnus rubra*

Oreoherzogia alpina → *Rhamnus alpinus*

Oreoherzogia pumila → *Rhamnus pumilus*

Oreomunneoideae → *Juglandales*

Oreomunnia → *Juglandales*

Organe: Deutlich abgegrenzte Teile des Organismus mit bestimmter Struktur und spezifischer Funktion. Grundorgane der Pflanze sind Blatt, Sproßachse und Wurzel. Aber auch Blüten und Samen werden als Organe bezeichnet.

Organelle: Durch → *Biomembranen* abgegrenzte Zellstrukturen (→ *Nucleus,* → *Plastiden,* → *Mitochondrien,* → *Dictyosomen,* → *ER).* I.w.S. auch granuläre Partikel (z.B. → *Ribosomen)* oder membranöse Strukturen (→ *Plasmalemma).* Die membranumgrenzten Strukturen werden auch als → *Kompartimente* bezeichnet.

Organkultur: Anzucht von isolierten Organen z.B. Wurzeln und Sproßen auf künstlichen Nährmedien. (→ *Gewebekultur)*

Orient-Weißbuche → *Carpinus orientalis*

Orientbuche → *Fagus orientalis*

Orientfichte → *Picea orientalis*

Orobanchaceae: Sommerwurzgewächse. Familie der → *Scrophulariales.* Chlorophyllfreie, auf bestimmte Wirtspflanzen (überwiegend Lamiaceae und Asteraceae) spezialisierte krautige Vollparasiten. Auf Gehölzen parasitieren: Orobanche hederae auf Hedera; O. lucorum auf Berberis, Rubus oder Crataegus; O. rapum-genistae auf Cytisus scoparius, Genista tinctoria und Ulex europaea.

Ortet: Bezeichnung für einen Klonausgangs- oder Mutterbaum, der Material für Vegetativvermehrungen (z.B. Edelreiser) liefert. → *ramet.*

Orthodistichie → *Distichie*

Orthogeotropismus → *Geotropismus*

Orthopolyploidie: → *Polyploidie*

Orthostiche: Geradzeile → *Divergenz.*

orthotrop: aufrecht; beschreibt die Wuchsrichtung von Sprossen; bei Bäumen ist der Stamm zumeist o. orientiert (→ *plagiotrop).*

Orthotropismus → *Geotropismus*

Osagedorn → *Moraceae*

Osmanthus → *Oleales*

Osmose: Diffusion von Lösungen durch semipermeable Membranen. Neben der → *Quellung* Hauptmechanismus zur Wasseraufnahme bei Pflanzen. Das osmotische System der Zelle: Der Protoplast wird im Normalfall von einer → *hypotonischen* Lösung umspült. Somit besteht ein Konzentrationsgradient zwischen Zellsaft und Außenmedium. Im Bestreben, einen Gleichgewichtszustand zwischen den beiden Lösungen herzustellen, wird Wasser in die Vakuole aufgenommen. Der Cytoplasmaschlauch um die Vakuole wirkt dabei als semipermeable Membran und ist für die osmotisch wirksamen Substanzen kaum passierbar. Mit dem Wassereintritt erhöht sich der hydrostatische Druck (Turgordruck) der Zelle, der die Zellwände spannt und damit einen Gegendruck (Wanddruck) erzeugt. Die Wasseraufnahme endet, wenn Turgor- und Wanddruck gleich groß sind (osmotischer Gleichgewichtszustand). Wasserpotential (Ψ) bzw. Saugspannung der Zelle werden durch die → *osmotische Zustandsgleichung* bestimmt. Modell zur Demonstration osmotischer Vorgänge ist die → *Pfeffersche Zelle.*

Osmotische Zustandsgleichung (= Wasserpotentialgleichung): Bestimmt das Wasserpotential (Ψ_w) bzw. Saugspannung (S) einer vakuolisierten Zelle:

$\Psi w = \Psi p - \Psi \pi$

$S = W - P$

Ψp = Druckpotential (Turgor), $\Psi \pi$ = osmotisches Potential, W = potentieller osmotischer Druck, P = aktueller osmotischer Druck.

Osmotischer Druck (π): Durch Wasseraufnahme entstandener Druck in der Zelle. Entspricht dem osmotischen Potential (allerdings mit negativem Vorzeichen: $\pi = -\psi_\pi$; Potentieller osmot. D. (= osmotischer Wert): Druck bei maximaler Wasseraufnahme; aktueller osmot. D.: → *Turgordruck.*

Osmotischer Wert → *osmotischer Druck*

Osmotisches Potential (ψ_π): Teilkomponente des Wasserpotentials, bedingt durch die osmotisch wirksamen Teilchen in einer Lösung. Je mehr die Konzentration dieser Substanzen steigt, um so negativer wird das osmot. Potential der Lösung. → *Osmotische Zustandsgleichung.*

Osmotisches Spektrum: Schwankungsbreite des osmotischen Potentials von Preßsäften verschiedener Pflanzentypen. Laubbäume, Sträucher: 10 bis 25 bar; Nadelbäume: 10 bis 60 bar; Medit. Holzpflanzen: 12 bis 60 bar; Zwergsträucher: 12 bis 50 bar.

Ost-Myrthen-Weide → *Salix alpina*

Osterluzeiartige → *Aristolochiales*

Ostiolum → *Pyknidium,* → *Perithecium*

Ostrya Scop. Hopfenbuche: Gattung der → *Betulaceae* mit etwa 10 sommergrünen Baumarten in der Nordhemisphäre der Alten und Neuen Welt. Sehr ähnlich → *Carpinus,* aber ♂ Blütenkätzchen erscheinen bereits im Sommer vor der Blüte. Fruchtstände hopfenähnlich (Name!). Nuß von einer sackförmigen Fruchthülle umschlossen. Wertvolles, zerstreutporiges, schweres, hartes Holz; Eigenschaften und Verwendung ähnlich → *Carpinus betulus.* Wichtige Vertreter:

O. carpinifolia Scop. Gemeine Hopfenbuche Bis 20 m hoher Baum. Rinde anfangs glatt, grau; Borke rissig, schuppig abblätternd. Blätter ähnlich → *Carpinus betulus,* aber mitunter einige Seitennerven zum Blattrand hin verzweigt. Blütezeit: IV, V; Fruchtzeit: VIII-X. Verbreitung: S-, SO und südl. M-Europa bis Kleinasien, Kaukasus. Submediterrane Laubmisch- und Buschwälder (Flaumeichenwälder, Blumeneschen-Hopfenbuchenwälder) bis max. 1 200 m ü.NN. Benötigt wintermildes, sommerwarmes, aber niederschlagreiches Klima; auf Kalk- wie auf Silikatgesteinen. Rel. schattentolerant, hohes Stockausschlagvermögen, deshalb häufig im Nieder- und Mittelwald. In M-Europa selten angepflanzt, obgleich in milden Lagen winterhart.

O. virginiana (Mill.)K. Koch (engl.: Eastern Hophornbeam): 6 – 15 m (max. 20 m) hoher Baum im östl. N-Amerika (im N von SO-MB bis Cape Breton Island, im S von O-TX bis N-FL). Langsamwüchsige Schattholzart, meist im Unterstand von Laubmischwäldern (oft vergesellschaftet mit Quercus alba, Acer saccharum, Fagus grandifolia) auf trockenen und feuchten Standorten. Im Gebirge bis etwa 1 350 m ü.NN. Wegen des zähen, extrem harten Holzes (Hauptverwendung: Werkzeugstiele) auch als »Ironwood« bezeichnet, wirtsch. aber ohne große Bedeutung.

Ostryopsis → *Betulaceae*

Osyris → *Santalaceae*

Ovar → *Stempel*

Ovulum → *Samenanlage*

Oxalidaceae → *Geraniales*

Oxelbeere → *Sorbus intermedia*

Oxycoccus palustris → *Vaccinium oxycoccus*

Oxydendrum arboreum (L.) DC. (syn.: Andromeda arborea L.) Sauerbaum (engl.: Sourwood): Monotypische Gattung der → *Ericaceae.* Sommergrüner, 15 – 25 m hoher Baum aus dem Osten der USA (PA bis LA); kommt nur einzelständig auf trockenen und armen Böden vor und ist forstlich ohne Bedeutung. In milden Lagen in M-Eur. winterhart, wird aber nur 5 m hoch. Blätter länglich-lanzettlich, mit prachtvoll scharlachroter Herbstfärbung. Blüten weiß, in Rispen.

Oxysomen → *Mitochondrien*

ozeanisch → *Ozeanität*

Ozeanität: Abhängigkeit des Klimas von den großen Meeresflächen. Die O. wird zur Charakterisierung von → *Arealen* herangezogen. Man unterscheidet je nach der jahres- und tageszeitlichen Ausgeglichenheit von Feuchtigkeit und Temperatur: euozeanische, ozeanische, subozeanische sowie eukontinentale, kontinentale und subkontinentale Gebiete.

Ozon: syn.: Trisauerstoff (O_3). Giftiges, deutlich riechbares Gas. O_3. entsteht vorwiegend aus Di-Sauerstoff (O_2) unter Einwirkung von ultravioletter Strahlung in der oberen Erdatmosphäre (Stratosphäre), aber auch in der Troposphäre durch Reaktion von Stickoxiden und Kohlenwasserstoffen unter Einfluß von Sonnenstrahlung (→ *Smog* → *Photooxidantien).* Die stratosphärische Ozonschicht schirmt die Erdoberfläche vor schädlichen Bestandteilen des Sonnenlichts (UV-B-Strahlung) ab. Durch Schädigung dieses »Ozonschildes«, verursacht v.a. durch Fluor-Chlor-Kohlenwasserstoffe (FCKW), nimmt die Gefahr zunehmender Schädigungen an Lebewesen (z.B: Anstieg der Hautkrebserkrankungen beim Menschen) zu. Dagegen führen erhöhte Ozonkonzentrationen in der unteren Troposphäre aufgrund der starken oxidierenden Wirkung des O. zu deutlichen Schäden an Materialien und Pflanzen. → *Immissionsschäden,* →*Waldsterben.*

P

P: Abk. f. Parental- (Eltern-) Generation in einem Kreuzungsgang.

Paarkernstadium → *Dikaryon*

Pachytän → *Meiose*

Pacific Silver Fir → *Abies amabilis*

Pacific Yew → *Taxus brevifolia*

Padus avium → *Prunus padus*

Padus mahaleb → *Prunus mahaleb*

Padus serotina → *Prunus serotina*

Padus virginiana → *Prunus serotina*

Pagodenbaum → *Sophora*

Paläobotanik (Paläophytologie, Phytopaläontologie): Wissenschaft, die sich mit der Pflanzenwelt vergangener Erdzeitalter beschäftigt. Entsprechende Untersuchungen, z.B. an pflanzlichen Fossilien dienen u.a. der Aufhellung der Stammesgeschichte der Pflanzen.

Paläoendemismus → *Endemismus*

Paläophytikum (Pteridophytenzeit, Farnzeitalter, Florenaltertum): Zeitabschnitt der → *Florengeschichte* im Anschluß an das → *Eophytikum.* Das P. beginnt im Silur mit dem ersten Auftreten einer Landvegetation, die sich zuerst aus den → *Psilophytatae* (Psilophytenzeit), dann auch aus primitiven Ordnungen der → *Pteridophyta* (Archaeolepidodendrales, Hyeniales, Primopteridae) zusammensetzte. Beim Übergang vom Devon zum Karbon starben die Psilophytatae nahezu aus, Farnpflanzen dominierten. Sie waren z.T. hoch entwikkelt, mit baumförmigem Wuchs. Im Karbon trat zum erstenmal eine pflanzengeographische Gliederung der bisher einheitl. Vegetation auf. Es entstanden zwei Florenreiche, ein südhemisphärisches, das sich auf den Landmassen des südl. Südamerikas, des mittleren und südl. Afrikas, Indiens, Australiens und der Antarktis entwickelte und ein nordhemisphärisches auf den übrigen Landmassen. Das Klima im südhemisphärischen Florenreich war kühlgemäßigt. Die Flora war relativ artenarm (→ *Gondwana-Flora).* Im nordhemisphärischen Florenreich mit dem Zentrum in Nordamerika und Europa, herrschte dagegen ein gleichmäßig feuchtwarmes Klima. Es wuchsen → *Lepidodendraceae,* → *Sigillariaceae,* Sphenophyllen, → *Calamitaceae* und → *Cordaitidae* (sog. Steinkohlenwälder mit bis 30 m hohen Bäumen; sekundäres Dickenwachstum!). Etwas abgesetzt davon die artenärmere Flora Nordwest- und Mittelasiens (Angara-Flora) und die von Südostasien (Cathaysia- oder Gigantopteris-Flora). Die CO_2- und O_2-Werte entsprachen etwa den heutigen. Eine Erklärung der paläogeographischen Differenzierung versucht die → *Kontinentalverschiebungstheorie.* → *Erdzeitalter.*

Paläotropis → *Florenreich,* das die tropischen und subtropischen Zonen der Alten Welt, Australien ausgenommen, umfaßt. Im malesischen Florengebiet, zu dem Ceylon, Hinterindien, der malaiische Archipel, Neuseeland, Melanesien und Polynesien zählen, herrscht tropischer → *Regenwald* vor, in Gebirgslagen → *Nebelwald,* in wechselfeuchten Gebieten → *Monsunwald* und an den Küsten → *Mangroven.* Im indoafrikanischen Florengebiet mit Vorderindien, Madagaskar und Afrika südl. der Sahara (ohne → *Kapensis),* findet man tropischen Regenwald, → *Trockenwald,* Trockenbusch, → *Savanne,* Halbwüste und Wüste. Für die P. typisch sind: Dipterocarpaceae, Pandanaceae, Nepenthaceae und Moraceae, vor allem die Gattung Ficus.

Paläozän: Abteilung des Tertiär, → *Erdzeitalter,* → *Känophytikum.*

Palaquium → *Sapotaceae*

Palina: Edelkastanien-Niederwald in Tieflagen der südlichen Randalpen.

Palisadenparenchym → *Mesophyll*

Palisander → *Fabaceae*

Paliurus MILL. Stechdorn: Gattung der → *Rhamnaceae* mit etwa 6 Arten von S-Eur. bis China vertretenen Strauch- oder Baumarten. Nebenblätter zu Dornen umgewandelt. Wichtigste Art: P. spina-christi MILL. (syn.: P. aculeatus LAM., P. australis GAERTN.), Christusdorn: Bis 3 m hoher Strauch, Verbreitung von S-Eur. bis Persien, in Eur. nördlich bis Südtirol. Im östlichen Mittelmeerraum in ausgedehnten Beständen als Folgevegetation der abgeholzten Eichenwälder. Die Dornenkrone Christi soll von dieser Pflanze stammen.

Palmen → *Arecales*

Palmetto-Palme → *Sabal palmetto*

Palmfarne → *Cycadatae*

Palmlilien → *Agavaceae*

Palynologie (Pollen- und Sporenkunde): Wissenschaft, die sich mit der Untersuchung von Pollen und Sporen befaßt. Wichtige Arbeitsrichtungen: Pollenmorphologie und → *Pollenanalyse.*

Pampelmuse → *Citrus*

Panaschüre → *Chlorophylldefekt*

Pandaceae → *Euphorbiales*

Pandanales: Schraubenpalmen. Ordnung der → *Arecidae.* Paläotropische, gabelig verzweigte Bäume oder Kettersträucher mit intensivem primärem Dickenwachstum. Oft mit Stelzwurzeln. Steife, linealische, in 3 Spirostichen stehende Blätter. Blüten eingeschlechtig, ohne Hülle, mit polymerem Androeceum und Gynoeceum. Beeren oder Steinfrüchte. Pandanus wird der Früchte wegen in den Tropen kultiviert.

Panera → *Ulmaceae*

panmiktische Einheit: Größtmögliche Gruppe innerhalb einer Population, in der theoretisch → *Panmixie* möglich ist.

Panmixie: Gleiche Paarungschancen aller Gameten in einer Population. Unter natürlichen Bedingungen utopisch, da → *Vicinismus* vorherrscht.

pantocolpat-: → Bezogen auf Pollen mit mehr als drei (bis zu 100) Keimfalten (Colpen). Progressives Merkmal bei Angiospermen.

pantoporat: → Bezogen auf Pollen mit mehr als drei Poren (z.B. Juglans).

pantotrem: → Bezogen auf Pollen mit mehr als drei (bis zu 100), über das ganze Pollenkorn verteilten Keimstellen.

Panzerkiefer → *Pinus heldreichii*

Papaveraceae → *Papaverales*

Papaverales: Mohnartige. Zu den → *Magnoliidae* gehörende Ordnung mit 2 Familien. 1. Papaveraceae: Mohngewächse, milchsaftführend; typ. Blütenformel * K2 C2+2 A6–∞ G($\underline{2–∞}$). Wichtige Gattungen sind Chelidonium (Schöllkraut) und Papaver (Mohn). 2. Fumariaceae: Erdrauchgewächse, ohne Milchsaft; typ. Blütenformel ↓ K2 C2+2 A2+2 G($\underline{2}$). Vertreter im Laubmischwald: Corydalis cava (Lerchensporn). Beide Familien sind rein krautig und alkaloidhaltig.

Papierbirke → *Betula papyrifera*

Papiermaulbeerbaum → *Broussonetia*

Papilionaceae → *Fabaceae*

Papillen → *Haare*

Pappel → *Populus*

Pappel, Haarfrüchtige → *Popula trichocarpa*

Pappelkrebs: Wenig präzise Bezeichnung für mindestens 2 Krebserkrankungen an Arten, Bastarden und Sorten aller Populus-Sektionen: (a) durch mehrere, ± regelmäßig aufeinanderfolgende Überwallungswülste gekennzeichnete, langlebige Stammkrebse, hervorgerufen durch → *Nectria galligena;* (b) sehr unregelmäßige, schwarze Gewebewucherungen ohne Zonierung an Ästen und Stamm (Bakterienkrebs), hervorgerufen durch → *Xanthomonas populi.*

Pappelrost → *Melampsora*

Pappelschüppling → *Pholiota destruens*

Pappus: Aus den Kelchblättern entstandener, haarschopfartiger Flugapparat der Asteraceae-Früchte.

Papuacedrus → *Cupressaceae, Libocedrus*

Parakarpie → *Coenokarpie*

Parallelmutation: Gleichgerichtete Erbgutänderungen, die bei verschiedenen Arten unabhängig voneinander auftreten. Z.B. Blutvarietäten verschiedener Baumarten, Pyramidenwuchs bei Ei, Fi, Pa. Trauerwuchs bei Bi, Bu, Es, Li, Zwergwuchs oder Schlitzblättrigkeit.

parallelnervig → *Blattnervatur*

Paralleltextur → *Textur*

Paranuß → *Lecythidales*

Paraphysen: Sterile, oft mehrzellige Haare (Safthaare), die (a) zwischen den Asci im Fruchtkörper der Ascomyceten, (b) in den Gametangienständen der Laubmoose, (c) in den Sori der Farne stehen.

Paraquat: Dimethyl-dipyridinium-Derivat. Weit verbreitetes, schnell wirkendes Kontaktherbizid gegen unverholzte, oberirdische Teile dikotyler und monokotyler Pflanzen. Wurzelunkräuter werden nicht erfaßt. Toxikologisch bedenklich. Im Getreidebau und an Gewässern in Wasserschutzgebieten verboten. Im Forst zur Kulturpflege und Kulturvorbereitung sowie auf Saat- und Verschulbeeten verwandt (Gramoxone®). Nur sorgfältiges Abschirmen verhindert Schäden an Forstpflanzen. LD_{50} (Ratte): 150.

Paraquat: Schaden an Fichte

Parasexualität → *Konjugation*

Parasiten (Schmarotzer): Organismen, die sich zur Vollendung ihres Entwicklungszyklus zeitweise oder ständig von Substanzen eines lebenden Wirtes ernähren müssen, also ohne Gegenleistung auf dessen Kosten existieren. Fakultative P. können die parasitische Lebensweise durch Phasen mit saprophytischer Ernährungsweise unterbrechen oder lebendes Gewebe vor der Besiedlung abtöten. → *Pertophyten.* Obligate P. halten sich stets im lebenden Wirtsgewebe auf und durchlaufen keine saprophytischen Zwischenstufen (Beispiel: → *Uredinales).* In beiden Fällen handelt es sich um Vollparasiten (Holo-Parasiten), d.h. um Organismen, die alle für ihren Stoffwechsel benötigten Stoffe dem Wirt entziehen. Halbparasiten (Hemi-Parasiten) tun das nur teilweise. Viscum album, die Mistel, ist z.B. wegen ihrer grünen Blätter Kohlenstoffautotroph, entnimmt jedoch Wasser und Nährsalze dem Wirt.
Je nachdem, ob sich der größere Teil eines pilzlichen

Parasiten außerhalb oder innerhalb des Wirtsgewebes befindet, spricht man von → *Ekto-* bzw. → *Endoparasiten.*
In Bezug auf die Breite des Wirtsspektrums unterscheidet man: 1. Monophage Parasiten: Sie sind für nur eine Wirtsart parasitär (Beispiele: Rhabdocline pseudotsugae, Marssonina brunnea). 2. Oligophage Parasiten befallen mehrere Wirtsarten (Beispiele: Scleroderris lagerbergii, Polyporus schweinitzii). 3. Polyphage Parasiten befallen zahlreiche Wirtsarten (Beispiele Armillaria mellea, Erwinia amylovora). In jenen Fällen, bei denen ein zweiter Parasit (Sekundärparasit) einen auf einem normalen Wirt tätigen Parasiten (Primärparasit) befällt, spricht man von → *Hyperparasitismus.* Schwächeparasiten sind hingegen nur in der Lage, geschwächte, d.h. in ihrer Vitalität und Abwehrkraft herabgesetzte Wirte zu befallen. Sie sind per definitionem von Folgeparasiten zu trennen, die erst nach Befall des Wirtes durch einen Parasiten Fuß fassen können. Parasiten dürfen nicht a priori mit → *Pathogenen* gleichgesetzt werden. Nur Parasiten mit der Fähigkeit zur Krankheitsauslösung heißen Pathogene.

Parasitismus: Zusammenleben zweier Organismen zum ausschließlichen Vorteil des einen Partners (→ *Parasiten).*

Parasitologie: Wissenschaft von den Parasiten und ihrer Lebensweise.

Parastiche: Schrägzeile, → *Divergenz.*

Parathion: Unter der Handelsbezeichnung E 605 bekanntes Insektizid hoher akuter Toxizität (LD $_{50,}$ Ratte = 6), das die Wirkung später applizierter Herbizide verstärken kann.

paratracheal → *Strangparenchym*

Parenchym: Pflanzliches Grundgewebe aus wenig differenzierten, isodiametrischen, dünnwandigen Zellen. Kann unterschiedl. Funktionen ausüben [z.B. Assimilationsparenchym (→ *Mesophyll),* Speicherparenchym] und verschiedenen Gewebesystemen angehören (Rindenparenchym, Phloemp., Holzp., Markstrahlp.). Aus ausdifferenzierten, erneut teilungsfähig gewordenen Zellen des P. können sek. Meristeme entstehen (→ *Phellogen,* → *Interfascikularkambium).*

Parentalgeneration → *P*

Parenthosom → *Doliporus*

parietal → *Placentation*

Parinari → *Chrysobalanaceae*

Parrotia persica (DC) C.A. Mey. Parrotie: Monotpyische Gattung der → *Hamamelidaceae.* Bis 20 m hoher, mehrstämmiger Baum oder baumartiger Strauch aus feuchten Laubwäldern im Südkaukasus und am Kaspischen Meer (Nordiran). In M-Eur. gelegentlich in Parks. Rinde platanenähnlich abblätternd, Blätter rotbuchenähnlich, im Herbst goldgelb bis scharlachrot verfärbend. Blüten erscheinen lange vor dem Laubaustrieb.

Parrotie → *Parrotia persica*

Parthenocissus Planch. Jungfernrebe, Zaunrebe, Wilder Wein (engl.: Creeper): Gattung der → *Vitaceae* mit 15 Arten aus den gemäßigten Gebieten N-Amerikas und Asiens. Sommergrüne Rankenpflanzen mit einfachen oder mehrzähligen Blättern, weißem Mark, meist mit Haftscheiben. Dunkelblaue bis schwarze, saftreiche Beeren. 3 wichtige nach M-Eur. eingeführte und leicht verwildernde Arten, alle mit prächtiger, roter Herbstfärbung: P. quinquefolia (L.) Planch (syn.: Ampelopsis hederacea [Ehrh.] DC., A. quinquefolia [L.] Michx.) Gewöhnlicher Wilder Wein. Selbstkletternde Jungfernrebe (engl.: Virginia Creeper): Bis 12 m hoch rankender, aus dem östlichen N-Amerika stammender Zierstrauch mit Haftscheiben; an älteren Zweigen zuweilen mit Luftwurzeln. Blätter meist 5-zählig, wie die 5- bis 8-teiligen Ranken zweizeilig angeordnet. Blüten unscheinbar. Frucht erbsengroß, glänzend schwarz. Bei Annäherung an einen Gegenstand bilden sich die lichtfliehenden Ranken zu Haftscheiben um und scheiden einen Saft aus, der die Unterlage fest mit der Pflanze verbindet. Mauerwerk wird durch Entfernen der Ranken beschädigt. P. inserta (Kerner) Fritsch (syn.: P. vitacea [Knerr] Hitchc. var. typica Rehd., P. quinquefolia var. vitacea [Knerr] L.H. Bailey). Fünfblättrige Zaunrebe: Im Gegensatz zu P. quinquefolia stets ohne Luftwurzeln, mit schwach entwickelten oder ganz fehlenden Haftscheiben und mit stark verlängerten, windend verzweigten Ranken. Heimat: östliches N-Amerika. P. tricuspidata (Sieb. et Zucc.) Planch. Kletterwein, Dreispitzige Jungfernrebe: Strauch mit sehr kurzen Ranken mit meist 3-lappigen Blättern. Stammt aus China und Japan.

Parthenogenese: Entwicklung eines Embryos aus einer unbefruchteten Eizelle. Diese kann haploid (gamophasige P.) oder diploid sein, wenn 1. die Meiosis unterbleibt (Apomeiose) oder 2. sich die Eizelle aus einer diploiden Zelle der Samenanlage entwickelte (zygophasige oder somatische P.; z.B. bei Alnus rugosa und einigen Taraxacum-Arten).

Parthenokarpie: Jungfernfruchtbildung. Entwicklung einer Frucht ohne Befruchtung. Im weiteren Sinn versteht man darunter auch die Entwicklung von Hohlkörnern aus unbestäubten Blüten. Hierbei werden Frucht- und Samenschale ausgebildet, allerdings fehlt der Embryo. Z.B. bei Wei, Pa, Bi, Er, teilweise auch bei Ul, Hbu, Bu, Ah. Im Obstbau Zuchtziel bei vielen Arten, z.B. kernlose Trauben, Orangen)

Parthenospermie: Jungfernsamenbildung. Entwicklung meist hohler Samen aus unbestäubten Blüten; z.B. Fi, Ki, Lä, Ta. Seltener entstehen Samen mit entwicklungsfähigen Embryonen (Pinus rigida).

pathogen (= krankmachend): Die Fähigkeit, eine Krankheit auszulösen.

Pathogenese: Entwicklung einer Krankheit von der Infektion oder dem auslösenden Reiz (z.B. Schadgase) bis zu ihrer vollständigen Ausprägung.

Pathogenität: Die Fähigkeit zur Krankheitsauslösung. Im Gegensatz zu → *Virulenz* nur absolut (ja oder nein) und nicht graduell anwendbar.

Pathologie: Wissenschaft von den Krankheitserscheinungen an Mensch (Humanpathologie), Tier (Tierpathologie) und Pflanze (→ *Phytopathologie).*

pathologisch: = krankhaft.

Pathophyten: Pflanzliche Krankheitserreger (Pathozoen = tierische Krankheitserreger).

Pathotyp: Teilpopulation einer Erregerart, die nur einige Rassen oder Sorten einer gegebenen Wirtsart befallen kann, andere aber nicht. Die Zahl der erkennbaren Pathotypen schwankt zwischen den Erregerarten erheblich. Allein beim Schwarzrost des Weizens (Puccinia graminis f. sp. tritici) sind 300 bekannt. I. a. liegt sie um so höher je intensiver die züchterische Bearbeitung und damit die Sortendifferenzierung einer Kulturpflanze ist. In der Forstpathologie weiß man wenig über Pathotypen. Nachweise liegen u.a. für Cronartium flaccidum, C.ribicola und Melampsora larici-populina vor.

Paulownia Sieb. et Zucc. Paulownie, Blauglockenbaum: Gattung der → *Scrophulariaceae* mit 6 sommergrünen Baumarten in O-Asien. Blätter gegenständig, langgestielt, groß, herz- bis eiförmig, ganzrandig oder schwach 3- bis 5-lappig. Blüten an den Spitzen vorjähriger Triebe in aufrechten, rispigen Ständen; zwittrig. Krone glockig, schwach 2-lippig (Unterlippe mit 3, Oberlippe mit 2 Lappen), 4 Staubblätter. Frucht: ledrige, eiförmige, zugespitzte, 2-klappig aufspringende Kapsel mit vielen kleinen, etwas geflügelten Samen.
Als Zierbaum in S-Eur. und wärmeren Gegenden M-Eur. sowie in den östl. USA häufig kultiviert: P. tomentosa (Thunb.) Steud. (syn.: P. imperialis Sieb. et Zucc.): M-China. Bis 35 cm große Blätter (an kräftigen Schößlingen noch größer). Die prachtvollen, hellvioletten Blüten erscheinen vor dem Laubausbruch. Die kugeligen, braunfilzigen Blütenknospen sind schon im Spätsommer des Vorjahres sichtbar. Braucht nährstoffreiche, frische Böden; vor allem in der Jugend frostgefährdet. Chrom.: 2n = 40.

Paulownia tomentosa

Pavia rubra → *Aesculus pavia*

Pavie, Echte → *Aesculus pavia*

Pavie, Gelbe → *Aesculus octandra*

Pear → *Pyrus*

Pear, Wild → *Pyrus pyraster*

Pecan → *Carya illinoensis*

Pechkiefer → *Pinus rigida*

pedat → *Blätter, zusammengesetzte*

Peinomorphose: Durch Nährstoffmangel bedingte, morphologische Veränderung bei höheren Pflanzen, z.B. die den → *xeromorphen* Pflanzen ähnlichen Baueigentümlichkeiten der unter Stickstoffmangel leidenden Hochmoorpflanzen.

Peitschenmoos → *Jungermaniales*

Pekannuß → *Carya illinoensis*

Pektinsäure (= Polygalakturonsäure): Kettenmolekül aus α-1,4-glycosidisch verknüpften D-Galakturonsäure-Einheiten. Derivate der P. sind → *Protopektine* und → *Pektine.*

Pektinstoffe: Stoffgruppe, zu denen die → *Pektinsäure* und ihre Derivate (→ *Protopektin,* → *Pektin)* gehören.

peltat: schildförmig; → *Blätter, einfache.*

Peltation: Ansatz des Blattstiels auf der Unterseite der Blattspreite. Bsp. Kapuzinerkresse; (→ *Blätter, einfache).*

Penicillium → *Prototunicatae*

Peniophora gigantea (Fr. ex Fr.) Mas. (syn.: Phlebiopsis gigantea [Fr.] Jül.) (Corticiaceae): Häufiger Braunfäuleerreger, der vor allem frische Schnittflächen an Nh-Stöcken besiedelt und flächige, krustenartige, weißliche Fruchtkörper bildet, die später pergamentartig eintrocknen. Der Pilz hat als Antagonist von → *Heterobasidion annosum* für dessen biol. Bekämpfung an Ki praktische Bedeutung. Sporensuspensionen (im Handel erhältlich) auf Stockoberflächen ausgebracht, verhindern das Fußfassen und Einwachsen von H. annosum in das Wurzelsystem. An Fi bleibt das Verfahren wegen der geringen Ausbreitungsgeschwindigkeit von P. gigantea erfolglos.

pentazyklische Blüten → *Blütenkreis*

Pentosane → *Hemicellulosen*

Peperomiaceae → *Piperales*

Peptidbildung → *Proteinbiosynthese*

Peptide: Verbindungen aus 2 bis 100 gleichen oder verschiedenen Aminosäuren (AS). Je nach Anzahl der beteiligten AS werden sie als Di-, Tri-, Tetrapeptide, als Oligopeptide oder als Polypeptide (>10 AS) bezeichnet. Zu den P. gehören auch viele Pilzgifte (z.B. Amatoxine).

perenn (ausdauernd, λ): Bezogen auf Pflanzen, die länger als zwei Jahre leben und meist mehrmals blühen (→ *Halbsträucher,* → *Stauden,* → *Holzpflanzen).* Vgl. → *annuell,* → *biënn,* → *hapaxanth.*

Perfektstadium → *Hauptfruchtform*

Perforation: Gefäßdurchbrechung. Partielle oder fast vollständige Auflösung der Querwände fusionierender Tracheenglieder. Man unterscheidet: 1. Einfache P.: Fast vollständige Auflösung der Querwände. Bei Ah, Bu, Ei, Es, Li, Roßkastanie, Ul, Wei, Kastanie, Rob, Walnuß. 2. Leiterförmige P. (= scaliforme P.): Querwände mit mehreren, durch sprossenartige Stege getrennte Öffnungen. Gilt phylogenetisch als primitiv. Bei Er, Buxus, Cornus, Corylus, Liriodendron, Myrica, Ilex, Platanus, Ribes, Viburnum, Bi. Seltener sind netzartige P. (unregelmäßig verteilte, längliche Öffnungen) und ephedroide P. (mehrere runde Öffnungen) (Abb. S. 328).

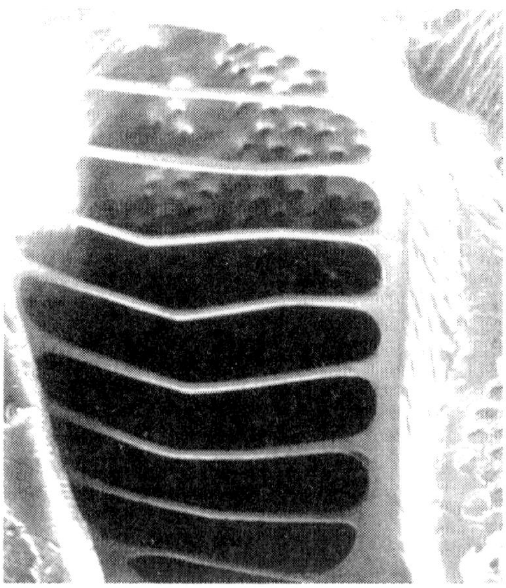

Leiterförmige **Perforation** bei Birke

Perianth: Blütenhülle. Blütenkreise aus sterilen Blattorganen, außerhalb des Androeceums lokalisiert. Charakteristisch für Magnoliophytina. Oft differenziert in → *Kelch* und → *Krone* (doppeltes P., z.B. bei Prunus). Gelegentlich auch gleichartig (einfaches Perianth oder → *Perigon,* z.B. bei Fagaceae). Bei windblütigen Arten ist das P. meist stark reduziert. Je nach Auftreten und Differenzierungsgrad des P. unterscheidet man: 1. Homoiochlamydäische Blüten: P. in mehreren Kreisen oder Spiralgängen angeordnet; gleichgestaltete Hüllblätter (mehrfaches Perigon, z.B. einige Magnolia-Arten, Tulpe). 2. Heterochlamydäische Blüten: In Kelch und Krone differenziertes P. 3. Apochlamydäische Blüten: Blütenhülle im Laufe der Phylogenese fortgefallen (z.B. Fraxinus excelsior, Carpinus ♂). 4. Haplochlamydäische Blüten: (= monochlamydäisch) Blütenhülle nur aus einem Kreis (einfaches Perigon, z.B. Ulmaceae). 5. Achlamydäische Blüten: schon ursprünglich ohne P.. Nackte Blüten, z.B. Pinaceae.

Perichaetium → *Archegonienstand*

Periderm: Korkgewebe. Sekundäres, widerstandsfähiges Abschlußgewebe, hauptsächlich bei Holzgewächsen. Ersetzt bei in die Dicke wachsenden Sproßachsen und Wurzeln Epidermis bzw. Exodermis, umfaßt Phellem, Phellogen und Phelloderm. Im Sproß entsteht es aus einem meist subepidermal angelegten Phellogen (Korkkambium), einem sek. Meristem, das nach außen Korkzellen (Phellem) abgibt, die nach Suberineinlagerung absterben. Nach innen wird gelegentlich Phelloderm abgesondert, das i.a. aus wenigen parenchymatischen Zellagen besteht, die sich kaum vom Rindengewebe unterscheiden. In der Wurzel wird das P. vom → *Perizykel* (Perikambium) gebildet. Auch bei der → *Borke* spielen Peridermien eine wichtige Rolle. Nach Wundreiz entstehendes Periderm (Wundperiderm, Wundkork) verhindert das Eindringen von Mikroorganismen und stellt bei Bäumen eine wichtige Form der Krankheitsresistenz gegen rindenbewohnende Pilze dar (z.B. → *Lachnellula willkommii).*
Besonderheiten: (a) Bei der Entstehung von Korkleisten (Ulmus minor, Euonymus europ.) bleibt die Peridermbildung auf eng begrenzte Bereiche des Sproßquerschnitts beschränkt. (b) Ohne Peridermbildung kommt Viscum album aus. Hier wird der zunehmende Sproßumfang durch Teilung der Epidermiszellen aufgefangen. (c) Langlebige Phellogene bauen bei der → *Korkeiche* mächtige Korkschichten auf. (d) Auf die Suberinschichten können noch verholzte Zellwandschichten aufgelagert sein (Steinkork).

Peridermbäume: Rindenbäume. Baum- und Straucharten, bei denen das erste, die Epidermis des Sprosses ersetzende Korkgewebe dauernd erhalten und tätig bleibt. Borkenbildung unterbleibt. Bsp.: Bu, Hbu, Hasel, Sorbus aucuparia, Ribes- und Laburnum-Arten.

Peridermium pini → *Cronartium flaccidum*

Peridie, Peridium: 1. Sporangienhülle der Myxomycetes. 2. Fruchtkörperwand der Basidiomycetes und Ascomycetes; bestehen aus derbwandigen Hyphen. → *Pseudoperidie.*

Peridiole: Einzelne Glebakammer im Fruchtkörper der Nidulariales und Phallales (→ *Gasteromycetales).*

Perigon: Nicht in Kelch und Krone differenziertes → *Perianth,* aus gleichgestalteten Hüllblättern (Tepalen) bestehend. Bei vielen windblütigen Arten (z.B. Fagales). Sind die Tepalen untereinander verwachsen, spricht man von Syntepalie.

Perigynie → *Fruchtknotenstellung*

Perikambium → *Perizykel*

Perikarp → *Frucht*

periklin → *Zellteilung*

Periklinalchimären → *Chimäre*

Periploca → *Asclepiadaceae*

Perisperm: Aus dem Nucellus entwickeltes, diploides Nährgewebe des Samens (z.B. Pfeffer). Kommt bei Forstpflanzen nicht vor.

Perispor: (1) Auflagerungen auf Ascosporen, entstanden aus dem Restplasma des → *Ascus,* das bei der Ascosporenbildung nicht aufgebraucht wurde.
(2) Vom Periplasmodialtapetum auf Sporen aufgelagerte Wandschicht bei Equisetaceae (→ *Hapteren).*

Peristom: Zahnkranz, um die Kapselöffnung der → *Bryidae* angeordnet. Es entwickelt sich aus den innersten Schichten des → *Amphitheciums,* deren Quer- und Außenwände i.d.R. verdickt sind. Vor der Kapselreife schwinden die nicht verdickten Zellwandpartien oder die in Längsrichtung der Kapsel stehenden Zellen spalten sich parallel zur Kapseloberfläche. Die senkrecht stehenden Radialwände paralleler Zellreihen lösen sich voneinander und bilden so separate Zähne, die lediglich aus Zellfragmenten bestehen. Bei Polytrichales setzt sich das Peristom aus ganzen, u-förmig verdickten Zellen zusammen, die ein plattenförmiges, die Kapselöffnung abdeckendes Gewebe (Epiphragma) krallen-

artig festhalten. Die Sporen werden hier durch Spalten im Peristom entlassen.
Das P. reguliert die Sporenentlassung, nachdem der Deckel abgeworfen wurde. Dabei führen die Zähne hygroskopische Bewegungen aus. Sie beugen sich bei Feuchte über die Kapselöffnung, bei Trockenheit stellen sie sich aufrecht. Darüber hinaus lockern sie die Sporenmasse auf. Die Gestalt des P. wird als wichtiges diagnostisches Merkmal genutzt.

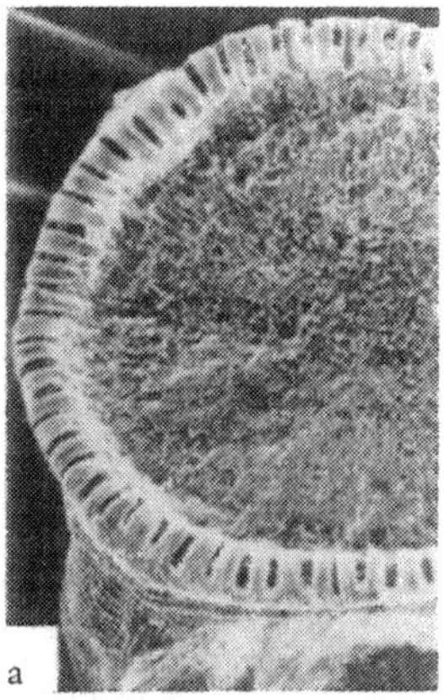

a

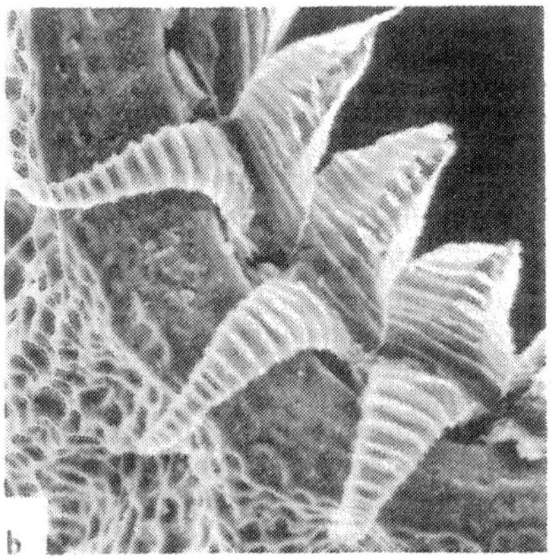

b

Peristom *a* von Polytrichum strictum, *b* doppeltes Peristom von Bartramia pomiformis

Perithecium: Kugel- bis flaschenförmiger Fruchtkörper (→ *Ascokarp)* der Ascomycetes mit ascohymenialer Entstehung. Mit einem nach außen führenden, mit haarartigen Hyphen (Periphysen) ausgekleideten Kanal (Ostiolum) versehen.

Perizykel: In den Wurzeln vorkommende, meist einschichtige Scheide aus lückenlos miteinander verbundenen, parenchymatischen, sklerotisierten oder sekundär meristematischen Zellen, die der → *Endodermis* unmittelbar nach innen folgen. Der P. ist Ausgangsort für die Seitenwurzelbildung und mitbeteiligt am sekundären → *Dickenwachstum* und der Peridermbildung.

Perlschnurbaum → *Sophora*

Perm: Zeitabschnitt des Paläozoikums, → *Erdzeitalter,* → *Mesophytikum.*

Permeabilität: Durchlässigkeit; bezogen auf Biomembranen (→ *Plasmalemma,* → *Tonoplast)* wichtig für die Wasseraufnahme und beim Transport von Nährstoffionen.

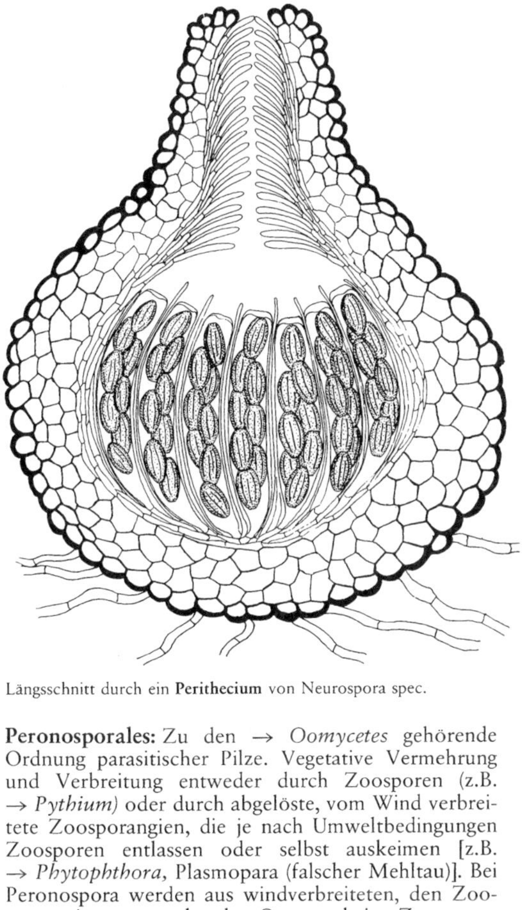

Längsschnitt durch ein **Perithecium** von Neurospora spec.

Peronosporales: Zu den → *Oomycetes* gehörende Ordnung parasitischer Pilze. Vegetative Vermehrung und Verbreitung entweder durch Zoosporen (z.B. → *Pythium)* oder durch abgelöste, vom Wind verbreitete Zoosporangien, die je nach Umweltbedingungen Zoosporen entlassen oder selbst auskeimen [z.B. → *Phytophthora,* Plasmopara (falscher Mehltau)]. Bei Peronospora werden aus windverbreiteten, den Zoosporangien entsprechenden Organen keine Zoosporen mehr entlassen; sie fungieren selbst als Konidie.

Peroxidasen: An Peroxisomen (→ *Cytosomen)* oder an die Zellwand gebundene Enzyme, die die Dehydrierung verschiedener Substanzen katalysieren und dabei H_2O_2 als H-Akzeptor benutzen, z.B. bei der Synthese von → *Lignin.* Immissionsschäden bei Bäumen gehen oft mit der Erhöhung der P-Aktivität einher.

Peroxisomen → *Cytosomen*

Persea → *Lauraceae*

Persica vulgaris → *Prunus persica*

persistent: beständig, ausdauernd. Im Pflanzenschutz ist die lange Wirkungsdauer eines Biozids im Boden oder im Wirtsgewebe gemeint (z.B. → *Simazin).*

Perthophyten: Pilze oder Bakterien, die totes Gewebe lebender Pflanzen besiedeln, welches sie zuvor durch Stoffausscheidungen (Toxine, hydrolytische Enzyme) abgetötet haben. Sie vermögen nicht in lebendes, gesundes Gewebe einzudringen. Beispiele: → *Ceratocystis ulmi*, → *Lachnellula willkommii.*

Perthotrophie: Ernährung von toter org. Substanz in abgestorbenen Teilen der Wirtspflanze , die vom betr. Organismus (→ *Perthophyt)* selbst abgetötet wurden.

Perückenstrauch → *Cotinus*

Pestalotia funera → *Pestalotiopsis funera*

Pestalotia hartigii TUBEUF (syn.: Truncatella hartigii [TUB.] STEY.) (Coelomycetes): Rindenbewohnender Saprophyt und Schwächeparasit an Sämlingen von Ta, Fi, Dougl, Ah, Bi, Bu, Li. Beteiligt an einer rel. seltenen »Einschnürungskrankheit«, die direkt an der Bodenoberfläche auftritt, zum Eintrocknen der Rinde, u.U. zum Absterben der Pflanze führt. Kleine, schwarze Sporenlager an der geschädigten Rinde. Die vierzelligen Konidien tragen charakteristische borstenartige Fortsätze.

Pestalotiopsis funera (syn.: Pestalotia funera DESM.) (Coelomycetes): Weltweit verbreiteter, blatt-, rinden- oder wurzelbewohnender Parasit an Nh. Schädlich vor allem an Cupressaceae, wo er an geschwächten oder vorgeschädigten Bäumen Blattbräune, seltener Triebwelke und Stammkrebse, an Keimlingen auch damping-off hervorruft. Konidien fünfzellig, an den Enden zugespitzt, mit mehreren borstenförmigen Anhängseln.

Petalen → *Krone*

Petiolus → *Blattstiel*

Pezicula cinnamomea (DC ex PERS.) SACC. (Dermateaceae); Nebenfruchtform: Cryptosporiopsis quercina PETR.: Erreger einer Rindenerkrankung an der Stammbasis 20 – 45jähriger Quercus rubra. Pilz dringt selten bis zum Kambium vor, deswegen langjähriger Befall. Intensive Peridermbildung als Abwehr. Bis 1 mm große zimtfarbene Apothecien auf der befallenen 2j. Rinde. Schleimfluß oberhalb der Rindennekrosen. Trockenheit wirkt praedisponierend. Wirtschaftl. Bedeutung gering.

Pezicula livida (BERK. et BR.) REHM; Nadelholz-Rindenbecherchen (Dermateaceae): Rel. seltener Bewohner toter Äste von Ta und Fi, gelegentlich auch an Ta-Zapfen. Kann an geschwächten jungen Lä und Ki Rindennekrosen hervorrufen. Gelbliche, bis 1,5 mm große, unregelmäßig kugelige Fruchtkörper. Nebenfruchtform: Cryptosporiopsis abietina PETR.

Pezizales → *Unitunicatae-Operculatae*

Pfaffenhütchen → *Euonymus europaea*

Pfahleiche → *Quercus stellata*

Pfahlwurzel → *Wurzelsystem*

Pfefferartige → *Piperales*

Pfeifenstrauch → *Philadelphus*

Pfirsich → *Prunus persica*

Pfirsichkräuselkrankheit → *Taphrina*

Pflanzenbehandlungsmittel: Wenig gebräuchlicher Ausdruck für Pflanzenschutzmittel. → *Biozide.*

Pflanzengallen → *Gallen*

Pflanzengeographie → *Geobotanik*

Pflanzengesellschaft: Durch Wettbewerb und Auslese entstandene Vergesellschaftung von Pflanzen verschiedener Arten, die Standorte mit gleichen oder ähnlichen ökologischen Bedingungen besiedeln. Die Zusammensetzung der P. ist konstant, solange nicht Klimaänderungen, geologische Vorgänge, menschliche Eingriffe oder Zuwanderungen fremder Arten neue Wettbewerbsbedingungen schaffen. → *Vegetationsgliederung, floristische.*

Pflanzenprozent: Maßangabe für die durchschnittliche Sämlingsausbeute aus reinem Saatgut bei Freilandsaat (Verhältnis Anzahl Sämlinge/Anzahl Samenkörner bzw. Früchte x 100). Das P. ist abhängig von der Keimkraft des Samens und von den aktuellen Wuchsbedingungen.

Pflanzenschutzmittel → *Biozide*

Pflanzensoziologie → *Vegetationskunde*

Pflanzverband: Regelmäßiger Abstand zwischen Einzelpflanzen bei der Pflanzung. Aus der Angabe des P. abzuleiten sind Informationen über die räumliche Anordnung der Pflanzen, über die Pflanzendichte (Pflanzenzahl/ha) und die Größe des für die Pflanze verfügbaren Wuchsraumes. Pflanzverbände beeinflussen Stabilität, Wuchsleistung und Ausformung von Einzelbäumen und Beständen bis zum Abtrieb. In der Praxis gebräuchlich sind v.a. Quadrat- und Reihenverbände. Bei Fi haben sich Pflanzendichten von etwa 4 000 bis 2 500 Stück/ha bei der Bestandesbegründung bewährt. Dies entspricht einer Standfläche von 2,5 – 4 m^2. Werden die Pflanzen im Quadratverband ausgebracht, ergeben sich Abstände von rd. 1,6 x 1,6 m bis 2 x 2 m. Im Reihenverband z.B. 2 x 1,5 m (3 300 Pflanzen/ha). Ähnliche Pflanzdichten und -verbände sind üblich bei der künstlichen Begründung von Ta, Dougl, Strobe und Japanlärche. Bei Ki und einigen Lh-Arten wie Ei, Roteiche, und Bu werden höhere Pflanzdichten angestrebt (z.B. Ei 15 000 – 7 000 Pflanzen/ha). Die genannten Zahlen sind Rahmenwerte für Reinbestände.

Pflanzverfahren: Forstpflanzen können von Hand oder maschinell in den Boden gebracht werden. Gebräuchliche Handpflanzverfahren: Klemm-, Schräg-, Winkel-, Loch- und Hohlspatenpflanzung. Maschinelle Pflanzung eignet sich nur für wenigstens teilgeräumte Flächen.

Pflaume → *Prunus domestica*

Pflaumen-Feuerschwamm → *Phellinus pomaceus*

Pfropflinge: Aus erfolgreicher Pfropfung hervorgegangene Bäumchen.

Pfropfreis → *Pfropfung*

Pfropfung: Verfahren der heterovegetativen Vermehrung. Abgetrennte Zweigstücke (Reiser, Edelreiser) werden auf eine Unterlage (eingetopfte Pflanze oder Wildling) gepfropft. Reis und Unterlage werden durch geeignete Einschnitte zusammengefügt, durch Umwick-

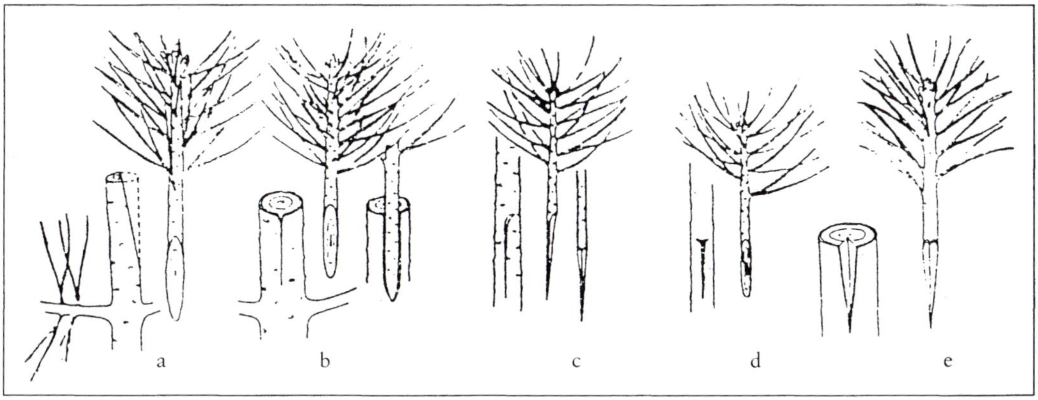

Die wichtigsten **Pfropfmethoden:** *a* Plattenpfropfung, *b* Rindenpfropfung, *c* Seitenstichpfropfung, *d* T-Schnitt-Pfropfung, *e* Keilpfropfung

lung mit Veredelungsbändern zusammengehalten und die Pfropfstelle mit Baumwachs verstrichen. Bei erfolgreichen Pfropfungen bildet sich an den Wundrändern beider Teile Wundkallus, die Kontaktstelle wird überwachsen und die Kambien, Leitgewebe und Peridermien beider Partner fusionieren. Pfropfungen gelingen vorwiegend zwischen nahe verwandten Partnern, i.d.R. innerhalb der gleichen Gattung. Gelegentlich treten Unverträglichkeitsreaktionen auf, die sich oft erst Jahre nach zunächst erfolgreicher Pfropfung äußern, z.B. bei Quittenunterlagen mit gewissen Birnensorten (Ausbrechen der Veredelung), bei verschiedenen Ta-Arten und -bastarden mit andersartigen Ta-Unterlagen (Wulstbildung, Ausbrechen).
Von mehreren gebräuchlichen Pfropfverfahren bei Waldbäumen, hat sich das Anplatten (Plattenpfropfung; bes. bei Koniferen) gut bewährt. Welches Verfahren letztlich zur Anwendung kommt, hängt von der Baumart, von der Stärke der Unterlage und von der Stärke des Reises ab. Veredelungen können im Sommer sowohl im Freiland wie im Gewächshaus ausgeführt werden, im Winter ausschließlich im Gewächshaus. Das Anplatten erfolgt vorwiegend im Haus ab August/September z.B. bei Ta, Fi und Eibe. Ab Januar bis April z.B. bei Bi, Ei, Bu und HBu. Von praktischer Bedeutung ist die Pfropfung für die Anlage von Pfropfplantagen. Reiser aus der Blühregion von Altbäumen behalten ihre Blühfähigkeit auch nach Pfropfung bei. Daraus ergibt sich die Möglichkeit zur wirtschaftlichen Erzeugung von Saatgut und zur Anlage von Kreuzungsquartieren. → *Samenplantage.*

pH-Wert: Maß (negativer dekadischer Logarithmus) für die Wasserstoffionenkonzentration je Volumeneinheit Flüssigkeit (val H^+/Liter). Messung mittels Indikatoren; Werte (elektrochemisch gemessen) für Regenwasser liegen um 5,6. → *Saurer Regen,* der zu → *Säureschäden* an Pflanzen führen kann, hat einen pH-Wert von 3–4; pH-Absenkungen im Boden um 0,25–1,3 Einheiten durch → *Immissionen.* Holzarten sind an unterschiedliche pH-Bereiche angepaßt, jedoch läßt die Verjüngungsfähigkeit von Lh bei niedrigen pH-Werten aufgrund von Störungen bei der Wurzelbildung und der Nährstoffaufnahme rasch nach. Ein artspezifisches Vermögen von Pflanzen, saure Niederschläge auf der Blattoberfläche abzupuffern ist vorhanden.

Phacellaria → *Santalaceae*

Phacidiales → *Unitunicatae-Inoperculatae*

Phacidiopyknis pseudotsugae → *Potebniamyces coniferarum*

a

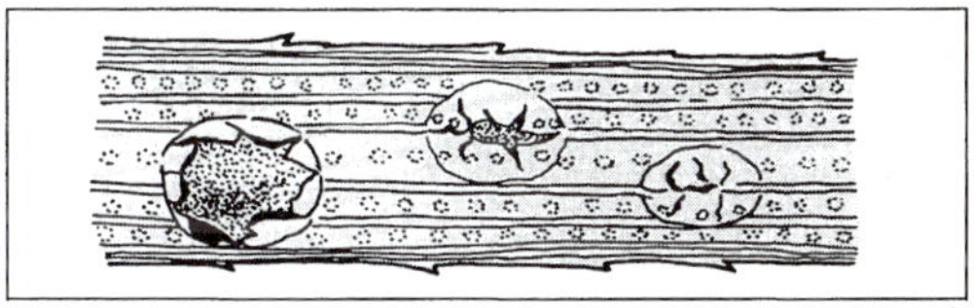

b

Phacidium infestans: *a* an Pinus sylvestris, *b* offene und geschlossene Apothecien an der Nadeloberfläche

Phacidium infestans Karst. Weißer Schneeschimmel, Schneeschütte (Phacidiaceae): Erreger einer Blattkrankheit, die in Skandinavien häufig an jungen Ki und in den Alpen an Zirben vorkommt. Verbreitung unter der Schneedecke, denn das Mycel wächst noch bei 0 °C. Symptome: Nach der Schneeschmelze tiefbraune, von weißem Mycel umsponnene Nadeln, die am Zweig verbleiben, im Herbst silbrig-graubraun werden und erst im nächsten Sommer abfallen. Apothecien lange unter der Epidermis. Sie sind schwarz aber nicht immer vorhanden. Verbreitung auch durch Verwehen abgefallener Nadeln möglich. Zirbenjungwuchs ist regional gefährdet.

Phänologie: Erscheinungslehre, Teilbereich der ökologischen → *Geobotanik,* der sich mit dem Einfluß von Klima und Witterung auf alljährlich wiederkehrende Entwicklungsstadien der Pflanzen befaßt. Mit Hilfe von phänologischen Daten (Laubaustrieb, Blühbeginn, Fruchtreife, Laubfall) kann eine differenzierte klimatische Gliederung selbst kleiner Gebiete erstellt werden. Diese Daten sind z.B. für die Planung von Obstbauman-lagen und die Sortenwahl von Bedeutung.

Phänotyp: Erscheinungsform eines Organismus; Summe seiner sichtbaren und meßbaren Einzelmerkmale, die vom genetischen Potential (→ *Potenz)* und von Umweltfaktoren abhängen.

Phaeocryptopus gaeumannii (T.Rohde) Petr. (syn.: Adelopus gaeumannii T.Rohde.) Erreger der rußigen Douglasienschütte: Wichtiger Blattparasit an Dougl, der die Nadeln oft jahrelang besiedelt, ihre allmähliche Vergilbung und Bräunung bewirkt und zum Nadelfall führt. Im Mai/Juni Infektion von Nadeln jeden Alters durch Ascosporen. Noch vor den ersten Vergilbungen erscheinen auf der Nadelunterseite in Längsreihen angeordnete, schwarze Perithecien, die allmählich deutlicher werden und zu »rußigen« Krusten zusammenwachsen. Von Pg. befallene Dougl-Bestände zeigen starke individuelle Differenzen in der Anfälligkeit; die 3 Dougl-Rassen sind gleichermaßen empfindlich.

Phaeocryptopus gaeumannii auf Douglasien-Nadeln

Phaeolus schweinitzii (Fr.) Pat. (syn.: Polyporus schweinitzii), Kiefernbraunporling (Polyporaceae): Wichtiger und weit verbreiteter Holzzerstörer an alten Ki und Dougl, außerdem an Lä, Ta, Fi. Wächst über die Wurzeln ein, dringt in das Kernholz des unteren Stammbereiches vor und löst dort intensive Braunfäule aus (→ *Stockfäule).* Kennzeichnend sind der würfelartige Zerfall des Holzes, starker Terpentingeruch und das weiße, flockige Mycel in den Schwundrissen. Große wirtschaftl. Schäden im ozeanischen NW-Eur.. Die bis 30 cm großen, farbenprächtigen Fruchtkörper entspringen den Wurzeln der befallenen Bäume oder erscheinen nach dem Fällen auf der Stubbenoberfläche. Charakteristisch ist der nach oben dicker werdende Stiel, die erst gelbe, später kastanienbraune, flauschig-wollige Oberseite, der Terpentingeruch und die gelblich-grüne, sich nach Druck braun verfärbende Porenschicht.

Phaeolus schweinitzii

Phaeophorbide: Entstehen beim Chlorophyllabbau nach Abspaltung des Magnesium-Zentralatoms und des Phytols. Vgl. auch → *Phaeophytine.*

Phaeophyceae → *Phycophyta*

Phaeophytine: Entstehen beim Chlorophyllabbau, durch Abspaltung des Magnesium-Zentralatoms. Der Vorgang wird beim Absterben der Zellen durch den sauren Zellsaft ausgelöst und bewirkt die Braunverfärbung des Blattgewebes (z.B. Herbstverfärbung). Weiterer Abbau führt zu den → *Phaeophorbiden.*

Phanerogamen: Ältere Bezeichnung für Blütenpflanzen (→ *Spermatophyta).*

Phanerophyten: Nach Raunkiaer Pflanzen, deren Erneuerungsknospen sich während der ungünstigen Jahreszeit höher als 25 cm über der Bodenoberfläche befinden. Nanophyten haben ihre Erneuerungsknospen in 0,25 – 2 m Höhe, Mikrophyten in 2 – 5 m, Mesophyten in 5 – 50 m und Megaphyten in über 50 m Höhe. Phyten über 2 m werden auch als Makrophyten bezeichnet, zu dieser → *Lebensform* zählen Bäume und Sträucher.

Phasendisposition: Vom Alter oder der Entwicklungsphase einer langlebigen Pflanze abhängende Anfälligkeit gegen einen bestimmten Erreger. Beispiele: → *Heterobasidion annosum* ruft Stammfäule an Fi nicht vor dem Alter 15 hervor; Cronartium ribicola befällt in M-Eur. kaum Stroben über 70 Jahren. Gegen die → *Umfallkrankheit* sind i. a. nur bis zu 10 Wochen alte Nh-Keimlinge gefährdet.

Phellandren → *Terpenoide*

Phellem → *Periderm*

Phellinus: Feuerschwämme. Zu den Hymenochaetaceae gehörende, sehr formenreiche, weltweit verbreitete Gattung holzzerstörender Pilze. Fast 30 Arten allein in M-Eur.. Weißfäuleerreger, oft mit mehr- bis vieljährigen, harten, konsolenförmigen Fruchtkörpern, die bei einigen Arten nicht mit heller Flamme brennen, sondern langsam verglühen. Diese in früheren Zeiten bekannte und geschätzte Eigenart war namensgebend (Feuerschwamm, Zunderschwamm).

Phellinus hartigii (All. et Schn.) Pat. (Hymenochaetaceae) Tannen-Feuerschwamm: Weißfäuleerreger an Alttannen. Infektion über Aststummel. Harte, bis

Phellinus hartigii: Fruchtkörper an Astansatz (von oben gesehen)

20 cm breite und 12 cm hohe, dem Eichen-Feuerschwamm sehr ähnliche Fruchtkörper im oberen Stammbereich. Besonderheit: Mitunter wachsen die Fruchtkörper entlang toter Seitenäste und umschließen diese (sog. Astkriecher). Wirtschaftl. Bedeutung gering.

Phellinus igniarius (L. ex Fr.) Quel. (syn.: Fomes igniarius) Grauer Feuerschwamm, Falscher Zunderschwamm (Hymenochaetaceae): Erreger einer schwachen Weißfäule an Lh, vor allem an Wei und an Apfelbäumen. Wundparasit. Weit verbreitet, aber nicht häufig. Fruchtkörper sehr hart und ausdauernd, anfangs knollig, später konsolenförmig und mit wulstigem Rand. Oberseite graubraun bis dunkelgrau, kaum gezont, aber oft rissig. Unterseits bräunliche Poren. Im Gegensatz zu → *Fomes fomentarius* eignet sich die harte Trama nicht als Zunder (Name!).

Phellinus pini (Thore ex Fr.) Pilat (syn.: Trametes pini) Kiefern-Baumschwamm, Kiefern-Feuerschwamm (Hymenochaetaceae): Wichtiger Stammfäuleerreger an Altkiefern. Dringt über Aststummel in lebende Stämme ein, besiedelt ausschließlich Kernholz und ruft eine intensive Weißlochfäule hervor. Befallenes Holz wird allmählich rotbraun und enthält kleine, spindelförmige, weiße Flecken. Vertikaler Fäulefortschritt bis 25 cm pro Jahr. Typisch ist sog. → *Ringschäle,* die durch bevorzugten Abbau des Frühholzes entsteht. Fruktifikationszeit 10 – 20 Jahre. Die unscheinbaren, etwa 10 cm breiten, bräunlich gezonten, harten Fruchtkörper sind mehrjährig. Sie erscheinen an Astlöchern oder unter toten Ästen und sporulieren während des ganzen Jahres. Unterseits graubraun, mit rundlichen Poren. Ostwärts der Elbe von großer wirtschaftlicher Bedeutung. Hierzulande rel. selten und auf sehr alte Ki beschränkt, vereinzelt auch an Lä und Dougl sowie an Fi und Ta, wo er auch den Splint besiedelt. Am Mittelmeer häufig an Pinus halepensis, P. pinaster und P. pinea. Keine wirksame Bekämpfung.

Phellinus pomaceus (Pers. ex S.T. Gray) Maire; Pflaumen-Feuerschwamm (Hymenochaetaceae): Sehr häufiger Wundparasit und Weißfäuleerreger an Prunus-Arten, besonders an Pflaume. Fruchtkörper: rel. kleine, graubraune, an schrägen Stämmen und an Ästen treppenförmige Konsolen mit hellerem Rand. Regelmäßig in alten, ungepflegten Steinobstplantagen.

Phellinus robustus (Karst.) Bourd. et G. Eichen-Feuerschwamm: Weißfäuleerreger an lebenden alten Ei. Ohne wirtschaftl. Bedeutung, obwohl er stellenweise das Kambium zerstört. Die bis 50 cm großen und 20 cm hohen, mehrjährigen und sehr harten, konsolenförmigen Fruchtkörper sitzen dann an eingesenkten Stellen des oberen Stammes. Oberseits graubraun, rissig, oft mit Algen besetzt. Wulstiger Rand, Unterseite mit braunen Poren. Oft Spechthöhlen unter den Fruchtkörpern.

Phellinus pini: Stammfäule

Phellinus tremulae (Bond.) Bond et Borisow; Aspen-Feuerschwamm (Hymenochaetaceae): Intensiver Weißfäuleerreger an As, selten an Grau- und Silber-Pa. Dringt durch Aststummel in das Innere lebender Bäume ein, das er rasch und auf großer Länge zerstört. Wirtschaftl. Bedeutung nur in O-Eur.. Fruchtkörper ähnelt P. igniarius: dunkelgrau gezont mit scharfem Rand und senkrechten Rissen, unterseits dunkelbraune Poren. Fast immer an Astansätzen.

Phellodendron amurense

Phellodendron Rupr. Korkbaum: Gattung der → *Rutaceae* mit etwa 10 in O-Asien beheimateten, sommergrünen Baumarten. Rinde oft sehr korkig. Bast intensiv gelb gefärbt. Winterknospen in der Basis des Blattstiels verborgen. Blätter gegenständig, unpaarig gefiedert mit 5 – 13 durchscheinend drüsig punktierten, aromatisch duftenden Blättchen. Blüten zweihäusig, 5- (bis 8-)zählig, gelblich grün, klein, in endständigen Rispen. Schwarze Steinfrüchte mit 5 einsamigen Kernen. Wertvolles ringporiges Kernholz, für Tischlerarbeiten sehr gesucht. Bast, Früchte und Blätter enthalten ätherische Öle. Forstlich wichtigste Art: Ph. amurense Rupr. (Amur-Korkbaum). Heimat: N-China, Amur-Gebiet,

Mandschurei, Korea, Japan. Erreicht Maximalhöhen von 25 m; tiefgefurchte, graue Borke. Lichtbedürftige Mischbaumart, meist in Flußtälern der Gebirge. In M-Eur. winterhart, aber früh- und spätfrostgefährdet; forstl. Anbauversuche (in Preußen) Ende des letzten Jhdt. völlig fehlgeschlagen.

Phellogen → *Periderm*

Phellogensäure (COOH – $(CH_2)_{20}$ – COOH): Langkettige Dicarbonsäure mit verschiedenen Alkoholen verestert; Vorkommen in Kork (→ *Periderm)* als Hauptbestandteil von → *Suberin.*

Phellonsäure ($CH_2(OH)$ – $(CH_2)_{20}$ – COOH): Langkettige Hydroxyfettsäure mit verschiedenen Alkoholen verestert; Vorkommen in Kork (→ *Periderm)* als Hauptbestandteil von → *Suberin.*

Phenolasen → *Phenoloxidasen*

Phenolcarbonsäuren: Hydroxyverbindungen der Benzoesäure. Wichtigste P. im Pflanzenreich ist die Gallussäure. Durch Polymerisation entstehen die zu den → *Gerbstoffen* zählenden Tannine.

Phenoloxidasen (Phenolasen): Kupferhaltige Enzyme, die Phenole oxidieren. In Folgereaktionen entstehen Chinone, die dann zu hochmolekularen, braun- bis schwarzgefärbten Melaninen kondensieren und das Nachdunkeln von Schnittwunden an Pflanzenteilen bewirken. P. sind bei Abwehrreaktionen von Pflanzen gegen Pathogene beteiligt.

Phialiden → *Konidien*

Phialosporen → *Konidien*

Philadelphus L. Pfeifenstrauch, Falscher Jasmin (engl.: Wild Jasmin): Etwa 50 Arten umfassende Gattung der → *Saxifragaceae.* Sommer-, seltener immergrüne Sträucher mit meist weißen Blüten in Trauben oder Rispen; Kapselfrüchte. Vorkommen in N- und M-Amerika, O-Asien bis Him.. Einzige Art in Eur. ist P. coronarius L. (Gewöhnlicher Pfeifenstrauch, Falscher Jasmin): Bis 3 m hoher Strauch, beheimatet in den Südostalpen östlich des Gardasees, in der Steiermark, der Toskana, in Umbrien und Rumänien. Wärmeliebender Vertreter des südosteuropäischen Flaumeichengebüsches. Häufige Gartenpflanze, seit dem 17. Jhd. in Kultur, selten verwildert. Kennzeichen: 1-jährige Zweige rotbraun, an den 2-jährigen blättert die Rinde in langen Streifen ab. Blätter eiförmig, zugespitzt. Stark duftende Blüten, in 1 – 10blütigen Trauben, werden offizinell verwendet.

Phillyrea L. Steinlinde: Gattung der → *Oleaceae.* Immergrüne Sträucher mit wechselständigen, ledrigen Blättern und unscheinbaren Blüten in achselständigen Ähren oder Trauben. Alle 4 Arten im Mittelmeergebiet und Kleinasien beheimatet.

Phillyrea angustifolia L. Schmalblättrige Steinlinde: Bis 3 m hoher Strauch des westlichen Mittelmeergebietes. Nordgrenze Südtirol und Tessin. Blätter lineallanzettlich, duftende, schwefelgelbe Blüten. Charakterart der → *Macchie.*

Phillyrea latifolia L. (syn.: P. media L.) Breitblättrige Steinlinde: Strauch oder kleiner Baum (bis 8 m) des Mittelmeergebietes, auch im südlichsten Südtirol. Blätter eiförmig elliptisch, grünlichweiße Blüten. Charakterart der → *Macchie,* meist auf Kalk.

Phillyrea media → *Phillyrea latifolia*

Phlebiopsis gigantea → *Peniophora gigantea*

Phlobaphene → *Gerbstoffe*

Phloem: Siebteil. Der Assimilatleitung und -speicherung sowie der Festigung dienendes Gewebe höherer Pflanzen. 1. Primäres P. differenziert sich direkt aus dem → *Prokambium.* Es besteht anfangs aus Phloemprimanen (Protophloem), d.h. zuerst gebildeten Siebelementen, die vom Metaphloem abgelöst werden und später obliterieren. Dieses ist an der zur prim. Rinde gelegenen Peripherie des Phloems angeordnet. 2. Sekundäres P. (Bast, sek. Rinde) ist ein Produkt des sek. Dickenwachstums und besteht aus den vom Kambium nach außen abgegebenen Zellen. Diese differenzieren sich in Leit- (→ *Siebröhren),* Speicher- und Festigungselemente. Festigung übernehmen Bastfasern (u.a. bei Li, Ei, Pa, Wei), Steinzellennester (Celtis, Morus) oder Fasersklereiden (z.B. Dougl, Lä). Bast von Tilia cordata besteht aus abwechselnden Schichten von Weich- (Siebröhren, Parenchym, Kristallzellen) und Hartbast (Bastfasern). Die mittlere Breite des sek. Phloems liegt bei einheimischen Holzarten zwischen 3 und 10 mm (Ex treme: Cornus sanguinea: 0,3 – 0,6 mm, Robinia: 2 – 3 mm; Fagus, Juglans: >14 mm). Der durchschnittl. jährl. Zuwachs beträgt 0,22 – 0,3 mm.

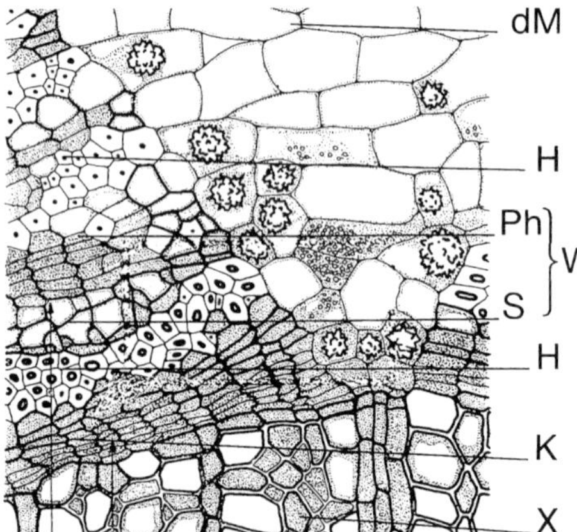

Querschnitt durch den Bast von Tilia cordata. dM = dilatierter Markstrahl, H = Hartbast aus Sklerenchymfasern. Ph = Phloemparenchym, S = Siebröhren mit Geleitzellen, W = Weichbast, K = Kambium, X = Xylem

Phloemfasern → *Fasern*

Phloemprimanen → *Phloem*

Phloemstrahlen: (= Baststrahlen). → *Markstrahlen*

Phloemtransport → *Assimilattransport*

Phoenix → *Arecales*

Pholiota destruens (BROND.) QUEL. Pappelschüppling (Strophariaceae): Weißfäuleerreger an liegendem Pa-Holz und Pa-Stubben. Fruchtkörper bis 20 cm breit, durchbrechen oft zu mehreren die Rinde. Hüte bräunlich mit hellen Schuppen und eingerolltem Rand. Lamellen hellbraun.

Pholiota squarrosa (PERS. ex FR.) KUMM.; Sparriger Schüppling (Strophariaceae): Wundparasit und Weißfäuleerreger an Lh und Fi, oft an Apfelbäumen. Fruchtkörper bis 15 cm, zu vielen an der Stammbasis. Blätterpilz mit abstehenden, braunen Schuppen auf der gelblichen Hutoberseite. Lamellen ockerfarben, Stielbasis rotbraun. Vom sehr ähnlichen Hallimasch durch braune Sporen zu unterscheiden. Ohne wirtschaftl. Bedeutung.

Phoma parca → *Tiarosporella parca*

Phomopsis: Gattung der Deuteromycotina (Coelomycetes) mit mehreren Erregern von Zweig- und Triebsterben, Rindennekrosen und Gipfeldürre, auch an Waldbäumen. Ähnliche Symptome rufen Kabatina- und Slcerophoma-Arten hervor. Kennzeichen: In Pyknidien werden 2 Typen von farblosen, einzelligen Konidien gebildet: 1. elliptisch bis spindelförmig, gut keimend; 2. länglich gebogen, schwer keimend. Überwinterung als Mycel oder in Pyknidien. Vorwiegend Wundparasiten. Neben den wirtschaftlich wichtigen Arten Phomopsis pseudotsugae (→ *Potebniamyces coniferarum)* und → *Phomopsis juniperovora* sind von lokaler Bedeutung: – Phomopsis occulta (SACC.) TRAV.: Saprophyt an toten Nadeln, Zweigen und Zapfen von Nh-Arten. Pathogenität an Fi-Keimlingen umstritten. Hauptfruchtform: Diaporthe conorum. – Phomopsis macrocarpa KOBAY et CHIBA: Erreger einer Rindennekrose an Populus deltoides, Euramericana-Bastarden und P. maximowiczii in N-Amerika und Japan. – Phomopsis quercella (SACC. et ROUM.) DIED.: Saprophyt an der Rinde abgestorbener Ei-Sämlinge. – Phomopsis quercina (SACC.) HOHN.: Saprophytischer Begleiter von → *Fusicoccum quercus.*

Phomopsis juniperovora HAHN: Weit verbreiteter Erreger eines Zweig- und Triebsterbens an Cupressaceae; insbes. an Juniperus und Cupressus, gelegentlich auch an Abies, Pseudotsuga, Taxus. Infektion über Schuppenblätter, Vordringen ins Xylem. Kennzeichen: Graue Zone mit Pyknidien am Ort der Infektion, Blattorgane rotbraun, Ringelung und Absterben des Zweiges. Hohe Temperaturen beschleunigen Symptomentwicklung.

Phomopsis pseudotsugae → *Potebniamyces coniferarum*

Phoradendron; Amerikanische Mistel: Gattung der → *Viscaceae* mit ca. 170, zumeist im tropischen und subtropischen Amerika beheimateten, ein- oder zweihäusigen Arten. 12 ausschl. dioezische Spezies parasitieren an Holzarten der USA: im O nur an Lh, im W an Lh und Nh (meist Cupressaceae). Lebensweise und Morphologie ähnlich → *Viscum.* Immergrün; weißliche Blüten. Weiße, strohfarbene oder rötliche, einsamige Beeren. Verbreitung durch Vögel. Hohe Lichtansprüche. Alter wird von der Lebensdauer der Wirtspflanze bestimmt. Häufige Arten: P. serotinum (RAF.) M.C. JOHNST. (syn.: P. flavescens [PURSH] NUTT.) Eastern Mistletoe: Weit verbreitet (110 Wirtsarten), im O und S der USA. Häufig auf feuchten Flachland-Standorten. Hauptwirte regional wechselnd (→ *Acer saccharinum,* → *Ulmus americana* in OH; → *Quercus nigra* in MS; → *Carya ovata* in NC, TS'). P. macrophyllum ENGELM.: An ca. 60 Lh-Arten (u.a. Es, As, Platane, Wei, Walnuß, Pa) von N-CA bis Mex und TX. Anschwellungen an Ästen und Stämmen, insbes. bei Populus fremontii. P. bolleanum ssp. pauciflorum (TORR.) FOSB.: Bis 1 m große Büsche in Abies concolor-Kronen. N-CA bis Mex., auch AZ. 15 – 30 mm lange Blätter. Führt zu deutlichen Kronenschäden. P. juniperinum ENGELM.: Weit verbreitet auf Juniperus-Arten von OR und CO südwärts bis Mexiko. Scheinbar blattlos (nur 1 mm große Schuppenblätter). Starke Schäden an → *Juniperus osteosperma.*

Phoradendron serotinum

Phosphat → *Phosphordüngung*

Phosphatide: → *Lipoide*

Phospholipide: → *Lipoide*

Phospholipoide: → *Lipoide*

Phosphor (P): Hauptnährelement, wird meist als H_2PO_3 aufgenommen, liegt in der Pflanze in organischer Bindung wie auch als Phosphat-Ion vor; P. ist Baustein wichtiger Verbindungen (Phytin, Phosphatide, Nucleotide, Nucleinsäuren, Enzyme) und hat für den intermediären Stoffwechsel sowie den Energiehaushalt zentrale Bedeutung. P. findet sich mehr in generativen Organen (Pollen, Blütenblätter) als in vegetativen Pflanzenteilen; der P-Gehalt in Blattorganen liegt im Ø bei 0,05 – 0,3 %; unzureichende P-Ernährung (→ *Mangelkrankheiten)* führt u.a. zu Änderungen in der Zusammensetzung der löslichen N-Fraktion in den → *Wurzelexudaten,* u. kann sich u.U. auf die Mikroorganismen in der → *Rhizosphäre* auswirken.

Phosphormangel → *Mangelkrankheiten*

Phosphorylierung: Aufbau von energiereichem ATP durch → *Atmungskettenphosphorylierung* (oxidative P.), → *Sustratkettenphosphorylierung* und → *Photophosphorylierung.*

Photoautotrophie: Gesamter Energiebedarf für Stoffwechselvorgänge wird aus Strahlungsenergie (Licht) gewonnen. Zu den photoautotrophen Organismen zählen alle grünen Pflanzen, Purpurbakterien und Blaualgen. → *Photosynthese.*

Photodinese: Auslösung der → *Plasmaströmung* durch Licht.

Photokinese: Lichtabhängige Änderung der Bewegungsintensität bei einzelligen Organismen.

Photolyse des Wassers: Spaltung des Wassers durch Lichtenergie (Lichtreaktion II der → *Photosynthese*).

Photomorphogenese → *Morphogenese*

Photonastien → *Nastien*

Photonia → *Rosaceae*

Photooxidantien: Sammelbegriff für chem. Verbindungen, die sich unter Lichteinwirkung aus Stickoxiden und Kohlenwasserstoffen bilden. Beispiele: Ozon, Peroxyacetylnitrat (PAN). Als Leitsubstanz für P. wird oft nur die Ozonkonzentration gemessen. P. verursachen Vegetationsschäden und gelten als eine der Ursachen für das Waldsterben. → *Smog*.

Photooxidantien-Hypothese: Erklärungsansatz zur Entstehung des → *Waldsterbens*. Als auslösende chem. Verbindungen werden Ozon und PAN betrachtet, die nach Schädigung der Zellmembran-Strukturen zur Auswaschung von Nährelementen und zu Blattverfärbungen führen. Gut untersucht sind entsprechende Schäden in Nebellagen der Mittelgebirge. Sie treten nur an Fi und nicht im Flachland auf. Gegenargumente: (a) Typische Ozon-Symptome sind weder an Fi noch Lh zu beobachten; (b) >95 % aller am Waldsterben erkrankten Bäume zeigen überhaupt keine Blattvergilbung; (c) Waldsterben trat zuerst im Flachland und nicht in ozonreichen Hochlagen auf.

Photoperiode: Wechsel von Tag und Nacht, d.h. einer Lichtphase (Photophase) und einer Dunkelphase (Skotophase). Je nach Länge der Lichtphase unterscheidet man: Langtage (14 – 16 Stunden Helligkeit) oder Kurztage (8 – 12 Stunden Helligkeit). → *Photoperiodismus*.

Photoperiodismus: Induktion und Steuerung mannigfacher physiologischer Vorgänge, wie Kambiumaktivität, Blatt-Morphogenese, Pigmentbildung, Frostresistenz und Blütenbildung durch die Dauer der Lichteinwirkung. Nach der Länge der zur Blühinduktion benötigten → *Photoperiode* unterscheidet man → *Langtagpflanzen*, → *Kurztagpflanzen* und tagneutrale Pflanzen. Außerdem Pflanzen, die zur Blütenbildung Photoperioden unterschiedlicher Dauer benötigen: Langkurztagpflanzen blühen unter unseren Bedingungen im Herbst, Kurzlangtagpflanzen im Frühjahr.

Photophosphorylierung: Fixierung und Speicherung der Lichtenergie durch Bildung energiereicher Phosphatbindungen (ATP). Beispiel: an die Elektronentransportkette der Lichtreaktionen (→ *Photosynthese*) gekoppelte ATP-Bildung.

Photorespiration (Lichtatmung): Die bei Licht erhöhte O_2-Aufnahme und CO_2-Abgabe bei → C_3-Pflanzen. Dient der Synthese von Glycin und Serin aus dem Photosynthesezwischenprodukt Glykolaldehyd. Dieser Gaswechselbeitrag dient nicht der Energiegewinnung.

Photosynthese: Teilprozeß des pfl. Kohlenhydratstoffwechsels, zu dem nur grüne Pflanzen und einige mit spezifischen Pigmenten ausgestattete Schizophyta befähigt sind. Alle Teilreaktionen der P., durch die letztlich mit Hilfe der Lichtenergie organische Substanz aufgebaut wird, finden in den Chloroplasten statt: Lichtreaktion II und I in den Thylakoiden, Dunkelreaktionen im Stroma. Gesamtbilanz der P.:
$6CO_2+12H_2O+h\cdot\nu(\triangleq 2863\,kJ) \rightarrow C_6H_{12}O_6+6O_2+6H_2O$
Lichtreaktion II und I (Primärvorgänge der P.): 1. Photosystem II (P_{680}) wird durch Lichtenergie angeregt (→ *Chlorophyll*-Anregung) und gibt dadurch Elektronen ab, die von einem Akzeptor Q (Quencher) angenommen werden. Das entstehende Elektronendefizit des abgebenden Systems gleicht ein noch unbekanntes Redoxsystem Y aus, der Grundzustand ist wieder erreicht. Das Redoxsystem Y bezieht die benötigten Elektronen aus der Photolyse des Wassers (Hill-Reaktion): $2H_2O \rightarrow O_2+4H^++4e^-$. Gleichzeitig werden dabei Protonen $[H^+]$ bereitgestellt. 2. Photosystem I (P_{700}) wird ebenfalls durch Lichtenergie angeregt. Es gibt die Elektronen an eine noch unbekannte Substanz X ab. Plastochinon gleicht hier das entstehende Elektronendefizit aus. X reduziert weiter das Ferredoxin, welches wiederum $NADP^+$ reduziert. $NADP^+$ bildet mit H^+ aus der Photolyse den stabilen H_2-Transportmetaboliten : $NADPH_2$. 3. In beiden Prozessen wird die aus dem Elektronentransport freiwerdende Energie in Form von ATP gespeichert. (→ *Photophosphorylierung*). ATP und Reduktionsäquivalente in Form von $NADPH_2$ stehen hauptsächlich den Dunkelreaktionen zur Verfügung. Im geringeren Maße dienen sie auch der Synthese von Fett- und Aminosäuren sowie zur Fixierung von NH_3.
Dunkelreaktionen (Sekundärvorgänge der P., Calvin-Zyklus, Blackman-Reaktion, reduktiver Pentosephosphatzyklus): Hier vollzieht sich die Reduktion des CO_2. Die Dunkelreaktion ist ein in 3 Schritte zu untergliedernder Zyklus: 1. Carboxylierungsphase, 2. Reduktionsphase, 3. Regenerationsphase.

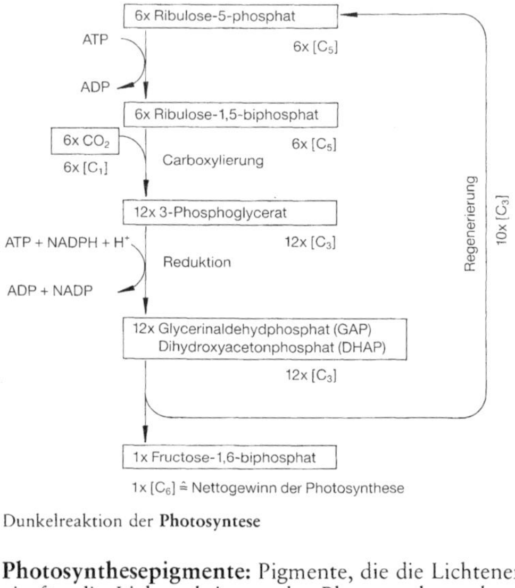

Dunkelreaktion der **Photosyntese**

Photosynthesepigmente: Pigmente, die die Lichtenergie für die Lichtreaktionen der Photosynthese absorbieren. Chemisch unterscheidet man → *Chlorophylle*,

→ *Carotinoide* und Phycobiliproteide (Hauptpigmente der Blau-, Rotalgen und Cryptophyta), funktionell trennt man Hauptpigmente (Chlorophyll a) von → *akzessorischen Pigmenten* (Antennenpigmente). Mengenverhältnis Chlorophyll a : Chlorophyll b: Carotenoide ca. 3:1:2.

Photosynthetische Elementareinheit: Etwa 300 bis 5 000 Chlorophyllmoleküle bilden in der Thylakoidmembran eine Einheit. 2 Moleküle Chlorophyll a dienen als Reaktionszentrum der Lichtabsorption, die übrigen Chlorophyllmoleküle als akzessorische Pigmente (→ *Photosynthesepigmente).*

Photosysteme: In der Thylakoidmembran lokalisierte, photosynthetisch aktive Reaktionseinheiten mit je einem Reaktionszentrum (Fallenpigment) und Antennenpigmenten unterschiedlicher Zusammensetzung. Ihre Funktion sind die Lichtreaktionen. Photoautotrophe Algen und höhere Pflanzen enthalten Photosystem II u. I. → *Photosynthese,* → *Pigmentsysteme.*

Phototaxis: Freie Ortsbewegung einzelliger Organismen in Abhängigkeit von der Lichtrichtung, bei positiver P. zur Lichtquelle hin, bei negativer P. von der Lichtquelle weg. Photoreceptor ist ein Flavin.

Phototropismus: Bewegungen der Sproßachse oder anderer pflanzlicher Organe unter Einwirkung des Lichtes. Krümmung durch unterschiedliche Wachstumsintensität an Licht- und Schattenflanke. Die Neigung der Sproßachse in Richtung des Lichteinfalls erfolgt durch Wachstumshemmung der dem Licht zugewandten Zellen. Das Ausmaß der Krümmung hängt von der Photonenfluenz ($mol \cdot m^{-2}$), nicht vom Photonenfluß ($mol \cdot m^{-2} \cdot s^{-1}$) und vom Organdurchmesser ab. Vor allem bei Laubbäumen wird die durch geotropische Reize geprägte lotrechte Wuchsrichtung durch einseitigen Lichteinfall gestört. Krummschäftigkeit und ungleiche Ausbildung der Krone sind die Folgen. Unterschiedliche phototropische Empfindlichkeit läßt sich bei Ki-Rassen schon an Keimlingen nachweisen.

Phragmobasidie → *Basidie*

Phragmobasidiomycetidae: → *Basidiomycetes* mit septierten → *Basidien* (Phragmobasidien). Stellen einen Teil der → *Heterobasidiomycetidae* dar. Ordnungen: → *Ustilaginales,* → *Uredinales,* Auriculariales, Tremellales, Septobasidiales.

Phragmoplast: Aus den → *Mikrotubuli* der Teilungsspindeln entstehende, fibrilläre Zone zwischen den während der → *Kernteilung* auseinanderweichenden Chromosomen. Meist auch noch zwischen den sich bildenden Tochterkernen. P. ordnen die für die Bildung der Zellplatte nötigen Golgivesikel (Dictyosomen) in der Äquatorialebene an. → *Zellteilung.*

Phrygana: Strauchheideformation in Griechenland. → *Garigue.*

Phycomycetes: Algenpilze. Mycophyta, deren Thalli aus blasenartigen Zellen oder unseptierten Hyphen bestehen. Als systematische Bezeichnung heute nicht mehr in Gebrauch. Hierher gehören u.a. Chytridiomycetes, → *Oomycetes* und → *Zygomycetes.*

Phycophyta: Eukaryotische Algen. Verschieden gefärbte, meist photoautotrophe, Salz- und Süßwasser bewohnende Organismen von unterschiedlicher Organisationshöhe: einzellig (oft zu → *Coenobien* vereinigt) oder vielzellig, aber stets thallös. Blatt-, stamm- oder wurzelähnliche Strukturen werden als Phylloide, Cauloide bzw. Rhizoide bezeichnet.
Man unterscheidet folgende in einer Progressionsreihe stehende Entwicklungsstufen: monadale E. (nackte, begeißelte Einzeller); capsale E. (nackte, unbegeißelte Einzeller); coccale E. (bewandete Einzeller); trichale E. (Zellfäden oder Zellflächen bildende Organismen; siphonale E. (aus einer großen polyenergiden Einzelzelle bestehende Organismen); plectenchymatische E. (Organismen mit einem aus vielen Zellfäden aufgebautem Flechtthallus, z.B. Rhodophyta); parenchymatische E. (vielzellige Organismen mit echten Geweben, z.B. Phaeophyceae). Weitere Kennzeichen: Plastiden mit besonderen Stärke- oder Fettbildungszentren (Pyrenoide), enthalten stets Chlorophyll a und andere, oft algenspezifische Pigmente. Vegetative, meist auch generative Vermehrung (Iso-, Aniso-, Oo- oder Gametangiogamie). Gametangien und Sporangien stets einzellig; Gameten und Sporen oft begeißelt. Bei sich sexuell vermehrenden Gruppen ist der → *Kernphasenwechsel* zygotisch (z.B. Zygnematophyceae), gametisch (z.B. Bacillariophyceae) oder intermediär (z.B. viele Chlorophyceae, Phaeophyceae) mit iso- oder heteromorphem → *Generationswechsel.* Zellwände fehlend (amöboide Formen) oder aus Proteinplatten, Kieselsäure bzw. Cellulose (oftmals mit Kalk inkrustiert) aufgebaut. Als Reservestoffe dienen Öle, Paramylum, Chrysolaminarin, Florideenstärke oder Stärke. Systematische Untergliederung der P. uneinheitlich. Wichtige Untergliederungskriterien sind die Zusammensetzung der Plastidenfarbstoffe, die Reservestoffe und die Organisationsstufe.
Die ca. 33 000 bekannten Arten werden in 7 Abteilungen eingestuft: Euglenophyta: monadal (Augengeisselalgen). Cryptophyta: überwiegend monadal. Dinophyta: überwiegend monadal (Dinoflagellatae). Haptophyta: monadal bis trichal. Chlorophyta: monadal bis parenchymatisch, mit Chlorophyceae (Grünalgen, z.B. Volvocales), Zygnematophyceae (Jochalgen), Charophyceae (Armleuchteralgen). Heterokontophyta: monadal bis parenchymatisch, mit Xanthophyceae, Chrysophyceae (Gelbalgen), Bacillariophyceae (Diatomeae, Kieselalgen), Phaeophyceae (Braunalgen, Tange). Rhodophyta: plectenchymatisch (Rotalgen).
P. sind wichtige Primärproduzenten für organische Substanzen in aquatischen Systemen, wo sie entweder im Wasser frei schweben (Phytoplankton) oder den Gewässerboden bewohnen (Benthos). Sie sind für den Stoffhaushalt der Gewässer bedeutend und liefern den größten Teil des atmosphärischen Sauerstoffs. Wenige Algengruppen leben auch im Boden (Chlorophyceae, Xanthophyceae, Bacillariophyceae) oder als Luftalgen auf Baumrinden [Pleurococcus (Chlorophyceae)] oder auf Tannennadeln [Phycopeltis (Chlorophyceae)]. Einige Arten der Chlorophyceae und Xanthophyceae sind Symbiosepartner in Flechten (→ *Lichenes).* Algen werden in der Pharma-, Düngemittel- und Lebensmittelindustrie verwendet. Agar-Agar ist ein N-freies, gelaninöses Phycokolloid aus Rotalgen und wird zur Herstellung von Kultursubstraten für Pilze und Bakterien verwendet. Einige Phaeophyceae (Tange) können beträcht-

liche Größen erreichen: Macrocystis wird bis 300 m lang.

Phyllactinia → *Mehltau*

Phyllocladien: Blattartig entwickelte Kurztriebe; bei einigen → *Ruscus*-Arten sind die Laubblätter schuppenförmig reduziert; P. übernehmen die Photosynthese.

Phyllocladus L.C. et A. RICH. Blatteiben: Gattung der → *Podocarpaceae* mit 5 immergrünen, maximal 20 m hohen Baum- und Straucharten. Heimat: Ozeanien. In M-Eur. nicht winterhart. Die Bäume bilden blattlose Langtriebe (allenfalls mit hinfälligen, kleinen Schuppen), aber Kurztriebe in Blattgestalt (→ *Phyllocladien*) aus.

Phyllodium: Blattstielblatt. Umbildung des Blattes. Starke Reduktion der gefiederten Blattspreite; der flächig verbreiterte Blattstiel übernimmt Photosynthesefunktion (Bsp. Acacia-Arten).

Phylloid → *Phycophyta*

Phyllome: Blattartige Gebilde in allen Formen.

Phyllosticta: Wenig untersuchte Gattung der Coelomycetes mit zahlreichen, nicht notwendigerweise nahe verwandten, Blattflecken verursachenden Arten. Sehr kleine, farblose, einzellige Sporen. Dazugehörende Hauptfruchtformen sind Ascomyceten (z.B. Guignardia aesculi zu P. sphaeropsoidea). Wirtschaftl. Bedeutung i.a. gering. P. aceris SACC. an Ah: Kleine, braune Blattflecke an Acer campestris. P. betulina SACC.: Flecke auf Blattoberseite und Blattbräunung bei Bi. P.maculiformis SACC.: Unbedeutender Besiedler vorgeschädigter Quercus robur-Blätter. P. minima (B.et C.) E. et E.: Augenflecke an Blättern nordamerik. Acer-Arten, auch an A. pseudoplatanus. P. osteospora SACC.: Hellbraune Blattflecke auf Balsam- und Euramericana-Pappeln. P. populorum SACC.: Runde, hellgraue, dunkel umrandete Blattflecke an Balsampappeln.

Phyllosticta sphaeropsoidea → *Guignardia aesculi*

Phyllotaxis: Anordnung der Blätter bzw. Nadeln am Sproß.

Phylogenese: Phylogenie, Evolution. Stammesgeschichtliche Entwicklung der Lebewesen im Laufe der Erdgeschichte, wobei die P. mehr das Resultat, die Evolution mehr die Mechanismen dieser Entwicklung betrachtet.

Physiologie: Lehre von den Lebensvorgängen bei Pflanzen, Tieren und Menschen. Versucht Funktionsabläufe chemisch oder physikalisch zu erklären. Thematisch werden drei Teilbereiche unterschieden: 1. → *Stoffwechselphysiologie* (einschl. Ernährungsphysiologie), 2. → *Entwicklungsphysiologie*, 3. → *Bewegungsphysiologie* (Reizphysiologie).

Phytine (Phytate): Salze der Phytinsäure (Inosit-Hexaphosphorsäureester), wichtigste organ. P-Reserve in Böden. Ca- u. Mg-Phytate in Samen werden beim Keimen mobilisiert.

Phytoalexine: Postinfektionell gebildete Abwehrstoffe einer Wirtspflanze. Unspezifisch wirkend, bei >100 Arten nachgewiesen. Biosynthese nur im befallenen Gewebebereich, kein Transport in andere Pflanzenteile. Insbesondere an Hypersensitivitätsreaktionen beteiligt, auch als Reaktion auf Streß oder Verletzung.
Meist niedermolekulare Verbindungen verschiedener Stoffklassen (z.B. Sesquiterpene, Isoflavonoide). P.-Synthese wird u.U. durch hochmolekulare pilzeigene Stoffe (sog. Elicitoren) ausgelöst. Andererseits sind versch. Mikroorganismen, u.a. besonders virulente Erreger, in der Lage, vorhandene P. abzubauen oder zu detoxifizieren. P. sind nicht die allein bestimmenden Faktoren der Krankheitsresistenz; ihre Mitwirkung ist jedoch wahrscheinlich.

Phytohormone: In geringen Konzentrationen auftretende Botenstoffe mit breitem Wirkungsspektrum, die Wachstums- und Entwicklungsprozesse interzellulär regulieren. Synthese- und Wirkorte oft nicht identisch. Hierher gehören: → *Auxine*, → *Gibberelline*, → *Cytokinine*, → *Abscisinsäure* und → *Ethylen*. Synthetische Stoffe mit hormoneller Wirkung werden als synth. Wachstumsregulatoren bezeichnet.

Phytokinine → *Cytokinine*

Phytol → *Terpenoide*

Phytolaccaceae: Kermesbeerengewächse. Familie der → *Caryophyllales*. Bäume, Sträucher und Kräuter mit meist einfachen Blütenhüllen. Verbreitung subtropisch, vor allem in Amerika. Erwähnenswert: Phytolacca dioica, dickstämmiger, bis 20 m hoher Baum aus S-Amerika, im Mittelmeergebiet eingebürgert.

Phytomasse: Gewicht aller lebenden und toten pflanzlichen Organismen und der von ihnen stammenden Substanz. P. wird als Frisch- oder Trockengewicht angegeben.

Phytopathologie: Wissenschaft von der Entstehung, dem Verlauf und der Bekämpfung von Pflanzenkrankheiten. Anfänge bei Theophrast (372 – 285 v. Chr.) und anderen Vertretern der hellenistischen Naturlehre. Analytisch-wissenschaftl. Arbeitsweise setzte gegen Mitte des 19. Jahrh. mit Arbeiten von Kühn, Berkeley und de Bary ein. Forstpathologie begann mit umfangreichen wiss. Werken von R. Hartig und Ratzeburg.

Phytophthora: Gattung der Oomycetes (Pythiaceae) von großer phytophathologischer Bedeutung. 40 bodenbewohnende, zumeist parasitäre Arten, die sich durch Größe und Form der zitronenförmigen Sporangien, durch die Art der Befruchtung und den Wirtskreis unterscheiden. Bei primitiven Formen werden Zoosporen, bei höheren Formen Keimhyphen gebildet. P. infestans ruft Krautfäule der Kartoffel, P. fragariae Wurzelfäule an Erdbeeren hervor. Wirtschaftl. wichtig an Holzpflanzen: → *P. cinnamomi*, → *P. cactorum*, P. cryptogaea (Wurzelfäule an Rhododendron); → *P. cambivora*.

Phytophthora cactorum SCHROETER (syn.: P. fagi HARTIG): Erreger der Buchenkeimlingskrankheit, die im Frühsommer bei feuchter Witterung schlagartig auftritt, auffällig braune Flecke an Kotyledonen, Primärblättern und Sproß hervorruft und oft zu Ausfällen führt. Infektion durch Zoosporen in Wassertropfen, bei Trockenheit können die Sporangien wie Konidien infizieren. Überdauerung durch dickwandige Oosporen im

Boden. Bekämpfung mit Fungiziden. Der weltweit verbreitete Pilz infiziert Wirtspflanzen aus über 80 Gattungen. Er ruft u.a. Fruchtfäule an Birne und Cotoneaster, Stockfäule an Juglans- und Prunus-Arten, Stammkrebse an Liquidambar, Aesculus, Roteichen und vielen amerik. Ah-Arten hervor.

Phytophthora cambivora (PETRI) BUISMAN: Bodenbürtiger Erreger einer Wurzelfäule an Castanea sativa, die wegen blauer Verfärbung des befallenen Wurzelbereichs auch »Tintenkrankheit« (ink disease) genannt wird. Eindringen über Feinwurzeln, starke Schäden am Pfahlwurzelsystem, schüttere Belaubung, früher Blattfall, kleine Früchte. Schnelles Absterben des Baumes. Gebunden an feuchte, schwere, schlecht durchlüftete Böden. Wirtschaftl. Bedeutung in Spanien, Italien, Frankreich. Andere Castanea-Arten sind weitgehend widerstandsfähig.

Phytophthora cambivora an Castanea sativa: *a* Kronenschäden, *b* Holzverfärbung am Stammfuß

Phytophthora cinnamomi RANDS.: Wirtschaftl. wichtiger, circumpolar verbreiteter Wurzelparasit tropischer und subtropischer Zonen, der 900 Wirtsarten und -sorten, zumeist Bäume und Sträucher, befällt. Heimat: SO-Asien oder NO-Australien. Infektion der Feinwurzeln mit Zoosporen, Sporangien oder Mycel. Mehrjährige Überdauerung mit Oosporen und Chlamydosporen im Boden. Warme, schlecht durchlüftete, wechselfeuchte Böden sind besonders gefährdet. Frost begrenzt das Vorkommen.
U.a. ruft der Pilz folgende Krankheiten hervor: (a) Wurzelfäule an Abies fraseri in Baumschulen und Jungbeständen im O der USA: verbunden mit Triebwelke und Nadelbräunung. (b) Wurzelfäule an Dougl und Chamaecyparis lawsoniana im pazifischen W der USA, zumeist in bewässerten Baumschulen. (c) Littleleaf-Disease an Pinus echinata und P. taeda im SO der USA. Symptome: geringes Wachstum, Chlorose (N-Mangel), Triebstauchung, Absterben. (d) Wurzelfäule und Welke an Ericaceen, haupts. Rhododendron, Azalea. (e) Jarrah Decline in W-Australien. Totalschäden an zahlreichen Holzarten, insbes. Eucalyptus-Arten, in erstmals von P. c. besiedelten Gebieten. Mit Wegebaumaschinen aus Tasmanien eingeschleppt. Die Gefährlichkeit von P. cinnamomi wird in hohem Maß vom Vorhandensein und der Zusammensetzung der lokalen Antagonisten-Flora bestimmt.

Phytophthora citricola SAWADA: Erreger der → *Umfallkrankheit* an Bu, einer Wurzelfäule an RKa und Li (in GB) sowie von Blattnekrosen an Ericaceen, insbes. Rhododendron.

Phytophthora fagi → *Phytophthora cactorum*

Phytophthora lateralis TUCKER et MILBRATH: Von CA bis BC verbreiteter, wirtschaftl. bedeutender Wurzelparasit an → *Chamaecyparis lawsoniana.* Tötet Sämlinge in wenigen Wochen, große Bäume in 2 – 4 Jahren. Zimtbraune Verfärbung der inneren Rinde, Ringelung der Stammbasis; erst plötzliche Vergilbung, dann Bräunung der gesamten Blätter. Infektion durch Zoosporen auch an Blättern tief ansetzender Zweige.

Phytophthora megasperma DRECHSLER: Gemeinsam mit anderen Ph.-Arten Erreger einer Wurzelfäule an Roßkastanie in GB.

phytotoxisch: giftig für Pflanzen.

Phytozönologie → *Vegetationskunde*

Picea A. DIETRICH; Fichte: Gattung der Pinaceae (Unterfam. Abietoideae) mit ca. 50 immergrünen, oft wirtschaftl. bedeutenden Baumarten, zumeist in kühl-gemäßigten Zonen O-Asiens und N-Amerikas beheimatet. Kennzeichen: Blattorgane nadelförmig, mehrere Jahre am Baum bleibend und einem Stielchen entspringend, das nach dem Nadelfall am Zweig verbleibt und dem kahlen Zweig eine rauhe Oberfläche verleiht. Blütenverteilung monoezisch, Zapfen einjährig, hängend und als Ganzes abfallend. Deckschuppen bleiben meist kürzer als Samenschuppen. Pollen mit Luftsäcken; Samen geflügelt, Chrom.: 2n = 24; 4 – 15 Keimblätter. Die Gattung wird in 3 Sektionen unterteilt. 1. Eupicea WILLK.: Vierkantige Nadeln mit Stomata auf allen 4 Seiten. Spitzen der Zapfenschuppen abgerundet und ganzrandig. Vertreter: u.a. P. abies, P. orientalis, P. smithiana. 2. Casicta MAYR: Vierkantige Nadeln mit Stomata auf allen 4 Seiten. Zapfenschuppen rhombisch mit welligem oder zerfasertem Rand. Vertreter: u.a. P. engelmannii, P. pungen s. 3. Omorika WILLK.: Nadeln zusammengedrückt, nur unterseits mit Stomata. Vertreter: u.a. P. breweriana, P. omorika.

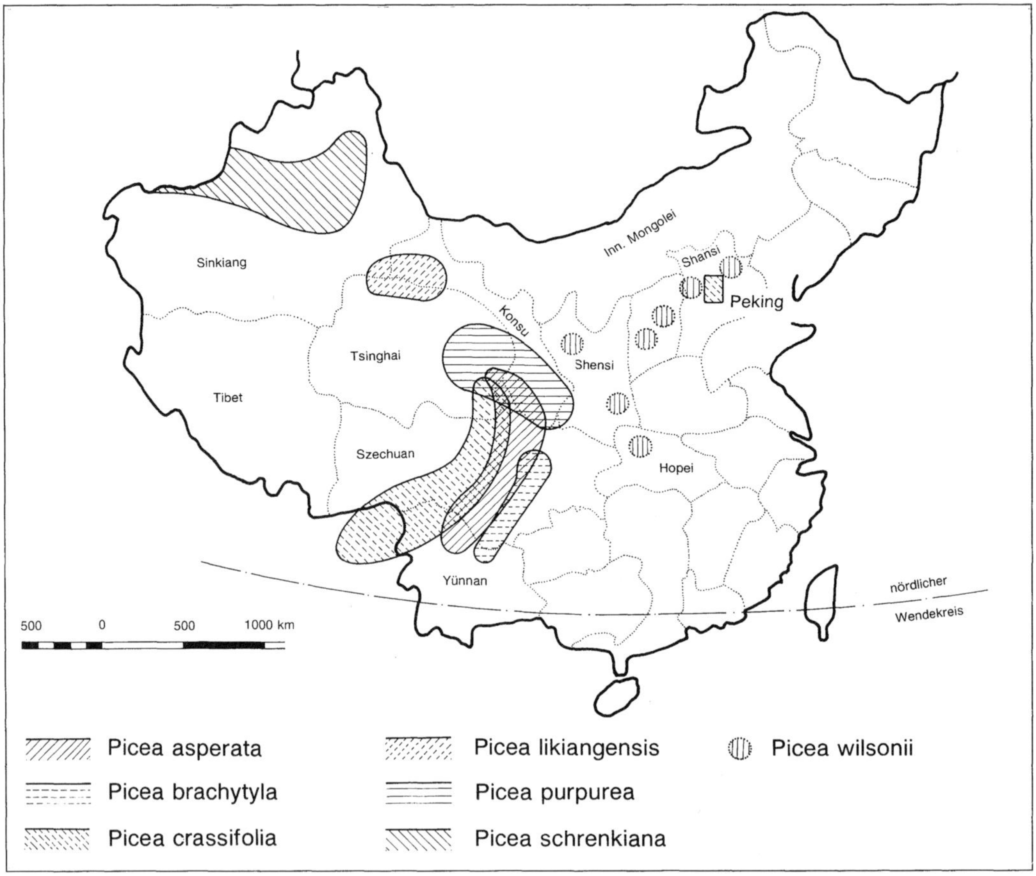

Areale chinesischer Fichtenarten

Die meisten der ostasiatischen, insbes. der chinesischen Fichtenarten wurden in M-Eur. trotz Winterhärte nicht forstlich erprobt, auch in Parks und Gärten fanden sie bisher keinen Eingang. Zu dieser Gruppe zählen: P. aurantiaca MAST. (syn.: P. asperata var. aurantiaca) [Eupicea]. Bis 28m hoher Waldbaum aus Gebirgslagen (4 000 – 4 800 m) W-Setschuans. Winterhart in M-Eur.. P. bicolor (MAXIM.)MAYR (syn.: P. alcoquiana [VEITCH ex LINDL.] Carr.) Alcocks-Fichte [Eupicea]. Waldbaum mit sehr kleinem Areal auf der jap. Insel Honshu (700 bis 2 100 m). Max. 35 m hoch, aber selten und ohne wirtschaftl. Bedeutung. Winterhart in M-Eur.. P. brachytyla (FRANCH.)PRITZ. Waldbaum in Gebirgslagen bis 3 900 m von W-China, N-Birma, O-Himalaya. Wichtige Art S-Chinas. Nadelunterseite weiß. Attraktiv; in M-Eur. winterhart aber selten. P. gemmata REHD. et WILS. Wenig bekannter, bis 40 m hoher Waldbaum W-Chinas (2 200 – 3 700 m) mit spitzen Nadeln, sonst ähnlich P. asperata. P. hirtella Rehd. et Wils. [Casicta] Mit P. likiangensis eng verwandte, bis 40 m hohe Art aus Höhenlagen SW-Chinas (2 900 – 4 100 m). P. koraiensis NAKAI Korea-Fichte. Baum des östl. Sibirien, der Mandschurei und N-Koreas. Von manchen Autoren der sibirischen Fichte (P. abies var. obovata) zugeordnet, jedoch größere Zapfen als diese und blaugrüne Nadeln. Max. Höhe 30 m. P. glehnii (FR. SCHMIDT)MAST. Sachalin-Fichte [Omorika]. Rel. seltene, forstl. unbedeutende Art auf Sachalin und Hokkaido. Reinbest. oder in Mischung mit P. jezoensis und Abies sachalinensis. Max. 40 m hoch und 150 cm stark. Kennzeichen: schokoladenbraune Rinde; junge Triebe rötlich, in den Furchen dicht behaart. Winterhart in M-Eur., aber selten. P. likiangensis (FRANCH.)PRITZ. Likiang-Fichte. Wichtiger und weit verbreiteter, bis 50 m hoher Waldbaum in Höhenlagen Ost-Tibets und W-Chinas (Yünnan) mit mehreren Varietäten (balfouriana, montigena, purpurea), die von anderen Autoren als separate Arten aufgefaßt werden. Kurze, stechende Nadeln, rotbraune, harzige Knospen. In M-Eur. winterhart. P. maximowiczii REGEL ex MAST. (syn.: P. obovata var. japonica MAXIM.) Sehr seltene Art mittlerer Größe auf Honshu (Japan) mit rel. langen, scharf zugespitzten Nadeln. P. montigena MAST. Eng mit P.likiangensis verwandte chinesische Art. Heimat. Prov. Setchuan, max. 30 m hoch. P. morrisonicola HAYATA (syn.: P. glehni var. morrisonicola HAYATA) Taiwan-Fichte. Bis 40 m hoher Baum in montanen Nadelwäldern Formosas (2 300 – 3 000 m), gemeinsam mit Tsuga chinensis und Pinus armandii. Dünne, lang zugespitzte Nadeln. P. asperata MAST. Borstenfichte [Eupicea]. Wichtiger, der P. abies ähnlicher Waldbaum N-Chinas, unterteilt in mehrere Varietäten (aurantiaca, heterolepis, notabilis, ponderosa, retroflexa). Rel. dicke, stechende, radial abstehende Nadeln. Bis 45 m hoch. P. polita (SIEB. et ZUCC.)CARR., (syn.: P. torano KOEHNE) Tigerschwanzfichte [Eupicea]. Max. 40 m hoher, wirtschaftl. unbedeutender jap. Waldbaum in mittl. Höhenlagen südl. 39°n.Br. Derbe, glänzend dunkelgrüne, leicht gekrümmte, stechende Nadeln, radial abstehend. Winterhart in M-Eur., rel. häufig in Parks und Sammlungen. P. purpurea MAST. (syn.: P. likiangensis var. purpurea [MAST]. DALLIM. et JACKS. Purpurfichte. 20 – 40 m hoher, schattenertragender, spitzkroniger Waldbaum aus W-China. Dichte Beastung, kurze Zweige; unreife Zapfen purpurrot. P. meyeri REHD. et WILS. Nur in Mischung vorkommende Art unsicherer system. Stellung aus O-China, verwandt mit P. asperata, P. gemmata. Bis 30 m hoch. P. wilsonii MAST. (syn.: P. watsoniana MAST.). Bis 50 m hohe, rel. seltene Waldbaumart Zentralchinas. Meist in Mischung mit P. asperata, P. purpurea. Kleine, hellbraune Zapfen; dicke, dunkelgrüne,. stechende Nadeln. P. crassifolia KOMAROV. Tiefwurzelnder und dürreharter Waldbaum mittl. Höhe aus Trockengebieten Nordchinas (2 600 – 3 100 m). Von einigen Autoren als Varietät von P. asperata oder P. schrenkiana aufgefaßt. P. tianschanica RUPR. (syn.: P. schrenkiana ssp. tianschanica [RUPR.] BYKOV) 30 bis 40 m hoher Waldbaum NW-Chinas (inneres und westl. Tien-Shan) mit unsicherer systematischer Stellung.

Picea asperata

Picea torano

Picea abies (L.) KARST. (syn.: P. excelsa [LAM.] LINK) Gemeine Fichte (engl: Norway Spruce): Wichtige, rel. anspruchslose und dennoch leistungsfähige Wirtschaftsholzart Eurasiens, deren nat. Areal von M-Eur. weit ins kontinentale Asien hinein bis nach Sachalin reicht. Fichten bilden (mit Ki und Bi) die nördlichsten Wälder in Skandinavien und Sibirien. Ihre Höhengrenze liegt bei 950 m im Harz, 1 050 m im Fichtelgeb., 1 250 m im Bayer. Wald, 1 400 m im Schwarzwald, 1 850 m in den Bayer. Alpen, 2 000 m in Tirol (Zentralalpen), 2 200 m im Wallis. Das Optimum der Art liegt in niederschlagsreichen Gebirgslagen (Alpenvorland, Bayer./Böhmischer Wald, Karpaten). Dort erreicht sie max. 60 m Höhe, 1,5 m Stärke und ein Alter von 600 Jahren. Wegen hoher Massenleisungen wurde P. abies auch außerhalb ihres nat. Areals angebaut.

Kennzeichen: Geradstämmig, Krone regelmäßig kegelförmig. Beastung sehr variabel. Man unterscheidet 3 vermutlich erblich fixierte Beastungstypen, die im gleichen Bestand vorkommen können: Kammfichten mit hängenden, Bürstenfichten mit teils hängenden, teils abstehenden und Plattenfichten mit (vorwiegend) horizontal abstehenden Ästen 2. Ordnung. Die Benadelung variiert ebenfalls: radial an vertikal orientierten Zweigen, sonst ± gescheitelt. Nadeln <3 cm, vierkantig, zugespitzt, i.a. 6 – 8 Jahre am Baum verbleibend. Zapfen 1jährig, Länge (bis 20 cm) schwankt mit der geogr. Herkunft, ebenso die Form der Zapfenschuppen. Holz leicht und hell; viel genutzt als Bau- und Konstruktionsholz, für Masten und Papier. Spezielle Verwendung extrem engringiger Ware als Resonanzholz.

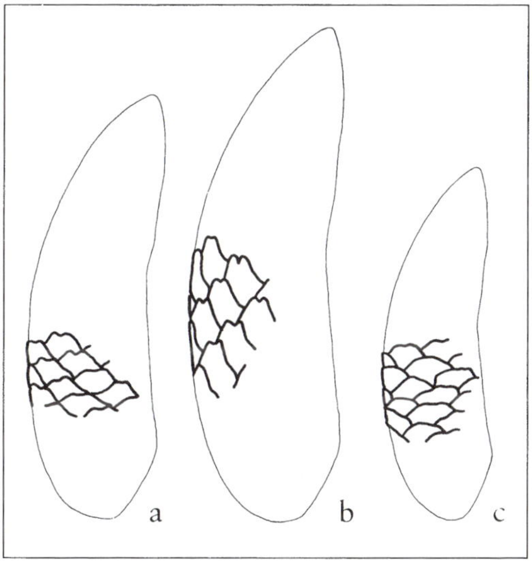

Picea abies: relative Zapfengröße und typische Form der Zapfenschuppen bei *a* var. europaea (Süddeutschland), *b* var. acuminata (Karpaten), *c* obovata (UdSSR)

P. abies ist eine flachwurzelnde Halbschattholzart mit geringen Wärme- und Nährstoffansprüchen, die auf sauren (Optimum: pH 4 – 5) und alkalischen Böden gedeiht, auf frischen Lehmen aber am meisten leistet. Sie benötigt eine ausgeglichene, rel. hohe Bodenfeuch-

Picea abies: *a* mehrjähriger Zweig mit Zapfen, *b* weibl. Blütenstand, *c* männl. Blüten, *d* geflügelter Samen, *e* Samenschuppe mit Samen, *f* Nadelansätze, *g* reifer Zapfen, *h* Keimling

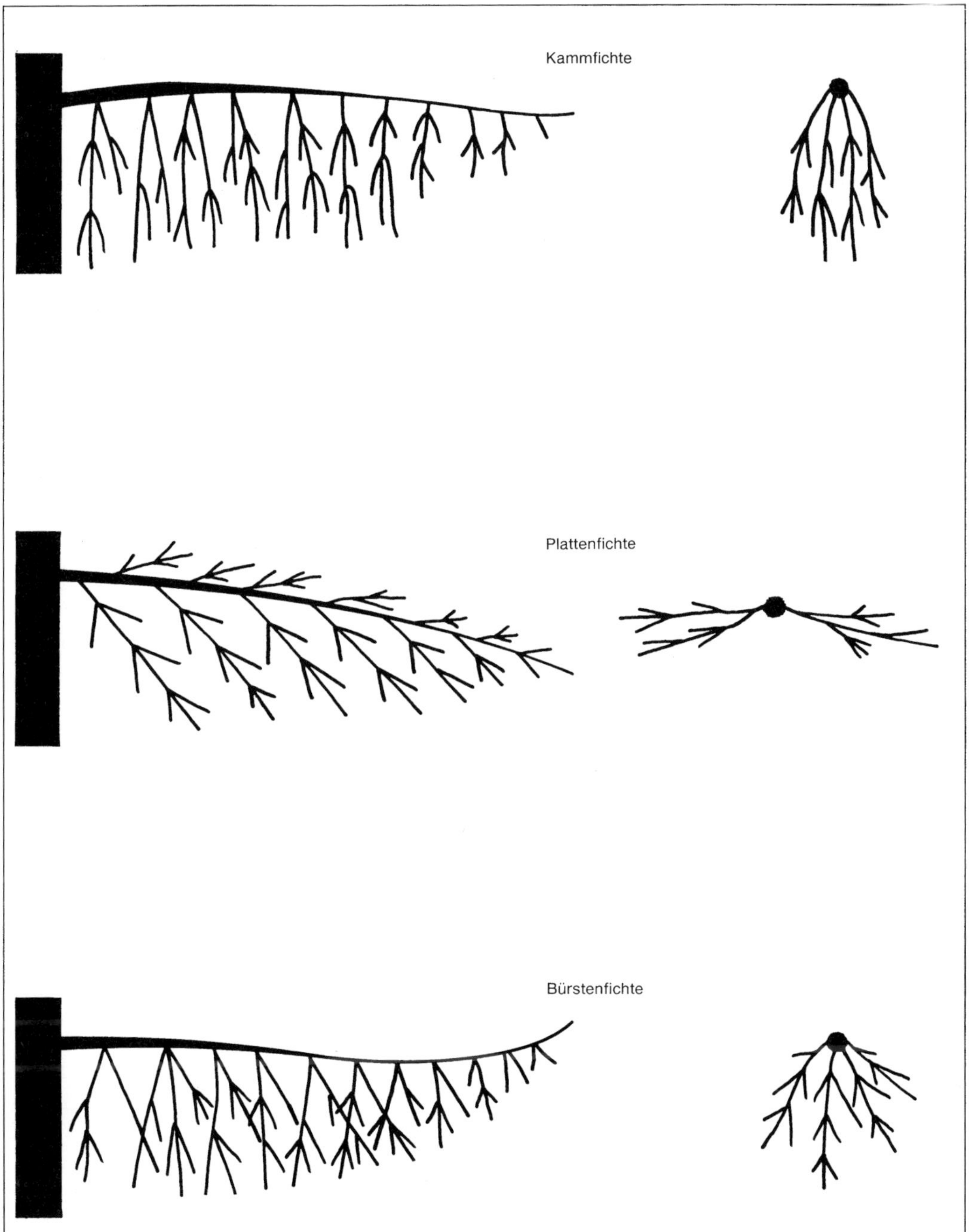

Verzweigungsformen bei **Picea abies** (schematisch)

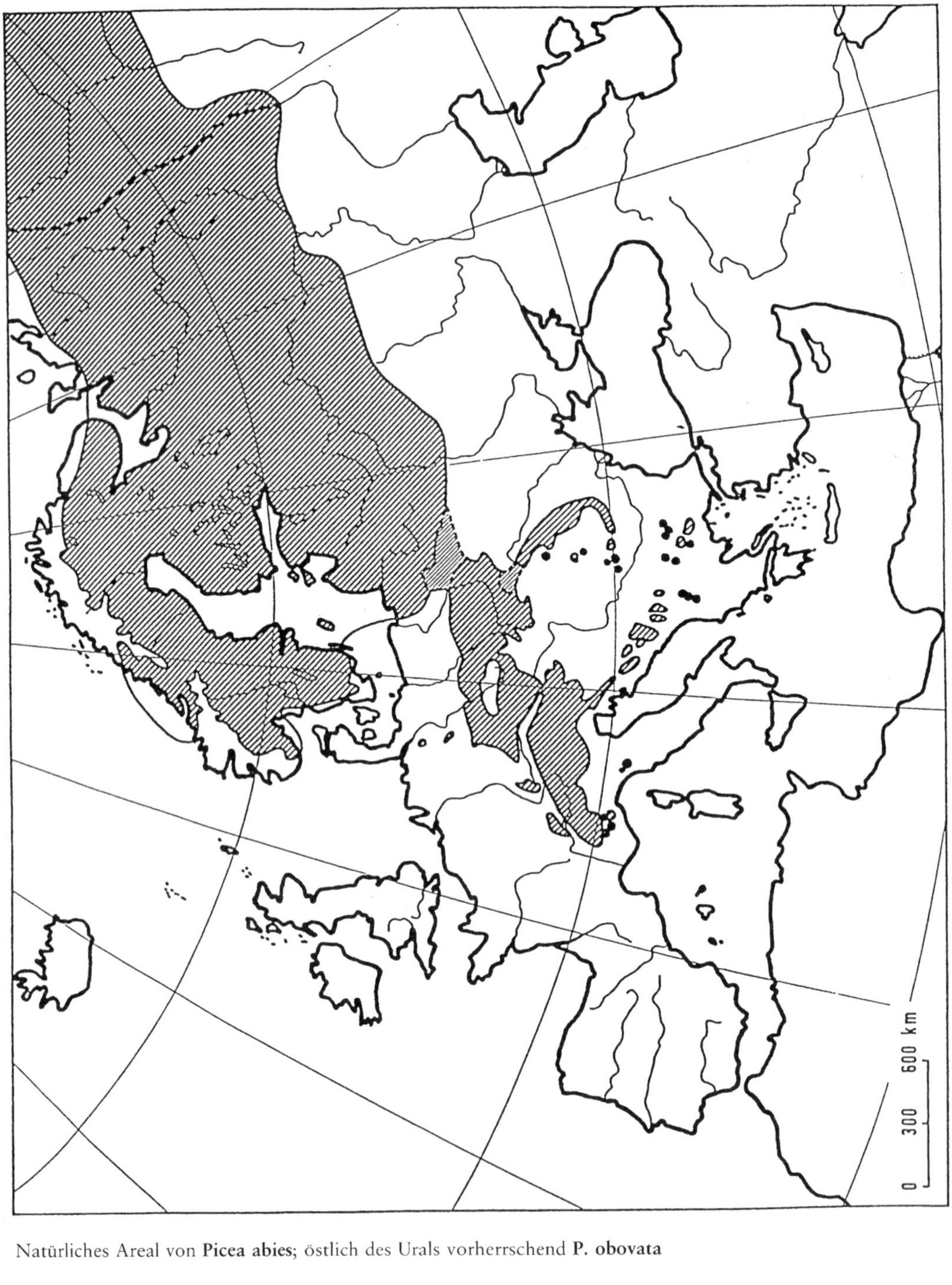

Natürliches Areal von **Picea abies**; östlich des Urals vorherrschend **P. obovata**

P. abies im Stubai

P. abies im südlichsten Teil des Areals (bei Abetone/Apennin)

P. abies: Wurzelteller

tigkeit und mindestens 40 mm Niederschläge pro Monat in der Veg.-Periode. Windwurf, Rotfäule und Insektenkalamitäten (Nonne, Buchdrucker) gefährden die Ertragssicherheit. Hinzu kommt die Empfindlichkeit gegen Spätfröste und gegen Luftschadstoffe (SO_2, HF). Auch vom → *Waldsterben* ist die Art stark betroffen. Besonderheiten: Die Existenz von Klimarassen wurde wiederholt nachgewiesen. U.a. entstanden sie aufgrund verschiedener Rückwanderungswege aus eiszeitlichen Refugien. Darüber hinaus trennen einige Autoren aufgrund morphologischer Abweichungen eine sibirische Form der Fichte ab (P. obovata) LEDEB. oder P. abies var. obovata [LEDEB.] LINDQU.). Sie weicht durch geringere Zapfenlänge (4 – 8 cm), breite, ganzrandige Zapfenschuppen, kürzere Nadeln und stark behaarte Jungtriebe ab. Von P. abies sind >100 Gartenformen, meist mit stark abweichendem Wuchsverhalten (Zwerg-, Kugel-, Trauerformen) im Handel (Abb. S. 346).

Picea ajanensis → *Picea jezoensis*

Picea alba → *Picea glauca*

Picea alcoquiana → *Picea* (bicolor)

Picea asperata → *Picea*

Picea aurantiaca → *Picea*

Picea bicolor → *Picea*

Picea brachytyla → *Picea*

Picea breweriana S. WATS.; Siskiyou-Fichte (engl.: Brewer Spruce): Seltener, meist unter- oder mittelständiger Baum aus höheren Lagen (1 200 – 2 300 m) des Siskiyou Gebirges (NW-CA., SW-OR). Forstl. ohne Bedeutung; max. Höhe 35 m. Wegen der im Alter lang herabhängenden, rel. dünnen Zweige 2. Ordn. jedoch ein auch in M-Eur. beliebter Parkbaum, oft als Veredelung im Handel.

Picea canadensis → *Picea glauca*

Picea chihuahuana MARTINEZ: 1942 entdeckte, sehr seltene Art in höheren Lagen (2 300 – 2 800 m) der westl. Sierra Madre in Mexico. 25 – 30 m hoch, starre, stachelspitzige, blaugrüne Nadeln, junge Triebe unbehaart.

Picea crassifolia → *Picea*

Picea engelmannii PARRY ex ENGELM.; Engelmannfichte (engl.: Engelmann Spruce): Hochgebirgsbaum des westl. Nordamerika. Nat. Areal von AL und BC im Norden bis NM und AZ im S. Meist in Kammlagen der Cascaden, der Küstengeb. und der Rocky Mts. Oft vergesellschaftet mit Abies lasiocarpa und Pinus contorta (P. albicaulis, P. flexilis). Optimum im kalt-humiden Klima auf tiefgründigen, gut drainierten Basalt- und Kalkverwitterungsböden und auf alluvialen Standorten. Dort Höhen zwischen 33 und 50 m (max. 60 m). Höchstalter über 500 Jahre. Extrem langsame Jugendentwicklung, aber rasches Wachstum im mittl. Alter. Das helle, rel. weiche, oft astige Holz wird unter dem Namen »Mountain Spruce« als Bau- und Papierholz gehandelt. P. e. erträgt tiefe Wintertemperaturen, ist dennoch in M-Eur. heikel und wenig vital.
Kennzeichen: Schmale, sehr dicht und regelmäßig beastete Krone; bläulich-grüne, biegsame, bis 30 mm

Halbgeöffnete Zapfen europäischer **Picea**-Arten (nat. Gr.): *a* P. orientalis, *b* P. omorika, *c* P. abies

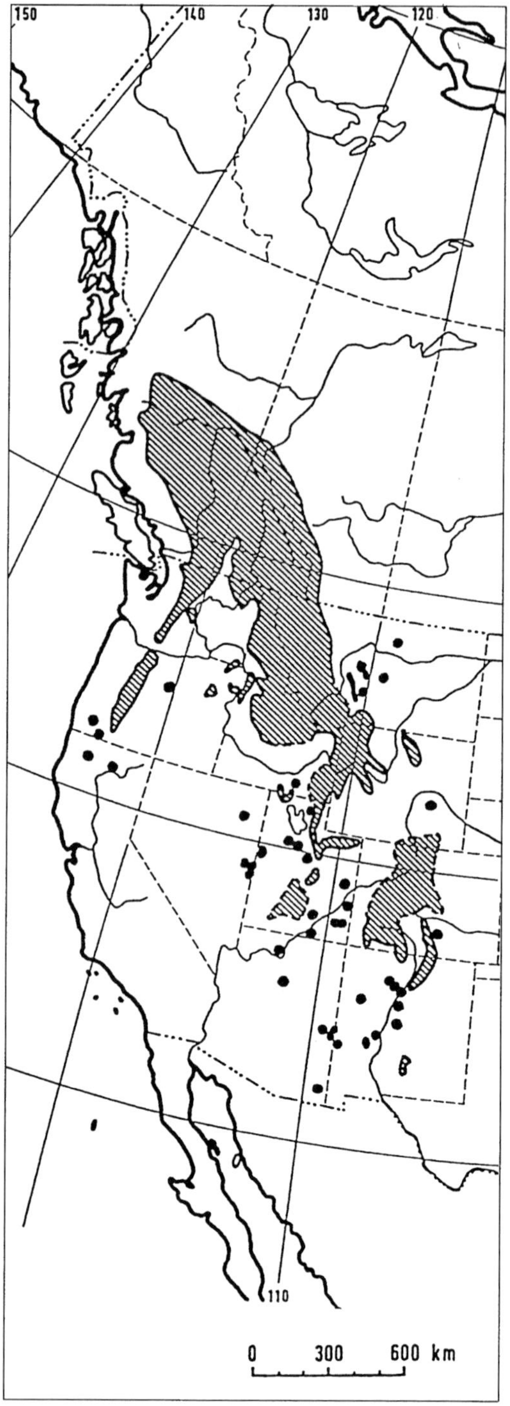

Natürliches Areal von **Picea engelmannii** PARRY ENGLM. (• = **Einzelvorkommen**).

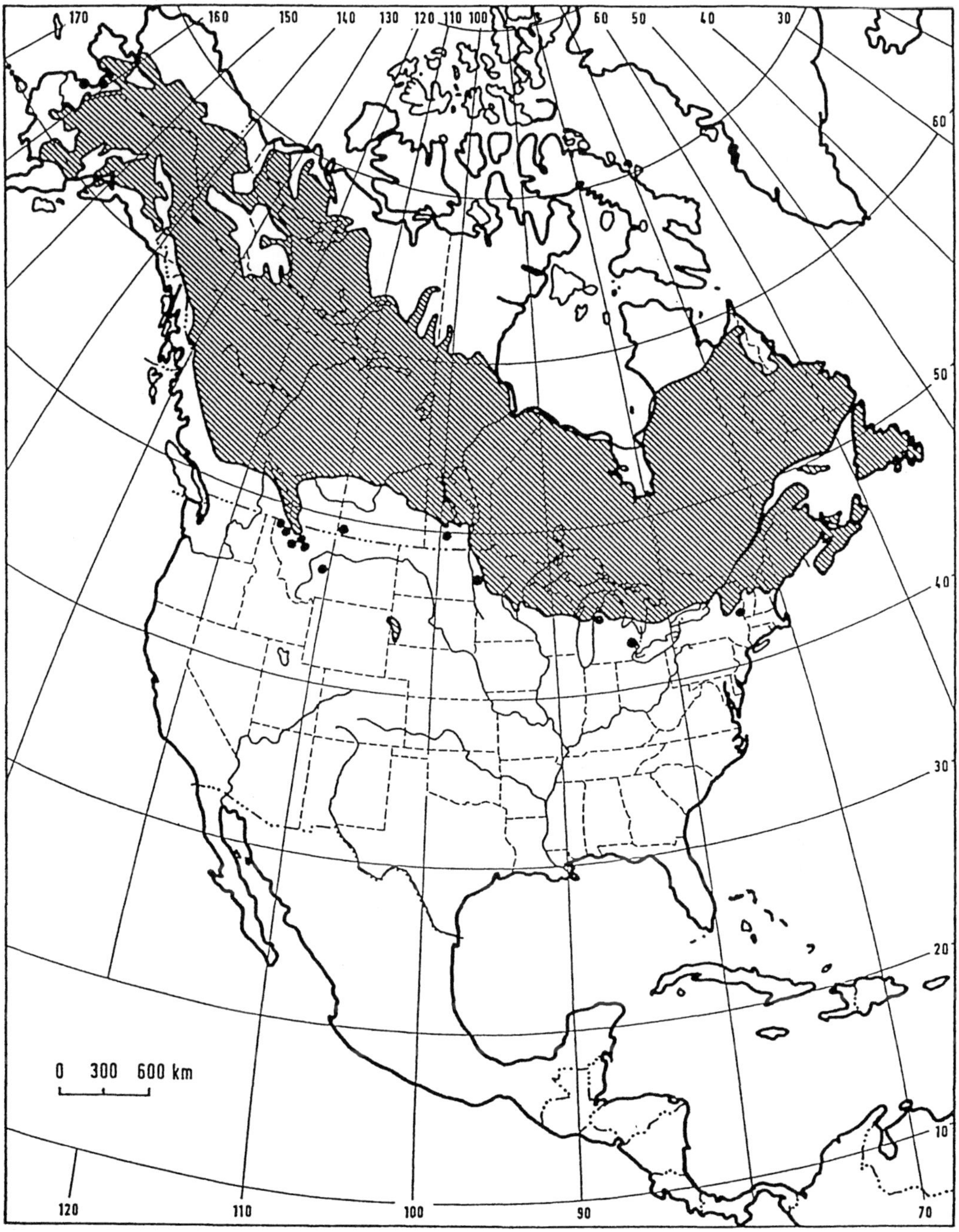

Natürliches Areal von **Picea glauca** (• = Einzelvorkommen)

Picea engelmannii

Picea glauca

lange Nadeln, die beim Zerreiben unangenehm riechen. Zapfen < 7 cm mit papierdünnen, am Rand feingezähnten Schuppen. Die Engelmannfichte verträgt viel Schatten und meidet volles Licht. Wegen ihres (meist) flachen Wurzelsystems und der dünnen, harzreichen Rinde ist sie stark durch Waldbrände gefährdet. Feind Nr. 1 ist Choristoneura fumiferana, der »spruce budworm«.
Besonderheiten: Gelegentlich vermehrt sich die Art durch Absenker vegetativ. Sie bildet Artbastarde mit P. sitchensis, P. pungens und P. glauca var. albertina. Einige Autoren fassen sie als Unterart von → *Picea glauca* auf (Abb. S. 350).

Picea excelsa → *Picea abies*

Picea gemmata → *Picea*

Picea glauca (Moench) Voss (syn.: P. alba Münchh. Link, P. canadensis [Mill.] B.S.P.) Weißfichte, Schimmelfichte, Kanadische Fichte (engl.: White Spruce): Wichtiger, klimaharter, sehr anpassungsfähiger Waldbaum des amerikanischen Nordens. Transkontinentales Areal von der Bering-Straße bis Labrador. Bildet bei 69°n.Br. mit Populus tremuloides und Betula papyrifera die polare Waldgrenze. Erträgt große ökologische Extreme: Niederschläge: 1 250 mm (NS) bis 260 mm (YU, AK), Vegetationszeit: 160 Tage (Maine) bis 20 – 25 Tage (N-Kanada), pH: 4,5 bis 7,6, Lufttemperatur: + 32 °C bis – 45 °C. Nahe der Nordgrenze nur noch in windgeschützten Lagen baumförmig. Mittl. Höhe in AK 17 – 20 m. Die in den Rocky Mts. wachsende Weißfichte wird von manchen Autoren als besonders wüchsige separate Varietät angesehen: P. glauca var. albertiana (S. Brown) Sarg.: Western White Spruce. Bestes Wachstum (≈ 50 m; max. 61 m) auf gut drainierten, alluvialen Standorten an Flüssen und Seen. Dort dichte Reinbestände oder in Mischung mit Abies balsamea, Larix laricina, Picea mariana, Populus tremuloides. Die Art hat große wirtschaftl. Bedeutung als Papierholz. Obwohl völlig winterhart, ist sie in M-Eur. weder von forstl. noch von gärtnerischer Bedeutung. Ausnahme: die Zuckerhutfichte P. glauca var. conica.
Kennzeichen: Sehr dichte, unregelmäßige Krone, dünne, graue Rinde, junge Triebe kahl, Knospen harzlos. Kurze, starre, zugespitzte aber nicht stechende, bläulich-grüne Nadeln, zerrieben unangenehm riechend. Zapfen < 6 cm, mit dünnen, biegsamen Schuppen. P. glauca ist eine flach und extensiv wurzelnde Art mit raschem Jugendwachstum, die früh und sehr reichlich fruktifiziert (ca. 8 000 Zapfen pro Baum). Sie reinigt sich schwer und ist auf flachgründigen Standorten stark windwurfgefährdet. Hauptproblem des Forstschutzes ist Choristoneuma fumiferana, der »spruce budworm«, dessen Fraß insbes. in Mischbeständen mit Abies balsamea zu erheblichen Ausfällen führen kann. Natürliche Artbastarde mit Picea engelmannii, P. mariana und P. sitchensis kommen vor (Abb. S. 350).

Picea glehnii → *Picea*

Picea hirtella → *Picea*

Picea jezoensis (Sieb. et Zucc.) Carr. (syn.: P. ajanensis Fish. ex Carr.) Yedo-Fichte [Sekt. Omorika]: In Europa winterharter, aber forstl. kaum erprobter Waldbaum mit weiter nat. Verbreitung im äußersten Ostasien (UdSSR, Sachalin, N-Korea, Hondo, Hokkaido). Taxonomische Situation unklar, Klimarassen werden z.T. als separate Arten beschrieben. 30 – 35 m hoch (max. 50 m), bis 300 Jahre alt. Dünne, biegsame, oberseits dunkel-, unterseits graugrüne, flache Nadeln. Schmalkronig, flachwurzelnd.

Picea koraiensis → *Picea*

Picea likiangensis → *Picea*

Picea mariana (Mill.) B.S.P. (syn.: P. nigra L.Link) Schwarzfichte (engl.: Black Spruce): Extrem anspruchslose und klimaharte Art des borealen, kalt-subhumiden Nordamerika mit riesigem, von AK bis NF reichendem Areal, Nordgrenze bei 68°, Südgrenze bei 41°n.Br. (südl. MI und PA). Im Optimum (Mineralböden in ON, QU und den Seenstaaten) bis 33 m hoch, 50 cm stark und 250 Jahre alt. Dort in Konkurrenz mit Abies balsamea, Larix laricina, Picea glauca, Thuja occidentalis. Reinbestände bildet sie auf Hochmooren im S (pH 3,5 – 4,5) und auf trockenen, felsigen Kuppen im N (trägwüchsig, 10 – 18 m hoch). P. mariana ist eine Pionierholzart auf Extremstandorten ohne größere wirtschaftl. Bedeutung. Verwendung als Papierholz. In M-Eur. völlig winterhart, aber nur in Sammlungen vertreten.
Kennzeichen: Äste 1. Ordn. sind bei älteren Bäumen abwärts, ihre Spitzen aber aufwärts gerichtet. Junge Triebe bräunlich, dicht behaart. Kurze (<15 mm), starre, sehr dichtstehende Nadeln mit stumpfer Spitze. Die bis 3,5 cm langen Zapfen bleiben offen oder geschlossen mehrere Jahre am Baum (Abb. S. 350).

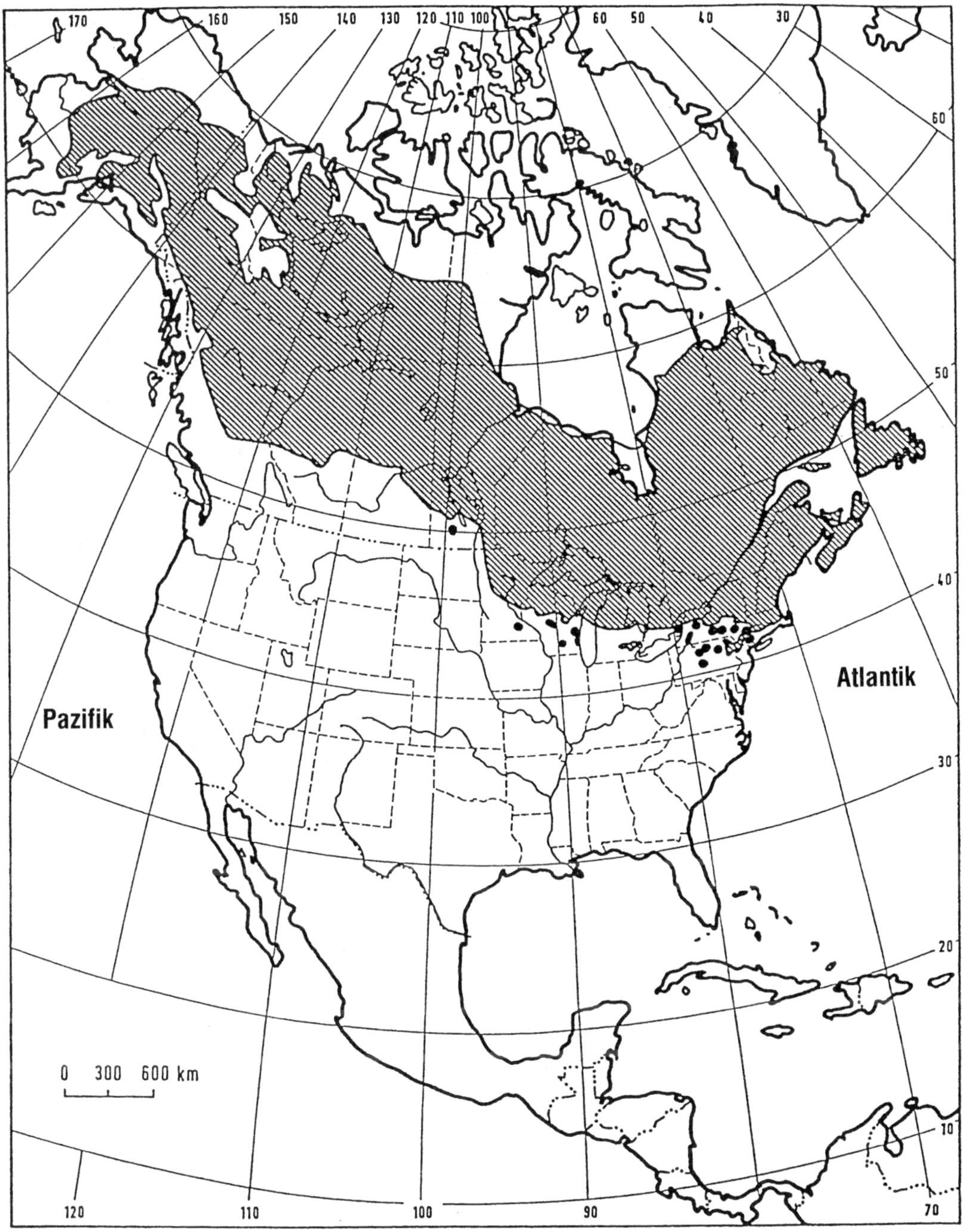

Natürliches Areal von **Picea mariana** (• = Einzelvorkommen)

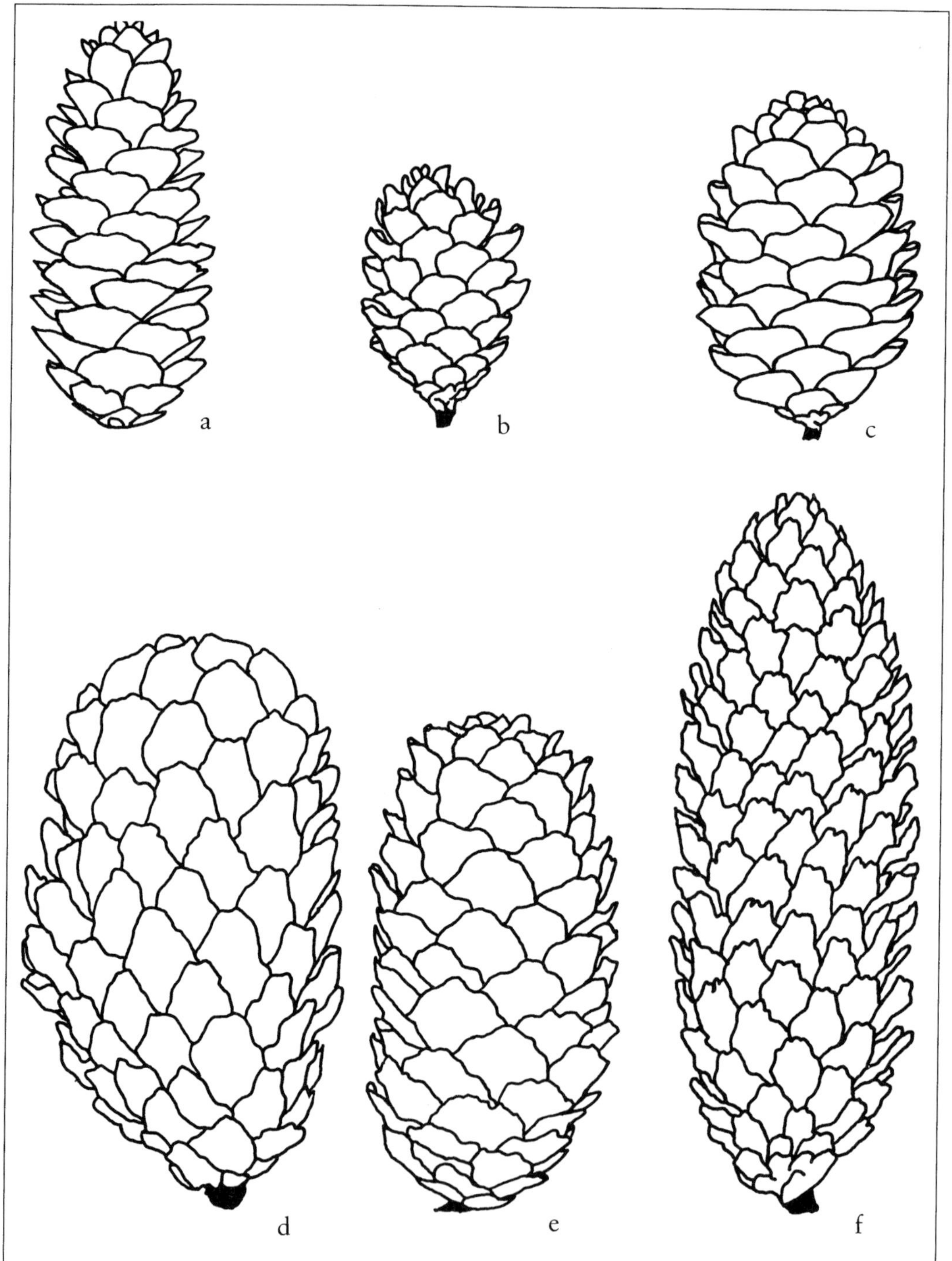

Halbgeöffnete Zapfen nordamerikanischer **Picea**-Arten (nat. Gr.); *a* P. glauca, *b* P. mariana, *c* P. rubens, *d* P. sitchensis, *e* P. engelmannii, *f* P. pungens

Besonderheiten: Schwarzfichten vermehren sich auch vegetativ durch Absenkerbildung, insbes. auf Mooren. Manche, jahrelang am Baum verbliebenen Zapfen öffnen sich erst bei Waldbrand und entlassen dann keimfähige Samen. P. mariana ist eine Lichtholzart, toleriert aber leichte Beschattung. Sie entwickelt auf Mooren ein sehr flaches Wurzelsystem und ist dann extrem windwurfgefährdet; auf tiefgründigen Böden wurzelt sie wesentlich tiefer. Gefährdet durch Waldbrände und Überschwemmungen. Häufig befallen von → *Phaeolus schweinitzii*, → *Stereum sanguinolentum*, → *Armillaria* spec. und Zwergmisteln (→ *Arceuthobium*-Arten). Natürliche Bastarde mit Picea glauca und Picea rubens.

Picea mariana mit Absenkern

Picea maximowiczii → *Picea*

Picea mexicana MARTINEZ: 1961 entdeckte Art, 25 bis 28 m hoch, auf ein einziges, kleines Vorkommen in der östl. Sierra Madre (MX) beschränkt. Höhenlage 2 700 m. 10jährige Exemplare in M-Eur. winterhart. Junge Triebe behaart.

Picea meyeri → *Picea*

Picea montigena → *Picea*

Picea morinda → *Picea smithiana*

Picea Mossisonicola → *Picea*

Picea nigra → *Picea mariana*

Picea obovata → *Picea abies*

Picea omorika (PANCIC) PURKYNE; Serbische Fichte, Omorika-Fichte: Kerzengerader, tief beasteter, schmalkroniger Waldbaum, beheimatet in einem winzigen, unzugänglichen Areal im serbischen Tarageb. (insges. 60 ha, zwischen 800 und 1 500 m u.NN). 1872 entdeckt, max. 40 m hoch, auf nährstoffreichen Kalkverwitterungsböden. In Mischung mit Abies alba, Picea abies, Pinus nigra, Fagus sylvatica. Erfolgreiche forstl. Anbauversuche in M-Eur.: Wuchsleistung meist etwas geringer als P. abies, aber höhere Widerstandsfähigkeit gegen Trockenheit, Frost, Galläuse sowie Schnee- und Eisbruch. Sehr beliebter und attraktiver Park- und Gartenbaum. Ausfälle durch → *Omorikasterben*.
Kennzeichen: Kurze, dichtstehende, herabhängende Äste mit aufwärtsgerichteten Spitzen. Endknospe verschwindet zwischen den unterseits bläulichgrünen (2 weiße Streifen), mit deutlicher Mittelrippe versehenen, 10 – 12 Jahre am Zweig bleibenden Nadeln. Unreife Zapfen dunkelviolett.
P. omorika war im Tertiär über weite Teile Europas verbreitet. Sie ist standorttolerant, frosthart und rel. unempfindl. gegen das Stadtklima. Sie verträgt weniger Schatten und wurzelt etwas tiefer als P. abies und ist kaum durch Insekten gefährdet (Abb. S. 346).

Picea omorika

Picea orientalis (L.) LINK; Kaukasus-Fichte, Orientfichte, Morgenländische Fichte: Wichtiger, leistungsfähiger Waldbaum in den Gebirgen an der Ostseite des Schwarzen Meeres (haupts. zwischen 1100 und 2 100 m). Das nat. Areal entspricht etwa dem von Abies nordmanniana. Es umfaßt den Kaukasus (USSR) sowie das Pontische Geb. und den Kleinen Kaukasus in der nördl. Türkei (östl. 37°47' ö.L.). In höheren Lagen bildet die Art Reinbestände, sonst kommt sie in Mischung mit Abies. nordmanniana, Pinus sylvestris und Fagus orientalis vor. Wachstum rel. langsam, im Optimum dennoch Höhen um 40 m (max. 50 m). In M-Eur. weitgehend winterhart, forstl. ohne Interesse, aber als Parkbaum beliebt. P. orientalis ist standorttolerant und verträgt trockene Sommer. Kennzeichen: sehr kleine (<10 mm), steife, dichtstehende, glänzend dunkelgrüne Nadeln. Im Freistand tief beastet (Abb. S. 346).

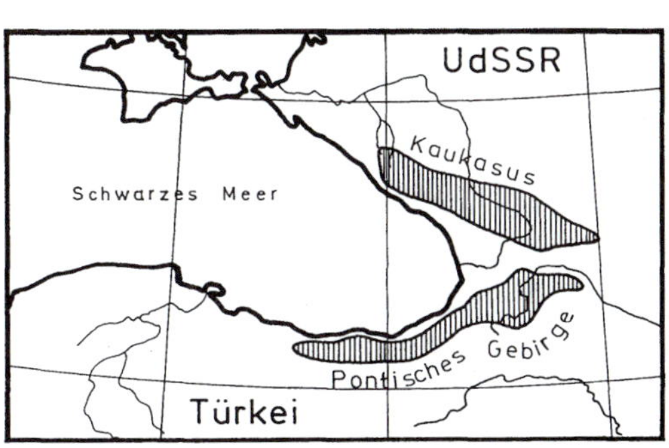

Natürliches Areal von **Picea orientalis**

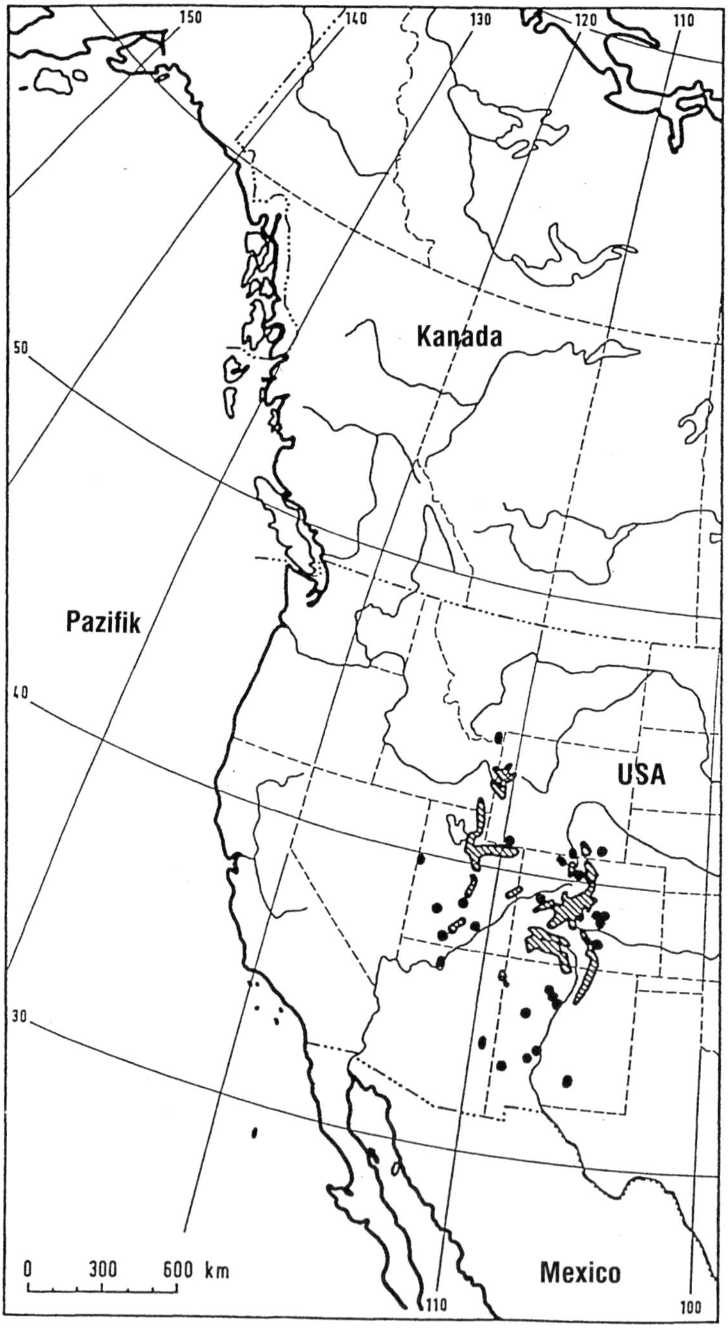

Natürliches Areal von **Picea pungens** (• = Einzelvorkommen)

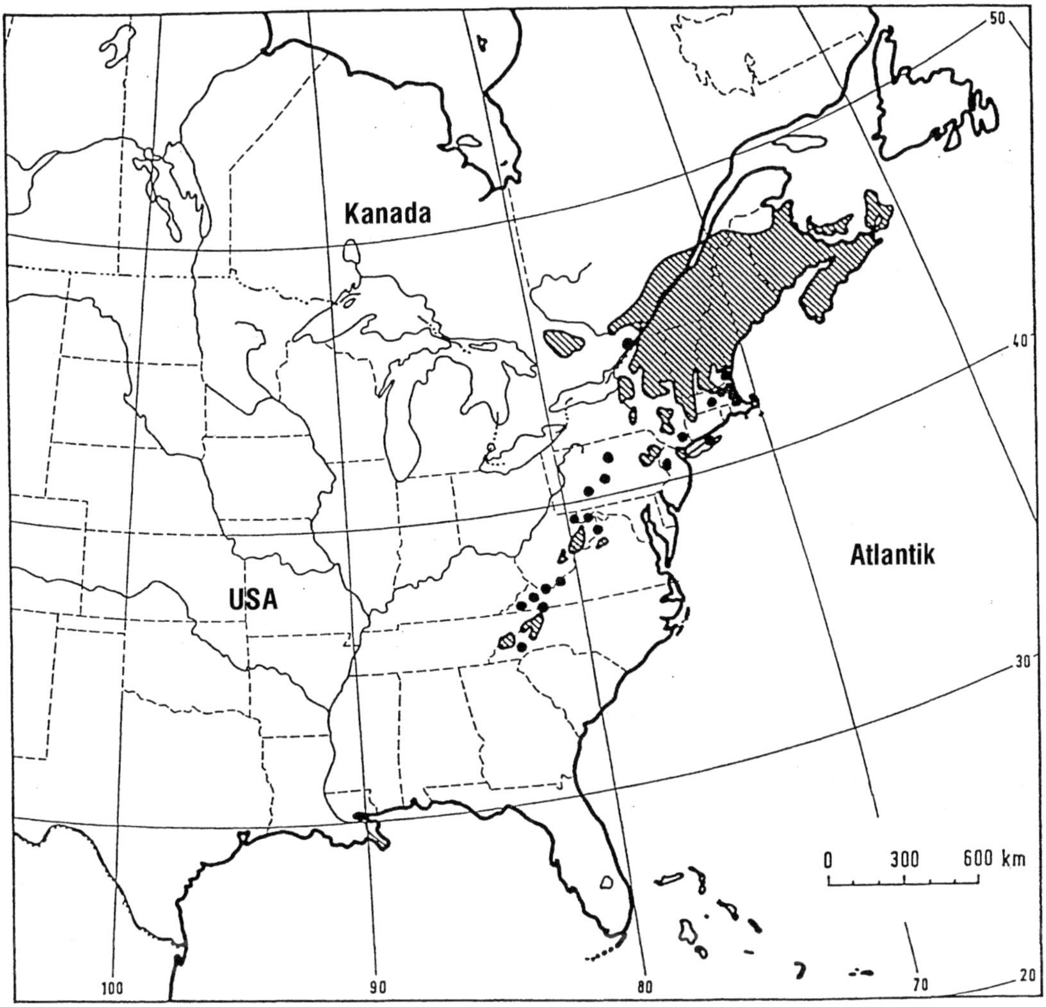

Natürliches Areal von **Picea rubens** (• = Einzelvorkommen)

Picea polita → *Picea*

Picea pungens ENGELM.; Stechfichte (engl.: Blue Spruce, Colorado Spruce): Genügsamer Baum der Rocky Mts. (WY, 44° bis NM, 33° n.Br.); meist an Wasserläufen zwischen 1 800 und 3 350 m. Kaum in Reinbeständen, häufig im Einzelstand. Gelegentlich mit Dougl und Pinus contorta. Im Optimum 21 – 30 m hoch (max. 40 m), bis 120 cm stark und >400 Jahre alt. In M-Eur. völlig winterhart, aber wenig wüchsig und forstl. ohne Interesse. Bedeutung jedoch als Park- und Gartenbaum (var. »Glauca« und »Argentea«).
Kennzeichen: Kurze, kahle, anfangs orangebraune junge Triebe; gelbbraune Knospenschuppen mit zurückgebogenen Spitzen. Nadeln radial abstehend, steif, mit stechender Spitze. Zapfen ungestielt, bis 10 cm lang, Schuppen dünn mit welligem Rand. P. pungens wächst langsam und ist sehr anspruchslos. Sie verträgt keinen Druck von oben, toleriert aber seitliche Beschattung und Windexposition. Keine ernsthafte Bedrohung durch Schädlinge; in M-Eur. aber auffällige Nadel- bzw. Triebschäden durch Spinnmilben (Oligonychus spec.), durch die Sitkalaus (Liosomaphis abietina) und durch → *Sirococcus strobilinus*.
Besonderheiten: Stechfichten bilden nach Verletzung sekundäre, stammbürtige Triebe. Es kommen Individuen mit mattgrüner, blaugrüner und silbergrauer Benadelung vor. Die beiden letzteren werden als Varietäten »Glauca« (»Blaufichte«) bzw. »Argentea« gärtnerisch genutzt (Abb. S. 350/354).

Picea purpurea → *Picea*

Picea rubens SARG. (syn.: Picea rubra [DU ROI] LINK) Rotfichte (engl.: Red Spruce): Anspruchsloser Waldbaum NO-Amerikas mit geschlossenem Areal von Neuschottland bis zum südl. Maine, ostw. bis 70° w.L. Optimum: niederschlagsreiche Lagen der südl. Appalachen bis 1 500 m. Außerdem inselartige Vorkommen bis TN und NC. Meist auf Podsolen zwischen pH 4,0

und 5,5 und in Mischung mit Abies balsamea, Betula lutea, B. papyrifera und Acer rubrum. Höhe 25 – 30 m (max. 54 m), Höchstalter 400 Jahre. In M-Eur. völlig winterhart, aber kaum erprobt; auch als Parkbaum selten.
Kennzeichen: In Habitus und Benadelung ähnlich Picea abies. Aber junge Triebe orange-braun behaart, Astspitzen leicht aufwärts gerichtet. Zapfen < 5 cm, glänzend rotbraun (Name !). P. rubens treibt spät aus, wurzelt sehr flach und ist in hohem Maße schattenfest. Sie kann jahrelang unter Druck leben, braucht aber volles Licht zum optimalen Gedeihen. Mit → *Picea mariana* bildet sie natürliche Artbastarde. Ihr weißliches Holz ist leicht und eignet sich vorzüglich für Zellstoff. Gefährdung durch Windwurf, Feuer sowie durch → *Phaeolus schweinitzii* und → *Phellinus pini*. Picea rubens zeigte als erste amerikanische Holzart deutliche Symptome des → *Waldsterbens* (Abb. S. 350).

Picea pungens, var. glauca

Picea rubra → *Picea rubens*

Picea schrenkiana Fisch. et Mey. (Sekt. Eupicea): Leistungsfähiger, schmalkroniger und dicht beasteter Baum aus Zentralasien. Waldbildend in Turkestan und in Tien-Shan (1 400 – 3 600 m). Oft an Nordhängen; Mischung mit Abies sibirica, Picea tianschanica, P. crassifolia. Max. 60 m hoch. Keine forstl. Erfahrungen in M-Eur.. Als Solitär frosthart und dekorativ (Abb. S. 340).

Picea sitchensis (Bong.) Carr. (syn.: P. sitkaensis Mayr) Sitka-Fichte (engl.: Sitka Spruce): Wüchsigste und höchste aller Fichtenarten. Heimat: schmaler, nebelreicher Küstenstreifen mit mildem, niederschlagsreichem Klima von SW-AK (62°n.Br.) bis N-CA (41°n.Br.). Selten in Höhenlagen über 300 m. Optimum: Olympic Peninsula (WA), und Queen Charlotte Inseln (BC) auf tiefgründigen, feuchten Böden, pH 4,0 – 5,7. Dort bildet sie in Reinbeständen oder in Mischung mit Tsuga heterophylla, Thuja plicata und Douglasie die wohl produktionskräftigsten Wälder Nordamerikas. Im Mittel 42 – 58 m hoch (max. 83 m in Canada, 95 m in USA) und Durchm. bis zu 5,4 m. Höchstalter 700 – 800 Jahre. In M-Eur. völlig winterhart, hat sich P. sitchensis in GB, IR sowie in küstennahen Bereichen von F, NL, B und D als leistungsfähige Holzart bewährt.
Kennzeichen: Rinde dünn, mit rotbraunen Schuppen; junge Triebe hellbraun und kahl. Dünne, scharf zugespitzte, unterseits bläulich weiße Nadeln, <25 mm lang. Zapfen nicht länger als 8 cm, mit dünnen, hellbraunen, am Rande ausgefransten oder gewellten Schuppen. Sitka-Holz ist weich und rel. leicht. Es eignet sich als Schnittholz und für Holzschliff. Sitka-Fichten wurzeln flach und extensiv. Sie sind standorttolerant, gedeihen auch auf Kalk, benötigen aber feuchte (keinesfalls staunasse) Böden. Trockene Winde sind schädlich. Ausfälle entstehen durch Windwurf, durch wurzelpathogene Pilze wie → *Fomitopsis pinicola* → *Phaeolus schweinitzii* und → *Armillaria mellea* sowie durch die Sitka-Laus, Lisomaphis abietina Walk., ein in Amerika und Europa gleichermaßen häufig vorkommendes, nadelsaugendes Insekt.
Besonderheiten: Die Art neigt zur Bildung stammbürtiger Wasserreiser und eignet sich als Heckenpflanze. Im Übergangsbereich der jew. Areale findet introgressive Hybridisation zwischen P. sitchensis und → *P. glauca* statt. Entspr. Artbastarde wurden beschrieben (Abb. S. 350).

Picea sitkaensis → *Picea sitchensis*

Picea smithiana (Wall.) Boiss. (syn.: P. morinda Link) Himalaya-Fichte (Sekt. Eupicea): Weit verbreiteter und wichtiger Waldbaum von Afghanistan und Kashmir (2 000 – 3 600 m) bis Kathmandu (O-Nepal), oft in Mischung mt Abies spectabilis, Pinus griffithii, Tsuga dumosa. Lichtholzart mit langsamer Jugendentwicklung. Max. Höhe ≈ 50 m. Äste 2. Ordn. hängen herab. Nadeln bis 5 cm lang, schief zugespitzt, aber nicht stechend. Keine systematischen Anbauversuche in M-Eur.. Solitäre (unbekannte Herkunft) nicht immer winterhart in M-Eur..

Picea spinulosa (Griff.) Henry; Sikkim-Fichte (Sekt. Omorika): Bis 50 m hoher Waldbaum des östl. Himalaya; zumeist ab 3 000 m in kontinentalen Tälern Sikkims und Bhutans, gemeinsam mit Abies spectabilis, Larix griffithiana, Pinus griffithii, Tsuga dumosa. Vierkantige, stechende Nadeln; Äste 2. Ordnung lang herabhängend. In M-Eur. nicht winterhart.

Picea tianschanica → *Picea*

Picea torano → *Picea* (polita)

Picea watsoniana → *Picea* (wilsonii)

Picea wilsonii → *Picea*

Piceion: Pflanzensoziologischer Unterverband, der die natürlichen Fi-Wälder Mitteleuropas umfaßt. Vorkommen: 1. als → *zonale Vegetation* in der unteren subalpinen Stufe der Alpen (ozeanisch getönte Randketten ausgenommen) und der Mittelgebirge östlich der Linie Harz-Frankenwald; 2. als → *azonale Vegetation*, z.B. auf ruhenden Blockhalden und auf schmalen Felsbändern; 3. in Kaltlufttälern und Dolinen der montanen und submontanen Stufe; 4. an Hochmoorrändern der montanen Stufe kalkarmer Gebirge und 5. an feuchten Standorten mit kontinentalem Klima.

Einzeln oder gruppenweise ist die Fi auch vielen Gesellschaften der Ordnung → *Fagetalia sylvaticae* beigemischt. Die zahlreichen Assoziationen (→ *Vegetationsgliederung, floristische)* spiegeln die unterschiedlichen Standorte wider, z.B. der Labkraut-Fi-Wald (Piceetum montanum galietosum) mit Galium rotundifolium, Circaea alpina, Veronica latifolia; der Perlgras-Fi-Wald (Piceetum montanum melicetosum) mit Larix decidua, Pinus sylvestris, Melica nutans, Knautia

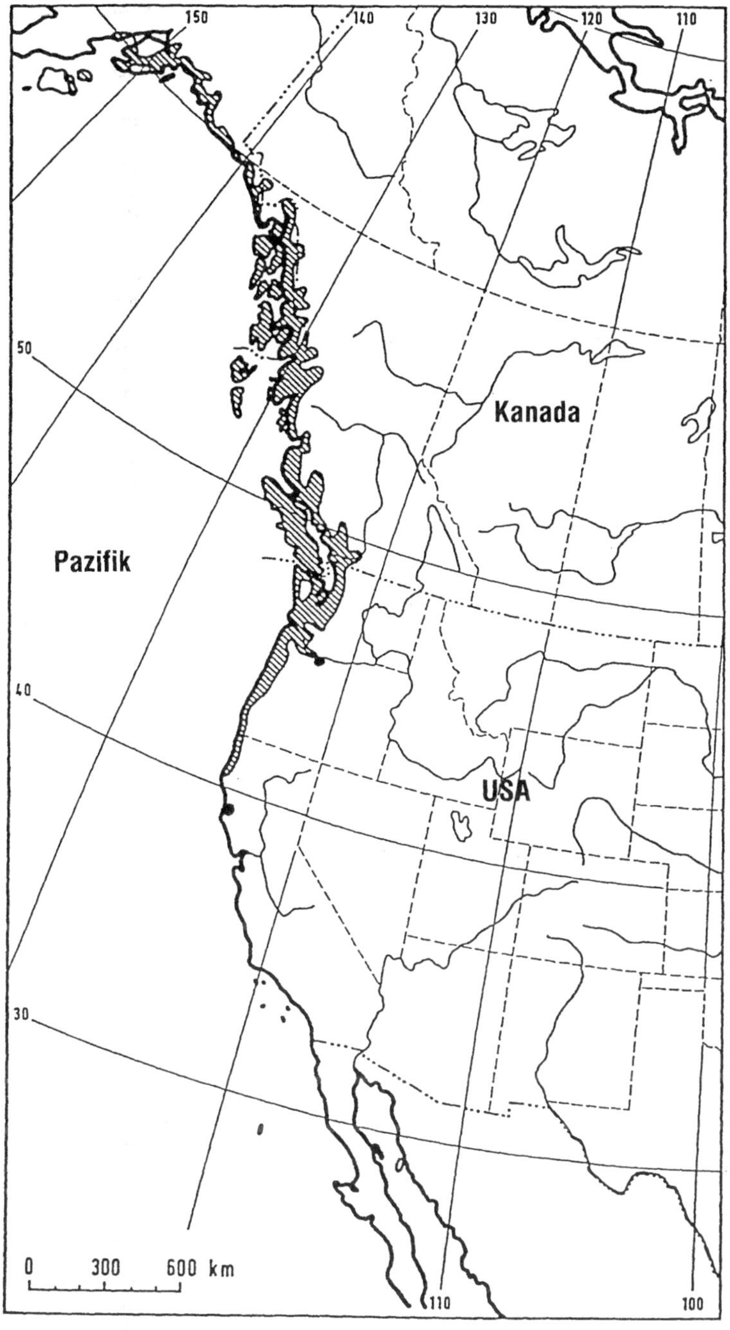

Natürliches Areal von **Picea sitchensis**

sylvatica; der Ehrenpreis-Fi-Wald mit viel Veronicalatifolia; der Heidelbeer-Fi-Wald (Piceetum subalpinum myrtilletosum) mit viel Vaccinium myrtillus, mit Moneses uniflora, Lycopodium annotinum, Listera cordata; der Preiselbeer-Fi-Wald (Piceetum subalpinum vaccinetosum) mit viel Vaccinium myrtillus und V. vitisidaea, mit Clematis alpina, Geranium sylvaticum und Hypnum cupressiforme sowie der Torfmoos-Fi-Wald (Piceetum subalpinum sphagetosum) mit Salix appendiculata, Equisetum sylvaticum, Lastrea limbosperma, Dryopteris carthusiana und einer reichen Moosschicht. → *Nadelwald.*

Pigmentsysteme: Der Lichtabsorption dienende Kombination verschiedener → *Photosynthesepigmente.* Neben dem Hauptpigment Chlorophyll a und zwei verschiedenen Reaktionszentren (I u. II) treten zusätzlich Antennenpigmente (→ *akzessorische Pigmente)* auf, die Photonen absorbieren und die Energie an die Reaktionszentren weiterleiten, die als primäre Elektronendonatoren bei der → *Photosynthese* fungieren.

Pilgerodendron Florin: Gattung der Cupressaceae (Tribus Libocedreae) mit nur einer, in Südchile lebenden, immergrünen Baumart: Pilgerodendron uviferum (Pilg.) [syn.: Libocedrus uvifera Pilg.], → *Dioezie;* vierkantige Triebe. Nicht winterhart in M-Eur..

Pilze → *Mycophyta*

Pimpernuß → *Staphylea*

Pimpernußgewächse → *Staphyleaceae*

Pinaceae: Bis ins Trias zurückgehende Familie der Gymnospermae (Coniferophytina) mit zahlreichen, wirtschaftlich wichtigen Baumarten der Nordhalbkugel. 3 Unterfamilien: → *Abietoideae,* → *Laricoideae,* → *Pinoideae.* Gemeinsame Kennzeichen: Vorwiegend monopodiale Verzweigung, meist immergrüne, xeromorphe Nadelblätter, monoezische Blütenverteilung. ♀ Blütenstände, die zu verholzten Zapfen mit sterilen Deck- und fertilen Samenschuppen heranwachsen. Je Samenschuppe 2 Samenanlagen mit jeweils einem Integument. Makroprothallium entwickelt sich zum primären Endosperm. Keimung epigäisch. 10 Gattungen.

Pinales: Kiefernartige. Ordnung der → *Pinidae* mit ca. 500 Arten. Meist immergrüne Bäume und Sträucher mit xeromorphen Merkmalen. Waldbildende Arten besonders in kühleren Klimaten. ♀ Blüten zur → *Samenschuppe* verschmolzen und mit dem Tragblatt (Deckschuppe) verwachsen. Erste Vertreter bereits im Trias. Familien: → *Araucariaceae,* → *Taxodiaceae,* → *Pinaceae,* → *Cupressaceae,* → *Podocarpaceae,* → *Cephalotaxaceae.*

Pinatae: Klasse der → *Coniferophytina.* Bäume mit riemen-, schuppen- oder nadelartiger Beblätterung. Getrenntgeschlechtige Blüten mit stark verkürzten Achsen und sterilen Schuppenblättern. ♀ Blüten oft zu zapfenartigen Blütenständen vereinigt. Mit 3 Unterklassen: → *Cordaitidae,* → *Pinidae,* → *Taxidae.*

Pindrow-Tanne → *Abies pindrow*

Pinen → *Terpenoide*

Pinidae: Coniferae, Nadelhölzer. Monopodial wachsende Stämme oder Sträucher mit gabelig gefächerten oder nadel- oder schuppenförmigen Blättern. Bei rezenten Formen ist die ♀ Blüte zur → *Samenschuppe* reduziert und oft mit dem Tragblatt (Deckschuppe) verwachsen. Zapfenförmige Blütenstände. Siphonogamie. Harzgänge häufig. Mit 2 Ordnungen: → *Voltziales* (fossil) und → *Pinales* (rezent).

Pinie → *Pinus pinea*

pinnat → *Blätter, zusammengesetzte*

Pinocchi → *Pinus pinea*

Pinocembrin → *Flavonole*

Pinoideae: Unterfamilie der → *Pinaceae.* Immergrüne Bäume, seltener Sträucher, stets mit Lang- und Kurztrieben. Letztere entstehen in den Achseln häutiger Schuppenblätter und tragen 2 – 5 mehrjährige, xeromorphe Nadelblätter.

Pinones → *Arancaria arancana*

Pinoresinol → *Lignane*

Pinus L. Kiefer: Gattung der → *Pinaceae* (Unterfam. Pinoideae) mit knapp 100 auf der Nordhalbkugel heimischen, immergrünen Baum-, seltener Straucharten. Nur → *P. merkusii* überschreitet den Äquator nach S. Die Mehrzahl der Arten ist kühl-humiden Klimaverhältnissen angepaßt. Andere stellen völlig abweichende Klimaansprüche. So z.B.: P. khasia, P. merkusii; P. montezumae: tropisch; P. palustris, P. patula, P. occidentalis: subtropisch; P. edulis, P. longaeva, P. sabiniana: semiarid. Auch hinsichtlich Standortansprüchen, Holzeigenschaften, Wuchskraft und Krankheitsanfälligkeit verhalten sich Ki-Arten uneinheitlich.
Morphologische Kennzeichen: Ki-Arten bilden 1 bis 2jährige, einzeln stehende, an der Sproßachse 1- und 2jähriger Sämlinge spiralig angeordnete → *Primärnadeln.* Später erscheinen mehrjährige, zu 2 – 5 (1 – 8) an gestauchten Kurztrieben stehende Sekundärnadeln, deren Basis von 8 – 12häutigen Schuppenblättern umgeben ist. Geschlechterverteilung monoezisch. ♀♀ einzeln oder zu wenigen an der Spitze diesjähriger Langtriebe, ♂♂ zu vielen anstelle von Kurztrieben an der Triebbasis. Pollen mit Luftsäcken. Zapfen verholzt, zwischen den Arten stark variierend in Größe und Gestalt. Zapfenschuppen oft mit erhabenem und gekieltem Schild (Apophyse). Chrom.: 2n = 24 . Keimlinge mit 4 – 15 Kotyledonen.
Die Gattung wird in 3 Subgenera unterteilt: 1. Subgenus Ducampopinus (A. Cheval.) de Ferre nur 1 Art: P. krempfii Lecompte. Bis 4 mm breite Nadeln, Gebirge S-Vietnams. 2. Subgenus Haploxylon Koehne. Meist 5 Nadeln pro Kurztrieb. Nadeln mit nur 1 Leitbündel im Zentralstrang. 3. Subgenus Diploxylon Koehne. Meist 2 oder 3 Nadeln pro Kurztrieb. Nadeln mit 2 Leitbündeln im Zentralstrang.

Pinus albicaulis Engelm. (engl. Whitebark Pine) (Subgen. Haploxylon): Baum exponierter Höhenlagen (1 350 – 3 650 m) in den Rocky Mts. (BC und AB, ID, MT bis WY) sowie in den Cascaden und der Sierra Nevada (WA bis CA). Oft bizarre Formen; an der alpinen Waldgrenze als Krummholz. Max. 18 m hoch, >1 000 Jahre alt werdend. Forstl. nicht genutzt. Extrem langsam wachsend und erst im hohen Alter blühend. Die rel. kurzen (max. 6 cm), steifen, zu fünft stehenden Nadeln liegen den Zweigen an. Zapfen bis

5 cm lang, bei Reife am Baum zerfallend. Nur dieses Merkmal ermöglicht die sichere Trennung von der nahe verwandten, im gleichen Areal vorkommenden → *Pinus flexilis.*

a

b

c

Pinus aristata: *a* Einzelbaum, *b* Zweig, *c* Bestand in den White Mts., Nevada

Pinus aristata Engelm. Grannenkiefer (engl.: Bristlecone Pine) (Subgen. Haploxylon): Wegen sehr dichtstehender, kurzer, bis 20 Jahre ausdauernder Nadeln zu den »Foxtail Pines« gezählte Art aus Höhenlagen der südl. Rocky Mts.. Sehr kleines, weit zerstreutes, auf trockene Höhenlagen (2 300 – 3 500 m) beschränktes nat. Areal in CO, NM und O-CA. In den White Mts., nahe Bishop, CA, wächst unter extremen Klimabedingungen ein größerer Bestand sehr alter Bäume (max. 4 700 Jahre, 3 cm Umfangzunahme/100 Jahre, Höhe bis 12 m, Ø bis 0,8 m: Kennzeichen: Dunkelgrüne, 2 – 4 cm lange, zu 5 stehende, steife Nadeln, oberseits locker verteilte weiße Harzflocken. ♀ Blüten dunkelpurpurrot. Die bis 9 cm langen Zapfen haben Schuppenschilder, deren Nabel in einen bis 8 mm langen, dünnen Dorn ausläuft (Name). In M-Eur. winterhart aber klein bleibend.

Pinus armandii Franch. (Subgen. Haploxylon): Mittelhohe (20 m) und breitkronige, 5-nadelige Kiefernart ohne wirtschaftl. Bedeutung, die ein großes, disjunktes Areal in W- und Zentralchina (bis 3 600 m), daneben auch Teilareale auf Taiwan und Hainan besiedelt. Dennoch rel. selten und kaum in Reinbeständen. Nadeln beginnen schon im 2. Jahr abzufallen. Weitgehend resistent gegen den Strobenrost (→ *Cronartium ribicola).* In M-Eur. nicht immer winterhart.

Pinus attenuata Lemmon (engl.: Knobcone Pine) (Subgen. Diploxylon): Wirtschaftl. bedeutungslose, bis 20 m hohe, dreinadelige Ki trockener, oft küstennaher Standorte in CA und S-OR. Die meisten der in Quirlen angeordneten Zapfen öffnen sich erst nach Feuer; oft wachsen sie in den Stamm ein. F_1 und F_2 des 1928 entstandenen künstl. Artbastards P. attenuata x P. radiata zeigen heterotisches Wachstum, sind frosthärter als → *P. radiata,* aber extrem astig.

Pinus x attenuradiata → *Pinus radiata*

Pinus ayacahuite Ehrenb. (engl.: Mexican White Pine) (Subgen. Haploxylon): Bis 45 m hohe, fünfnadelige Kiefernart in Höhenlagen (2 300 – 3 000 m) S-MX, Guatemalas und Honduras. Eng verwandt mit P. monticola und P. lambertiana, nicht winterhart in M-Eur..

Pinus balfouriana A. Murray Fuchsschwanz-Kiefer (engl.: Foxtail Pine) (Subgen. Haploxylon): Auf 2 weit voneinander entfernte, kalifornische Kleinareale begrenzte, wirtschaftlich unbedeutende Art. Bewohnt trockene Höhenlagen, erreicht extrem hohes Alter, wird max. 20 m hoch und trägt sehr dichtstehende, bis 4 cm lange, einwärts gekrümmte Nadeln, die bis zu 15 Jahre am Baum verbleiben. Eng verwandt mit P. longaeva und P. aristata.

Pinus banksiana Lamb. (syn.: P. divaricata [Ait.] Dum.) (engl.: Jack Pine) (Subgen. Diploxylon): Sehr genügsamer, an die extremen Standort- und Klimabedingungen des nördl. Nordamerika angepaßter Waldbaum mit raschem Jugendwachstum. Areal reicht vom nördl. BC und dem Mackenzie River im W bis nach Neu-Schottland und dem mittl. QU im O. Die großen Seen bilden die Grenze nach S. Optimum auf tiefgründigen, frischen lehmigen Sanden nördl. Lake Superior und Lake Huron (NO Mich.), wo Reinbestände mit 180jährigen, bis zu 33 m hohen, geradschäftigen Bäumen erwachsen. Max. Alter ≈ 230 Jahre. In borealen Bereichen kommt sie mit Picea mariana, Betula papyrifera, Populus tremuloides vor. Als Pionierholzart auf trockenen Sanden ohne Konkurrenten. Auf Extremstandorten (u.a. an der Küste) klein, krumm und breitkronig. Das mittelharte, rel.

schwere Holz hat einen bräunlichen Kern und wird für Masten, Schwellen und als Papierholz genutzt.
Kennzeichen: Geradschaftig und spitzkronig im Optimum; am Rande des Areals krumm und breitkronig. Mehrere Seitentriebquirle am Terminaltrieb. Langtriebe wechseln oft die Wuchsrichtung. Nadeln zu zweit, kurz (3 – 5 cm), gelbgrün, um die Längsachse gedreht, bleiben 3 Jahre am Baum. Die beiden Nadeln eines Kurztriebes spreizen im 2. Jahr weit auseinander. P. banksiana blüht schon in jungen Jahren. ♀ Blütenstände purpurrot. Zapfen oft paarweise gegenüberstehend, deutlich gekrümmt, bleiben teils offen, teils geschlossen viele Jahre am Baum. Einige öffnen sich erst nach Waldbrand. Pfahlwurzelsystem.
Besonderheiten: Die Art ist frosthart, verjüngt sich reichlich und bildet sehr stammzahlreiche Bestände. Frühe Kulmination des Höhenwachstums, selbst bei extremen Bedingungen kaum Ausfälle beim Pflanzen. Anbauversuche auf nährstoffarmen Sanden des nord- und nordostdeutschen Diluviums schlugen wegen schlechter Formen und rasch nachlassenden Höhenwachstums fehl. Als Ursache wird die Verwendung von Saatgut aus Krüppelbeständen nahe der Atlantikküste genannt. P. banksiana ist widerstandsfähig gegen die Ki-Schütte (→ *Lophodermium seditiosum),* leidet aber unter dem Kiefernknospentriebwickler (Rhyacionia buoliana), unter Rehwild und Schneedruck. Im östl. Nordamerika starker Befall durch → *Scleroderris lagerbergii.* Es bestehen deutliche Herkunftsunterschiede hinsichtlich Morphologie, Wuchskraft und Krankheitsresistenz. Natürliche Bastarde mit P. contorta kommen im Überlappungsgebiet beider Areale vor (Alberta). Künstl. Artkreuzungen gelangen mit P. contorta und P. virginiana (Abb. S. 361).

Pinus brutia Ten. (syn.: P. halepensis var. brutia Ten. Elwes et Henry) (Subgen. Diploxylon): Bis 20 m hohe, wärmeliebende, zweinadelige Ki des Mittelmeerraumes, eng mit → *P. halepensis* verwandt und diese nach O ablösend. Nat. Areal: Griechenland, Ägäische Inseln, Kreta, Zypern, kleinasiatische Küste bis 1 500 m ü.NN. Zur Römerzeit nach Calabrien (Brutia) eingeführt. Für Karstaufforstungen in sommertrockenen, sonnenexponierten Lagen verwandt.
Ähnlich P. halepensis, aber bis 16 cm lange, dunkelgrüne, rel. steife Nadeln. Zapfen gestielt, waagrecht abstehend, manchmal nach oben einwärts gekrümmt. Nördl. der Alpen nur in mildesten Lagen aushaltend. Über die systematische Stellung von P. brutia bestehen unterschiedliche Auffassungen. So wird sie auch als Varietät von P. halepensis angesehen. Ein kleines, isoliertes Vorkommen in Georgien wird teils zu Pinus eldarica Medw., teils zu der in Anatolien und der Ägäis vorkommenden P. brutia var. pityusa (bis 35 m hoch) gezählt. Schließlich trennen einige Autoren die auf der Krim vorkommende P. brutia var. stankewiczii (Sukaczev) ab (Abb. S. 373).

Pinus bungeana Zucc. ex Endl. (Subgen. Diploxylon): Max.20 m hohe, oft mehrstämmige, dreinadelige Kiefernart Zentralchinas. Weit zerstreut in Gebirgslagen bis 2 800 m. Wegen der vielfarbigen, platanenähnlichen Borke als Parkbaum kultiviert. In M-Eur. winterhart, aber selten.

Pinus canariensis C. Smith; Kanaren-Kiefer (Subgen. Diploxylon): Subtropische, nur auf den Kanarischen Inseln (Gran Canaria und Teneriffa, 1200 – 2 200 m) vorkommende, bis 30 m hohe, dreinadelige Art mit hochwertigem Holz. Nadeln bis 30 cm lang. Regelmäßige Bildung sekundärer, stammbürtiger Sprosse, Primärnadeln entstehen auch an älteren Trieben. Nicht winterhart in M-Eur..

Pinus bungeana, Borke

Pinus canariensis, mit stammbürtigen Sprossen

Pinus caribaea Morelet (engl.: Caribbean Pine) (Subgen. Diploxylon): Wuchskräftige und wirtschaftl. wichtige, bis 30 m hohe, geradschäftige Art aus subtropischen und tropischen küstennahen Regionen Mittelamerikas (Honduras, Guatemala, Nicaragua) und der Karibischen Inseln. Die Zahl der bis 25 cm langen Nadeln pro Kurztrieb variiert zwischen 2, und 5. Sie bleiben nur 2 Jahre am Baum. Man unterscheidet 3 geographisch voneinander getrennte Varietäten: 1. Var.

Pinus cembra

Pinus cembra, 2j. Zapfen

caribaea MORELET in Cuba; 2. Var. hondurensis BARR. et GOLF. mittelamerik. Festland; 3. Var. bahamensis, nur 2- oder 3-nadelig, auf den Bahamas.

Pinus cembra L. Zirbe, Arve, Zirbelkiefer (Subgen. Haploxylon): Wichtige, rauhen Klimabedingungen angepaßte, eurasische Kiefernart mit disjunktem natürlichem Areal: (a) Alpen, Karpaten und Transsilvanische Berge (Rumänien). Schwerpunkt: Kontinentale Klimabereiche der Zentralalpen und der inneren Ostalpen zwischen 1 600 und 2 400 m (Einzelbäume bis 2 750 m). Optimum im Oberengadin und Karwendel, oft in Mischung mit Lä. (b) P. cembra var. sibirica (DU TOUR) LOUD., (syn.: P. sibirica MAYR): West- und Ostsibirische Taiga (ca. 55° – 130°ö.L.) vom Petschora-Gebiet, diesseits des Ural bis weit östl. des Baikal-Sees, wo Überlappungen mit dem nat. Areal von → *P. pumila* stattfinden. Streng kontinentales Klima mit sehr tiefen Wintertemp.

Während die europ. Zirbe i. a. einzeln oder in kleinen Gruppen in stark exponierten Hochgebirgslagen vorkommt, dann knorrige, malerische Formen ausbildet und selten zu geschlossenen, forstl. nutzbaren Beständen erwächst, baut P. cembra var. sibirica zusammenhängende Waldungen größter Ausdehnung auf, die allein wegen ihrer Unzugänglichkeit kaum forstl. genutzt werden. Im Raum Tomsk, Krasnojarsk, Irkutsk (100 – 2 000 m ü.NN) sollen 4 Mio. ha reiner Sibirica-Bestände vorkommen (Höhen 25 – 40 m).

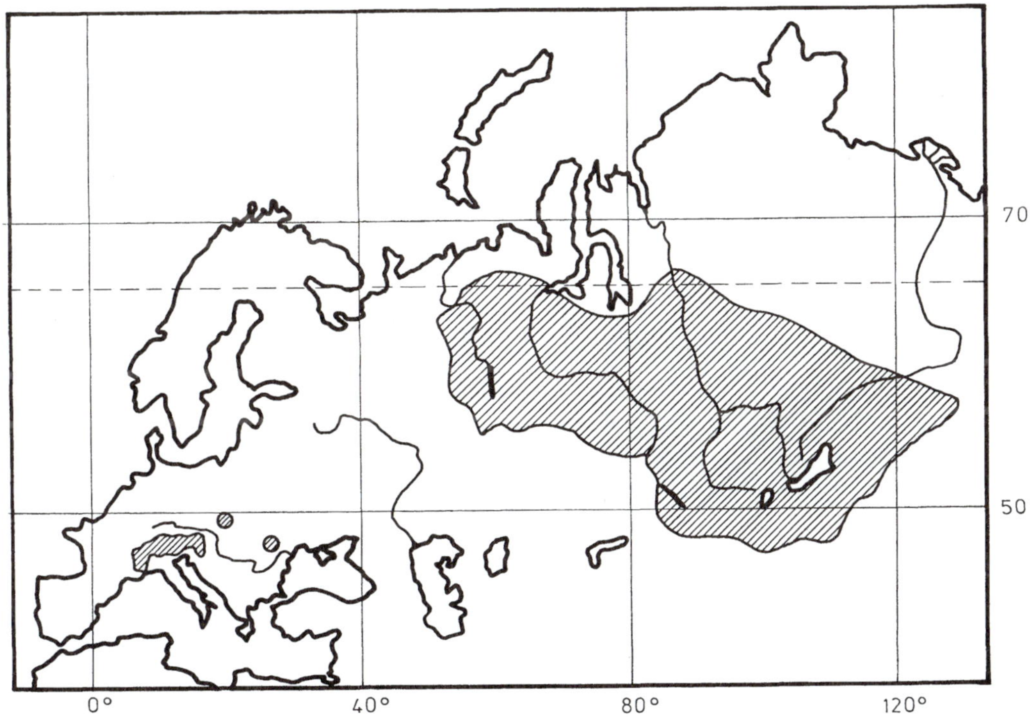

Natürliches Areal von **Pinus cembra**

Kennzeichen der europ. Zirbe: In geschützter Lage werden gerade, intensiv und dauerhaft beastete Stämme mit kegelförmiger Krone ausgebildet, max. 25 m hoch und ca. 700 Jahre alt. 5 rel. steife, dunkelgrüne Nadeln pro Kurztrieb. Junge Triebe rostrot behaart. Die aufrecht stehenden, gedrungen eiförmigen, max. 8 cm langen Zapfen sind anfangs violett, später zimtbraun gefärbt. Sie reifen erst im 3. Jahr, öffnen sich nicht am Baum, sondern fallen als Ganzes ab. Die wohlschmeckenden und nahrhaften Samen (»Zirbelnüsse«) sind ungeflügelt und werden zumeist durch Tannenhäher, aber auch durch Kreuzschnäbel und Eichhörnchen verbreitet. Das weiche und trotzdem dauerhafte Zirbenholz hat einen rotbraunen Kern. Es eignet sich zum Schnitzen und wird wegen seiner lebhaften Zeichnung gern für Möbel, Wand- und Deckenpaneele genutzt.
P. cembra var. sibirica weicht von der europ. Zirbe u.a. durch längere (bis 13 cm), dunklere, etwas gebogene Nadeln, durch längere (bis 12 cm) Zapfen sowie durch größere Samen und dünnere Samenschalen ab. Besonderheiten: In den Alpen wird P. cembra durch Übernutzung stark zurückgedrängt, so existieren in den nördl. Kalkalpen nur noch wenige kleine Reliktbestände. Die Schutzfunktion der Art unter den extremen Klimabedingungen der Waldgrenze ist daher nur noch örtlich gegeben. Zunehmender Befall durch → *Scleroderris lagerbergii* und → *Phacidium infestans* fördern diese Entwicklung. Die Zirbe ist rel. widerstandsfähig gegen Cronartium ribicola, nicht so die als hoch anfällig geltende P. cembra sibirica. An der Waldgrenze bilden Zirben kein Krummholz, sondern aufrechte Stämme von oft bizarrer Gestalt aus.

Pinus cembroides var. edulis

Pinus cembroides Zucc. (engl.: Pinyon Pine) (Subgen. Diploxylon): Sehr formenreiche, max. 15 m hohe, wirtschaftl. unbedeutende Art mit ungeflügelten, eßbaren Samen; Bestandteil des »Pinyon-Juniper Forest«. Heimat: semiaride Hänge und Plateaus von N-MX über CA, TX und NV bis UT und CO (1 400 – 2 700 m). Kurze (bis 5 cm), dicke Nadeln, je nach Varietät einzeln oder zu zweit bis zu fünft im Bündel.

P. cembroides var. monophylla Voss. (syn.: P. monophylla Torr. et Frem.): Kreisrunde, einzelnstehende, scharf zugespitzte Nadeln. Meist mehrstämmig und breitkronig. UT, NV. P. cembroides var. edulis Voss. (syn.: P. edulis Engelmann): Breitkroniger, kleiner Baum von UT bis CO, meist 2 Nadeln pro Kurztrieb. P.cembroides var. parryana Voss. (syn.: P.parryana Engelm., syn.: P. quadrifolia Sud.): Trockene Berghänge in Nieder-CA. Besonders dicke, blaugrüne, zu dritt bis fünft im Bündel stehende Nadeln. Winterhart in M-Eur. P. cembroides var. cembroides: Typ der Art. 2 – 5, meist 3 biegsame Nadeln im Bündel. Halbwüsten in Mexico, TX und AZ.

Pinus chihuahuana Engelm. (Subgen. Diploxylon): Zwei- bis fünf-, meist dreinadelige, bis 30 m hohe Ki in Höhenlagen über 1 900 m. Nördl. MX bis AZ, gemeinsam mit P. ponderosa und P. strobiformis. Eng verwandt ist die im gleichen Gebiet beheimatete dreinadelige Pinus leiophylla Schiede et Deppe. Sie ist zur Bildung sek. stammbürtiger Triebe befähigt.

Pinus clausa (Chapm.) Vasey (engl.: Sand Pine) (Subgen. Dipoxylon): Meist kleiner, schlecht geformter, breitkroniger Baum aus küstennahen Lagen Floridas, haupts. auf armen Sandstandorten. Pionier nach Waldbrand. Unter besseren Bedingungen (N-FL) max. 25 m hoch und als Papierholz genutzt. Nadeln zu zweit, dünn. Insbes. im N des Areals bleibt ein Teil der Zapfen incl. der keimfähigen Samen jahrelang geschlossen am Baum und springt erst bei Hitzeeinwirkung auf (»Ocala Sand Pine«).

Pinus contorta Dougl. ex Loud. (syn.: P. murrayana Balf.) Murraykiefer, Drehkiefer (engl.: Lodgepole Pine) (Subgen. Diploxylon): Zweinadelige, mit P. banksiana eng verwandte, weit verbreitete Pionierholzart des westl. N-Amerika. Areal vom YU (ca. 64°N) bis S-CA (ca. 31°N) und von der pazifischen Küste bis CO (ca. 105°W). Es reicht von der Meereshöhe bis 3 800 m. Man unterscheidet 3 Varietäten:
1. P. contorta var. contorta, »Shore Pine«, die Küstenform. Vorkommen in einem schmalen Küstenstreifen von BC bis CA. 2. P. contorta var. latifolia Engelm., die Felsengebirgsform (Idaho, Montana bis S-Colorado). 3. P. contorta var. murrayana (Greev. et Balf.) Engelm., die Sierra Nevada-Form (Höhenlagen der Cascaden, der Sierra Nev. und des südl. CA). Die Inlandformen (2) und (3) sind sehr standorttolerant (Urgestein, Basalt, Sandstein). Optimum: tiefgründige, nährstoffreiche Lehmböden. Dort 30m Höhe und 30 cm BHD mit 100 Jahren. Maximal 35 m hoch, 600 Jahre alt. Beide Var., Erstbesiedler nach Waldbrand, bilden sehr stammzahlreiche Reinbestände. Verwendung als Masten und als Papierholz. Küstenform (1) nur auf sandig-kiesigen oder anmoorigen Böden des kühlfeuchten Küstenklimas. Sie wird allenfalls als Brennholz genutzt. Versuchsanbauten mit Herkünften aller 3 Var. seit Anfang des Jahrh. in Mittel-, N- und NW-Eur.. In Irland und Schweden werden seitdem die Küstenform bzw. geeignete Inland-Provenienzen in rel. großem Umfang angebaut.
Kennzeichen: Während die Küstenform (1) zu grobastigen, meist breitkronigen, buschigen Bäumen mit schlechten Stammformen erwächst, fallen beide Inland-

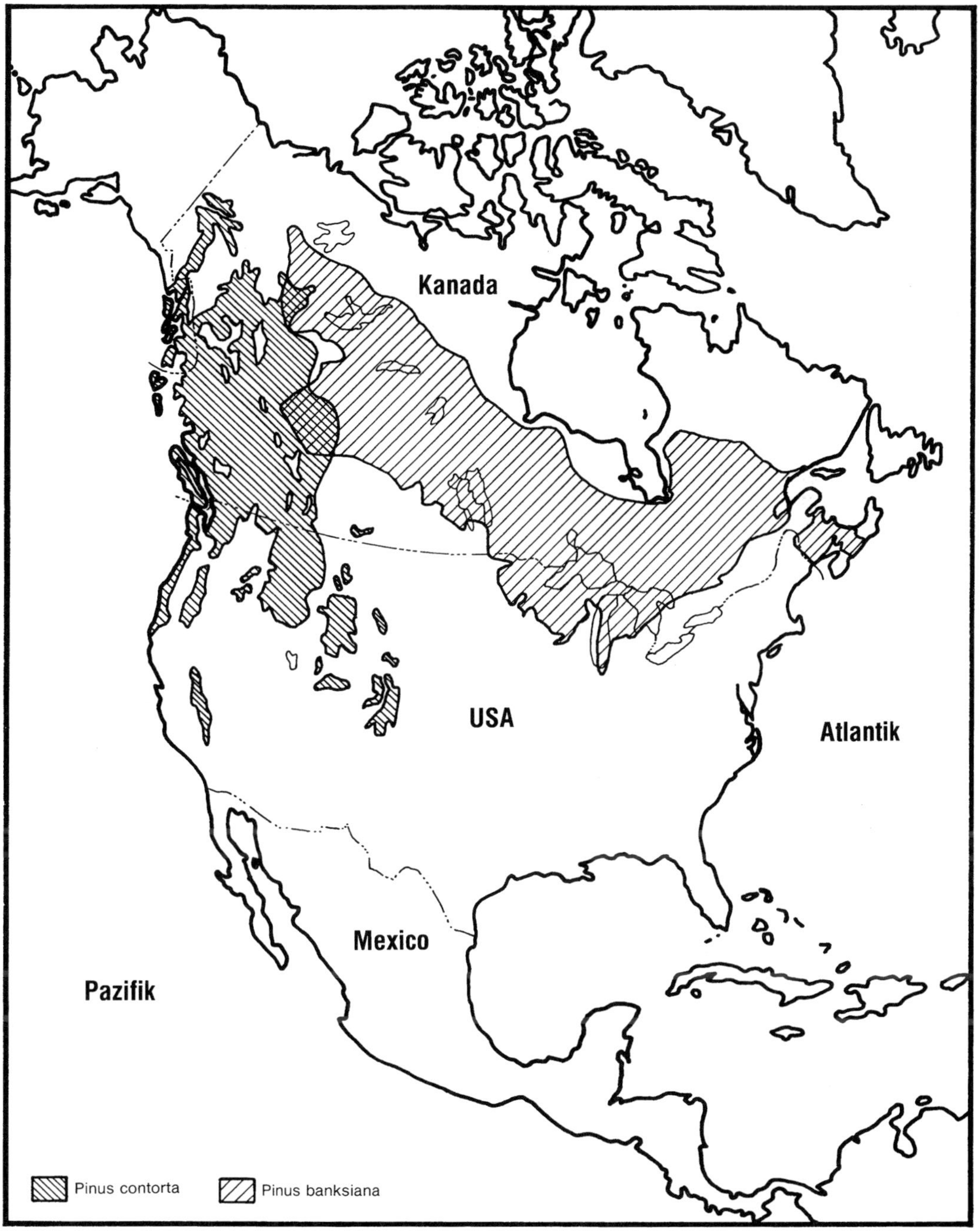

Natürliche Areale von **P. banksiana** und **P. contorta**

formen durch kerzengerade Stämme, hochansetzende, auch im Freistand schmale Kronen und dünne, kurze Äste auf. Borke bei (1) dick, tief gefurcht und dunkel, bei (2) und (3) feinschuppig, sehr dünn. Nadeln stets zu zweit am Kurztrieb; bei (1) steif, rel. kurz (bis 5 cm),

a

b

c

Pinus contorta: a Var. murrayana im Yosemite Nat. Park, *b* Var. murrayana, Einzelbaum, *c* Var. contorta in CA

dichtstehend, dunkelgrün, 2 – 3 Jahre am Baum bleibend, bei (2) und (3) hingegen rel. lang (bis 8 cm) locker gestellt, gelblich-grün, 6 – 8 Jahre am Baum. Alle 3 Var. blühen früh. Zapfen eiförmig, senkrecht vom Trieb abstehend, Zapfenspitze weist oft nach unten. Zapfenbasis unsymmetrisch. Ein Teil der Zapfen verbleibt geschlossen mit keimfähigen Samen bis zu 10 Jahren am Baum und öffnet sich bei Waldbrand. Samenflügel rot gestreift. Pfahlwurzelsystem. Holz rel. leicht, weich, mit bräunlichem Farbkern. Verwendung als Masten, Papierholz (Var. 2 und 3) und Brennholz (Var. 1).
Besonderheiten: Lichtholzart mit raschem Jugendwachstum, Seitendruck wird toleriert. Die Art bietet keinerlei Pflanzrisiko und ist widerstandsfähig gegen Ki-Schütte. In Eur. starker Befall mit Rhyacionia buoliana (Ki-Knospen-Triebwickler) und Schneedruckschäden; in Amerika gefährdet durch → *Cronartium harknessii* und den Borkenkäfer Dendroctonus monticolae. Deutliche Herkunftsunterschiede hinsichtlich Wüchsigkeit, Morphologie und Krankheitsresistenz. Mit P. banksiana bildet Var. latifolia natürliche Bastarde. Künstl. Hybriden gleicher Kombination zeigten in der F_1 mit 15 Jahren luxurierendes Wachstum.

Pinus coulteri D.Don (Subgen. Diploxylon): Dreinadelige, breitkronige Ki des südl. Calif. Zerstreut auf rel. trockenen Standorten des Küstengebirges (bis 2 300 m). Ähnlich → *P. jeffreyi*,aber bis 3 cm lange, harzige Knospen; 2 – 3 Jahre am Baum verbleibende, rel. steife, bis 30 cm lange Nadeln und breit-eiförmige Zapfen, die 35 cm lang und 2 kg schwer werden können. Samen groß und eßbar; forstl. Bedeutung gering.

Pinus densata → *Pinus tabulaeformis*

Pinus densiflora Sieb. et Zucc. Japanische Rotkiefer (Subgen. Diploxylon): Wichtige, zweinadelige Ki-Art Japans (0 – 2 300 m), deren nat. Verbreitung auch große Teile Koreas umfaßt; in der nördl. Mandschurei und in O-China jedoch nicht sicher nachgewiesen ist. Die Art erinnert im Habitus und wegen ihrer fuchsroten Spiegelrinde an P. sylvestris, wird bis 36 m hoch, bleibt aber in Küstennähe krumm und breitkronig. Sie stellt geringe Standortansprüche und wächst häufiger in Reinbeständen als in Mischung mit Tsuga sieboldii und Chamaecyparis obtusa oder mit Abies firma. Neuerdings treten erhebliche Schäden durch Nematoden (Bursaphelenchus xylophilus) auf. Morph. Kennzeichen: Junge Triebe bereift; reife Zapfen bleiben im Spitzenbereich geschlossen. In M-Eur. ist P. densiflora weder als Park-, noch als Waldbaum von Interesse. Gründe: Schneebruch, Blattparasiten, Unwüchsigkeit, schlechte Stammform.

Pinus divaricata → *Pinus banksiana*

Pinus echinata Mill (syn.: P. mitis Michx.) (engl.: Shortleaf Pine) (Subgen. Diploxylon): Wirtschaftl. wichtige, weitverbreitete Ki der amerik. SO-Staaten; nat. Areal von 41° bis 30°n.Br. (NY bis FL), nach O bis OK (96°w.L.). Hauptsächlich auf sandig-kiesigen Standorten des (küstennahen) Flachlandes (bis 700 m ü.NN). Optimum auf sandigen Lehmen mit niedrigem pH in AR und LA. Maximal ≈ 42 m hoch und ≈ 1,3 m stark. Nicht winterhart in M-Eur..
Kennzeichen: Breite, offene Krone, dunkelrotbraune Borke oft mit etwas aufgebogenen Schuppen. Nadeln zu zweit (selten 3); mit 7 – 11 cm Länge keineswegs kurz (Name!). Zapfen mit dünnen Schuppen, bei Reife weit offen, danach lange am Baum bleibend. Beson-

a b c

Pinus echinata: *a* Bestand, *b* stammbürtige Triebe, *c* Borke

derheiten: P. echinata vermehrt sich nach Bodenfeuer, Windbruch und Verletzungen durch Stockausschläge, sie bildet auch stammbürtige Triebe. Verwendung haupts. als Bau- und Papier-, Faß- und Sperrholz. Hohe Widerstandsfähigkeit gegen Waldbrände, Resistent gegen → *Cronartium fusiforme,* aber anfällig gegen »Littleleaf Disease« (→ *Phytophthora cinnamomi).* Wie andere südöstl. Ki-Arten wird P. echinata zunehmend im Plantagenbetrieb bewirtschaftet. Künstl. Artbastardierungen gelangen u.a. mit P. taeda und P. elliottii.

Pinus edulis → *Pinus cembroides*

Pinus eldarica → *Pinus brutia*

Pinus elliotti Engelm. (engl.: Slash Pine) (Subgen. Diploxylon): Wirtschaftl. wichtige Art des warm-humiden Südostens der USA, hauptsächlich auf feuchteren Standorten in FL und den südl. Teilen von SC, MS, LA. Rasches Jugendwachstum (bis 6,5 m mit 6 Jahren). Intensive Harznutzung. Kennzeichen: Gerader Schaft, hoch angesetzte Krone, lange, biegsame Äste. Die bis 30 cm langen Nadeln stehen zu zweit oder dritt und bleiben 2 Jahre am Baum, Knospenschuppen bewimpert; Zapfen 8 – 15 cm lang.
Die Art ist in M-Eur. nicht winterhart. Sie wird in den USA intensiv züchterisch bearbeitet und außerhalb ihres Areals (Südafrika, S-Amerika) für Aufforstungen herangezogen. Man unterscheidet 2 Varietäten: (1) P. elliottii var. elliottii (»Typical Slash Pine«) und (2) P. elliottii var. densa Little et Dorman (»South Florida Slash Pine«). Letztere ist meist zweinadelig, wächst im subtropischen südl. Florida und durchläuft als Sämling ein »Gras-Stadium«. → *»Grass stage«.*

Pinus engelmannii Carr. (syn.: P. macrophylla Engelm.) (engl.: Apache Pine) (Subgen. Diploxylon): Bis 30 m hoher Baum, beheimatet in Höhenlagen von S-Arizona, SW-NM und N-MX. Mitunter als besonders langnadelige (25 – 35 cm) Form von → *P. ponderosa* betrachtet. Die rel. dicken, leicht brechenden Nadeln stehen meist zu dritt, aber auch zu 2, 4 und 5.

Pinus excelsa → *Pinus wallichiana*

Pinus flexilis James; Nevada-Zirbelkiefer (engl.: Limber Pine) (Subgen. Haploxylon): Langsam wachsende, wirtschaftl. unbedeutende Holzart aus Höhenlagen der Rocky Mts. (1 000 – 3 700 m) von S-AB bis zur mexikanischen Grenze, auch in der Sierra Nevada und den kalif. White Mts. Selten höher als 20 m, meist mehrstämmig und krumm, an der Waldgrenze buschig. Max. Alter ≈ 400 Jahre. Morphologische Übergänge zu P. albicaulis im NW und zu P. strobiformis im S.
Die rel. anspruchslose, in M-Eur. winterharte Art ist hoch anfällig gegen den Strobenrost. Wegen der max. 8 cm langen, blaugrünen, zu fünft stehenden Nadeln hat sie einen gewissen Zierwert. Nadeln bleiben bis 5 Jahre am Baum. Die 8 – 18 cm langen, stark verharzten Zapfen öffnen sich bei Reife und entlassen fast flügellose, später durch Eichhörnchen verbreitete Samen. Bewurzelung flach.

Pinus formosana → *Pinus morrisonicola*

Pinus gerardiana Wall. (Subgen. Diploxylon): Breitkroniger, bis 25 m hoher Baum des westl. Himalaya (NW Punjab, Pakistan, NO-Afghanistan), oft in Tälern zwischen 2 000 und 3 350 m Höhe. Genutzt werden auch die bis 2 cm großen, eßbaren Samen. Zapfen bis 20 cm mit deutlich umgeschlagenen Schuppen. Nadeln zu dritt, 3 Jahre am Baum. Rinde dünn, eibenähnlich abblätternd. Nicht winterhart in M-Eur..

Pinus glabra Walt. (engl.: Spruce Pine) (Subgen. Diploxylon): Nicht sehr häufige, bis 35 m hohe, zweinadelige Ki des subtropischen SO der USA, beheimatet im küstennahen Flachland von South Carolina über Florida bis zur Mississippi-Mündung. Langtriebe mit Zwischenquirlen. Nicht winterhart in M-Eur..

Pinus greggii Engelm. (Subgen.Diploxylon): Bis 15 m hohe, eng mit P. patula verwandte, dreinadelige Ki-Art aus kühl-humiden Höhenlagen (1 500 – 2 700 m) O-Mexicos. Nicht winterhart in M-Eur.

Pinus griffithii → *Pinus wallichiana*

Pinus halepensis MILL.; Aleppo-Kiefer, Seekiefer (Subgen. Diploxylon): Anspruchslose, zweinadelige Lichtholzart des Mittelmeergebietes, hauptsächlich in Südfrankreich, Italien und Jugoslawien. Sie fehlt auf Sardinien und Kreta, kommt aber an der nordafrikanischen Küste vor und ist sehr gut an sommertrockene, warme Standorte angepaßt. Deswegen wird sie trotz schlechter Stammform und mäßiger Wuchsleistung gern für Karstaufforstungen in Küstennähe herangezogen. Kaum in Reinbeständen, oft Bestandteil der → *Macchie.* P. h. wird max. 25 m hoch, ist oft mehrstämmig, meist unregelmäßig, aber dicht beastet und hat sehr dünne, bis 12 cm lange, 2 – 3 Jahre alt werdende, graugrüne Nadeln. Die sehr regelmäßig geformten, ca. 10 cm langen Zapfen bleiben nach der im 3. Jahr stattfindenden Samenreife noch jahrelang am Baum. Widerstandsfähig gegen Wind, Dürre und Salzwassergischt, nördl. der Alpen aber nicht winterhart (Abb. S. 374).

Pinus halepensis

Pinus heldreichii CHRIST; Panzerkiefer (Subgen. Diploxylon): Seltene, wirtschaftl. unbedeutende zweinadelige Ki-Art unsicherer system. Stellung; von einigen Autoren → *P. leucodermis* zugerechnet. Sehr kleines Areal, haupts. in südjugosl. Gebirgen zwischen 1 000 und 2 500 m. Morphologie wie → *P.leucodermis,* aber max. 20 m hoch, schmalkronig, 2j. Triebe mit brauner Rinde. In M-Eur. winterhart.

Pinus inops → *Pinus virginiana*

Pinus insignis → *Pinus radiata*

Pinus insularis ENDL. (Subg. Diploxylon): Geradschaftige dreinadelige Ki aus den Philippinen (Luzon, Mindoro), die von manchen Autoren mit → P.khasya, von anderen mit → *P. yunnanensis* gleichgesetzt wird.

Pinus jeffreyi GREV. et BALF. (engl.: Jeffrey Pine) (Subgen. Diploxylon): Wüchsiger, der P. ponderosa habituell und ökologisch sehr ähnlicher Waldbaum des nordam. SW. Nat. Areal vom südwestl. OR über das Küstengebirge und die westl. Sierra Nev. (»Yellow Pine Belt«) bis ins nördl. Nieder-CA, zumeist oberhalb 1 600m. Oft auf Lava und Granit, toleriert Serpentin. Unter optim. Bedingungen 1,5 m stark (max. 2,1 m) und 50 m hoch (max. 65 m). Höchstalter ≈ 600 Jahre. Die Art ist in M-Eur. winterhart und rel. dürrefest; forstl. Anbauversuche verliefen meist negativ.
Kennzeichen: Geradstämmiger, im Freistand tief und lang beasteter Baum mit dunkelrotbrauner Plattenborke. Nadeln zu dritt, blaugrün, steif, bis 23 cm lang. Knospen ohne Harz (Gegensatz zu P. ponderosa), Zapfen bis 25 cm lang (P. ponderosa max. 14 cm).
Besonderheiten: In den St. Bernardino Mts. hat sich P. jeffreyi als rel. widerstandsfähig gegen Smog erwiesen. Gefährlich werden ihr Zwergmisteln (→ *Arceuthobium campylopodium),* Wurzelfäuleerreger und Borkenkäfer. Mit P. ponderosa und P. coulteri bildet sie natürliche Bastarde.

Pinus kesiya → *Pinus khasya*

Pinus khasya ROYLE (syn.: P. kesiya ROYLE EX GORDON) (Subg. Diploxylon): Dreinadelige, hauptsächlich in trokkeneren Lagen Birmas und Thailands vorkommende, max. 35 m hohe Art. Harzgewinnung wegen des sehr geringen ß-Phellandrengehaltes. Kennzeichen: bis 22 cm lange, schmale, graugrüne Nadeln, gerader Stamm, aber tiefansetzende, auffallend krumme Äste. Enge Verwandtschaft mit → *P. insularis* und → *P. yunnanensis.*

Pinus koraiensis SIEB. et ZUCC. Korea-Kiefer (Subgen. Haploxylon): Wichtiger Waldbaum Ostasiens, dessen nat. Areal von der östl. Mandschurei über O-China und SO-Sibirien (600 m) durch ganz Korea bis nach Honshu (2 500 m) reicht. Höhe bis 30 m; wertvolles Holz, deshalb in Korea und China stark exploitiert. Kennzeichen: Bis 15 cm lange, zu fünft stehende, blaugrüne, unterseits weißliche Nadeln. Junge Triebe bis zum 3. Jahr dicht rotbraun behaart. ♂ Blüten karmesinrot. Die zunächst blaugrünen, später gelbbraunen Zapfen bleiben bei Reife geschlossen und fallen als Ganzes ab. Samen eßbar. P. koraiensis ist in M-Eur. völlig winterhart; forstl. ohne Interesse, gelegentlich als Parkbaum.

Pinus krempfii → *Pinus*

Pinus lambertiana DOUGL. Zuckerkiefer (engl.: Sugar Pine) (Subgen. Haploxylon): Die höchste aller Ki-Arten, deren nat. Vorkommen sich hauptsächlich auf die niederschlagsreichen Westhänge der Küstengeb. und der Sierra Nevada in OR und CA erstreckt (44°47'-30°30'N). Optimum auf tiefgründigen, sandigen Lehmen (Granitverwitterung) zwischen 1 500 und 2 000 m ü.NN. Dort max. Höhe 82 m und max. BHD bis 3 m, Höchstalter ≈ 600 Jahre, rasches Jugendwachstum. P. lambertiana ist eine Lichtholzart von großer wirtschaftl. Bedeutung, die kaum in Reinbeständen vorkommt. Mischholzarten sind Sequoiadendron giganteum, Abies concolor var. lowiana, Calocedrus decurrens, Pseudotsuga menz., Pinus ponderosa. Wegen mangelnder Frosthärte und hoher Rostempfindlichkeit ist sie in M-Eur. nicht anbauwürdig.
Kennzeichen: Gerader Stamm, im Freistand mit weit ausladender, waagrechter Beastung. Junge Triebe behaart. Kurze (8 – 10 cm), zu fünft angeordnete, rel. steife Nadeln, 2–3 Jahre am Baum bleibend. Bis 60 cm lange und – in offenem Zustand – bis 25 cm breite Zapfen. Die rel. kurz geflügelten Samen sind eßbar.

Besonderheiten: Der Name Zuckerkiefer geht auf größere Sekrettropfen an Wundrändern zurück, die nur wenig Harz enthalten, aber durch den Gehalt an Monomethyläther des d-Inositol süß schmecken. Das Holz spaltet leicht, wurde gern für Schindeln verwendet und besitzt einen gelblichen Farbkern. P. lambertiana ist hoch anfällig gegen den → *Strobenrost,* wurde aber in den südl. Teilen des Areals vermutlich aus klimatischen Gründen lange vom Befall verschont. Die Art ist mit P. armandii und P. monticola kreuzbar.

Pinus lambertiana

Pinus laricio → *Pinus nigra*

Pinus leiophylla →*Pinus chihuahuana*

Pinus leucodermis ANT. (syn.: P. heldreichii var. leucodermis (ANT.) MARKGR. ex FITSCHEN, P. nigra var. leucodermis REHD.) Schlangenhautkiefer, Panzerkiefer (Subgen. Diploxylon): Langsamwachsende, wirtschaftl. unbedeutende, zweinadelige Ki aus Hochlagen der Kalkgebirge des Balkan (1 000 – 2 500 m), die vornehmlich einzeln oder in lichten Beständen erwächst und in exponierten Lagen bizarre Formen annimmt, sonst bis 25 m hoch, geradschaftig und gleichmäßig bekront. Die Art stellt nur geringe Standortansprüche und ist unempfindlich gegen Klimaextreme. Kennzeichnend ist die weißgraue, schuppig aufreißende Rinde junger Triebe (»Schlangenhautkiefer«) sowie die kleinschuppige Borke an der Stammbasis älterer Bäume (»Panzerkiefer«). P. l. ist in M-Eur. völlig winterhart und findet sich gelegentlich als sehr gleichmäßig aufgebauter, der Schwarzkiefer ähnlicher Parkbaum. Kennzeichen: Bis 9 cm lange, derbe, dunkelgrüne Nadeln, die bis 6 Jahre am Baum bleiben und etwas dem Zweig anliegen. Rel. große, lang zugespitzte, harzfreie Knospen. Junge Zapfen erst violett, dann blauschwarz. Die systematische Abgrenzung zu → *P. heldreichii* und → *P. nigra* ist schwierig.

Pinus longaeva BAILEY (Subgen. Haploxylon): Eng mit P. balfouriana und P. aristata verwandte, fünfnadelige Ki-Art aus extrem trockenen Standorten in Höhenlagen der Rocky Mts. in CA, UT und CO. 1972 erstmals beschrieben. Erreicht max. Alter von ≈ 5 000 Jahren. Lebensalter der Nadeln bis 45 Jahre.

Pinus longifolia → *Pinus roxburghii*

Pinus luchuensis MAYR (engl.: Okinawa Pine) (Subg. Diploxylon): Bis 20 m hohe, vor dem 2. Weltkrieg wirtschaftl. genutzte, zweinadelige Art der jap. Ryukyu-Inseln, haupts. auf Okinawa. Widerstandsfähig gegen Salzwassergischt.

Pinus lutea → *Pinus taeda*

Pinus macrophylla → *Pinus engelmannii*

Pinus maritima → *Pinus pinaster*

Pinus massoniana LAMB. (Subgen. Diploxylon): Weit verbreitete, standörtlich und klimatisch flexible Wirtschaftsholzart S- und M-Chinas. Gerader Schaft, max. 30 m hoch, ähnlich → *P. densiflora,* mit sehr dünnen, bis 20 cm langen, meist zu zweit stehenden Nadeln. Fuchsrote Spiegelrinde.

Pinus merkusii JUNGH. et DE VRIESE (Subg. Diploxylon): Am weitesten nach S. vordringende Ki-Art. Nat. Areal von S-Birma, N-Thailand, Laos, Vietnam bis ins nördl. Sumatra. Dort bis 2 000 m ü.NN in Mischung mit trop. Lh oder in Savannah-ähnlichen Gebieten. Max. 30 m Höhe. Forstl. Anbau und Harznutzung in Indonesien. Nadeln zu zweit, bis 25 cm lang. Nicht winterhart in M-Eur..

Pinus mitis → *Pinus echinata*

Pinus monophylla → *Pinus cembroides*

Pinus montana → *Pinus mugo*

Pinus monticola mit Larix occidentalis und Abies grandis

Pinus monticola DOUGL. ex D.DON; Westl. Weymouthskiefer (engl.: Western White Pine) (Subgen. Haploxylon): Wuchskräftiger, wirtschaftl. wichtiger Baum des amerik. Nordwestens. Das nat. Areal umfaßt (a) Rocky Mts im südl. BC, in N-ID, W-MT und NO-WA (900 bis 2 000 m), (b) Cascaden von BC bis N-CA und

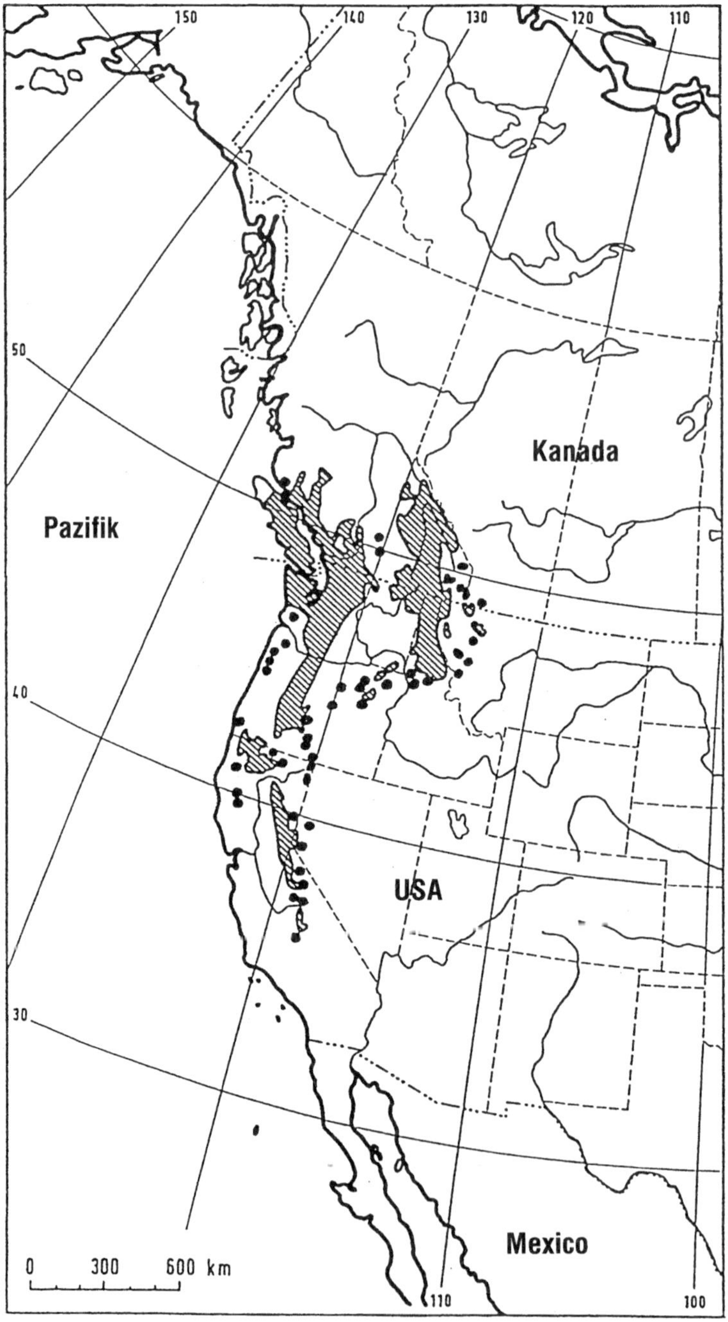

Natürliches Areal von **Pinus monticola** (• = Einzelvorkommen)

(c) Sierra Nev. in CA (2 000 – 2 500 m). Optimum auf tiefgründigen, frischen, schwach saueren Böden im Teilareal (a). Max. 70 m hoch, 2 m stark, 600 Jahre alt. Oft in Mischung mit Larix occ., Abies grandis, Dougl., Thuja plicata, Pinus contorta. Lichtholzart mit extrem schmaler, fichtenähnlicher Krone, kurzen Ästen und wertvollem Holz.
Kennzeichen: Junge Triebe rötlich braun behaart; Nadeln zu fünft, kaum von P. strobus zu unterscheiden. P. monticola ist hoch anfällig gegen den → *Strobenrost*. Der Pilz gelangte um 1930 in das Areal und vernichtete seitdem große Teile der nat. Bestände. Erste Erfolge der Resistenzzüchtung auf der Basis individueller Selektionen sind erkennbar. Weitere Schäden durch → *Pole Blight* und den Borkenkäfer Dendroctonus monticolae. Die Art ist völlig winterhart in M-Eur.; ihr Anbau aber wegen der Rostempfindlichkeit bisher aussichtslos.

Pinus morrisonicola Hayata (syn.: P. formosana Hayata) (Subgen. Haploxylon): Bis 30 m hoher, oft krummer Baum aus Höhenlagen Taiwans (bis 2 300 m), ähnlich → *P. parviflora*. Für Bonsai-Kulturen verwendet.

Pinus mugo Turra (syn.: P. montana Mill.) Bergkiefer, Latsche, Legföhre. (Subgen. Diploxylon): Anspruchslose, sehr formenreiche und klimaharte, europäische Ki-Art. Schwerpunkte ihres nat. Areals sind Höhenlagen der Alpen, Pyrenäen und Karpaten, des Apennin und des Balkan. Außerdem wächst sie auf Hochmooren der deutschen Mittelgeb., Nieder- und Oberösterreichs, der CSSR und des Alpenvorlandes. Leichte Beschattung ertragende Lichtholzart. Borke bis zum Kronenansatz dunkelgraubraun bis schwarzgrau, in kleine, unregelmäßige Felder aufreißend; junge Triebe weder behaart noch bereift. Nadeln zu zweit, derb, beiderseits dunkelgrün, zur Triebspitze hin leicht sichelförmig gekrümmt, stumpfspitzig. Sie bleiben bis zu 12 Jahre am Baum. ♀ Blüten blauviolett, meist zu mehreren beieinander. Zapfen mit dunklem Ring um den Nabel der Schuppenschilder.
Wegen großer Unterschiede in der Wuchsform, den ökologischen Ansprüchen und der Zapfenmorphologie gab es in der Vergangenheit eine Vielzahl taxonomischer Differenzierungen innerhalb der Art. Heute unterscheidet man 3 Unterarten: 1. P. mugo ssp. mugo Zenari (syn.: P. montana ssp. mughus (Scop.) Aschers. et Graebn., Legföhre. 2. P.mugo ssp. uncinata [Ramond] Domin (syn.: P. uncinata Mill. ex Mirb.) Hakenkiefer oder Spirke, 3. P.mugo ssp. rotundata [Link] Janch. et Neumayer; Moorkiefer. Allein im Habitus unterscheiden sich diese 3 Unterarten so stark, daß sie im folgenden separat beschrieben werden.
1. Pinus mugo, ssp. mugo: Langsam wachsender, vielstämmiger, niederliegender, bis 2,5 m hoher Strauch mit zunächst flachstreichenden, sich später aufrichtenden Sproßachsen, der an der Baumgrenze sehr dichte, zusammenhängende Bestände (Latschengürtel) bilden und die Entstehung von Lawinen verhindern kann. Das extensive, flachstreichende Wurzelsystem legt Geröll fest. Vorkommen haupts. in den Ostalpen (bis 2 500 m) und Karpaten (1 750 – 1 970 m); in den Bayer. Kalkalpen zwischen 1 600 und 2 100 m, in Lawinenbahnen auch wesentlich tiefer herabreichend. W- und S-Hänge werden bevorzugt besiedelt, Kalk eher als Urgestein,

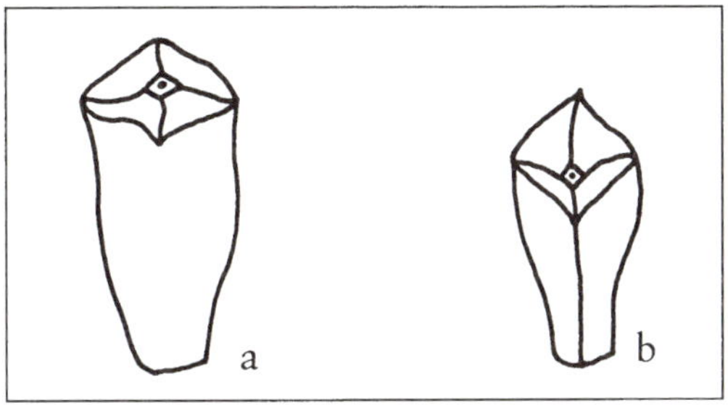

Pinus mugo: Zapfenschuppen von *a* var. mughus, *b* var. pumilio

Pinus mugo ssp. mugo auf Geröll

Pinus mugo ssp. uncinata

Sandstein und Tonschiefer. Gedeiht in den höchsten Lagen noch bei einer Vegetationszeit von 40 – 50 Tagen. Die Latsche erträgt Extremtemperaturen, liebt aber hohe Luftfeuchte. Sie wurde mit Erfolg zu Dünenaufforstungen an Ost- und Nordsee herangezogen. Sonst keine forstl. Bedeutung, spielt aber im Hochgebirge eine wichtige Rolle als Erosionsschutz. Aufgrund von Unterschieden in der Zapfenmorphologie unterteilt man P. mugo ssp. mugo in die Varietäten: –Mughus

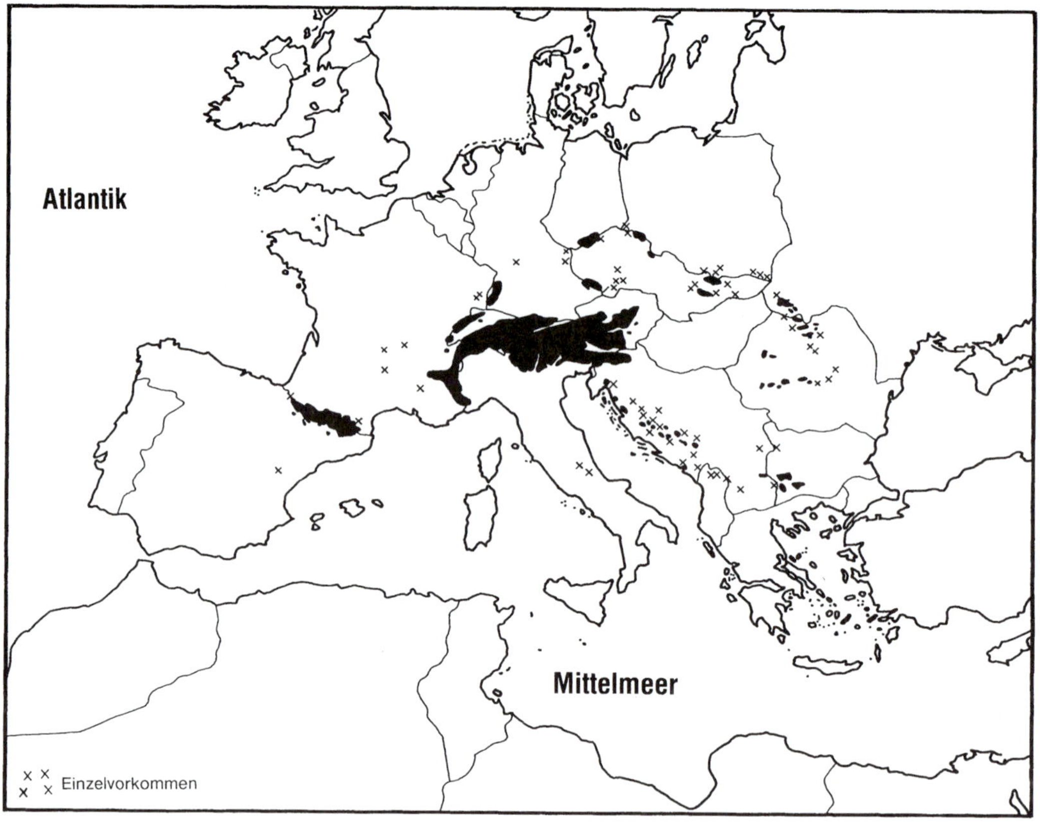

Natürliches Areal von **Pinus mugo**

(SCOP.) ZENARI: Nabel in der Mitte des Schuppenschildes; zerstreutes Vorkommen in den Ostalpen. – Pumilio (HAENKE) ZENARI: Nabel unterhalb des Schuppenschild-Mittelpunktes: verbreitet im Alpengebiet.
2. Pinus mugo ssp. uncinata: Einstämmige, bis 26 m hohe, forstlich genutzte Unterart mit ausgedehnten nat. Beständen in den Pyrenäen und Westalpen (bis 1 800 m). Größere Vorkommen auch in der O-Schweiz (Engadin, Ofenpaß) und in Kärnten. Im Voralpenland und im Südschwarzwald besiedelt die Spirke Randzonen von Hochmooren. Dort nur gedrungener Baum mit abgeflachter Krone und tief dunkelgrüner Benadelung. Der Name Hakenkiefer geht auf einen hakenförmigen Fortsatz am Schuppenschild der Zapfen zurück. Das Merkmal ist nicht immer klar ausgeprägt und tritt ansatzweise auch bei Var. rotundata auf.
3. Pinus mugo ssp. rotundata: Strauch- oder baumförmige Unterart, kaum 10 m hoch. Beheimatet in Mooren O-Österreichs, Süddeutschlands, der CSSR und des Erzgeb. Nicht sicher von der Spirke zu trennen. Kennzeichen: Krümmung an der Stammbasis und deutliche Höckerbildung auf den Zapfenschuppen. Ohne forstl. Bedeutung.
Die Bergkiefer steht in Deutschland unter Naturschutz. Zahlreiche Zierformen machen die Latsche zu einem interessanten Objekt des Gartenbaus. Die Art ist im

Pinus muricata

Hochgeb. durch → *Schneeschimmel* und → *Scleroderris lagerbergii* gefährdet. Seit 1985 treten an Latsche massive Schäden durch das Waldsterben auf. Künstliche Bastardierung mit P. sylvestris ist gelungen. Die system. Untergliederung der Art wird auch heute noch sehr uneinheitlich vorgenommen.

Pinus muricata D.DON. (engl.: Bishop Pine) (Subgen. Diploxylon): Kleiner, breitkroniger, oft vom Wind zerzauster Baum an der kalif. Küste. Rel. selten und ohne-

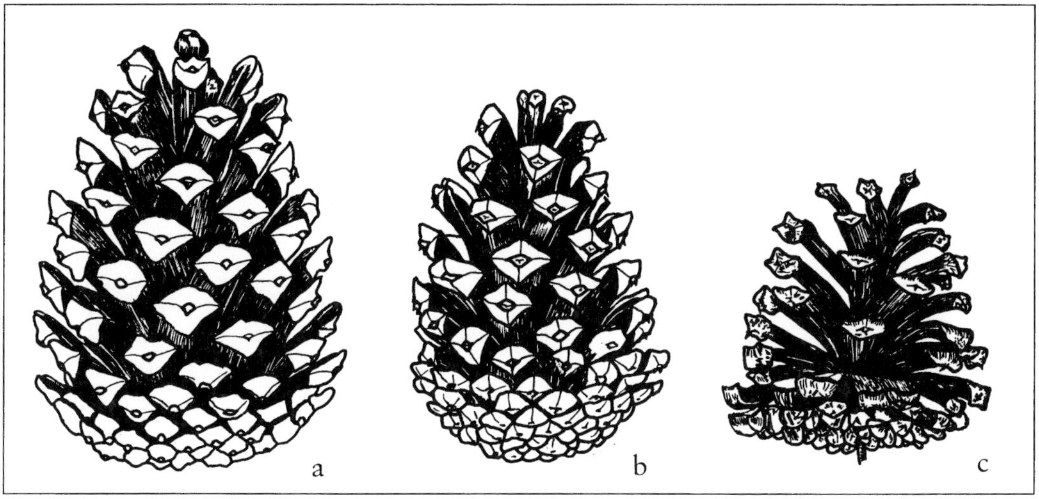

Zapfen mitteleuropäischer **Pinus**-Arten (3/4 nat. Gr.): *a* P. nigra, *b* P. sylvestris (beide halb geöffnet), *c* P. mugo (ganz geöffnet)

forstl. Bedeutung. 2 Nadeln am Kurztrieb. Kennzeichnend sind die jahrelang ungeöffnet am Baum bleibenden, z.T. einwachsenden und mit spitzen, gekrümmten Dornen versehenen Zapfen. Nicht winterhart in M-Eur..

Pinus murrayana → *Pinus contorta*

Pinus nigra Arnold (syn.: P. laricio Poir., P. nigricans Host) Schwarzkiefer (Subgen. Diploxylon): Wichtige europ. Ki-Art. Anspruchslos, standorttolerant, wuchskräftig und rel. immissionsresistent. Ihr stark zerklüftetes, nat. Areal hat Schwerpunkte im Mittelmeerraum, auf dem Balkan und in Kleinasien. Analog zu entspr. Teilarealen entstanden Klimarassen, deren Abgrenzung und Nomenklatur in der Literatur stark variiert. Als Ergebnis zahlreicher Anbau- und Provenienzversuche zeichnet sich folgende Einteilung ab: 1. P. nigra var. austriaca (Hoess) Badoux (syn.: P. nigra ssp. nigra ex Fitschen) Österreichische Schwarzkiefer (engl.: Austrian Pine). Hauptareal: westl. Balkan und dalmatinische Küste; Nordgrenze: Wienerwald, Einzelvorkommen in Kärnten. Geeignet für Karstaufforstungen, aber auch auf warmen, flachgründigen Kalkböden in M-Eur.. Max. Höhe 30 m. Mitunter wird abgetrennt: P. nigra ssp. dalmatica (Vis.) Franco mit kurzen (bis 7 cm), steifen Nadeln und nur 4,5 cm langen Zapfen. Heimat: jugosl. Küste. 2. P. nigra var. caramanica (Loud.) Rehd. (syn.: P. nigra ssp. pallasiana [Lamb.] Holmb.) Krim-Kiefer. Beheimatet in den Hochlagen des Taurus, auf der Krim, auf Cypern und in den südl. Karpaten. Forstl. wenig genutzt. In Provenienzversuchen wenig wüchsig und schlechte Stammform. 3. P. nigra var. corsicana Loud. (syn.: P. nigra var. laricio [Poir.], P. nigra var. maritima [Ait.] Melville = Korsische Kiefer. Zuhause auf Urgesteinsböden Korsikas zwischen 900 und 1 300 m. Dort max. 50 m hoch, geradschäftig, bis 600 Jahre alt. In NW- und W-Eur. mit Erfolg angebaut. 4. P. nigra var. calabrica (Loud.) Schneid. (syn.: P. nigra ssp. laricio [Poir.] Maire, P. nigra var. poiritiana Aschers. et Graebn.) Kalabrische Kiefer. Heimat: Höhenlagen von 1 000 bis 1 800 m im südl. Apennin und auf Sizilien. Raschwüchsig, bis 40 m hoch, aber grobastig und schlechtere Stammform als (3). Anbauerfolge in NW-Eur.. 5. P. nigra var. cebennensis Rehd. (syn.: P. nigra ssp. salzmannii [Dun.] Franco, P. laricio Poir.; var. cebennensis Gren et Godr.) Pyrenäenkiefer. Nat. Vorkommen in kleineren Teilarealen in Algerien, Marokko, Spanien, S-Frankreich (Cevennen und östl. Pyrenäen). Wenig wüchsig und etwas krummschaftig, aber genügsam, standorttolerant und dürrehart.
Außerhalb ihres nat. Areals haben sich (1) in M-Eur., (3) und (4) in NW-Eur. forstl. gut bewährt. In Deutschland spielt (1) auf flachgründigen Kalkböden, wo sie wegen spezifischer Mykorrhiza-Assoziationen nicht an → *Kalk-Chlorose* leidet, eine wichtige Rolle.
Kennzeichen: Gerade, vollholzige Stämme mit breiter, im Freistand weit ausladender Krone, starken Ästen und schwarzgrauer Schuppenborke. Terminalknospen plötzlich stark zugespitzt, Lateralknospen mit vielen zarten, weißen Schuppen bedeckt. Nadeln zu zweit (ausnahmsweise 3) starr, dunkelgrün, bis 15 cm lang, stachelspitzig; sie bleiben 3 – 5 Jahre am Baum. Nadeln der Rassen (3) und (4) sind dünn, biegsam, graugrün und oft gewellt. Zapfen bis 8 cm lang, waagrecht abstehend, symmetrisch, mit glänzender Querleiste auf dem Schuppenschild. Samenreife im 3. Jahr. P. nigra bildet auf tiefgründigem Substrat ein Pfahlwurzelsystem aus. Vertikalwurzeln können 5 – 6 m Tiefe erreichen. Schwarzkiefernholz besitzt einen breiten, gelblichen Splint und einen rotbraunen Kern. Es ist dauerhaft und harzreich, spaltet schwer, hat nur geringe Druck- und Biegefestigkeit und wird als Bauholz verwendet.
Besonderheiten: Harzgewinnung stellt wichtige Nebennutzung dar. Unempfindlichkeit gegen Salzwassergischt und Wind sowie geringe Standortansprüche machen sie geeignet für Aufforstungen in unmittelbarer Küstennähe (Dünenaufforstungen). Schwarzkiefern sind weitgehend resistent gegen → *Lophodermium seditiosum.* Ihre hohe Anfälligkeit gegen → *Scleroderris lagerbergii* stellt aber [insbes. für (3) und (4) in NL, B, IRL

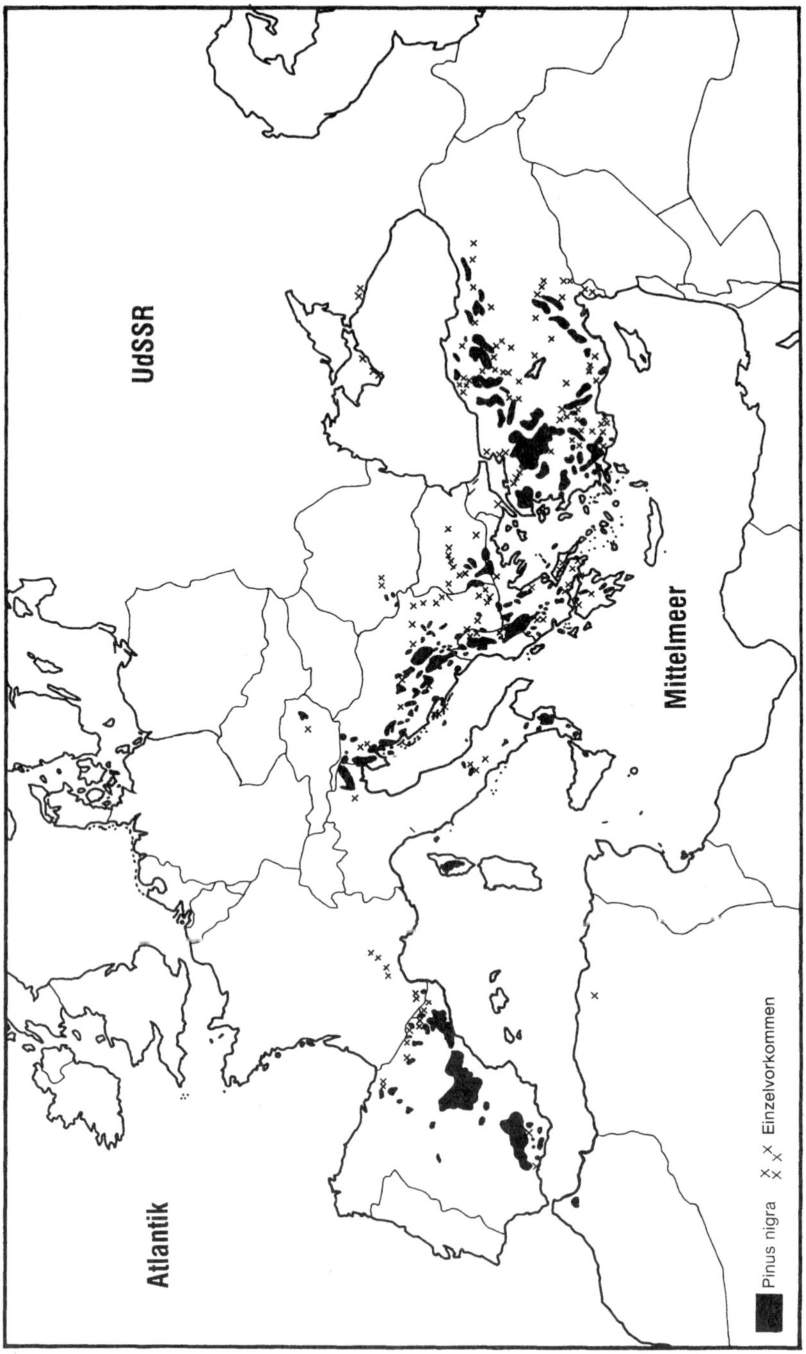

Natürliches Areal von **Pinus nigra**

Pinus nigra: *a* im Tara-Gebirge, *b* im Wienerwald

Pinus palustris: *a* Benadelung, *b* »grass stage«.

und GB] ein großes Problem dar. Von klassischen Rauchschäden bleibt P. nigra weitgehend verschont; deswegen hat ihr Anbau in Industriegebieten zugenommen.

Pinus nigricans → *Pinus nigra*

Pinus oocarpa Schiede (Subgen. Diploxylon): Südlichste der mittelamerik. Kiefern (bis 13°N). Breitkroniger, bis 20 m hoher Baum mit bis zu 30 cm langen, zu 3 (–5) stehenden Nadeln.

Pinus palustris Mill. (engl.: Longleaf Pine) (Subgen. Diploxylon): Wirtschaftl. wichtige, bis 37 m hohe dreinadelige Ki-Art des subtropischen SO der USA. Heimat im küstennahen Flachland von VA über O-FL bis O-TX. Wertvoll durch beste Holzqualität, nicht durch hohe Wuchsleistung. Meist als Schnittholz (Dielung) verwendet, außerdem intensive Harznutzung. P. palustris gedeiht auf sandigen, sauren, humusarmen, gut drainierten Standorten, oft gemeinsam mit P. echinata oder in Reinbeständen. Nicht winterhart in M-Eur..

Kennzeichen: Gerader Stamm, offene, rel. breite Krone, Äste mit vielen Krümmungen. Nadeln zu dritt, glänzend grün, biegsam und sehr lang (an jungen Exemplaren bis 45 cm). Die untersten Schuppen der abgefallenen Zapfen bleiben am Ast.

Besonderheiten: Das harzreiche, rel. harte und dauerhafte Holz wird unter dem Namen »Pitch Pine« gehandelt (→ *Pinus rigida*). Auffällig ist der starke Kontrast zwischen hellem Früh- und dunklem Kernholz. P. palustris durchläuft nach der Keimung ein 3 – 7 Jahre dauerndes, sog. »grass stage«, in dem das Längenwachstum des Sprosses gestaucht bleibt, aber eine intensive Wurzelentwicklung stattfindet. Die sehr langen Primärnadeln scheinen in Höhe der Bodenoberfläche zu entspringen. Danach kommt es zu einem starken Wachstumsschub. In Bezug auf Höhenwachstum, Frostresistenz und Wurzelmorphologie existieren Herkunftsunterschiede. Zwischen P. palustris und P. taeda wurde 1915 ein natürlich entstandener Artbastard mit intermediärem Verhalten aufgefunden (P. x sondereggeri); künstliche Bastardierungen gelangen u.a. mit P. taeda, P. elliottii und P. caribaea.

Pinus parryana → *Pinus cembroides*

Pinus parviflora Sieb. et Zucc. (syn.: P. pentaphylla Mayr) Mädchenkiefer (engl.: Japanese White Pine) (Subgen. Haploxylon): Forstl. unbedeutende Art aus den Bergwäldern Japans (Hokkaido, Honshu, Kiushu). Im Optimum (1 000 – 1 500 m) max. 30 m hoher, oft mehrstämmiger und breitkroniger Baum. Braucht Freistand, bevorzugt Kalk und ist rel. widerstandsfähig gegen den → *Strobenrost.* In M-Eur. winterhart. Wegen der zahlreichen, bis zu 7 Jahren am Baum verbleibenden offenen Zapfen und der attraktiven Benadelung gern als Parkbaum kultiviert. Kennzeichen: Zarte, bläulichgrüne, bis 8 cm lange, zu fünft stehende Nadeln, unterseits mit 3 – 4 weißlichen Wachsstreifen. Nadeln gehäuft an den Triebenden. ♂ Blüten oft blau. Eiförmige, bis 10 cm lange Zapfen, oft zu mehreren in Quirlen. P. parviflora wird häufig als Bonsai gezogen. Man unterscheidet zwischen der nördlichen Varietät pentaphylla mit kurzen, gedrehten Nadeln und längeren Zapfen und der südl. Varietät himekomatsu. Für gärtnerische Zwecke sind mehrere Zierformen im Handel (z.B. 'Glauca').

Pinus peuce: Borke eines ca. 70j. Stammes

Pinus patula Schl. et Cham. (Subgen. Diploxylon): Dreinadelige, im feucht-warmen Klima Centralmexicos (1 500 – 3 000 m) beheimatete Ki, die außerhalb des nat. Areals mit Erfolg zu Aufforstungen herangezogen wird (S-Afrika). Hängende, bis 30 cm lange, blaßgrüne Nadeln. In W-IR winterhart, nicht aber in M-Eur..

Pinus pentaphylla → *Pinus parviflora*

Pinus peuce Griseb. Rumelische Kiefer, Balkankiefer (Subgen. Haploxylon): Geradstämmige, max. 30 m hohe fünfnadelige Kiefer mit zerstreutem nat. Vorkommen in Höhenlagen (800 – 2 000 m) Albaniens, S-Jugoslawiens, W-Bulgariens und Griechenlands. Einstufige Reinbestände im mazedonischen Perister-Geb. und im bulgarischen Pirin-Geb. Oft an N- und NO exponierten Steilhängen auf Granit und Gneis. Winterharte, rel. anspruchslose Halbschattenholzart mit dauerhaftem, kaum arbeitendem Holz.
Kennzeichen: Unbehaarte, rel. dicke, junge Triebe, Nadeln scharf zugespitzt und rein grün. Zapfen kaum gebogen, mit längsgestreiften Schuppen. P. peuce ist weniger anfällig gegen den Strobenrost, bleibt aber im Jugendwuchs und in der Massenleistung hinter P. strobus zurück. Im Rahmen der Resistenzzüchtung gegen den → *Strobenrost* gelangen Artkreuzungen mit P. strobus und P. wallichiana.

Pinus pinaster Ait. (syn. P. maritima Lam.) Seestrandkiefer, Strandkiefer (Subgen. Diploxylon): Wirtschaftl. wichtige, zweinadelige Ki des Mittelmeerraumes und der Atlantikküste, dürrehart, anspruchslos und dennoch wüchsig. Sie wird auch außerhalb ihres nat. Areals in großem Umfang angebaut (z.B. Südafrika, Australien, Irland). Man unterscheidet mehrere Teilareale, denen umfangreichen Provenienzversuchen zufolge 5 Klimarassen entsprechen: (1) Portugal: besonders leistungsfähig und gut geformt. (2) Landes (Gascogne), auf Flugsandböden der franz. Atlantikküste: weniger wüchsig und geringere Qualität. (3) Estérél (Südfrankr.), bis 1 200 m in den Seealpen: gerade, schmalkronig, wenig wüchsig. (4) Korsika: mäßige Wuchsleistung bei guter Form. (5) Marokko, Atlas-Geb. bis 2 000 m: wenig wüchsig, schlechte Form.

Pinus pinaster

P. pinaster wird max. 35 m hoch. In den Landes (2) baut man sie seit 200 Jahren in Reinbeständen (80j. Umtrieb) an und betreibt intensive Harznutzung. In GB, IR und SW-Deutschland erträgt sie durchschnittl. Winterkälte und ist dann P. sylvestris auf armen Standorten in Wuchsleistung und Widerstandsfähigkeit gegen → *Lo-*

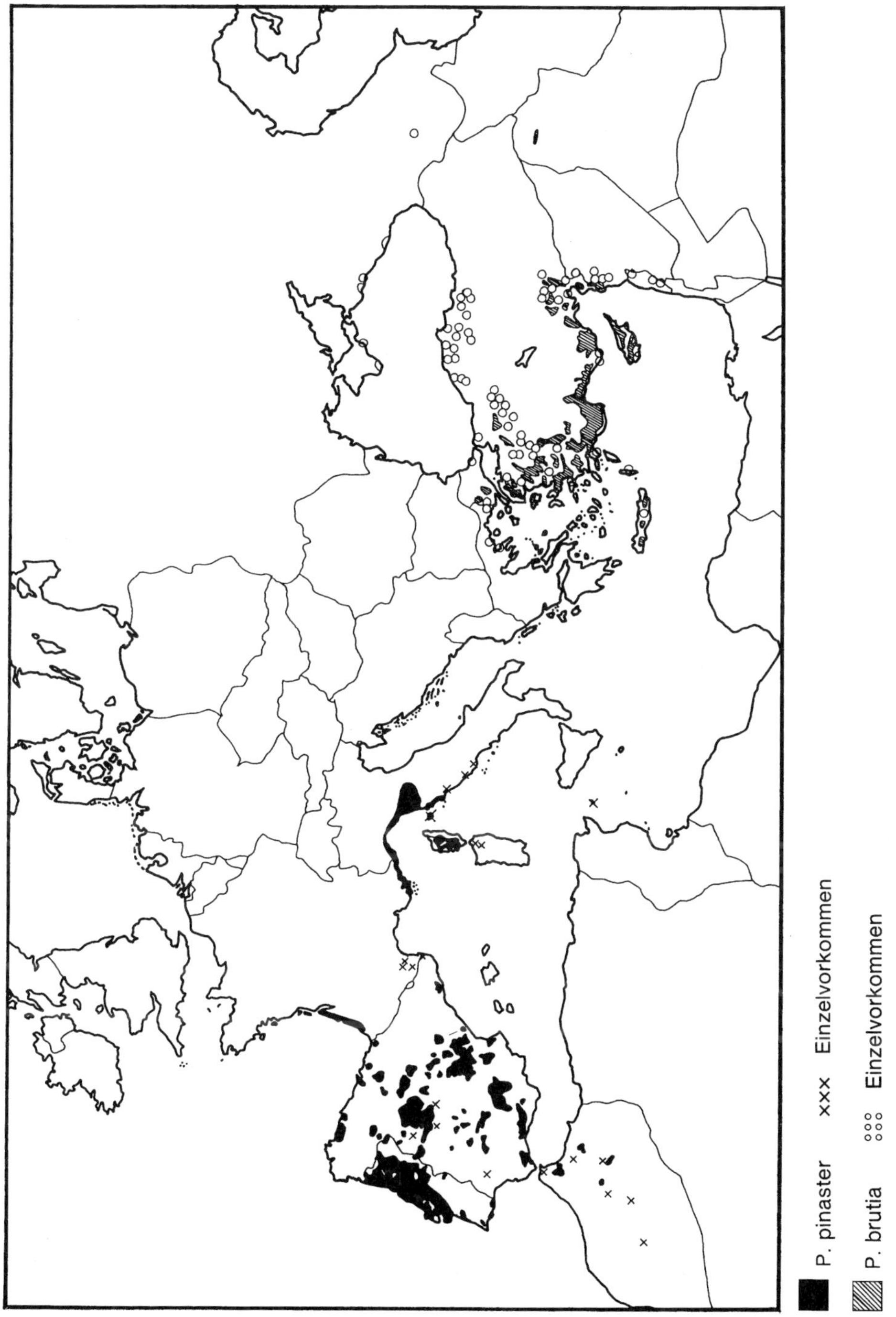

Natürliche Areale von **Pinus pinaster** und **P. brutia**

Zapfen mediterraner **Pinus**-Arten (1/2 nat. Gr.): *a* P. pinaster (ganz geöffnet), *b* P. pinea (geschlossen), *c* P. halepensis (halb geöffnet)

phodermium überlegen. Kennzeichen: Kräftige Bäume mit ± geradem Schaft, weit ausladender, dichter und dunkler, etwas abgeflachter Krone. Dunkel-rotbraune Plattenborke. Die äußerlich harzfreien Knospen tragen bewimperte, zurückgerollte Knospenschuppen. Die steifen und spitzigen, bis 23 cm langen, dunkelgrünen Nadeln bleiben 3 Jahre am Baum. An der Spitze der mitunter zweiknotigen Jahrestriebe sitzen meist 3 – 5 glänzend rotbraune, leicht unsymmetrische Zapfen mit ausgeprägten Querleisten an den Schuppen.

Pinus pinea: Bestand bei Grosseto

Pinus pinea L. Pinie (Subgen. Diploxylon): Charakterart der mediterranen Baumflora mit weit auslandender, schirmförmiger, schattenspendender Krone; forstl. genutzt. Nat. Areal in Küstenregionen von Portugal bis Syrien mit Schwerpunkten in Spanien (Andalusien, Castilien) und Italien. Meist auf sauren Böden, selbst auf Flugsand, kalkmeidend. Dürrehart und konkurrenzstark wegen ihres tiefreichenden Pfahlwurzelsystems. Überdauert in geschützten Lagen GB's, IR's und der Bretagne, ist aber nicht winterhart in M-Eur..
Max. 25 m hoher, wüchsiger Baum mit ± geradem Stamm, längsrissiger, im Alter graubrauner Rinde und dichter, dunkelgrüner Benadelung. Die bis 20 cm langen, zu zweit stehenden Nadeln bleiben 3 – 4 Jahre am Baum. Sehr ansehnliche, bis 15 cm lange, rundliche, glänzend braune Zapfen mit aufgewölbtem Schuppenschild und 5 davon strahlig ausgehenden Falten. Die Zapfen sind erst im 3. Jahr reif und können mehrere Jahre leer am Baum verbleiben. Die kaum geflügelten, wohlschmeckenden Samen sind als pignons, pinocchi bzw. piñones im Handel. Pinienholz ist leicht und harzarm.

Pinus ponderosa Dougl. Gelbkiefer (engl.: Ponderosa pine) (Subgen. Diploxylon): Wirtschaftl. wichtige, anspruchslose und dürreharte Ki-Art des mittl. und westl. N-Amerika mit riesigem, klimatisch und standortl. stark variierendem nat. Areal zwischen 24° – 51°n.Br. und 105°– 123° w.L. in Höhenlagen zwischen 0 und 3 000 m.
Besiedelt vornehmlich sommertrockene Gebiete mit starken Temp.-Extremen (– 40° bis + 43 °C). Mittl. jährl. Niederschlagssumme: 250 – 540 mm. Ohne spezifische Standortansprüche, jedoch eher auf basischen als sauren Substraten (pH 4,9 – 9,1). Optimal sind sandige, kiesige oder schwach tonige, stets aber durchlässige Lehmböden. Flugsande und staunasse Lagen meidet sie. Leistungsfähige Reinbestände auf der Ostseite der Cascaden. Im S des Areals Mischung mit Abies concolor var. lowiana, Pinus lambertiana, P. jeffreyi; im N mit Dougl, Pinus monticola, P. contorta, Abies grandis. In der kalif. Sierra Nevada werden 77 m Höhe und 2,6 m BHD erreicht (Durchschnitt: 30 – 43 m bzw. 0,75 bis 1,2 m). Höchstalter 300 – 600 Jahre, max. ≈ 725

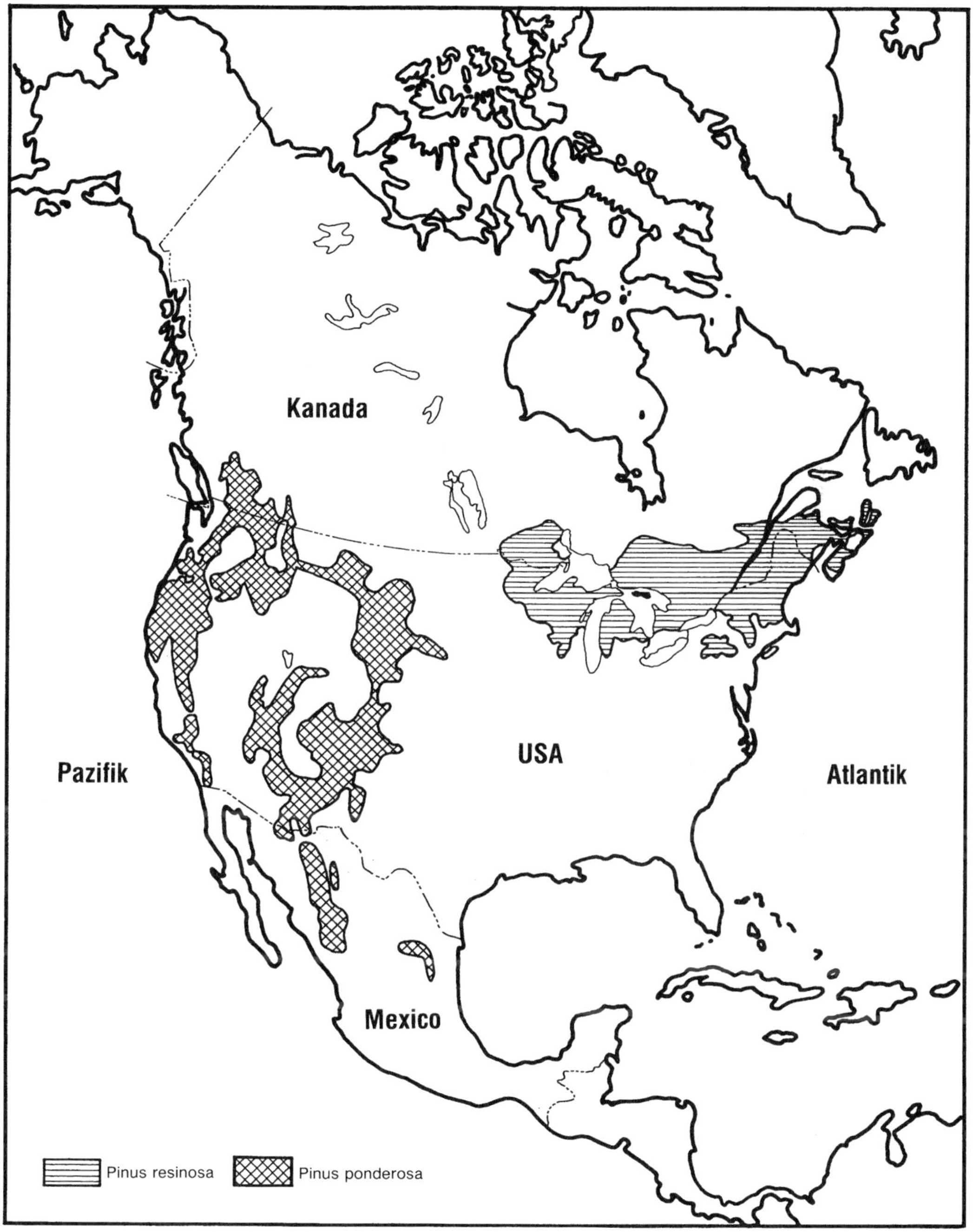

Natürliche Areale von **Pinus ponderosa** und **Pinus resinosa**

Jahre. P. ponderosa ist in M-Eur. winterhart. Sporadische Anbauversuche verliefen meist enttäuschend. Umfassende Provenienzversuche fehlen jedoch.

a

b

Pinus ponderosa: *a* am Salmon River, westliche Rocky Mts., *b* Bestand, Ostseite der Caskaden

Kennzeichen: Meist geradeschäftige Bäume wechselnder Kronenform. Zahlreiche kurze, aufwärtsgerichtete Äste, späte Astreinigung. Im Alter dunkel-braunrote Plattenborke. Junge Triebe dick, anfangs gelblich orange. Lange, zu dritt am Kurztrieb stehende, dunkelgrüne Nadeln (12 – 26 cm), 3 Jahre am Zweig bleibend. Zapfen glänzend braun, symmetrisch, bis 15 cm lang, im Herbst des 2. Jahres reif. Holz gut zu bearbeiten, rel. leicht und weich. Breiter, hellgelber Splint und rötlichbrauner Kern, verwendet für Fenster, Türen und Verschalungen. Wegen der tiefreichenden, schon in früher Jugend vorhandenen Pfahlwurzel (1j. Sämlinge: 7 cm hoch, 56 cm Wurzellänge) windwurf- und dürrehart. Obwohl Lichtholzart, verträgt sie bis zum Alter 40 Schatten von oben und von der Seite. Besonders starkeGefährdung durch Zwergmisteln (→ *Arceuthobium*-Arten); → *Diplodia pinea* und mehrere Rost-Arten können örtlich schädlich werden.
Hinsichtlich Wuchsleistung, Nadelmorphologie und Frostschäden bestehen deutliche Herkunftsunterschiede. P. ponderosa var. arizonica (ENGELM.) SHAW wird als echte Varietät angesehen, die sich von der Art durch kleinere Zapfen und 3, 4 und 5 Nadeln pro Kurztrieb abhebt. Demgegenüber betrachtet man P. ponderosa var. scopulorum heute als eine vom Klima der Rocky Mts. bestimmte Standortmodifikation. Künstliche Artkreuzungen gelangen mit P. jeffreyi, P. montezumae und P. sabiniana.

Pinus pumila (PALL.) REGEL (syn.: P. cembra var. pumila PALL) Japanische Zwergkiefer (Subgen. Haploxylon): Mehrstämmige, strauchig niederliegende, fünfnadelige Art aus NO-Sibirien, Kamtschatka, Japan (1 400 bis 3 200 m) und NO-China. Gleicht im Habitus P. mugo var. mugo und bildet oft die alpine und die polare Waldgrenze. Sie trägt zirbenähnliche, max. 5 cm lange, in geschlossenem Zustand abfallende Zapfen mit ungeflügelten, eßbaren Samen und wird deswegen mitunter als Varietät von → *P. cembra* aufgefaßt. P. pumila erträgt extreme Winterkälte, ist schattenfest und wird in M-Eur. gärtnerisch genutzt.

Pinus pungens LAMB. Stechkiefer (engl.: Table Montain Pine) (Subgen. Diploxylon): Breitkronige und krumme, bis 12 m hohe, zweinadelige Kiefer des östl. N-Amerika ohne wirtschaftl. Bedeutung. Heimat: trokkene Lagen der Appalachen von PA bis GA, auch in NJ. Wichtige Pionierholzart, deren bis 9 cm lange Zapfen gekrümmte, dornartige Fortsätze an den Schuppen aufweisen, mehrere Jahre geschlossen am Baum bleiben und sich bei Hitze (z.B. Bodenfeuer) öffnen.

Pinus pungens

Pinus quadrifolia → *Pinus cembroides*

Pinus radiata D.DON. (syn.: P. insignis DOUGL.) (engl.: Monterey Pine) (Subgen. Diploxylon): Ungewöhnlich leistungsfähige und lichtbedürftige, dreinadelige Ki-Art, die in ihre Heimt forstl. bedeutunglos ist. Seit Ende des letzten Jahrhunderts in subtropischen Regionen S-Afr., Australiens, Neuseelands und S-Amerikas in ausgedehnten Reinbeständen angebaut, die i.d.R. nach 30 – 50 Jahren genutzt werden. P. radiata kommt auf ca. 6 000 ha in 5 oder 6 winzigen Teilarealen an der kalif. Küste natürlich vor; das größte davon liegt auf der Halbinsel Monterey, südl. von San Francisco. Häufig auf tiefgründigen, sauren, lehmigen Sanden in dichten Reinbeständen oder in Mischung mit Quercus agrifolia, → *Cupressus macrocarpa* und → *C. goveniana*. Höhe: 25 bis 35 (max. 40) m; Durchm.: 60 – 95 (max. 160) cm;

Alter 80 – 90 (max. 150) Jahre. Nicht winterhart in M-Eur., wohl aber in GB, IR und S-Eur., wo die Art auch forstl. genutzt wird.
Kennzeichen: Im Freistand fast bis zum Boden kräftig beastet. Sehr dicke, graue Plattenborke. Glänzend grüne, dünne, bis 15 cm lange Nadeln. Zapfen stehen oft zu 3 – 7 in Quirlen, verbleiben mitunter Jahrzehnte geschlossen am Baum und öffnen sich nach Waldbrand. Die Zapfenbasis ist asymmetrisch, die Schuppen der Außenseite tragen sehr große Apophysen. Das Wurzelsystem ist extensiv und flach.
Besonderheiten: Sehr rasches Jugendwachstum: nach 1 Jahr = 30 cm, nach 3 Jahren = 1-2 m, nach 6 Jahren >4 m. Wuchsleistungen von 33 m mit 24 Jahren oder von ca. 600 fm/h mit 30 Jahren werden aus Neuseeland berichtet. Blüht bereits mit 7 Jahren, leicht durch Bewurzelung von Lang- und Kurztrieben vermehrbar. Befall durch → *Diplodia* pinea und → *Armillaria mellea* stellt in fast allen Anbauländern eine ernste Gefahr dar. Radiata-Kiefern von der Insel Guadalupe tragen nur 2 Nadeln am Kurztrieb. Sie werden mitunter als separate Varietät P. radiata var. binata ENGELM. abgetrennt. Die Bastard-F_1 P. attenuata x radiata (P. attenuradiata) ist weniger frostempfindlich als P. radiata.

Pinus radiata: natürlicher Bestand auf der Halbinsel Monterey, Cd.

Pinus resinosa AIT. Amerikanische Rotkiefer, engl.: Red pine (Subgen. Diploxylon): Waldbildende, morphologisch wenig variierende, zweinadelige Ki-Art des amerik. NO. Areal zwischen 40. und 50. Breitengrad, endet im S in Höhe der großen Seen und reicht von SO-MB im W bis nach NF im O. Zumeist in Reinbeständen auf podsoligen Sanden zwischen pH 4,5 und 6,0, meidet schwere und moorige Böden. Auf trockenen Standorten begleitet von P. banksiana, Populus grandidentata und P. tremuloides, auf den besten Standarten u.a. von Acer rubrum, A. saccharum, Betula lutea, Pinus strobus und Fagus grandifolia. Max. Alter ≈ 300 Jahre. Mittl. Höhe 23 bis 27 m, max. Höhe ≈ 50 m. Der stetig anhaltende Grundflächenzuwachs läßt Umtriebszeiten von 200 Jahren zu. Das rel. weiche, harzfreie(!) Kernholz wird als Bauholz genutzt. In M-Eur. winterhart, bisher kaum in system. Anbauversuchen geprüft.
Kennzeichen: Lichtholzart mit kerzengeradem Stamm und symmetrischer, dicht benadelter Krone, im Alter Plattenborke. Feste Bodenschichten durchdringendes Pfahlwurzelsystem, stark ausgeprägte nat. Astreinigung. Junge Triebe rel. dick, mit orange-brauner Rinde. Nadeln glänzend tiefgrün, bis 17 cm lang und rel. dünn; 4 Jahre am Baum. Nadeln brechen bei starkem Biegen und knicken nicht. Die stets symmetrischen Zapfen sind endständig und bleiben bis zum Ende des 3. Jahres am Baum; Apophysen mit unscheinbarem, dornlosem Nabel.
Rel. genügsame Lichtbaumart, bildet Wurzelfusionen und wird von Fäuleerregern wie Heterobasidion annosum oder Phaeolus schweinitzii, neuerdings auch sehr intensiv von → *Scleroderris lagerbergii* befallen. Sturmfest und rel. unempfindlich gegen Waldbrände. Schwache Herkunftsunterschiede in der Wuchsleistung; Artkreuzungsversuche erfolglos (Abb. S. 375).

Pinus x rhaetica BRUEGGER: 1864 im Oberengadin aufgefundener und beschriebener nat. Bastard zwischen P. mugo und P. sylvestris. Nicht in Kultur.

a

b

Pinus rigida: *a* Bestand an der Küste von New Jersey, *b* Zweig und Zapfen

Pinus rigida MILL. Pechkiefer (engl.: Pitch Pine) (Subgen. Diploxylon): Anspruchslose, sperrige und schlecht geformte Ki des östl. N-Amerika: Von SO-ON und ME südl. bis N-GA, Schwerpunkt in NJ. P. rigida ist forstl. ohne Interesse, besiedelt aber als Pionierholzart arme Sande und saure, anmoorige Böden. Max. 18 m hoch

und 200 Jahre alt. Der Name geht auf den hohen Harzgehalt des sehr astigen Holzes zurück.
Kennzeichen: Im Alter fast schwarze, sehr dicke, stark gefurchte Borke. Mehrere Astquirle pro Jahrestrieb; 3 (selten 2) bis 12 cm lange Nadeln pro Bündel, die i.a. 3 Jahre alt werden. Die meist zu mehreren in Quirlen stehenden, glänzend hellbraunen Zapfen haben quergekielte Schuppenschilder mit kurzen, spitzen Dornen. Samen klein, geflügelt, schwarz punktiert.
Besonderheiten: P. rigida ist parthenokarp, bildet Stockausschläge und treibt nach Lichtstellung, Verletzung und Brand mit Lang- und Kurztrieben aus Stamm und Ästen aus. Aufgrund einer Verwechslung mit P. palustris, deren sehr wertvolles Holz den Handelsnamen »Pitch Pine« führt, wurde die Pechkiefer Ende des letzten Jahrhunderts in Deutschland zur Aufforstung schwieriger Standorte, u.a. von Küstendünen herangezogen. Wuchsleistung und Qualität waren enttäuschend.

Pinus roxburghii Sarg. (syn.: Pinus longifolia Roxb.) (Subg. Diploxylon): Wirtschaftl. wichtige Holzart des indischen Subkontinents, begrenzt auf monsunbeeinflußte Regionen der Himalaya-Vorberge (400 bis 2 300 m) von NO-Pakistan bis Bhutan. Reinbestände oder in Mischung mit Pinus griffithii und Quercus-Arten. In Tallagen bis 40 m hoch, geringe Standortansprüche. Kennzeichen: Gerader Stamm, breite Krone. Nadeln hellgrün, bis 30 cm lang und biegsam; 3 pro Kurztrieb. Sie bleiben max. 3 Jahre am Baum, können aber bei Dürre völlig abgestoßen werden. Bauholz und Harznutzung.

Pinus sabiniana am nat. Standort

Pinus sabiniana Dougl. (engl.: Digger Pine) (Subgen. Diploxylon): Bis 20 m hoher, forstl. bedeutungsloser Baum aus trockenen Vorbergen der Sierra Nevada, meist breitkronig und krummschäftig. Die bis 25 cm langen, jahrelang am Baum verbleibenden, sehr harzigen Zapfen enthalten 2 cm große, eßbare, von Indianern einst sehr geschätzte Samen.

Pinus x schwerinii Fitschen: Um 1905 in einem Park bei Berlin nat. entstandener Bastard zwischen P. wallichiana (♀) und P. strobus. Breitkronig, dem ♀ Elter ähnlich, Zapfenmerkmale intermediär.

Pinus serotina Michx. (syn.: P. rigida var. serotina [Michx.] Loud.) (engl.: Pond Pinde) (Subgen. Diploxylon): Breitkronige, bis 20 m hohe, oft krummstämmige und forstl. unbedeutende Ki des subtropischen östl. N-Amerika, gebunden an feuchte Standorte des Flachlandes. Nadeln zu dritt oder viert, biegsam, bis 20 cm lang. Die Art bildet nat. Bastarde mit P. taeda. Ihr Areal überschneidet sich teilweise mit dem von P. rigida.

Pinus sibirica → *Pinus cembra*

Pinus x sondereggeri → *Pinus taeda*

Pinus x sondereggeri → *Pinus palustris*

Pinus strobiformis Engelm. (Subgen. Haploxylon): Geradstämmige, bis 30 m hohe, fünfnadelige Ki in lichten Wäldern des nördl. Mexico und der US-Staaten NM und AZ (1 500 – 3 000 m). Ähnlich → *P. flexilis,* aber längere Zapfen und große, kaum geflügelte Samen. In M-Eur. nicht winterhart.

Pinus strobus, Altbestand in New Hampshire

Pinus strobus L. Weymouthskiefer, Strobe (engl.: Eastern White Pine) (Subgen. Haploxylon): Wuchskräftiger, wirtschaftl. wichtiger und standorttoleranter Waldbaum des kühl-humiden östl. N-Amerika. Das nat. Areal reicht von NF über die Seen- und die Neuenglandstaaten entlang der Appalachen bis ins nördl. GA. Oft wächst die Art in Mischung mit Tsuga canadensis, Quercus rubra, Betula papyrifera oder Acer saccharum. Sie ist langlebig (bis ≈ 450 Jahre), erreicht max. 65 m Höhe und 4 m Durchmesser, erträgt leichte Beschattung und bevorzugt frische, tiefgründige, saure Böden. Bis in die dreißiger Jahre galt P. strobus in M-Eur. als forstl. besonders erfolgversprechende Fremdholzart. Ihre hohe Empfindlichkeit gegen den → *Strobenrost* stoppte den weiteren Anbau.

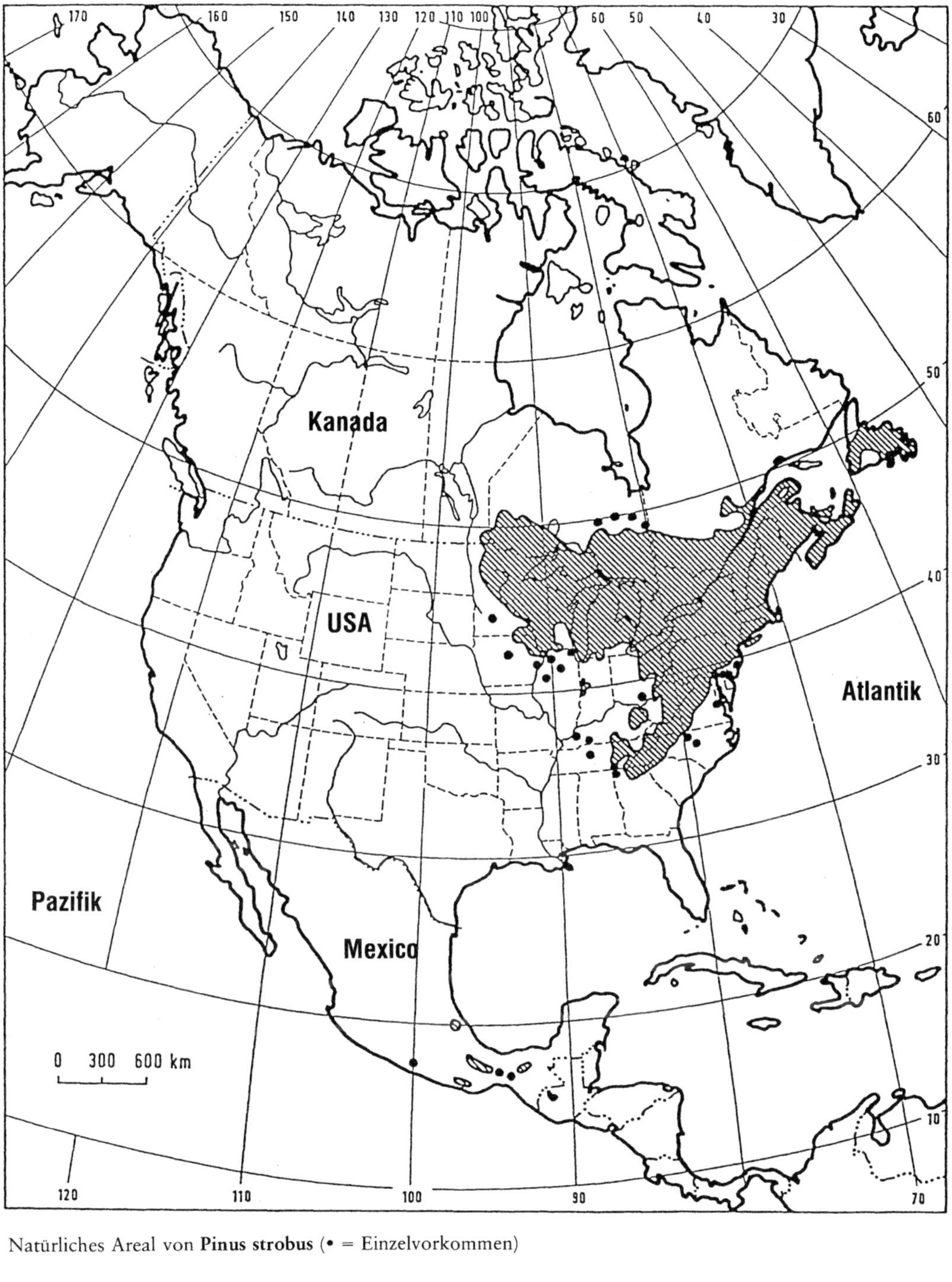

Natürliches Areal von **Pinus strobus** (• = Einzelvorkommen)

Pinus strobus: *a* benadelter Zweig, *b* geöffneter Zapfen

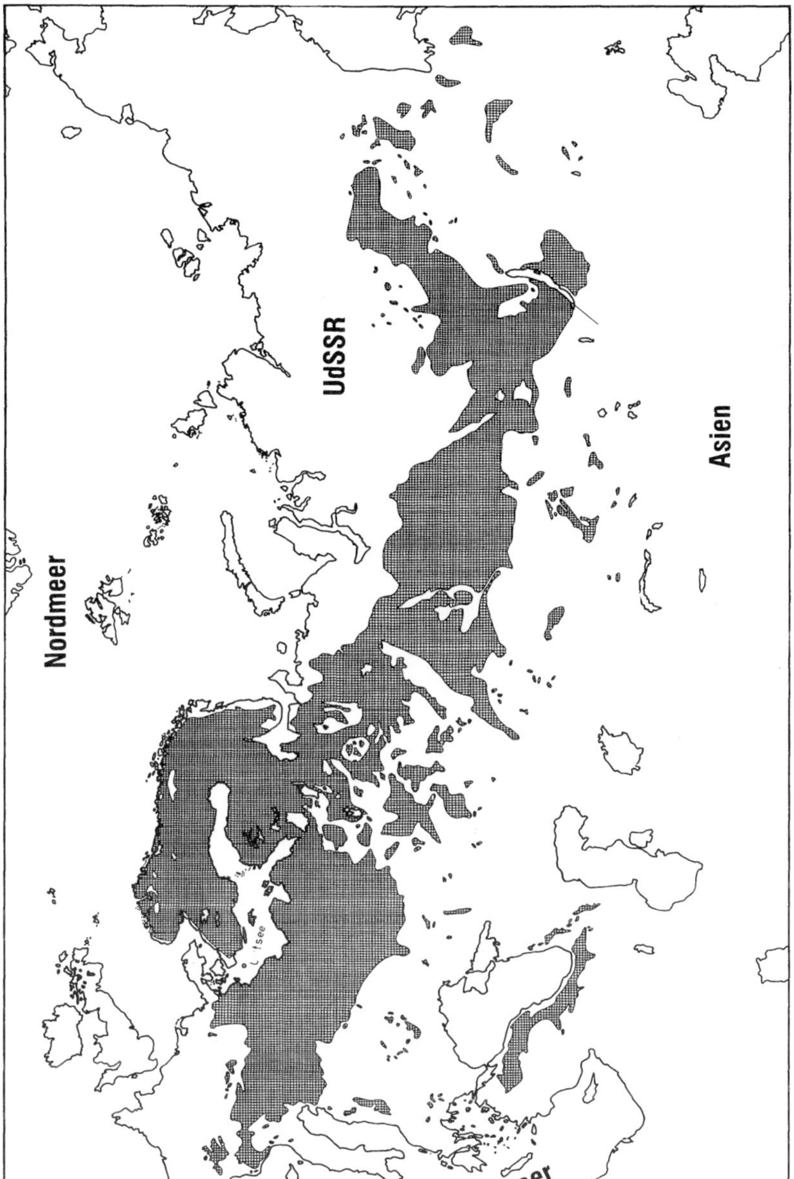

Natürliches Areal von **Pinus sylvestris**

Pinus sylvestris: *a* mehrjähriger, benadelter Zweig mit 2-jährigem Zapfen, *b* geflügelter Samen, *c* Keimling, *d* weibl. Blütenstände, *e* männl. Blüten

Kennzeichen: Kerzengerader Stamm mit breiter Krone und streng quirlig angeordneten, waagrecht abstehenden Ästen. Rinde sehr lange glatt und grau; erst im Alter dunkelgrau und längsrissig. Nadeln zu fünft, 8 bis 12 cm lang, sehr biegsam und dünn, bläulich-grün. Junge Triebe mit spärlicher Behaarung am Nadelansatz. Zapfen lang gestielt, leicht gebogen, oberste Zapfenschuppen deutlich zurückgebogen. Das sehr leichte, weiche Holz hat einen hellen Splint und einen nachdunkelnden, rötlich-braunen Kern. Es wird als Blindholz im Möbelbau und als Kistenholz genutzt.
Besonderheiten: Die höchsten Stämme waren lange Zeit als ideale Schiffsmasten gesucht. Übernutzung der besten Bäume und die Einführung des → *Strobenrostes* führten zum qualitativen und quantitativen Rückgang der Art in Teilen ihres nat. Areals. Neben → *Cronartium ribicola* gilt Pissodes strobi, der Stroben-Rüßler, als der wichtigste Schädling. Das tiefreichende Pfahlwurzelsystem macht die Art rel. sturmfest, demgegenüber ist sie wegen der dünnen Rinde waldbrandgefährdet. Stroben sind empfindlich gegen Ozon. Neuere Versuchsergebnisse lassen eine rassische Differenzierung hinsichtlich Höhen- und Dickenwachstum erkennen. Mitunter wird eine in Mexico und Guatemala wachsende südl. Varietät (P. strobus var. chiapensis Martinez) ausgeschieden. Im Rahmen der Resistenzzüchtung gegen den Strobenrost gelangen künstliche Artkreuzungen u.a. mit P. peuce, P. monticola und P. wallichiana.

Pinus sylvestris L. Gemeine Kiefer, Föhre, Forche, Waldkiefer (engl.: Scots Pine) (Subgenus Diploxylon): Eine der wichtigsten Wirtschaftsholzarten Eurasiens, deren Areal weit ins Innere Asiens, im N bis über den Polarkreis und im S bis in die Türkei reicht. Die stark zerklüftete W-Grenze verläuft durch W- und SW-Deutschland. Isolierte Vorkommen in Schottland und den Pyrenäen. In den Bayr. Alpen bis 1 700 m, in den Schweizer Alpen bis ca. 2 000 m. Das klimatisch sehr heterogene Verbreitungsgebiet fördert die Bildung von Klimarassen, die sich u.a. hinsichtlich Morphologie, Phototropismus, Krankheitsresistenz und Wuchsleistung deutlich unterscheiden. Erste Provenienzversuche gehen auf das Ende des 19. Jahrh. zurück. Für den Anbau in M-Eur. gilt: Herkünfte aus Skandinavien und aus Höhenlagen wachsen langsam, bilden spitze Kronen, kürzere, steil ansetzende Äste und kurze Nadeln aus. Ki aus der Rhein/Main-Ebene sind wuchskräftig, flachkronig, krummschaftig und anfällig gegen Lophodermium. Südfranzösische und türkische Herkünfte wachsen langsam, sind schlecht geformt und schütteanfällig.
Optimale Wuchsbedingungen auf lehmigen Sanden und sandigen Lehmen. Große Standorttoleranz ermöglicht bei Konkurrenzdruck durch Bu oder Fi das Überleben auf Hochmooren, Dünensanden, Kalkfelsen und Flußschottern. Max. Höhe 45 m, max. Alter 600 Jahre. P. sylvestris ist eine Holzart des Tieflandes und der Mittelgebirge und bevorzugt kontinentales Klima. Als Lichtholzart kulminiert ihr Höhenzuwachs bereits zwischen 10 und 15 Jahren.
Kennzeichen: Stamm- und Kronenform wechseln mit der Herkunft. Ki aus Ostpreußen, dem Baltikum und Skandinavien sind geradschäftig, ebenso Höhenkiefern aus deutschen Mittelgeb. (z.B. Selber Höhenkiefer, Schwarzwald-Höhenkiefer) und den Alpen. Leuchtend fuchsrote Spiegelrinde, tiefrissige, grau- bis rotbraune Schuppenborke. Unterschiede zwischen Schuppen-, Platten- und Muschelborke gehen auf Alters- und Zuwachsunterschiede zurück. Grobastigkeit auf schweren Böden sowie bei Tieflandherkünften aus Süd- und Westeuropa. Die Nadeln stehen zu zweit und bleiben 3 bis 4 Jahre am Baum. Nadelfarbe unterliegt starken individuellen und rassischen Schwankungen von gelbgrün bis blaugrün. Winterverfärbung (rötlichgelb) bei skandin. Herkünften. Kotyledonenzahl: 3 – 12. Die Blüten sind monoezisch verteilt. ♀♀ stehen einzeln oder zu wenigen an der Spitze frischer Langtriebe. Samenreife im Okt./Nov. des 2. Jahres. Samen geflügelt, Farbe wechselnd. Keimfähigkeit ca. 95 %. Wurzelsystem sehr plastisch, d.h. Pfahlwurzel auf tiefgründigen, lockeren Böden, Herzwurzel auf nährstoffreichen Lehm- und Tonböden sowie flachstreichende Bewurzelung auf felsigem Untergrund. Holz mit gelbem Splint und rotbraunem Kern. Rohdichte r_o: 0,30...0,49...0,86 g/cm^3. Dauerhaft, gut spaltbar, rel. leicht und weich, gutes Bauholz (Dielung, Täfelung, Fenster, Türen), Möbelholz, Maste, Rammpfähle. Für Zellstoff nur im Sulfatverfahren aufzuschließen.
Besonderheiten: Stecklingsbewurzelung, auch von Kurztrieben, ist möglich, aber aufwendig; in der Praxis nicht angewandt. Gefährdung durch Diprion pini (Ki-Buschhornblattwespe), Dendrolimus pini (Ki-Spinner), Bupalus piniarius (Ki-Spanner) und Pannolis flammea (Forleule). Sie alle rufen bei Massenvermehrung binnen kurzem fast völlige Entnadelung ganzer Bestände hervor. Myelophilus piniperda und M. minor, der große bzw. der kleine Waldgärtner schaden im Dickungs- und Stangenholzalter durch Fraß an jungen Trieben. Unter den Pilzen ist Lophodermium seditiosum (Erreger der Ki-Schütte) der wichtigste Schädling. Er stellt gebietsweise den Ki-Anbau infrage. Von örtlicher Bedeutung sind: Melampsora pinitorqua, Peridermium pini, Armillaria spec. und Phellinus pini. P. sylvestris ist hochempfindlich gegen SO_2.
Frühere Unterteilungen in Unterarten und Varietäten (z.B. ssp. engadinensis; var. septentrionalis Schott; var. hercynica Muench) gelten heute als überholt. Vereinzelt gelangen Artkreuzungen mit P. mugo und P. nigra, ebenso die Kombination P. densiflora x P. sylvestris (Abb. S. 369/381).

Pinus tabulaeformis Carr. (Subgen. Diploxylon): Weit verbreitete, bis 25 m hohe Ki N- und NO-Chinas, insbes. aber der semiariden Gebirgslagen des NW (bis 3 000 m ü.NN). Im Habitus sehr variabel. 2 (bis 3) dünne, bis 12 cm lange Nadeln; offene Zapfen bleiben jahrelang am Baum. Man unterscheidet mehrere Varietäten, wovon P. tabulaeformis var. densata (Masters) Rehder als Artbastard zwischen P. tabulaeformis und P. yunnanensis angesehen wird (= Pinus densata Masters.).

Pinus taeda L. (syn.: P. lutea Walt.) (engl.: Loblolly Pine) (Subgen. Diploxylon): Wichtigste Ki-Art des amerik. Südostens: weit verbreitet, anspruchslos, wuchskräftig, geradeschaftig, vielseitig verwertbar. Angepaßt an ein humides Klima mit warmen Sommern und milden Wintern, erstreckt sich das nat. Areal von DE und MD im N über Mittel-FL im S bis ins östl. TX. Optimum auf tiefgründigen, frischen, auch nassen Böden in Flußtälern und in den Piedmonts (bis 600 m). Häufig in Reinbeständen, aber auch in Mischung mit Liquidam-

bar styr., Pinus echinata, Quercus stellata, Q. velutina, Diospyros virg. etc.. Max. Höhe ≈ 50 m, max. Ø ≈ 1,5 m. Nicht winterhart in M-Eur.. Kennzeichen: Orangefarbene Spiegelrinde am Ansatz einer dicht benadelten Krone. Nadeln zu dritt, dünn, bis 23 cm lang, mit Hüllblattscheide, 3 – 4 Jahre am Baum bleibend. Zapfen in Länge und Form variabel, Apophysen mit spitzem Dorn.
Besonderheit: P. taeda wird in großem Umfang zu Aufforstungen herangezogen, im Plantagebetrieb bewirtschaftet und als Bau- und Papierholz genutzt. Sie unterliegt intensiver züchterischer Bearbeitung. Es bestehen deutliche Herkunftsunterschiede in Wuchsleistung, Krankheitsresistenz, Frost- und Dürrehärte. Natürliche Artbastarde entstanden mit P. palustris (P. x sondereggeri = P. palustris x P. taeda), künstl. Artbastarde vor allem mit P. echinata (beide Richtungen) und P. rigida. P. rigida x P. taeda hat sich u.a. bei Aufforstungen in S-Korea als raschwüchsig und frosthart erwiesen.

Pinus taeda

Pinus taiwanensis Hayata (Subgen. Diploxylon): Zweinadeliger, in geschützten Lagen bis 35 m hoher Baum gleicher geogr. Verbreitung wie → *P. morrisonicola.*

Pinus thunbergiana Franco (syn.: P. thunbergii Parl.) Japanische Schwarzkiefer (Subg. Diploxylon): Anspruchsloser, oft mehrstämmiger und krummschaftiger Waldbaum küstennaher Lagen Japans (Honshu, Shikoku, Kiushiu) und Koreas (südl. 37°n.B.). Besiedelt Dünen und erträgt Salzwassergischt. Weiter im Inneren des Landes bis 35 m hoch. Als Bauholz genutzt. In M-Eur. winterhart, dennoch als Park- und Waldbaum ungeeignet, weil trägwüchsig und empfindlich gegen Naßschnee. In IR zu Dünenaufforstungen herangezogen. Kennzeichen: Nadeln zu zweit, steif und scharfspitzig, bis 12 cm lang, bleiben 3 – 4 Jahre am Baum. Nat. Artbastarde mit → *P. densiflora.*

Pinus torreyana Parry (engl.: Torrey Pine) (Subgen. Diploxylon): Seltene, unter Schutz stehende, krummwüchsige, max. 15 m hohe Ki-Art mit einem winzigen nat. Areal an der kalif. Küste nahe San Diego und auf Santa Rosa Isl.. Bis 25 mm große, eßbare, rundum geflügelte Samen. Nadeln zu fünft (!) bis 28 cm lang. Eng verwandt mit → *P. sabiniana.*

Pinus uncinata → *Pinus mugo*

Pinus virginiana Mill. (syn.: P. inops Sol.) (engl.: Virginia Pine) (Subgen. Diploxylon): Rel. schnell wachsende, oft schlechtgeformte, meist trockene Standorte des küstennahen amerikanischen Ostens besiedelnde, zweinadelige Ki-Art. In Höhe und Form sehr variable, lichtbedürftige Pionierholzart. Das nat. Areal reicht von Long Island im N bis GA im S und KY im W. Meist wächst die Art in dichten, astigen Reinbeständen. Höhe im Mittel 17 – 25 m, auf besten Böden max. 40 m. In M-Eur. winterhart, dennoch keine Anbauversuche.
Kennzeichen: Junge Triebe bläulich-purpurn, Knospen stark verharzt, Nadeln rel. kurz (bis 8 cm), steif, gedreht. Die Schuppen der bis 6 cm langen Zapfen sind rel. lang bedornt; sie bleiben im offenen Zustand jahrelang am Baum. Besonderheiten: Auf trockenen Ton- und Lehmböden; windwurfgefährdet, weil flach wurzelnd. Freistehende Exemplare beginnen mit 5 Jahren ♀ zu blühen. Artkreuzungen mit P. clausa und P. banksiana sind gelungen.

Pinus virginiana

Pinus wallichiana Jacks. (syn.: P. excelsa Wall. ex Lamb., P. griffithii McClell.). Himalaya-Kiefer, Tränenkiefer (Subgen. Haploxylon): Wichtige Baumart in mittleren und höheren Lagen des Him. (2 000 – 3 000 m). Verbreitung von O-Afghanistan und Pakistan (2 500 m) über Nepal und Bhutan (3 400 m) bis N-Burma, besonders in niederschlagsarmen Hochtälern. Sowohl in Reinbeständen wie in Mischung mit Cedrus deodara, Pinus roxbhurghii, Abies spectabilis, Aesculus indica etc. Max. Höhe ≈ 50 m, max. Ø ≈ 120 cm. Die sehr lichtbedürftige Art bildet reichlich Nat.-Verjüngung, insbes. nach Bodenfeuern; sie bevorzugt frische, tiefgründige, schwach saure bis basische Standorte. Kennzeichen: Im Freiland breitkroniger, tief und stark beasteter Baum. Junge Triebe kahl. Die unterseits bläulich weißen Nadeln stehen zu fünft, sind schlank und biegsam, bis 20 cm lang, hängen an älteren Trieben deutlich herab und bleiben 3 – 4 Jahre am Baum. Zapfen bis 27 cm lang, hängend, bananenartig gekrümmt, Schuppen oberseits mit Längsstreifen. Holz mit dunklem Kern. Weitgehend winterhart, wird die Himalaya-Ki in M-Eur.

häufig als Solitär in größeren Gärten und Parks kultiviert. Forstlicherseits hoffte man, sie könne wegen ihrer größeren Widerstandsfähigkeit gegen → *Cronartium ribicola* die sehr rostanfällige Pinus strobus ersetzen, was aber wegen zu geringer Wuchskraft ausblieb. In der Blasenrost-Resistenzzüchtung erwies sich der Artbastard P. strobus x P. wallichiana als vielversprechend. Über das Vorhandensein von Klimarassen ist nichts bekannt; ältere Provenienzversuche fehlen.

Pinus washoensis MASON et STOCKWELL (engl.: Washoe Pine) (Subgen. Diploxylon): 1945 als separate Art beschriebene, der P. ponderosa sehr ähnliche, dreinadelige Art mit kleineren Zapfen und Nadeln. Nur in Reliktbeständen nahe Lake Tahoe, östl. Sierra Nevada (2 100 bis 2 600 m).

Pinus yunnanensis FRANCHET (syn.: P. tabulaeformis var. yunnanensis [FRANCHET] SHAW) (Subg. Diploxylon): Waldbildende, mit → *P. khasya* und → *P. tabulaeformis* eng verwandte Art unsicherer system. Stellung. Heimat: Hochlagen SW-Chinas (2 700 – 3 400 m). 2 bis 3 hellgrüne, bis 20 cm lange Nadeln pro Kurztrieb.

Pinyon Pine → *Pinus cembroides*

Pionierholzarten: Erstbesiedeler von Freiflächen – im Walde vor allem nach Brand, Windwurf oder Kahlschlag. P. produzieren große Mengen leichter, i.a. vom Wind transportierter Samen. Es sind standorttolerante Lichtholzarten mit raschem Jugendwachstum, unempfindlich gegen Spätfröste, starke Einstrahlung, Dürre und Wind. Beispiele: As, Bi, Er, (Ki), Pinus contorta, P. banksiana, Picea mariana.

Piperales: Pfefferartige. Zu den → *Magnoliidae* gehörende Ordnung mit 3 vorwiegend tropischen Familien: Piperaceae (Holzpflanzen) und die krautigen Saururaceae und Peperomiaceae. Ihre Blüten sind perianthlos und in ährigen Ständen zusammengefaßt. Wichtige Nutzpflanze: Piper nigrum (Pfeffer).

Piptadeniastrum → *Mimosaceae*

Piptoporus betulinus (BULL. ex vm;1Fr.) Karst. (syn.: Polyporus betulinus) Birkenporling (Polyporaceae): Ein weit verbreiteter, nur an älteren Bi vorkommender, intensiver Braunfäuleerreger, der über Wunden und Aststummel in lebende, aber geschwächte Stämme eindringt. Die einjährigen, kaum zu verwechselnden, max. 30 cm breiten Fruchtkörper entstehen an totem Holz. Anfangs knollenartig, entwickeln sie sich zu halbkreisförmigen, zunächst ockerfarbenen, später braunen Hüten mit seitlichem Stielansatz und wulstigem Rand. Oberseite glatt und ohne Zonierung, im Herbst rissig. Unterseits grauweißliche Röhrenschicht mit kleinen, runden Poren.

Pistacia L. (syn.: Terebinthus MILL.) Pistazie: Sommer- oder immergrüne Sträucher der → *Anacardiaceae.* Etwa 7 Arten, heimisch im Mittelmeergebiet, in Mexico und in China. Wichtigste Vertreter: P. lentiscus L. (syn.: Terebinthus lentiscus (L.) MOENCH) Mastix-Strauch: Immergrünes, 1 – 3 m hohes Hartlaubgewächs der mediterranen → *Garigue* und → *Macchie.* Liefert wertvolles Harz, sog. Mastix. Verwendung in der Medizin, zur Lack- und Likörherstellung. P. vera L. Echte Pistazie: Kleiner, sommergrüner Baum, ursprünglich wohl aus Syrien und Mesopotamien, wird wegen der eßbaren Früchte (Pistazien) im gesamten Mittelmeerraum angebaut. P. terebinthus L. Terpentinpistazie: Sommergrüner Strauch oder kleiner Baum (bis 8 m hoch) des Mittelmeergebietes, nördlich bis Südtirol. Liefert wertvolles, politurfähiges Drechslerholz, wohlriechendes Harz und Gerbstoffe.

Pistill → *Stempel*

Pitch Cancer → *Fusarium lateritium*

Pitch Pine → *Pinus rigida*

Pithya cupressina (FR.) FUCKEL (Sarcoscyphaceae): Erreger einer rel. harmlosen Erkrankung der Triebspitzen von Wacholderarten und von Calocedrus decurrens. Leuchtend rote Apothecien.

Pittosporaceae: Klebsamengewächse (Ord.: Saxifragales), in Australien, SO-Asien und im trop. Afrika beheimatet. Rinde mit Harzkanälen. Samen mit klebrigem Überzug (Name!). Pittosporum tenuifolium aus Neuseeland wird wegen der blauen Blüten in Großbritannien und Irland als Zierbaum angebaut; in M-Europa nicht winterhart.

Pittosporum → *Pittosporaceae*

Pix Betulina → *Betula pendula*

Placenta: Besondere Gewebeleisten.
(1) auf den Fruchtblättern der Magnoliophytina; tragen die Samenanlagen;
(2) auf den Sporophyllen der Filicatae; tragen die Sori.

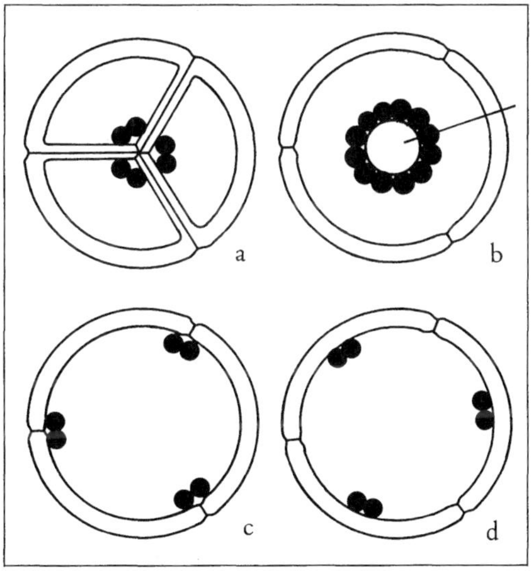

Formen der **Placentation** (● = Samenanlage, C = Columella): *a* zentralwinkelständig, *b* zentral, *c* marginal-parietal, *d* laminal- parietal

Placentation: Stellung der Samenanlagen innerhalb des Ovars bzw. auf dem einzelnen Fruchtblatt. Man unterscheidet: 1. Bezogen auf das Fruchtblatt: a) laminale P.: Samenanlagen stehen auf der Fläche der Fruchtblätter (selten, bei primitiven Liliatae und Nymphaeales); b) marginale P.: Samenanlagen stehen am Rand der Fruchtblätter (Regelfall bei Magnoliophytina).

2. Bezogen auf das Ovar: a) Zentralwinkelständige P.: Bei synkarpen Gynoeceen stehen die Samenanlagen in den Winkeln der echten Scheidewände (bei vielen Rosidae). b) Parietale P.: Bei parakarpen Gynoeceen stehen die Samenanlagen meist marginal auf der Innenseite der Ovarwand (bei vielen Dilleniidae). c) Zentrale P.: Samenanlagen stehen an der zentral im Ovar befindlichen Columella (bei Caryophyllidae).

Plagiochila asplenioides → *Jungermaniales*

Plagiogeotropismus → *Geotropismus*

plagiotrop: schräg; beschreibt die Wuchsrichtung von Sprossen und Wurzeln; Äste und Seitenwurzeln sind bei Bäumen p. orientiert (→ *orthotrop).*

Plagiotropismus → *Geotropismus*

planare Stufe: Höhenstufe der Vegetation. → *Vegetationsstufen.*

Planetree, American → *Platanus occidentalis*

Plankton → *Phycophyta*

Planospore → *Sporen*

Plantage: Künstlich begründete, ursprünglich auf die Tropen beschränkte Anlage zur Anzucht einer Nutzpflanze in größerem Umfang. Forstwirtschaftliche Bedeutung haben → *Holzzucht-*, → *Erhaltungs-*, → *Hochzucht-* und → *Samenplantagen.*

Plantaginales: Wegerichartige. Nur eine Familie (Plantaginaceae) umfassende Ordnung der → *Asteridae.* Kräuter mit in Ähren stehenden, unscheinbaren, 4-zähligen Blüten. Sekundär anemogam. Deckelkapseln. Blätter rosettig und parallelnervig. Besonderheit: Plantago princeps (Hawaii) mit 1,5 m hohem, verholztem Stamm.

Plasmalemma: → *Biomembran,* die den gesamten → *Protoplast* gegen die Zellwand abgrenzt. Durch die Semipermeabilität des Plasmalemmas wird die Zelle zum osmotischen System. → *Osmose.*

Plasmaströmung: Ständige Bewegung des Cytoplasmas, die der Stoffverteilung und dem Transport von kleinsten Vesikeln dient, ausgelöst durch Licht und spezielle Chemikalien. Verantwortlich sind kontraktile Proteinfibrillen.

Plasmavererbung → *Vererbung, außerkaryotische,* → *Vererbung, extrachromosomale*

Plasmawachstum → *Wachstum*

plasmochrom: Vorwiegend durch → *Lipochrome* gefärbt. Bsp.: Blütenblätter vieler gelber Blüten (z.B. Forsythia, deren Färbung auf → *Carotinoide* zurückgeht).

Plasmodesmen: Cytoplasmafäden, die die Protoplasten benachbarter Zellen über Tüpfel miteinander verbinden.

Plasmodien: Vielkernige Plasmamassen, durch Verschmelzung nackter Einzelzellen entstanden. Z.B. → *Myxomycetes.* Lagern sich die nackten Einzelzellen nur aneinander, ohne ihre Individualität aufzugeben, spricht man von einem Pseudoplasmodium (Aggregationsplasmodium).

Plasmodiophoromycetes → *Myxomycotina*

Plasmogamie: Vereinigung der Protoplasten zweier, oft verschiedengeschlechtiger Zellen oder Gametangien, ohne daß dabei Karyogamie stattfindet. Bei → *Ascomycetes,* → *Basidiomycetes.*

Plasmolyse: Ablösen des Protoplasten von der Zellwand durch osmotisch bedingten Wasserverlust in einem → *hypertonischen* Außenmedium (= Plasmolyticum). Vorgang ist i.d.R. reversibel, wenn die Zelle in reines Wasser übertragen wird (Deplasmolyse). In einem → *isotonischen* Außenmedium entspannt sich die Zellmembran. Diesen Zustand bezeichnet man als Grenzplasmolyse. Mit ihm kann das osmotische Potential einer Zelle bestimmt werden.

Plasmolyticum → *Plasmolyse*

Plasmon: Gesamtheit der Erbanlagen, die außerhalb des Zellkerns im Cytoplasma lokalisiert sind und durch dieses übertragen werden (z.B. Plastom, Chondriom). Teil des → *Idiotyps.*

Plasmoptyse: Platzen der Zelle, wenn der Wanddruck dem hohen osmotischen Druck nicht standhalten kann.

Plastiden: Für Pflanzenzellen typische Organelle. Entweder farblos (→ *Leukoplasten)* oder durch fettlösliche Farbstoffe (→ *Lipochrome)* gefärbt (Chromatophoren): → *Chloroplasten,* → *Chromoplasten.* Bei unterschiedlicher Struktur und Funktion weisen P. ein einheitliches Bauprinzip auf, das durch zwei strukturell verschiedene Hüllmembranen und ein in eiweißhaltiger Matrix (Stroma) eingebettetes internes Biomembransystem (Thylakoidsystem) gekennzeichnet ist. Die Differenzierung aus → *Proplastiden* hängt von Lichtverhältnissen und Phytochrom-Wirkung ab. Vermehrung erfolgt nur durch Teilung; P. werden nicht de novo gebildet. Chloroplasten, Chromoplasten und Leukoplasten stellen phänotypische Modifikationen dar, die ineinander umwandelbar sind.

Plastidom → *Plastom*

Plastizität, phänotypische: Fähigkeit bestimmter Genotypen, auf verschiedenartige Umweltbedingungen mit der Ausbildung deutlich differierender Phänotypen zu reagieren.

Plastochron: Zeitabschnitt zwischen der Anlage zweier aufeinanderfolgender Blätter am Sproßvegetationskegel; schwankt von Art zu Art zwischen einem Tag und mehreren Monaten; bei wirteliger Blattstellung ist das P. identisch mit dem Abstand der Wirtel. P. wird u.a. von Umweltfaktoren und dem Pfl.-Alter bestimmt; ist am Hauptsproß kürzer als an Seitensprossen.

Plastoglobuli → *Chloroplasten*

Plastom (Plastidom): Gesamtheit der Erbanlagen, die in den Plastiden lokalisiert sind. Teil des → *Idiotyps.*

Platanaceae: Platanengewächse. Zur Ord. → *Hamamelidales* gehörend. Umfaßt eine Gattung (→ *Platanus)* mit 10 überwiegend aus S- und O-USA sowie Mexico stammenden Arten. Kennzeichen: Bäume mit wechselständigen, meist gelappten Blättern, großen verwachsenen, hinfälligen Nebenblättern und kugeligen, eingeschlechtigen Blütenständen, die zu mehreren (♀ und ♂) an einer hängenden Achse sitzen. Blüten klein, mit meist 3- bis 5-blättrigem, gelegentlich verwachsenem

Blattformen von **Platanus** (⅔ nat. Gr.): *a* P. occidentalis, *b* P. hispanica, *c* P. orientalis

Kelch (selten auch fehlend). Krone der ♂ Blüten 3- bis 4-blättrig, bei ♀ Blüten fehlend. 3-4 Staubblätter. Gynözeum 5- bis 9-blättrig, choricarp und oberständig. ♀ Blüten mit 3-4 Staminodien. Anemogamie. Bitegmische Samenanlagen; Nußfrüchte.

Platane → *Platanus*

Platane, Ahornblättrige → *Platanus x hispanica*

Platane, Amerikanische → *Platanus occidentalis*

Platane, Morgenländische → *Platanus orientalis*

Platanengewächse → *Platanaceae*

Platanenwelke → *Ceratocystis fimbriata var. platani*

Platanus L., Platane (engl.: Sycamore): Einzige Gattung der → *Platanaceae* mit etwa 10 sommergrünen Baumarten, verbreitet in SO-Eur., Kl.As., Indochina und N-Amerika. Typisch ist die frühe Bildung einer auffälligen, grau- bis gelbbraunen Borke, die in unregelmäßigen, großen Platten abblättert. Knospen von einer Schuppe kapuzenförmig umschlossen, erst nach dem Laubfall sichtbar, da zuvor in einer Höhlung des Blattstiels verborgen. Hartes, zerstreutporiges, vielseitig verwendbares Holz mit zahlreichen, breiten Markstrahlen.

Platanus x acerifolia → *Platanus x hispanica*

Platanus x hispanica MÜNCHH. (syn.: P. x acerifolia (AIT.) WILLD., P. x hybrida BROT.) Ahornblättrige Platane: Bis 35 m hoher, mächtiger Baum mit starkästiger, weit ausladender Krone. Blätter weniger tief gebuchtet als bei → *P. orientalis,* aber tiefer als bei → *P. occidentalis,* mit 3 – 5 (7) Lappen, Mittellappen meist nicht viel länger als breit. Blüten- und Fruchtstände mit 2 oder 3 Köpfchen. Chrom.: 2n = 42. In vielen Merkmalen intermediär, deshalb von vielen Autoren als Hybrid zwischen → *P. orientalis* und → *P. occidentalis* angesehen, obgleich Hybridnatur nicht bewiesen. Ursprung unbekannt. Möglicherweise Form von P. orientalis.
Als Park- und Straßenbaum in fast ganz Eur. angebaut. Vermehrung meist durch Stecklinge. Bestes Wachstum auf frischen, tiefgründigen Böden; tief wurzelnde, weitgehend winterharte Lichtbaumart; rel. unempfindlich gegen Luftverunreinigungen sowie Großstadtklima. Leidet in M-Eur. stark unter einer → *Blattbräune* (→ *Apiognomonia veneta);* in S-Eur. unter → *Ceratocystis fimbriata.* Holz wenig witterungsbeständig; Splint gelblich weiß oder rötlich, oft nur unscharf vom rötlichen oder hellbraunen Kern abgesetzt; Rohdichte r_o = 0,38... 0,58...0,65 g/cm^3. Verwendet als Ausstattungs-, Drechslerholz und Furnier. Als besonders dekorativ gelten Furniere gemaserter Stammabschnitte.

Platanus x hybrida → *Platanus x hispanica*

Platanus occidentalis L. Amerikanische Platane (engl.: American Sycamore, American Planetree): Einzige ame-

Platanus, Schuppenborke

Platanus x hispanica

Platanus occidentalis mit Fruchtstand

Platanus orientalis

rikanische Platanenart mit forstlicher Bedeutung. Verbreitet in allen US-Staaten (mit Ausnahme von MN)östl. der Great Plains. Mit Höhen bis 50 m und BHD bis 3 m einer der mächtigsten Laubbäume N-Amerikas. Unterer Stammbereich älterer Bäume mit rissig gefurchter, eichenähnlicher Borke. Blätter nur seicht gebuchtet, mit meist 3 (5) grob gezähnten, breit dreieckigen Lappen; Mittellappen stets breiter als lang; Blüten- und Fruchtstände mit einem, seltener mit 2 Köpfchen. Chrom.: 2n = 42. Von Meereshöhe bis knapp 1 000 m ü. NN auf feuchten, v.a. alluvialen Böden entlang von Bächen und Flüssen und an Seeufern. Vergesellschaftet mit Fagus grandifolia, Acer saccharum, Fraxinus americana, Betula nigra, Carya ovata, Aesculus glabra, Liquidambar styraciflua u.a.. Gelegentlich als Pionier auf aufgelassenen Feldern. Sehr raschwüchsig; gilt als rauchhart. Das rel. harte und schwere Holz mit hellem, rotbraunem Kern wird u.a. zur Herstellung von Kisten, Möbeln (Furniere), Fässern und Papier verwendet. Es werden 2 Varietäten (var. glabrata und var. attenuata) unterschieden. → *P. x hispanica* gilt als Hybrid zwischen P. occidentalis und → *Platanus orientalis.*

Platanus orientalis L. Morgenländische Platane: Mächtiger, bis 30 m hoher, in Griechenland, Mazedonien, Kl.As. und N-Persien beheimateter Laubbaum. Gilt zusammen mit → *P. occidentalis* als Ausgangsart von → *P. x hispanica,* von der sie nur schwer zu trennen ist. Blätter jedoch tiefer gebuchtet, mit 5 – 7 schmalen Lappen, Mittellappen stets länger als breit; Blüten- und Fruchtstände meist mit 3 und mehr Köpfchen. Chrom.: 2n = 42. Bevorzugt feuchte Standorte, häufig an Gewässern; wichtigster Auenbaum Griechenlands. In feuchten Niederungen am Kaspischen Meer in Mischung mit Zelkova carpinifolia, Quercus castaneifolia, Pterocarya fraxinifolia u.a. Im westl. Himalaya und in S-Italien angebaut, aber nicht autochthon. Soll auch auf alkalischen Böden gedeihen. Holz wie → *P. x hispanica.* In M-Eur. selten, da stark frostgefährdet (Abb. S. 387).

Plattencollenchym → *Collenchym*

Plattenfichte → *Picea abies*

Platycarya → *Juglandales*

Platycladien: Blattartig abgeflachte, grüne Sproßachsen, die bei vielen Trockenpflanzen anstelle der reduzierten oder hinfälligen Laubblätter die Photosynthese übernehmen.

Plectenchym: Komplex stark verflochtener Zellfäden (→ *Hyphen),* z.B. im Flechtthallus höherer Algen und im Fruchtkörper (→ *Basidiokarp)* höherer Pilze.

Plectomycetidae: → *Ascomycetes* mit → *Cleistothecien* als Fruchtkörper. Als systematische Gruppe nicht mehr gebräuchlich.

Pleiochasium: (1) Trugdolde. Zymöse → *Infloreszenz.* Die Hauptachse wird von mehr als 2 Seitenachsen I. Ord. übergipfelt, diese wiederum von mehr als 2 Seitenachsen nächst höherer Ordnung. Beispiel: Caprifoliaceae. (2) → *Verzweigungssystem, sympodiales.*

Pleiokotylie: Vermehrte Zahl von Keimblättern bei Dikotylen.

Pleiomerie → *Polymerie*

Pleiotropie → *Polyphänie*

Pleistozän (Diluvium): Zeitabschnitt des Quartär, → *Känophytikum,* → *Erdzeitalter* .

Plenterwald: Form des Wirtschaftswaldes. Charakteristisch für einen P., der sich durch Naturverjüngung regeneriert, ist das Vorkommen von Bäumen aller Altersstufen auf derselben Fläche. Da dem P. immer nur einzelne Bäume oder Baumgruppen entnommen werden, ist der Einfluß der Bewirtschaftungsweise auf die Artenzusammensetzung der Kraut- und Strauchschicht gering.

pleurokarp: seitenfrüchtig. Seitliche Entstehung des Sporophyten am Moosgametophyt, z.B. Hypnum.

pleuroplast: Bezogen auf Blattanlagen: Flächenwachstum, bei dem seitliche, meristematische Zonen an den durch → *akro-* oder → *basiplastes* Wachstum entstandenen Blattrippen die Entwicklung der Blattspreite übernehmen; p. Wachstum bestimmt die Gestaltung des Blattrandes.

Pleurotus ostreatus (JACQ. ex FR.) KUMM. Austern-Seitling (Polyporaceae): Weißfäuleerreger an Stubben und liegenden Stämmen von Bu, Ki, Pa, Wei und anderen Lh. Gelegentlich als Wundparasit an lebenden Bäumen. Speisepilz. Die bis 30 cm breiten Hüte stehen in Gruppen am Holz und erscheinen spät im Herbst. Sie sind oberseits glänzend graublau bis oliv, haben einen umgebogenen Rand und weißliche, an einem kurzen, exzentrisch ansetzenden Stiel herablaufende Lamellen. Auf Holz selbst in Räumen kultivierbar.

Pleurozium → *Bryidae*

Pliozän: Zeitabschnitt des Tertiär, → *Erdzeitalter* .

Plumbaginales → *Caryophyllidae*

Plumosa-Form → *Retinospora-Formen*

Plumula: Endknospe zwischen den Kotyledonen des Embryos.

Plusbäume → *Auslesebäume*

Plusbaumplantage → *Samenplantage*

Pluviotherophyten → *annuell*

Pneumatoden: Atemöffnungen. Histologische Strukturen, die den Gasaustausch zwischen Atmosphäre und Gewebe ermöglichen. Beispiele: → *Stomata,* → *Lenticellen.*

Pneumatophoren (Atemwurzeln) → *Helophyten*

Poaceae → *Poales*

Poales: Graminales, echte Gräser. Ordnung der → *Commelinidae;* nur eine Familie: Poaceae (= Gramineae, Süßgräser) mit 9 000 – 10 000 Arten. Nehmen etwa 20 % der gesamten Vegetationsdecke ein. Wirtschaftlich bedeutendste Ordnung des Pflanzenreiches (Getreide, Rohrzucker).
Blätter zweizeilig, mit offener Scheide und Ligula. Halm knotig gegliedert, hohl, mit intercalaren Meristemen. Grundeinheit des Blütenstandes ist das Ährchen, dieses zu Ähren oder Rispen angeordnet und meist von Hüllspelzen umgeben. Fertile Blütenteile eingeschlossen von Deckspelze (= Tragblatt der Blüte; oft begrannt) und Vorspelze (als Vorblatt oder Organ des äußeren Perigonkreises gedeutet). 2 Schwellkörper (= Lodiculae) drücken bei Reife Deck- und Vorspelze auseinander; stellen Reste des Perigonkreises dar. Meist A 3 G ($\underline{2}$). Frucht: Karyopse. Holzige Halme haben die Bambusoideae (Bambus; Dendrocalamus wird bis 30 m hoch). Viele Waldgräser: Calamagrostis epigeios (Reitgras) auf Kahlschlägen; Melica nutans (Perlgras) in nährstoffreichen Laub- und Nadelwäldern, Holcus mollis (Honiggras) in Eichen-Birken-Wäldern; Milium effusum (Flattergras) in Laub- und Nadelmischwäldern.

Pockholz → *Geraniales*

Podetien: Stiel-, becher- oder trompetenartige Thallus-erhebungen bei Flechten, auf denen sich die Apothecien des Mycobionten entwickeln (z.B. Cladonia). → *Lichenes.*

Podocarpaceae: Steineibengewächse. Gymnospermen-Familie mit 125 immergrünen Baum- oder Straucharten, die zumeist in tropischen und subtropischen Bergwäldern der Südhalbkugel heimisch sind. Besonderheiten: Blätter entweder flächig (eiförmig oder lanzettlich), schuppen- oder nadelförmig. Keine verholzten Zapfen. Samenschuppen entwickeln einseitige fleischige Samenhülle (Epimatium). 6 Gattungen, davon bedeutsam: → *Phyllocladus,* →*Saxegothaea,* → *Dacrydium,* → *Podocarpus.*

Podocarpus L'Herit. ex Pers. Steineibe: Gattung der → *Podocarpaceae* mit fast 100 vornehmlich immergrünen Baum- und Straucharten, die meist in subtropischen Zonen der Südhalbkugel oder in Ostasien heimisch sind. Einige Arten wie P. andinus, P. nivalis, P. totara, P. salignus oder P. macrophyllus gedeihen in milden Lagen GB's und IRL's. Blattorgane variieren von Art zu Art in Größe, Form und Farbe. Blüten ein- oder zweihäusig verteilt. Äußere Samenschale ist fleischig, ebenso wie der stark anschwellende und oft bunte Blütenboden (Epimatium). Von größerer forstl. Bedeutung sind: P. dacrydioides A. Rich. Neuseeland; P. falcatus (Thunb.) R.Br., S-Afrika; P. imbricatus Bl. Ostasien, Java; P. motleyi (Parl.) Ozeanien; P. totara G. Benn., Neuseeland; P. wallichianus Presl. Indien (Abb. S. 390).

Cladonia spec. mit **Podetien**

Poga → *Rhizophoraceae*

poikilohydr: (wechselfeucht): Bezogen auf Pflanzen, die nur bei hohem Wasserdampfdruck der Umgebung zu aktivem Leben fähig sind. Ihnen fehlt ein effektiver Verdunstungsschutz. Sie trocknen mit sinkendem Wasserdampfdruck aus und überdauern Trockenzeiten im Zustand latenten Lebens. Bsp.: Flechten und Moose. Ggs. → *homoiohydr.*

Polarität: Unterschiedliche morphologische oder physiologische Differenzierung an entgegengesetzten Polen einer Zelle, eines Organs oder des gesamten Organismus, die durch das Zusammenwirken von Schwerkraft, elektrischem Feld, Licht- und Konzentrationsgradienten (Wuchsstoffe, Wasser, Nährstoffe) entsteht. Die Polarität von Organen und von Pflanzen beruht auf der Polarität ihrer Zellen. Sie kann nicht durch Außenfaktoren umgestimmt werden.

Pole Blight: Rätselhafte Krankheit an Pinus monticola in den nordwestl. Rocky Mts.. Kleine, gelbe Nadeln an Triebenden, Schäden an Feinwurzeln, Harzaustritt am Stamm. Absterben von der Krone abwärts. Als Ursachen werden Klimafaktoren und gestörte Wasserversorgung vermutet.

Polei-Rosmarin → *Andromeda*

Polemoniales: Ordnung der → *Asteridae.* Überwiegend Kräuter mit radiären, 4- bis 5-zähligen Blüten, oberständigem Fruchtknoten, wechselständigen Blättern, ohne Nebenblätter. Gedrehte Knospenlage der Petalen. Häufig mit Alkaloiden. Familien: Polemoniaceae (Sperrkrautgewächse), Convolvulaceae (Winden-

Podocarpus totara (nat. Gr.): *a* beblätterter Zweig mit männl. Blüten, *b* Zweig mit reifen Scheinfrüchten, *c* reife Scheinfrucht

gewächse), → *Boraginaceae*, → *Solanaceae*, Cuscutaceae (chlorophyllfreie Vollparasiten u.a. an Nesseln, Klee und Weiden. → *Cuscuta*).

Polkappen: In der Prophase (→ *Mitose*) an den gegenüberliegenden Seiten (Polen) eines Zellkerns entstehende Fasermassen, die den Spindelapparat bilden.

Polkerne: Zwei haploide Zellkerne des Embryosacks, die während der Entwicklung des befruchtungsfähigen Embryosacks zum sekundären, diploiden Embryosackkern verschmelzen.

Pollaccia elegans → *Venturia populina*

Pollaccia radiosa → *Venturia macularis*

Pollaccia saliciperda → *Vanturia saliciperda*

pollakanth: Bezogen auf Pflanzen, deren Lebensdauer nicht durch die Blüten- bzw. Fruchtreife begrenzt wird. Diese ausdauernden Pflanzen erneuern sich jährlich und blühen mehrmals. Ggs. → *hapaxanth*.

Pollen: Pollenkorn. Mehrzelliges, von vielschichtiger Wand umgebenes, in den Pollensäcken entstehendes Gebilde. Sellt den männl. Gametophyten dar. Eine vegetative Zelle und die generative Antheridiumzelle sind von einer cellulosereichen Innenschicht, der → *Intine* und einer widerstandsfähigen Außenwand, der Exine umgeben. Je nach phylogenetischer Entwicklungsstufe sind zwei Prothalliumzellen (bei den Cycadeen), eine nur schwach entwickelte (bei höheren Gymnospermen) oder keine Prothalliumzelle (Angiospermen) vorhanden. P. sind arttypisch geformt, neben Größe, Gestalt und Textur der → *Exine* können auch → *Aperturen* als Unterscheidungsmerkmale herangezogen werden. → *Pollenmorphologie*. Die größten P. mit 170-180 µm Durchmesser findet man bei Mirabilis wrightii und Cucurbita-Arten. Zur Pollengröße der wichtigsten Baumarten s. Tabelle. P. wird durch Wind, Wasser, Insekten oder spontane Berührung auf das ♀ Organ übertragen (→ *Bestäubung*). Nach erfolgter Bestäubung vollzieht die Antheridiumzelle des P. bei Gymnospermen u. niedrigentwickelten Angiospermen noch mindestens eine mitotische Teilung während der → *Pollenkeimung*, bevor eine Spermazelle die Eizelle befruchten kann. Höherentwickelte Angiospermen (Sympetalae) entlassen dreizelligen Pollen. Hier finden keine weiteren Teilungen im Pollenschlauch statt.

Abies	110 – 160
Cedrus	45
Larix	30
Picea	100
Pinus	50
Quercus robur	25
Fagus sylvatica	35

Durchschnittliche Pollengröße in µm

Pollenanalyse: Analyse von Pollensedimenten aus Mooren und Seen zur Rekonstruktion von historischen Florenzusammensetzungen. Möglich durch die arttypische Morphologie der Pollen und ihre lange Haltbarkeit unter Luftabschluß. Die nacheiszeitliche Waldentwicklung wurde durch P. ermittelt.

Pollendiagramm Graphische Darstellung, in der Auftreten und Häufigkeit von Pollenarten in einer chronologischen Zeitreihe angegeben werden. Wichtig für → *Pollenanalyse.*

Pollenfach → *Anthere*

Pollenkammer: Kleine Aussparung im Nucellus unterhalb der Micropyle zur Aufnahme und Keimung des Pollens.

Pollenkeimung: Ausbildung eines Polenschlauchs durch Ausstülpung der Intine an bestimmten Stellen (Aperturen) des Pollens. P. beginnt mit Wasseraufnahme und anschließend starker Vakuolisierung der vegetativen Zelle innerhalb des Pollens. Kern, Plasma und die generative Zelle befinden sich an der Spitze des Pollenschlauchs. Dieser Bereich wird durch Callose von den rückwärtigen Teilen abgegrenzt. Bei den meisten Angiospermen (bei Asteridae wird der Pollen schon mit 2 Spermazellen aus der Anthere entlassen) teilt sich die generative Zelle des Pollens im Pollenschlauch in 2 Spermakerne (→ *Befruchtung, doppelte).* Bei Coniferophytina wandert die Antheridienzelle in den Pollenschlauch, gliedert eine Dislokatorzelle (Stielzelle) ab und teilt sich dann ebenfalls in 2 Spermazellen. Aufgabe des Pollenschlauchs ist der Transport der Spermazellen zum Eiapparat (Magnoliophytina) bez. zu den Archegonien (Coniferophytina). Die P. findet bei Cycadophytina in der Pollenkammer, bei Coniferophytina in der Mikropyle der Samenanlage, bei Magnoliophytina auf der Narbe des Gynöceums statt.

Pollenkitt: Lipoid- und carotinoidhaltige Substanz, die Pollen entomogamer Arten zusammenklebt.

Pollenmorphologie: Die Gestalt des Pollens ist artspezifisch und wird in der → *Pollenanalyse* zur Rekonstruktion früherer Vegetationseinheiten benutzt. Als wesentliche Merkmale werden dabei Anzahl, Art und Lage der Keimstellen (→ *NPC-System,* → *Aperturen)* herangezogen sowie die Beschaffenheit der Pollenaußenwand (Sexine, → *Sporoderm).* Die Keimstellen (Aperturen) können als Poren (porate Pollen), Falten (= Colpen, colpate Pollen) ausgebildet werden oder nur schwach angedeutet bzw. nicht vorhanden sein (inaperturate, = atreme, = analepte Pollen). Steigende Anzahl von Keimstellen (bis 100) gilt als phylogenetisch progressives Merkmal. Die intectate Sexine besteht aus nicht miteinander verbundenen Säulchen, Kegeln, Keulen, Warzen (verrucate P.). Sind diese Elemente aber miteinander verbunden und bilden sie somit eine kompakte Schicht (=Tecturen, Tegillum), spricht man von tectaten Pollen.
Als Anpassung an die anemogame Verbreitung wird bei einigen Pinaceen-Gattungen (Abies, Cedrus, Pinus, Picea) durch Abheben der Exine (Luftsäcke, Vesiculae) gebildet. Pollen entomogamer Arten klebt durch seine skulptierte Außenschicht und darin eingelagerte Kittsubstanzen aneinander.

Pollenmutterzelle → *Mikrosporogenese*

Pollensäcke → *Anthere*

Pollenschlauchbefruchtung → *Siphonogamie*

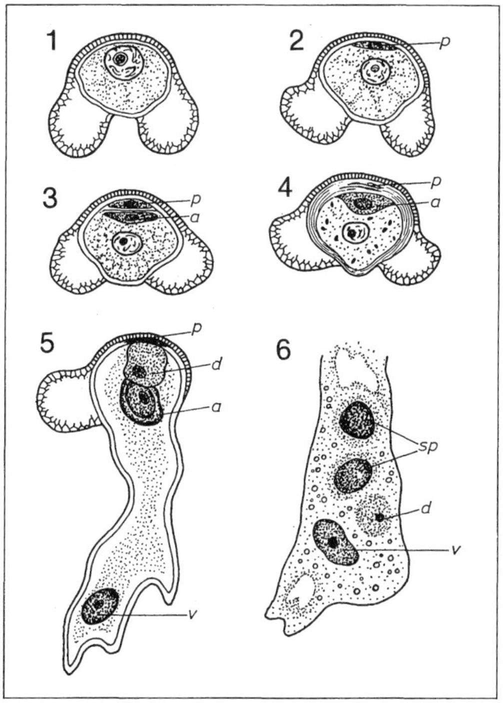

Pollenkeimung bei Coniferophytina. P = Prothalliumzelle, A = Antheridiale Zelle, D = Dislokatorzelle, sp = Spermazellen

Pollenspektrum → *Pollenanalyse*

Pollination → *Bestäubung*

Pollinium: Miteinander verklebte Pollenkörner eines Pollenfachs. Bei → *Asclepiadaceae* und → *Orchidaceae.*

Polyade: Verbreitungseinheit aus mehr als 4 Pollenkörnern (z.B. Ericaceae).

Polyandrie: Anlage vieler Staubblätter in einer Blüte. Man unterscheidet: 1. Primäre P.: Viele auf der Blütenachse spiralig gestellte Staubblätter vorhanden; ursprüngliches Merkmal (z.B. bei Magnoliidae). 2. Sekundäre P.: Nachträgliche Vermehrung der Staubblätter in einer Blüte (→ *Dédoublement),* bei Sippen, die im Zuge der Phylogenese bereits eine → *Oligomerisation* des → *Androeceums* erfahren haben (z.B. bei Rosidae und Dilleniidae).

polyarch: Bezogen auf Wurzelleitbündel mit vielen Xylemradien. → *Wurzelquerschnitt.*

Polycarpicae → *Magnoliidae*

Polychorie: Ausbreitung von Samen und Früchten durch unterschiedliche Vektoren. Erhöht die Verbreitungsmöglichkeiten; z.B. kann Birkensamen anemochor, hydrochor und, durch Ankleben an das Gefieder von Wasservögeln, epizoochor verbreitet werden. Werden von einer Pflanze für die unterschiedlichen Vektoren – jeweils besondere Früchte ausgebildet, spricht man von → *Heterokarpie.*

Polycross: Vereinfachte Methode zur Prüfung auf Kombinationseignung bei der Durchführung gelenkter Kreuzungen (s. a. → *Topcross*). Im Idealfall müßten bei einem Kreuzungsexperiment alle möglichen Kreuzungskombinationen (einschl. reziproker Kreuzungen) durchgeführt werden. Bei 20 Klonen ergeben sich 380 Kombinationsmöglichkeiten. Solche umfangreichen Versuche sind praktisch kaum durchführbar, so daß einfachere Verfahren angewendet werden. Die weiblichen Blüten aller Testklone werden mit einem Pollengemisch aller Testklone (gleiche Anteile) bestäubt.

Polyembryonie: Ausbildung mehrerer Embryonen in einer Samenanlage. Entstehung 1. Differenzierung somatischer Zellen der Samenanlage, die zur Ausbildung von Embryonen führt (= Adventivembryonie, regelmäßig bei Citrus). 2. Durch Befruchtung mehrerer Archegonien (= polyzygotische P., z.B. bei Pinus). 3. Durch mitotische Teilung der Eizelle zu genotypisch identischen Embryonen (= monozygotische P.) Bei Pinus entwickeln sich generell vier Proembryonen aus einer Zygote, von denen jedoch meist nur der Besternährte erhalten bleibt.

polyenergid → *Nucleus*

Polygala L. Kreuzblume (engl.: Milkwort): Etwa 500 Arten umfassende Gattung der → *Polygalaceae,* zumeist Stauden, selten Bäume. Verbreitung weltweit. Blätter wechsel- oder gegenständig, Blüten in Trauben, Kapselfrüchte. Einzige mehrjährige Art in Eur.: P. chamaebuxus L. (Zwerg-Buchs, Buchsblättrige Kreuzblume): Immergrüner, niederliegender, ausläufertreibender Zwergstrauch (bis 0,3 m hoch), der in O-Eur. und im Alpenraum vom Flachland bis zur subalpinen Stufe (bis 2 400 m) meist auf trockenen und mageren, oft kalkreichen Böden vorkommt. Kennzeichen: Blätter am Rand eingerollt, kurz stachelspitzig. Von den 5 Kelchblättern die 2 seitlichen kronblattartig ausgebildet (= Flügel), 3 Kronblätter, das mediane ausgesackt (= Schiffchen).

Polygalaceae: Kreuzblumengewächse. Zu den → *Polygalales* gehörende, kosmopolitisch verbreitete Familie von Kräutern, Lianen, kleinen Sträuchern und Bäumen. Auffallend sind die einer → *Schmetterlingsblüte* ähnelnden Blüten: 2-teilige Fahne aus 2 Kronblättern, 2 kronenblattartige Kelchblätter bilden die Flügel, Schiffchen besteht aus einem Kronblatt, oft mit auffälligem Anhängsel. Blütenformel: ↓ K5 C3 A(4+4) seltener (5+5) G (2). Einzige in Europa heimische Gattung: → *Polygala.*

Polygalales: Kreuzblumenartige. Kleine, zu den → *Rosidae* zählende Ordnung von Sträuchern, Kräutern, Lianen, seltener kleinen Bäumen. Blätter meist einfach, gegen- oder quirlständig, mit oder ohne Nebenblätter. Meist schräg zygomorphe, 5-zählige Blüten, oft nur 3 Kronblätter und petaloide Kelchblätter. 2- bis 3-blättriges, oberständiges Gynoeceum. In Europa heimisch: → *Polygalaceae.* Wegen der Nutzung als Möbel und Bauholz ist die Gattung Vochysia aus S-Amerika (Vochysiaceae, Ritterspornbäume) erwähnenswert.

polygam → *Subdiözie*

Polygenie: Steuerung der Merkmalsausprägung durch mehrere, auf verschiedenen Chromosomen lokalisierte Gene. Man unterscheidet zwischen → *Polymerie,* bei der die Gene additiv wirken und der Kryptomerie komplementäre Wirkung.

Polygonales: Knöterichartige. Ordnung der → *Caryophyllidae* mit einer Familie: Polygonaceae. Überwiegend Kräuter der nördlich gemäßigten Zone. Holzpflanzen innerhalb der Gattung Coccoloba (C. uvifera, bis 9 m hoher tropischer Baum). Kennzeichen: wechselständige Blätter mit Nebenblattscheiden (Ochrea), einfache, unscheinbare Blüten [* P3, 3+3 oder 5 A 6-9 G(2-4)], Nußfrüchte mit Endosperm. Häufige Gattungen: Rumex (Ampfer), Polygonum (Knöterich). Wirtschaftlich genutzt wird Fagopyrum (Buchweizen).

Polykarpie: Viele freie Fruchtblätter in der Blüte vorhanden. Typisch bei Magnoliidae (= Polycarpicae).

Polylepis → *Rosaceae*

Polymerie: (1) Additive → *Polygenie.* Verschiedene Gene beeinflussen additiv das gleiche Merkmal. Der Zuwachs bei Waldbäumen wird polymer vererbt, das erklärt das → *Luxurieren* von Bastarden. Ggs. → *Kryptomerie.*
(2) Viele Blütenglieder stehen in spiraliger Stellung an der Blütenachse (Ggs. → *Oligomerie).*

Polymorphum rugosum → *Ascodichaena rugosa*

Polyözie: Wenn sich die Individuen einer Art hinsichtlich der Geschlechtsausprägung ihrer Blüten unterscheiden. Diözie ist eine Form der P., daneben gibt es verschiedene Übergangsformen der Geschlechterverteilung (→ *Subdiözie);* z.B. Individuen mit rein männlichen und zwittrigen Blüten (Androdiözie, Bergahorn) oder Individuen mit rein weiblichen und zwittrigen Blüten (Gynodiözie). Bei Triözie kommen sowohl ♀ als auch ♂ wie zwittrige Exemplare vor (Es).

Polyphänie (Pleiotropie): Ein Gen steuert zwei oder mehr Merkmalsausprägungen eines Individuums.

polyphag → *Parasiten*

polyphyletisch: Stammesgeschichtlich aus mehreren, voneinander unabhängigen Entwicklungslinien entstanden. Mycophyta sind polyphyletisch entstanden.

Polyploide: Individuen, die mehr als zwei vollständige Genome aufweisen. → *Polyploidie.*

Polyploidie: Numerische Erhöhung des Chromosomensatzes oder der Chromosomenzahl. Kann künstlich u.a. durch → *Colchizin* ausgelöst werden. Aneuploidie: Einzelne Chromosomen sind überzählig (→ *Trisomie,* Tetrasomie etc.). Euploidie: Vervielfachung kompletter Chromosomensätze in allen Zellen. Orthopolyploide: 4n, 6n, 8n...; Anorthopolyploidie: 3n, 5n, 7n...). Z.B. Acer saccharinum 4n, Prunus serotina 4n; Betula kenaica 5n, Gigasaspe 3n. Unterformen: Autoploidie (= Autopolyploidie): (intraspezifisch) Vervielfachung des Chromosomensatzes innerhalb der Artgrenzen. (Z.B. Salix bildet eine autoploide Reihe bis

12n, Betula bis 8n; → *Serie, multiple)*. Alloploidie (= Allopolyploidie, Amphipolyploidie): (interspezifisch) Vermischung von strukturell unterschiedlichen Chromosomensätzen (durch Hybridisierung artfremder Genome; Sequoia sempervirens: allo-hexaploid). Endopolyploidie: somatische Vervielfachung des Chromosomensatzes in bestimmten Geweben. Häufig bei Zellen mit erhöhtem Wasserdurchsatz, wie Wurzelzelle, auch bei Drüsen- und Tapetumzellen. In Integumenten von Kapuzinerkresse wurden Chromosomensätze bis 1024n gefunden, s.a. → *Hyperploidie*, → *Dysploidie*, → *Agmatoploidie*.

Polyploidiezüchtung → *Mutationszüchtung*

Polypodiaceae: Tüpfelfarngewächse. Umfangreichste Familie der → *Leptosporangiatae* mit vielen typischen Waldfarnen. Kennzeichnend sind gestielte Sporangien in meist von → *Indusien* bedeckten Sori (→ *Sorus*). Sporangien mit einem längs über den Scheitel verlaufenden → *Anulus*, der mittels → *Kohäsionsbewegung* das Sporangium bei Reife öffnet. Blätter mit Gabel-, Fieder- oder Netznervatur. Wedel ungeteilt (z.B. bei Phyllitis) oder unterschiedlich stark aufgefiedert (fiederteilig bei Polypodium, 3-fach gefiedert bei Athyrium filix-femina). Wichtige Waldfarne: Pteridium aquilinum (Adlerfarn), Blechnum spicant (Rippenfarn), Athyrium filix-femina (Frauenfarn), Phyllitis scolopendrium (Hirschzunge), Dryopteris filix-mas (Wurmfarn).

Polyporales → *Aphyllophorales*

Polyporus abietinus → *Hirschioporus abietinus*

Polyporus circinatus → *Onnia tomentosa*

Polyporus giganteus → *Meripilus giganteus*

Polyporus hispidus → *Inonotus hispidus*

Polyporus schweinitzii → *Phaeolus schweinitzii*

Polyporus squamosus (Huds.) ex Fr. Schuppiger Porling: Ein wichtiger Weißfäuleerreger an lebenden und toten Stämmen, an starken Ästen und an Stöcken von Lh, besonders As, Bu, Ah, Li. Dringt über Wunden ein und zersetzt das Stamminnere. Der Pilz gehört zu den Polyporaceen mit lammellenförmigem Hymenophor. Die unverwechselbaren, bis 50 cm breiten, nierenförmigen, kurz und exzentrisch gestielten Fruchtkörper sind einjährig und erscheinen im Frühjahr. In der Jugend gelten sie als eßbar. Kennzeichnend sind die oberseits konzentrisch angeordneten, dunkelbraunen Schuppen auf beigefarbenem Grund.

Polyporus sulphureus → *Laetiporus sulphureus*

Polysaccharide: Aus mehr als 10 Monosaccharidresten (Monomere) bestehende → *Kohlenhydrate*. Beispiele: → *Stärke*, → *Cellulose*, → *Glykogen*, → *Kallose*.

Polysomen → *Ribosomen*

Polyspermie: Beteiligung mehrerer Spermazellen oder Pollenschläuche an der Befruchtung. Zwei Vorstellungen: 1. Nur ein Spermakern verschmilzt mit dem Eikern, die übrigen werden von der Eizelle absorbiert und beeinflussen die Merkmalsausprägungen. 2. Spermazellen werden von somatischen Zellen des Fruchtblattgewebes absorbiert, die daraus resultierenden Veränderungen können durch die Ernährungsfunktion die Merkmalsausbildung beeinflussen.

polysporangiat: Mit vielen Pollenfächern ausgestattet (Androeceum der → *Viscaceae*).

a b c

Polypodiaceae: *a* Blechnum spicant, *b* Phyllitis scolopendrium, *c* Pteridium aquilinum

Polysymmetrie → *Symmetrie (-lehre)*

Polyterpene → *Terpenoide*

Polytrichales: Hochentwickelte Laubmoose mit ersten Differenzierungen eines Leitgewebes. → *Peristom* aus ganzen Zellen aufgebaut. Chloroplastenreiche Längslamellen auf der Blattoberseite. Typische Waldmoose: Polytrichum formosum (Schönes Widertonmoos) auf mäßig trockenen Böden; Polytrichum commune (Goldenes Frauenhaar) auf sauren, feuchten Böden; Catharinea undulata (Katharinenmoos) auf feucht-lehmigen Böden.

Polytrichum → *Polytrichales*

Polytrichum formosum

Pomaceae → *Rosaceae*

Pomeranze → *Citrus*

Pomoideae → *Rosaceae*

Poncirus trifoliata (L.) RAF. Bitterorange: Einzige Art der Gattung (Fam.: → *Rutaceae*). Sommergrüner, meist dorniger Strauch oder kleiner Baum aus O-Asien. In M-Eur. nur in geschützten Lagen winterhart, im Mittelmeerraum beliebtes Ziergehölz. Triebe stark abgeflacht. Blätter wechselständig, 3-zählig gefiedert, durchscheinend punktiert. Stiel geflügelt. Blüten weiß, duftend. Kleine, ungenießbare Zitrusfrucht.

Pond Pine → *Pinus serotina*

Ponderosa Pine → *Pinus ponderosa*

pontisch → *Florenregionen*

Poplar → *Populus*

Poplar, Balsam → *Populus balsamifera*

Population: Untereinheit einer Art. Stellt eine aktuelle Fortpflanzungsgemeinschaft dar, deren Individuen untereinander im Genaustausch stehen. Jede P. ist durch bestimmte Genhäufigkeiten (Genfrequenzen) charakterisiert. Aus lange isolierten Populationen entwickeln sich im Laufe der Zeit → *Rassen.*

Populationsgenetik: Bereich d. Vererbungslehre, der sich mit den (mathematischen) Gesetzmäßigkeiten der Merkmalsweitergabe innerhalb von Populationen beschäftigt. → *Hardy-Weinberg-Gesetz,* → *Panmixie.*

Populationsökologie → *Demökologie*

Populus L. Pappel (engl.: Poplar, Cottonwood): Gattung der → *Salicaceae* mit etwa 35, z.T. forstl. wichtigen Arten in den gemäßigten Breiten der Nordhemisphäre (N-Amerika, Eur., N-Afr. und Asien südl. bis zum Him.). Sommergrüne, i.d.R. sehr raschwüchsige Bäume. Winterknospen mit mehreren, meist harzigen Schuppen. Blätter wechselständig, gewöhnlich langgestielt, dreieckig, eiförmig oder elliptisch, ganzrandig, gezähnt oder gelappt; Nebenblätter hinfällig. Blüten in hängenden Kätzchen, zweihäusig verteilt, stets vor dem Laubausbruch, Kätzchen an der Basis nicht beblättert. Jede Blüte in der Achsel eines gezähnten oder zerschlitzten Tragblattes, am Grunde vom schief becherförmigen Blütenboden umgeben; ♂ mit 3 – 30 Staubblättern; ♀ aus 2 Carpellen; Windbestäubung. Fruchtkapsel mit 2 Klappen aufspringend. Zahlreiche, endospermlose Samen mit Haarschopf. Rasche Keimung (meist innerhalb weniger Tage), aber nur kurze Zeit keimfähig; Windverbreitung. Keimung epigäisch. Chrom.: n = 19.
Untergliederung der Gattung:
Sektion 1. Leuce DUBY (Weiß- und Zitterpappeln): → *P. alba,* → *P. tremula,* → *P. canescens,* → *P. tremuloides.* Sektion 2. Leucoides SPACH. Sektion 3. Tacamahaca SPACH. (Balsampappeln): → *P. balsamifera,* → *P. trichocarpa,* → *P. maximowiczii.* Sektion 4. Aigeiros DUBY (Schwarzpappeln): → *P. nigra,* → *P. deltoides.*
Pa sind die raschwüchsigsten einheimischen Baumarten. Wirtschaftlich wichtig sind v.a. durch Kreuzung und Auslese entstandene → *Sorten* (→ *Klone,* Klongemische). Pappelzüchtung hat günstige Voraussetzungen, da Artkreuzungen (intra- und intersektional) rel. leicht möglich und die meisten Arten auch vegetativ gut vermehrbar sind (i.d.R. durch Stecklinge). Auf frischen, nährstoffreichen Aueböden leisten Spitzensorten bei plantagenähnlicher Bewirtschaftung (Umtriebszeit: 25 Jahre) einen durchschn. Volumenzuwachs bis 26 m^3 pro ha und Jahr (dGZ). Große Bedeutung hat Pa im Flurholzanbau; neuerdings Versuche, Pa für Energiegewinnung aus Biomasse im extremen Kurzumtrieb zu nutzen.
Holz: Jahreseinschlag BRD: ≈ 300 000 m^3. Pa-Nutzholz stammt in der BRD größtenteils von angebauten Kultursorten. Pa-Arten sind makroskopisch wie mikroskopisch kaum zu trennen; auch technol. Eigenschaften sind sehr ähnlich. Daher werden in der Holzverwendung Arten und Sorten i.d.R. nicht unterschieden. Eine Sonderstellung nimmt → *P. tremula* ein (keine Kernfärbung, etwas höhere Rohdichte). Kernholzbäume (Ausnahme: P. tremula): Splint breit, weißlich, Kern bräunlich. Gefäße fein, zerstreutporig angeordnet; geringer Kontrast zwischen Früh- und Spätholz, Grenzen der oft sehr breiten Jahrringe deutlich; Holzstrahlen schmal. Weich und leicht.
Rohdichte (r_o-)
Mittelwerte:
Sekt. Aigeiros: 0,36 g/cm^3;
Sekt. Tacamahaca: 0,39 g/cm^3;
Sekt. Leuce: 0,42 g/cm^3.
Schwindet mäßig; Festigkeit rel. gering, aber hoher Abnutzungswiderstand (Faserverfilzung!); gut bearbeit- und leicht spaltbar; geringe nat. Dauerhaftigkeit. Vielseitige, meist spezielle Verwendung: Zündhölzer, Blind-, Sperr- und Schichtholz, Paletten, Kisten, Spankörbe, Schuhe, Prothesen, Zeichenbretter, Span- und Faserplatten, Zellstoff, Papier.
Gefährdungen: → *Rindenbrand* (Cryptodiaporthe populea), Marssonina-Krankheit (→ Marssonina brunnea). Bakterienkrebs (→ *Xanthomonas populi),* → *Pappelrost.* Gefahren, die sich aus dem Anbau von Sorten geringer genetischer Variabilität ergeben, versucht man durch die Einführung von Mehrklonsorten zu begrenzen.

Populus alba L. (Sekt. Leuce) Silber-, Weißpappel: Raschwüchsiger, max. 35 m hoher und 400 Jahre alter Baum mit breiter, starkästiger Krone. Verbreitung: M-, S- und O-Eur., W-Sib. und M-As südl. bis Him., Kauk. und Kl.As.. In N-Amerika als Zierbaum eingebürgert. Kennzeichen: Rinde grauweiß, mit zahlreichen Korkwarzen, bleibt lange glatt; im Alter dicke, dunkelgraue, längsgefurchte Borke. Triebe weißfilzig behaart, verkahlend. Blätter sehr variabel, rundlich bis eiförmig, an Langtrieben meist efeuartig gelappt, an Kurztrieben ungelappt; 4 – 10 cm lang, an kräftigen Langtrieben oft deutlich größer; Rand unregelmäßig stumpf gezähnt; unterseits bleibend weißfilzig. ♂ Blütenkätzchen anfangs rötlich, dickwalzig; ♀ Kätzchen gelbgrün; Tragblätter der Blüten gezähnt und zottig bewimpert; Blütezeit: III, IV. Chrom.: 2n = 38 (57).
Vorkommen, Standort: Zerstreut in Auwäldern großer Flußniederungen, v.a. im Bereich der Hartholzaue in Gesellschaft von Stieleiche, Ulme und Esche. Frische (wechselfrische), nurmehr selten überschwemmte, im Sommer gelegentlich oberflächlich austrocknende, nährstoff- und basenreiche, lockere Lehm- und Tonböden; mitunter als Pionier auch auf sandigen bis schwach kiesigen Aufschüttungen. Toleriert etwas mehr Trockenheit als → *P. nigra.* Wärmeliebende Lichtbaumart. Verbreitet als Zierbaum angepflanzt, an Ruderalplätzen verwildert. Bildet Wurzelbrut und Stockausschläge. Holz: → *Populus.* Bastardiert spontan mit → *P. tremula:* → *P. x canescens.*

Populus alba

Populus balsamifera L. (Sekt. Tacamahaca; syn.: P. tacamahaca MILL.) Balsampappel (engl.: Balsam Poplar): 18 – 24 m (max 36m) hoher, raschwüchsiger Baum mit transkontinentaler Verbreitung im nördl. N-Amerika: von Neufundland und Labrador westl. entlang der Baumgrenze bis NW-AK, südl. bis SO-BC, IA und PA; lokale Vorkommen in den Rocky Mountains südl. bis CO und im O bis WV. Triebe rund, kahl; Winterknospen groß, klebrig-harzig, aromatisch duftend. Blätter 7 – 13 cm lang (an kräftigen Langtrieben auch länger), eiförmig mit lang ausgezogener Spitze, Basis abgerundet oder schwach herzförmig, am Rand fein gesägt und fein gewimpert, oberseits glänzend dunkelgrün, unterseits weißlich. Chrom.: 2n = 38. Nördlichster Laubbaum der Neuen Welt. Feuchte Böden; meist in Flußniederungen, an Seeufern und am Rande von Sümpfen; lichtbedürftiger Pionier frischer Schwemmlandböden; steigt in den Rocky Mountains bis 1 670 m; oft in Reinbeständen oder in Mischung mit Populus tremuloides, Betula papyrifera, Abies balsamea, Picea glauca u.a.. In M-Eur. gelegentlich in Parks, selten forstl. angebaut.
Holz: → *Populus.* Var. subcordata HYL. (Ontariopappel) von Neufundland bis Ontario, südl. bis MI und NY: Blätter größer als beim Typ, breit eiförmig bis dreieckig, Stiel behaart (Abb. S. 401).

Populus balsamifera

Populus x canadensis →*Populus nigra*

Populus canescens (AIT.) SM. (Sekt. Leuce) Graupappel: Hybrid zwischen → *P. tremula* und → *P. alba,* der im Bereich des gemeinsamen Vorkommens beider Elternarten (Auwälder großer Flußniederungen) natürlich auftritt. Verbreitung: M- und SO-Eur., westl. bis SO-Engl.; W-Asien. Steht bei großer Variabilität der Merkmale ± intermediär zwischen den Ausgangsarten, ähnelt aber meist mehr P. alba, mit der sie oft verwechselt wird. Unterscheidende Merkmale: Blätter unterseits weniger dicht behaart, ± verkahlend, an Langtrieben nur schwach gelappt. Sichere Bestimmung nur anhand verschiedener Blütenmerkmale möglich. Häufig als Zierbaum sowie im Flurholzanbau (Windschutzgehölz) gepflanzt, sehr raschwüchsig, ohne besondere Bodenansprüche. Wird durch Wurzelschößlinge vermehrt.

Populus deltoides BARTR. ex MARSH. (Sekt. Aigeiros; syn.: P. monilifera AIT.) Amerikanische Schwarzpappel, Kanadische Schwarzpappel (engl.: Eastern Cottonwood): Einer der größten (im Mittel 30 m, max. 58 m hoch) und raschwüchsigsten Bäume N-Amerikas östl. der Rocky Mountains. Riesiges Areal: im N von S-QU über S-ON westl. bis S-AB, im S bis TX, NW-FL und GA, im W bis zum Fuße der Rocky Mountains. Sehr ähnlich → *P. nigra,* jedoch Rinde anfangs gelblich grün, Borke aschgrau; Blätter an der Basis gestutzt bis schwach herzförmig, am Übergang von Stiel zur Spreite 2 – 3 Drüsen, Rand dicht gewimpert und grob kerbig gesägt, mit nach vorne gekrümmten Zähnen. Stets in Niederungen entlang von Flüssen auf reichlich und stetig wasserversorgten, alluvialen Böden. Oft in Reinbeständen oder zusammen mit Weiden (v.a. Salix nigra) und anderen Laubbäumen (z.B. Eichen- und Hickoryarten). Optimum im Tal des Mississippi und seiner Nebenflüsse. Extrem lichtbedürftiger Pionier auf frischem Schwemmland; toleriert längere Überflutungen. Holz: → *Populus;* holzwirtsch. wichtigste Pa N-Amerikas. Bis zur Jahrhundertwende industriell kaum beachtet; erst nach Rückgang der Liriodendron-Vorräte

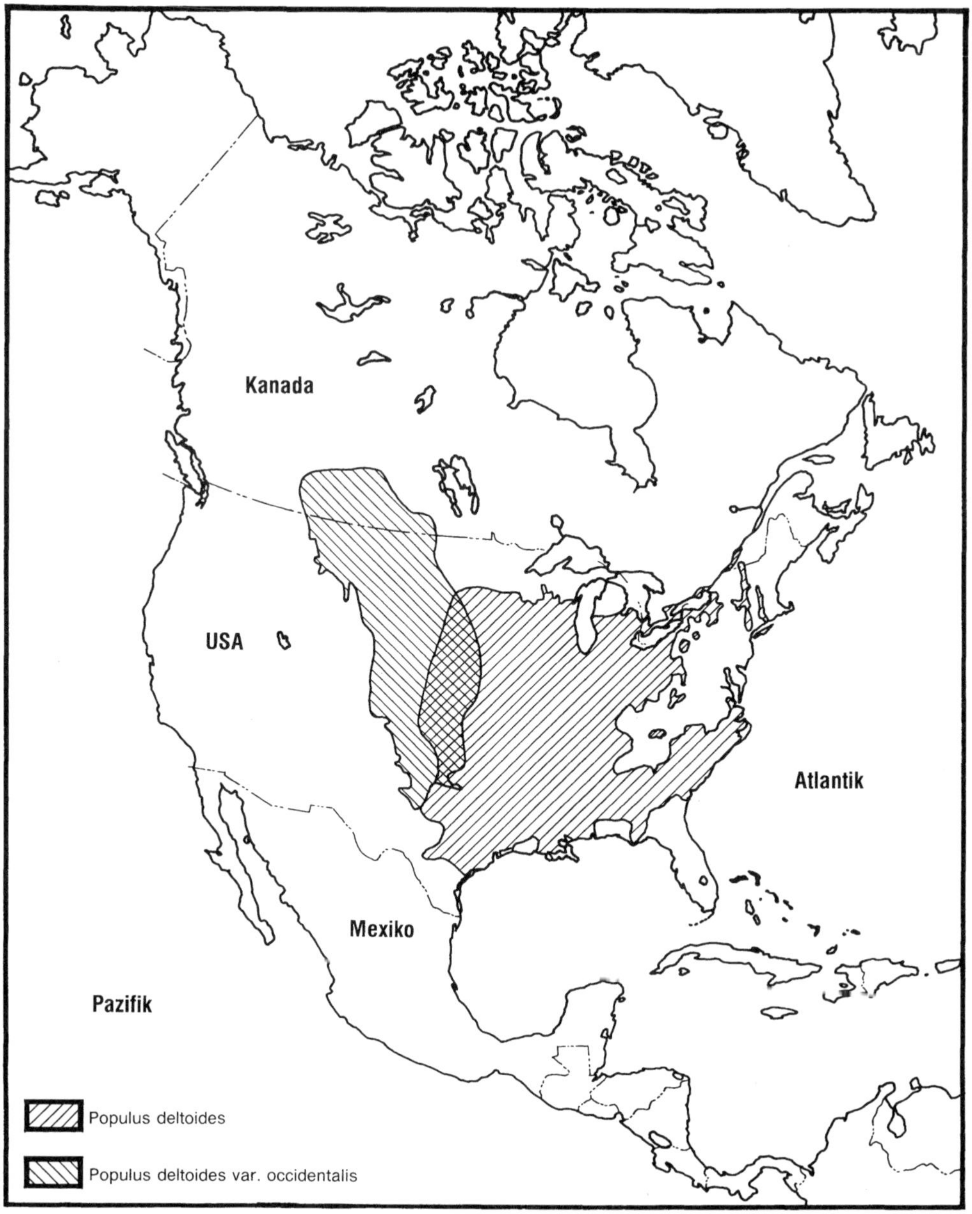

Natürliche Areale von **Populus deltoides** und **P. deltoides var. occidentalis**

gewann es als Ersatz für dieses zunehmend an Interesse. In M-Eur. gelegentlich angebaut; viel häufiger sind Artbastarde mit → *P. nigra*. Der Name cottonwood bezieht sich auf die reichlich gebildete, baumwollähnliche Samenwolle. Var. occidentalis RYDB. (Plains Cottonwood, syn.: P. sargentii DODE): im westl. Verbreitungsgebiet (vom südl. SK und AB südl. bis TX); vom Typ verschieden durch etwas kleinere, gröber gezähnte Blätter; max. 27 m hoch; in den Rocky Mountains bis 2 100 m ü.NN.

Populus deltoides

Populus x euramericana → *Populus nigra*

Populus lasiocarpa OLIV. (Sect. Leucoides) Großblattpappel: Bis etwa 20 m hoher Baum feuchter Laubmischwälder M- und W-Chinas. Knospen sehr groß, etwas klebrig. Triebe dick, kantig, anfangs filzig behaart. Blätter ei- oder herzförmig, sehr groß: bis 30 cm lang und 20 cm breit; Rand drüsig gesägt; Blattstiel und Hauptnerv rot. In seiner Heimat wichtiger Holzlieferant. In M-Eur. winterhart, wegen der attraktiven Belaubung gelegentlich als Zierbaum gepflanzt, forstlich aber ohne Bedeutung.

Populus lasiocarpa

Populus maximowiczii HENRY (Sekt. Tacamahaca) Maximowiczs-Balsampappel: Bis 30 m hoher, forstl. wichtiger Baum Japans und NO-Asiens. Triebe rund, behaart, anfangs rötlich. Knospen stark glänzend harzig. Blätter derb lederig, eiförmig oder elliptisch, kurz zugespitzt, 6 – 12 cm lang, am Rand drüsig gesägt und gewimpert, unterseits weißlich, beiderseits auf den Nerven behaart. Entlang von Flüssen und Bächen, in feuchten Mulden; vergesellschaftet mit Picea jezoensis, Abies sachalinensis, Acer pictum, Betula ermanii, Alnus japonica, Cercidiphyllum japonicum, Fraxinus mandshurica u.a.. Holz: → *Populus*. In M-Eur. werden versch. Pa-Sorten angebaut, die aus Artkreuzungen mit P. max. hervorgegangen sind (z.B. P. max. x P. trichocarpa = »Androscoggin«, P. max x P. nigra = »Rochester«).

Populus monilifera → *Populus deltoides*

Populus nigra L. (Sekt. Aigeiros) Schwarzpappel: Bis 35 m hoher, max. 300 Jahre alter und 2 m starker (BHD) Baum mit breiter, starkästiger Krone. Verbreitung: W-, M-, S- und O-Eur., W- und Z-Asien südl. bis Kauk., N-Pers. und Him., N-Afrika. Die N- und NW-Grenze ist v.a. in M- und O-Eur. unsicher, da durch Kultur verwischt.

Kennzeichen: Rinde anfangs glatt, hellbraun; frühe Bildung einer tiefrissigen, schwärzlichen (Name!) Borke. Triebe kahl, glänzend lehmgelb. Blattspreite dreieckig bis rautenförmig, spitz, 5 – 10cm lang, am Rande kerbig gesägt, kahl; Stiel 2 – 6 cm lang. Blütenkätzchen (III, IV) bis 9 cm lang, ♂ gelblich braun oder rötlich, ♀ gelbgrün; Tragblätter zerschlitzt, nicht bewimpert. Chrom.: 2n = 38.

Vorkommen, Standort: Zerstreut in Auwäldern (v.a. Weichholzaue zusammen mit Salix alba) großer Flußniederungen auf tiefgründigen, feuchten bis nassen, gut durchlüfteten Kies-, Sand- oder Lehmböden. Wärmeliebend, hauptsächlich in der Ebene und in den unteren Berglagen (Z-Alpen: max. bis 1 400 m). Über die Naturvorkommen hinaus angepflanzt und verwildert. Sehr lichtbedürftige Pionierholzart; empfindlich gegen extreme Winterkälte; unter den einheimischen Pa-Arten die dürreempfindlichste. Bildet Wurzelbrut und reichlich Stockausschläge.

Holz und Gefährdungen: → *Populus*. Häufig in Kultur ist die Form »Italica« (syn.: var. italica MÜNCHH., var. pyramidalis SPACH., var. fastigiata DESF., ssp. pyramidalis (ROZ.) CELAK.), die Säulen- oder Pyramidenpappel, mit fast senkrecht aufsteigenden Ästen und säulenförmiger Krone sowie meist kleineren Blättern als der Typ. Seit über 200 Jahren weit verbreitet in Parks, entlang Straßen oder Gewässern; meist nur ♂ Exemplare. Ursprung wahrscheinlich Turkestan oder Persien. Vermehrung durch Stecklinge. Die typische P. nigra ist in M-Eur. selten. Forstl. wie im Flurholzanbau von weit größerer Bedeutung, da ungemein wüchsig, sind die sog. »Euramericana-Bastarde« (P. x euramericana GUINIER; syn.: P. x canadensis MOENCH.; im Deutschen auch als Kanadapappeln oder Euamerikanische Schwarzpappelhybriden bezeichnet). Dies sind spontan oder züchterisch entstandene Kreuzungsprodukte mit → *P. deltoides*. Die Trennung einzelner Sorten und ihre Abgrenzung zu den Eltern ist schwierig (Abb. S. 398/399).

Populus sargentii → *Populus deltoides*

Populus tacamahaca → *Populus balsamifera*

Populus tremula L. (Sekt. Leuce) Zitterpappel, Aspe, Espe: 10 – 30 m (max. 40 m) hoher, breitkroniger Baum mit großem eurasiatisch-nordischem Areal: Eur., Kl. Asien, Kauk., Sib., Jap. und China, N-Afr..

Kennzeichen: Rinde glatt, grünlich bis gelblich grau; Borke längsrissig, schwarzgrau. Triebe kahl, glänzend gelbbraun. Blätter an langen, seitlich abgeflachten Stie-

Populus nigra: *a* männl. Blütenkätzchen, *b* weibl. Blütenkätzchen, *c* beblätterter Zweig

a

b

c

d

Populus nigra: *a* Bestand, *b* Samen, *c* Solitärbaum, *d* P. nigra italica.

len (hierdurch das sprichwörtliche Zittern des Espenlaubes im Wind); Spreite 3 – 8 cm groß, rundlich bis eiförmig, unregelmäßig buchtig, stumpf gezähnt, anfangs behaart, später kahl; Blätter kräftiger Langtriebe rel. kurzgestielt, meist größer und mehr eiförmig bis dreieckig. Blütenkätzchen rötlich, mit der Zeit verblassend; Blütezeit: III, IV; Tragblätter der Blüten zerschlitzt und dicht zottig bewimpert. Samen sehr klein. Chrom.: 2n = 38 (57).

Vorkommen, Standort: Hinsichtlich Standortpräferenzen und soziol. Verhalten weitgehend indifferend. Von der Ebene bis ins Gebirge (N-Alpen: bis 1 360 m; Z-Alpen: bis 2 000 m) in lichten Wäldern, auf Waldlichtungen, an Wald- und Wegrändern, in aufgelassenen Steinbrüchen und Kiesgruben, in Brachlandgebüschen; oft zusammen mit Betula pendula und Salix caprea. In den nordischen und baltischen Nadel-Laubwäldern auch waldbildend (zusammen mit Fi, Ki und Bi). Auf trockenen Sandböden ebenso wie auf zeitweilig überfluteten Auwaldlehmen. Bestes Wachstum auf nährstoffreichen, lehmigen Sanden. Typische Pionierholzart: lichtbedürftig, rasches Jugendwachstum, rel. kurze Lebensdauer (selten älter als 100 Jahre), frosthart, rasche Reproduktion durch Samen und intensive Wurzelbrut. Geeignet als Vorwaldart für Kahlflächen. Wald-

Populus tremula

Populus tremula: *a* männl. Blütenkätzchen, *b* weibl. Bütenkätzchen, *c* beblätterte Triebe (links: kräftiger Langtrieb)

Natürliche Areale von **Populus tremuloides** und **P. balsamifera**

baulich als Mischbaumart zur Fichte sowie als Zeitmischung in Laubhölzern interessant. Streu leicht abbaubar (Abb. S. 400).
Holz: → *Populus*. Nat. Artbastard mit → *P. alba:* → *P. canescens.*
Besonderheit: 1. P. tremula läßt sich nicht durch Sproßstecklinge, jedoch gut durch Wurzelstecklinge vermehren. 2. Aus Schweden sind mehrfach besonders wüchsige, triploide Formen (sog. Gigasaspen) beschrieben, die ausschließlich vegetativ vermehrbar sind.

Populus tremuloides MICHX. (Sekt. Leuce); Amerikanische Zitterpappel, Amerikanische Aspe (engl.: Quaking Aspen): → *P. tremula* ähnlicher, 10 – 20 m (max. 30 m) hoher, sehr raschwüchsiger Baum mit dem größten Verbreitungsgebiet aller nordamerik. Baumarten. Das transkontinentale, klimatisch heterogene Areal umfaßt 110 Längen- und 47 Breitengrade: im N entlang der Baumgrenze von NW-AK östl. bis Labrador und Neufundland, südl. bis WV, in den Rocky Mts. bis AZ und NM. Blätter am Rand meist schwach gewimpert, gleichmäßig und fein stumpf gezähnt (Unterschiede zu P.tremula). Chrom.: 2n = 38 (57). Gedeiht auf den verschiedensten Böden; bestes Wachstum auf kalkreichen, feuchten, gut drainierten, lehmigen Sanden. Extrem lichtbedürftige und frostharte, sich durch Samen ebenso wie durch Wurzelbrut rasch ausbreitende Pionierholzart, nach Waldbränden und Kahlschlägen oft in ausgedehnten Reinbeständen, die später von Klimaxbaumarten (v.a. Fi, Ki, Ta) abgelöst werden. Selten älter als 120 (max. 200) Jahre. Höhenverbreitung im N des Areals von Meereshöhe bis etwa 1 800 m, im S (CA, AZ, NM) als Gebirgsbaum hauptsächlich zwischen 2 000 und 3 000 m.
Holz: → *Populus*. Artbastarde mit → *P. alba*. Züchterisch interessant sind sehr wüchsige und vitale Kreuzungsprodukte mit P. tremula, die als Sorten zugelassen sind und v.a. in Skandinavien angebaut werden. Wie P. tremula nicht oder nur schwer durch Sproßstecklinge vermehrbar; triploide, überdurchschnittlich wuchskräftige Formen treten ebenfalls natürlich auf (Abb. S. 401).

Populus tremuloides

Populus trichocarpa TORR. et GRAY (Sekt. Tacamahaca) Westliche Balsampappel, Haarfrüchtige Pappel (engl. Black Cottonwood): Größte der amerik. Pappelarten und größter, ungemein raschwüchsiger Laubbaum des pazif. NW-Amerika.
Areal: Entlang der Pazifikküste von der Kodiak-Insel und SO-AK südl. bis in die Berge CA; östl. bis SW-AB, S-MT, ID und N-UT. 30 – 40 m (max. 60 m) hoch. Triebe etwas kantig, fein behaart oder kahl; Knospen groß, stark glänzend, klebrig-harzig und aromatisch duftend. Blätter spitz eiförmig, derb lederig, 7 – 12 cm lang (an Langtrieben auch größer), Basis meist abgerundet, am Rand fein gesägt, oberseits glänzend, unterseits blaßgrün bis weißlich. Fruchtkapsel behaart, dreiklappig. Meist an Flüssen oder Bächen; bestes Wachstum auf feuchten, nährstoffreichen, gut durchlüfteten, lehmigen Böden mit pH-Werten zwischen 6,0 und 7,0. Im N des Areals von Meereshöhe bis auf 600 m, in CA hauptsächlich zwischen 900 und 1 800 m (max. 2 740 m). Oft vergesellschaftet mit Alnus rubra, Acer macrophyllum, Picea sitchensis, Pseudotsuga menziesii. Lichtholzart, Pionier auf alluvialen Böden. In M-Eur. in jüngerer Zeit verstärkt sowohl als reine Art wie als Bastard mit → *P. maximowiczii* und Arten der Sekt. Aigeiros angebaut. Holz: → *Populus*.

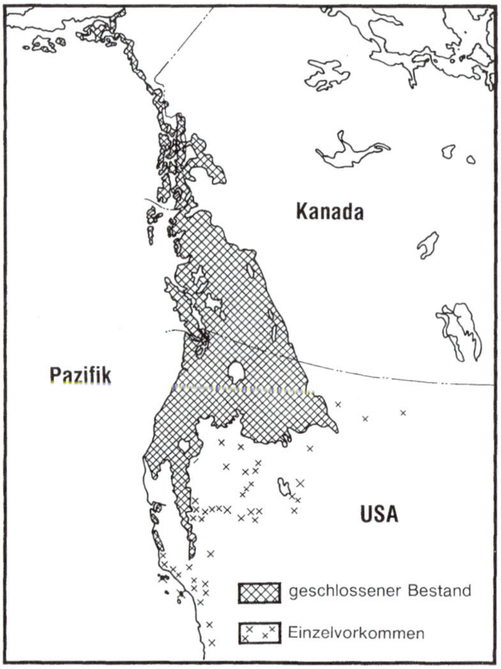

Natürliches Areal von **Populus trichocarpa**

porat: mit Poren versehen (auf Pollen bezogen).

Porenkapsel: Aus zwei oder mehr miteinander verwachsenen Karpellen entstandene Frucht, deren Samen sich bei der Reife durch vorbestimmte Löcher in der Kapselwand ausstreuen (z.B. Mohn).

Poria obliqua → *Inonotus obliquus*

Poria weirii MURR. (Polyporaceae): Wirtschaftl. wichtiger Wurzelparasit an Dougl und Thuja plicata im amerik. NW. Andere Nh sind weniger betroffen. Ruft Braunfäule an Wurzelholz hervor. Infektion über Wurzelkontakte. Verursacht gruppenweise Ausfälle. Stark disponierend für Windwurf. Nicht in Eur..

Poriales → *Aphyllophorales*

poricid: Öffnungsform der Kapsel, bei der die Samen durch vorbestimmte Öffnungen entlassen werden (→ *Porenkapsel).*

Porling, Rauchgrauer → *Bjerkandera adusta*

Porling, Schuppiger → *Polyporus squamosus*

Porogamie: Form der Befruchtung, bei der der Pollenschlauch durch die Mikropyle zum Embryosack wächst.

Porst → *Ledum*

Port Orford Cedar → *Chamaecypris lawsoniana*

Porus → *Tüpfel*

postgenital → *congenital*

Postglazial (Nacheiszeit): → *Holozän*

Posthornbildung: Deformation des Terminaltriebes nach Umbiegen und Wiederaufrichten sowie Fixierung dieses Zustandes durch Verholzung. Kennzeichnend für Schäden durch → *Melampsora pinitorqua* und Rhyacionia buoliana, den Kiefernknospentriebwickler, beide an Ki-Arten.

Potebniamyces coniferarum (HAHN) SMERLIS; Erreger der Rindenschildkrankheit der Douglasie: Konidienform: Phomopsis pseudotsugae (WILSON) (syn.: Phacidiopyknis pseudotsugae [WILSON] HAHN). Weit verbreiteter, meist saprophytisch an toten Zweigen lebender Pilz, der über Wunden in die Rinde disponierter Jungpflanzen von Dougl (Viridis >Glauca) und jap. Lä, seltener Ta, Ki, Cedrus und Tsuga eindringt, Rindennekrosen hervorruft und bei Ringelung zum Absterben von Ästen und Pflanzen führt. Rotbraune Nadelverfärbung. Hagel- und Astungswunden sind bevorzugte Eintrittspforten. Im Freistand erwachsene Dougl. sind stark disponiert. Partielles Einsinken der Rinde (Rindenschilde) und Zopftrocknis an älteren Dougl. Verbreitung durch Konidien aus schwarzen, 0,3 bis 1 mm großen Pyknidien auf der abgestorbenen Rinde.

Potentilla L. Fingerkraut: Gattung der → *Rosaceae* mit über 300 Arten, zirkumpolar in den nördlichen kalten und gemäßigten Zone verbreitet. Kräuter, Stauden, meist aber sommergrüne Sträucher. Blätter gefiedert oder gefingert. Blüten gelb, weiß oder rot, einzeln oder traubig-rispig. Einzige verholzende Art in Eur.: P. fruticosa L. (Strauch-Fingerkraut, Fingerstrauch, engl.: Silverweed Cinquefoil): Reichästiger, bis 2 m hoher Strauch; zirkumpolar verbreitet, außer in Grönland. In Eur. nur im Norden und in den Südwestalpen. Im Norden besonders an zeitweise überschwemmten Orten, in den europäischen und asiatischen Gebirgen v.a. an Felshängen. In M-Eur. nur als Zierstrauch kultiviert und verwildert. Blätter 3- bis 5-zählig, seidig behaart. Blüten gelb.

Potenz: Durch den → *Genotyp* festgelegte Fähigkeit einer Zelle, im Rahmen der → *Reaktionsnorm* Funktionen und Entwicklungsprozesse zu steuern. Durch → *Determination* erfolgt Potenzunterdrückung. Bei Totipotenz (Omnipotenz) sind alle artspezifischen Entwicklungsmöglichkeiten einer Zelle realisierbar. Nicht nur embryonale Zellen sind totipotent. Bereits ausdifferenzierte Zellen können wieder teilungsfähig werden und unterschiedliche Zelltypen hervorbringen.

Potebniamyses coniferarum: *a* Befallbild, *b* Pyknidien

Prachtapfel → *Malus spectabilis*

Prachttanne → *Abies magnifica*

praeboreal (Vorwärmezeit): Stufe des → *Holozän.*

Praedisposition (Krankheitsbereitschaft): In unterschiedlicher Weise definierter Begriff aus der pflanzl. Infektionslehre. 1. Durch Umweltfaktoren bestimmte, tatsächliche Reaktionslage einer Wirtspflanze, die allerdings nur im Rahmen der genetisch vorgegebenen Reaktionsmuster (→ *Disposition)* variieren kann. 2. Praedisposition ≠ Disposition. Eine Wirtspflanze ist praedisponiert (disponiert), wenn ein Erreger in ihr Gewebe einzudringen vermag. 3. Praedisposition = Disposition. Die durch Umweltbedingungen geprägte Krankheitsbereitschaft einer Pflanze. Nur wirksam im Bereich eines genetisch fixierten Anfälligskeitsspektrums.

Preiselbeere → *Vaccinium vitis-idaea*

primär: ontogenetisch zuerst entstanden. Beispiele: Primärblatt, primäre Gewebe (unmittelbar aus dem Urmeristem entstehend).

Primärblätter: Jugendblätter. Auf die Keimblätter folgende Laubblätter bzw. Nadeln; sind einfacher gestaltet als die → *Folgeblätter.* Esche z.B. bildet anfangs ungefiederte, später deutlich gefiederte P. aus. Bei manchen krautigen Arten erscheinen zwischen Keimblättern und P. noch → *Niederblätter.*

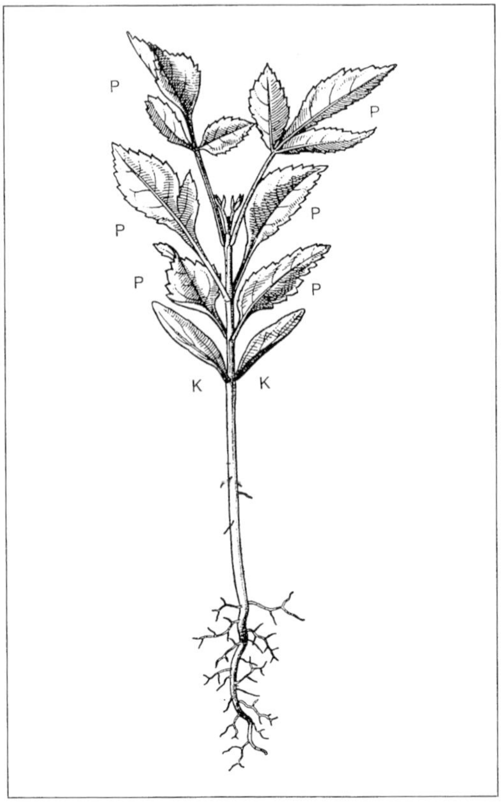

Form- und Größendifferenzierung der **Primärblätter** (P) bei Esche. (K Kotyledonen)

primäre Konstriktion → *Zentromer*

primäre Tüpfelfelder: In der → *Primärwand* inselartig verteilte, mit Poren durchsetzte Bereiche geringer Fibrillen-Dichte (→ *Mikrofibrillen).* An diesen Stellen unterbleibt die Apposition weiterer Zellwandschichten, was zur Bildung von → *Tüpfeln* führt. Die prim. T. stellen dann die Schließhäute der Tüpfel dar.

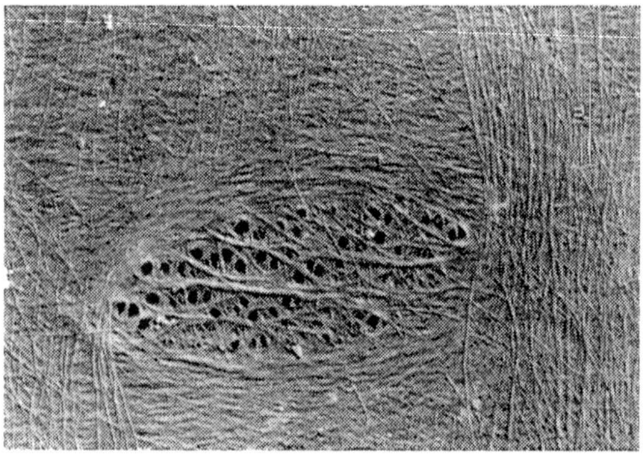
primäres Tüpfelfeld

Primärparasit → *Parasiten*

Primärproduktion: Als Brutto-P. (P_b): gesamte Trockensubstanzmenge, die von photo- und chemoautotrophen Organismen (→ *Photo-* u. *Chemoautotrophie)* pro Jahr gebunden wird (→ *Sekundärproduktion).* Nach Abzug des durch Atmung (R) verbrauchten Anteils verbleibt die Nettoproduktion. (P_n); $P_b = P_n + R$.

Primärsproß: Hauptsproß, Hauptachse. Aus der Sproßachse des Embryos abgeleiteter, i.d.R. senkrecht orientierter Sproß (→ *Tochtersprosse).*

Primärwand: Erste vom Protoplasten abgegebene, etwa 0,5 µm starke Schicht der → *Zellwand* mit vielen → *primären Tüpfelfeldern.* Schließt unmittelbar an die Mittellamelle an. Aus mehreren Lamellen vernetzter Mikrofibrillen aufgebaut. Charakteristisch: hoher Gehalt an → *Hemicellulosen* und → *Pektinstoffen* und geringer Cellulosegehalt (>10 %). → *Mikrofibrillen* in Streuungstextur (→ *Textur);* dadurch ist P. äußerst elastisch. → *Appositions-* und → *Intussusceptionswachstum* der P. läuft synchron mit der Zellstreckung.

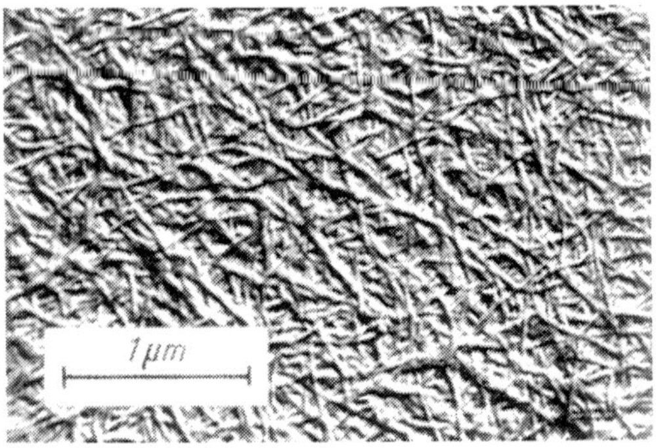

Primärwand einer Tracheide mit deutlicher Streuungstextur

Primärwurzel: Entwickelt sich aus der Wurzelanlage des Embryos. Nach Sprengung der Samenschale infolge → *Quellung* u. Verlängerung der Keimachse → *(Keimung)* schiebt sich die P. als erstes Organ aus dem Samen heraus und versorgt primär den Embryo, später den Keimling mit Wasser und Mineralsalzen. An der P. werden in akropetal fortschreitender Folge → *Seitenwurzeln* oder Nebenwurzeln 1. Ordnung gebildet.

Primelartige → *Primulales*

Primelgewächse → *Primulaceae*

Primofilicidae: Fossile, recht heterogene Unterklasse der → *Filicatae*. Lebten vom Devon bis Unterperm. Kennzeichnend: → *Raumwedel*, mehrschichtige Sporangienwände und meist Isosporie. Vielfach baumförmig (z.B. Archaeopteris: bis 20 m hoher Baum mit doppelt gefiederten Raumwedeln und intensivem sekundärem Dickenwachstum; heterospor. Gelegentlich auch den → *Progymnospermae* zugerechnet).

primordial: Im Anfangsstadium oder zuerst angelegt. Beispiele: Blattprimordien (Blattanlagen), Primordialgefäße (Protoxylem).

Primordialwand: (1) Erste Zellwand, mit der sich die nackte Eizelle nach der Befruchtung umgibt.
(2) Die bei jeder → *Zellteilung* aus der → *Zellplatte* hervorgehende Trennschicht zwischen den beiden Tochterzellen. Besteht aus Protopektin und stellt später die → *Mittellamelle* dar.

Primulaceae: Primelgewächse. Familie der → *Primulales*. Meist Kräuter in gemäßigten Gebieten. Blütenformel: * K(5) [C(5) A 0+5] G(5̲). Kapselfrüchte. Waldpflanzen: Primula veris (Schlüsselblume), Lysimachia nemorum (Gilbweiderich), Trientalis europaea (Siebenstern). Viele Alpenpflanzen (Cyclamen, Soldanella, Androsace, Cortusa). Coris monspeliensis ist ein thymianartiger Halbstrauch aus dem Mittelmeergebiet.

Primulales: Primelartige. Ordnung der → *Dilleniidae*. Überwiegend Kräuter mit 5-zähligen Blüten. Androeceum haplostemon und epipetal gestellt. Gynoeceum mit zentraler Placentation der bitegmischen Samenanlagen. Samen mit Endosperm. Nebenblätter fehlen. Familien: → *Primulaceae;* Theophrastaceae (Neotropen) und Myrsinaceae (weltweit, tropisch) enthalten Holzpflanzen ohne wirtschaftliche Bedeutung.

Prinz Rupprecht-Lärche → *Larix gmelinii*

Proanthesis: Vorzeitige herbstliche Entfaltung der Blütenknospen, meist durch Wärmeeinbrüche verursacht.

Probasidie: Entsteht am dikaryotischen Mycel der → *Heterobasidiomycetidae*. Oft in besonderen Lagern. In P. findet die Karyogamie statt, nicht aber die Reduktionsteilung. Die dann diploiden P. sind als dickwandige Dauersporen ausgebildet. Sie keimen i.d.R. nach Überwinterung zu einer Basidie (= Promycel) aus. Dort bilden sich nach R! die Basidiosporen. Die Probasidie der Ustilaginales heißt Brandspore, die der Uredinales Teleutospore.

Prochlorophyta: Marine, prokaryotische Algen, die im Gegensatz zu den Cyanophyceae sowohl Chlorophyll a als auch b enthalten.

Produktion (Biomasse-Produktion): Gewinn an → *Biomasse* aller Organismen einer bestimmten Flächeneinheit in einer bestimmten Zeit. Der Begriff P. sollte auf → *Primärproduktion* begrenzt bleiben, da die → *Sekundärproduktion* zur → *Konsumption* gehört.

Produktivität: Produktionsleistung eines Pflanzenbestandes, ausgedrückt in org. Trockensubstanz pro Fläche und Zeiteinheit. P. ist um so größer, je höher die Assimilationsrate (NAR), je größer der → *Blattflächenindex* (BFI) und je länger die Dauer der Produktionsperiode(t); P = NAR • BFI • t.

Vegetationseinheit	Fläche in Mio. km^2	Trockensubstanz (Mittelwerte in $t \cdot ha^{-1} \cdot a^{-1}$)
Kontinente	149,0	6,7
Wälder	50,0	13
Tropischer Regenwald	17,0	20
Regengrüner Wald	7,5	15
Sommergrüner Wald	7,0	10
Hartlaubwald und Trockenbusch	1,5	8
Warmtemperierter Mischwald	5,0	10
Borealer Wald	2,0	5
Tundra	8,0	1,4

Nettoprimärproduktion (**Produktivität**) von ausgewählten Waldtypen. Nach Lieth 1972

Produzenten: Lebewesen, die anorganische Stoffe über Photosynthese oder Chemosynthese in organische Bindung überführen und sie damit auf ein höheres Energieniveau heben.

Proembryo: Aus der befruchteten Eizelle hervorgegangenes, mehrzelliges Entwicklungsstadium. Bei Gymnospermen werden pro Samenanlage 4 Proembryonen in Form von Zellfäden ausgebildet. Jeder Proembryo besteht aus Basal-, Rosettenzelle, einem mehrschichtigen Suspensor und einer Embryozelle, die sich letztlich zum Embryo entwickelt. Aufgabe des Suspensors ist es, die Embryozelle in das primäre Endosperm des Samens zu schieben. Bei Angiospermen nur 1 P. pro Samenanlage: eine kopfige, mehrzellige Embryoanlage trägt 1 als Suspensor bezeichnete, schwanzartige Zellreihe. Zwischen Suspensor und Embryoanlage liegt die Hypophysenzelle, die später in die Bildung der Calyptra und der Wurzelspitze einbezogen wird (Abb. S. 406).

Prognose: Vorhersage des Auftretens, des Verlaufs oder des Ausgangs eines Ereignisses. Im Forstschutz sind sog. Schadensprognosen üblich. Sie informieren über ein vorhandenes Schädlingspotential. Spezielle Prognoseverfahren bestehen für zahlreiche Schadinsekten, für pathogene Pilze (z.B. Ki-Schütte), aber auch für eine Einschätzung der Waldbrandgefahr. Saatgutprognosen geben Auskunft über das Blühen und Fruchten der Waldbäume und über den zu erwartenden Saatgutanfall.

Progression: Phylogenetische Höherentwicklung. Beispiel: Sympetalie gilt bei Magnoliatae gegenüber Choripetalie als progressiv.

Progymnospermae: Archaeopteridatae. Fossile Pflanzengruppe, die als Vorfahren der rezenten → *Gymnospermen* angesehen wird. Blütezeit im Devon, ausgestorben im Karbon. Iso- oder heterospore Holzgewächse mit gymnospermenartigem Xylem und gabelnerviger, farnwedelartiger Beblätterung oder noch ohne Blattdifferenzierungen. Unsichere systematische Stellung.

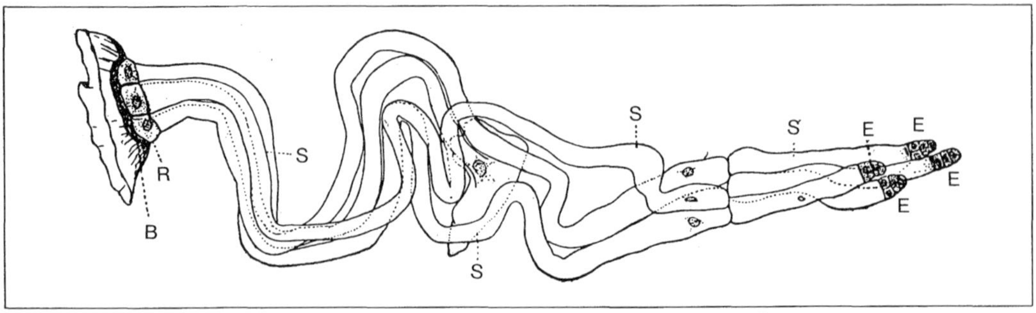

Proembryonen von Pinus banksiana: B = Basalplatte, R = Rosette, S = Suspensorzellen, E = Embryozellen

Prokambium: In der Differenzierungszone des Sprosses liegende, prosenchymatische Zellgruppen, die sich aus dem Meristemring entwickeln und zum Leitgewebe differenzieren. Bei dikotylen Kräutern differenzieren sich nur Zellgruppen (Prokambiumstränge) aus dem Meristemring; bei den meisten Holzpflanzen bildet sich der gesamte Meristemring zum Prokambiumring aus.

Prokaryonta → *Prokaryota*

Prokaryota (= Schizophyta, Akaryobionta, Spaltpflanzen): Einzellige Organismen, denen ein echter Zellkern, Chloroplasten, Mitochondrien, Chromosomen fehlen und deren Wand aus → *Murein* aufgebaut ist. Hierher gehören: → *Schizomycetes* (Bakterien) → *Cyanophyceae* (Blaualgen) und → *Prochlorophyta.*

Prolepsis: Frühzeitiger Austrieb von Seitenknospen. Die in der laufenden Vegetationsperiode angelegten, voll ausgebildeten Seitenknospen treiben nach ein- bis mehrwöchiger sommerlicher Ruhepause zu Seitentrieben aus; an ihrer Basis sind deutlich Knospenschuppennarben erkennbar (→ *Syllepsis).*

Prolin: Freie, zyklische, proteinogene Aminosäure; P. gilt als Streßmarker, da es unter Streßbedingungen verstärkt von der Pflanze gebildet wird.

Promeristem → *Meristeme*

Promycel: Der → *Basidie* entsprechende Keimhyphe der → *Brandspore,* in der R! stattfindet. Bei → *Ustilaginales* ist sie septiert, bei Tilletiales nicht.

Prophase → *Meiose,* → *Mitose*

Prophylaxe (Vorbeugung): Maßnahmen, die das Auftreten von Krankheiten verhindern oder erschweren, z.B. Durchforstungen, Entfernung von Fruchtkörpern, Quarantänemaßnahmen etc..

Proplastiden: Farblose, unregelmäßig geformte, amöboid bewegliche, von zwei Membranen umgebene Vorstadien der → *Plastiden.* Durchmesser bis zu 1 µm; in meristematischen Zellen durch Teilung unabhängig von der Zellteilung entstanden. Auch Rückbildung aus Chloroplasten möglich.

prosenchymatisch: Mit langgestreckter Zellform. Beispiele: Sklerenchymfasern, Tracheiden, Kambiumzellen.

prosthetische Gruppe → *Cofaktoren*

Protandrie → *Proterandrie*

Proteales: Silberbaumartige. Zu den → *Rosidae* zählende Ordnung von Sträuchern und Bäumen mit wechsel-, gegen- oder quirlständigen, behaarten Blättern. Nebenblätter fehlen. Blütenkrone oft reduziert. Gynoeceum aus einem Fruchtblatt. Nuß-, Stein- oder Balgfrüchte. Hierher gehören die → *Elaeagnaceae* und die meist an aride Gebiete der Südhalbkugel gebundenen Proteaceae (Silberbaumgewächse) mit Leucadendron argentum (Silberbaum, Charakterbaum aus der Umgebung Kapstadts, Nutzholz) und Grevillea robusta (Silbereiche aus O-Australien, Straßenbaum und Nutzholz).

Proteide: Verbindungen von Proteinen mit anderen Substanzen (= prosthetische Gruppen). Je nach Art der prosthetischen Gruppe unterscheidet man Glykoproteide (mit Kohlenhydraten), Nukleoproteide (mit Nukleinsäure), Lipoproteide (mit Lipiden), Chromoproteide (mit chromophoren Gruppen), Metalloproteide (mit Metallionen) und Phosphoproteide (mit Phosphorsäure).

Proteinbiosynthese: Proteine (Polypeptide) bestehen aus aneinandergeketteten Aminosäuren (AS). Die AS-Sequenz ist in der DNA festgeschrieben (Erbinformation, genetischer → *Code).* Für die Codierung der ca. 20 verschiedenen proteinogenen AS stehen in der → *DNA* vier verschiedene → (Mono)-*Nukleotide* zur Verfügung. Mindestens 3 Nukleotide (Triplett, Codon) determinieren eine AS. Die entstehenden Codons gelten bei allen Organismen. Bei der Proteinbiosynthese wird die → m-*RNA* während der Transkription im Zellkern an der DNA aus Nukleotidbausteinen synthetisiert und erhält dabei die komplementäre Nukleotidsequenz. Die m-RNA verläßt den Zellkern. An den Ribosomen erfolgt die Translation, bei der die Nukleotidsequenz der m-RNA in die entsprechende AS-Sequenz übersetzt wird.

Proteine (= Eiweiße): Makromoleküle, deren Monomere → *Aminosäuren* (AS) sind. Die Carboxylgruppe einer AS kondensiert mit der Aminogruppe einer zweiten AS zu einem Dipeptid (-CO-NH-Peptidbindung). Durch Polykondensation vieler AS (bis über 100) entstehen Proteine (= hochmolekulare Peptidketten). Die AS-Sequenz bestimmt ihre Primärstruktur. Eine Verkürzung der Kette zur Schraube erfolgt durch Wasserstoffbrückenbindungen zwischen CO- und NH-Gruppen (Sekundärstruktur). Durch weitere Bindungsarten zwischen verschiedenen Seitengruppen der Kette entsteht die spezifische räumliche Tertiärstruktur. Mehrere Tertiärstrukturen können sich zu übergeordneten Gebilden (Quartärstruktur) verbinden. Die Bedeutung der Proteine ist wegen ihrer äußerst variablen Zusammensetzung vielfältig: Strukturproteine zum Aufbau zellulärer Strukturen (z.B. Membransysteme), Speicherproteine als Reservestoffe (z.B. → *Aleuronkörner*), Regulatorproteine als Biokatalysatoren (Enzyme) oder Transportproteine (Carrier). → *Proteinbiosynthese.*

Proterandrie: Protandrie, Vormännlichkeit. ♂Blüten oder Blütenteile werden vor den ♀ reif. Verhindert Selbstbefruchtung; → *Dichogamie.*

Proterogynie: Protogynie, vorgezogene Reife des Gynözeums. → *Dichogamie.*

Prothallium: Gametophyt der → *Pteridophyta* und → *Spermatophyta.* Thallöse, bei den meisten Pteridophyta noch selbständig lebende Organismen, sonst von der Spore (→ *Selaginellales*), dem Pollen bzw. der Samenanlage (bei Spermatophyta) eingeschlossen. Bei heterosporen Formen sind Prothallien diözisch: ♀ Mega- oder Makroprothallium mit Archegonien, ♂ Mikroprothallium mit Antheridien. Bei Spermatophyta sind P. und Gametangien reduziert, im ♂ Geschlecht sogar auf wenige Zellen und ohne Ausbildung von Gametangien. Vielzelliges Megaprothallium der Gymnospermen mit mehreren (bis 60) Archegonien; entwickelt sich im Samen zu Nährgewebe (primäres Endosperm). Bei Magnoliophytina stellt der → *Embryosack* das Prothallium dar (Synergiden evtl. als Reste des Archegoniums).

Prothallium eines leptosporangiaten Farns

Prothalliumzelle: Zelltyp im → *Pollen.* Kommt nur bei Gymnospermen vor; die Rückbildung der P. gilt als progressives Merkmal. Bei Araucaria sind 40 P. vorhanden, bei den Cycadeen zwei, eine reduzierte bei den Coniferophytina.

Protobionta: Gruppe bestehend aus → *Phycophyta,* → *Mycophyta,* → *Lichenes* und Protozoa.

Protocyte: Zelle der → *Prokaryota.* Ihr fehlt ein mit einer Plasmamembran abgegrenzter Kern, das ER, die Plastiden und Mitochondrien. Dafür existieren aber Thylakoidkomplexe (Mesosomen) als Einstülpungen der Cytoplasmamembran, die Atmungsfermente und gelegentlich auch photoaktive Pigmente enthalten. Zellwand aus → *Murein.*

Protoderm → *Dermatogen*

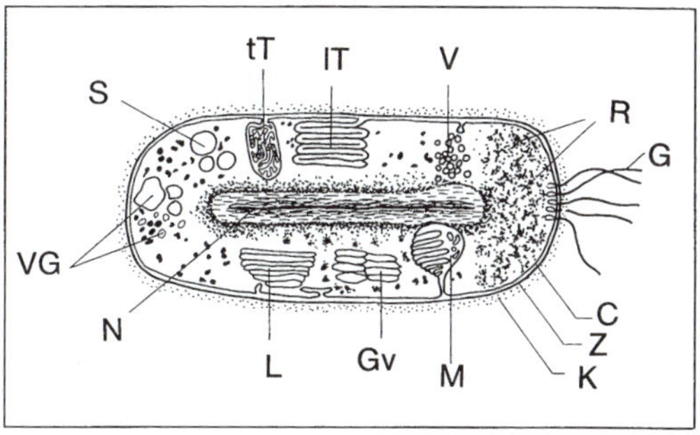

Schema einer **Protocyte.** R = Ribosomen, G = Geißel, C = Cytoplasmamembran, Z = Zellwand, K = Kapsel, M = Mesosom, Gv = Granavakuolen, L = Lamellenkörper, N = Nucleoid, VG = verschiedene Grana, S = Schwefeleinschlüsse, tT = tubuläre Thylakoide, lT = lamilläre Thylakoide, V = Vesikel

Protogynie → *Proterogynie*

Protonema: Vorkeim der → *Bryophyta.* Aus der keimenden Spore entstehender fädiger, oft verzweigter Thallus. Vor allem bei → *Musci,* kaum bei thallösen → *Hepaticae.* Zunächst bilden sich chloroplastenreiche Zellfäden mit senkrecht stehenden Querwänden (Chloronema); sie gehen später in einen chloroplastenärmeren Fadenthallus mit schiefstehenden Querwänden (Caulonema) über, an dem sich Knospen bilden, die zur grünen Moospflanze austreiben. Über das P. können sich aus einer Spore viele Moospflanzen entwickeln.

Protonenpumpe: In den pflanzlichen Zellmembranen lokalisierter und für den aktiven Stoffaustausch zuständiger Transportmechanismus; er ermöglicht unter Verbrauch von ATP die Aufnahme anorganischer Ionen (→ *Nährstoffaufnahme*); wichtig z.B. für den Membrantransport von Zuckern (Saccharose) sowie den Transport von Aminosäuren.

Protopektin: Über Ca^{++}- und Mg^{++} -Brücken verbundene → *Pektinsäuren,* die teilweise methyliert sind und noch verschiedene Zucker enthalten (hauptsächlich Rhamnose). Wasserunlöslich. Hauptbestandteil der → *Mittelamelle.*

Protophloem → *Phloem*

Protophyta: Einzellige Pflanzen, die sich gelegentlich aber zu → *Coenobien,* → *Plasmodien* oder → *Aggregationsverbänden* zusammenlagern können. Hierher gehören: → *Schizophyta,* einige → *Phycophyta* und → *Myxomycetes.*

Protoplasma → *Protoplast*

Protoplast: Meist von einer → *Zellwand* umgebener, lebender Zellkörper. Seine Substanz bezeichnet man als Protoplasma. Inhalt der → *Vakuolen* wird nicht hinzugezählt. → *Zelle.*

Protoplastenkultur: Anzucht isolierter → *Protoplasten* auf künstlichem Nährmedium. Anwendung in der Gentechnologie, weil nackte Protoplasten Makromoleküle, z.B. artfremde DNA, aufnehmen und mit anderen Protoplasten fusionieren können.

Protostele → *Stele*

Prototunicatae: → *Ascomycetes* mit prototunicatem oder wandlosem → *Ascus.* Zur Unterklasse der → *Euascomycetidae* gehörend. Erwähnenswert sind 2 Ordnungen: 1. Eurotiales: Fruchtkörper fehlend oder als → *Cleistothecium.* Nebenfruchtformen mit charakteristischen Konidienträgern, z.B. bei Penicillium (Pinselschimmel) und Aspergillus (Gießkannenschimmel). Meist Saprophyten, aber auch humanpathogene Formen (Dermatosen, Gewebemykosen). Aspergillus flavus produziert cancerogenes Aflatoxin. Penicillium-Arten sind bedeutende Antibiotica-Produzenten (Penicillin). 2. Microascales: Parasiten mit wandlosen Asci. Beispiel: → *Ceratocystis.*

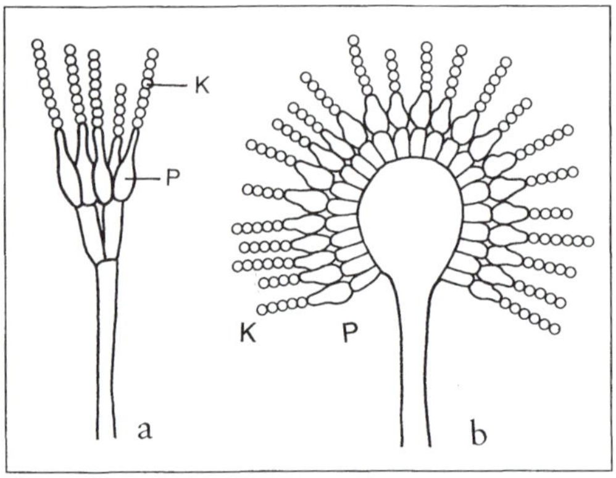

Konidienträger von *a* Penicillium, *b* Aspergillus. K = Konidien, P = Phialide

Protoxylem: Vor dem Streckungswachstum aus dem → *Prokambium* differenziertes, primäres → *Xylem.* mit sehr wenigen Ring- oder Schraubengefäßen (Xylemprimanen) und reichlich Parenchym. Im Sproß unmittelbar an das Mark angrenzend, in der Wurzel an der Spitze der Xylemradien. Zerreißt bei der Organstreckung und wird vom → *Metaxylem* ersetzt.

Provenienz → *Herkunft*

Provenienzversuche: Feldversuche mit Herkünften aus verschiedenen Teilen des natürlichen Areals einer Holzart zur Feststellung von Rassenunterschieden im Hinblick auf forstlich wichtige Eigenschaften. P. werden mit beinahe allen Hauptbaumarten durchgeführt. Intensiv bearbeitet wurden vor allem Ki, Fi, Lä und Dougl.
Beispiel Kiefer: Erste Versuche 1821 (Vilmorin) mit 30 Provenienzen aus dem west-, mittel- und osteuropäischen Verbreitungsgebiet, weiterführende Untersuchungen um 1900 (Schott, Kienitz). 1907 Anlage eines länderübergreifenden P. durch den Int. Verband Forstl. Versuchsanstalten (insg. 12 Provenienzen). Einige Ergebnisse: Je wärmer und maritimer das Heimatklima war, um so höher die Anfälligkeit gegen Frost- und Schneeschäden und gegen Pilze (Phacidium, Lophodermium), um so größer das Zuwachsvermögen, aber auch die Neigung zu schlechteren Formen. Für einen Anbau im mitteleuropäischen Raum unbrauchbar sind hier v.a. südfranzösische Gebirgskiefern. Ansprechende Leistungen bzgl. Wuchsleistung und Formeigenschaften zeigen Herkünfte aus Ostpreußen.
Probleme bei P. entstehen durch Genotyp-Umwelt-Interaktionen: Die gleiche Provenienz wächst an verschiedenen Anbauorten unterschiedlich, so daß sich bei P. je nach Anbauort unterschiedliche Rangordnungen der Herkünfte im Hinblick auf ein Merkmal ergeben können.

Proventivtrieb: Angst-, Not-, Ersatz-, Streßtrieb. Sekundär aus schlafenden Knospen (Proventivknospen) insbes. astoberseits an der Jahrestriebbasis von Ästen, seltener an Verzweigungen höherer Ordnung entstandene Triebe, vorwiegend bei Nadelhölzern; Insektenfraß, Verbiß oder Waldsterbens-Schäden fördern P.bildung; bei ungestörtem Wachstum dienen P. dem Ersatz älterer Kronenteile.

Proventivtriebe auf der Oberseite eines Fi-Astes

proximal: ursprungsnah (→ *distal).*

Prunetalia spinosae (Waldmantel-Gebüsche und Hekken): Pflanzensoziologische Ordnung innerhalb der → *Querco-Fagetea.* Hohes Lichtangebot und Widerstandsfähigkeit gegen mechanische Beanspruchung sind für die Pflanzen der Hecken- und Gebüschgesellschaften wichtiger als die Boden- und Klimaverhältnisse. Viele Holzarten treten daher in ganz Mitteleuropa immer wieder gemeinsam auf (z.B. Cornus sanguinea, Crataegus spec., Euonymus europaeus, Prunus spinosa, Rosa canina). Innerhalb der P. sp. lassen sich dennoch vier Verbände unterscheiden a) subatlantische brombeerreiche Gesträuche auf sauren Silikatböden (Rubion subatlanticum) mit Malus sylvestris, Viburnum opulus, Rubus spec. u.a., b) eigentliche mitteleuropäische Gesträuche auf Lehmboden (Prunion spinosae) mit Hbu und vielen stickstoffliebenden Kräutern (z.B. Chaerophyllum temulum, Galium aparine), c) wärmeliebende Gesträuche an steinigen Hängen, besonders im Süden des Gebietes (Berberidion vulgaris) mit Berberis vulgaris, Amelanchier ovalis, Ligustrum vulgare, Viburnum lantana, Prunus mahaleb, Cotoneaster tomentosa u.a., d) kontinentale Lehmbodengesträuche (Prunion fruticosae) mit Prunus fruticosa, Anemone sylvestris u.a.. Die Zuordnung der Gebüsche der Küstendünen (Salicion repentis) zu den P. sp. ist umstritten, da sie nur wenige Arten mit den anderen 4 Verbänden gemeinsam haben.

Prunetin → *Isoflavone*

Prunoideae → *Rosaceae*

Prunus L.: Etwa 430 Arten umfassende Gattung der → *Rosaceae.* Vorkommen in der nördlichen gemäßigten Zone, in den Subtropen Afr., in SO-Asien bis in die Tropen, in S-Amerika in den Anden. Sommergrüne, seltener immergrüne Sträucher oder Bäume, meist mit Wurzelbrut. Blätter ungeteilt, Blüten einzeln, in Büscheln oder Trauben. Steinfrüchte, mit häutigem oder ledrigem → *Exokarp,* meist saftigem → *Mesokarp* und steinhartem → *Endokarp.* Bei vielen Arten ist die Bildung von → *Kirschgummi* kennzeichnend, ferner das Vorkommen von extrafloralen → *Nektarien.* Die Gattung beinhaltet viele wichtige Obstarten. Chrom.: 2n = 16 oder ein Vielfaches davon.

Prunus amygdalus → *Prunus dulcis*

Prunus armeniaca L. (syn.: Armeniaca vulgaris Lam., A. communis Bess.) Aprikose, Marille: Strauch oder kleiner Baum von 4 – 8 m Höhe. Verbreitung von M-Asien bis N-China. In Eur. oft kultiviert, besonders in Weinbaugebieten. Viele Sorten, selten verwildert.

Prunus avium (syn.: Cerasus avium [L.] Moench) Süßkirsche, Vogelkirsche (engl.: Sweet Cherry): Im Mittel 20, selten 30 m hoher Baum, im Freistand rundkronig und kurzstämmig, im Bestand mit langem Schaft. Heimisch in ganz Eur., nicht im äußersten Norden; bis Westsibirien, im Kau, in Kl.As und N-Afr.. In Deutschland bedeutendere Vorkommen im Steigerwald, Bodenseegebiet, Kottenforst und im Raum Göttingen. Kennzeichen: Blätter grob doppelt gesägt, zugespitzt. 2 – 4 unsymmetrisch verteilte Nektarien am Blattstiel. Blüten weiß, in 2- bis 4-blütigen, doldigen Büscheln. Frucht glänzend schwarzrot, Fruchtfleisch der Wildform bittersüß. → *Ringelborke* mit waagrechten → *Korkwarzen.*
Wildform der Kultursüßkirschen. Verbreitet, aber immer vereinzelt, nie im Reinbestand, vom Tiefland bis ins Gebirge (1 700 m), an Waldrändern, in Au- und Laubmischwäldern, Pionier auf Schlagflächen oder unbenutzten Weiden. Kurzlebige, schnellwachsende Halbschattholzart. Sie bevorzugt sommerwarme, frische Standorte mit hoher Basensättigung und ist empfindlich gegen stagnierende Nässe. Infolge früh einsetzender Stammfäule forstliche Nutzung bereits im Alter 70 – 90. Ihr Anbau wird gegenwärtig verstärkt. Das wertvolle, mittelschwere, ziemlich harte und zähe Holz mit schmalem, gelblichem Splint und rötlichem Kern wird besonders für hochwertige Innenausstattungen (Möbel) verwendet. Viele Zier- und Kulturformen. Ansehnliche Herbstfärbung. Bienenweide.

Prunus cerasifera Ehrh. (syn.: P. myrobolana Poit. et Turpin), Kirschpflaume: Strauch oder Baum bis 8 m Höhe, oft dornig. Heimat von SW-Sibirien bis zum nördlichen Balkan. Nördlich der Alpen selteneres, südlich davon häufigeres Ziergehölz (oft als rotblättrige Form), manchmal verwildert. Frucht gelb oder rot, kugelig, sehr süß.

Prunus cerasus L. (syn.: Cerasus vulgaris Mill.) Sauerkirsche, Weichsel-Kirsche: Strauch oder bis 10 m hoher Baum mit unterirdischen Ausläufern. Vorkommen vom N-Balkan bis N-Indien, fast auf der gesamten Nordhalbkugel in Kultur. Der Süßkirsche ähnlich, aber Blätter steifer als diese und Blattstiel mit oder ohne → *Nektarien.* Fruchtfleisch hell- oder dunkelrot, selten schwarz oder gelblich, sauer. Anspruchslos und frosthart, sehr formenreich.

Prunus communis → *Prunus dulcis*

Prunus domestica L. Pflaume, Zwetschge: Strauch oder kleiner, bis 8 m hoher Baum. Einheimisch wohl in M-Asien bis Syrien. Genaue Herkunft nicht gesichert, wahrscheinlich Ergebnis zahlreicher Kreuzungen, deshalb Systematik auf unsicherer Basis. Frucht kugeliglänglich, blau bereift. Viele Kultursorten.

Prunus dulcis (Mill.) D.A. Webb (syn.: Amygdalus communis L., P. communis [L.] Arcang. non Huds., P. amygdalus Batsch) Mandelbaum: Bis 12 m hoher Baum oder Strauch mit dornigen Zweigen, Kulturformen unbedornt. Heimat in Syrien bis Afghanistan, in Eur. nur in wärmeren Lagen. Im südlichen M-Eur. auch verwildert. Frucht graugrün, ledrig filziges → *Mesokarp* platzt zur Reife auf und gibt hellbraunen, gelöcherten, sehr harten Steinkern frei. Man unterscheidet 3 Formen: 1. Var. amara (Bittermandel): Die bitteren Samen enthalten das giftige Blausäureglycosid Amygdalin. 7 – 10 Samen sind für Kinder tödlich, Entgiftung durch Kochen. 2. Var. dulcis (Süße Mandel): Samen praktisch ohne Amygdalin. Verwendung für Back- und Süßwaren. 3. Var. fragilis (Knack-Mandel): Samen süß, Steinkern leicht zerbrechlich. Süße und saure Mandelbäume morphologisch nicht unterscheidbar.

Prunus fruticosa Pall. (syn.: Cerasus fruticosa [Pall.] Woronow) Zwergkirsche, Steppenkirsche: Seltener, bis 1 m hoher, Ausläufer treibender Strauch. Vorkommen von M-Deutschland bis Sibirien, meist auf trockenen, kalkhaltigen Böden, in Gebüschen und an Wegrändern. Kennzeichen: Blüten zu 2 – 5 in meist stiellosen Dolden. Frucht etwas abgeflacht, erbsengroß, korallenrot, erst bei völliger Reife genießbar.

Prunus laurocerasus L. (syn.: Laurocerasus officinalis M.J. Roem., Cerasus laurocerasus [L.] Loisel). Kirschlorbeer, Lorbeerkirsche: Immergrüner Strauch, selten bis 8 m hoher Baum SO-Eur. und Kl.As. Zierpflanze in wärmeren Gebieten Eur.. Blätter ledrig, giftig, enthalten Blausäure. Früchte schwarzrot, kugelig oder eiförmig.

Prunus laurocerasus

Prunus mahaleb L. (syn.: Cerasus mahaleb [L.] Mill., Padus mahaleb [L.] Borkh.) Felsenkirsche, Steinweichsel, Weichselrohr: Strauch oder bis 10 m hoher, mehrstämmiger Baum. Aufgrund des Kumaringehaltes der Zweige intensiv riechend. Heimisch von Portugal bis SO-Eur., in Kl.As, vom Kau. bis Turkestan. In M-Eur. v.a. im Donau-, Rhein- und Nahegebiet, vielfach aus Kulturen verwildert. Kennzeichen: Blätter unten auf den Nerven behaart. Blüten in 4- bis 10-blütigen Doldentrauben. Frucht dunkelrot, zuletzt fast schwarz. Fruchtfleisch bitter, nicht schmackhaft. Ausgesprochen thermophil, sehr gerne an sonnigen, trockenen Kalkhängen, Gebüschen und Wegrändern. Hartes Drechslerholz mit rötlichem Splint und rotem Kern. Früher zur Herstellung von Pfeifenröhren (Weichselrohr) verwendet. Bedeutung als Veredelungsunterlage für Süß- und Sauerkirschen.

Prunus myrobolana → *Prunus cerasifera*

Prunus padus L. (syn.: Cerasus padus [L.] DELARBRE, Padus avium MILL.) Traubenkirsche (engl.: Bird Cherry): Strauch oder oft mehrstämmiger, bis 18 m hoher Baum mit aufrechten Ästen und überhängenden Zweigen. Treibt unterirdische Ausläufer und Stockausschläge. Heimat in Eur. von der Iberischen Halbinsel über Frankreich und die Brit. Inseln nach Skandinavien. In M-Eur. lückenhaft, im Mittelmeerraum, auf dem Balkan und in S-Rußland fehlend; bis NO-Asien. Kennzeichen: 2 → *Nektarien* am oberen Blattstielende. Seitennerven nahe des Blattrandes bogig miteinander verbunden. Blüten in überhängenden, vielblütigen Trauben. Frucht schwarz, Fruchtfleisch bitter, Steinkern runzelig. Rinde riecht beim Zerreiben sehr unangenehm. Intensivwurzelnde Halbschattholzart, meist vereinzelt in Flußniederungen, Au- und feuchten Laubwäldern (Grundwasserzeiger), im Gebirge bis 1 800 m an Lesesteinhaufen, Felshängen und Lawinenbahnen. Hellgelblich bis rötliches Holz, weich, leicht, elastisch und gut spaltbar.

Prunus persica L. BATSCH (syn.: Amygdalus persica L., A. pumila POUR. non L., Persica vulgaris MILL.) Pfirsich: Strauch oder bis 8 m hoher Baum aus M-China, weltweit angebaut, in Eur. seit der Römerzeit in Weinbaugebieten kultiviert, v.a. Spaliere an Südwänden, selten verwildert. Viele Sorten. Frucht samtig filzig, Var. nucipersica (Nektarine) mit kahler Frucht.

Prunus serotina EHRH. (syn.: P. virginiana L., Padus virginiana MILL., Padus serotina [EHRH.] BORKH.) Spätblühende Traubenkirsche (engl.: Black Cherry): Bis 33 m hoher Baum des östlichen N-Amerikas, von S-QU bis FL, östlich bis O-TX. Optimum in PA auf tiefgründigen, nährstoffreichen Böden. Größte und forstlich wichtigste nordamerikanische Prunus-Art. In M-Eur. meist strauchiges Ziergehölz, gelegentlich verwildert. In den Niederlanden und in Deutschland Bedeutung als schnellwüchsiges Bodenschutzgehölz, das auch auf armen Böden gedeiht, später aber oft ein Kulturhindernis darstellt. Kennzeichen: Blätter ledrig, unten beiderseits der Mittelrippe braune Wollhaare. Blüten in aufrechten oder überhängenden Trauben. Frucht dunkel schwarzrot, wenig Fruchtfleisch, schwach bitter. Das rotbraune, sehr feste Holz wird von Bautischlern geschätzt.

Prunus spinosa L. Schlehe, Schwarzdorn (engl.: Blackthorn): Dicht verzweigter, dorniger Strauch (bis 3 m hoch), selten bis 6 m hoher Baum. Verbreitung in fast ganz Eur. bis zur Wolga und in N-Afr.. Besonders häufig im südlichen M-Eur., in den Nordalpen bis 1 000 m, in den Südalpen bis 1 500 m. Gesellig in Hecken, an Wald- und Wegrändern, im Unterholz lichter Wälder, an sonnigen, sommertrockenen, wie auch an feuchten Standorten. Seit der Römerzeit in Kultur, wird auch als wurzelsproßbildende Pionierholzart zur Hangbefestigung verwendet. Hartes und feinfaseriges Drechslerholz. Heckenpflanze. Kennzeichen: Blüten meist einzeln an Kurztrieben, reich an Nektar. Offizinelle Verwendung als Blutreinigungs-, Abführ- und Magenmittel. Frucht kugelig schwarz, blau bereift, eßbar; wohlschmeckend erst nach Frosteinwirkung oder gekocht, Verarbeitung zu Säften, Marmelade, Wein, Likör.

Prunus spinosa

Prunus virginiana → *Prunus serotina*

Pseudanthien-Theorie: Heute nicht mehr aktuelle Hypothese zur Phylogenie der Angiospermenblüte. Die Zwitterblüte der rezenten Magnoliophytina hat sich danach aus einem gemischtgeschlechtigen Blütenstand (verschiedene Sporophyllstände), ähnlich der Entwicklung der → *Cyathien* der Euphorbiaceae, entwickelt. → *Euanthien-Theorie.*

Pseudanthium: Aus vielen, dicht gedrängten Blüten zusammengesetzter Blütenstand, der eine Einzelblüte vortäuscht. In einem P. herrscht oftmals Arbeitsteilung zwischen den Einzelblüten (sterile, auffallende Schaublüten und fertile, unscheinbare Blüten). Oft umgeben von auffälligen Hochblättern. P. findet man z.B. bei Euphorbiaceae (= Cyathium), Asteraceae, Dipsacaceae, Viburnum und Cornus.

pseudoangiokarp → *Basidiokarp*

Pseudogamie: Bestäubung mit artfremden oder arteigenen Pollen, die nicht zur Befruchtung führt, sondern nur den Anstoß zur → *Parthenogenese* gibt, indem sie entweder das Wachstum des Endosperms anregt oder die Bildung aposporer Embryonen (Alchemilla argyrophylla).

Pseudolarix amabilis (J. NELS.) REHD. (syn.: P. kaempferi [LINDL.] GORD., P. fortunei MAYR) Goldlärche: Rel. seltener, zu den → *Laricoideae* gehörender, sommergrüner Waldbaum aus küstennahen Gebirgen (500 bis 1 500 m) des östl. China. Max. 40 m hoch. In M-Eur.

Prunus padus: *a* Fruchtstand, *b* Beblätterter Zweig mit Blütenstand winterhart, aber trägwüchsig und heikel. Die Art benötigt Licht, Sommerfeuchtigkeit und tiefgründige, nährstoffreiche Standorte; sie meidet Kalk. Kennzeichen: Die bis 7 cm langen, sehr weichen Nadeln stehen einzeln an Langtrieben und gebüschelt, oft schirmförmig ausgebreitet an Kurztrieben. Im Herbst verfärben sie sich goldgelb (Name!). Zapfen bis 7 cm, bei Reife (im 1. Jahr) am Baum zerfallend. Samen geflügelt, Pollen mit Luftsäcken, Keimlinge mit 4 – 6 Kotyledonen.

Pseudolarix fortunei → *Pseudolarix amabilis*

Pseudolarix kaempferi → *Pseudolarix amabilis*

Pseudomonadaceae → *Schizomycetes*

Pseudomonas: Gattung der Pseudomonadaceae *(→ Schizomyzetes)* mit mehreren, wirtschaftl. wichtigen phytopathogenen Bakterienarten an Kirsche und landw. Kulturpflanzen. Polar begeißelte, Gram-negative, aerobe, boden- und wasserbewohnende Stäbchen. P. syringae var. savastanoi (syn.: P. savastanoi [SMITH]): Erreger der → *»Tuberkelkrankheit« des Ölbaumes.* Kleine, krebsartige Knoten an Zweigen und Blattnarben. Zweigdürre, Qualitätsverluste der Oliven. Ähnliches Schadbild an Oleander. P. syringae var. syringae: Verursacht weltweit verbreitete Blattwelke und Triebsterben an Flieder, Citrus-Arten, Steinobst, Ah, As, Ei.

Pseudomonas saliciperda → *Erwinia salicis*

Bakterienkrebs der Esche

Pseudomonas syringae var. svastanoi pv. fraxini (ex SMITH) JANSE Erreger des Bakterienkrebses der Esche (Eschenkrebs): Rindenbewohnendes Bakterium, verursacht auffällige, holztentwertende Stamm- und Astkrebse an Es in M-Eur.. Infektion über Wunden, Blattnarben und Lenticellen. Besiedelung des Rindenparenchyms, Schädigung des Kambiums. Anschwellungen. Krebsbildung durch Besiedelung des Wundkallus; intensive Peridermbildung, Aufreißen und Schwärzung des Gewebes. Förderung der Erkrankung durch mitbewohnende Pilze (z.B. Fusarium lateritium). Bekämpfung durch konsequenten Aushieb befallener Bäume.

Pseudomonomerie: In der Anlage mehrblättriger → *Stempel,* bei dem nur ein einziges Fruchtblatt voll entwickelt und fertil ist. (z.B. Urticaceae).

Pseudomykorrhiza: Veralteter Begriff für verpilzte → *Kurzwurzeln,* die z.B. von Mycelium radicis atrovirens (= Phialocephala spec.) oder anderen trivialen bzw. parasitischen Bodenpilzen infiziert sind.

Pseudoperidie: Aus kettenartig angeordneten und verklebten → *Aecidiosporen* bestehende Hülle um das → *Aecidium* der → *Uredinales;* sie ist nicht plectenchymatisch.

Pseudoperithecium → *Pseudothecium*

Pseudoplasmodium → *Plasmodien*

Pseudopodium → *Musci*

Pseudotaxus CHEN: Gattung der → *Taxaceae* mit nur einer, in China heimischen Art: P. chienii (CHENG) CHENG: eibenähnlicher Strauch. Scheinfrüchte mit weißem → *Arillus.*

Pseudothecium: Pseudoperithecium, Ascoma, Ascostroma. Perithecienähnlicher Fruchtkörper bitunicater Ascomycetes, der ascolocular entstanden ist (→ *Ascokarp).*

Pseudotsuga CARRIERE Douglasie: Gattung der Pinaceae (Unterfamilie Abietoideae) mit 7 in Ostasien oder Nordamerika beheimateten, immergrünen, fichtenähnlichen Waldbäumen. Typisch sind große Knospen, nadelförmige, flache, gescheitelte, auf schiefem Blattpolster aufsitzende Blätter und monoezische Blütenverteilung. Pollen stets ohne Luftsäcke. Zapfen einjährig, hängend, mit stark verlängerten, dreispitzigen Deckschuppen, als Ganzes abfallend. 6 – 12 Keimblätter, Chrom.: 2n = 26. Verglichen mit P. menziesii, einem der wüchsigsten und wirtschaftl. wichtigsten Bäume der Nordhalbkugel, haben die anderen Arten der Gattung nur geringe Bedeutung. So wohl auch die in Europa kaum bekannten P. sinensis DODE und P. wilsoniana HAYATA, zwei aus China stammende mittelhohe Arten mit ca. 5 cm langen Zapfen. Nur von begrenztem regionalem Interesse sind → *P. japonica* und → *P. macrocarpa.*

Pseudotsuga douglasii → *Pseudotsuga menziesii*

Pseudotsuga japonica (SHIR.) BEISSN.: Seltener Waldbaum aus regenreichen, warmen Lagen SO-Japans unter 1 000 m Meereshöhe. Dort 20 – 24 m (max. 30 m) hoch. Kennzeichen: Nadelspitze schwach gekerbt. Zapfen bläulich bereift, 5 cm lang, mit 1 cm langem, deutlich gebogenem Stiel. In M-Eur. ± winterhart, aber selten.

Pseudotsuga macrocarpa (VASEY) MAYR (engl.: Bigcone Douglas-Fir): Bis 25 m hoher Waldbaum aus sehr kleinem nat. Areal in den Bergen S-CA's (300 – 2 400 m). Kennzeichen: Tief gefurchte, rotbraune Borke; deutlich zugespitzte, wenig flexible blaugrüne Nadeln; bis 18 cm lange Zapfen mit dicken Schuppen. Starkes Austriebsvermögen nach Feuer und mech. Verletzung. In M-Eur. nicht winterhart.

Pseudolarix amabilis: benadelter Zweig mit Zapfen (ca. 3/4 nat. Gr.)

Pseudotsuga menziesii (Mirb.) Franco (syn.: P. taxifolia Britton, P. douglasii [Sabine ex D.Don] Carr.) Douglasie, Douglasfichte (engl.: Douglas Fir): Mächtiger, wirtschaftl. wichtiger Waldbaum des westl. Nordamerika mit ausgedehntem nat. Areal. Mindestens 2 Klimarassen, die sich u.a. hinsichtlich Wuchskraft, Morphologie, Klimaansprüchen und Krankheitsresistenz deutlich unterscheiden.

P. menziesii var. menziesii, die Küstenform oder »grüne Douglasie« (syn.: var. viridis) wächst im Bereich der pazifischen Küste vom mittl. BC (55°N) bis zum südl. CA (35°N). Sie fehlt östl. der Kammlagen von Cascaden und Sierra Nevada, bildet Reinbestände oder kommt gemischt mit Tsuga heterophylla, Chamaecyparis lawsoniana, Picea sitchensis vor. Tiefwurzelnde Halbschattholzart mit reichlicher Naturverjüngung. Optimum im Nebelgürtel von Wash. und BC; dort Höchstalter um 1 000 Jahre, Höhen von 65 – 85 m (max. 110 m) und Durchm. bis 4,5 m. Es existieren nur noch kleine Reste der ursprünglichen Bestände, heute werden bereits die massenreichen »Second Growth«-Wälder extensiv genutzt.

P. menziesii var. glauca, die Inlandform, ist ein Baum subhumider bis kontinentaler Lagen der Rocky Mts. von BC, ID, MT (bis 2 600 m Höhe) über WY, CO bis ins nördl. MX (3 150 m Höhe). Oft in Mischung mit Larix occidentalis, Pinus contorta, P. ponderosa, Picea engelmannii. Unter optimalen Bedingungen max. 50 m hoch (30 – 35 m), 1,2 m stark und 400 Jahre alt. Wesentlich dürrehärter als var. menziesii.

Arttypische Merkmale: Große, kastanienbraune, spindelförmige Knospen. Rinde in der Jugend mit Harzbeulen, im Alter dicke, dunkelbraune, stark rissige Borke (Feuerschutz). Douglasienholz wird im internationalen Holzhandel als »Oregon Pine« bezeichnet. Es hat einen braunen Kern und einen hellen Splint, ist dauerhaft und ansehnlich und wird gern als Dielung, Täfelung und Sperrholz verwendet. Voraussetzung dafür ist Engringigkeit, denn starke Härteunterschiede zwischen Früh- und Spätholz erschweren bei schnellwachsenden, weitringigen Stämmen die Bearbeitung und reduzieren die Verwendung. Einige morphologische Merkmale sind bei Küsten- und Inlandformen unterschiedlich ausgeprägt:

	Küstenform	Inlandform
Nadeln	reingrün, weich und biegsam, an Schattenzweigen gescheitelt; bis 3,5 cm lang	graugrün oder bläulich grün, oft auch an Schattenzweigen allseitig abstehend; bis 2,5 cm lang
Seitenzweige	meist horizontal, im Alter oft herabhängend	schräg aufwärts gerichtet
Rinde	länger glatt bleibend	frühzeitige Borkenbildung
Zapfen	bis 10 cm lang; Deckschuppen anliegend	bis 7 cm lang; Deckschuppen abstehend

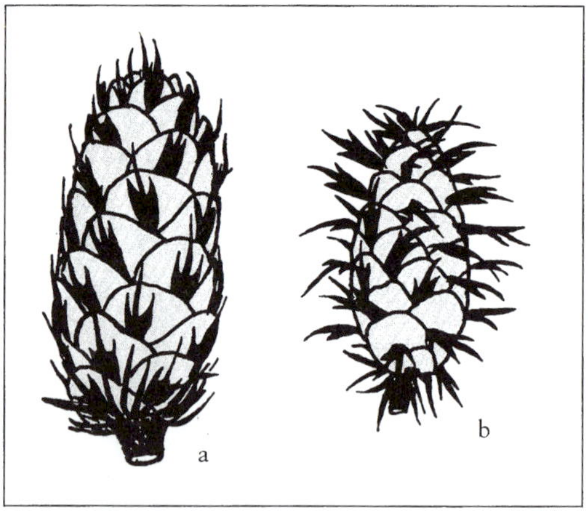

Pseudotsuga menziesii: Zapfen *a* var. menziesii, *b* var. glanca. Deckschuppen schwarz

Pseudotsuga menziesii: *a* 2jähriger Zweig, *b* Triebspitze

Besonderheiten: Beide Formen der Douglasie sind in M-Eur. i.a. winterhart. Vor ca. 100 Jahren eingeführt, hat sich die Art auch in M-Eur. als leistungsfähiger Waldbaum bewährt. Sie ist heute unsere wichtigste fremdländische Holzart und wird bis zu 10 % bei Aufforstungen verwendet. Gemessen an der Fi ist sie zwar intolerant gegenüber neutralen und alkalischen Böden (→ *Kalkchlorose)* sowie empfindlich gegen Frosttracknis und Spätfröste, aber weniger anfällig gegen Rotfäule, Sturm und Borkenkäfer. Analog zu den

Klimaverhältnissen in ihren Herkunftsgebieten eignet sich die Küstenform nur für den Anbau in atlantischen, die Inlandform hingegen in kontinentalen Teilen Europas. Nennenswerte Schäden durch → *Rhabdocline pseudotsugae*-Befall sind auf Var. glauca, starke Spätfrostschäden auf Var. menziesii beschränkt. Dougl-Sämlinge sind hochempfindlich gegen Austrocknung beim Pflanzen. Auch innerhalb der beiden Klimarassen spielt die Provenienzfrage für den Anbauerfolg eine wichtige Rolle. In der Bundesrepublik haben sich Herkünfte aus den Cascaden des nördl. Washington und des südl. BC bisher gut bewährt.

Pseudotsuga sinensis → *Pseudotsuga*

Pseudotsuga taxifolia → *Pseudotsuga menziesii*

Pseudotsuga wilsoniana → *Pseudotsuga*

Psilophytatae: Urfarne. Nacktfarne. Ausgestorbene Klasse der → *Pteridophyta* mit vielen ursprünglichen Merkmalen. Lebten ab Ende Silur bis Oberdevon. Wurzellose, nur aus Telomen (ohne Gliederung in Blätter und Sprosse) bestehende, isospore Landpflanzen mit Spaltöffnungen. Gelegentlich mit blattähnlichen Emergenzen. Bei Rhynia (Urlandpflanze, bis 50 cm hoch) entsprangen die gabelig verzweigten Telome mit endständigen Sporangien einem unterirdischen Rhizom (= Gametophyt).

Psilophytenzeit → *Paläophytikum*

Psilotatae: Gabelblattgewächse. Ursprüngliche Klasse der → *Pteridophyta.* Dichotom verzweigte, wurzellose Kräuter mit kleinen, schuppenförmigen Gabelblättchen (Mikrophylle) und Rhizomen. Isosporie. 3 Meiosporangien zu → *Synangium* vereint. Prothallien z.T. mit Leitbündeln. Tropische Verbreitung.

Ptelea L. Kleeulme (engl.: Hop Tree): Gattung der → *Rutaceae* mit 10 aromatischen Strauch- oder Baumarten aus N- und M-Amerika. Blätter wechselständig, meist 3-zählig. Stark abgeflachte, breit geflügelte 2-samige Nüsse. Wichtigste Art: P. trifoliata L. (Kleeblatt-Lederstrauch, Hopfenstrauch): Bis 5 m hoher, aus dem atlantischen N-Amerika (Long Island bis FL) stammender, in Eur. kultivierter und in ozeanischen Gebieten stellenweise eingebürgerter Strauch. Seine ulmenähnlichen, stark duftenden Früchte dienten als Hopfenersatz.

Pteridophyta: Farnpflanzen. Abteilung des Pflanzenreichs mit 15 000 Arten. Stammesgeschichtlich alte (ab Paläozoikum) Sporenpflanzen mit antithetischem Generationswechsel. Sporophyt dominiert, ist in Blätter (mit Cuticula und Stomata), Sproß und Wurzeln (ausnahmslos sproßbürtig) gegliedert (echte Cormophyten). Alle Organe wachsen mit Scheitelzellen. Meist hadrozentrische Leitbündel mit verholzten Tracheiden (Tracheen bei → *Pteridium)* und Siebzellen. Sekundäres Dickenwachstum bei rezenten Gruppen unbedeutend, bei fossilen z.T. mächtig entwickelt. Gametophyt thallös (→ *Prothallium),* wenig differenziert und meist kurzlebig, mit → *Archegonien* und/oder → *Antheridien.* Oogamie durch Spermatozoide nur in Gegenwart von Wasser. Sporangien mit Iso- oder Heterosporen (→ *Sporen)* sitzen meist auf Sporophyllen, die oft zu Sporophyllständen vereinigt sind. Klassen: → *Psilophytatae,* → *Psilotatae,* → *Lycopodiatae,* → *Equisetatae* und → *Filicatae.*

a

b

c

Pseudotsuga menziesii: *a:* Var. viridis auf Olympic Peninsula, WA (USA), *b* var. glauca in Missoula, MT(USA), *c* var. glauca am natürlichen Standort

Pteridophytenzeit → *Paläophytikum*

Pteridospermae → *Lyginopteridatae*

Pterocarpus → *Fabaceae*

Pterocarya KUNTH Flügelnuß: Gattung der → *Juglandaceae* mit etwa 10 sommergrünen Baumarten, von denen eine in W-Asien (→ *P. fraxinifolia),* die übrigen in O-Asien beheimatet sind. Triebe mit gekammertem Mark; Winterknospen nackt (Ausnahme: → *P. rhoifolia),* die seitlichen stets deutlich gestielt. Blätter groß, wechselständig, unpaarig gefiedert. Blüten einhäusig, in hängenden Kätzchen, mit 1 – 4 Kelch-, aber ohne Kronblätter. Einsamige, i.d.R. zweiseitig geflügelte Nußfrüchte in langen, vielfrüchtigen Kätzchen. Keimung epigäisch. Holz im Unterschied zu anderen Juglandaceae zerstreutporig, ohne Farbunterschied zwischen Splint und Kern, rel. leicht und weich.

Pterocarya fraxinifolia (LAM.) SPACH Kaukasische Flügelnuß: Vom Kaukasus bis nach N-Persien verbreiteter, bis 30 m hoher, i.d.R. mehrstämmiger und sehr breitkroniger Baum, in M-Eur. häufig als Parkbaum. Borke dunkel- bis schwarzgrau, längsfurchig; Blätter bis 60 cm lang, mit 11 – 25 länglich lanzettlichen Blättchen; Blattspindel meist kahl, rund; Nüßchen in langen Fruchtständen, hellgrün, mit 2 halbkreisförmigen Flügeln. In der Heimat stets in Tieflagen an fließenden Gewässern (Auwälder), erträgt lange Überflutung; bildet reichlich Wurzelbrut.

Pterocarya fraxinifolia

Pterocarya rhoifolia SIEB. et ZUCC. Japanische Flügelnuß: In den Gebirgen (800 – 1 550 m ü.NN) des kühltemperierten Japan an Fließgewässern und in feuchten Tälern weit verbreiteter, bis 25 m hoher Baum; oft vergesellschaftet mit Aesculus turbinata, Cercidiphyllum japonicum, Acer palmatum, Betula ermanii, Cryptomeria, Thujopsis u.a.. Im Unterschied zu allen anderen Arten der Gattung Knospen mit 2 – 3 Schuppen. Blätter 20 – 40 cm lang, mit 11 – 21 Blättchen, Blattspindel rund, anfangs behaart; Früchte halbkreisförmig geflügelt. Das weiche Holz wird in Jap. u.a. zu Streichhölzern, Holzschuhen und Kisten verarbeitet. In M-Eur. selten in Parks.

Pterocarya stenoptera C. DC. Chinesische Flügelnuß: Bis 30 m hoher Laubbaum O- und Zentralchinas. Im Unterschied zu → *P. fraxinifolia* Blattspindel der 20 bis 40 cm großen Fiederblätter geflügelt; länglich lanzettliche Fruchtflügel. In Mitteleuropa nur selten in Parks.

Pterospartum sagittale → *Genista sagitalis*

Pucciniastrum areolatum (FR.) OTTH. (Pucciniastraceae): Wirtswechselnder Rostpilz, dessen bräunliche Aecidien im Herbst auf der Oberseite der Zapfenschuppen von Picea abies erscheinen. Uredo- und Teleutolager auf Blättern von Prunus padus, P. serotina und P. virginiana. Infektion der ♀ Fi-Blüten im Frühjahr.

Pucciniastrum epilobii (PERS.) OTTH. Erreger des Weißtannen-Säulenrostes (Pucciniastraceae): Wirtswechselnder Rostpilz, der an Ta Nadelbräunung und Nadelfall hervorruft. Bedeutung nur dort, wo Ta-Jungwuchs dicht neben Epilobium angustifolium (schmalbl. Weidenröschen) aufwächst. Basidiosporen infizieren im Frühjahr die jüngsten Ta-Nadeln, in denen sich während des Sommers unterseits mit Peridien bedeckte Aecidienlager entwickeln. Wirtswechsel auf Epilobium-Blätter, dort Bildung von gelben Uredo- und braunen Teleutolagern im Herbst. Wirksame Bekämpfung durch (mechanische) Beseitigung des Zwischenwirtes.

Pucciniastrum epilobii, Aecidienlager auf Ta-Nadel

Pueraria lobata (WILLD.) OHWI (syn.: P. hirsuta SCHNEID.) Kudzu (Fabaceae): Aus O-Asien stammende Kletterpflanze mit eßbaren Wurzeln, die in SO-USA zur Boden- und Böschungsbefestigung angebaut wird. Infolge großer Konkurrenzkraft und extrem schnellen Wachstums (10 – 15 m pro Jahr) verdrängt sie die einheimische Flora und tötet in angrenzenden Wäldern hohe Bäume (Acer, Quercus) durch Lichtentzug. Trotz Frostempfindlichkeit einzelne Vorkommen in den Neuengland-Staaten. Dort Überwinterung mit starken, verholzten Wurzeln.

Pueraria lobata

Puff: Lokale, lichtmikroskopisch sichtbare Auflockerung von Chromosomen mit intensiver Genaktivität. Orte der Transkription.

Pullularia pullulans → *Aureobasidium pullulans*

Pulpa: Aus dem Endokarp entstandenes, fleischiges Fruchtgewebe, in das die Samen eingebettet sind (Banane, Apfelsine).

Pulverholz → *Rhamnus frangula*

Pulvinus → *Turgorbewegungen*

Punica L. Granatapfel: Einzige Gattung der Punicaceae (Ordnung → *Myrtales).* 2 Arten; sommergrüne Sträucher oder kleine Bäume mit wechsel- oder gegenständigen Blättern und ansehnlichen Blüten. Fruchtknoten besteht aus 9 Fruchtfächern. P. granatum L. (Granatapfel): Strauch oder bis 5 m hoher, kleiner Baum mit kantigen, zuweilen verdornten Zweigen. Wild wahrscheinlich nur in Asien, seit Alters her im Mittelmeerraum in Kultur, nördlich bis Südtirol. In M-Eur. in Weinbaugebieten winterhart. Eines der ältesten Arznei- und Kulturgehölze. Blüten, scharlachrot. Aus Samen wird Sirup, aus Früchten Farb- und Gerbstoff gewonnen. Stamm- und Wurzelrinde (Cortex Granati) liefern ein Bandwurmmittel. Heute durch Orangenkultur weitgehend verdrängt.

Punicaceae → *Myrtales*

Punktmutation: Auf → *Deletion* oder → *Insertion* eines einzigen DNA-Basenpaares beruhende Mutation.

Purgier-Kreuzdorn → *Rhamnus catharticus*

Purine: Klasse von Pflanzenbasen, die Bestandteile der → *DNA* und *RNA* sind. Hierzu gehören Adenin und Guanin. → *Nukleotide.*

Purpur-Geißklee → *Cytisus purpureus*

Purpurtanne → *Abies amabilis*

Purpurweide → *Salix purpurea*

Pycnidium → *Pyknidium*

Pyknidiospore → *Pyknidium*

Pyknidium: Kugel- bis flaschenförmige → *Fruchtkörper* höherer Pilze mit Öffnung (Ostiolum). In ihnen werden asexuell sehr kleine, einkernige Pyknosporen (Pyknidiosporen) gebildet, die zu den → *Konidien* gezählt werden. Bei → *Uredinales* haben diese Sporen die Funktion von ♂ Geschlechtszellen (Spermatien). Hier bezeichnet man das P. auch als Spermogonium.

Pyknospore → *Pyknidium*

Pyracantha M.J. Roem. Feuerdorn: Gattung der → *Rosaceae* mit 10 Arten von SO-Eur. bis M-China. Immergrüne, dornige Sträucher mit wechselständigen Blättern und weißen Blüten in zusammengesetzten Doldentrauben. Anfällig gegenüber Feuerbrand (→ *Erwinia amylovora).* In M-Eur. häufig in Kultur: P. coccinea (syn.: Cotoneaster pyracantha [L.] Spach.) Europäischer Feuerdorn: Dicht verzweigter, bis 2 m hoher Strauch mit verdornten Kurztrieben. Heimat in S-Eur. bis W-Asien. Wegen der feuerroten, über den Winter am Strauch bleibenden Früchten, beliebter, aber mäßig winterharter Zierstrauch. Viele Formen.

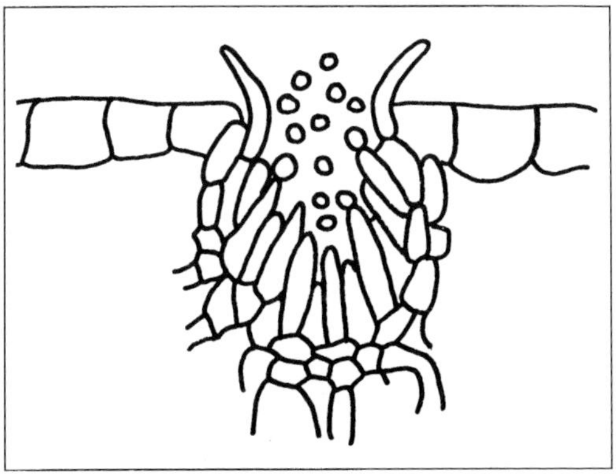

Pyknidium mit Pyknosporen, eingesenkt im Blatt der Wirtspflanze

Pyramidenform: Durch Mutation entstandene Verzweigungsvariante bei Waldbäumen, typisch sind extrem spitze Astwinkel (z.B: bei → *Populus nigra var. italica).*

Pyramidenpappel → *Populus nigra*

Pyrenäeneiche → *Quercus pyrenaica*

Pyrenäenkiefer → *Pinus nigra*

Pyrenoid → *Phycophyta*

Pyrenomycetidae: → *Ascomycetes* mit → *Perithecien* als Fruchtkörper. Als systematische Gruppe nicht mehr gebräuchlich.

Pyrimidine: Klasse von Pflanzenbasen, die Bestandteile der → *DNA* und → *RNA* sind. Hierzu gehören: Cytosin, Thymin und Uracil. → *Nukleotide.*

Pyrolaceae → *Ericales*

Pyrus L. Birne (engl.: Pear): Gattung der → *Rosaceae* mit ca. 20 meist sommergrünen Baum- oder Straucharten im gemäßigten Eur. und Asien. Blätter einfach, Blüten in Doldentrauben, oft vor den Blättern erscheinend. → *Apfelfrucht,* Fruchtfleisch mit → *Steinzellen.* Wichtige Obstarten.

Pyrus aria → *Sorbus aria*

Pyrus aucuparia → *Sorbus aucuparia*

Pyrus baccata → *Malus baccata*

Pyrus chamaemespilus → *Sorbus chamaemespilus*

Pyrus communis L. Kulturbirne, Gartenbirne: Durch Auslese- und Kreuzungszüchtung aus der einheimischen Holzbirne und asiatischen Birnbaumarten hervorgegangen. Im Unterschied zur Holzbirne meist dornenlose Triebe, größere und zur Reifezeit weiche, süße Früchte.

Pyrus domestica → *Sorbus domestica*

Pyrus japonica → *Choenomeles*

Pyrus malus → *Malus sylvestris*

Pyrus pyraster (L.) Burgsd. Holzbirne (engl.: Wild Pear): Bis 20 m hoher Baum mit oft zu Dornen umgewandelten Kurztrieben. Heimat von Eur. bis W-Asien, in M-Eur. v.a. in M- und S-Deutschland. Wärmeliebende, tiefwurzelnde Licht- bis Halbschattbaumart vom Flachland bis in die submontane Stufe (Alpen bis 850 m). In Ei-, Ul-Auwäldern, Ei-Mischwäldern und Felsgebüschen. Meist auf Kalk, höhere Bodenansprüche als → *Malus sylvestris.* Blüten weiß, selten rosa, zu 3 – 9 in Doldentrauben. Staubblätter rot. Früchte herbsauer schmeckend, nicht so lange haltbar wie der Apfel. 2 Unterarten: ssp. pyraster mit kugeligen Früchten; ssp. achras mit lang ausgezogenen Früchten. Holz: Splint und Kern rötlich, hart, schwer, dauerhaft, politurfähig, dient als Ebenholzersatz.

Pyrus pyraster

Pyrus spectabilis → *Malus spectabilis*

Pyrus suecica → *Sorbus intermedia*

Pyrus torminalis → *Sorbus torminalis*

Pyruvat → *Brenztraubensäure*

Pythium: Artenreiche Gattung bodenbewohnender, oft saprophytischer Pilze (Oomycetales, Pythiaceae). Sporangien keimen zu blasenförmigen Vesikeln aus, in denen sich infektionstüchtige Zoosporen sammeln. Infektion ist an Wasser gebunden. Oosporen als Dauerorgane. Wichtige Erreger der → *Umfallkrankheit* an krautigen und verholzten Pflanzen.

Pythium debaryanum Hesse: Wichtiger und weit verbreiter, im Oberboden lebender Erreger der → *Umfallkrankheit* an Nadelbäumen. Pinus sylvestris und Thuja-Arten sind rel. widerstandsfähig, Dougl und Fi stark

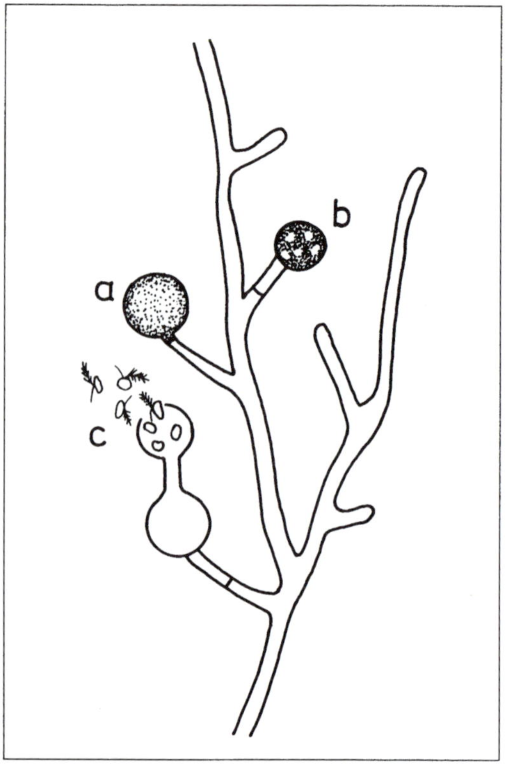

Pythium: unseptiertes Mycel mit *a* unreifem und b reifem Sporangium, *c* Zoosporenentlassung aus Keimblase (nach Butin)

anfällig. Häufig im Kompost vorhanden. Bekämpfung in der Baumschule durch Bodenentseuchung, u.a. mit → *Methylbromid.*

Pythium irregulare Buism.: Einer der Erreger der → *Umfallkrankheit* an Nh, vornehmlich auf sauren Substraten, ruft Vorauflauferkrankung u.a. an südostamerik. Ki-Arten hervor. Außerdem Feinwurzelfäule an alten Carya illinoiensis.

Pythium sylvaticum Camp. et Hendr.: Einer der Erreger der → *Umfallkrankheit* an Nh in Saatbeeten, auch an → *Liquidambar styraciflua* festgestellt.

Pythium ultimum Trow.: Wichtiger Erreger der → *Umfallkrankheit* an Nh, bevorzugt schwach saure bis alkalische Böden, auch an der Vorauflauferkrankung beteiligt. Nur selten an Lh festgestellt (Robinia, Ulmus americana).

Q

Quadrivalent: Bei tetraploidern Organismen in der Anaphase der Meiose auftretender, aus vier homologen Chromosomen bestehender Paarungsverband.

Quantasom: Spezifische Struktur-Funktionseinheit, bestehend aus allen Pigmenten und Redoxsubstanzen der → *Pigmentsysteme* I u. II, sowie den dazugehörigen Lipiden. In den Quantasomen finden Lichtreaktionen I + II statt.

Quarantäne (Pflanzenquarantäne): I.w.S.: Staatl. Maßnahmen, um die Einschleppung oder Verschleppung von Krankheitserregern oder Schädlingen zu verhindern. I.e.S.: Isolierung (von Pflanzen) bis zur sicheren Erkennung ihres Gesundheitszustandes. Ursprünglich: 40 (frz.: quarante) Tage, die ein Schiff mit seuchenverdächtigen Personen an Bord vor dem Hafen warten mußte, ehe die Landung gestattet wurde. Konkrete Maßnahmen wie Importkontrollen, Einfuhrverbote, Zeugnis- und Untersuchungspflicht beruhen auf Gesetzen und Verordnungen der an entspr. internationalen Vereinbarungen beteiligten Staaten. Nach dem Forstl. Saat- und Pflanzgutgesetz von 1957 darf Saat- und Pflanzgut von Waldbäumen ohnehin nicht in die BRD eingeführt werden. Ausnahmen kann das Bundesministerium f. Ern., Landw. u. Forsten zulassen.

Quartär: Zeitabschnitt des Känozoikums → *Känophytikum*, → *Erdzeitalter*.

Quellung: Flüssigkeits- oder Dampfaufnahme eines hochmolekularen Körpers. Die damit verbundene Volumenvergrößerung ist geringer als das Volumen der aufgenommenen Flüssigkeit. Neben der → *Osmose* wichtiger Mechanismus der Wasseraufnahme bei Pflanzen, vor allem bei Flechten und Moosen. Auch die Samenkeimung wird durch Quellungsvorgänge eingeleitet. Bei der Q. wird H_2O an hydrophile Gruppen des Quellkörpers (→ *Hydratation)* angelagert und/oder in Kapillarräume (z.B. Interfibrillarräume der Zellwand) eingelagert. Das Ausmaß der Q. hängt stark von der elektrischen Ladung und dem Ionengehalt des Quellkörpers ab (→ *lyotrophe Reihe)*. Begrenzt quellbare Substanzen (z.B. Cellulose, Stärke, Holz) lösen sich bei der Q. nicht, unbegrenzt quellbare (Kolloide) lösen sich in der Flüssigkeit auf (Sol-Zustand). Stark quellbare Substanzen sind → *Proteine (→ Enzyme)* und das Cytoplasma, deren Funktionszustände stark vom jeweiligen Quellungszustand abhängen. Holz quillt besonders stark quer zum Faserverlauf, weniger stark in Längsrichtung (anisotrope Quellung).

Quellungsreihe → *Lyotrope Reihe*

Quercetalia pubenscenti-petraeae: Pflanzensoziologische Ordnung der wärmeliebenden Eichenmischwälder. In postglazialer Wärmezeit in M-Eur. weitverbreitet, heute nur noch als Relikte auf trockenen kalk- oder basenreichen Südhängen. Charakterarten sind z.B. Quercus pubescens, Acer monspessulanum, Sorbus domestica, S. torminalis, Cornus mas, Campanula persicifolia und Tanacetum corymbosum.

Quercetea robori-petraeae: Pflanzensoziologische Klasse der sauren Eichenwälder. Hauptsächlich auf sauren, silikatarmen Quarzsanden im ozeanisch getönten nordwestlichen M-Eur.. Zusammensetzung: Quercus robur und Bi, gelegentlich auch Quercus petraea und Populus tremula in der Baumschicht; Sorbus aucuparia und Frangula alnus in der Strauchschicht; Calluna vulgaris, Vaccinium myrtillus und Festuca ovina im Unterwuchs. Charakterarten dieser Klasse sind Hieracium glaucinum, Holcus mollis und Lonicera periclymenum.

Quercetin → *Flavonole*

Querco-Fagetea: Pflanzensoziologische Klasse der reicheren Laubwälder und Gebüsche. Unterteilt in die Ordnungen → *Prunetalia spinosae*, → *Quercetalia pubescenti-petraeae* und → *Fagetalia sylvaticae.*

Quercoideae → *Fagaceae*

Quercus L. Eiche (engl.: Oak): Gattung der → *Fagaceae* mit etwa 600 Arten. Verbreitet in N- und M-Amerika, in NW-Südamerika, im gemäßigten und subtropischen Eurasien sowie in Nordafrika. Sommer- oder immergrüne Bäume, seltener Sträucher mit wechselständigen, fiedrig gelappten, gezähnten, gesägten, mitunter auch ganzrandigen Blättern. Blüten zugleich mit den Blättern erscheinend. ♂ Blüten mit 6 – 8teiliger Blütenhülle und 6 – 10 Staubblättern in hängenden Kätzchen. Pollen ± kugelig, etwa 25 – 40 μ groß, mit 3 von Pol zu Pol verlaufenden Falten. ♀ Blüten (einblütige Dichasien) zu 1 – 6 in ährigen oder kopfigen, aufrechten Ständen, jede Blüte mit → *Cupula.* Frucht eine eiförmige oder rundliche, in der Regel einsamige Nuß (Eichel), an der Basis mehr oder weniger weit von der napfförmigen Cupula umschlossen; enthält etwa 25 % Stärke, 8 % Zucker, 6 % Eiweiß und 6 (und mehr) % Gerbstoffe. Samenverbreitung durch Tiere. Typisch für Eichen ist eine hohe Merkmalsvariabilität und eine Neigung zur Bastardierung; hieraus ergeben sich Probleme bei der Bestimmung und Abgrenzung einzelner Arten. Chrom.: 2n = 24. Wirtsch. bedeutend ist vor allem das wertvolle, schwere Holz. Die Gerbstoffgewinnung (meist aus der Rinde) sowie die Früchte als Viehfutter sind nur noch lokal von größerer Bedeutung. → *Q. suber* ist wichtigster Korklieferant.
Unterteilung der Gattung: Subgenus Erythrobalanus (SPACH) OERST. Abortierte Samenanlagen im oberen Teil der Frucht; Blätter ganzrandig oder gelappt, Blattlappen mit haarförmigen Grannen; Früchte im 2. Jahr reifend (zweijährig), Schuppen der → *Cupula* fest angedrückt, Kernholz mit unverthyllten Gefäßen; verbreitet in N- und Mittelamerika. Sektion Phellos: Q. phellos. Sektion Nigrae: Q. nigra, Q. marilandica. Sektion Rubrae:

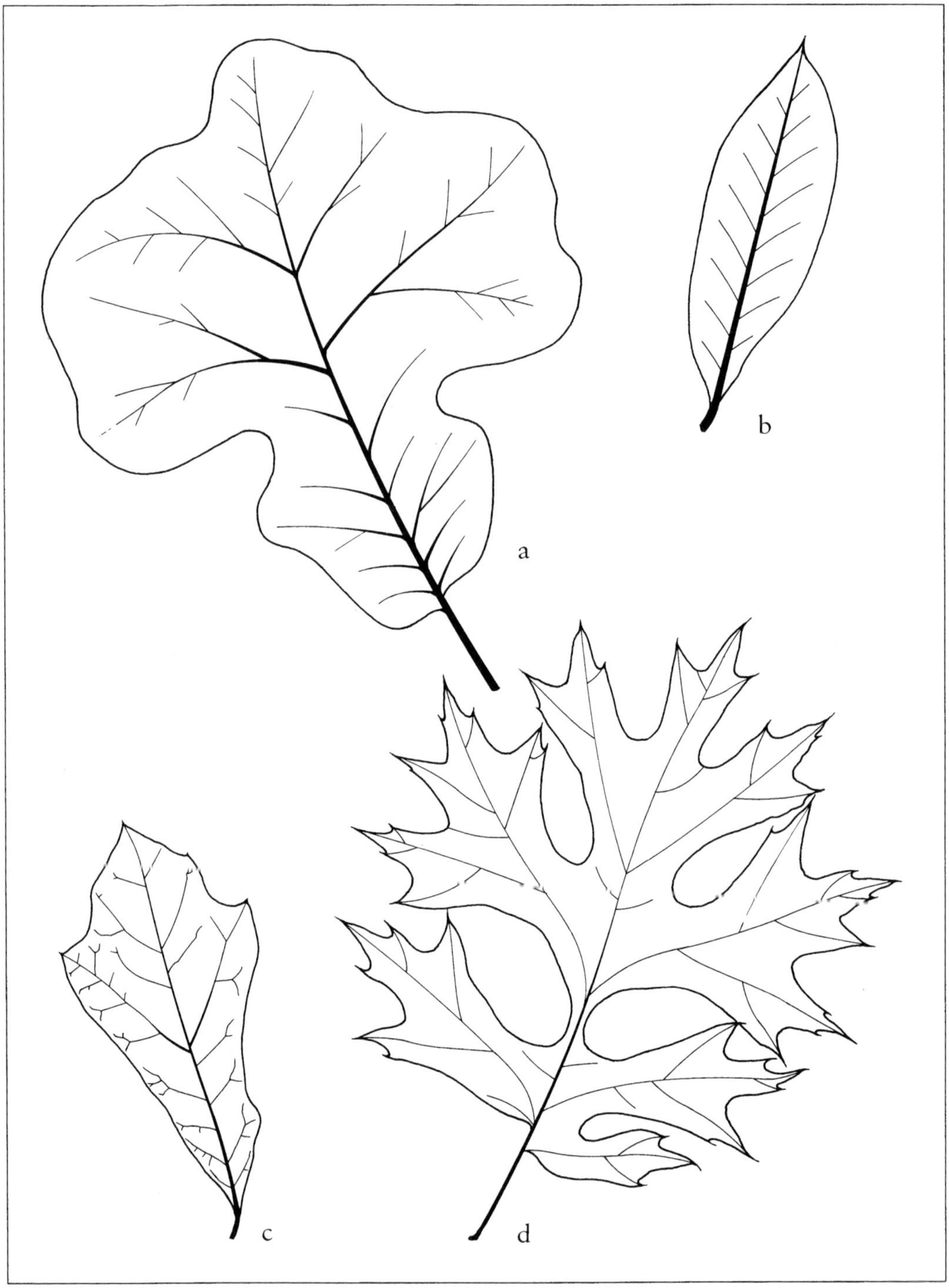

Blattformen von **Quercus**-Arten, Subgenus Erythrobalanus (3/4 nat. Gr.): *a* Q. marilandica, *b* Q. phellos, *c* Q. nigra, *d* Q. shumardii

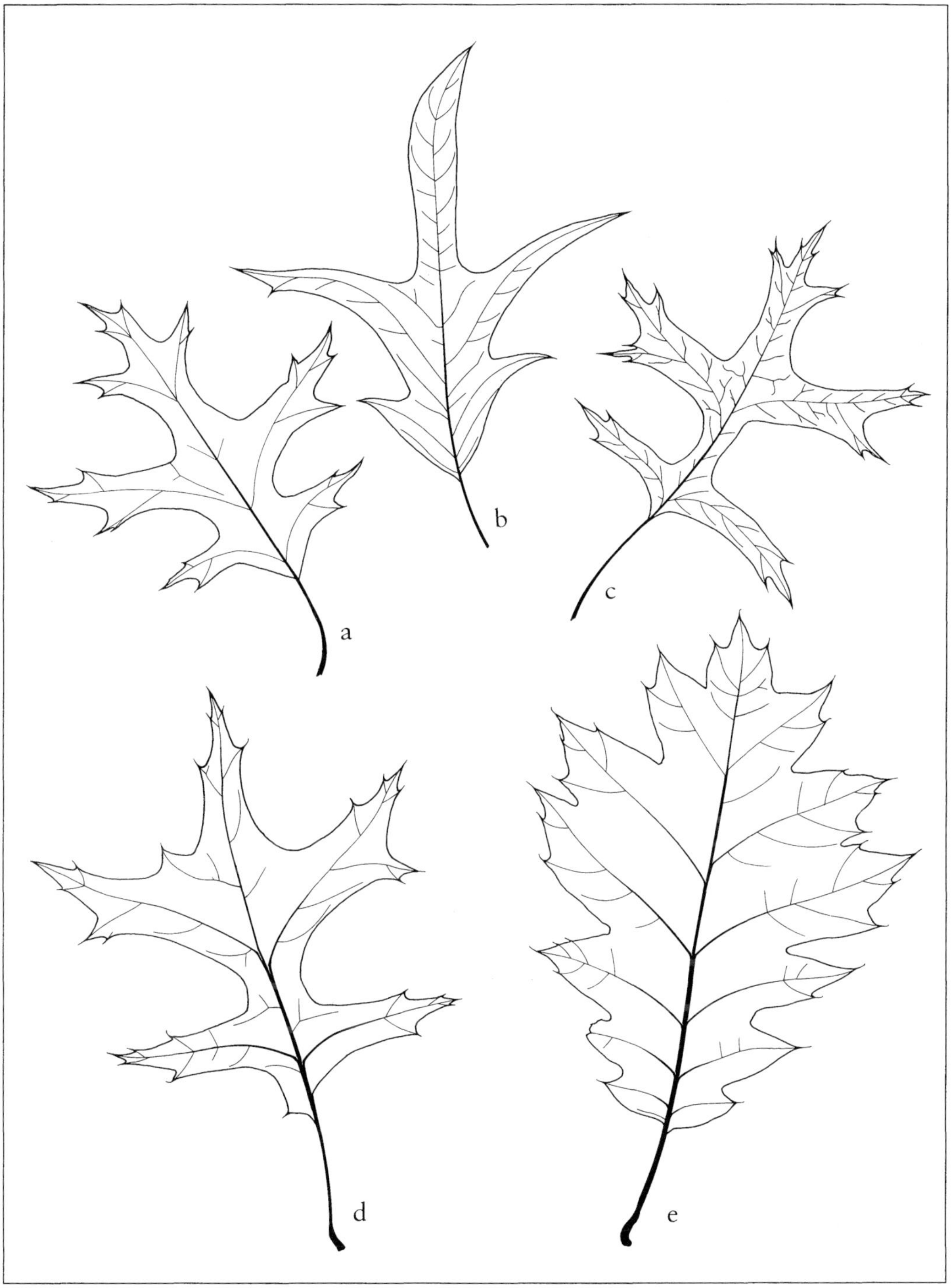

Blattformen von **Quercus**-Arten, Subgenus Erythrobalanus (1/2 nat. Gr.): *a* Q. coccinea, *b* Q. falcata, *c* Q. palustris, *d* Q. velutina, *e* Q. rubra

Blattformen von **Quercus**-Arten, Subgenus Lepidobalanus, Sektion Albae (1/3 nat. Gr.): *a* Q. macrocarpa, *b* Q. lyrata, *c* Q. bicolor, *d* Q. garryana, *e* Q. stellata, *f* Q. alba

Blattformen von **Quercus**-Arten, Subgenus Lepidobalanus, Sektion Albae und Dentatae (1/3 nat. Gr.): *a* Q. glandulifera, *b* Q. mongolica var. grosseserrata, *c* Q. muehlenbergii, *d* Q. michauxii, *e* Q. dentata, *f* Q. prinus

Blattformen von **Quercus**-Arten, Subgenus Lepidobalanus, Sektion Cerris (3/4 nat. Gr.): *a* Q. marcrolepis, *b* Q. cerris, *c* Q. acutissima, *d* Q. variabilis, *e* Q. libani, *f* Q. castaneifolia

Blattformen von **Quercus**-Arten, Subgenus Lepidobalanus, Sektion Ilex und Suber (nat. Gr.): *a-c* Q. ilex, *d* Q. suber, *e* Q. coccifera

Blattformen von **Quercus**-Arten, Subgenus Lepidobalanus, Sektion Robur (1/2 nat. Gr.): *a* Q. robur, *b* Q. petraea, *c* Q. pubescens, *d* Q. pyrenaica, *e* Q. macranthera, *f* Q. frainetto

Q. falcata, Q. palustris, Q. velutina, Q. rubra, Q. shumardii, Q. coccinea, Q. nuttallii.
Subgenus Lepidobalanus Endl. Abortierte Samenanlagen im unteren Teil der Frucht; Blätter gezähnt oder gelappt, Blattlappen ohne haarförmige Granne; Früchte im 1. (einjährig) oder 2. Jahr reifend; Schuppen der Cupula angedrückt oder abstehend; Kernholz mit verthyllten Gefäßen; verbreitet im gesamten Quercus-Areal. Sektion Cerris: Q. cerris, Q. variabilis, Q. acutissima, Q. castaneifolia, Q. libani, Q. macrolepis. Sektion Suber: Q. suber, Q. coccifera. Sektion Ilex: Q. ilex. Sektion Robur: Q. robur, Q. petraea, Q. pubescens, Q. macranthera, Q. frainetto, Q. pyrenaica. Sektion Albae: Q. alba, Q. garryana, Q. stellata, Q. lyrata, Q. macrocarpa, Q. bicolor, Q. michauxii, Q. prinus, Q. muehlenbergii, Q. mongolica, Q. glandulifera. Sektion Dentatae: Q. dentata

Quercus acuminata → *Quercus muehlenbergii*

Quercus acutissima Carruth. Seidenraupeneiche, Japanische Kastanieneiche: Im Himalaya (zwischen 1 000 und 2 500 m), in China, Korea und Japan verbreiteter, mittelgroßer, sommergrüner Baum. Blätter Castanea-ähnlich, 10 – 20 cm lang, lanzettlich, jederseits mit 12 – 19 Zähnen und bis 5 mm langen Grannen. Früchte zweijährig; Fruchtbecher mit langen, abstehenden Schuppen, liefert einen dunklen Farbstoff. In China als Seidenraupenbaum kultiviert. In M-Eur. winterhart (Abb. S. 424).

Quercus aegilops → *Quercus macrolepis*

Quercus alba L. Weißeiche (engl.: White Oak): Häufigste und forstl. wichtigste Eiche der USA aus der Gruppe der Weißeichen (subgen. Lepidobalanus); riesiges Verbreitungsgebiet im mittl. und atlant. Nordamerika (S-ON, S-QU, östl. bis S-ME, im S bis N-FL, im SW bis O-TX, im NW bis MN). Höhen: 25 – 30 (max. 45) m, BHD: 90 – 120 (max. 240) cm.
Erkennungsmerkmale: Hellgraue, abblätternde Borke. Triebe anfangs behaart, rasch verkahlend. Blätter 8 – 23 cm lang, jederseits mit 3 – 4 (5) Lappen, Basis keilförmig; oberseits glänzend grün, unterseits hell- bis graugrün, nur anfangs behaart. Rötliche oder braune Herbstfärbung. Früchte einjährig, 1 – 3 cm groß, eiförmig, zu 1/4 bis 1/3 vom Fruchtbecher umschlossen. Große ökol. Amplitude in Bezug auf Klima- und Bodenansprüche. Im N nur selten oberhalb 150 m Meereshöhe, in den südl. Appalachen bis 1 700 m. Optimale Entwicklung auf tiefgründigen, feuchten, gut drainierten Lehmböden (W-Hänge der Appalachen, Ohio- und Mississippital), nicht auf extrem flachgründigen, sandigen sowie sehr nassen Böden. Klimaxbaumart in Rein- oder Laubmischwaldbeständen. Hochwertiges, vielseitig verwendbares Holz. Unter der Sammelbezeichnung Weißeichenholz gelangt in den USA auch das Holz anderer Weißeichenarten (subgen. Lepidobalanus) auf den Markt (z.B. → *Q. macrocarpa,* → *Q. bicolor,* → *Q. lyrata,* → *Q. michauxii,* → *Q. muehlenbergii).* Schöner Parkbaum; in M-Eur. selten, obgleich winterhart (Abb. S. 422).

Quercus aquatica → *Quercus nigra*

Quercus bicolor Willd. (syn.: Q. platanoides Sudw.) Zweifarbige Eiche (engl.: Swamp White Oak): Bis 20 (max. 30) m hoher, sommergrüner Baum in den östl. USA (S-ON bis ME, südl. bis VA, westl. bis MO, nördl. bis SO-MN). Hauptsächlich in Niederungen, im Überflutungsbereich von Flüssen, am Rande von Sümpfen und Tümpeln, auf nassen, schweren Böden. Rinde der Äste platanenartig abschuppend (syn.: platanoides !). Blätter 8 – 18 cm lang, seicht gebuchtet, mit jederseits 4 – 8 runden Lappen; oberseits glänzend grün, unterseits weiß- oder graufilzig (bicolor !). Früchte einjährig, einzeln oder paarweise an langen, filzigen Stielen (3 – 8 cm). In M-Eur. gelegentlich in Parks (Abb. S. 422).

Quercus alba: Blatt und Stammquerschnitt

Quercus borealis → *Quercus rubra*

Quercus bungeana → *Quercus variabilis*

Quercus castanea → *Quercus muehlenbergii*

Quercus castaneifolia C.A.Mey. Kastanienblättrige Eiche: Sommergrüner, bis 25 m hoher Baum. Heimat: S-Kaukasus, N-Persien; in Flußtälern, in Niederungen am Kaspischen Meer (zusammen mit Pterocarya fraxinifolia, Zelkova carpinifolia), im Gebirge bis 1 800 m. Blätter elliptisch-lanzettlich, 7 – 18 cm lang, jederseits 8 – 14 in eine 1 mm lange Spitze mündende Zähne, Nebenblätter bleibend. Früchte zweijährig, Fruchtbecher mit langen, zurückgebogenen Schuppen. In M-Eur. winterharter, schöner Parkbaum (Abb. S. 424).

Quercus cerris L. Zerreiche: Sommergrüner, bis 35 m hoher Baum mit (ost-)submedit. Areal (S- und SO-Europa, Kleinasien); zerstreut in Mähren, Niederösterreich, Steiermark, Krain sowie in Südtirol und im südl. Tessin (hier bis 1 250 m).
Erkennungsmerkmale: Graufilzige, verkahlende Triebe. Blätter etwas lederig, in Form und Größe sehr variabel, 6 – 12 (16) cm lang, unregelmäßig gelappt mit jederseits 4 – 9 meist zugespitzten, mitunter kurz stachelspitzigen Lappen; beidseitig rauh, unterseits filzig behaart (→ *Sternhaare),* ± verkahlend. Fädige Nebenblätter, die bis zum nächsten Laubaustrieb bleiben. Früchte zweijährig, bis 3 cm lang, fast zur Hälfte von der → *Cupula* umschlossen; diese mit abstehenden, pfriemförmigen, bis 1 cm langen Schuppen. Frühe Bildung einer dicken, harten, graubraunen bis schwärzlichen, längsrissigen Borke. Große ökol. Amplitude; auf Kalk- wie Silikatgestein; gedeiht auch auf trockenen, basen- und nährstoffarmen, mäßig sauren, sandigen Böden; oft vergesellschaftet mit Q. pubescens, Fraxinus ornus, Ostrya carpinifolia. Alter bis 200 Jahre. In Mitteleuropa beliebter Parkbaum. Holz ähnlich → *Q. ro*

bur, aber Splint breiter, Kern mehr rotbraun, härter und dichter; erreicht Bauholzqualität, hervorragendes Brennholz (Abb. S. 424).

Quercus chinensis → *Quercus variabilis*

Quercus coccifera L. Kermeseiche: Im Mittelmeergebiet, Portugal und Kleinasien verbreiteter, immergrüner Strauch oder kleiner, bis 12 m hoher Baum sonniger, trockener Lagen. Blätter starr lederig, 1 – 5 cm lang, stachelig gezähnt, unterseits graufilzig. → *Cupula* der einjährigen, bis 3 cm großen Früchte mit abstehenden, kurzen, dornigen Schuppen. Gerbstofflieferant; Wirtspflanze der Kermesschildlaus, aus der früher der Kermesfarbstoff gewonnen wurde (Abb. S. 425).

Quercus coccinea MÜNCHH. Scharlacheiche (engl.: Scarlet Oak): Bis 30 m hoher, anspruchsloser Laubbaum, der wegen seiner leuchtend scharlachroten Herbstfärbung als die dekorativste Eiche gilt. Verbreitet in den Staaten östl. des Mississippi (im N von S-MI bis SW-ME, südl. bis GA und NO-MO). Besiedelt arme, trockene, saure Böden in gebirgigen Lagen bis 900 m, in den S-Appalachen bis 1 500 m Meereshöhe; häufig auf Podsolen. In den USA beliebter Zierbaum, auch in mitteleurop. Parks angebaut. Holz weniger wertvoll als das von → *Q. rubra,* da sehr astig. Stark von der Eichenwelke (→ *Ceratocystis fagacearum)* befallen. Blätter wie → *Q. palustris;* Eicheln aber 1,2 bis 2,5 cm groß (Abb. S. 421).

Quercus conferta → *Quercus frainetto*

Quercus crispula → *Quercus mongolica*

Quercus daimio → *Quercus dentata*

Quercus dentata THUNB. (syn.: Q.obovata BUNGE, Q.daimio HORT. ex K.KOCH) Japanische Kaisereiche: Sommergrüner, max. 25 m hoher Laubbaum Ostasiens (W-, N-China, Japan, Korea). Blätter auffallend groß, 15 – 25 (bis 50) cm lang, verkehrt eiförmig, am Rande wellig oder seicht gelappt; Triebe sehr kräftig, graufilzig. Früchte einjährig, Fruchtbecher mit langen, lanzettlichen, nach außen gebogenen Schuppen. Meist auf armen, trockenen Böden. In der Heimat beliebter Zierbaum, in M-Eur. nicht immer winterhart. Wichtiger Seidenraupenbaum Chinas (Abb. S. 423).

Quercus digitata → *Quercus falcata*

Quercus falcata MICHX. (syn.: Q. digitata SUDW.): Im SO der USA weit verbreitete, durch → *Ceratocystis fagacearum* stark gefährdete Roteichen-Art mit zwei morph. und ökol. verschiedenen Varietäten:
1. Var. falcata (engl.: Southern Red Oak): Die typische Form. Von Long Island und NJ südl. bis N-FL, westl. bis O-TX nördl. bis S-IL und S-OH. Bis 25 m hoch. Blätter schlaff hängend, 10 – 20 cm lang, jederseits 1 – 3 schmale Lappen mit 1 – 3 grannenspitzigen Zähnen und tiefen, breit abgerundeten Buchten, Endlappen fingerförmig verlängert; unterseits grau oder bräunlich behaart. Meist auf armen, trockenen Hängen und Bergrücken der östl. Appalachen-Vorberge und des Ozark-Gebirges (bis 760 m).
2. Var. pagodifolia ELL. (engl.: Cherrybark Oak): In der Küstenebene von SO-VA, bis NW-FL, im unteren Mississippi-Tal, östl. bis O-TX, auf besten, lehmigen, feuchten, aber gut drainierten Niederungsböden. Erreicht Höhen bis 40 m. Blätter in der Form ähnlich → *Q. rubra,* im Unterschied zur typ. Var. jederseits 2 – 5 breitere Lappen, Buchten weniger tief, unterseits weißlich behaart. Hervorragende Holzqualität und gute Schaftformen (Abb. S. 421).

Quercus farnetto → *Quercus frainetto*

Quercus ferruginea → *Quercus marilandica*

Quercus frainetto TEN. (syn.: Q. conferta KIT. ex SCHULT., Q.farnetto TEN.) Ungarische Eiche: Sommergrüner, bis 40 m hoher Baum S- und SO-Europas (Balkan, nördl. bis Ungarn und Rumänien, M- und S-Italien, Türkei). Locker grau behaarte, rasch kahlende Triebe; große (10 – 20 cm), kurz gestielte (2 – 10 mm) Blätter mit 6 – 10 schmalen, annähernd parallelen Lappen und tiefen, schmalen Buchten; unterseits graugrün, sternhaarig. Fruchtstand sitzend bis kurz gestielt. Hauptvorkommen im südosteurop. Eichengürtel zwischen 300 m und 900 m Meereshöhe (mit Q. petraea, Pubescens, Q. cerris); entlang von Fließgewässern mit Platanus orientalis, Aesculus hippocastanum. In Mitteleuropa in Parks. Holzeigenschaften vergleichbar → *Q. robur* (Abb. S. 426).

Quercus frainetto

Quercus garryana DOUGL. Oregon-Eiche (engl.: Oregon White Oak): Wirtschaftlich wichtigste Eiche des pazifischen N-Amerika (Vancouver Island bis CA, einzige Ei-Art in BC und WA). Bis 25 m hoch, oft strauchförmig. Blätter sommergrün, 7 – 15 cm lang, jederseits mit 3 – 5 Lappen, tief gebuchtet. Sommertrockene, durch vorgelagerte Berge von den niederschlagsreichen Pazifikwinden abgeschirmte Gebirgslagen (bis etwa 1 200 m) im Grenzbereich von Wald und Steppe (Ei-Savanne, Ei-Buschland); meist auf armen, steinig-flachgründigen Böden. Oft vergesellschaftet mit Dougl.. Forstl. wenig genutzt, da vornehmlich in sehr unwegsamem Gelände (Abb. S. 422).

Quercus glandulifera BL. (syn.: Q. serrata THUNB. non AUCT.): In Japan, Korea und China verbreiteter, kleiner (bis 15 m), sommergrüner Baum. Blätter 5 – 13 cm lang, jederseits bis zu 12 scharfspitzige, dreieckige, nach vorne gerichtete Zähne; unterseits anliegend seidig behaart (Abb. S. 423).

Quercus grosseserrata → *Quercus mongolica*

Quercus ilex L. Steineiche, Grüneiche: Max. 25 m hoher, immergrüner Laubbaum oder Strauch. Verbreitet im Mittelmeergebiet (hauptsächlich westmediterran); nördl. Vorposten (Relikte der postglazialen Wär

mezeit) in Südtirol und im Gardaseegebiet (bis etwa 1 000 m ü. NN). In M-Eur. nicht winterhart, wohl aber in Teilen Großbritanniens.
Kennzeichen: Borke graubraun, kleinschuppig. Blätter lederig; eiförmig, elliptisch oder lanzettlich, 2 bis 8 cm lang, ganzrandig oder stachelspitzig gezähnt; unterseits graufilzig. Früchte einjährig, bis 3 cm lang, Fruchtbecher mit dicht anliegenden Schuppen. Klimaxbaumart mediterraner → *Hartlaubwälder* mit feuchtmilden Wintern und trockenheißen Sommern. Nach Zerstörung dieser einst weit verbreiteten Wälder und deren Ersatz durch Gebüschvegetation ist die Steineiche wichtiger Bestandteil der → *Macchie* oder zurückgedrängt ins Unterholz sekundärer Kiefernbestände. Bevorzugt nährstoff- und basenreiche Böden; südalpin zusammen mit der Flaumeiche meist an steilen Kalksteinhängen. Holz mit undeutlichen Jahrringen, sehr schwer, hart und dauerhaft; verwendet im Wasserbau, für Tischlerarbeiten und als Brennholz. Gerbstoffgewinnung aus der Rinde (Abb. S. 425).

Quercus ilex

Quercus lanuginosa → *Quercus pubescens*

Quercus libani Oliv. Libanoneiche: In Gebirgen Syriens und Kleinasiens beheimateter, max. 10 m hoher, sommergrüner Laubbaum. Blätter lanzettlich, 4 – 10 cm lang, mit 9 – 14 Paar Seitennerven, die in borstenspitzigen Zähnen enden. Eichel groß, bis 2,5 cm dick, zu etwa 2/3 von der dicht beschuppten → *Cupula* umschlossen. In M-Eur. winterhart (Abb. S. 424).

Quercus lyrata Walt. Leierblättrige Eiche (engl.: Overcup Oak): Knorrig-kurzschäftiger, bis 25 m hoher, sommergrüner Baum in den Niederungen und Sümpfen SO-Nordamerikas (MD bis NW-FL, westl. bis O-TX, nördl. bis S-IL) auf nassen, tonigen Böden (bis 150 m Meereshöhe). Blätter 13 – 20 cm lang, jederseits 3 – 4 unregelmäßige Lappen, tief und breit (leierförmig) gebuchtet. Eicheln einjährig, fast kugelig, nahezu völlig von der → *Cupula* umschlossen (Abb. S. 422).

Quercus macranthera Fisch. et Mey. Persische Eiche: Sommergrüner, bis 20 m hoher Gebirgsbaum (bis zur Waldgrenze) aus dem Kaukasus, Transkaukasien, N-Persien, O-Armenien. In M-Eur. gelegentlich in Parks. Dicht graufilzige, kräftige Triebe; 1 – 2 cm langer, filzig behaarter Blattstiel; Spreite unterseits graufilzig, 6 – 18 cm lang, jederseits mit 7 – 11 abgerundeten Lappen, Buchten weniger tief als bei → *Q. frainetto;* bleibende, fädige Nebenblätter (Abb. S. 426).

Quercus macrocarpa Michx. Großfrüchtige Eiche, Klettenfrüchtige Eiche (engl.: Bur Oak): Sommergrüner, relativ trägwüchsiger, 15 – 25 (max. 50) m hoher Baum. Im mittl. und östl. Nordamerika (SO-Saskatchewan bis S-NB, südl. bis MD, TN und AR, im SW bis TX, im W von OK bis ND) in Rein- oder Laubmischwaldbeständen weit verbreitet. Am weitesten nach N reichende Ei-Art Amerikas. Triebe anfangs dicht behaart, mehrjährige Zweige meist korkig. Blattstiel 1 – 3 cm lang, Spreite 10 – 40 cm lang, in der Mitte tief, zur Basis und zur Spitze hin seicht buchtig gelappt; unterseits graugrün, behaart. Früchte einjährig, sitzend bis kurz gestielt, sehr groß (2 – 5 cm), breit eiförmig, zu 1/2 bis 3/4 von der → *Cupula* umschlossen; diese im unteren Teil mit dicken, zum Becherrand hin mit langen, fransenförmigen Schuppen. In höheren Lagen (bis etwa 900 m ü. NN) auf trockenen, kiesig-sandigen Standorten (v.a. im NW des Areals); im Flachland auf nährstoffreichen, feuchten Niederungsböden und an Wasserläufen; meist auf kalkreichen Unterlagen. Gilt als rauchhart. In M-Eur. winterhart. Im N des Areals kommt die Var. olivaeformis Gray vor; Unterschiede zum Typ: Blätter und Früchte (olivengroß, Name !) kleiner (Abb. S. 422).

Quercus macrolepis Kotschy (syn.: Q. aegilops auct. non L.) Walloneneiche: Von S-Italien über den südl. Balkan und die Ägäis bis nach W-Asien verbreiteter, bis 25 m hoher, sommergrüner Baum. Blätter 6 – 12 cm lang, gezähnt oder kurz grannenspitzig gelappt. Eicheln zweijährig, bis 4,5 cm lang, zu etwa der Hälfte in einem großen Fruchtbecher mit auffallend langen, abstehenden Schuppen. Diese Fruchtbecher waren früher unter der Bezeichnung Wallonen (Vallonea, Knoppern) ein begehrter und rege gehandelter Rohstoff für die Gerbstoffgewinnung (der Wallonenbedarf deutscher Gerbereien soll Ende des letzten Jhdt. jährlich etwa 20 000 t betragen haben) (Abb. S. 424).

Quercus marilandica Münchh. (syn.: Q. nigra Wangh. non L., Q. ferruginea Michx.) Schwarzeiche (engl.: Blackjack Oak): Kleiner, max. 20 m hoher, meist aber nur buschförmig wachsender sommergrüner Baum im SO der USA (Long Island bis NW-FL, westl. bis TX, nördl. bis SO-IA). Besiedelt trockene, sandige oder sehr undurchlässige Böden (bis 900 m Meereshöhe); nicht auf Kalk. Bildet in TX und OK zusammen mit → *Q. stellata* die »Cross Timbers« (Buschwald im Übergangsbereich Wald-Prärie). Rinde schwärzlich; Blätter 6 – 20 cm lang, im vorderen Drittel fast ebenso breit, ganzrandig oder häufiger seicht buchtig 3 (– 5)-lappig, Lappen abgerundet, oft mit kurzen Grannen; Früchte zweijährig. Holz meist nur als Brennholz genutzt (Abb. S. 420).

Quercus michauxii Nutt. Korbeiche (engl.: Swamp Chestnut Oak): Sommergrüner, max. 30 m hoher Baum feuchter Flußniederungen SO-Nordamerikas (NJ bis N-FL, westl. bis O-TX, nördl. entlang des Mississippi bis S-IL). Sehr ähnlich (v.a. Blätter) → *Q. prinus*. Das gut spaltbare Holz wurde für Flechtarbeiten (stabile Baumwollsammelkörbe) verwendet (Abb. S. 423).

Quercus minor → *Quercus stellata*

Quercus mongolica Fisch. ex Turcz. Mongolische Eiche: Sommergrüner, bis 25 m hoher Baum mit großem Areal in O-Asien (O-Sibirien, N-China, Korea, N-Japan;

in der Mongolei selten). Blätter bis 8 mm lang gestielt, 10 – 22 cm lang, verkehrt eiförmig, Basis herzförmig, jederseits mit 7 – 12 runden Zähnen bzw. kleinen Lappen. Im Unterschied zum Typ hat die in Jap., S-Korea und auf S-Sachalin beheimatete, bis 40 m hohe var. *grosseserrata* REHD. ET WILS. (syn.: Q. grosseserrata BL., Q.crispula BL.) kleinere Blätter und einen Blattrand mit bis zu 15 mehr dreieckigen als runden Zähnen. Ausgedehnte, z.T. reine Bestände des Typs im Einzugsgebiet von Amur und Ussuri sowie in der Mandschurei und in den Gebirgen Koreas. Vornehmlich als Brennholz genutzt. Forstwirtschaftlich ungleich wertvoller ist die in Gebirgslagen bis 1 500 m verbreitete Var. grosseserrata; liefert v.a. in Jap. hervorragendes Nutzholz (bis Furnierqualität); wurde früher bis nach Europa und Amerika exportiert. In M-Eur. winterhart, nur die Var. kultiviert (Abb. S. 423).

Quercus muehlenbergii ENGELM. (syn.: Q. castanea WILLD., Q. acuminata SARG.) Gelbeiche (engl.: Chinkapin Oak): Bis 25 m hoher, sommergrüner Baum des mittl. bis atlant. N-Amerika (S-ON, östl. bis W-VT, südl. bis NW-FL, westl. bis TX, nördl. bis IA, disjunkt in NM und im nördl. Mex.). Blätter derb, 10 – 18 cm lang, elliptisch, spitz, jederseits mit 8 – 13 Zähnen; unterseits dicht weiß- oder graufilzig. Trockene, steinige Gebirgslagen bis 900 m; an steilen Flußufern; stets auf Kalk (Abb. S. 423).

Quercus nigra L. (syn.: Q. aquatica WALT., Q. uliginosa WANGH.) Wassereiche (engl.: Water Oak): In den Südstaaten der USA (S-NJ bis FL, westl. bis O-TX, nördl. bis SO-MT) entlang von Flüssen und am Rande von (Taxodium-)Sümpfen der Küstenebene auf feuchten bis nassen Böden in Höhenlagen bis 300 m verbreiteter Laubbaum. Meist nicht höher als 25 m, auf gut drainierten, lehmig-tonigen Schwemmlandböden annähernd 40 m hoch und mit guten Schaftformen. Blätter bis 8 mm lang gestielt, nur 4 – 10 (– 14) cm lang; sehr vielgestaltig, meist verkehrt ei- bis keilförmig, seltener elliptisch; ganzrandig oder seicht gelappt. Holz zur Herstellung billiger Möbel, ferner für Faßdauben und für Eisenbahnschwellen genutzt. In M-Eur. winterhart (Abb. S. 420).

Quercus nigra

Quercus nigra → *Quercus marilandica*

Quercus nuttallii PALMER (engl.: Nuttall Oak): Bis 35 m hoher Laubbaum aus der Gruppe der Roteichen. Beheimatet in der Küstenebene im Süden der USA (AK bis O-TX, nördl. bis SO-MO) im Überschwemmungsbereich des Mississippi und seiner Nebenflüsse auf nassen, alluvialen Tonböden. → *Q. palustris* zum Verwechseln ähnlich.

Quercus obovata → *Quercus dentata*

Quercus obtusiloba → *Quercus stellata*

Quercus palustris MÜNCHH. Sumpfeiche (engl.: Pin Oak): In nassen Niederungen (selten über 250 m Meereshöhe) des mittl. und östl. Nordamerika (im N von SO-IA über S-MI und S-ON bis VT, südl. bis NC, westl. bis NO-OK) verbreiteter, bis 27 (max. 45) m hoher Laubbaum. Häufig im Überschwemmungsbereich von Flüssen sowie in flachen, wechselfeuchten Senken (»pin oak flats«) auf schweren, undurchlässigen Böden. Nicht in eigentlichen Sumpfgebieten.
Meist kerzengerader, wipfelschäftiger Stamm, ± waagrecht abstehende Äste und dünne Zweige, Blätter (ähnlich → *Q. coccinea)* 7 – 15 cm lang; jederseits 2 – 3 (4) schmale, grannenspitzig gezähnte Lappen; Buchten tief, oft bis fast zur Mittelrippe, breit, rund. Kleine, nur bis 1,2 cm große Eicheln. In Mitteleuropa gelegentlich in Parks. Holz zur Möbelherstellung verwendet, allg. weniger geschätzt als das von → *Q. rubra* (Abb. S. 421).

Quercus palustris

Quercus pedunculata → *Quercus robur*

Quercus petraea (MATT.) LIEBL. (syn.: Q. sessilis ERH., Q.sessiliflora SALISB.) Traubeneiche, Wintereiche (engl.: Sessile Oak, Durmast Oak): Zusammen mit der Stieleiche nach der Rotbuche häufigste und forstlich wichtigste Laubbaumart M-Eur.. Heimat: W-, M-Eur., S-Eur. und Kaukasus. Kleineres Areal als Stieleiche: fehlt in O-Eur., reicht nicht so weit nach Norden und nach Süden. Arealzentrum im mitteleurop. (subatlant.-submedit.) Raum. Erreicht nicht ganz die Dimensionen der Stieleiche: Höhe 20 – 30 (max. 40) m, Durchmesser (BHD) max. 2 m, Alter max. 800 Jahre (Abb. S. 435).
Erkennungsmerkmale: Im Freistand tief beastet, Kronenaufbau (verglichen mit Stieleiche) regelmäßiger, Stamm meist bis zum Wipfel durchgehend. Rinde: wie → *Q. robur.* Knospen spitz kegelförmig, kantig. Blätter sommergrün, rel. gleichmäßig am Trieb verteilt; 8 – 30 mm lang gestielt; Spreite verkehrt eiförmig bis elliptisch, 6 – 16 cm lang, an jeder Seite 4 – 8 stumpfe Lappen; im mittleren Spreitenbereich enden die Seitennerven ausschließlich in den Lappen; Basis keil- bis schwach herzförmig, nicht oder kaum geöhrt; unterseits v.a. in den Nervenwinkeln und entlang der Mittelrippe

mit Büschelhaaren. ♀ Blüten dicht gedrängt an kurzem Stiel. Fruchtstand sitzend oder bis 2 cm lang gestielt. Früchte einjährig (Reife und Abfall: IX, X), eiförmig, 15 – 26 mm lang, einfarbig braun, im frischen Zustand ohne dunkle Längsstreifen. Bildung von → *Johannistrieben* schwächer als bei Stieleiche. Holz: Wie → *Q. robur* (Abb. S. 426).

Quercus petraea

Vorkommen, Standort: Von der Ebene bis in mittl. Gebirgslagen (Harz bis 600 m, Bay. Wald bis 700 m, Bay. Alpen bis 900 m, Südalpen bis 1 100 m). Ökol. Verhalten buchenähnlicher als Stieleiche: bevorzugt ozeanisch getöntes Klima, meidet kontinentale Lagen, weniger winterfrosthart. Ausgedehnte Bestände im Hügel- und tieferen Bergland (Spessart, Steigerwald, Pfalz), im trockenen Hügelland SO-Europas (mit Zerreiche, Wald- und Schwarzkiefer); Mischbaumart in submedit. Laubwäldern. Trockene bis frische, mittel- bis tiefgründige, basenarme wie -reiche, lockere Stein- oder Lehmböden; meidet bodenfeuchte, vergleyte Standorte; geringere Nährstoffansprüche als Q. robur; auf Silikat wie auf Kalk.

Ertragskundlich-waldbauliche Eigenschaften: Wie → *Q. robur.*

Gefährdungen: Wie → *Q. robur;* aber resistenter gegen → *Eichenmehltau.*

Genetische Differenzierung, Bastardierung: Herkunftsfrage nur unzureichend bearbeitet. Bastardierung zwischen Stiel- und Traubeneiche: → *Q. robur.*

Quercus phellos L. Weideneiche (engl.: Willow Oak): Durch weidenähnliche Blätter leicht von anderen Eichenarten zu unterscheiden. Heimat: SO der USA (NJ bis NW-FL, westl. bis O-TX, im Mississippi-Tal nördl. bis S-IL). Nur in Tieflagen und meist auf feuchten Flußalluvionen. Erreicht max. Höhen von 36 m. Blätter derb, 2 – 8 mm lang gestielt, schmal elliptisch, 5 – 12 cm lang, ganzrandig, am Apex mit Grannenspitze, kleine, nur 10 – 12 mm große, rundliche Eicheln. Wertvolles, vielseitig verwendbares Holz. In den USA beliebter Straßen- und Parkbaum, in M-Eur. weitgehend winterhart (Abb. S. 420).

Quercus platanoides → *Quercus bicolor*

Quercus prinus L. Kastanieneiche (engl.: Chestnut Oak): Max. 30 m hoher, sommergrüner Baum des östl. N-Amerika (S-ON bis SW-ME, südl. bis GA und AL, westl. bis NO-MO, nördl. bis SO-MI). Blätter Castanea-ähnlich, 10 – 20 cm lang, spitz, jederseits mit 8 – 17 Zähnen oder kleinen Lappen. Im Gebirge (bis 1 500 m ü. NN) auf trockenen, sandigen oder steinigen Böden; bestes Gedeihen jedoch auf gut drainierten Niederungsböden. Rinde zur Gerbstoffgewinnung früher sehr geschätzt. In Mitteleuropa winterhart. Q. x sargentii Rehd. ist ein künstl. entstandener Bastard aus Q. prinus und Q. robur (Abb. S. 423).

Quercus pubescens Willd. (syn.: Q.lanuginosa Thuill.) Flaumeiche: Sommergrüner, bis 25 m hoher, meist krummwüchsiger Baum oder Strauch. Areal: S-Eur., südl. W- und M-Eur., Kaukasus, Kleinasien. Erreicht im O, S und W den Alpenrand. Nördl. der Alpen nur zerstreut im Schweizer Jura und im Oberelsaß. Während der postglazialen Eichenmischwaldzeit in M-Eur. weit verbreitet. Reliktische Vorkommen auf wärmebegünstigten Kalkstandorten im südl. Baden (Rheintal), am Mittelrhein, am Kaiserstuhl und in Thüringen (Saaletal bei Jena).

Erkennungsmerkmale: In vielen Merkmalen ähnlich → *Q. petraea.* Triebe, Knospen und die 5 – 10 cm langen, gelappten Blätter (v.a. unterseits und am 7 – 15 mm langen Stiel) flaumig-filzig behaart; später ± verkahlend. Früchte in sitzenden oder kurzgestielten Ständen, etwas kleiner als Traubeneicheln. Charakterart wärmeliebender, submedit. Laubmischwälder (oft mit Fraxinus ornus, Ostrya carpinifolia) auf trockenen, nährstoffreichen, kalkhaltigen, flach- bis mittelgründigen Böden sonniger Hänge; auch im Karst, seltener auf Urgestein. In den Südalpen bis 1 200 m, im Wallis bis 1450 m. Tiefwurzelnde Lichtbaumart, meist im → *Niederwaldbetrieb* bewirtschaftet. Holz ähnlich → *Q. robur;* aber etwas schwerer und dauerhafter, weniger elastisch, Markstrahlen dichter und breiter; erreicht Bauholzqualität. Bastardierung mit Q. robur und Q. petraea (Abb. S. 426/432).

a

b

Quercus pubescens: *a* Solitärbaum, *b* Bestand

Quercus pyrenaica Willd. (syn.: Q. toza Bosc) Pyrenäeneiche, Spanische Eiche: Mittelgroßer (max. 20 m), sommergrüner Baum SW-Europas (Iberische Halbinsel, S-Frankreich). Blätter 5 – 15 mm lang gestielt, 6 – 17 cm lang, tief gebuchtet mit jederseits 4 – 7 oft gezähnten Lappen, oberseits sternhaarig, verkahlend, unterseits gelbfilzig. Früchte einjährig, sitzend oder bis 2 cm lang gestielt, bis zur Hälfte vom Fruchtbecher umschlossen; dieser mit anliegenden, filzigen Schuppen. Bildet Wurzelsprosse; in Mitteleuropa winterhart (Abb. S. 426).

Quercus robur L. (syn.: Q. pedunculata Ehrh.) Stieleiche, Sommereiche (engl. Common Oak, Pedunculate Oak): Zusammen mit der Traubeneiche nach der Rotbuche häufigste und forstlich wichtigste Laubbaumart M-Eur.. Verbreitet in fast ganz Eur. (nicht im nördlichsten Schottland, im größten Teil Skandinaviens, in der nördl. UdSSR sowie im südl. Spanien), im Kaukasus und im nördl. Kleinasien. Arealzentrum in den mitteleurop., gemäßigt kontinentalen Tieflagen. Höhe 20 – 35 (max. 50) m, Durchmesser (BHD) max. 3 m, Alter max. 800 Jahre.
Erkennungsmerkmale: Im Freistand tiefbeastet, breitkronig; nur selten wipfelschäftig, Stamm löst sich meist früh in starke Äste auf. Rinde anfangs graugrün, schwach glänzend; Borke dick, tief längsrissig, graubraun. Knospen stumpf eiförmig, schwach kantig. Blätter sommergrün, meist am Triebende büschelig gehäuft; 2 – 13 mm lang gestielt; Spreite verkehrt ei- bis keilförmig, 5 – 15 cm lang, an jeder Seite mit 3 – 6 stumpfen Lappen; im Unterschied zu Q. petraea auch im mittleren Spreitenbereich mit Seitennerven, die in Buchten enden, Basis ± herzförmig, geöhrt; beidseitig kahl, selten mit Büschelhaaren entlang der Mittelrippe (var. puberula [Lasch] Schwz.) ♀ Blüten in gestielter Ähre. Stiel des Fruchtstandes mindestens 1,5 cm lang. Früchte einjährig (Reife und Abfall: IX, X), länglich eiförmig, 18 bis 30 mm lang, im frischen Zustand mit dunklen Längsstreifen. Starke und regelmäßige Bildung von → *Johannistrieben* (Abb. S. 426).
Holz: Mikro- und makroskopisch kaum Unterschiede zwischen Stiel- und Traubeneiche. Kernholz mit schmalem, gelblichweißem Splint und hell- bis dunkelbraunem Kern; ringporig, deutliche Jahrringgrenzen; Frühholz mit weitlumigen (bis 0,6 mm), im Querschnitt mit bloßem Auge sichtbaren Gefäßen. Bildung von → *Thyllen* im Zuge der Verkernung. Holzstrahlen bis über 1 mm breit, im Radialschnitt als Spiegel sichtbar. Hervorragende Festigkeitseigenschaften, hart und schwer (Rohdichte r_0: 0,39...0,65...0,93 g/cm^3). Als »mild« gilt engringiges Holz (hoher Frühholzanteil), als »hart« solches mit breiten Jahrringen (hoher Spätholzanteil, schwer). Schwindung gering, gut bearbeitbar (falls nicht zu hart); Kern äußerst dauerhaft. Vielseitig verwendbar; mildes Holz hauptsächlich als Furnier, aber auch als Massivholz im Möbel- und Innenausbau, daneben für Schnitzer- und Drechslerarbeiten; harte Eiche meist als Bau- und Konstruktionsholz, für Tischler- und Schreinerzwecke (Treppen, Parkett), für Eisenbahnschwellen (Weichen) und im Brücken- und Wasserbau; gutes Brennholz. Hochwertiges, furnierfähiges Eichenholz mit gleichmäßigem, engringigem Jahrringbau (den Großteil stellt hier die Traubeneiche) erzielt unter den einheimischen Hölzern die höchsten Verkaufserlöse.
Vorkommen, Standort: Von der Ebene bis in mittl. Gebirgslagen. Bei ausreichender Sommerwärme (Minimum: Vegetationszeit von 4 Monaten mit über 10 °C Durchschnittstemperatur) klimatisch weitgehend indifferent (ozeanisches bis kontinentales Klima; Jahresniederschläge von 260 mm bis 2 000 mm). Steigt im Gebirge i.a. nicht so hoch wie die Traubeneiche (Harz bis 490 m, Bay. Wald bis 700 m, Bay. Alpen bis 950 m, Südalpen bis 800 m). Beste Entwicklung auf nährstoffreichen, tiefgründigen, frischen bis feuchten Lehm- und Tonböden. Gedeiht noch auf nassen, pseudovergleyten bis vergleyten Böden. Bestandsbildend in der periodisch überfluteten Hartholzaue (mit Es, Ul) größerer Flußniederungen (Donau, Rhein, Save) sowie im Stieleichen-Hainbuchenwald; daneben im feuchten, sauren Kiefern-Stieleichenwald und im armen Stieleichen-Birkenwald. Bei ihrer großen ökol. Amplitute kommen Stiel- und Traubeneiche auf vielen Standorten gemeinsam vor, wobei die Stieleiche kleinstandörtlich die feuchteren, schwereren Böden (Mulden, Hangfuß), die Traubeneiche eher trockenere, gut drainierte, lockere Böden besiedelt. Wegen ihres hohen Lichtbedarfs sind beide Eichenarten unter nat. Bedingungen nur auf wenigen Standorten in Mitteleuropa in der Lage, sich auf Dauer gegenüber der Rotbuche durchzusetzen. In der BRD

Quercus robur: *a* Trieb mit weibl. Blütenstand (oben) und männl. Blütenkätzchen (unten), *b* männl. Einzelblüte, *c* Zweig im Winterzustand, *d* beblätterter Trieb mit Fruchtstand (F) und Cupula (C), *e* Sämling, *f* reife Eichel

a

b

c

d

Quercus robur: *a* Solitärbaum, *b* ♂ Blütenstände, *c* Borke, *d* Blattformen und Eicheln

sind derzeit rund 8 % der Waldfläche Eichenwälder (Stiel- und Traubeneiche).
Ertragskundl. waldbauliche Eigenschaften (gelten für Stiel- und Traubeneiche): Lichtbaumart (Traubeneiche Halblichtbaumart) mit raschem Jugendwachstum; Zuwachs sinkt nach früher Kulmination stetig, aber langsam, bleibt jedoch bis ins hohe Alter erhalten. In der Jugend große Fähigkeit zur Bildung einer großen Krone, im Alter hingegen nur mäßige Kronenregeneration möglich; reagiert auf plötzliche Freistellung mit Bildung von → *Wasserreisern.* Bestandesmassenleistung rel. gering (1. Ertragsklasse im Alter 150 bei Mittelhöhe = 31 m: 430 Vfm, 6,7 Vfm dGz). Entscheidend für Wertholzerzeugung ist eine gleichmäßige, stammzahlreiche Verjüngung, rechtzeitige und intensive Pflege sowie die Begründung, Erhaltung und Steuerung eines Nebenbestandes aus Schattholzarten. Erziehung von Furnierqualitäten braucht lange Umtriebszeiten (>200 Jahre). Anfangs Pfahlwurzel-, später Herzwurzelsystem; auch auf schwierigen Standorten gute Vertikaldurchwurzelung und geringe Sturmgefährdung. Starkes Stockausschlagvermögen; dadurch sind Eichen wichtige Arten des → *Nieder-* und → *Mittelwaldes.* Gefährdungen: Starker Verbiß durch Reh- und Rotwild; Schälschäden durch Rotwild, → *Eichenmehltau,* → *Eichenmistel,* → *Eichensterben.* Schadinsekten: Blattfraß (bis Kahlfraß) u.a. durch Schwammspinner (Lymantria dispar), Eichenwickler (Tortrix viridana) und Frostspanner (Hibernia defoliaria). → *Frostrisse;* Blitzschlag. → *Waldsterben.*
Genet. Differenzierung, Bastardierung: Standorts- und Klimarassen mit Unterschieden in der Phänologie sowie im Wachstum, der Stamm- und Kronenform sind nachgewiesen. Bastardierung zwischen Stiel- und Traubeneiche natürlich wie künstl. in beschränktem Umfang möglich. Q. rosacea BECHST. = Q. petraea x robur; Merkmalsausprägung intermediär. Q. x turneri WILLD. (bis 15 m hoher, halbimmergrüner Baum, entstanden um 1780 in Essex) möglicherweise Q. ilex x robur.

Quercus x rosacea → *Quercus robur*

Quercus rubra L. (syn.: Q. borealis MICHX. f., Q. borealis var. maxima (MARSH.) ASHF.) Amerikanische Roteiche (engl.: Northern Red Oak): Forstwirtsch. bedeutendste Roteichenart Nordamerikas mit großem Verbreitungsgebiet im östl. Teil des Kontinents (S-ON, westl. bis MN, IA, O-KS, O-OK, südl. bis AL und GA). Wichtigste fremdländische Laubholzart der mitteleurop. Forstwirtschaft. Höhen bis 30 (max. 50) m, BHD bis 2 m, Alter bis 400 Jahre (Abb. S. 436).
Erkennungsmerkmale: Rinde grau, lange Zeit glatt, Borke dünnschuppig. Junge Zweige rotbraun; Knospen spitz kegelförmig, hellbraun bis dunkelrot. Blätter 2 –

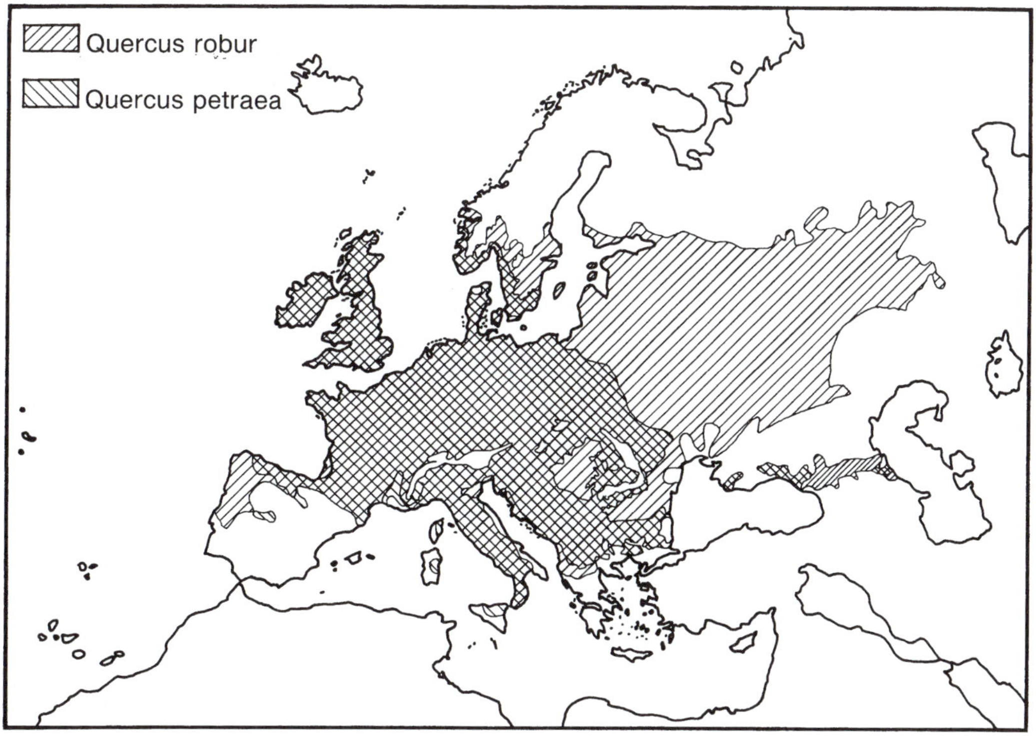

Nat. Areale von **Quercus robur** und **Q. petraea**

5 cm lang gestielt; Spreite 10 – 25 cm lang, elliptisch, jederseits mit 4 – 6 grannenspitzig gezähnten Lappen, Buchten rund oder keilförmig, meist nicht tiefer als bis zur Mitte der Blattlängshälfte; Herbstfärbung leuchtend rot oder braun. Früchte zweijährig, gedrungen eiförmig, bis 2,5 cm groß, einzeln oder paarweise an einem kurzen, dicken Stiel. → *Cupula* schüsselförmig flach (Abb. S. 421).

Holz: Grobporig, da sehr weitlumige Gefäße, auch nach Verkernung unverthyllt (deswegen Holz für Fässer ungeeignet); Kern rotbraun; Festigkeit und Rohdichte (r_o = 0,65 g/cm^3) ähnlich Stiel- und Traubeneiche, reißt (schwindet) aber stärker. Furniere unregelmäßiger strukturiert. Bei annähernd gleichen Verwendungsmöglichkeiten insgesamt weniger wertvoll als die einheimische Eiche. Unter der Sammelbezeichnung »Roteichenholz« kommt neben Q. rubra auch das Holz anderer Roteichen (subgen. Erythrobalanus) auf den Markt (z.B. → *Q. velutina*, → *Q. falcata*, → *Q. nuttallii*, → *Q. palustris*, → *Q. coccinea*, → *Q. shumardii*, → *Q. nigra*, → *Q. phellos*).

Lichtbaumart mit großer Standortamplitude; auf nährstoffreichen Lehm-, aber auch auf Kies- und Sandböden. Optimum im Ohio-Tal und am Westabfall des Allegheny-Gebirges auf feuchten, lehmigen Böden. Meidet sauerstoffarme, verdichtete, staunasse Standorte, Überflutung und extreme Flachgründigkeit. In den Appalachen bis 1670 m. Anfangs Pfahl-, später Herzwurzelsystem. Wachstum durch sehr hohen Zuwachs in der Jugend und starken Zuwachsabfall ab Alter 80/100 charakterisiert; bis zu diesem Alter etwa 10 – 20 % höhere Massenleistung als Stiel- und Traubeneiche. Wuchsüberlegenheit auf armen Standorten am größten. Dekorative (Herbstfärbung) und sturmsichere Baumart, ideal für Waldränder und Erholungswälder. Relativ große Rauchhärte, resistent gegen → *Mehltau;* starke Wildverbiß-, Fege- und Schälschäden; hochanfällig gegen Eichenwelke (→ *Ceratocystis fagacearum).*

Quercus rubra

Quercus x sargentii → *Quercus prinus*

Quercus serrata → *Quercus glandulifera*

Quercus sessiliflora → *Quercus petraea*

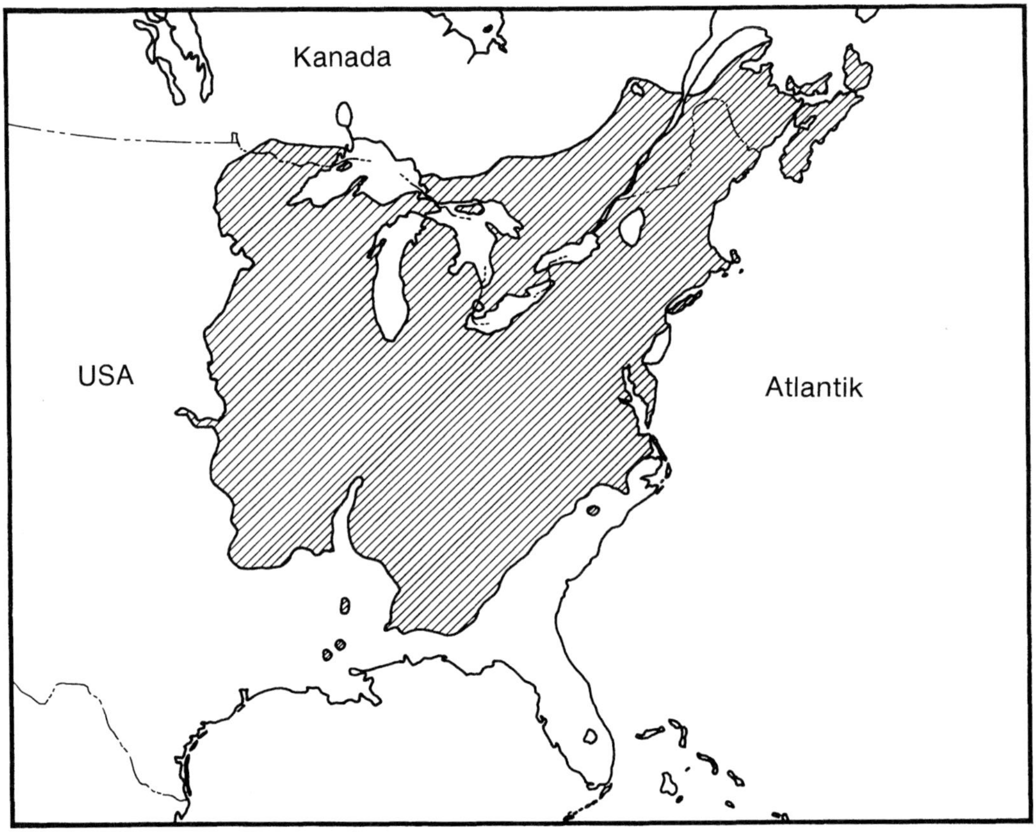

Nat. Areal von **Quercus rubra**

Quercus sessilis → *Quercus petraea*

Quercus shumardii Buckl. (engl.: Shumard Oak): Max. 40 m hohe, → *Q. coccinea* sehr ähnliche Roteiche im SO der USA (Küstenebene zwischen NC und N-FL, westl. bis TX, im Mississippi-Tal nördl. bis MO, IN). Auf besten, gut drainierten Niederungsböden entlang von Flüssen, aber auch auf trockenen Kalksteinhängen (bis 760 m Meereshöhe). In Zentral-TX und S-OK var. texana (Texas Oak) (Abb. S. 420).

Quercus stellata Wangenh. (syn.: Q. minor Sarg. Q. obtusiloba Michx.) Pfahleiche (engl.: Post Oak): Anspruchsloser, 10 – 20 (max. 30) m hoher, sommergrüner Baum im SO der USA (SO-MA, südl. bis FL, westl. bis TX, nördl. bis SO-IA), Blätter lederig-derb, sternhaarig rauh, 8 – 16 cm lang, tief leierförmig gebuchtet mit 2- 3 Paar breiten, stumpfen Lappen; das mittlere Paar deutlich größer. In Gebirgslagen bis 900 m (v.a. S-Hänge) auf trockenen Stein- und Sandböden, in Niederungen auch auf feuchten, alluvialen Lehmböden. Bildet in OK und TX buschartige Bestände im semiariden Übergangsbereich von Wald und Prärie (sog. »Cross Timbers«) (Abb. S. 422).

Quercus suber L. Korkeiche: Max. 20 m hoher, immergrüner Laubbaum mit breiter, lockerer Krone; häufig strauchförmig. Verbreitet im mittl. und westl. Mittelmeergebiet (v.a. Spanien, Portugal und SW-Frankreich). In M-Eur. nicht winterhart.
Kennzeichen: Frühe Bildung einer aschgrauen, dikken, weichen, grob gefurchten Korkrinde; Zweige mit Korkleisten. Blätter lederig; eiförmig bis elliptisch, 3 – 7 cm lang, am Rand jederseits mit wenigen (bis 6) stachelspitzigen Zähnen, mitunter ganzrandig; unterseits graufilzig. Früchte einjährig, Fruchtbecher mit lokker anliegenden bis abstehenden, zum Becherrand hin längeren Schuppen. Lichte Laubwälder auf steinigen Böden sommertrockener, wintermilder Lagen. Zur Korkgewinnung seit langer Zeit in Kultur. Die zuerst gebildete, harte und wenig elastische Korkschicht (♂ Kork, liège male) ist geringwertig. Erst nach Schälen dieser Schicht (ab Alter 20) wird hochwertiger, weicher Kork (♀ Kork, liège femelle) gebildet, der wiederholt in etwa 10jährigem Abstand geerntet werden kann. Auffallend sind die frisch geschälten, glatten, dunkelrot gefärbten Stämme. Die Zentren der Korkproduktion liegen in S-Portugal und S-Spanien. Dort auf weiten Flächen künstl. begründete, lichte Korkeichenwälder mit niedrigen, großkronigen und starkästigen Bäumen, die den höchsten Korkertrag bringen (Abb. S. 425).

Quercus tinctoria → *Quercus velutina*

Quercus **suber** nach Korkernte

Quercus toza → *Quercus pyrenaica*

Quercus x turneri → *Quercus robur*

Quercus uliginosa → *Quercus nigra*

Quercus variabilis Bl. (syn.: Q. chinensis Bunge non Abel, Q. bungeana Forbes, Q. serrata Carruth. non Thunb.): Ostasiatischer (N-China, Jap., Korea), max. 25 m hoher, sommergrüner Baum. Blätter schmal elliptisch, 8 – 16 cm lang, am Rande mit vielen Zähnen, von denen jeder in eine mindestens 2 mm lange Granne mündet. Früchte zweijährig, annähernd ganz vom Fruchtbecher umschlossen; dieser mit langen, krausen Schuppen. In Jap. hauptsächlich im artenreichen, winterkahlen Laubwald (bis 1700 m Meereshöhe), aber auch noch in der subtropischen Zone (Abb. S. 424).

Quercus velutina Lam. (syn.: Q. tinctoria Bartr.) Färbereiche (engl.: Black Oak): Anspruchsloser, im Osten der USA (S-ON bis ME, südl. bis NW-FL, westl. bis O-TX, O-OK, O-NE und SO-MN) weit verbreiteter Laubbaum auf trockenen, kalkarmen Sand- und Steinböden gebirgiger Lagen (bis 1500 m). Höhen bis 25 m, auf besseren Talstandorten (entlang des Ohio) max. 45 m. Innenrinde (Phloem) gelb oder orange, früher zum Färben von Textilien genutzt (Färbereiche). Blätter derb, 10 – 25 cm lang, jederseits mit 2 – 4 grannenspitzig gezähnten Lappen und ± tiefen, abgerundeten Buchten; oberseits stark glänzend, unterseits mit braunen Achselbärten. Früchte bis 2 cm groß, fast zur Hälfte vom Fruchtbecher umschlossen. Holz minderwertiger als das von → *Q. rubra*, zur Herstellung von Trockenfässern verwendet. In M-Eur. winterhart (Abb. S. 421).

Quercus velutina

Quertracheide → *Markstrahl*, → *Tracheide*

Quiinaceae: Familie der → *Theales*. Tropische Bäume und Sträucher aus S-Amerika und der Karibik. Blätter gegenständig. Kleine, in Trauben oder Rispen angeordnete Blüten. Quiina glaziovii, großer Baum S-Brasiliens, liefert hartes, rötliches Kernholz.

Quillaja → *Rosaceae*

Quirl: Allg.: Gesamtheit aller an einem → *Nodium* oder an einem kurzen Sproßabschnitt inserierten Seitenorgane (Blätter, Äste, Blütenblätter usw.); bei Nadelhölzern bezeichnet Q. die oft dicht gedrängten Seitentriebe 1. Ordnung an der Spitze zweijähriger oder älterer → *Terminaltriebe*.

Quitte → *Cydonia oblonga*

Quitte, Japanische → *Rosaceae*

R

r-RNA → *RNA*

racemös → *Infloreszenz*

Rachenblütige → *Scrophulariales*

Rachenblütler → *Scrophulariaceae*

Radbaumgewächse → *Trochodendrales*

Radicula: Wurzelanlage und spätere Keimwurzel, wird am Wurzelpol des Embryos der → *Spermatophyten* gebildet.

radikant → *Lebensformen*

Radiocarbonmethode (^{14}C-Methode): Verfahren zur Altersbestimmung von organischem Material. In lebenden Organismen, wie in der Atmosphäre, kommen die beiden Kohlenstoffisotope ^{12}C und das radioaktive ^{14}C in einem bestimmten Verhältnis vor. Zerfallenes ^{14}C wird aufgrund von Assimilation bzw. Nahrungsaufnahme durch neues ersetzt, das Verhältnis bleibt daher konstant. Erst beim Tode eines Organismus ändert sich diese Relation, da zerfallenes ^{14}C nicht mehr ergänzt werden kann. Durch die Bestimmung der spezifischen ^{14}C-Aktivität kann somit die Zeit berechnet werden, die seit dem Tod und damit der Herausnahme aus dem Gleichgewichtszustand verstrichen ist.

Rädertannen → *Melampsorella caryophyllacearum*

Rafflesiales: Vollparasiten an Wurzeln und Stämmen von Holzpflanzen. Oft mit sehr großen Blüten (Ø >1 m). Erwähnenswerte Arten: Cytinus hypocistis auf Cistrosenwurzeln (mediterran), Mitrastemon spec. auf Eichen (Japan).

Rainweide → *Ligustrum*

Ramet: Bezeichnung für vegetativ vermehrte Abkömmlinge eines Mutterbaumes. → *Ortet.*

Ramifikation → *Verzweigung, axilläre*

Randblüten → *Asterales*, → *Strahlblüten*

Randeffekt → *Transpiration*

Ranke: Verzweigtes oder unverzweigtes, fadenförmiges Organ mit Verankerungs- und Kletterfunktion, das aus der Umbildung der Sproßachse (→ *Sproßranke)* oder des Blattes (→ *Blattranke)* hervorgeht.

Ranunculaceae: Hahnenfußgewächse. Zu den → *Ranunculales* zählende Familie mit ca. 2 000 überwiegend krautigen Arten, kosmopolitisch verbreitet. Selten verholzte Kletterpflanzen (→ *Clematis).* Blätter meist wechsel- oder grundständig und ohne Nebenblätter. Blüten radiär, hemizyklisch oder zygomorph. Typ. Blütenformel K3-∞ C3-∞ A∞ G1-∞. Oftmals auch Perigon als Blütenhülle. Früchte meist vielsamige Bälge oder Nüßchen. Beispiele unter Waldpflanzen: → *Clematis vitalba* (Waldrebe, lianenartig), Anemone nemorosa (Buschwindröschen), Hepatica nobilis (Leberblümchen), Actaea spicata (Christophskraut, in Gebirgswäldern).

Ranunculales: Hahnenfußartige. Zu den → *Magnoliidae* zählende Ordnung überwiegend krautiger Pflanzen mit unterschiedlichen Blütenmerkmalen. Kennzeichnend sind die aus Staubblättern hervorgegangenen Honigblätter. Hierher gehören die → *Ranunculaceae* und → *Berberidaceae.*

Raphe: Samennaht. Bei Samen aus → *anatropen* Samenanlagen als Furche auf der Samenschale erkennbare Verwachsungsnaht zwischen → *Funiculus* und Integument.

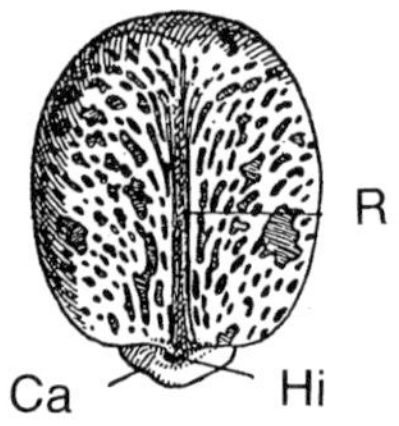

Samen von Ricinus communis mit **Raphe** (R), → *Hilum (Hi)*, →*Caruncula (Ca)*

Raphidenbündel → *Calciumoxalat*

Rasamalabaum → *Hamamelidaceae*

Raspberry, Red → *Rubus idaeus*

Rasse: Aus lange isolierten → *Populationen* hervorgegangene Sippe, die sich durch erblich stabile Merkmale oder geänderte ökologische Ansprüche (z.B. Klimarassen, → *Ökotypen)* von anderen Populationen derselben Art unterscheidet, aber den Differenzierungsgrad für Arten noch nicht erreicht hat. Der Genpool einer Rasse weist deutliche Unterschiede in der Genfrequenz zu anderen Populationen der gleichen Art auf, ohne daß damit eine genetische Isolation einhergeht. In der Taxonomie werden Rassen als Varietäten oder Unterarten (Subspecies) geführt. Beispiel: 5 Rassen von Pinus nigra: 1. P. nigra var. austriaca, 2. P. nigra var. caramanica, 3. P. nigra var. corsicana, 4. P. nigra var. calabrica, 5. P. nigra var. cebennensis.

Rattan: Sammelbezeichnung für zahlreiche, meist kletternde und dornige Palmenarten der Unterfamilie Calomoideae aus dem südostasiatischen und westafrikanischen trop. Regenwald. Wirtschaftl. Bedeutung als Rohstoff für Möbel und Flechtwaren. Wichtige Arten: Calamus manan Miq.; Plectocomia sp., Calosphata sp., Daemonorops sp..

Rauchblöße: Veralteter Ausdruck für waldfreie Zonen

aufgrund schädigender Einwirkungen von Luftverunreinigungen.

Rauchhärte: Widerstandsfähigkeit von Baumarten gegenüber klassischen Luftverunreinigungen (= »Rauchgase« wie z.B. SO_2, HF). R. gegenüber SO_2: R. gegenüber HF: Gering bei Sommerlinde, Winterlinde, Lä, Fi, Dougl., Ki; Gering bei Feldahorn, Stieleiche, HBu, Schwarzkiefer, Bergkiefer, relativ rauchhart sind Ki, Fi, Lä, Strobe; relativ aktiv rauchhart sind Feldahorn, Spitzahorn.

Rauchriegel: Randstreifen aus Laubholz (Breite ca. 100 m) auf der Luvseite von Beständen empfindlicher Baumarten (z.B. Fi, Ki), um diese vor direkten Immissionseinwirkungen zu schützen.

Rauchschäden → *Immissionsschäden*

Rauhblattgewächse → *Boraginaceae*

Rauhreif → *Duftbruch*

Raumwedel: Blätter primitiver Farne (→ *Primofilicidae,* → *Ophioglossales),* deren Fiederblättchen oder Blatteile sich nicht in einer Ebene ausbreiten.

Rauschbeere → *Vaccinium uliginosum, Empetrum*

Rautenartige → *Rutales*

Rautengewächse → *Rutaceae*

Ravenala → *Zingiberales*

razemös → *Infloreszenz*

Reaktionsholz: Modifikation des Holzes bei zusätzlicher mechanischer Belastung, z.B. permanenter, einseitiger Windeinwirkung. Nadelhölzer reagieren auf starke Druckbeanspruchung mit der Bildung von Druckholz. Kennzeichen: Örtlich stark erhöhter Spätholzanteil in den Jahrringen; dickwandige, im Querschnitt fast runde Tracheiden mit feinen Haarrissen in den Wänden. Laubhölzer bilden bei anhaltenden Zugspannungen Zugholz aus. Kennzeichen: Gruppen dickwandiger, silbrig glänzender Fasern mit unregelmäßigen Lumina, ungleichmäßig über den Stammquerschnitt verteilt. Zellwände mit zusätzlicher »Gelantinöser Schicht« Zur S_2 und/oder S_3. Geringer Ligningehalt, starke Schwindung.

Reaktionsnorm: Genetisch festgelegte Merkmalsausbildung bei bestimmten exogenen Bedingungen. So ist beispielsweise festgelegt, daß Primula sinensis bei 20 °C rote, bei über 30 °C weiße Blüten ausbildet.

Realisatoren: Genpaar, i.d.R. auf den Geschlechtschromosomen, das bei getrenntgeschlechtlichen Pflanzen die Geschlechtsprägung bestimmt. Bei Acer negundo, Populus-, Ilex- und Salixarten sind heteromorphe Chromosomenpaare nachgewiesen, die vermutlich die Geschlechtsausbildung steuern.

Rebe, Wilde → *Vitis*

Rebhuhnholz → *Xylobolus frustulatus*

Receptaculum: Blütenboden, Blütenachse. Abschnitt der Sproßachse mit ansitzenden Blütengliedern. Oft becherartig (Rhamnus), krugförmig (Rosa) oder kugelig (Ranunculus). Langgestreckte Blütenachsen (bei Magnolia) gelten als ursprünglich. Bei unterständigen Gynoeceen ist das Ovar in den Blütenboden eingesenkt. Bei Rosaceae wird das R. oft fleischig (Malus, Rosa, Fragaria).

Red Pine → *Pinus resinosa*

Red Spruce → *Picea rubens*

Redgum → *Liquidambar styraciflua*

Redoxpaar: Kombination Elektronen abgebender (e-Donatoren) und Elektronen aufnehmender (e-Akzeptoren) Atome, Ionen oder Moleküle. Die Elektronenübertragung erfolgt auf Grund eines → Redoxpotentials. Der Donator wird dabei oxidiert, der Akzeptor hingegen reduziert. → *Redoxsysteme* spielen bei der Photosynthese und Atmung eine Rolle.

Redoxpotential: Energiegefälle (Elektronendruck) zwischen den beiden Partnern eines Redoxpaares. R. wird bezogen auf die Standard-Wasserstoffelektrode.

Redoxsysteme (Redoxketten): Kombination mehrerer → *Redoxpaare.*

Reduktion: Im genetischen Sinn: Verminderung der Chromosomenzahl während der → *Meiose.(2n → n).*

Reduktionsäquivalent: Wasserstoff oder Elektronen übertragende Verbindungen, die im Energiestoffwechsel als Reduktionsmittel und als H-Akzeptoren eingesetzt werden. Beispiele: NADH + H^+, NADPH + H^+. → *Glykolyse,* → *Atmungskette,* → *Photosynthese.*

Reduktiver Pentosephosphatzyklus → *Photosynthese*

Redundanz: Mehrfaches Vorliegen gleicher Gene im Genom eines Organismus.

Reduplikation → *Replikation*

Redwood → *Sequoia sempervirens*

Refugialräume: Gebiete, in die sich Populationen zurückgezogen oder in denen sie sich erhalten haben als sich die äußeren Lebensumstände verschlechterten. Bedeutende R. für die mitteleuropäische Flora während der Eiszeit waren der Balkan und das kaspische Gebiet. → *Nunatak.*

Regenerationstherapie → *Virosen*

Regenwald: Immergrüner oder halbimmergrüner Wald in Gebieten ohne ausgesprochene Dürreperioden. Bei Jahresmitteltemperaturen um 25 °C (nie unter 18 °C) und mittleren Jahresniederschlägen zwischen 2 500 und 5 000 mm zählt der tropische R. zu den artenreichsten Vegetationsformationen der Erde. Im trop. Tiefland-R.: Bis 100 Baumarten pro Hektar, meist in drei Stockwerken, deren höchstes 60 m erreicht. Daneben zahlreiche Riesenstauden (z. B. Musaceae), Kletterpflanzen und → *Epiphyten,* eine Krautschicht fehlt weitgehend. Der trop. Berg-R. in Höhen von 1 000 bis 2 000 m ist artenärmer, mit nur zwei Stockwerken, bis 30 m hohen Bäumen, vielen Sträuchern, Kräutern und Epiphyten. Der ausgedehnteste trop. R. findet sich im Amazonasgebiet. Im subtropischen R. ist bei Jahresmitteltemperaturen um 15 °C und Niederschlägen zwischen 2 000 und 3 500 mm der Anteil an Kletterpflanzen und Epiphyten niedriger, der von Baumfarnen größer, auch Gymnosspermen treten auf (z.B. in Australien

→ *Agathis australis,* in Afrika → *Podocarpus*-Arten). Der frostfreie, außertropische, temperierte R. ist, bei Jahresmitteltemperaturen um 9 °C und Niederschlägen zwischen 1 500 und 3 500 mm, relativ artenarm (→ *Nothofagus*-Arten, Baumfarne). Vorkommen: Südchile, SO-Australien, Tasmanien und Neuseeland.
Der Druck auf den tropischen R. wird durch Bevölkerungszunahme in diesen Gebieten, Industrieansiedlungen und damit verbundenen Großrodungen, rigorose Holznutzung usw. immer stärker. Allein in Afrika sind von ursprünglich etwa 220 Millionen ha äquatorialen R.es bis 1985 ca. 150 Millionen ha vernichtet worden. Da große Teile des trop. R.es auf nährstoff- und humusarmen Böden stocken, vorhandene Nährstoffe zum überwiegenden Teil in den lebenden Pflanzen gebunden sind, können sich R.er nach großflächigen Rodungen und Entnahme der Biomasse nicht regenerieren. Das dem Schutz der Pflanzendecke beraubte Gebiet ist wegen der hohen Niederschläge extrem erosionsgefährdet. Fortschreitende Zerstörung trop. R.er bedeutet nicht nur Vernichtung unwiederbringlicher Genreserven, sondern sie hat auch weltweite Klimaveränderungen zur Folge.

Regression: Phylogenetische Rückentwicklung zu einfacheren (primitiveren) Strukturen. Oft bei parasitischen Organismen (z.B. Reduktion der Blattorgane bei Vollparasiten).

Regulatorgen: Bildet → *Repressoren* und bestimmt damit die Aktivität des Operatorgens.

Regulatorproteine → *Proteine,* → *Repressoren*

Regulon: Funktionelle Einheit von Strukturgenen, die über dasselbe Regulatorgen gesteuert werden, aber im Gegensatz zum Operon nicht unmittelbar benachbart auf der DNA liegen. R. wurden auch bei höheren Pflanzen nachgewiesen.

Rehmiellopsis abietis (E.Rostr.) O.Rostr.: Erreger einer Nadelkrankheit an jüngeren Abies alba, zumeist in N- und NW-Eur.. Infiziert frisch ausgetriebene Nadeln, diese schrumpfen und verfärben sich dann rot oder braun. Kleine, rundliche Perithecien auf der Nadeloberseite. Gelegentlich auch an A. procera, A. cephalonica, A. pindrow. Ohne wirtschaftl. Bedeutung.

Reifeteilung: Homöotypische R.:→ *Mitose;* heterotypische R.: → *Meiose.*

Reifholz: Form des → *Kernholzes,* das sich durch geringeren Wassergehalt, aber nicht durch Verfärbung vom Splint abhebt. Reifholzbäume: Fi, Ta, Bu, Li.

Reifweide → *Salix daphnoides*

reinerbig → *homozygot*

Reinheitsprüfung von Forstsaatgut: Bestandteil der Saagutprüfung nach den Vorschriften der International Seed Testing Association (ISTA). Gibt Auskunft über die Qualität von Forstsaatgut. Zum Gewichtsanteil der reinen Samen/Früchte zählen außer den reifen, unbeschädigten Körnern auch geschrumpfte, besonders kleine oder hohle Körner und Bruchkörner, die mind. halb so groß wie das ursprüngliche Korn sind. Aussortiert werden artfremdes Saatgut und sog. unschädliche Verunreinigungen. Diese können sein: Flügel, wenn das Saatgut entflügelt gehandelt wird (z.B. bei Cedrus, Fi, Tsuga; nicht bei Bi, Ul); zerbrochene oder entschälte Körner und Fremdbestandteile wie Zapfenschuppenreste, Rindenteile, Erde. Die Tabelle zeigt durchschnittliche Reinheitsprozente von Forstsaatgut. Die Toleranzgrenzen für anerkanntes Saatgut sind im Forstsaatgutgesetz festgelegt.

Baumart	Samenreinheit in %
Abies alba	87
Larix decidua	85
Picea abies	96
Pinus cembra	98
Pinus nigra	97
Pinus strobus	92
Pinus sylvestris	93
Alnus glutinosa	70
Betula pendula, B. pubescens	28
Fagus sylvatica	99
Quercus petraea, Q. robur	96

Durchschnittliche **Reinheit** von Samen

Reis → *Pfropfung*

Rejuvenation: Umkehrung der Altersphasenentwicklung (→ *Altersphasen)* durch Rückführung von Pflanzen oder Pflanzenteilen aus der adulten in die Jugendphase mit Hilfe von Wachstumsregulatoren oder durch Vegetativvermehrung (→ *Gewebekultur,* → *Stecklingsvermehrung).* Der entspr. Phasenwechsel wird i.d.R. anhand morphologisch-anatomischer Charakteristika erkennbar. Bsp.: (a) Ausbildung juveniler Blattformen bei Hedera helix; (b) nachlassende Cyclophysiseffekte nach Pfropfung oder Stecklingsvermehrung; Die der R. zugrundeliegenden physiologischen Prozesse sind noch weitgehend unbekannt.

Rekombination: Durchmischung des Erbgutes. 1. Durch zufällige Verteilung der mütterlichen und väterlichen Chromosomen während der Meiose (= interchromosomale). 2. Durch Genaustausch zwischen den Chromatiden (= intrachromosomal). → *Crossing over.*

Relikte: Pflanzenarten, deren Verbreitung im beobachteten Gebiet in der Vergangenheit wesentl. größer war und die heute dort nur noch in kleinen Populationen vorkommen. Man unterscheidet: → *Glazialrelikte,* → *Tertiärrelikte.*

Reliktendemismus → *Endemismus*

Replikation: Identische Verdopplung des DNA-Moleküls.

Repressoren: Proteine, die an der Enzymregulation beteiligt sind, werden über → *Effektoren* gesteuert.

Resedaceae → *Capparales*

Reservecellulose → *Hemicellulosen*

Resinosis (Harzfluß): Massives Austreten sekundären Harzes nach Ast- oder Stammverwundung, zurückgehend auf die Harzproduktion in → *traumatischen Harzkanälen.*

Resistenz: Erblich fixierte Widerstandsfähigkeit gegen biotische und abiotische Krankheiten. Bei Waldbäumen auf der Art-, Rassen-, Sorten- und Individualebene ausgeprägt, mitunter auf bestimmte Entwicklungsstadien beschränkt (→ *Phasendisposition).* Man unterscheidet: (a) Horizontale Resistenz (allgemeine R., generelle R.). Sie ist gegen alle Rassen einer Erregerart ± wirksam, wird meist polygen vererbt und kann prae- wie postinfektionell auftreten. Oft wirkt sie quantitativ, z.B. über die Erhöhung der numerischen Infektionsschwelle oder die Verringerung der Sporenproduktion. Horizontale R. bietet keinen vollständigen Schutz. (b) Vertikale Resistenz (differentielle R.). Beschränkt auf bestimmte Rassen eines Pathogens, ist sie oft mit → *Hypersensitivitätsreaktionen* oder mit der Bildung von → *Phytoalexinen* verbunden und wirkt im Gegensatz zur h. R. qualitativ. Die Vererbung erfolgt mono- oder oligogen, und ihre Wirkung hält nur so lange an, wie der Erreger keine neuen → *Pathotypen* entwickelt. Bei Waldbäumen selten nachgewiesen.
Die Ursachen der Krankheitsresistenz können auf anatomisch/histologischen oder auf biochemischen Besonderheiten beruhen. Sie können passiv oder aktiv wirken. Im ersten Fall handelt es sich um praeinfektionell vorhandene Barrieren oder Stoffe (→ *Axenie),* im 2. Fall werden die Hindernisse erst durch Infektion oder Wundreiz induziert (aktive Resistenz). Bei Waldbäumen scheinen oft mehrere Resistenzmechanismen nebeneinander wirksam zu werden (Beispiel: Resistenz von → *Pinus monticola* gegen → *Cronartium ribicola).*

Resistenzzüchtung: Züchtung von Sorten mit hoher Widerstandsfähigkeit gegen pflanzliche und tierische Schaderreger oder abiotische Schadfaktoren. Ablauf bei Waldbäumen: (a) Auslese phänotypisch resistenter Individuen, (b) deren vegetative Vermehrung, (c) künstliche Infektion und Selektion der unbefallenen Bäume, (d) Anlage einer Plantage mit den selektierten Einzelbäumen, (e) Absaat des Plantagensaatgutes mit erneuter, gleichmäßiger Infektion und Auslese der widerstandsfähigen Pflanzen und deren Vermehrung. Bisherige oder sich abzeichnende Erfolge der forstl. Resistenzzüchtung: 1. Auslese spätaustreibender und daher gegen Spätfröste resistenter Fichten; 2. gegen den Weymouthskiefern-Blasenrost resistente Pinus monticola; 3. gegen Ceratocystis ulmi resistente Ulmen-Sorten (in Bearbeitung); 4. gegen Coryneum cardinale widerstandsfähige Cypressensorten (in Bearbeitung).

Resonanzholz: Zum Bau von Musikinstrumenten (Saiteninstrumenten) verwendetes, völlig astreines und engringiges Holz; meist von langsam wüchsigen Bäumen an der Waldgrenze der Mittelgebirge und der Alpen. Zur Verwendung kommt überwiegend Fi, seltener Ta.

Respiration → *Atmung,* → *Photorespiration*

Restmeristeme → *Meristeme*

Resupination: (1) Drehung der Blattspreite bei der Entfaltung um 180° im Stielbereich; das Palisadenparenchym liegt dann im Querschnitt auf der Blattunterseite (Bsp. Bärlauch).
(2) → *Orchidaceae,*
(3) → *Basidiocarp*

Reticularia lycoperdon → *Myxomycetes*

reticulat: Bezogen auf Pollen mit netzartiger Oberfläche.

Retinospora-Formen: Chamaecyparis-Arten bilden im Laufe ihrer Ontogenese verschieden gestaltete Blattorgane aus. Nadelförmige Jugendblätter werden von halb nadel-, halb schuppenartigen Übergangsformen und diese schließlich von reinen Schuppenblättern abgelöst. Bei C. pisifera, wo diese Verschiedenheiten besonders deutlich hervortreten, gelang es, die Jugendformen durch Vegetativvermehrung vorübergehend zu fixieren. Sie werden dann als Retinospora-Formen bezeichnet und lassen sich je nach dem vorherrschenden Typ der Benadelung differenzieren in: Filifera-Formen mit kurzen, pfriemlich zugespitzten Blättern und stark überhängenden Zweigen; Plumosa-Formen mit spitzen Blättern an federartigen Zweigen; Squarrosa-Formen mit weichen, oberseits blaugrünen, unterseits weißlichen, rings um den Sproß angeordneten Nadeln.

revolutiv → *Vernation*

rezessiv: 1. Modus der Vererbung, bei dem ein Merkmal, obwohl im Genotyp verankert, nicht in Erscheinung tritt (→ *Erbgang).* 2. Zustandsform eines Gens, das sich im → *heterozygoten* Erbgang bei der Merkmalsbestimmung nicht durchsetzen kann. Ggs. → *dominant.*

reziprok: Bezogen auf Kreuzung, bei der ♀ und ♂ Elter vertauscht wurden. Die Nachkommen der reziproten Kreuzung ♀ B x ♂ A können sich marphologisch von jenen aus der Kreuzung ♀ A x ♂ B unterscheiden. Phänomen beruht auf außerkaryotischer →*Vererbung*

Rhabdocline pseudotsugae an Douglasie

Rhabdocline pseudotsugae Syd. Erreger der rußigen Douglasienschütte (Phacidiaceae): Blattparasit an Dougl., der die Inland-Rassen Caesia und Glauca stark, die Küstenrasse Viridis wenig befällt. Aus Amerika eingeschleppt, richtete er Ende der zwanziger Jahre besonders in S-Deutschland starke Schäden an. Ascosporen infizieren im Mai/Juni nur die gerade austreibenden Nadeln zumeist jüngerer Bäume. Ältere Nadeln bleiben verschont. Erste Symptome sind: zartgelbe kleine Flecke im Sommer, gefolgt von flächigen Nekrosen, mehrfarbigen größeren Flecken (braun-orange bis violett) und Nadelfall im Winter. Die Fruchtkörperbildung an den noch am Baum haftenden Nadeln beginnt im April. Die reifen Ascosporen verlassen die bis zu 4 mm langen, orangefarbenen bis rostroten, auf der Nadelunterseite angelegten Apothecien genau zur Zeit des Austriebs. Wegen des fast ausschließlichen Anbaues der Viridis sind die wirtschaftl. Schäden durch R. p. in M-Eur. derzeit gering. Besonderheit der Krankheit: Befall und Nadelverluste können von Jahr zu Jahr stark schwanken. Hohe Luftfeuchtigkeit fördert den Befall; Bekämpfung mit Fungiziden allenfalls in Baumschulen sinnvoll.

Rhachis: Blattspindel. Als Fortsetzung des Blattstieles erscheinende Spreitenachse, an der bei zusammengesetzten Blättern die meist paarigen Fiederblättchen stehen; entspricht dem Mittelnerv eines einfachen Blattes.

Rhamnaceae: Kreuzdorngewächse. Familie der → *Rhamnales* mit ca. 60 Gattungen und über 900 Arten. Weit verbreitete Bäume und Sträucher, seltener Kräuter, mit 5-, seltener 4-zähligen Blüten. Blätter einfach, wechsel- oder gegenständig, mit Nebenblättern. Blütenboden becherartig. Blüten meist zwittrig, selten eingeschlechtig (Diözie bei → *Rhamnus catharticus*), unscheinbar, gelegentlich ohne Kronblätter, mit Discus. Typ. Blütenformel: *K 4-5 C 4-5 A 0+4–5 G(3). Gynöceum ober- oder unterständig. Steinfrüchte, Kapseln, Nüsse. Einige Arten mit Nebenblatt- (→ *Paliurus*) oder Sproßdornen (→ *R. catharticus*). Neben → *Rhamnus*, → *Paliurus* und → *Ziziphus* ist Krugiodendron ferrum aus S-Nordamerika wegen des sehr schweren Holzes (spez. Gewicht 1,3) erwähnenswert. Hovenia dulcis (Rosinenbaum) liefert das als Japan-Mahagoni bezeichnete Holz.

Rhamnales: Kreuzdornartige. Zu den → *Rosidae* gehörende Ordnung überwiegend holziger Pflanzen. Blüten radiär, heterochlamydäisch, 4- bis 5-zählig. Epipetal gestellte Staubblätter. Intrastaminaler Discus. Gynöceum nicht einheitlich. Bitegmische Samenanlagen. Wichtige Familien: → *Rhamnaceae*, → *Vitaceae*.

Rhamnus L. Kreuzdorn (engl.: Buckthorn): Gattung der → *Rhamnaceae* mit ca. 160 meist sommergrünen, oft dornigen Straucharten, v.a. in der nördlichen gemäßigten Zone verbreitet. Blätter wechsel- oder gegenständig, Blüten klein, oft unscheinbar. Steinfrüchte giftig (sog. Gelbbeeren), v.a. als Färbemittel in der Technik verwendet. Neben den einheimischen Arten als Zierstrauch in M-Eur. z.B. R. alaternus (Immergrüner Kreuzdorn); Heimat: Mittelmeergebiet bis Tessin und Südtirol. Häufige Art der → *Macchie*.

Rhamnus alaternus → *Rhamnus*

Rhamnus alpinus L. (syn.: Oreoherzogia alpina [L.] W. Vent) Alpen-Kreuzdorn: Bis 3 m hoher, meist 2-häusiger Strauch der südeuropäischen Gebirge, nördlich bis zum Schweizer Jura, wo er bestandsbildend auftritt. Fast nur auf Kalk, an sonnigen Hängen und in lichten Wäldern der montanen Stufe. Blätter wechselständig, mit 8 – 10 an der Spitze abgerundeten Seiten-aderpaaren. Früchte zuerst grün, später schwarz, liefern Farbstoff für Aquarellfarben (Saftgrün, Chinesisches Grün).

Rhamnus catharticus L. Purgier-Kreuzdorn, Echter Kreuzdorn (engl.: Common Buckthorn, Hart's Thorn): Vielgestaltiger, bis 3 m hoher Strauch mit Trieben, die häufig in Dornen enden. Heimat: fast ganz Eur., N-Afr., W-Asien. Oft auf Kalk, an sonnigen, trockenen Standorten (Hecken, Gebüsche), sowie in Auwäldern. Kennzeichen: Blätter gegenständig, mit 3 – 4 stark gebogenen Blattnervenpaaren. Blüten angenehm duftend. Genuß der kugeligen, zur Reife schwarzen Früchte ruft Durchfall und Erbrechen hervor. Früchte und Rinde werden offizinell verwendet (Abführ- und Blutreinigungsmittel). Holz gelblich, oft geflammt oder marmoriert.

Rhamnus alpinus

Rhamnus catharticus

Rhamnus frangula L. (syn.: Frangula alnus Mill.) Faulbaum, Pulverholz (engl.: Alder Buckthorn, Glossy Buckthorn): Strauch oder kleiner, bis 7 m hoher Baum, der in fast ganz Eur. bis nach W-Asien und in N-Afr., auf sehr feuchtem (Moore, Erlenbrüche, Auwälder) wie auch auf trockenem Substrat, meist in Gebüschen und lichten Wäldern vorkommt. Kennzeichen: Blätter wechselständig, mit 7 – 9 deutlichen, bogig verlaufenden Blattnervenpaaren. Frucht kugelig, zuerst rot, bei Reife schwarzviolett. Winterknospen ohne Schuppen (Nacktknosper). Rinde mit quer verlaufenden, hellen → *Lenticellen;* frisch abgeschabt mit fauligem Geruch. Offizinell (Cortex Rhamni Frangulae: Abführmittel). Holz wird für kleinere Drechslerarbeiten genutzt, Holzkohle diente zur Schießpulverbereitung.

Rhamnus infectorius → *Rhamnus saxatilis*

Rhamnus pumilus Turra (syn.: Oreoherzogia pumila [Turra] W. Vent) Zwerg-Kreuzdorn: Niederliegender, kalkliebender Pionierzwergstrauch (bis 20 cm hoch) sonniger Felsspalten der alpinen und subalpinen Stufe.

Heimat: Pyrenäen, Alpen (bis 2 500 m) und Apennin. Blätter wechselständig, an den Zweigenden gehäuft, mit 7 – 8 Blattnervenpaaren, erst gegen den Blattrand hin einwärts gebogen. Knospen lang behaart. Frucht kugelig, blauschwarz.

Rhamnus saxatilis Jacq. (syn.: R. infectorius L.) Felsen-Kreuzdorn: Niederliegender oder aufstrebender, bis 1,5 m hoher, meist bedornter Strauch aus S-Eur. und dem südlichen M-Eur.. Nordgrenze in Süddeutschland; in den Alpen bis 1 400 m. Nur auf Kalk; in lichten, trockenen, sommerwarmen Wäldern, Waldrändern, Gebüschen, felsigen Hängen. Blätter gegenständig, nicht länger als 3 cm, mit 2 – 4 bogigen Seitennervenpaaren. Frucht glänzend schwarz.

rhexigen → *Intercellularen*

Rhizina inflata → *Rhizina undulata*

Rhizina undulata Fr. (syn.: R. inflata [Schaef.] Karst.) Wurzel-Lorchel (Helvellaceae): Wurzelparasit an Nadelbäumen, der in Kulturen und Dickungen zu plätzeweisen Ausfällen führt. »Sterbelücken« erweitern sich konzentrisch. Erste Symptome: Verkürzte Triebe und gelbe Nadeln. Besonders anfällig: Sitka-Fi, Schwarz-Ki, Dougl (in N-Amerika). Örtlich von wirtschaftl. Bedeutung. Besonderheit: Erst durch Bodenfeuer (Waldbrände, Feuerstellen) wird die Keimruhe der Ascosporen überwunden (38 – 42 °C). Das Mycel lebt zunächst saprophytisch im Boden, umwächst dann die Wurzeln und infiziert. Nachweis: Gelbe Mycelstränge im Wurzelbereich erkrankter Bäume. Typische Fruchtkörper im Randbereich der Sterbelücken, bis 10 cm groß, ohne Stiel, wellig, kastanienbraun mit schmalem weißem Rand. Unterseite ocker bis gelb mit rhizoidartigen Haftorganen. Gestalt unregelmäßig. Oft ringförmig angeordnet (→ *Hexenringe).* R. undulata bevorzugt saure Böden. Abhilfe: Feuerstellen vermeiden (»coffee-break-disease«), kein Teeren von Waldwegen.

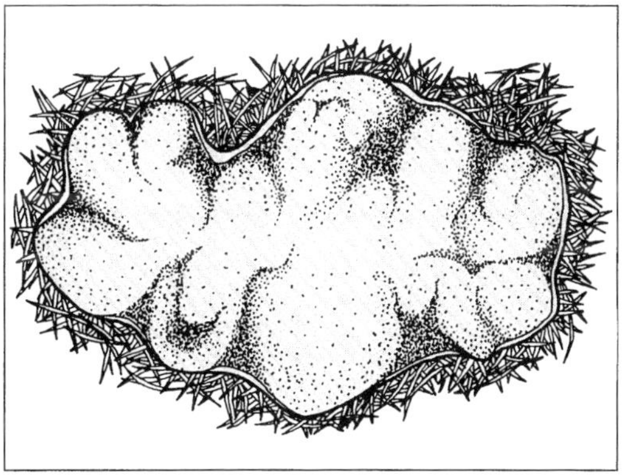

Rhizina undulata

Rhizinen: Hyphenstränge, mit denen sich Flechten am Substrat anheften. → *Lichenes.*

Rhizobiaceae → *Schizomycetes*

Rhizoctonia: Gattung der Agonomycetaceae (Hyphomycetes) mit mehreren bodenbürtigen, phytopathogenen Arten, die teils als Fäulerreger an Speicherorganen, Blättern und Früchten krautiger Pflanzen, teils als Erreger der → *Umfallkrankheit* an Waldbäumen auftreten und ein breites Wirtsspektrum aufweisen. Mycelbildende Pilze. Mehrjährige Überdauerung im Boden als Saprophyt oder in Form von → *Sklerotien.*

Rhizoctonia solani Kühn: Wichtiger Erreger der → *Umfallkrankheit* an Nh, gekennzeichnet durch sein oberflächlich wachsendes, netzartiges, farbloses, septiertes Mycel. Kettenförmig angeordnete Chlamydosporen am Mycel, auch im befallenen Gewebe. Hauptfruchtform Thanatephorus cucumeris (Frank) Donk. (Ceratobasidiaceae) tritt selten auf. R. s. kommt auch als Erreger einer Samenfäule bei Bu vor: Infektion vom Boden aus. Weißes Luftmycel auf der Oberfläche der Bucheckern, Hyphen im Innern der Speicherkotyledonen.

Rhizoctonia violacea → *Helicobasidium purpureum*

Rhizodermis: Einschichtiges Abschlußgewebe, das die jüngeren Teile der Saugwurzeln nach außen begrenzt und zusammen mit den → *Wurzelhaaren* abstirbt; an ihre Stelle tritt die → *Exodermis.*

Rhizoide: Bei Thallophyta, Bryophyta und Prothallien der Pteridophyta auftretende Strukturen, mit denen der Vegetationskörper am Substrat angeheftet wird, ohne der Wasser- und Nährstoffaufnahme zu dienen. Ihr Aufbau ist sehr unterschiedlich: bei Algen oft mächtige krallenartige Bildungen des Thallus (Tange), bei Hepaticae chlorophyllfreie Haarbildungen, oftmals mit zäpfchenförmigen, nach innen gerichteten Wandfortsätzen (Zäpfchenrhizoide), bei Musci und Farnprothallien sind es chlorophyllfreie Zellfäden (Fadenrhizoide).

Rhizoidmycel: Von einzelligen Pilzen der Chytridiomycetes ausgehende kernfreie, reich verzweigte, rhizoidartige Haustorien.

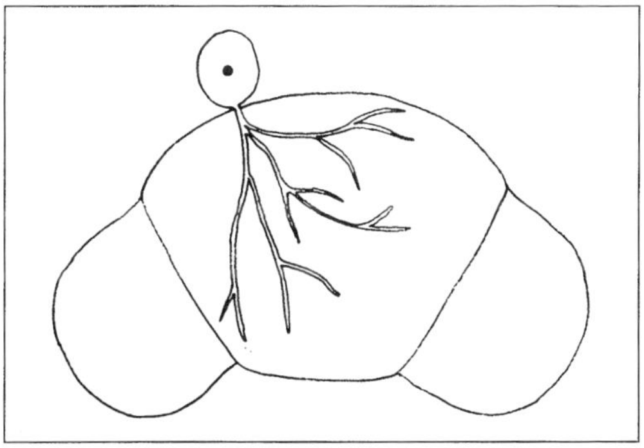

Rhizoidmycel von Rhizopodium halophilum auf Pinus-Pollen

Rhizome: Verdickte, unterirdisch plagiotrop wachsende Sproßachsen, die sich beständig apikal erneuern, während ihre älteren Teile allmählich absterben. Rhizome sind monopodial od. sympodial verzweigt, ausgeprägt dorsiventral und auf der Unterseite homorrhiz bewurzelt. Dienen als Speicherorgane.

Rhizomorphen: Verzweigte Mycelstränge mit deutlich differenziertem Aufbau: Äußere, feste, pseudoparenchymatische Rindenschicht umgibt einen der Stoffspeicherung und -leitung dienenden Hyphenstrang. Oft mit zentraler Höhlung (bei → *Armillaria mellea).*

Rhizophoraceae: Mangrovengewächse. Zu den → *Myrtales* zählende Familie tropischer Bäume, Sträucher und Lianen. Gleich → *Combretaceae* und → *Sonneratiaceae* enthalten auch sie viele Mangrovenpflanzen: Rhizophora mit Stelzwurzeln (R. mangle liefert ein hartes, schweres, aber stark arbeitendes Holz. Heimat: W-Afrika, trop. Amerika bis Florida). Bruguiera mit Atemwurzeln. Kandelia, bei der sich die Keimlinge bereits auf der Mutterpflanze entwickeln (Viviparie). Poga oleosa ist ein sehr großer Baum in den Regenwäldern W-Afrikas.

Rhizophoren: Wurzelträger. Gabelig verzweigter, basaler Teil des Sproßsystems der → *Lepidodendrales.* R. verankerten die Bäume im Substrat. An ihnen bildeten sich schwache Wurzeln aus, die typische Wurzelnarben hinterließen. Deshalb werden R. auch als Stigmarien bezeichnet. Bei → *Selaginellales* treten anders gestaltete R. auf.

Rhizoplane → *Rhizosphäre*

Rhizopogon: Wurzeltrüffel. Hypogäisch lebender Mykorrhizapilz an Ki, Fi, Ta. R. villosus nur mit Dougl vergesellschaftet.

Rhizosphaera kalkhoffii Bub. (Fungi imperfecti): Weit verbreiteter Erreger einer Nadelbräune. Hauptsächlich an Picea-Arten (P. pungens). Schwächeparasit, der vornehmlich ältere Nadeljahrgänge beschatteter Zweige besiedelt und zu deren Absterben beiträgt. Infektion durch ovale, farblose Pyknosporen während der Veg.-Periode. Je nach Umweltverhältnissen allmähliche oder plötzliche Nadelbräunung oder -rötung. Tote Nadeln bleiben lange am Zweig. Auf ihnen bilden sich im Frühjahr kleine, rundliche, schwarze Pyknidien. Die Rolle des Pilzes bei der Entstehung und dem Ablauf des → *Waldsterbens* bei Fi wird kontrovers diskutiert. Die eng verwandte R. macrospora Gourbiere et Marlet tritt oft an Abies alba auf.

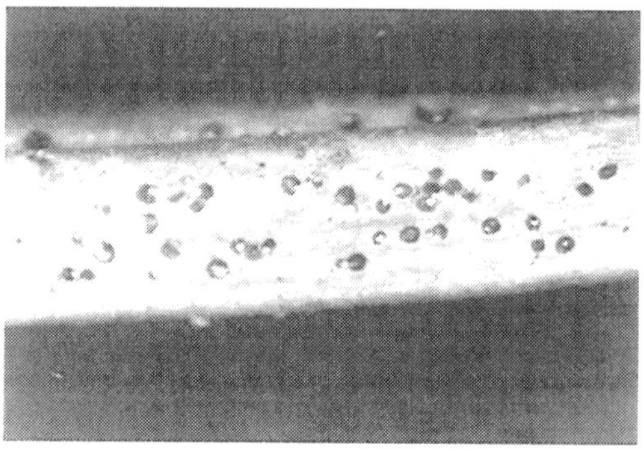

Rhizosphaera kalkhoffii: Pyknidien an toter Fichtennadel

Rhizosphaera macrospora → *Rhizosphaera kalkhoffii*

Rhizosphäre: Von Hiltner, 1904 geprägter Begriff für eine wurzelnahe Zone im Boden, in der durch Wurzelausscheidungen (→ *Exsudate)* eine erhöhte mikrobielle Aktivität durch Pilze und Bakterien herrscht. Das Substrat der R. ist ein Substanzgemisch (= Mucigel) bestehend aus Bodenkolloiden und gelartigen Sekreten von Wurzeln und Mikroorganismen.

Rhizostichen → *Seitenwurzel*

Rhizothamnien: An Wurzeln von Er, Hippophae, Myrica vorkommende, durch → *Frankia alni* induzierte, langlebige, verholzte, oft mehrere cm große, knollige Gebilde (→ *Wurzelknöllchen).* In ihnen vollzieht sich die Fixierung des Luftstickstoffs. → *N-Fixierung.* → *Actinorhiza.*

Rhododendro-Vaccinion: Unterverband des → *Vaccinio-Piceions.* Umfaßt Lä-Arven-Wälder und Gebirgs-Zwergstrauchheiden. Lä und Arven sind zwar in den Zentralalpen bestandsbildend und rücken hier bis an die → *Baumgrenze* vor, werden aber von vielen Autoren nur als 'Partner' der Zwergstrauchheiden aufgefaßt. So besteht der Unterwuchs subalpiner Lä-Arven-Wälder aus ähnlichen Arten wie die baumfreien Zwergstrauchheiden im alpinen Bereich (Rhododendron ferrugineum bzw. R. hirsutum, Lonicera caerulea, Vaccinium myrtillus, V. vitis-idaea).

Rhododendroideae → *Ericaceae*

Rhododendron L. Alpenrose: Immer- oder sommergrüne Bäume oder Sträucher mit wechselständigen Blättern und meist farbenprächtigen Blüten. Weltweit verbreitet außer Afrika, hauptsächlich in O-Asien. Artenzahl zwischen 600 – 1 300. Rhododendren bilden oft Strauchgürtel oberhalb der Waldgrenze. Seltener unter 1 000 m.

Rhododendron ferrugineum L. Rostblättrige Alpenrose: Immergrüner Strauch (bis 1,5 m hoch) mit Verbreitung in den gesamten Alpen, den Pyrenäen, dem Apennin und Teilen des Balkan. Kennzeichen: Blätter ledrig, oberseits grün, kahl, unten dicht mit rostroten Drüsenschuppen besetzt. Dunkelrote Blüten in Doldentrauben. Kalkmeidend oder auf dicker Humusschicht über Kalk. Zwischen 1 100 und 2 800 m. In der Zwergstrauchregion nicht selten ausgedehnte Reinbestände bildend, auch in Wäldern und Gebüschen. Auch Pionier, Blätter stark giftig durch Wirkstoffe Ursolsäure, Arbutin u.a.. Alter über 100 Jahre. Vollkommen geschützt.

Rhododendron hirsutum L. Behaarte Alpenrose, Almrausch: Immergrüner Strauch (bis 1 m hoch) mit bogig aufwärtsstrebenden Ästen. Zentral- und Ostalpen, Tatra und N-Jugoslawien. Kennzeichen: Blätter ledrig, beiderseits grün, am Rand bewimpert. Hellrote Blüten in endständigen Doldentrauben. Kalkstet, meist oberhalb der Waldgrenze auf steinigen Hängen, aber auch in lichten Wäldern und im Knieholzbereich (600 – 2 600 m). Auch Erstbesiedler. Selten in größeren Reinbeständen, insgesamt viel seltener als → *R. ferrugineum.* Alter bis 60 Jahre. Vollkommen geschützt.

Rhododendron x intermedium Tausch. Bastard-Alpenrose: Bastard mit keimfähigen Samen, fast überall im Berührungsgebiet von → R. hirsutum und → *R. ferrugineum.*

Rhodoleia → *Hamamelidaceae*

Rhodophyta → *Phycophyta*

Rhodothamnus chamaecistus (L.) RCHB. Zwergalpenrose: Monotypische Gattung der → *Ericaceae.* Immergrüner Zwergstrauch. Von den Ostalpen bis zu den Karawanken. Enges Areal. Kennzeichen: Blätter klein (bis 8 mm lang), derb-ledrig, gesägt, am Rand bewimpert. 1 – 3 endständige, hellrosa Blüten. In alpinen und subalpinen Zwergstrauchheiden und Latschengebüschen. Von 500 – 2 300 m. Stets auf Kalk. Vollkommen geschützt.

Rhododendron hirsutum

Rhoipteleaceae: Monotypische Familie unsicherer systematischer Stellung im Verwandtschaftskreis der Juglandales und Urticales. R. sind Holzgewächse aus SW-China (Rhoiptelea chiliantha) mit Flügelnüssen und oberst. Fruchtknoten.

Rhus L. Sumach (engl.: Sumac): Immer- oder sommergrüne, oft milchsaftführende Sträucher oder Bäume aus der Familie der → *Anacardiaceae.* Gattung mit 150 Arten aus der gemäßigten und subtropischen Zone v.a. in N-Amerika, O-Asien und S-Afr. sowie im afrikanischen Tropengebirge. Blätter wechselständig, einfach oder gefiedert. Blüten in Rispen, ein- oder zweihäusig verteilt. Viele Arten von wirtschaftlicher Bedeutung als Gerb- und Färbemittel. Alle Arten mehr oder weniger giftig, können stark hautreizend wirken.

Rhus coriaria L. Gerbersumach: 1 – 3 m hoher Strauch, in M-Eur. nicht winterhart. Heimat: Mittelmeergebiet, Kanarische Inseln, östlich bis Afghanistan. Charakterart der → *Macchie.* Wird im Mittelmeergebiet häufig angebaut, weil getrocknete und pulverisierte Triebe ein geschätztes Gerbmittel liefern. Blätter kleiner, mit weniger (8 – 20) und breiteren Fiedern als bei → *R. typhina.*

Rhus cotinus → *Cotinus*

Rhus glabra L. Scharlachsumach (engl.: Smooth Sumac): Strauch oder bis 6 m hoher Baum aus N-Amerika. Bedeutung als winterharter Zierstrauch mit prachtvoll roter Herbstfärbung. Wegen intensiver Wurzelentwicklung als auch bodenfestigender Pionier genutzt. Zweige rot überlaufen und ganz kahl.

Rhus quercifolia→*Rhus toxicodendron*

Rhus toxicodendron L. (syn.: R. quercifolia STEUD., Toxicodendron quercifolium [MICHX.] GREENE) Gift-Sumach (engl.: Poison Sumac): Bis 1 m hoher, in M-Eur. rel. seltener Zierstrauch aus N-Amerika. Sehr giftig (Hauptwirkstoff: Urushiol), kann bei empfindlichen Personen durch bloße Annäherung schwere Allergien verursachen. Blätter 3-zählig, Zweige später kahl.

Rhus typhina L. Hirschkolbensumach, Essigbaum (engl.: Stag's Horn Sumac, Staghorn): Locker verzweigter, in Eur. winterharter Strauch oder bis 12 m hoher Baum mit prächtiger, roter Herbstfärbung. Aus dem östlichen N-Amerika eingeführtes Pioniergehölz. Blätter 11- bis 31-zählig gefiedert, Zweige dicht behaart, selten verkahlend. Nußfrüchte in kolbenartigen, roten Fruchtständen, die der Var. lauciniata wurden dem Essig zugesetzt. Rinde reich an Gerbstoffen. Alle Teile giftig, besonders der Milchsaft.

Rhus typhina

Rhynia → *Psilophytatae*

Rhytidiadelphus → *Bryidae*

Rhytidom → *Borke*

Rhytisma acerinum

Rhytisma acerinum (PERS.) FR. Ahornrunzelschorf, Teerfleckenkrankheit (Hypodermataceae): Konidienform: Melasmia acerina LEV.. Erreger einer auffälligen und weit verbreiteten Blattkrankheit an einheimischen Ahornarten. Befall junger Blätter durch Ascosporen. Im Sommer bildet der Pilz unter der Epidermis der Blattoberseite → *Sklerotien,* die später zu glänzend schwarzen, meist von einem gelblichen Rand umgebenen Flecken werden und zunächst Mikrokonidien enthalten. Die Entwicklung der Hauptfruchtform erfolgt nach Blattfall in den selben Sklerotien. R. a. spaltet in Rassen mit unterschiedlichen Wirtsspektren auf. Wirtschaftl.

Schäden entstehen nicht. Durch Entfernen der Blattstreu läßt sich ein erneuter Befall leicht vermeiden.

Rhytisma salicinum (PERS.) FR. Weidenrunzelschorf: Ruft glänzend schwarze Flecken auf der Blattoberseite von Weidenarten hervor. Biologie und Bedeutung wie → *R. acerinum.*

Ribes L. Johannisbeere, Stachelbeere (engl.: Currant): Gattung der → *Saxifragaceae* mit etwa 140 Arten aus der kalten und gemäßigten Zone der Nordhemisphäre und den Gebirgen M- und S-Amerikas. Sommergrüne, seltener immergrüne Sträucher mit stacheligen oder unbewehrten Zweigen. Blätter wechselständig, meist lappig (alle in M-Eur. heimischen 3- bis 5-lappig), in den Knospen gefaltet, seltener gerollt. Blüten unscheinbar, meist in Trauben, seltener in Büscheln oder einzeln. Einige Arten mit großer wirtschaftlicher Bedeutung als Beerenobst. Zwischenwirte des → *Strobenrostes.*

Ribes alpinum L. Alpen-Johannisbeere (engl.: Mountain Currant): Kalkliebender, bis 1,5 m hoher Strauch. Heimat: Fast ganz Eur. und Kau. Im Süden nur im Gebirge. Vertreter montaner und hochmontaner Wälder und Hochstaudenfluren (bis 2 000 m), seltener in Auwäldern des Flachlandes. Kennzeichen: Eingeschlechtige, grünlichgelbe Blüten, die ♀ in vielblütigen, die ♂ in wenigblütigen, aufrechten Trauben. Kahle, glänzend rote Beeren mit fadem Geschmack.

Ribes alpinum

Ribes aureum PURSCH Gold-Johannisbeere (engl.: Golden Currant): Aus dem westlichen N-Amerika nach M-Eur. eingeführter, bis 3 m hoher Zierstrauch mit tiefroter Herbstfärbung. Blüten goldgelb, duftend. Schwarzrote Beeren herbsauer.

Ribes grossularia → *Ribes uva-crispa*

Ribes nigrum L. Schwarze Johannisbeere, Ahlbeere, Wanzenbeere (engl.: Black Currant): Unangenehm riechender, bis 2 m hoher Strauch, dessen natürliches Areal von den Britischen Inseln bis in die Mandschurei reicht, aber nicht nach S- und SO-Eur.. Im südlichen M-Eur. meist nur verwildert, in den Alpen bis 1 000 m. Kennzeichen: Blattunterseiten und Triebe dicht mit Drüsen besetzt. Blüten grünlich, in hängenden, 4- bis 10-blütigen Trauben. Aus den schwarzen, kugeligen, sehr Vitamin-C-reichen Beeren werden Säfte, Wein und Marmelade bereitet. Blätter gegen Rheuma, Gicht und Keuchhusten (Volksmedizin). In torfigen, aber nährstoffreichen Erlenbrüchen und in Auwäldern. Wichtige, sortenreiche Kulturpflanze.

Ribes petraeum WULF. Felsen-Johannisbeere: Schattenliebender Strauch von 1 – 2,5 m Höhe aus kalkarmen Hochstaudenfluren und Wäldern der montanen und subalpinen Stufe, aber auch auf Blockschutt oder an Felsen. Heimat in den Pyrenäen, Alpen, Karpaten, dem Balkan, auf Sardinien und dem Atlasgebirge sowie in W-Asien und Sibirien. Junge Zweige kahl. Grünliche Blüten in hängenden, vielblütigen Trauben. Beeren kugelig, rot, sehr sauer.

Ribes rubrum L. (syn.: R. sylvestre [LAM.] MERT. et W.D.J. KOCH, R. vulgare LAM. P.P., R. sativum [RCHB.] SYME) Rote Johannisbeere, Gartenjohannisbeere (engl.: Red Currant): 1 – 2 m hoher Strauch W-Eur. (v.a. in Frankreich, Belgien, England), im übrigen Eur. kultiviert. Natürliche Standorte sind hauptsächlich nasse Er- und Es-Wälder, feuchte Gräben und Gebüsche. Kennzeichen: Grünliche Blüten in hängenden, vielblütigen Trauben. Rote Beeren, bei zahlreichen Formen der Gartenjohannisbeere auch rosa oder weißlich. Verarbeitung v.a. zu Fruchtsaft, früher auch offizinell gegen Fieber verwendet. Bei den meisten mitteleuropäischen Gartenformen bildet R. rubrum die Stammart, seltener → *R. spicatum.*

Ribes rubrum ssp. rubrum → *Ribes spicatum*

Ribes sanguineum PURSCH Blut-Johannisbeere (engl.: Winter Currant): 2 – 3 m hoher, frühblühender Zierstrauch, 1826 aus N-Amerika nach Eur. eingeführt. Selten verwildert. Purpurrote Blüten in hängenden Trauben. Beeren blauschwarz bereift, ungenießbar.

Ribes sanguineum

Ribes sativum → *Ribes rubrum*

Ribes spicatum ROBS. (syn.: R. rubrum L.p.p., R. vulgare LAM. p.p., R. rubrum ssp. rubrum (L.) SCHWARZ) Ährige Johannisbeere, Wilde rote Johannisbeere: 1 bis 2 m hoher Strauch aus dem nördlichen und östlichen Eur., aus Sibirien und der Mandschurei. Zerstreut in feuchten, z.T. grundwasserbeeinflußten Wäldern, in Schluchten und an Bächen. Grünliche Blüten in vielblütigen, hängenden Trauben. Beeren rot, selten rosa oder weiß, genießbar. Zum Teil Stammart der Gartenjohannisbeere (→ *R. rubrum).*

Ribes sylvestre → *Ribes rubrum*

Ribes uva-crispa L. (syn.: R. grossularia L., Grossularia uva-crispa [L.] MILL.) Stachelbeere (engl.: Common Gooseberry): Mit 2- bis 3-spitzigen Stacheln bewehrter, 0,6 bis 1,5 m hoher Strauch. Verbreitet in fast ganz Eur., Marokko, im Osten bis zum Kau. und zur Mandschurei. Im südlichen Teil des Areals nur in Gebirgslagen. Kennzeichen: Junge Zweige behaart. Grünliche Blüten zu 1 – 3 in blattachselständigen Büscheln. Grüne oder gelbe, mitunter rot überlaufene, glatte bis borstige Beeren, genutzt für Kompott, Gelee, Fruchtsaft und Wein. Von der Ebene bis in die montane Stufe in Hecken, an Waldrändern und Wegen, auf kalk- und stickstoffreichen Böden. Auch epiphytisch auf alten Bäumen. Viele Kulturformen, z.T. nach Einkreuzung amerikanischer Arten.

Ribes vulgare → *Ribes rubrum*, → *Ribes spicatum*

Ribonukleinsäure → *RNA*

Ribose: Pentose (→ *Monosaccharid*). Neben Phosphorsäure und Pflanzenbasen wichtige Komponente der → *RNA*.

Ribosomale-RNA: → *RNA*

Ribosomen: Annähernd kugelförmige Partikel, die aus Proteinen und r-RNA bestehen und der → *Proteinbiosynthese* dienen. Bei den → *Eukaryota* sind sie ca. 30 x 25 x 23,5 nm groß und bilden einen dichten Besatz am rauhen → *endoplasmatischen Reticulum;* außerdem kommen sie in großer Zahl (bis zu 100 000) frei im Cytoplasma vor, einzeln (Monoribosomen, Monosomen) oder mit Hilfe der Messenger-RNA zu schraubenförmigen Aggregaten vereinigt (Polyribosomen, Polysomen).

Rickettsien: Stäbchenförmige oder kokkoide, prokaryotische Mikroorganismen mit Zellwand, die als Krankheitserreger bei Warmblütern Bedeutung haben; einige sind humanpathogen. Davon abgetrennt werden »Rickettsienähnliche Organismen« (RLO = Rickettsia – like – organisms) mit gewellter oder gefurchter äußerer Zellwand. Zu ihnen gehören pflanzenpathogene Formen, die nach Übertragung durch Vektoren teils im Xylem, teils im Phloem leben. Bekämpfung mit Antibiotica möglich. Im Rheinland tritt eine Rickettsiose an Lä auf. Sie führt zu Kronenverformung und → *Hexenbesen*. → *Schizomyceten*.

Riemenblume → *Loranthus europaeus*

Riesenlebensbaum → *Thuja plicata*

Riesenporling → *Meripilus giganteus*

Rinde: (1) Grundgewebe zwischen Epidermis bzw. Rhizodermis/Exodermis und → *Zentralzylinder* bei Sprossen und Wurzeln höherer Pflanzen. Reich an Interzellularen, oft der Speicherung dienend.
(2) Vom Kambium nach außen abgegebenes sek. → *Phloem* (Bast), bestehend aus → *Siebzellen* (Gymnospermae) bzw. → *Siebröhren* mit Geleitzellen (Angiospermae) als Leitelemente sowie Phloemparenchym, Bastfasern, Sklereiden zur Speicherung bzw. Festigung.

Rindenbäume → *Peridermbäume*, → *Lepidodendrales*

Rindenbrand: (1) Rindenbeschädigung biotischer Ursache, die durch Wundkallus des Wirtsbaumes überwallt werden kann. Beispiele: → *Buchenrindennekrose*; → *Dothichiza populea* an Pa
(2) Absterben der Rinde am Schaft durch starke Erhitzung bei direkter Sonnenbestrahlung. Abheben, Aufreißen und Abfallen der Rinde. R. fast ausschließlich an Holzarten mit rel. dünner, glattbleibender Rinde (z.B. Fi, Strobe) an der Süd- und Westseite des Schaftes. Prophylaxe: Kein Freistellen empfindlicher Bäume, Schaffung und Erhaltung von Träufen.

Rindenbrand an Fichte

Rindenbrand der Eiche → *Fusicoccum quercus*

Rindenbrand der Pappel → *Cryptodiaporthe populea*

Rindenpilze: Holzbewohnende Pilze, deren Fruchtkörper einem Stamm, Stubben oder Ast krustenförmig (rindenartig) angewachsen sind. Die sporenbildende Oberfläche weist nach außen. Beispiel: Hymenochaete-Arten. Nicht zu verwechseln mit rindenbewohnenden Pilzen.

Rindenschildkrankheit der Dougl. → *Potebniamyces coniferarum*

Rindensterben, Buche → *Buchen-Rindennekrose*

Ringelborke → *Borke*

Ringelung: Methode zur Förderung der Wurzelbildung. Entfernung eines etwa 1 cm breiten Rindenringes an der Übererdungsstelle des Ablegers oder Luftablegers. R. bewirkt neben Assimilatstau oberhalb der Ringelungsstelle einen Wundreiz, der die Wurzelbildung auslöst. Unterbrochene R. der Stammrinde regt die Fruchtbildung an.

Ringgefäße → *Tracheen*

ringporig → *Jahrring*, → *Tracheen*

Ringschäle: Ringförmiger, d.h. im Bereich eines oder mehrerer Jahrringe verlaufender Holzabbau. Beispiel: *Onnia tomentosa*. Begriff wird auch für das Schadbild von *Phellinus pini* verwandt, wo das Frühholz i.a. stärker zersetzt wird als das Spätholz.

Ringtextur → *Textur*

Ringtracheide → *Tracheide*

Rippenmeristem → *Corpus*

Rispe: Razemöse → *Infloreszenz,* bei der die Seitenachsen wiederum verzweigt sind. Beispiele: Vitis, Ligustrum, Berberis. Bei der Doldenrispe sind die Blüten in einer Ebene angeordnet (bei Sorbus, Cotoneaster).

Rispelstrauch → *Myricaria*

Ritterspornbäume → *Polygalales*

RLO → *Rickettsien*

RNA (engl. Ribonucleinacid, syn. RNS): → *Nukleinsäure.* RNA-Nukleotide enthalten neben dem Phosphorsäurerest, die N-haltigen Basen Adenin, Cytosin, Guanin oder Uracil auch Ribose. Es werden drei Fraktionen unterschieden: m-RNA (messenger RNA, syn. Matrizen-, Boten-RNA); ihre Aufgabe ist die Weitergabe der in der DNA gespeicherten Erbinformation an den Ort der Proteinbiosynthese (Ribosomen) in Form einer DNA-Kopie. t-RNA (transfer-RNA); ihre Aufgabe ist die Anlagerung der Aminasruren an die Ribosomen. Durch Zusammenschluß komplementärer Tripletts von t-RNA und m-RNA werden dadurch die Aminasruren in der durch Erbinformation vorgegebenen Weise geordnet. r-RNA (ribosomale RNA); sie ist ein Hauptbestandteil der → *Ribosomen.* RNA ist überwiegend einsträngig. Doppelstränge finden sich in der »Kleeblattstruktur« der r-RNA und gelegentlich bei Viren.

Robinetin → *Flavonole*

Robinia L. Robinie (engl.: Locust): Gattung der → *Fabaceae* mit etwa 10 sommergrünen Baum- oder Straucharten in N-Amerika und Mexico Blätter wechselständig, unpaarig gefiedert; Blättchen gegenständig, ganzrandig; Nebenblätter meist als Dornen. Ansehnliche Blüten in hängenden Trauben. Kelch glockig, 5-zähnig und schwach 2-lippig; 9 der 10 Staubblätter zu einer Röhre verwachsen. Frucht: flache, mehrsamige Hülse.
Einzige forstl. wichtige Art R. pseudoacacia L., Robinie, Scheinakazie, Falsche Akazie (engl.: Black Locust): Bis 30 m hoher Baum mit offener, sparrig verzweigter Krone und dicker, graubrauner, tief gefurchter Borke. Triebe mit paarigen Dornen, Endknospe fehlend, Seitenknospen in den Blattnarben verborgen. Blätter 20 – 30 cm lang, mit dünnen, elliptischen Blättchen; später Laubaustrieb. Blüten (V, VI) weiß, intensiv und angenehm duftend, sehr nektarreich (wertvolle Bienentracht). Früchte 5 – 11 cm lang, ledrig, braun, bleiben nach der Reife bis zu einem Jahr geöffnet am Baum. Blätter, Früchte, Samen und Rinde sind giftig ! Chrom.: 2n = 20.
Beheimatet im östlichen Teil der USA; 2 disjunkte Teilareale, das östl. in den Appalachen (von PA, S-OH bis N-AL und N-GA), das westl. in der Ozark-Region (S-MO, W-AR und O-OK). Von Natur aus meist in Laubmischwäldern besserer Standorte. Heute in weiten Teilen N-Amerikas eingebürgert.
In Europa (eingeführt um 1600) als Zier- und Waldbaum eine der häufigsten fremdländischen Holzarten. Ausgedehnte forstl. Anbaugebiete in SO-Eur. (Ung., Rum.), besonders in warmen Lagen des Tief- und Hügellandes. Liebt frische, nährstoffreiche, lockere Böden, gedeiht aber auch auf rel. trockenen, nährstoffarmen Standorten, meidet stagnierende Nässe. Weitgehend winterfrostharte, aber frühfrostempfindliche, in der Jugend sehr raschwüchsige, max. 200 Jahre alte, Lichtbaumart.

Robinia pseudoacacia

Eignet sich als Rohbodenpionier zur Böschungs-, Halden- und Dünenaufforstung. Wurzelt intensiv, bildet reichlich Wurzelbrut und Stockausschläge. Bindet mittels → *Wurzelknöllchen* Luftstickstoff; Laubstreu stickstoffreich, bodenverbessernd, führt mitunter zur Veränderung der Bodenvegetation (Entstehung → *nitrophiler* Gesellschaften). Nachteile sind ihre Neigung zur Krummschäftigkeit infolge Phototropismus und die häufige Zwieselbildung.
Außerordentlich wertvolles, ringporiges Holz mit schmalem Splint und grünlich braunem Kern; schwer (r_o = 0,76 g/cm^3), hart, zäh, elastisch, bessere Festigkeitseigenschaften als Eichenholz, schwindet rel. wenig, sehr hohe nat. Dauerhaftigkeit, gut bearbeitbar. Verwendet u.a. als Pfahl-, Konstruktions-, Bau-, Werk-, Schwellen-, Gruben-, Werkzeug- und Bautischlerholz.

Robinia pseudoacacia: *a* Blütentraube, *b* Zweig im Winterzustand, *c* beblätterter Zweig mit Nebenblattdornen (N) und mit Hülsen (H)

Robinia pseudoacacia → *Robinia*

Rocky Mountain Juniper → *Juniperus scopulorum*

Röhrenbäume → *Calamitaceae*

Röhrenblüte → *Asterales*

Röhrenpilze: Pilze, deren Fruchtkörper ein röhrenartiges → *Hymenophor* tragen. Beispiel: Boletales.

Rötegewächse → *Rubiaceae*

Rohbalsam → *Harznutzung*

Rohhumus: Humusform in Waldböden mit geringer biologischer Aktivität bei → *C/N-Verhältnissen* >30, ein Produkt der Abbautätigkeit von Mikroorganismen in arten- und individuenarmen → *Biozönosen*. → *Streuzersetzung*.

Rohrzucker → *Saccharose*

Rosa L.: Gattung der → *Rosaceae* mit ca. 250 Arten. Meist sommergrüne, stachelige, Ausläufer treibende Sträucher mit aufrechtem, nahezu baumförmigem, kletterndem oder fast kriechendem Wuchs. Verbreitung in der gemäßigten Zone der Nordhalbkugel, in den Tropen und Subtropen auf die Gebirge beschränkt, nicht auf der Südhalbkugel. Blätter meist 3- bis 9-zählig gefiedert, Blüten in traubig-rispigen Blütenständen, z.T. auf eine Einzelblüte reduziert. Durch Destillation der Kronblätter wird aus bestimmten Arten Rosenöl gewonnen. Vitamin-C-reiche Hagebuttenfrucht (Nüßchen in krugförmiger Blütenachse, Verbreitung durch Vögel. Die meisten Arten sind kalkhold und bevorzugen eine mittlere Bodenfeuchte.
Die Rosenzucht stand schon im alten Persien (2000 v. Chr.) in Blüte, heute bestehen über 12 000 Kultursorten. Kaum eine andere Pflanze hat bei vielen Völkern so große Wertschätzung und mystische Verehrung erfahren wie die Rose. In M-Eur. kommen neben den häufigeren → *R. canina*, → *R. arvensis*, → *R. rubiginosa*, → *R. tomentosa*, → *R. pimpinellifolia* 15 – 20 weitere, z.T. sehr seltene Arten (auch → *Sammelarten*) natürlich vor, die wegen der Neigung der Rosen zum Bastardieren teilweise schwer zu unterscheiden sind: R. agrestis Savi (syn.: R. sepium Thuill. non Lam.) Ackerrose; R. caesia Sm. (syn.: R. coriifolia Fries, R. afzeliana ssp. coriifolia [Fries] Keller et Gams) Lederrose; R. corymbifera Borkh. (syn.: R. dumetorum Thuill) Heckenrose; R. elliptica Tausch. Keilblättrige Rose; R. gallica L. Essigrose; R. glauca Pourr. (syn.: R. ferruginea auct. non Vill., R. rubrifolia Vill.) Rotblättrige Rose; R. jundzillii Bess. (syn.: R. marginata auct. non Wallr.) Rauhblättrige Rose; R. majalis J. Herrm. emend. Mansf. Zimtrose; R. micrantha Borrer ex Sm. Kleinblütige Rose, Kleinblütiger Hagedorn; R. mollis Sm. Weiche Rose; R. montana Chaix (R. glabrata Vest) Bergrose; R. obtusifolia Desv. (syn.: R. tomentella Lem.) Stumpfblättrige Rose; R. pendulina L. (syn.: R. alpina L.) Alpen-Rose; R. scabriuscula Sm. emend. H. Braun Kratzrose; R. sherardii Davies (syn.: R. omissa Desegl.) Unbeachtete Rose, Sammetrose; R. stylosa Desv. Säulengriffelige Rose; R. villosa L. (syn.: R. pomifera J. Herrm.) Apfelrose.

Rosa afzeliana → *Rosa*

Rosa agrestis → *Rosa*

Rosa arvensis Huds. (syn.: R. repens Scop.) Kriechende Rose: Bis 1 m hoher, Ausläufer treibender Strauch mit bogig überhängenden Trieben. Areal in W-, S- und SO-Eur. (Alpen bis 1 300 m), bis W-Asien. Blüten weiß. Griffel zu einer Säule verwachsen, ragen relativ weit aus dem Blütenbecher heraus.

Rosa caesia → *Rosa*

Rosa canina L. Hundsrose: 1 – 3 m hoher Strauch von sehr unterschiedlicher Wuchsform, aber meist mit überhängenden Zweigen. Areal in fast ganz Eur., N-Afr., N- und W-Asien. Tiefwurzelnder Pionier. Blüten rosa. Früchte für Marmelade und Likör, Samen für Heiltee verwendet. Einzelne Exemplare werden auf 300 Jahre und älter geschätzt.

Rosa coriifolia → *Rosa*

Rosa corymbifera → *Rosa*

Rosa dumetorum → *Rosa*

Rosa eglanteria → *Rosa rubiginosa*

Rosa elliptica → *Rosa*

Rosa ferruginea → *Rosa*

Rosa gallica → *Rosa*

Rosa glabrata → *Rosa*

Rosa glauca → *Rosa*

Rosa jundzillii → *Rosa*

Rosa majalis → *Rosa*

Rosa marginata → *Rosa*

Rosa micrantha → *Rosa*

Rosa mollis → *Rosa*

Rosa montana → *Rosa*

Rosa obtusifolia → *Rosa*

Rosa omissa → *Rosa*

Rosa pendulina → *Rosa*

Rosa pimpinellifolia L. (syn.: R. spinosissima L.p.p.) Bibernellrose, Dünenrose: Bis 0,5 m (in Kultur bis 2,5 m) hoher, aufrechter Strauch. Heimat: W-, S- und M-Eur. (Alpen bis 1 000 m), bis Krim, Kau. und Altai. Blüten weiß, Zweige sehr dicht mit geraden Stacheln besetzt.

Rosa pomifera → *Rosa*

Rosa repens → *Rosa arvensis*

Rosa rubiginosa L. (syn.: R. eglanteria L.p.p.) Weinrose, Schottische Zaunrose: 1 – 3 m hoher Strauch mit überhängenden Zweigen. Vorkommen von Eur. (Alpen bis 1 200 m) bis W-Asien. Blüten hell- bis dunkelrosa. Blätter unterseits mit weißen Drüsen, die besonders zur Blattentfaltung einen wein- bis apfelartigen Geruch verbreiten.

Rosa rubrifolia → *Rosa*

Rosa rugosa Thunb. Kartoffel-Rose: Bis 2 m hoher, buschiger Strauch aus NO-Asien, in M-Eur. häufig in

Kultur. Große rote Blüten, erscheinen schon im Mai. Früchte für Kompott, Marmelade, Wein verwendet.

Rosa scabriuscula → *Rosa*

Rosa sepium → *Rosa*

Rosa sherardii → *Rosa*

Rosa spinosissima → *Rosa pimpinellifolia*

Rosa stylosa → *Rosa*

Rosa tomentella → *Rosa*

Rosa tomentosa Sm. Filzrose, Waldrose: Bis 2 m hoher Strauch mit bogig überhängenden Zweigen. Verbreitung in Eur. (Alpen bis 2 000 m), Kl.Asien und Kau.. Blüten blaßrot, Zweige zuweilen bläulich bereift.

Rosa villosa → *Rosa*

Rosaceae: Rosengewächse, zu den → *Rosales* zählend. Kosmopolitisch verbreitete Familie mit ca. 3 300 Arten in 115 Gattungen. Bäume, Sträucher oder Kräuter (meist ausdauernd). Blätter wechselständig, oft zusammengesetzt. Allg. Blütenformel: * K5 C5 A∞ G∞→5→1. Blütenboden becherartig oder emporgewölbt, oft bei Fruchtreife fleischig werdend. Extraflorale → *Nektarien* häufig, meist entomogam (Ausnahme: Sanguisorba, Wiesenknopf).
Man unterscheidet 5 Unterfamilien, u.a.: 1. Spiraeoideae: Sträucher und Kräuter ohne Nebenblätter, mit vielsamigen Balgfrüchten. G meist 5, schwach unterständig. Beispiele: → *Spiraea,* Sibiraea (S. laevigata var. croatica, Blauspiere, Jugoslawien), Aruncus dioica (Geißbart in Schluchtwäldern). 2. Rosoideae: Sträucher oder ausdauernde Kräuter, seltener Bäume oder Annuelle, mit einsamigen Nuß- oder Steinfrüchten (oft als Sammelfrüchte). G∞, ober-, mittel- oder unterständig. Hierher gehören zahlreiche Sträucher (→ *Rubus,* → *Rosa,* → *Kerria,* → *Dryas,* → *Potentilla)* und Kräuter (Fragaria, Geum). Ferner: Polylepis, in den Anden lichte Bestände an der Waldgrenze bildend. 3. Maloideae (Pomoideae, Pomaceae, Malaceae): Holzgewächse mit 2- bis 5-blättrigem Gynoeceum, scheincoenocarp, da in Blütenachse eingewachsen, entwickelt sich zur Apfelfrucht (Kernfrucht). Hierher gehören: → *Pyrus,* → *Malus,* → *Cydonia,* → *Sorbus,* → *Cotoneaster,* → *Amelanchier,* → *Crataegus,* → *Pyracantha,* → *Mespilus,* → *Eriobotrya* (japanische Mispel), Photonia (Glanzmispel, Japan, China), Choenomeles (japanische Quitte) und Quillaja (Qu. saponaria aus Chile mit saponinhaltiger Rinde). 4. Prunoideae: Obstgehölze mit oberständigen, einblättrigen Gynoeceen und Steinfrüchten. Hierher gehört die Gattung → *Prunus.*

Rosales: Rosenartige. Ordnung der → *Rosidae.* Kräuter, Sträucher und Bäume mit zyklischen, radiären, meist 5-zähligen Blüten. Blütenhülle in Kelch und freiblättrige Krone gegliedert. Androeceum diplostemon oder sekundär polyandrisch. Gynoeceum ∞– 1, stets chorikarp, ober-, mittel- oder unterständig. Blätter meist mit Nebenblättern. Samen meist endospermlos. Umfaßt 2 Familien: → *Rosaceae,* → *Chrysobalanaceae.*

Rose, Keilblättrige → *Rosa*

Rose, Kleinblütige → *Rosa*

Rose, Kriechende → *Rosa arvensis*

Rose, Rauhblätttrige → *Rosa*

Rose, Rotblättrige → *Rosa*

Rose, Säulengriffelige → *Rosa*

Rose, Stumpfblättrige → *Rosa*

Rose, Unbeachtete → *Rosa*

Rose, Weiche → *Rosa*

Rosellinia aquila (Fr.) de Not. (Phacidiaceae): Blattparasit, vor allem in Baumschulen. Infiziert Nh-Arten, insbes. Picea omorika. Befall beginnt an bodennahen, mit Erde bedeckten Zweigen. Bei hoher Feuchtigkeit werden auch die oberen Zweige erfaßt. Bedeutung: herabgesetzter Verkaufswert. Symptome: Nadeln und Triebe werden von lockerem, grauem Mycel umsponnen und sterben ab. Später erscheinen sie durch dichtfilzigen Mycelrasen weiß. Daran bilden sich ab August zahlreiche tiefschwarze, kugelige, ca. 1 mm große Perithecien.

Rosellinia quercina Htg. Eichenwurzeltöter (Phacidiaceae): Wurzelparasit, der einzelne und plätzeweise Ausfälle in jungen (1 – 6j.) Eichenkulturen hervorruft. Hauptsächlich auf vernäßten Standorten. Verbreitung im Boden durch Mycelstränge. Infektion über Wunden und Lenticellen mittels weißer Hyphen. Symptome: Vergilbte und welke Blätter. Weißes Mycel unter Wurzelrinde. Später Absterben der Wurzeln. Tod der Pflanze. Viele schwarze, ca. 1 mm große, runde Perithecien auf der Rinde der Stammbasis. Schwärzung des befallenen Holzes und Weißfäule. Gelegentlich von begrenzter lokaler Bedeutung. Prophylaxe: Keine Ei auf schon früher befallenen, nassen Standorten.

Rosellinia thelena Rabenh.: Ruft gleiche Schadbilder an jungen Ei hervor wie R. quercina. Unterschiede nur in der Sporenmorphologie.

Rosemary, Bog → *Andromeda*

Rosenapfelartige → *Dilleniales*

Rosenartige → *Rosales*

Rosengewächse → *Rosaceae*

Rosidae: Umfangreichste Unterklasse der → *Magnoliatae.* Kennzeichnend sind zyklische, 4- bis 5-zählige Blüten mit doppelter Hülle und freien Kronblättern, die aus dem äußersten Staubblattkreis hervorgegangen sind. Blütenboden oft erweitert und mit → *Discus.* → *Androeceum* meist diplostemon oder sekundär polyandrisch (zentripetales → *Dédoublement).* Synkarpe Fruchtknoten mit meist zentral-winkelständiger Placentation der bitegmischen Samenanlagen. Untergliederung wird nicht einheitlich gehandhabt. Folgende Ordnungen gehören hierher: → *Saxifragales,* → *Rosales,* → *Fabales,* → *Proteales,* → *Myrtales,* → *Rutales,* → *Sapindales,* → *Geraniales,* → *Polygalales,* → *Celastrales,* → *Rhamnales,.* → *Santalales,* → *Euphorbiales,* → *Araliales,* → *Cornales,* → *Rafflesiales.*

Rosmarin → *Rosmarinus officinalis*

Rosmarin-Seidelbast → *Daphne cneorum*

Rosmarinheide → *Andromeda*

Rosmarinus officinalis L. Rosmarin: Monotypische

Gattung der → *Lamiaceae.* Immergrüner, graufilzig behaarter, aromatischer, 1 – 2 m hoher Strauch. Typischer Vertreter der → *Macchie.* Ursprünglich nur in Teilen des Mittelmeergebietes, heute im ganzen mediterranen Raum kultiviert. Bienenweide, Duft-, Heil- und Gewürzpflanze, Lebens- und Fruchtbarkeitssymbol. Aus Blättern und Blüten wird ein ätherisches Öl gewonnen. Blätter nadelförmig, Blattrand eingerollt, unterseits durch dichte Sternhaare weiß. Blüten hellblau bis violett.

Rosoideae → *Rosaceae*

Roßkastanie → *Aesculus*

Roßkastanie, Gemeine → *Aesculus hippocastanum*

Roßkastanie, Rotblühende → *Aesculus x carnea*

Roßkastaniengewächse → *Hippocastanaceae*

Rostkrankheiten: Durch → *Rostpilze* (Uredinales) hervorgerufene Pflanzenkrankheiten. Insbes. in der Landwirtschaft von großer wirtschaftlicher Bedeutung (Getreideroste). An Waldbäumen werden u.a. Arten der Gattungen → *Cronartium,* → *Chrysomyxa,* → *Melampsora,* → *Melampsorella* schädlich.

Rostpilze → *Uredinales*

Rotahorn → *Acer rubrum*

Rotalgen → *Phycophyta*

Rotbuche → *Fagus sylvatica*

Roteiche, Amerik. → *Quercus rubra*

Roterle → *Alnus glutinosa*

Rotesche → *Fraxinus pennsylvanica*

Rotfäule: Eine Bezeichnung der forstlichen Praxis, die nichts über die Art der abgebauten Holzsubstanz aussagt, sondern auf die rotbraune Verfärbung des von Pilzen zersetzten Holzes lebender Nadelbäume verweist. Hervorgerufen u.a. durch → *Heterobasidion annosum* und → *Stereum sanguinolentum* als Erreger der → *Fichten-Rotfäule.*

Rotfichte → *Picea rubens*

Rotkern → *Falschkern*

Rotkiefer, Amerikanische → *Pinus resinosa*

Rotkiefer, Japanische → *Pinus densiflora*

Rotpustelkrankheit → *Nectria cinnabarina*

Rotrüster → *Ulmus minor*

Rotstengelmoos → *Bryidae*

Rotstreifigkeit: Spezifische Form der Weißfäule, die als → *Lagerfäule* an gefälltem Fichtenholz vorkommt und auf den Befall von Stereum-Arten, insbes. → *S. sanguinolentum* zurückgeht. Typisch ist: streifen- oder bandförmige Rotfärbung des Holzes. Oft nach falscher Lagerung. Keine Veränderung der Festigkeit. R. an Ki durch → *Hirschioporus abietinus.*

Rotulme → *Ulmus rubra*

Roundup → *Glyphosate*

Roystonea → *Arecales*

Rubiaceae: Rötegewächse. Familie der → *Gentianales* mit 6 500 Arten. Gelegentlich als eigene Ordnung (Rubiales) geführt. Überwiegend tropische Bäume, Sträucher und Kräuter mit gegenständigen Blättern und großen, laubblattartigen Stipeln (dadurch scheinbar quirlblättrig). Häufige Blütenformel: * K4 [C(4) A4] G(2), gelegentlich auch 5-zählige Blüten. Zentralwinkelständige Placentation. Kapseln, Beeren, Steinfrüchte, Spaltfrüchte. Alkaloidhaltig. Wirtschaftlich wichtigste Gattung: Coffea (Kaffeebaum) aus Afrika mit mehreren Arten (u.a. C. arabica, C. liberia, C. canephora). Auch in anderen tropischen Gebieten in Kultur. Ferner bedeutend: Cinchona officinalis (Chinarindenbaum), Bäume aus den Nebelwäldern der Anden (1 000 – 3 000 m ü.NN). In Kultur auf Java und in Indien. Liefert Chinin (Malariamittel). Burchellia bubalina (S-Afrika) mit hartem Büffelholz. Ixora ferrea (westindisches Eisenholz). Cephalanthus occidentalis (Knopfbusch), bis 3 m hoher Strauch aus N-Amerika, bei uns als Zierstrauch. Einheimische Waldpflanzen: Galium odoratum (Waldmeister, schattige Buchenwälder), Galium silvaticum (Waldlabkraut, in Laubwäldern).

Rubus L. Brombeere, Himbeere (engl.: Blackberry): Sehr formenreiche Gattung der → *Rosaceae.* Zahl der Arten zwischen 250 und 3 000. Heimat von der Arktis bis in tropische Gebirge der Nordhalbkugel. Sommer-, seltener immergrüne Sträucher, häufig mit bewehrten Trieben, die bei fast allen Arten am Ende des 2. Jahres bis zu den basalen Adventivsprossen absterben. Typisch ist auch das Fehlen von → *Lenticellen.* Rubus-Arten stellen Übergangsformen zu → *Stauden* dar (»Staudensträucher«). Blätter wechselständig, meist gefiedert oder gefingert. Blüten weiß oder purpurn, meist in Rispen. → *Sammelsteinfrüchte.* Nutz- und Zierpflanzen. Die meisten Arten sind tetraploid bis polyploid.

Rubus caesius L. Kratzbeere (engl.: Dewberry): Bis 80 cm hoher Strauch mit bogig überhängenden oder niederliegenden, von wenigen schwachen, fast geraden Stacheln besetzten Zweigen. Ohne Erneuerungssprosse. Kommt in fast ganz Eur. und W-Asien vor. Zeigt nährstoffreiche Böden an und verträgt Überschwemmungen. Von der Ebene bis ins Gebirge; in Auwäldern, an Ufern, Wald- und Wegrändern. Kennzeichen: Blätter 3-zählig. Nebenblätter lanzettlich. Frucht blau bereift, wenig schmackhaft, zerfällt leicht in einzelne Steinfrüchte.

Rubus fruticosus L. Brombeere (engl.: Blackberry): → *Sammelart,* die 100 – 200 z.T. auch ökologisch spezialisierte Kleinarten umfaßt, deren Unterscheidung Spezialliteratur erfordert. Sträucher mit bogig überhängenden Zweigen, am Boden kriechend oder mit Hilfe starker, etwas gebogener Stacheln kletternd. Außer im hohen Norden Vorkommen in ganz Eur.. In den Alpen bis 1 700 m. Meist auf kalkarmen Böden in Wäldern (Waldarten), Hecken (Heckenarten) und auf Schlägen (Kahlschlagarten). Kennzeichen: Blätter meist 5-zählig, Nebenblätter fadenförmig. Frucht glänzend schwarz, löst sich zur Reife mit der Blütenachse ab. Verarbeitung u.a. zu Marmelade, Wein und Likör. Zahlreiche Sorten (z.T. stachellos) kultiviert.

Rubus idaeus L. Himbeere (engl.: Red Raspberry): 1 – 2 m hoher, aufrechter, steif borstiger bis etwas stacheliger Strauch. Verbreitung in ganz Eur., in Asien und N-Amerika. Vom Flachland bis in Gebirgslagen, als Waldpionier auf Kahlflächen. Nitratanzeiger. Kennzeichen: Blätter 3- bis 5-zählig, unterseits weißfilzig. Nebenblätter fadenförmig. Rote, wohlschmeckende Früchte, die sich von der Blütenachse ablösen (vgl. → *R. fruticosus).*

Ruch-Weide → *Salix foetida*

Ruderalpflanzen (Schuttpflanzen): Pflanzen, die auf antropogen beeinflußten, meist stickstoffreichen Flächen wie Müllhalden, Trümmerplätzen usw. wachsen (z.B. Urtica dioica, Rumex obtusifolius).

Rückeschäden: syn.: Bringungsschäden. Durch Einsatz von Rückefahrzeugen und unsachgemäßer Handhabung bei der Holzbringung können schwere Wurzel- und Stammschäden verursacht werden. Folgeschäden durch holzzerstörende Pilze (Wundfäuleerreger: z.B. Stereum sanguinolentum), die über die Verletzungsstelle eindringen. Prophylaxe: Bessere Erschließung der Bestände (breitere Rückegassen), Einschlag und Bringung in der Vegetationsruhe, Verbesserung der Arbeitsverfahren (Waldarbeiterschulung, Einsatz pfleglicher Rückemittel wie z.B. Pferderückung) usw.. Abwehrmaßnahmen: Aufbringung von zugelassenen Wundschutzmitteln möglichst unmittelbar nach der Verwundung.

Rückkreuzung: Kreuzung zwischen Nachkomme und Elter. Dient zur Aufklärung der hetero- oder homozygoten Struktur eines Merkmals; → *heterozygot*

Rückmutation: Mutation einer Mutante zum Ursprungs-(Wild-)typ.

Rückzugsgebiete → *Refugialräume*

Rüster → *Ulmus*

Rüster, Holländische → *Ulmus x hollandica*

Ruhekern → *Interphasenkern*

Ruscus L. Mäusedorn (engl.: Butcher's Broom): 7 Arten umfassende Gattung der → *Liliaceae.* Immergrüne Sträucher mit unterirdischer Grundachse, häutig braunen, schuppenförmigen Blättern, aus deren Achseln blattartige Sprosse (Phyllokladien) wachsen. Vorkommen auf Madeira, den Kanaren, vom Mittelmeerraum bis Vorderasien. R. aculeatus L. (Stechender Mäusedorn, engl.: Kneeholly): Bis 0,8 m hoher Strauch aus W-Eur. und aus dem Mittelmeerraum, im Osten bis Persien. Stellenweise in trockenen, sonnigen, steinigen Hängen, oft als Unterholz in Ei- und Bu-Wäldern. Die kleinen, grünlichweißen Blüten stehen auf der Oberseite der Phyllokladien in Achseln kleiner Hochblätter. Frucht: kugelige, leuchtend rote Beere.

Rußtau: Dünner, schwarzer Belag auf Blättern oder Zweigen verschiedener Baumarten. Hervorgerufen durch das Mycel epiphytischer Pilze (Aureobasidium pullulans, Hormiscium-Arten u. a.), die sich entweder von zuckerhaltigen Ausscheidungen von Blattläusen (Honigtau) oder von organischen Exsudaten der Wirtspflanze ernähren. Kein nennenswerter Schaden.

Russula: Täublinge. Sprödblättrige Lamellenpilze (Russulaceae → *Basidiomycetes)* ohne Milchsaft. Sehr artenreiche Gattung, typische Begleitpilze von Waldbäumen. → *Mykorrhizapilze.*

Rutaceae: Rautengewächse. Zu den → *Rutales* zählende, weltweit in trop. und gemäßigt-warmen Gebieten beheimatete Familie mit ca. 150 Gattungen und ca. 900 Arten. Überwiegend Bäume und Sträucher mit meist wechselständigen Blättern, reich an ätherischen Ölen, ohne Nebenblätter. Bisweilen mit Sproßdornen. Häufige Blütenformel: * K4-5 C4-5 A4+4 (oder 5+5) G($\underline{4}$-5), seltener (1-∞). Blüten mit Diskus. Beerenfrüchte. Polyembryonie häufig. Wichtige Gattungen: → *Citrus,* → *Poncirus,* → *Phellodendron,* → *Ptelea.* Ferner: Euodia hupehensis (Stinkesche), Heimat M-China, bis 20 m hoch, monözisch, gegenständige Blätter. Euxylophora spec., bis 40 m hoher, Nutzholz liefernder Baum aus Brasilien. Zanthoxylum flavum (Stachelesche), Heimat Westindien, liefert Möbelholz mit Seidenglanz. Dictamnus albus (Diptam) ist die einzige, in wärmeren Gebieten S-Deutschlands heimische Art. Eingebürgert wurde Ruta graveolens (Weinraute).

Rutales: Rautenartige. Zu den → *Rosidae* zählende Ordnung von überwiegend trop. und subtrop. Holzpflanzen. Abgrenzung zu → *Sapindales* und → *Polygalales* unsicher. Charakteristisch sind lysigene Öldrüsen, -zellen und -sekretgänge mit ätherischen Ölen bzw. Harzen. Blätter wechselständig, einfach oder gefiedert. Typ. Blütenformel * K5 C5 A 0+5+5 (oft sekundär vermehrt) G ($\underline{5}$)-($\underline{2}$). Blüten mit intrastaminalem Diskus. U.a. gehören folgende Familien hierher: → *Meliaceae,* → *Anacardiaceae,* → *Cneoraceae,* → *Simaroubaceae,* → *Burseraceae,* → *Rutaceae.*

Rutenbäume → *Schlangenbäume*

Rutenbrenner → *Glomerella miyabaena*

S

Saagutaufbereitung: Beim Nadelholz gliedert sich die S. in folgende Schritte: 1. Klengen/Darren: Trocknen der Zapfen bis zur Öffnung und Samenentlassung (bei Lä mechanische Zerstörung der Zapfen). 2. Vorreinigen: Aussieben von Fremdkörpern mit Trommelsieben. 3. Entflügeln: Entfernen der Samenflügel. 4. Reinigung: Wegblasen von Hohlkörnern und leichteren Verunreinigungen. Bei Fi und Ki beträgt das Gewicht des Hohlkorns nur 35 % eines Vollkorns; bei Lä 70 %, hier ist diese Form der Trennung nicht möglich. 5. Sortieren: Trennung nach Korngrößen. Wird in der forstlichen Praxis nicht durchgeführt.

Saatgutprüfung: Nach den Vorschriften der International Seed Testing Association (ISTA) gehört dazu die → *Reinheitsprüfung* und die → *Keimfähigkeitsprüfung*. Zur Ermittlung der Keimfähigkeit von Zirbelkiefer, Strobe, Hbu, Es, Ah ist auch der → *Tetrazoliumtest* zugelassen.

Saatgutsortierung: Kenngröße der S. ist das sog. Tausendkorngewicht (Gewicht von 1000 Saatkörnern in g). Bei der S. wird ein hohes Tausendkorngewicht (Großkorn) angestrebt. Großkorn liefert i.d.R. höhere Pflanzenprozente, widerstandsfähigere und in den ersten Lebensjahren wüchsigere Pflanzen als Kleinkorn.

Sabal palmetto (Walt.) Lodd. ex Schult. Palmetto-Palme (engl.: Cabbage Palm): Bis 25 m hohe, in küstennahen, sandigen Gebieten der südöstl. USA heimische Palme (→ *Arecaceae)*, die auch gruppenweise in Nh/Lh-Mischbeständen sowie im → *Hammock* vorkommt. Nat. Areal von NC bis NW-FL. Stämme werden als Masten, Blattstiele für Bürsten und Besen genutzt.

Saccharomycetaceae → *Endomycetidae*

Saccharose: Rohrzucker. → *Disaccharid* aus Glucose und Fructose. Transportform der Photosyntheseprodukte; kommt vorwiegend im Phloemsaft vor, ferner auch in Früchten. Zuckerrüben und Zuckerrohr nützen S. als Speichersubstanz.

Sacculus → *Schizomycetes*

Sachalin-Fichte → *Picea* (glehnii)

Sachalin-Tanne → *Abies sachalinensis*

Sadebaum → *Juniperus sabina*

Säbelwuchs: Genetisch bedingte oder durch Umwelteinflüsse (Schneedruck, Wind, Erdrutschung) ausgelöste Krümmung des unteren Stammteiles; häufig bei Lä, Bu.

Sägeblättling, Schuppiger → *Lentinus lepideus*

Sämling: Bis drei Jahre alte, aus Samen entstandene, Pflanze.

Sämlingsnachkommenschaft → *Nachkommenschaftsprüfung*

Säulenform: Durch Mutation entstandene Verzweigungsvariante bei Waldbäumen, erkennbar an der zylindrischen Kronenform. Bekannt u.a. bei Populus nigra, P. alba und P. tremula. Wegen ihres Zierwertes werden solche Mutanten vegetativ vermehrt.

Säulenpappel → *Populus nigra*

Säumauge → *Kugelknospe*

Säureschäden: Primäre oder sekundäre Schäden an Pflanzen, hervorgerufen durch → *sauren Regen (→ Bodenversauerung). Neben der* H^+-Toxizität (bei pH <3,0) treten weiterhin auf: Nährstoffmangel (→ *Mangelkrankheiten)* infolge Auswaschung von Ca, Mg, K und Festlegung von P und Mo bei pH <5,5 auf Mineralböden, erhöhte Konzentration von Al, Fe, Mn in der Bodenlösung mit negativen Auswirkungen auf das Wurzelwachstum und die → *Nährstoffaufnahme.*

Säbelwuchs bei Lärche

Säurezeiger: → *Zeigerpflanzen* für saure Substrate, z. B. Betula nana, Vaccinium uliginosum.

Safthaare → *Paraphysen*

Sagopalme → *Arecales*

Saison-Wälder: Laubabwerfende, regengrüne Wälder, die durch den Wechsel von Trocken- und Regenzeiten geprägt sind. V. a. in SO-Asien als → *Monsunwälder* verbreitet.

Salbei → *Salvia*

Salicaceae → *Salicales*

Salicales: Ordnung der → *Dilleniidae.* Einzige Familie: Salicaceae (Weidengewächse) mit 2 Gattungen (→ *Salix,* → *Populus)* und ca. 350 Arten. Laubabwerfende, diözische (monözisch ist Salix aegyptiaca) Bäume und Sträucher vorwiegend der nördlich gemäßigten Zone. Wechselständige Blätter mit Nebenblättern. Perianthlose Blüten in kätzchenartigen Blütenständen. Anemogam (Populus) oder entomogam mit Nektarien (Salix). Blütenbecher bei Populus wird als Perianthrest gedeutet. ♂ A 2-∞, ♀ G (2). Vielsamige Kapselfrüchte mit parietaler Placentation. Unitegmische Samenanlagen (bitegmisch bei einigen Populusarten). Chalazogamie. Samen endospermlos mit Haarschopf (anemochor), nur wenige Tage keimfähig.

Salicetea purpureae → *Weichholzaue*

Salicion albae → *Weichholzaue*

Salicion eleagni → *Weichholzaue*

Salix L. Weide (engl.: Willow): Sommergrüne, i.d.R. 2-häusige Bäume oder Sträucher, in der Arktis und in den Alpen vielfach niederliegende Zwergsträucher. Etwa 500 Arten mit Verbreitungsschwerpunkten in der nördlichen kalten und gemäßigten Zone. Außerdem in SO-Asien, S-Afr. und S-Amerika, nicht aber in Australien und Ozeanien. Salix-Arten neigen stark zum Bastardieren, woraus sich Probleme bei der Bestimmung und Abgrenzung von Arten ergeben. Knospen immer mit einschuppiger Hülle. Blätter meist schraubig angeordnet, einfach, Nebenblätter häufig stark entwickelt, oft früh abfallend, seltener ganz fehlend. Blüten in Kätzchen, i.d.R. eingeschlechtig, meist vor oder mit Laubaustrieb erscheinend. ♂ Blüten mit einfarbigem, spärlich behaartem Tragblatt, meist 2 unverwachsene Staubblätter und 2 Nektarien. ♀ mit 2-farbigem, an der Spitze bärtigem → *Tragblatt,* einem Fruchtknoten und einem → *Nektarium.* Kapselfrucht mit vielen, sehr kleinen, haarschopftragenden Samen, die nach wenigen Tagen keimen (bei den Hochgebirgsarten erst im folgenden Frühjahr).
Schnellwachsende, meist pfahlwurzelbildende Pionierholzarten mit hohem Lichtbedürfnis, die nie im Klimaxwald vertreten sind. Weiden besitzen ein enormes Stockausschlagsvermögen. Sie werden bei natürlicher Verbauung als Bodenfestiger an Wildbächen, Ufern, Dämmen und Hängen eingesetzt. Zur Biomasseproduktion werden Salix-Arten auch in Schnellwuchsplantagen angebaut. Die Vermehrung für Kulturzwecke erfolgt ausschließlich vegetativ durch → *Stecklinge* oder Setzstangen. Die Triebe vieler Arten werden als Binde- und Flechtmaterial genutzt. Die Rinde liefert Gerbstoffe; Blätter, Blüten und besonders die Rinde das bittere Glycosid Salicin, das früher arzneilich Verwendung fand als Fiebermittel und Antirheumaticum (Cortex Salicis). Das weiße, sehr leichte, biegsame und wenig dauerhafte Holz wird zur Herstellung von Holzschuhen, Kisten, Schachteln, Schnitzereien und Zahnstochern verwendet. Sehr wertvoll sind Weiden für die Bienenzucht, da sie im zeitigen Frühjahr fast einziger Nahrungslieferant sind. In Gärten viele Arten als Zierpflanzen. Chrom.: 2n = 38, viele Arten aber polyploid. Gliederung der Gattung uneinheitlich. Während man sich in M-Eur. im wesentlichen auf Merkmale der Blüte konzentrierte, stellen skandinavische und russische Autoren eher Wuchsmerkmale in den Vordergrund.

Salix alba L. Silber-, Weißweide (engl.: White willow): Stattlichste und forstl. wichtigste einheimische Weidenart. 15 – 25 m (max. 30 m) hoher, bis zu 200 Jahre alter, raschwüchsiger Baum. Verbreitung: Europa (ohne Island, Brit. Inseln, Skand.). W- und SW-Asien, Himalaya, Tibet, N-Afrika; im östl. N-Amerika eingebürgert. Chrom.: 2n = 76.
Kennzeichen: Frühzeitige Bildung einer grauen bis hellbraunen, groben, tief längsrissigen Borke. Junge Triebe sehr biegsam, anliegend kurz behaart, Zweige zuweilen überhängend. Blätter 5 – 10 cm lang, lanzettlich, lang zugespitzt, Blattrand fein gesägt, Drüsen auf den Spitzen der Zähne, beidseitig oder nur unterseits dicht anliegend silbrig-seidig behaart; Nebenblätter klein, oft fehlend. Blütenkätzchen gestielt, stets mit einigen Laubblättchen, schlank zylindrisch; erscheinen mit dem Laubaustrieb (IV, V), wertvolle Bienenweide.
Vorkommen, Standort: Rel. häufig und mitunter bestandesbildend in sommerwarmen Tieflagen an Ufern von Flüssen, Bächen, Seen und Altwässern. Hauptsächlich auf nassen, periodisch überfluteten, nährstoff- und basenreichen, meist kalkhaltigen, sandig-kiesigen Ton-

a

b

Salix alba: *a* mit ♂ Blütenständen, *b* Zweig und Borke

Salix alba: *a* Zweig mit männl. Blütenkätzchen *b* weibl. Blütenkätzchen, *c* beblätterter Zweig mit Fruchtständen zur Zeit der Samenreife

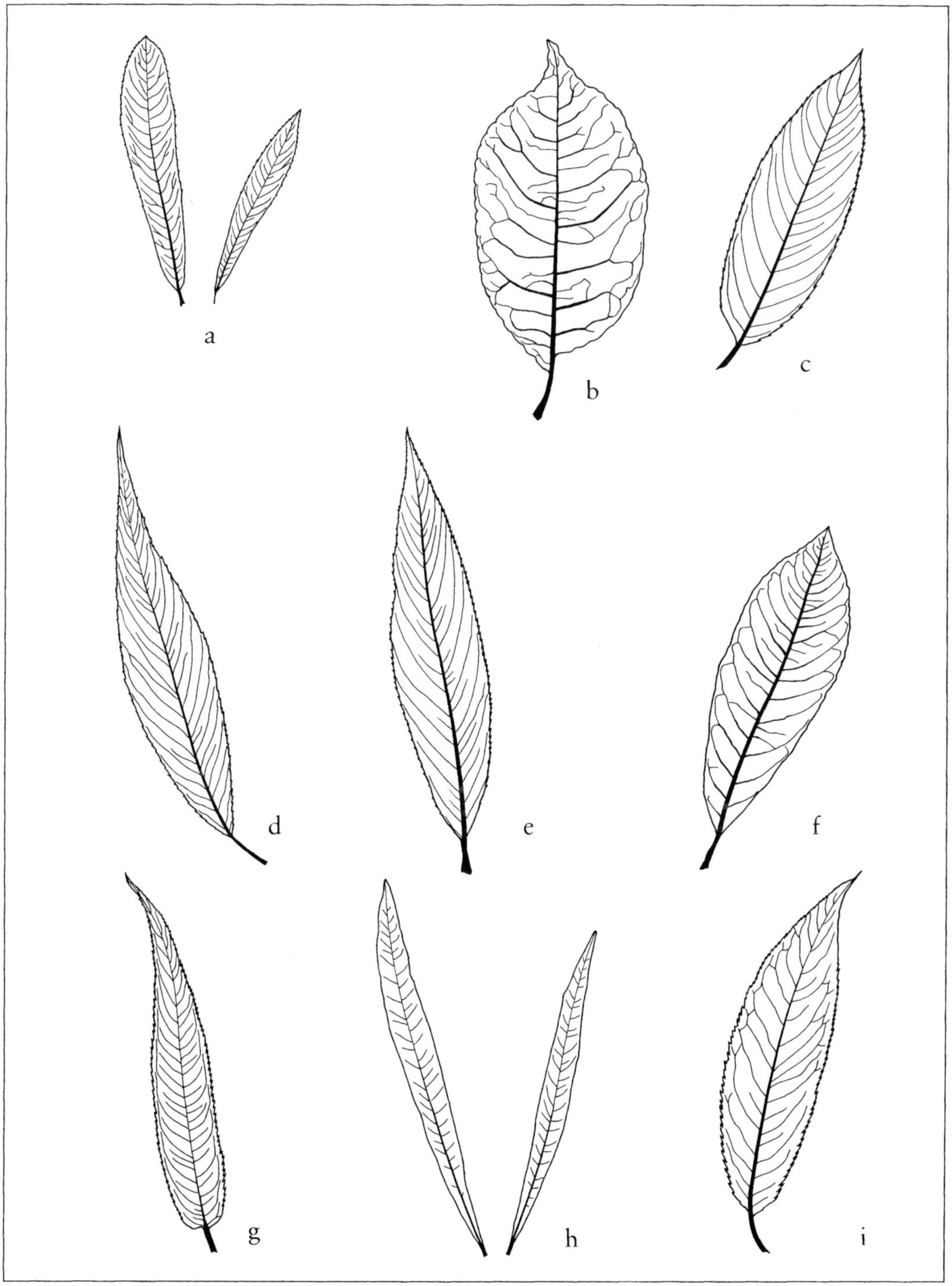

Blattformen verschiedener **Salix**-Arten (1/2 nat. Gr.): *a* S. purpurea, *b* S. caprea, *c* S. daphnoides, *d* S. fragilis, e S. alba, *f* S. cinerea, *g* S. nigra, *h* S. viminalis, *i* S. pentandra

Salix caprea: *a* männl. Blütenkätzchen, *b* weibl. Blütenkätzchen, *c* Trieb mit Fruchtstand zur Zeit der Samenreife

oder Schlickböden; Tonzeiger; Tiefwurzler. Wichtiger Bestandteil der → *Weichholzaue* (Salicion albae). N-Alpen bis etwa 900 m, Zentralalpen bis etwa 1 300 m Höhe. Zierbaum; als Kopfweide zur Gewinnung von Flechtmaterial genutzt.
Holz: Kernholzbaum mit breitem, gelblichweißem Splint, meist hell rötlichbraunem Kern und breiten Jahrringen; Gefäße zerstreutporig, Holzstrahlen schmal. Sehr weich, leicht bis mittelschwer (Rohdichte r_o: 0,39...0,52...0,59 g/cm^3), wenig elastisch und dauerhaft. Verwendung: Blindholz für Möbel, Sperrholz, Span- und Faserplatten, Zellstoff, Zündhölzer, Prothesen, Zeichenbretter, Holzschuhe, Spielwaren, Kisten, Spankörbe, Obststeigen. Andere Nutzungen: Zweige als Flecht- und Bindematerial. Gerbstoffgewinnung aus der Rinde. Wie andere Weidenarten große Bedeutung als Bodenfestiger (Faschinenbau, Schutzpflanzungen). Besondere Formen: – S. alba ssp. vitellina (L.)Arc. (Dotterweide): leuchtend gelbe, meist stärker hängende Zweige. – 'Tristis' (Trauerweide): häufig kultiviert, senkrecht hängende gelbe Zweige. Häufiger Artbastard: S. alba x S. fragilis (= S. x rubens Schrank).

Salix alpina Scop. (syn.: S. jacquini Host., S. jacquiniana Willd.) Alpen-Weide, Ost-Myrten-Weide: Niederliegender, bis 1,2 m hoher Zwergstrauch mit aufsteigenden Ästen, der in den O-Alpen, den Karpaten und im Dinargebirge oberhalb der Waldgrenze (1 400 bis 2 000 m) auf meist kalkhaltigen Unterlagen in Triften, auf Felsen und Geröll zerstreut vorkommt. Fällt durch die purpur gefärbten Blütenteile und beiderseits grüne, glänzende Blätter auf.

Salix amygdalina → *Salix triandra*

Salix appendiculata Vill. (syn.: S. grandifolia Vill.) Schlucht-Weide, Großblättrige Weide: Strauch oder bis 6 m hoher Baum, der nur in den Alpen (bis 2 100 m) und*im Jura* auf kalkreichen Standorten, häufig in Hochstaudenfluren, Schluchten, an Bergstürzen und Lawinenbahnen auftritt. Ins Auge fallen große, längliche Blätter (bis 12 cm), unterseits mit dichtmaschiger, stark hervortretender Nervatur.

Salix arbuscula → *Salix waldsteiniana*

Salix arbutifolia → *Salix breviserrata*

Salix aurita L. Ohr-Weide (engl.: Eared Willow): In fast ganz Eur., östlich bis zur Wolga beheimateter, bis 2 m hoher Strauch, häufig in kalkfreien Flach- und Hochmooren, in Bruchwäldern und Sümpfen. In den Alpen bis 1600 m. Charakteristisch sind gut entwikkelte, nierenförmige, nie ganz fehlende Nebenblätter. Junges Holz mit Längsstriemen (sichtbar nach Entfernen der Rinde).

Salix babylonica L. (syn.: S. pendula Moench) Echte Trauerweide, Tränenweide, Chin. Hängeweide: Bis 12 m hoher Baum mit auffälliger, weit ausladender Krone und herunterhängenden Ästen. Ähnlich der Hängeform von → *S. alba* (f. pendula), aber oberseits kahle Blätter. Kommt von Transkaukasien bis Japan wild vor; in M-Eur. seltenes, weil nicht winterhartes Ziergehölz; häufiger wird S. alba x S. babylonica angepflanzt.

Salix basaltica → *Salix bicolor*

Salix bicolor Willd. (syn.: S. schraderiana Willd., S. basaltica Coste) Zweifarbige Weide: In den mittel- und südeurop. Gebirgen zerstreut auf hochmontanen bis subalpinen, kalkarmen Böden verbreiteter, bis 1,8 m hoher Strauch. Bes. Merkmale: Meist ganzrandige Sommerblätter, Spitze zurückgebogen und Wachsbelag unterseits bis zur Spitze. Blätter werden beim Trocknen nicht schwarz.

Salix breviserrata Flod. (syn.: S. arbutifolia Willd.) Matten-Weide, West-Myrten-Weide: Niederliegender, bis 0,6 m hoher, reich verzweigter, Kalkblockschutt bevorzugender Strauch, der v.a. in den Alpen, Pyrenäen, Abruzzen und Dinarischen Alpen verbreitet ist. Nahe mit der skandinavischen S. myrsinites verwandt und von der ähnlichen → *S. alpina* durch sehr feine, drüsig gesägte und oberseits dichter behaarte Blätter zu unterscheiden.

Salix breviserrata

Salix caesia Vill. Blaue Weide, Blaugrüne Weide: Bis 1 m hoher, kalkmeidender Strauch aus den asiatischen Hochgebirgen, in Eur. ein isoliertes Areal von der Schweiz bis Tirol. Bildet mit Vorliebe auf sandigen Alluvionen der Gletscherflüsse oft dichte Bestände. Durch die matten, starren, meist völlig ganzrandigen Blätter und die meist verwachsenen Staubblätter schwer zu verwechseln.

Salix caprea L. Salweide: Kleiner, max. bis 13 m hoher und nur bis etwa 60 Jahre alter Baum oder großer Strauch; häufigste Waldweide Mitteleuropas. Verbreitung: Fast ganz Eur., Sib., Kl.-, M- und O-Asien; im Mittelmeergebiet auf Gebirge beschränkt. Rinde anfangs grau, mit großen, rautenförmigen Korkwarzen; Borke längsrissig. Triebe und Knospen zunächst behaart, verkahlend; nacktes Holz striemenlos (Triebe entrinden!). Blätter ± runzelig, elliptisch mit kurzer, meist etwas verdrehter Spitze, bis 10 cm lang, schwach gekerbt bis ganzrandig; unterseits grau- bis blaugrün, weich behaart, Nervatur stark hervortretend. Nebenblätter unscheinbar. Blütenkätzchen sehr kurz gestielt, eiförmig, erscheinen vor dem Laubaustrieb (III, IV). Chrom.: 2n = 38, 76.
Von der Ebene bis ins Gebirge (Schweizer Alpen bis 2100 m) in Waldlichtungsfluren und Gebüschen, an Wald- und Wegrändern, in Feldgehölzen, Kiesgruben und Steinbrüchen, entlang von Gewässern und im Auwald. Bevorzugt frische bis feuchte, nährstoffreiche Lehmböden, aber auch auf ärmeren Standorten. Rasch-

wüchsiger Pionier auf Rohböden sowie auf Kahl- und Brachflächen (oft mit Betula pendula). Holzeigenschaften und Nutzungen wie → *S. alba,* jedoch wirtschaftl. unbedeutend, da kaum nutzholztaugliche Dimensionen erreicht werden. Sehr wichtige Bienenweide. Zierbaum (v.a. ♂ Bäume) (Abb. S. 456).

Salix caprea, oben ♂ Blütenstände

Salix cinerea L. Asch-, Grauweide: Bis 6 m hoher, meist breitwüchsiger Strauch. Verbreitung: fast ganz Eur. bis Kauk. und Iran, W-Sib., Kl.As., N-Afr. Chrom.: 2n = 38, 76. Ähnelt → *S. caprea,* jedoch Triebe und Knospen dichter und ausdauernder graufilzig behaart; nacktes Holz mit deutlichen Längsstriemen (Trieb entrinden!). Blütezeit: III, IV (kurz vor dem Laubaustrieb); ♂ Blüten vor dem Aufblühen oft ziegelrot. Von der Ebene bis ins Gebirge (Schweizer Alpen bis 2 100 m) in Erlenbrüchen und Weidengebüschen, auf Moorwiesen und an Moorrändern, an Gräben und Bachufern, in Quellsümpfen. Nasse, mäßig nährstoff- und basenreiche, humose oder torfige Böden mit meist hochanstehendem, stagnierendem Grundwasser (Gleye) (Abb. S. 456).

Salix daphnoides Vill. Reifweide, Schimmelweide: Raschwüchsiger, bis 15 m hoher Baum. Verbreitung: N- und M-Eur. bis Z-Rußland, Sib., Him.. Triebe braun bis rot, stellenweise abwischbar bläulichweiß bereift (Name!). Blätter lanzettlich, 4 – 12 cm lang, fein gesägt, kahl, oberseits glänzend dunkelgrün; Nebenblätter mit der Basis des Blattstiels verwachsen, oft fehlend. Blütenkätzchen (III-V; vor dem Laubaustrieb) sitzend, zylindrisch. Chrom.: 2n = 38, 57. Auengebüsche an Gebirgsflüssen und -bächen bis in die subalpine Stufe (N-Alpen: bis 1 300 m; Z-Alpen: bis 1 800 m), nasse (wechselnasse), meist nährstoff- und kalkreiche, tonige Sand- oder Kiesböden; Pionier auf Rohaueböden; Bodenfestiger. Hauptverbreitung in den Alpen und ihren Vorbergen sowie in Skandinavien. In tieferen Lagen als Zierbaum und als Bienenweide kultiviert, gelegentlich verwildert. Holzeigenschaften wie → *S. alba;* forstl. geringe Bedeutung, da rel. selten und kaum mit nutzholztauglichen Dimensionen (Abb. S. 456).

Salix eleagnos Scop. (syn.: S. incana Schrank) Lavendelweide: Großer Strauch, mitunter auch bis 16 m hoher Baum der Gebirge M- und S-Eur. bis Kl.As.. Blätter schmal lanzettlich, ähnlich → *S.viminalis,* jedoch im Mittel etwas kleiner, oft zur Spitze hin fein gesägt, unterseits matt graufilzig behaart. Blütenkätzchen (III-V; kurz vor oder mit dem Laubaustrieb) waagrecht abstehend bis abwärts gekrümmt; die 2 Staubfäden im unteren Teil miteinander verwachsen. Chrom.: 2n = 38. Pionierweidengebüsche der Ufer- und Schotterbänke von Vorgebirgs- und Gebirgsflüssen bis in die subalpine Stufe (Z-Alpen: bis 1 800 m). Nasse, zeitweilig trockenfallende, i.d.R. kalkhaltige, rohe Schotter- oder Sandböden. Auch in Schneeheide-Kiefernwäldern und Berberidion-Gesellschaften. Als Bodenfestiger oder Ziergehölz kultiviert.

Salix foetida Schleicher ex De Candolle Ruch-Weide, Stinkende Weide, West-Bäumchenweide: Kalkmeidender, bis 1 m hoher Strauch, der nur in den Alpen (v.a. Westalpen) verbreitet ist. Zerstreut an Bachufern und wasserzügigen Hängen. Blätter steif, mit auffälligen, hellen Drüsen und regelmäßig gesägtem Rand. Name irreführend, Strauch duftet aromatisch.

Salix formosa → *Salix waldsteiniana*

Salix fragilis L. Bruch-, Knackweide: 6 – 15 m (max. 20 m) hoher Baum oder großer Strauch. Verbreitung: S-, M- und O-Eur., Kl.As., Syr., Iran, W- und M-Sib. Borke grob längsrissig. Triebe kahl, glänzend. Jüngere Zweige brechen an der Basis auffallend leicht und mit knackendem Geräusch ab (Name!). Blätter lanzettlich, bis 17 cm lang, meist lang zugespitzt, kahl, Blattrand drüsig gesägt, die Drüsen tief in den Buchten; oberseits schwach glänzend. Nebenblätter bald abfallend. Blütenkätzchen gestielt, mit einigen Laubblättchen, schlank zylindrisch, erscheinen mit dem Laubausbruch (III-V). Chrom.: 2n = 38, 57, 76, 114. Weiden- und Erlengebüsche der Fluß- und Bachauen auf sickernassen, zeitweilig überfluteten, nährstoffreichen, vorzugsweise kalkarmen Kies-, Sand- oder Lehmböden. Pionier auf Rohaueböden. Zur Gewinnung von Flecht- und Bindematerial (Kopfweiden) kultiviert. Nutzungen und Holz: wie → *S. alba;* forstl. nach dieser die wichtigste einheimische Weide. Bastardiert häufig mit S. alba. Der Hybrid (S. x rubens Schrank) hat Drüsen auf den Zahnspitzen des Blattrandes; Blätter zerstreut behaart, nie ganz kahl. Soll regional (z.B. entlang der Donau, in der Schweiz) häufiger sein als die reine S. fragilis, von der er nur schwer zu unterscheiden ist (Abb. S. 456).

Salix glabra Scop. Kahle Weide, Glanz-Weide: Bis 1,5 m hoher Strauch, der nur in den Kalkalpen zwischen 300 und 2 200 m, v.a. aber in der subalpinen Stufe in feuchten Hochstaudenfluren, an Bächen, Quellen und auf Geröll vorkommt. Kennzeichen: Alle Teile des Strauches kahl, Blätter oberseits stark glänzend.

Salix glaucosericea Flod. Seiden-Weide: Bis 1,5 m hoher Strauch, der von den Hautes Alpes bis zu den Hohen Tauern zerstreut auf kalkarmen Böden, aber in größeren Beständen zusammen mit → *S. helvetica*, → *S. hastata* und → *Alnus viridis* in feuchten Hochstaudengebüschen und Gletscheralluvionen auftritt. Blätter mit langen Seidenhaaren. Unterscheidet sich von → *S. helvetica* durch einfarbige, helle → *Tragblätter*.

Salix grandifolia → *Salix appendiculata*

Salix hastata L. Spießblättrige Weide, Spieß-Weide (engl.: Halberd-leaved Willow): Zirkumpolar und in den mittel- und südeurop. Gebirgen verbreiteter, kriechender Strauch mit aufrechten Ästen (bis 1,5 m hoch). Verlangt oberflächlich fließendes oder Hangzugwasser, bevorzugt Kalk. Kennzeichen: Nebenblätter meist stark ausgebildet, Kätzchen dicht behaart.

Salix hastata

Salix helvetica Vill. Schweizer Weide. Häufiger, bis 2 m hoher Strauch der Alpen, seine Art, nach Osten zu nur bis Nordtirol. Vorwiegend auf Silikatgestein, meist in Nordlage an lange vom Schnee bedeckten Blockschutthängen. In den Schweizer Alpen eine der am weitesten verbreiteten Salix-Arten, in den Sudeten und Karpaten durch die Unterart marubifolia vertreten. ♀ Kätzchen sind dicht weißhaarig, Blätter unterseits angedrückt weißfilzig.

Salix herbacea L. Kraut-Weide, Zwergweide (engl.: Least Willow): Max. 10 cm hoher Zwergstrauch arktisch-zirkumpolarer Verbreitung mit z.T. unterirdisch kriechenden Trieben. Kommt auch in den südlicheren Gebirgen (Alpen bis 3 300 m) auf kalkarmen Schneetälchen sowie auf Schutt und Felsen vor. In den Zentralalpen oft in ausgedehnten Rasen. Blätter rundlich, Nervatur beiderseits scharf hervortretend. Kätzchen sehr klein mit nur 5 – 10 Blüten.

Salix incana → *Salix eleagnos*

Salix jacquini → *Salix alpina*

Salix jacquiniana → *Salix alpina*

Salix livida → *Salix starkeana*

Salix mielichhoferi Saut. Tauern-Weide: Nur in den östlichen Zentralalpen und den angrenzenden südlichen Kalkalpen (zwischen 1 300 und 2 200 m) vorkommender, 1 – 3 m hoher Strauch. Im Gegensatz zur nahe verwandten → *S. nigricans* kommen keine extrem kleinen und auch keine elliptisch-rundlichen Blätter vor. Gut entwickelte Nebenblätter nur bei kräftigen Pflanzen mit großen Blättern.

Salix myrsinifolia → *Salix nigricans*

Salix myrsinites → *Salix breviserrata*

Salix myrtilloides L. Moor-Weide, Heidelbeer-Weide: Bis 0,5 m hoher Strauch mit niederliegenden Ästen und dünnen, aufsteigenden Trieben. Areal erstreckt sich von der Schweiz über N-Rußland bis zur Halbinsel Kamtschatka. Zerstreut in Mooren. Blattform und -farbe erinnern an → *Vaccinium uliginosum*.

Salix nigra Marsh. Schwarzweide (engl.: Black Willow): Größte und forstl. wichtigste der rund 100 – 150 nordamerik. Weidenarten mit riesigem Verbreitungsgebiet im O des Kontinents: im N vom südl. NB, QU und ON westl. bis SO-MN, im S von NW-FL westl. bis TX. 18 – 30 m (max. 42 m) hoher Baum mit dunkelbrauner bis schwärzlicher, tief gefurchter Borke. Triebe anfangs behaart, gelb- oder rotbraun. Blätter schmal lanzettlich mit lang ausgezogener Spitze, 7 – 13 cm lang, fein gesägt, fast oder völlig kahl; Nebenblätter halbherzförmig, ± triebumfassend. Blütenkätzchen (III, IV; vor oder mit dem Laubaustrieb) an belaubten Stielen, schlank zylindrisch; ♂ Blüten mit 4–7 Staubblättern. Nasse, periodisch überflutete Böden entlang von Flüssen und an Seeufern. Oft Reinbestände oder Mischbestände mit Pappeln, Taxodium, Nyssa aquatica u.a.. Raschwüchsiger, sehr lichtbedürftiger Pionier frischer Schwemmlandböden. Beste Bestände im Mississippital. Holzverwendung: Möbel, Kisten, Papier, Holzkohle, Prothesen u.a. (Abb. S. 456/462).

Salix nigricans Sm. (syn.: S. myrsinifolia Salisb.) Schwarz-Weide (engl.: Dark-leaved Willow): Bis 3 m hoher Strauch der in N- und NO-Eur., den Alpen und deren nördlichen Vorgebirgen sowie N-Asien vorkommt. Von der Ebene bis 2 400 m, auf Kiesbänken, in Auwäldern und an Bachufern. Signifikantes Merkmal sind die unterseits blaugrünen, zur Spitze hin rein grünen Blätter.

Salix pendula → *Salix babylonica*

Salix pentandra L. Lorbeerweide: Strauch oder kleiner, max. 15 m hoher Baum. Verbreitung: Eur., Kl.As., Kauk., Sib.. Triebe glänzend gelb oder rötlichbraun, kahl. Blätter elliptisch bis lanzettlich, 5 – 10 cm lang, am Rand klebrig-drüsig gesägt, kahl, oberseits glänzend dunkelgrün, Blattstiel mit Drüsen. Blütenkätzchen (V-VII; nach dem Laubausbruch) an belaubten Stielen, zylindrisch; ♂ Blüten mit 3 – 8 (!) Staubblättern. Chrom.: 2n = 76. Auengebüsche, Erlenbruchwälder, Moore. Nasse, mäßig saure bis neutrale Torf-, oder humose, tonige Sand- und Kiesböden. Von der Ebene bis in die subalpine Stufe (Z-Alpen bis 2 000 m). Rel. selten; gelegentlich als Ziergehölz angepflanzt (Abb. S. 456).

Salix purpurea L. Purpurweide: Bis 6 m hoher Strauch mit dünnen, meist straff aufwärts gerichteten Zweigen, selten kleiner, max. 10 m hoher Baum. Verbreitung: W-, S- und M-Eur. bis Vord. As., Kauk., M- und O-As.; N-Afr.. Junge Zweige kahl, glänzend gelblichbraun bis purpurrot. Blätter oft gegenständig, lanzettlich, kurz zugespitzt, größte Breite im vorderen Drittel, bis 12 cm

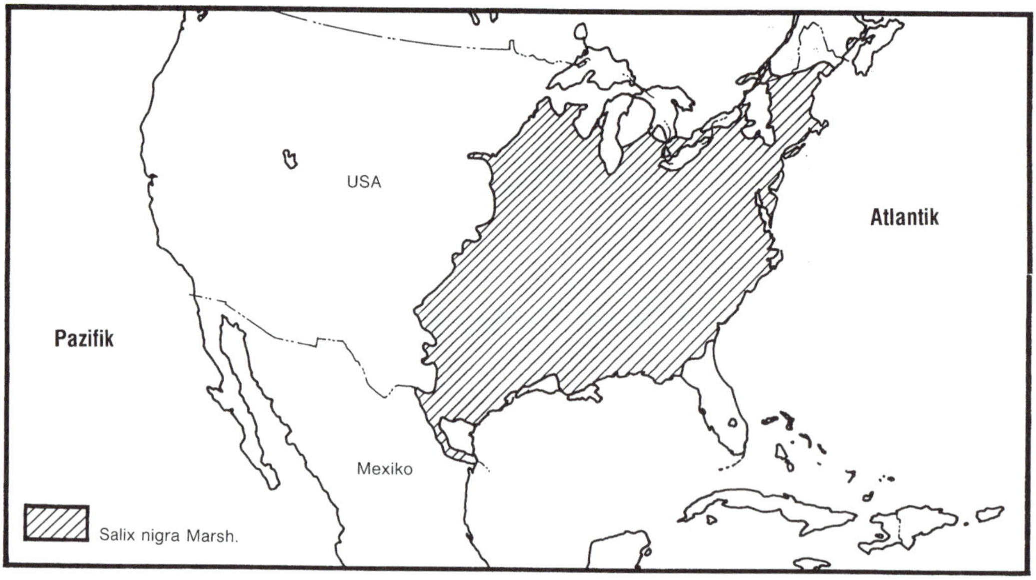

Natürliches Areal von **Salix nigra**

Salix purpurea, oben: Fruchtstände

Salix reticulata

lang, zur Spitze hin fein gesägt, kahl, unterseits blau- bis graugrün; stets ohne Nebenblätter. Blütenkätzchen (III-V; kurz vor oder mit dem Laubausbruch) schlank zylindrisch; die 2 Staubfäden völlig verwachsen (dadurch scheinbar nur 1 Staubblatt!), Staubbeutel vor dem Stäuben purpurrot. Chrom.: 2n = 38. Von der Ebene bis in die subalpine Stufe; Weiden-Auengehölze nasser oder wechselfeuchter, zeitweilig überfluteter, nährstoffreicher und meist kalkhaltiger, toniger Kies-, Sand- oder Schlickböden. Pionier auf Flußalluvionen; Bodenfestiger; Zweige als Binde- und Flechtmaterial genutzt; verbreitet als Zierpflanze. Steht syst. unter den europ. Salix-Arten rel. isoliert und gilt als variabel. In der subalpinen Stufe meist Formen mit extrem schmalen Blättern (ssp. angustior LAUTENSCHLAGER, var. gracilis [WIM.] BUSER) (Abb. S. 456).

Salix reticulata L. Netz-Weide (engl.: Netleaf Willow): Niederliegender, bis 0,4 m hoher, arktisch-zirkumpolar verbreiteter Zwergstrauch, südlich in isolierten Teilarealen in Gebirgen (Alpen bis 3 000 m). In Eur. fast nur oberhalb der Waldgrenze, zerstreut, oft auf kalkreichen Schneetälchen, sowie offenen Erdstellen, Stein- und Schuttböden. Kennzeichnend sind rundlich, runzelige Blätter mit deutlich eingesenkten Blattnerven.

Salix retusa L. Stumpfblättrige Weide, Teppich-Weide: Niederliegender, bis 0,3 m hoher Zwergstrauch aus den mittel- und südosteurop. Gebirgen (Alpen bis 2 500 m). Kommt meist auf lange vom Schnee bedeckten, durchfeuchteten Stein- und Schuttböden vor. Die meist an der Spitze ausgerandeten Blätter verströmen beim Trocknen einen eigenartigen, baldrianähnlichen Geruch. Leuchtend gelbe Herbstfärbung.

Salix retusa ssp. serpyllifolia → *Salix serpyllifolia*

Salix x rubens → *Salix fragilis*

Salix schraderiana → *Salix bicolor*

Salix serpyllifolia Scop. (syn.: S. retusa L. ssp. serpyllifolia [Scop.] Arcang.) Quendelblättrige Weide: In den Alpen (bis 3 200 m) verbreiteter, flach an den Boden angedrückter, reichverzweigter Zwergstrauch. Ähnlich → *S. retusa*, aber Blätter kleiner (nur 4 – 8 mm) und viel dichter stehend. Häufige Pionierpflanze auf Kalk- und Silikatgestein, v.a. an exponierten, trockenen Stellen.

Salix starkeana Willd. (syn.: S. livida Wahl) Bleiche Weide: Max. 1 m hoher Strauch. Areal von M-Eur. über N-Asien bis zum Pazifischen Ozean. Im Alpenvorland Glazialrelikt. Auf kalkarmen Magerrasen und moorigen Zwergstrauchgesellschaften, selten. Meist auffällige, nierenförmige Nebenblätter. Von → *S. aurita* durch fehlende Längsstriemung der Triebe zu unterscheiden.

Salix triandra L. (syn.: S. amygdalina L. emend. Fries) Mandel-Weide (engl.: Almond Willow): Bis 4 m hoher Strauch, seltener baumförmig; Heimat fast ganz Eur. (Alpen bis 1 500 m, fehlt im größten Teil des Mittelmeergebietes), Asien bis Japan, nicht in der Arktis. Zerstreut im Hochwasserbereich von Auen, an Altwässern, oft mit → *S. viminalis* und → *S. purpurea* vergesellschaftet. Kalkholde, bodenfestigende Pionierpflanze. ♂ Blüten mit 3 Staubblättern in sehr schlanken, langen, zylindrischen Kätzchen.

Salix viminalis L. Korb-, Hanfweide: Strauch oder bis 10 m hoher Baum mit langen, rutenförmigen Zweigen. Verbreitung: W-, M- und O-Eur. bis NO-Asien, Kauk., Pers., Him., China. Chrom.: 2n = 38.
Blätter schmal lanzettlich, lang zugespitzt, bis 20 cm lang und 2 cm breit; Rand umgerollt, wellig, meist ganzrandig; unterseits silbrig behaart mit seidigem Glanz. Blütenkätzchen (III, IV, kurz vor dem Laubaustrieb) zylindrisch; ♀ Blüten mit langem Griffel; Nektarien schlauchförmig, etwa halb so lang wie die Tragblätter. Auwälder und Auengebüsche, an Fluß- und Bachufern. Nasse, zeitweilig überflutete, meist nährstoff- und kalkreiche, tonige bis sandig-kiesige Böden. Pionier auf Rohaueböden. Etwas wärmeliebend, vorzugsweise in tieferen Lagen. Wichtigste Weide zur Gewinnung von Flecht- und Bindematerial. Deshalb über ihr nat. Areal und über die nat. Standorte hinaus kultiviert. Durch regelmäßige Ernte der Ruten im Abstand von wenigen Jahren bilden sich sog. Kopfweiden, ein prägendes Landschaftselement v.a. in größeren Stromtälern. Zu Kopfweiden werden auch andere Baumweiden beschnitten (z.B. S. alba, S. fragilis). Holzwirtschaftliche Bedeutung gering (Abb. S. 456).

Salix waldsteiniana Willd. Bäumchen-Weide, Braun-Weide, Waldsteins-Weide: Bis 2 m hoher, kalkholder Strauch, der nur in den O-Alpen zerstreut in subalpinen Staudengebüschen vorkommt. Kennzeichen: Dicht gebüschelte, verschieden große Blätter an Triebenden, Blattunterseite mit hervortretenden Blattadern, Blattoberseite glänzend grün.

Salvia L. Salbei (engl.: Sage): Umfangreichste Gattung der → *Lamiaceae* mit ca. 600 weltweit verbreiteten Arten. Schwerpunkt in den Tropen und Subtropen. Vorwiegend Stauden, seltener Sträucher, meist mit aromatischem Geruch. In M-Eur. häufig kultiviert: S. officinalis L. (Echter Salbei, Garten-S.): Stark duftender Halbstrauch aus dem mediterranen S-Eur. bis Kl.As., wo er an steinigen, meist kalkreichen Hängen gedeiht. Alte Gewürz- und Heilpflanze (äther. Öle, Gerbstoffe). Blätter derb runzelig, unterseits dicht weißfilzig. Blüten violettblau, rosa oder weiß.

Salweide → *Salix caprea*

Salix viminalis

Salzpflanzen → *Halophyten*

Salzschäden: Vorwiegend durch Streusalze (→ *Auftausalze)* verursachte Schäden an Pflanzen. Das Salz trifft mit Schmelzwasser oder Gischt auf die Pflanze. Viele Pflanzen, auch Waldbäume, reagieren empfindlich auf das in Lösung befindliche Chlorid. Schadenssymptome: Blatt- und Nadelnekrosen, Blattfall. Gefährdet sind vor allem Bestände in nächster Umgebung stark befahrener Straßen mit Salzstreuung. Am wenigsten tolerant reagieren Dougl, Fi und HBu. Empfindlich sind Ah, Bu, Ki, Li und Strobe; etwas toleranter Ki, Rob, Ta und Ulme. Relativ unempfindlich sind Pappeln, Eiben, Platanen und Ei.

Samara: Geflügeltes, einsamiges Nüßchen (Bi, Es, Ul).

Sambucaceae → *Caprifoliaceae*

Sambucus L. Holunder (engl.: Elder): Gattung der → *Caprifoliaceae.* Sommergrüne Sträucher, seltener kleine Bäume (Ausnahme: S. ebulus = krautig) mit markreichen Trieben. Blätter gegenständig, unpaarig gefiedert mit nebenblattähnlichen, oft drüsigen Anhängen. Blüten in Rispen. Ca. 40 Arten, hauptsächlich auf der Nordhalbkugel vertreten. Die Gattung Sambucus weicht hinsichtlich der Blattgestalt, Blütenmorphologie und Holzanatomie von den übrigen → *Caprifoliaceae* ab. Einheimische Arten sind Stickstoffzeiger. Das helle Holz ist dicht und fein gemasert. Starke Regenerationsfähigkeit bei Verletzung.

Sambucus nigra L. Schwarzer Holunder, Holler (engl.: Common Elder): Strauch oder kleiner Baum, bis 11 m hoch; außer im hohen Norden in ganz Eur. vorkommend. Kennzeichen: Rinde mit vielen → *Lenticellen*, weißes Mark. 2 – 3 Fiederblattpaare, Nebenblätter klein, fadenförmig, hinfällig. Blüten gelblichweiß in flachen Rispen. Alte Kultur- und Heilpflanze, oft in Siedlungsnähe. Spielte im Volksbrauch und glauben eine große Rolle. In Wäldern, Gebüschen auf nährstoffreichen Lehm- und Tonböden. Die schwarzen Steinfrüchte sind eßbar und enthalten viel Vitamin C und Kalium.

Sambucus racemosa L. Hirschholunder, Traubenholunder: Mittel- und südeuropäischer Strauch, bis 4 m hoch, häufig in Bergwäldern (kaum in der Ebene) auf frischen, nährstoffreichen Lehmböden anzutreffen. In Graubünden bis 2 300 m. Kennzeichen: Rinde mit vielen → *Lenticellen*, braunes Mark. Meist 2 Fiederblattpaare; ohne Nebenblätter. Blüten grünlichweiß, in eiförmigen, aufwärtsgerichteten Rispen. Rote Steinfrüchte gekocht als Saft und Marmelade genießbar.

Samen: Aus der befruchteten Samenanlage entwickeltes Verbreitungsorgan. Besteht aus dem → *Embryo,* dem Nährgewebe und der Samenschale (→ *Testa).* Als Nährgewebe können → *Endosperm,* → *Perisperm* oder die → *Kotyledonen* (Fagaceen, Juglandaceen) selbst dienen. Die Größenunterschiede von S. innerhalb einer Art sind auf Unterschiede im Nährgewebe zurückzuführen. Aufgrund der besseren Nährstoffversorgung entwickeln sich aus größeren Samen größere Sämlinge, dieser Entwicklungsvorsprung gleicht sich bei Waldbäumen nach einigen Jahren aus, allerdings könnte die pflegeintensive Pflanzgartenzeit durch Verwendung großer S. verkürzt werden. → *Saatgut,* → *Forstsaatgut, Lagerung,* → *Stratifizieren.*

Sambucus racemosa in Blüte (oben), mit Beeren (unten)

Samenanlage: Auf den Carpellen lokalisiertes, 0,1 bis ca. 10 mm großes (in seltenen Fällen auch größeres), köpfchenartiges Gebilde, in dem die befruchtungsfähige Eizelle eingebettet liegt. Oft mit einem Funiculus kurz gestielt, besteht sie aus einem diploiden Grundgewebe, dem Nucellus, der von einem oder zwei Integumenten umgeben wird, die gegenüber der basalen Region, der Chalaza, einen kleinen Bereich, die Mikropyle, unbedeckt lassen. Liegt die Mikropyle dem Funiculus gegenüber, ist die Samenanlage atrop, zeigt sie abwärts ist sie anatrop. Zwischenstellungen sind hemianatrop. Ist die S. in sich gekrümmt, bezeichnet man sie als kampylotrop. Je nach Nucellusgröße kann man crassinucellate S. mit stark entwickeltem Nucellus (primitivere Formen) und tenuinucellate S. mit kleinem Nucellus unterscheiden. Nach der Befruchtung der Eizelle entwickelt sich die S. zum Samen. Dabei sklerotisieren die Integumente zur Testa, die Zygote differenziert sich zum Embryo. Am reifen Samen ist entweder die Abbruchstelle des Funiculus als → *Hilum* erkennbar, oder Verwachsungsreste desselben als → *Raphe* (Abb. S. 466).

Samenausbeute: Bei Koniferen: Anteil keimfähiger Samen (in g aus 50 kg Zapfen). Errechnet sich aus dem Reinheitsprozent R (nach Angabe eines Untersuchungsberichts), und dem Vollkorngewichtsanteil V, sowie dem Samengewicht G nach folgender Formel: $S_{50} = G \cdot R \cdot V / 100 \cdot 100$

Sambucus nigra: *a* Einzelblüte, *b* Blütenstand, *c* Zweig im Winterzustand, *d* Fruchtstand

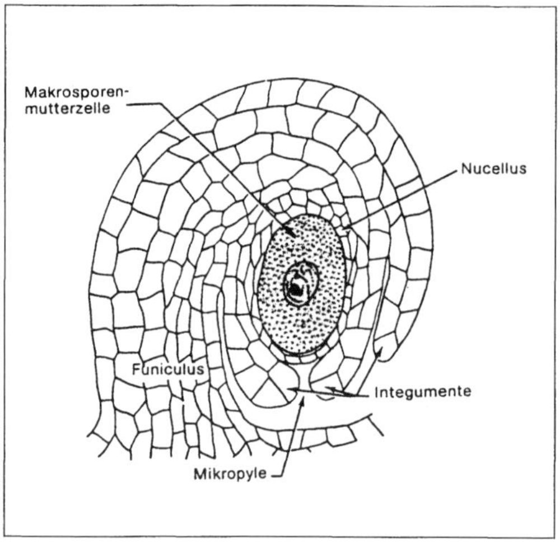

anatrope **Samenanlage;** Embryosack noch nicht voll entwickelt

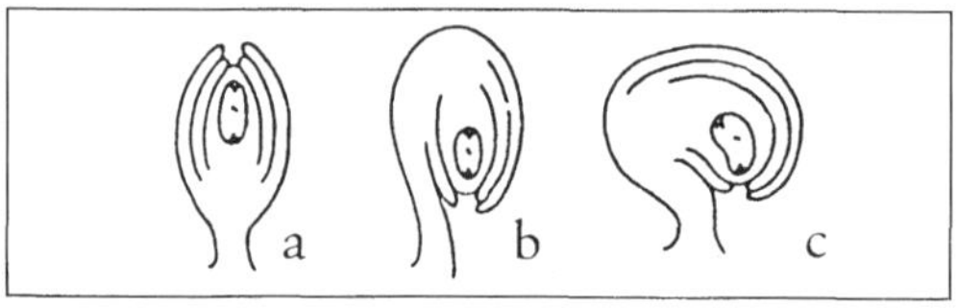

Samenanlage *a* atrop, *b* anatrop, *c* kampylotrop

Samenentwicklung: Entwicklungsprozeß der befruchteter Samenanlage zum keimfähigen Samen. Umfaßt: 1. Entwicklung der Zygote zum Embryo. 2. Bildung des primären (bei Gymnospermen) oder sekundären (Angiospermen) Endosperms und/oder Speicherung von Nährstoffen in anderen Samenteilen. 3. Sklerotisierung der Integumente zur Testa.

Samenfarne → *Lyginopteridatae*

Samenfurche → *Raphe*

Samenjahre: Jahre besonders reichen Samen- bzw. Fruchtansatzes. I. a. treten Samenjahre um so seltener auf je kälter das Klima (an der Baumgrenze nur alle 30 – 40 Jahre) und je größer die Früchte. Ah, Bi, Er, Es, Hbu, Li, Pa, Wei fruktifizieren jährlich, Lä und Ta fast jährlich; Fi und Ki alle 3 Jahre reichlich, Ei durchschnittlich alle 5 – 6 Jahre, Bu alle 6 – 8 Jahre. Bei Ei und Bu spricht man vom Mastjahr (→ *Mast*). → *Vollernte*, → *Mittelernte*.

Samenkapsel: Kapselfrucht, Capsula. → *Kapsel.*

Samenkissen → *Placenta*

Samenleiste → *Placenta*

Samenmantel → *Arillus*

Samenmund → *Mikropyle*

Samennabel → *Hilum*

Samennaht → *Raphe*

Samenpflanzen → *Spermatophyta*

Samenplantage: Plantage zur genetischen Verbesserung des Saatgutes und zur Rationalisierung der Saatgutgewinnung. Die Begründung erfolgt i.d.R. mit Pfropflingen ausgewählter Klone. Lage und Standort der Plantage sind so gewählt, daß sich die Pfropflinge möglichst ausschließlich untereinander bestäuben. Zur Vermeidung einer Bestäubung von außerhalb wird ein Sicherheitsabstand von mind. 300 – 400 m gewahrt. Die Größe der Plantage richtet sich nach Saatgutbedarf und Samenproduktion der jeweiligen Baumart. Für einen Bedarf von 50 kg Fichtensamen müßte etwa 3 ha Plantagenfläche angelegt werden. In den derzeit beernteten S. liegt die Klonzahl zwischen 20 und 50. Zur Vermeidung von Selbstbefruchtung sollen nirgends zwei klongleiche Pflanzen nebeneinander stehen. Als Pflanzverband werden 5 x 5 m empfohlen (= 400 Pfropflinge/ha). Durch regelmäßiges Beschneiden von Wurzeln und Krone soll Blüten- und Fruchtbildung gefördert werden. Kronenschnitt begrenzt zudem das Höhenwachstum und erleichtert somit die Saatguternte. Für folgende Baumarten sind Samenplantagen bereits realisiert: Ki, Fi, Ta, Dougl, Lä, Ah, Bi, Bu, Stieleiche, Traubeneiche, Er, Es, Li, Ul. Samenplantagen können zur Durchführung gelenkter Kreuzungen und zu weiterführenden Erbwertprüfungen genutzt werden.

Lärchen-**Samenplantage**

Samenreife: Zeitpunkt, zu dem die Keimfähigkeit des Samens gewährleistet ist. Art- und gattungsspezifische Unterschiede bestehen. S. wird außerdem beeinflußt vom gebietsspezifischen Großklima und von der jeweiligen Jahreswitterung. Der genaue Zeitpunkt der S. muß anhand von Form, Farbe und Wassergehalt bestimmt werden. S. wichtiger Baumarten in Tabelle, S. 467.

Samenruhe: Ruhepause zwischen abgeschlossener Ausbildung des Embryos und Keimung. Artspezifische Unterschiede in Dauer und Ausprägung.

Samenschädlinge: Tierische (Nagetiere, Vögel, Insekten) und pflanzliche (Pilze) Schädlinge treten am Forstsaatgut auf. Abwehrmaßnahmen werden bei Massenvermehrung einer Tierart erforderlich, welche die gesamte Samenerzeugung einer Holzart bedroht. Bei Schadpilzen lassen sich unterscheiden: a) unspezifische Schimmelpilze (Penicillium spec.); b) Samenspezialisten, die häufig eine strenge Wirtsspezifität zeigen (→ *Rhizoctonia solani* an Bu; → *Ciboria batschiana* an Ei). Beispiele in nachstehender Tabelle.

Schädling	Holzart	wirtschaftl. Bedeutung
Eichhörnchen	Nh, Bu, Ei	meist gering
Mäuse	Nh, Lh	teilw. groß
Häherarten	Nh, Lh	gering
Finken	Nh, Lh	gering
Spechte	Nh	gering
Laufkäfer z.B. Harpalus spec.	Fi, Ki, Ta Lä, Bu, Ei	teilw. groß
Schnellkäfer z.B. Agriotes	Fi, Ki, Ta Lä, Bu, Ei	teilw. groß
Erzwespen z.B. Megatigmus	Fi, Ta, Lä	meist gering
Schmetterlinge z.B. Laspeyresia strobilella	Lh, Fi	meist gering teilw. groß
Ciboria spec.	Nh Ei, Er, Bi	teilw. groß teilw. groß
Schimmelpilze	Lh, Nh	gering

	Monat der Samenreife	Monat des Samenfalls
Pinus sylvestris	Okt./Nov.	März/April
Picea abies	E Sept./Okt.	M Feb./April
Larix decidua, L. kaempferi	Okt./Nov.	März-Juni
Abies alba	Sept./A Okt.	Okt.
Pseudotsuga menziesii	Aug./Sept.	M Sept./Okt.
Quercus petraea, Qu. robur	E Sept./Okt.	Okt.
Fagus sylvatica	Okt.	M Okt./ A Nov.
Betula pendula, B. pubescens	M Juni/Aug.	Aug./A Okt.
Tilia cordata, T. platyphyllos	Sept./M Okt.	M Okt./Dez.
Acer	Sept./Okt.	Okt./Dez.
Fraxinus excelsior	Sept./Okt.	Feb./März
Ulmus	M Mai/ M Juni	Juni/M Juli
Populus, Salix	Mai/Juni	Mai/Juni
Robinia pseudoacacia	M Okt./Nov.	Feb./März
Carpinus betulus	Okt.	Nov./Dez.
Alnus glutinosa	Okt./M Nov.	Nov./März

Samenreife und **Samenfall** in Mitteleuropa angebauter Baumarten. (E = Ende; M = Mitte; A = Anfang)

Samenschale: Testa. → *Samen,* → *Samenentwicklung.*

Samenschuppe: Fruchtschuppe. Stark modifizierte ♀ Blüte der Coniferophytina in der Achsel der → *Deckschuppe.* Träger der Samenanlagen.

Samenverbreitung: Transport des Samens über den Standraum der Mutterpflanze hinaus. Erfolgt durch aktive Selbstausbreitung (Autochorie) oder durch verschiedene Vektoren, wie Wind, Wasser, Tiere (Allochorie). → *Anemochorie,* → *Hydrochorie,* → *Zoochorie,* → *Fruchtverbreitung.*

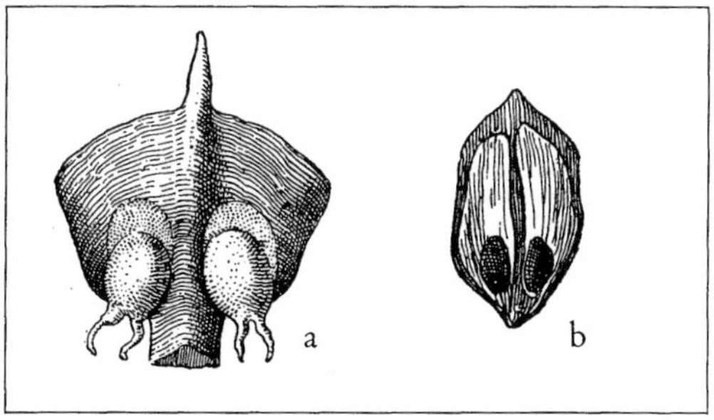

Samenschuppe: *a* mit zwei Samenanlagen, *b* verholzte Zapfenschuppe mit zwei Samen

Samenwulst → *Raphe*

Sammelart: Zusammenschluß mehrerer nahe verwandter, apomiktischer Sippen (= Kleinarten) einer Gattung. Beispiel: → *Rubus fruticosus.*

Sammelbalgfrucht → *Frucht, abgeleitete*

Sammelfrüchte: Scheinfrüchte aus chorikarpem Gynoeceum, die durch andere Blütenteile wie Blütenachse (Apfel, Birne) oder Blütenboden (Erdbeere) miteinander verwachsen sind, dadurch das Aussehen einer Einzelfrucht annehmen und sich in ihrer Gesamtheit von der Mutterpflanze ablösen und verbreiten. Man unterscheidet die → *Sammelnußfrucht* (Hagebutte), die → *Sammelsteinfrucht* (Brombeere, Himbeere) und die → *Apfelfrucht* (Apfel, Weißdorn).

Sammelnußfrucht: Scheinfrucht, bei der die aus den einzelnen Karpellen eines apokarpen Gynoeceums entwickelten Nüßchen durch andere Blütenteile wie Blütenboden (Erdbeere) oder Blütenachse (Hagebutte) verbunden sind und gemeinsam verbreitet werden.

Sammelsteinfrucht: Fruchtform, bei der sich aus den einzelnen Karpellen Steinfrüchte entwickeln, die z.T. durch andere Blütenteile miteinander verwachsen sind und eine Verbreitungseinheit bilden. (Brombeere, Himbeere).

Sammetrose → *Rosa*

Samtahorn → *Acer velutinum*

Sand Pine → *Pinus clausa*

Sandal Spike Disease: Wirtschaftl. wichtige Mykoplasmose an Sandelholz (Santalum album) in Karnataka, Indien. Kleinblättrigkeit, Triebstauchung, Sterilität, Absterben nach 2 – 3 Jahren. Ursache: MLO, durch Insekten übertragen. Temporäre Bekämpfungserfolge durch komb. Einsatz von → *Terramycin* und Benlate.

Sandbirke → *Betula pendula*

Sanddorn → *Hippophaë*

Sandelholz → *Fabaceae,* → *Sandal Spike Disease,* → *Santalum*

Sandelholzartige → *Santalales*

Sandelholzgewächse → *Santalaceae*

Sandgrubenlagerung → *Forstsaatgut, Lagerung*

Sanoische Balken → *Crassulae*

Santa Lucia-Fir → *Abies bracteata*

Santalaceae: Sandelholzgewächse. Ordnung der → *Santalales.* Kräuter oder Holzpflanzen trockener Standorte in Tropen und gemäßigten Gebieten. Halbparasiten auf Wurzeln anderer Pflanzen. Holz oft mit ätherischen Ölen (→ *Santalum).* Blätter einfach, mit oder ohne Nebenblätter, wechsel- oder gegenständig. Blüten klein, unscheinbar, meist * P 3-6 A 3-6 G $\overline{(3\text{-}6)}$. Samenanlagen ohne Integumente. Blütenboden becherartig. Nuß- oder Steinfrüchte. Weitere Gattungen: Osyris mit O. alba (kleiner diözischer Strauch des Mittelmeergebietes). Phacellaria: Hyperparasit auf Loranthaceae.

Santalales: Sandelholzartige. Ordnung der → *Rosidae.* Bäume, Sträucher und Kräuter mit wechsel- oder gegenständigen, nebenblattlosen Blättern. Zumeist Halb- oder Vollparasiten. Blüten meist mit Perigon und epitepalen Stamina. Gynoeceum 2- bis 3-blättrig, ober- oder unterständig, mit eigenartigen Reduktionen: bei Loranthaceae und Viscaceae sind die Embryosäcke im Ovarboden eingesenkt (Fortfall der Placenten und Samenanlagen). Familien: → *Olacaceae,* → *Santalaceae,* → *Loranthaceae;* → *Viscaceae,* → *Cynomoriaceae,* → *Medusandraceae,* → *Balanophoraceae,* → *Misodendraceae.*

Sapindaceae: Seifenbaumgewächse. Zu den → *Sapindales* gehörende Familie von trop. und subtrop. Bäumen, Sträuchern und Lianen in 150 Gattungen und ca. 2 000 Arten. Typ. Blütenformel ↘, seltener * K5 oder (5) C5 A5+5 oder 4+4 G$\underline{(3)}$. Samen mit Arillus. Blätter wechselständig; Nebenblätter gelegentlich fehlend. Erwähnenswerte Arten: → *Koelreuteria* paniculata (Blasenesche). Dodonaea viscosa, im trop. und subtrop. Amerika weit verbreiteter Baum mit sehr hartem Holz.

Sapindales: Seifenbaumartige. Zu den → *Rosidae* zählende Ordnung überwiegend holziger Pflanzen. Abgrenzung gegenüber → *Rutales* unsicher, diese aber mit Sekretgängen. Kennzeichen: meist mit Fiederblättern; 5-zählige, obdiplostemone Blüten mit großem Discus, oft zygomorph. 2- bis 3-blättriges, oberständiges Gynoeceum. U.a. folgende Familien: → *Aceraceae,* → *Hippocastanaceae,* → *Staphyleaceae,* → *Sapindaceae.* Ferner: Coriariaceae mit Coriaria myrtifolia (Provencalischer Sumach, Gerberstrauch), stark Gerbstoff haltiger Strauch des Mittelmeergebietes, Blüten ohne Discus.

Saponine: Steroid- oder Triterpenglykoside. Giftige, sekundäre Pflanzenstoffe mit haemolytischer Wirkung. Saponinreich sind Efeublätter und die Samen der Roßkastanie.

Sapotaceae: Breiapfelgewächse. Familie der → *Ebenales* mit ca. 800 Arten. Immergrüne, tropische Bäume mit intensiv duftenden, cremefarbenen Blüten (Fledermausbestäubung). Milchsaftführend. Blätter wechselständig, oft in Scheinquirlen. Blüten radiär oder zygomorph. Anzahl der Blütenglieder variabel, meist mehrere Kreise von Kelch-, Kron- und Staubblättern. Krone verwachsen, auch mit Androeceum. Samenanlagen unitegmisch. Beeren. Wichtige Glieder des trop. Regenwaldes SO-Asiens, teilweise bis 30 m hoch bei einem Stammumfang von 2 m. Hartes, dauerhaftes Holz (Eisenholz), oft kieselsäurehaltig. Wirtschaftlich bedeutend: Mimusops heckelii (W-Afrika) wegen des hellroten Möbelholzes (afrikanischer Birnbaum), Palaquium gutta (SO-Asien, auch in Kultur) liefert Guttapercha, Argania spinosa (Marokko) wegen des Eisenholzes und als Öllieferant (aus Samen), Manilkara zapota (Breiapfel, Mittelamerika) wegen eßbarer Früchte auch in Kultur.

Saprolegniales → *Oomycetes*

Saprophyten: Lebewesen, die sich von toter organischer Substanz (heterotroph) ernähren (Ggs.: → *Parasiten;* → *Perthophyten).* Dazu zählen viele Boden-Mikroorganismen und → *holzzerstörende Pilze.*

Sarcotesta: Fleischig ausgebildete → *Testa,* z.B. äußerer Teil des Ginkgo biloba-Samens.

Sarcokarp: Saftig oder fleischig ausgebildetes Mesokarp, z.B. Prunus spinosa.

Sarothamnus scoparius → *Cytisus scoparius*

Sassafras Nees: Gattung der → *Lauraceae.* 2 Arten, eine in O-Asien, eine in N-Amerika. Sommergrüne, aromatische Sträucher oder Bäume mit 1- bis 3-lappigen Blättern. Wichtigste Art: S. albidum (Nutt.) Nees (syn.: S. variifolium O. Kuntze var. albidum [Nutt.] Fern.): Bis 18 m hoher Baum des östlichen N-Amerika, von TX und FL bis ME, in den Appalachen bis 1 500 m. Blätter mit gelber oder roter Herbstfärbung, Blüten gelb in Rispen. Wurzelrinde und -holz liefern Öl für Parfüms, sowie Extrakt für Tee- und Bierzusatz.

SAT-Chromosom: Chromosom, das einen Satelliten trägt.

Satellit: Endstück eines Chromosoms mit weniger DNA, das deswegen nicht Feulgen-anfärbbar ist. (Daher die ältere Bezeichnung SAT = »sine acido thymonucleinico«). Der S. ist mit dem übrigen Chromosom durch einen Strang, dem sogenannten Nucleolus-Organisator verbunden. An dieser Stelle entsteht beim Übergang der Chromosomen in die Funktionsform ein Nucleolus. Die Anzahl der Nucleoli eines Kerns entspricht der Zahl der SAT-Chromosomen.

Sauerbaum → *Oxydendrum arboreum*

Sauerdorn → *Berberis*

Sauerdorngewächse → *Berberidaceae*

Sauergräser → *Cyperales*

Sauerkirsche → *Prunus cerasus*

Sauerkleegewächse → *Geraniales*

Saugkraft → *Saugspannung*

Saugspannung: Ältere Bezeichnung für das Wasserpotential (ψ) der Zelle. → *Osmotische Zustandsgleichung.*

Saugwurzeln: Terminale, meist kurze, unverholzte Wurzelendigungen (→ *Fein-* u. Feinstwurzeln, Ø <1mm), die i.d.R. mykorrhiziert sind u. zur Aufnahme des Bodenwassers mit den darin gelösten Pflanzennährstoffen dienen. → *Saugspannung.*

Saurer Regen: Aus Verbrennungsvorgängen freiwerdendes SO_2 und NO_x verbindet sich mit Luftsauerstoff und Wasser zu Schwefel- und Salpetersäure, welche mit dem Niederschlag als nasse Deposition eingetragen werden. Auf der Fläche der BRD („alt") werden jedes Jahr ca. 4,5 Mio. t Schwefelsäure (H_2SO_4) und 2,8 Mio t Salpetersäure (HNO_3) eingetragen. Saure Niederschläge verändern u.U. die Struktur der Cuticularwachse. Sie führen langfristig zur → *Bodenversauerung* und Versauerung von Gewässern. Die Beteiligung des Sauren Regens am Schadbild des → *Waldsterbens* ist nicht auszuschließen. → *Säureschäden.*

Saurer-Regen-Hypothese (Al-Toxizitäts-Hypothese): Erklärungsansatz zur Entstehung des → *Waldsterbens.* Als Primärursache wird der Eintrag von Wasserstoff-Ionen über den sauren Regen und die damit verbundenen bodenchemischen Vorgänge (Bodenversauerung; Austauschvorgänge zwischen H^+-Ionen und den an Ton-Humus-Komplexe gebundenen Nährstoff- und Metall-Ionen) angesehen. Nährelemente wie Ca, K und Mg werden in tiefere Schichten ausgewaschen und gehen den Pflanzen verloren. Toxische Schwermetall- und Aluminium-Kationen kommen mit Feinwurzeln in Kontakt, schädigen das Wurzelsystem und behindern so die Nährstoffaufnahme. Das aber führt zwangsläufig zur Reduktion der Blattmasse, zu Kronenschäden etc.. Gegenargumente: 1. Auf reinem Kalkboden dürfte der Wald keine Schäden zeigen, denn der eindringende saure Regen wird schon in den obersten Zentimetern neutralisiert. 2. Bei der großen Verschiedenheit unserer Waldböden hinsichtlich Nährstoffgehalt und pH hätte es standortbezogene Unterschiede im Auftreten des Waldsterbens geben müssen.

Saururaceae → *Piperales*

Savanne: Durch Wassermangel, Nährstoffarmut oder anthropogene Einflüsse (sekundäre S.) bedingte → *Formation* der Tropen und Subtropen mit einer Grasschicht und einzelnen oder in lockeren Gruppen stehenden Sträuchern und Bäumen. Äquatornächste Savannengebiete mit 1 000 – 1 500 mm Niederschlag und nur 3–5 ariden Monaten bezeichnet man als Feuchtsavannen. Die Grasschicht kann bis 4 m, Bäume können bis 10 m hoch werden. In Gebieten mit weniger Niederschlag und ausgedehnteren Trockenzeiten schließt sich eine Trockensavanne bzw. ein → *Trockenwald* an. Typ. für die Trockensavanne in Afrika sind Schirmakazien und Affenbrotbäume (Baobab [Adansonia digitata]). Bei Niederschlägen <300 bis 500 mm und einer Trockenzeit von 8 – 10 Monaten geht die Trockensavanne in eine Dornbuschsavanne mit kniehohen Horstgräsern, Dornsträuchern und -bäumen sowie → *Sukkulenten* über.

Saw palmetto → *Serenoa repens*

Sawara-Scheinzypresse → *Chamaecyparis pisifera*

Saxegothaea conspicua Lindl. Patagonische Eibe: Zu den → *Podocarpaceae* gehörender, bis 24 m hoher, eibenähnlicher Waldbaum aus dem südl. Chile. Dunkelgrüne, ledrige, scharf zugespitzte Nadeln. In GB winterhart. Einzige Art der Gattung.

Saxifragaceae: Steinbrechgewächse. Zu den → *Saxifragales* zählend. Kosmopolitisch verbreitete Kräuter und Sträucher, seltener kleine Bäume. Blätter wechsel- oder gegenständig und ohne Nebenblätter. Blüten 4- bis 5-zählig. Androeceum und Gynoeceum bei den Unterfamilien, die oft auch als eigene Familien geführt werden, unterschiedlich:
Saxifragoideae (Saxifragaceae i.e.S.): krautig, A 0+5+5, G(2) ober- bis unterständig. Kapselfrüchte. Samenanlagen mit 2 Integumenten. Hierher gehören viele Hochgebirgspflanzen des eurasiatischen Raumes (z.B. Saxifraga aizoides und S. stellaris).
Grossularioideae: Stachelbeergewächse (Grossulariaceae), A 4–5 G (2), Beerenfrüchte, Samenanlagen mit 2 Integumenten. Hierher gehören Arten der Gattung → *Ribes.*
Hydrangeoideae: Hortensiengewächse (Hydrangeaceae), A 4+4 oder 5+5, gelegentlich auch vermehrt, G (3–4), meist Kapselfrüchte, Samenanlagen mit 1 Integument. Viele Ziersträucher (→ *Hydrangea,* → *Philadelphus,* → *Deutzia).*
Escallonioideae: (Escalloniaceae), A 4-5, G (2-3), meist Kapselfrüchte, Samenanlage mit 1 Integument. Escallonia rubra als Zierstrauch angebaut.

Saxifragales: Steinbrechartige. Ordnung der → *Rosidae.* Bäume, Sträucher oder Kräuter mit unterschiedlicher Blattstellung, meist ohne Nebenblätter. Blüten 4- bis 5-zählig mit freiblättriger Krone und oft obdiplostemonem Androeceum. Gynoeceum noch ursprünglich, chorikarp oder unvollständig verwachsen mit stets freien Griffeln. Samen endospermhaltig. Neben den krautigen Droseraceae (Sonnentaugewächse, insektivor) und Crassulaceae (Dickblattgewächse, sukkulent) sind u.a. folgende, Holzpflanzen führende Familien erwähnenswert: Cunoniaceae: Bäume und Sträucher der Südhalbkugel. Ceratopetalum apetalae liefert Nutzholz. Brunelliaceae: Heimat trop. Amerika. Eucryphiaceae: Meist immergrüne Bäume und Sträucher SO-Australiens und Chiles. Eucryphia cordifolia, ein ca. 25 m hoher Baum aus Chile, liefert ein dauerhaftes Nutzholz. → *Saxifragaceae* und → *Pittosporaceae.*

Schachtelhalmbäume → *Calamitaceae*

Schachtelhalme → *Equisetaceae*

Schachtelhalmgewächse → *Equisetatae*

Schadensinventur → *Waldschadensinventur*

Schaft: (1) Astfreier unterer Teil eines → *Stammes.* Trägt die → *Krone.* Hauptgegenstand forstl. Nutzung. (2) → *Stengel;* nur aus einem → *Internodium* bestehend und mit Blüte oder Blütenstand abschließend (z.B. Löwenzahn).

Scharlacheiche → *Quercus coccinea*

Scharlachsumach → *Rhus glabra*

Scharrharz → *Harznutzung*

Schattenblätter → *Sonnen- und Schattenblätter*

Schattholzarten → *Lichtgenuß*

Scheckung → *Mosaikfleckung*

Scheibenblüten → *Asterales*

Scheibenflieger → *Anemochorie*

Scheidewände: Septen, die bei coenokarpen Gynoeceen den Ovarraum in mehrere separate Räume unterteilen. Echte Sch. (nur bei synkarpen Gynoeceen) stellen Teile der Fruchtblattfläche dar (z.B. bei Sapindales). Unechte Sch. (bei syn- und parakarpen Gynoeceen) stellen Auswüchse aus den Fruchtblättern dar (z.B. bei Brassicaceae). Auch gemeinsames Auftreten von echten und unechten Sch. in einem Ovar (bei Juglandales).

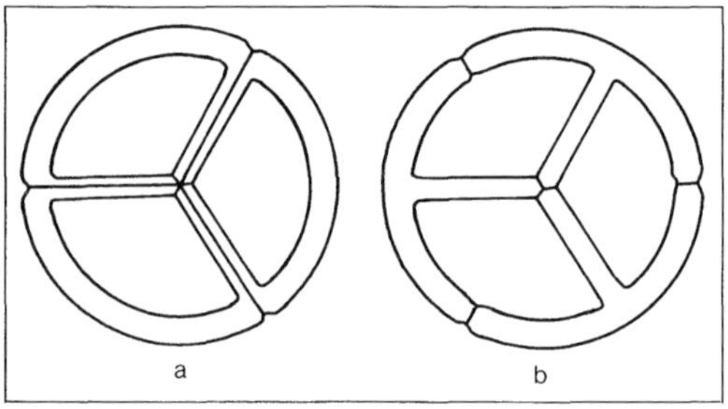

Querschnitte durch coenokarpe Gynoeceen aus jeweils 3 Fruchtblättern: *a* mit echten Scheidewänden, *b* mit unechten Scheidewänden.

Scheinakazie → *Robinia*

Scheinbeere → *Ericaceae*

Scheinbuche → *Nothofagus*

Scheinellergewächse → *Clethraceae*

Scheinfrucht: Halbfrucht. → *Frucht, abgeleitete*

Scheingewebe → *Gewebe*

Scheinhasel → *Corylopsis*

Scheinkamelien → *Theaceae*

Scheinresistenz (engl.: Disease-escape): Der Wirt entgeht dem Angriff des Parasiten durch eine vorgegebene zeitliche Verschiebung seiner anfälligen Entwicklungsphase – eine Resistenz wird vorgetäuscht. Beispiel: Slawonische Herkünfte der Stieleiche treiben in M-Eur. 3 Wochen später aus als einheimische Populationen. Weil sich die Raupen des Eichenwicklers, Tortrix viridana, in diesen 3 Wochen bereits verpuppen, entgeht die slawonische Eiche dem Wicklerfraß.

Scheinstamm → *Stamm,* → *Zingiberales*

Scheinwirtel → *Dispersion*

Scheinzypresse →*Chamaecyparis*

Scheinzypresse, Erbsenfrüchtige → *Chamaecyparis pisifera*

Scheitelmeristem → *Meristeme*

Scheitelzelle → *Apikalmeristem*

Schensi-Tanne → *Tannenarten, chinesische*

Schichtpilz, Blutender → *Stereum sanguinolentum*

Schichtpilz, Braunfilziger → *Amylostereum areolatum*

Schichtpilz, Striegeliger → *Stereum hirsutum*

Schichtpilz, Violetter → *Stereum purpureum*

Schiefblättrigkeit → *Loxophyllie*

Schierlingstanne → *Tsuga*

Schießscheibenkrebs → *Nectria galligena*

Schildhaare → *Haare*

Schillerporling, Schiefer → *Inonotus obliquus*

Schillerporling, Tropfender → *Inonotus dryadeus*

Schimmelfichte → *Picea glauca*

Schimmelweide → *Salix daphnoides*

Schinopsis → *Anacardiaceae*

Schirmakazie →*Albizia*

Schirmbaum → *Moraceae*

Schirmflieger → *Anemochorie*

Schirmmagnolie → *Magnolia tripetala*

Schirmtanne, Japanische → *Sciadopitys verticillata*

schizogen → *Intercellularen*

Schizokarp(ium): Spaltfrucht. Mehrblattfrucht, die bei der Reife entlang der Verwachsungsstellen der Karpelle in Merikarpien (Teilfrüchte, hier: einsamige Nüßchen) zerfällt (Apiaceae, Acer).

Schizokotylie: Aufspaltung einer der beiden Keimblattanlagen; täuscht echte Trikotylie vor (Bsp. Löwenmäulchen).

Schizomycetes (= Bakterien): Sehr kleine (0,3-3 µm), einzellige, oft zu → *Coenobien* vereinigte Organismen, zu den → *Prokaryota* zählend und auf Nährböden kultivierbar. Morphologisch lassen sich kugelförmige Kokken, Stäbchen, kommaartige Vibrionen und schraubig gewundene Spirillen unterscheiden, wobei unbegeißelte und begeißelte Formen (monotrich, lophotrich, peritrich) vorkommen. Bacillen sind stäbchenförmige, sporenbildende Bakterien.
S. sind durch die Protocyte charakterisiert. Ihre Zellwand besteht aus einem → *Murein*-Gerüst (Sacculus), inkrustiert mit Lipoproteiden, Liposacchariden und Phospholipiden. Chemie der Zellwand ist für die → *Gram-Färbung,* eine diagnostische Farbreaktion, bedeutend. Der einzige ringförmige DNS-Faden ist im → *Nucleoid* lokalisiert.
S. vermehren sich in hoher Frequenz, aber nur durch Querteilung (Spaltpilze!) und ohne mitotische Vorgänge, die Trennwände werden dabei zentripetal gebildet. Sexuelle Fortpflanzung fehlt. Die Übertragung genetischen Materials von einer zur anderen Bakterienzelle findet durch → *Konjugation* (Parasexualität), → *Transduktion* oder → *Transformation* statt. Gelegentlich werden endogene Dauersporen zur Überbrückung ungünstiger Lebensbedingungen gebildet. Sie sind besonders resistent gegen Austrocknung und extreme Temperaturen.
S. leben meist heterotroph als → *Saprophyten,* → *Parasiten (→ Bakteriosen)* oder als Symbiosepartner

einiger Baumarten (→ *Actinorhiza)*, gelegentlich treten aber auch photoautotrophe Formen mit Bacteriochlorophyllen und Carotinoiden auf. Hier wird aber bei der Photosynthese kein Sauerstoff freigesetzt, da keine Photolyse des Wassers stattfindet. S. sind für den natürlichen C-, N-, S- und P-Kreislauf von Bedeutung. Sie sind allgegenwärtig und leben unter aeroben wie anaeroben Bedingungen.
Das System der Sch. ist wegen geringer morphologischer Differenzierung der Bakterien weitgehend künstlich und uneinheitlich. Zunehmend werden biochemische und physiologische Kriterien (Basen- und Aminosäuresequenz) berücksichtigt.
Archaebacteria: Zellwände ohne Murein, aus Proteinen und Polysacchariden aufgebaut. Methanproduzierende Bakterien.

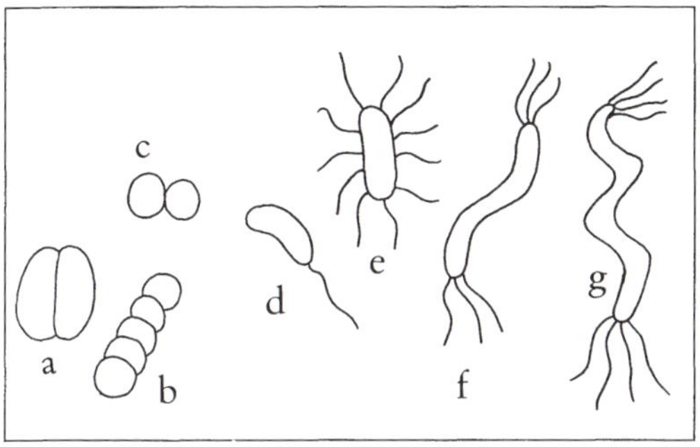

Verschiedene Bakterienformen: *a-c* Kokken, *d* Vibrio mit monotricher Begeißelung, *e* Stäbchen mit peritricher Begeißelung, *f, g* Spirillen mit lophotricher Begeißelung

Eubacteria: Zellwände aus einem Mureingerüst bestehend. Man unterteilt die Eubacteria in:
1. Gram-negative Eubacteria: Murein-Gerüst einschichtig. Gram-Farbstoffe sind auswaschbar. Keine Endosporenbildung. Heterotrophe und autotrophe Formen. Enterobacteriaceae: Erwinia (phytopathogen), Salmonella (Typhuserreger). Vibrionaceae: Vibrio cholerae (Choleraerreger). Pseudomonadaceae: Nitrosomonas (Bodenbakterien, die Ammoniak zu Nitrit oxidieren); Nitrobacter oxidiert Nitrit zu Nitrat; einige Pseudomonas-Arten sind phytopathogen (→ *Eschenkrebs)*. Bacteriaceae: Acetobacter oxidiert Alkohol zu Essigsäure. Azotobacteraceae: Luftstickstoffbindende Bodenbakterien. Rhizobiaceae: → *Rhizobium* bindet Luftstickstoff und lebt symbiontisch in Leguminosenwurzeln (Wurzelknöllchen). Agrobacterium tumefaciens verursacht Tumore bei Pflanzen. Rhodospirillales: photoautotrophe Formen (Purpurbakterien). Rickettsiales: Obligate Zellparasiten, nicht kultivierbar.
2. Gram-positive Eubacteria: Mureingerüst mehrschichtig. Gram-Farbstoffe nicht auswaschbar. Gelegentlich werden Endosporen gebildet. Keine photoautotrophen Formen. Streptococcaceae: verursachen Entzündungen. Lactobacillaceae: Milchsäurebakterien. Bacillaceae: Endosporenbildner; Clostridium tetani (Tetanuserreger), Bacillus subtilis (Heubacillus). Actinomycetales: Strahlenpilze. In Kultur bilden sie Mycelien aus unseptierten Hyphen mit echten Verzweigungen. Einige produzieren Antibiotika (Streptomycin, Actinomycin). → *Frankia alni* (Actinomyces alni) lebt symbiontisch in Alnus-Wurzeln (→ *Actinorhiza)*. Mycoplasmen: ohne Zellwand und damit Gram-Färbung nicht anwendbar; stammen aber von gram-positiven Formen ab.

Schizophyllum commune (Fr.) Fr. Spaltblättling (Schizophyllaceae): Erstbesiedler und oberflächlicher Weißfäuleerreger an liegendem Laubholz, besonders Bu. Auch in Rindenbrandwunden stehender Altbuchen. Selbst verbautes Holz wird besiedelt. Die bis 5 cm breiten, weißlich-grauen, oberseits deutlich behaarten, ledrigen Fruchtkörper finden sich während des ganzen Jahres zu vielen auf der Rinde liegender Stämme. Sie sind muschel- oder fächerförmig und tragen unterseits charakteristisch gespaltetene, grau-rosa »Lamellen« (Name!). Bevorzugt lichte Standorte.

a

b

Schizophyllum commune, Fruchtkörper (*a* von oben, *b* von unten)

Schizophyta → *Prokaryota*

Schlafendes Auge → *Knospe, Schlafende*

Schlagflur: Pflanzensoziologischer Begriff. Nach dem Abholzen von Baumbeständen auf dem freigewordenen Boden entstehende Vegetation (Schlagflora). Charakterarten dieser Pflanzengesellschaft, die eine eigene Klasse bildet (Epilobietea angustifolii) sind z.B. Epilobium angustifolium, Fragaria vesca, Senecio fuchsii, Rubus fruticosus.

Schlagholz → *Unterholz*

Schlangenbäume: Rutenbäume. Erblich bedingte, ungewöhnlich spärliche Verzweigung des Stammes und der Äste bei Nadelbäumen; am häufigsten bei Fi (Schlangenfichte = Picea abies »virgata«) aber auch bei Ta, Ki, Lä beobachtet. Nur gärtnerische Bedeutung.

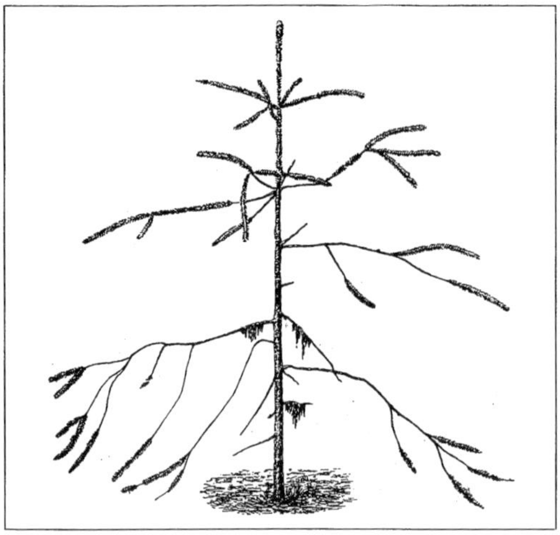

Schlangenfichte, etwa 7-jährig

Schlangenhautkiefer → *Pinus leucodermis*, → *Pinus heldreichii*

Schlauchhaare → *Haare*

Schlauchpilze → *Ascomycetes*

Schlehe → *Prunus spinosa*

Schleimfluß, Buche → *Buchen-Rindennekrose*

Schleimpilze → *Myxomycotina*, → *Myxomycetes*

Schlenke → *Hochmoor*

Schließfrucht: Frucht, die bei der Reife geschlossen bleibt und zusammen mit den Samen verbreitet wird. Bsp. Beere, Nuß, Steinfrucht. Ggs.: Öffnungsfrüchte.

Schließhaut → *Tüpfelfeld, primäres*, → *Tüpfel*

Schließzellen → *Stomata*

Schlitzblättrigkeit: Durch Mutation entstandene Variation der Blattspreite bei Laubbäumen mit normalerweise ganzrandigen Blättern als Artmerkmal. Geschlitztblättrige Varietäten sind u.a. bekannt bei Alnus, Betula, Corylus und Fagus → *Parallelmutation*.

Schlucht-Weide → *Salix appendiculata*

Schluchtwald: In M-Eur. eschen- und ahornreiche Wälder an NW- bis O-exponierten Steilhängen und in Schluchten der submontanen bis montanen Stufe.

Schlußgesellschaft → *Klimaxgesellschaft*

Schmarotzer → *Parasiten*

Schmetterlingsblüte: Blüte der → *Fabaceae*. Stark zygomorph mit 5 Kronblättern: oberes Kronbl. heißt Fahne, die beiden seitlichen Flügel, und die beiden unteren sind zum Schiffchen verwachsen, das Androe- und Gynoeceum beherbergt. Die fertilen Blütenteile schnellen nach oben, sobald das Schiffchen von Bienen oder Hummeln heruntergedrückt wird.

Schmetterlingsblütler → *Fabaceae*

Schmetterlingsporling → *Trametes versicolor*

Schmetterlingsstrauch → *Buddleja*

Schmuckesche → *Fraxinus ornus*

Schmuckzypresse → *Callitris*

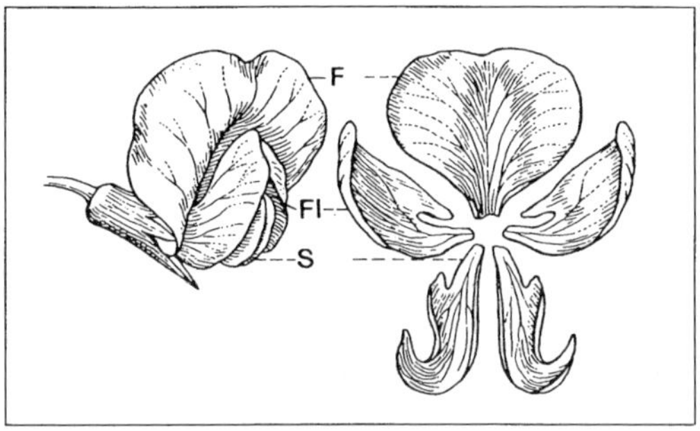

Schmetterlingsblüte: F = Fahne, Fl = Flügel, S =Schiffchen

Schmutzbecherling → *Bulgaria inquinans*

Schnallenmycel: Hauptvegetationsform der → *Basidiomycetes*. Dikaryotisches Mycel, dessen Zellen seitliche Auswüchse (= Schnallen) aufweisen, die bei der konjugierten Kernteilung sicherstellen, daß stets Kerne unterschiedlichen Genotyps in einer Zelle zusammen sind. Schnallenbildung ist der Hakenbildung der Ascomycetes homolog, steht aber nicht unmittelbar im Zusammenhang mit der Bildung des Meiosporangiums (hier Basidie). Fehlt bei Uredinales, einigen Ustilaginales und Gasteromycetales.

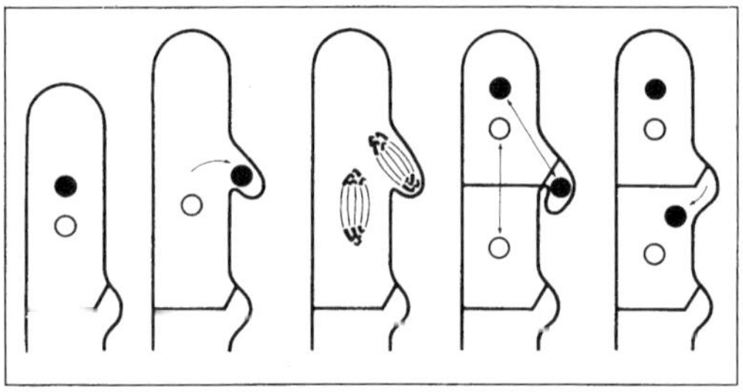

Entwicklung des **Schnallenmycels**

Schneeball → *Viburnum*

Schneeball, Wolliger → *Viburnum lantana*

Schneeball, Gemeiner → *Viburnum opulus*

Schneebeere → *Symphoricarpos albus*

Schneebruch: Abbrechen von Baumteilen infolge hoher Schneebelastung. Man unterscheidet Schaft-, Gipfel- und Astbruch. Je nach Ausdehnung spricht man von Einzel-, Nester- oder Flächenbruch. Neben primären Veränderungen im Ökosystem sowie wirtschaftlichen Einbußen, treten häufig drastische Sekundärschäden (Eindringen holzzerstörender Pilze über Bruchstellen) auf. Besonders disponiert für Schneebruchschäden sind wintergrüne Nh (Fi, Ta, Ki). Schneebruchschäden an Lh (z.B. Buche) treten vorzugsweise im Herbst auf, wenn die Bäume noch Blätter tragen. Schmalkronige Bäume sind weniger gefährdet als breitkronige. Am meisten dem Schneebruch ausgesetzt sind in Mitteleuropa Gebirgslagen von 400 – 900 m Meereshöhe, da hier der Schnee häufiger großflockig und naß fällt. Als Schutzmaßnahmen kommen vorbeugende Maßnahmen waldbaulicher Art in Betracht, die den Aufbau stabiler Bestände bezwecken: z.B. Anbau schneefester Baumarten und -rassen, Naturverjüngung zur Begründung ungleichaltriger Mischbestände und wiederholte Pflegemaßnahmen mit dem Ziel gleichmäßiger Kronenentwicklung und stufiger Kronendachgestaltung. Ein technisches Verfahren besteht im Abschütteln der Schneelast mit Hilfe von tief über dem Kronendach fliegenden Helikoptern.

Schneebruch an Kiefer

Schneedruck: Durch hohe Schneelast verursachtes Niederdrücken von Bäumen und u. U. Herausheben des Wurzelballens.
Im Gegensatz zum → *Schneebruch* sind durch S. vor allem jüngere Bäume (20 – 50 Jahre) gefährdet, jedoch sind alle anderen disponierenden Merkmale auch auf die Schneedruckgefährdung übertragbar (Nh mehr als Lh, Höhenlage über NN, Schneeart etc.). Ebenso können Schutzmaßnahmen nur prophylaktischer, waldbaulicher Art sein. → *Schneebruch.*

Schäden durch **Schneeschub** und **Schneedruck** in Hochlagen (Alberti-Davos)

Schneeflockenstrauch → *Oleales*

Schneeglöckchenbaum → *Styracaceae*

Schneeheide → *Erica herbacea*

Schneeschimmel, Schwarzer → *Herpotrichia juniperi*

Schneeschimmel, Weißer → *Phacidium infestans*

Schneeschub: Einseitige Belastung von Bäumen durch Schneekriechen und Schneegleiten in Hanglagen. Kulturen, Jungwüchse und Stangenhölzer sind besonders gefährdet. Schadbilder: Umbiegen junger Bäume, u.U. Entwurzelung; Aufrichten im Sommer, sog. Säbelwuchs. Extremschäden gleicher Art können durch Naßschneelawinen entstehen.

Schneeschütte → *Phacidium infestans*

Schneestufe → *Vegetationsstufen*

Schneiteln: Abschneiden junger, beblätterter Zweige für Futter- und Streuzwecke. Zum Schn. eignen sich wegen ihres Futterwertes und Regenerationsvermögens besonders die Es und Hbu. Ihre lat. Namen Fraxinus (frangere = brechen) und Carpinus (carpere = rupfen) erinnern noch an ihren früheren Hauptverwendungszweck. Für Streuzwecke wurden in den Alpen auch Fi und Lä geschneitelt.

Schnurbaum, Japanischer → *Sophora*

Schönschnabel (Moos) → *Bryidae*

Schötchen: Schote, die höchstens dreimal so lang ist wie breit. Dient als Differenzierungsmerkmal zwischen schoten- und schötchenfrüchtigen Kreuzblütlern.

Schopfflieger → *Anemochorie*

Schote: Trockene Streufrucht aus zwei parakarp verwachsenen Karpellen, zwischen denen sich eine falsche Scheidewand ausbildet. Bei der Reife bleiben die Samen an der Scheidewand haften, während sich die Karpelle beidseitig ablösen (→ *Brassicaceae).*

Schraubendrehflieger → *Anemochorie*

Schraubenflieger → *Anemochorie*

Schraubengefäße → *Tracheen*

Schraubenpalmen → *Pandanales*

Schraubenstellung → *Dispersion*

Schraubentracheide → *Tracheide*

schrotsägeförmig → *Blattrand*

Schüppling, Sparriger → *Pholiota squarrosa*

Schütte (= Nadelschütte): Krankhaftes Abwerfen von grünen oder braunen Blattorganen. Erfolgt i.a. während weniger Wochen und geht auf Pilzinfektionen (Kiefernschütte, Douglasienschütte), auf Dürre, Frost, Luftschadstoffe oder Nährstoffmangel zurück.

Schuppenapfelgewächse → *Magnoliales*

Schuppenbäume → *Lepidodendrales*

Schuppenborke → *Borke*

Schuppenfichte → *Athrotaxis*

Schuppenhaare → *Haare*

Schuppenheide → *Ericaceae*

Schuppenwacholder → *Juniperus squamata*

Schuppenwurz → *Lathraea squamaria*

Schuppenzeder → *Libocedrus*

Schuppenzweigmoos → *Jungermaniales*

Schuppenzypresse → *Actinostrobus*

Schwachwurzeln → *Wurzelsystem*

Schwächeparasit → *Parasiten*

Schwärmspore → *Sporen*

Schwammparenchym → *Mesophyll*

Schwarzbirke → *Betula nigra*

Schwarzdorn → *Prunus spinosa*

Schwarzeiche → *Quercus marilandica*

Schwarzerle → *Alnus glutinosa*

Schwarzesche → *Fraxinus nigra*

Schwarzesche, Asiatische → *Fraxinus mandshurica*

Schwarzfichte → *Picea mariana*

Schwarzholzakazie → *Acacia*

Schwarzkiefer → *Pinus nigra*

Schwarzkiefer, Japanische → *Pinus thunbergiana*

Schwarzkiefern-Triebsterben → *Scleroderris lagerbergii*

Schwarznuß → *Juglans nigra*

Schwarzpappel → *Populus nigra*

Schwarzpappel, Amerikanische → *Populus deltoides*

Schwarzpappel, Kanadische → *Populus deltoides*

Schwarzpappelhybriden, Euramerikanische → *Populus nigra*

Schwarzpappeln → *Populus*

Schwarzringahorn → *Acer tataricum*

Schwarzstreifigkeit des Buchenholzes → *Bispora monilioides*

Schwarzweide → *Salix nigra*, → *Salix nigricans*

Schwebstaub → *Staub*

Schwefel (S): Hauptnährelement, liegt in der Pflanze als SO_4^{2-}-Ion in anorganischer und organischer Bindung (-SH Gruppe) als Bestandteil von Aneurin, Biotin, Cystein, Cystin, Methionin, Glutathion vor. Wegen der Speicherfähigkeit der Pflanzenzelle für S enthalten durch Rauchgase geschädigte Nadeln bis zu 0,3 % S in der Trockensubstanz (S-Spiegelwerte bei SO_2-geschädigten Nadeln); S-Mangel beeinträchtigt die Proteinsynthese und den Atmungsstoffwechsel. → *Schwefeldioxid.*

Schwefeldioxid (SO_2): Farbloses, stechend riechendes Gas, das hauptsächlich bei der Verbrennung fossiler Rohstoffe (Kohle, Öl, Erdgas) entsteht und eine Hauptkomponente der Luftverschmutzung darstellt. In der Atmosphäre entsteht u.a. Schwefelsäure (H_2SO_4), ein

Land	Emission	Gesamtdeposition
Albanien	50	85
Belgien	380	198
Bulgarien	500	413
DDR	2 000	918
BR Deutschland	1 815	1 388
Dänemark	228	132
Finnland	270	363
Frankreich	1 800	1 505
Griechenland	352	305
Großbritannien	2 560	996
Irland	87	86
Island	6	26
Italien	2 200	1 355
Jugoslawien	1 475	1 377
Luxemburg	24	14
Niederlande	240	210
Norwegen	75	314
Österreich	215	409
Polen	1 500	1 712
Portugal	84	80
Rumänien	1 000	827
Spanien	1 000	666
Schweden	275	587
Schweiz	58	165
Tschechoslowakei	500	969
Türkei	500	505
UdSSR, europ. Teil	8 100	7 972
Ungarn	750	560

Schwefeldioxid: Anthropogene Emission und Deposition in 1000 t Schwefel pro Jahr [1] (Quellen: errechnet aus EMEP/MSC-W-Report 1/84; Quelle: Schütt, P. 1988: Der Wald stirbt an Streß

Schwefeldioxid-Schäden: Flächige Nekrosen und Interkostalchlorosen an Ulmus pumila-Blättern

Sciadopitys verticillata: *a* benadelter Zweig, *b* Nadelquerschnitt, *c* reifer Zapfen (2x nat.Gr.)

Hauptbestandteil des »Sauren Regens«. Konzentrationen ab 70 $\mu g/m^3$ rufen Vergilbung und Nekrosen an Blättern hervor. Außerdem führt SO_2 u.a. zu Änderungen des Spaltöffnungsverhaltens, zu Beeinträchtigung des Pigmentauf- und -abbaus, zu pH-Änderungen des Zellsaftes und zu Änderungen der Redoxvorgänge. Es greift überdies in die Enzymregulation (z.B. Carboxylase-Hemmung) ein. Die Gesamtemission an S. beträgt rd. 2,6 Mio t für die BRD (1984). Die jährlich emittierten Mengen sind rückläufig. Ursachen liegen in der Umstellung auf schwefelärmere Brenn- und Treibstoffe sowie in gesetzlichen und technischen Maßnahmen zur Abgasentschwefelung.

Schwefeleintrag: Eintrag von Sulfat-Schwefel aus der Atmosphäre (über die nasse Deposition; → *saurer Regen)* in Waldökosysteme. Nach Ausfilterung im Kronenraum findet Anreicherung im Waldboden statt (Kronentraufbereich) mit Auswirkungen auf den pH-Wert des Bodens und das Wurzelwachstum. → *Säureschaden*, → *Aluminium.*

Schwefelporling → *Laetiporus sulphureus*

Schwefelsäure → *»Saurer Regen«*

Schwerkraftwirkung → *Geotropismus*

Schwermetalle → *Blei*, → *Cadmium*, → *Kupfer*, → *Nickel*

	Schwefeleintrag kg/ha/a	pH-Wert (Niederschlag)
Freiland	5 – 50	4 – 4,5
unter Fichte	50 – 200	3 – 3,8
unter Buche	40 – 75	ca. 4,0

Schwefeleintrag im Freiland und durch Ausfiltern im Kronenraum verschiedener Waldökosysteme (nach ULRICH 1975)

Niederschlag	Cd	Cu	Ni	Pb	Zn
Buche Kronentraufe	1,8	17	3,9	33	120
Buche-Stammabfluß	2,0	18	3,8	78	1720
Fichte Kronentraufe	3,2	30	5,2	70	350
Freiland	3,4	33	2,5	29	180

Schwermetalle (µg/l) im Niederschlag (aus ULRICH et al. 1979)

Schwertliliengewächse → *Liliales*

Sciadopitys verticillata SIEB. et ZUCC. Japanische Schirmtanne (engl.: Japanese umbrella pine): Einzige Art einer zu den → *Taxodiaceen* gehörenden Gattung. In Japan ein bis 35 m hoher, immergrüner Waldbaum, der in M-Eur. bestenfalls 10 m erreicht, sehr heikel ist und nur als exotisch wirkender Zierbaum angebaut wird. Besonderheit: Blattdimorphismus durch (a) kleine, häutige Schuppenblätter am Langtrieb, die an den Basen der quirlständig inserierten Nadeln büschelig gehäuft auftreten und verdickte Spitzen aufweisen. Zum anderen (b) durch schirmartig angeordnete, bis 12 cm lange, aus 2 Einzelnadeln zusammengewachsene »Doppelnadeln«. Zapfen zweijährig, bis 12 cm lang, 2 Keimblätter, Samen ringsum geflügelt. Chrom.: 2n = 20 (Abb. S. 475/512).

Scirrhia pini → *Dothistroma pini*

Sclerodermatales → *Gasteromycetales*

Scleroderris lagerbergii GREM. (syn.: Ascocalyx abietina [LGBG.] SCHL. Gremmeniella abietina [LAGERB.] MORELET) Erreger des sog. Schwarzkiefern-Triebsterbens (Helotiaceae): Konidienform: Brunchorstia pinea (KARST.)HÖHN. Rindenbewohnender Pilz an mehreren Arten verschiedener Koniferen-Gattungen, der sich in letzter Zeit erheblich ausbreitete und insbes. an Pinus nigra, P. resinosa, P. mugo und P. cembra starke Schäden und Ausfälle auslöst. In Skandinavien ruft S. l. an P. sylvestris auffällige Rindenwunden hervor. Infiziert werden normalerweise Bäume ab ca. 6 Jahren. Konidio- und Ascosporen fliegen während der Veg.-Zeit. Über Schuppenblätter an Lang- und Kurztrieben oder über Knospenschuppen dringt der Pilz ein. Erste Nekrosen in der Rinde 1j. Triebe sind im Jan./Febr. erkennbar. Kurz danach Absterben der Rinde und der Knospe sowie Bräunung der Nadeln von der Basis her. Ersatztriebbildung aus Terminalknospen tiefer inserierter Kurztriebe ist typisch.
Pinus nigra var. corsicana-Aufforstungen im atlantischen Westeuropa erlitten extreme Ausfälle. In M-Eur. befällt der Pilz inzwischen auch Ki (ohne ernste Folgen) und Fi (Wipfeldürre). Am stärksten gefährdet sind aber Schwarz-Ki-Kulturen an Altholzrändern. Schwarze, bis 2 mm große Pyknidien mit sichelförmigen Sporen oder schüsselförmige, bis 1,5 mm große Apothecien erscheinen an Kurztriebnarben toter Triebe, an Knospenschuppen, gelegentlich auch an braunen Nadeln. Eine direkte Bekämpfung mit Fungiziden ist allenfalls in Baumschulen praktikabel. Vermeidung von Dichtstand sowie Entfernung des Reisigs von eingeschlagenen, kranken Bäumen werden als prophylaktische Maßnahmen empfohlen.

Sclerophoma pithyophila (CORDA) HÖHN.: Konidienform des Ascomyceten Sydowia polyspora (BREF. et TAVEL) MÜLLER (Dothioraceae). Sehr häufiger Besiedler absterbender und toter Ki-, Fi- und Ta-Nadeln. Bei Fi auch Endophyt in grünen Nadeln. Kleine, schwärzliche, unregelmäßig durch die Epidermis brechende Pyknidien. Wirtschaftl. Bedeutung als Erreger der Anstrichbläue (→ *Bläuepilze)*.

Sclerotesta: Holzig ausgebildete → *Testa.*

Sclerotinia fuckeliana → *Botrytis cinerea*

Scots Pine → *Pinus sylvestris*

Scrophulariaceae: Rachenblütler. Familie der → *Scrophulariales* mit ca. 3 000 Arten. Überwiegend Kräuter der nördlich gemäßigten Zone. Einige Arten leben parasitisch (z.B. Melampyrum, Euphrasia, Rhinanthus, Lathraea). Einzige Baumgattung: → *Paulownia.* Wechsel- oder gegenständige Blätter, ohne Nebenblätter. Blüten unterschiedlich stark dorsiventral. Oft zweilippig oder gespornt. Blütenformel: ↓ K(5) [C(5) A5,4 oder 2] G($\underline{2}$). Kapselfrüchte mit zahlreichen endospermhaltigen Samen. Zur Gattung Hebe gehören immergrüne Sträucher

Scleroderris lagerbergii: *a* Fruchtkörper der Nebenfruchtform Brunchorstia pinea an Kurztriebnarben, *b* Befall an alten Schwarzkiefern, *c* Befall an jungen Schwarzkiefern, *d* Regeneration des Wirtsbaumes durch Austrieb aus Kurztriebknospen

(Strauchehrenpreis) aus Australien und Neuseeland. Bei uns ohne Schutz nicht winterhart. Waldpflanzen: Digitalis purpurea (Fingerhut) in Kahlschlaggesellschaften und Waldlichtungen. Melampyrum pratense: Halbparasit auf Wurzeln der Heidelbeere. → *Lathraea squamaria:* Vollparasit auf Laubholzwurzeln.

Scrophulariales: Rachenblütige. Ordnung der → *Asteridae.* Überwiegend Kräuter mit gegen- oder wechselständigen Blättern, ohne Nebenblätter. Blüten meist zygomorph. Androeceum ursprünglich 5-zählig, Reduktion auf 4 oder 2 Staubblätter häufig. Gynoeceum 2-blättrig. Vielsamige Kapseln oder Beeren. Alkaloide fehlen in dieser Ordnung. Familien: → *Columelliaceae,* → *Myoporaceae,* → *Scrophulariaceae,* → *Bignoniaceae,* → *Orobanchaceae.* Ferner die krautigen Familien: Globulariaceae (Kugelblumengewächse): Stengel verholzend. Lentibulariaceae (Wasserschlauchgewächse): Carnivore, oft wurzellose Kräuter. Beispiel: Pinguicula (Fettkraut).

Scrub: Trockenstrauchformation in Australien, überwiegend aus → *Hartlaubgewächsen,* z.B. Malleescrub (hpts. strauchige Eucalyptus-Arten), Brigalow-scrub (hpts. Acacia harpophylla), Mulgascrub (hpts. Acacia aneura).

Scutellum → *Keimblatt*

Seedorn → *Hippophaë*

Seekiefer → *Pinus halepensis*

Seestrandkiefer → *Pinus pinaster*

Segelflieger → *Anemochorie*

Segregation: Die Aufspaltung der Erbanlagen durch

die zufällige Verteilung der Chromosomen in der → *Meiose.* → *Mendel'sche Regeln* (Spaltungsregel)

Seide → *Cuscuta*

Seidelbast, Gemeiner → *Daphne mezereum*

Seidelbast, Gestreifter → *Daphne striata*

Seidelbastgewächse → *Thymelaeaceae*

Seidenbaum → *Albizia*

Seidenpflanzengewächse → *Asclepiadaceae*

Seidenraupeneiche → *Quercus acutissima*

Seidenweide → *Salix glaucosericea*

Seifenbaumartige → *Sapindales*

Seifenbaumgewächse → *Sapindaceae*

Seiridium cardinale: Schadbild bei Cupressus sempervirens

Seiridium cardinale (WAGNER) SUTTON et GIBSON (syn.: Coryneum cardinale) Erreger des Zypressenkrebses (Melanconiaceae): Hauptfruchtform: Leptosphaeria spec.. Ruft wichtige, seit 1951 in S-Eur. grassierende Krankheit an mehreren Cupressaceen-Arten, insbesondere an → *Cupressus sempervirens* in der Toskana hervor. C. glabra gilt als tolerant. Hauptsächlich werden junge Triebe infiziert, die zunächst hellgrün, dann gelb und rötlich werden. Später entstehende Rindenrisse mit austretendem Harz entwickeln sich zu größeren Nekrosen, die schließlich den gesamten Ast- oder Stammumfang einnehmen und den betr. Ast oder Stamm abtöten. Vermehrung hauptsächlich im Frühjahr und Herbst durch Konidien aus → *Acervuli* in der äußeren Rinde lebender und toter Äste. Infektionen verlaufen meist über Wunden; die Verbreitung geschieht u.a. durch Borkenkäfer (Phloeosinus aubei). Begrenzte Abwehrmöglichkeit durch prophylaktische Fungizid-Applikation in der Baumschule; mehr Erfolg verspricht ein Züchtungsprogramm auf der Basis individueller Resistenz bei C. sempervirens.

Seismonastien → *Nastien*

Seitenachse → *Seitensproß*

Seitenknospe: Axillarknospe, Achselknospe. Bei Samenpflanzen stets in der Achsel eines Tragblattes stehende und der Anlage von Seitentrieben dienende Knospe; bei den Angiospermen trägt jedes Laubblatt zumindest eine S., bei den meisten Gymnospermen werden S. nur in den Achseln weniger Nadeln angelegt.

Seitenmeristem → *Meristeme*

Seitensproß: Seitenachse, Achselsproß, Axilliarium. Aus einer Seitenknospe hervorgegangene, seitliche Verzweigung des Hauptsprosses; bei Verlust oder Beschädigung des Gipfeltriebes (z.B. durch Schneebruch, Insekten) richtet sich ein S. auf und übernimmt dessen Funktion (→ *Verzweigung, monochasiale).*

Seitenwurzel: Aus dem Perikambium endogen entstandene, seitliche Verzweigung an einer Hauptwurzel, die zur Vergrößerung der resorbierenden Wurzeloberfläche beiträgt. S. werden in der Regel vor den längs verlaufenden Xylemsträngen der radialen Wurzelbündel gebildet und treten daher in Längsreihen (Rhizostichen) auf. An diesen Wurzeln entstehen in der Folge weitere Seitenwurzeln (2. und höherer Ordnung, die meist als feine Verästelungen (→ *Saugwurzeln)* den Boden durchwachsen und bei Lh und Nh oft mykorrhiziert sind.

Sekrete: Vom → *Protoplasma* abgegebene Substanzen, die für die Pflanze noch wichtige Funktionen zu erfüllen haben (z.B. Blütennektar). → *Exkrete.*

Sektion → *Taxon*

Sekundärblätter → *Folgeblätter*

Sekundärparasit → *Parasiten*

Sekundärproduktion: Die gesamte Substanzmenge, die von heterotrophen Organismen (→ *Heterotrophie)* in einem Bestand pro Jahr gebunden wird.

Sekundärreiser: Von bewurzelten Stecklingen oder Pfropflingen zum Zwecke einer erneuten vegetativen Vermehrung gewonnene Reiser.

Sekundärspore: Besondere Sporenart der Tremellales (→ *Heterobasidiomycetidae);* in Einzahl ohne Mitose von der Basidiospore abgeschnürt. In sie wandert der Kern der Basidiospore.

Sekundärstoffe (sekundäre Pflanzenstoffe): Stoffwechselnebenprodukte, die im Gegensatz zu den primären Stoffwechselprodukten für den Organismus nicht lebensnotwendig sind. Sie werden in Vacuolen, Zellwänden, besonderen Exkreträumen (Milchröhrensaft), Interzellularen und Bereichen zwischen Zellwand und Cuticula (Drüsenhaare und -schuppen) abgelagert und sind oft für bestimmte Arten und Gattungen spezifisch (→ *Chemotaxonomie).* Chemisch sind die S. sehr heterogen. Zu ihnen zählen u.a. Phenole (→ *Lignin,* pfl. Farbstoffe, → *Gerbstoffe),* → *Terpenoide* (ätherische Öle, Balsame, Harze), Fettsäurederivate (→ *Wachse,* → *Suberin,* → *Cutin),* Alkaloide. Ebenso vielfältig ist ihre Funktion: Festigung und Imprägnierung der Zellwand; auf Grund toxischer Eigenschaften Schutz vor pathogenen Organismen und andere Resistenzwirkung; Anlockung von Insekten und anderen Tieren als Duft-,

Blüten- und Farbstoffe. Die Mehrheit der pflanzlichen S. haben keine spezifische Funktion.

Sekundärwald: Nach künstlichen Eingriffen (z.B. Rodung) natürlich nachgewachsener Wald.

Sekundärwand: Mächstigste Schicht der pflanzlichen → *Zellwand.* Wird nach Abschluß des Zellstreckungswachstums der → *Primärwand* aufgelagert (→ *Appositionswachstum).* Matrix vornehmlich aus → *Hemicellulosen* gebildet und dicht mit parallel orientierten → *Mikrofibrillen,* meist in Form einer Faser- oder Spiraltextur (→ *Textur)* bepackt. Stets aus mehreren Schichten mit oft alternierender Richtung des Fibrillenverlaufs: 1. S_1-Schicht (Übergangslamelle): Mikrofibrillen in sich überkreuzenden Schrauben angeordnet. 2. S_2-Schicht (Zentralschicht): Am mächtigsten ausgebildet. Oft mehrere Lamellen mit wechselndem Fibrillenverlauf. 3. S_3-Schicht (Innenschicht): Mit flach laufender Schraubentextur. Gelegentlich auch als → *Tertiärwand* bezeichnet. In wasserleitenden Gefäßen sind die spiral-, netz- oder ringförmigen Versteifungen auf der Wandinnenseite partielle Verdickungen der Sekundärwand.

Selaginellales: Moosfarne. Ordnung der → *Lycopodiatae* mit 700 meist tropischen Arten. Heterospore Kräuter mit dekussiert gestellten Mikrophyllen. Anisophyllie. Blätter mit → *Ligula.* Mikro- und Makrosporophylle gemeinsam in endständigen Sporophyllständen. Jedes Sporophyll trägt ein mehrschichtig bewandetes Sporangium, entweder mit zahlreichen Mikrosporen (Mikrosporangium) oder mit 4 Makrosporen (Makrosporangium). Stark reduzierte Prothallien entwikkeln sich in den Sporen (innerhalb der Sporangien). Wurzeln büschelartig an den Enden von besonderen blatt- und farblosen Sprossen (→ *Rhizophoren).* Nur wenige Arten in Europa: u.a. Selaginalla helvetica und S. selaginoides.

Selaginella selaginoides

Selbstbefruchtung: Befruchtung der ♀ Anlagen durch ♂ Geschlechtszellen desselben Individuums. In der Züchtung künstl. herbeigeführt: → *Selbstung* (z.B. bei Inzucht-Heterosiszüchtung).

Selbstbestäubung → *Autogamie*

selbstfertil: → *Selbstkompatibilität,* → *Selbstbefruchtung,* → *Bestäubung.*

Selbstkompatibilität: Selbstfertilität, Selbstverträglichkeit. Fähigkeit zur Selbstbefruchtung, die zu keimfähigen Samen führt. Dabei verschmelzen die getrenntgeschlechtlichen Gameten desselben Individuums oder einer zwittrigen Blüte miteinander und bilden eine teilungsfähige Zygote. Ggs. → *Inkompatibilität.*

Selbststerilität: Unvermögen der Geschlechtszelle desselben Individuums miteinander zu verschmelzen und entwicklungsfähige Zygoten hervorzubringen. → *Inkompatibilität.*

Selbstung: Künstlich herbeigeführte Selbstbefruchtung, u.U. Teil eines Züchtungsverfahrens (Inzucht-Heterosiszüchtung).

Selbstverbreitung → *Autochorie*

Selektion → *Auslese*

Selektionswert → *Anpassungswert*

selektive Ionenaufnahme: Artspezifisches oder induziertes Selektionsvermögen bei der Nährstoffaufnahme, z.B. bevorzugte Aufnahme von K^+ und PO_4^{3-} durch die Wurzel oder Ausschluß (→ *Blattspiegelwerte)* von Mn^{2+}; bei den Makronährelementen ist die selektive K-Aufnahme stark ausgeprägt; diese Vorgänge sind von großer Bedeutung für die Ionenverhältnisse in Zellen und Zellorganellen sowie außerhalb von pflanzlichen Zellmembranen. → *Ionophore,* → *Protonenpumpe.*

Selva: Intensiv genutzter Edelkastanien-Wirtschaftswald auf nährstoffreichen Standorten in Tieflagen der südlichen Randalpen.

Seneszenz: Alterung von Pflanzen oder Pflanzenteilen. S. ist genetisch programmiert und wird durch Kälte, Nebel, Lichtmangel oder Verringerung der Tageslänge gefördert. Vorzeitige S. kann durch Mangel an Wasser oder Nährstoffen sowie durch Schadstoffe herbeigeführt werden (→ *Waldsterben).* Endogene Ursachen sind Akkumulation von Stoffwechselendprodukten und spezielle → *Phytohormone* (→ *Abscisinsäure* und Ethylen). → *Auxine,* → *Gibberelline* und → *Cytokinine* wirken der Seneszenz entgegen. Bei Blättern unterscheidet man sequentielle S., bei der nur die ältesten Blätter absterben, von synchroner S., die alle Blattorgane erfaßt (herbstlicher Blattfall).

Senkerwurzel → *Wurzelsystem*

Sepalen → *Kelch*

Septen: (1) Scheidewände im Ovar.
(2) Querwände in Pilzhyphen, Konidien usw..

septicid: Scheidewandspaltig. → *Spaltkapsel,* → *Kapsel.* Ggs. → *loculicid.*

septifrag: Scheidenwandbrüchig. Kapsel, die sich durch Bruch der Karpellwände entlang der Scheidenwände öffnet.

Septobasidiales → *Heterobasidiomycetidae*

Septoria populi Desm. (Sphaeropsidales): Konidienform von Mycosphaerella populi Schroet. Erreger einer wirtschaftl. unbedeutenden Blattkrankheit an Schwarz- und Balsampappeln. Runde, schwärzliche Blattflecke, in der Mitte hellgrau. Pyknidien mit leicht gebogenen, zweizelligen Konidien auf den Nekrosen.

Septotinia populiperda Waterm. et Cash ex Sutton

Sequoia sempervirens (nat. Gr.): *a* beblätterter Zweig, *b* Zweig mit männl. Blüten, *c* reifer Zapfen (offen)

Erreger der Ringfleckenkrankheit: Verursacht braune, ringartig zonierte Blattflecke, Welke und Blattfall an Schwarzpappelhybriden. – Sortenunterschiede in der Anfälligkeit. Infektion nur über Blattwunden (Insekten, Hagel). Nebenfruchtform: Septotis populiperda (MOESZ et SMAR.) SUTTON mit auffälligen, weißen Sporenlagern auf beiden Blattseiten.

Septotis populiperda → *Septotinia populiperda*

Sequenzierung: Sequenzanalyse. Ermittlung der Reihenfolge der Nukleotide oder Basen auf dem Polynukleotidstrang von RNA und DNA.

Sequoia gigantea → *Sequoiadendron giganteum*

Sequoia sempervirens (D.DON) ENDL. Küstensequoie (engl.: Redwood) (Taxodiaceae): Einer der eindrucksvollsten und leistungsfähigsten Bäume der Nordhalbkugel. Die Art erreicht im Nebelgürtel der nordkalifornischen Pacific-Küste 120 m Höhe, 4,5 m Durchmesser und ein Alter von 2 000 Jahren. Sie bildet sehr dichte, mehrschichtige Reinbestände und wird wegen der riesigen Dimensionen und ihres leichten, dauerhaften Holzes intensiv genutzt. In M-Eur. gedeiht sie nur in geschützten Lagen und bleibt forstl. ohne Bedeutung. Breite Stammbasis, schmale Krone, Äste waagrecht oder leicht hängend. Rinde rötlich-braun und faserig, dick und tief gefurcht. Blätter immergrün. An Langtrieben: spiralig angeordnete, dem Zweig anliegende Schuppenblätter. An Kurztrieben: zweizeilig angeordnete, oberseits dunkelgrüne, unterseits hellgrüne, rel. weiche Nadeln. Blüten einhäusig. Zapfen zahlreich (<2,5 cm), an Zweigspitzen, im 1. Jahr reif. Chrom.: 2n = 22. Holz mit rotbraunem Kern. Leicht, weich, gut zu bearbeiten und sehr dauerhaft. Unter Wasser haltbar. Verwendung: Hochbau (Türen, Fenster), Bootsbau, Waggonbau, Kisten. Standort- und Klimaansprüche: Frische und nährstoffreiche, alluviale Böden, milde Temperaturen und hohe Luftfeuchte (Abb. S. 482/512).

Sequoiadendron giganteum: *a* ♂ Zapfenblüte, *b* ♀ Zapfenblüte, *c* beblätterter Zweig, *d* junger Zapfen, *e* Zapfenschuppe, *f* reifer Zapfen, geöffnet

Sequoia sempervirens

Sequoiadendron giganteum (LINDL.) BUCHH. (syn.: Sequoia gigantea (LINDL.) DECNE, Wellingtonia gigantea LINDL.) Mammutbaum (engl.: Giant Sequoia) (Taxodiaceae): Einer der eindrucksvollsten, massenreichsten und ältesten Bäume der Erde, dessen nat. Vorkommen nach intensiver Nutzung auf wenige Standorte an der Ostseite der kalifornischen Sierra Nevada (zwischen 1 400 und 2 300 m) beschränkt ist. Gemessene Maximalwerte: Knapp 100 m Höhe, 12 m Durchmesser und ein Alter von 3 200 Jahren. Heute steht S. g. in State- und Nationalparks unter Schutz. Eindrucksvolle Wuchsleistungen auch in M-Eur. (50 m Höhe), hier jedoch meist als Parkbaum genutzt.
Kennzeichen: Gerade, abholzige, im Freistand tief beastete Stämme mit breiter Basis. Ungewöhnlich dicke, sehr weiche, rotbraune, faserige Borke. Äste waagrecht abstehend, rel. kurz. Nadeln immergrün, pfriemlich, nicht sichelförmig gekrümmt. Blüten zweihäusig verteilt. Zapfen 4 – 7 cm, rotbraun, mit rhombischen Schuppenschildern, im 2. Jahr reif. Samen mit 2 Flügeln. Chrom.: 2n = 22. Mammutbäume kommen von Natur aus auf frischen, schwach sauren Substraten und in windgeschützten Lagen mit hohen, meist als Schnee fallenden Niederschlägen (1 200 – 1 500 mm) vor. Besonderheiten: In M-Eur. ist Botrytis cinerea-Befall für die Anzucht viel gefährlicher als die Winterkälte. Am natürlichen Standort bedrohen Waldbrände den Jungwuchs (Abb. S. 481/512).

Serenoa repens: (BARTR.) SMALL (engl.: Saw palmetto): Zwergpalme mit → *plagiotrop* wachsendem Stamm, dem viele sehr steife, tief geteilte, gelblich grüne Blätter mit stark gesägtem Rand entspringen. Teil der Bodenvegetation in sandigen, küstennahen Ki-Wäldern Floridas, Mississippis und Louisianas. Unempfindlich gegen Bodenfeuer. Gelegentlich aufrechter Wuchs bis 3 m.

Serialknospen → *Beiknospen*

Serpula himantioides (FR. ex FR.) KARST. (syn.: Merulius silvester FALCK) Wilder Hausschwamm (Coniophoraceae): Rel. seltener Holzzerstörer im Wald, äußerlich dem echten Hausschwamm sehr ähnlich. Löst gelegentlich im Stammholz lebender Ki, Fi, Lä, Dougl und Ei bis 5 m hoch reichende → *Braunfäule* aus. Auch an lagernden Fi-Rollen und an Fi-Stöcken. Dort erscheinen krustenförmige, rel. dünne und brüchige, 5 – 15 cm breite Fruchtkörper mit weißlich violetter Randzone und rauhem, braunem Hymenophor mit unregelmäßigen Poren. Vorkommen evtl. durch Bodenversauerung begünstigt. Wirtschaftl. Bedeutung gering.

Sequoiadendron giganteum: »General Sherman« im Sequoia Natl. Park, CA.

Serenoa repens

Serpula lacrimans (WULF.) BOND. (syn.: Merulius lacrimans [WULF.] FR.). Echter Hausschwamm (Coniophoraceae): Der wohl gefährlichste pilzliche Zerstörer verbauten Holzes. Er ruft eine sehr intensive Braunfäule hervor, bildet reichlich Mycel und Fruchtkörper und kann sich in rel. trockenem Holz (30 – 40 % Feuchtigkeit) entwickeln. Wasser und Nährstoffe werden durch Mycelstränge meterweit transportiert und selbst Mauern durchwachsen. Gefährdet sind Keller- und Erdgeschosse von Altbauten mit tragenden Holzelementen. Abgebaut werden auch andere Cellulose enthaltende Stoffe (Papier, Textilien). An lebenden Bäumen ist S. lacrimans selten zu finden.

Kennzeichen: Üppiges Oberflächenmycel, anfangs watteartig und weiß, später eher hautartig und grau mit gelblichen oder rötlichen Flecken. Aus diesem Oberflächenmycel entwickeln sich zahlreiche bis bleistiftstarke Mycelstränge mit rauher Oberfläche, die nach Austrocknung leicht brechen (arttypisch!). Die zähfleischigen, bis 1 m großen Fruchtkörper liegen dem Substrat meist flach an und entwickeln eine gelblich-bräunliche bis rostrote, unregelmäßige, körnig-faltige Fruchtschicht. Auffällig ist die weißliche, später lilafarbene Randzone sowie die auf Mycel und Fruchtkörper ausgeschiedenen Flüssigkeitstropfen. Aus Holzrissen wachsen konsolenförmige Fruchtkörper hervor. Nachweis und Bekämpfung des Hausschwammes durch Sachverständige.

Serviceberry → *Amelanchier*

Sesquiterpene → *Terpenoide*

Seta → *Bryophyta*

Sexine → *Exine*

Sexualdimorphismus: Unterschiede in der Gestalt Zwischen ♀ und ♂ Individuen dioezischer Arten. Bei Pflanzen selten und unauffällig, z.B. zeigen weibliche Eschen und Pappeln geringere Zuwachsleistungen als männliche. Bei Gingko biloba zeigen männliche und weibliche Individuen unterschiedliche Wuchsform.

Shepherdia → *Elaeagnaceae*

Shore Pine → *Pinus contorta*

Shortleaf Pine → *Pinus echinata*

Sibiraea → *Rosaceae*

Sicheltanne, Japanische → *Cryptomeria japonica*

Siebfelder: Von vielen kleinen Poren durchzogene, dem Stoffaustausch dienende Bereiche in den Wänden von → *Siebzellen* und → *Siebröhren.* Bei Siebzellen als einzige Form der Tüpfelung sowohl auf Längs- wie auf Querwänden. Bei manchen Angiospermen sind die Querwände der Siebröhrenglieder von mehreren Siebfeldern in leiterförmiger Anordnung besetzt (= zusammengesetzte → *Siebplatten).*

Siebolds-Walnuß → *Juglans ailantifolia*

Siebplatte: Querwand eines Siebröhrengliedes (→ *Siebröhren),* entweder mit zahlreichen großen, gleichmäßig verteilten Poren (einfache S. bei Es, Ul) oder mit mehreren, voneinander getrennten → *Siebfeldern* versehen (zusammengesetzte S. bei Vitis). Letztere treten v.a. bei sehr steilstehenden Querwänden auf. Durch Poren der S. erfolgt Leitung der Assimilate. Oft werden sie am Ende der Vegetationsperiode durch Callose-Ablagerungen verstopft, die im folgenden Frühjahr wieder aufgelöst werden können (z.B. Li).

Siebporen → *Siebplatte*

Siebröhren: Leitelemente des → *Phloems* von Angiospermen, gekennzeichnet durch die zu einer Röhre verbundenen Siebröhrenglieder, deren Querwände grob perforiert sind (→ *Siebplatten).* Durch inäquale Teilung einer S-Mutterzelle entstehen neben dem Siebröhrenglied eine oder wenige plasmareiche → *Geleitzellen,* die über zahlreiche Tüpfel mit der S. verbunden sind. Lebensdauer der S.: selten mehr als 1 Jahr. Weite der S. bei ringporigen Laubh.: 40 – 50 µm, deutliche Häufung im Frühbast.

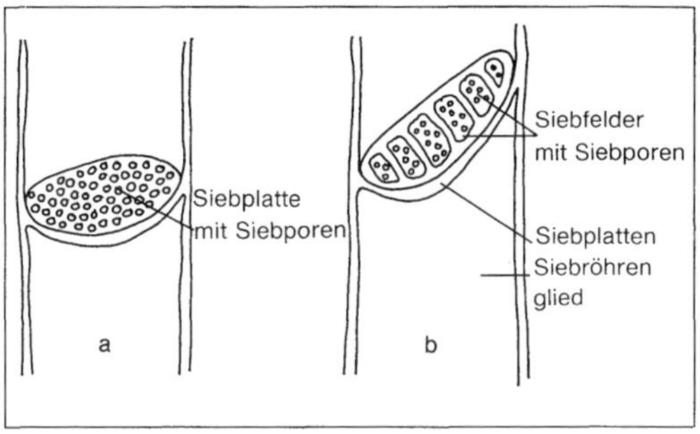

Siebplatten (schematisch): *a* einfach, *b* zusammengesetzt

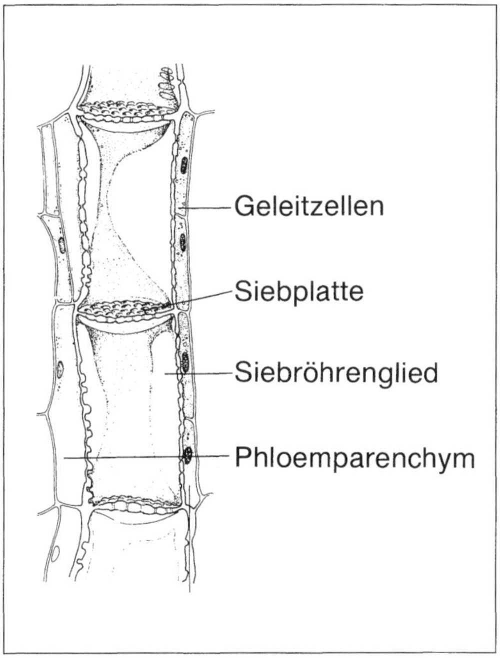

Siebröhre mit Geleitzellen

Siebteil → *Phloem*

Siebzellen: Leitelemente des → *Phloems* bei Gymnospermen und Pteridophyta. Langgestreckte, cytoplasmareiche Einzelzellen mit unverholzten Wänden. Übereinander stehende S. sind über steilstehende Querwände miteinander verbunden. → *Siebfelder* in Längs- und Querwänden gewährleisten den Assimilattransport zwischen benachbarten S.. Fichte: Weite der Siebzellen: 15 – 25 µm, Anteil am Bast: ca. 90 %. → *Strasburgerzellen* vermitteln Stoffaustausch zwischen S. und Markstrahlparenchym. S. bleiben nur wenige Jahre funktionsfähig. Weiterentwicklung zu → *Siebröhren* bei Angiospermen.

Siegelbäume → *Lepidodendrales*

Sierra-Tanne → *Abies concolor var. lowiana*

Sigillariaceae → *Lepidodendrales*

Sikkim-Fichte → *Picea spinulosa*

Sikkim-Lärche → *Larix (griffithiana)*

Silberahorn → *Acer saccharinum*

Silberakazie → *Acacia*

Silberbaum → *Sorbus aria*

Silberbaumartige → *Proteales*

Silbereiche → *Proteales*

Silberlinde → *Tilia tomentosa*

Silberpappel → *Populus alba*

Silberweide → *Salix alba*

Silberwurz → *Dryas*

Silikatbodenpflanzen: Pflanzenarten, die bevorzugt oder ausschließlich auf silikathaltigen Böden vorkommen. Dabei ist weniger das Gestein von Bedeutung als die saure Reaktion des Bodens. Daher → *Säurezeiger.*

Silizium: (Si) Für die Pflanzenernährung nicht notwendiges Element, wird aber selektiv von Bäumen und Bodenpflanzen aufgenommen und in amorpher Form (→ *Kieselsäure)* abgelagert.

Silur: Zeitabschnitt des Paläozoikums, → *Erdzeitalter,* → *Paläophytikum.*

Simaroubaceae: Bittereschen- oder Bitterholzgewächse. Familie der → *Rutales* mit 20 Gattungen und etwa 120 Arten. Überwiegend trop. und subtrop. Sträucher oder Bäume mit gefiederten Blättern, meist ohne Nebenblätter. Blüten radiär, 3- bis 7-zählig, klein, in dichten Rispen oder ährigen Infloreszenzen. Spaltfrüchte (gelegentlich geflügelte Teilfrüchte) oder Steinfrüchte. Gynoeceum gelegentlich chorikarp. Hierher gehört → *Ailanthus.* Ferner Kirkia acuminata, bis 18 m hoher Baum aus S-Afrika mit 45 cm langen Blättern, liefert ein geschätztes Möbelholz.

Simazin: 2-Chlor-4,6-bis-(äthylamino)-1,3,5-triazin. Zu den → *Triazinen* zählendes Bodenherbizid, das keimende Unkräuter in der obersten Bodenschicht abtötet und als → *Vorauflaufmittel* appliziert wird. Rückstände bleiben monatelang im Boden erhalten. Im Forst wird S. auf Saat- und Verschulbeeten eingesetzt (Handelspräparat Gesatop®). Geringe Mengen Simazin fördern die Stickstoff-Aufnahme- auch bei Nh-Sämlingen. LD_{50} (Ratte) >5000.

simultan → *Zellteilung*

Singrün → *Vinca*

Sinowilsonia → *Hamamelidaceae*

siphonal → *Phycophyta,* → *Oomycetes*

Siphonogamie: Pollenschlauchbefruchtung. Im Gegensatz zur → *Zoidiogamie,* bei der der Pollenschlauch nur zur Verankerung des Pollens im Nucellusgewebe dient, werden hier die Spermazellen mithilfe des Pollenschlauchs durch den Nucellus zum Embryosack transportiert.

Siphonostele → *Stele*

Sippe → *Taxon*

Sirococcus strobilinus Preuss (syn.: Ascochyta piniperda Lindau) Erreger eines Fichten-Triebsterbens (engl.: Sirococcus shoot bligth) (Fungi imperfecti): Eher eine Krankheit in Baumschulen und Gärten als in Wäldern. Betroffen sind die jüngsten Triebe junger Nadelbäume, insbes. von Picea pungens, P. sitchensis, P. rubens, von mehreren amerik. Ki-Arten (u.a. Pinus contorta, P. resinosa, P. ponderosa) und von Tsuga heterophylla. Picea abies ist anfällig, aber nicht gefährdet. Der Pilz ist über weite Teile der Nordhalbkugel verbreitet. Schadbild: Zuerst Vergilbung, dann Bräunung und Abfall von Nadeln in der Mitte und an der Basis der jüngsten Triebe, oft gefolgt von deutlicher Krümmung der Triebspitze, an der die toten Nadeln noch längere Zeit verbleiben. Im Sommer entstehen an toten Trieben und Nadeln kleine, schwarzbraune Pyknidien, die bei Feuchtigkeit Tropfen oder Ranken mit zweizelligen, farblosen Konidien entlassen. Wertverluste durch abgestorbene Triebe bei Baumschulpflanzen. Forstl. Bedeutung i.a. gering.

Sirococcus strobilinus an Picea pungens

Siskiyou-Fichte → *Picea breweriana*

Sitka Spruce → *Picea sitchensis*

Sitka-Fichte → *Picea sitchensis*

Skiophyten: Schattenpflanzen, Pflanzen, die nur eine niedrige Lichtintensität benötigen oder ertragen. → *Lichtgenuß.*

Sklereiden → *Sklerenchym*

Sklerenchym: Der Festigkeit dienende, meist tote Zellen unterschiedlicher Gestalt mit allseitig stark verdickten Wänden, oft in Gruppen oder Bändern im Grundgewebe ausgewachsener Pflanzenteile. Man unterscheidet: 1. Sklerenchymfasern: Langgestreckte, an den Enden spitz auslaufende Zellen, einzeln oder als Bündel (Faserbündel) ins Rindengewebe eingefügt oder die Leitbündel umgebend (→ *Bündelscheide).* Nicht oder kaum verholzte S-fasern werden als Textilfasern (Flachs, Jute, Ramie) oder als Bindematerial wirtschaftl. genutzt (Bastfasern von Tilia). Holzfasern im Xylem der Lh (Libriformfasern) sind stark lignifizierte S-fasern mit schrägstehenden, unbehöften Tüpfeln. Ihr Anteil bestimmt Härte und Rohwichte des Holzes. 2. Sklereiden: Kompakte, meist unregelmäßig, z.T. bizarr geformte Zellen, die u.a. in der Rinde und im Mark junger Triebe sowie (sekundär) in der Borke vieler Holzarten mechanische Funktionen übernehmen. Regelmäßig geformte Steinzellen mit korrespondierenden Tüpfelkanälen kommen u.a. im Fruchtfleisch von Birne und Quitte vor; Asterosklereiden stützen die Spreiten von Laubblättern xeromorpher Lh-Arten, knochenförmige Osteosklereiden bewirken die Festigkeit von Samenschalen.

Sklerenchymscheide → *Bündelscheide*

sklerophyll (hartblättrig): Bezogen auf Pflanzen, deren Blätter rel. viel Palisadenparenchym, Leit- und Festigungsgewebe, aber wenig Schwammparenchym und Interzellularen haben und dadurch lederartig sind. Die Epidermis-Außenwand ist meist verdickt, die ebenfalls dicke Cutikula mit Wachsen, Harz oder Kalk überzogen. Die Spaltöffnungen sind häufig eingesenkt und zahlreich, um die Verdunstung bei Trockenheit gering zu halten, aber andererseits bei guter Wasserversorgung hohe Assimilationsraten zu erreichen (z.B. → *Nerium oleander)*. Sklerophyllie ist typisch für → *Hartlaubgewächse.*

Sklerotium: Dauermycel. Plectenchymatisch verfestigte Komplexe, entweder homogen aus dickwandigen Hyphen (bei Rhizoctonia) oder mit mehrschichtiger, dunkel gefärbter, fester Rindenschicht und dünnwandigen Hyphen im Inneren (bei Botrytis). Auch das Mutterkorn (Claviceps purpurea) stellt ein Sklerotium dar.

Slash Pine → *Pinus elliottii*

Smog: Aus dem Engl. »**smoke**« (Rauch) und »**fog**« (Nebel). Dunst über Großstädten und industriellen Ballungszentren; aus Rauch, Nebel und Abgasen zusammengesetzt. Inversionswetterlagen führen zur Anreicherung gesundheitsgefährdender Schadstoffkonzentrationen in der bodennahen Luftschicht. Smog beeinträchtigt Atmung, Schleimhäute und Kreislauf. Gefährdet sind v.a. Kleinkinder, Alte und Kranke. Man trennt den sog. London-Smog (Winter-Smog) von photochemischem Smog (Sommer-Smog, Los Angeles-Smog). Letzterer bildet sich unter Einfluß von Sonnenstrahlung aus atmosphärischen Schadstoffen. Dabei treten hohe Konzentrationen von → *Photooxidantien* auf, die auch Schäden an Pflanzen verursachen. Aus den St. Bernardino Mts., südl. Los Angeles werden massive Schäden an Pinus ponderosa beschrieben. Ähnliches wird neuerdings an der Westseite der kalif. Sierra Nevada festgestellt. Einzig wirksame Gegenmaßnahme ist die drastische Reduzierung der Emissionen. → *Smog-Verordnung.*

Smog-Verordnung: Von den Bundesländern erlassene Verordnung zur Senkung der Schadstoffkonzentration der Luft bei Inversionslagen in Belastungsgebieten. Je nach akuter Überschreitung der Grenzwerte werden verschiedene Alarmstufen ausgelöst (A I = allgem. Warnung; A II = Beschränkung des Kfz-Verkehrs, Einsatz schwefelarmer Brennstoffe; A III = Fahrverbot für Kfz, Betriebsbeschränkungen).

Smoke Tree → *Cotinus*

Snowball → *Viburnum*

Snowberry → *Symphoricarpos albus*

SO_2-Hypothese: Erklärungsansatz zur Entstehung des → *Waldsterbens.* Als Primärursache wird das bei Verbrennung fossiler Energieträger freiwerdende → *Schwefeldioxid* angesehen, dessen langandauernde Einwirkung auch in geringen Konzentrationen zu chronischen oder latenten Schäden an Waldbäumen führt. Gegenargumente: 1. Es besteht keine Übereinstimmung zwischen Regionen intensiven Waldsterbens und Gebieten mit starken SO_2-Immissionen; 2. Nadeln vom Waldsterben geschädigter Fi und Ta weisen zumeist keine erhöhten S-Gehalte auf.

Sol-Zustand → *Quellung*

Solanaceae: Nachtschattengewächse. Familie der → *Polemoniales* mit 2 000 bis 3 000 Arten; überwiegend krautig, aber auch Halbsträucher (z.B. Solanum dulcamara, in Auwäldern) und Sträucher (Lycium spec., Bocksdorn). Blütenformel: K(5) [C(5) A5] G($\underline{2}$). Kapselfrüchte oder Beeren. Bikollaterale Leitbündel. Alkaloidhaltig, viele Arten daher sehr giftig: Atropa belladonna (Tollkirsche), Hyoscyamus niger (Bilsenkraut), Datura spec. (Stechapfel). Bedeutende Nutzpflanzen: Kartoffel (Solanum tuberosum), Tabak (Nicotiana tabacum), Tomate (Lycopersicon lycopersicum), Paprika (Capsicum annuum).

soligen: Bezieht sich auf Moore, meist an Hängen, deren Hauptwasserzufuhr von der Überrieselung mit Hangzugwasser stammt.

Somatogamie: Sexualvorgang zwischen 2 vegetativen Zellen. Tritt auf bei → *Endomycetidae* und → *Basidiomycetes.*

Sommer-Smog → *Smog*

Sommerannuelle → *Kräuter*

Sommereiche → *Quercus robur*

Sommerflieder → *Buddleja*

Sommerlinde → *Tilia platyphyllos*

Sommerspore → *Uredospore*

Sommerwurzgewächse → *Orobanchaceae*

Sonnen- und Schattenblätter: Durch unterschiedlichen Lichtgenuß verursachte Abweichung in der Mesophylldifferenzierung des sich entwickelnden Blattes. Sonnenpflanzen weisen im Mesophyll i.d.R. neben dem Schwammparenchym ein mehrschichtiges, Schattenpflanzen dagegen meist nur ein einschichtiges Palisadenparenchym auf. Eine dritte Gruppe zeigt beide Blatttypen an einer Pflanze, z.B: bei der Buche: Buchenblätter der Kronenperipherie besitzen ein mehrschichtiges Palisadengewebe (Sonnenblätter); Blätter des Kroneninneren ein einschichtiges Palisadenparenchym. Auch die Blattorgane der Nadelbäume lassen sich aufgrund ihrer Lichtstellung in zwei Bautypen gruppieren. So unterscheiden sich die relativ kurzen und derben Sonnennadeln der Kronenspitze bei Tanne deutlich von den relativ flexiblen, dünnen und längeren Nadeln der Schattenkrone (Abb. S. 486).

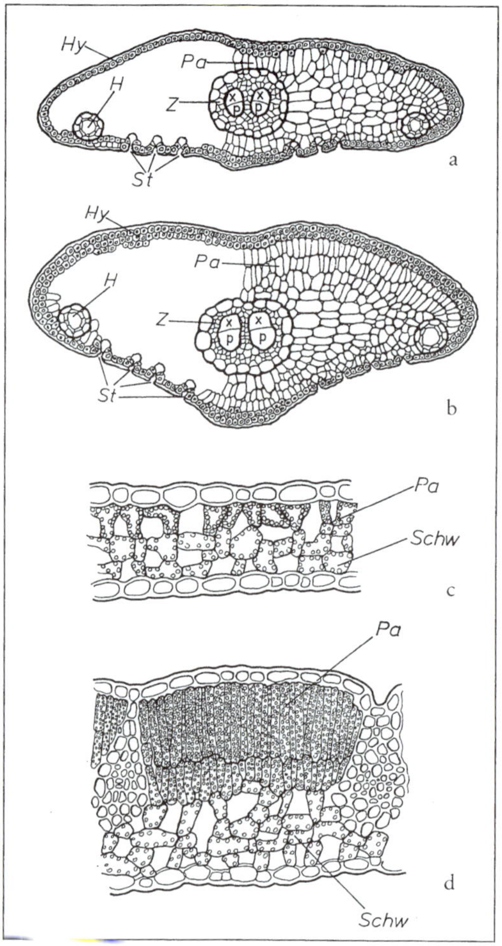

Sonnen- und **Schattenblätter,** Querschnitt, halbschematisch bei Abies alba, *a* Schattennadel mit einschichtigem Palisadenparenchym und relativ schwacher Hypodermis, *b* Sonnennadel mit mehrschichtigem Palisadenparenchym, stärkerer Hypodermis und mehr Spaltöffnungen; bei Fagus sylvatica, *c* Schattenblatt, Mesophyll aus nur einer Schicht trichterförmiger Palisaden und mehreren Schichten von Schwammparenchymzellen bestehend, *d* Sonnenblatt mit doppelter Palisadenschicht an der Blattoberseite. Palisadenzellen reichlich mit Chloroplasten versehen. Pa = Palisadenparenchym; Hy = Hypodermis; H = Harzkanal; Z = Zentralzylinder; St = Stomata; Schw = Schwammparenchym

Sonnenbrand → *Hitzeschäden*

Sonnenriß: Risse in Holz und Rinde bei schroffem Temperaturwechsel im Spätwinter und Frühjahr durch starke Besonnung (bes. bei Bu, Ei). → *Hitzeschäden.*

Sonnenröschen → *Helianthemum*

Sonneratiaceae: Zu den → *Myrtales* zählende Familie von Bäumen mit nur 2 Gattungen: Duabanga, bis 30 m hohe Waldbäume aus den Bergwäldern SO-Asiens, lokale Holznutzung. Sonneratia: Mangrovenbäume mit Atemwurzeln, aus den Gezeitenzonen O-Afrikas, SO-Asiens und N-Australiens.

Sophora L. Schnurbaum, Perlschnurbaum: Gattung der → *Fabaceae* mit etwa 50 meist tropischen oder subtropischen, sommer- oder immergrünen Baum- und Straucharten, selten Stauden. Verbreitet in N- und S-Amerika, Asien, Australien und Neuseeland. Blätter wechselständig, unpaarig gefiedert mit ± gegenständigen Blättchen. Ansehnliche weiße oder seltener rötliche Blüten in endständigen Trauben oder Rispen; Kelch glockig, mit 5 kurzen Zähnen; Staubblätter frei oder fast frei. Hülse rundlich bis schmal abgeflacht, mehrsamig, zwischen den Samen eingeschnürt. Einzige größere Baumart: S. japonica L. (Japanischer Schnurbaum, Pagodenbaum): Bis 30 m hoch; Triebe bis zum dritten Jahr grün; Blättchen kurz grannenspitzig. Beliebter, prachtvoll blühender und völlig winterharter Zierbaum in M-Eur.. Heimat: China, Korea (nicht Jap.!). Forstl. ohne größere Bedeutung, obgleich wertvolles, ringporiges Holz mit sehr schmalem Splint und dunkelbraunem Kern. Gute Bienenweide.

Sophora japonica

Sorale → *Soredien*

Sorbaria (SER. ex. DC.) A. BR. Fiederspiere: Gattung der → *Rosaceae* mit 7 Arten in N- und O-Asien. Sommergrüne Sträucher mit gefiederten Blättern, Blüten weiß in vielblütigen, endständigen Rispen. Bekannteste Art: S. sorbifolia (L.) A. BR. (syn.: Spiraea sorbifolia L.): Bis 2 m hoher, Ausläufer treibender Strauch mit scharf doppelt gesägten, 13- bis 25-zählig gefiederten Blättern und weißen Blüten. In M-Eur. winterhartes Ziergehölz, das sich zeitig im Frühjahr belaubt.

Sorbus L.: Nahe mit → *Pyrus* und → *Malus* verwandte Gattung der → *Rosaceae.* Ca. 80 Arten sommergrüner Bäume oder Sträucher der nördlichen gemäßigten Zone. Blätter ungeteilt oder unpaarig gefiedert, im Austrieb unterseits meist behaart, später kahl. Blüten weiß oder rosa in vielblütigen Schirmrispen. Früchte meist mehlige Kernäpfel, Verbreitung durch Vögel. Sorbus-Arten bastardieren leicht, woraus sich Probleme bei der Bestimmung und Abgrenzung von Arten ergeben. Chrom.: 2n = 34.

Sorbus aria (L.) CRANTZ (syn.: Pyrus aria [L.] EHRH.) Mehlbeere, Silberbaum (engl.: Chess Apple): 5 – 12 m hoher Baum oder Strauch mit kugeliger Krone und spät einsetzender Borkebildung. Sehr formenreiche Art lichter Wälder und Gebüsche vom Tiefland bis in subalpine

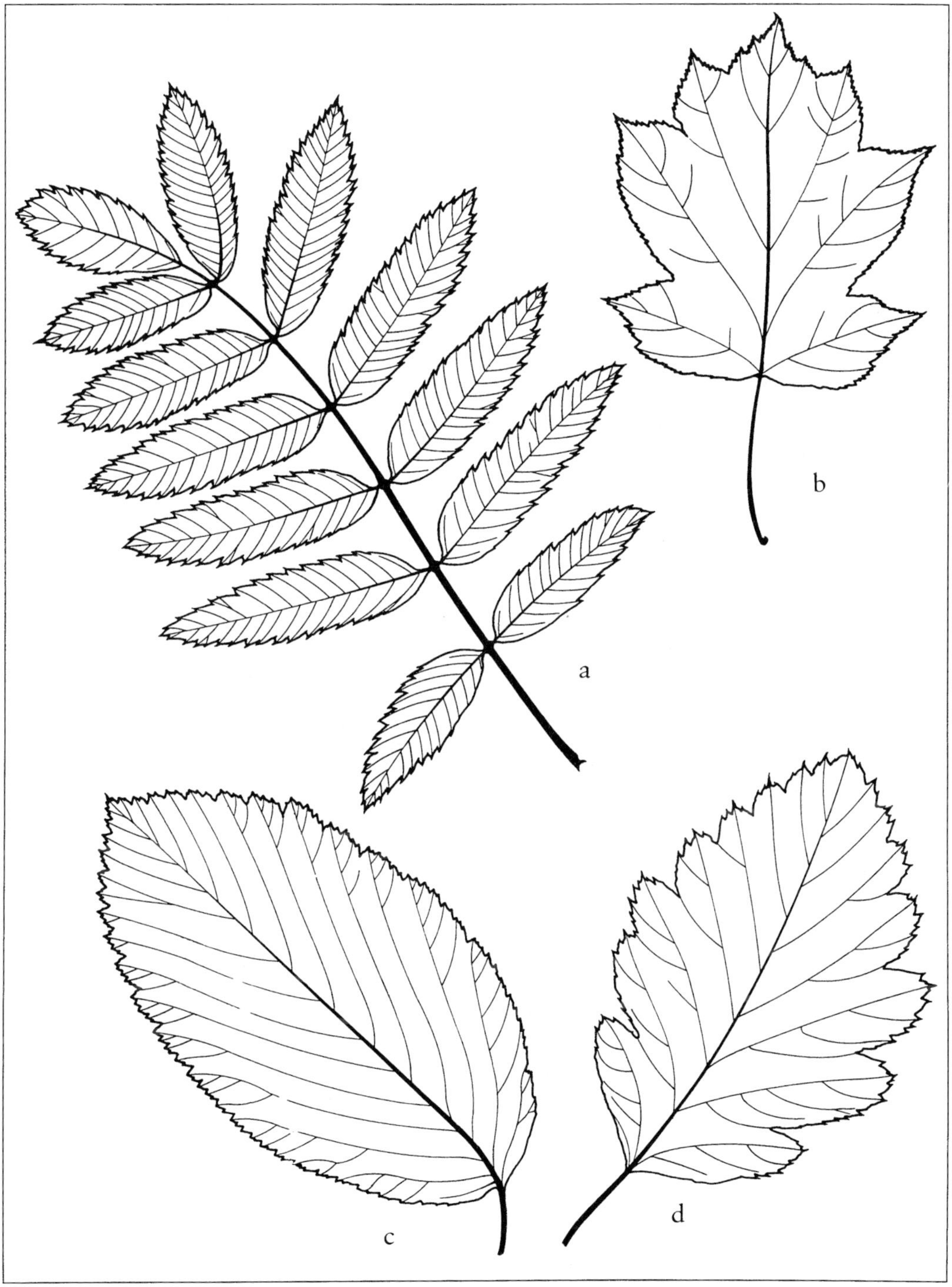

Blattformen verschiedener **Sorbus**-Arten (¾ nat. Gr.): *a* S. aucuparia, *b* S. torminalis, *c* S. aria, *d* S. intermedia

Sorbus aucuparia: *a* Einzelblüte, *b* Blütenstand, *c* Fruchtstand

Hochstaudengebüsche (Alpen bis 2 100 m). In fast ganz Eur. (nicht nördl. Brit. Inseln, N-Skandinavien und südl. Balkan), Kl.As. und N-Afr. Wächst gleichermaßen auf armen, flachgründigen sowie nährstoffreichen Böden, bevorzugt Kalk. Im mittleren und südlichen Teil des Areals stellenweise häufig an trockenen, sonnigen Hängen. Beliebter Straßen- und Parkbaum. Frostharte, langsamwüchsige (max. 200 Jahre) Licht- bis Halbschattbaumart mit tiefem Herzwurzelsystem. Holz feinfaserig, zäh und hart, für Spezialzwecke (Maßwerkzeug) genutzt. Bedeutung als Bodenschutz und Vorholz steiler Felsstandorte. Kennzeichen: Knospenschuppen und Zweige anfangs weißfilzig behaart. Blätter wechselständig, unterseits bleibend weißfilzig, dienten früher als Viehfutter. Blüten weiß, in endständigen, vielblütigen Doldenrispen. Aus den kugeligen, orange- bis scharlachroten, fade schmeckenden Früchten mit mehligem Fruchtfleisch wird Essig, Branntwein und Mus bereitet, früher wurden sie für süßes Brot unters Mehl gemischt.

Sorbus aucuparia L. (syn.: Pyrus aucuparia [L.] GAERTN.) Eberesche, Vogelbeere (engl.: Mountain Ash): Bis 18 m hoher Baum mit rundlicher Krone. Heimat in fast ganz Eur., Kl.As. und W-Sibirien. Bodenvages, frostahrtes Gehölz aller Höhenstufen (Alpen bis 2 400 m, Waldgrenze!), an trockenen und feuchten Standorten, vom Hochmoor und Erlenbruch bis zum Kalkfelsen. Forstlich genutzt als Vorwald- und Pionierbaumart für Frostlagen, Bergstürze, Kahlschläge, zur Wildbach- und Lawinenverbauung, auch als Straßen- und Zierbaum (mehrere Formen). Bildet leicht Wurzelbrut und Stockausschlag. Mehrere Varietäten; die wichtigsten sind: Var. glabrata (WIMM. et GR.) CAJ.: Gebirgsform; Var. moravica (ZANG.) LÖVE: Früchte süß, werden wie Preiselbeeren eingemacht.
Kennzeichen: Glatte, glänzend graue Rinde mit länglichen, quergestellten → *Lenticellen,* Borkebildung selten. Knospen weißfilzig behaart, dunkelviolett, Blätter mit 9 – 17 grobgesägten Fiederblättern, beliebtes Wild- und Haustierfutter. Herbstfärbung gelb oder dunkelrot. Die weißen, unangenehm riechenden Blüten stehen in schirmförmigen Doldenrispen. Früchte kugelig, scharlachrot, herb-säuerlich bis bitter, bis in den Winter am Baum bleibend. Ernte erst nach Frost empfehlenswert. Sie sind vitaminreich und enthalten Apfel- und Sorbinsäure. Verwendet werden sie für Kompott, Gelee und für Liköre, früher als Kaffeersatz und offizinell als Abführmittel. Rinde gerbstoffreich. Das im Splint hellrote, im Kern rotbraune, harte, schwere und elastische Holz wird von Drechslern, Tischlern und Bildhauern verarbeitet und wurde zur Schießpulverbereitung benutzt. Alter 100 – 150 Jahre (Abb. S. 487).

Sorbus chamaemespilus (L.) CRANTZ (syn.: Pyrus chamaemespilus (L.) PALL.) Zwergmehlbeere: 1 – 3 m hoher, lichtbedürftiger Strauch der montanen bis subalpinen Stufe (800 – 2 100 m) südeurop. Gebirge von den Pyrenäen über die Alpen bis Jugoslawien. Pionier, der sonnige, frische bis trockene Kalkstandorte bevorzugt. In lichten Lä- und Zirben-Wäldern und im Latschen- und Alpenrosengürtel. Blätter fast ledrig, oberseits bes. aufden Nerven feindrüsig punktiert. Blüten rot, in weißfilzig behaarten Rispen, Früchte rot bis braunrot, eßbar, früher als Mehlzusatz verwendet. Alter 40 – 50 Jahre.

Sorbus domestica L. (syn.: Pyrus domestica [L.] SM.) Speierling, Sperbe: Bis 20 m hoher, → *S. aucuparia* ähnlicher Baum. Zu erkennen an den kahlen (mitunter am Rand schwach behaarten), glänzend grünen Knospen, den gelb bis braunen, rotwangigen, hell gepunkteten Früchten und der früh einsetzenden Borkebildung. Spätfrostempfindliche und tiefwurzelnde Art; kommt im südwestl. M-Eur., in Kl.As. und N-Afr. natürlich vor, Optimum im submediterranen Klima. Nördlich der Alpen in Ei-Mischwäldern der Weinbaugebiete, in alten Obstgärten auch gepflanzt. Selten geworden durch Überführung und Umwandlung von Mittel- und Niederwäldern und durch schwierige Nachzucht aus Samen, die keimhemmende Stoffe enthalten. Die Früchte sind erst nach längerem Liegen oder nach Frost (im teigigen Zustand) roh eßbar, und schmecken herb. Sie werden dem Apfelmost zur Geschmacksverbesserung und längeren Haltbarkeit beigesetzt. Das feinfaserige, schwere, biegsame Holz (Handel »Schweizer Birnbaum«) wird gern für Gegenstände verwendet, die einer starken Reibung unterliegen, so v.a. Spindeln und Schrauben von Weinpressen.

Sorbus chamaemespilus

Sorbus hybrida (L.)L. Bastard-Eberesche (engl.: Oakleaf Mountain Ash): Bis 12 m hoher Baum aus NW-Eur. Ältere Zweige stehen senkrecht ab. Blätter meist nur in der unteren Hälfte gefiedert oder fiederspaltig, oben gelappt. Tetraploider → *Apomikt;* intermediär zwischen → *S. aria* und → *S. aucuparia,* aber kein Hybrid. In Baumschulen wird unter diesem Namen i.d.R. S. x thuringiaca (ILSE) FRITSCH (*S. aria* x *S. aucuparia)* angeboten.

Sorbus intermedia (EHRH.) PERS. (syn.: S. suecica [L.] KROK et ALMQ., Pyrus suecica [L.] GARCKE) Schwedische Mehlbeere, Oxelbeere: Strauch oder bis 15 m hoher Baum, der in den Ostseeländern heimisch ist, in M-Eur. Park- und Straßenbaum, in N-Deutschland mitunter in Laubwäldern verwildert. Vermutlich im Postglazial als Bastard aus → *S. aucuparia* und → *S. aria* hervorgegangen. Tetraploider → *Apomikt.* Blätter gelappt, im unteren Teil teilweise fiederspaltig, unterseits weißfilzig. Blüten wie → *S. aria*, ebenso Früchte, aber roh schwach giftig, gekocht eßbar (Abb. S. 487).

Sorbus latifolia (LAM.)PERS. Breitblättrige Mehlbeere: Bis 20 m hoher Baum. Areal von den Pyrenäen bis Mitteldeutschland, selten. Blätter mit dreieckigen, zugespitzten, gesägten Lappen, oberseits dunkelgrün, unterseits graugelb filzig. Zweifelhaft ob → *Apomikt* oder fortpflanzungsfähiger Hybrid zwischen → *S. aria* und → *S. torminalis.*

Sorbus mougeotii Soy.-Willem. et Godr. Berg-Mehlbeere, Mougeots-Mehlbeere: Bis 20 m hoher Baum oder Strauch, ähnlich → *S. aria*, Knospen und Zweige aber kahler und Blätter mit 8 – 10 gesägten Lappenpaaren. Wahrscheinlich natürlicher Hybrid aus → *S. aria* und → *S. aucuparia.* Tetraploider → *Apomikt.* Kommt in den süd-, mittel- und osteurop. Gebirgen (Jura, Vogesen, Alpen, Apennin, Karpaten, Dinarische Alpen) vor, auch als Pionier. Kleineres Areal als S. aria, besiedelt aber gleiche Standorte. Früchte rot, eßbar.

Sorbus suecica → *Sorbus intermedia*

Sorbus torminalis (L.) Crantz (syn.: Pyrus torminalis [L.] Ehrh.) Elsbeere (engl.: Chequer Tree): Eine der wenigen Sorbus-Arten, die offenbar nicht bastardiert. Bis 22 m hoher, tiefwurzelnder Baum, der in M-, S- und W-Eur., N-Afr., Kl.As. und dem Kau. vorkommt. Die langsamwüchsige, wurzelbrutbildende Halbschattbaumart mit collin-submediterranem Optimum ist hauptsächlich in Ei-Wäldern vertreten und bevorzugt kalkreiche, sonnige Hänge, meidet feuchte Schattenlagen, geht kaum über 1 000 m. Kennzeichen: Blätter mit spitzen, gesägten, ungleich großen Lappen; leuchtend gelbe Herbstfärbung. Blüten in aufrechten, filzig behaarten Doldenrispen. Früchte kugelig, braun, mit hellen Punkten, säuerlich, anfangs hart, später teigig; sie enthalten Gerbstoffe, früher als Mittel gegen rote Ruhr verwendet. Liefert ein schweres, hartes und zähes Holz (Handelsname: »Schweizer Birnbaum«), genutzt für Spezialzwecke (Maßstäbe) (Abb. S. 487).

Sorbus x thuringiaca → *Sorbus hybrida*

Soredien: Vegetative Verbreitungseinheiten bei Flechten (→ *Lichenes).* Gruppe von Algenzellen, die von Pilzhyphen umsponnen sind und vom Wind verbreitet werden. Entstehen oft in großer Zahl an besonderen Thallusaufbrüchen (Soralen) oder an → *Podetien.*

Sorte Cultivar (engl. cultivated variety), abgekürzt cv.: Zuchtformen von Kulturpflanzen, die hinsichtlich bestimmter, dem Zuchtziel entsprechender Merkmale beständig sind. S. ist eine Sippe unterhalb der Artebene, wird in einem Sortenregister geführt und amtlich zugelassen. Sortennamen sind ab 1959 einer lebenden Sprache zu entnehmen und werden dem Artnamen angehängt (z.B. Picea abies »Loreley«). Ältere Sorten tragen lateinische Namen (z.B. Picea abies »Nana«). Bei Sorten handelt es sich um 1. Klone (z.B. dendrologische Zierformen, Pappelsorten), 2. homozygot gezüchtete Linien (viele gärtnerische und landwirtschaftliche S.), 3. Kreuzungshybriden (Bastardsorten). Weniger gebräuchlich, aber zulässig, ist die Anerkennung einer Provenienz von Forstpflanzen als Sorte, wenn sie sich durch besondere, erbbeständige Merkmale von anderen Provenienzen unterscheidet.

Sorus: Gruppe meist gestielter Sporangien, die oft von einem → *Indusium* bedeckt wird. Bei → *Polypodiaceae* stehen Sori meist auf einem Höcker (Placenta) auf der Blattunterseite. Die heterosporen → *Hydropteridae* bilden Mikro- (nur mit Mikrosporangien) und Makrosori (nur mit Makrosporangien) aus.

Sourwood → *Oxydendrum arboreum*

Sori von Dryopteris filix-mas

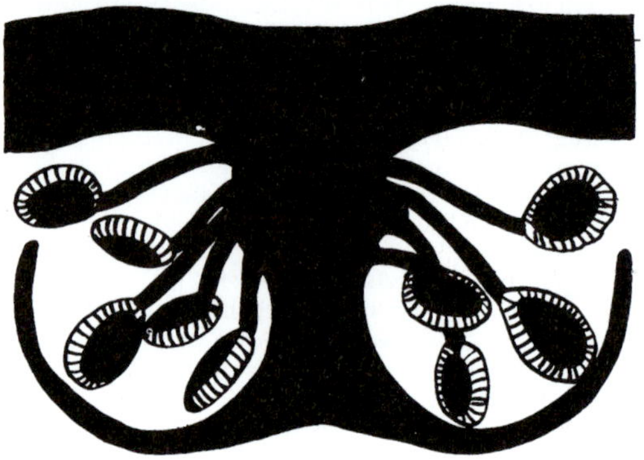

Sorus (quer) von Dryopteris spec.

Spadiciflorae → *Arecidae*

Späteiszeit (Spätglazial, subarktische Zeit): → *Holozän*

Spätfrost → *Frost*

Spätholz: Im Sommer und Spätsommer gebildeter Teil des Jahrringes mit englumigen, rel. dickwandigen, haupts. der Festigung dienenden Leitelementen. Nadelhölzer: Spätholztracheiden haben rel. kleine Hoftüpfel mit schlitzförmigem Porus. Ggs. → *Frühholz*

Spätholztracheiden → *Jahrring,* → *Spätholz*

Spättreiber: Spät im Frühjahr austreibende Bäume. Entspr. Individuen sind gegen Spätfröste weitgehend geschützt und somit für den Anbau in spätfrostgefährdeten Lagen geeignet. Bei Fichten ist der Anteil der Spättreiber im Gebirge höher als im Flachland.

Spaltalgen → *Cyanophyceae*

Spaltblättling → *Schizophyllum commune*

Spaltfrucht → *Schizokarp(-ium)*

Spaltkapsel: Aus zwei oder mehr miteinander verwachsenen Karpellen entstandene Frucht. Die Karpelle reißen bei der Reife auf und entlassen die Samen. Weichen sie im Bereich der Scheidewände auseinander (z.B. Hypericum), spricht man von einer septiciden Kapsel, reißen die Fruchtblätter längs in der Mitte, ist sie loculicid.

Spaltöffnungen → *Stomata*

Spaltöffnungsapparat → *Stomata*

Spaltpflanzen → *Prokaryota*

Spaltpilze → *Schizomycetes*

Spaltungsregel → *Mendel'sche Regel*

Spaltzahn, Eibenblättriger → *Bryidae*

Spannrückigkeit: Von der Kreisform abweichende, genetisch fixierte Abweichung des Stammquerschnittes, ausgelöst durch abwechselndes Voreilen und Zurückbleiben des sek. Dickenwachstums. Häufig bei Hbu.

Spannwurzeln: Entstehen bei Fi häufig an Wurzelanläufen durch Überkreuzen zweier Wurzeln, die infolge sekundären Dickenwachstums enger aneinanderrücken, zunehmenden Zugspannungen und Druckkräften ausgesetzt sind und letztlich miteinander verwachsen → *Wurzelfusion.* Damit verbunden sind meist Harzverkrustungen (→ *Harzkanäle)* sowie anatomische Veränderungen im → *Periderm.*

Sparassis crispa (WULF ex FR.) FR. Krause Glucke (Sparassidaceae): Wichtiger Braunfäuleerreger an Ki und Dougl., seltener an Fi und Ta. Dringt über Wunden in die Wurzeln älterer Bäume ein und kann sich im Kernholz des Stammes bis in 3 m Höhe ausdehnen. Würfelartiger Zerfall und rotbraune Farbe des befallenen Holzes sind typisch. Die kaum zu verwechselnden, anfangs hell ockerfarbenen, später bräunlichen, bis 30 cm breiten, annähernd runden und gestielten Fruchtkörper entspringen den Wurzeln oder den Stammbasen befallener Bäume. Sie ähneln einem großen Badeschwamm mit unregelmäßiger Oberfläche, sind einjährig und erscheinen im Herbst. Sie bestehen aus vielen krausen, blattartig verbreiterten Ästen mit gelappten Rändern, die miteinander verwachsen sind. Jung als Speisepilz sehr geschätzt.

Sparassis crispa

Sparassis laminosa FR. Eichenglucke, Breitblättrige Glucke: Eine rel. seltene Verwandte von S. crispa. In S-Deutschland an Ta-Stubben. Fruchtkörper gelblich, mit fächerförmig verbreiterten Astenden. Auch an Ei beschrieben. Ohne wirtschaft. Bedeutung.

Sparmannia → *Tiliaceae*

Spartium junceum L. Binsenginster, Spanischer Ginster: Monotypische Gattung der → *Fabaceae.* Strauch oder bis 5 m hoher Baum mit rutenförmigen Ästen, im gesamten Mittelmeerraum beheimatet. Charakterart der → *Macchie.* Nördlich bis zu den Alpen, in M-Eur. kultiviert. Ähnlich → *Cytisus scoparius.* Gesamte Pflanze enthält das schwach giftige Alkaloid Spartein. Früher wurde aus jungen Blättern und Samen ein Brech- und Abführmittel gewonnen. Zweige als Flechtwerk genutzt.

Spatha: Oft auffällig gestaltetes Hochblatt, das bei → *Arecidae* den Blütenstand umgibt.

Spathodea → *Bignoniaceae*

Species → *Art*

Speierling → *Sorbus domestica*

Sperbe → *Sorbus domestica*

Spermatien: → *Pyknidium.* Bei Algen: unbegeißelte, ♂ Geschlechtszellen.

spermatogene Zelle → *Mikrosporogenese*

Spermatogenese: Bildung von Geschlechtszellen bei Diplonten durch → *Meiose.* Man unterscheidet Oogenese (♀) und Spermatogenese (♂).

Spermatophyta: Samenpflanzen. Größte und am höchsten entwickelte Abteilung des Pflanzenreichs mit ca. 235 000 Arten. Charakteristisch sind die aus → *Samenanlagen* gebildeten → *Samen.* Cormophyten mit extrem heteromorphem → *Generationswechsel.* Mega- (Fruchtblätter) und Mikrosporophylle (Staubblätter) stets in Sporophyllständen mit begrenzter Längenentwicklung (→ *Blüte).* Embryo mit Wurzelpol (fehlt noch bei → *Pteridophyta).* In Anpassung an das Landleben starke Differenzierung des Abschluß- und des Leitgewebes. Befruchtung der Samenanlage ohne Gegenwart von Wasser (Regen, Tau). 3 Unterabteilungen: → *Coniferophytina* und → *Cycadophytina* (= → *Gymnospermae),* → *Magnoliophytina* (= *Angiospermae).*

Spermatozoide → *Gameten*

Spermazellen → *Gameten*

Spermogonium → *Pyknidium*

Sphaeriales → *Unitunicatae-Inoperculatae*

Sphäroblast → *Kugelknospe*

Sphaerocarpales → *Hepaticae*

Sphaerognomonia carpinea (FR.) POTEB.: Konidienform: Monostichella robergei (Desm.) (Gnomoniaceae). Erreger einer rel. häufigen, jedoch wirtschaftl. unbedeutenden Blattbräune der Hbu. Hellbraune, unregelmäßig geformte Flecke auf der Blattoberseite fließen zu flächigen, unregelmäßig geformten Nekrosen zusammen. Blattfall rel. spät. Dunkle Acervuli auf den Nekrosen. Perithecien im Frühjahr auf toten Blättern am Boden.

Sphaeropsidales → *Deuteromycetes*

Sphaeropsis sapinea → *Diplodia pinea*

Sphärosomen: (Lipidvacuolen). Von einem einschichtigen Lipidfilm umgebenen Bläschen von 2 µm Durchmesser im Cytoplasma.

Sphagnaceae → *Sphagnidae*

Sphagnidae: Torfmoose. Unterklasse der → *Musci* mit nur einer artenreichen Gattung (Sphagnum, Fam: Sphagnaceae). Primitive Laubmoose sehr nasser Standorte (Moore), dichte Polster bildend. Reichverzweigt mit schopfig gedrängten Seitenzweigen an der Sproßspitze. Durch fortgesetztes Höhenwachstum (monochasialer Typ) und gleichzeitiges Absterben der älteren Pflanzenteile werden mächtige Torflager aufgebaut. Sporen keimen in Gegenwart von Pilzen zu einem bandförmigen Protonema aus. Anders als bei anderen Laubmoosen bildet sich hier das Archespor aus den inneren Schichten des → *Amphiteciums.* Eine Kalyptra fehlt. Kapsel wird von einem → *Pseudopodium* emporgehoben und öffnet sich explosionsartig durch Fortschleudern eines Deckels.
Die oft rötlichen Blätter bauen sich aus zwei verschiedenen Zelltypen auf: schmale, netzartig angeordnete, assimilierende Zellen und dazwischenliegende große, ring- oder schraubenförmig verdickte, mit Poren ausgestattete, tote Wasserzellen, mit deren Hilfe die Torfmoose Wasser bis zur 20fachen Menge ihres Trockengewichts aufnehmen können. An feuchten Waldstellen finden sich: S. acutifolium, S. squarrosum (besonders in Erlenbrüchen) und S. cymbilifolium. Sphagnumarten sind schwer bestimmbar, weil die Merkmale je nach Standort sehr variieren.

Sphagnum → *Sphagnidae*

Sphingophilie: Sphingogamie. Form der entomogamen Bestäubung durch Nachtschmetterlinge, z.B. bei Lonicera periclymenum.

Spiegel: Die am Radialschnitt (= Spiegelschnitt) glänzend erscheinenden → *Markstrahlen.* Besonders deutlich bei Ah, Bu, Platane, Ei, Ul. Fehlt den Nh.

Spiegelrinde: Anatomisch nicht näher definierter Ausdruck für glänzende, dünne Rinde mit glatter Oberfläche (z.B. Pinus sylvestris im Kronenbereich).

Spielart: Umgangssprachlicher Ausdruck für gärtnerische Zierformen holziger Pflanzen. S. entstehen meist durch Mutation und unterscheiden sich durch Abweichungen in auffälligen Merkmalen vom Erscheinungsbild der reinen Art. Bei Picea abies werden 130, bei Chamaecyparis lawsoniana 217 verschiedene Spielarten beschrieben.

Spierstrauch → *Spiraea*

Spießtanne → *Cunninghamia*

Spießweide → *Salix hastata*

Spindelapparat: Kernspindel, Teilungsspindel. Bündel von Mircotubuli (Spindelfasern), die sich während der Anaphase an die Centromere der Chromosomen anheften und durch Kontraktion die Tochterchromosomen zu den Polen (Kinetozentren) befördern.

Spindelbaumartige → *Celastrales*

Spindelbaumgewächse → *Celastraceae*

Spindelfaser → *Spindelapparat*

Spindelstrauch, Breitblättriger → *Euonymus latifolia*

Spindelstrauch, Gemeiner → *Euonymus europaea*

Spindelwuchs: Durch extremen Dichtstand entstandene Wuchsform. Extrem schlanke, schwach ausgebildeter Krone; stark gefährdet durch Schneedruck/-bruch.

Spindle Tree → *Euonymus europaea*

Spiraea L. Spierstrauch (engl.: Spirea): Sommergrüne Sträucher aus der Familie der → *Rosaceae.* Gattung mit etwa 100 Arten in der nördlichen gemäßigten Zone, hauptsächlich in Zentralasien und im Him.. Blätter wechselständig, meist ungeteilt. Blüten weiß oder rosa, in Trauben, Rispen oder Doldentrauben. Viele Arten als Ziersträucher kultiviert, oftmals schwer bestimmbare Bastarde. Sie verwildern leicht und sind vielerorts eingebürgert. In M-Eur. häufig angebaut: S. salicifolia L. aus N-Amerika und von Asien westlich bis Böhmen. Blüten rosa. Früher häufig, heute seltener gepflanzt. Oft in feuchten Ufergebüschen und Erlenbruchwäldern. S. douglasii Hook, aus dem westlichen Nordamerika. Blüten helldunkelrosa. S. thunbergii Sieb. ex BL. Frühblüher, mit weißen Blüten, aus Ostasien. S. prunifolia Sieb. et Zucc. aus China. Blüten weiß. S. media Franz Schmidt, aus SO-Eur. Blüten weiß. S. japonica L., aus Japan. Blüten hell- oder dunkelrosa.

Spiraea sorbifolia → *Sorbaria*

Spiraeoideae → *Rosaceae*

Spirale, genetische → *Grundspirale*

Spiralgefäße → *Tracheen*

Spiraltextur → *Textur*

Spirillen → *Schizomycetes*

Spirke → *Pinus mugo*

Spirodistichie → *Distichie*

Spiroplasma: Gattung der Mycoplasmatales mit mehreren pflanzenpathogenen Arten (S. citri = »stubborn disease«). Spiralige, 3 – 25 µm lange, bewegliche Formen. Auf Nährboden kultivierbar.

Spirostichen → *Distichie*

Spitzahorn → *Acer platanoides*

Spitzahornsterben: Nicht völlig aufgeklärte, örtlich begrenzte Erkrankung von Acer platanoides in Auwäldern. Führte Mitte der siebziger Jahre in den Rhein-, Donau- und Isarauen zu erheblichen Ausfällen. Symptome: Braune, mitunter bis zum Xylem durchgehende Rindenflecken unterschiedlicher Größe und Gestalt im untersten Stammbereich. Absterben dieser Rindenpartien, u.U. Überwallung. Später Blattwelke, dann partielle, danach totale Kronendürre. Abgänge im Verlauf von 2 – 3 Jahren. Beteiligte Pathogene: Fusarium lateritium und Cryptosporiopsis spec., isoliert aus Rindenflecken; Discula campestris als Erreger von Blattwelke und Zweigdürre, Armillaria spec. als Wurzelparasit.

Spitzenmeristem → *Meristeme*

Splint: Splintholz. Jüngster, physiologisch aktiver Teil des Xylems verholzter Sproßachsen. Dient der Wasserleitung und der Speicherung von Reservestoffen (ca.

40 % aller Kohlenhydrate). Breite des i.a. hellen Splintholzes schwankt zwischen den Arten, zwischen Individuen und innerhalb des Baumes. Auch die Zahl der wasserleitenden Jahrringe variiert: 1 – 2 bei ringporigen, ~ 10 bei zerstreutporigen Lh., > 10 bei Nh. Letztere vollziehen Wasserleitung meist im Frühholz, bei Pinus leitet Früh- und Spätholz. Älteres Splintholz unterliegt der → *Verkernung*. Ausnahme: Sog. → *Splintholzbäume*, bei denen weder helles noch gefärbtes Kernholz gebildet wird.

Splintholzbäume: Holzarten, bei denen die → *Verkernung* des Splintholzes unterbleibt. Es bestehen weder Farb- noch Feuchtigkeitsunterschiede zwischen Außen- und Innenholz. Bsp.: Ah, As, Bi, Er, Hbu, Rka.

Sporangien: Organe oder Einzelzellen, in denen → *Sporen* (Endosporen) gebildet werden. S. als vielzellige, von sterilen Wandzellen umgebene Organe werden bei Bryophyta, Pteridophyta und Spermatophyta ausgebildet. Alle primitiveren Gruppen (Mycophyta, Phycophyta) haben einzellige S.. Form und Nomenklatur der S. äußerst vielfältig. Grundsätzliche Unterteilung in Mito- (mit Mitosporen) und Meiosporangium (mit Meiosporen). Beispiele: Mitosporangien: Zoosporangium (mit Zoosporen), Eusporangium (mit Aplanosporen). Meiosporangien: → *Ascus* (mit Ascosporen), → *Basidie* (mit Basidiosporen), Mega- oder Makrosporangium (mit Makrosporen), Mikrosporangium (mit Mikrosporen). Bei den Spermatophyta ist der Nucellus dem Makrosporangium, der Pollensack dem Mikrosporangium homolog.

Sporangienträger → *Sporangiophor*

Sporangiole → *Basidie*

Sporangiophor: Sporangienträger. 1. Sporangientragende Hyphe bei → *Zygomycetales*. 2. Sporophyll der → *Equisetatae*.

Sporangiosporen → *Sporen*

Sporen: Agameten. Keimzellen (Gonen), die der ungeschlechtlichen Vermehrung und Verbreitung dienen, sich von anderen vegetativen Zellen morphologisch unterscheiden und sich ohne Befruchtung weiter entwickeln. Meist einzellig, bei Pilzen auch mehrzellig. Sie entstehen endogen in → *Sporangien* (Endo-, Sporangiosporen, z.B. Ascosporen) oder exogen (Exosporen, → *Konidien*) oftmals an besonderen Zellen (Konidiophoren, Sporophoren). Ferner unterscheidet man zwischen mitotisch entstandenen S. (Mitosporen, asexuelle S.) und solchen, die aus einer Meiose resultieren (Meiosporen, sexuelle S., z.B. Asco- und Basidiosporen). Werden nur gleichgestaltete Meiosporen (= Isosporen) gebildet, liegt Isosporie vor (bei Bryophyta, Filicatae, vielen Algen), sind sie hingegen verschieden gestaltet (Heterosporen), spricht man von Heterosporie (bei Selaginella, Spermatophyta). Meist sind sie dann auch geschlechtlich differenziert: die größeren Makro- oder Megasporen sind ♀, die kleineren Mikrosporen ♂ determiniert. Sporen von wasserbewohnenden Organismen sind oft unbewandet und begeißelt (Zoo-, Plano- oder Schwärmsporen). Sie entstehen meist endogen in Zoosporangien. Landbewohnende Organismen bilden meist die bewandeten und begeißelten Aplanosporen aus. S. können auch als Dauerzellen (Cysten) fungieren (Chlamydosporen, Mantelsporen, Gemmen). Diese sind derbwandig und mit Nährstoffen angereichert. Bei Pilzen (z.B. Zygomycetales) entstehen sie aus Hyphenzellen.
Je nach Ploidiezustand unterscheidet man Haplo- (n), Diplo- (2n) und dikaryotische Sporen. Beispiele für diese Sporentypen bei → *Uredinales*. S. treten in allen Pflanzenabteilungen auf, jedoch sind sie bei Spermatophyta nicht frei, dienen deshalb auch nicht der Verbreitung. Hier entspricht die → *Embryosackzelle* der Makrospore, der einkernige → *Pollen* der Mikrospore (→ *Generationswechsel*). Besonders viele Sporenformen werden von den → *Uredinales* gebildet.

Sporenkapsel → *Bryophyta*

Sporenmutterzellen → *Archespor*

Sporenpflanzen: Niedere Pflanzen, die sich durch Sporen vermehren. Hierzu zählen: → *Bacillaceae*, → *Phycophyta*, → *Mycophyta*, → *Bryophyta*, → *Pteridophyta*.

Sporidie: Von der → *Basidie* (= Promycel) der → *Ustilaginales* und Tilletiales abgetrennte Basidiosporen, die anders als sonst üblich, erst nach einer Mitose entstehen und nur einen Tochterkern der Basidienzelle enthalten. S. sind dünnwandig und können entweder miteinander kopulieren und zu dikaryotischem Mycel auswachsen oder haploides → *Sproßmycel* bilden.

Spornblüte: Zygomorphe Blüte mit rückwärts ausgerichteter Aussackung (Sporn), in der sich → *Nektarien* befinden. Stellen blütenökologische Anpassung an langrüsselige Insekten dar, die die Bestäubung vornehmen. Beispiele: Viola (Veilchen), Linaria (Leinkraut), Orchideen.

Sporoderm: Pollenkornwand. Besteht aus zwei Schichtkomplexen, der äußeren → *Exine* und der inneren → *Intine*. Die morphologische Ausgestaltung des Sporoderms hat große taxonomische Bedeutung, sie kann → *tectat*, → *verrucat* oder → *vesiculat* ausgeprägt sein. Die arttypische Ausprägung des S. ist Grundlage der Pollenanalyse.

Sporodochium: Lager von dichtstehenden Konidienträgern bei saprophytischen Pilzen. Ähnlich ist ein → *Acervulus*, der aber nur bei Parasiten vorkommt.

Sporogon → *Bryophyta*

Sporokarpium → *Hydropteridae*

Sporophyll: Sporangientragendes Blatt bei → *Pteridophyta* und → *Spermatophyta*. Bei heterosporen Formen unterscheidet man Mikrosporophylle (mit → *Mikrosporangien*) und Mega- oder Makrosporophylle (mit → *Makrosporangien*). Die Staubblätter und Fruchtblätter der Spermatophyta entsprechen Mikro- bzw. Makrosporophyllen. Sporophylle oft zu → *Sporophyllständen* vereint. → *Trophophyll*.

Sporophyllstand: Anordnung der Sporophylle in einem bestimmten (oft endständigen) Sproßbereich. Vorkommen bei → *Selaginellales*, → *Lycopodiales*, → *Lepidodendrales* und → *Equisetaceae*. Sporophyllstände von stets begrenztem Längenwachstum sind als primitive Blüten anzusehen. Auch die Blüte der → *Spermatophyta* ist einem Sporophyllstand homolog.

Sporophyt → *Generationswechsel*

Sporopollenin: Hochmolukulares Terpen der Pollenaußenwand (Sporoderm). Genaue chemische Natur ungeklärt, vermutlich polymerisierte Carotinoide und deren Ester. Widerstandsfähigstes Material des Pflanzenreiches, dessen Langlebigkeit die Rekonstruktion früherer Floren mit Hilfe der → *Pollenanalyse* ermöglicht.

Sports → *Mutation, somatische,* → *Chimäre*

Sporulation: Bildung und Abgabe von Sporen.

Sporulationszeit: Der Fruktifikationszeit nahestehender Begriff, der den Zeitraum zwischen dem Auftreffen der Spore auf den Wirt und der daraus resultierenden neuen Sporenbildung umfaßt (z.B. → *Micropshaera alphitoides:* 3 Tage).

Spottnuß → *Carya tomentosa*

Sprengmast → *Mast*

Spreuschuppen: Schuppenhaare (→ *Haare)* bei Farnen, die zunächst als schützender Haarüberzug den Sproßscheitel bedecken und später austrocknen.

Springfrucht → *Öffnungsfrucht*

Spritzkern → *Buchenrotkern*

Spritzmittel: In Flüssigkeit gelöste Biozide mit einem Tröpfchendurchm. von 150 – 500 µm. Wasserverbrauch: 200 – 600 l/ha. Kleinflächig mit Rückenspritzen (5 – 6 atü), großflächig mit fahrbaren Motorspritzen (50 atü) ausgebracht.

Sproß: Trieb. Beblätterte Achse.

Sproß-Wurzel-Verhältnis: Hormonell gesteuerte Relation zwischen Wurzel- und Sproßsubstanz. Das S. kann unter der Einwirkung von Umweltfaktoren in gewissen Grenzen verschoben werden, um Anpassung an auftretende ökologische Veränderung (z.B. Beschattung), zu erreichen. Bei Waldbäumen liegt das S. zwischen 3:1 und 4:1; N-Düngung fördert z.B. das Wachstum der Sprosse stärker als das der Wurzeln, dadurch Erweiterung des S. bzw. relative Abnahme des Anteils der Wurzeln; bei verringertem Lichtgenuß ändert sich das S. zugunsten des Sprosses; bei ausreichendem Wasserangebot und unzureichender Ernährung (N-Mangel) wird das S. im allgemeinen enger.

Sproßachse: Achsenkörper, entsteht durch Wachstums- und Differenzierungsvorgänge aus dem Sproßvegetationskegel; trägt die Blätter, leitet Wasser, Nährsalze und Assimilate und speichert Reservestoffe. Der Stamm mehrjähriger, holziger Pfl. entsteht durch das sekundäre Dickenwachstum der S.. Umbildungen der S. zu → *Dornen,* → *Ranken,* → *Rhizomen,* → *Ausläufern* oder → *Knollen* übernehmen weitere Schutz-, Speicher- oder Verbreitungsfunktionen.

Sproßdornen: Verholzte, meist unverzweigte, zugespitzte und mit Blattrudimenten besetzte Umbildungen des Sprosses, die dem Schutz der Pfl. dienen; bei Prunus spinosa, Crataegus-Arten und einigen Wildobstarten durch Metamorphose von Kurztrieben (Kurztriebdornen), bei Rhamnus catharticus durch Umbildung von Langtrieben entstanden (Langtriebdornen).

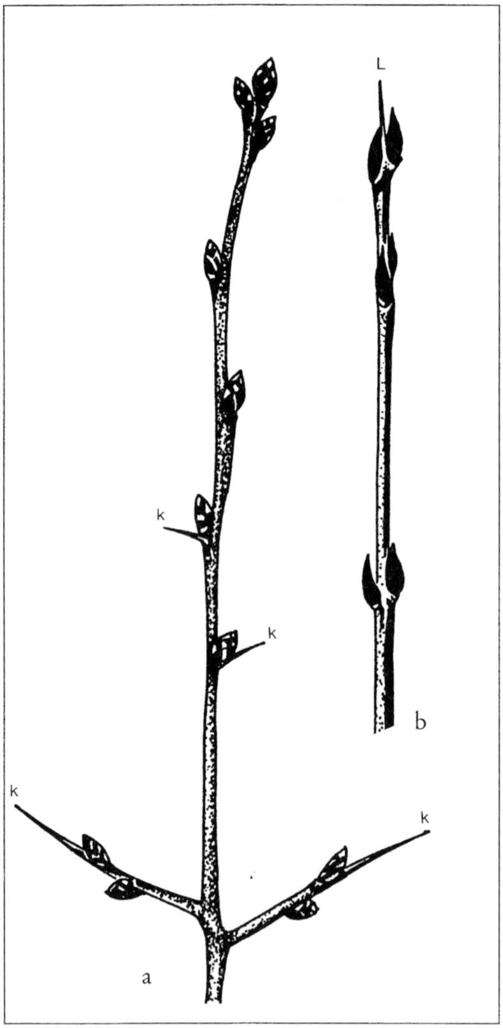

Sproßdornen: *a* Kurztriebdornen (K) bei Crataegus sp. (Weißdorn), *b* Langtriebdornen (L) bei Rhamnus cathartica (Kreuzdorn)

Sproßmycel: Aus abgerundeten, locker verbundenen Einzelzellen bestehender Thallus. Vermehrung durch Sprossung: Aus der Mutterzelle entstehen durch Ausstülpung und Abschnürung neue Tochterzellen. Charakteristisch für → *Saccharomycetaceae* (echte Hefen).

Sproßpol: Teil des bipolaren → *Embyros* der Samenpflanzen, aus dem sich das Sproßsystem entwickelt.

Sproßranke: Durch Umbildung der Sproßachse entstandenes Stütz- oder Kletterorgan (Bsp. Vitis vinifera, Parthenocissus tricuspidata).

Sproßstecklinge → *Stecklinge*

Sproßsystem → *Verzweigungssystem*

Spruce Pine → *Pinus glabra*

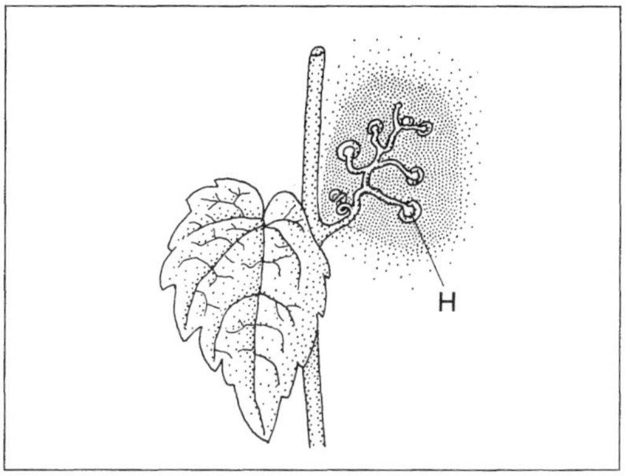

Sproßranke von Parthenocissus tricuspidata (Wilder Wein) mit Haftscheiben (H)

Sprühbeete: Automatische Bewässerungs-Einrichtung zur Stecklingsvermehrung. Die Stecklinge befinden sich in einer 10 – 15 cm starken Steckschicht aus grobem Sand oder Split, die über einer hohlraumreichen Dränschicht lagert. S. sind überdacht, und bieten optimale Feuchtigkeits- und Durchlüftungsbedingungen.

Sprühmittel: In Flüssigkeit gelöste Biozide mit einem Tröpfchendurchm. von 50 – 150 µm. Wasserverbrauch 30 – 60 l/ha. Vorteil: Geringe Teilchengröße gewährleistet lückenlosen Belag des Mittels auf der Blattoberfläche. Nachteile: Gefahr des Abdriftens bei Wind und rasche Verdunstung. Applikation durch motorgetriebene Gebläse. Biozideinsatz vom Flugzeug geschieht nur mit Sprühmitteln.

Spurennährelemente → *Mikronährstoffe*

Squarrosa-Form → *Retinospora-Formen*

Stachelbeere → *Ribes uva-crispa*

Stachelesche → *Rutaceae*

Stacheln → *Emergenzen;* aus epidermalen und subepidermalen Schichten entstanden; stehen nicht mit dem Leitsystem des Sprosses in Verbindung (Bsp. Rosa-Arten) (→ *Dornen).*

Stärke (Amylum): Aus α-D-Glucose aufgebautes Polysaccharid, bestehend zu etwa 20 % aus → *Amylose* und 80 % aus → *Amylopektin.* Wichtige pflanzliche Reservesubstanz. Syntheseort sind Chloroplasten in Blättern (Assimilationsstärke) und Amyloplasten besonders im Wurzelmark und Holzparenchym (Reservestärke). Reservestärke oft in Form arttypischer Stärkekörner. Wird bei Bedarf enzymatisch abgebaut:
Stärke $\xrightarrow{\text{Amylase}}$ Maltose (Disaccharid) $\xrightarrow{\text{Maltase}}$ α-D-Glucose.

Stärkescheide → *Bündelscheide*

Stäubemittel: Biozide mit einer Teilchengröße zwischen 10 und 100 µm, die in trockenem Zustand ausgebracht werden. Bei höherer Teilchengröße (100 – 500 µm) spricht man von Streumitteln. In diesem Fall ist der Wirkstoff (5 – 10 %) an körnige Trägerstoffe gebunden (Granulate).

Stäuben: Das Ausbringen von staubförmigen Bioziden. Bis zum 2. Weltkrieg das wichtigste Verfahren des chem. Forstschutzes. Wegen mancherlei Nachteile (Abdriften, Abspülen durch Regen) von Sprühverfahren abgelöst.

Staghorn → *Rhus typhina*

Stamen → *Staubblatt*

Staminodien: Rückgebildete und sterile → *Staubblätter.* Bei → *Ranunculales* oft blumenblattartig und → *Nektarien* tragend (= Honigblätter).

Stamm: (1) Verholzte Hauptachse von Bäumen. Entstanden durch primäres (z.B. Palmen) oder sek. Dickenwachstum (Gymno- und Angiospermen), gegliedert in Rinde (Phloem) und Holz (Xylem). Besondere Stämme bei Baumfarnen (→ *Wurzelstamm)* und Bananen (Scheinstämme aus verholzten Blattbasen). Funktionen: Leitung von Wasser, Nährsalzen und Assimilaten; Speicherung von Reservestoffen; mech. Festigung. Gegenstand forstl. Nutzung (→ *Schaft).*
(2) Forstl.; Syn. Einzelbaum;
(3) Mikrobiol. und virol.; Aus einem Isolat entstandene, einheitliche Nachkommenschaft.

Stammblütigkeit → *Cauliflorie*

Stammfäule: Von holzzerstörenden Pilzen hervorgerufener Abbau des Stammholzes lebender Bäume. Große wirtschaftliche Bedeutung vor allem bei Nadelhölzern. Wichtige Vertreter: → *Heterobasidion annosum* an Fi; → *Phellinus pini* an Ki.

Stammfeuer → *Waldbrand*

Stammsukkulente → *Sukkulente*

Standort: Gesamtheit der am Wuchsort einer Pflanze auf diese einwirkenden → *Umweltfaktoren;* nicht zu verwechseln mit dem geographischen Begriff 'Fundort'. Besonders in der → *Geobotanik* wird der Begriff S. synonym mit → *Biotop* verwendet.

Standortfaktoren → *Umweltfaktoren*

Standortkonstanz, relative → *ökologische Regeln*

Standortrasse (syn.: ökologische Rasse). Teilpopulation von Waldbäumen bestehend aus Genotypen, die aufgrund natürlicher Selektion an bestimmte Lebensbedingungen ihres Habitats besonders angepaßt sind. Bsp.: Herausbildung von spättreibenden Fichtenpopulationen auf spätfrostgefährdeten Standorten. Schmalkronige Wuchsformen von Fi und Ki als Anpassungsmerkmal an schneereiche Standorte.

Standortzeiger → *Zeigerpflanze.*

Staphylea L. Pimpernuß: Gattung der → *Staphyleaceae* mit 12 Arten in der nördlichen gemäßigten Zone. Blätter gefiedert, weiße oder rötliche Blüten in endständigen Rispen. Blasig aufgetriebene runde Kapselfrüchte. In Eur. nur S. pinnata L. (Gewöhnliche Pimpernuß): Strauch oder kleiner Baum (bis 5 m), natürliches Areal von den Westalpen bis zu den Karpaten, nördlich bis an den Main. Auch im Kau. Kennzeichen: Blätter 5- bis 7-zählig, nur Endfieder gestielt. Weiße Blüten in hängenden, langgestielten Rispen. In Deutschland selten, in Lagen bis 600 m. Meist in sonnigen, trockenen Lagen und auf Kalk. Hartes, schwer spaltbares Holz. Zierstrauch.

Staphyleaceae: Pimpernußgewächse. Zu den → *Sapindales* gehörende Familie von Bäumen und Sträuchern. Nur 5 Gattungen, verbreitet in nördl. gemäßigter Zone oder in trop. Gebieten Amerikas und SO-Asiens. Blätter wechsel- oder gegenständig, gefiedert, mit Nebenblättern. Blüten 5-zählig, in Rispen. Gelegentlich Diözie. Kapseln, Beeren, Bälge. In Europa heimisch: → *Staphylea* pinnata. Baumförmig sind: Euscaphis japonica, Turpinia nepalensis (zähes Holz).

Starkwurzeln → *Wurzelsystem*

Statolithen: Partikel, die zur Wahrnehmung des geotropen Reizes dienen; In Wurzelzellen wirken Stärkekörner als S..

Staub: In der Luft verteilte, feste Teilchen natürlichen wie anthropogenen Ursprungs. Je nach Partikelgröße unterscheidet man Grob- (Durchmesser $>10\ \mu m$) und Feinstäube (Durchmesser $<10\ \mu m$). Grobstäube werden in Emittentennähe abgelagert, Feinstäube verbleiben wochenlang in der Atmosphäre und werden über weite Strecken transportiert (Schwebstäube). Natürliche Staubemissionen (z.B. Bodenpartikel von Ackerböden) reagieren meist alkalisch und tragen zur Neutralisation saurer Luftverunreinigungen bei. Durch den Einbau von Staubabscheidern wurde die anthropogen bedingte Staubemission in der BRD auf etwa 1/3 verringert (1982: ca. 700 000 Tonnen). Die meisten Stäube bestehen aus reaktionsträgen Stoffen, daneben kommen umweltgefährdende Schwermetalle wie Blei, Cadmium, Nickel oder Quecksilber vor, welche u. U. Baumschäden hervorrufen können, indem sie Stoffwechselfunktionen beeinträchtigen. Grenzwerte für Staubdeposition und Staubgehalt der Luft sind in der → *TA-Luft* verankert.

Staubbeutel → *Staubblatt*, → *Anthere*

Staubblatt: Staubgefäß, Stamen (Plur. Stamina). ♂ Blütenorgan der Spermatophyta, produziert Pollen, entspricht einem Mikrosporophyll. Bei Pinaceae sind sie blattähnlich, bei Magnoliophytina meistens gegliedert in Staubfaden (Filament) und die aus mehreren Untereinheiten aufgebaute → *Anthere* (Staubbeutel). → *Androeceum.*

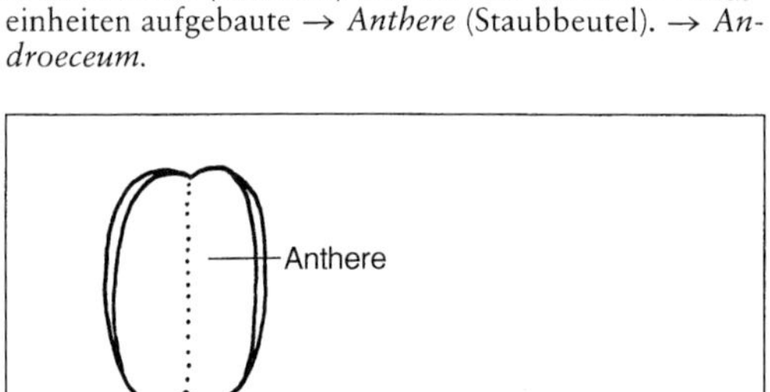

Staubblatt: *a* bei Magnoliophytina, *b* bei Pinaceae (Pinus)

Staubfaden → *Staubblatt*

Staubgefäß → *Staubblatt*

Stauchling → *Kurztrieb*

Stauden: → *Perenne* Kräuter, deren oberirdische Teile am Ende der Vegetationsperiode ganz (→ *Kryptophyten)* oder teilweise (→ *Hemikryptophyten)* absterben. Häufig dienen unterirdische Sprosse als Reservestoffspeicher.

Staudensträucher → *Rubus*

Staunässe: Länger anhaltende Ansammlung stagnierenden Wassers, oft oberhalb schlecht durchlässiger Bodenschichten. Folgen: Absterben von Wurzeln, Wachstumsdepressionen, Blatt-vergilbung, Stamm- und Wurzelfäule. Hauptursache für Schädigung ist Sauerstoffmangel. Empfindlich sind Bu und Ta, weniger empfindlich Ki und Fi, widerstandsfähiger Wei, Pa, Ul, Stieleiche, Strobe und Bi. Auf Dauer wird stagnierende Nässe von keiner Baumart ertragen.

Stechdorn → *Paliurus*

Stechfichte → *Picea pungens*

Stechginster → *Ulex*

Stechkiefer → *Pinus pungens*

Stechpalme → *Ilex*

Stechpalmengewächse → *Aquifoliaceae*

Stechtanne → *Keteleeria*

Stechwacholder → *Juniperus oxycedrus*

Steckhölzer: Teile unbelaubter, ausgereifter und verholzter Triebe, angewendet bei Stecklingsvermehrung von Weiden- und Pappelarten.

Stecklinge: Zur autovegetativen Vermehrung benutzte, diesjährige belaubte Triebe oder Triebspitzen von holzigen Pflanzen. → *Stecklingsvermehrung.*

Stecklingsvermehrung → *Wurzelbrut*

Stecklingsvermehrung: Verfahren der wurzelechten (autovegetativen) Vermehrung von Pflanzen durch »Abstecken« von Trieben oder Triebteilen. Grundlage der Stecklingsbewurzelung bildet die durch Wundreiz und Substrat bedingte Auslösung von Zellteilungen an der Stecklingsbasis, welche unter optimalen Bedingungen zunächst Kallus und schließlich Wurzeln restituiert. Die optimale Steckzeit variiert mit der Baumart. Laubabwerfende Arten werden im Sommer, immergrüne meist im auslaufenden Winter oder beginnenden Frühjahr gesteckt. Bei Fi existiert bereits ein Verfahren zur Massenvermehrung; die Stecklinge werden bis Febr./März abgesteckt. Wuchsstoffpräparate fördern und beschleunigen die Stecklingsbewurzelung. Bewährt haben sich synthetische Auxine wie Indolyl- oder Naphthylessigsäure. Stecksubstrat: grober, gewaschener Sand. Die Stecklinge verbleiben bis zum Spätherbst im Sprühbeet und werden anschließend ins Gewächshaus verschult. Die vegetative Vermehrung von Aspe, Graupappel und Weißerle erfolgt durch Wurzelstecklinge. Hierzu werden 10 – 20 cm lange Wurzelstücke geschnitten und in Gartenerde gelegt. Aus schlafenden Augen entwickeln sich Schosse, die nach Bewurzelung verselbständigt werden. Der Erfolg der Stecklingsvermehrung hängt auch vom Alter und vom Entnahmeort in der Krone des Mutterbaumes ab. Generell gilt: Je jünger die Ausgangspflanze und je tiefer der Entnahmeort der Stecklinge in der Krone des Mutterbaumes, um so besser die Bewurzelungsergebnisse.

Steinapfel → *Mespilus germanica*, → *Apfelfrucht*

Steinborke → *Borke*, die durch vermehrte Einlagerung → *sklerenchymatischer* Zellen sehr hart ist. Gelegentlich bei alten Rotbuchen, die dann als Steinbuchen bezeichnet werden.

Steinbrechartige → *Saxifragales*

Steinbuche → *Steinborke*

Steineibe → *Podocarpus*

Steineibengewächse → *Podocarpaceae*

Steineiche → *Quercus ilex*

Steinfrucht: Ein- oder mehrsamige Frucht mit differenziertem Perikarp, das aus einem inneren, harten Endokarp und aus einem äußeren Teil besteht, der fleischig-saftig (Kirsche, Pflaume) oder ledrig-faserig (Walnuß, Mandel) ausgebildet ist. S. können aus einem coenokarpen (Holunder, Walnuß) oder einblättrigen (Kirsche) Gynoeceum entstehen.

Steinkohlenwälder: Vegetation der Nordhemisphäre während des → *Karbon*, bestehend aus → *Lepidodendraceae*, → *Sigillariaceae*, Sphenophyllen, → *Calamitaceae*, → *Cordaitidae*, u.a.m.. So genannt, weil sich aus den Ablagerungen dieser Wälder Steinkohlelager bildeten.

Steinkork → *Periderm*

Steinlinde → *Phillyrea*, → *Tilia cordata*

Steinmispel → *Cotoneaster integerrimus*

Steinröschen → *Daphne striata*

Steinweichsel → *Prunus mahaleb*

Steinzellen → *Sklerenchym*

Stelärtheorie → *Stele*

Stele: → *Zentralzylinder* des Sprosses, bestehend aus Leitgewebe, Mark und Markstrahlen. Stelärtheorie behandelt die phylogenetische Entwicklung der S.. Danach besaßen Ur-Landpflanzen (→ *Psilophytatae*) einen massiven Leitstrang im Zentrum der Sproßachse (Protostele), von dem sich die anderen Formen ableiten sollen: Actinostele: durch Blattspurstränge zerklüfteter Leitstrang (einige Lycopodiatae); Siphonostele: Leitstrang mit Markhöhle (bei → *Lepidodendrales*); Dictyostele: Röhrenförmiger Leitgewebszylinder mit parenchymatischen Durchbrechungen oberhalb der abzweigenden Blattspurstränge (z.B. bei Osmunda); Eu-stele: Leitgewebe aus einzelnen, kreisförmig angeordneten kollateralen Leitbündeln (krautige Dikotyledonen); Atactostele: zerstreut angeordnete Bündel im Sproß von Monokotyledonen.

Stemonie: Bezeichnet die Anzahl der Staubblattkreise in zyklisch aufgebauten Blüten. Man unterscheidet: Haplostemonie: 1 Staubblattkreis (z.B. Oleaceae); Diplostemonie: 2 Staubblattkreise (z.B. Aceraceae). Obdiplostemonie liegt vor, wenn die Staubblätter des äußeren Staubblattkreises nicht mit den Kronblättern alternieren, sondern epipetal (vor den Kronblättern) stehen (z.B. Ericaceae)

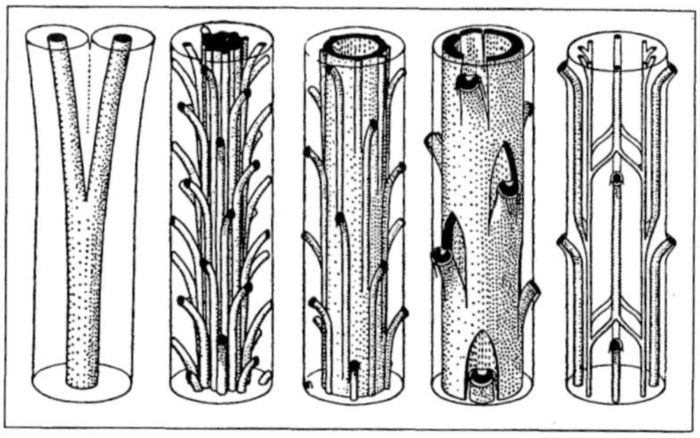

Unterschiedliche **Stelentypen:** *a* Protostele, *b* Actinostele, *c* Siphonostele, *d* Diotyostele, *e* Eustele

Stempel: Pistill. Aus miteinander verwachsenen Fruchtblättern bestehender ♀ Teil der Blüte. Gliedert sich in: 1. Fruchtknoten (Ovar): basaler, Samenanlagen tragender Teil. 2. Griffel (Stylus): stielartig verlängerter, steriler Mittelteil. 3. Narbe (Stigma): Empfängnisorgan für Pollen.

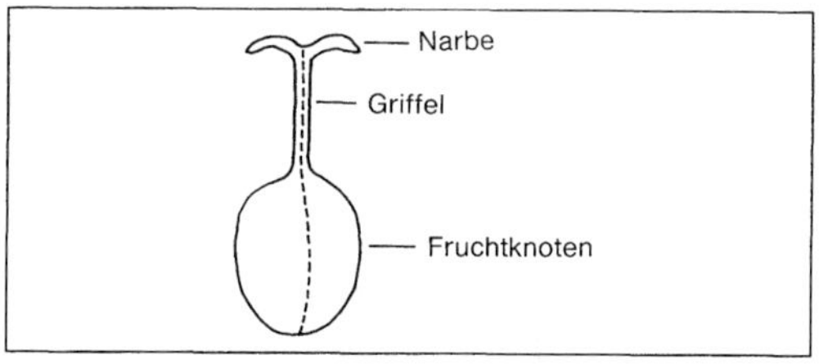

Stempel

Stengel: Krautige Sproßachse; stets einjährig.

Stengelglied → *Internodium*

stenochor: Bezieht sich auf ein → *Taxon*, das nur ein kleines → *Areal* besiedelt.

stenök: Bezogen auf Pflanzen, die an ganz bestimmte Quantitäten von Temperatur, Licht, Feuchtigkeit, Bodenchemismus usw. oder Qualitäten wie Bodenstruktur und Nahrung angepaßt sind und daher nur in einem bestimmten → *Biotop* oder → *Biochorion* vorkommen. Ggs. → *euryök*.

stenohydrisch: Bezogen auf Pflanzen, die in ihrem Gewebe nur geringe Schwankungen des potentiellen osmotischen Druckes ertragen. Ggs. → *euryhydrisch*.

Steppenahorn, Mongolischer → *Acer ginnala*

Steppenkirsche → *Prunus fruticosa*

Steppenwald → *Waldsteppe*

Sterculiaceae: Kakaogewächse. Zu den → *Malvales* gehörende Familie trop. Verbreitung. Meist Bäume und Sträucher mit wechselständigen Blättern und hinfälligen Nebenblättern. Blüten zwittrig oder eingeschlechtig.

Häufige Blütenformel: *K3-5 C0-5 A0+5 G(5). Gelegentlich Apokarpie. Cauliflorie. Wirtschaftlich bedeutend: Theobroma cacao, Kakaobaum, aus dem Unterholz trop. Regenwälder S-Amerikas. Samen zur Kakaoherstellung verwendet. Cola nitida und C. acuminata aus trop. W-Afrika (Colabäume) mit coffeinhaltigen Samen. Nutzholz liefern die Gattungen Triplochiton (Afrika), Mansonia (Burma), Chiranthodendron (Mexico) und Cistanthera (W-Afrika).

Stereum areolatum → *Amylostereum areolatum*

Stereum frustulosum → *Xylobolus frustulatus*

Stereum hirsutum (WILLD. ex FR.) S.F. GRAY, Striegeliger Schichtpilz (Stereaceae): Häufiger Erstbesiedler und Weißfäuleerreger an liegendem Ast- und Stammholz von Eiche und anderen Laubh. Oft krustenförmig wachsend, aber auch in Form dachziegelartig oder in Reihen angeordneter, miteinander verwachsener Hüte. Deren Oberseite ist behaart. Grundfarbe gelb, aber mit Alter und Jahreszeit variierend. Besiedelt an Schnittflächen von Eichenstämmen nur den Splint.

Stereum purpureum (PERS. ex FR.) FR. (syn.: Chondrostereum purpureum [PERS. ex FR.) POUZ]; violetter Schichtpilz (Telephoraceae): Holzzerstörer an Laubholz (Weißfäuleerreger), besonders an Bi und Bu. Die rötlich-violetten, weichen bis ledrigen Fruchtkörper stehen entweder zu mehreren dachziegelartig übereinander (Stammfuß junger Bäume) oder sie wachsen flächendeckend (z.B. auf Schnittflächen von Buchenholz).

Stereum sanguinolentum (ALB. et SCHW. ex FR.) FR. blutender Schichtpilz (Stereaceae): Häufiger und wirtschaftlich bedeutender Weißfäulerreger an Nadelholz. (a) Erstbesiedelung und langsame Zersetzung liegenden Holzes. Verursacht → *Rotstreifigkeit* an Fi. (b) Außerdem wichtiger Erreger der Fi-Rotfäule, der über Schäl- und Rückewunden in den Stamm gelangt, sich schnell ausbreitet und Splintholz abbaut. Schäden steigen mit Maschineneinsatz und Rotwildbestand. Die muschelartigen Fruchtkörper stehen zu vielen dachziegelartig übereinander an Schnittflächen liegenden Holzes. Sie sind ledrig-dünn und haben ein hell-graubraunes Hymenium, das im frischen und feuchten Zustand bei Verletzung eine rote Flüssigkeit abgibt (Name). Prophylaktische Bekämpfung durch Wundverschlußmittel.

Sterigmen → *Basidie*

steril: (1) unfruchtbar. → *Sterilität.*
(2) keimfrei, aseptisch.

Sterilität: Unfähigkeit zur generativen Fortpflanzung. Ursachen: 1. → *Inkompatibilität* der Gameten. Man unterscheidet: a) Selbststerilität: Männliche und weibliche Gameten des gleichen Individuums können sich nicht befruchten (Ei, Eßkastanie). b) Intersterilität: Die Gameten zweier verschiedener Ind. können sich nicht befruchten. c) Gruppensterilität.
2. Unfähigkeit befruchtungsfähige Gameten zu bilden, z.B. durch vorliegende Triploidie, Aneuploidie oder Mutationen, die zu Meiosestörungen führen. Diese Form der S. liegt meist bei Artbastarden vor.
3. Sehr selten entwickelt sich die befruchtete Zygote nicht weiter (bei Theobroma cacao), letztlich ist auch diese Erscheinung auf eine Inkompatibilität der Gameten zurückzuführen.

Sterine (Sterole): Alkohole aus der Gruppe der → *Steroide.* Die häufigsten Phytosterine sind Stigmasterin (u.a. in Wachsen, Kokosfett, Rinde von Ulme und Esche) und Sitosterin (u.a. in Rinde von Kiefer, im Holz von Juniperus occidentalis).

Sternhaare → *Haare*

Sternmoos → *Bryidae*

Steroide: Isoprenoidderivate. Grundkörper ist das Gonan – (früher Steran-) Gerüst. Zu den S. zählen u.a. → *Sterine* und → *Steroid Alkaloide.*

Sterole → *Sterine*

Stetigkeit: Begriff aus der Pflanzensoziologie. Zahlenmäßiges Vorkommen einer Art, bezogen auf die Gesamtzahl der Vegetationsaufnahmen der betreffenden Pflanzengesellschaft. S. wird in % angegeben. Sie erleichtert die Ausscheidung von Untereinheiten einer Pflanzengesellschaft.

Stewartia → *Theales*

Stickoxide (NO_x), Stickstoffoxide: Verbindungen zwischen Luftstickstoff und Sauerstoff. Entstehen u.a. bei Verbrennungsvorgängen mit hohen Temperaturen. Bekannt sind neun S.: NO_x (x = 1,2,3); N_2O_x (x = 1,2,3,4,5,6). Ökologisch bedeutend sind NO (Stickstoffmonoxid) und NO_2 (Stickstoffdioxid). Beide Gase wirken mit anderen Schadgasen synergistisch und prädisponieren Bäume für Sekundärschäden. Aus NO_2 wird überdies Salpetersäure (HNO_3), verantwortlich für ca. 1/3 der Versauerung von Niederschlägen. S. sind maßgeblich an der Bildung von → *Photooxidantien,* u.a. von Ozon und PAN (Peroxyacetylnitrat) beteiligt. Hauptemittenten von S. sind Kraftwerke und Kraftfahrzeuge. Pro Jahr werden in der BRD rd. 3.1 Millionen Tonnen S. emittiert. Trotz Einführung von Katalysatoren steigen die Werte weiter an. Nach TA-Luft (1986) liegt der Kurzzeitgrenzwert (IW_2) für NO_2 bei 200 μ/m^3 Atemluft, der Langzeitgrenzwert (IW_1) für NO_2 bei 80 μ/m^3 Atemluft. Sehr hohe Konzentrationen von NO_x können zu Blattrandnekrosen und zum Absterben von Blättern führen. S. gelangen über Spaltöffnungen ins Blattinnere, verbinden sich mit Wasser zu salpetriger Säure und Salpetersäure und lösen u.a. Desaminierungsvorgänge bei Aminosäuren und Nucleinsäurebasen aus. Stickoxidemissionen können durch Rauchgasentstickungsanlagen und Katalysatoren vermindert werden.

Stickstoff (N): Hauptnährelement, wird i.d.R. als Nitrat, seltener als NH_4^+ oder N_2 aufgenommen; wesentlicher Bestandteil zahlreicher organischer Verbindungen (Amino- und Nucleinsäuren, Proteine, Co-Enzyme u.a.); die N-Ernährung beeinflußt den Gehalt an Eiweiß, an Eiweißfraktionen sowie an freien Aminosäuren und Amiden; N-Ernährung beeinflußt auch die Chlorophyllbildung und die → *Wurzelatmung* der Koniferen, den Zeitpunkt der Blüte, die Fruchtbildung und den Reifeprozeß sowie über die Veränderung der Inhaltsstoffe die Anfälligkeit von Bäumen gegen den Befall durch bestimmte Schädlinge, N-Gehalte in Blättern von Lh sind i.a. höher als in Koniferennadeln (→ *Blattspiegelwerte);* N-Mangel führt u.a. zu einer starken Hemmung der Photosynthese (→ *Mangelkrankheiten).*

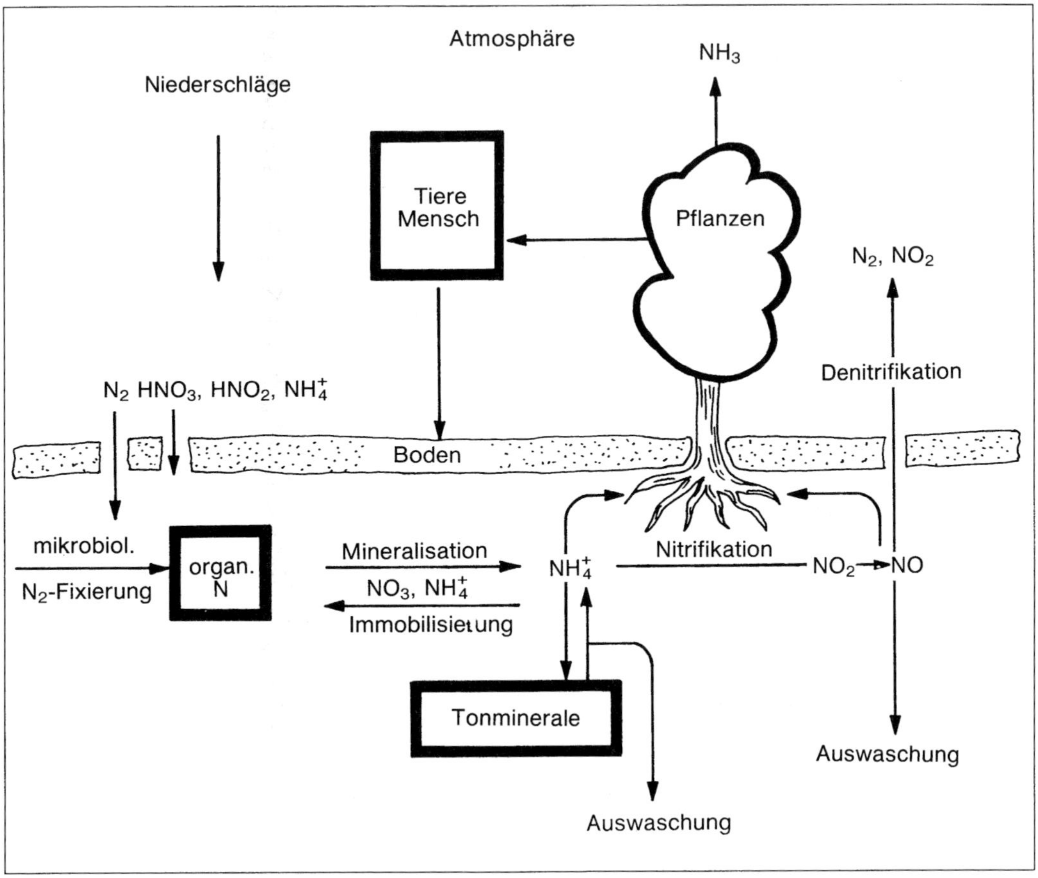

Stickstoffkreislauf in der Natur

Stickstoff-Bindung: Biotische Bindung von molekularem Stickstoff (Reduktion zu NH_3, = N-Assimilation) durch frei im Boden (→ *Rhizosphäre)* oder in → *Symbiose* (→ *Wurzelknöllchen)* mit höheren Pflanzen lebende Prokaryonten. → *Schizomycetes,* → *Actinomyceten* (→ *Stickstoff-Fixierung).*

Stickstoff-Fixierung: Bindung des Luft-N durch Einbau in organische Aminoverbindungen in Gegenwart von Katalysatoren (Mo, Co, Vitamin B15) durch die Tätigkeit im Boden frei lebender oder symbiontisch fixierter Bakterien (→ *Azotobacteraceae,* Rhizobium, Azospirillum) → *Actinomyceten* (Frankia) sowie durch Blaualgen (Nostoc).

Stickstoffaufnahme: Erfolgt über die Wurzel in Ionenform als NO_3^-- oder NH_4^+, NO_3^- wird in den Zellen reduziert (assimilatorische Nitratreduktion), kann aber auch entgegen eines elektrochemischen Gradienten als NO_3^- aktiv angereichert werden. Der Aufnahmemechanismus für NH_4-Stickstoff und Harnstoff ist noch ungeklärt.

Stickstoffdioxid → *Stickoxide*

Stickstoffdüngung: Zufuhr von Düngemitteln, die Nitrat und/oder Ammonium enthalten. In der Praxis weitverbreitet sind → *Kalkammonsalpeter* (NH_4NO_3+$CaCO_3$), Kalkstickstoff (CaNCN+CaO) und → *Harnstoff* (CO $[NH_2]_2$) (→ *Blattdüngung).* Hinzu kommen selbst in emmittentenfernen Gebieten Stickstoffeinträge durch Immissionen von etwa 20–30 (80) kg/ha/Jahr mit Folgewirkungen für die Vegetation, den Stoffhaushalt der Bäume und die → *Mykorrhiza.* → *Düngung.*

Stickstoffkreislauf: Umfaßt die Um- und Austauschprozesse zwischen atmosphärischem, molekularem N mit den anorganischen N-Ablagerungen in der Lithosphäre. Die wichtigsten Vorgänge dabei sind: 1. Fixierung von molekularem N (→ *Stickstoff-Fixierung),* 2. Reduktion von Nitrat zu gasförmigen Verbindungen (→ *Denitrifikation).*

Stickstoffmangel: Unzureichende Versorgung der Pflanze mit N, führt u.a. zur Verringerung der Nettoassimilation, zu verminderter Blattgröße und zu Störungen des gesamten Wachstumsablaufs. → *Mangelkrankheiten.*

Stickstoffmineralisation: Umwandlung von organisch

gebundenem N zu anorganischen Formen (NH_3^+, NO_3^-, (= Ammonifizierung und Nitrifizierung, → *Nitrifikation).*

Stickstoffmonoxid → *Stickoxide*

Stickstoffvorkommen: In leicht mineralisierbarer Form in der Biomasse des Bodens inkorporierter N (Protein-N, Aminosäure-N, Nucleinsäure-N), kann beim Abbau der Biomasse relativ schnell zu anorganischen N-Verbindungen umgebaut werden und wird damit pflanzenverfügbar.

Stickstoffzeiger: Elemente der sog. nitratophilen Flora (→ *Zeigerpflanzen),* z.B. Senecio fuchsii, Fragaria vesca, Rubus fruticosus, Impatiens noli-tangere, insbesondere Rubus idaeus, Urtica dioica, Sambucus nigra; auf sauren Böden: Digitalis purpurea, Epilobium angustifolium, Sambucus racemosa.

Stieleiche → *Quercus robur*

Stielzelle → *Dislokatorzelle*

Stigma → *Stempel*

Stigmarien: → *Rhizophoren* der → *Lepidodendrales.*

Stilbenderivate: Phenolische → *Sekundärstoffe* mit Stilben als Grundstruktur. Oft im Kernholz von Koniferen: z.B. Pinosylvin (Pinus), Piceatannol (Picea).

Stinkeibe → *Torreya*

Stinkesche → *Rutaceae*

Stinkwacholder → *Juniperus sabina,* → *Juniperus*

Stipeln → *Nebenblätter*

Stipulardornen → *Blattdornen*

Stockausschlag: Triebe aus bestehenden Proventiv- (schlafende Knospen) oder neugebildeten Adventivknospen am Rande von Schnittflächen frischer Stöcke (Stubben). Im → *Nieder-* und → *Mittelwald* wirtschaftlich genutzte Förderung durch Einschlag im Winterhalbjahr, weil Stock und Wurzel dann reichlich mit Reservestoffen versorgt sind. Reichlich S. bilden: Pa, Baumweiden, Weiß- und Roterle, Bi, Bu, HBu, Es, BAh, Spitzahorn, Trauben- und Stieleiche, Ka. Aus S. enstehende Sprosse können auf das bestehende Wurzelsystem des eingeschlagenen Mutterbaumes zurückgreifen.

Stockfäule: Holzfäule, die auf den unteren Stammbereich (Stockbereich) beschränkt bleibt. Typische Vertreter: → *Sparassis crispa* und → *Phaeolus schweinitzii,* beide an Ki und Dougl.

Stockholz → *Stubben*

Stoffwechsel: 1. Austausch von Stoffen zwischen Organismen und Umwelt. 2. Auf- und Abbau von Zellsubstanz im Organismus (Metabolismus). Man unterscheidet: Primärstoffwechsel: Umfaßt alle Substanzen, die für den Organismus lebensnotwendig sind, z.B. Struktursubstanzen (Proteine, Aminosäuren, Nucleinsäuren, Lipide, Kohlenhydrate), Funktionselemente (Enzyme, Coenzyme, Hormone). Hierzu gehört auch der energieliefernde Stoffwechsel (Photosynthese, Atmung). Sekundärstoffwechsel: Umfaßt alle übrigen Stoffwechselwege, deren Produkte die → *Sekundärstoffe* liefern. Dabei ist die Zuordnungsgrenze für die zahlreichen Stoffwechselprodukte fließend (Beispiel: proteinogene Aminosäuren = Primärstoffe; nicht proteinogene Aminosäuren = Sekundärstoffe).

Stockausschlag an Pappel

Stoffwechselphysiologie: Teilbereich der → *Physiologie,* beschreibt die stoffliche Energetik und Kinetik der Lebensvorgänge.

Stomata: Spaltöffnungen. Bestandteile der Epidermis von Blatt und Sproß. 2 besonders gestaltete, stets Chloroplasten führende Schließzellen, die einen Spalt umgrenzen, dessen Weite sie durch aktive Turgorbewegung regulieren. Sind an diesem Vorgang auch die angrenzenden, sich von den übrigen Epidermiszellen unterscheidenden Nebenzellen beteiligt, spricht man von Spaltöffnungsapparat.
Stomata dienen dem Gasaustausch, besonders der CO_2-Aufnahme und der Wasserdampf-Abgabe (stomatäre Transpiration) und stellen eine Verbindung zwischen Interzellularsystem und Atmosphäre dar.
Je nach Gestalt und Differenzierung der Schließzellen unterscheidet man verschiedene Spaltöffnungstypen: 1. Helleborus-Typ: Schließzellen bohnenförmig; Rükkenwand (zur Nebenzelle gelegen) und mittlerer Teil der Bauchwand (unmittelbar am Zentralspalt) unverdickt. Weit verbreitet bei Magnoliophytina. 2. Coniferen-Typ: Elliptische, schräg gestellte Schließzellen mit verdickten und verholzten Außen- und Innenwänden, die an Bauch- und Rückenseite gelenkartig durch dünnere Wände verbunden sind. Typisch für Nadelhölzer. Meist in Reihen angeordnet. Ferner: Gramineen-Typ mit hantelförmigen Schließzellen; Mniumtyp mit bohnenförmigen, aber völlig dünnwandigen oder nur bauchseits unverdickten Schließzellen (bei Moos-Sporophyten und Farnen).
Turgorzunahme in den Schließzellen führt zum Öffnen der Spalten. Dabei spielen die durch ungleich verdickte Zellwände bedingten Formveränderungen der Schließzellen sowie (beim Helleborus-Typ) die durch Turgordifferenzen zu den Nebenzellen verursachte Lageverschiebung gegenüber den Nachbarzellen eine bedeu-

tende Rolle. Stomata reagieren photo- und hydronastisch (→ *Nastien*). Beide Reaktionen führen zu einer Änderung ihres osmotischen Wertes. Die geöffneten Stomata nehmen nur 0,5 bis 1,5 % der Blattfläche ein (Anzahl Stomata pro mm² Blattfläche: Bu 340, BAh 860). Stomata meist nur auf Blattunterseite (hypostomatische Blätter der Laubhölzer), selten nur auf der Blattoberseite (epistomatische Blätter mancher Ericaceae). Allseitig inseriert (amphistomatisch) sind sie bei den Nadeln vieler Coniferen. Xeromorphe Blätter (Pinus, Oleander) haben oft in das Blatt eingesenkte Stomata.

Spaltöffnungen in Aufsicht

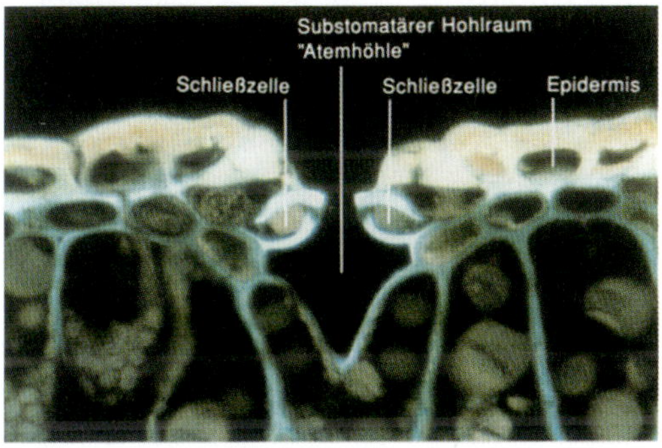

Spaltöffnung, quer (Coniferen-Typ). E = Epidermis, S = Schließzelle, A = substomatäre Atemhöhle

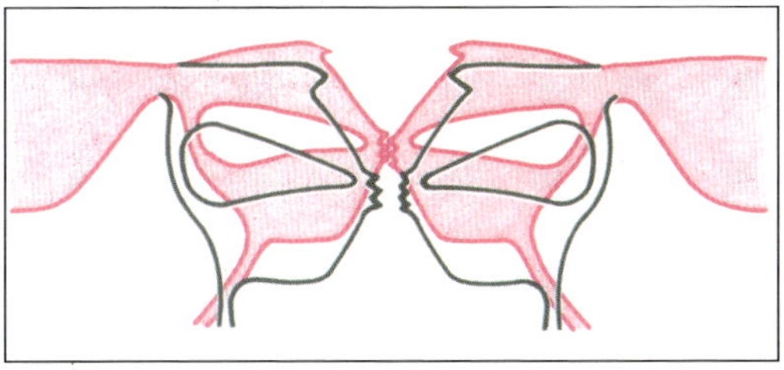

Spaltöffnung, quer (Helleborus-Typ) im geöffneten (schwarz) und geschlossenem (rot) Zustand

Stomium: Aus dünnwandigen Zellen bestehende Öffnungsstelle eines Farnsporangiums. → *Polypodiaceae.*

Storax → *Liquidambar orientalis*

Storaxbaum, Amerikanischer → *Liquidambar styraciflua*

Storaxgewächse → *Styracaceae*

Storchennest → *Abies alba*

Storchschnabelartige → *Geraniales*

Strahlblüten: Am Rande einer → *Infloreszenz* stehende, auffällig gestaltete, oftmals sterile Blüten. Beispiele: Zungenblüten der → *Asteroideae,* Randblüten von Viburnum opulus.

Strahlenpilze → *Schizomycetes,* → *Actinomyceten*

Strahlungsfrost → *Frost*

Strandkiefer → *Pinus pinaster*

Strandmandelgewächse → *Combretaceae*

Strangparenchym: Das Leitgewebe längs durchziehendes → *Holzparenchym* aus dünnwandigen, prismatischen Zellen. Bei Nadelhölzern fehlend oder spärlich vorhanden; bei Laubhölzern meist reichlich, entweder um die Gefäße lokalisiert (paratracheal) oder im Bereich der Holzfasern (apotracheal).

Strangulierung: (1) Künstliche Maßnahme zur Förderung der Frucht- oder Samenbildung. Nach der → *Klebs'schen Regel* wird die Fruchtbildung durch Umstände gefördert, die einen Überschuß an Assimilaten gegenüber der Menge der aufgenommener Mineralnährstoffe bewirken.
(2) (Drahtung) Methode zur Förderung der Wurzelbildung bei der Vegetativvermehrung. Angewendet beim Absenker-, Ableger- oder Luftablegerverfahren. Durch festes Umwickeln der Triebe mit biegsamem Draht kommt es zum Assimilatstau oberhalb der Strangulierungsstelle, zur Anschwellung, Wucherung (Kallusbildung) und Wurzelbildung. S. wird im Gegensatz zur → *Ringelung* nur noch selten angewendet.

Strasburgerzellen: Plasmareiche, großkernige Zellen mit zahlreichen Mitochondrien, die bei Coniferen den Stofftransport zwischen 1. Transfusionsparenchym und Phloem in den Nadeln und 2. zwischen Markstrahlen und Siebzellen vermitteln. Sie zeichnen sich durch hohe Stoffwechselaktivität aus.

Strasseria geniculata (BERK. et BR.) HÖHN. (Phialidales): befällt Maitriebe junger Koniferensämling (insbes. Ta, Ki, Dougl). Die Triebe welken, krümmen sich herab und vertrocknen. Das Schadbild ähnelt → *Botrytis cinerea*-Befall; jedoch schwarze Pyknidien auf der Unterseite befallener Nadeln. Strasseria ruft außerdem Bläue an Kiefernholz hervor.

Stratifizieren: Brechen der Samenruhe durch Einwirken von Feuchtigkeit und Temperaturen knapp über dem Gefrierpunkt. Dabei wird der Samen schichtweise in feuchtem Torf oder Sand eingelagert. Zeitpunkt und Dauer des S. sind artspezifisch.

	Temperatur in °C	Dauer
Pinus cembra	3 – 5	6–9 Monate
Pinus strobus	3 – 5	3 Wochen
Taxus baccata	3 – 5	9 Monate
Acer*	1 – 5	2 Monate
Carpinus betulus	3 – 5	6 Monate
Fraxinus ecxelsior	zunächst 20 anschließend 3 – 5	2 Monate 7 Monate
Sorbus*	3 – 5	4 Monate
Tilia*	3 – 5	6–9 Monate

Stratifizieren von Forstsaatgut. * Gilt für alle heimischen Arten

Strauch: Ausdauerndes, dicht über dem Erdboden verzweigtes Holzgewächs. Sträucher sind i.a. kleiner als Bäume. Bei einer Größe unter 50 cm spricht man von Zwergstrauch. → *Halbstrauch.*

Strauch-Birke → *Betula humilis*

Strauch-Ehrenpreis → *Scrophulariaceae*

Strauch-Eibisch → *Hibiscus*

Strauch-Fingerkraut → *Potentilla*

Strauch-Jasmin → *Jasminum fruticans*

Strauchflechten: Relativ schnellwachsende, reichverzweigte Flechten mit aufgerichtetem blatt-, band- oder astartigem Thallus. Stets mit schmaler Basis dem Substrat angeheftet. Beispiele: Cetraria islandica, Isländisches Moos; Bodenbewohner saurer Wälder und Heiden. Cladonia rangiferina, Rentierflechte, polsterartiger Bodenbewohner, in ganz Europa verbreitet; Hauptnahrung der Rentiere. Ähnlich sind → *Bartflechten.* → *Lichenes.*

Strauchflechte (Cetraria islandica)

Strauch-Wicke → *Coronilla*

Streckungswachstum → *Wachstum*

Streifenborke → *Borke*

Streptococcaceae → *Schizomycetes*

Streß: Nach Tischler »eine von der Norm abweichende Situation, die ein Lebewesen belastet, jedoch nicht unmittelbar lebensbedrohend zu sein braucht«. Verschiedene Individuen reagieren auf denselben Streßfaktor (Stressor) je nach Alter, Vitalität, Jahreszeit und Milieu unterschiedlich. Generell reagieren gestreßte Pflanzen auf weitere Belastungen, aber auch auf normale ökologische Vorgänge empfindlicher. Selbst wenn nur ein begrenzter Teil der Pflanze belastet wurde, wirkt sich der Streß auf den gesamten Organismus aus. Neben natürlichen Ereignissen wie Extremtemperaturen, Dürre, Überflutung etc. können auch Immissionen, Auftausalze oder Herbizide als Stressfaktor wirken. → *Waldsterben.*

Streßfaktor → *Streß*

Streßhormon → *Abscisinsäure*

Streßhypothese: Erklärungsansatz zur Entstehung des Waldsterbens. Angenommen wird Schädigung des Ökosystems Wald durch lang andauernde, z.T. synergistische Einwirkungen zahlreicher, durch Ferntransport herangeführter Luftschadstoffe. Beeinträchtigung der Photosynthese, des Assimilattransportes, des Wuchsstoff- und des Wasserhaushaltes. Folgen: Prädisposition für Krankheiten und Schäden durch Klimaextreme, Reduktion des → *Feinwurzelsystems,* Störungen der Mykorrhizierung, Blattverluste. Gegenargument: Das plötzliche Einsetzen des Waldsterbens ist damit nicht erklärbar.

Streßmetaboliten: Stoffwechselprodukte, die infolge Einwirkung eines Streßfaktors vermehrt, vermindert oder zusätzlich gebildet werden. Teil eines biochemischen Abwehrsystems der Pflanze. Beispiel: Wassermangel bewirkt (1) Erhöhung des Abscisinsäure- und Abnahme des Cytokiningehaltes (Anstieg des Prolinspiegels) sowie (2) Erhöhung des Ethylenpegels (verstärkter Blattfall, erhöhte Seneszenz).

Stressor → *Streß*

Streßtrieb → *Proventivtrieb*

Streu: Pflanzenreste wie z.B. Blätter, Zapfen, Rinde, Feinreisig, die jährlich als Bestandsabfall auf den Waldboden gelangen und dort unter Mitwirkung von Mikroorganismen zersetzt und abgebaut werden (→ *Humusstoffe).*

Streufrucht → *Öffnungsfrucht*

Waldgesellschaft	Streumenge (t/ha)
Eichenwald	3,2 – 3,9
Fichtenwald	3,5 – 6,0
Kiefernwald	3,0 – 4,1
Lärchenwald	2,7 – 3,4

Jährlich anfallende **Streumenge** (Durchschnittswerte) für verschiedene Waldgesellschaften

Streumittel → *Stäubemittel*

Streuungstextur → *Textur*

Streuzersetzung: Abbau und Zersetzung abgestorbener organischer Substanz (→ *Waldstreu)* durch Mikroorganismen und Kleintiere des Bodens. Die Geschwindigkeit des S. ist u.a. abhängig vom biologischen Bodenzustand und verlangsamt sich mit zunehmendem → *C/N-Verhältnis;* Streu mit viel saurem, wenig basenreichem Material und mit relativ abbauresistenten Stoffen (Phenole, → *Harze,* → *Gerbstoffe,* → *Lignin)* wird nur schlecht, basenreiches Streumaterial hingegen rasch abgebaut.

sehr rasch	Holunder 12, Ulme 23-25, Erle 16-19, Robinie 16
mäßig rasch	Esche 24, Pappel 24, Hainbuche 27, Hasel 28
mittel	Linde 37, Thuja plicata 67, Bergahorn 51, Spitzahorn 56, Weide 37
langsam	Traubeneiche 40, Stieleiche 53, Buche 45,
mäßig langsam	Douglasie 77, Fichte 48
sehr langsam	Kiefer 65, Lärche 77

Ablauf der **Streuzersetzung** und C/N-Verhältnis von Bäumen (nach Wittig 1961)

Strobe →*Pinus strobus*

Strobenrost → *Cronartium ribicola*

Strobilus → *Zapfen*

Stroma: (bei Pilzen): Plectenchymatischer, sklerotisierter Mycelkörper, in dem sich Fruchtkörper bilden. Stellt einen Sammelfruchtkörper dar; z.B. bei → *Phacidiales.*

Stroma-Thylakoide → *Chloroplasten*

Strophiole: Am Funiculus inserierter, zum → *Elaiosom* umgebildeter → *Arillus* (Bsp. Chelidonium). Dient i.d.R. zur myrmecochoren Samenverbreitung.

Strukturgen: Gen, das die Synthese der Aminosäuren codiert, im Ggs. zu Kontrollgenen, die Funktionen wie Beginn und Ende der Synthese steuern (Terminatoren, Initiatoren).

Strychnos → *Loganiaceae*

Stubben: (syn.: Stock, Wurzelstock): Rest des Stammes und Grobwurzelsystemes nach dem Fällen eines Baumes.

Stühbusch: norddt. für → *Niederwald*

Sturmbruch: Entsteht, wenn der Sturmdruck die Biegefestigkeit des Stammes überschreitet und der Schaft bricht. Je nach Umfang spricht man von Einzel-, Nester-, Gassen- und Flächenbruch. S. kann als Schaft- oder Wipfelbruch auftreten. Gefährdete Arten: Ki, Fi, Er, Es.

Sturmschäden → *Sturmbruch,* → *Sturmschub,* → *Sturmwurf*

Sturmschub: Durch Sturm verursachte Lockerung der Wurzeln, verbunden mit dauerhafter Neigung des ansonsten unverletzten Stammes.

Sturmwurf (syn.: Windwurf): Ausheben eines Baumes mit dem Wurzelsystem durch Sturmeinwirkung. Oft bei wasserdurchträngtem Oberboden. Gefährdet sind bes. die flachwurzelnde Fi, gefolgt von Ta, Dougl, Ki, Lä. Bei Lh in absteigender Reihenfolge Bu, Bi, As, HBu, Ah, Es, Ul, Li, Ei.

Sturmbruch

Stylus → *Stempel*

Styracaceae: Storaxgewächse. Familie der → *Ebenales* mit ca. 150 Arten. Sträucher und Bäume mit aromatischen Harzen und weichem Holz. Verbreitet in SO-Nordamerika, S-Amerika, O-Asien, Mittelmeergebiet. Blätter wechselständig, ohne Nebenblätter. Blütenformel: * K (4-5) [C (4-7) A 4-7] G (3-5); Gynoeceum ober- oder unterständig. Blüten in Trauben oder Rispen. Kapseln, Nüsse oder Steinfrüchte. Samenanlagen bitegmisch (Halesia: unitegmisch). Samen mit Endosperm. Styrax officinale (Storaxbaum): ostmediterran. Schon im Altertum wegen des Räucherharzes genutzt. Halesia (Schneeglöckchenbaum): Bis 15 m hoch. 3 Arten aus dem östl. N-Amerika (H. carolina, H. diptera, H. monticola). In M-Eur. winterhart. Zierwert wegen der weißen glockenförmigen Blüten.

Styrax → *Liquidambar styraciflua*

Styrax liquidus → *Liquidambar orientalis*

Sub top dying: Ab 1946 in GB und von 1973–77 in DK und S auftretende Erkrankung zumeist jüngerer Fi-Bestände vornehmlich außerhalb des nat. Areals von Picea abies. Kennzeichen: Starke Nadelverluste unterhalb der Kronenspitze; obere und untere Kronenteile bleiben länger grün. Sekundärschäden durch Borkenkäfer, Nadelpilze und Armillaria. Zahlreiche Abgänge. Als Ursache werden trockene Sommer und milde Winter diskutiert, die auf physiol. flachgründigen Böden zu hoher Feinwurzelmortalität im oberen Humushorizont führen.

Subalpine Fir → *Abies lasiocarpa*

subalpine Stufe: Höhenstufe der Vegetation. → *Vegetationsstufen.*

subarktische Zeit (Späteiszeit, Spätglazial): → *Holozän*

Subassoziation → *Vegetationsgliederung, floristische*

Subatlantikum (Nachwärmezeit): Stufe des → *Holozän.*

Subboreal (späte Wärmezeit): Stufe des → *Holozän.*

Subdiözie: Polygame Geschlechterverteilung. Übergangsformen zwischen Monözie und Diözie. Neben den Blüten des dominierenden Geschlechts treten auch zwittrige Blüten und Blüten des anderen Geschlechts auf. Man unterscheidet Gynodiözie (weibliche und zwittrige Blüten auf einem Individuum), Androdiözie (männliche und zwittrige Blüten auf einem Individuum, z.B. Bergahorn), Triözie (männliche, weibliche und zwittrige Blüten auf einem Individuum). Sämtliche Übergangsformen der polygamen Geschlechterverteilung kommen bei Esche vor.

Suberin: Hochpolymere Ester langkettiger Fett- und Oxyfettsäuren (z.B. → *Phellonsäure* und → *Phellogensäure).* S. wird in Form wasserundurchlässiger Lamellen den sekundären Verdickungsschichten der Zellwand aufgelagert. Dünne S.-lamellen befinden sich z.B. auf Radial- und Antiklinalwänden der → *Bündelscheide,* oder im → *Caspary-Streifen* der Wurzel. Auflagerung einer Suberinlamelle auf Zellwände kann eine Antwort auf Wundreiz sein. Dickere, mit Wachsschichten abwechselnde Lamellen bilden die verkorkte Zellwand im Phellem (→ *Periderm).* Bei der Verkorkung bleiben die Tüpfelkanäle zunächst erhalten. Erst nach Bildung der → *Tertiärwand* werden sie mit Suberin abgedichtet.

subkontinental → *Ozeanität*

submeridional → *Florenzonen*

submontane Stufe: Höhenstufe der Vegetation. → *Vegetationsstufen.*

subnivale Stufe: Höhenstufe der Vegetation. → *Vegetationsstufen.*

subozeanisch → *Ozeanität*

subtropisch → *Florenzonen*

Sudetenlärche → *Larix decidua*

Südbuche → *Nothofagus*

Süßgräser → *Poales*

Süßkirsche → *Prunus avium*

Sugar Pine → *Pinus lambertiana*

Sugarberry → *Celtis laevigata*

Suillus: Schmierröhrlinge. Zur Ordnung der Boletales (→ *Basidiomycetes)* gehörende Röhrenpilze; fast alle Arten der Gattung S. sind streng baumgebundene (obligate) Mykorrhizabildner. → *Mykorrhizapilze.*

Sukkulente: Pflanzen mit meist deutlichen → *xeromorphen* Baumerkmalen und saftig-fleischigem, großzelligem Wasserspeichergewebe. Eu-S. speichern Wasser während Regenzeiten und geben es während Dürrezeiten nur sehr langsam ab. Bis auf wenige Hauptwurzeln geben sie dann ihr flachstreichendes Wurzelwerk auf und kapseln sich so gegen den völlig trockenen Boden ab. Je nach Lage der Wasserspeichergewebe in der Pflanze unterscheidet man Blatt-S. (z.B. Crassulaceen, Agavaceen, Mesembryanthemaceen), Stamm-S. (z.B. Pachypodium, Adansonia [Baobab] und Cactaceae, Euphorbiaceae) und Wurzel-S, (z.B. Pelargonium und Oxalis). Halo-S. sind → *Halophyten,* deren Sukkulenz auf die »physiologische Trockenheit« ihrer Standorte zurückzuführen ist. Eine physiologische Besonderheit vieler S. ist der Crassulaceen-Säurestoffwechsel (CAM).

sukzedan → *Zellteilung*

Sukzession: Aufeinanderfolgen einzelner Pflanzengesellschaften. Entsprechende Vegetationsveränderungen gehen mit Veränderungen der Standortbedingungen einher. Sie können ihre Ursache außerhalb der Pflanzengemeinschaft haben, z. B. durch Grundwasserabsenkungen (allogene S.) oder von der Gesellschaft selbst verursacht werden, z. B. Hochmoorbildung durch Anhäufung von Torf (autogene S.). Die Neubesiedlung von ursprünglich freien Flächen (z. B. Gletschermoränen) bezeichnet man als primäre, die von gestörten Flächen (z. B. Kahlschlägen) als sekundäre S..

Sulfat (So_4^{2-}) → *Schwefel*

Sulfonamide: Wirkstoffe mit bakterizider Wirkung. Hemmen die Enzymregulation bei Bakterien.

Sumac(h) → *Rhus*

Sumach, Provencalischer → *Sapindales*

Sumachgewächse → *Anacardiaceae*

Sumpfeiche → *Quercus palustris*

Sumpfporst → *Ledum*

Sumpfzypresse → *Taxodium distichum*

Suppressor: Gen, das die Auswirkung eines mutierten Gens aufhebt.

Suspension (Aufschwemmung): Homogene Verteilung kleinster, fester Teilchen in einer Flüssigkeit. Beispiele aus der forstl. Pathologie: Biozide im Forstschutz; Aufschwemmung von Pilzsporen oder Bakterien in Wassertropfen als künstl. oder nat. Inokulum.

Suspensor: → *Proembryo*

Swamp Cedar → *Chamaecyparis thyoides*

Sweetgum → *Liquidambar styraciflua*

Swietenia → *Meliaceae*

Sycamore → *Platanus*

Sydowia polyspora → *Sclerophoma pithyophila*

Syllepsis: Entstehung von Seitentrieben während des Längenwachstums der Mutterachse. Sylleptische Triebe (syn. Bereicherungszweige) durchlaufen kein Knospenstadium; an ihrer Triebbasis fehlen daher Knospenschuppennarben; S. tritt, soweit bekannt, bei Jungpflanzen aller heimischen Holzarten auf, ist genetisch fixiert und gilt als Zeichen für hohe Wuchskraft (→ *Prolepsis).*

Symbiose: Enges räumliches Zusammenleben zweier Organismen unterschiedl. systematischer Stellung, woraus beide Symbionten Nutzen ziehen. Beispiele: Mykorrhiza; Actinomyceten-Symbiose bei Alnus (→ *Actinorhiza);* Rhizobien-Symbiose mit Fabaceae.

Symmetrie (-lehre): Allg: regelmäßige Wiederholung gleicher oder ähnlicher Bauglieder. Bezogen auf Pfl. oder Pfl.teile unterscheidet man:
longitudinale S.: Wiederholung gleichartiger Abschnitte in Längsrichtung; laterale S.: Wiederholung gleichartiger Abschnitte in Querrichtung. Polysymmetrie (radiäre oder multilaterale S., Aktinomorphie): Durch die Hauptachse eines Organes/Pfl.teiles können mehr als 2 einander gleichwertige Spiegelebenen gelegt werden (1); Disymmetrie (bilaterale S., Bilateralität): durch die Hauptachse eines Organs/Pfl.teiles können 2 sich kreuzende Spiegelebenen gelegt werden (2). Monosymmetrie (dorsiventrale S., Dorsiventralität): Ober- und Unterseite eines Organs/Pfl.teiles sind verschieden gestaltet; es ist nur eine Spiegelebene vorhanden; Förderung der Unterseite wird als Hypotonie, der Oberseite als Epitonie bezeichnet (3).

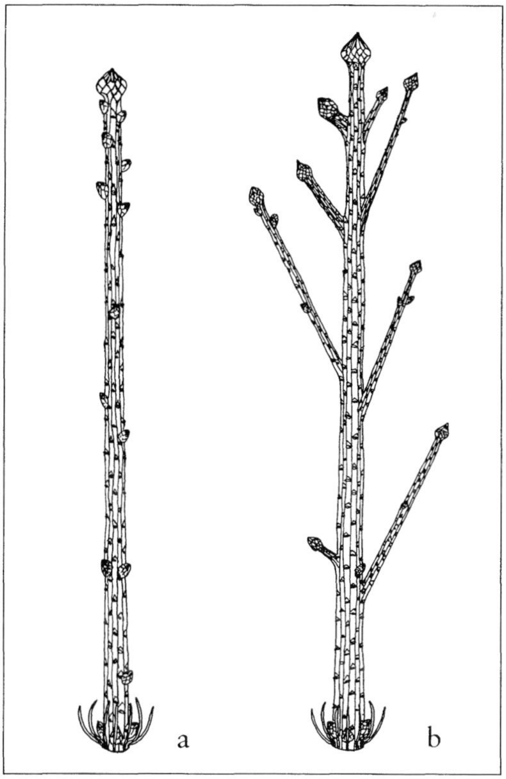

Einjähriger Terminaltrieb von Fichte: *a* ohne, *b* mit deutl. **Syllepsis**

Sympatrie: Vorkommen von zwei oder mehreren nahe verwandten Arten oder Unterarten in demselben geographischen Gebiet. Ggs. → *Allopatrie.*

Sympetalae → *Asteridae*

Sympetalie → *Krone*

Symphoricarpos albus (L.) S.F. BLAKE, Schneebeere (engl.: Snowberry): Sommergrüner, 1,5 – 2 m hoher, aus dem östl. N-Amerika stammender Strauch mit unterirdischen Ausläufern. Zu den → *Carpifoliaceae* gehö-

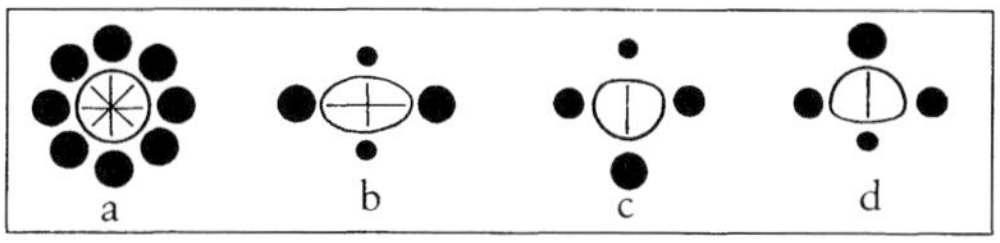

Laterale **Symmetrie**: *a* Polysymmetrie, *b* Disymmetrie, *c* Monosymmetrie, Hypotonie, *d* Monosymmetrie, Epitonie

rend. Kennzeichen: Blätter eiförmig-elliptisch bis rundlich. Blüten in end- oder achselständigen Ähren oder Büscheln. Weiße, kugelige Steinfrucht (Name!). Beeren saponinhaltig, giftig. Bei intensivem Berühren sollen Hautreizungen aufgetreten sein. In Eur. fast ausschließlich die Varietät »laevigata« in Gärten und Anlagen kultiviert; oft verwildert.

Symphyse → *Wurzelfusion*

Symplast: Gesamtheit der über → *Plasmodesmen* miteinander verbundenen → *Protoplasten* einer Pflanze. Verbund aller lebenden Zellbestandteile. → *Apoplast.*

Sympodium → *Verzweigungssystem, sympodiales*

Symptomatologie: Wissenschaft von den Schadens- und Krankheitssymptomen. Wichtiger Bestandteil der → *Diagnostik.*

Symptome: Äußerlich sichtbare, krankhafte Veränderungen, die durch abiotische Ereignisse sowie durch tierische, pflanzliche und mikrobielle Schaderreger ausgelöst werden, stets aber mit cytologisch-histologischen Veränderungen im mikroskopischen Bereich verbunden sind. Je nach dem Zeitpunkt ihres Auftretens während des Krankheitsverlaufes spricht man von Primär- und Sekundär- oder von Früh- und Spätsymptomen. Akute S. erscheinen plötzlich nach einem heftigen Schadereignis und sind meist deutlich ausgeprägt. Im Gegensatz dazu entwickeln sich chronische S. allmählich und bleiben lange erhalten. Lokale S. bleiben auf den Ort des Angriffs beschränkt, systemische S. erscheinen am gesamten Organismus.
Die Zahl der überhaupt möglichen Symptome ist bei Pflanzen viel geringer als die Zahl der Schadens- und Krankheitsursachen. Im Prinzip bleiben sie auf folgende Reaktionen beschränkt: Vergilbung, Bräunung (Nekrosen, partiell oder total), andere Verfärbungen, Fleckungen (Mottling), Welken, Vertrocknen, Verformungen, Abstoßen von Blättern, Zweigen oder Wurzeln, Hypertrophien (→ *Hexenbesen,* Baumkrebse).

Synangium: Mehrere, zu einer Einheit verwachsene Meiosporangien; z.B. bei → *Psilotatae.*

Synapsis: Chromosomenkonjugation. Paarungsprozeß homologer Chromosomen während des Zygotäns in der Meiose. Einander entsprechende Gene der Chromosomen liegen dabei nebeneinander. Durch → *Crossing over* kann es dabei zum Austausch von Erbinformation kommen.

Syndrom: Komplex von Krankheits- oder Schadenssymptomen, die zu einem gemeinsamen Schadensereignis gehören.

Synergiden: Zwei Hilfszellen im Embryosack als Bestandteil des → *Eiapparates.* Sie erfüllen wesentliche Funktionen bei der Öffnung des Pollenschlauches und bei Weitertransport der Spermazelle zur Eizelle. Dabei kollabiert der Synergidenkern.

Synergismus: Erhöhung der Effektivität durch das Zusammenwirken mehrerer Substanzen oder Einflüsse, wobei die Gesamtwirkung stärker ist als die Summe der Einzelwirkungen. Selbst in sehr geringen Konzentrationen oder zwischen schwach wirksamen Einzelkomponenten auftretend. Beispiele:
$SO_2 + NO_2 + O_3$ richtet oft stärkeren Schaden an als die Einzelkomponenten in gleicher Konzentration; die insektizide Wirkung der Pyrethroide wird durch Zusatz von Synergisten (z.B. Sesamid) erheblich gesteigert; Kombinationspräparate von Herbiziden nutzen den Wirkungssynergismus einiger für sich allein wenig effektiver Zusätze (z.B. Morphaktine und Phenoxyessigsäure).

syngam: Mit der Befruchtung gekoppelt.

Syngamie: Vereinigung zweier Gameten bei der sexuellen Fortpflanzung zur Zygote.

Synkarpie → *Coenokarpie*

Synkaryon: Durch Vereinigung der beiden haploiden Gametenkerne entstandener; diploider Zygotenkern.

Synkotylie: Verwachsung der beiden Keimblätter dikotyler Pfl. an der Blattbasis (häufig bei Quercus arizonica).

Synnema: Hyphenstrang aus mehreren parallelwachsenden Hyphen ohne besondere Differenzierungen. Synnemata als Traghyphen von Konidien: → *Koremium.*

Synökologie (Biozönologie, Biozönotik): Teilgebiet der Ökologie, das die Gesetzmäßigkeiten innerhalb ganzer Lebensgemeinschaften und deren Wechselbeziehungen zur Lebensstätte untersucht. Ggs. → *Autökologie.* → *Ökologische Regeln.*

Synonyme: Zweite und weitere wissenschaftliche Namensbezeichnung für dieselbe Art. Entsprechend der Prioritätsregel ist nur der älteste Name gültig (gerechnet wird ab 1753), die anderen Namen werden als Synonyme (Abk. syn.) geführt. Beispiele: Pseudotsuga menziesii, syn. P. taxifolia; Abies alba, syn. A. pectinata.

Synsepalie → *Kelch*

Syntepalie → *Perigon*

Synusie: Vegetationseinheit, deren Arten einer → *Lebensform* angehören und unter einheitlichen Standortbedingungen eine einheitliche Physiognomie aufweisen (z.B. Krustenflechtenüberzüge auf Steinen, Zwergstrauchschicht oder Baumschicht in einem Nadelwald).

Synzoochorie → *Zoochorie*

Syringa L. Flieder: Gattung der → *Oleaceae.* Sommer-, selten immergrüne Sträucher oder kleine Bäume mit gegenständigen, meist ungeteilten Laubblättern. 30 Arten aus SO-Eur., Vorderasien, SO-Asien und der Mandschurei. In M- und W-Eur. eingeführt und kultiviert ist S. vulgaris L. (Flieder, Spanischer F.): Sommergrüner Strauch oder kleiner Baum (bis 10 m hoch) aus SO-Eur.. Blätter am Grund herz- bis breit keilförmig. Blüten von blau über rot bis weiß, in endständigen Rispen. Kapselfrüchte. Durch Züchtung etwa 800 Gartenformen entstanden, auch Hybriden. Vielfach verwildert. Sehr hartes Holz, gut polierbar.

Syringa vulgaris → *Syringa*

System: Ordnungsschema zur Klassifizierung aller Organismen in Gruppen (Sippen) unterschiedlicher Rangstufe (→ *Taxon).* Man unterscheidet: 1. Künstliches S.: Ordnet nach leicht erkennbaren Merkmalen, ohne auf phylogenetische Formzusammenhänge zu achten. Klassisches Beispiel: Sexualsystem von → *Linné,* in dem Pflanzen nach der Anzahl ihrer Staubblätter geordnet wurden. 2. Natürliches S.: Basiert auf phylogenetischen Verwandtschaftsbeziehungen zwischen den Organismen. Die hierbei ausgewiesenen Sippen stellen somit Abstammungsgemeinschaften dar. Heute gebräuchliches System. Die Wissenschaft, die sich mit diesem Ordnungsschema befaßt, heißt → *Systematik.*

Systematik: Teilgebiet der systematischen Botanik. Behandelt Mannigfaltigkeit der Organismen und sucht anhand von Formzusammenhängen nach verwandtschaftlichen Beziehungen zwischen den Organismen. Die eigentliche Klassifizierung wird von der → *Taxonomie* vorgenommen.

systemisch: Im System, d.h. im Inneren der Pflanze verteilt. Systemische Biozide werden über die Wurzel oder die Blätter aufgenommen und breiten sich in den Organen und Geweben aus. Analog dazu: systemische Ausbreitung eines Pathogens (z.B. Viren, Tracheomykosen).

T

t-RNA → *RNA*

TA-Luft: Technische Anleitung zur Reinhaltung der Luft. Verwaltungsvorschrift zur Genehmigung von Anlagen und für nachträgliche Anordnungen bei bestehenden, genehmigungsbedürftigen Anlagen nach dem Bundesimmissionsschutzgesetz. Die TA-Luft enthält neben Grundsätzen für die Beurteilung von Projekten und Meßvorschriften, auch Grenzwerte für Emissionen und Immissionen für Luftschadstoffe zum Schutz vor Gesundheitsgefahren und vor erheblichen Nachteilen oder Belästigungen. Die Grenzwerte sollen dem Stand der Technik entsprechen und müssen daher regelmäßig fortgeschrieben werden. Derzeit gültige Fassung: Erste Allgemeine Verwaltungsvorschrift zum Bundes-Immissionsschutzgesetz (Technische Anleitung zur Reinhaltung der Luft – TA Luft) 1. BImSchVwV- vom 27. Febr. 1986 (GMBl. S. 95), ber. 4.4.1986 (GMBl. S: 202).

Tabebuia → *Bignoniaceae*

Table Mountain Pine → *Pinus pungens*

Tacamahaca → *Populus*

Täuschblumen: Zoogame Pflanzen, die ihre Bestäuber anlocken, ohne Nahrung anzubieten.

tagneutrale Pflanzen → *Photoperiodismus*

Taphrina alni-incanae → *Taphrina amentorum*

Taphrina tosquinetti (WESTEND.) TUL.: Erreger der Kräuselkrankheit der Erle. Blattbewohnender Pilz, der an Er-Arten (u.a. A. glutinosa) Verformungen und Torsionen an Blättern und jungen Trieben hervorruft. Asci an aufgetriebenen Partien der Blattober- und -unterseite.

Taiga: (1) Nordosteuropäisch-sibirische Nadelwaldzone, mehr als die Hälfte der Gesamtfläche aller Nadelwälder der Erde umfassend. Der größte Teil stockt auf Dauerfrostböden; Boden daher im Sommer sumpfig (sibir. Sumpftaiga). Die Wälder sind artenarm und über weite Flächen einheitlich zusammengesetzt (hpts. aus Picea obovata, Larix sibirica, L. gmelinii, Abies sibirica, Pinus sylvestris s.l., dazwischen Arten der Gattungen Betula, Populus, Alnus und Salix. Neben großen Waldflächen sind auch natürliche Wiesen für die T. typisch. (2) Allg. für eine urwaldartige Nadelwaldformation.

Taiwania HAYATA Taiwanie: Gattung der → *Taxodiaceae* mit nur einer auf Taiwan und in SW-China verbreiteten, sehr stattlichen, der jap. Sicheltanne ähnlichen, immergrünen Art: T. cryptomerioides. Höhe bis 50 m, Zapfen klein und endständig, Tsuga-ähnlich, Nadeln blaugrün.

Talauma → *Magnoliaceae*

Tamarack → *Larix laricina*

Tamaricaceae: Tamariskengewächse. Familie der → *Violales*. Überwiegend schuppenblättrige Sträucher arider Gebiete. Blütenformel * K5 C5 A 5+0 G (3). Wichtige Gattungen: → *Tamarix*, → *Myricaria*.

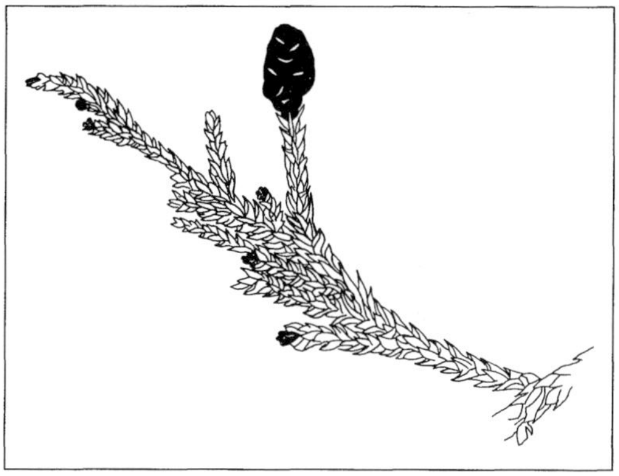

Taiwania cryptomeriodes: benadelter Zweig mit weibl. Blüten und Zapfen (2/3 nat. Gr.)

Tamariske → *Tamarix*

Tamariskengewächse → *Tamaricaceae*

Tamarix L. Tamariske: Gattung der → *Tamaricaceae* mit 54 sommergrünen Strauch- oder Baumarten, vorwiegend Steppen- und Wüstenbewohner vom Mittelmeergebiet bis O-Asien. Oft Erstbesiedler von Salzwüsten. Die schuppenförmigen Blätter scheiden aus eingesenkten Drüsen Salz ab. In wärmeren Gebieten M-Eur. werden sie als Zierpflanzen angebaut. T. gallica L. Französische Tamariske: Westmediterrane, strauch- bis baumförmige Pflanze an Küsten und in Auen von Halbwüsten. Ihr Holz liefert Tabakspfeifenrohre, die Rinde Gerbstoffe. T. parviflora DC. Kleinblütige Tamariske: Mediterraner Strauch oder kleiner Baum. In Griechenland häufig als Heckenpflanze. T. chinensis LOUR., (syn.: T. pentandra PALL., T. ramosissima LEDEB., T. odessana STEV. ex BUNGE) Fünfmännige Tamariske: Strauch oder kleiner Baum; im Alter purpurrot gefärbte Zweige. Vom Balkan bis China. T. tetrandra PALL. ex M. B. emend. WILLD. Viermännige Tamariske: Aus dem nordöstlichen Mittelmeerraum.

Tang → *Phycophyta*

Tanne → *Abies*

Tanne, Bulgarische → *Abies borisii-regis*

Tanne, Cilicische → *Abies cilicica*

Tanne, Griechische → *Abies cephalonica*

Tanne, Heilige → *Abies religiosa*

Tanne, Mandschurische → *Tannenarten, chinesische*

Tanne, Numidische → *Abies numidica*

Tanne, Ostsibirische → *Tannenarten, chinesische*

Tanne, Schuppenrindige → *Tannenarten, chinesische*

Tanne, Sibirische → *Abies sibirica*

Tanne, Spanische → *Abies pinsapo*

Tanne, Türkische → *Abies bornmuelleriana*

Tannen-Feuerschwamm → *Phellinus hartigii*

Tannen-Ritzenschorf → *Hypodermella nervisequia*

Tannen-Tramete → *Hirschioporus abietinus*

Tannenarten, chinesische: Anders als die bei uns seit langem kultivierten japanischen Tannen, sind die auf dem ostasiatischen Festland beheimateten Abies-Arten in der europ. Forstwirtschaft und im Gartenbau weitgehend unbekannt. Schuld daran tragen neben Sprachbarrieren und der Unzugänglichkeit ostasiatischer Wälder auch negative Ergebnisse erster spärlicher Anbauversuche. Chinesische Tannenarten scheinen generell wegen abweichender Klimabedingungen (insbes. Winterkälte und Spätfröste) in Eur. gefährdet zu sein.
In Mittel- und Südwestchina mit recht mildem, niederschlagsreichem Klima (1 000 – 2 000 mm/a, gleichmäßig über die Veg.periode verteilt): Abies chensiensis VAN TIEGH.; Schensi-Tanne: Heimat SW China (25°30' bis 39°45'N; 2 100 – 3 500 m Höhenlage). Bis 70 m hoch und 2 m stark; standorttolerant, auch auf Kalk. Wirtschaftl. bedeutend. Morphologie ähnlich A. firma, aber gelbgraue, junge Triebe und Zapfen mit versteckten Deckschuppen. Abies delavayi (VAN TIEGH.) FRANCH. Yunnan-Tanne: Hochgebirgstanne (3 000 – 4 300 m) mit weiter Verbreitung (Tibet – Sikang – Szechuan); max. 40 m hoch, 1,5 m stark. Angepaßt an lange, kalte Winter und kurze, kühle Sommer. Niederschläge ca. 2 000 mm. Oft in Reinbeständen. Abies fargesii FRANCH. Farges Tanne: Tanne Zentralchinas in Höhenlagen zwischen 2 000 und 3 900 m. Bis 40 m hoch und fast 2 m stark. Man unterscheidet mehrere Varietäten [fargesii, faxoniana (andere Nadel-, Trieb- und Zapfenmorphologie); sutchuensis (andere Nadelform)]. Abies recurvata MAST. Min-Tanne: Kleines Areal im westl. Szuchuan in Höhenlagen zwischen 2 300 und 3 600 m. Auf podsolierten Böden. Bis 40 m hoch und 1,5 m stark. Kennzeichen: sehr kurze, stark zurückgebogene Nadeln. Abies squamata MAST. Schuppenrindige Tanne: Bis 40 m hoher Baum in Gebirgslagen SW Chinas (3 000 – 4 700 m). Kennzeichen: rotbraune, sich in dünnen Schuppen ablösende Rinde. Auf Taiwan nur eine endemische Tannenart: Abies kawakami (HAY.) ITO Formosa-Tanne: Baum mittlerer Wuchskraft (max. 20 m Höhe) in Lagen zwischen 2 400 und 3 800 m im mittl. und nördl. Teil der Insel. Subtropisches Klima. Nicht winterhart in M-Eur..
In Nordchina, SO-Mandschurei, N-Korea, eine gebirgige Region mit strengen Wintern und regenreichen Sommern: Abies holophylla MAXIM. Mandschurische Tanne, Nadel-Tanne: Stattlicher, bis 50 m hoher, rel. häufiger Baum flacher Lagen (<1 300 m) zwischen 33°30' und 49°N. Angepaßt an kontinentale Klimabedingungen; oft auf Granit- und Gneis-Verwitterungsböden. Winterhart in M-Eur., dennoch sehr selten. Kennzeichen: scharf zugespitzte, gescheitelte Nadeln. Abies nephrolepis (TRAUTV.) MAXIM. Ostsibirische Tanne: Auch als Varietät von A. sibirica angesehen. Kommt von O-Sibirien über die Mandschurei bis nach S-Korea vor (54°45' bis 35°20'N). Baum der flachen Lagen, max. 35 m hoch und 1 m stark. Oft in Mischung mit Pinus koraiensis und Picea jezoensis. Kennzeichen: Zapfen mit nierenförmigen Schuppen. Ansonsten Ähnlichkeit mit A. sibirica, aber auch mit A. koreana und A. sachalinensis.

Tannenarten, mittelamerikanische: Außer der in weiten Teilen Mexikos und im nördl. Guatemala vorkommenden → *Abies religiosa* sowie der bis nach N-Mexiko reichenden → *A. concolor* sind 4 weitere Abies-Arten in Mexiko oder Guatemala heimisch. Sie alle sind in Europa nicht winterhart und weitgehend unbekannt. Ihre Nomenklatur war häufigen Änderungen unterworfen. – A. durangensis MART.: Kleines Areal in unzugänglichen Lagen N- und NW-Mexikos, 1 600 – 3 000 m ü.NN, max. Höhe 40 m. A. guatemalensis REHD.: Areal von 14°49' bis 19°35'N und 91 – 104°W. In Mexiko zwischen 2 800 und 3 200, in Guatemala von 3 300 – 3 700 m. Höhe max. 35 m. A. hickeli FLOUS et GAUS: Kleines Areal in höheren Gebirgslagen Mexikos (bis 3 000 m). Max. 30 m hoch. A. vejari MART.: Kleines Areal in mexik. Gebirgen zwischen 2 800 und 3 350 m. Max. 40 m hoch und 0,5 m stark. Man unterscheidet die Varietäten vejari und mexicana.

Tannenblättling → *Gloeophyllum abietinum*

Tannenhexenbesen → *Melampsorella caryophyllacearum*

Tannenhonig → *Honigtau*

Tannenkrebs → *Melampsorella caryophyllacearum*

Tannenmistel → *Viscum album*

Tannennadelbräune → *Herpotrichia parasitica*

Tannenschütte → *Hypodermella nervisequia*

Tannensterben: Wirtschaftl. bedeutende, seit ca. 200 Jahren hauptsächl. im nördl. Teil des Areals periodisch wiederkehrende → *Komplexkrankheit* von Abies alba. Primärursache unbekannt. Schäden beginnen bei den ältesten Bäumen und gehen im Laufe einer Befallsperiode (10 – 15 Jahre) auf jüngere Altersklassen über. Kein Bezug zu Boden und Klima. Örtlich ist das Überleben der Art gefährdet. Symptome: 1. Entnadelung der Krone von unten nach oben und von innen nach außen. 2. Frühzeitige Ausbildung einer Storchennestkrone. (→ *Abies alba*). 3. Verbleiben einer normal benadelten Kronenspitze (1 – 1,5 m Länge). 4. Pathologischer → *Naßkern* (dunkelbraun, unregelmäßig geformt, übelriechend) in Wurzeln und Stammbasis. 5. Hohe Feinwurzelmortalität und Schäden an Mykorrhiza.
Krankheitsablauf bekannt, ebenso Todesursache: gestörte Wasserversorgung durch ausufernden, von Bakterien besiedelten path. Naßkern und Hallimaschbefall. Ältere Ursachenhypothesen (Hallimasch, waldbauliche Behandlung, Ta-Triebläuse, Immissionen, Dürreperioden) nicht zu verifizieren. Auch Versauerungsschübe im durchwurzelten Bodenbereich nach Dürre und durch saure Niederschläge als Ursache nicht belegt. Aufgrund

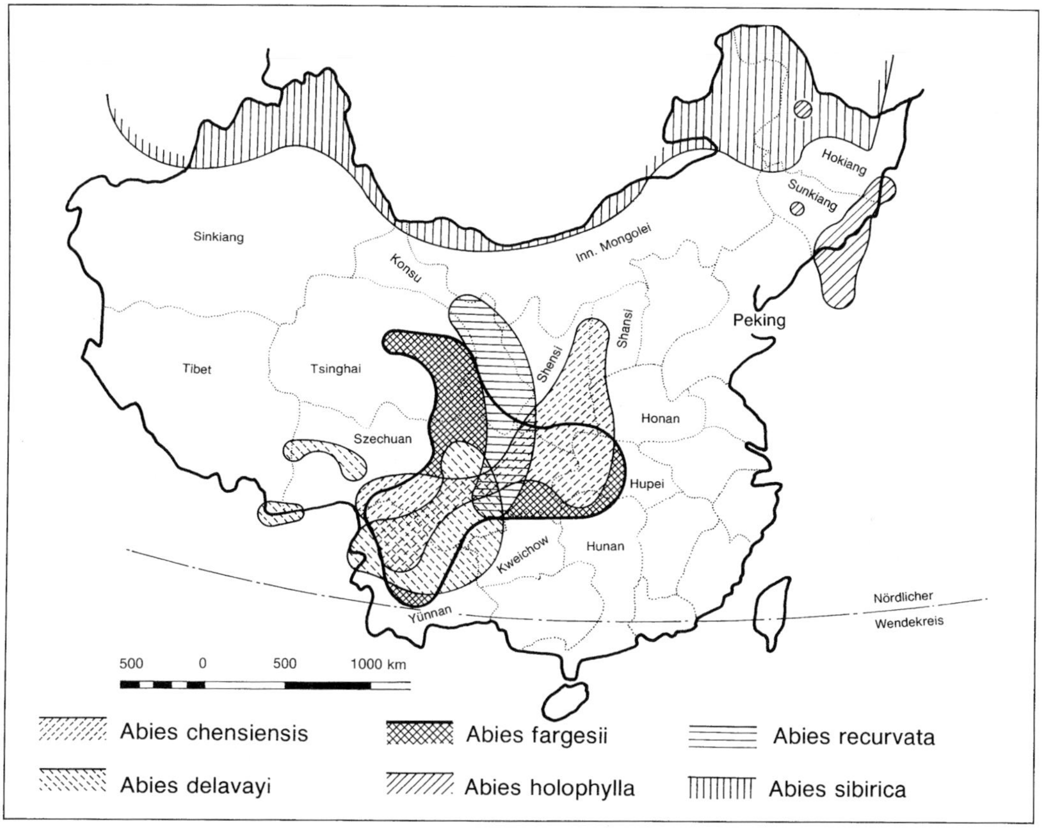

Areale **chinesischer Tannenarten** (Skizze nach verschiedenen Literaturangaben)

weitgehender Resistenz kalabrischer Herkünfte wird derzeit eine Genverarmung mitteleurop. Ta-Populationen während ihrer Rückwanderung aus eiszeitlichen Refugien in Italien als Komponente des T. diskutiert und experimentell geprüft (Abb. S. 510).

Tannenwälder: Überwiegend aus Ta bestehende Wälder mit schwieriger pflanzensoziologischer Zuordnung. Floristische Verwandtschaftsbeziehungen bestehen zum → *Nadelwald* wie zum → *Laubwald.* Reine T. sind selten und kommen nur dort vor, wo die Bu im Wettbewerb behindert ist. Das geschieht in planarer und colliner Höhenlage mit subkontinentalem Klima, in montanem bis subalpinem, niederschlagsreichem Klima auf tonigen oder kalkarmen Böden und auf staunassen, sauren Böden in niederschlagsreichem Submontan- oder Montanklima. In den ersten beiden Fällen erfolgt eine Zuordnung zum → *Fagion sylvaticae,* im letzten Fall zum → *Vaccinio-Piceion.* Typisch für T. sind Rohhumuszeiger wie Vaccinium myrtillus, Luzula sylvatica und Maianthemum bifolium und eine üppige Moosschicht. Auf reicherem Boden daneben noch typische Fagetalia-Arten wie Sanicula europaea, Carex sylvatica und Lamium galeobdolon. Als Charakterarten kommen jedoch nur die Ta selbst und Galium rotundifolium in Betracht.

Tannine → *Gerbstoffe,* → *Phenolcarbonsäuren*

Taphrina: Gattung der Protascales (Fam. Taphrinaceae) mit ca. 100 ausschließlich phytopathogenen Arten, die durch Beeinflussung des Wuchsstoffhaushaltes Wucherungen des Wirtsgewebes (→ *Gallen,* → *Hexenbesen)* hervorrufen. Asci stehen frei an der Oberfläche des besiedelten Wirtes. Sprossung der Ascosporen im Ascus. Eine gewisse Bedeutung kommt folgenden nicht-forstl. T.-Arten zu: T. deformans TUL. Pfirsichkräuselkrankheit. Blattfall nach starken Deformationen und Auftreibungen, weltweit verbreitet. T. cerasi (FUCKEL) SADEB. Blattkräuselung und Hexenbesen an Kirsche. Verursacht Störungen der Blütenbildung und des Fruchtansatzes. T. pruni TUL. Narrentaschen an Pflaume (Fruchtgallen). Früchte werden gelbgrün und runzelig, sterben ab. Wenig bedeutend, auch an Prunus padus. Ausschließlich im Wald vorkommende T.-Arten werden separat abgehandelt.

Taphrina amentorum (SADEB.) ROSTRUP (syn.: T. alni-incanae [KÜHN.] SADEB.): Erreger der »Kätzchenkrankheit« an Erlen, insbes. bei A. incana, aber auch an A. glutinosa, A. hirsuta, A. rubra. Infiziert werden einzelne Schuppenblätter an weibl. Kätzchen die sich lappig verformen, stark vergrößern und dunkelrot verfärben. Die Asci bedecken die Oberfläche der Schuppe (Abb. S. 510).

a

b

Tannensterben: *a* im nördl. Apennin, 1985, *b* pathologischer Naßkern

Taphrina amentorum an Erle

Taphrina betulina an Birke

Taphrina populina

Taphrina aurea → *Taphrina populina*

Taphrina betulina ROSTR. (syn.: T. turgida SADEB.): Erreger des in M- und NW-Europa sehr häufigen Birken-Hexenbesens. Wirtschaftl. ohne Bedeutung. Betula pubescens ist deutlich anfälliger als B. pendula. Der Pilz überdauert viele Jahre in dem befallenen Gewebe. Asci erscheinen an den Unterseiten der Hexenbesen-Blätter. Weiteres Kennzeichen: Die Basis der befallenen Triebe schwillt an.

Taphrina caerulescens (MONT. et DESM.) TUL.: Erreger von Blattflecken und -deformationen an ca. 50 europ. (Q. petraea, Q. robur), asiatischen und amerik. Ei-Arten. Mycel überwintert unter Knospenschuppen, Blastosporen infizieren junge Blätter. Wirtschaftl. bedeutend im SO der USA, insbes. an Q. rubra und Q. nigra. Als resistent gelten Q. phellos, Q. stellata, Q. palustris. In M-Eur. selten.

Taphrina carpini (ROSTR.) JOHANS.: Erreger eines Hexenbesens an Hainbuche. Asci erscheinen als weißlicher Belag auf den fahlgrünen Blättern des Hexenbesens.

Taphrina johansonii SADEB.: Infiziert ♀ Blüten, zumeist von Populus tremula und führt zum schlauchartigen Auswachsen der befallenen Carpelle, die mit einer Schicht leuchtend gelber Asci bedeckt sind. Gelegentlich an Populus nigra var. italica, P. sieboldii, P. tremuloides. Wirtschaftl. ohne Belang.

Taphrina populina FR. (syn.: T. aurea Fr.) Erreger der Goldfleckenkrankheit der Pappel: Auffällige, aber wirtschaftl. unbedeutende Blattkrankheit an mehreren Pa-Arten (P. nigra, P. deltoides, P. x euramericana-Bastarde, P.alba). Im Frühsommer erscheinen meist auf der Blattoberseite rundliche Auftreibungen, die sich unterseits durch eine Schicht reifer Asci goldgelb verfärben. Blattfall ist die Folge. Überwinterung der Sporen unter Knospenschuppen. Infektion bei Laubausbruch.

Taphrina turgida → *Taphrina betulina*

Taphrinales: Stark abgeleitete Ordnung der → *Ascomycetes* (→ *Unitunicatae-Operculatae*). Haplophase saprophytisch als → *Sproßmycel,* Dikaryophase infektiös und parasitisch. Verursachen Hexenbesen und Kräuselkrankheiten. Forstlich wichtig: → *Taphrina.*

Tataren-Heckenkirsche → *Lonicera tatarica*

Tatralärche → *Larix decidua*

Taubenbaum → *Davidia*

Taubheit: Keimunfähigkeit von Samen aufgrund von fehlendem → *Embryo.* Auch das Endosperm kann fehlen. → *Hohlkorn.*

Tauern-Weide → *Salix mielichhoferi*

Tausendkorngewicht: Gewicht von 1000 Stück vollausgebildeter Samen oder Früchte, die vier Tage einer konstanten Luftfeuchtigkeit von 50 % ausgesetzt waren. Man wiegt 2 x 500 oder 10 x 100 Stück. Das T. kann je nach Art von 1/100 mg (Orchidaceae) bis zu mehreren kg (Lodoiceae, Seychellen-Nuß) betragen.

Abies alba	43,5
Larix decidua	5,9
Larix kaempferi	5,9
Picea abies	7,7
Pinus cembra	252
Pinus nigra	19,2
Pinus pinea	884
Pinus strobus	20,4
Pinus sylvestris	6,3
Pseudotsuga menziesii	10,4
Acer pseudoplatanus	83,0
Acer platanoides	125,0
Alnus glutinosa	1,2
Alnus incana	0,7
Betula pendula	0,2
Betula pubescens	0,3
Carpinus betulus	33,3
Fagus sylvatica	192,0
Fraxinus excelsior	59,0
Populus alba	< 0,1
Prunus avium	194,0
Quercus robur	3 100,0
Robinia pseudoacacia	20,0
Salix pec.	< 0,1
Ulmus glabra	8,3
Tilia platyphyllos	91,0
Tilia cordata	40,0

Durchschnittliche **Tausendkorngewichte** wichtiger Wirtschaftsbaumarten (in g)

Taxaceae: Familie der Gymnospermae (Ordn. Taxales) mit 5, zumeist in Ostasien heimischen Gattungen: → *Amenotaxus* PILGER, → *Austrotaxus* COMPTON, → *Pseudotaxus* CHENG, → *Taxus* L, → *Torreya* ARN.. Bäume oder Sträucher mit meist nadelförmigen Blättern. ♀ Blüten an Seitentrieben, nur eine endständige Samenanlage, die bei Reife von einem fleischigen, dem Achsengewebe entstammenden Arillus umgeben wird. Chrom.: 2n = 24. 2 Kotyledonen.

Taxidae: Unterklasse der → *Pinatae* mit nur einer Familie: → *Taxaceae.* ♀ Blüten an der Basis mit sterilen Schuppenblättern und einer einzigen, terminalen Samenanlage. Staubblätter schildförmig mit 6 – 8 Pollensäken. Holz ohne Harzgänge. Samen mit → *Arillus.*

Taxin → *Taxus baccata*

Taxodiaceae: Gymnospermen-Familie mit 10 Gattungen, die aber nicht eng miteinander verwandt sind. Verbreitung teils in N-Amerika (Sequoia, Sequoiadendron, Taxodium), teils in Ostasien (Cryptomeria, Cunninghamia, Glyptostrobus, Metasequoia, Sciatopitys, Taiwania), teils auf Tasmanien (Athrotaxis). Blätter nadelartig, pfriemlich, schuppenförmig oder flächig, meist immergrün, bei Metasequoia, Glyptostrobus und Taxodium sommergrün. Blüten immer einhäusig, aber in Form, Stellung und Größe stark zwischen den Gattungen variierend. Keimblätter 2-9. Zapfen eignen sich gut zur Artdiagnose. Alte Exemplare der amerikanischen Arten werden – ebenso wie Cryptomeria in Japan – zu sehr hohen, ungemein massenreichen Bäumen.

Taxodium ascendens → *Taxodium distichum*

Taxodium distichum: Atemknie

Taxodium distichum (L.) L. C. RICH. Sumpfzypresse (engl.: Baldcypress) (Taxodiaceae): Ein leistungsfähiger, sommergrüner Waldbaum auf stark vernäßten Standorten und an Flußläufen des südöstlichen N-Amerika. Bis 50 m hoch, >1 000 Jahre alt. In M-Eur. heikel, weil in der Jugend frostempfindlich. Aber einige bis 25 m hohe Exemplare an Bach- und Seeufern. Geschätzter Parkbaum.
Kennzeichen: Stamm gerade, an der Basis deutlich verbreitert. Rinde erst grün, später glänzend rotbraun. Borke dünn, braun. Die zartgrünen, kurzen (<2 cm) Nadeln stehen gegenständig an Kurztrieben. Im Herbst werden sie braun und fallen incl. Kurztrieb ab. An den Langtrieben verbleiben spiralig angeordnete Schuppenblätter. T. distichum ist einhäusig. ♂ Blüten in verzweigten Ständen, ♀ Blüten in unterschiedl. Bereichen der Langtriebe. Zapfen rund, ∅ 2 – 3 cm. Chrom.: 2n = 22. Holz leicht und weich; gelbl. Splint, bräunl. Kern. Vielseitig verwendet. Oft entstehen → *falsche Jahrringe.*

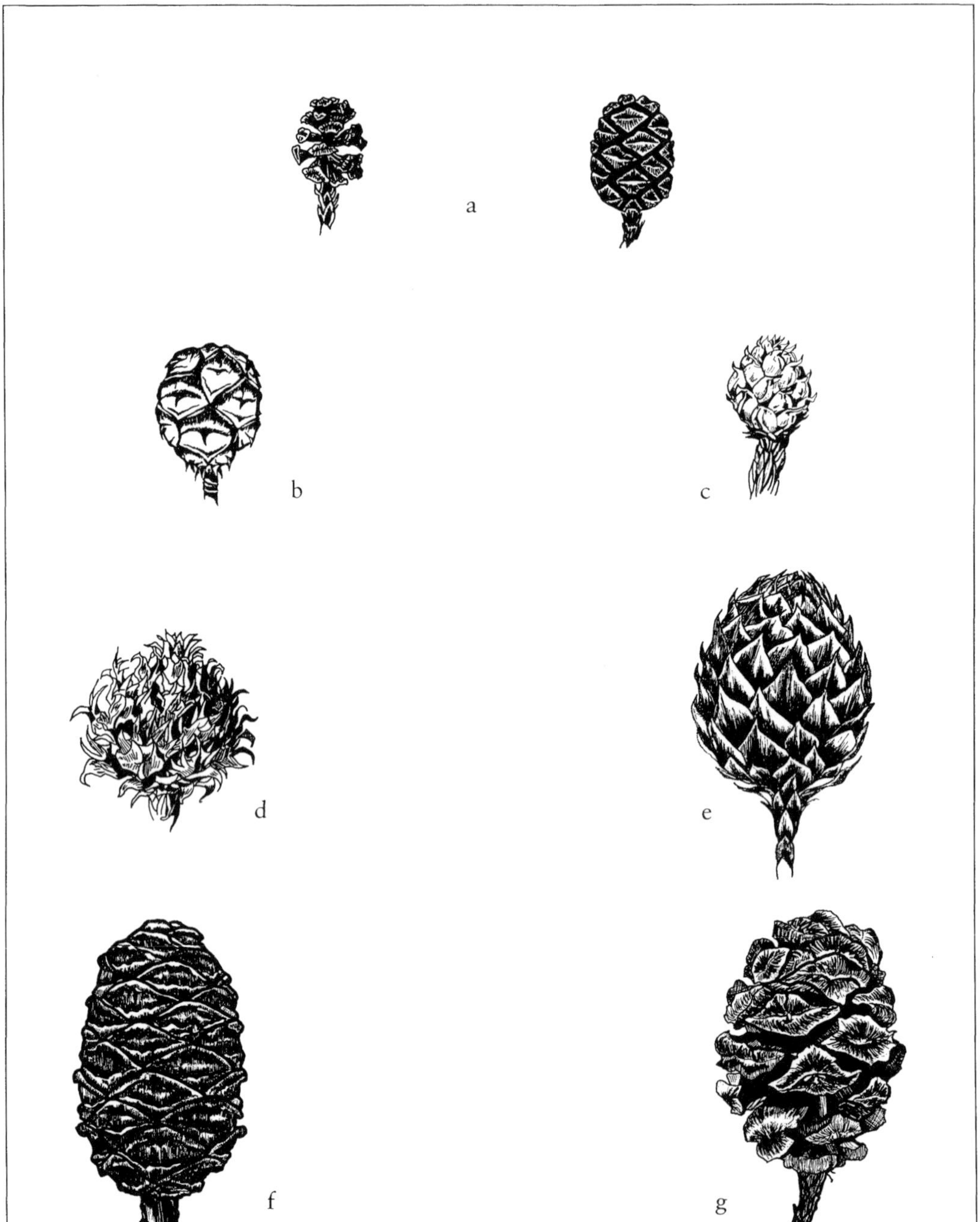

Taxodiaceen-Zapfen (3/4 nat. Gr.): *a* Sequoia sempervirens, *b* Taxodium distichum, *c* Athrotaxin selaginoides, *d* Cryptomeria japonica, *e* Cunninghamia lanceolata, *f* Sciadopithys verticillata, *g* Sequoiadendron giganteum

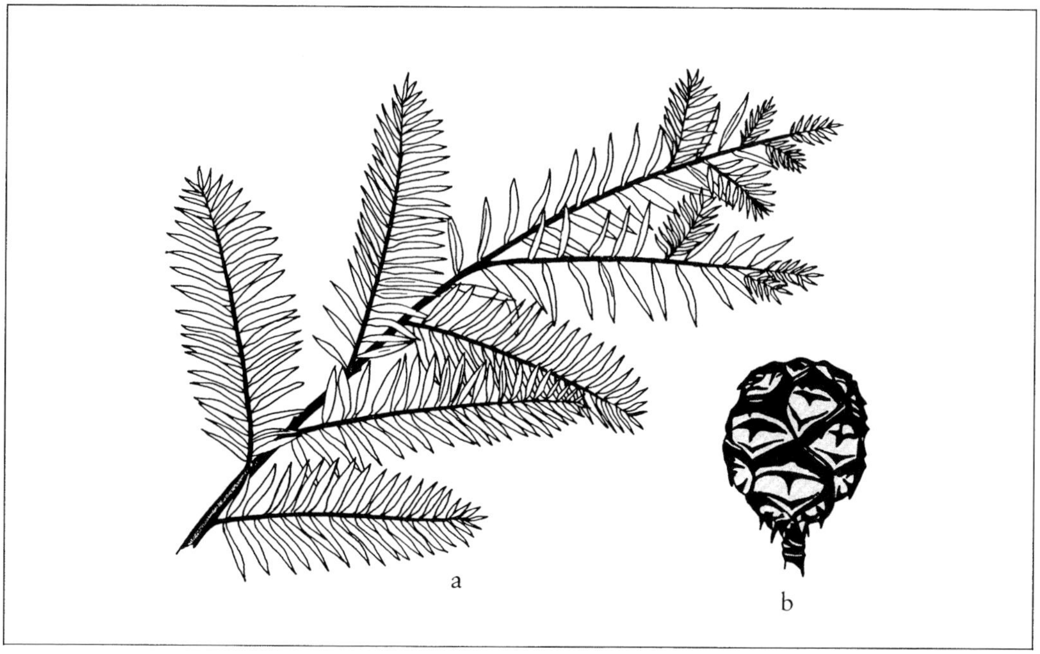

Taxodium distichum: *a* Triebspitze, *b* Zapfen

Besonderheiten: Reichliche Bildung von Stockausschlägen. Auf feuchten Standorten entstehen aus stammnahen Wurzeln sog. Atemknie (Aerenchym), bis 1,5 m hohe Auswüchse mit Luftgewebe, die die O_2-Versorgung des überfluteten Wurzelsystems verbessern sollen. Die Art wird gelegentlich in die Varietäten distichum mit abstehenden Nadeln und dicker Borke sowie nutans (syn. Taxodium ascendens BROGN.) mit fast anliegenden Nadeln und dünner Borke unterteilt.

Taxodium mucronatum TEN. Mexikanische Sumpfzypresse (engl.: Montezuma Baldcypress): Ähnlich T. distichum, aber mit abwärts gebogenen Ästen und hängenden Zweigen. Nationalbaum Mexikos. Einige besonders mächtige Exemplare (Tule, Durchm. >13 m) sind durch das Zusammenwachsen mehrerer Bäume entstanden und dürften kaum älter als 1000 Jahre sein. Nicht winterhart in M-Eur..

Taxon: Sippe. Zur Einordnung der Organismen in ein Ordnungsschema (= System) verwendete Gruppierungen unterschiedlicher Rangstufen (→ *Taxonomie*). Rangstufe charakterisiert das Verwandtschaftsverhältnis: Je umfassender das Taxon, um so weitläufiger das Verwandtschaftsverhältnis zwischen seinen Sippen. Die Rangstufe eines Taxons ist an typischen Endungen des Namens erkenntlich (Tabelle S. 516).

Taxonomie: Teilgebiet der systematischen Botanik. Behandelt Zuordnung, Klassifizierung und Abgrenzung von Sippen. Erfolgt dies aufgrund quantifizierbarer Merkmale, spricht man von numerischer T.. Biochemische Aspekte werden von der Chemotaxonomie behandelt. → *Systematik.*

Taxus L.: Gattung der → *Taxaceae* mit 10 immergrünen Baum- und Straucharten der Nordhemisphäre. Blütenverteilung meist dioezisch, reifer Samen weitgehend von fleischigem Arillus umgeben. Samenverbreitung durch Vögel, Samenreife im 1. Jahr. Chrom.: 2n = 24. Auch alte Exemplare mit schuppig abblätternder, rotbrauner Borke. Grüne Teile und Samen giftig durch Alkaloid Taxin. Meist schweres, wertvolles Holz mit braunrotem Farbkern. Außer den baumförmigen, weitverbreiteten Arten → *T. baccata* L. *(EURASIEN),* → *T. brevifolia* NUTT. (westl. N-Amerika) und → *T. cuspidata* S. et Z. (Japan) sind folgende Arten regional von Bedeutung: T. canadensis MARSH: Niederliegende Art, atlantisches N-Amerika. Nadeln mit intensiver Winterfärbung, giftig. T. floridana CHAPM.: Strauch oder kleiner Baum, W-Florida, sichelförmige Nadeln, vom Aussterben bedroht. T. x media REHD. Artbastard T. baccata x T. cuspidata. Strauchförmig, viele Zierformen. T. wallichiana ZUCC. (syn. T. baccata ssp. wallichiana ZUCC. PILG.): Kleiner Baum des Himalaya (bis 3 300 m), scharf zugespitzte Nadeln. –var. chinensis (PILG.) FLORIN, in Gebirgslagen Chinas.

Taxus baccata L. Gemeine Eibe (engl.: Common yew): Schattenertragender Waldbaum, beheimatet in zentral- und südeurop. Mittelgebirgen, in Küstenregionen der Ostsee, Norwegens und GB's sowie in N-Afrika, dem Kaukasus und auf der Krim. Geringe Frosthärte bestimmt die nat. Verbreitung. Starker Rückgang durch Übernutzung und Kahlschlagwirtschaft. Steht in Deutschland unter Naturschutz. Intensives Ausschlagvermögen ermöglicht Rück- und Formschneiden. Wichtiges Element der franz. Gartenkunst. Mischholzart. Optimum auf nährstoffreichen Böden mit hoher

Taxus baccata: *a* Zweig mit männl. Blüten, *b* männl. Blüten, vergrößert, *c* Nadelansatz am Zweig, *d* mehrjähriger, benadelter Zweig, *e* Samen mit Arillus

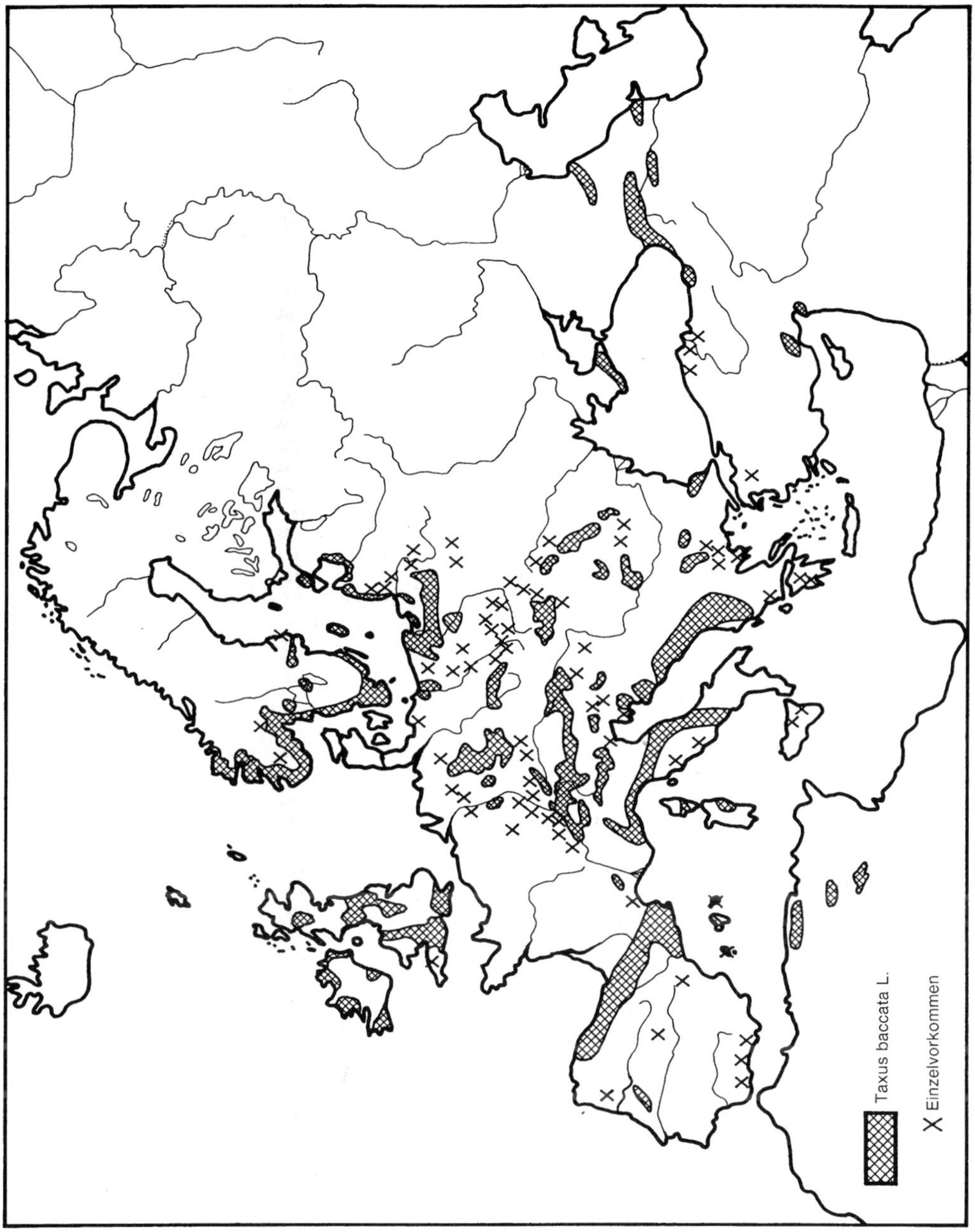

Natürliches Areal von **Taxus baccata**

Taxon	Typ. Endung des Sippennamens, nomenklatorische Besonderheiten	Beispiele	
		Quercus petraea	Pinus nigra
Abteilung	– phyta	Spermatophyta	Spermatophyta
Unterabteilung	– phytina	Magnoliophytina	Coniferophytina
Klasse	– atae	Magnoliatae	Pinatae
	– phyceae (Algen)		
	– mycetes (Pilze)		
Unterklasse	–idae	Hamamelididae	Pinidae
	–phycidae (Algen)		
	--mycetidae (Pilze)		
Ordnung	–ales	Fagales	Pinales
Familie	–aceae	Fagaceae	Pinaceae
Unterfamilie	–oideae	Quercoideae	Pinoideae
Tribus	–eae	–	–
Gattung (Genus)		Quercus	Pinus
Sektion		–	–
Art (Species)	binäre Nomenklatur	Quercus petraea	Pinus nigra
Unterart (Subspec.)	Artname + ssp.	–	Pinus nigra ssp. nigra
Varietät	Artname + var.	–	–
Form	Artname + f.	–	–

Hierarchie der **Taxone**

Wasserkapazität. Im Harz, Bayer. Wald und Schwarzwald auf Gneis und Granit, in den Bayer. Alpen auf Kalk. Maximal ≈ 15 m hoch; ≈ 0,5 m stark (BHD), ≈ 1 000 Jahre alt.
Kennzeichen: Ein- bis mehrstämmiger Baum oder Busch mit breiter Krone und weit ausladenden Ästen. Zahlreiche, dem Stamm dicht anliegende, stammbürtige Triebe. Einige entwickeln sich zu sek. Stämmen und Verwachsen mit dem Hauptschaft. So entstandene »Komplexstämme« erschweren die Altersbestimmung. Rinde rötlich braun, in dünnen Schuppen abblätternd. Nadeln zweizeilig angeordnet, flach, bis 3 cm lang, mit starker Mittelrippe; ohne Hypodermis, nicht xeromorph. ♂ Blüten zu vielen an der Unterseite 1j. Triebe, Pollenreife Febr./März. ♀ Blüten mit nur einer atropen Samenanlage; Roter, süßer Arillus. Samenreife im 1. Jahr. Holz mit hartem, schwerem Farbkern und schmalem, gelblichem Splint, ohne Harzkanäle. Hochgeschätzt vom Schreiner, Drechsler und Bildhauer. Holzstaub ruft Hautreizungen und Kopfschmerzen hervor. Im Mittelalter intensive Nutzung für Armbrüste, Bögen und Wurfspieße.
T. baccata spielt wichtige Rolle im Gartenbau (>70 Zierformen). Hohe Frostempfindlichkeit. Schäden werden durch starkes Austriebsvermögen ausgeglichen. Alle Pflanzenteile außer dem Arillus enthalten ein für Warmblüter, insbes. für Pferde (nicht für Rotwild) toxisches Alkaloid-Gemisch (Taxin). Junge Eiben benötigen Schatten, alte gedeihen auch im Freistand, bleiben aber schattenertragend.

a

b

Taxus baccata: *a* sproßbürtige Triebe, *b* Komplexstamm

Taxus brevifolia Nutt. (engl.: Pacific yew): Breitkroniger, meist krummstämmiger, bis 15 m hoher und bis 0,6 m starker (BHD) Baum feuchter, schattiger Lagendes pazifischen N-Amerika. Von Al bis M-CA, ostwärts bis ID (2 100 m). Giftig. Gelbgrüne Nadeln, hartes, wertvolles Holz.

Taxus cuspidata Sieb. et Zucc. Japanische Eibe: Bis 15 m hoher Baum aus Höhenlagen jap. Gebirge. In Europa nur strauchig.

Teak → *Verbenaceae*

tectat: Mit → *Tectum.* (auf Pollen bezogen). Ggs. intectat.

Tectona → *Verbenaceae*

Tectum: Tegillum. Äußere, von der Sexine gebildete Schicht der Pollenwand, die mit Hohlräumen versehen sein kann, in denen fettig-ölige Substanzen (Pollenkitt) eingelagert sein können. → *Sporoderm.*

Teerfleckenkrankheit → *Rhytisma acerinum*

Teestrauchartige → *Theales*

Teestrauchgewächse → *Theaceae*

Tegmente → *Knospenschuppen*

Teilfrucht → *Merikarp,* → *Schizokarp(-ium)*

Teilinfloreszenz: Blütenstände, die zu übergeordneten → *Infloreszenzen* zuammengesetzt sind. Beispiele: Dichasien der Betulaceen-Kätzchen (→ *Thyrsus),* Ährchen der Poaceae.

Teilungsspindel → *Spindelapparat*

Teleomorph → *Hauptfruchtform*

Teleutospore: Winterspore der → *Uredinales.* Oft zweizellige, derbwandige Dauerspore. Entsteht im Uredium oder in eigenen Sporenlagern (= Telium). Nach Karyogamie und Überwinterung keimt die T. zur Basidie aus. T. entspricht einer → *Probasidie.*

Teliomycetes: Gruppe von Pilzen, die die → *Ustilaginales* und → *Uredinales* umfaßt. Als systematische Gruppe nicht gebräuchlich.

Telium: Teleutosporenlager der → *Uredinales*

Telomer: Endabschnitt eines → *Chromosoms.*

Telophase → *Meiose,* → *Mitose*

temperat → *Florenzonen*

Tentakel: Emergenz auf der Blattspreite von Sonnentau-Arten. Verdauungsdrüsen an ihrer Spitze sondern kleine Tropfen eines klebrigen Sekretes ab, das auch Enzyme zur Verdauung gefangener Insekten enthält.

tenuinucellat: Mit einschichtigem Nucellus. → *Samenanlage.*

Tepalen → *Perigon*

Teppich-Weide → *Salix retusa*

Teratologie: Wissenschaft von den Mißbildungen (Terata), im Sinne von extremen Wachstumsanomalien oder strukturellen Abnormitäten. Wie → *Fasziationen,* → *Pflanzengallen,* → *Kropfbildungen.*

Terebinthengewächse → *Anacardiaceae*

Terebinthus → *Pistacia*

Terebinthus lentiscus → *Pistacia*

terminal: an der Spitze befindlich.

Terminalia → *Combretaceae*

Terminalknospe: Gipfelknospe, Endknospe. Endständige Knospe eines Sprosses; steht nicht in der Achsel eines Tragblattes.

Terminaltrieb: Gipfeltrieb, Endtrieb, Höhentrieb. Fortsetzungssproß, der bei monopodial verzweigten Bäumen aus der Endknospe, bei monochasialer Verzweigung aus der nächst tieferen Seitenknospe hervorgeht; die Länge des T. und somit das jährl. Höhenwachstum hängt stark vom Alter und der Standortgüte ab.

Alterspanne (Jahre)	durchschn. Höhenwachstum in 5 Jahren (in m)		
	Fi	Bu	Ta
Wuchskräftiger Bestand:			
30 - 35 115 - 120	2,7 0,5	1,9 0,7	1,5 0,5
Wuchsschwacher Bestand:			
30 - 35 115 - 120	1,2 0,5	1,1 0,5	1,3 0,4

Terpene → *Terpenoide*

Terpenoide (Isoprenoide): Naturstoffe, deren Struktureinheit das → *Isopren* ist. T. zählen zu den sekundären Pflanzenstoffen und sind vor allem in → *ätherischen Ölen,* → *Balsamen* und → *Harzen* vertreten. Sie können als offene Ketten (Kautschuk, Guttapercha) oder ringförmig geschlossen, mono- bis tetracylisch vorliegen (z.B. → *Abscisinsäure).* Je nach Anzahl der Isopreneinheiten gliedert man in 1. Monoterpene $(C_5)_2$: Hauptbestandteile ätherischer Öle sowie volatile Komponenten von Harzen. Kommen als Kohlenwasserstoffe, Alkohole, Aldehyde, Ketone, Lactone und Säuren vor. Entweder aliphatisch (z.B. Myrcen), monocyclisch (z.B. Limonen, Terpinen, Phellandren) oder bicyclisch (α- und ß-Pinen, Camphen, $\triangle$-3-Caren). Monoterpene spielen eine wichtige Rolle in der Chemotaxonomie von Koniferen, obwohl ihre Konzentration zwischen Pflanzenorganen sowie in Abhängigkeit von Alter und Jahreszeit schwankt. Monoterpene sind stark flüchtig. Die globale jährliche Emissionsmenge wird auf 2×10^8 Tonnen geschätzt. Einige Monoterpene wirken fungistatisch, andere als Pheromone. Wegen ihrer photochemischen Reaktion mit Stickoxiden können sie bei der Bildung von Peroxy-Radikalen und PAN in der Atmosphäre mitwirken. Man schließt daher ihre Beteiligung bei der Entstehung des Waldsterbens nicht aus. 2. Sesquiterpene $(C_5)_3$: Bestandteile vieler ätherischer Öle, z.B. der als Pheromon wirkende Alkohol Farnesol. 3. Diterpene $(C_5)_4$: Bestandteile von → *Balsamen* und Harzen. Meist als Harzsäuren (Abietinsäure im Kiefernharz, Kaurin- und Lävopimarsäure in versch. Coniferenharzen) oder als Alkohol (Ferruginol im Holz von Podocarpus- und Juniperus-Arten; Phytol an → *Chlorophyll* gebunden). 4. Triterpene $(C_5)_6$: Cyclische Triterpene bilden Harzsäuren (z.B. Elemisäure) und Harzalkohole. Das cyclische Betulin stellt den weißen Rindenfarbstoff der Bi dar. Von den Triterpenen leiten sich die → *Steroide* ab. 5. Tetraterpene $(C_5)_8$: Hierzu gehören → *Carotinoide* und → *Sporopollenine.* 6. Polyterpene $(C_5)_n$: Langkettige Verbindungen mit bis zu 10 000 Isopreneinheiten. Beispiele: Latex-Polyterpene (Kautschuk, Guttapercha, Balata) u.a. im Milchsaft von → *Moraceae,* → *Euphorbiaceae.* Kautschukartige Verbindungen kommen auch in Parenchymzellen tropischer Hölzer (z.B. Pockholz, Teak, Ipé) vor.

Terpentinöl → *Harze* → *Harznutzung*

Terpentinpistazie → *Pistacia*

Terpinen → *Terpenoide*

Terramycin → *Tetracyclin*

Tertiär: Zeitalter des Känozoikums, → *Känophytikum,* → *Erdzeitalter.*

Tertiärrelikte: Pflanzenarten mit subtropischen Klimaansprüchen, die sich in klimatisch besonders begünstigten Regionen des Nordens seit dem Tertiär weit entfernt vom heutigen Hauptverbreitungsgebiet der Sippe behaupten (z.B. → *Pterocarya* in der Kolchis, sonst in Ostasien; → *Aesculus* im Balkan, sonst im Himalaya und von Ostasien bis Nordamerika).

Tertiärwand: Dünne, unmittelbar an das Zellumen angrenzende Abschlußschicht der → *Zellwand* von Tracheen und Tracheiden bei Lh und Nh. Oft warzig strukturiert. Gelegentlich wird auch die S_3-Schicht der → *Sekundärwand* von Parenchymzellen als T. bezeichnet.

Testa: Samenschale. Ein- oder zweischichtiger, aus den → *Integumenten* entwickelter, mechanischer Schutz um Embryo und Nährgewebe. Kann fleischig (Sarcotesta), oder holzig (Sclerotesta) ausgebildet sein und durch reduzierten Gasaustausch oder geringe Wasserdurchlässigkeit keimhemmend wirken (z.B. Robinia pseudoacacia). Vgl. → *Keimhemmung,* → *Hartschaligkeit.* Spezielle Bildungen der T. dienen der Verbreitung. So die bei Populus und Salix oder die Luftkissen der hydrochoren Erle.

Tetracentraceae → *Trochodendrales*

Tetraclinis Masters Gliederzypresse: Cupressaceen-Gattung (Tribus Tetraclineae), deren einzige Art, Tetraclinis articulata (Vahl) Mast. in N-Afrika (Algerien, Marokko), auf Malta und in Südostspanien als kleiner, max. 15 hoher, immergrüner Baum mit rel. kräftigem Stamm natürlich vorkommt. Besonderheiten: Zugespitzte Schuppenblätter mit lang auslaufender Basis; Zapfen mit nur 4 dreieckigen Schuppen. Nicht winterhart in M-Eur..

Tetracyclin: Die Proteinsynthese hemmendes, von Streptomyceten gebildetes Antibioticum. Zur Bekämpfung von → *Mykoplasmosen* und Rickettsiosen (→ *Rickettsien*) eingesetzt, bei Holzpflanzen über Stamminjektionen appliziert. Derivate des aus 4 linear aufgebauten Sechserringen T. sind Aureomycin und Terramycin.

Tetrade: Viererverband. (1) Verband aus vier Zellen. (z.B. Sporentetrade). (2) Vier Chromatiden der gepaarten homologen Chromosomen während des Zygotum der Meise.

Tetrapanax → *Araliaceae*

Tetraploidie: Form der Polyploidie, bei der Einzelzellen, Gewebe oder Individuen den vierfachen Chromosomensatz aufweisen, z.B. → *Acer saccharinum,* →

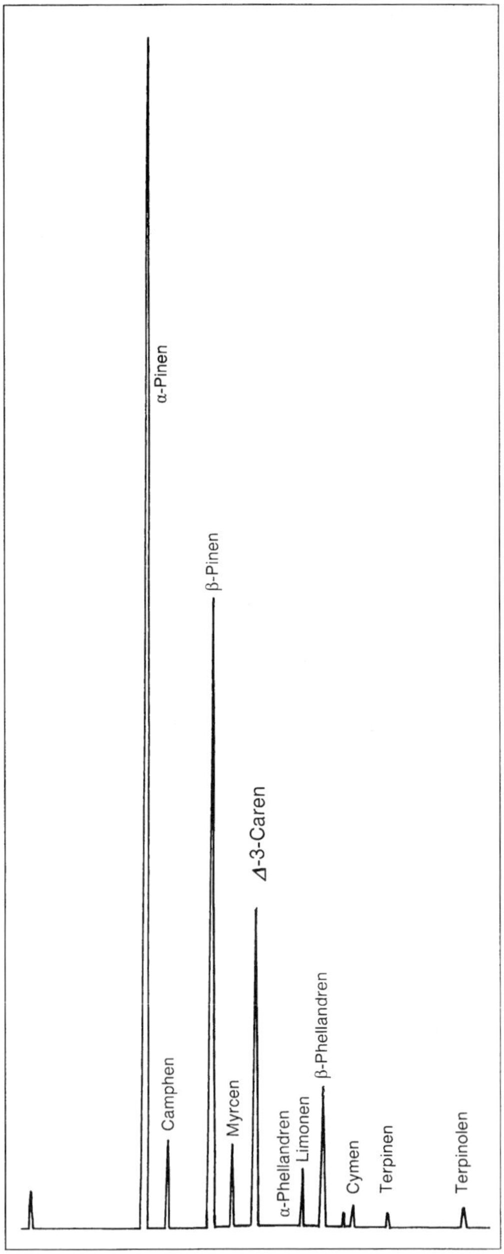

Gaschromatographische Analyse der Monoterpen-Fraktion aus Zweigen von Larix decidua

Betula pubescens, → *Prunus serotina,* → *Quercus dentata,* → *Sequoia sempervirens.*

Tetrasomie → *Polyploidie*

Tetraterpene → *Terpenoide*

Tetrazoliumtest: Biochemische Methode zur Überprüfung der Lebensfähigkeit von Zellen. Sie beruht auf dem Reduktionsvermögen der lebenden Zelle. Dabei wird 2-, 3-, 5-Triphenyltetrazoliumchlorid in rotes, nicht diffundierendes Triphenylformazan hydriert. Die Rotfärbung zeigt dann lebendes Gewebe an. Zur Saatgutprüfung kann das Verfahren für Zirbelki, Strobe, Eibe, Bu, Es, Ah, Li, Hbu, Haselnuß, Weißdorn und Wacholder angewandt werden. Die schalenlosen Samen werden bei 30 °C in eine 1prozentige wässrige Tetrazoliumchloridlösung gelegt. Die Einwirkungsdauer muß in Vorversuchen ermittelt werden.

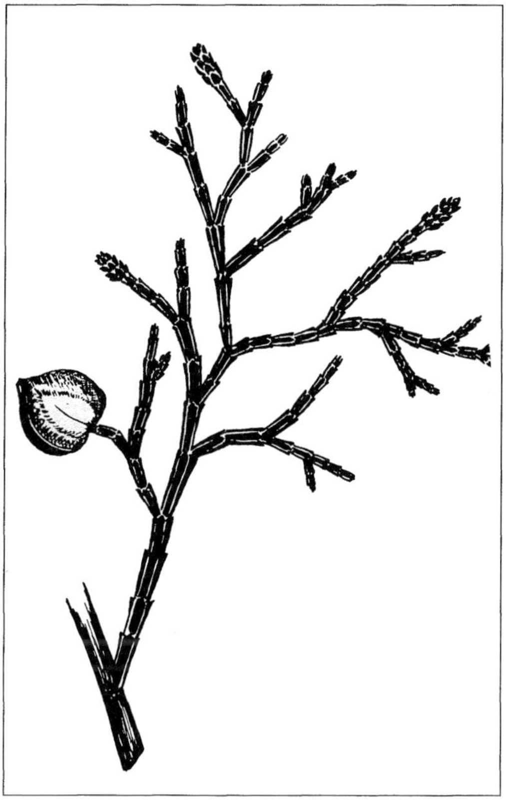

Tetraclinis articulata: Zweig mit männl. Blüten und Zapfen

tetrazyklische Blüten → *Blütenkreis*

Teufelszwirn → *Cuscuta,* → *Lycium*

Textur: Bezeichnet die Orientierung der → *Mikrofibrillen* in der Zellwand. Man unterscheidet: 1. Streuungstextur: Ungeordnete Verteilung der Fibrillen. Charakteristisch für → *Primärwände.* Gewährleisten hohe Elastizität der Wand. 2. Fasertextur: Parallel zur Längsachse der Zelle verlaufende Fibrillen. Häufig in → *Bastfasern.* Gewährleisten hohe Zugfestigkeit. 3. Spiraltextur: In einer Schraube um die Längsachse der Zelle orientierte Fibrillen. Charakteristisch für → *Libriformfasern* und Tracheiden. Geringe Zugfestigkeit, aber hohe Seitendruckfestigkeit. 4. Ringtextur: Fibrillen verlaufen quer zur Längsachse der Zelle. Typisch für die Leitelemente des → *Protoxylems.* Nr. 2 – 4 werden wegen des parallelen Verlaufs der Fibrillen auch als Paralleltextur zusammengefaßt.

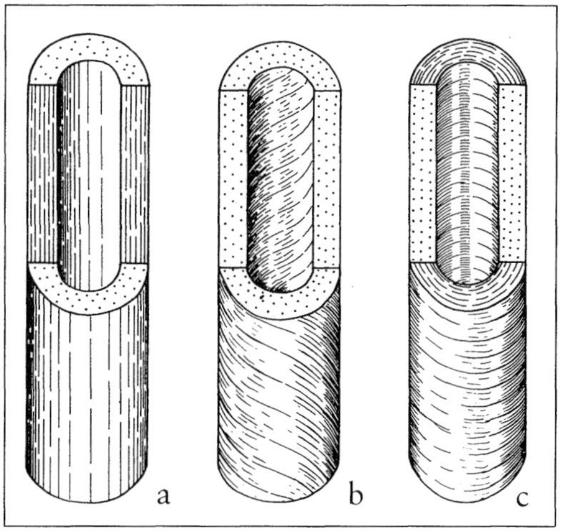

Textur: *a* Fasertextur, *b* Spiraltextur, *c* Ringtextur

thallös → *Thallophyta*

Thallophyta: Vielzellige Pflanzen, deren Vegetationskörper thallös, d.h. nicht in Sproß, Blätter und Wurzel gegliedert ist und als Thallus bezeichnet wird. Hierzu zählen einige → *Phycophyta,* die gesamten → *Mycophyta und Lichenes* sowie einige → *Hepaticae.*

Thallus → *Thallophyta*

Thanatephorus cucumeris → *Rhizoctonia solani*

Theaceae: Teestrauchgewächse. Familie der → *Theales.* Pantropische und subtropische Bäume und Sträucher mit ledrigen Blättern ohne Nebenblätter. Blüten einzelnstehend, mit spiralig gestellter Blütenhülle. Kelch und Krone 4- bis 7-zählig. Androeceum oft sekundär vermehrt. Kapseln, Beeren, Steinfrüchte. Weltwirtschaftlich bedeutend: Camellia sinensis, Teestrauch aus W-China, Burma, Indien; koffeinhaltig. Stewartia-Arten (Scheinkamelien) sind laubabwerfende Ziersträucher und -bäume aus SO-USA (S. ovata) oder O-Asien (S. pseudocamellia).

Theales: Guttiferales, Teestrauchartige. Ordnung der → *Dilleniidae.* Überwiegend immergrüne Holzpflanzen mit 5-zähligen Blüten und oft sekundärer Polyandrie. Gynoeceum meist G (3). Samenanlagen mit 2 Integumenten. U.a. mit folgenden Familien: → *Theaceae,* → *Quiinaceae,* → *Ochnaceae,* → *Hypericaceae,* → *Dipterocarpaceae.*

Theka → *Anthere*

Thelephora terrestris Ehrb. ex Fr. (syn. T. laciniata [Pers.] Fr.); zerschlitzter Warzenpilz (Thelephoraceae). In der Streu lebender Saprophyt. Mykorrhizapartner für mehrere Nh-Arten. Bildet bei Bodennässe in Pflanzgärten, jungen Kulturen und Gewächshäusern etagenartig übereinanderstehende, lappige, braune Fruchtkörper an

Stämmen junger Nh. aus. Schädlich allenfalls durch Umwachsen der Blattorgane. Seltener Symbiosepartner von Flechten.

Thelycrania sanguinea → *Cornus sanguinea*

Theobroma → *Sterculiaceae*

Therapie: Heilung (evtl. Bekämpfung) einer bereits ausgebrochenen Krankheit.

Thermonastien → *Nastien*

Thermoperiodismus: Empfindlichkeit von Pflanzen gegenüber Temperaturänderungen im Tages- oder Jahresverlauf. Pflanzen aus kontinentalen Gebieten, wo starke Schwankungen zwischen Tages- und Nachttemperaturen auftreten, entwickeln sich am besten, wenn die Nacht um 10 – 15 °C kühler ist als der Tag, ozeanische Arten bei Temperaturunterschieden von 5 – 10 °C, Tropenpflanzen der Niederungen wachsen ohne Tagesgang der Temperatur gut. Einige wenige, wie das Usambaraveilchen (Saintpaulia ionantha) bevorzugen höhere Nachttemperaturen. Neben dem Wachstum werden Keimfähigkeit (→ *Stratifizieren)* und Blütenbildung (→ *Vernalisation)* durch die Temperatur beeinflußt.

Therophyten: Einjährige Pflanzen. → annuell

Thigmonastien → *Nastien*

Thigmotropismus (Haptotropismus): Krümmung pflanzlicher Organe (z.B. Blattstiele von Clematis) unter dem Einfluß eines Berührungsreizes. Meist stellt die »gereizte« Flanke ihr Wachstum ein.

Thorn, Cockspur → *Crataegus crus-galli*

Thuidium → *Bryidae*

Thuja L. Lebensbaum: Gattung der → *Cupressaceae* (Tribus Thujopsideae) mit 6 immergrünen, meist baumförmigen Arten, 2 davon in N-Amerika, 4 in O-Asien beheimatet. Blätter schuppenförmig, gegenständig, in Flächen- und Kantenblätter differenziert, gelegentlich mit Öldrüsen. Durch aufrechte Gipfeltriebe von Chamaecyparis zu trennen. Blütenverteilung monoezisch, Zapfen klein, eiförmig, im 1. Jahr reif. Meist ledrig, mit 4 – 6 auseinanderklaffenden Schuppenpaaren. 2 Kotyledonen. Chrom.: 2n = 22. Leichtes, dennoch dauerhaftes, rotbraunes Kernholz, dessen Inhaltsstoffe mitunter Allergien auslösen können.

Thuja gigantea → *Thuja plicata*

Thuja koraiensis Nakai (syn.: Thuja odorata Doi) Koreanischer Lebensbaum: Meist strauchige, aus Gebirgslagen Koreas stammende Art ohne forstl. Bedeutung. In M-Eur. winterhart und als schattenertragende, flachstreichende Zierpflanze kultiviert. Besonderheit: Zweiglein unterseits kreideweiß.

Thuja occidentalis L. Abendländischer Lebensbaum (engl.: Eastern White Cedar): NO-amerikanischer Waldbaum mittlerer Größe, verbreitet auf anmoorigen und feuchten Standorten der Seenstaaten, von der Mündung des St.Lorenz-Stroms bis SO-MB; Südgrenze: inselartige Teilareale in NC und TN. Oft in dichten Reinbeständen. Sonst Mischung mit Picea glauca, P. mariana, Abies balsamea, Larix laricina, Acer rubrum. Höhe ≈ 13 – 17 m, max. 27 m; Höchstalter 400 Jahre. Völlig frosthart. In M-Eur. geschätzt als Friedhofs- und Heckengehölz. Leicht durch Stecklinge vermehrbar. Kennzeichen: Dichte, schmale Krone. Zweiglein oberseits dunkelgrün, unterseits mattgrün, ohne weiße Zeichnung. Flächenblätter mit auffälliger Öldrüse; Kantenblätter etwas kürzer als Flächenblätter. Jugendformen mit nadelförmigen, rings um den Trieb stehenden Blättern.
T. occidentalis ist eine Holzart des feuchtkühlen Klimas mit rel. kurzen Vegetationszeiten. Bei großer Standorttoleranz hat sie ihr Optimum auf neutralen oder alkalischen Kalkverwitterungsböden. Besonderheiten: Langsames Wachstum, frühe Samenproduktion. Natürliche Vermehrung durch Absenker. Wurzelfusionen sind häufig. Die Art wurzelt extrem flach und ist deshalb windwurfgefährdet. Ihr Zierwert wird durch die auffällige, bräunliche Winterverfärbung stark herabgesetzt. Die Blätter sind giftig (Thujon). Das leichte, dauerhafte Holz wird für Schindeln, Masten und im Bootsbau genutzt.

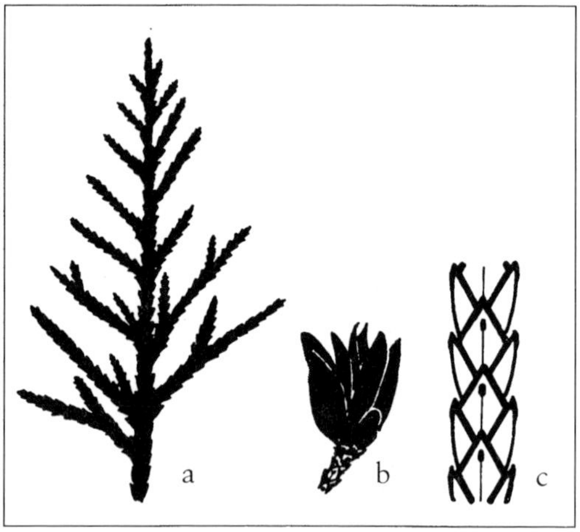

Thuja occidentalis: *a* beblätterter Trieb (nat. Gr.), *b* offener Zapfen (nat. Gr.), *c* Triebausschnitt mit Flächen- und Kantenblättern (3x nat. Gr.)

Thuja odorata → *Thuja koraiensis*

Thuja orientalis L. (syn.: Biota orientalis L. Endl.), Morgenländischer Lebensbaum: Aus NO-China und Korea stammender Baum ohne forstl. Bedeutung. Max. Höhe daheim 20 m, in M-Eur. 10 m. Beliebter, langsam wachsender, oft mehrstämmiger Friedhofsbaum für milde Lagen. Kennzeichen: Zweiglein mit senkrecht orientierter Blattfläche, ober- und unterseits von gleicher Farbe. Öldrüse in kommaförmiger Vertiefung auf der Oberseite der Flächenblätter. Zapfen holzig. Spitze der meist 6 Zapfenschuppen mit langem, zurückgekrümmtem Dorn. Fordert frischen Boden und meidet Schatten.

Thuja plicata Donn (syn.: Thuja gigantea Nutt.) Riesenlebensbaum, (engl.: Western Redcedar): Mächtiger Waldbaum des amerikanischen Nordwestens, angepaßt an regen- und nebelreiche Lagen entlang der Pacific-Küste von S-AK (57°n.Br.) bis N-CA (39°). Nicht in Reinbeständen, sondern in Gruppen (Cedar Groves) oder in Einzelmischung mit Dougl., Picea sitchensis, Abies grandis, Tsuga heterophylla. Teilareal in den Rocky Mts. von BC, ID und MO. Hier gemischt mit Pinus monticola, Tsuga heterophylla, Abies grandis, Larix occidentalis. Schattholzart mit langsamem Jugendwachstum. Max. 67 m hoch, 6,4 m stark, 1 000 Jahre alt. In M-Eur. winterhart, aber empfindlich gegen trockene Sommer. Beliebt als Solitär in großen Parks; gute Ergebnisse in forstl. Anbauversuchen. Leichtes, dauerhaftes und ansehnliches Holz (fast weißer Splint und rotbrauner Kern). Holzstaub ruft Allergien hervor. Kennzeichen: Stark abholzige Stämme mit breit auslaufender Stammbasis. Im Freistand bis zum Boden beastet. Rinde anfangs zimtbraun, im Alter grau. T. plicata bildet häufig Absenker. Junge Triebe sind oberseits deutlich dunkler als unterseits. Flächenblätter des Leittriebes lang zugespitzt und mit deutlicher Öldrüse. Flächen- größer als Kantenblätter. Zapfen bis 12 mm, mit 5 – 6 Schuppenpaaren. Flaches, sehr weitstreichendes Wurzelsystem. T. plicata ist standorttolerant, bevorzugt aber tiefgründige, schwach saure, feuchte Böden. Indianer verwendeten das Holz zum Bau von Kanus, zum Hausbau (ideale Schindeln) und für Totempfähle, die Rinde für Seile und Netze. T. plicata ist empfindlich gegen Bodenfeuer und wird leicht vom Wind geworfen.

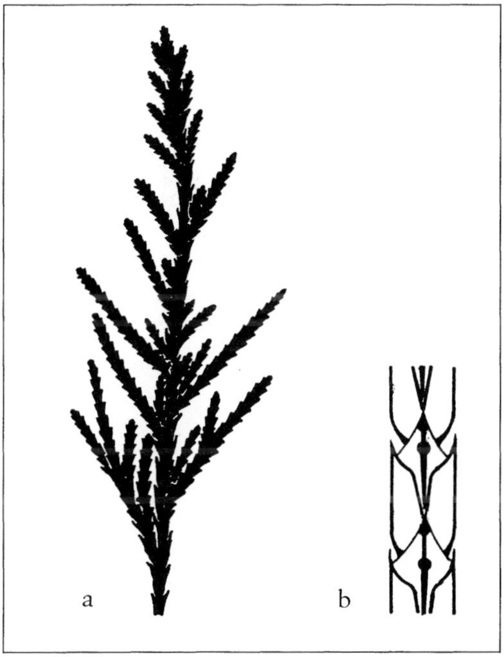

Thuja standishii: *a* beblätterter Trieb (nat. Gr.), *b* Ausschnitt mit Flächen- und Kantenblättern (3x nat.Gr.)

Thuja standishii (GORD.) CARR. Japanischer Lebensbaum: Rel. seltener, mittelhoher Waldbaum in höheren Lagen Zentral-Hondos. Forstl. ohne Bedeutung. Max. 18 m hoch und 80 cm stark. In M-Eur. winterhart, aber spätfrostgefährdet. Nur vereinzelt in Arboreten. Kennzeichen: Zweiglein eher rundlich, unterseits mit undeutlichen, weißlichen Flecken. Spitzen der Kantenblätter einwärts gekrümmt; schwer erkennbare, strichförmige Öldrüsen an den Flächenblättern.

Thuja-Blattbräune → *Didymascella thujina*

Thujamoos → *Bryidae*

Thujopsis dolabrata (L. f.) SIEB. et ZUCC. Hiba-Lebensbaum: Immergrüne, zu den → *Cupressaceae* gehörende einhäusige Schattholzart, die im N Japans in 800 bis 1 000 m Höhe als Var. hondai MAKINO bis 30 m hohe, geschlossene Bestände bildet. Keine Erfahrungen in M-Eur.. Der viel kleiner bleibende, forstl. bedeutungslose Typ der Art wird häufig als Zierelement kultiviert. In M-Eur. winterhart, bleibt er meist buschförmig. Kennzeichen: Ledrige, oberseits glänzend dunkelgrüne Schuppenblätter mit scharf abgesetzter, kreideweißer Zeichnung auf der Unterseite. Zapfen kugelig, im 1. Jahr reif. Besonderheiten: Vermehrung durch Stecklingsbewurzelung, Absenkerbildung häufig. Gedeiht nur auf guten Standorten.

Thylakoide → *Chloroplasten*

Thyllen (Füllzellen): Ausstülpungen von Holzparenchymzellen in die Gefäße; vor allem bei ringporigen Holzarten (z.B. Ei, Castanea, Rob, Ul). T. wachsen durch Tüpfel ein und können die Lumina teilweise oder ganz verstopfen. Sie tragen zur natürlichen Verkernung des Holzes bei und spielen bei der Pathogenese des Ulmensterbens und anderer Tracheomykosen eine wichtige Rolle. In stark vakuolisierten, manchmal sklerifizierten T. kann Stärke gespeichert werden. Thyllen fehlen den zerstreutporigen Hölzern mit engen Gefäßen und/oder geringem Anteil an Parenchym (Ah, Bi, Er, Hbu). Bei Nh wurden thyllenähnliche Ausstülpungen von Markstrahlzellen beobachtet (Thylloide).

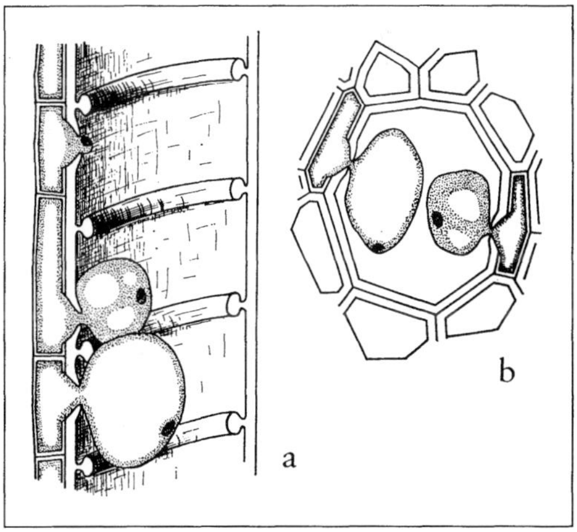

Thyllen: *a* Längsschnitt, *b* Querschnitt

Thylloide → *Thyllen*

Thymelaeaceae: Seidelbastgewächse. Zu den → *Myrtales* gehörende Familie weltweit verbreiteter Sträucher mit wechselständigen Blättern, ohne Nebenblätter. Blüten radiär, 4- bis 5-zählig, mit Discus. Kelch kronblatt-

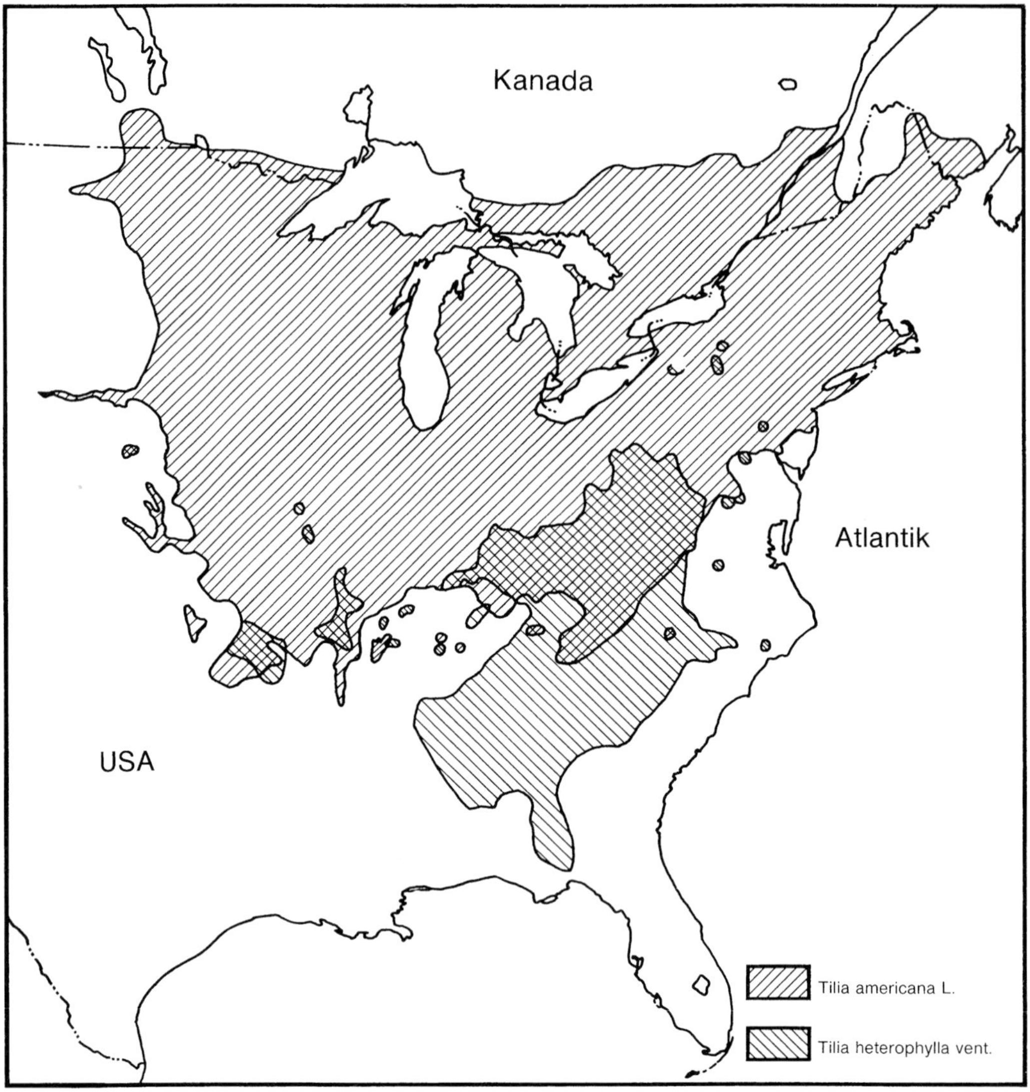

Natürliche Areale von **Tilia americana** und **T.heterophylla**

artig, Kronblätter oft fehlend. Androeceum meist diplostemon. Gynoeceum aus 2 Fruchtblättern, pseudomonomer entwickelt. Nuß, Beere, Kapsel oder Steinfrucht. Wichtige Gattung → *Daphne.*

Thymin: Heterocyklische Base, wie → *Cytosin* und → *Uracil* Pyrimidinderivate (→ *Pyrinidine),* Baustein der → *DNA* (komplementär zu → *Adenin).*

Thyrsen → *Infloreszenz*

Tiarosporella parca (Berk. et Br.) Whitney, Reid et Pirozynski (syn.: Phoma parca [Berk. et Br.] Sacc.) (Phacidiaceae): Bewohner grüner Picea abies-Nadeln. Eher Endophyt als Schwächeparasit. In Amerika auch an P. glauca und P. engelmannii. Ovale, dunkelbraune Pyknidien mit einzelligen, hyalinen Konidien. Häufig an rel. trockenen Standorten. Kein Zusammenhang mit Waldsterben an Fi erkennbar (→ *Nadelröte).* Hauptfruchtform: Darkera parca Whitney, Reid et Pirozynski.

Tiefenperiderme → *Borke*

Tilia L. Linde (engl.: Basswood): Gattung der → *Tiliaceae* mit etwa 30, z.T. sehr formenreichen und schwer voneinander abgrenzbaren, sommergrünen Baumarten in der nördl. gemäßigten Zone Eurasiens und Amerikas (südl. bis Indochina, S-Eur. und Mex.). Triebe monochasial verzweigt. Blätter wechselständig, zweizeilig, lang gestielt, Spreite meist herzförmig und gesägt; Nebenblätter hinfällig. Blüten in hängenden → *Cymen,*

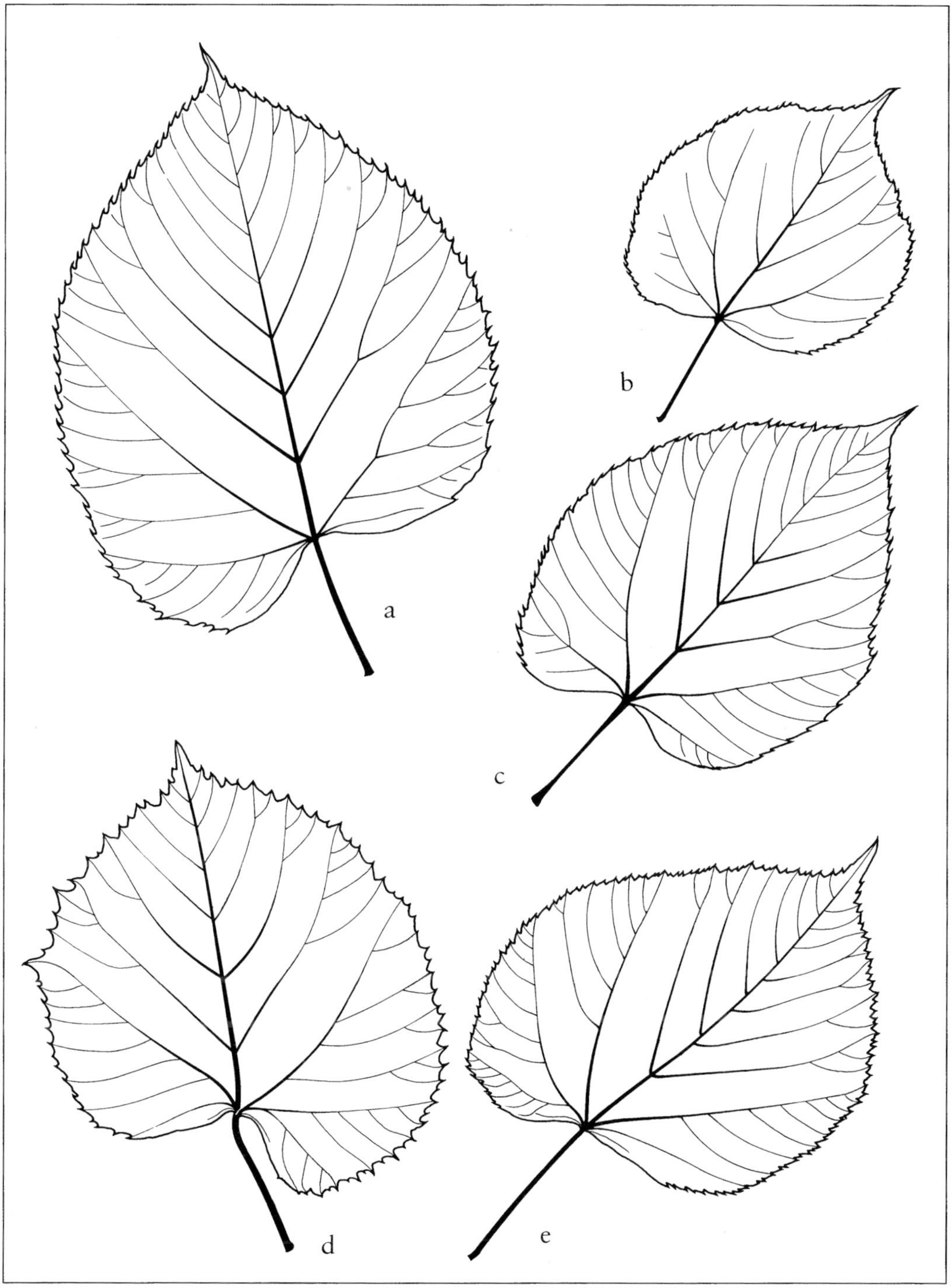

Blattformen verschiedener **Tilia**-Arten (2/3 nat. Gr.): *a* T. americana, *b* T. cordata, *c* T. heterophylla, *d* T. tomentosa, *e* T. platyphyllos

Tilia cordata: *a* Blüten, *b* Zweig mit Blütenständen, *c* Fruchtstand (H=Hochblatt)

blaß gelb bis weißlich, strahlig, meist zwittrig, oft mit → *Staminodien,* Blütenhülle doppelt, 5zählig, freiblättrig; Fruchtknoten 5-fächrig; Insektenbestäubung (Bienenweide). Frucht: 1- (3-)samiges Nüßchen, Windverbreitung. Blüten- und Fruchtstandsachse bis etwa zur Hälfte mit flügelartigem Hochblatt verwachsen. Fruchtstand fällt nach der Reife als Ganzes ab. Pollen breit elliptisch, Durchmesser im Mittel ≈ 44 µm. Keimung epigäisch. Chrom.: x = 41. Holz zerstreutporig, rel. leicht, weich und hell, Splint und Kern fast farbgleich (Reifholzbäume). Holzanatomisch ist die sichere Trennung versch. Lindenarten weder mikroskopisch noch makroskopisch möglich.

Tilia americana L. (syn.: T. glabra VENT.) Amerikanische Linde (engl.: American Basswood): Forstl. wichtigste der nordamerik. Linden. Verbreitet im O des Kontinents: N-Grenze von NB bis S-MB, im S bis OK. AR und NC. Anspruchsvolle Mischbaumart (in Gesellschaft mit Liriodendron, Quercus rubra, Acer saccharum, A. saccharinum, Ulmus americana, Fagus grandifolia, versch. Carya-Arten u.a.) in Laubwäldern schattiger Hänge und Schluchten (südl. Appalachen bis 1 500 m) auf feuchten, nährstoffreichen Lehmböden. Schattentolerant, gutes Stockausschlagvermögen, bodenbiologisch sehr günstige Laubstreu. Beliebter Park- und Straßenbaum. In M-Eur. winterhart. Chrom.: 2n = 82. 18 – 30 m (max. 43 m) hoher Baum; Blätter bis 20 cm groß, am Rand mit langspitzigen Zähnen, unterseits schwach glänzend hellgrün und nur in den Nervenwinkeln behaart; Blüten zu 6 – 15, mit Staminodien, stark aromatisch, hervorragende Bienenweide. Artbastarde mit → *T. cordata,* → *T. platyphyllos,* → *T. tomentosa.* Holzverwendung: Möbel, Papier, Kisten, Sperrholz, Musikinstrumente, Modellbau. Die Indianer fertigten aus dem Bast der inneren Rinde Seile und Matten (Abb. S. 522/523).

Tilia argentea → *Tilia tomentosa*

Tilia cordata MILL. (syn.: T. parvifolia EHRH.) Winterlinde, Steinlinde: 20 – 35 m hoher, bis zu 1 000 Jahre alt werdender Baum. Verbreitet im größten Teil Eur., östl. bis zum Ural, zum Kauk. und zur Krim sowie in W-Sib. Areal reicht weiter nach N und O als das von → *T. platyphyllos.* Chrom.: 2n = 82.
Kennzeichen: Im Freistand kurzer Stamm und weit ausladende, dichte, gleichmäßig kuppelförmige Krone. Rinde anfangs glatt und dünn; Borke dunkelgrau bis schwärzlich, dicht längsrissig. Triebe an der Spitze kahl, glänzend. Laubausbruch 1 – 2 Wochen nach der Sommerlinde. Blätter 3 – 10 cm lang, oberseits kahl, unterseits blau- bis graugrün und bis auf die bräunlichen Achselbärte kahl. Blüten (VI, VII) zu 4 – 11, intensiv duftend. Nüßchen (IX) nur 5 – 8 mm groß, kugelig, dünnschalig (mit den Fingern zerdrückbar!), undeutlich kantig (Abb. S. 523/526).
Vorkommen, Standort: Mischbaumart sommerwarmer Laub- oder Laub-Nadelmischwälder (Ei-Hbu-Wälder, Ah-Hangwälder, Ei-Auwälder, Ei-Ki-Wälder) von der Ebene bis in mittlere Gebirgslagen (N-Alpen: bis 1 360 m; Z-Alpen: bis 1 500 m). Bevorzugt mittel- bis tiefgründige, frische bis mäßig trockene, basenreiche Lehm-, Löß- oder Tonböden. Pionier sonnseitiger (Kalk-)Blockschutthalden. Geringere Wärmeansprüche als Sommerlinde; auch in lufttrockenen Lagen und auf schweren, schwach sauren Böden mäßiger Nährstoffversorgung vorkommend; Hauptverbreitung in kontinental getönten Laubmischwaldgebieten Polens (z.B. Bialowies) und des Baltikums; hier mitunter auch ± reine Bestände. Spätfrostgefährdete Schattholzart mit hohem Stockausschlagvermögen; leicht zersetzbare, bodenpflegliche Laubstreu. In der Jugend Pfahlwurzel, später Herzwurzelsystem. Häufiger Straßen- und Parkbaum, empfindl. gegen Luftverunreinigungen und Streusalz.

Tilia cordarta: *a* Solitärbaum, *b* Blütenstände mit Hochblättern, *c* Zweig und Borke

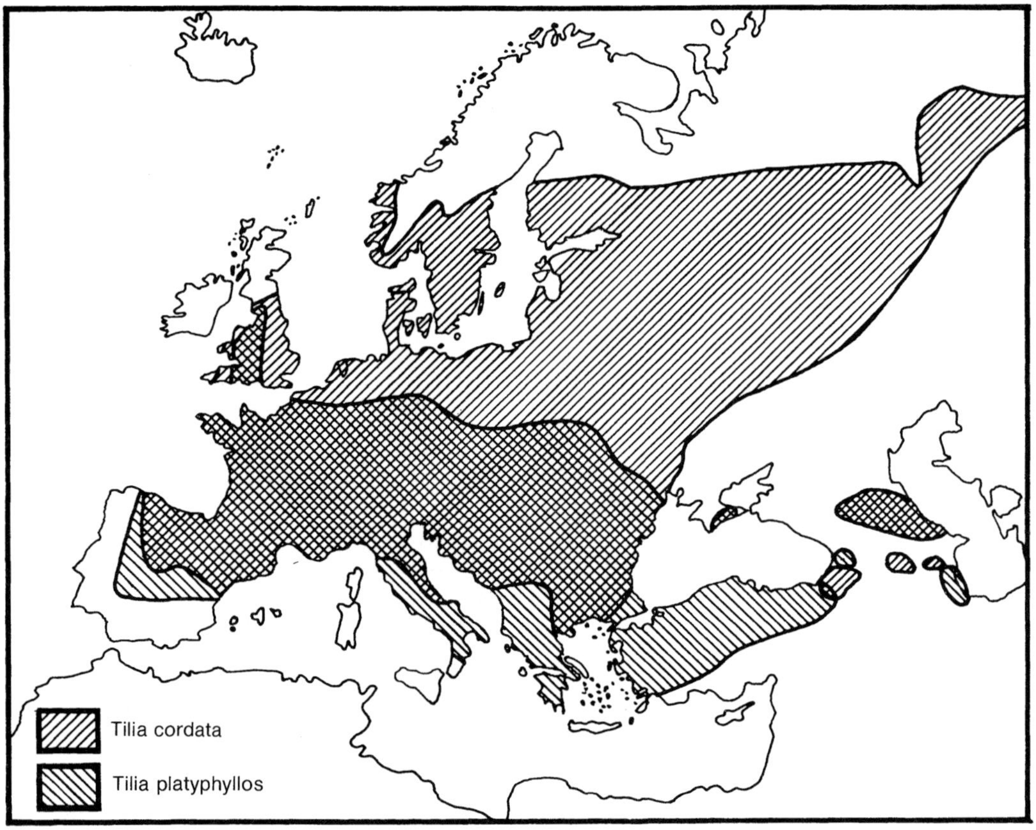

Natürliche Areale von **Tilia cordata** und **T. platyphyllos**

Holz: Schlicht hellfarbig; Jahrringe undeutlich; sehr feine, gleichmäßig angeordnete Gefäße; Markstrahlen schmal. Weich, leicht bis mittelschwer (Rohdichte r_o: 0,32...0,49...0,56 g/cm^3); zäh, aber wenig elastisch, stark schwindend, wenig dauerhaft. Gelangt nur in geringen Mengen auf den Markt. Hauptverwendung seit alters her Bildhauerei, Schnitzerei und Drechslerei, da aufgrund der feinen, gleichmäßigen Struktur in allen Schnittebenen gut bearbeitbar. Weiterhin: Sperr-, Blindholz, Möbel, Furniere, Spielwaren, Küchengeräte, Holzschuhe, Musikinstrumente.
Nebennutzungen: Früher wurde der Bast der Rinde für Flecht- und Seilerwaren (Seile, Schnüre, Säcke, Körbe) sowie als Bindematerial im Gartenbau genutzt. Lindenblütentee gegen Erkältungskrankheiten; wertvolle Bienenweide. Artbastarde mit → *T. platyphyllos:* → *T. x vulgaris.*

Tilia x euchlora K. KOCH Krimlinde: Mutmaßlicher Bastard zwischen → *T. cordata* und T. dasystyla STEV. (Kaukasische Linde: Kauk. bis N-Persien). Bis 20 m hoher Baum; Blätter glänzend dunkelgrün, unterseits mit rotbraunen Achselbärten. Gelegentlich als Straßenbaum verwendet.

Tilia europaea → *Tilia x vulgaris*

Tilia glabra → *Tilia americana*

Tilia grandifolia → *Tilia platyphyllos*

Tilia heterophylla VENT. Verschiedenblättrige Linde (engl.: White Basswood) Neben → *T. americana* einzige forstl. wichtige Linde N-Amerikas. Verbreitet in den Appalachen und deren Ausläufern (von PA südl. bis NW-FL, westl. bis AR und MO; lokal in NY). Meist in Höhenlagen zwischen 900 und 1 500 m auf feuchten, aber gut drainierten Böden; oft zusammen mit T. americana, jedoch seltener als diese. Schattholzart, gutes Stockausschlagvermögen, leicht abbaubare Laubstreu. In M-Eur. winterhart. Bis 30 m hoch; Blätter 8 – 18 cm lang, rundlich oder länglich eiförmig, an der Basis quer abgeschnitten oder herzförmig, unterseits mit dichtem, weißem oder bräunlichem Filz; Blüten zu 10 – 25, mit Staminodien, hervorragende Bienenweide. Holzverwendung wie → *T. americana* (Abb. S. 522/523).

Tilia hollandica → *Tilia x vulgaris*

Tilia x intermedia →*Tilia x vulgaris*

Tilia japonica (MIQ.) SIMK. Japanische Linde: Baum winterkahler Laubwälder der kühl-temperierten Region Jap. und O-Chinas. Bis 20 m hoch; ähnlich → *T. cordata,* jedoch Blüten größer, mit Staminodien, in bis zu 40-blütigen Ständen. Holzeigenschaften und -nutzung wie bei T. cordata. In M-Eur. winterhart.

Tilia mandshurica Rupr. et Maxim. Mandschurische Linde: In Laubwäldern NO-Asiens verbreiteter, bis 30 m hoher, forstl. genutzter Baum. Knospen, Triebe und Unterseite der am Rand ± grannenspitzig gezähnten Blätter grau- bis weißfilzig. In M-Eur. winterhart.

Tilia parvifolia → *Tilia cordata*

Tilia petiolaris → *Tilia tomentosa*

Tilia platyphyllos Scop. (syn.: T. grandifolia Ehrh.) Sommerlinde, Großblättrige Linde: Max. 40 m hoher und 1 000 Jahre alter Baum in W-, M-, S- und SO-Eur. sowie in Kl.As. und dem Kaukasus. Areal reicht weiter nach S und SO, aber weniger weit nach N und O als das von → *T. cordata*. Chrom.: 2n = 82.
Kennzeichen: Unterschiede zur ähnlichen T. cordata: Blätter größer, ebenso wie Triebe weich behaart, unterseits mit weißlichen Achselbärten. Laubausbruch und Blüte 1 – 2 Wochen vor der Winterlinde. Blüten größer, Blütenstände nur 2- bis 5-blütig. Nüßchen 8 – 10 mm groß, hart (mit den Fingern nicht zerdrückbar!), deutlich längsgerippt (Abb. S. 523).
Vorkommen, Standort: Laubmischwälder (Ul-Ah-Es-Wälder, Bu-Li-Bergwälder, submed. Eichmischwälder) subatl. Lagen (wintermild, humid), hauptsächlich in der montanen Stufe (N-Alpen: bis 1 300 m, Z-Alpen: bis 1 700 m). Bevorzugt mittel- bis tiefgründige, sickerfrische, nährstoff- und basenreiche, steinige Lehmböden, v.a. auf Kalk. Pionier sonnseitiger Blockschutthalden. Höhere Ansprüche an Nährstoffversorgung, Wärme und Feuchtigkeit (v.a. der Luft) als Winterlinde. Halbschattholzart. Stärker spätfrostgefährdet als Winterlinde, gutes Stockausschlagvermögen; leicht zersetzbare, bodenpflegliche Laubstreu. In der Jugend Pfahlwurzel, später Herzwurzelsystem. Straßen- und Parkbaum, Dorflinde. Empfindlich gegen Luftverunreinigungen und Streusalz.
Holz und Nebennutzungen: wie → *T. cordata*. Holzhandel unterscheidet nicht zwischen Winter- und Sommerlindenholz, obgleich ersteres i.a. etwas schwerer und härter ist. In M-Eur. sind versch. Unterarten beschrieben. Ferner zahlreiche Gartenformen. Artbastarde mit T. cordata: → *T. x vulgaris.*

Tilia platyphyllos

Tilia tomentosa Moench (syn.: T. argentea DC) Silberlinde: In SO-Eur. (nördl. bis N-Ung., W-Ukr.) und Kleinasien beheimateter, stattlicher, bis 30 m hoher Baum. Submed. Laubmischwälder, meist auf nährstoff- und kalkreichen Lehmböden in Gesellschaft mit Quercus pubescens, Q. cerris, Q. frainetto, Juglans regia, Fraxinus ornus, Corylus colurna, Ostrya carpinifolia u.a. In M-Eur. beliebter Park- und Straßenbaum, raschwüchsiger sowie unempfindlicher gegen Sommertrokkenheit und Luftverunreinigungen als die beiden einheimischen Linden. Chrom.: 2n = 82. Borke grau, flachrissig; Triebe graufilzig; Blätter unterseits grau- bis silbrigfilzig (Name!), im Herbst intensiv goldgelb. Blüte (VII) etwa 2 Wochen nach → *T. cordata;* Nüßchen kugelig, hart, graufilzig, etwas warzig, schwach gerippt. Holz wie → *T. cordata.* Als Form der Silberlinde gilt T. petiolaris DC. (syn.: T. tom. 'Petiolaris' mit überhängenden Zweigen und hängenden, langgestielten Blättern (Abb. S. 523).

Tilia x vulgaris Hayne (syn.: T. europaea L. p.p., T. x intermedia DC., T. hollandica K. Koch) Holländische Linde: Bis 40 m hoher Bastard zwischen → *T. cordata* und → *T.platyphyllos*. Merkmale ± intermediär. Verbreitet als Straßen- und Parkbaum kultiviert.

Tiliaceae: Lindengewächse. Überwiegend trop. verbreitete Familie der → *Malvales* mit 41 Gattungen und ca. 400 Arten. Bäume, Sträucher, selten Kräuter mit wechselständigen, zweizeiligen Blättern, mit Nebenblättern. Blüten in Dichasien. Typ. Blütenformel: * K5 C5 ∞ G(5). Staubblätter frei, in 5 Büscheln episepal stehend. Zentralwinkelständige Placentation der Samenanlagen. Einsamige Nußfrüchte oder Kapseln. Wertvolles Holz liefert → *Tilia.* Faserlieferanten (Bastfasern) neben Tilia auch in den Gattungen: Grewia (Indien). Triumfetta, Corchorus (Jute aus Indien). Als Zimmerpflanze wegen der weißen Blütenstände geschätzt: Sparmannia africana aus Kapland (Zimmerlinde).

Tilio-Acerion: Pflanzensoziologischer Verband der Ordnung → *Fagetalia sylvaticae,* meist auf feuchten Sonderstandorten im Bereich der Buchenwälder. Dazu gehören: 1. Eschen-Ahorn-Schatthangwälder, mit anderen Edellaubhölzern und Unterwuchs von Lunaria rediviva und Acteaea spicata; 2. Ahorn-Eschen-Hangfußwälder mit Mercurialis perennis oder Allium ursinum im Unterwuchs; 3. Eschen-Bachrinnenwälder mit Carex remota und Impatiens nolitangere; 4. Lindenmischwälder an steinigen, trokkeneren Steilhängen der Alpen und auf Schutthalden mit Tilia cordata, Acer platanoides, Fraxinus excelsior, Ulmus glabra und seltener Tilia platyphyllos; 5. subalpine Ahorn-Buchenwälder der Gebirge SW-Mitteleuropas. Kennzeichnend sind neben Bu und BergAh in der Baumschicht vor allem die gut entwickelte Krautschicht mit großblättrigen Hochstauden wie Adenostyles alliariae, Cicerbita alpina und Ranunculus aconitifolius.

Tilletiales → *Heterobasidiomycetidae*

Tintenkrankheit der Edelkastanie → *Phytophthora cambivora*

Tochterchromosom: Im Zuge der → *Mitose* aus einem der beiden Chromatiden eines Chromosoms nach Trennung in der Metaphase neu entstandenes Chromosom.

Tochtersprosse: Mehrere, in der Längenentwicklung gleichwertige Sprosse. Oft bei Sträuchern, wo sie auf die basale Verzweigung des → *Primärsprosses* zurückgehen.

Toleranz: Form der aktiven Krankheitsresistenz (→ *Resistenz*), beruhend auf einer postinfektionellen Desensibilisierung des Cytoplasmas der Wirtspflanze gegenüber dem eingedrungenen Pathogen. Trotz Infektion kommt es nicht zur Erkrankung. T. wurde als Zuchtziel vor allem bei Virosen an landwirtschaftl. Kulturpflanzen angestrebt, ist wegen des stets latent vorhandenen Erkrankungspotentials jedoch bedenklich. Waldbäume tolerieren i.a. die Besiedlung ihres Kernholzes durch Holzzerstörer (Heterobasidion, Laetiporus etc.) oder ihrer Blattorgane durch → *Endophyten*. Weil diesen Vorgängen (zumindest im 1. Fall) keine durch das infizierende Pathogen ausgelöste Desensibilisierung des Wirtsgewebes vorausgeht, werden sie nicht als Formen der Toleranz interpretiert.

Tomillares: Strauchheideformation in Spanien. (→ *Garigue)*.

Ton-Humuskomplex: Reaktionsfähige, organo-minerale Verbindungen von → *Humusstoffen* mit Tonmineralen, gekennzeichnet durch ein stabiles Krümelgefüge, das eine optimale Durchlüftung und rege Mikroorganismentätigkeit gewährleistet und positiven Einfluß auf das Wachstum und die → *Nährstoffversorgung* ausübt.

Tonoplast: → *Biomembran*, die die → *Vakuole* gegen das → *Cytoplasma* abgrenzt. Im Gegensatz zum → *Plasmalemma* für viele Substanzen durchlässig.

Toona → *Meliaceae*

»Top Dying« der Fichte: In den siebziger Jahren weit verbreitete Krankheit vor allem an randständigen Fi in GB, N, S, NL, DK. Symptome: Ab Juli rostrote Verfärbung junger Nadeln in Nähe der Triebspitze, Nadelfall, Spitzendürre. Bei wiederholtem Auftreten allm. Absterben von oben nach unten. Als Ursachen werden Klimafaktoren, u.a. milde Winter diskutiert.

Topcross: Vereinfachtes Verfahren in der Züchtung zur Prüfung der Kombinationseignung a) Ein einziger Testklon fungiert als Pollenspender, um weibliche Blüten aller Testklone zu bestäuben. b) Die weiblichen Blüten eines Klons werden der Reihe nach mit dem Pollen aller Testklone bestäubt.

topogen: Bezieht sich auf Moore, deren Hauptwasserzufuhr vom Grundwasser stammt. → *Flachmoor*.

Topophysis: Beibehaltung des durch die Position am Mutterstamm geprägten Wachstumsverhaltens nach Pfropfung oder Stecklingsvermehrung. Reiser von orthotropen Terminaltrieben aus der Kronenspitze wachsen i.a. zu orthotropen, Reiser von plagiotropen Trieben aus der Kronenbasis zu plagiotrop orientierten Pflanzen heran. Häufig bei Abies- und Picea-Arten. Mehrere Jahre nach dem Verpflanzen heben sich die Folgen der T. i.a. auf.

Torf: T. entsteht vorwiegend in → *Mooren* oder nassen Uferzonen verlandeter Seen, wenn der Abbau von organischem Material in einem frühen Stadium gestoppt wurde, weil der zur → *Mineralisation* nötige Sauerstoff fehlte. Die Vertorfung von Moorpflanzen (Eriophorum, Sphagnum, Erica) und langjährige Torfakkumulation führt zu Torflagern von mehreren Metern Tiefe. Man unterscheidet je nach Herkunft zwischen Hochmoortorf (bes. nährstoff- und kalkarm), Flachmoortorf (nährstoff- und kalkreich), Bruchwaldtorf (enthält reichlich Holzreste und Rindenteile) und Trockentorf (entsteht auf Wald- und Heideboden).

Topophysis an Fichtenpfropflingen

Torfgränke → *Chamaedaphne calyculata*

Torfmoose → *Sphagnidae*

Torrey Pine → *Pinus torreyana*

Torreya ARN. Nußeibe, Stinkeibe: Gattung der → *Taxaceae* mit 6 in N-Amerika oder O-Asien heimischen, immergrünen, diözischen Bäumen ohne wirtschaftl. Bedeutung. Nadeln zweizeilig, starr, stechend, 3 – 4 Jahre am Zweig bleibend. ♀ Blüten zu zweit, nur eine davon wird zum ca. 5 cm großen, vom Arillus umgebenen Samen. Chrom.: 2n = 22. In vielen europ. Arboreten vorhanden: → *T. californica;* → *T. nucifera*. Weniger bekannt sind: T. grandis FORT: Strauch oder bis 25 m hoher Baum aus SO- und Mittelchina. Kurze Nadeln (bis 30 mm), unterseits mit 2 weißen Stomabändern. T. jackii CHUN: Strauch oder kleiner Baum aus China. Extrem lange (bis 80 mm), aromatisch duftende Nadeln, ohne Stomabänder. T. taxifolia ARN.: Kleiner, vom Aussterben bedrohter Baum, Winziges Areal in Florida. Triebe und Nadeln übelriechend; Nadelunterseite mit 2 grauen Stomabändern.

Torreya californica TORR. Kalifornische Nußeibe (engl.: California nutmeg) (Taxaceae): Bis 20 m hoher, langsam wachsender Baum des mittl. und nördl. CA. Von der Küste bis in die Sierra Nev. (fast 2000 m), meist an Flüssen und in schattigen Tälern. Rel. seltene, nicht bestandsbildende, wirtschaftl. unbedeutende Schattholzart. Nadeln scharf zugespitzt, oberseits glänzend dunkelgrün, unterseits 2 schmale, weiße Stomareihen. Samen im 2. Jahr reif, bis 4 cm lang; Arillus grün, bei Reife rotgefleckt. Starker aromatischer Geruch aller zerriebenen Pflanzenteile. Holz elastisch, schwer, dauerhaft. In Mitteleuropa nur in milden Lagen.

Torreya grandis FORT. Chinesische Nußeibe: Bis 25 m hoher, in M- und SO-China beheimateter Baum, in M-Eur. selten in Kultur und meist strauchförmig. Kennzeichen: Arillus rotbraun, Nadeln fast geruchlos.

Torreya nucifera SIEB. et ZUCC. Japanische Nußeibe (Taxaceae): Rel. seltener, bis 20 m hoher, in jap. Mittelgebirgen (bis 1 400 m) und an der südkoreanischen Küste heimischer, langsam wachsender Baum. Nadeln

Torreya californica: Triebspitze mit Samen

zugespitzt, <3 cm lang, unterseits mit 2 schmalen, bräunlichen, eingesenkten Stomabändern, unangenehm riechend. Samen eßbar. Holz dauerhaft, zum Schnitzen geeignet. In mitteleurop. Parks als Strauch.

Torus → *Tüpfel*

Totalherbizid → *Herbizide*

Totastbereich: Übergangsbereich zwischen → *Schaft* und → *Krone,* der mit abgestorbenen Ästen oder Aststümpfen besetzt ist.

Totipotenz → *Potenz*

Toxicodendron quercifolia → *Rhus toxicodendron*

Toxizität: Giftigkeit von Stoffen oder Substanzen die bei bestimmten Konzentrationen (= Grenzwerte) u.a. Schäden an Pflanzen verursachen. Man unterscheidet zwischen latenter T., die zu verringertem Wachstum führt, und akuter T., die Veränderungen und Zerstörungen von Pflanzenteilen oder Funktionsstörungen hervorruft. T.-Grenzwerte beziehen sich auf Konzentrationen von Schadgasen, Stäuben oder chemischen Verbindungen oberhalb derer Ertragsdepressionen auftreten. Als toxische Stoffe sind für Pflanzen u. a. bedeutsam: Al, Ar, Pb, Cd, Cr, Ni, Hg und SO_2 in (→ *Luftverunreinigungen,* → *Bodenversauerung,* → *Säureschäden,* → *Salzschäden).*

Trabant → *Satellit*

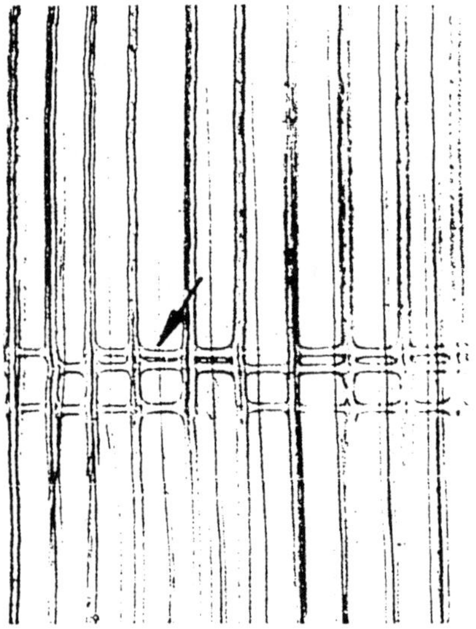

Trabeculae (Pfeil) im Stammholz der Fichte

Trabeculae: In radialer Richtung verlaufende, das Lumen der Tracheiden durchziehende Querstäbe. Aufbau identisch den Zellwänden. Werden als anomale Strukturen im Nadel- und Laubholz angesehen. Oft bilden radial benachbarte Tracheiden an jeweils gleichen Stellen Trabeculae aus. Als Ursache werden Reizungen des Kambiums angesehen, vor allem durch Frosteinwirkungen. Krüppelwüchsige Bäume aus exponierten Hochgebirgslagen und am Waldsterben leidende Bäume bilden vermehrt Trabeculae.

Tracheen: Gefäße. Durch Fusion von Einzelzellen (Tracheenglieder) unter vollständiger oder teilweiser Auflösung (→ *Perforation)* der Querwände entstandene Röhren im → *Xylem* der Angiospermen, → Gnetatae und einigen Pteridophyta (z.B. Adlerfarn). (Ausnahmen: Winteraceae, → *Magnoliales,* → *Trochodendrales)* Länge der T. i.a. zwischen 0,6 und 4,6 m, bei Lianen auch länger. Weite (in mm) der T. ist artspezifisch: Ei 0,2 – 0,3; Clematis 0,7; Ul 0,16; Bi 0,09 und Li 0,06. In ausdifferenziertem Zustand tot, der Wasserleitung und der Festigung dienend. Längswände mit zahlreichen, rel. kleinen Hoftüpfeln ohne Torus. Verteilung: Entweder nur im Frühholz (ringporige Lh wie Ei, Es, Rob, Ul, Castanea), im Frühholz gehäuft (halbringporige Lh wie Li, Juglans, Prunus avium) oder im Früh- und Spätholz gleichmäßig verteilt (zerstreutporige Lh wie Ah, Bi, Bu, Er, Hbu, Pa, Wei, Birne). Bei Verkernung wachsen → *Thyllen* in die Gefäße ein und verstopfen sie. Wandverstärkungen wirken dem Kollabieren der Gefäße entgegen. Analog zu → *Tracheiden* unterscheidet man Ring-, Schrauben- (= Spiral-), Netz- und Tüpfelgefäße.

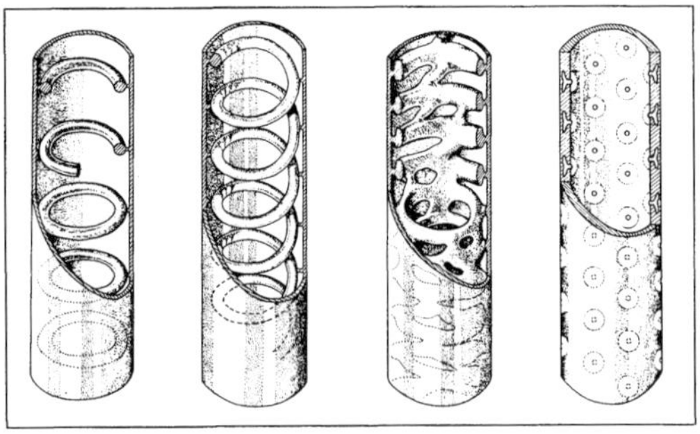

Tracheen mit unterschiedlichen Wandverstärkungen: *a* Ringgefäß, *b* Spiralgefäß, *c* Netzgefäß, *d* Tüpfelgefäß

Tracheiden: 1. Prosenchymatische, der Wasserleitung und Festigung dienende, tote Zellen des → *Xylems* (= Längstracheiden). Zellwände verholzt, mit → *Hoftüpfeln* (besonders an Quer- und Radialwänden). Über schrägstehende Querwände sind übereinanderstehende T. miteinander verbunden. Echte → *Perforationen* der Wand, wie bei Tracheen, fehlen. Einzige Wasserleitelemente bei den meisten Gymnospermen und Pteridophyta. Nach der Form der Wandverdickungen unterscheidet man: 1. Ringtracheiden: Innenwand mit Versteifungsringen ausgekleidet. 2. Schraubentracheiden mit innenliegender Versteifungsspirale. 3. Netztracheiden: Innenwand mit netzartigen Versteifungsleisten. 4. Tüpfeltracheiden: Ganze Wand verstärkt, mit Ausnahme der Tüpfelbereiche.
Länge der T. bei Angiospermen max. 1,5 mm, bei Gymnospermen max. 4,9 mm. → *Treppentracheide.* 2. Wasserleitende, mit Hoftüpfeln versehene Zellen im → *Transfusionsgewebe* der Nadel (= Transfusionstracheiden). 3. Wasserleitende Zellen im heterozellulären → *Markstrahl* mancher Pinaceae (Quertracheiden). Stets mit Hoftüpfeln und gelegentlich mit unregelmäßigen Wandversteifungen.

Tracheobakteriosen: Welkekrankheiten, ausgelöst durch Bakterien, die mit dem Wasserstrom im Wirt verbreitet werden. Ohne Bedeutung bei Holzpflanzen.

Tracheomykosen: Von pathogenen Pilzen ausgelöste Welkekrankheiten, bei denen sich die Erreger über das Wasserleitungsgewebe in den Wirtspflanzen ausbreiten. Einige T. an Waldbäumen werden durch Wurzelfusionen übertragen. Beispiele: → *Ceratocystis ulmi*, → *C. fagacearum*, → *Verticillium*-Arten an Ah, Li, Ul.

Tracheophyten: Gefäßpflanzen. Pflanzen mit differenziertem Leitgewebe. Hierher gehören → *Pteridophyta* und → *Spermatophyta*.

Trachiotis: Strauchheideformation auf Zypern. → *Garigue*.

Trachycarpus → *Arecales*

Trägersstoffe: Wirkungsneutrale Feststoffe, die in verschiedener Teilchengröße den chemischen Wirkstoffen in Herbiziden, Fungiziden oder Insektiziden beigegeben werden können, um deren Verteilung auf den behandelten Pflanzenoberflächen zu optimieren. Beispiele: Kalk, Kaolin, Talkum, versch. Gesteinsmehle. Vor allem in → *Stäubemitteln*.

Tränenweide → *Salix babylonica*

Tränenkiefer → *Pinus wallichiana*

Tränenzypresse → *Chamaecyparis funebris*

Tragblatt: Blattorgane, in deren Achseln Seitensprosse stehen. Im Bereich der Infloreszenz heißen sie → *Brakteen*.

Trama → *Basidiokarp*

Tramete, Reihige → *Antrodia serialis*

Tramete, Rötende → *Daedaleopsis confragosa*

Tramete, Striegelige → *Trametes hirsuta*

Trametes gibbosa (PERS. ex FR.)FR. Buckel-Tramete: Häufiger Weißfäuleerreger an liegendem Bu-Holz und an Bu-Stubben. Seltener an anderen Lh, nicht an Nh. Die mehrjährigen, bis zu 20 cm breiten Fruchtkörper stehen gehäuft übereinander. Sie sind konzentrisch gezont und ober- wie unterseits weißlich. Typische bukkelige Aufwölbung am Ansatzpunkt des Fruchtkörpers. Hymenophor mit langgestreckten, nicht mit runden Poren. Alte Fruchtkörper durch Algenbewuchs oft grün.

Trametes hirsuta (WULF. ex FR.) PIL. Striegelige Tramete: Kosmopolit. Häufig als Weißfäuleerreger an liegendem Bu-Holz und an Bu-Stubben. Seltener an anderen Lh, kaum an Nh. Besiedelt auch stehende Bu mit Rindenbrand. Lichtbedürftig. Fruchtkörper zahlreich, variabel in Farbe und Größe, halbkreisförmig, bis 15 cm breit. Oberseits striegelig behaart und konzentrisch bräunlich gezont. Unterseits runde, gelbliche Poren. Die sehr ähnliche Lenzites betulina hat unterseits korkige Lamellen.

Trametes pini → *Phellinus pini*

Trametes radiciperda → *Heterobasidion annosum*

Trametes serialis → *Antrodia serialis*

Trametes versicolor (L. ex FR.) PILAT Schmetterlingsporling, Schmetterlings-Tramete (Polyporaceae): Sehr häufiger, früh erscheinender, intensiver Holzzersetzer. Weißfäuleerreger. Oft an Lh-Stubben, besonders an Bu. Selten an Nh. Gelegentlich an stehenden Bu mit Rindenbrand. Fruchtkörper: dünne, fächerförmige Hüte. Farbe uneinheitlich, stets viele bunte Zonen (rot, braun, grau, blau, gelb) im Alter eher schwärzlich. Unterseite mit sehr kleinen Poren.

Transaminasen: Enzyme der Transferasen-Gruppe, die Amino(-NH_2)-Gruppen übertragen.

Transduktion: Übertragung von DNS-Abschnitten von einer Bakterienzelle zur anderen via → *Bacteriophagen*.

Transfer-RNA → *RNA*

Transferasen: → *Enzyme* zur Übertragung von Atomgruppen (Amino-, Carboxyl-, Phosphorylgruppen etc.)

Transformation: Einbau von zellfreier DNS in das Genom von → *Schizomycetes*.

Transfusionsgewebe: Gewebe im Innern der Coniferennadel. Umgibt die Leitbündel; wird vom Assimilationsgewebe meist durch eine Endodermis abgegrenzt. Vermittelt den Stoffaustausch zwischen Leit- und Assimilationsgewebe. Besteht aus parenchymatischen (Transfusionsparenchym) und tracheidalen Zellen (→ *Transfusionstracheiden*). → *Mesophyll*.

Transfusionstracheide → *Tracheide*

Transkription → *Proteinbiosynthese*

Translation → *Proteinbiosynthese*, → *Chromosomenmutation*

Translokation → *Chromosomenmutation*

Translokatoren → *Membrantransport*

Transmission: Bezogen auf Immissionen: Transport von Luftverunreinigungen mit der Luftströmung; abhängig von Witterung und Orographie. Während der T. können Luftschadstoffe chemisch verändert werden, u.U. auch aggressive Folgeprodukte bilden (z.B. Saurer Regen, Ozon).

Transpiration: Von Pflanzen durch → *Diffusion* an die Atmosphäre erfolgte Wasserabgabe. Man unterscheidet: 1. Cuticuläre T.: Verdunstung über die → *Cuticula*. 2. Stomatäre T.: Verdunstung über die → *Stomata*. 3. Peristomatäre T.: Wasserabgabe aus den Wänden der Schließzellen und benachbarter Zellen. Sie ist gegenüber der cuticulären T. erhöht und hat Bedeutung für die Regulationsfähigkeit der Stomata.
Unter Transpirationsrate wird die Wasserabgabe pro Zeit und Fläche verstanden. Als Transpirationswiderstände, die die T. behindern, gelten: 1. Laminarer Grenzwiderstand, bedingt durch die laminare Grenzschicht, eine der Blattoberfläche unmittelbar aufliegende Luftschicht, die die freie Diffusion der Gasmoleküle (CO_2 und H_2O) behindert. Der l. G. reduziert sich bei geringstem Luftzug. Die Beständigkeit der Grenzschicht wird durch Haare erhöht. 2. Cuticulärer Widerstand durch Cuticula und Wachse. 3. Stomatärer Widerstand, der durch das Öffnen oder Schließen der Stomata regulierbar ist.
Wegen des Randeffektes (geringe Behinderung diffun-

dierter Moleküle am Rande eines Diffusionsfeldes) haben viele kleine Stomata einen geringeren Widerstand als wenige große. Der Energieverlust beim Übergang des Wassers von der flüssigen in der Gasphase wirkt als Transpirationskühlung und schützt das Blatt vor Überhitzung. Die T. ist für den Wasserfluß in den Gefäßen mitverantwortlich.

Transpirationsstrom (aufsteigender Saftstrom): Ferntransport von Wasser vom Ort der Aufnahme in der Wurzel zum Ort der Abgabe in die Atmosphäre (→ *Transpiration*). Man unterscheidet den faszikulären T. durch die Lumina und Zellwände der Gefäße vom extrafaszikulären T. in der Gesamtheit der Wände lebender Zellen von Wurzel, Sproß und Blatt. T. erfolgt überwiegend apoplastisch. Infolge der Kohäsion des Wassers entstehen kontinuierliche »Wasserfäden«, die von der Oberfläche von Sproß und Blatt bis zur Wurzeloberfläche reichen. Weil zur Überwindung der Kohäsion Zugkräfte von ≈ 1 000 bar erforderlich sind, zerreißen die gasfreien Fäden auch nicht bei starken Transpirationsbelastungen. Der Aufstieg des Wassers in der Pflanze erfolgt durch Differenzen des → *Wasserpotentials*, die durch Transpiration entstehen. Die Pflanze ist in das Druckgefälle zwischen Boden und Atmosphäre eingebaut, das −13,6 bar bei 99 %, −140 bar bei 90 % und −900 bar bei 50 % rel. Luftfeuchte (20 °C) beträgt. Dem Wasserverbrauch durch Transpiration folgt die Wasserversorgung durch die Wurzel mit Verzögerung nach. Dadurch entsteht an den pflanzlichen Oberflächen ein negativer Druck (Sog) von −30 bis −50 bar, zu Zeiten höchster Transpirationsbelastung bis zu −90 bar. Die hohen negativen Drucke in den Zellwänden (→ *Matrixpotential*) setzen sich über das Xylem bis in die Wurzel fort. Der auf die Xylemflüssigkeit übertragene Unterdruck (Kohäsionsspannung) wird als Xylemwasserpotential mit der Scholander-Bombe gemessen.
Voraussetzung für T: 1. Mechanische Festigkeit der Leitungsbahnen durch besondere Wandverdickungen und Verholzung der Zellwände. Dadurch kein Kollabieren bei Unterdruck. 2. Optimale Adhäsion der Wassermoleküle an der Gefäßwandung. 3. Geringe Leitwiderstände durch fehlendes Plasma, lange Leitelemente (Koniferentracheiden i. a. 0,5 – 3 mm; Tracheen 0,6 [Acer], bis 3 m [Fraxinus]) mit optimalen Durchmessern. 4. Druckregulierende Mechanismen (Schließen der Hoftüpfel). 5. Belegzellen verhindern das Eindringen von Luft in die Gefäße (Gasembolie). 6. Kontaktzellen geben bei geringer Transpiration osmotisch wirksame Substanzen (Zucker, Aminosäuren) in die Gefäße ab, um das Druckgefälle aufrechtzuerhalten.
Geschwindigkeit des T. wird thermoelektrisch gemessen. Bei ringporigen Arten (Quercus, Castanea, Ulmus) werden bestimmte Kronenbereiche von einer speziellen Wurzelregion versorgt. Bei Koniferen wird das Wasser durch einseitige tangentiale Ausbreitung schraubig nach oben geleitet.

Transport, apoplastischer: Bewegung gelöster Stoffe mit dem Wasser im Zellwandkontinuum (Apoplast) und in den Lumina der Gefäße. Das Wasser strömt entlang Differenzen des Wasserpotentials, die in erster Linie durch die Transpiration (→ *Transpirationsstrom*) oder durch Konzentrationsunterschiede (z.B. Assimilattransport vom Mesophyll zum Phloem) entstehen.

Ringporiges Laubholz	Geschwindigkeit in $m \cdot h^{-1}$	Gefäßdurchmesser in µm
Quercus robur	43,6	200–300
Robinia pseudoacacia	28,8	160–400
Quercus rubra	27,7	250
Fraxinus excelsior	25,7	120–350
Castanea sativa	24,0	300–350
Ulmus minor	6,0	130–340
Laburnum anagyroides	3,9	60–250
Zerstreutporiges Laubholz		
Populus balsamifera	6,25	80–120
Juglans regia	4,12	120–160
Liriodendron tulipifera	2,62	50–120
Acer pseudoplatanus	2,40	30–110
Alnus glutinosa	2,00	20–90
Betula pendula	1,60	30–130
Carpinus betulus	1,25	16–80
Fagus sylvatica	1,07	16–80
Aesculus hippocastanum	0,96	30–60
Nadelholz		
Larix decidua	2,1	bis 55
Pinus strobus	1,7	bis 45
Picea abies	1,2	bis 45
Tsuga canadensis	1,0	bis 45

Höchstgeschwindigkeiten des **Transpirationsstromes** (Sommertag, Mittagszeit, Brusthöhe)

Transport, symplastischer: Stoffbewegung von Zelle zu Zelle über das durch → *Plasmodesmen* verbundene Cytoplasma (Symplast). Durch → *Plasmaströmung* und die Wirkung kontraktiler Elemente werden Transportgeschwindigkeiten von 1 – 6 cm · h^{-1} erreicht.

Transportchromosom: Spiralisierte, verkürzte und entquollene Chromosomen während der → *Meiose* oder → *Mitose*.

Transversale: Transversalebene. Senkrecht zur → *Mediane* liegende Symmetrieebene (→ *Blütendiagramm*).

Traube: Razemöse → *Infloreszenz*. An einer Hauptachse stehen gestielte Blüten. Beispiele: Ribes-Arten, Prunus padus, Calluna, Robinia. Bei Doldentrauben liegen die Blüten der Traube in einer Ebene (Sorbus, Spiraea).

Traubeneiche → *Quercus petraea*

Traubenholunder → *Sambucus racemosa*

Traubenkirsche → *Prunus padus*

Traubenkirsche, Spätblühende → *Prunus serotina*

Traubenzucker → *Glucose*

Trauerbuche → *Fagus sylvatica*

Trauerformen → *Hängeformen*

Trauerweide → *Salix alba*

Trauerweide, Echte→*Salix babylonica*

Trauf, (Kronentrauf): Tiefreichende Beastung von Bäumen; auch verwendet für mit tiefbeasteten Bäumen gebildete Bestandesränder. Richtig gestaltete T. bestehend aus standfesten Bäumen, sind wichtiger stabilisierender Faktor für in Windrichtung nachgelagerte Bestände und fördern zudem ein ausgeglichenes Bestandesinnenklima.

Treculia → *Moraceae*

Trema → *Ulmaceae*

Tremellales → *Heterobasidiomycetidae*

Trennart → *Differentialart*

Treppentrachee → *Treppentracheide*

Treppentracheide: Leitelement mit quergestreckten Tüpfeln an den schiefstehenden Endwänden. Fehlt die Schließhaut der Tüpfel, spricht man von Treppentrachee oder Leitergefäß (bei Magnoliaceae).

Treue → *Gesellschaftstreue*

Trias: Zeitabschnitt des Mesozoikums, → *Erdzeitalter,* → *Mesophytikum*

Triazine: Wichtige Gruppe herbizider Wirkstoffe mit hoher Selektivität. Aufnahme über Wurzeln oder Blatt, Hemmung der Photosynthese. Starke Anreicherung und lange Verweildauer in der obersten Bodenschicht. Mais zeigt hohe Toleranz gegenüber T.. Beispiele: → *Atrazin,* besonders im Maisbau und in vielen tropischen Kulturen (Citrus, Kaffee, Bananen etc.); → *Simazin* in Hopfen-, Steinobst-, Forst- und tropischen Kulturen sowie Terbutryn gegen Getreideunkräuter.

Tribunil® → *Harnstoff-Herbizide*

Tribus → *Taxon*

Tricarbonzyklus → *Citronensäurezyklus*

trichal → *Phycophyta*

Trichaptum abietinus → *Hirschioporus abietinus*

2,4,5-T (2,4,5-Trichlorphenoxyessigsäure): Selektiv wirkendes → *Wuchsstoffherbizid* gegen schwer bekämpfbare Kräuter und gegen Holzpflanzen. In Dieselöl gelöst als → *Arborizid* im Rahmen der → *chemischen Läuterung* verwendet. Flächenhaftes Ausbringen wegen hoher Rückstände in Waldfrüchten (→ *Dioxin)* höchst bedenklich und z.T. verboten. Stimulierende Wirkung auf pathogene Pilze (u.a. Hallimasch). In Schweden großflächige Applikation durch Flugzeuge zur Beseitigung der Weichholz-Konkurrenz (Bi, As) in Nh-Aufforstungen (1970: 90 000 ha). Besonders empfindlich reagieren Sand- und Moorbirke, Weidenarten, Schwarz- und Grauerle sowie Spitzahorn, als widerstandsfähig gelten u.a. Bu, Es, Stieleiche und Prunus padus. LD_{50} (Ratte): 500. 2,4,5-T enthält bis zu 0,005 mg/kg produktionsbedingte Dioxin-Verunreinigungen, die nach dem Entlaubungs-Einsatz des Mittels im Vietnam-Krieg (Agent Orange) zu erheblichen Gesundheitsschäden bei der Zivilbevölkerung führten.

Trichoblasten → *Wurzelhaare*

Trichocladus → *Hamamelidaceae*

Trichoderma PERSON ex FR.: Gattung der Deuteromycetes. Hauptfruchtform: Hypocrea (Hypocreaceae). Mehrere weitverbreitete, bodenbürtige, meist saprophytische Arten. Hauptsächl. in humosen Böden, auch an lebenden Wurzeln. Übt antagonistische Wirkung durch Antibiotica (Trichodermine) aus. Hyperparasitismus mehrfach beschrieben. Vermehrung durch Konidien und Chlamydosporen. Ansätze zur biol. Bekämpfung von Wurzelpathogenen (u.a. Rhizoctonia solani) mit T. harzianum RIFAI an tropischen Kulturpflanzen. T. lignorum (TODE) HARZ wirkt antagonistisch gegen → *Verticillium albo atrum* an Spitzahorn. T. viride PERS. ex FR.: Sehr häufig in mitteleurop. Waldböden. Parasitiert auf Hyphen von → *Pythium debaryanum* und → *Rhizoctonia.* Wirkt antagonistisch durch flüchtige und flüssige Antibiotica. Kann Feinwurzeln von Fi-Keimlingen durch Toxine schädigen, dann eindringen und abgetötetes Gewebe besiedeln (→ *Perthophyt).* Das geschieht häufig in stark sauren Böden.

Trichodermin → *Trichoderma*

Trichogyne → *Ascogon*

Trichome → *Haare*

Trichoscyphella willkommii → *Lachnellula willkommii*

Trichosphaeria parasitica → *Herpotrichia parasitica*

Tricoccae → *Euphorbiales*

tricolpat: Bezogen auf Pollen mit drei Keimfalten (Colpen), z.B. Ah, Ei, Wei.

tricolporat: Bezogen auf Pollen mit drei faltenähnlichen Keimporen (Bu, Li).

Trieb → *Sproß*

Triebkraftprobe: Keimprüfung in mit Quarzsand gefüllten Zinkgefäßen, bei der der Keimling eine 1 cm dicke Sandschicht durchbrechen muß.

Triebspitzendürre → *Venturia saliciperda*

Triebspitzenkrankheit der Weißpappeln → *Venturia macularis*

Triebsterben: Epidemisches Absterben von Abschnitten der Terminal- und Lateraltriebe. Meist ist der jüngste Jahrestrieb betroffen. Blattorgane werden ± gleichzeitig braun, Knospen sterben ab. U.a. verursacht von → *Cenangium abietis,* → *Scleroderris lagerbergii.*

Triebsterben, Lärche → *Ascocalyx laricina*

Triester Holz → *Celtis australis*

Trigonobalanus → *Fagaceae*

trilet: Bezogen auf Pollen mit dreiteiliger Keimstelle.

Trimonözie: Triözie. → *Subdiözie.*

Triözie → *Subdiözie*

triploid: Mit dreifachem Chromosomensatz. Triploide

Individuen sind aufgrund von Meiose-Störungen meist steril. Gelegentlich kommt es durch willkürl. Verteilung überzähliger Chromosomen zu → *Aneuploiden.*

triporat: Bezogen auf Pollen mit drei Keimporen (Bi, Haselnuß).

Trisomie: Vorliegen eines einzelnen Chromosoms in dreifacher Ausführung.

Triterpene → *Terpenoide*

Trivalent: Dreiergruppierung von Chromosomen.

Trochodendrales: Ordnung der → *Hamamelididae* (bisweilen den → *Magnoliidae* zugeordnet). Bäume mit tracheenlosem Holz und Balgfrüchten. Umfaßt 2 Familien: Trochodendraceae (Radbaumgewächse) mit der Blütenformel P0 A∞ G (4-11) (Trochodendron aralioides aus Japan, Formosa) und Tetracentraceae mit vierzähligem Perigon und (G) (Tetracentron sinensis aus China).

Trockenfäule: Irreführende, früher häufig verwandte Bezeichnung für jene Zerstörung verbauten Holzes, die äußerlich keinerlei Mycelien, Fruchtkörper oder Sklerotien eines Pilzes erkennen läßt.

Trockenrisse → *Dürreschäden*

Trockensavanne → *Savanne*

Trockenwald: Lichter, regengrüner Wald der Tropen und Subtropen in Gebieten mit 5 – 7 Monaten Trokkenzeit. Neben laubabwerfenden, oft schirmkronigen, findet man in feuchteren Bereichen auch immergrüne, hartlaubige Bäume und im Unterwuchs Dorn- und Rutensträucher sowie Horstgräser. Kennzeichnend sind Xeromorphie (→ *Xerophyten),* Sukkulenz (→ *Sukkulenten)* und geringe Wuchsleistung. In arideren Gebieten geht der T. in → *Savanne* über. Zur → *Formation* des T.es zählen u.a. → *Miombo-Wald,* → *Mopane-Wald,* → *Caatinga* und mit Einschränkungen die Eucalyptus-Wälder Australiens.

Trocknis → *Dürreschäden*

Trompetenbaum → *Catalpa*

Trompetenbaumgewächse → *Bignoniaceae*

Trompetenblume → *Bignoniaceae*

Trophophyll: Blatt der → *Pteridophyta,* das im Gegensatz zu → *Sporophyllen* keine Sporangien trägt und vornehmlich der Assimilation dient. Differenzierung in T. und Sporophylle tritt bei → *Lycopodiales,* → *Selaginellales,* → *Equisetales* und → *Filicatae* auf.

tropisch → *Florenzonen*

Tropismen: Bewegungen pflanzlicher Organe, bewirkt durch Unterschiede in der Wachstumsintensität. Die Krümmungsrichtung steht zur Richtung eines auslösenden Außenfaktors in Beziehung. Krümmung in Richtung zur Reizquelle ist positiver Tropismus, Krümmung entgegengesetzt zur Reizquelle ist negativer Tropismus. Wichtig ist die Orientierung von Pflanzenteilen zur Richtung des Lichteinfalls (→ *Phototropismus)* und der Erdschwerkraft (→ *Geotropismus).* Je nach Art der auslösenden Faktoren unterscheidet man → *Chemotropismus,* → *Thigmotropismus* etc. Meist wirken mehrere Faktoren zusammen.

Tropophyten: Wandlungsfähige Pflanzen, die dem jahresperiodisch wechselnden Klimarhytmus entsprechend ihr äußeres Erscheinungsbild ändern. Bsp.: → *Kryptophyten,* die den Winter als Zwiebel überdauern.

Trüffel: Gruppe von Pilzen. Hierzu gehören die echten T. (→ *Tuberales*), mit begehrten Speisepilzen (→ *Ascomycetes*). Mit unregelmäßig rundlichen bis derb knolligen, unterirdisch im Waldboden vorkommenden Fruchtkörpern (sog. Hypogäen), leben in Symbiose mit den Wurzeln von Lh und Nh, → *Hirschtrüffel,* → *Mykorrhizapilze.*

Trüffelpilze → *Tuberales*

Trugdolde → *Pleiochasium*

Truncatella hartigii → *Pestalotia hartigii*

Tsuga CARR. Hemlocktanne, Schierlingstanne: Gattung der → *Pinaceae* (Abietoideae) mit 15 immergrünen, monoezischen, teils in Nordamerika, teils in Ostasien beheimateten Baumarten. Kennzeichen: Dünne, oft leicht überhängende Triebe; kleine Nadeln mit kurzem Stiel. Zahlreiche kleine, im 1. Jahr reifende Zapfen. Chrom.: 2n = 24; 2 Kotyledonen. Holz leicht und weich, wenig zug-, druck- und biegefest.

Tsuga canadensis (L.) CARR. Kanadische Hemlocktanne (engl.: Eastern Hemlock): Wichtige und leistungsfähige Holzart kühl-feuchter Lagen des amerik. Nordostens. Nat. Areal von Neuschottland bis WI und dann südlich bis GA. Sie erreicht im Optimum 30 – 35 m (max. 53 m) Höhe und max. 2 m Durchm. Höchstalter 1 000 Jahre. Gelegentlich in sehr dichten Reinbeständen, häufiger in artenreichen Mischungen, insbes. mit Pinus strobus, Acer saccharum, Betula lutea, Fagus grandifolia. Eine extreme Schattholzart mit sehr saurer Streu, deren flaches Wurzelsystem ihre Empfindlichkeit gegen Windwurf und Bodenfeuer erklärt. T. canadensis ist in M-Eur. völlig winterhart. Forstl. Probeanbauten in kühl-feuchten Lagen waren erfolgreich. Als Park- und Gartenbaum ist die Art weit verbreitet. Eignung auch als Heckenpflanze. Das leichte und weiche, weder dauerhafte noch nagelfeste Holz wird für Verschalungen und Kisten sowie zur Papierherstellung verwendet. Es hat keine Harzkanäle.
Kennzeichen: Deutlich überhängende Gipfeltriebe. Kleine, von der Basis zur Spitze allmählich schmaler werdende, 5 – 6 Jahre am Baum bleibende Nadeln, deren Unterseite 2 rel. schmale, vom Nadelrand klar abgesetzte Wachsstreifen trägt. Zapfen in großer Zahl, nicht länger als 2 cm. T. canadensis stockt oft auf podsolierten Braunerden. Sie gilt als standorttolerant, gedeiht selbst auf flachgründigen und an moorigen, versagt aber auf verdichteten Böden. Mißerfolge auch in warmen, trockenen Lagen. Verjüngung nur unter Schirm. Samenkeimung nur auf Mineralboden, liegenden Stämmen oder Stöcken. Im Gartenbau werden zahlreiche Zierformen verwendet.

Tsuga caroliniana ENGELM. Carolina-Hemlocktanne (engl.: Carolina Hemlock): Forstl. unbedeutende, 12 bis 18 m hohe Art des östl. N-Amerika. (Virginia bis N-Georgia), beschränkt auf trockene, felsige Hänge. Beliebt als Parkbaum und Heckenpflanze. Winterhart in M-Eur.. Nadeln völlig ganzrandig, Zapfen schmal elliptisch, bis 3,5 cm lang.

Tsuga canadensis: *a* Zweig mit männl. Blüten, *b* mehrjähriger Zweig, *c* Zapfen

Tsuga chinensis (FRANCH.) PRITZ: Waldbaum W-Chinas, bis 40 m hoch. In Höhenlagen zwischen 3 000 und 3 600 m gemeinsam mit Abies delavayi, Pinus armandii, Tsuga yunnanensis. In M-Eur. nicht erprobt.

Tsuga diversifolia (MAXIM.) MAST. Nordjapanische Hemlocktanne: Dicht verzweigte, in M-Eur. völlig winterharte, aber meist buschige Schattholzart mit hohem Zierwert. Heimat: Regenreiche Gebirgslagen um 1 500 m auf der Insel Hondo. Dort Reinbestände oder in Mischung mit Abies veitchii, Larix kaempferi, Thujopsis dolabrata. Bei sehr langsamem Wachstum werden Höhen von 16 – 22 m (max. 26 m) und Stärken bis 130 cm erreicht. Nadeln kurz, oberseits gefurcht und glänzend dunkelgrün, unterseits mit breiten, weißen Wachsstreifen. Sie bleiben 5 – 6 Jahre am Baum.

Tsuga dumosa (D. DON.) EICHLER: Bis 40m hoher

Waldbaum des östl. Himalaya (2 600 – 3 200m). Reinbestände oder in Mischung mit Abies spectabilis, Picea spinulosa, Pinus griffithii, Juniperus squamata. In M-Eur. nicht winterhart.

Tsuga formosana Hayata (syn.: T. chinensis var. formosana [Hayata] Li et Keng.): Bis 50 m hoher Waldbaum in China und Taiwan mit rel. langen Nadeln (bis 2,5 cm) und rel. großen Zapfen. Auf Formosa Reinbestände in Höhenlagen zwischen 2 400 und 3 000 m, sonst gemeinsames Vorkommen mit Abies kawakamii und Picea morrisonicola.

Tsuga heterophylla (Raf.) Sarg. Westliche Hemlocktanne (engl.: Western Hemlock): Wichtiger Waldbaum im Westen N-Amerikas mit dichten, massenreichen Reinbeständen im küstennahen Nebelgürtel von AK bis N-CA (61° – 41°n.Br.). Oft auch in Mischung mit Picea sitchensis, Dougl, Chamaecyparis nootkatensis und Thuja plicata. Extrem hohe Reproduktionsraten. Teilareal im Felsengeb. des südl. BC, des nördl. Washington, Idaho und Montana. Unter optimalen Bedingungen 35 – 45 m hoch (max. 72 m); 1,2 m stark und bis 500 Jahre alt. Fast völlig winterhart in M-Eur. und geeignet als wüchsiger Unterstand für Lichtholzarten. Verwendung des harzfreien, wenig dauerhaften, schwer spaltbaren, aber nagelfesten Holzes als Holzschliff und für Kisten.
Kennzeichen: Nadeln unregelmäßig gescheitelt, von der Basis bis zur Spitze etwa gleich breit. Breite, weiße Wachsstreifen auf der Unterseite. Zapfen stets ungestielt, bis 30 mm lang. T. heterophylla ist eine ausgeprägte Schattholzart. Sie meidet trockene, wind- und sonnenexponierte Lagen, braucht frische Böden, ist aber recht standorttolerant. Wegen des flachen Wurzelsystems leidet sie unter Windwurf und Bodenfeuer, nach Durchforstung besteht Schneedruckgefahr. In ihrer Heimat entstehen hohe Verluste durch Zwergmisteln (→ *Arceuthobium*), und mehrere Wurzelparasiten (u.a. → *Heterobasidion*, → *Phellinus pini*, → *Poria weirii*).

Tsuga jeffreyi → *Tsuga mertensiana*

Tsuga mertensiana (Bong.) Carr. (syn.: T. pattoniana [A.Murr.] Engelm.) Berg-Hemlocktanne: Weit verbreiteter, trägwüchsiger Waldbaum in den küstennahen Hochlagen des westl. Nordamerika. Tolerant gegen Klimaextreme und kurze Veg.-Perioden. Das nat. Areal erstreckt sich von S-AK (61°10' bis N-CA (36°40') und erreicht die Rocky Mts. in N-ID und W-MT. Die Art bildet die Waldgrenze um 1 000 m im N und um 3 300 m im S, ist oft mit Abies lasiocarpa, Pinus albicaulis, P. contorta und Picea engelmannii gemischt und erreicht unter optimalen Bedingungen 30 – 40, max. 50 m Höhe und ein Alter von 400 – 500 Jahren. In M-Eur. ist sie winterhart; forstliche Anbauversuche fehlen aber.
Kennzeichen: Die im Querschnitt fast runden, blaugrünen Nadeln stehen rings um den Zweig. Seitentriebe sehr kurz. Bis 8 cm lange, an beiden Enden verjüngte Zapfen. Besonderheiten: T. mertensiana ist eine ausgesprochene Schattholzart. Sie stellt geringe Standortansprüche, gedeiht auf Böden fast aller Ausgangsgesteine, meidet aber Kalk und bevorzugt frische bis feuchte Lagen. Ihre Wuchsform variiert deutlich mit Höhenlage und Standort. Geschätzt als langsam wachsender Parkbaum mit hohem Zierwert. Gelegentlich wird eine in der Nadelmorphologie abweichende Form als T. mertensiana var. jeffreyi abgetrennt. Andere Autoren betrachten diese als einen natürlich entstandenen Artbastard zwischen T. heterophylla und T. mertensiana und nennen ihn Tsuga jeffreyi Henry.

Tsuga mertensiana

Tsuga pattoniana → *Tsuga mertensiana*

Tsuga sieboldii Carr. Südjapanische Hemlocktanne: Japanischer Waldbaum in feucht-warmen Regionen südl. 36°n.Br., der in Mischung mit Cryptomeria, Chamaecyparis obtusa, Pinus densiflora, Sciadopithys verticillak vorkommt und bis 28 m hoch wird. In M-Eur. klimahart, aber schwach wüchsig. Kennzeichen: rel. lang gestielte Zapfen, Nadelspitze gekerbt.

Tsuga yunnanensis (Franch.) Pritz.: Bis 30 m hoher Waldbaum im westl. China und im nördl. Burma. Gemeinsames Vorkommen mit Abies delavayi, Pinus armandii, Tsuga chinensis. Nicht winterhart in M-Eur..

Tuber → *Trüffeln*

Tuberales: Trüffelpilze. Entwickeln unterirdische, knollenartige, von Apothecien abgeleitete Fruchtkörper. Gehören zu den → *Unitunicatae-Operculatae*, obwohl hier Asci ohne funktionsfähigen Deckel. Nebenfruchtformen fehlen. Wertvolle Speisepilze. Mykorrhizapilze von Waldbäumen.

Tubercularia vulgaris → *Nectria cinnabarina*

Tuberculina maxima: Rostr. (Stilbellaceae): Hyperparasit auf forstl. wichtigen Cronartiaceae. Purpurfarbene Sporenlager im Randbereich der Aecidienherde von Cronartium ribicola (an Pinus strobus und P. monticola), von C. commandrae (P. contorta), von C. quercuum (P. virginiana). Aecidienbildung wird gehemmt oder unterdrückt. Kein direkter Parasitismus nachgewiesen. Für biol. Bekämpfung nicht wirksam genug.

Tuberkelkrankheit des Ölbaumes → *Pseudomonas*

Tuberculina maxima auf Cronartium ribicola (an Pinus monticola)

Tüpfel: Dem Stoffaustausch zwischen benachbarten Zellen dienende, unverdickte Partien der Zellwand. Mittellamelle sowie Primärwände bleiben als Schließhaut erhalten und werden von → *Plasmodesmen* durchzogen. Sekundärwand fehlt. (1) Einfache Tüpfel: nicht verschließbare Poren; in stark verdickten Wänden (→ *Steinzellen)* als rel. lange, mit entspr. T. der Nachbarzellen korrespondierende Kanäle (korrespondierende Tüpfelkanäle). (2) Hoftüpfel oder behöfte Tüpfel, in Wasserleitelementen von Nh und Lh: Die vorgewölbte Sekundärwand bildet einen Hof, dessen

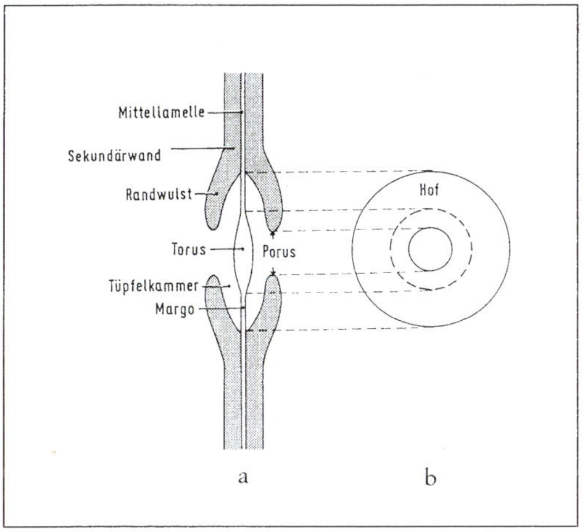

Hoftüpfel: *a* im Querschnitt, *b* in Aufsicht (schematisch)

Öffnung (Porus oder Apertur) durch den Torus der beweglichen Schließhaut (Margo) abgedeckt werden kann. Ausgelöst wird diese Bewegung durch Druckunterschiede zwischen den Lumina benachbarter Tracheiden bzw. Tracheen. Wird der Hof nur von einer der beiden Nachbarzellen ausgebildet (z.B. wenn Tracheide an Parenchymzelle grenzt), spricht man von einseitig behöften, entsteht er in beiden Zellen, von doppelt behöften T.. Artspezifische Verschiedenheiten in der Ausformung der Hoftüpfel erleichtern die Holzbestimmung. Sie sind im → *Kreuzungsfeld* bes. gut anzusprechen. Das Außerfunktionsetzen der Hoftüpfel leitet bei Nh die → *Verkernung* ein. Holzfasern verfügen über einfache Tüpfel mit schräggestellten Pori. Die Ausbreitung holzbewohnender Pilze verläuft oft über die Pori der Hoftüpfel.

Tüpfelfarngewächse → *Polypodiaceae*

Tüpfelfeld, primäres: Von Plasmodesmen durchzogenes Porenfeld in der → *Primärwand.* An diesen Stellen unterbleibt die Auflagerung weiterer Zellwandschichten, so daß hier → *Tüpfel* entstehen. Das prim. T. ist dann die Schließhaut des Tüpfels.

Tüpfelgefäße → *Tracheen*

Tüpfeltracheide → *Tracheide*

Tuliptree → *Liriodendron tulipifera*

Tulpenbaum → *Liriodendron tulipifera,*

Tulpenbaum, Afrikanischer → *Bignoniaceae*

Tulpenmagnolie → *Magnolia x soulangiana*

Tundra: → *Formation* der arktischen Gebiete nördlich der polaren Baumgrenze. Gehölze kommen nur als Zwergsträucher oder dem Boden anliegende Spaliersträucher vor (z. B. Salix polaris, S. herbacea, S. retusa, Betula nana, Empetrum nigrum, Loiseleuria decumbens).

Tundrenzeit (Dryaszeit): Stufe des → *Holozän.*

Tunica: Peripherer, den → *Corpus* mantelartig umhüllender Bereich des → *Apikalmeristems* des Sprosses, bei Angiospermen meist zweischichtig. Auch bei einigen Gymnospermen (Araucaria, Thujopsis, Cupressus, Agathis) vorhanden. Hier nur einschichtig. Tunicazellen teilen sich antiklinal (Oberflächenvergrößerung!). Aus der äußersten Schicht entsteht bei Angiospermen die Epidermis. Die innere Schicht (Subdermatogen) ist an der Rindenbildung beteiligt.

Tupelo → *Nyssa*

Tupelobaumgewächse → *Nyssaceae*

Turgeszenz: Durch den → *Turgordruck* bedingter Spannungszustand der Zelle.

Turgor → *Turgordruck*

Turgorbewegungen: Lageveränderungen von pflanzlichen Organen, die nicht auf Wachstumsvorgängen beruhen, sondern auf Änderungen des → *Turgors* in Abhängigkeit von Umweltfaktoren (→ *Nastien).* Die Turgoränderungen finden in speziellen »motorischen Zellen« z.B. an einem Blattgelenk (Pulvinus) statt.

Turgordruck (= Turgor): Der durch die → *Osmose* verursachte aktuelle, auf die Zellwand gerichtete Druck (Zellsaftdruck). Analoger Begriff zum → *Druckpotential (→ osmotische Zustandsgleichung).* T. steht im Gleichgewicht mit dem entgegengesetzten Wand- und Gewebedruck. Er bedingt die mechanische Stabilität unverholzter Teile höherer Pflanzen. Lokale Veränderungen führen zu → *Turgorbewegungen,* Turgorverlust zum Welken. Das Streckungswachstum der Zellwand bedarf eines bestimmten minimalen Wanddruckes. → *Turgeszenz.*

Twinflower → *Linnaea borealis*

Typus: Herbarisiertes Belegexemplar einer Pflanzenart, auf das sich Beschreibung und Namensbezeichnung beziehen.

U

Ubiquist: Pflanzenart, die keine Bindung an einen bestimmten Standort erkennen läßt (z.B. Pinus sylvestris); → *euryök.*

Übergangslamelle → *Sekundärwand*

Übergangsmoor (Zwischenmoor): → *Moor* mit Merkmalen des → *Nieder-* und → *Hochmoors* (mit Hochmoorpflanzen, jedoch ohne dessen charakteristische Aufwölbung). Normalerweise ein Übergangsstadium zwischen Nieder- und Hochmoor darstellend, können sich Übergangsmoore auf nährstoffarmen Naßböden ohne vorangehendes Niedermoorstadium entwickeln.

Überhitzung → *Hitzeschäden*

Überwallung → *Kallus*

Ulex L. Stechginster (engl.: Gorse): Gattung der → *Fabaceae* mit 20 Arten in W-Eur., wenige auch in N-Afr.. Dornige, reichverzweigte, immergrüne Sträucher mit gelben Blüten und wenigsamigen Hülsenfrüchten. U. europaeus L. (Stechginster, Gaspeldorn): Bis 2 m hoher Strauch. Heimat: Iberische Halbinsel, Frankreich, Belgien, England, in M-Eur. eingebürgert. Charakterpflanze der atlantischen Heiden, oft vergesellschaftet mit anderen Ginsterarten und → *Erica cinerea.* Kalkmeidende Pionierpflanze auf Sand- und Lehmböden, Unterholz in Ei- und Ki-Wäldern. Forstliches Kulturhindernis. Nur Primärblätter 3-zählig und mit dornigen Nebenblättern, Folgeblätter zu stechenden, pfriemlichen Dornblättern umgebildet. Kurztriebe 2. und 3. Ordnung in Dornen auslaufend. Früchte giftig, enthalten das Glycosid Cytisin. Nutzung: Heckenpflanze, Flugsandbefestigung, Bodenmelioration, Brennholzgewinnung.

Ulex europeaus, altes Exemplar

Ullmannia → *Voltziales*

Ulmaceae: Ulmengewächse. Eine 16 Gattungen mit ca. 150 Arten umfassende Familie der → *Urticales.* Verbreitung in den Tropen und in nördlich-gemäßigten Zonen. Kennzeichen: Holzpflanzen mit wechselständigen, oft asymmetrischen Blättern und hinfälligen Nebenblättern. Blüten zwittrig oder eingeschlechtig, mit unauffälligem, meist 4- bis 5-zähligem, gelegentlich auch verwachsenem Perigon und ebensovielen, epitepal stehenden Staubblättern. Fruchtknoten zweiblättrig, oberständig. Nuß- und Steinfrüchte. Wichtige Gattungen: → *Ulmus,* → *Celtis,* → *Zelkova.* Ferner: Panera (SO-USA), Gironniera (Polynesien), Trema (trop. Amerika, Afrika, Asien).

Ulme → *Ulmus*

Ulme, Amerikanische → *Ulmus americana*

Ulme, Chinesische → *Ulmus parvifolia*

Ulme, Englische → *Ulmus procera*

Ulme, Holländische → *Ulmus x hollandica*

Ulme, Kleinblättrige → *Ulmus parvifolia*

Ulme, Sibirische → *Ulmus pumila*

Ulmen-Phloemnekrose (engl.: Elm Yellows; Elm Phloem Necrosis): Wirtschaftl. wichtige, durch → *MLO* ausgelöste, letale Erkrankung mehrerer amerikanischer Ul-Arten (v.a. U. americana). Europäische und asiatische Ulmen sind resistent. Übertragung durch Heuschrecken; systemische Verbreitung im Phloem. Symptome: Blattvergilbung und -welke, Blattfall, Zweigdürre, Absterben der Fein-, dann der Grobwurzeln, Phloemzerfall, Hexenbesenbildung. Überwinterung der Erreger im Wurzelsystem des Wirts. Inkubationszeit 3 bis 10 Monate. Nur langsame Ausweitung des Befallsgebietes ($\approx$ 6 km/Jahr).

Ulmengewächse → *Ulmaceae*

Ulmensterben → *Ceratocystis ulmi*

Ulmus L., Ulme, Rüster: Gattung der → *Ulmaceae* (Unterfamilie: Ulmoideae) mit etwa 30 in der Regel sommergrünen Arten, hauptsächlich in der nördlich gemäßigten Zone (südlich bis Mexico, Himalaya). Bäume, selten auch Sträucher, mit zweizeilig wechselständigen, kurz gestielten, einfachen Blättern. Blattrand meist doppelt gesägt, Spreitenbasis asymmetrisch. Blüten in Büscheln, ⚥ (gelegentlich Neigung zur Getrenntgeschlechtigkeit). Am Grunde verwachsene, trichterförmige, 4- bis 8-teilige Blütenhülle. Blütezeit meist vor dem Laubausbruch, bei einigen Arten im Herbst. Pollen $\pm$ rund, etwa 30 µm groß. Windbestäubung, selten auch Insektenbestäubung. Frucht: schnell reifendes, flaches, ringsum häutig geflügeltes, einsamiges Nüßchen (Scheibenflieger). Keimung epigäisch. Chrom.: 2n = 28 (Ausnahme: U. americana 2n = 56). Das wertvolle Holz ist ringporig und weist zwischen Kern und Splint eine Reifholzzone auf (Kern-Reifholz). Von hellen Speicherzellen umgebene Spätholzgefäße bilden die für Ul-Holz im Querschnitt typischen, tangentialen Wellenlinien.

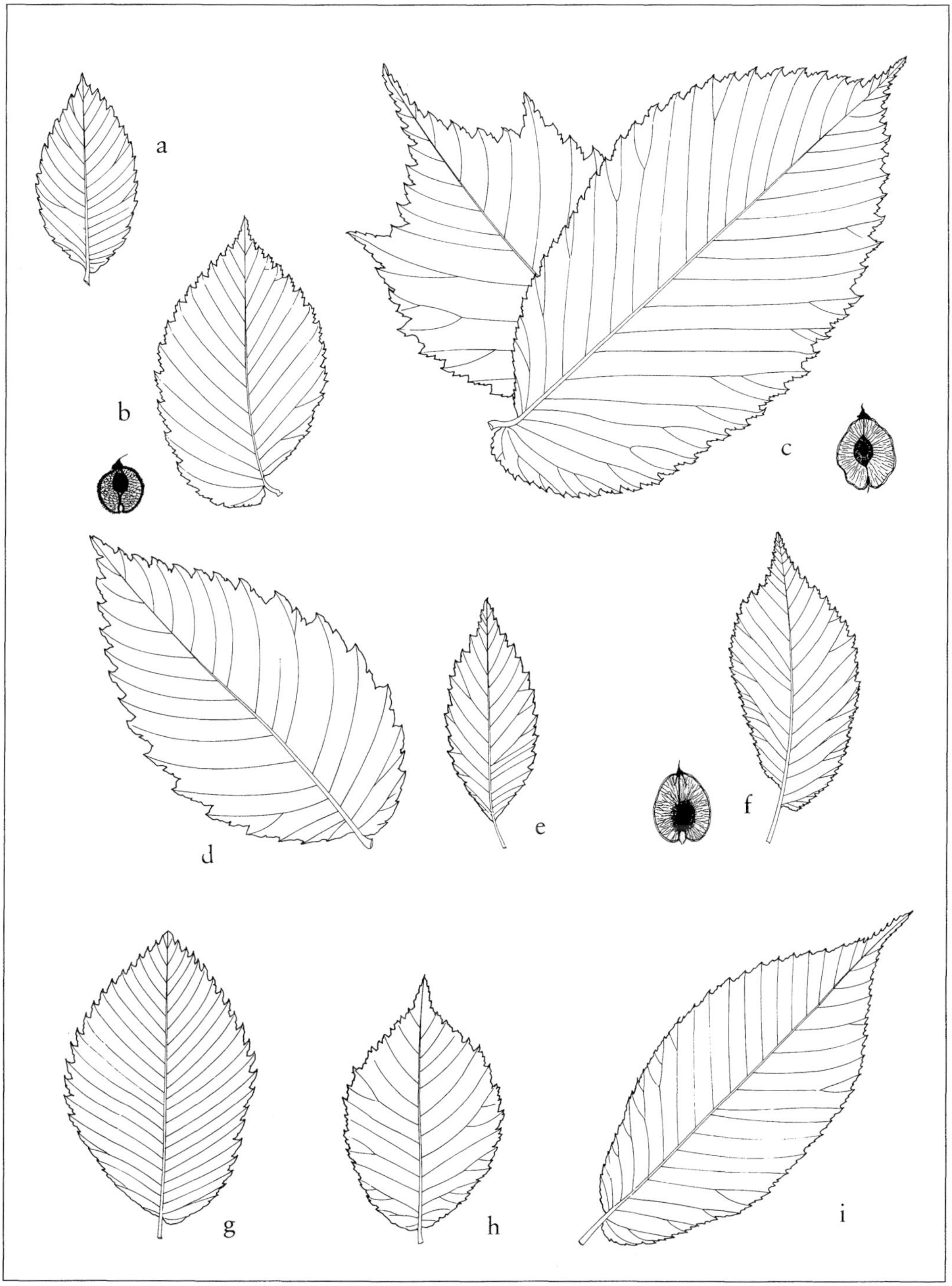

Blattformen und Früchte verschiedener **Ulmus**-Arten (1/2 nat. Gr.): *a* U. parvifolia, *b* U. laevis, *c* U. glabra, *d* U. americana, *e* U. pumila, *f* U. minor, *g* U. thomasii, *h* U. procera, *i* U. rubra

Gliederung der Gattung: Sektion, Blepharocarpus DUM. (→ *U. laevis*, → *U. americana*). Sektion: Chaetoptelea (LIEBM.) C. SCHN. (→ *U. thomasii*). Sektion: Ulmus (syn.: Madocarpus DUM.) (→ *U. glabra*, → *U. minor*, → *U. procera*, → *U. pumila*, → *U. rubra*). Sektion: Microptelea (SPACH) PL. (→ *U.parvifolia*). Sektion: Trichoptelea C. SCHN. (→ *U. serotina*). Sektion: Trichocarpus CHENG (→ *U. macrocarpa*). In systematisch-taxonomischer Hinsicht bestehen bei der Gattung Ulmus Unstimmigkeiten in der Abgrenzung einzelner Arten. Viele Ul-Arten, vor allem die in M-Eur. heimischen, sind durch das → *Ulmensterben* (Ceratocystis ulmi) stark gefährdet.

Ulmus alba → *Ulmus americana*

Ulmus americana L. (syn.: U. alba (AIT.) RAF. non WILLD.) Amerikanische Ulme, Weißulme (engl.: American Elm, White Elm): Stattlicher, als Wald-, Park- und Straßenbaum weit verbreiteter Laubbaum des atlantischen und mittleren Nordamerika (von FL und TX, westwärts bis an die Rocky Mountains). → *U. laevis* zum Verwechseln ähnlich. Max.: 42 m hoch, 250 cm BHD, 300 Jahre alt. Mischbaumart in Niederungen und Auwaldgebieten (selten über 700 m Höhe vorkommend); oft vergesellschaftet mit Fraxinus nigra, F. pennsylvanica, Acer rubrum, A. saccharinum, Celtis laevigata, Platanus occidentalis und versch. Eichenarten. Bevorzugt auf nährstoffreichen, feuchten, lehmigen Böden. In M-Eur. kaum forstl. Anbauversuche; gelegentlich in Parks und Gärten (Abb. S. 539).

Ulmus campestris → *Ulmus procera*

Ulmus campestris L.p.p. → *Ulmus glabra*

Ulmus campestris var. pumila → *Ulmus pumila*

Ulmus carpinifolia → *Ulmus minor*

Ulmus chinensis → *Ulmus parvifolia*

Ulmus effusa → *Ulmus laevis*

Ulmus foliacea → *Ulmus minor*

Ulmus fulva → *Ulmus rubra*

Ulmus glabra HUDS. emend. MOSS (syn.: U. scabra MILL., U.montana WITH., U. campestris L.p.p.) Bergulme, Bergrüster: Laubbaum mit eurasiatisch-subatlantischer (submediterraner) Verbreitung (Eur., W-, Kl.As.); in den Nordalpen bis 1 300 m, zentralalpin bis 1 450 m. Erkennungsmerkmale: Längsrissige, graubraune Borke; Zweige kräftig, an der Spitze meist borstig behaart, nur selten mit Korkleisten; Laubknospen eiförmig, Schuppen dunkelbraun, behaart; Blätter kurz (3 – 6 mm) gestielt, Spreite elliptisch bis verkehrt eiförmig, beidseitig ± rauh behaart, 8 – 16 cm lang, größte Breite oberhalb der Mitte, oft ± deutlich dreispitzig mit ausgezogener Mittelspitze. Blüten (III, IV) in vielblütigen Büscheln; Einzelblüte 3 – 5 mm lang, kurz gestielt oder sitzend, Blütenhülle rostrot bewimpert, Narben rötlich. Früchte 2 – 3 cm groß, kurz gestielt; Samen im Zentrum der kahlen Flügelfrucht; Reife und Abfall: V, VI. Bergulmen erreichen bei raschem Jugendwachstum Höhen von 40 m (Maximum: 48 m), BHD-Werte von 150 cm und Höchstalter um die 400 Jahre. Das Pfahl-Herzwurzelsystem schließt auch dichte Böden tief auf. Anders als Feld- und Flatterulme keine Wurzelbrutbildung, jedoch reichlich Stockausschläge. Wasserreiser- und Zwieselbildung bei unsachgemäßer Bestandespflege. Die rasch zersetzliche Streu fördert günstige Humusformen. Über die genetische Differenzierung der Art ist wenig bekannt. Halbschattbaumart. Das grobporige, langfaserige, schwere (Rohdichte r_o = 0,44...0,64...0,82 g/cm^3) und relativ harte Holz (Handelsname Rüster) hat einen schmalen bis breiten (max. 1/2 des Stammdurchmessers), gelblichweißen Splint und einen blaßbraunen Kern, ist schön gemasert und vielseitig verwendbar (Möbelbau, Bauschreinerei, Innenausstattung, Wagnerei, Wasserbau, Drechslerwaren) (Abb. S. 539/542).
Vorkommen, Standort: Anspruchsvolle Mischbaumart in collin-submontanen, buchen- und edellaubbaumreichen Mischwäldern (Bergahorn-Eschenwald, Lindenmischwälder). Bevorzugt auf frischen bis feuchten, feinerdereichen, aber lockeren, tiefgründigen, nährstoff- und basenreichen Böden in kühl-humiden Lagen (Schluchten, Schatthänge). Häufig als Park- und Alleebaum gepflanzt. Winter- und spätfrosthart. Hybriden zwischen der Bergulme und der Feldulme werden als Holländische Ulme (→ *Ulmus x hollandica*) bezeichnet.

Ulmus glabra fruchtend

Ulmus glabra MILL. non HUDS. → *Ulmus minor*

Ulmus laevis PALL. (syn.: U. effusa WILLD.) Flatterulme, Flatterrüster, Weißrüster: Laubbaum mit mitteleuropäischer, gemäßigt-kontinentaler Verbreitung (M-, SO-,O-Eur., Kl.As.); im Gebirge selten höher als 600 m, im Wallis bis 1 300 m.
Erkennungsmerkmale: Graubraune, längsrissige,

Ulmus glabra: Zweig mit reifen Fruchtständen

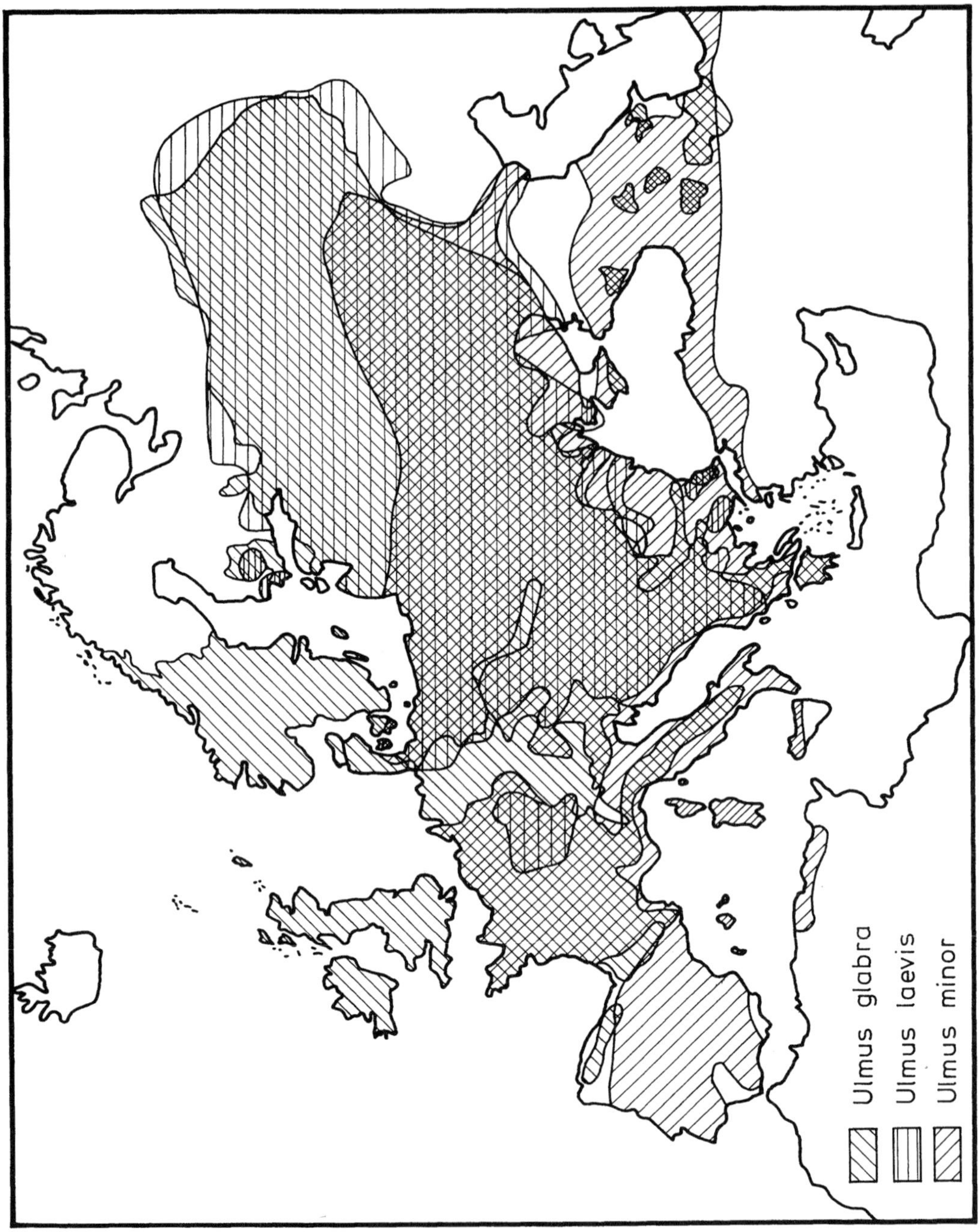

Natürliche Areale von **Ulmus glabra, U. laevis** und **U. minor**

dünnschuppige Borke; Rinde sehr bastreich; Zweige dünn, ± behaart; Laubknospen schlank, spitz, Schuppen hellbraun mit dunklem Rand; Blätter 4 – 8 mm lang gestielt, Spreite elliptisch mit ausgezogener Spitze, 6 bis 15 cm lang, anfangs beidseitig weich behaart, später bis auf die unterseitigen Nervenwinkel verkahlend, oberseits schwach glänzend; die größeren Blattrandzähne meist zur Spitze hin gekrümmt. Die 3 – 5 mm großen Blüten (III, IV, etwa 2 Wochen nach Feld- und Bergulme) in lockeren, vielblütigen, »flattrig-« (Name!) überhängenden Büscheln; Perigon 5- bis 8-teilig. Früchte bis 3,5 cm lang gestielt, hängend, 1 – 1,5 cm groß, Samen in der Mitte der Flügelfrucht, Flügelrand bewimpert. Reife und Abfall: V, VI. Flatterulmen werden bei rascher Jugendentwicklung meist nicht über 25 m hoch (max. 35 m) und sollen BHD-Werte von 2 m und Höchstalter von 400 Jahren erreichen. Die tiefwurzelnde Halbschattbaumart bildet Wurzelbrut, Stockausschläge, reichlich Wasserreiser und häufig brettwurzelartig verbreiterte Wurzelanläufe. Die rasch zersetzliche Streu fördert günstige Humusformen. Das Holz hat etwas geringere Festigkeitseigenschaften als das der Berg- und Feldulme, findet aber in den gleichen Bereichen Verwendung. Der gelblichweiße Splint ist sehr breit (mitunter über 2/3 des Stammdurchmessers), der Kern hellgrau bis gelbbraun (Abb. S. 539).
Vorkommen, Standort: Mischbaumart des eichenreichen Tieflandes, vor allem in Auwaldgebieten (Hartholzaue, Eichen-Ulmenauwald, Ulmen-Eschenauwald). Optimum in kollinen, sommerwarmen, subkontinentalen Lagen, dort auf sickernassen, periodisch überfluteten, tiefgründigen, nährstoff- und basenreichen Lehm- und Tonböden (Gleybodenzeiger). Park- und Alleebaum; winter- und spätfrosthart.
Weniger stark vom → *Ulmensterben* betroffen, weil vom Vektor (Scolytus scolytus) gemieden.

Ulmus laevis

Ulmus minor MILL. emend. RICHENS (syn.: U. carpinifolia RUPPIUS ex SUCKOW, U. campestris auct. non L., U. foliacea sensu Hayek, U. glabra MILL. non HUDS.) Feldulme, Rotrüster: Laubbaum mit mitteleuropäisch-submediterraner bis gemäßigt kontinentaler Verbreitung (M-, S-, W-Eur., N-Afr., Kl.As., Kauk.). Am Alpenrand bis 800 m ü. NN, in den Zentralalpen (Wallis) bis 1 300 m vorkommend.
Erkennungsmerkmale: Graubraune, durch Längs- und Querrisse fein gefelderte Borke; Zweige dünn, bisweilen mit Korkleisten; Laubknospen eiförmig, einfarbig dunkelbraun; Blätter in Form und Größe sehr veränderlich; 5 – 15 mm lang gestielt; Spreite elliptisch mit ausgezogener Spitze, 4 – 12 cm lang, oberseits meist kahl, glänzend dunkelgrün. Blüten (III, IV) in vielblütigen Büscheln; Einzelblüte 3 – 5 mm lang, kurz gestielt bis sitzend, mit weiß bewimperter, 4- bis 5-teiliger Blütenhülle, Narben weiß. Früchte 1,5 – 2,5 cm groß, kahl, kurz gestielt; Samen exzentrisch nahe der Einkerbung am vorderen Flügelrand; Reife und Abfall: V, VI. Feldulmen erreichen bei rascher Jugendentwicklung Höhen von 35 m, BHD-Werte von 100 cm und Höchstalter von etwa 400 Jahren. Die tief wurzelnde (Pfahl-Herzwurzelsystem) Halblichtbaumart bildet reichlich Wurzelbrut und Stockausschläge. Die rasch zersetzliche Streu fördert günstige Humusformen. Holzeigenschaften und -verwendung wie bei → *U. glabra*, nur Splint gelblichweiß bis grau, schmal (max. 1/3 des Stammdurchmessers) (Abb. S. 539).
Vorkommen, Standort: Wärmeliebende Mischbaumart in planar-collinen, eichenreichen Laubmischwäldern; häufig in der Hartholzaue großer Flußniederungen (Donau, Rhein, Elbe, Oder, Weichsel). Sekundäre Vorkommen in Feldgehölzen und Gebüschen sowie in Parks und Alleen. Bevorzugt auf mäßig trockenen bis frischen, gelegentlich überfluteten, nährstoff- und basenreichen, humosen, tonigen Böden. Hybriden zwischen der Feld- und der Bergulme werden als Holländische Ulme (→ *U. x hollandica*) bezeichnet.

Ulmus minor

Ulmus montana → *Ulmus glabra*

Ulmus parvifolia JACQ. (syn.: U. chinensis PERS.) Chinesische Ulme, Kleinblättrige Ulme: Strauch oder kleiner, max. 25 m hoher, wirtschaftl. unbedeutender Baum (ähnlich → *U. pumila*).
Heimat: Nord-, Mittelchina, Taiwan, Korea, Japan.
Kennzeichen: Borke alter Stämme löst sich mit großen, grauen Fetzen ab. Triebe dicht grauhaarig. Blätter lederig, wintergrün, 2 – 6 cm lang, meist einfach gesägt, Basis schwach asymmetrisch. Blüten im Herbst (VIII, IX) an diesjährigen Trieben. In M-Eur. winterharter,

attraktiver, aber seltener Parkbaum. Raschwüchsig, gilt als widerstandsfähig gegen das → *Ulmensterben* (Abb. S. 539).

Ulmus procera SALISB. (syn.: U. campestris L.p.p., U. campestris MILL.) Englische Ulme (engl.: Common Elm, English Elm): Max. 40 m hoher, in Süd- und Westeuropa (vor allem England) verbreiteter Baum; offen, wo von Natur aus einheimisch. Kennzeichen: Junge Zweige mitunter korkig, bleibend behaart. Blätter bis 10 cm lang, oberseits rauh, unterseits behaart, doppelt gesägt. In England häufig in Hecken und Parkanlagen. Bildet reichlich Wurzelbrut (Abb. S. 539).

Ulmus pumila L. (syn.: U. turkestanica REGEL, U. campestris var. pumila MAXIM.) Sibirische Ulme, Zwergulme: Strauch oder kleiner, bis 15 m (var. arborea bis 25 m) hoher Laubbaum (ähnlich → *U. parvifolia*). Heimat: Ostsibirien, Nordchina, Korea, Turkestan. Kennzeichen: Blätter oberseits glatt und kahl; länglich eiförmig bis lanzettlich, spitz, nur 2 – 7 cm lang; einfach, seltener doppelt gesägt; Basis nicht oder schwach asymmetrisch; Blüten (II, III) und Früchte in dichten Büscheln; Samen in der Mitte der Frucht. Raschwüchsig, relativ dürreunempfindlich (in den USA für Windschutzstreifen und Prärieaufforstungen eingesetzt); gilt als widerstandsfähig gegen das → *Ulmensterben*. In M-Eur. nur in Parks und Gärten (meist var. arborea) (Abb. S. 539).

Ulmus racemosa → *Ulmus thomasii*

Ulmus rubra MÜHLENB. (syn.: U. fulva MICHX.) Rotulme (engl.: Slippery Elm, Red Elm): Weit verbreiteter, max. 30 m hoher Baum des östl. und mittl. Nordamerika (von QU bis FL, westl. bis DA und TX). Kennzeichen: Triebe rauhhaarig, Knospen rostfarben behaart; Blätter 10 – 20 cm lang, oberseits sehr rauh, unterseits weiß behaart; Flügelfrucht in der Mitte auf dem rotbraunen Samen behaart. Mischbaumart in Laubwäldern tieferer Lagen (v.a. Flußniederungen); oft vergesellschaftet mit Fraxinus americana, Quercus alba, Tilia americana, Liriodendron tulipifera, Acer saccharum. Bestes Gedeihen auf tiefgründigen, feuchten, nährstoffreichen Böden. In M-Eur. winterhart, gelegentlich in Parks und Gärten. Besonderheit: Die innere Rinde von Zweigen und Ästen ist schleimhaltig und von aromatischem Geschmack (offizinell: Cortex ulmi fulvae) (Abb. S. 539).

Ulmus scabra → *Ulmus glabra*

Ulmus thomasii SARG. (syn.: U. racemosa THOMAS) Felsenulme (engl.: Rock Elm): Bis 30 m hoher, trägwüchsiger Laubbaum des mittleren und nordöstl. Nordamerika (QU bis SD, südl. bis TN u. MO).
Kennzeichen: Innere Rinde zitronengelb; Zweige oft mit Korkleisten. Blätter 5 – 11 cm lang, mit max. 21 Seitennervenpaaren; Basis schwach asymmetrisch; oberseits glänzend, glatt. Blüten (III, IV) in hängenden, bis 5 cm langen Büscheln. Behaarte Früchte mit verdicktem und bewimpertem Rand. Oft in steinigen Lagen (Felshänge, -schluchten), doch bestes Wachstum in Mischung mit anspruchsvollen Hartholzarten (Carya, Fraxinus, Acer) auf feuchten, gut drainierten, lehmreichen Böden des Tief- und Hügellandes. Hohe Schattentoleranz; bildet meist sehr gute Schaftformen.
Das Holz gilt als das beste Ulmenholz der Welt (verwendet für Schiffbau, Wagnerei, Möbel). Durch Übernutzung sehr selten geworden. In M-Eur. winterhart, nur in botanischen Gärten (Abb. S. 539).

Ulmus turkestanica → *Ulmus pumila*

Ulmus x hollandica MILL. Holländische Ulme, Holländische Rüster: Sammelbezeichnung für verschiedene, mutmaßlich durch Bastardierung von U. glabra mit U. minor entstandene Formen. Merkmalsausprägung ± intermediär. Einige Formen gelten als wenig durch → *Ulmensterben* gefährdet. Allee- und Parkbäume.

ULV-Verfahren (= ultra low volume): Sprühverfahren für Biozide, bei dem Wirkstoffkonzentrate ohne Zusätze verwendet werden (Tröpfchengröße 60 – 150 µm). Anwendung hauptsächlich gegen Insekten.

Umbelliferae → *Apiaceae*

Umbelliflorae → *Araliales*

Umbellularia → *Lauraceae*

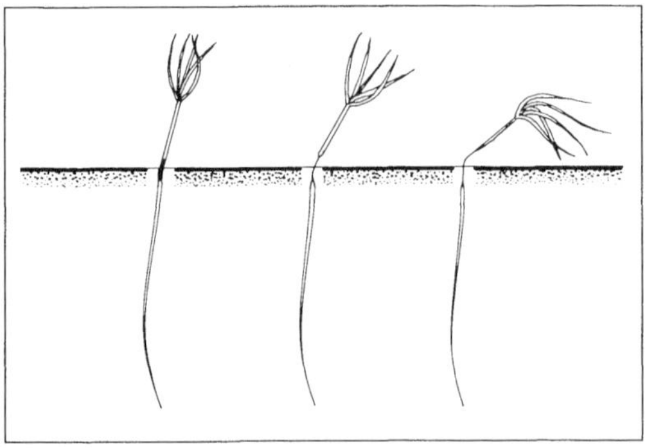

Umfallkrankheit (Nachauflauferkrankung) bei Kiefer (nach BUTIN)

Umfallkrankheit (engl.: Damping off): Sammelbegriff für Wurzelerkrankungen von Keimlingen (Auflaufkrankheiten), die u.a. durch Läsionen oder Einschnürungen im bodennahen Bereich des Hypokotyls und durch Umknicken der Pflanze gekennzeichnet sind. Das Wirtsspektrum umfaßt krautige Pflanzen und Holzarten unterschiedl. system. Stellung. Ausgelöst wird die Krankheit durch Infektionen bodenbürtiger Pilzarten u.a. der Gattungen → *Pythium*, → *Rhizoctonia*, → *Phytophthora*, → *Fusarium* und → *Cylindrocarpon*. Je nach Pathogen treten gewisse Unterschiede im Ablauf der Erkrankung auf. Generell unterscheidet man zwischen: 1. Vorauflauferkrankung: Infiziert wird der gerade gekeimte, noch unter der Erde befindliche Samen. Keimling erscheint nicht über dem Boden. 2. Nachauflauferkrankung: Kurz nach dem Auflaufen treten Läsionen an der Basis des Hypokotyls auf. An dieser Stelle knicken die Keimlinge bei geringer mechanischer Belastung um.
Unter den Waldbäumen sind Nh anfälliger als Lh; Fi, Ta, Dougl. und Lä empfindlicher als Ki-Arten. Nach Ausbildung der Endodermis, d.h. ab der 8. – 10. Woche, werden Nh nicht mehr von U-Erregern geschädigt. Die meisten der ca. 30 Erregerarten sind fakultative Parasiten, die nur unter für sie optimalen Umweltbedingungen und bei reduzierter Vitalität des Keimlings erfolgreich infizieren. Forstl. Schäden durch U. dürften

Ordnung	Hauptfruchtform	Entstehung der Fruchtkörper	Lebensweise	Beispiele
Helotiales	Apothecium	ascohymenial	meist saprophytisch	Botrytis, Lachnellula
Phacidiales	Apothecium	ascoloculär	meist parasitisch	Lophodermium, Rhytisma
Sphaeriales	Perithecium	ascohymenial	parasitisch/ saprophytisch	Nectria
Diaporthales	Perithecium	ascohymenial	parasitisch	Endothia
Xylariales	Perithecium	ascohymenial	parasitisch/ sprophytisch	Xylaria auf Laubholzstubben
Clavicipitales	Perithecium	ascohymenial	parasitisch	Claviceps (Mutterkorn)

Untergliederung der **Unitunicatae-Inoperculateae**

in Naturverjüngungen größer sein als in Forstgärten und größeren Anzuchtstätten, wo die Krankheit durch Beizen, Bodenentseuchung und konsequenten Einsatz von Fungiziden unterdrückt wird.

Umsetzen: Positive oder negative Verschiebungen in der sozialen Stellung von Einzelbäumen in einem Bestand, bestimmt durch ihre genetisch fixierte Wuchspotenz und -dynamik oder durch Veränderungen von Umweltbedingungen, die das Wachstum des Baumes beeinflussen (z.B. in Form von Durchforstungseingriffen). → *Wachstumsgang*

Umweltfaktoren (Standortfaktoren): Auf Pflanzen einwirkende, äußere Einflüsse. Man unterscheidet: 1) Abiotische U.: a) klimatische U. (Licht, Feuchtigkeit, Temperatur, Niederschläge, Schwankungen im Sauerstoff- und Kohlendioxidgehalt der Luft); b) edaphische U. (chemische und physikalische Bodeneigenschaften); c) orographische U. (Höhenlage, Ausrichtung (Exposition) und Neigung (Inklination) des Geländes; d) mechanische U. (Feuer, Wind, Wasser, Lawinen, Muren). 2) Biotische U.: Wechselwirkungen zwischen Pflanzen untereinander (→ *Konkurrenz,* → *Symbiose,* → *Parasitismus),* zwischen Pflanzen und Tieren (Fraß, Tritt, Bestäubung) und zwischen Pflanzen und Menschen (Land- und Forstwirtschaft, Senkung des Grundwasserspiegels, Umweltverschmutzung).

Unabhängigkeitsregel → *Mendel'sche Regel*

Uncinula → *Mehltau*

Ungleichblättrigkeit → *Anisophyllie*

Uniformitätsregel → *Mendel'sche Regel*

unisexuell: Eingeschlechtig, diklin.

unitegmisch: Mit nur einem → *Integument.*

unitunicat → *Ascus*

Unitunicatae-Inoperculatae: Gruppe der Ascomycetes (Unterklasse → *Euascomycetidae).* Ascuswand undifferenziert. Ascus öffnet sich mit Porus. Fruchtkörper (→ *Apothecien* oder → *Perithecien)* oft in → *Stroma* eingelagert. Untergliederung der Gruppe siehe Tabelle. Ferner: Lecanorales mit Apothecien und mehreren Ascuswandschichten, die sich, anders als bei → *Bitunicatae,* in ihrer Elastizität nicht unterscheiden. Sind obligate Flechtenbildner.

Unitunicatae-Operculatae: Gruppe von → *Ascomycetes,* deren Asci eine undifferenzierte und derbe Wand aufweisen und sich meist mit einem Deckel (Operculum) öffnen. Ordnungen: → *Tuberales,* → *Erysiphales,* → *Taphrinales.* Ferner die saprophytisch lebenden Pezizales (Morchel und Lorchel) mit auffällig gefärbten, in Hut und Stiel differenzierten Fruchtkörpern (→ *Apothecien).*

Univalent: Chromosom, das während der Synapsis aufgrund von Monosomie (Aneuploidie) ohne Partner bleibt. → *Bivalent.*

Unkraut: Subjektive und wenig präzise Bezeichnung für nicht-parasitäre, wildwachsende Pflanzen, die die Entwicklung von Kulturpflanzen hemmen oder anderen menschlichen Interessen entgegenstehen (unerwünschter Bewuchs auf Wegen, an Straßen, in Gräben). Neuerdings durch die Ausdrücke Ungräser und Unhölzer sinngemäß ergänzt. In Landwirtschaft und Gartenbau, in Baumschulen und forstl. Anzuchtstätten werden Unkräuter seit Jahrhunderten auf vielfältige Weise systematisch bekämpft (Bodenbearbeitung, Fruchtfolge), um die Wasser- und Nährstoffkonkurrenz für die jew. Kulturpflanze auszuschalten. Dieses Argument ist aber nicht immer stichhaltig, und es rechtfertigt nicht das kompromißlose Freihalten der Felder und Plantagen von jeder wildwachsenden Art.
Forstunkräuter beeinträchtigen das Wachstum junger Holzpflanzen oder sie verhindern das Aufkommen der natürlichen Verjüngung. Das geschieht durch: (a) Wurzelkonkurrenz um Wasser und Nährstoffe: Calamagrostis epigeios (Waldreitgras), Pteridium aquilinum (Adlerfarn), Deschampsia flexuosa (Drahtschmiele), Carex brizoides (Seegras). (b) Mechanische Behinderung infolge Überlagern oder Umwinden sowie durch Verdämmen (Lichtentzug und Niederdrücken bei Schnee): Clematis vitalba, Rubus spec. (c) Übertragung von Pilzkrankheiten (Zwischenwirte von Rostpilzen): Epilobium angustifolium, Rhododendron spec. Für die meisten der als Forstunkräuter bezeichneten Arten steht der Beweis ihrer Schädlichkeit aus.

Unkrautbekämpfung: Findet im Forst auf mechanischem, seit Ende des 2. Weltkrieges auch auf chemischem Wege statt. I.a. bestimmen betriebswirtschaftliche Erwägungen die Entscheidung, ob und auf welche Weise U. erfolgt. Mähen, Sicheln, Niedertreten, Fräsen oder Abdecken mit Folien sind die in der Praxis ange wandten mechanischen Verfahren. Vollumbruch bei stark von Calamagrostis besiedelten Flächen. Chemische U. erfolgt mit amtlich zugelassenen → *Herbiziden.*

Unterart → *Taxon*

Unterblatt: Hypophyll. Basaler Abschnitt des Blattes, der sich aus dem → *Blattgrund* und (soweit vorhanden) den meist paarig entwickelten → *Nebenblättern* zusammensetzt (→ *Oberblatt).*

Unterholz (Schlagholz): Unter dem → *Oberholz* stehende, aus → Stockausschlägen und Wurzelbrut entstandene, niedrige Baumschicht, meist aus → *Schattholzarten.*

Unterlage → *Pfropfung*

Upasbaum → *Moraceae*

Uracil: Heterocyklische Base, wie → *Cytosin* und → *Thymin* ein Pyrimidinderivat (→ *Pyrimidine),* Baustein der → *RNA* (komplementär zu → *Adenin).*

Urbarmachungskrankheit: Infolge Cu-Mangel auftretende Erkrankung (→ *Chlorosen)* auf Heidesandböden oder anmoorigen Standorten (sog. Heide-moorkrankheit) bei Aufforstungen neu gerodeter Flächen.

Uredien: Uredosporenlager der → *Uredinales.* In ihnen werden → *Uredosporen* und bei einigen Arten später auch → *Teleutosporen* gebildet.

Uredinales: Rostpilze (Unterklasse: → *Heterobasidiomycetidae).* Obligate, interzellulär lebende Pflanzenparasiten. Erreger von → *Rostkrankheiten,* → *Hexenbesen* oder → *Krebsen.* Generationswechsel oft mit Wirtswechsel verbunden (heterözische Rostpilze), seltener kann der Entwicklungszyklus auf einem Wirt vollendet werden (autözische Rostpilze). Letztere meist mit vereinfachter Entwicklung unter Fortfall einzelner Sporengenerationen. Im vollständigen Entwicklungszyklus werden 5 verschiedene Sporengenerationen (→ *Pykno-,* → *Aecidio-,* → *Uredo-,* → *Teleuto-* und → *Basidiosporen)* ausgebildet. Forstlich bedeutende Pathogene: → *Chrysomyxa,* → *Melampsorella,* → *Cronartium,* → *Gymnosporangium,* → *Coleosporium,* → *Pucciniastrum,* → *Melampsora.*

Uredosporen: Sommersporen der → *Uredinales.* Entstehen als dikaryotische Sporen (Konidien) in Uredien auf dem Dikaryontenwirt und dienen ausschließlich der Propagation auf dem Dikaryontenwirt. Ihre rostrote Farbe gab den Rostpilzen den Namen.

Urera → *Urticaceae*

Urfarne → *Psilophytatae*

Uridin: Ribonukleosid mit Uracil als Base.

Urmeristem → *Meristeme*

Urticaceae: Nesselgewächse. Familie der → *Urticales* mit 45 überwiegend krautigen Gattungen. Blüten 5-zählig mit Perigon, anemogam. Blätter gelegentlich mit Brennhaaren. Faserlieferanten in den Gattungen Urtica und Boehmeria. Holzpflanzen sind Laportea moroides

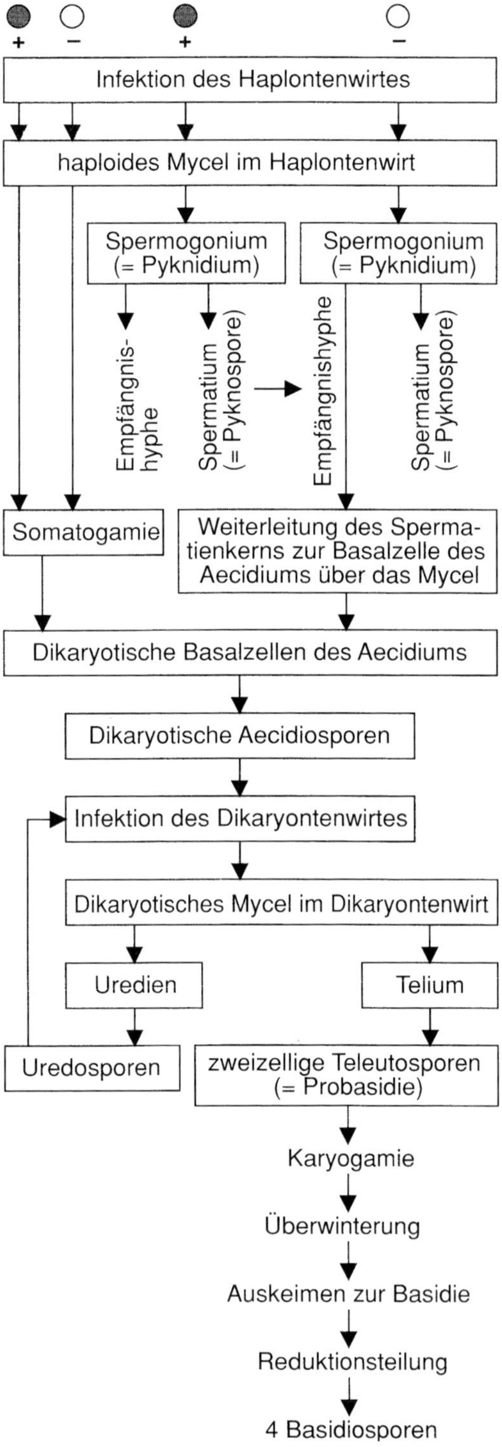

Uredinales: Vollständiger Entwicklungszyklus

(Brennesselbaum, Australien), Urera baccifera (trop. Amerika) und Forskohlea tenacissima (stacheliger Strauch aus SO-Spanien, N-Afrika bis Indien).

Urticales: Nesselartige. Ordnung der → *Hamamelididae* mit 4 Familien: → *Ulmaceae*, → *Moraceae*, → *Cannabaceae*, → *Urticaceae*. Holzpflanzen überwiegen. Kennzeichen: Blüten klein, meist in cymösen Blütenständen angeordnet, eingeschlechtig (Ausnahme: Ulmaceae), mit 4- bis 5-blättrigem Perigon und gleich vielen, epitepal stehenden Staubblättern sowie zweiblättrigem, meist oberständigem Gynöceum; bitegmische Samenanlagen; Nuß- oder Steinfrüchte; Chalazogamie.

Urwald: Vom Menschen nicht oder nicht meßbar beeinflußter Wald in allen waldtragenden Vegetationszonen.

Urwelt-Mammutbaum → *Metasequoia glyptostroboides*

Ustilaginales: Brandpilze. Zu den → *Heterobasidiomycetidae* gehörende Ordnung obligat parasitischer Pilze. Erreger wichtiger Krankheiten an Getreide (z.B. Mais-Beulenbrand). Am dikaryotischen Mycel (selten als Schnallenmycel ausgebildet) entstehen Lager mit dikaryotischen, dunkelbraun gefärbten, dickwandigen → *Probasidien* (Brandsporen), in denen Karyogamie stattfindet. Nach Überwinterung keimen sie zum Promycel aus (= Basidie), an dem → *Sporidien* entstehen. Deutscher Name bezieht sich auf die wie Kohlenstaub aussehenden Lager von Brandsporen. Forstlich ohne Bedeutung.

Utah Juniper → *Juniperus (osteosperma)*

V

VA-Mykorrhiza: Vesikuläre-arbuskuläre Mykorrhiza (= VAM). Häufigster Typ der → *Endomykorrhiza,* anatomisch variabel, gekennzeichnet durch intra- und interzelluläre Hyphen (dichotome → *Haustorien,* → *Vesikel* und bäumchenförmig verzweigte → *Arbuskel)* im Wirtsgewebe, die zunächst zur Nährstoffaufnahme aus dem Wirtsgewebe und zur Versorgung des Bodenmycels dienen und später von den Wirtszellen verdaut werden. Pilzliche Symbionten sind bodenbewohnende Arten der Gattungen Endogone, Glomus, Sclerocystis, Gigaspora und Acaulospora (Familie Endogonaceae, → *Zygomycetales* mit unseptierten Hyphen; Vorkommen in zahlreichen krautigen und verholzten Wirtspflanzen.

Nadelhölzer	Laubhölzer	
Agathis Araucaria Cupressaceae Cephalotaxaceae Podocarpus Taxaceae Taxodiaceae	Acacia Citrus Khaya Populus Salix	Malus Casuarina Fraxinus Liquidambar Liriodendron

Wichtige Gehölzgattungen und Familien mit **VA-Mykorrhiza**

Vaccinio-Piceion: Pflanzensoziologischer Verband. Umfaßt Fi-Wälder und verwandte Gesellschaften. Gliederung in die Unterverbände Fi-wälder (→ *Piceion*), Ki-Bruch und Hochmoorwälder (Ledo-Pinion; → *Bruchwald),* Bi- und Ki-Bi-Bruchwälder (Betulion pubescentis; → *Bruchwald),* Lä-Arvenwälder und Gebirgs-Zwergstrauchheiden (→ *Rhododendro-Vaccinion)* sowie die bodensauren → *Tannenwälder* (Vaccinio-Abietion). Charakterarten des gesamten Verbandes sind Picea abies, Larix decidua, Arctostaphylos alpina, Blechnum spicant u.a.m..

Vaccinio-Picetea: Pflanzensoziologische Klasse, in der saure Nadelwälder und verwandte Gesellschaften zusammengefaßt werden. Weitere Unterteilung für Mitteleuropa: → *Dicrano-Pinion* und → *Vaccinio-Piceion.* → *Nadelwald.*

Vaccinium L. Heidelbeere (engl.: Bilberry): Gattung der → *Ericaceae* mit 300 – 400 weltweit verbreiteten Arten. Vorkommen vom Polarkreis bis in tropische Gebirge. Manche Arten mit wichtiger wirtschaftlicher Bedeutung. Immer- oder sommergrüne → *Halbsträucher* und Sträucher mit wechselständigen Blättern.

Vaccinium myrtillus L. Heidelbeere, Blaubeere (engl.: Whortleberry, Blueberry): Sommergrüner Strauch (bis 50 cm hoch) mit kriechendem Sproß und aufrechten Zweigen. Zirkumpolare Verbreitung, gegen Süden eher in den Gebirgen. Kennzeichen: Blätter rundlich-eiförmig, flach mit teilweise drüsig begrannten Zähnen. Blüten blaßrosa, einzeln, kugelig-krugförmig, nickend. Blauschwarze, vielsamige Beeren, werden offizinell und zur Herstellung von Säften, Marmelade, Wein genutzt. Auf sauren, feuchten Böden, in lichten Nadelwäldern, auf Hochmooren, in den Alpen in Zwegstrauchheiden, bis 2 800 m. Frostempfindlichste aller einheimischen Vaccinium-Arten.

Vaccinium oxycoccus L. (syn.: Oxycoccus palustris PERS.) Moosbeere (engl.: Cranberry): Kleiner, immergrüner Halbstrauch (bis 15 cm) mit kriechenden, sehr dünnen Zweigen und aufrechten Blütentrieben. Verbreitung zirkumpolar, in Eur. südlich bis zu den Alpen. Kennzeichen: Blätter klein, ledrig. Blüten karminrosa, turbanartig, an langem Stiel. Rote, vielsamige Beeren, eßbar, säuerlich schmeckend. Zerstreut auf Hoch- und Übergangsmooren, äußerst bedürfnislos. Zwei Unterarten: Ssp. microcarpum, kleinfrüchtige M. und Ssp. macrocarpum, großfrüchtige M..

Vaccinium uliginosum L. Moorbeere, Rauschbeere (engl.: Bog Bilberry, Bog Whortleberry): Sommergrüner, aufrechter Strauch (bis 80 cm hoch) mit weitkriechendem Wurzelstock. Zirkumpolare Verbreitung, in Eur. südlich bis zur Toskana und Sierra Nevada. Kennzeichen: Blätter derb, verkehrt eiförmig, oberseits mattgrün, unterseits weißlich, Ränder leicht umgebogen. Weiß-rötliche Blüten zu 1 – 4 an den Enden seitenständiger Zweige. Beeren blaubereift, eßbar. Weite ökologische Amplitude. Im Tiefland gedeiht sie nur auf Mooren und feuchten Heiden, im Gebirge bis zur subalpinen Stufe auch auf trockenen Magerböden.

Vaccinium vitis-idaea L. Preiselbeere, Kronsbeere (engl.: Red Whortleberry, Mountain Cranberry): Immergrüner → *Halbstrauch* (10 – 30 cm hoch) mit unterirdischen Kriechtrieben. Verbreitung zirkumpolar, gegen Süden eher in den Gebirgen. Kennzeichen: Blätter wechselständig, oft zweizeilig, derb ledrig, oben dunkelgrün, unten mattgrün, am Rand leicht eingerollt. Weiß-rötlich angelaufene Blüten in vielblütigen, hängenden Trauben. Reife Beeren scharlachrot. In der Ebene v.a. in trockenen Ki-Wäldern, im Gebirge in Zwergstrauchheiden (bis 3 000 m). Auch im Moor, v.a. im Sphagnum-Zwischenmoor. Blüht und fruchtet in tieferen Lagen zweimal im Jahr, Früchte der 2. Generation heißen Winterzäcken, schmecken besser als Sommerfrüchte. Blätter werden offizinell verwendet als Blutreinigungsmittel, gegen rheumatische Krankheiten.

Vaccinioideae → *Ericaceae*

vag → *Gesellschaftstreue*

Vakuolen: Mit Flüssigkeit (Zellsaft) gefüllte Räume im Cytoplasma, die mit einer einfachen → *Biomembran* (Tonoplast) umgeben sind. Entstehen aus → *Vesikeln,* die vom → *endoplasmatischen Reticulum* abgeschnürt werden. In der Wachstumsphase der Zelle vergrößern sie sich durch Wasseraufnahme und verschmelzen oft zu einer einzigen, großen Zentralvakuole, die von dün-

Vaccinium myrtillus: *a* beblätterter Trieb mit Früchten, *b* Einzelfrucht. **Vaccinium vitis-idaea:** *c* beblätterter Trieb mit Früchten, *d* Blütenstand. **Vaccinium uliginosum:** *e* beblätterter Trieb mit Früchten, *f* Blütenstand. **Vaccinium oxycoccum:** *g* fruchtender Trieb, *h* Einzelblüte, *i* blühender Trieb nen Plasmasträngen durchzogen ist. Vakuolen dienen 1. als Speicherraum für gelöste Stoffwechselzwischenprodukte, 2. als Exkretraum für wasserlösliche Farbstoffe, Gerbstoffe, Schleime und Alkaloide, 3. der Wasseraufnahme durch → *Osmose,* wodurch sich Turgor und Festigkeit der Zelle erhöht. Die Gesamtheit der Vakuolen einer Zelle nennt man Vakuom.

Vakuom: Gesamtheit aller → *Vakuolen*

Vallonea → *Quercus marcolepis*

Valsa sordida → *Cytospora chrysosperma*

valvat → *Ästivation*

Variabilität: Potentielle Streubreite der phänotypischen Merkmalsausprägung. Man unterscheidet genetische (erbliche) und modifikatorische V., letztere wird durch unterschiedliche Umweltbedingungen hervorgerufen (→ *Modifikation).* Der genetisch bedingte Anteil an der V. wird als Erblichkeit (Heredität) bezeichnet. Kontinuierliche (= fluktuierende) V. bezieht sich auf quantitative Merkmale wie Zuwachs, Höhe etc., die sich statistisch als Normalverteilungen darstellen. Die Breite dieser Verteilung ist die → *Variationsbreite.* Alternative (= diskontinuierliche) V. verläuft ohne Übergänge zwischen zwei Merkmalsausprägungen.

Variante: Bestimmte Ausprägung einer Eigenschaft bei einem Individuum.

Variation: Verschiedenartigkeit der Merkmalsausprägung innerhalb einer Art (interindividuelle V.) oder eines Individuums (intraindividuelle V.). Z.B. große intraindividuelle V. bei der Blattform von Morus alba und Viburnum opulus. → *Heterophyllie.*

Variationsbreite: → *Variation,* → *Variabilität*

Varietät → *Taxon*

Vegetation: Gesamtheit der → *Pflanzengesellschaften* eines Gebietes. → *Flora.*

Vegetationsdauer → *Vegetationsperiode*

Vegetationsgeschichte: Entwicklung ganzer Pflanzenbestände in zeitl. und geographischer Hinsicht. Teilgebiet der → *historischen Geobotanik.*

Vegetationsgliederung physiognomisch: Gliederung der → *Vegetation:* (1) anhand ihrer jeweils vorherrschenden Wuchsform. Man unterscheidet: → *Formationen* und → *Synusien.* (2) floristische: Gliederung der → *Vegetation* anhand von → *Pflanzengesellschaften,* die mit Hilfe von → *Charakter-* und → *Differenzialarten* Kategorien unterschiedlichen Differenzierungsgrades zugeordnet werden. Man unterscheidet Rangstufen, die durch eine bestimmte Endung gekennzeichnet sind: Klasse (z. B. Querco-Fagetea), Ordnung (z. B. Fagetalia sylvaticae), Verband (z. B. Fagion sylvaticae), Assoziation (z.B. Melico-Fagetum), Subassoziation (z. B. Melico-Fagetum hordelymetosum), Variante (keine besondere Endung), Fazies (z. B. Melico-Fagetum alliosum). Früher war die Assoziation die Grundeinheit, heute zunehmend der Verband.

Vegetationskegel: Apikalmeristem mit den Anlagen der Blätter und Seitensprosse.

Vegetationskunde (Pflanzensoziologie, Phytozönologie): Arbeitsgebiet der → *Geobotanik,* das die Zusammensetzung und Dynamik von Pflanzengesellschaften beschreibt und ihre Beziehungen zum → *Biotop* untersucht.

Vegetationsperiode: In Gebieten mit Jahreszeitenklima Zeitspanne, in der Pflanzen wachsen, blühen und fruchten. Alternierend mit Zeiten der Vegetationsruhe.

Vegetationspunkt: Älterer Ausdruck für das an Sproß- und Wurzelspitze gelegene → *Apikalmeristem.*

Vegetationsstufen: Vegetationsgliederung in Anlehnung an die Höhenlage über NN. Die Lebensbedingungen ändern sich mit zunehmender Höhe: Abnahme der Temperatur, Zunahme an Niederschlägen, Windstärke und direkter Strahlung, Verkürzung der Vegetationsperiode, Verlängerung der Schneebedeckung u.a.m. Jede V. ist daher durch eine bestimmte Vegetation charakterisiert. In Mitteleuropa unterscheidet man: 1. Planare Stufe: Ebenenstufe, mit Ei und in kontinentalerem Klima mit Ki als → *zonalen* Waldbäumen. 2. kolline Stufe: Hügellandstufe, im nördl. Mitteleuropa bis 300 m, im südl. bis ca. 500 m Höhe mit Eichenmischwäldern oder Eichen-Hainbuchenwäldern, lokalen Trockenrasen und Steppen; heute vorherrschend Kulturland. 3. Submontane Stufe: Unterste Bergwaldstufe, bis ca. 500 m im Norden und 1 000 m im Süden mit vorherrschend Bu. 4. Montane Stufe: Bergwaldstufe, bis ca. 1 400 – 1 600 (1 800) m mit Buchen-Tannen-Fichtenmischwald. In den Flußauen werden die Eichen und Silberweiden des Tieflandes von der Grauerle abgelöst. In Wäldern auf meso- bis eutrophen Torfböden treten Nadelhölzer an die Stelle von Schwarzerlen. Der obere, besonders wolkenreiche Teil der m. St. wird als oreal (hochmontan) bezeichnet. Hier finden sich reine Fichtenwälder, in kontinentaleren Lagen Fichten-Lärchenwälder. 5. Subalpine Stufe: Kampfwald- und Krummholzstufe, bis ca. 1 900 bis 2 200 (2 400) m, mit Legföhren- und Grünerlengebüschen aufgelockerte Lärchen-Zirbenvorposten, heute infolge Almwirtschat oft von Zwergstrauchheiden und Viehweiden verdrängt. 6. Alpine Stufe: Zwergstrauch- und Grasheidenstufe, bis zur Grenze geschlossener Vegetationsflächen in ca. 2 500 – 3 000 m, unten Zwergstrauchheiden, oben Rasen. 7. Subnivale Stufe: Stufe polster- und teppichbildender Pflanzen, bis ca. 3 000 bis 3 300 m. 8. Nivale Stufe: Schneestufe, oberhalb der klimatischen Schneegrenze; nur an Graten und Felswänden letzte Gefäßpflanzenpioniere sowie Moose und Flechten.

Vegetationszeit: Syn. mit → *Vegetationsperiode.*

Vegetationszone: Synonym gebraucht für → *Florenzone.*

Veilchenartige→*Violales*

Veitchs Tanne → *Abies veitchii*

Vektor: Überträger von Krankheitserregern oder Parasiten. Meist Tiere (blattsaugende Insekten, Nematoden), übertragen Erreger von kranken auf gesunde Wirtspflanzen. Besonders wichtig für Virosen (z.B. Robinien-Mosaik), Mykoplasmosen (→ *Sandal Spike Disease,* → *Elm Yellows)* sowie Misteln und Zwergmisteln (Vögel). Weniger häufig bei Bakteriosen (→ *Erwinia amylovora)* und Mykosen (→ *Ceratocystis ulmi).*

Velloziaceae → *Liliales*

Venation → *Blattnervatur*

Ventralmeristem → *Blattwachstum*

ventricid: Bezogen auf Früchte, die entlang der Bauchnaht aufspringen. (Balg I.) Ggs. dorsicid.

Venturia macularis (FR.) E.MÜLLER et ARX Erreger einer Triebspitzenkrankheit an Weißpappeln, Zweigdürre (Venturiaceae): Konidienform: Pollaccia radiosa (LIB.) BALD. et CIF.. Eine an Leuce-Pappeln verbreitete Krankheit, die Blatt- und Triebverluste hervorruft und bei wiederholtem Befall zum Verbuschen und Absterben der Krone führt. Befallen werden zunächst junge Blätter. Symptom: Unregelmäßige Flecke mit dunklem Rand. Über den Blattstiel gelangt der Pilz in die Rinde junger Triebe. Diese welken, krümmen sich hakenförmig nach unten und werden incl. der Blätter schwarz. Verbreitung durch septierte Konidiosporen, die in grünen Polstern auf Blatt- und Triebflecken entstehen oder durch Ascosporen, welche aus Perithecien an abgefallenen Blättern entlassen werden. Prophylaktische Bekämpfung durch bevorzugten Anbau resistenter Klone möglich.

Venturia macularis

Venturia populina (VULL.) FABR. Triebspitzenkrankheit der Schwarzpappeln (Venturiaceae): Konidienform: Pollaccia elegans SERV. Nicht sehr häufige Erkrankung der Blätter und jungen Triebe von Schwarz- und Balsampappeln. Mit ähnlicher Biologie und ähnlichen Symptomen wie → *V. macularis:* Rel. große, schwarze, oft eckige Blattflecken von unregelmäßiger Gestalt.

Venturia saliciperda NÜESCH Triebspitzendürre (Venturiaceae): Konidienform: Pollaccia saliciperda (ALL. et TUBEUF) ARX. Gelegentlich an Kulturweiden-Sorten auftretende Blatt- und Triebkrankheit, die hinsichtlich Ablauf, Schadbild und Biologie Ähnlichkeit mit → *V. macularis* -Befall.

Verbänderung → *Fasziation*

Verband: Einheit der floristischen → *Vegetationsgliederung.*

Verbenaceae: Eisenkrautgewächse. Familie der → *Lamiales* mit 3 000 Arten. Meist tropische bis subtropische Kräuter, Sträucher, Bäume oder Lianen. Blüten mit 5-zähliger, röhrenförmiger Krone, meist 4 Staubblättern und G(2). Steinfrüchte oder Klausen. Wichtige Arten: Tectona grandis (Teak) aus SO-Asien: Bis 40 m hoch, dauerhaftes Holz, bildet Reinbestände. Citharexylum (weißes Eisenholz), M- und S-Amerika. Avicennia: Vivipare Mangrovensträucher oder -bäume mit Atemwurzeln, pantropisch verbreitet. Vitex agnus-castus (Mönchspfeffer), mediterraner Strauch.

Verbreitungsgebiet → *Areal*

verdämmen → *Unkraut*

Verdrängungszüchtung: Wiederholte Rückkreuzung, angewandt bei Kreuzungen von Kultursorten mit Wildformen, um eine spezielle Eigenschaft eines der beiden Partner zu fixieren.

Verdriftung: Passive Ausbreitung von Samen/Früchten durch Wind und Wasser.

Veredelung → *Vermehrung, heterovegetative*

Vererbung: Übertragung von Merkmalsanlagen auf die Nachkommenschaft.

Vererbung, außerkaryotische: Extrachromosomale V; nicht chromosomale V.; nicht-mendelnde V.. Übertragung von Erbinformation durch nicht chromosomengebundene, außerhalb des Kerns vorkommende Erbträger. Je nach Lokalisation bezeichnet man das Erbgut als Plasmon (im Plasma), Plastidom oder Plastom (in den Plastiden) oder Chondriom (in den Mitochondrien). Voraussetzung ist die Übertragung von Cytoplasma in die Zygote; i.d.R. durch den mütterlichen Elter. Wird durch reziproke Kreuzung nachgewiesen. Die durch außerkaryotische Erbträger weitergegebenen Merkmale werden nicht im Einklang mit den → *Mendelschen Gesetzen* vererbt (nicht-mendelnde V.).

Vererbung, geschlechtsgebundene: Übertragung von auf den → *Heterosomen* lokalisierten Genen.

Vererbungsgesetze → *Mendel'sche Regel*

Vergeilung: Etiolement, Etiolierung. Summe der Abweichungen einer im Dunkeln gegenüber einer im Licht gewachsenen Pflanze. Typische Merkmale: verlängerte Internodien und Blattstiele, verkleinerte Blattspreiten. Die Pflanze investiert zuerst in das Sproßachsenwachstum, um ans Licht zu gelangen. Die Bildung von Blattprimordien erfolgt im Licht und im Dunkeln in gleicher Weise, ihre Weiterentwicklung erfolgt nur im Licht. Bei Dunkelpflanzen endet die Bildung von Blattanlagen bevor die Kohlenhydratreserven aufgezehrt sind. Bei Lichtexposition wird die Bildung von Primordien fortgesetzt. An jungen Holzpflanzen ist Etiolierung infolge starker Beschattung bei Ki und Lä bekannt, schwach ausgeprägt bei Fi, aber fehlend bei Ta. Beschattung bewirkt bei Dougl. und Fi Verminderung der Trockensubstanz, verfrühten Abschluß des Höhenwachstums, aber auch verzögerte Verholzung, was zu Gefährdung durch Frühfröste führt.

Vergilbung → *Chlorose,* → *Gelbfleckigkeit,* → *Gelbspitzigkeit*

Verkehrtkeimer: Keimlinge, die mit den Kotyledonen zuerst aus der Samenschale hervorbrechen. Im Regelfall durchstößt zuerst die Radicula die Testa und sorgt für die Wasser- und Nährstoffaufnahme. V. sind nicht überlebensfähig, ihr Anteil beträgt bei Fi bis zu 2 %.

Links und rechts normal keimende Samen von Picea abies, in der Mitte drei **Verkehrtkeimer**

Verkernung: Kontinuierliche Überführung von Splintholz in Kernholz. Früher als Alterungsvorgang, heute eher als wuchsstoffgelenkter Regulationsprozeß zur Optimierung des wasserleitenden Stammquerschnitts verstanden. Nekrobiotische Vorgänge, verbunden mit sek. Stoffeinlagerungen, anatomischen und chem. Veränderungen, führen zu höherem Gewicht und größerer Dauerhaftigkeit des Holzes. Beginn der V. variiert mit Standort und Wüchsigkeit. Erste Veränderungen: Unterbrechung der Wasserleitung durch Gefäßembolien und/oder Thyllenbildung. Später Imprägnieren der Zellwände: Oxidation von Gerbstoffen zu Phlobaphenen (antibiotische Wirkung), Einlagerung von kohlensaurem Kalk (Ul, Bu), SiO_2 (Teak), von Flavonolen (Quercetin, Pinocembrin), Verharzung und Verkleben der Hoftüpfel-Tori (Nadelhölzer).

Vermehrung: Erzeugung von mehr als einem Nachkommen pro Individuum. Häufig fälschlich synonym mit Fortpflanzung gebraucht.

Vermehrung, autovegetative: Wurzelechte Vermehrung. Regeneration ganzer Pflanzen aus Teilstücken des Sprosses (z.B. → *Stecklinge,* → *Steckholz)* oder der Wurzel (Wurzelstecklinge), sowie über → *Ableger,* Absenker und Luftableger. Im Nieder- und Mittelwaldbetrieb werden → *Stockausschläge* und → *Wurzelbrut* bewußt gefördert.

Vermehrung, heterovegetative: Xenovegetative Vermehrung; Veredelung: Verbindung eines Reises oder einer Knospe einer ausgewählten Mutterpflanze mit einer nicht erbgleichen, bewurzelten Unterlage durch → *Propfung* oder → *Okulieren.* Beide Partner, obwohl genetisch verschieden, verwachsen zu einer physiologischen Einheit mit gemeinsamer Wasser- und Assimilatleitung. Auf diese Weise können viele genetisch gleichartige Pflanzen erzeugt werden.

Vermehrung, vegetative: Ungeschlechtliche, d.h. ohne Befruchtung ablaufende, individuelle Vermehrung, die bei verschiedenen Pflanzensippen in unterschiedlicher Form erfolgt. 1. Regeneration aus abgetrennten Pflanzenteilen bei Flechten, Moosen, auch bei → *Salix fragilis*; 2. Entwicklung aus Brutknospen (Brutkörper, Bulbillen) z.B. bei Marchantia polymorpha, Dentaria bulbifera, Lilium bulbiferum; 3. Entwicklung aus → *Stockausschlägen* (besonders Ei, Li, Wei, Ka); 4. Vermehrung durch →*Wurzelbrut* (z.B. As, Weißerle, Rob, Ul); 5. Vermehrung durch →*Ableger* (Fi- und Ta.-Arten, Latsche, Buche). Die v.V. von Bäumen wird vom Menschen seit ca. 2000 Jahren betrieben.

Vermehrung, xenovegetative → *Vermehrung, heterovegetative*

Vermehrungsrate: Geburtsrate minus Sterberate in einer → *Population.*

Vernässung → *Staunässe*

Vernalisation: Jarowisation. Blühinduktion durch Kälteeinwirkung.

Vernation: Zustand der Blätter in der Knospe (→ *Ästivation*). Man unterscheidet: 1. Konduplikative V.: einfach gefaltet (bei Prunus). 2. Plikative V.: mehrfach gefaltet (Flächenfaltung bei Alchemilla. Fächerfaltung bei Acer, Längsfaltung bei Plantago). 3. Konvolutive V.: gerollt (longitudinal bei Farnen, transversal bei Poaceae); revolutiv (zurückgerollt; zunächst Oberseite stärker wachsend; bei Salix); involutiv (eingerollt; zunächst Unterseite stärker wachsend; bei Populus). 4. Schirmförmige V. (bei Podophyllum). 5. Korrugative V.: runzelig (Blütenblätter von Papaver).

verrucat: Mit warziger Oberfläche (auf Pollen bezogen).

Verschiedenblättrigkeit → *Heterophyllie*

Verschulung: Umsetzen von Pflanzen aus Saatbeeten und Gewächshäusern (enge Pflanzverbände) in weiträumige Verhältnisse zur Optimierung der Wachstumsbedingungen in sog. Verschulbeete, Töpfe und Container (→ *Containerpflanzen).* Die Verschulung wird per Hand oder mit speziellen Verschulmaschinen durchgeführt. Forstpflanzen werden meist 1- bis 2jährig ins Verschulbeet gebracht und verbleiben dort weitere 1 bis 2 Jahre bis zur Auspflanzung. Die verkaufsfertigen Pflanzensortimente werden mit Zahlencodes gekennzeichnet, z.B. 2 + 2, d.h. insgesamt vierjährige Pflanzen befanden sich 2 Jahre im Saatbeet und 2 Jahre im Verschulbeet.

Verticillatae → *Casuarinales*

Verticillium albo-atrum Reinke et Berth. (Moniliaceae, Hyphomycetales): Neben → *V. dahliae* bodenbürtiger Erreger der Verticillium-Welke, einer → *Tracheomykose* an zahlreichen landw. Kulturpflanzen (u.a. Kartoffel, Luzerne, Hopfen). Infektion über Wurzeln, Mycel und Konidien im Xylem, Schädigung durch Welketoxine und mech. Verstopfung der Gefäße. Pilz kann jahrelang an Pflanzenresten im Boden überdauern. Befall auch an Lh, insbes. Ah, Li, Es, RKa, Ul, Catalpa und Rhus. Sämlinge sind besonders gefährdet. Chronisch befallene Altbäume haben spärliche Belaubung. Zuvor welken Blätter und Triebspitzen. Dunkle Punkte im Frühholz des letzten Jahresringes. Bei Ah: dunkelgrüne bis braune Verfärbung des Holzes.

Baumart	Alter (Jahre)	davon Jahre im Saat- + Verschulbeet
Ahorn	1–3	1+0; 2+0; 1+2
Aspe	1–2	1+0; 2+0
Balsampappel	1–2	1+0; 2+0
Douglasie	2–4	1+1; 1+2; 2+2
Esche	1–3	1+0; 1+1; 1+2
Fichte	3–5	2+1; 2+2; 2+3
Hainbuche	2–3	2+0; 1+1; 1+2
Kiefer	1–(3)	1+0; 2+0; 1+1; 1+2
Kirsche	1–3	1+0; 1+1; 1+2
Küstentanne	3–4	1+2; 2+2
europ. Lärche	2–3	2+0; 1+1; 1+2
jap. Lärche	2–3	1+1; 1+2
Linde	2–3	2+0; 1+1; 1+2
Nobilistanne	3–4	1+2; 2+2
Roteiche	2–3	2+0; 1+1; 1+2
Rotbuche	2–3	2+0; 1+1; 1+2
Roterle	1–3	1+0; 1+2
Schwarzkiefer	2–3	2+0; 1+1; 1+2
Stiel- und Tr.Eiche	(1)–3	1+0; 2+0; 1+2
Strobe	2–3	2+0; 1+1; 2+2
Weißtanne	4–(5)	2+2; 2+3

Pflanzalter und Pflanzensortimente einiger Holzarten; aus: Burschel, P. / Huss, J. 1987: »Grundriß des Waldbaus«

Verticillium dahliae Klebahn: Neben V. albo-atrum Erreger der Verticillium-Welke. Beide Arten sind weltweit für 350 Pflanzenarten, darunter ca. 70 Baumarten, pathogen. Trennung der Arten nur durch versch. Kulturverhalten möglich. Als Krankheitserreger an Baumarten hat man selten zwischen ihnen differenziert. → *V.albo-atrum.*

Verticillium-Welke → *Verticillium albo-atrum,* → *V. dahliae*

Verticillose: Durch Verticillium-Arten hervorgerufene Welkekrankheit.

Verzweigung, axilläre: V., seitliche. Nicht vom Sproßscheitel, sondern von Seitenknospen der weiterwachsenden Hauptachse ausgehende V. (Ramifikation). Während bei Angiospermen i.d.R. in jeder Blattachsel eine Seitenknospe steht, sind sie bei Gymnospermen seltener. Einige Arten (z.B. Lonicera, Rubus) bilden zusätzlich zu den primären S.knospen sekundäre → *Beiknospen* aus. A.V. herrscht bei Spermatophyten vor, tritt aber auch bei Pteridophyten auf.

Verzweigung, dichotome: Dichotomie. V. der Sproßachse durch Längsteilung des Sproßscheitels in zwei Tochterachsen (Dichopodium). Sind beide gleichwertig, so entsteht eine regelmäßig gabelige V. (Isotomie), sind sie ungleich, kommt es zur Verstärkung eines Gabel-

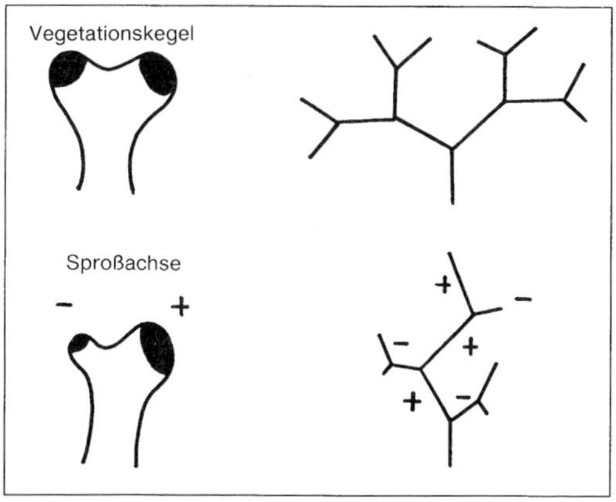

Dichotome Verzweigung: *a* Isotomie, *b* Anisotomie

astes (Anisotomie), dessen intensiveres Wachstum eine → *axilliäre V.* vortäuschen kann; vorwiegend bei Lycopodiales.

Verzweigungsgrad: Ordnungsgrad der Verzweigung. Durch → *axilläre Verzweigung* entstandenes Sproßsystem aus Seitenverzweigungen erster, zweiter usw. Ordnungen (i.d.R. bei Lä bis 4. Ordn., bei Fi bis 5. Ordn.).

Verzweigungssystem: Sproßsystem. Gesamtheit der Sproße einer Pfl., die entweder durch → *dichotome* oder → *axilliäre Verzweigung* entsstanden sind. Man unterscheidet:
– Dichocladium: Aus → *dichotomer Verzweigung hervorgegangenes V. (isotom, anisotom).*
– *Holocladium:* Aus axillärer Verzweigung hervorgegangenes Monopodium (→ *V., monopodiales)* Sympodium, Monochasium, Dichasium, Pleiochasium; (→ *V., sympodiales)*

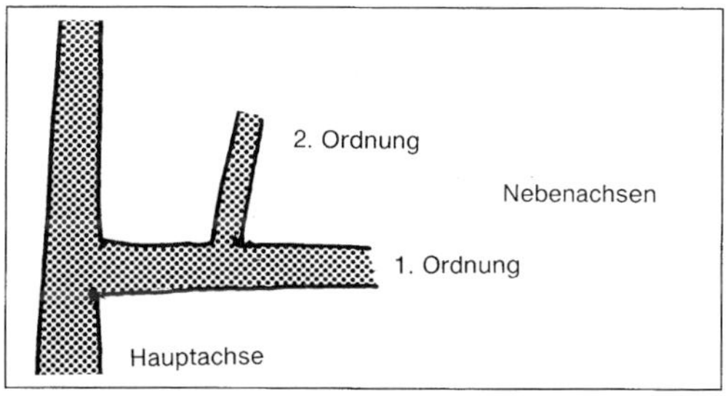

Verzweigungsgrade

Verzweigungssystem, monopodiales: Monopodium. Der Leittrieb geht aus der Terminalknospe hervor; Arten mit m.V. besitzen immer eine durchgehende Hauptachse, der alle Seitensprosse untergeordnet sind (kennz. für alle Nadelhölzer, Er, Ah, Es).

Verzweigungssystem, sympodiales: Sympodium. Die Sproßachse wird aus einer oder mehreren Seitenknospen fortgesetzt (Fortsetzungssprosse); der Hauptsproß stellt seine Entwicklung ein. Man unterscheidet: – Monochasium: Ein einzelner, zumeist aus der ober sten Seitenknospe hervorgegangener Seitensproß übernimmt die Führung. Er schließt mit einer später verkümmernden Triebspitze ab. Die scheinbar durchgehende Hauptachse geht somit aus einer Folge von Seitenachsen jeweils höherer Ordnung hervor (→ *V., monopodiales*). Bsp. HBu, Li, Ul.

– Dichasium: Zwei gegenüberliegende, Seitenknospen setzen nach Ausfall der Terminalknospe das Wachstum fort. Bsp.: Flieder, Kreuzdorn, Mistel.

– Pleiochasium: Fortsetzung des Wachstums durch drei oder mehr Seitenknospen.

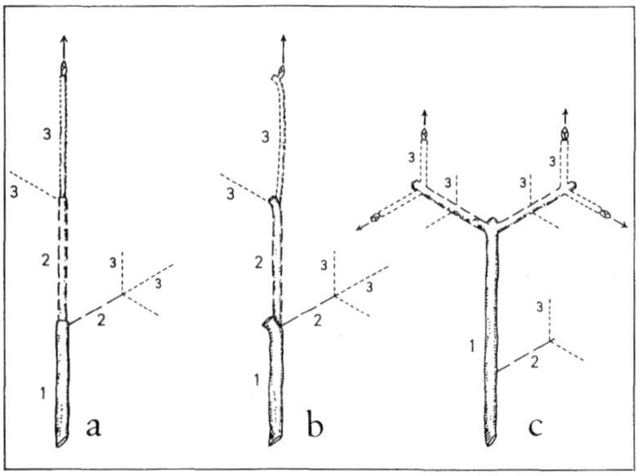

Sympodiales Verzweigungssystem: *a* Monopodium, *b* Monochasium, *c* Dichasium. 1,2,3 = Ordnung der Nebenachsen

Verzwergung → *Nanismus*, → *Zink*, → *Mangelkrankheiten*

vesiculat: Bläschenartig. Angewendet auf Pollen mit → *Luftsäcken*.

Vesiculum → *Luftsack*

Vesikel: (1) Von einfacher → *Biomembran* umgebene Bläschen im → *Cytoplasma*. Sie werden vom → endoplasmatischen Reticulum oder von den → *Dictyosomen* abgeschnürt.
(2) Blasenförmige, interkalar oder am Hyphenende gebildete Auftreibungen des Mycels von Phycomyceten; diese relativ dickwandigen Hyphenzellen dienen als Dauer- und Verbreitungsorgane der → *VA-Mykorrhiza* und treten innerhalb der Wurzel und im Boden auf.

Vibrionen → *Schizomycetes*

Viburnum L. Schneeball (engl. Snowball): Gattung der → *Ericaceae*. Sommer- oder immergrüne Sträucher. 200–250 Arten, v.a. nördlich des Äquators im gemäßigten und subtopischen Bereich. Blätter gegenständig (ganzrandig, gelappt, gezähnt, gesägt). Blüten in Doldenrispen. Blütenkrone oft mit vergrößerten, unfruchtbaren Randblüten.

Viburnum lantana L. Wolliger Schneeball: Sommergrüner, bis 4m hoher Strauch in S-Eur. und Südl. M-Europa. Kennzeichen: Blätter eiförmig, oval, dicklich-runzelig. Blüten intensiv duftend, schmutzig gelblichweiß, alle gleichgestaltet in einer Doldenrispe. Zuerst rote, dann schwarze Beeren, Knospen ohne Schuppen (Nacktknospen). Pflanze wärmeliebend, meist auf Kalk. In Gebüschen, Waldrändern, Hecken von der Ebene bis ins Gebirge, in den Alpen bis 1500 m.

Viburnum opulus L. Gemeiner Schneeball (engl. Water Elder): Sommergrüner Strauch, bis 4 m hoch. Vorkommen in ganz Europa, West- und Nordasien. Kennzeichen: Blätter dreilappig, Blüten weiß, Randblüten der Doldenrispe mit sterilen, auffällig größeren Schaublüten. Früchte rote Beeren. Meist Feuchtezeiger, auf nährstoffreichen Böden. In Auewäldern, an Bachufern, von der Ebene bis in mittlere Gebirgslagen (1100 m). Rinde und Blätter giftig (Wirkstoffe Viburnum, α- und β-Amyrin, Oxalate). Unklarheit über Giftigkeit der Beeren. Varietät roseum als Gartenform nur mit sterilen Schaublüten in kugeligem Blütenstand.

Vicinismus: Bevorzugte Befruchtung zwischen benachbarten Individuen. Unter natürlichen Bedingungen die Regel, insbesondere bei anemogamen Arten (z.B. in Nadelholzbeständen). Ggs. → *Panmixie*.

Vikarianz: Stellvertretendes Vorkommen nahe verwandter Arten oder Sippen in benachbarten Gebieten (geographische V., z.B. Larix decidua in den Alpen, in NO-Europa und W-Sibirien abgelöst von L. sibirica, diese in O-Sibirien von L. gmelinii) oder in benachbarten Biotopen (ökologische V., z.B. in den Alpen wächst Gentiana clusii auf Kalk, G. acaulis s. str. auf Silikat). Das Auftreten floristisch ähnlicher Pflanzengesellschaften, die geographisch bedingte Abwandlungen zeigen und sich gebietsweise ablösen, bezeichnet man als pflanzensoziologische V..

Vinca L. Immergrün, Singrün: Gattung der → *Apocynaceae* mit 5 Arten aus S- und M-Eur. und dem Orient. Immergrüne → *Halbsträucher* mit ledrigen, kreuzgegenständigen Blättern und einzelnstehenden Blüten.

Vinca major L. Großes Immergrün: Ähnlich → *V. minor*, aber aufsteigende Blütensprosse bis 30 cm hoch und stärker verholzend. Aus dem Mittelmeergebiet und dem Orient. Oft kultiviert und verwildert (v.a. an schattigen Plätzen).

Vinca minor L. Kleines Immergrün: Halbstrauch mit niederliegender, kriechender Grundachse und aufwärtsgerichteten, 15 – 20 cm hohen, blühenden Sprossen. Heimat im süd- und westlichen M-Eur., im Kau. und Kl.As.. Blätter glänzend, Blüten blauviolett, seltener hellblau, weiß oder rötlich. Vielerorts von der Ebene bis in die montane Stufe (bis 1 300 m). Ganze Pflanze giftig durch Alkaloid Vincamin. Zierpflanze.

Vine → *Vitis*

Vinca minor

Viburnum lantana Blütenstand

Violaceae → *Violales*

Violales: Cistales, Veilchenartige. Umfangreiche Ordnung der → *Dilleniidae* mit ca. 20 Familien; ohne forstliche Bedeutung. Sträucher, kleine Bäume oder Kräuter. Häufige Blütenformel: ↓ oder * K5 C5 A5 oder 5+5 G ($\underline{3}$). Fruchtknoten parakarp mit parietaler Placentation der bitegmischen Samenanlagen. Samen mit öl- oder stärkehaltigem Endosperm. Kapseln oder Beeren. Erwähnenswerte Familien: → *Flacourtiaceae*, → *Tamaricaceae*, → *Cistaceae*. Ferner: Violaceae: Sträucher oder Kräuter (Viola, Veilchen). Blütenformel ↓ oder * K5 C5 A5 G ($\underline{3}$). Als Waldpflanzen: Viola hirta, V. reichenbachiana. Fouquieriaceae: Dornige Bäume und Sträucher aus SW-USA und Mexico. Datiscaceae: Bäume und Sträucher aus SW-Nordamerika, Karibik und Indonesien. Caricaceae mit Carica papaya (Melonenbaum), ein weichstämmiger Schopfbaum mit eßbaren Früchten. Im trop. Amerika kultiviert.

Violaxanthin → *Carotinoide*

Violettporling, Gemeiner → *Hirschioporus abietinus*

Viren (Einzahl: das Virus): Krankheitserregende (→ *Virosen*), kugelige oder stäbchenförmige Partikel, die aus RNS oder DNS bestehen und von einer Proteinhülle umgeben sind (Ausnahme: → *Viroide*). Ihre Größe schwankt zwischen 10 und 300 nm. Sie sind nicht filtrierbar und nur im Elektronenmikroskop sichtbar. V. sind keine lebenden Organismen, da sie weder einen eigenen Stoffwechsel besitzen, noch teilungs- und wachstumsfähig sind. Zu ihrer Vermehrung bedienen sie sich lebender pflanzlicher oder tierischer Protoplasten, indem sie die Protein- und Nucleinsäurebiosynthese der Wirtszelle für die Produktion neuer V. umfunktionieren. Auch Bakterien werden von V. befallen (→ *Bacteriophagen*). Der Ursprung der V. ist ungeklärt. Möglicherweise stellen sie das Ergebnis einer Regression aus parasitischen Bakterien dar, oder es handelt sich um verselbständigte Gene unbekannter Organismen. Für die Klassifizierung der V. spielt die Form, der Nucleinsäuretyp und der Wirtskreis eine Rolle. V., die Samenpflanzen befallen, unterteilt man wie folgt: 1. Stäbchen- oder fadenförmige V. mit einsträngiger RNS: z.B. Tobamo-, Potex- und Poty-V. 2. Sphärische, meist isodiametrische V. a) Mit einsträngiger RNS: z.B. Nepo-Viren (von Nematoden übertragen). b) Mit doppelsträngiger RNS: z.B. Phytoreo-Viren. c) Mit einsträngiger DNS: z.B. Gemini-Gruppe. d) Mit doppelsträngiger DNS: z.B. Caulimo-Gruppe. 3. Bacillenförmige V.. 4. Viroide.

Virginia Pine → *Pinus virginiana*

Virginia-Zaubernuß → *Hamamelis virginiana*

Viroide: RNS-Moleküle mit weniger als 400 Nukleotiden und ohne Proteinmantel (»nackte Viren«); 10 x kleiner als RNS des kleinsten Virus. Erreger von Pflanzenkrankheiten, z.B. »Chrysanthemum chlorotic mottle« oder »cadang-cadang« an Kokospalmen.

Virola → *Magnoliales*

Virosen: Durch → *Viren* hervorgerufene Krankheiten. V. richten in Landwirtschaft, Garten- und Obstbau erhebliche Schäden an. So z.B. die Sproßschwellung des Kakao in Afrika, die Pfirsichvergilbung in den USA oder die Blattrollkrankheit der Kartoffel. Von den ca. 1 000 bekanntgewordenen Pflanzen-Virosen treten nur wenige an Waldbäumen auf. Virologische Untersuchungen zum Waldsterben lassen jedoch vermuten, daß Blatt- und Wurzelorgane unserer Baumarten regelmäßig, aber symptomfrei von Viren besiedelt werden.
Beispiele für Virosen an Waldbäumen: Cherry-leafroll-virus an Bi, durch Samen und Pollen übertragbar. Blattverfärbung und Kleinblättrigkeit als Symptome. Tobacco-mosaic-virus (TMV) an Ei, evtl. durch Pilze übertragen. Ruft Blattscheckung (→*Mosaikfleckung*) und Blattverformungen hervor (USA und Europa). Potyvirus an Altbuchen. Chlorose, Kleinblättrigkeit und Zweignekrosen als Symptome (Rheinland). Potyvirus (?)an Fi. (Europa). Nadelvergilbungen und Wachstumsanomalien.
Die chemische Bekämpfung von V. scheidet praktisch aus. Dagegen hat in einigen Massenkulturen die Regenerationstherapie eine gewisse Bedeutung. Sie beruht darauf, daß Meristeme i.d.R. virusfrei bleiben. Über Meristemkulturen von Vegetationskegeln kann daher unter aseptischen Bedingungen die Anzucht virusfreier Pflanzen gelingen. Bei Bäumen hatten auch verschiedene Methoden der Wärmetherapie Erfolg. Hier wird durch Warmwasser- oder Warmluftbehandlung ($\approx$ 35 bis 50 °C) die Inaktivierung von Viren in Stecklingen oder Pfropfreisern erreicht.

Cherry Leaf Roll-Virus an Birke

Virulenz: Die Fähigkeit eines Erregers, einen gegebenen → *Wirt* zu befallen. Zwischen avirulenten und hochvirulenten Pathogenen bestehen Abstufungen. Diese sind aber stets wirtsbezogen, weil die Virulenz von der Abwehrkraft der infizierten Wirtspflanze mitbestimmt wird.

Viscaceae: Mistelgewächse. Epiphytisch lebende Halbparasiten. Mit den → *Loranthaceae* eng verwandte Sträucher mit dichasialen Verzweigungen, gegenständigen Blättern, ohne Nebenblätter (Ordnung → *Santalales*). Diözisch, ento- oder anemogam. Polysporangiate Antheren auf der Innenseite der Perigonblätter [P+A]. Keine Samenanlagen und Placenten. Samen mit schleimiger Außenschicht, vom Innenteil der Fruchtblätter gebildet. Wichtig und weit verbreitet: → *Viscum album* (Mistel). → *Arceuthobium*-Arten an Nadelhölzern in N-Amerika (A. minutissimum auf Pinus wallichiana im Himalaya. Kleinste dicotyle Pflanze). → *Phoradendron*. Lepidoceras spec. auf Myrtaceae in Chile und S-Peru.

Viscum album L. Mistel, weiße Mistel, gewöhnliche Mistel: Weit verbreiteter, immergrüner, bis zu 1 m großer, strauchartiger Halbschmarotzer an Bäumen, der seine Wasser- und Nährstoffversorgung über die Wirtspflanze deckt, hinsichtlich der Kohlenhydrate aber autark ist. Misteln schwächen die Wirtspflanze, werden jedoch erst bei intensivem Besatz schädlich (Ertragsminderung bei Obstbäumen).

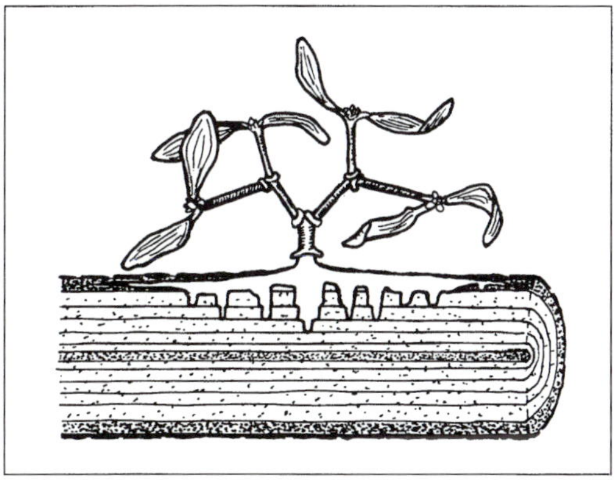

Viscum album: *a* Sproß mit Beeren, *b* junge Pflanze mit Rindenwurzeln und Absenkern

Stamm kurz, rel. dick; wie die Zweige mit grün-bräunlicher Rinde. Streng gabelige Verzweigung. An jedem Nodium zwei gegenständige Blätter: ledrig, gelblichgrün, ganzrandig, sitzend. Blüten zweihäusig, eingeschlechtig, unscheinbar; ♀ achselständig. Frucht: erbsengroße, meist weiße Scheinbeere mit schleimigem Fruchtfleisch, einsamig. Verbreitung durch Vögel. Nach Keimung auf der Rinde einer Wirtspflanze bildet sich die Wurzelspitze zu einer klebrigen Haftscheibe um. Ihr entspringt eine Senkerwurzel, die mit Hilfe von Enzymen durch das Rindengewebe des Wirtsastes bis zum Xylem vordringt. Später entstehen senkrecht dazu kräftige Seitenwurzeln (sog. Rindenwurzeln), die sich in der Rinde ausbreiten und ihrerseits neue Senkerwurzeln bilden. Die zapfenartig in das Holz der Wirtspflanze hineinragenden Senker dienen V. album zur Wasseraufnahme. Im Laufe der Jahre werden sie immer stärker vom Holz des Wirtsastes eingeschlossen. Ihre Fähigkeit zu → *interkalarem Wachstum* verhindert aber, daß die Verbindung zur Mutterpflanze abreißt. Misteln können 60 Jahre alt werden. V. album ist von Natur aus über weite Teile Eurasiens und Afrikas verbreitet. Nach N-Amerika wurde sie unlängst eingeschleppt.

Eine rel. große innerartliche Streubreite in der Ausprägung morphologischer Merkmale verleitete schon früh zum Ausscheiden verschiedener Mistelformen. Nachdem aber modifizierende Einflüsse durch die Nährstoffversorgung der Wirtspflanzen nachgewiesen wurden, beschränkt man sich heute auf drei in ihrer Wirtsspezifität voneinander abweichender Unterarten: 1. V. album, ssp. album – Laubholzmistel. In weiten Teilen Eurasiens vertreten. Ausschließlich auf Lh parasitierend. Häufig auf Malus und anderen Obstbäumen sowie auf Populus, Salix, Betula, Castanea, Robinia; selten auf Quercus, Fraxinus, Alnus, Ulmus, Carpinus; fehlt auf Fagus. 2. V.album, ssp. abietis – Tannenmistel. Blätter größer und breiter als bei der Föhrenmistel, Vorkommen in Mittel- und SO-Europa. Hauptsächlich an Abies alba, auch an anderen Ta-Arten. Bei starkem Besatz entsteht Holzentwertung infolge tiefreichender Senker-Kanäle. 3. V. album, ssp. austriacum → *Föhrenmistel,* Kiefernmistel. Früchte eher gelblich, Blätter schmaler als bei Laubholz- und Tannenmistel. Verbreitung: Süd-, Mittel- und Osteuropa. Wirtsarten sind Pinus sylvestris, P. nigra, P. mugo, gelegentlich auch Fi. V. album spielte in der antiken und der germanischen Mythologie eine wichtige Rolle. Davon ausgehend haben sich in GB Weihnachtsbräuche erhalten, bei denen Mistelzweige im Mittelpunkt stehen.

Vitaceae: Weinrebengewächse. Zu den → *Rhamnales* zählende, meist holzige Kletterpflanzen mit Sproßranken, wechselständigen Blättern und Nebenblättern. Überwiegend trop. verbreitet. Blüten 4- bis 5-zählig, mit 2-blättrigem, oberständigem Gynoeceum. Die verwachsenen Kronblätter fallen als Haube beim Aufblühen ab. Wichtige Gattungen: → *Vitis,* → *Parthenocissus* (wilder Wein).

Vitamine: Für Wachstum und Fortpflanzung von lebenden Organismen unentbehrliche Wirkstoffe. V. stellen wichtige Co-Enzyme dar und entstammen chemisch verschiedenen Verbindungsklassen. Die Klassifizierung erfolgt in: fettlösliche Vitamine (z.B. Ubichinon) und wasserlösliche Vitamine (z.B. V. der B-Gruppe).

Vitis L. Wein (engl.: Vine): Sommergrüne, mit Ranken kletternde Sträucher der → *Vitaceae.* Blätter einfach oder tief gelappt, seltener handförmig. Beere mit 2 – 4 harten Samen. Etwa 60 Arten in den Subtropen und der gemäßigten Zone der Nordhalbkugel, in Eur. nur V. vinifera L. (Weinstock, Weinrebe): Tiefwurzelnder, bis 30 m hoch kletternder und bis 50 cm starker Strauch mit sehr feinen, punktförmigen → *Lenticellen* und sich in Streifen ablösender Borke. Man unterscheidet 2 Unterarten: Ssp. silvestris (C.C. GMEL.) BERGER (syn.: V. sylvestris C.C. GMEL., Wilde Rebe): Heimisch im Mittelmeergebiet, Kl.As, S-Rußland bis Hindukusch. Nordgrenze in der Oberrheinischen Tiefebene und im Donautal. 2häusig, dimorph. Blätter der ♂ Pflanze tief gelappt, die der ♀ nicht oder nur seicht gelappt. Beeren blauviolett, sauer, saftarm, meist mit 3 Kernen. Vorkommen in ± feuchten Auwäldern. Ssp. vinifera (Kultur-Rebe): Aus der Wildrebe entstanden. Seit ca. 5 000 Jahren in Kultur, außerordentlich formenreich. Hauptanbaugebiete heute Mittelmeerraum, Schwarzes Meer, Kalifornien und S-Afr.. Bevorzugt warmes, mildes, humides Klima. Pflanze zwittrig.

vivipar: lebendgebärend. → *Viviparie.*

Viviparie: (1) Frucht oder Samen lösen sich erst nach der Embryokeimung von der Mutterpflanze. (Agave, Mangrove, → *Rhizophoraceae).*
(2) Form der vegetativen Vermehrung: Im Blütenstand entstehen aus veg. Anlagen Brutknospen, die sich zu Tochterpflanzen entwickeln können (z.B. Poa bulbosa f. vivipara; Polygonum viviparum).

Vochysia → *Polygalales*

Vogelaugenahorn → *Maserknollen*

Vogelaugenbirken → *Betula pendula*

Vogelbeere → *Sorbus aucuparia*

Vogelkirsche → *Prunus avium*

Volldünger: Mehrnährstoffdünger mit einem wesentlichen Anteil von N, P, K. → *Makronährstoffe.*

Vollernte: Begriff zur Einschätzung der erwarteten Saatgutmenge. Bei V. tragen alle Bäume, außer jener der Kraft'schen Baumklasse 5 Zapfen bzw. Früchte. Die vorherrschenden Bäume tragen durchschnittlich bei Fi 750 Zapfen, bei Ta 300, bei Ki 2000 und bei Lä 3000 Zapfen. Die → *Mittelernte* beträgt ca. 50 % der V.; die geringe Ernte (früher Sprengmast) ca. 20 % der V..

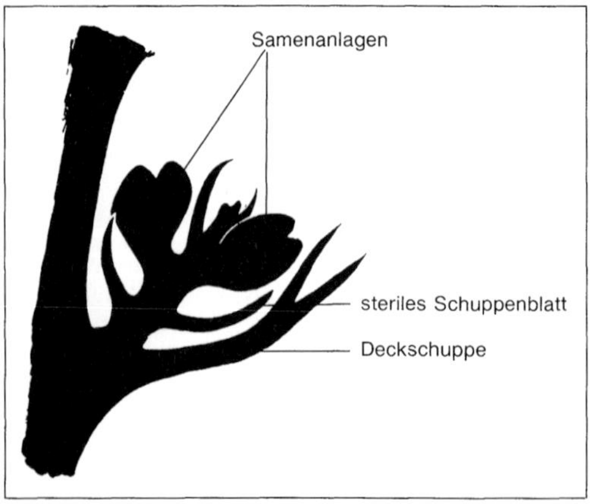

Voltziales: ♀ Blüte von Walchia in der Achsel einer gegabelten Deckschuppe

Vollfeuer → *Waldbrand*

vollholzig: Bezogen auf Stamm mit gleichmäßig geringer Durchmesserabnahme zum Wipfel hin (<1 cm/lfdm).

Vollkorn: Samen oder Frucht mit wohlausgebildetem Embryo. (Ggs.: → *Hohlkorn).*

Vollmast → *Mast*

Vollparasiten → *Parasiten*

Vollumbruch: Mechanische Bodenbearbeitungsmethode (Meliorationsmaßnahme) mit dem Ziel, die Bodenflora zu beseitigen sowie eine Vertiefung des Wurzelraumes zu erreichen. Durch V. kann die Standortfruchtbarkeit insbes. die Stickstoffmobilisierung erhöht werden.

Voltziales: Ausgestorbene Ordnung der → *Pinidae,* noch mit ursprünglichen, nicht zur Samenschuppe verschmolzenen ♀ Blüten. Kenntnis ihres Blütenbaus war für die Deutung der Blüten unserer rezenten Nadelhölzer von großer Bedeutung. Bäume mit gegabelten, kleinen Blättern und araucarienähnlichem Wuchs (streng monopodial). Lebten ab Karbon bis Jura, waren oft waldbildend [Walchia und Ullmannia (syn. Lebachia)].

Volvocales: Zu den Chlorophyta zählende Kugelalgen, die sich aus Coenobien-bildenden Einzellern zu vielzelligen Organismen entwickelt haben. Volvox ist eine aus ca. 20 000 begeißelten, über Plasmodesmen miteinander verbundenen Zellen bestehende, schleimerfüllte Hohlkugel, die durch ihre Bewegungsrichtung in einen vorderen und hinteren Teil differenziert ist. Vegetative Vermehrung durch Tochterkugeln, die aus lokalen Einstülpungen im Innern der Mutterkugel entstehen und erst nach deren Tod frei werden. Die Tochterkugeln werden ebenso wie die Gameten im hinteren Teil der Mutterkugel gebildet (Arbeitsteilung).

Volvox → *Volvocales*

Vorblatt: Erste(s), meist einfach gestaltete(s), niederblattähnliche(s) Blattorgan(e) an Seitentrieben. Bei Monokotylen oft in Einzahl; entweder seitlich gestellt oder der Abstammungsachse zugewandt (adossiert). Bei Dikotylen stehen die beiden V. (α und ß) meist seitlich von der → *Mediane* des Tragblattes.

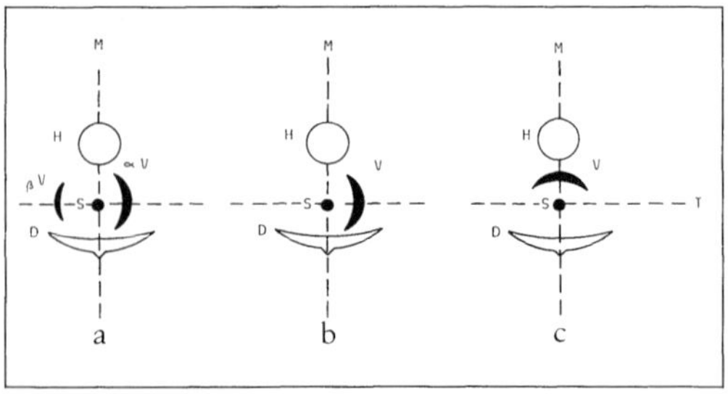

Vorblatt *a* bei Dikotylen, *b* und *c* bei bei Monokotylen. H = Hauptachse, S = Seitensproß, D = Deckblatt, V = Vorblatt, M = Mediane, T = Transversale

Vorfeuer → *Waldbrand*

Vorkeim → *Protonema,* → *Proembryo*

Vorläuferspitze: Entsteht aus dem Spitzenteil der Blattanlage durch Hemmung des Randwachstums und eilt dem flächigen Spreitenteil in seiner Entwicklung voraus (Bsp. Tulipa, Musa).

Vormännlichkeit: Proterandrie, Protandrie. → *Dichogamie*

Vorratsdüngung: Einarbeitung größerer Düngemittelmengen (z.B. Volldünger) in den Boden, die mehrere Jahre ausreichen sollen. V. ist nicht bei allen Nährelementen möglich. Gebräuchlich bei P (als Superphosphat, P_2O_5), da im Boden nahezu unbeweglich und nicht auswaschbar.

Vorspelze → *Poales*

Vorwärmezeit (Praeboreal): Stufe des → *Holozäns.*

Vorweiblichkeit: Proterogynie, Protogynie → *Dichogamie.*

W

Wabenfäule → *Weißlochfäule*

Wacholder → *Juniperus*

Wacholder, Afrikanischer → *Juniperus procera*

Wacholder, Chinesischer → *Juniperus chinensis*

Wacholder, Gemeiner → *Juniperus communis*

Wacholder, Mexikanischer → *Juniperus flaccida*

Wacholder, Virginischer → *Juniperus virginiana*

Wacholderrost → *Gymnosporangium sabinae*

Wachse: Lipophile Substanzen (langkettige Alkane, Alkohole, Fettsäuren und deren Ester), die an der Oberfläche von Pflanzenteilen abgelagert werden, als Lamellen in Kork (→ *Periderm,* → *Suberin)* vorkommen oder als Cuticularwachse in oder auf der → *Cuticula* (epicuticular) erscheinen. Auf Koniferennadeln kristallisieren sie oft in charakteristischen Formen (Platten, Prismen, Röhren) aus und bilden Wälle um die Spaltöffnungen oder Pfropfen in deren Pori. W. bieten Schutz vor Wasserverlust (→ *Transpiration)* und UV-Strahlung.

Wachspalme → *Arecales*

Wachstum: Mit Gestaltveränderung verbundene irreversible Substanz- und Volumenzunahme lebender Zellen und Organismen, bedingt durch Zellvergrößerung bzw. -vermehrung (→ *Zellteilung).* Beim Zellwachstum unterscheidet man: 1. Plasmawachstum, gekennzeichnet durch Biosynthese neuer Substanzen sowie durch Vermehrung von → *Proplastiden,* → *Mitochondrien* und → *Biomembranen.* Synchroner Ablauf im Zellverband (symplastisches Wachstum). 2. Streckungswachstum, gekennzeichnet durch Wasseraufnahme in die → *Vakuole* (bis 50fache Volumenvergrößerung), durch → *Auxin* gesteuerte, plastische Dehnung der Primärwand sowie durch Bildung der Sekundärwand (intensive Polysaccharidsynthese). Nur in den allerersten Entwicklungsphasen finden diese Vorgänge im gesamten Pflanzenkörper statt. Danach beschränkt sich das auf Zellteilung und Plasmawachstum beruhende embryonale Wachstum auf → *Meristeme* in der Apikalregion von Sproß und Wurzel. An sie schließen sich Zonen der Zellstreckung und der Zelldifferenzierung an. Nach der Herkunft der Meristeme gliedert man in primäres, (urmeristematisches) Wachstum, bei dem die tätigen Meristeme ohne Unterbrechung auf den Keimzustand der Pflanze zurückführbar sind und sekundäres Wachstum, dessen Meristeme erst sekundär in Funktion traten oder Neubildungen darstellen. Morphologisch unterscheidet man: 1. Längenwachstum, ausgelöst durch die Teilungstätigkeit der Apikalmeristeme in Sproß und Wurzel sowie durch das Streckungswachstum der Abkömmlinge dieser Meristeme. Gelegentlich können auch interkalare Meristeme zum Längenwachstum des Sprosses (Poaceae, Rosettenpflanzen) bzw. der Wurzel (Senkerwurzel der Mistel) führen. 2. Dickenwachstum, zurückgehend auf die Aktivität der Apikalmeristeme (prim. Dickenwachstum) und bei Holzpflanzen eines Kambiumringes (sek. Dickenwachstum). 3. Breiten- und Flächenwachstum, das u.a. bei der Entwicklung der Blattspreite auftritt. Die durch das Wachstum bewirkte Vergrößerung in Länge oder Dicke eines Baumes pro Zeit nennt man Zuwachs. Der Darstellung des Wachstumsverlaufs dient die Wachstumsfunktion. Sie verläuft sigmoid; i.a. liegt das Maximum der Wachstumsgeschwindigkeit in der mittleren (exponentiellen) Phase. Zuwachsfunktionen ergeben Glockenkurven, deren Ausformung für jede Pflanzenart verschieden ist. Absolute Wachstumsgeschwindigkeiten schwanken stark, sind aber während des Streckungswachstums relativ hoch:

Staubfäden von Getreidearten	1 – 2,5 $mm \times min^{-1}$
Bambussprosse	0,4 – 0,7 $mm \times min^{-1}$
Wurzelspitzen (Erbse)	0,01 – 0,02 $mm \times min^{-1}$

Der jährliche Höhenzuwachs ist je nach Baumart und Alter verschieden. Die Wachstumsintensität wird von endogenen Wachstumsregulatoren (→ *Auxin,* Phytochrom) und von Umweltfaktoren (Licht, Temperatur, Wasser- und Nährstoffangebot) beeinflußt. Deshalb sind Wachstums- und Zuwachskurven standortabhängig. Überdies unterliegt das Wachstum einer genetisch fixierten, von der Jahreszeit geprägten Periodizität.

Baumart	max. Höhe (m)	max. Längenwachstum (m/Jahr)	Kulmination des Längenwachstums (Alter in Jahre)
Quercus robur	35	0,32	22
Fagus sylvatica	36	0,36	27
Fraxinus excelsior	24	0,91	13
Juglans nigra	31	1,13	8
Picea abies	46	0,37	36
Picea sitchensis	83	0,80	27
Pinus sylvestris	34	0,36	17
Pinus resinosa	36	0,86	12
Pinus lambertiana	62	0,33	61
Pinus echinata	29	1,30	6
Pinus contorta	18	0,25	23
Abies balsamea	31	0,27	31

Kardinalwerte der Entwicklung einiger Baumarten (nach BACKMAN)

Wachstum, freies: Bildung neuer Triebteile zusätzlich zu den in der überwinternden Knospe bereits angelegter Organe.

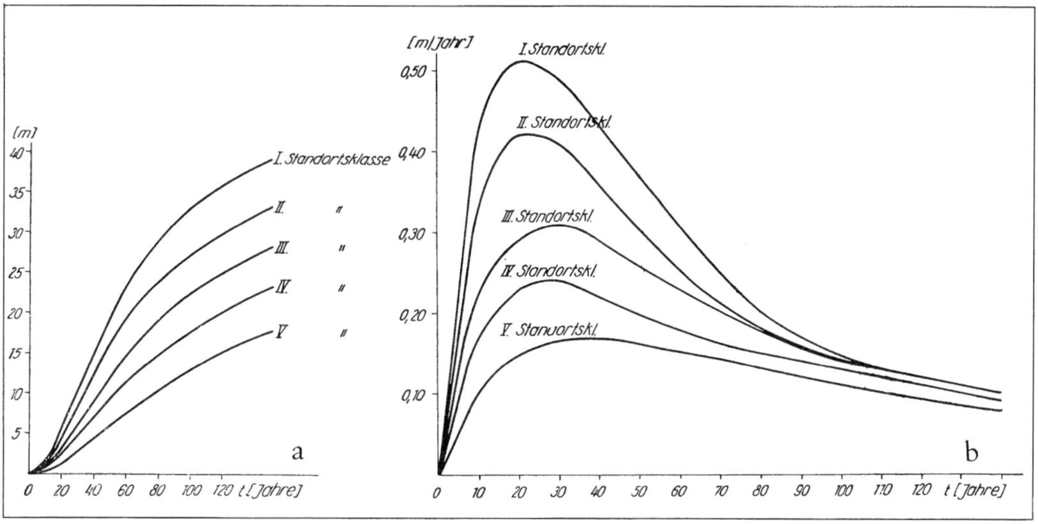

Wachstumsgang. Höhenwachstum (a) und Höhenzuwachs (b) der Fichten-Mittelstämme verschiedener Standortklassen in Abhängigkeit vom Alter

Wachstum, luxurierendes → *Inzucht-Heterosis-Züchtung*

Wachstum, prädeterminiertes: Präformiertes Wachstum, das ausschließlich auf Streckung und Entfaltung der in der überwinterten Knospe vorgebildeten Triebteile zurückgeht.

Wachstumsbewegungen: Durch unterschiedliche Wachstumsintensität bewirkte Bewegungen pflanzlicher Organe. W. sind entweder autonom (→ *Nutationsbewegungen)* oder sie werden von Umweltfaktoren beeinflußt, wobei die Wachstumsrichtung entweder von der Richtung des auslösenden Faktors bestimmt wird (→ *Tropismen)* oder strukturabhängig ist (→ *Nastien).*

Wachstumsfunktion → *Wachstum*

Wachstumsgang: Wachstumsverlauf von Einzelbäumen und Beständen. W. eines Baumes wird durch seine genetische Konstitution, sowie durch die natürlichen und anthropogen veränderten Umweltbedingungen (Standortfaktoren, Pflegeeingriffe usw.) bestimmt. Er kann mit Hilfe ertragskundlicher Näherungsformeln beschrieben werden, z.B. durch das Backman'sche Wachstumsgesetz: $\log Z = K \times \log^2 T$, wobei Z der Zuwachs, K eine stets negative Konstante und T das Alter des Baumes ist. Für Bäume postuliert Backman ein dreizyklisches Wachstum, wobei die beiden ersten, in sehr früher Jugend verlaufenden Zyklen vernachlässigbar sind; nicht jedoch die Endwerte des dritten Zyklus. Unter der Voraussetzung gleichbleibender Bedingungen erlaubt es die Formel, den weiteren Wachstumsverlauf vorherzusagen. Nach Backman werden folgende Lebensabschnitte unterschieden (Angaben in Klammern geben das Erreichen des jeweiligen Lebensabschnittes in % des Endwertes an): 1. Kulmination des laufenden Zuwachses (16 %), 2. volle Mannbarkeit (50 %), 3. Beginn der Senilität (92 %), 4. Alterstod (96 %). Von praktischer Bedeutung ist die Kenntnis des 1. Schwellenwertes (Kulmination des lfd. Zuwachses). Dieser kann durch Beobachtung und durch Messung auch zahlenmäßig festgehalten werden. Der erreichbare Endwert der Zuwachssumme (S) ist nach der Formel $S = S_{kulm}/16 \times 100$ errechenbar. Beispiel: Die Kulmination des laufenden Höhenzuwachses einer Fichte wird im Alter 20 bei einer Scheitelhöhe von 10,0 m (= S_{kulm}) erreicht. Nach der genannten Formel ergibt sich als Endwert eine erreichbare Maximalhöhe (S) von 62,5 m (10 / 16 x 100). Mit gleicher Methode lassen sich Wachstumsgang und Gesamtleistung von Beständen näherungsweise darstellen.

Wachstumsregulatoren → *Phytohormone*

Wärmetherapie → *Virosen*

Wärmezeit, frühe (Boreal): Stufe des → *Holozän.*

Wärmezeit, mittlere (Atlantikum): Stufe des → *Holozän.*

Wärmezeit, späte (Subboreal): Stufe des → *Holozän.*

Walchia → *Voltziales*

Wald: Durch dichtstehende Bäume charakterisierte natürliche Lebensgemeinschaft mit speziellem Unterwuchs und spezieller Fauna, deren Zusammensetzung vor allem durch Klima- und Bodenfaktoren bestimmt wird. Man unterscheidet folgende W.formationsklassen: → *Regenwald,* grundwasserbedingt der → *Gezeitenwald* und der → *Galeriewald,* regengrüner W. (einschl. → *Monsunwald),* regengrüner → *Trockenwald,* → *Hartlaubwald,* sommergrüner → *Laubwald,* borealer → *Nadelwald.* Vom Menschen weitgehend unberührte Naturwälder (Urwald) werden aufgrund zunehmenden Landbedarfs und Ausbeutung durch die Holzwirtschaft immer seltener. Wo der Boden noch nicht degradiert ist, werden sie durch → *Sekundärwald* oder Wirtschaftswald (→ *Niederwald,* → *Mittelwald,* → *Hochwald)* ersetzt. Unter geeigneten Klimabedin-

gungen stellt W. eine → *zonale Vegetation* dar. W. kann als Reinbestand (nur eine Baumart) und Mischbestand (→ *Mischwald)* auftreten. Die Pflanzensoziologie differenziert im Ökosystem W. zwischen Boden-, Streu-, Moos-, Kraut-, Strauch- und Baumschicht. Die Pflanzen verschiedener Schichten stehen in dauernder Wechselbeziehung. Sie konkurrieren um Licht, Nährstoffe und Wasser. Ihre Wurzeln schließen den Boden auf, verändern seine Chemie und Physik und schaffen so einen Oberboden, der einer Vielzahl von Mikroorganismen optimale Lebensbedingungen bietet. Diese wiederum fördern die Pflanzen durch den Aufschluß von Nährstoffen aus organischem Abfall.
Im Vergleich zum Klima offener Landschaften sind die Temperaturen im W. ausgeglichener, Lichtintensität und Luftbewegung geringer, die relative Luftfeuchtigkeit ist höher. Zwar ist die Transpirationsrate eines Waldes sehr hoch, der Waldboden kann aber große Wassermengen schnell aufnehmen und lange speichern. Etwa 33 % der Landfläche der Erde ist von Wald bedeckt, wovon 80 % auf den tropischen Regenwald und den borealen Nadelwald entfallen. Außer für die Holzproduktion und als Lebensstätte des Wildes ist der W. als Schutzwald und Erholungsraum von Bedeutung. Diese Funktionen sind neuerdings durch das → *Waldsterben* gefährdet.

BR Deutschland	29,5
Baden-Württemberg	36,4
Bayern	33,6
Berlin (West)	16,0
Bremen	1,7
Hamburg	4,1
Hessen	39,5
Niedersachsen	20,6
Nordrhein-Westfalen	24,5
Rheinland-Pfalz	38,8
Saarland	33,2
Schleswig-Holstein	8,7
DDR	27,3
Europa (ohne UdSSR)	27,9
Belgien	21,2
Bulgarien	34,7
Dänemark	11,4
Finnland	69,2
Frankreich	26,6
Griechenland	19,8
Großbritannien	8,6
Irland	4,6
Italien	21,1
Jugoslawien	36,4
Niederlande	7,8
Norwegen	25,7
Österreich	39,1
Polen	27,8
Portugal	39,5
Rumänien	26,7
Schweden	58,7
Schweiz	25,5
Spanien	30,9
Tschechoslowakei	35,8
Türkei	25,9
Ungarn	17,4
UdSSR	17,4
Nordamerika	42,2
Afrika	31,2
Mittel- u. Südamerika	44,6
Asien, Australien u. pazifische Region	20,6

Bewaldungsprozente (Stand 1981)

Wald-Tupelo → *Nyssa*

Waldbrand: Gehört zu den bedeutendsten abiotischen Einflußfaktoren in Wäldern. Man unterscheidet: a) Erdfeuer (Feuer, das im Boden brennt; v.a. bei Torf- und Moorböden, Böden mit trockener Streudecke), rel. selten. b) Lauf- oder Bodenfeuer (Brand der Bodendecke; Reisig, Streu und trockene Bodenvegetation); 3/4 aller Waldbrände. Laufgeschwindigkeit 0,8 – 1,8 km/h (max. bis 6 km/h). c) Stammfeuer (an einz. trockenen, oft hohlen Stämmen), selten. d) Kronen- (Wipfel-) oder Vollfeuer (aus Lauffeuer über Dürräste oder Harzkrusten auf Stamm und Krone übergreifend; erst Austrocknung, dann Entzündung) fast 1/4 aller Waldbrände.
Entstehung überwiegend durch menschliche Einwirkungen, vor allem durch Fahrlässigkeit und Brandstiftung (Rauchen im Wald). Von 33 800 W. in der BRD (von 1957–1975) gingen rd. die Hälfte auf Fahrlässigkeit, ein großer Teil auf unbekannte Ursachen, etwa 6 % auf Brandstiftung und 1 % auf Blitzschlag zurück. Entstehung, Verlauf und Auswirkung eines Brandes werden von der Branddisposition bestimmt. Günstige Voraussetzungen sind: Dichte, trockene Bodenbedekkung (z.B. Reisig, Heidekraut), trockene Standorte in der Ebene, hoher Nadelholzanteil, junge Bestände, langandauernde trocken-heiße Witterungsperioden. Die meisten Brände treten im Frühjahr auf. Die größten Flächen werden im Sommer erfaßt. Brände entstehen meist in den Mittags- und Nachmittagsstunden. Nh stärker gefährdet als Lh; bei Nh vor allem Ki und Schwarzkiefer, dann Fi, Ta, Lä. Lh: Ei > Bu. Lichthölzer sind mehr gefährdet als Schatthölzer. Widerstandsfähig gegen Stammfeuer sind dickborkige Bäume wie Ki und Ei. Schäden: Vernichtung von Einzelbäumen, Beständen und ganzen Waldflächen. Sekundärschäden u.a. durch Borkenkäferbefall oder → *Rhizina*; Auswaschung anorganischer Nährstoffe; Schwinden der Bodendecke und Erosion.
Vorbeugende Maßnahmen: Aufklärung über die Medien und restriktive gesetzliche Vorschriften (z.B. Rauchverbot im Wald vom 1. März bis 31. Oktober). Es besteht Hilfs- und Meldepflicht bei Waldbränden. Neben technischen Einrichtungen (Unterbindung des Funkenflugs aus Feuerstellen und Schloten) auch prophylaktische Maßnahmen des Waldbaus und der Forsteinrichtung. Waldbauliche Maßnahmen können Branddisposition herabsetzen (z.B. Unterdrückung feuergefährlicher Bodenüberzüge; Trockenastung; Entfernung des Reisigs). Durch forsteinrichtungstechnische Maßnahmen: Schaffung eines Wege- und Schneisennetzes; Einrichtung von Feuerriegeln und Schutzstreifen mit feuerhemmendem Bewuchs; Schaffung von Stauteichen und Löschwasserstellen. In gefährdeten Waldgebieten Ausübung eines Feuerwach- und -meldedienstes während der trockenen Jahreszeit (Personenstreifen; Feuerwachtürme, Flugzeuge).
Waldbrandbekämpfung mittels Feuerpatschen, tragbaren Naß- und Trockenlöschgeräten (Feuerlöscher), sowie geländegängigen Tanklöschwagen, auch Großflugzeugen. Bewährte Maßnahmen: Schaffung baumleerer Streifen an den Seiten und der Front des Feuers; Anlegen von Gegen- und Vorfeuern, um dem Feuer die Nahrung zu entziehen. Beim Gegenfeuer wird ein Brand gelegt, der dem Hauptfeuer entgegenläuft

und in dessen Sog gerät. Das Vorfeuer läuft mit dem Wind, vernichtet den Bodenüberzug und entzieht dem Bodenfeuer die Nahrung.

Waldbrand: vernichteter Douglasienbestand in Oregon

Waldernährungslehre: Lehrgebiet der Forstwissenschaft, das sich mit theoretischen und praktischen Aspekten der Ernährungsphysiologie von Bäumen, d.h. mit der Stoff- und Energiezufuhr (→ *Nährstoffaufnahme)* und dem Stoffumsatz in Forstpflanzen beschäftigt. Es vermittelt auch Kenntnisse über die Ernährungsansprüche der wirtschaftlich bedeutenden Holzarten unter Berücksichtigung der Standortseigenschaften und erarbeitet darüber hinaus Methoden zur Verbesserung der Ernährungsgrundlagen, um z.B. durch gezielte Düngungsmaßnahmen das Baumwachstum zu fördern.

Waldformationsklassen: Plfanzensoziologische Einteilung der verschiedenen Waldtypen. → *Wald.*

Waldgeschichte: Darstellung der vegetationsgeschichtl., vom Menschen unbeeinflußten Entwicklung des Waldes während des → *Holozäns.* Vgl. → *Forstgeschichte.*

Waldgrenze: Klimatisch bedingte Grenzlinie, bis zu der geschlossener Wald noch gedeiht. Während Wälder im Naturzustand aus einem Hochwald allmählich in einen Krummholz-Wald und an der W. in einer fast geschlossenen Front in dichten Krüppelbestand übergehen, ist die W. in den Gebirgen Europas durch Holzeinschlag und Beweidung vielfach nicht mehr mit der Baumgrenze identisch und liegt tiefer als diese. → *Baumgrenze.*

Wald-Heckenkirsche → *Lonicera periclymenium*

Waldhochmoor: Typ eines → *Hochmoores* mit niedrigem, mehr oder weniger lockerem Baumbestand (Ki und Betula pubescens im Flachland und Pinus mugo und Fi im Gebirge). W.e treten vor allem in NO-Europa und im Alpenvorland auf.

Waldhygiene: Zusammenfassung aller Maßnahmen, welche zur Erhaltung und Erhöhung der Gesundheit der Lebensgemeinschaft Wald dienen.

Waldkiefer → *Pinus sylvestris*

Waldlorbeer → *Daphne laureola*

Waldmantel: V.a. aus lichtbedürftigen Sträuchern bestehender Randbereich des Waldes, an den sich zur offenen Fläche ein krautiger Waldsaum anschließt. → *Prunetalia spinosae.*

Waldrebe, Gemeine → *Clematis vitalba*

Waldrebe, Italienische → *Clematis viticella*

Waldrose → *Rosa tomentosa*

Waldsaum: Sich an den → *Waldmantel* anschließende, krautreiche Übergangszone zwischen einem Wald und einer offenen Fläche.

Waldschadenserhebung → *Waldschadensinventur*

Waldschadensinventur: Seit 1983 bundesweit und jährlich durchgeführte Erhebung der Waldschäden in festgelegten Probebeständen in einem Rasternetz (Raster 4 x 4 km). Die Erhebung erfolgt somit anhand von Stichproben (1987 Reduzierung der Zahl der Probebestände auf 1/5 (= 317 Bestände, z.B. in Bayern). Kriterien für die Schadensbonitierung sind Nadel-/Blattverluste (fünfstufige Skalierung: 0 = ohne Schadmerkmale bis 4 = abgestorben) und der Grad der Nadel-/Blattvergilbung. Die Inventur beruht nicht auf Messungen, sondern auf Schätzungen durch Fachleute. Schäden mit bekannten Ursachen werden gesondert festgehalten. I.w. erfaßt werden die Schäden an den vier Hauptbaumarten Fi, Ki, Bu und Ei. Neben dieser terrestrischen Inventur werden teilweise regionale Erhebungen anhand von Luftbildauswertungen durchgeführt → *Waldsterben..*

Waldsteins Weide → *Salix waldsteiniana*

Waldsteppe: Übergangslandschaft zwischen geschlossenem Wald und offener Steppe mit einem Mosaik aus offenen Trockenrasen, Gebüschen und lichten Wäldern. Im südosteuropäisch-sibirischen Bereich mit Quercus robur, Acer campestre, A. tataricum, Ulmus campestris und Wildbirne und -apfel als wichtigsten Gehölzen.

Waldsterben (engl.: Forest decline): Offizielle Bezeichnung: neuartige Waldschäden. Etwa seit 1980 großflächig auftretende Erkrankung des Waldes, die vorzugsweise ältere Bestände und Einzelbäume vieler Holzarten M-, N- und O-Europas befällt. Auftreten unabhängig von Standort, Klima und waldbaulicher Behandlung. Symptome variieren zwischen Holzarten, Regionen und Forstorten.
Allgemeine Kennzeichen: (a) Auflichtung der Krone durch vorzeitigen Blattfall, weniger und kleinere Blattorgane sowie Verzweigungsanomalien. (b) Schäden am Wurzelsystem durch hohe Feinwurzelmortalität, geringere Reproduktionsfähigkeit und herabgesetzte Mykorrhizierung. Nadelvergilbungen sind i.a. auf Inversionslagen beschränkt. Ausdehnung des W. auf (a) Nordamerika: Appalachen, Neuenglandstaaten (Picea rubens, Abies fraseri), Pazifikküste (Tsuga heterophylla, Dougl., Sequoia semperv.); (b) S-Eur.: Italien (Quercus ilex, Pinus pinea, P. pinaster); (c) Mittel- und Ostasien (Abies-Arten, Cryptomeria jap.).
Auslösende Ursache des W. ist noch offen. Ursachenanalyse wird wegen Sekundärschäden durch Klimaextreme und Schwächeparasiten erschwert. Eine wichtige Rolle scheint die komplexe Wirkung eines über weite Entfernungen transportierten Gemisches von Luft-

a

b

c

d

e

f

Waldsterben *a, b* Fichte, *c* Buche, *d* Esche, *e* Eiche, *f* toter Bestand am Mt. Mitchell, USA

schadstoffen zu spielen (→ *Streß-Hypothese*). Keine der diskutierten Ursachen-Hypothesen kann das W.-Syndrom befriedigend erklären (→ *Saurer Regen*, → *Photooxidantien*, → SO_2, → *Stickstoff-Einträge*). Erklärungsansätze über Dürre, Viren, Mykoplasmen und Nährstoffmangel schlugen fehl.
Wirkungsvolle Gegenmaßnahmen stellen allein sofortige und umfassende Reduktionen aller Schadstoffemissionen dar. Waldbauliche Maßnahmen incl. Düngung haben allenfalls herauszögernde Wirkung.

Waldstreu: Gesamtheit der toten, organischen Substanz (Detritus) wie Blätter, Nadeln, Zapfen, Rinde, Feinreisig, Totäste und andere auf dem Boden liegende Pflanzenteile (sog. Bestandsabfall). Die angefallene W. erreicht ca. 30 bis 50 t/ha und findet sich nach Abbau (→ *Streuzersetzung*) als Humus im Waldboden angehäuft in Mengen um 200 t/ha. → *Streu.*

Waldtundra: Übergangszone zwischen → *Taiga* und baumloser → *Tundra* mit einzelnen Bauminseln (von W nach O aus Betula pubescens var. tortuosa, Picea obovata, Larix sibirica, L. gmelinii, Betula ermanii).

Waldweide: Seit der Steinzeit betriebene Weidewirtschaftsform. Noch vor 200 Jahren war waldfreier Boden für Weiden zu kostbar. Er wurde ackerbaulich genutzt. Das Vieh trieb man zur Fütterung in den Wald. Heute sind in Mitteleuropa Wald und Weide fast überall getrennt. Die W. führte zur Vernichtung des Jungwuchses und löste eine → *Sukzession* aus, die von geschlossenem über parkartig aufgelockertem Wald zur Triftweide führte. Gräser und andere krautige Pflanzen breiteten sich aus. Ebenso nahmen ungern oder gar nicht gefressene Arten zu (z.B. Wacholder, Schlehe, Grünerle), Arten, die gegen Verbiß empfindlich sind, hingegen ab (z. B. Ta). Im späten Mittelalter waren die Futterbäume durch die Zunahme des Viehbestandes aus der Nähe der Siedlungen soweit verdrängt, daß man gezwungen war, Bäume, die sich zum → *Schneiteln* eigneten (Es, Hbu, Ul u.a.) oder deren Früchte man zur Mast verwendete (Ei, Bu) hier anzupflanzen und zu hegen. Die Beweidung veränderte nicht nur das Vegetationsbild, sondern auch den Boden, der durch Nährstoffentzug und Erosion zunehmend verarmte.

Wallhecke (Knick): → *Hecke,* die sich auf Erd- oder Steinwällen (Lesewall) gebildet hat, die als Umgrenzung von Feldern und Weiden, als Wind- und Erosionsschutz aufgeschüttet worden waren. W.n waren früher typische Bestandteile der Kulturlandschaft.

Walloneneiche → *Quercus macrolepis*

Walnuß, Echte → *Juglans regia*

Walnuß, Herzfrüchtige → *Juglans ailantifolia*

Walnuß, Mandschurische → *Juglans mandshurica*

Walnut, Black → *Juglans nigra*

Walnut, Persian → *Juglans regia*

Wanzenbeere → *Ribes nigrum*

Warzenbirke → *Betula pendula*

Warzen-Spindelstrauch → *Euonymus verrucosa*

Warzenpilz, zerschlitzter → *Thelephora terrestris*

Washingtonia filifera (Linden) H.Wendl. (Palmae) (engl.: California Washingtonia): An Flußläufen S-CA und SW-AZ heimische, bis 18 m hohe Palmenart. Bewährter Park- und Straßenbaum der Subtropen. Blätter graugrün, fächerartig gegliedert, Spreite bis 1,5 m breit, Stiele dornig bewehrt, bis 1,5 m lang. Blütenstände bis 3,7 m lang. Abgestorbene Blätter hängen herab und ummanteln den Stamm (»Petticoat Palm«). Indianer aßen Früchte und gewannen Mehl aus Samen.

Washingtonia robusta H.Wendl. (Palmae) (engl.: Mexican Washingtonia): Bis 21 m hohe, aus Nieder-CA stammende, an subtropischen Küsten als Ziergehölz angebaute Palmenart. Ähnlich → *W.filifera,* aber frostempfindlicher.

Washoe Pine → *Pinus washoensis*

Wasser-Tupelo → *Nyssa*

Wasseraufnahme: Aufnahme und Transport von Wasser entgegen dem Gefälle des osmotischen Druckes (→ *Saugkraft,* → *Diffusion,* → *Osmose).* W. erfolgt überwiegend durch das Wurzelsystem mittels → *Wurzelhaaren* oder durch die → *Mykorrhiza,* in erheblichem Umfang auch durch verkorkte Wurzeloberflächen. Neben der passiven W., bei der die Pflanze nur soviel Wasser aufnimmt, wie durch Verdunstung entzogen wird, ist die aktive W., d.h. ein vom Stoffwechsel abhängiger Wurzelsog von Bedeutung.
Die W. ist mengenmäßig abhängig von der absorbierenden Oberfläche, dem Saugkraftgradienten und den Transportwiderständen. Durch das in den Blättern entstehende Wasserdefizit steigt die Saugkraft und bewirkt den Wassereintritt über die Wurzelrinde und die Durchlaßzellen der Endodermis in die Xylemstränge der Wurzel zur Versorgung von Sproß und Blättern. Für die Erschließung der Wasservorräte des Bodens und zur Deckung des Wasserbedarfs ist das Wurzelwachstum entscheidend. Nur kapillares Haftwasser in den Bodenhohlräumen und das Sickerwasser ist den Wurzeln, die Saugkräfte von 5 – 15 atm erreichen, zugänglich. Durch aktive Salzakkumulation und Zuckeranreicherung im Zellsaft können Wurzeln z.B. bei Trockenheit auch höhere Saugkräfte entwickeln. Bei Temperaturen zwischen +5 und –1 °C wird die W. eingestellt.

Wassereiche → *Quercus nigra*

Wasseresche → *Fraxinus excelsior*

Wasserfarne → *Hydropteridae*

Wasserfichte → *Glyptostrobus*

Wassermangel → *Dürreschäden*

Wasserpotential (Ψ): W. gibt Auskunft über die Verfügbarkeit des Wassers in einer Lösung (→ *Osmose)* oder einem Quellkörper (→ *Quellung)* relativ zu reinem Wasser. Verkörpert die notwendige Energiemenge, um dem System eine Einheit Wasser zu entziehen. Ψ des reinen Wassers ist definitionsgemäß 0, in anderen Systemen stets geringer (also negativ). Dimension des Ψ : Energie/Volumen = Druck/Fläche (→ *osmotische Zustandsgleichung).*

Wasserpotentialgleichung → *osmotische Zustandsgleichung*

Wasserreis: Sproß, der nach Lichtstellung oder Verletzung aus einer schlafenden Knospe im Stammbereich austreibt; Blätter der W. sind oft größer und anders gestaltet als normale Blätter; W. treten häufig in Büscheln auf und führen insbesondere bei Ei zu Qualitätsminderungen des Stammholzes. Bei Laubhölzern neigen weiterhin auch Pa, Ul, Ah, Es, bei Nadelhölzern Lä und Ta zur W.bildung; vereinzelt können W. zu → *Klebästen* durchwachsen.

Wasserspalten → *Hydathoden*

Wasserspeichergewebe: Chlorophyllfreies, zur Wasserspeicherung befähigtes, meist parenchymatisches Gewebe. Hauptsächlich bei Sukkulenten, wo es in subepidermalen Schichten (Bryonia), im Blattinnern (z.B. Agave, Aloe), in Wurzeln (Oxalis) oder im Stamm (Euphorbia) vorkommen kann. Bei Tillandsia und Ficus-Arten ist die Blattepidermis als W. ausgebildet.

Watermark Disease → *Erwinia salicis*

Waugewächse → *Capparales*

Webbs Tanne → *Abies spectabilis*

Wedel: Megaphylle der → *Filicatae*

Wegerichartige → *Plantaginales.*

Weichbast → *Phloem*

Weichholz: Ursprünglich zolltechnischer Begriff für Hölzer mit Rohdichte $<0{,}55$ g/cm^3. Heute werden alle Nadelhölzer, Wei, Pa, Er, Li, Roßkastanie, gelegentlich auch Bi dazugezählt. In der forstl. Praxis werden raschwüchsige, die Wirtschaftsholzarten bedrängende Laubholzarten wie Bi, As, Salix caprea oder Rhamnus frangula oft als »verdämmende Weichhölzer« bezeichnet.

Weichholzaue: Im Hochwasserbereich von Flüssen gelegener Teil des → *Auenwaldes,* der von raschwüchsigen Bäumen mit rel. weichem, wenig haltbarem Holz besiedelt wird. Ist Salix pupurea für die Klasse der Weiden-Auengehölze (Salicetea purpureae) insgesamt typisch, so werden die Gebirgs-Weidenauen (Salicion elaeagni) durch Myricaria germanica, Salix daphnoides, S. elaeagnos, S. nigricans und über dem Mittelwasser durch Hippophaë rhamnoides und Alnus incana charakterisiert. Populus nigra, Salix alba, S. triandra, S. fragilis, S. rubens sind Charakterarten der Weidenauen tieferer Lagen (Salicion albae). Die in W.n vorkommenden Pa (Populus nigra, P. alba) sind wahrscheinlich vom Menschen in M-Eur. eingeführt.

Weichselkirsche → *Prunus cerasus*

Weichselrohr → *Prunus mahaleb*

Weide, Blaue → *Salix caesia*

Weide, Blaugrüne → *Salix caesia*

Weide, Bleiche → *Salix starkeana*

Weide, Großblättrige → *Salix appendiculata*

Weide, Kahle → *Salix glabra*

Weide, Quendelblättrige → *Salix serpyllifolia*

Weide, Schweizer → *Salix helvetica*

Weide, Seidenhaarige → *Salix glaucosericea*

Weide, Spießblättrige → *Salix hastata*

Weide, Stinkende → *Salix foetida*

Weide, Stumpfblättrige → *Salix retusa*

Weide, Zweifarbige → *Salix bicolor*

Weideneiche → *Quercus phellos*

Weidengewächse → *Salicales*

Weidenrost → *Melampsora*

Weidenrunzelschorf → *Rhytisma salicinum*

Weiderichgewächse → *Lythraceae*

Weigela: Thunb. Weigelie: Gattung der → *Caprifoliaceae* mit 12 sommergrünen Straucharten der gemäßigten Zone O-Asiens. In M-Eur. häufig kultiviert: W. florida (Bunge) A. DC. (Liebliche Weigelie). Bis 3 m hoher Strauch aus N-China mit rosa oder weißen, trichterförmigen Blüten und gegenständigen Blättern.

Weigelie → *Weigela*

Weihnachtsstern → *Euphorbiaceae*

Weihrauchgewächse → *Burseraceae*

Weihrauchwacholder → *Juniperus thurifera*

Weihrauchzeder, Kalifornische → *Calocedrus decurrens*

Wein, Wilder → *Parthenocissus*

Weinrebe → *Vitis*

Weinrebengewächse → *Vitaceae*

Weinrose → *Rosa rubiginosa*

Weinstock → *Vitis*

Weiserjahre → *Dendrochronologie*

Weißbirke → *Betula pendula*

Weißbuche → *Carpinus*

Weißdorn, Eingriffeliger → *Crataegus monogyna*

Weißdorn, Zweigriffeliger → *Crataegus laevigata*

Weißeiche → *Quercus alba*

Weißerle → *Alnus incana*

Weißesche → *Fraxinus americana*

Weißfäule (Korrosionsfäule): Durch Basidiomyceten hervorgerufene, spezielle Form der Holzzersetzung, bei der bevorzugt Lignin, gleichzeitig und/oder später aber auch Cellulose abgebaut wird. Kennzeichen: Zunächst gleichmäßige oder streifige Aufhellung bei rel. langer Erhaltung der Holzstruktur, später wird Holz leicht, weich und faserig. Wichtige Erreger: → *Heterobasidion annosum* an stehendem Nadel-, → *Fomes fomentarius* an stehendem und liegendem Laubholz, → *Stereum*-Arten an Holzresten. Besondere Form der W. → *Weißlochfäule.*

Weißfäule

Weißfichte → *Picea glauca*

Weißfleckigkeit des Ahorns → *Cristulariella depraedans*

Weißlochfäule: Wabenfäule, Lochfäule. Spezielle Form der → *Weißfäule,* bei der das Lignin ungleichmäßig abgebaut wird. Makroskopisch erkennbar an kleinen, linsenförmigen, mit weißen Faserresten ausgefüllten, später leeren Höhlungen. Verursacher: → *Phellinus pini,* → *Xylobolus frustulatus.*

Weißpappel → *Populus alba*

Weißpappeln → *Populus*

Weißrüster → *Ulmus laevis*

Weißtanne → *Abies alba*

Weißtannen-Säulenrost → *Pucciniastrum epilobii*

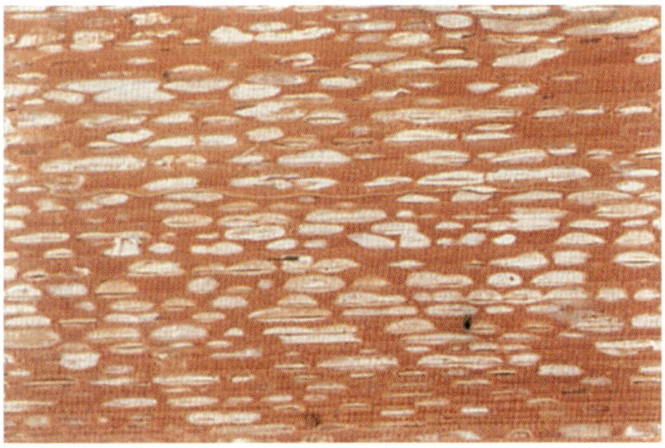

Weißlochfäule

Weißulme → *Ulmus americana*

Weißweide → *Salix alba*

Welkeerscheinungen: W. treten bei unzureichender Wasserversorgung und bei ungenügender K-Versorgung auf oder sie werden durch Welketoxine hervorgerufen; sie äußern sich in der sog. Welketracht (schlaffe, nach unten hängende Blätter). W. sind auf die Unfähigkeit geschädigter Pflanzen (oder toter Zellen) zurückzuführen, den Turgor durch osmotische Wasseraufnahme aufrechtzuerhalten.

Welkepunkt: Der sog. permanente W. wird infolge Austrocknung des Bodens bei Bodensaugspannungen von −15 bar (pF-Wert 4,2) erreicht; durch Umkehr des Wasserpotentialgefälles (Wurzelsaugspannung <Bodensaugspannung) treten → *Welkerscheinungen* z.B. bei Holzpflanzen ab Bodensaugspannungswerten von −20 bis −30 bar, bei krautigen Kulturpflanzen ab −10 bis −20 bar und bei feuchteliebenden Kräutern bereits ab −7 bis −8 bar auf.

Wellingtonia gigantea → *Sequoiadendron giganteum*

Welwitschia → *Gnetatae*

West-Bäumchen-Weide → *Salix foetida*

West-Myrten-Weide → *Salix breviserrata*

Western Hemlock → *Tsuga heterophylla*

Western Juniper → *Juniperus occidentalis*

Western Larch → *Larix occidentalis*

Western Redcedar → *Thuja plicata*

Western White Pine → *Pinus monticola*

Weymouthskiefer →*Pinus strobus*

Weymouthskiefer, Westliche → *Pinus monticola*

Weymouthskiefern-Blasenrost → *Cronartium ribicola*

White Fir → *Abies concolor*

White Spruce → *Picea glauca*

Whitebark Pine → *Pinus albicaulis*

Whitethorn → *Crataegus monogyna*

Whitethorn, May→ *Crataegus laevigata*

Widdringtonia Endl. Widdringtonie: Gattung der Cupressaceae (Tribus Libocedreae) mit 3 immergrünen, zypressenähnlichen Arten in Südamerika und Afrika. Nadelförmige Jugend- und schuppenförmige Altersblätter. Zapfen kugelig, mit 4 stark verholzten Schuppen, die oft in einem dicken, dornigen Fortsatz enden. W. schwarzii (Marloth) Mast ist ein bis 40 m hoher Waldbaum in Südafrika.

Widertonmoos → *Polytrichales*

Wienerwaldlärche → *Larix decidua*

Wiesenmoor → *Flachmoor*

Wildling: Durch Naturverjüngung entstandener, im Wald erwachsender Sämling einer Holzart.

Willow, Almond → *Salix triandra*

Willow, Black → *Salix nigra*

Willow, Dark-leaved → *Salix nigricans*

Willow, Eared → *Salix aurita*

Willow, Halberd-leaved → *Salix hastata*

Willow, Least → *Salix herbacea*

Willow, Neatleaf → *Salix reticulata*

Willow, White → *Salix alba*

Windblüher: Pflanzen, deren Pollen durch den Wind auf das ♀ Organ übertragen werden. → *Anemogamie.*

Windengewächse → *Polemoniales*

Buchen an der Baumgrenze auf dem Schauinsland. Wipfeldeformation als Folge dauernder Windeinwirkung.

Windschäden: Schäden durch Wind mit Geschwindigkeiten unter 20 m/s. Hauptsächlich durch Austrocknung des Bodens sowie Abwehen von Streu und Feinerde (Aushagerung). Gefährdet sind exponierte Freilagen, Bestandesränder, Bergrücken oder Küsten. Unmittelbare Einwirkungen auf Bäume bestehen in erhöhter Transpiration und Störungen der Photosynthese. In ständig windexponierten Lagen treten Wuchsstörungen, Deformationen wie exzentrische Jahrring- und fahnenförmige Kronenbildung, Schiefstellung von Stämmen und Abschrägung des Bestandesdaches auf (Windschur). Relativ empfindlich gegen Windeinwirkung sind

Ki, Strobe, Fi, Dougl, Lä, Bu, HBu und Bi. Rel. unempfindlich Ta, Bergkiefer, Schwarzkiefer, Sitkafichte, Ul, Ei, Er, Pa und Weide. Schäden durch hohe Windgeschwindigkeiten (> 20 m/s) werden als Sturmschäden bezeichnet. → *Sturmschub,* → *Sturmwurf,* → *Sturmbruch.*

Windschur → *Windschäden*

Windverbreitung → *Anemochorie*

Windwurf → *Sturmwurf*

Winter-Smog → *Smog*

Winteraceae → *Magnoliales*

Winterannuelle → *Kräuter*

Wintereiche → *Quercus petraea*

Winterfrost → *Frost*

Wintergrün-Gewächse → *Ericales*

Winterjasmin → *Jasminum nudiflorum*

Winterkälte → *Frost*

Winterlinde → *Tilia cordata*

Winterrinde → *Laurales*

Winterrindenbaum → *Magnoliales*

Winterspore → *Teleutospore*

Wipfeldürre → *Dürreschäden*

Wipfelfeuer → *Waldbrand*

Wipfelköpfung: Wenig praktizierte technische Maßnahme zur Sicherung von Beständen vor Sturmschäden. Durch stufige Stutzung der Baumkronen wird eine Abschrägung des Bestandesrandes erreicht und die Aufprallfläche verkleinert. Diese Maßnahme beschränkt sich auf einen ca. 40 m breiten Streifen, in dem die Kronen nach außen um ⅔, nach innen um ⅓ gekürzt werden.

Wipfelschaftigkeit: Bezeichnung für eine geradschaftige, bis zum Wipfel durchlaufende Form eines Baumes.

Wirt (Wirtspflanze): Pflanzlicher (oder tierischer) Organismus, der einen oder mehrere Pathogene oder Endophyten beherbergt. Je nach Bedeutung unterscheidet man (subjektiv) zwischen Haupt- und Nebenwirt (Primär- und Sekundärwirt). Der Begriff → *Zwischenwirt* ist an die Vermehrungsbiologie der Rostpilze gebunden.

Wirt-Parasit-Verhältnis: Momentzustand in einem dynamischen Geschehen zwischen angreifendem Pathogen und abwehrender Wirtspflanze. Geprägt durch → *Aggressivität* und → *Pathogenität* des Erregers sowie → *Disposition* und Resistenzgrad des Wirtes. Normalerweise befindet sich das W-P-Verhältnis im Gleichgewicht. Klimastreß oder Umweltgifte können Disposition des Wirtes oder Aggressivität des Pathogens verändern und somit das Gleichgewicht zerstören. (Borkenkäferkalamität nach mehreren trocken-warmen Sommern, Hallimasch-Befall nach Schwankungen des Grundwasserspiegels).

Wirtel: → *Wirtelung*

Wirtelung: Wirtelige Blattstellung. An jedem Knoten sind zwei, drei oder mehrere Blätter inseriert (di-, tri- oder polymere Wirtel), die zu den Blättern des vorausgehenden Knotens auf Lücke stehen. Sind nur zwei Blätter pro Knoten vorhanden und stehen diese zum folgenden Blattpaar im rechten Winkel gekreuzt, so spricht man von gegenständiger, wirtelig-gekreuzter oder dekussierter Blattstellung, kurz von Dekussation; diese Form ist weit verbreitet und zählt bei den Lamiaceae und den Caryophyllaceae zu den Familienmerkmalen.

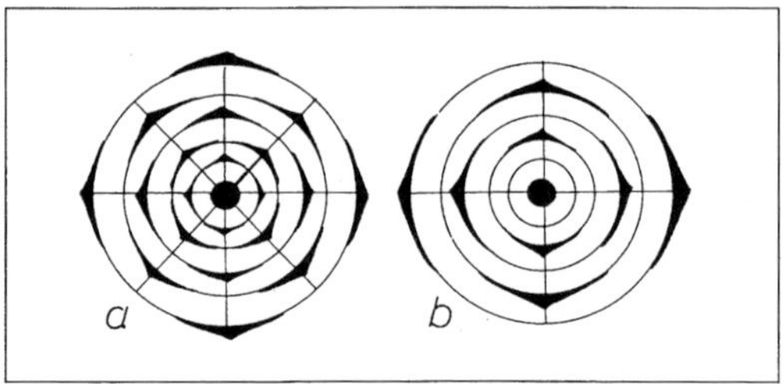

Wirtelung: *a* vierzählig und *b* zweizählige Dekussation

Wirtsspektrum (Wirtskreis): Jener Kreis von Arten oder Sorten, die einem bestimmten Pathogen als → *Wirt* dienen können. → *Parasiten.*

Wirtswechsel: Fakultativer oder obligater Übergang eines Schädlings von einer Wirtsart zu einer anderen. Heteroezie (obligater W.) liegt vor, wenn der Parasit den W. zur Vollendung seines Entwicklungszyklus benötigt (Ggs.: Autoezie). Beispiele: Rostpilze wie → *Cronartium ribicola,* → *Melampsora pinitorqua;* Blattläuse der Gattungen Sacchiphantes oder Adelges.

Wisteria NUTT. Blauregen (engl.: Wisteria): Gattung der → *Fabaceae* mit 9 Arten im östl. N-Amerika und O-Asien. Lianen mit wechselständigen, unpaarig gefiederten Blättern, Blüten in überhängenden, reichblütigen Trauben. Mehrsamige, zwischen den Samen ± verengte Hülsenfrüchte. Samen und Blätter giftig. In M-Eur. häufig kultiviert und winterhart: W. sinensis (SIMS.) SWEET (Chinesischer Blauregen, Glyzine) aus China. Langsam wachsend, bis 20 m hoch kletternd, schlingt erst im 2. oder 3. Jahr. Bätter 7- bis 13-zählig gefiedert, Blüten hell blauviolett, süß duftend.

Wolfsmilchartige → *Euphorbiales*

Wolfsmilchgewächse → *Euphorbiaceae*

Wollbaumgewächse → *Bombacaceae*

Wollmispel → *Eriobotrya*

Wuchsstoffe: I.w.S. alle wachstumsbeeinflussenden, organischen Verbindungen. I.e.S. identisch mit → *Auxinen.*

Wuchsstoffherbizide: Aryloxyessigsäure-Derivate mit systemischer Wirkung gegen Kräuter, weit weniger gegen Gräser. Als Na-, K- und NH-Salze über die Wurzeln oder als Ester über Blatt und Stengel aufgenommen, rufen sie Störungen des nat. Wuchsstoffhaushaltes und des Nukleinsäurestoffwechsels hervor. Folgen: Teilungsstörungen, Wuchsanomalien und übermäßiges Wachstum. Einsatz von → *2,4-D* und → *MCPA* im Getreidebau. → *2,4,5-T* wird als → *Arborizid* u.a. zur chemischen Läuterung verwendet.

Wisteria

Wundfäule: Holzfäule an lebenden Bäumen, deren Erreger über Stamm-, Wurzel- oder Astwunden eindringen. Beispiele: → *Piptoporus betulinus* an Bi; → *Fomitopsis pinicola* an Nh und Lh. Die wirtschaftl. Verluste durch Wundfäule sind durch die zunehmende Mechanisierung der Holzernte (Rückeschäden) erheblich angestiegen.

Wundgewebe → *Kallus*

Wundgummi: Gummiartige, chemisch den Pflanzenschleimen ähnliche Substanz, die hauptsächlich aus hochkonzentrierten, dickflüssigen, an der Luft verhärtenden, kolloidalen Polysaccharidlösungen besteht (→ *Gummosis).*

Wundheilung: Allgemeiner Begriff für mehrere ineinandergreifende, physiologische Prozesse und histologische Vorgänge in verletzten Geweben und Organen, die der Reparation, Regeneration und evtl. Reproduktion dienen. Wundheilung wird u.a. eingeleitet, gefördert und bewerkstelligt durch Ausbildung von → *Kallus* (Wundkallus), → *Wundkork,* → *Wundholz* sowie durch das Austreten von → *Wundgummi* und Harz.

Wundholz: Sammelbezeichnung für traumatisch entstandenes Gewebe nach Kambiumverletzung, das teils aus dem der Wunde benachbarten Randbereichen des unverletzten Kambiums, teils aus Markstrahlzellen, teils aus jüngsten Xylemelementen durch hypertrophische Teilungen entsteht. Wundholz schließt den Begriff → *Kallus* ein und dient dem Wundverschluß.

Wundhormone: Botenstoffe, die in verletzten Zellen entstehen und a) Zellen am Wundrand zur Teilung anregen (möglicherweise → *Auxine* und → *Cytokinine)* oder b) an anderer Stelle die Synthese spezifischer Abwehrstoffe gegen Parasiten induzieren (bekannt bei Blättern von Tomate, Kartoffel).

Wundkallus → *Kallus*

Wundkork: Durch Wundreiz induziertes, i.d.R. in der primären oder sekundären Rinde entstehendes → *Periderm,* das zur Abriegelung von Stamm- u. Astwunden (Wundperiderm) führt. Bildung von W. ist wichtiger Mechanismus der → *Ausbreitungsresistenz* bei Bäumen (z.B. bei → *Lärchenkrebs).*

Wundperiderm → *Wundkork*

Wundschutz: Sammelbegriff für Maßnahmen zur Verhinderung von Infektionen über Stamm- und Astwunden. Dazu gehört u.a. das Aufbringen anerkannter Wundverschlußmittel, die zumeist mechanisch, z.T. auch fungizid wirken. Ihr erfolgreicher Einsatz ist an die sofortige Ausbringung nach Entstehen der Wunde (→ *Rückeschäden)* gebunden.

Wurzel: Organ der → *Cormophyta,* stets ohne Blätter und → *Stomata,* mit primären, radialen → *Leitbündeln,* gekennzeichnet durch Verzweigung endogenen Ursprungs; neugebildete W. sind im Besitz von → *Wurzelhaaren* oder → *Mykorrhizen* und einer → *Wurzelhaube.*

Wurzel-Lorchel → *Rhizina undulata*

Wurzelanlauf: Übergangsbereich zwischen Stamm und Wurzelsystem, der durch den Ansatz starker Seitenwurzeln gekennzeichnet ist.

Wurzelatmung: Sauerstoffaufnahme und CO_2-Abgabe durch Wurzeln, wobei ein Teil der assimilierten Kohlenhydrate verbraucht wird und ein Gasaustausch zwischen Boden und Wurzelsystem stattfindet. Der für W. notwendige, in der Bodenluft oder im Bodenwasser gelöste Sauerstoff ist von überragender Bedeutung für das Wurzelwachstum. Mykorrhizierte Wurzeln atmen stärker (2 bis 4fach) als nicht mykorrhizierte. Der Anteil der W. an der Gesamtatmung liegt bei Nh zwischen 30 und 55 %; die Intensität der W. ist bei Nh am höchsten.

Wurzelbrut: Endogen aus Adventivknospen gebildete Sprosse an flachstreichenden Wurzeln, meist ausgelöst durch eine Störung im Wuchstoffhaushalt. Nach Verwundung bei Hasel, Li, RKa und Ulmenarten. Ohne Verwundung u.a. bei Ka, As, Er, Leuce-Pappeln, Rob, Wei) sowie (Corylus, Rosa, Rubus; sehr geringe Neigung zur Bildung von W. bei Berg- u. Spitzahorn, Ei, Rot-Buche u. Hbu, Es.

Wurzeldornen: Selten vorkommende, durch Umwandlung von Wurzeln in Dornen entstandene Gebilde z.B. am Stamm einiger Palmen (Acanthorhiza). → *Dornen.*

Wurzeldruck: Positiver Druck (<1 atm), der sich als Wasserausscheidung an Blattspitzen (→ *Guttation)* oder an Wundflächen (Blutungssaft) äußert. W. erzeugt eine Wasserbewegung im Stamm noch vor dem Laubaustrieb; er entsteht dadurch, daß bei fehlender Transpiration Zellen des Zentralzylinders aktiv Ionen in die Gefäße sezernieren; die so entstehende Salzlösung besitzt eine beträchtliche → *Saugkraft,* führt zu einem Wassereinstrom in die Gefäße und zum Aufsteigen der Xylemflüssigkeit.

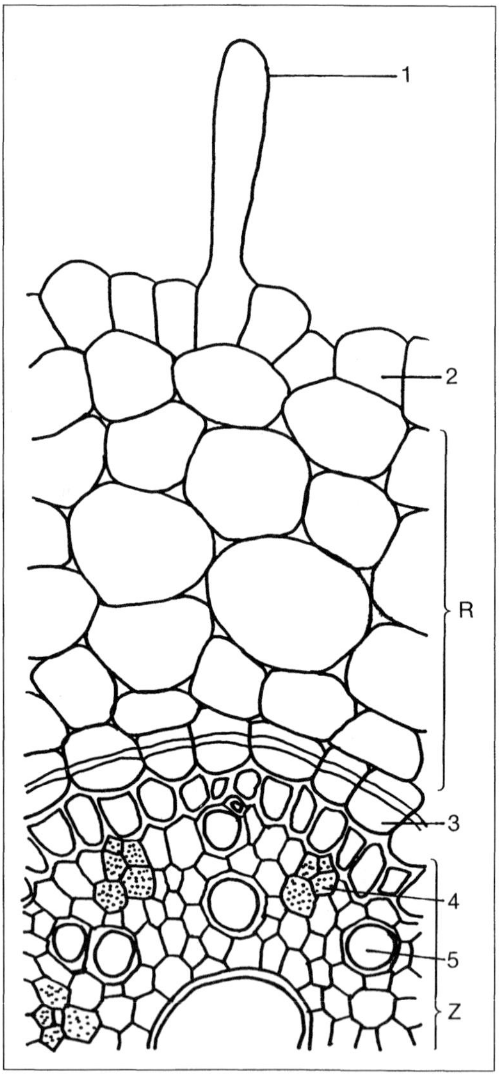

Wurzelquerschnitt: R = Rindenzellen, Z = Zentralzylinder, 1 = Wurzelhaar, 2 = Rhizodermis, 3 = Endodermiszellen mit Casparystreifen, 4 = Phloem mit Sieb- und Geleitzellen, 5 = Xylem-Gefäße

Wurzelexsudate: Ausscheidungen von niedermolekularen, organischen Verbindungen (org. Säuren, Aminosäuren u. Phenole) durch die Wurzel; dadurch wird z.B. die Attraktivität für Mykorrhizapilze sowie die Nährstoffverfügbarkeit in der → *Rhizosphäre* erhöht. → *Mucilage.*

Wurzelfäule: Ungenau definierter Begriff aus der forstl. Pathologie, der gelegentlich für Wurzelerkrankungen bei Waldbäumen schlechthin steht, häufiger jedoch auf Krankheiten des Wurzelsystems von Sämlingen angewandt wird. In diesem Fall sind Erreger wie Phytophthora cactorum, P. cinnamomi oder Botrytis cinerea gemeint, die über das Keimlingsstadium hinaus als Wurzelpathogene an verschiedenen Wirtsarten vorkommen.

Wurzelfusion → *Spannwurzeln*

Wurzelhaare: Papillen- bis schlauchartige, dünnwandige, nicht durch eine Zellwand abgeteilte Ausstülpungen der → *Rhizodermis* im Bereich der Wurzelhaarzone zur Vergrößerung der Oberfläche und Förderung der Wasser- und Nährsalzaufnahme aus dem Boden.

Wurzelhals: Übergangsbereich zwischen Wurzel und Sproß.

Wurzelhaube (= Kalyptra): Parenchymatische, an der Wurzelspitze gebildete, sich stetig erneuernde Kappe, die das Wurzelspitzenmeristem schützt und das Vordringen der Wurzel durch Verschleimung der Mittellamelle und laufende Abstoßung der äußersten Zellen erleichtert; → *Mucigel.*

Wurzelknöllchen: Weit verbreiteter Typ der Symbiose bei 91 % aller Arten der Mimosaceae und 94 % aller Fabaceae (→ *Leguminosae).* Die Knöllchenbildung wird induziert von Bakterien (→ *Schizomycetes,* → *Stickstoff-Fixierung),* die stimuliert durch die Wurzel der Wirtspflanzen über die → *Wurzelhaare* eindringen, Zellteilungen in der Wurzelrinde und lokale Wucherungen hervorrufen, welche durch ein → *Periderm* nach außen abgegrenzt sind. Andere Typen von W. finden sich bei Nichtleguminosen z.B. der Casuarina/Myrica-Typ und der Alnus-Typ. → *Actinorhiza.*

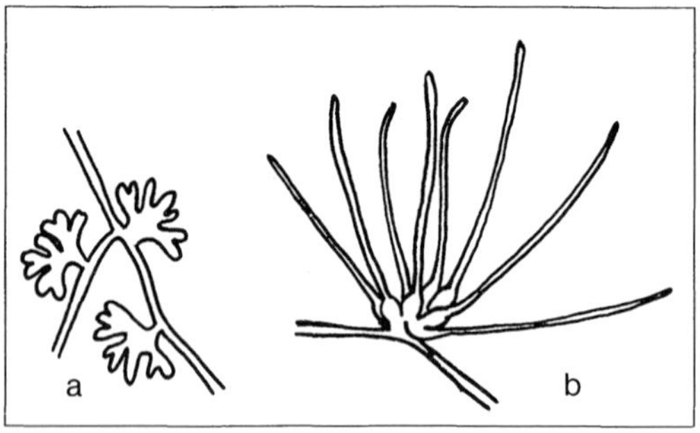

Wurzelknöllchen: *a* Alnus-Typ, *b* Casuarina/Myrica-Typ

Wurzelknollen: Sproßbürtige, knollige Speicherwurzeln mit stark verdicktem Rindenparenchym . → *Knollen.*

Wurzelmetamorphosen → *Geophyten,* → *Wurzeldornen*

wurzelnackt: Bezogen auf Pflanzen, die ohne Erdballen zur Auspflanzung kommen. Probleme: Wurzelnackte Pflanzen können bei langen Transportwegen und unsachgemäßer Behandlung erhebliche Wasserverluste erleiden und absterben.

Wurzelpol: Teil des bipolaren → *Embryos* d. Samenpflanzen, aus dem die Radicula entsteht.

Wurzelrinde: Farbloses, parenchymatisches Gewebe mit meist großen → *Intercellularen,* dient der Speicherung von Reservestoffen und dem Stoffaustausch zwischen → *Rhizodermis* und → *Xylem* (→ *Ionentrans-*

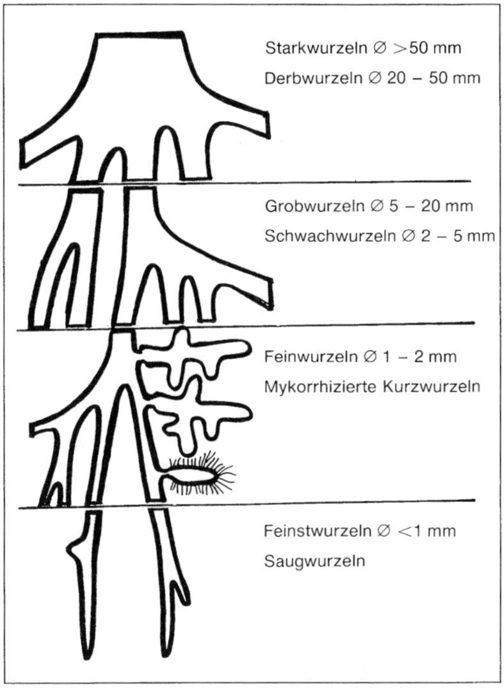

Aufbau des **Wurzelsystems** bei Waldbäumen

lokation), i.d.R. von → *Mykorrhizapilzen* besiedelt (→ *Mykorrhiza).*

Wurzelsaugspannung → *Saugspannung,* → *Wasseraufnahme*

Wurzelschnitt: a) Maßnahme zur Stimulierung der Feinwurzelbildung und zur Vermeidung von Wurzelstauchungen. Anwendung in der Baumschulphase oder vor Ausbringung auf die Verjüngungsfläche. W. geschieht durch glattes Abschneiden zu langer und zu gering verzweigter Wurzeln. Behandelte Pflanzen haben i.a. geringere Ausfälle nach Verpflanzung. Einige Arten sind gegen W. empfindlich (z.B: Lä). Pfahlwurzeln sollten nicht gekürzt werden.
b) Maßnahme zur Förderung der Blüten- und Fruchtbildung in Samenplantagen bei älteren Bäumen. Bewährt hat sich das Abstechen der Wurzeln in 1 bis 2 m Abstand vom Stamm.

Wurzelschwamm → *Heterobasidion annosum*

Wurzelstamm: Von einem dichten Mantel sproßbürtiger Wurzeln umkleideter Stamm der → *Cyatheaceae* und → *Dicksoniaceae.* Sproßbürtige Wurzeln und abgestorbene Blattbasen stellen wichtige Festigungselemente dar.

Wurzelstecklinge → *Stecklingsvermehrung,* → *Wurzelbrut*

Wurzelstock: a) Synonym für → *Rhizom.*
(b) Unterirdische Verlängerung des Stammes, bestehend aus Horizontal- und Vertikalwurzeln (= Grobwurzeln),

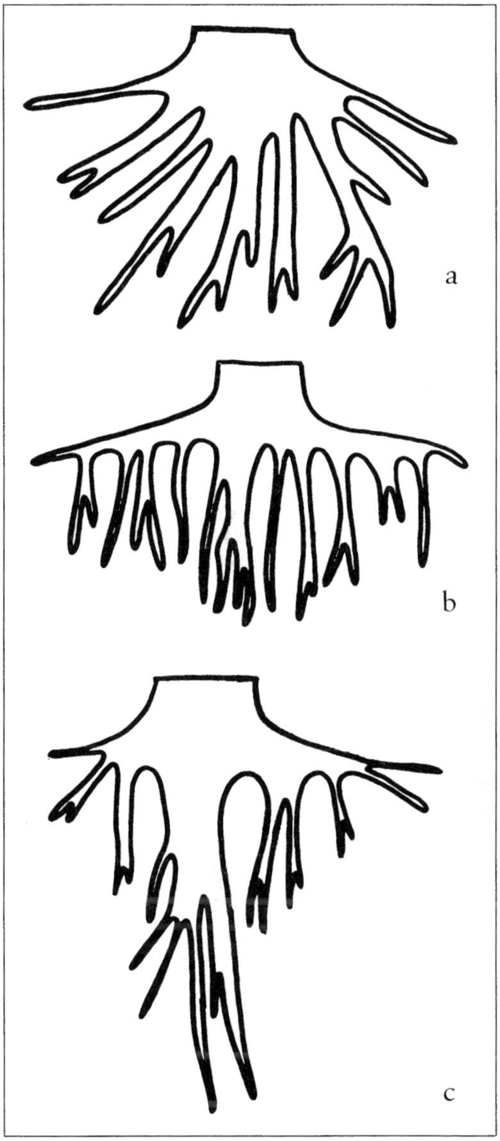

Grundtypen von **Wurzelsystemen** der Waldbäume: *a* Herzwurzelsystem (Dougl, Li), *b* Senkerwurzelsystem (Fi, Es), *c* Pfahlwurzelsystem (Ta, Ki)

die durch sekundäres Dickenwachstum aus verholzten → *Feinwurzeln* entstehen und den Baum fest im Boden verankern. Der W. dient ferner zur Speicherung von Wasser, Nähr- und Reservestoffen. → *Stubben.*

Wurzelstörpunkte: Schadstellen an subvitalen → *Wurzelsystemen,* gekennzeichnet durch Symmetriestörung bei der Anordnung von Lang- und Kurzwurzeln. An W. können neue Feinwurzeln austreiben. W. sind ein Schadsymptom bei Baumarten, die vom → *Waldsterben* betroffen sind.

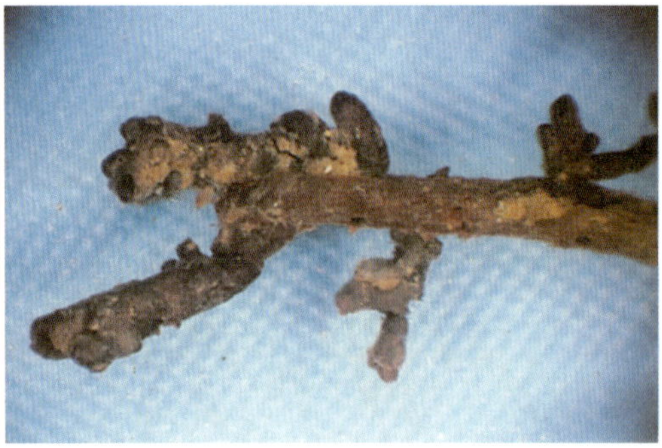

Wurzelstörpunkt an Fichte

Wurzelsukkulente → *Sukkulente*

Wurzelsystem: Umfaßt die Gesamtheit der Wurzeln einer Pflanze, bestehend aus Haupt- und plagiotrop wachsenden → *Seitenwurzeln* (allorhizes W., → *Allorhizie)*. Homorhizes W., gebildet von einer großenZahl etwa gleich starker sproßbürtiger Wurzeln, z.B. die Wurzelbüschel bei Monokotylen.
Das W. der Waldbäume wird, ausgehend vom Wurzeldurchmesser, untergliedert in nicht verholzte → *Feinwurzeln* (Ø <2mm) und verholzte Grobwurzeln (Ø >5 mm). Die tatsächliche Form des W. ist von der Gründigkeit des Bodens geprägt. Man unterscheidet aufgrund von Gestalt, Flächen- und Tiefenausdehnung bei Bäumen 3 Grundtypen, die man nur bei tiefgründigen Substraten ohne mechanische Hindernisse findet: 1. Pfahlwurzelsystem. Hier dominiert eine senkrecht in die Tiefe wachsende, deutlich verdickte Hauptwurzel (z.B. bei Ei, Ki, Ta, Ul). 2. Herzwurzelsystem. Hier fehlen stark entwickelte Horizontalwurzeln. Anstelle einer dominierenden Hauptwurzel werden mehrere mehr oder weniger senkrecht orientierte Wurzeln unterschiedlicher Stärke am Wurzelstock ausgebildet (z.B. bei Bi, Dougl, Hbu, Lä, Li). 3. Horizontalwurzelsystem; gekennzeichnet durch mehrere plagiotrop orientierte, stark verzweigte Seitenwurzeln; die dominierende Hauptwurzel ist nur für kurze Zeit vorhanden (z.B. Pa). Daneben kommen Mischformen vor, wenn z.B. Senkerwurzeln vorhanden sind, die ausgehend von verstärkten Horizontalwurzeln, senkrecht in den Bodeneindringen (z.B. As, Es und Fi in der Altersphase). Bei Baumsämlingen findet man i.d.R. eine dominierende Primärwurzel und davon ausgehende Seitenwurzeln, die das Hauptwurzelsystem bilden.

Wurzeltracht: Habitus des Grobwurzelsystems von Baumarten (→ *Wurzelsystem)*. Die W. wird stark beeinflußt durch Bodenstruktur, soziologische Stellung und Wasserhaushalt am Standort. Nur bei ungehindertem Wachstum in sandig-lehmigen, mittelfrischen Böden kann sich eine für Gehölze artspezifische W. entwickeln. Der Umfang der Bewurzelung ist beträchtlich, z.B. erreichen Ta-Sämlinge (6 Monate alt) eine Gesamtwurzellänge von ca. 1 m, bei Fi sind es ca. 2 m. Bei alten Silberpappeln können die Wurzeln 20 bis 40 m weit vom Stamm entfernt sein.

Wurzelträger → *Rhizophoren*

X

Xanthomonas populi ssp. populi (RIDE) RIDE et RIDE (syn.: Aplanobacterium populi RIDE); Erreger des Bakterienkrebses der Pappel (Pseudomonadaceae): Stäbchenförmiges, streng aerobes, gram-negatives, monotrich begeißeltes Bakterium. Ruft Stamm- und Astkrebse an Pa, insbes. an einigen Tacamahaca-Klonen, aber nicht an P. nigra hervor. Wirtschaftl. bedeutend in W- und NW-Europa, Polen, CSFR durch Holzentwertung und Ausfälle. Infektion über Blatt- und Knospenschuppennarben, Lenticellen und Verletzungen. Inkubationszeit wenige Monate. Erste Symptome: Rindenverfärbung, Rindenrisse und -nekrosen. Wundkallus wird zerstört. Bakterien in Interzellularen, Zerstörung der Mittellamelle. Im Frühjahr grauweißer, rel. zäher Bakterienschleim. Eindämmung durch Aushieb befallener Bäume und Anbau resistenter Klone. X. populi ssp. salicis DE KAM ruft ähnliche Schäden an Stämmen versch. Salix-Arten hervor.

Bakterienkrebs der Pappel

Xanthophyceae → *Phycophyta*

Xanthorrhoeaceae → *Liliales*

Xenochorie: Allochorie. → *Fruchtverbreitung*

Xenogamie: Allogamie. → *Bestäubung.*

Xerochasie: Durch Austrocknung ausgelöst Öffnung von Frucht- oder Sporenkapseln, z.B. Öffnung des Sporangiums bei Farnen.
→ *Anulus.* Ggs. → *Hygrochasie.*

xeromorph: Bezogen auf Trockenheit ertragende Pflanzen (Xerophyten), die zur Reduktion der Wasserabgabe besondere anatomische oder morphologische Strukturen ausgebildet haben. Bei den Coniferennadeln gelten die Einsenkung der Stomaten, die Hypodermis und die verdickten Epidermis-Zellwände als xeromorphe Struktur.

Xerophyten: Trockenheit ertragende Pflanzen. Neben Pflanzen, die Trockenperioden inaktiv überdauern [viele Therophyten (→ *annuell),* → *poikilohydrische* Pflanzen und → *Kryptophyten]* zählen zu den X. i.e.S. Pflanzen mit → *xeromorphem* Bau, die die Trockenzeit im aktiven Zustand durchleben. → *Malakophylle* X. sind → *hydrolabil* (z.B. Arten der Gattung Artemisia und Cistus). Auch → *sklerophylle* X. bleiben während der Dürrezeit aktiv, sind aber → *hydrostabil* (z.B. → *Hartlaubgewächse).* → *Stenohydrische* X. halten die Hydratur fast konstant. Zu Beginn der Dürre schließen sie ihre Stomata, die Photosynthese kommt zum Erliegen. Sie befinden sich daher während der Dürre in einem Hungerzustand (z.B. Arten der Gatt. Euphorbia). Die Zuordnung der → *Sukkulenten* zu den stenohydren X. ist umstritten.

Ximia → *Olacaceae*

Xylane → *Hemicellulosen*

Xylariales → *Unitunicatae-Inoperculatae*

Xylem: Teil des → *Leitgewebes.* Dient der Wasserleitung, Festigung und der Assimilatspeicherung. Bei vielen Holzpflanzen, vor allem im Frühjahr, auch der akropetalen Assimilatleitung. Bei Angiospermen ein komplexes Gewebe aus verschiedenen toten und lebenden Zellelementen: 1. Für die Wasserleitung und Festigung: → *Tracheiden,* → *Tracheen* und → *Fasertracheiden.* 2. Für die Festigung: → *Libriformfasern* (im Frühholz auch kurzfristig der Assimilatspeicherung dienend). 3. Für die Speicherung: lebendes Holzparenchym.
Bei Gymnospermen weniger stark differenziert: Tracheen und Libriformfasern fehlen i.d.R.; Parenchym spärlich oder fehlend. Man unterscheidet: Primäres X.: Entsteht aus dem Prokambium und ist in → *Proto-* und → *Metaxylem* differenziert. Sekundäres X.: Im Zuge des sek. → *Dickenwachstums* vom Kambium zentripetal abgegliedert. (→ *Holz).*

Xylemfasern: (= Holzfasern) (→ *Fasern).*

Xylemprimanen → *Protoxylem*

Xylia → *Mimosaceae*

Xylobolus frustulatus (PERS. ex FR.) KARST. (syn.: Stereum frustulosum FR.) Mosaik-Schichtpilz (Thelephoraceae): Erreger einer → *Weißlochfäule* im Eichen-Kernholz, die wegen ihres charakteristischen, braunweißen Musters »Rebhuhnholz« genannt wird. Die bei Trockenheit mosaikartig gespaltenen, bräunlichen, an der Basis schmalen Fruchtkörper können 20 Jahre alt werden und erscheinen an bloßliegendem Ei-Kernholz.

Xylocarpus → *Meliaceae*

Xynthophylle → *Carotinoide*

Y

Yedo-Fichte → *Picea jezoensis*

Yellow Buckeye → *Aesculus octandra*

Yellow Poplar → *Liriodendron tulipifera*

Yew, Common → *Taxus baccata*

Yoshua Tree → *Yucca brevifolia*

Ysop → *Hyssopus officinalis*

Yucca brevifolia Engelm. (engl.: Yoshua Tree) (→ *Agavaceae*): Höchst malerischer, immergrüner Solitärbaum in der Mojavewüste (CA, NV, AZ). Mit max. 9 m Höhe und 0,9 m ∅ die größte baumförmige Yucca-Art. Heute unter Schutz. Indianer gewannen Mehl aus den Samen und Farbe aus den roten Wurzeln. Namensgebung durch die gen Westen ziehenden Mormonen, denen der Baum wie eine aufrecht stehende Person erschien, deren Arme den Weg ins gelobte Land wiesen. Kennzeichen: Zahlreiche an den Zweigenden büschelig gehäufte, 20 – 36 cm lange, steife und zugespitzte, blaugrüne Blätter. Alte Stämme tief plattenartig gefurcht, braun. Bis 4 cm lange Blüten mit 6 gelblichgrünen, lederartigen Blumenblättern in aufrechten, bis 0,5 m langen Rispen.

Yunnan-Tanne → *Tannenarten, chinesische*

Yucca brevifolia: *a* Stammrinde. *b* Solitärbaum

Z

Z-Baum: Zukunftsbaum. Bezeichnung für Auslesebäume, die aufgrund guter Wuchsleistung und Qualität als zukünftige Haubarkeitsstämme etwa zur Hälfte der geplanten Umtriebszeit eines Bestandes ausgewählt, dauerhaft markiert und durch entsprechende Pflegeeingriffe bis zum Erreichen der Umtriebszeit gezielt gefördert werden.

Zäpfchenrhizoide → *Rhizoide*

Zanthoxylum → *Rutaceae*

Zapfen: Strobilus. Ähriger Blütenstand u.a. bei Koniferen, der bei ♀ Blütenständen später zum verholzten Samenstand wird. Besteht aus einer Achse mit dispergiert gestellten, sterilen → *Deckschuppen,* in deren Achseln stark modifizierte ♀ Blüten stehen, die Samenschuppen. Letztere wachsen nach der Befruchtung stark heran und bilden die Zapfenschuppen. Beim Wacholder sind die 3 Zapfenschuppen zu einem fleischigen Beerenzapfen verwachsen. Bei Ta-Arten zerfällt der Z. bei der Reife. Zumeist werden bei Ki, Lä und Fi-Arten die Samen durch Auseinanderklaffen der Zapfenschuppen bei Trockenheit entlassen. Hier fallen die Z. später als Ganzes ab. ♀ Cycadeenzapfen bestehen nur aus Megasporophyllen.

Zaubernuß → *Hamamelis*

Zaubernuß, Japanische → *Hamamelis japonica*

Zaubernußartige → *Hamamelidales*

Zaunblättling → *Gloeophyllum sepiarium*

Zaunrebe → *Parthenocissus*

Zaunrose, Schottische → *Rosa rubiginosa*

Zeaxanthin → *Carotinoide*

Zeder → *Cedrus*

Zeder, Kurznadelige → *Cedrus brevifolia*

Zedrachgewächse → *Meliaceae*

Zeigerpflanzen (Indikatorpflanzen): Pflanzen, die durch ihr gehäuftes und/oder ausschließliches Auftreten an bestimmten Standorten Rückschlüsse auf die edaphischen oder klimatischen Gegebenheiten des Standortes zulassen. Man unterscheidet u.a. → *Nässe-,* → *Säure-,* → *Basen-,* → *Stickstoff-* und → *Magerkeitszeiger.*

Zelkova Spach Zelkove: Gattung der → *Ulmaceae* mit 5 – 7 sommergrünen, ulmenähnlichen Bäumen oder Sträuchern. Mit Ausnahme von → *Z. abelicea* (SO-Eur.) in West- und Ostasien beheimatet. Blätter wechselständig, kurz gestielt, einfach gesägt, Basis symmetrisch. Blüten einhäusig, in unscheinbaren, blattachselständigen Büscheln; die ♀ an der Spitze, die ♂ im unteren Teil diesjähriger Triebe. Frucht eine kurz gestielte, ungeflügelte, asymmetrische Steinfrucht. Ringporiges, hartes Kernholz. Gefährdet durch das → *Ulmensterben.*

Zelkova abelicea (Lam.) Boiss. (syn.: Z. cretica Spach): Seltener, bis 15 m hoher Baum oder Strauch in den Gebirgen Kretas und Cyperns. Blätter lederig, eiförmig, nur 1 – 2,5 cm lang, fast sitzend, unterseits behaart.

Zelkova acuminata → *Zelkova serrata*

Zelkova carpinifolia (Pall.)K. Koch (syn.: Z. ulmoides Schneid., Z. crenata Spach) Kaukasische Zelkove: Bis 25 m hoher Laubbaum aus dem Kaukasus. Hauptvorkommen in Auwäldern (bis 300 m Meereshöhe) am Rande des Kaspischen Meeres zusammen mit Platanus orientalis, Quercus castaneifolia und Pterocarya fraxinifolia; im Talisch-Gebirge bis auf 1 500 m ansteigend. Häufig in englischen Parkanlagen, in M-Eur. selten, da nicht voll winterhart. Kennzeichen: Meist mehrstämmig mit steil aufwärts gerichteten Ästen, Krone dadurch eiförmig; Rinde glatt, buchenähnlich, im Alter schuppig abblätternd. Blätter 2 – 7 cm lang, 6 – 12 Seitennervenpaare, unterseits hauptsächlich auf den Nerven behaart. Bildung von Wurzelbrut (Abb. S. 576).

Zelkova carpinifolia

Zelkova crenata → *Zelkova carpinifolia*

Zelkova cretica → *Zelkova abelicea*

Zelkova hirta → *Zelkova serrata*

Zelkova keaki → *Zelkova serrata*

Zelkova serrata (Thunb. ex Murr.)Mak. (syn.: Z. keaki Maxim., Z. hirta Schneid., Z. acuminata Planch.) Japanische Zelkove, Keaki: Bis 30 m hohe, von Natur aus

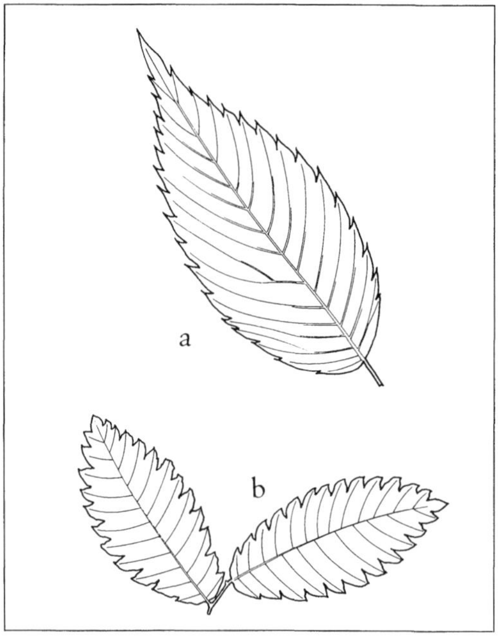

Blattformen von **Zelkova:** *a* Z. serrata, *b* Z. carpinifolia

seltene, doch des wertvollen Holzes wegen gerne angepflanzte Laubholzart Japans. Ähnelt sehr → *Z. carpinifolia;* jedoch Blätter etwas größer (bis 10 cm lang), mit 9 – 14 Seitennervenpaaren und deutlich zugespitzten, nach vorne gerichteten Blattrandzähnen; Blattspitze lang ausgezogen. Forstliche Versuchsanbauten in Deutschland fehlgeschlagen (geringe Wuchsleistung, starke Neigung zur Zwieselbildung, Vielstämmigkeit und Sperrwuchs); wegen ihrer dichten, vielstämmigen Krone und der buntscheckig abblätternden Borke dekorativer, winterharter Parkbaum.

Zelkova ulmoides → *Zelkova carpinifolia*

Zelkove, Japanische → *Zelkova serrata*

Zelkove, Kaukasische → *Zelkova carpinifolia*

Zelle: Grundbaustein pflanzlicher und tierischer Organismen von → *isodiametrischer* oder → *prosenchymatischer* Gestalt. Durchschnittliche Größe: 10 – 100 µm (Faserzellen bis 3 m lang). Zelle der → *Eukaryota* (Eucyte) ist im Gegensatz zur → *Protocyte* der → *Prokaryota* besonders hoch organisiert. Die Eucyte besteht i.d.R. aus einem von der → *Zellwand* umschlossenen → *Protoplasten.* Er stellt den lebenden Teil der Zelle dar, grenzt sich mit dem → *Plasmalemma* zur Zellwand ab und gliedert sich in → *Cytoplasma,* → *Nucleus,* → *Plastiden* und → *Mitochondrien.* Ausdifferenzierte Zellen besitzen einen oder mehrere flüssigkeitserfüllte, vom → *Tonoplasten* umgrenzte Räume (→ *Vakuolen).* Protoplasten benachbarter Zellen stehen über → *Plasmodesmen* miteinander in Verbindung.

Zellkern → *Nucleus*

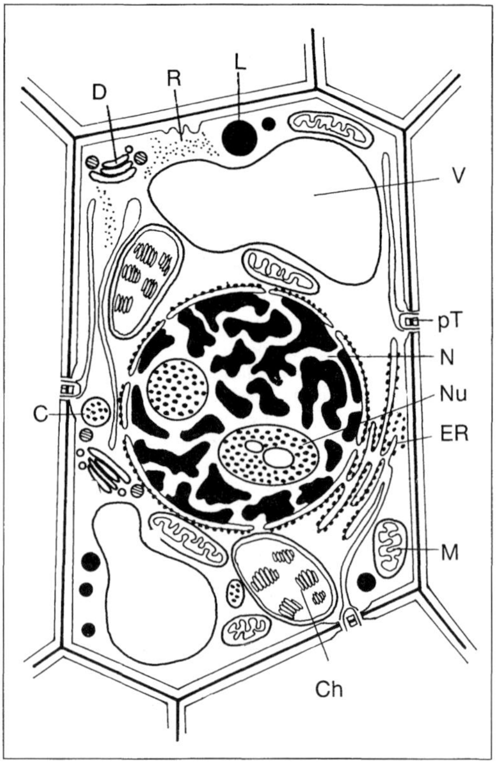

Junge **Pflanzenzelle** (Schema). C = Cytosom, Ch = Chloroplast mit Thylakoidstapel, D = Dictyosomen, ER = Endoplasmatisches Reticulum mit Ribosomen besetzt, L = Lipidtropfen, M = Mitochondrium, N = Nucleus, Nu = Nucleolus, pT = primäres Tüpfelfeld, R = Ribosomen, V = Vakuole

Zellkolonien: Durch Zellteilung entstandene Verbände meist begeißelter Zellen, die eine morphologische und funktionelle Einheit bilden. Einzelzellen sind über Plasmodesmen miteinander verbunden und zeigen synchrone Geißelbewegungen. Bei → *Volvocales.*

Zellkultur: Anzucht von Einzellern oder isolierten Zellen mehrzelliger, auch höherer Organismen in künstlichen Nährmedien. → *Gewebekultur.*

Zellorganelle → *Organelle*

Zellplatte: Membranumgrenzter, aus verschmolzenen Golgivesikeln entstandener, plattenförmiger, mit → *Pektinstoffen* gefüllter Raum. Entwickelt sich während der → *Zellteilung* in der Äquatorialebene des → *Phragmoplasten* und stellt die Anlage einer neuen Wand zwischen den Tochterzellen dar. Der Inhalt wird zur → *Primordialwand,* später zur → *Mittellamelle.*

Zellsaft: Wässriger Inhalt von → *Vakuolen.*

Zellteilung: Vermehrung der Zelle in zwei Tochterzellen. In der späten Telophase der → *Kernteilung* entsteht in der Äquatorialebene des → *Phragmoplasten* aus zusammenfließenden Golgivesikeln die → *Zellplatte,* die sich zentrifugal vergrößert, an die seitlichen Zellwände anschließt und somit das Cytoplasma der

Mutterzelle mit den → *Organellen* aufteilt. Bei äqualer Z. sind beide Tochterzellen gleich groß, inäquale Z. führt zu unterschiedlich großen Tochterzellen (z.B. Siebröhrenglieder und Geleitzellen). Wird die Zellplatte parallel zur Organoberfläche angelegt, spricht man von perikliner Teilung (z.B. Kambien); steht sie senkrecht zur Organoberfläche, liegt antikline Teilung vor (z.B. → *Dermatogen).* Folgt nach jeder Kernteilung unmittelbar eine Z., spricht man von sukzedaner Teilung (bei Pollenbildung der → *Liliatae),* findet sie erst nach Ausbildung aller Kerne statt, liegt simultane Teilung vor (bei Pollenbildung der → *Magnoliatae).*

Zellwachstum → *Wachstum*

Zellwand: Den → *Protoplasten* umgebende, omnipermeable, äußere Begrenzung der Pflanzenzelle. Absonderungsprodukt des Protoplasten. Hat Schutzfunktion, begrenzt die osmotische Wasseraufnahme (→ *Osmose)* und dient dem apoplastischen Wassertransport (→ *Apoplast).* Strukturell lassen sich mehrere Zellwandschichten unterscheiden: → *Primär-,* → *Sekundär-* und → *Tertiärwand.* Submikroskopisch besteht Z. aus amorpher Grundsubstanz (Matrix) von → *Hemicellulosen* und → *Pektinstoffen,* in die die aus → *Cellulose* bestehenden fibrillären Strukturen (→ *Micellen,* → *Elementarfibrillen,* → *Mikrofibrillen)* oft in charakteristischer Anordnung (→ *Textur)* eingelagert sind. Sie bestimmen die Quellungsrichtung und die Festigkeit der Z. gegenüber Druck- und Zugspannungen. Zellwände höherer Pilze (→ *Mycophyta)* enthalten keine Cellulose, sondern → *Chitin.* Auf- (→ *Adkrusten)* oder Einlagerung (→ *Inkrusten)* weiterer Substanzen führen zu sekundären Veränderungen der Zellwand. Beim Wachstum der Z. unterscheidet man: → *Appositions-* und → *Intussusceptionswachstum.* In Geweben werden die Wände benachbarter Zellen durch die → *Mittellamelle* miteinander verkittet. Zellwanddurchbrechungen werden als → *Tüpfel* bezeichnet.

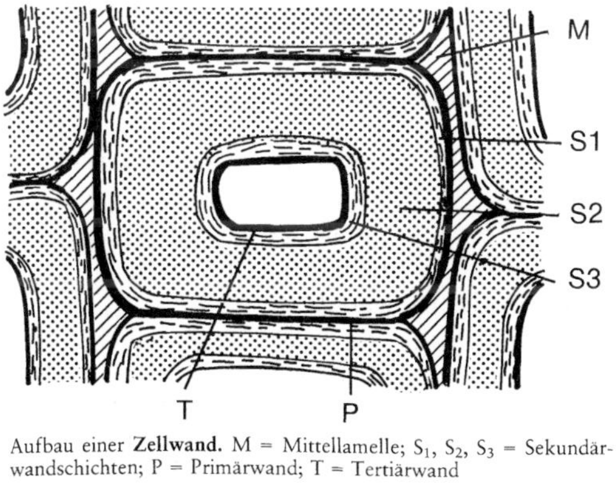

Aufbau einer **Zellwand.** M = Mittellamelle; S_1, S_2, S_3 = Sekundärwandschichten; P = Primärwand; T = Tertiärwand

Zentralmutterzellen → *Apikalmeristem*

zentralwinkelständig → *Placentation*

Zentralzylinder: Von der primären Rinde umschlossener zentraler Gewebebereich des Sprosses und der Wurzel. Besteht aus Leitgewebe, Parenchym und Festigungsgewebe. Z. wird in Wurzeln nach außen vom → *Perikambium* begrenzt. Auch der zentral gelegene Komplex in Pinaceen-Nadeln, bestehend aus Leitbündeln und → *Transfusionsgewebe,* wird oft als Z. bezeichnet.

Zentromer (Centromer, Kinetochor, Bewegungszentrum): Einschnürung am Chromosom, das die beiden Chromatiden verbindet und bei der Kernteilung als Ansatzstelle für die Spindelfaser dient.

Zerfallfrucht: Frucht, die bei der Reife entweder entlang der Verwachsungsnähte der Karpelle (Spaltfrucht, → *Schizokarp)* oder durch Brechen der Karpellwände (Bruchfrucht, Gliederfrucht) in Teilfrüchte zerfällt.

Zerreiche → *Quercus cerris*

Zersetzer → *Destruenten*

zerstreutporig → *Jahrring,* → *Tracheen*

Zierquitte → *Choenomeles*

Zimmerlinde → *Tiliaceae*

Zimmertanne → *Araucaria heterophylla*

Zimtbaum → *Lauraceae*

Zimterle → *Clethraceae*

Zimtrose → *Rosa*

Zimtsäurederivate: Vom Phenylpropan abgeleitete Stoffgruppe. Zu ihnen gehören die Monomeren des → *Lignins,* ferner Kaffee-, Ferrula-, Sinapin- und Zimtsäure, die u.a. beim Abbau der Streu freiwerden und allelopathisch wirken können.

Zineb → *Dithiocarbamate*

Zingiberalesapans: Ähnelt sehr → *Z. carpini*

Zink (Zn): Spurennährelement, wichtiger Bestandteil und Co-Faktor von Enzymen (Dehydrogenasen). Zn wird u.a. von Betula, Picea glauca, Populus, Salix und Taxus canadensis vermehrt aufgenommen. Zn-Gehalt in Fi-Nadeln beträgt ca. 25 – 60 ppm; Zn-Mangel bewirkt Zweig- u. Nadelmißbildungen (Verzwergung).

Zirbe → *Pinus cembra*

Zirbelnuß → *Pinus cembra*

zirkumarktisch: Bezogen auf eine → *Florenregion.*

zirkumboreal: Bezogen auf eine → *Florenregion.*

Zistrose → *Cistus*

Zitronatzitrone → *Citrus*

Zitrone → *Citrus*

Zitterpappel → *Populus tremula*

Zitterpappel, Amerikanische → *Populus tremuloides*

Ziziphus MILL. Judendorn: Gattung der → *Rhamnaceae* mit etwa 40, meist tropischen oder subtropischen Strauch- oder Baumarten. Nebenblätter zu Dornen umgewandelt. Wichtigste Art: Z. jujuba MILL. (syn.: Z. vulgaris LAM.) Jujube: Strauch oder bis 8 m hoher Baum vom Mittelmeergebiet bis O-Asien. Im Tessin und Südtirol, gelegentlich auch in Deutschland wegen der eßbaren, dattelähnlichen Früchte (Jujuben) kultiviert.

Zoidiogamie: Befruchtung durch frei bewegliche, begeißelte Spermatozoide; bei primitiven Gymnospermen, (z.B. Cycadeen und Ginkgo biloba). Ggs. → *Siphonogamie.*

Zoidiophilie → *Zoogamie*

zonal: Bezogen auf eine Vegetation ebener Flächen, deren Zusammensetzung v.a. durch das Groß- oder Regionalklima und nicht durch edaphische Faktoren bestimmt wird. Eine zonale Vegetation kann außerhalb ihres Klimagebietes als extrazonale Vegetation auftreten, wenn durch die lokalen Klimabedingungen der Standort dem zonalen Standort angeglichen ist. Beispiel: Zonale Wälder der humiden Zone stoßen extrazonal als → *Galeriewälder* weit in aride Gebiete vor. → *Azonal.*

zonotrem: Bezogen auf Pollen mit transversalen oder äquatorialen Keimstellen.

Zoochorie: Samen und Fruchtverbreitung durch Tiere. Bei äußerlichem Anheften der Samen oder Früchte spricht man von Epizoochorie (auch Mistel an Vogelschnäbel; Er, Bi am Gefieder von Wasservögel), bei aktiver Verschleppung durch Mäuse, Eichhörnchen etc. von Synzoochorie (bei Ei, Bu, Haselnuß) und bei intrakorporalem Transport durch fruchtfressende Tiere von Endozoochorie (Eibe, Mistel, Eberesche, Wacholder, Kirsche, Schlehe).

Zoogamie: Zoophilie, Zoidiophilie. Pollenübertragung durch Tiere. Unterteilt in 1. Entomogamie, Übertragung durch Insekten, als häufigste Bestäubungsform in der heimischen Flora; 2. Ornithogamie, Pollenübertragung durch Vögel (Kolibri bei Vanille); 3. Bestäubung durch Säugetiere, z.B. Fledermäuse (Affenbrotbäume). Voraussetzung zur Z. sind Duftstoffe und/oder Schauapparate zur Anlockung der Tiere.

Zoophilie → *Zoogamie*

Zoosporangium → *Sporen,* → *Sporangium*

Zoospore → *Sporen*

Zopftrocknis: Forstl. Ausdruck für das Zurücktrocknen der oberen Kronenpartien von Altbäumen. Viele Ursachen kommen dafür in Frage. So u.a. waldbauliche Eingriffe, Grundwassersenkungen (insbes. bei Ei), pathogene Pilze (→ *Cronartium flaccidum* bei Ki, → *Phomopsis pseudotsugae* bei Dougl) oder Überalterung.

Zuchtbäume → *Auslesebäume*

Zucker: Allgemeine Bezeichnung für → *Mono-,* → *Di-* und → *Oligosaccharide.*

Zuckerahorn, Echter → *Acer saccharum*

Zuckerahorn, Schwarzer → *Acer nigrum*

Zuckerbirke → *Betula lenta*

Zuckerhutfichte → *Picea glauca*

Zuckerkiefer → *Pinus lambertiana*

Züchtung: Wissenschaft oder Tätigkeit des Menschen mit dem Ziel, Pflanzen oder Tiere in ihren Erbanlagen so zu erhalten oder zu verändern, daß sie den Zielsetzungen und Bedürfnissen des Menschen entsprechen (→ *Forstpflanzenzüchtung).*

Zürgelbaum, Südlicher → *Celtis australis*

Zürgelbaum, Westlicher → *Celtis occidentalis*

Zugholz → *Reaktionsholz*

Zugwurzeln: Kontraktile Wurzeln bei Rosettenpflanzen und Geophyten; regulieren die Tiefenlage des Rhizoms und/oder ziehen im Herbst den Vegetationspunkt in die Erde, z.B. bei Iris spec., Crocus spec. u. Arum maculatum.

Zunderschwamm → *Fomes fomentarius*

Zunderschwamm, Falscher → *Phellinus igniarius*

Zungenblüte → *Asterales*

Zusatztrieb → *Adventivtrieb*

Zuwachs → *Wachstum*

Zweig: Seitenverzweigung 2. und höherer Ordnung.

Zweigsterben, Tanne → *Nectria fuckeliana*

Zweihäusigkeit → *Diözie*

Zweikeimblättrige → *Magnoliatae*

Zwergalpenrose → *Rhodothamnus chamaecistus*

Zwergbirke → *Betula nana*

Zwergbuchs → *Polygala*

Zwergkiefer, Japanische → *Pinus pumila*

Zwergkirsche → *Prunus fruticosa*

Zwergkreuzdorn → *Rhamnus pumilus*

Zwergmehlbeere → *Sorbus chamaemespilus*

Zwergmispel → *Cotoneaster*

Zwergmisteln → *Arceuthobium*

Zwergölbaum → *Cneoraceae*

Zwergpalme → *Arecales*

Zwergstrauch: → *Strauch,* der niedriger als ca. 0,5 m bleibt (Bsp. Vaccinium, Calluna).

Zwergstrauchstufe → *Vegetationsstufen*

Zwergulme → *Ulmus pumila*

Zwergwacholder → *Juniperus communis*

Zwergweide → *Salix herbacea*

Zwetschge → *Prunus domestica*

Zwiesel: Ursachen: Insektenfraß, Verbiß, Frost, Pilzbefall. Betroffen sind meist Laubhölzer; bei Rob, Er, Rot-Ei häufig genetisch verankert.

Zwischeneiszeit (Interglazial): → *Känophytikum.*

Zwischenmoor → *Übergangsmoor*

Zwitterblüte: Einzelblüte mit ♂ und ♀ Organen (z.B. Li, Ul, Rob, Kirsche).

Zwittrigkeit: Zweigeschlechtlichkeit. Blüte oder Individuum mit ♂ und ♀ Anlagen. → *Monözie* (bei Individuen), → *Zwitterblüte.*

Zygnematophyceae → *Phycophyta*

Zygocyte → *Zygomycetales*

zygomorph → *Blütensymmetrie,* → *Symmetrie*

Zygomycetales: Jochpilze. Pilzklasse der → *Eumycotina* mit ca. 500 vorwiegend saprophytisch lebenden Arten. Mycel meist aus unseptierten, vielkernigen Hyphen. Bei der sexuellen Vermehrung verschmelzen zwei gleichgestaltete Gametangien (Isogametangiogamie) zur vielkernigen Zygote, die dann als Zygospore überdauert und schließlich nach R! auskeimt. Gelegentlich findet die Karyogamie später statt. Verschmelzungsprodukt heißt dann Zygocyte. Vegetative Vermehrung durch unbegeißelte Sporangiosporen oder Konidien. Zellwände aus → *Chitin.* Erwähnenswert sind die auf verschiedenen Substraten vorkommenden Schimmelpilze (Mucorales) mit den Gattungen Mucor (Köpfchenschimmel) und Rhizopus.

Zygophyllaceae → *Geraniales*

Zygospore → *Zygomycetales*

Zygotän → *Meiose*

Zygote: Befruchtete Eizelle, aus der sich durch Zellteilung und -differenzierung i.d.R. der Embryo entwickelt.

zyklisch: Kreisförmig angeordnet (in einem Wirtel oder Quirl). → *Blütenkreis.*

Zypern-Zeder → *Cedrus brevifolia*

Zypresse, Echte → *Cupressus sempervirens*

Zypresse, Patagonische → *Fitzroya cupressoides*

Zypressengewächse → *Cupressaceae*

Zypressenkrebs → *Seiridium cardinale*

Zypressenschlafmoos → *Hypnum cupressiforme*

Bildquellennachweis

Die Quellen aller Abbildungen, die nicht von den Autoren stammen, sind in der nachstehenden Zusammenstellung aufgelistet. Lage im Layout: l = links; r = rechts; o = oben; m = Mitte; u = unten.

S. 83: **Braune, Leman, Taubert** – Praktikum der Morphologie und Entwicklungsgeschichte der Pflanzen; Gustav Fischer Verlag, Stuttgart, 1976.

S. 267 l; S. 334; S. 483 ru: **Braune, Leman, Taubert** – Pflanzenanatomisches Praktikum; VEB G. Fischer Verlag, Jena, 5. Aufl. 1987.

S. 472 l: **Busse** – Forst-Lexikon; Verlag Paul Parey, Berlin, 1929.

S. 61 ru: **Butin, Zycha** – Forstpathologie für Studium und Praxis; Georg Thieme Verlag, Stuttgart, 1983.

S. 155: **Dr. Dronia.**

S. 45: nach **Esau** – Pflanzenanatomie; Gustav Fischer Verlag, Stuttgart, 1969.

S. 151 ro; S. 467: **Francé** – Das Leben der Pflanze; Kosmos Verlag, Stuttgart, 1911.

S. 212 ru: nach **Freyer** et al. – 1975.

S. 502: **Frohne, Jensen** – Systematik des Planzenreichs; Gustav Fischer Verlag, Stuttgart, 1973.

S. 270 l; S. 321: **Goebel, Sachs** – Grundzüge der Pflanzensystematik und speziellen Pflanzenmorphologie; Wilhelm Engelmann Verlag, Leipzig, 1882.

S. 83 o; S. 472 ro; S. 496(b): **Graf** – Tafelwerk der Pflanzensystematik; Verlag Paul Parey, Hamburg, 1975.

S. 233; S. 536 r: **Grosser** – Die Hölzer Mitteleuropas; Springer Verlag, Berlin, 1977.

S. 530 l: **Grosser, Schulz** – Trabeculae als Anomalie im Stammholz erkrankter Nadelbäume; Holz als Roh- und Werkstoff 43/32, 1985.

S. 43 u: nach **v. Guttenberg** – Lehrbuch der allgemeinen Botanik; Akademie Verlag, Berlin, 1956.

S. 93 l; S. 267 ru: **Hirmer** – Handbuch der Paläobotanik, Band 1; R. Oldenbourg Verlag, München, 1927.

S. 466 lo: **Hock, Elstner** – Schadwirkungen auf Pflanzen; Bibliograph. Institut & Brockhaus AG, Mannheim, 2. Auflage 1988.

S. 404 ro: **Huber** – Grundzüge der Pflanzenanatomie; Springer Verlag, Berlin, 1961.

S. 309: **Jahn** – Pilze, die an Holz wachsen; Busse Verlag, Herford, 1979.

S. 329 lo, lu: **Jahns** – Farne, Moose, Flechten; BLV Verlagsgesellschaft, München, 1980.

S. 43 o(c, d): **Jacob, Jäger, Ohmann** – Botanik; Gustav Fischer Verlag, Stuttgart, 1983.

S. 267 ro, ru; S. 268: **Jung** – Versteinerte Wälder; Freunde der bayerischen Staatssammlung für Paläontologie und historische Geologie (Hrsg.), München, 1986.

S. 283/284: **Kali und Salz AG** – Kali und Magnesiummangel im Forst; Kassel.

S. 78 l: **Larcher** – Ökologie der Pflanzen; Ulmer Verlag, Stuttgart, 1976.

S. 185-187: **Larcher, Häckel, Sakai** – Handbuch der Pflanzenkrankheiten, Band 1; Verlag Paul Parey, Hamburg, 1985.

S. 561: **v. Lyr, Polster, Fiedler** – Wachstum und Ertrag der Fichte im Hochgebirge; Franz Deuticke Verlag, Wien, 1915.

S. 132 lu, S. 140 l: **Dr. P. Mack.**

S. 47 ru; S. 62; S. 329 r: **Müller, Loeffler** – Mykologie; Georg Thieme Verlag, Stuttgart, 4. überarb. u. erw. Auflage 1982.

S. 300 r: **Prof. Dr. F. Nienhaus.**

S. 86 lo; S. 219; S. 519 r; S. 530 r: **Nultsch** – Allgemeine Botanik; Georg Thieme Verlag, Stuttgart, 8. neubearb. u. erw. Auflage 1986.

S. 214 ru: **Dr. S. Rieger.**

S. 331 o: **Rohmeder, Schönbach** – Genetik und Züchtung der Waldbäume; Verlag Paul Parey, Hamburg, 1959.

S. 196: **Rohmeder** – Das Saatgut in der Forstwirtschaft; Verlag Paul Parey, Hamburg, 1972.

S. 79 ro: **Rohweder, Endress** – Samenpflanzen; Georg Thieme Verlag, Stuttgart, 1983.

S. 151 lu: **Schacht** – Der Baum; Müller Verlag, Berlin, 1860.

S. 75; S. 78 u; S. 79 ru; S. 142 lu; S. 270 r; S. 317 ro; S. 568: **Schmeil, Fitschen** – Flora von Deutschland; Quelle & Meyer Verlag, Heidelberg-Wiesbaden, 81. Auflage 1968

S. 142 lo: **Schneider** – Handbuch der Laubholzkunde; VEB Gustav Fischer Verlag, Jena, 1912.

S. 78 ro; S. 151 lo; S. 151 ru; S. 245; S. 255; S. 278 ru; S. 391; S. 466 lu; S. 486 l; S. 521 r; S. 554 l: **Schütt, Koch** – Allgemeine Botanik für Forstwirte; Verlag Paul Parey, Hamburg, 1978.

S. 576 r: nach **Sitte** – Bau und Feinbau der Pflanzen; VEB Gustav Fischer Verlag, Jena, 1965.

S. 9: **Dr. R. Stölting.**

S. 175 o: **Strasburger** – Lehrbuch der Botanik; Gustav Fischer Verlag, Stuttgart, 28. Aufl. 1962.

S. 29; S. 42; S. 44 o; S. 44 lu; S. 77; S. 80 l; S. 153; S. 174; S. 175 u; S. 176 r; S. 205 (g); S. 252 o; S. 288; S. 293; S. 318 lo; S. 318 lu; S.406; S. 438; S. 495; S. 497 ro; S. 501 lu; S. 505 r: **Strasburger** – Lehrbuch der Botanik; Gustav Fischer Verlag, Stuttgart, 32. Aufl. 1983.

S. 65 l; S. 79 l; S. 205; S. 317 ru; S. 404 l: **Troll** – Allgemeine Botanik; Ferdinand Enke Verlag, Stuttgart, 1973.

S. 142 r: **Troll** – Lehrbuch der Botanik; Ferdinand Enke Verlag, 1973.

S. 505: **R. Vogtmann.**

S. 286 r; S. 328; S. 404 ru: **Wagenführ** – Anatomie des Holzes; VEB Fachbuchverlag, Leipzig, 1984.

S. 408 l; S. 472 ru: **Wartenberg** – Systematik der niederen Pflanzen; Gustav Thieme Verlag, Stuttgart, 2. überarb. u. erw. Aufl. 1979.

S. 496: **Weberling, Schwantes** – Pflanzensystematik; Ulmer Verlag, Stuttgart, 1972.

S. 558 l: **Zimmermann** – Geschichte der Pflanzen; Georg Thieme Verlag, Stuttgart, 2. Aufl. 1969.